Oscar W. Gabriel · Sabine Kropp (Hrsg.)

Die EU-Staaten im Vergleich

Oscar W. Gabriel
Sabine Kropp (Hrsg.)

Die EU-Staaten im Vergleich

Strukturen, Prozesse, Politikinhalte

3., aktualisierte und erweiterte Auflage

VS VERLAG FÜR SOZIALWISSENSCHAFTEN

Bibliografische Information der Deutschen Nationalbibliothek
Die Deutsche Nationalbibliothek verzeichnet diese Publikation in der
Deutschen Nationalbibliografie; detaillierte bibliografische Daten sind im Internet über
<http://dnb.d-nb.de> abrufbar.

1. Auflage 1992
2. Auflage 1994
3., aktualisierte und erweiterte Auflage 2008

Alle Rechte vorbehalten
© VS Verlag für Sozialwissenschaften | GWV Fachverlage GmbH, Wiesbaden 2008

Lektorat: Frank Schindler

VS Verlag für Sozialwissenschaften ist Teil der Fachverlagsgruppe Springer Science+Business Media.
www.vs-verlag.de

Das Werk einschließlich aller seiner Teile ist urheberrechtlich geschützt. Jede
Verwertung außerhalb der engen Grenzen des Urheberrechtsgesetzes ist ohne
Zustimmung des Verlags unzulässig und strafbar. Das gilt insbesondere für
Vervielfältigungen, Übersetzungen, Mikroverfilmungen und die Einspeicherung
und Verarbeitung in elektronischen Systemen.

Die Wiedergabe von Gebrauchsnamen, Handelsnamen, Warenbezeichnungen usw. in diesem Werk
berechtigt auch ohne besondere Kennzeichnung nicht zu der Annahme, dass solche Namen im
Sinne der Warenzeichen- und Markenschutz-Gesetzgebung als frei zu betrachten wären und daher
von jedermann benutzt werden dürften.

Umschlaggestaltung: KünkelLopka Medienentwicklung, Heidelberg
Druck und buchbinderische Verarbeitung: Krips b.v., Meppel
Gedruckt auf säurefreiem und chlorfrei gebleichtem Papier
Printed in the Netherlands

ISBN 978-3-531-42282-4

Inhalt

Vorwort der Herausgeber   9

Oscar W. Gabriel und Sabine Kropp
Einleitung: Die EU-Staaten im Vergleich: Strukturen, Prozesse, Politikfelder   11

I. Teil: Rahmenbedingungen der Politik

Hans-Joachim Lauth
Demokratieentwicklung und demokratische Qualität   33

Adolf Kimmel
Verfassungsrechtliche Rahmenbedingungen: Grundrechte,
Staatszielbestimmungen und Verfassungsstrukturen   62

Stefan Hradil
Sozialstruktur und gesellschaftlicher Wandel   89

Volker Kunz und Johannes Marx
Wirtschaftliche Entwicklung und Modernisierung   124

Heinrich Pehle und Roland Sturm
Die Europäisierung der Regierungssysteme   155

II. Teil: Bürger und Politik

Oscar W. Gabriel
Politische Einstellungen und politische Kultur   181

Eva-Maria Trüdinger
Die Europäische Integration aus Sicht der Bevölkerung: Akzeptanz trotz
Vielfalt?   215

Melanie Walter-Rogg
Direkte Demokratie   236

Oscar W. Gabriel und Kerstin Völkl
Politische und soziale Partizipation   268

Eckhard Jesse
Wahlsysteme und Wahlrecht   299

Harald Schoen
Wählerverhalten   323

III. Teil: Das intermediäre System

Oskar Niedermayer
Parteiensysteme   351

Werner Reutter und Peter Rütters
Interessenverbände   389

Jens Tenscher
Massenmedien und politische Kommunikation in den Ländern der
Europäischen Union   412

IV. Teil: Staatsorganisation, Institutionen der Entscheidung und Implementation

Herbert Döring und Christoph Hönnige
Parlament, Regierung, Staatsoberhaupt   451

Suzanne S. Schüttemeyer und Sven T. Siefken
Parlamente in der EU: Gesetzgebung und Repräsentation   482

Sabine Kropp
Koalitionsregierungen   514

Jürgen Dieringer
Föderalismus in Europa – Europäischer Föderalismus   550

Angelika Vetter und Gábor Soós
Kommunen in der EU   579

Peter Haensch und Everhard Holtmann
Die öffentliche Verwaltung der EU-Staaten   606

Inhalt

Sascha Kneip
Verfassungsgerichtsbarkeit im Vergleich   631

V. Teil: Politikinhalte

Gisela Färber
Öffentliche Aufgaben und ihre Finanzierung   659

Markus M. Müller
Wirtschaftspolitik   690

Josef Schmid
Der Wohlfahrtsstaat in Europa – Divergenz und Integration   711

Datenübersicht   741

Autorenverzeichnis   743

Vorwort der Herausgeber

Beim vorliegenden Band handelt es sich um die dritte, erweiterte und aktualisierte Auflage des zuletzt 1994 erschienenen Buches. Sowohl die EU-Osterweiterung als auch neue politikwissenschaftliche Themen und ein in den vergangenen 15 Jahren beträchtlich angewachsener Forschungsstand haben eine grundlegende Überarbeitung der zweiten Auflage notwendig gemacht. Deshalb haben die Autorinnen und Autoren des Buches nicht nur bereits bestehende Beiträge überarbeitet, vielmehr haben die Herausgeber auch das Themenspektrum deutlich erweitert und neue Artikel akquiriert. Dies hat den Umfang des Buches erheblich anschwellen lassen. Im Gegensatz zur alten Auflage sind deshalb nun die umfänglichen Tabellen- und Datenanhänge sowie Synopsen nicht mehr im Band selbst abgedruckt, sondern über die Website des VS-Verlags für Sozialwissenschaften online abrufbar (www.vs-verlag.de). Die Materialien sind auf dieser Website über das Suchergebnis, also beim Buchtitel selbst, erhältlich.

Solche umfassenden Projekte wie „Die EU-Staaten im Vergleich" sind ohne die tatkräftige Unterstützung vieler Beteiligter nicht realisierbar. Bei den aufwändigen redaktionellen Arbeiten zu diesem Buch haben uns in Düsseldorf Matthias Ruschke und Dipl-Pol. Priska Stamminger geholfen, auf der Stuttgarter Seite waren dies Vanessa Kehl, Katharina Maschke und Susanne Kaliwe. Vor allem Matthias Stauer sowie Aurelia Müller, Audrey Darmian und Lisa Fuchs waren über einen längeren Zeitraum mit der enorm aufwändigen Aktualisierung und Erweiterung der Daten beschäftigt. Dr. Silke Keil und Matthias Stauer haben diese Arbeiten koordiniert. Bei allen Genannten bedanken wir uns herzlich für die zeitraubende und viel Geduld erfordernde Aufbereitung der Beiträge. Mögliche Fehler und Unstimmigkeiten gehen aber selbstverständlich auf das Konto der beiden Herausgeber.

Oscar W. Gabriel und Sabine Kropp
Stuttgart und Düsseldorf, im April 2008

Oscar W. Gabriel und Sabine Kropp

Einleitung: Die EU-Staaten im Vergleich: Strukturen, Prozesse, Politikfelder

1 Ziele und methodische Anlage des Bandes

Seit dem Erscheinen der zweiten Auflage des Bandes 1994 hat die EU einen beschleunigten Prozess der Erweiterung auf 27 EU-Mitgliedstaaten durchlaufen, der überdies mit einer beständigen Verlagerung ehedem nationalstaatlicher Kompetenzen auf die europäische Ebene verbunden war. Im Mai 2004 sind der EU-15 acht mittelost- und osteuropäische Staaten sowie Malta und Zypern beigetreten, zum 1. Januar 2007 folgten Rumänien und Bulgarien. Die gesellschaftlichen Strukturen und Konfliktlinien, die kulturellen Traditionen und die institutionellen Ordnungsgefüge in den Mitgliedstaaten der EU sind damit innerhalb eines kurzen Zeitraums erheblich vielfältiger geworden. Dies hat nicht nur Auswirkungen auf die Aushandlungsprozesse zwischen den Nationalstaaten und das Funktionieren der europäischen Institutionen, sondern auch auf die materiellen europäisierten Politiken, etwa auf die Wettbewerbs- und Wirtschaftspolitik, die Umweltpolitik usw. Selbst europäisierte Politiken weisen in den Nationalstaaten der EU eine große Bandbreite auf – und zwar trotz des Drucks, der von der fortschreitenden Integration auf die in der EU vereinten Länder ausgeht, ihre Politiken zu harmonisieren. Trotz mancher unstrittig konvergenten Entwicklungen sind die Unterschiede zwischen den Mitgliedstaaten noch immer erheblich – und sie werden es wohl auch in Zukunft bleiben. Angesichts der Ähnlichkeiten und Unterschiede zwischen den EU-Staaten versteht sich dieser Band nicht als weiterer Beitrag zu dem mittlerweile durchaus erfreulichen Forschungsstand über das politische System der Europäischen Union, sondern er vergleicht auf der Grundlage verschiedener forschungsleitender Fragestellungen die Besonderheiten und Gemeinsamkeiten der EU-Mitgliedstaaten.

In den 15 Jahren seit dem Erscheinen der zweiten Auflage des Bandes sind neue Themen auf die politikwissenschaftliche Agenda gerückt. Ein Zweig der empirischen Demokratieforschung beschäftigt sich mit der Frage nach der Messbarkeit der Qualität von Demokratien (z. B. Lauth 2004; Müller/Pickel 2007), ein anderer arbeitet die Europäisierung nationaler Institutionengefüge vergleichend heraus (z. B. Auel/Benz 2005). Der vorliegende Band hat solche Themen aufgegriffen und in die neu gestaltete Konzeption integriert. Gleichzeitig bietet die deutlich größere Fallzahl von 27 EU-Mitgliedstaaten für die vergleichende Politikwissenschaft nicht nur die Möglichkeit, theoretische Überlegungen und empirische Befunde auf eine breitere Grundlage zu stellen. Darüber hinaus wirft die Einbeziehung der Neumitglieder viele neue Fragen auf und eröffnet Forschungsperspektiven, welche die in der vergleichenden Politikwissenschaft lange Zeit dominierende Teilung in eine west- und osteuropäische Region durchbrechen: Sind sich einzelne west- und osteuropäischen Länder vielleicht in einigen ihrer Strukturmerkmale viel ähnlicher, als dies viele Studien bis heute nahe legen? Fallen einige Unterschiede innerhalb der länger etablierten westeuropäischen

Demokratien, z. B. hinsichtlich des Demokratiegrads, eventuell sogar größer aus als diejenigen zwischen manchen alten EU-Mitgliedstaaten und einigen Neuankömmlingen in der EU? Gibt es allgemeine gesellschaftliche, wirtschaftliche, kulturelle und politische Entwicklungstrends, und woraus resultieren diese? Welche Unterschiede zwischen dem „alten" und dem „neuen" Europa bleiben bestehen, und inwiefern stehen sie einer weiteren politischen Integration im Wege? Müssen manche politikwissenschaftlichen Theorien, sofern sie nur etablierte Demokratien zur Grundlage haben, in Zukunft mehr an die variierenden gesellschaftlichen, historischen oder institutionellen Kontextbedingungen angepasst werden?

Solche Fragen können nur dann befriedigend beantwortet werden, wenn politische Strukturen, Prozesse und Politikprofile nicht einfach im Rahmen von „Länderkunden" additiv abgearbeitet werden. Um die jeweiligen Gemeinsamkeiten und Unterschiede der 27 EU-Staaten präzise erfassen zu können, ist vielmehr ein systematischer empirischer Vergleich der EU-Mitgliedstaaten *innerhalb* der einzelnen Buchkapitel erforderlich. Die Vielfalt der gesellschaftlichen, wirtschaftlichen, kulturellen und politischen Bedingungen in den 27 EU-Staaten macht eine vergleichende Untersuchung ihrer politischen Systeme zu einer anspruchsvollen und lohnenswerten Aufgabe. Durch seine komparative, problemorientierte Herangehensweise unterscheidet sich der vorliegende Band von zahlreichen, fälschlicherweise unter der Bezeichnung „vergleichende Politikwissenschaft" publizierten Darstellungen einzelner Länder. Der Informationsgehalt solcher Länderstudien soll keinesfalls bestritten werden (vgl. die höchst informativen Sammelbände von Ismayr 1999, 2002), jedoch handelt es sich bei ihnen nicht um Komparatistik im genuinen Sinn, weil sie darauf verzichten, den Vergleich als Methode explizit anzuwenden (vgl. schon Eckstein 1975; Patzelt 2005). So bleiben die Studien häufig bei der Beschreibung einzelner Sachverhalte stehen und dringen nicht zur Formulierung und zum Test von Hypothesen vor. Kausale Zusammenhänge zwischen gesellschaftlichen und politischen Größen, etwa zwischen der Struktur gesellschaftlicher Konflikte und der Form des Parteienwettbewerbs oder zwischen Parteienwettbewerbsstrukturen und der Arbeitsweise von Parlamenten, bleiben oft im Dunkeln.

Der Vergleich der EU-Mitgliedstaaten zieht sich in vorliegenden Band hingegen durch die einzelnen Abschnitte des Buches. Gegenstand der Analyse sind die Gemeinsamkeiten und Unterschiede zwischen den politischen Systemen der Mitgliedstaaten, genauer: einzelner Dimensionen ihrer institutionellen Ordnung, ihrer politischen Prozesse sowie ausgewählter Politikinhalte:

(1) Der Band enthält ein Kapitel zu den Rahmenbedingungen, in welche die Politik in den 27 EU-Mitgliedstaaten eingebettet ist. Hierzu zählen insbesondere die sozialstrukturelle und wirtschaftliche Entwicklung in den jeweiligen Ländern. Die Regierungssysteme der Mitgliedstaaten wie auch die überwiegende Zahl der Politikfelder sind heute zudem in erheblichem Umfang „europäisiert", d. h. die Europäische Integration hat die politischen Verfahren und Institutionen sowie die inhaltliche Ausgestaltung von Politik nachhaltig verändert (zum Begriff vgl. Axt et al. 2007). Diese Europäisierung verlief in den einzelnen Mitgliedstaaten sehr unterschiedlich – ein Beispiel hierfür ist etwa die Anpassung der von den nationalen Parlamenten praktizierten Verfahren an den europäischen Politikzyklus (vgl. Auel/Benz 2005; Maurer 2002). Die Länder haben häufig unterschiedliche Lösungen für ein und dasselbe Problem gefunden, auch wenn wir inzwischen länderübergreifende Formen institutionellen Lernens und wechselseitige Übernahmen politischer Problemlösungen feststellen können. Die Europäisierung der Regierungssysteme ist dabei einerseits Rahmenbedingung für die Produktion von Politiken, sie ist aber zugleich Ergebnis der nationalen

politischen Willensbildungs- und Entscheidungsprozesse – also abhängige Variable. Durch den Beitritt der jungen Demokratien ist ferner auch der Vergleich der Demokratiequalität, der inzwischen auf der Grundlage unterschiedlicher Indizes vorgenommen wird, ergiebiger geworden. Bei einem Vergleich der EU-Staaten sind dabei vor allem die Unterschiede innerhalb dieser Gruppe an sich demokratischer Systeme besonders interessant; sie erfordern aber ein hinreichend präzises Messinstrumentarium.

(2) Ein weiteres umfangreiches Kapitel widmet sich der institutionellen Ausgestaltung der politischen Systeme in den EU-Mitgliedstaaten. Es zählt zu den Binsenweisheiten neoinstitutionalistischer Theorien, dass Institutionen das Handeln von Akteuren maßgeblich beeinflussen. Sie formen bestimmte Muster der Konfliktaustragung und der Konsensbildung entscheidend vor. Ebenso unstrittig dürfte es allerdings sein, dass eine Analyse formaler Verfassungsnormen für ein tiefer gehendes Verständnis politischer Prozesse nicht ausreicht. Formale Institutionen werden von informalen Institutionen gestützt oder – im schlechteren Fall – durch sie konterkariert (vgl. Helmke/Levitsky 2004). Sie sind in spezifische sozioökonomische und kulturelle Bedingungen eingebettet, und die Einstellungen und Verhaltensformen der nationalen Bevölkerungen und Führungsgruppen füllen den institutionellen Rahmen aus und prägen dadurch den Verlauf und das Ergebnis politischer Willensbildungs- und Entscheidungsprozesse. Gleiche oder ähnliche Institutionengefüge entfalten somit in verschiedenen Kontexten unterschiedliche Wirkungen – eine Erfahrung, die auch politische Akteure und Experten im Zuge von Transformationsprozessen und dem damit einhergehenden Transfer von demokratischen Institutionen in (post-)autokratische Länder machen mussten. Wie Regierungssysteme in der Realität funktionieren, hängt beispielsweise in erheblichem Maße von der Struktur des Parteiensystems ab. Ein besonders prägnantes Beispiel hierfür sind semipräsidentielle Systeme vom Typ Frankreichs, bei denen je nachdem, ob der Präsident zum politischen Lager der parlamentarischen Mehrheit gehört, entweder der Premier oder der Präsident innerhalb der doppelköpfigen Exekutive gestärkt wird. Damit dominiert je nach parteipolitischer Konstellation entweder die parlamentarische oder die präsidentielle Komponente. Auch die Strukturen der Interessenvermittlung, die in einer engen Wechselbeziehung zur institutionellen Ordnung stehen, sind in den EU-Staaten unterschiedlich gestaltet. In korporatistischen Arrangements spielen Kompromisslösungen z. B. eine größere Rolle als dies bei pluralistischen Formen der Interessenvermittlung der Fall ist. Dort geht es stärker um die Durchsetzung von Eigeninteressen korporativer Akteure.

(3) Etliche Beiträge in diesem Band widmen sich der Analyse verschiedener Aspekte der politischen Willensbildung und des politischen Verhaltens. Auf der Makroebene sind in diesem Zusammenhang die Strukturen und die Funktionsweise intermediärer Organisationen, d. h. der Verbände, der Parteien und der Massenmedien, zu untersuchen. In modernen Demokratien werden politische Inhalte wesentlich über Medien transportiert, denen heute eine bedeutsame Vermittlungsfunktion zwischen Bürger und politischen Akteuren zukommt. Wie die irreführende Bezeichnung der Medien als „Vierte Gewalt" zeigt, haben sich diese neben den Interessenverbänden und den politischen Parteien als mächtige Akteure im System der Interessen- und Politikvermittlung etabliert. Ihre Vermittlungsleistung scheint aber vornehmlich auf den nationalen Raum bezogen zu sein; die damit einhergehende sehr rudimentäre europäische Öffentlichkeit wird als eine der wesentlichen Ursachen für Legitimationsdefizite der EU verantwortlich gemacht (vgl. Kielmannsegg 1996; Wimmel 2005).

Das Funktionieren des politischen Willensbildungsprozesses ergibt sich nicht nur aus den Aktivitäten dieser Organisationen, sondern auch aus den politischen Aktivitäten einzelner Bürger, die ihrerseits von individuellen politischen Einstellungen beeinflusst werden. Demokratische Herrschaft basiert auf dem Prinzip der Volkssouveränität, welche die normative Grundlage für eine Teilhabe der Bürger am gesellschaftlichen und politischen Leben und für eine Einflussnahme auf die Herstellung und Durchsetzung gesamtgesellschaftlich verbindlicher Entscheidungen bildet. Für die meisten Europäer ist aktives politisches Engagement gleichbedeutend mit der Stimmabgabe bei Wahlen. Jedoch nehmen mehr oder weniger starke Minderheiten in allen europäischen Gesellschaften eine aktivere Rolle für sich in Anspruch. Sie arbeiten in Parteien mit, kontaktieren Politiker, beteiligen sich an Protestdemonstration oder setzen – soweit verfügbar – auf Bürgerbegehren und Bürgerentscheide als direktdemokratische Formen der Politikgestaltung. Mit der Direktwahl des Europäischen Parlaments und nationalen Referenden über europapolitische Fragen wurde Europa zum Adressaten politischer Einstellungen und Verhaltensweisen der Bürger. Der vorliegende Band trägt dieser Entwicklung in einer Bestandsaufnahme des Verhältnisses der Bevölkerung zur Politik Rechnung.

(4) Die international vergleichende Auseinandersetzung mit Aspekten von Politics sowie der Policy-Vergleich ist nicht nur aus systematischen Gründen wünschenswert, sie ist angesichts des verbesserten Wissensstandes auch forschungspraktisch möglich. In einem einzigen Buch können freilich nicht alle Politikfelder vergleichend untersucht werden, so dass sich die Herausgeber auf einige wenige konzentrieren mussten, die für die Entwicklung der Europäischen Union eine zentrale Bedeutung haben. Hierzu zählt die Finanzierung öffentlicher Aufgaben bzw. die Finanzpolitik, die den Radius und die Möglichkeiten staatlichen Handelns absteckt. In welche Richtung sich die EU-Mitgliedstaaten wirtschaftlich entwickeln, ob sie stabile Ökonomien aufweisen oder nicht und wie groß das wirtschaftliche Gefälle zwischen ihnen ist, wirkt sich wiederum entscheidend auf das Funktionieren des Binnenmarktes aus. Ferner existieren in den Mitgliedstaaten unterschiedliche wohlfahrtsstaatliche Modelle nebeneinander, so dass die soziale Sicherung der Bürger in Europa uneinheitlich ausfällt und das mitunter diskutierte „Sozialmodell Europa" auf sehr heterogene Bedingungen stoßen würde. Anders als die Wettbewerbs- und die Wirtschaftspolitik sind etliche Bereiche der Sozialpolitik bis heute in nationalstaatlicher Zuständigkeit geblieben, wenngleich die EU u. a. über die Anwendung von so genanntem „soft law", wie der „Methode der Offenen Koordinierung", ohne direkte rechtliche Eingriffe in die Sozialpolitiken ihrer Mitgliedstaaten einzugreifen versucht. Die wirtschaftliche und die soziale Entwicklung wurden somit als zentrale Themen in die Konzeption des Bandes integriert, nicht nur weil sie an sich als zentrale Politikfelder zu gelten haben, sondern auch, weil sie unterschiedliche Integrationsfortschritte in der EU anzeigen.

2 Vollendeter Binnenmarkt, aber rudimentäre politische Union?

Blickt man auf die Geschichte Europas nach dem Zweiten Weltkrieg zurück, so erkennt man, dass das Tempo der wirtschaftlichen und, wenn auch in deutlich geringerem Ausmaß, auch der politischen Integration Europas insbesondere in den vergangenen 15 Jahren zugenommen hat. Schon vor 50 Jahren, am 1. Januar 1958, traten zwar die Römischen Verträge in Kraft, in denen die Beneluxländer, Italien, Frankreich und die Bundesrepublik Deutschland die Angleichung ihrer nationalen Wirtschaftspolitiken und die schrittweise Einführung eines gemeinsamen Marktes vereinbarten. Mit diesem Vertrag setzten die Gründungsmitglieder der EWG das Bemühen um eine wirtschaftliche Kooperation fort, das sie bereits sechs Jahre zuvor im begrenzten Rahmen der Montanunion in Angriff genommen hatten. Die Jahre zwischen den ersten Schritten auf dem Weg zu einem europäischen Wirtschaftsraum und die Etablierung des gemeinsamen Marktes waren durch eine Erweiterung der Europäischen Gemeinschaft um neue Mitgliedsländer, durch eine Einbeziehung immer neuer Politikfelder in den Integrationsprozess und durch die Bildung neuer Institutionen charakterisiert, die das Fortschreiten des Integrationsprozesses politisch abstützen sollten. Mit der Einrichtung eines europäischen Binnenmarktes zum Jahresbeginn 1993 trat dieser ökonomische Integrationsprozess in eine neue Phase ein. Mit der Einbeziehung der fünf neuen Länder der Bundesrepublik, der Aufnahme Schwedens, Finnlands und Österreichs 1995 sowie der Aufnahme von acht mittel- und osteuropäischen Staaten sowie Maltas und Zyperns 2004 wuchs die EU schließlich innerhalb nur eines Jahrzehnts um mehr als das Doppelte ihrer bisherigen Zahl an Mitgliedstaaten an. Mit der Osterweiterung wurde eine Entwicklungsphase abgeschlossen, die das Ende des Kalten Krieges anzeigt und in deren Verlauf eine weitere Neubestimmung der weltpolitischen Bedeutung der Europäischen Union erfolgen dürfte. Zum Januar 2007 schließlich traten nach einer von erheblichen Schwierigkeiten begleiteten Übernahme des *acquis communautaire* auch die beiden südeuropäischen Länder Bulgarien und Rumänien der EU bei.

Bereits vor der Einrichtung des gemeinsamen Binnenmarktes hatte die wirtschaftliche Verflechtung zwischen den zwölf EG-Staaten ein beträchtliches Ausmaß erreicht. Im Jahre 1987 importierten die EG-Staaten 59 Prozent aller Güter und Dienstleistungen aus anderen Mitgliedstaaten der EG, ebenso hoch war die Exportquote in die EG-Partnerländer. Im Vergleich mit dem Jahr 1958 bedeutete dies einen Zuwachs um 24 Prozentpunkte, gegenüber 1981 ein Wachstum um sechs Prozentpunkte (vgl. Eurostat 1989: 267f.). Bis zum Jahr 2005 erhöhte sich der Anteil der Intra-EU-Importe an den Gesamtimporten innerhalb der EU abermals auf insgesamt knapp 64 Prozent; der Anteil der Intra-EU-Exporte an den Gesamtexporten beläuft sich immerhin auf 66 Prozent. Die Handelsbilanz der EU-25 ist im Extra-EU-Handel zwar nach wie vor negativ, jedoch fällt das Minus deutlich geringer aus als etwa das der USA (vgl. Statistisches Bundesamt 2006: 58).

Auch die hohen Ausländeranteile in einzelnen EG-Mitgliedstaaten und die Touristenströme zwischen ihnen verdeutlichen das Ausmaß der wirtschaftlichen Verflechtung. Dass Europa in einem hohen Tempo zusammenwächst, zeigen besonders prägnant zwei Entscheidungen jüngeren Datums, die für die Alltagserfahrungen der Bevölkerung in den EU-Staaten von großer Tragweite sind. Mit dem Schengen-Abkommen von 1985 und seiner Inkraftsetzung 1995 verzichteten z. B. zunächst fünf Mitgliedstaaten darauf, den Personenverkehr an ihren Grenzen zu kontrollieren. Inzwischen wird das Abkommen in 22 EU-Mitgliedstaaten und 24 Ländern Europas angewandt, so dass innerhalb dieses Raumes lediglich die Außengrenzen kontrolliert werden. Hiervon profitieren Handelsbeziehungen und Tourismus erheblich. Die Einführung einer einheitlichen europäischen Währung, des Euro, in 12 Mitgliedstaaten zum Januar 2002 hat das Zusammenwachsen des europäischen Raumes weiter vorangebracht. Wie auch die Reisefreiheit macht der Euro die Idee „Europa" im Alltag der Bürger konkret erfahrbar. Im Jahr 2007 erfüllte schließlich auch Slowenien als erstes Land aus der EU-Osterweiterung die Maastricht-Kriterien. Mit Malta und Zypern, die 2008 nachzogen, umfasst die Eurozone nun bereits 15 von 27 Mitgliedstaaten.

Während die wirtschaftliche Integration Europas kontinuierlich und in schnellem Tempo vorangeschritten ist, löste das Vorhaben einer engeren politischen Integration in der jüngeren Vergangenheit schwerwiegende Konflikte aus. Nach langwierigen Verhandlungen im Europäischen Konvent, an dessen Ende ein Verfassungsentwurf für Europa stand, erlitt das Projekt der politischen Einheit schließlich einen herben Rückschlag: Obwohl 2005 noch insgesamt 63 Prozent der Bevölkerung in den EU-Staaten eine europäische Verfassung befürworteten (vgl. Europäische Kommission 2005: 23), lehnten Frankreichs Wähler den Verfassungsvertrag am 29. Mai 2005 mit einer Mehrheit von 54 Prozent ab; am 1. Juni folgten dem auch die Wähler der Niederlande, die ebenfalls in einem Referendum dem Vorhaben mit sogar über 61 Prozent eine klare Absage erteilten. Das Scheitern des Verfassungsvertrages setzte eine heftige Debatte in Gang, ob der lange beschworene „permissive consensus", also die Hinnahme von durch Eliten getragenen Entscheidungen durch die Bürger der Mitgliedstaaten, die für das Gelingen einer Europäischen Integration als Mindestvoraussetzung erachtet wurde, heute noch als legitimatorische Grundlage weiterer Integrationsschritte trägt. Manche Autoren sehen in der vorläufigen Ablehnung der Verfassung keinen gravierenden Rückschlag, sondern verweisen darauf, dass Europa auf Dauer ohne eine stärkere Partizipation der Bürger eine politische Ordnung mit erheblichen demokratischen Defiziten bleibe (zur Debatte vgl. Moravscik 2006; Culpepper/Fung 2007; Kaina/Karolewski 2007). Insofern könne die Ablehnung des Vertrags durch die beiden Gründungsmitglieder Frankreich und Niederlande zu einer Korrektur bestehender Legitimationsschwächen der EU beitragen – was geeignete Lösungen sein könnten und welche Chancen der Durchsetzung ihnen beschieden wären, bleibt dabei umstritten.

Die Legitimationsprobleme der EU sind – neben anderen Ursachen – nicht zuletzt in der politischen Ordnung des Mehrebenensystems angelegt, die den Exekutiven die wesentliche Rolle zuschreibt. Die nationalen Regierungen, die Ministerialbürokratien sowie die EU-Kommission, der überdies das Recht des Agendasettings zusteht, sind zentrale Akteure im europäischen Politikzyklus. Mitte der 1990er Jahre war deshalb bereits von einer „postparlamentarischen Demokratie" im europäischen Raum die Rede (vgl. Andersen/Burns 1996; Benz 1998), auch wenn diese Einschätzung inzwischen zumindest teilweise revidiert wurde. Mit einer gewissen Zeitverzögerung und im Zuge der Vertiefung der Integration wurden einige augenfällige Demokratiedefizite nicht beseitigt, aber abgeschwächt. Dies betrifft in erster Linie die Rolle des Europäischen Parlaments. Nachdem sich die europäische Politik zunächst zur alleinigen Domäne der Regierungen und Verwaltungen, insbesondere des Ministerrates und der Eurobürokratie, entwickelt hatte, signalisierte schon die erste Direktwahl des europäischen Parlaments am 10. Juni 1979 eine stärkere Akzentuierung der politischen Dimension des Integrationsprozesses. Auch wenn das Europaparlament nur in begrenztem Umfang über die klassischen parlamentarischen Kompetenzen verfügt, konnte man den Übergang zu seiner direkten Wahl als einen symbolischen Schritt deuten. Er zeugte vom Willen der Politiker, die bürokratischen Strukturen um eine parlamentarisch-demokratische Komponente zu ergänzen. Obschon das Mitentscheidungsverfahren mit den Verträgen von Amsterdam und Nizza auf bereits 38 Bereiche ausgeweitet wurde, kann das Europaparlament noch immer nicht als „Vollparlament" gelten; insbesondere subventionsintensive Politiken sind noch immer eine Domäne der Exekutiven. Jedoch hat sich das Europaparlament in den vergangen Jahren gegenüber den anderen Akteuren zusehends emanzipiert und damit auch das Bild eines „zahnlosen Tigers" korrigiert. Sein Mitspracherecht bei der Besetzung der Kommission kam zum ersten Mal 2004 zur Geltung, als der neue Kommissionspräsident José

Manuel Barroso aus Portugal seine Liste mit Kommissionsmitgliedern vor der zu erwartenden Ablehnung durch das Parlament wegen des umstrittenen italienischen Kommissars Rocco Buttiglione zurückziehen musste. Schon 1999 hatte das Parlament durch eine Untersuchung von Korruptionsvorwürfen den geschlossenen Rücktritt der Kommission unter dem Präsidenten Jacques Santers erzwungen, auch wenn der vorangegangene Misstrauensantrag gegen die Kommission zuvor keine Mehrheit im Parlament gefunden hatte. Sowohl die Direktwahl des Europäischen Parlaments als auch die schrittweise Erweiterung seiner Zuständigkeiten stärkten die parlamentarische Komponente des EU-Systems.

Seit den 1990er Jahren haben außerdem etliche der nationalen Parlamente in Fragen der Europäischen Union gegenüber ihren Exekutiven aufgeholt, auch wenn dieser Prozess von Land zu Land unterschiedlich weit fortgeschritten ist (vgl. Maurer 2002). So wurden die Informationsversorgung der Parlamente und die Verfahren bei der Zuleitung von Dokumenten an die Parlamente schrittweise verbessert. Auch wurden Europaausschüsse als dezidiert „europäisierte Infrastruktur" in den nationalen Parlamenten eingerichtet; dem Informationsaustausch dienen ferner und mit begrenzter Wirkung die verschiedenen Spielarten interparlamentarischer Kooperation. Alles in allem bleibt jedoch ein schon häufig beschriebenes Grunddilemma von Mehrebenensystemen unaufgelöst: Versuchen die nationalen Parlamente (genauer: die regierungstragenden Mehrheiten) nicht nur ihre Kontrolle gegenüber der Exekutive zu intensivieren, sondern darüber hinaus auch die Regierungen enger an ihren Willen zu binden, drohen sie die nationale Regierung in den Verhandlungen auf europäischer Ebene zu schwächen.

Somit zeichnen sich zwar Verbesserungen bei der Wahrnehmung parlamentarischer Kontroll- und Mitgestaltungsrechte ab, welche die Rede von einer *Ent*-Parlamentarisierung in Europa als überzogen erscheinen lassen; von einem echten Durchbruch zu einer *Re*-Parlamentarisierung zu reden wäre jedoch unangemessen. Inwieweit sich dieses Bewusstsein in konkrete Handlungen übersetzt, inwiefern die Abgeordneten in den nationalen Parlamenten ihre Handlungsressourcen in den Fachpolitiken tatsächlich auf europäische Politik konzentrieren, werden zukünftige Forschungen erst zeigen müssen. Dass die Debatte über die Rolle von Parlamenten im Rahmen des Europäischen Konvents sehr intensiv geführt wurde, weist immerhin auf ein inzwischen geschärftes Problembewusstsein bei den politischen Akteuren und letztlich auch auf eine stärkere Hinwendung zur politischen Dimension Europas hin. Diese manifestiert sich ebenfalls im Zusammenschluss der Parteien zu europäischen Dachverbänden (vgl. Pogunkte et al. 2007).

Die Vertiefung der europäischen Union zu einer politischen Gemeinschaft, die sich in der institutionellen Entwicklung der letzten Jahrzehnte manifestiert, findet ihre Entsprechung in den politischen Einstellungen der Bevölkerung der meisten Mitgliedsländer. Kritische Einstellungen zur Europäischen Union überwiegen in Großbritannien und den nordischen Ländern, sie haben auch in Deutschland an Boden gewonnen, doch in der Gesamtbilanz sprechen sich die Europäer für eine Erweiterung der Kompetenzen der europäischen Institutionen aus und befürworten eine Stärkung der Rechte des Europaparlaments. Dies ist aber nicht mit blinder Europabegeisterung gleichzusetzen, denn sowohl an der politikfeldspezifisch sehr unterschiedlichen Bereitschaft zur Kompetenzverlagerung als auch in den vielfach kritischen Einstellungen zu den europäischen Institutionen zeigen sich Vorbehalte gegen eine zu weitgehende Stärkung der europäischen Ebene.

In ökonomischer und institutioneller Perspektive, aber auch in den Einstellungen der Bevölkerung hat sich die Europäische Union somit als politische Handlungseinheit etabliert.

Bereits vor der Einrichtung des europäischen Binnenmarktes setzte auf zahlreichen Politikfeldern eine Abwertung des Nationalstaates ein, jener Institution also, die seit dem Beginn der Neuzeit der wichtigste Akteur in der internationalen Politik war. Dieser Trend zu einer Verlagerung von Entscheidungskompetenzen von der nationalen Ebene auf supranationale Instanzen hat sich nach dem Vollzug der Wirtschafts- und Währungsunion weiter verstärkt. Dennoch bleibt, auch fünfzig Jahre nach dem Abschluss der Römischen Verträge, trotz aller Anstrengungen noch immer eine bemerkenswerte Diskrepanz zwischen dem Tempo des wirtschaftlichen und des politischen Integrationsprozesses bestehen. Dessen Ursachen hat man in erster Linie in den heterogenen Interessenlagen der Mitgliedstaaten zu suchen. Es bleibt nach wie vor fraglich, ob sich der Verzicht auf politische Hoheitsrechte für die politischen Führungsgruppen auszahlt und ob die Bevölkerung ihn dauerhaft akzeptiert. Wie der negative Ausgang der Referenden über den Verfassungsvertrag in Frankreich und den Niederlanden zeigt, vermischen die Bürger bei den Abstimmungen (wie auch bei den Wahlen zum Europaparlament) über europapolitische Themen nationale und europäische Themen. Mit anderen Worten: Politiker werden bei der Abstimmung über europapolitische Fragen auch für ihre nationale Politik haftbar gemacht, und gleichzeitig machen die Bürger nationale Politiker – bei den Exekutiven durchaus zu Recht – für die Auswirkungen europäischer Entscheidungen im eigenen Land verantwortlich.

3 Politische Strukturen und Prozesse

Selbst wenn die wirtschaftlichen Verflechtungen zwischen den 27 EU-Staaten mittlerweile ein beachtliches Ausmaß erreicht haben und heute – trotz mancher Konflikte und schwieriger Konsensbildungsprozesse zwischen den Mitgliedstaaten – als weitgehend unumkehrbar erscheinen, so setzen sie doch keinen Automatismus in Richtung auf eine soziale, politische und kulturelle Angleichung in Gang. Dass das Zusammenwachsen Europas durch die Erweiterung nicht einfacher geworden ist und sich die Interessenlagen in einigen Politikfeldern eher auseinander entwickelt haben, zeigten die vorübergehenden Diskussionen über ein „Kerneuropa", das „Europa der zwei Geschwindigkeiten", wie es sich im Schengener Abkommen widerspiegelte, oder das Konzept der „abgestuften Integration", aber auch konkrete Materien wie die umstrittene Dienstleistungsrichtlinie. Ob die Integration von mittlerweile sehr verschieden entwickelten Mitgliedstaaten von Erfolg gekrönt sein wird, wird nicht nur von der noch zu verbessernden institutionellen Handlungsfähigkeit und der Einrichtung handhabbarer Entscheidungsregeln auf europäischer Ebene abhängen, sondern auch davon, ob die politischen Strukturen in den 27 Staaten das Mindestmaß an politischer, ökonomischer und kultureller Homogenität aufweisen, das eine erfolgreiche politische Zusammenarbeit erst ermöglicht.

Bildeten die Mitgliedstaaten der EU-15 noch eine vergleichsweise homogene Ländergruppe, so sind die Unterschiede seit den letzten Erweiterungswellen von 2004 und 2007 erheblich größer geworden. Noch in der vorausgegangenen Ausgabe dieses Bandes von 1994 hatten die Herausgeber betont, dass Europa eben nicht nur ein geographischer, sondern nicht zuletzt auch ein kultureller Begriff sei, weil die europäischen Staaten ungeachtet aller bestehenden Unterschiede in eine gemeinsame kulturelle Tradition eingebettet seien. Tatsächlich wiesen seinerzeit alle zwölf Länder ein liberaldemokratisches Regime auf, das sich durch freie Wahlen und die Institutionalisierung politischer Grundrechte auszeichnete. Doch auch damals war diese heute mitunter selbstverständlich anmutende Gemeinsamkeit noch relativ neuen Datums. Großbritannien gilt zwar meist als das „Mutterland der Demokratie", und auch die Beneluxstaaten, Dänemark und Irland können zumindest im 20. Jahrhundert auf eine Kontinuität demokratischer Regime verweisen. Anders stellt sich diese Situation jedoch in Deutschland, Italien, Spanien, Portugal und Griechenland dar. Demokratische Regime und rechtsstaatliche Systeme etablierten sich dort erst nach dem Zweiten Weltkrieg oder, etwa in Südeuropa, sogar noch später. Die fünf neuen Länder der Bundesrepublik Deutschland stießen mit der Wiedervereinigung 1990 zur Familie der demokratischen Staaten, so dass sie in vergleichenden Darstellungen auch heute noch häufig als vom alten Bundesgebiet zu unterscheidendes Untersuchungsobjekt ausgewiesen werden, das überdies bevorzugt mit den mittelost- und zentraleuropäischen ehemaligen Transformationsländern in einer Gruppe für vergleichende Studien zusammengefasst wird. Mit dem Beitritt der zehn ehemaligen sozialistischen Transformationsländer im Osten und Südosten Europas sind die Differenzen abermals angewachsen. Die Mitgliedstaaten unterscheiden sich mehr denn je nach der Dauer der demokratischen Traditionen, der Stabilität der formal-demokratischen Institutionen und auch der intermediären Organisationen, insbesondere der Parteiensysteme.

Je nachdem, welches Messinstrument man anlegt, zeigen sich bei der Demokratiequalität der Mitgliedstaaten deutliche Varianzen. Zwar kann keiner der Mitgliedstaaten als „nicht-demokratisch" bezeichnet werden, da die Geltung liberal-demokratischer Institutionen und rechtsstaatlicher Normen ein zentrales Aufnahmekriterium für die Zugehörigkeit der EU darstellt. Allerdings ergeben sich bei genauem Hinsehen eben doch erkennbare Unterschiede. Bei aller gebotenen Vorsicht gegenüber manchen Rankings eröffnet ein solcher Vergleich doch interessante Details: Laut einigen Indizes werden die Gründungsmitglieder Frankreich und Italien aufgrund von Schwächen bei der Realisierung der Gewaltenteilung inzwischen von manchen der neuen Mitgliedstaaten überholt. Die Einbeziehung Mittelost- und Südosteuropas in den Vergleich der EU-Staaten trägt somit dazu bei, manche festgefügte Urteile über West- und Osteuropa zu durchbrechen und zu deutlich differenzierten Aussagen zu gelangen (vgl. für Ostmitteleuropa jüngst Merkel 2007).

Schon ein Vergleich der politischen Institutionengefüge der 27 EU-Staaten offenbart deutliche Unterschiede. Einige Länder, wie Großbritannien oder Dänemark, sind konstitutionelle Monarchien, andere sind Republiken. Die weitaus meisten Staaten lassen sich zwar dem Typus des parlamentarischen Regierungssystems zuordnen. Je nach Art der Typisierung können aber bis zu acht EU-Mitgliedstaaten als semipräsidentiell bezeichnet werden, Zypern weist ein präsidentielles System auf. Die Wahl der Parlamente erfolgt teils nach dem Mehrheits-, teils nach dem Verhältniswahlrecht. Daneben finden sich Mischsysteme, deren kompliziertestes in Ungarn angewandt wird.

Um die Wirkung gewaltenteiliger und gewaltenhemmender Elemente in Demokratien umfassend würdigen zu können, reicht es nicht aus, die Wechselbeziehungen zwischen Exekutive und Legislative zu untersuchen. Es ist nicht zuletzt die Aufgabe von Verfassungsgerichten, das Prinzip der Gewaltenteilung zu sichern. Das institutionelle Design, Umfang und Art der Zuständigkeiten sowie die Verfahren der Richterauswahl und die Offenheit des Gerichtszugangs sind in den EU-Staaten zwar sehr unterschiedlich geregelt, jedoch profitieren gerade die jungen Demokratien von einer starken nationalen Verfassungsgerichtsbarkeit und von der Einbeziehung in den europäischen Rechtsraum. Auch wenn das Verhältnis der nationalen Verfassungsgerichte zum Europäischen Gerichtshof noch nicht abschließend geklärt ist, so werden in Europa doch auch die Länder, die traditionell schwache Verfassungsgerichte aufweisen oder aber, wie Großbritannien, gar keines, zunehmend in den Geltungsbereich des europäischen Grundrechtsschutzes einbezogen.

Die nach wie vor bestehenden Divergenzen zwischen den Verfassungsgerichtsbarkeiten in den EU-Mitgliedstaaten sind augenfällig. Selbst wenn die Europäisierung der Rechtsprechung in einigen Ländern zu einer verbesserten Durchsetzung von Grundrechten geführt hat (was das Bundesverfassungsgericht angesichts des hohen Standards beim nationalen Grundrechtsschutz in Deutschland aber mitunter genau gegenteilig bewertet hat), so bestätigt diese Entwicklung nicht automatisch die Konvergenzthese. Diese Feststellung gilt im Übrigen auch für den europäischen Verwaltungsraum. Die nationalen Beamten zählen im europäischen Politikzyklus zwar zu den Akteuren, die das europäische Policymaking wesentlich mitgestalten; sie nehmen durch die Europäisierung ihres Tätigkeitsfeldes auch zunehmend eine europäische Perspektive auf Sachthemen ein und definieren ihre eigene Rolle somit erkennbar „europäisch" (vgl. Trondal/Veggeland 2003). Gleichzeitig bestehen aber die nationalen Muster der Verwaltungsorganisation weiter, selbst wenn sich diese an die veränderte Umweltbedingungen anpassen müssen. Die verschiedenen Rechtstraditionen und Verwaltungskulturen der Mitgliedstaaten haben somit eine beträchtliche Beharrungskraft, trotz einiger europäischer oder gar globaler Trends wie der Verwaltungsmodernisierung, die ihrerseits aber nationalstaatlich unterschiedlich interpretiert und umgesetzt werden.

Föderale Systeme, die ebenfalls eine gewaltenhemmende Wirkung entfalten, kommen in Europa selten vor. Zurzeit können nur Deutschland, Belgien und Österreich eindeutig als Föderationen klassifiziert werden. Die Zuordnung Spaniens bleibt umstritten, jedoch firmiert es in vielen politikwissenschaftlichen Studien mittlerweile als Bundesstaat. In einigen europäischen Ländern zeigen sich deutliche Tendenzen zur Regionalisierung, an deren Abschluss bundesstaatliche Ordnungen stehen könnten. Eine ausgeprägte Regionalisierung lässt sich in Italien und in dem als klassische Mehrheitsdemokratie geltenden Großbritannien feststellen. Alle anderen EU-Mitgliedstaaten gehören eindeutig zu den Einheitsstaaten, die somit innerhalb der EU den dominierenden Typus darstellen. Die föderalen Staaten mussten im Zuge der vertieften Europäischen Integration erhebliche institutionelle Anpassungen vornehmen, um ihre innerstaatlichen mit den europäischen Entscheidungsstrukturen verzahnen zu können. Die sich aus dieser mehrfachen Politikverflechtung ergebenden Schwierigkeiten – z. B. bei der Umsetzung europäischer Richtlinien und Verordnungen – treffen in der Mehrzahl der EU-Staaten auch deshalb häufig auf wenig Verständnis, weil den anderen Mitgliedsländern die institutionalisierten Konsenszwänge einer Föderation weitgehend fremd sind.

Die Mechanismen und Verfahren politischer Partizipation und intermediäre Systeme sind in den EU-Mitgliedstaaten in verschiedener Form institutionalisiert. Dies lässt sich beispielhaft anhand von Elementen direktdemokratischer Partizipation aufzeigen. Während in einigen Ländern, etwa in Deutschland, auf der nationalen Ebene strikt repräsentative Elemente dominieren, werden direktdemokratische Elemente in Italien häufiger genutzt. Wer seinen Blick jedoch ausschließlich auf die nationale Ebene richtet, erhält ein verzerrtes Bild von der Bedeutung plebiszitärer Beteiligungsformen in einem Land. Dies zeigt gerade das Beispiel Deutschland, wo kommunale Bürgerentscheide im Vergleich aller EU-Mitgliedstaaten am häufigsten eingeleitet werden. Die „plebiszitäre Bilanz" selbst vermeintlich rein repräsentativer Systeme fällt somit anders aus, wenn man die Zuständigkeitsverteilung der unterschiedlichen territorialen Ebenen und die dort jeweils verankerten direktdemokratischen Verfahren in die Bewertung einbezieht.

Mindestens so stark wie die formal-institutionellen Strukturen divergiert das tatsächliche Funktionieren der politischen Systeme. Hierzu tragen nicht zuletzt die auffälligen Unterschiede in den Parteisystemen und Parteistrukturen bei. Es gibt in Europa einige Länder, die nach der Logik von Zweiparteiensystemen funktionieren, d. h. in denen sich die beiden großen Parteien jeweils in der Regierungsverantwortung als Einparteiregierungen ablösen. Als klassischer Typus eines Zweiparteiensystems gilt die Mehrheitsdemokratie Großbritanniens, jedoch dominieren auch z. B. in Griechenland, Spanien oder Malta zwei Parteien den politischen Wettbewerb. Dem stehen Länder mit einem moderat fragmentierten Parteiensystem gegenüber, etwa Deutschland oder Österreich (zur Typisierung vgl. Sartori 1976). Stark fraktionalisierte Parteiensysteme weisen die Niederlande, Belgien, Dänemark, Finnland oder Italien auf. Letzteres wurde aufgrund der extremen Parteien an den Rändern des Spektrums dem Typus des „polarisierten Pluralismus" zugeordnet. Hohe Fragmentierungswerte findet man auch in etlichen mittelost- und südosteuropäischen Mitgliedstaaten. Während in einigen dieser Länder, etwa in Polen oder in Ungarn, die parlamentarische Fragmentierung rückläufig ist, lassen sich in Litauen oder Bulgarien gegenteilige Entwicklungen feststellen.

Der unterschiedliche Fraktionalisierungsgrad ergibt sich generell aus dem Zusammenspiel des Wahlrechts mit den Konfliktstrukturen der betreffenden Gesellschaften. Da die parteipolitische Ausdifferenzierung und Verfestigung gesellschaftlicher Konflikte beträchtlich variiert, unterscheiden sich die Parteiensysteme der 27 Länder in der Kräfteverteilung zwischen den politischen Lagern, in der Mobilisierung und Fluktuation der Wähler, in der ideologischen Polarisierung und in der Bedeutung extremistischer Parteien. Sieht man vom Spezialfall Italien ab, das in den 1990er Jahren einen kompletten Umbruch seines Parteiensystems und seither zahlreiche Neugründungen von Parteien erfuhr, so sind die Parteieliten insbesondere in den neuen Mitgliedstaaten beweglicher als in den alten der EU-15: Parteien werden dort oft aufgrund von Elitenkonflikten gegründet, sie sind somit zuweilen eher Zusammenschlüsse von Eliten als dass sie gesellschaftliche Konflikte repräsentieren. Angesichts dessen durchlaufen die Parteiensysteme häufiger Umbruchsprozesse, die unmittelbar auf den Fragmentierungsgrad in Parlamenten durchschlagen.

Die Struktur des Parteienwettbewerbs, d. h. die Zahl und die Stärke der Parteien, ihre Polarisierung und Koalitionsfähigkeit, wirkt sich in allen EU-Staaten wesentlich auf die Arbeit von Parlament und Regierung aus. Fragmentierte Parteiensysteme bringen nach allgemeiner Einschätzung tendenziell instabile Regierungen hervor. Mindestens ebenso wichtig ist jedoch die – nur mit erheblichem Aufwand zu messende – Polarisierung zwischen den politischen Parteien, welche die Konsensfähigkeit zwischen den im Parlament vertretenen Kräften anzeigt. Betrachten wir die parteipolitische Basis einer Regierung, finden wir in Europa sehr unterschiedliche Verhältnisse vor: Großbritannien wird seit 1945 ausnahmslos von Einparteikabinetten regiert, meistens mit einer parlamentarischen Mehrheit. Diese dominieren auch in Griechenland und in Malta. Muster der Koalitionsvermeidung bringen aber mit einer gewissen Wahrscheinlichkeit auch Einpartei-Minderheitsregierungen hervor, etwa in Spanien, Italien, Schweden oder in Norwegen. Sogenannte „große Koalitionen", welche die beiden stärksten Parteien einschließen, waren bzw. sind mit einer gewissen Wahrscheinlichkeit in Belgien oder Österreich zu finden. „Surplus Koalitionen", die mehr Partner in die Regierung aufnehmen als für die Mehrheit unbedingt erforderlich ist, traten insbesondere in Finnland auf, aber in den 1990er Jahren auch in Ungarn. In Dänemark sind Minderheitskoalitionen ein dominierender Regierungstyp. In der Bundesrepublik Deutschland stützten sich Koalitionsregierungen dagegen stets auf eine – wenn auch mitunter knappe –

parlamentarische Mehrheit. Unter den Bedingungen des in Frankreich installierten Semipräsidentialismus schließlich repräsentiert die „Cohabitation" von Sozialisten und Bürgerlichen eine weitere Variante. Dass Regierungschef und Präsident im semipräsidentiellen System unterschiedlichen Parteien angehören, war auch in Polen mehrfach der Fall.

Überaus wichtig für das Funktionieren der politischen Systeme ist die Einbindung der großen, wählerstarken Parteien in die Regierungsverantwortung. In der Bundesrepublik Deutschland und in Großbritannien funktioniert der Mechanismus des demokratischen Machtwechsels zwar unterschiedlich, er führt jedoch im Ergebnis zu einer ähnlichen Machtverteilung zwischen Christdemokraten bzw. Konservativen und Sozialdemokraten: Sie teilen sich die Regierungszeit grob im Verhältnis 40 zu 60 bzw. 50 zu 50. Weniger ausgewogen fällt hingegen die Regierungsbeteiligung der großen Parteien in anderen Ländern aus: In den Niederlanden befand sich der CDA bzw. dessen Vorläuferpartei KVP von 1945 bis zur oft als „historisch" bezeichneten Parlamentswahl von 1994 ununterbrochen, wenn auch mit wechselnden Koalitionspartnern, an der Regierung. Auch in Italien regierten die Christdemokratien zwischen 1946 bis 1994 ohne Pause in wechselnden Konstellationen. Demgegenüber war die zweitstärkste italienische Partei, die PDS (früher PCI), bis 1994 dauerhaft in die Opposition verwiesen. Erst 1998 wurde dieses Tabu gebrochen, als die Regierungsmacht nun erstmals in der Hand eines linken Parteichefs, Massimo D´Alema, lag. In Finnland haben beinahe alle politischen Kräfte in wechselnden Koalitionen schon einmal miteinander regiert. Dass dort die Blockstruktur des Parteiensystems eine relativ geringe Rolle spielt, hat dazu beigetragen, dass in den 1990er Jahren übergroße Regenbogenkoalitionen entstanden, die das gesamte Parteienspektrum – teilweise unter Auslassung der Medianpartei – in der Regierung vereinten (vgl. Pehle 2002). Entgegen allen Vorhersagen zur Kabinettsstabilität erwiesen sich diese Regierungen als stabil und leistungsfähig.

Die parlamentarische Basis der Regierung beeinflusst die Machtverteilung zwischen der Regierung und dem Parlament. Großbritannien und die Bundesrepublik Deutschland gelten als Prototypen politischer Systeme mit einer Dominanz der Regierung gegenüber dem Parlament; ein Gegenbeispiel stellt Italien dar. Wie die häufigen Regierungswechsel und die geringe Kabinettsstabilität dort zeigen, stehen verhältnismäßig schwache Regierungen einem starken Parlament gegenüber (vgl. auch Lijphart 1984, 1999). Andere vergleichende Studien belegen, dass insbesondere Minderheitsregierungen, die einer wechselnden Tolerierung durch parlamentarische Fraktionen bedürfen, die Stellung des Parlaments gegenüber der Regierung stärken (vgl. Strøm 1990). Die Regierung steht dann vor der Aufgabe, mit gesprächsbereiten Fraktionen über eine mehrheitsfähige Politik verhandeln zu müssen. Im Minderheitsparlamentarismus Dänemarks der 1980er Jahre, einem Extremfall, wurden sogar mehr als 100 Gesetze von der Mehrheit der Oppositionsparteien verabschiedet, ohne dass die Regierung sich veranlasst sah zurückzutreten. Auch wenn die Leistungsbilanz von Minderheitsregierungen besser sein mag als angenommen, so lassen sich die Funktionsweisen insbesondere der skandinavischen Minderheitsregierungen nicht ohne weiteres, wie mitunter empfohlen wird (vgl. Lehmbruch 2000: 197f.), auf andere Länder übertragen, um dergestalt verhandlungsdemokratische Strukturen zu stärken. Minderheitsregierungen sind ihrerseits auf spezifische Konfigurationen des Parteiensystems sowie auf eine pragmatische politische Kultur angewiesen, um eine effektive Politik hervorbringen zu können.

In seiner Studie „Democracies" unternahm Arend Lijphart (1984, 1999) den Versuch, die oben grob skizzierten zahlreichen Merkmale der politischen Systeme westlicher Demokratien zu ordnen und zu einer Typologie zusammenzufassen. Aus einer kritischen Auseinandersetzung mit der lange Zeit vorherrschenden Idealisierung des britischen Regierungssystems entwickelte er die Hypothese, der in einem Lande entstehende Typus eines demokratischen Regimes werde von den vorherrschenden gesellschaftlichen Bedingungen, insbesondere von der kulturellen Homogenität bzw. Heterogenität der betreffenden Gesellschaft, beeinflusst. Dementsprechend könne das politische System die Aufgabe, gesamtgesellschaftlich verbindliche Entscheidungen zu treffen und durchzusetzen, auf verschiedene Weise erfüllen. In kulturell homogenen Gesellschaften vom Typ Englands entstehe wahrscheinlich eher eine Mehrheitsdemokratie, die sich durch Machtkonzentration, Wettbewerb und die Anwendung des Mehrheitsprinzips auszeichne. Für kulturell fragmentierte Gesellschaften wie die Niederlande oder Belgien seien die Grundsätze der Machtdiffusion, der Verhandlung und des Einigungsprinzips, also konsensdemokratische Strukturen, typisch.

In der empirischen Analyse erwies sich die Unterscheidung zwischen Mehrheits- und Konsensdemokratien als zu undifferenziert. Neben der Struktur des nationalen Entscheidungszentrums war als eine weitere wichtige Größe die Aufteilung der Kompetenzen zwischen dem nationalen politischen System und den subnationalen Einheiten zu berücksichtigen. Auf dieser Grundlage ermittelte Lijphart mittels einer Faktorenanalyse vier Typen demokratischer Systeme: die unitarische Mehrheitsdemokratie (Großbritannien), die föderative Konsensdemokratie (z. B. Belgien), die föderative Mehrheitsdemokratie (Bundesrepublik Deutschland) und die einheitsstaatliche Konsensdemokratie (z. B. Dänemark). Andere Länder genügen jeweils nur einem der für die Typologisierung maßgeblichen Kriterien und sind daher den Mischtypen zuzuordnen. Bei einer Ausweitung der Typologie auf die neuen Mitgliedstaaten der EU oder auf osteuropäische Länder würde es zudem Probleme bereiten, kulturell oder ethnisch fragmentierte Gesellschaften einzuordnen, die auf institutionalisierte konsensdemokratische Elemente weitgehend verzichten (z. B. die Ukraine oder Bulgarien). Angesichts des schnellen institutionellen Wandels in einigen der neuen Mitgliedstaaten der EU blieb deren Zuordnung zu den Typen demokratischer Systeme bislang ohnedies grundsätzlich schwierig.

Lijpharts Typologie zählt heute noch zu den einflussreichsten Ansätzen der Demokratieforschung (zur kritischen Auseinandersetzung vgl. Schmidt 2000). In der jüngeren Vergangenheit hat nicht zuletzt die empirische Transformationsforschung neue Aspekte in die vergleichende Politikwissenschaft eingebracht. Sie hat z. B. auf Defizite der Gewaltenteilung in jungen Demokratien hingewiesen, die sich ihrerseits negativ auf die Demokratiequalität auswirken. Die Übertragung solcher Fragestellungen auf die Gesamtheit der 27 EU-Mitgliedstaaten und empirische Befunde ließen eine differenziertere Betrachtung auch der alten Mitgliedstaaten zu. Sie gaben Anstöße für neue Forschungsfragen, da sich die konstatierten Defizite eben nicht regional eingrenzen, sondern sich teilweise auch für etablierte liberaldemokratische Systeme belegen lassen. Die erweiterte EU stellt somit in sich bereits die Möglichkeiten für interregionale Vergleiche bereit, von denen auch in Zukunft wesentliche Impulse für die vergleichende Demokratieforschung ausgehen dürften.

4   Sozialstrukturelle und kulturelle Rahmenbedingungen

Bereits die ersten Beiträge zur empirischen Demokratieforschung beschränkten sich nicht auf die Analyse der Binnenstruktur des politischen Systems, sondern sie bezogen die sozioökonomische und soziokulturelle Umwelt in ihre Analysen ein, weil sie vielfältige Verflechtungen zwischen Gesellschaft, Wirtschaft, Kultur und Politik annahmen (vgl. Cnudde/Neubauer 1969; Lipset 1981; Powell 1982). Wie die entsprechenden Untersuchungen zeigten, bestehen in Ländern mit Massenwohlstand, einem hohen Bildungsniveau der Bevölkerung und einem gut entwickelten Massenkommunikationssystem die größten Chancen für einen freien politischen Wettbewerb und die Institutionalisierung von Grundrechten. Neben diesen nur langfristig veränderbaren sozioökonomischen Größen untersuchte die empirische Demokratieforschung auch die Bedeutung kurzfristiger ökonomischer Veränderungen für die Unterstützung des politischen Systems durch die Bevölkerung (vgl. z. B. Lockerbie 1993; McAllister 1999). Während die sechs Gründungsstaaten der EG einander in sozioökonomischer Hinsicht relativ ähnlich waren, führten die folgenden Erweiterungen zu einem beträchtlichen Modernitäts- und Leistungsgefälle zwischen den EU-Mitgliedstaaten. Dies war bereits vor der Osterweiterung gegeben, hat sich aber seither verstärkt. Während Dänemark und Luxemburg bis heute zu den wohlhabendsten Ländern der Erde gehören, wiesen Griechenland und Portugal noch in den 1990er Jahren ein im westeuropäischen Maßstab niedriges Pro-Kopf-Einkommen auf. Nach der Osterweiterung hat sich das Wohlstandsgefälle innerhalb der EU verschärft. Das Bruttoinlandsprodukt Bulgariens und Rumäniens beläuft sich im Jahr 2008 auf ca. 40 Prozent des Durchschnitts der EU-25, Irland erreicht das 1,5fache, Luxemburg das 2,9fache des EU-25-Durchschnitts.[1] Interessant ist im europäischen Vergleich nicht allein das Wohlstandsniveau, sondern auch die Verteilung des Wohlstandes. Anders als beim Wohlstandsniveau verläuft die Trennlinie bei der Egalität der Einkommensverteilung nicht zwischen West- und Osteuropa, sondern innerhalb dieser beiden Regionen: Eine besonders egalitäre Einkommensverteilung weisen Dänemark, Slowenien, Schweden, die Tschechische Republik und Bulgarien auf, als überdurchschnittlich groß stellt sich die Einkommensdisparität in Lettland, Litauen, Portugal und Griechenland dar. Eine relativ egalitäre Einkommensverteilung kann somit sowohl für wohlhabende (Dänemark, Schweden) als auch für arme Gesellschaften (Bulgarien) typisch sein.[2] Mit Tschechien und Slowenien weisen zwei postkommunistische Gesellschaften eine relativ egalitäre Einkommensverteilung auf, die von einem im Vergleich mit anderen postkommunistischen Gesellschaften überdurchschnittlichen ökonomischen Aufschwung begleitet wurde.

Die starken Wohlstandsdifferenzen zwischen dem westlichen und dem östlichen Teil der EU wurden von sehr unterschiedlichen Entwicklungsdynamiken in den alten und neuen EU-Mitgliedstaaten begleitet. In allen postkommunistischen Gesellschaften wuchs das Bruttoinlandsprodukt je Einwohner seit der Mitte der 1990er Jahre. Besonders große Fortschritte bei der Annäherung an den Durchschnitt der EU-25 verzeichneten die drei baltischen Länder, in Litauen und Lettland um den Preis einer wachsenden Einkommensungleichheit. In Tschechien, Polen und Ungarn verlief die Annäherung an den EU-Durchschnitt langsamer, hier war allerdings auch das Ausgangsniveau höher. Im Unterschied zu den nur unterschiedlich stark ausgeprägten Wachstumsprozessen in den neuen Mitgliedstaaten vollzogen sich in den westeuropäischen Ländern qualitativ unterschiedliche Entwicklungen, in deren Verlauf sich die relative Position einzelner Länder veränderte: Zu den Gewinnern gehören Luxemburg und Irland, zu den Verlierern Italien, Deutschland und Dänemark. Zumindest im Falle Irlands lässt sich der enorme Prosperitätsgewinn als direkte Folge des EU-Beitritts deuten.

---

[1] vgl. http://europa.eu/geninfo/legal_notices_de.htm, zugegriffen am 16. Februar 2008.
[2] vgl. http://europa.eu/geninfo/legal_notices_de.htm, zugegriffen am 16. Februar 2008.

Wie die Strukturdaten, so variieren auch die Konjunkturdaten: Länder mit einer hohen Inflationsrate (Ungarn, Lettland und Bulgarien) stehen solchen mit einer stabilen Währung (Malta, den nordischen Staaten und Frankreich) gegenüber.[3] In Polen und der Slowakei lag die Arbeitslosenquote 2007 auf einem sehr hohen Niveau, in den Niederlanden, Dänemark und Zypern war sie ausgesprochen niedrig.[4] Auch bei der konjunkturellen Entwicklung verläuft die Trennlinie nicht mehr entlang des ehemaligen Eisernen Vorhanges, vielmehr zeigen sich im westlichen wie im östlichen Teil der Europäischen Union jeweils besondere nationale Entwicklungsverläufe. Sie werden durch die Einbindung in die Europäische Union vermutlich moderiert, aber keineswegs neutralisiert.

Da sich das sozialstrukturelle und wirtschaftliche Erscheinungsbild der Europäischen Union durch die Osterweiterung deutlich ausdifferenziert hat, kann man heute vermutlich noch viel weniger von einem einheitlichen Kulturraum Europa sprechen als vor dem Beitritt der postkommunistischen Gesellschaften. Dies ist nicht ausschließlich den möglichen Folgewirkungen einer kommunistischen Sozialisation geschuldet, deren Folgen auch zwanzig Jahre nach dem Regimewechsel noch nachwirken. Vielmehr manifestiert sich dieser Umstand nach wie vor in einer parteipolitischen Konfliktlinie zwischen Gegnern und Verteidigern des Ancien Regime. Huntington vermutete bereits 1984, dass es langfristig entstandene kulturelle Trennlinien zwischen dem östlichen und dem westlichen Europa gibt, die sich bis auf das Schisma zwischen der römisch-katholischen und der griechisch-orthodoxen Kirche, möglicherweise sogar bis zur Trennung des Römischen Reiches in einen östlichen und einen westlichen Teil zurückführen lassen (vgl. Huntington 1984). Die vor allem von Inglehart unternommenen Versuche, das Profil verschiedenartig ausgeprägter Weltkulturen zu zeichnen, lassen ebenfalls ähnliche Spuren erkennen (vgl. Inglehart/Welzel 2005: 65ff.). Auch die weniger ambitionierte, komplexere Erkundung des europäischen Wertesystems durch Jürgen Gerhards (2005) gibt für die Bereiche Religion, Familie und Partnerschaft, Demokratie und Zivilgesellschaft deutliche Unterschiede zwischen den Bürgern der alten und neuen EU-Mitgliedstaaten an, wenngleich sie bei der Anerkennung des Leistungsprinzips und der Unterstützung wohlfahrtsstaatlicher Arrangements entweder vernachlässigbar sind oder nicht in die erwartete Richtung weisen.

Die aus der Analyse der westeuropäischen Gesellschaften bekannten kulturell-ethnischen Spaltungen und die aus diesen resultierende Konflikte lassen sich in den meisten mittelosteuropäischen Gesellschaften schon deshalb nicht in der gleichen Form finden wie im Westen, weil in Folge der Umgestaltung der Gesellschaft durch die kommunistischen Parteidiktaturen eine sehr weitgehende Säkularisierung und ökonomische Nivellierung eintrat. Manche der alten sozioökonomischen Konfliktlinien sind mittlerweile in den meisten postkommunistischen Gesellschaften aber wiederbelebt worden, auch wenn sie häufig durch die Spannung zwischen dem antikommunistischen und postkommunistischen Lager überformt werden. Sehr deutlich zeigt sich z. B. in Polen eine Trennlinie zwischen einem kulturell liberalen und einem traditionalistisch-klerikalen Wertesystem, das in schwächerer Form auch in einigen westeuropäischen Ländern vorhanden ist. Die für Belgien, Spanien und Großbritannien typischen ethnischen Spannungen wurden in einigen mittelosteuropäischen Staaten (in den baltischen Staaten, in der ehemaligen Tschechoslowakei und Jugoslawien) durch territoriale Trennung beseitigt und haben dadurch ihre potenzielle Sprengkraft

---

[3] vgl. http://europa.eu/geninfo/legal_notices_de.htm, zugegriffen am 16. Februar 2008.
[4] vgl. http://europa.eu/geninfo/legal_notices_de.htm, zugegriffen am 16. Februar 2008.

verloren. In anderen Ländern wie Ungarn oder Bulgarien sind sie jedoch vorhanden und könnten sich als Herausforderungen für die Integrationskapazität der jungen Demokratien erweisen.

Nur ausnahmsweise wirken sich die beschriebenen gesellschaftlichen Strukturen direkt auf das Funktionieren des politischen Prozesses aus. Um für die Politik relevant zu werden, bedarf es einer politischen Deutung sozialer Probleme und Konflikte. Diese Feststellung verweist auf eine wichtige Vermittlungsgröße zwischen den Bürgerinnen und Bürgern und der Politik, nämlich auf die politische Kultur des betreffenden Landes. Mit diesem Begriff belegt man in der Literatur das System politisch relevanter Überzeugungen der Bevölkerung. Zahlreiche der zuvor beschriebenen Unterschiede in den politischen Strukturen und Prozessen sind in politisch-kulturellen Unterschieden angelegt. In diesem Sinne führte schon Almond (1956) die unterschiedliche Bestandsfestigkeit der Demokratie in den Staaten Europas auf deren politische Kultur zurück. Es ist eine für die empirische Forschung außerordentlich interessante Frage, ob sich mit der zunehmenden ökonomischen Verflechtung und der Ausbreitung grenzüberschreitender Kommunikationsprozesse auch eine Konvergenz der politischen Wertvorstellungen und Einstellungen der Bevölkerung verbindet.

5 Analyseperspektiven, Methoden, Daten

Wenn in einem Band so unterschiedliche Sachverhalte wie die Verfassungen der EU-Mitgliedstaaten, die Formen und Prozesse der Koalitionsbildung, die Organisation und Arbeitsweise der Öffentlichen Verwaltung, die Rolle der Massenmedien im politischen Prozess oder die Beteiligung der Bürger an der politischen Willensbildung und Entscheidung behandelt werden, dann kann man kaum einen einheitlichen theoretischen Zugang erwarten. Natürlich lassen sich aus abstrakten Theorien wie dem Rational Choice-Modell, der Systemtheorie oder dem Neoinstitutionalismus geeignete Analyseperspektiven und Hypothesen ableiten. Es ist allerdings fraglich, ob diese jeweils, wenn sie auf alle in diesem Buch behandelten Aspekte angewandt würden, noch einen Erkenntnisgewinn für die Beschreibung und Erklärung realer politischer Phänomene hervorbringen könnten. Einzelne Modelle und Theorien sind stets einmal mehr, einmal weniger geeignet. Zweifel an der Allgemeingültigkeit eines einzigen theoretischen Zugangs sind schon deshalb angebracht, weil einige der in diesem Band untersuchten Sachverhalte auf der Makroebene, andere dagegen auf der Mikroebene der politischen Analyse zu verorten sind. Einige sind der Polity-, andere der Politics- und wieder andere der Policy-Dimension des politischen Lebens zuzuordnen. Angesichts dieser Verschiedenartigkeit der zu untersuchenden Sachverhalte und der bekannten Probleme bei der Verknüpfung von Verhaltens- und Strukturanalyse scheint das Bemühen um eine alle Einzelthemen des Bandes integrierende politikwissenschaftliche Theorie somit ziemlich aussichtslos.

Wir haben deshalb unser Ziel sehr viel weniger ambitioniert formuliert. In erster Linie geht es darum, die relevanten mikro- und makropolitischen Aspekte der politischen Systeme der Mitgliedstaaten der EU auf Übereinstimmungen und Divergenzen zu untersuchen, d. h. einen systematischen empirischen Vergleich der politischen Gegebenheiten in den betreffenden europäischen Demokratien vorzunehmen. Die Mitgliedstaaten der EU bieten hierfür vorzügliche Voraussetzungen. Im Weltmaßstab betrachtet handelt es sich bei ihnen um Gesellschaften und politische Gemeinschaften, die einander durchaus ähnlich sind.

Nach der Logik des Most Similar Cases-Designs kann man bei ihrem Vergleich einige Strukturmerkmale konstant halten, die in anderen Studien eine große Varianz aufweisen. Alle 27 Mitgliedstaaten der EU gehören zur Gruppe der demokratischen Staaten mit einer liberalen Wirtschaftsverfassung und einer moderat disparitären Verteilung des wirtschaftlichen Wohlstandes. Wenn es gelingt, in dieser Gruppe von Ländern systematische Variationen der politischen Prozesse zu entdecken, dann lassen sich bestimmte strukturelle Faktoren als mögliche Erklärungsgrößen ausschließen.

Die Ähnlichkeiten bewegen sich jedoch auf einem von konkreten Merkmalen der politischen Systeme häufig stark abstrahierenden Niveau. Deshalb scheint es fraglich, ob das Most Similar Cases-Design wirklich als Zugang zur Analyse von Politik, Wirtschaft und Gesellschaft in den 27 EU-Mitgliedstaaten geeignet ist. Wie anhand einiger Beispiele gezeigt wurde, ergeben sich in der europäischen Binnenperspektive teilweise beträchtliche Unterschiede zwischen den Ländern, und zwar sowohl im Hinblick auf die Arbeitsweise der zentralen Institutionen als auch auf die Struktur der Parteiensysteme, das Partizipationsverhalten der Bürger oder die sozioökonomischen Rahmenbedingungen. Die Unterschiede zwischen den Mitgliedstaaten der EU, ihre Bedingungen und Konsequenzen zu untersuchen bleibt deshalb eine lohnenswerte wissenschaftliche Aufgabe.

Aber um welche Differenzen geht es in erster Linie? In der letzten Ausgabe dieses Bandes standen die Unterschiede zwischen den traditionsreichen und den jüngeren westeuropäischen Demokratien im Vordergrund, eine zweite Analyseperspektive war durch die Unterscheidung zwischen Konsens- und Wettbewerbsdemokratien vorgegeben. Dieser Fokus spiegelte die politikwissenschaftlichen Diskussionszusammenhänge der 1980er Jahre wider. Die daraus resultierenden Fragestellungen sind heute nicht mehr aktuell. Wenn man sich am Beginn des 21. Jahrhunderts mit einem Vergleich der europäischen Demokratien beschäftigt, dann gelangt man fast zwangsläufig zum Vergleich zwischen den Staaten und Gesellschaften diesseits und jenseits des früheren Eisernen Vorhanges. Die wichtigste Frage nach dem Zusammenbruch des Realsozialismus lautet: Hat sich zwischen den liberaldemokratischen westeuropäischen Systemen und jenen der postkommunistischen Gesellschaften ein politischer Angleichungsprozess vollzogen? In welchen Bereichen lässt er sich besonders klar feststellen und welche Triebkräfte sind für ihn maßgeblich?

In diesen Fragen spiegelt sich die Leitperspektive, die den im diesem Band enthaltenen Beiträgen zugrunde liegt. Sie ist somit von großer Bedeutung, soll aber nicht dazu führen, dass divergierende Strukturen und Entwicklungsmuster innerhalb der Gruppen der west- und der mittelosteuropäischen Mitgliedstaaten aus dem Blick geraten. Die Einzelbeiträge enthalten denn auch Hinweise darauf, dass z. B. die politischen Systeme der nordischen Demokratien anders funktionieren als die der Anrainergesellschaften des Mittelmeers und dass die vermeintlich nach wie vor klare Trennlinie zwischen der westlichen und der östlichen Hälfte des europäischen Kontinents an Schärfe zu verlieren beginnt.

Neben der Beantwortung der beschriebenen inhaltlichen Fragen und der Entwicklung bestimmter methodischer Perspektiven verfolgt dieser Band ein drittes Ziel, nämlich den Leser mit den Datengrundlagen europäischer vergleichender Analysen vertraut zu machen. Über die Mitgliedstaaten der Europäischen Union liegen mittlerweile derart umfassende Datenbestände vor, dass systematisch vergleichende empirische Analysen heute erheblich weniger Probleme verursachen als noch vor 15 Jahren. Erwähnung verdienen in diesem Zusammenhang die offiziellen Statistiken der EU-Kommission, die zahlreiche international harmonisierte Indikatoren des wirtschaftlichen und gesellschaftlichen Lebens in den Mitgliedstaaten der EU enthalten. Diese Materialien standen bereits für die beiden ersten Auflagen dieses Bandes zur Verfügung. Die entsprechenden Daten wurden aktualisiert und durch Informationen über die neuen Mitgliedsländer erweitert. So enthält die Website zu diesem Band zahlreiche Informationen über die gesellschaftlichen und wirtschaftlichen Bedingungen in den EU-Staaten, die dem Leser für eigene Analysen zur Verfügung stehen. Gleiches gilt für die Daten über Parlamentswahlen und die aus ihnen resultierende Zusammensetzung von Regierungen und Parlamenten.

Die Datenlage über die politischen Einstellungen und Verhaltensweisen der Menschen in den Mitgliedstaaten hat sich sprunghaft verbessert. Eine unverändert wichtige Datenquelle stellen die von der EU-Kommission mindestens einmal halbjährlich in Auftrag gegebenen Eurobarometer-Umfragen dar. Zählt man deren Vorläufer, die European Community Studies hinzu, dann liefern diese Umfragen seit dem Jahr 1970 mehr oder minder kontinuierliche Informationen über das Verhältnis der Europäer zur Politik. Für einzelne Einstellungs- und Verhaltensbereiche, z. B. die Demokratiezufriedenheit, die Parteiidentifikation und die Diskussionsfreudigkeit liegen mittlerweile Datenreihen über eine Zeitspanne von 30 Jahren vor, die eine einigermaßen verlässliche Beschreibung von Entwicklungstrends erlauben. Für diesen Zweck stehen auch die vier bisher zugänglichen Wellen der World bzw. European Values Surveys zur Verfügung, die erstmals 1981 erhoben wurden. Hinzu kamen seit der Veröffentlichung der zweiten Auflage dieses Bandes weitere Umfragen, die sich als Grundlagen international vergleichender Analysen politischer Einstellungen und Verhaltensweisen eignen, insbesondere der European Social Survey (seit 2002), das International Social Survey Programme (seit 1985) und die Comparative Studies of Electoral Systems (seit 1998). Die systematische Integration nationaler Datenbestände steckt noch in den Anfängen (vgl. Mochmann/Zenk-Möltgen 2005). Auch diese Daten sind auf der Website zu diesem Band verfügbar.

Die Osterweiterung der EU hat der vergleichenden Analyse der europäischen Politik nicht allein neue inhaltliche Perspektiven eröffnet, sie hat auch das für die vergleichende Politikforschung charakteristische Problem kleiner Fallzahlen entschärft. Für vergleichende Analysen stehen mittlerweile 27 Untersuchungseinheiten zur Verfügung, so dass auch der Einsatz quantitativer statistischer Verfahren weniger problematisch erscheint als in Analysen der EU-15.

Der vorliegende Band spiegelt somit nicht nur den Forschungsstand zu den EU-Staaten wider. Wir hoffen vielmehr, dass er Grundlage ist und Anstöße gibt für weitere vergleichende Forschungen.

Stuttgart, Düsseldorf, im März 2008

Literatur

Almond, Gabriel A., 1956: Comparative Political Systems, in: Journal of Politics 18, 391-409.
Andersen, Svein S./Burns, Tom R., 1996: The European Union and the Erosion of Parliamentary Democracy: A Study of Post-parliamentary Governance, in: Andersen, Svein S./ Eliassen, Kjell A. (Hrsg.), The European Union: How Democratic Is It? London/Thousand Oaks/New Delhi, 227-251.
Auel, Katrin/Benz, Arthur, 2005: The Europeanisation of Parliamentary Democracy. Legislative Studies 11, Special Issue.
Axt, Heinz-Jürgen/Milososki, Antonio/Schwarz, Oliver, 2007: Europäisierung – ein weites Feld. Literaturbericht und Forschungsfragen, in: Politische Vierteljahresschrift 48, 136-149.
Benz, Arthur, 1998: Postparlamentarische Demokratie? Demokratische Legitimation im kooperativen Staat, in: Greven, Michael Th. (Hrsg.), Demokratie – eine Kultur des Westens? 20. wissenschaftlicher Kongreß der Deutschen Vereinigung für Politische Wissenschaft. Opladen, 201-222.
Cnudde, Charles F./Neubauer, Deane E. (Hrsg.), 1969: Empirical Democratic Theory. Chicago.
Culpepper, Pepper D./Fung, Archon, 2007: Do All Bridges Collapse? Possibilities for Democracy in the European Union, in: Politische Vierteljahresschrift 48, 179-181.
Eckstein, Harry, 1975: Case Study and Theory in Political Science, in: Greenstein, Fred I./Polsby, Nelson W. (Hrsg.), Handbook of Political Science, vol. 7. Reading, 79-137.
Europäische Kommission, 2005: Eurobarometer 64. Public Opinion in the European Union, First Results. Brüssel.
Eurostat, 1989: Statistische Grundzahlen der Europäischen Gemeinschaft. Vergleich mit verschiedenen europäischen Ländern, Kanada, den USA, Japan und der UdSSR. Luxemburg.
Gerhards, Jürgen, 2005: Kulturelle Unterschiede in der Europäischen Union: Ein Vergleich zwischen Mitgliedsländern, Beitrittskandidaten und der Türkei. Wiesbaden.
Helmke, Gretchen/Levitsky, Steven, 2004: Informal Institutions and Comparative Politics: A Research Agenda, in: Perspectives on Politics 2, 725-740.
Huntington, Samuel P., 1984: Will More Countries Become Democratic?, in: Political Science Quarterly 99, 193-218.
Inglehart, Ronald/Welzel, Christian, 2005: Modernization, Cultural Change and Democracy. Cambridge.
Ismayr, Wolfgang, 1999: Die politischen Systeme Westeuropas. Opladen.
Ismayr Wolfgang, 2002: Die politischen Systeme Osteuropas. Opladen.
Kaina, Viktoria/Karolewski, Ireneusz P., 2007: Why we should not believe every lesson Andrew Moravcsik teaches us: A response, in: Politische Vierteljahresschrift 48, 519-540.
Kielmannsegg, Peter Graf von, 1996: Integration und Demokratie, in: Jachtenfuchs, Markus/Kohler-Koch, Beate (Hrsg.), Europäische Integration. Opladen, 47-72.
Lauth, Hans-Joachim, 2004: Demokratie und Demokratiemessung. Eine konzeptionelle Grundlegung für den interkulturellen Vergleich. Wiesbaden.
Lehmbruch, Gerhard, 2000: Parteienwettbewerb im Bundesstaat. Regelsysteme und Spannungslagen im politischen System Deutschlands. 3. Auflage. Opladen.
Lijphart, Arend, 1984: Democracies. Patterns of Majoritarian and Consensus Government in Twenty-One Countries. New Haven/London.
Lijphart, Arend, 1999: Patterns of Democracy. Government Forms and Performance in Thirty-Six Countries. New Haven.

Lipset, Seymour M., 1981: Political Man: The Social Bases of Politics. Baltimore.
Lockerbie, Brad M., 1993: Economic Disaffection and Political Alienation in Western Europe, in: European Journal of Political Research 23, 281-293.
Maurer, Andreas, 2002: Parlamentarische Demokratie in der Europäischen Union. Der Beitrag des Europäischen Parlaments und der nationalen Parlamente. Baden-Baden.
McAllister, Ian, 1999: The Economic Performance of Governments, in: Norris, Pippa (Hrsg.), Critical Citizens. Global Support for Democratic Governance. Oxford, 188-203.
Merkel, Wolfgang, 2007: Gegen alle Theorie? Die Konsolidierung der Demokratie in Ostmitteleuropa, in: Politische Vierteljahresschrift 47, 413-433.
Mochmann, Ingvill C./Zenk-Möltgen, Wolfgang, 2005: The European Voter Data Base, in: Thomassen, Jacques (Hrsg.), The European Voter. A Comparative Study of Modern Demoracies. Oxford, 309-312.
Moravcsik, Andrew, 2006: What Can We Learn from the Collapse of the European Constitutional Project, in: Politische Vierteljahresschrift 47, 219-241.
Müller, Thomas/Pickel, Susanne, 2007: Wie lässt sich Demokratie am besten messen? Zur Konzeptqualität von Demokratie-Indizes, in: Politische Vierteljahresschrift 48, 511-539.
Patzelt, Werner J., 2005: Wissenschaftstheoretische Grundlagen sozialwissenschaftlichen Vergleichens, in: Kropp, Sabine/Minkenberg, Michael (Hrsg.), Vergleichen in der Politikwissenschaft. Wiesbaden, 16-54.
Pehle, Heinrich, 2002: Koalitionen in Finnland und Schweden: Fortbestand der Unterschiede trotz Angleichung der Systeme, in: Kropp, Sabine/Schüttemeyer, Suzanne/Sturm, Roland (Hrsg.), Koalitionen in West- und Osteuropa. Opladen, 197-218.
Poguntke, Thomas/Aylott, Nicholas/Ladrech, Elisabeth Carter/Robert, Luther/Kurt, Richard (Hrsg.), 2007: The Europeanization of National Political Parties: Power and Organizational Adaptation. London/New York.
Powell, G. Bingham Jr., 1982: Contemporary Democracies. Participation, Stability, and Violence. Cambridge.
Sartori, Giovanni, 1976: Parties and Party Systems. Cambridge.
Schmidt, Manfred G., 2000: Demokratietheorien. Eine Einführung. 2. Auflage. Opladen.
Statistisches Bundesamt, 2006: Im Blickpunkt. Deutschland in der Europäischen Union 2006. Wiesbaden.
Strøm, Kaare, 1990: Minority Government and Majority Rule. Cambridge.
Trondal, Jarle/Veggeland, Frode, 2003: Access, voice and loyalty: the representation of domestic civil servants in EU committees, in: Journal of European Public Policy 10, 59-77.
Wimmel, Andreas, 2005: Transnationale Diskurse in der europäischen Medienöffentlichkeit: Die Debatte zum EU-Beitritt der Türkei, in: Politische Vierteljahresschrift 46, 459-483.

I. Teil:
Rahmenbedingungen in der Politik

Hans-Joachim Lauth

Demokratieentwicklung und demokratische Qualität

Die Europäische Integration beruht seit ihren Anfängen auf einem gemeinsamen Wertekanon. Dazu gehört unabdingbar – und mehr als nur ein Blick auf die wirtschaftliche Integration vermuten lässt – das Bekenntnis zur demokratischen Ordnung. Dabei galt das Bestreben zunächst der Sicherung des demokratischen Fundaments der Mitgliedstaaten, insbesondere in jenen mit einer damals erst kürzlich überwundenen autokratischen/totalitären Vergangenheit. Die Bedeutung dieser normativen Ausrichtung zeigte sich im Folgenden markant in den Erweiterungsetappen. Mit der Erklärung, dass nur demokratische Staaten Mitglieder des europäischen Integrationssystems (EG, EU) werden können, wurde maßgeblich die Demokratisierung der beitrittswilligen Anrainerstaaten unterstützt (Kneuer 2006). Betraf dies zunächst im Zuge der Süderweiterung Spanien, Griechenland und Portugal, so schloss dies im Rahmen der Osterweiterung die Staaten Mittelosteuropas ein. Auch im Kontext der Beitrittsüberlegungen der Türkei spielt die Demokratie eine zentrale Rolle. Deren Bedeutung zeigt sich gleichfalls im Konzept der *Good Governance*, das die Rahmenverträge mit den AKP-Staaten (zuletzt Cotonou) kennzeichnet.

Bei dieser Ausrichtung der EG/EU auf die Demokratie wurde oftmals übersehen, dass auch die Demokratie in den Mitgliedstaaten selbst Veränderungen unterworfen war und ist. Das politikwissenschaftliche Interesse drehte sich zunächst um die Stabilität der Demokratie und untersuchte die Entwicklung der politischen Kultur. Kritische Positionen beleuchteten Kontinuitäten zur autoritären Vergangenheit und/oder wiesen auf die Unterwanderung oder Aushebelung demokratischer Ordnung durch mächtige Interessengruppen hin. Im Nachhall der Studentenbewegungen wurde insgesamt von einer Ausweitung der Partizipationsformen und der Etablierung einer neuen Partizipationskultur gesprochen. Die seit etlichen Jahren konstatierte Politik(er)verdrossenheit scheint dagegen wiederum auf Probleme der Demokratie aufmerksam zu machen. Zudem werden weitere Problemfelder angeführt.

Herausragend sind hierbei die Kritikpunkte, die aus der Globalisierungsforschung kommen (Held 1991). Demnach haben die Sachzwänge der Globalisierung und die wachsende Bedeutung internationaler oder externer Akteure dazu geführt, dass nationale Politik im zunehmenden demokratietheoretisch höchst problematischen Maße eingeengt werde. Auch wenn diese Sachverhalte stärker für junge Demokratien konstatiert werden, sind auch etablierte Demokratien nicht davon ausgenommen. Diesen wird im Rahmen der EU eine spezielle Problematik zugeschrieben. Ein besonders prononciertes Argument liefert Wolf (2000), demnach die nationalen Regierungen unpopuläre Entscheidungen an die EU delegieren, um zugleich die nationalen Parlamente zu schwächen. Die dabei entstehende Exekutivlastigkeit der EU wird neben ihrer mangelnden Inputlegitimation als weiteres demokratietheoretisches Problem konstatiert (Abromeit 2001). Ein weiteres Argument, das in einem begrenzten Sinne an die Globalisierungskritik (vgl. Steuerpolitik) anschließen kann, weist auf die hohe Verschuldung vieler Demokratien hin. Demnach bestehe aufgrund der Bindung der Haushaltsmittel kaum noch ein Gestaltungsspielraum für die Politik. Die demokratieerforderlichen Alternativen in der Politikgestaltung verschwinden zusehends. Schließlich ist in den letzten Jahren ein neuer Faktor aufgetaucht, der gleichfalls die Qualität der Demokratie berührt. Es handelt sich um den internationalen Terrorismus, genauer um dessen angestrebte Abwehr. Speziell der amerikanischen Politik wird attestiert, dass sie zu viele demokratische und bürgerliche Rechte auf diesem Wege einschränke (Braml 2007; Lauth 2006a). Diese und weitere Probleme werden in manchen Ansätzen dermaßen überzeichnet, dass bereits vom Ende der Demokratie oder von einer postdemokratischen Epoche gesprochen wird (Guéhenno 1994; Agamben 2002). Auch wenn diese Einschätzung im Ganzen nicht geteilt werden kann, verdeutlichen die kursorischen Anmerkungen, dass es ausreichend Indizien für die Veränderung der Demokratie in der EU gibt und dass es aufgrund wechselnder Forschungsperspektive und Maßstäbe zugleich schwierig ist, eine konsistente Beurteilung der Demokratieentwicklung zu geben. Speziell dieser Aufgabenstellungen widmet sich das Feld der Demokratiemessung, in dem Auskunft über den Grad und die Qualität der Demokratie gegeben werden soll (Lauth et al. 2000; Munck/Verkuilen 2002; Landman 2003; Diamond/Morlino 2005; Müller/ Pickel 2007). Die Forschungsanstrengungen auf diesem Gebiet sollen daher aufgegriffen werden, um dabei zu prüfen, inwieweit diese für die Einschätzung demokratischer Qualität hilfreich (und brauchbar) sind. Die Frage nach der Demokratieentwicklung innerhalb der EU ist somit zugleich eine Frage nach den Möglichkeiten ihrer Bestimmung.

1 Möglichkeiten der Demokratiemessung: Grundlagen

Zentrale Grundlage für die Bestimmung der Entwicklung und Qualität der Demokratie ist die Wahl des Maßstabs. Das gemeinsame Plädoyer für die Demokratie verdeckt die unterschiedlichen Auffassungen, die damit verbunden werden. Eine zentrale Konfliktlinie verläuft zwischen den beiden Polen einer substanziellen oder materiellen Demokratiekonzeption auf der einen Seite und einer prozeduralistischen Demokratievorstellung auf der anderen Seite. In der ersten Version wird die Qualität maßgeblich durch das materielle Ergebnis für das Volk bestimmt, während in der zweiten Version Verfahren der Partizipation ausschlaggebend sind. Mit der Niederlage substanzieller Demokratiekonzeptionen im Kleide des Realsozialismus ist der Siegeszug der prozeduralistischen Demokratie eng verbunden, wie sie alle westlichen Demokratien kennzeichnen. Dennoch ist die Frage nicht obsolet geworden, inwieweit der Output oder Outcome die Qualität einer Demokratie auch prägt, prägen kann oder sogar muss (Scharpf 1970). Fragen der Gleichheit und der Gerechtigkeit werden in verschiedenen Facetten immer wieder zur Beurteilung von Demokratien herangezogen. Gleichfalls werden Kriterien von *Good* bzw. *Bad Governance* als relevant für die Qualität der Demokratie erachtet.

Auch die ideale Form der prozeduralistischen Demokratie ist umstritten. So konkurrieren direktdemokratische mit repräsentativen Verfahren, Mehrheits- mit Konsensprozeduren oder elite- mit basisorientierten Partizipationsmodellen. Eine besondere qualitative Bedeutung auf Verfahren legen die verschiedenen Varianten deliberativer Demokratie. Trotz dieser beachtlichen Divergenz beziehen sich alle prozeduralistischen Formen auf zwei basale Dimensionen der Demokratie: Freiheit und Gleichheit. Diese finden ihren ursprünglichsten Ausdruck im freien und gleichen Wahlrecht. Eine dritte fundamentale Dimension ist im Wahlakt angelegt: die zeitliche Begrenzung der Entscheidung. Demokratie ist Ausdruck einer begrenzten Herrschaftsform. Die elementarste Begründung für diese Begrenzung der Herrschaft, dass also die Mehrheit nicht über alles verfügen darf, liefern die individuellen Menschenrechte, die nicht zur Disposition gestellt werden dürfen, ohne die Kernidee der Demokratie – die freiheitliche Selbstbestimmung aller Bürger – selbst zu verletzten. Damit erhält zugleich die Outputdimensionen eine demokratietheoretische Bestimmung, wenngleich in negativo. Ausgeschlossen werden alle Entscheidungen, welche die Grundrechte der Bürger unterminieren oder gar abschaffen wollen. Damit würde eine Demokratie zumindest an den Beschlüssen erkannt werden können, die sie nicht fällt. Aber es gibt durchaus auch Hinweise auf die Möglichkeit einer positiven Bestimmung der Outputgestaltung von Demokratien, ohne in Aporien der Gemeinwohlbestimmungen zu verfallen, indem die Voraussetzungen der Demokratie beachtet werden.

Ohne Zweifel bedarf die Ausübung der Partizipationsrechte eine bestimmte soziale Grundvoraussetzung, ohne die eine freie und egalitäre Ausübung der Rechte nicht möglich ist. Der Staat hat somit die individuelle Nutzungsmöglichkeit der Rechte zu garantieren, wenn die Qualität einer Demokratie (oder diese sogar in Gänze) nicht beeinträchtigt werden soll. Auch der Umfang der damit verbundenen Staatstätigkeit wird kontrovers diskutiert, gänzlich abgestritten wird er nicht. Die wohl elementarste Form der Rechtesicherung und Begrenzung der Herrschaft, die gerade auf die Wahrung der individuellen Rechte zielt, ist der Rechtsstaat. Er ist in diesem Sinne grundlegend mit der Demokratie verbunden, die ohne ihn ihre notwendige rechtliche Fundierung der Herrschaftsweise verliert (Habermas 1992; O'Donnell 2004). Gleichwohl ist der Rechtsstaatsbezug auch nicht unumstritten, wie die verwandte Diskussion zum Konstitutionalismus zeigt.

Ein anderes Kriterium, das mit der Qualität der Demokratie in Verbindung gebracht wird, ist die Effektivität der Herrschaft. Wenn damit auf das Gewaltmonopol des Staates abgezielt werden soll, dann könnte zu Recht auf die Rechtsstaatlichkeit verwiesen werden, die diesen Aspekt bereits erfasst. Auch die mit der Staatstätigkeit notwendige Verwaltungsstruktur ließe sich damit erfassen. Im demokratietheoretischen Sinne lässt sich ein anderer Aspekt beleuchten, der auf der grundlegenden Idee der Responsivität oder *responsive rule* beruht (Saward 1998). Demnach sollte demokratische Herrschaft die maßgeblichen Präferenzen der BürgerInnen beachten und beachten können. Die Effektivität ihrer Umsetzung wäre demnach ein Kriterium der Qualität einer Demokratie. Allerdings stößt diese Präferenzerfüllung hinsichtlich der notwendigen rechtsstaatlichen Garantien an ihre Grenzen. Gleichfalls kann das Responsivitätsprinzip mit dem Verantwortlichkeitsprinzip kollidieren, das beispielsweise auch die Interessen zukünftiger Generationen einbezieht. Weitere Qualitätskriterien werden mit der Qualität der öffentlichen Kommunikation und der politischen Rechtfertigung verbunden sowie mit der Transparenz der politischen Prozesse.

Die Liste aller Kriterien, die für die Qualitätsbestimmung einer Demokratie angeführt werden, ist mit den bislang angesprochenen Kriterien und Dimensionen sicherlich noch nicht erschöpft (Schiller 1999; Diamond/Morlino 2005). Gleichwohl verdeutlichen diese Überlegungen, dass es alles andere als selbstverständlich ist, einen allgemein akzeptierbaren Maßstab zu formulieren, sieht man von der allgemeinen abstrakten Formulierung der Dimensionen der Freiheit, Gleichheit und Kontrolle ab, die sich in unterschiedlichen Ausprägungen und Akzentuierungen in allen prozeduralistischen Demokratiedefinitionen finden. So kann auch an dieser Stelle nicht die Formulierung eines entsprechenden Maßstabes erwartet werden. Es geht daher im Folgenden um die Frage, welche Maßstäbe verwendet werden und welche empirischen Ergebnisse damit erzielt werden. Die bisherige Diskussion liefert aber zugleich auch erste Argumente, um die inhaltliche Plausibilität des Maßstabes zu beurteilen. Andere Beurteilungskriterien aus methodologischer Sicht – wie Validität und Reliabilität – sind gleichfalls zu beachten. Dabei ist zu bedenken, dass Demokratiemessungen (mit der bedingten Ausnahme von Vanhanen) jeweils auf subjektivem Urteilen von Beobachtern beruhen. Ein gewisses Maß an Objektivität kann dennoch erreicht werden, wenn dieses Bewertungsverfahren mit seinen Kriterien (Maßstab) und Quellen transparent dokumentiert wird.

2 Quantitative Ansätze

Grundlage vieler folgender Demokratiemessungen ist das Polyarchiemodell von Robert Dahl (1971), das bereits in dem Band selbst zu einer ersten Messung geführt hat (einmalige Messung in den 1960er Jahren). Eckkoordinaten dieser Messung bilden die beiden Dimensionen Wettbewerb und Partizipation, die sich in ihrer Beschreibung als Ausdruck der Dimensionen von Freiheit und Gleichheit verstehen lassen. Die Messverfahren, die auf dieser Basis aufbauen, haben unterschiedliche Fallgruppen untersucht. Da es in diesem Beitrag um die empirische Bestimmung der Mitgliedstaaten der EU geht, macht es wenig Sinn, Ansätze zu betrachten, die einen anderen empirischen Referenzrahmen gewählt haben. Präferiert werden zudem Autoren, die längere Messreihen aufweisen können.

Vanhanen greift in seiner Studie von 1984, wie auch in seinen folgenden Untersuchungen 1990 und 1997, die beiden Dimensionen (Wettbewerbsgrad und Inklusion) von Dahl 1971 auf und versteht Demokratie im Sinne des Polyarchiemodells. Die Eleganz und zugleich Schwäche seiner Untersuchung besteht darin, dass er für jede Dimension nur einen Indikator benötigt, der ihm zur Bestimmung des Demokratiewertes ausreicht. Die beiden Indikatoren werden im Wesentlichen wie folgt festgelegt (Vanhanen 1997: 34f.): (1) Das Ausmaß der Partizipation wird am Anteil der Wähler an der Gesamtbevölkerung gemessen (z. B. 20 Mio. Wähler bei 40 Mio. Gesamtbevölkerung = 50 Prozent); (2) der Wettbewerbsgrad wird durch einen Index erfasst, bei dem der Anteil der auf die stärkste Partei entfallenden Stimmen von 100 subtrahiert wird (z. B. die siegreiche Partei hat 43 Prozent der Stimmen erreicht, so lautet der Wettbewerbsindex 57). Beide Werte multipliziert und dividiert durch 100 ergeben den Demokratieindex (nun 28,5). Fällt dieser Wert unter eine gewisse Schwelle, wird der Bereich der Demokratie bzw. Polyarchie verlassen.

Verschiedene Probleme kennzeichnen den Ansatz von Vanhanen (Schmidt 1995: 274f.; Lauth 2004: 247ff.): Zum einen benachteiligt er Zweiparteiensysteme gegenüber Mehrparteiensystemen, indem er Wahlsieger mit niedrigem Stimmenanteil prämiert. Zum anderen diskriminiert er Gesellschaften mit einem hohen Anteil junger, aber noch nicht wahlberechtigter Bevölkerung. Gleichfalls ist zu fragen, ob alle relevanten Demokratieaspekte in dieser schmalen Messanlage berücksichtigt werden. Die Qualität der Messung erlaubt jedenfalls – wie der Autor selbst betont – nur sehr vorsichtige Anmerkungen zu unterschiedlichen Graden der Demokratie. Somit sind die Daten – wie die empirischen Befunde zeigen werden – nicht für die Einschätzung der europäischen Demokratien geeignet.

Zwei andere Ansätze haben in der komparativen Forschung besondere Aufmerksamkeit erfahren: *Polity* und *Freedom House*. Die Messungen im Rahmen des Polity-Projekts (Gurr et al. 1990) haben inzwischen vier Aktualisierungen und Erweiterungen des Messzeitraums erfahren, wobei die grundlegende Methodik nur unwesentlich verändert wurde (vgl.

http://www.bsos.umd.edu/cidcm/inscr/index.htm#polity). Zur Bestimmung eines Regimes und seiner Qualität werden folgende drei Variablen auf ihre Ausprägung hin untersucht, die in vier bis sieben Stufen differenziert werden: Die drei Variablen sind der „Wettbewerbsgrad der politischen Partizipation", der „Wettbewerbsgrad und die Offenheit der politischen Rekrutierung" sowie die „Begrenzung der Exekutive". Die erste Variable wird durch die beiden Indikatoren „Competitiveness of Political Participation" und „Regulation of Political Participation" gemessen. Die zweite Variable wird gleichfalls in zwei Indikatoren aufgespalten („Competitiveness" und „Openness" der politischen Rekrutierung). Die dritte ist identisch mit der genannten Variablen und zielt darauf ab, die Gewaltbeschränkung der Exekutive zu erfassen. Die Grundidee ist hierbei weniger die Kontrolle der Regierung als die Erhöhung der *responsiveness*.[1]

Auch die Messanlage von Polity kennzeichnen verschiedene methodische Probleme (Lauth 2004: 276ff.; Munck/Verkuilen 2002). So ist die Trennschärfe zwischen den einzelnen Indikatoren genauso wenig stets gegeben wie die Abstandsgleichheit der einzelnen Kategorien. Die Zuverlässigkeit und Validität der Messung besteht nur begrenzt. Auch bei diesem Ansatz werden wichtige Aspekte der Demokratie (z. B. bürgerliche Rechte und Rechtsstaat) nicht berücksichtigt.[2] Weder bilden die vorhandenen Indikatoren angemessen die gewählte Minimaldefinition von Demokratie ab, noch ist die Indikatorenvalidität stets gegeben. Für die differenzierte Erfassung der Demokratiequalität in etablierten demokratischen Systemen ist die Operationalisierung ohnehin kaum geeignet, wie der empirische Befund zeigt. Darauf verweisen aber bereits die Urheber der Polity-Daten, indem sie feststellen: „It is not designed to register more detailed aspects of democracy" (Gurr et al. 1991: 100).

Freedom House misst explizit nicht die Qualität der Demokratie, sondern den Grad politischer Rechte und bürgerlicher Freiheiten anhand von zwei Checklisten zu *Political Rights* (PR) und *Civil Liberties* (CL) (Gastil 1991). Trotz bestehender Unterschiede sind die Überlappungen mit einem prozeduralen Demokratiemodell so groß, dass die Messungen oftmals demokratieanalog verstanden werden. Alle drei Dimensionen der Demokratie werden durch die Variablen erfasst. Allerdings wird die Kontrolldimension nur durch Variablen der bürgerlichen Freiheiten gemessen. Die Nähe zur Demokratie ist jedoch in der Skala zu politischen Rechten größer als in der Skala zu bürgerlichen Freiheiten, in der einige Fragen über eine Demokratiedefinition im engeren Sinne hinausgehen (Schmidt 1995: 280). Seit Anfang der 1970er Jahre werden in jährlichen Untersuchungen alle Staaten anhand von Fragen zu beiden Themen untersucht, die im Laufe der Jahre leicht variieren (vgl. http://www.freedomhouse.org/). Die Fragen werden von den Beobachtern in fünf Einstufungsniveaus beantwortet. Anhand der damit ermittelbaren Punktezahl wird ein Land als *free*, *partly free* oder *not free* eingestuft.

Ein zentrales Problem des Freedom House-Ratings ist die fehlende Transparenz der Einstufungen. Das Problem verschärft sich, da die jeweilige Leitidee, die den Einstufungen zugrunde liegen muss, nur unzureichend präzisiert wird. Die Nachvollziehbarkeit der Be-

---

[1] In *Polity II* werden noch zwei weitere Variablen angeführt, die dann aber mit guten Gründen für die Bestimmung des Regimetyps nicht mehr verwendet werden. Diese betreffen die Form der Exekutive (individuelle vs. kollektive Führung) und die Staatsform (zentralistisch vs. föderalistisch).
[2] Die Messung orientiert sich jeweils an den tatsächlichen Verhältnissen. Der Einwand, dass lediglich die Verfassungsnormen und nicht die Verfassungsrealität gemessen werde (Schmidt 1995: 278), ist nicht ganz zutreffend, wie bereits ein Blick auf die verschiedenen Kategorien zeigt, die transitorische Zustände oder informelle Institutionen betreffen.

wertungen ist nur sehr begrenzt gegeben.³ Zudem ist zu bedenken, dass sich nicht alle Variablen oder Fragen aufgrund ihrer Mehrdimensionalität eindeutig beantworten lassen und somit ein Aggregationsproblem existiert, das von den Autoren nicht thematisiert wird. So ist das Urteil von Munck und Verkuilen (2000: 33) zu unterstreichen: „In the end, the aggregate data offered by Freedom House has to be accepted largely on faith". Außerdem gibt es – ähnlich wie bei Polity – wenig Möglichkeiten, die Qualität von etablierten Demokratien differenziert zu erfassen, da ein Großteil der Skala in den Bereich autokratischer Regime reicht. Doch dies lässt sich auch positiv wenden. So kann mit beiden Messanlagen nicht nur der Bereich der Demokratie erfasst, sondern die gesamte Bandbreite politischer Regime ausgeleuchtet werden.

Zusammenfassend lässt sich konstatieren: Keine der diskutierten Definitionen von Demokratie ist überzeugend. Zwei von ihnen (Vanhanen und Polity) sind zu schlank und entbehren zentraler Merkmale. Vor allem die Dimension der Kontrolle findet keine angemessene Berücksichtigung. Freedom House besitzt keine explizite Demokratiedefinition und lediglich die Teileinschätzung für Political Rights (PR-Skala) erscheint annähernd als für die Demokratiemessung geeignet, wobei dann in diesem Messkonzept die Kontrolldimension fehlt. Die Reliabilität und die Gültigkeit der Messungen sind in verschiedener Weise eingeschränkt. Neben dem weitgehenden Fehlen der Kontrolldimension wird auch Staatlichkeit in den Messkonzepten nicht hinreichend betrachtet. Dies ist aber erforderlich, weil eine funktionierende Staatlichkeit im Sinne von Max Weber eine notwendige Bedingung für jedes Regime und somit auch für eine Demokratie ist. Es sollte nicht ohne empirische Prüfung davon ausgegangen werden, dass diese elementare Bedingung in allen Fällen gegeben ist. Angesichts dieser Einschätzungen ist es erstaunlich, dass alle drei Datenbestände in der Politikwissenschaft breite Verwendung finden, denn ihrer Verwendbarkeit für die komparative Forschung muss mit großer Skepsis begegnet werden. Dennoch können die Daten in dreierlei Hinsicht von Nutzen für die Forschung sein:

- Erstens können die Resultate vorsichtig und in einem begrenzten Sinne bei einer ersten Sichtung verwendet werden, aber sie sind nicht ausreichend für eine vertiefende Untersuchung.
- Zweitens können die Messanlagen herangezogen werden, um zur Weiterentwicklung der bestehenden Verfahren beizutragen oder die Entwicklung neuer Messverfahren zu unterstützen.
- Drittens gibt es die Möglichkeit, die Messungen durch Kombinationsverfahren zu verbessern, mit denen Defizite der Einzelverfahren kompensiert werden (Berg-Schlosser 2004).⁴ Diese Strategie, verschiedene Datenreihen miteinander zu verbinden, wird im Folgenden aufgegriffen.

---

[3] Die geringe Transparenz der Forschung reflektiert auch den politischen Verwendungszusammenhang der Befunde. Allerdings werden seit 2006 nun detailliertere Teilergebnisse zur Verfügung gestellt.

[4] Berg-Schlosser (2004) verwendet verschiedene Ansätze der Messung von Demokratie und Menschenrechten (Vanhanen, Polity, Freedom House/Political Rights, Worldbank Governance Indicators: Voice and Accountability sowie Rule of Law, Gross Human Rights Violations), um demokratische Regime anhand des Einbezugs von Schwellenwerten in verschiedene Subtypen zu klassifizieren. Er bildet auf diese Weise keinen neuen Index, sondern erzielt seine Klassifikationen durch die Zuordnung der vorliegenden Befunde in ein Klassifikationsschema. Er kann damit die Mitgliedstaaten der EU begrenzt differenziert bewerten, indem er Werte aus 1996 und 2003 kombiniert. Außer Bulgarien und Rumänien,

Alternative: Neuer Index der Demokratie (NID)[5]

Um die Inhaltsvalidität der Messungen von Freedom House und Polity zu verbessern, gilt es die Kontrolldimension zu ergänzen und damit Aspekte der horizontalen *Accountability* und der Rechtsstaatlichkeit aufzunehmen. Bislang fehlt jedoch gleichfalls ein umfassender Datenbestand zur politischen und rechtlichen Kontrolle. Daher gilt es funktionale Äquivalente zu finden. Ein solches Äquivalent zur Füllung der Leerstelle bietet der Index „rule of law" der zu den Governance-Indikatoren der Weltbank gehört (Kaufman et al. 2003). Eine Kombination mit den beiden Demokratiemessungen kann die Berücksichtigung aller drei Dimensionen von Demokratie ermöglichen. Diese Möglichkeit wird im Folgenden mit der Bildung zweier Indizes (NID3D und NID) aufgegriffen (Lauth 2007).

Der neue dreidimensionale Index der Demokratie (NID3D) setzt sich also aus den Befunden von Polity, Freedom House/Political Rights und der Weltbank (governance indicators: rule of law) zusammen (NID3D = 3. Wurzel des Produktes der drei Komponenten). Das Aggregationsverfahren der Multiplikation wurde gewählt, um auszuschließen, dass schwache Werte auf einer Dimension durch hohe Werte auf einer anderen Dimension kompensiert werden können, wie dies bei einem additiven Indexbildungsverfahren möglich wäre.[6]

Neben der Kontrolldimension ist der Faktor „Staatlichkeit" zusätzlich in einen Demokratieindex einzubeziehen. Bei Freedom House und Polity sowie bei den Governance-Indikatoren *zu rule of law* ist dies aufgrund der Indikatoren nur sehr begrenzt gegeben. Auch in diesem Fall liefert die Governance-Datenreihe der Weltbank einen Indikator. Für „Staatlichkeit" kann der Indikator „Political Stability" verwendet werden, der den Aspekt eines funktionsfähigen Gewaltmonopols aufgreift. Da das Fehlen von Staatlichkeit alle Dimensionen der Demokratie tangiert, wird auch der neue Index der Demokratie (NID) durch Multiplikation kombiniert und auf der Grundlage des bereits vorgestellten dreidimensionalen Index erstellt ($NID = \sqrt{NID3D * Faktor\ von\ Staatlichkeit}$). Die Transformation der Daten der Governance-Indikatoren geschieht analog zum NID3D.[7]

---

die unter der Kategorie B als Demokratien mit gewissen Mängeln klassifiziert werden, werden alle anderen Länder der höchsten Kategorie A zugeordnet. Diese wird nochmals unterschieden (A, A–), wobei A als volle und konsolidierte Demokratie bezeichnet wird. Kleinere Abstriche (A–) weisen die mittelosteuropäischen Staaten sowie Griechenland, Italien und Zypern auf.

[5] Eine weitere Alternative kann das im Rahmen des NCCR Democracy laufende Projekt zur „Quality of Democracy. Democracy Barometer for Established Democracies" bieten, dessen Resultate jedoch erst in den nächsten Jahren zu erwarten sind.

[6] Da jedes Aggregationsverfahren voraussetzt, dass die Basisinformationen auf einer gleichen Skala verfügbar sind, ist eine Transformation der Daten notwendig. Bezugspunkt für die Bildung der Teilindizes ist die elf Punkte-Skala von Polity. In dieser Skala gibt der Wert zehn die höchste Demokratiequalität an. Die Daten von Freedom House/Political Rights und von der Weltbank (Governance-Indikatoren: rule of law) werden entsprechend umgeformt. Hierzu werden die Werte von FH zunächst umgepolt und bei den Governance-Indikatoren die jeweils faktisch höchsten und tiefsten Werte als Endpunkte (null, zehn) der Skala gewählt. Die Werte der Variablen aus den beiden transformierten Datensätzen liegen zwischen null und zehn.

[7] Im Anschluss an diese Überlegungen zu den Governance-Indikatoren lässt sich diskutieren, warum nun nicht die Governance-Dimension „voice and accountability" als Demokratieindikator verwendet wird, obwohl etliche Rechte und Freiheiten, die für die Demokratie relevant sind, dort erfasst werden. Hierzu gehören maßgeblich kommunikative Rechte. Zwei Gründe sind es, die letztlich die Interpretation dieser Dimension als Ausdruck demokratischer Qualität als wenig attraktiv erscheinen lassen. Zum

Empirische Befunde der quantitativen Messungen

Bei den vorgestellten Messungen ergeben sich folgende empirische Befunde (vgl. Tabelle 1): Wenn wir zunächst nur das Jahr 2004 betrachten, fällt bei den Messungen von Freedom House auf, dass bis auf eine Ausnahme (Rumänien 8.33) alle Länder den höchsten Wert zehn erhalten. Eine differenzierte Beurteilung der Qualität der Demokratie ist nicht möglich. Bei Polity ist die Messung bereits etwas differenzierter. Die meisten Länder werden zwar gleichfalls mit der Bestnote zehn versehen, jedoch erhalten einige Länder die Bewertung neun (Bulgarien, Frankreich, Slowakei und Rumänien), acht (Lettland) und sieben (Estland). Die Bewertungen sind ähnlich, wenn die zurückliegenden Jahre betrachtet werden. Erst in den Jahren vor dem Systemwechsel sind deutlich niedrigere Angaben zu verzeichnen. Nach der Demokratisierung erreichen die jungen Demokratien relativ rasch die sie noch heute kennzeichnenden Werte. Die Werte von Vanhanen (2000) divergieren noch stärker, sind jedoch augenscheinlich ohne großen Aussagewert. So erhalten einige Länder hohe Werte über oder nahe 40 (Belgien, Dänemark, Italien, Tschechien), Deutschland und Finnland liegen bei 35, Frankreich, Großbritannien und Luxemburg bei 30, Ungarn liegt bei 25 und Polen bei 22. Weder die Reihenfolge noch die Abstände geben reale Qualitätsunterschiede der Demokratie wieder. Besonders drastisch wird dies deutlich, wenn die Slowakei (1998) mit über 43 einen der höchsten Werte überhaupt erhält.

Tabelle 1: Qualität der Demokratie in EU-Mitgliedstaaten, 2004

2004	FH/PR	Polity	Vanhanen	NID	V+A	TI/CPI
Belgien	10	10	42,72	9,25	9,36	7,5
Bulgarien	10	9	24,16	7,14	7,33	4,1
Dänemark	10	10	41,19	9,34	10,00	9,5
Deutschland	10	10	35,53	8,91	9,44	8,2
Estland	10	7	24,07	8,05	8,78	6,0
Finnland	10	10	35,60	9,85	9,76	9,7
Frankreich	10	9	29,26	8,17	9,07	7,1
Griechenland	10	10	35,87	8,08	8,20	4,3
Großbritannien	10	10	30,15	8,75	9,42	8,6
Irland	10	10	30,13	9,24	9,23	7,5
Italien	10	10	42,75	7,81	8,60	4,8
Lettland	10	8	27,57	8,02	8,33	4,0
Litauen	10	10	28,16	8,38	8,36	4,6
Luxemburg	10		29,10		9,50	8,4
Malta	10		33,82		9,13	6,8

---

einen beruhen die Daten auf Experteneinschätzungen, die eher wirtschaftliche denn politische Kompetenz haben und die im Unterschied zu Polity und Freedom House noch weniger repräsentativ sind. Zum anderen wird – auch im Unterschied zu Polity und Freedom House – noch stärker nur die Freiheitsdimension gemessen; Gleichheitsrechte werden kaum erfasst. Außerdem erfassen die Indikatoren von CUD A7 eher rechtsstaatliche Aspekte und PRS A23 Aspekte der politischen Stabilität.

Demokratieentwicklung und demokratische Qualität 41

- Fortsetzung Tabelle 1 -

Niederlande	10	10	38,42	9,22	9,74	8,7
Österreich	10	10	37,94	9,25	9,10	8,4
Polen	10	10	22,30	7,76	8,78	3,5
Portugal	10	10	38,06	8,87	9,26	6,3
Rumänien	8,33	9	20,66	6,91	6,75	2,9
Schweden	10	10	37,69	9,51	9,81	9,2
Slowakei	10	9	33,60	7,96	8,70	4,0
Slowenien	10	10	29,04	8,69	8,76	6,0
Spanien	10	10	31,89	8,25	8,89	7,1
Tschechien	10	10	39,26	8,41	8,52	4,2
Ungarn	10	10	25,42	8,50	8,86	4,8
Zypern	10	10	31,85	7,89	8,44	5,4

Quelle: http://www.fernuni-hagen.de/polwiss/institut/projekte/39936_lg5.html
(Zusammenstellung der Originalquellen); Daten von Vanhanen für 2000.

Während die Messungen von Freedom House und Polity für alle etablierten Demokratien (Ausnahme Frankreich wegen der begrenzten Gewaltenteilung) den höchsten Wert angeben, sind die Werte des NID, die staatliche und rechtsstaatliche Komponenten einbeziehen, deutlich stärker gestreut. Die Angaben (2004) reichen von 6.91 bis 9.85. Eine konstant hohe Bewertung (1996 bis 2002) erhalten die skandinavischen Länder (um 9.6), während die westeuropäischen auf hohem Niveau einen kleinen Abwärtstrend (von 9.4 auf 9.0) zu verzeichnen haben.[8] Der gleiche Trend auf etwas niedrigerem Niveau lässt sich auch für die südeuropäischen Länder beobachten (8.5 auf 8.2); hier liegt Italien (7.81) auf dem letzten Gruppenplatz. Dagegen lässt sich ein gegenläufiger Prozess in den mittelost- und südosteuropäischen Staaten konstatieren. Während diese 1996 mit 7.6 fast noch einen Punkt unter den südeuropäischen Staaten lagen, haben sie diese inzwischen fast erreicht (8.0). Ohne Rumänien (6.91) und Bulgarien (7.14) wäre sogar bereits die Lücke mit 8.2 geschlossen.

Auch wenn die Validität der NID-Messung höher als die Angaben von Freedom House und Polity sind, sind ihre Grenzen nicht zu übersehen (Lauth 2007). Zum einen transportieren sie bereits konstatierte Messfehler und zum anderen erfassen sie auch weiterhin nicht alle Kriterien, die für die Bestimmung der Qualität der Demokratie erforderlich sind. So sollten kleine Unterschiede nicht überinterpretiert werden. Weiterhin wird aufgrund der Charakteristika der verwendeten Aggregatdaten nicht ganz deutlich, worin die Demokratieprobleme in einem Land genau liegen. Den augenscheinlichsten Hinweis auf die Defizite liefert die Rechtsstaatsmessung. Dessen unterschiedliche Einschätzung ist maßgeblich für die Streuung der Angaben verantwortlich. Auch wenn diese Ergebnisse mit Vorsicht zu bewerten sind, machen sie doch die Varianz innerhalb der europäischen Demokratien deut-

---

[8] Ländergruppen:
Nord (3): Dänemark, Finnland, Schweden; West (7): Belgien, Deutschland, Frankreich, Großbritannien, Irland, Niederlande, Österreich; Süd (5): Griechenland, Italien, Portugal, Spanien, Zypern; Ost (10): Bulgarien, Estland, Lettland, Litauen, Polen, Rumänien, Slowakei, Slowenien, Tschechien, Ungarn; Luxemburg und Malta ohne Bewertung (2)

lich; zugleich verweisen sie auf die Möglichkeit, dass die Qualität sich sowohl verbessern als auch verschlechtern kann.

Abbildung 1: Entwicklung der Demokratiequalität in europäischen Regionen, 1996-2004

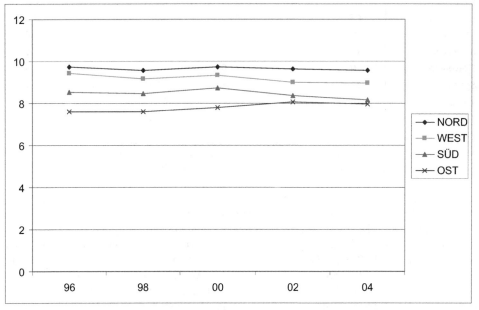

Quelle: vgl. Tabelle 1

Es gibt jedoch auch im Bereich der quantitativen Messung noch weitere Möglichkeiten durch Einbezug einzelner Demokratieindikatoren das Ergebnis etwas nuancierter darzustellen. Dafür können Daten herangezogen werden, die sich auf einzelne Aspekte der Demokratie beziehen. Hierzu gehören zum Beispiel die Pressefreiheit, der Transparenzgrad und im Bereich der gleichen Repräsentation der Frauenanteil im Parlament. Die Auswahl ist durch die Datenlage gegeben und beruht nicht auf einer systematischen theoretischen Begründung. Daher lässt sich auf dieser Grundlage keine Aussage zum Gesamtprofil einer Demokratie geben, aber es lassen sich einige Merkmale näher bestimmen.

Die Pressefreiheit gehört ohne Zweifel zu den elementarsten Merkmalen einer Demokratie, da ohne diese weder eine Informationsfreiheit gegeben ist noch unterschiedliche Meinungen ausreichend in der öffentlichen Debatte dargestellt werden können. Auch wenn dieses Kriterium in Europa im Prinzip gegeben ist, lassen sich trotzdem unterschiedliche Freiheitsgrade feststellen, die auf den Einschätzungen von Freedom House/Press Freedom und Reporter ohne Grenzen beruhen (http://www.rsf.org/article. php3?id_article=11715). Demnach ergibt sich folgendes Bild: Nach Einschätzung des Freddom House/Press Freedom Index 2004, bei dem Werte zwischen 1 bis 30 eine freie Presse bedeuten, liegen auch in diesem Bereich die skandinavischen Länder dieses Mal zusammen mit den Beneluxländern mit Ratings zwischen 8 und 12 Punkten vorn. Nahe an dieser Gruppe liegen Portugal und Malta. Danach folgt angeführt von Deutschland ein breites Mittelfeld, das bis Österreich reicht (16 bis 23 Punkte). Gerade noch im „freien" Bereich mit 28 Punkten liegt Griechenland. Als nur halbfrei wird die Pressefreiheit in Italien (33), Bulgarien (35) und mit deutlichem Abstand in Rumänien (47) gewertet. Die Bewertung von Reporter ohne Grenzen (2002) bestätigt weitgehend diesen Befund; allerdings wird die Situation in Spanien, Polen und Tschechien deutlich schlechter bewertet. Italien liegt sogar nur zwischen Bulgarien und Rumänien. 2004 liegen nun Italien und Spanien lediglich auf Platz 39 mit 9 Punkten hinter Bulgarien (Platz 36, 8 Punkte), während sich Tschechien verbessert hat (Platz 19, 3,5 Punkte). Weit abgeschlagen innerhalb der EU-Staaten findet sich Rumänien auf Platz 70 mit 17,83 Punkten. Im Spitzenfeld (0,5 bis 2,0 Punkte) finden sich die skandinavischen und baltischen Staaten.

Auch der Grad der Transparenz der politischen Prozesse ist ein Merkmal der Demokratie. Ohne Transparenz kann keine ausreichende Information für die Bürger und folglich keine angemessene Bewertung der Politik durch diese (und somit kein adäquates Wahlverhalten) erfolgen. Beispielhaft wird die schwedische Politik genannt, die in vielfacher Weise Informationen zur Verfügung stellt. Ein eher negatives Bild bietet die britische Politik bis in die 1990er Jahre, in der wichtige Entscheidungen z. B. in der Nordirlandpolitik) kaum öffentlich kommuniziert wurden. Nun liegen solche Informationen nicht quantitativ vor. Eine gewisse Annäherung an diesen Sachverhalt können jedoch die Daten von *Transparency International* (TI) bieten, die beanspruchen, mit dem *Corruption Perceptions Index* (CPI) die wahrgenommene Transparenz in einem Land abzubilden. Genauer wird nach der Korruptionswahrnehmung gefragt. Da Korruption nun gerade nicht auf transparenten Verfahren beruht, kann von einer geringen Korruption auf einen hohen Grad von Transparenz geschlossen werden, wenngleich dies nicht zwingend gegeben sein muss (siehe Großbritannien). Aber auch in ihrer Bedeutung als Korruptionsindikatoren können die TI-Daten demokratietheoretische Relevanz besitzen. So bedeutet Korruption eine vielfache Störung des demokratischen Prozesses. Verzerrt werden sowohl die Präferenzen der Bürger (Input) als auch – und wohl in der Wirkung noch gravierender – die Implementierung der politischen Entscheidungen. Ein hoher Grad an Korruption verletzt somit die politische Freiheit und politische Gleichheit und erschwert die Kontrolle. Unzweifelhaft verringert er die Qualität einer Demokratie. Die Daten von TI liefern folgendes Bild für 2004 (vgl. Tabelle 1), wobei zehn den höchsten Wert angibt, der keine Wahrnehmung von Korruption signalisiert. Je kleiner der Wert, desto höher die Korruptionswahrnehmung.

Eine kleine Gruppe – die skandinavische Länder, Niederlande und Großbritannien – weisen hohe Werte (von fast neun Punkten und mehr) aus. Eine größere Ländergruppe – Belgien, Deutschland, Estland, Frankreich, Irland, Österreich, Portugal, Slowenien und Spanien – liegen im mittleren Bereich (zwischen sechs und acht Punkten). Eine weitere größere Gruppe weist niedrige Werte (unter sechs Punkten) auf, die für die Qualität der Demokratie merkbar abträglich sind. Dies sind: Bulgarien, Griechenland, Italien, Lettland, Litauen, Polen, Slowakei, Tschechien, Ungarn und Zypern. Der äußerst niedrige Wert (2,9) von Rumänien weist auf beträchtliche Korruptionsprobleme hin, die auch die Demokratie signifikant tangieren.

Die gleiche Repräsentation von Frauen in der Politik entspringt der Idee der politischen Gleichheit. Entsprechend wird ihre Repräsentation im Parlament als ein Indikator für die Qualität von Demokratie vorgeschlagen (Cornwall/Goetz 2005). Auch wenn dies zunächst einleuchtend erscheint, so ist dieser Indikator nicht ohne Vorsicht zu verwenden. Analog wie in der Bewertung der Partizipation ist der Freiheitsaspekt der individuellen Handlung zu beachten. Nur wenn nachgewiesen werden kann, dass eine höhere Repräsentation von

Frauen an formalen oder informellen Hürden scheitert, liegt eine demokratietheoretisch bedenkliche Exklusion vor. Nur dann wären die entsprechenden Repräsentationsdaten aussagekräftig für die Qualität einer Demokratie. Nun dürften formale Hindernisse kaum noch existieren; im Gegenteil sind in einer Reihe von Ländern Maßnahmen zur Förderung der politischen Partizipation von Frauen zu beobachten. Dennoch bleibt festzuhalten, dass weiterhin informelle Muster und Normen bestehen, die es Frauen erschweren sich mit der gleichen Selbstverständlichkeit wie Männer in der Politik zu engagieren. Es ist wenig überzeugend zu argumentieren, dass die individuellen Partizipationswünsche in ähnlichen Staaten so deutlich abweichen, wie es bei der faktischen parlamentarischen Repräsentation zu beobachten ist. So sind die folgenden Daten (Tabelle 2) durchaus im Sinne der Beurteilung der politischen Gleichheit zu interpretieren.

Tabelle 2: Die Repräsentation von Frauen im Parlament

Rank	Country	Elections	Seats	Women	% W	Elections	Seats	Women	% W
2	Sweden	09 2006	349	165	47.3				
3	Finland	03 2007	200	84	42.0				
5	Norway	09 2005	169	64	37.9				
6	Denmark	02 2005	179	66	36.9				
7	Netherlands	11 2006	150	55	36.7	06 2003	75	22	29.3
"	Spain	03 2004	350	126	36.0	03 2004	259	60	23.2
11	Belgium	05 2003	150	52	34.7	05 2003	71	27	38.0
14	Austria	10 2006	183	59	32.2	n.a.	62	17	27.4
15	Germany	09 2005	614	194	31.6	n.a.	69	15	21.7
32	Lithuania	10 2004	141	35	24.8				
36	Estonia	03 2007	101	24	23.8				
39	Luxembourg	06 2004	60	14	23.3				
43	Bulgaria	06 2005	240	53	22.1				
"	Portugal	02 2005	230	49	21.3				
50	Poland	09 2005	460	94	20.4	09 2005	100	13	13.0
"	Slovakia	06 2006	150	30	20.0				
"	United Kingdom	05 2005	646	127	19.7	n.a.	751	142	18.9
58	Latvia	10 2006	100	19	19.0				
66	Italy	04 2006	630	109	17.3	04 2006	322	44	13.7
72	Czech Republic	06 2006	200	31	15.5	10 2006	81	12	14.8
"	Cyprus	05 2006	56	8	14.3				
"	Ireland	05 2002	166	22	13.3	07 2002	60	10	16.7
84	Greece	03 2004	300	39	13.0				
88	France	06 2002	574	70	12.2	09 2004	331	56	16.9
"	Slovenia	10 2004	90	11	12.2	12 2002	40	3	7.5
92	Romania	11 2004	331	37	11.2	11 2004	137	13	9.5
97	Hungary	04 2006	386	40	10.4				

Lower or single House / Upper House or Senate

n.a. = nicht angegeben. Quelle: Inter-Parliamentary Union auf der Informationsgrundlage, die von den Nationalen Parlamenten bis zum 31 März 2007 zur Verfügung gestellt wurden (http://www.ipu.org/english/home.htm).

Eine sehr hohe und damit fast paritätische Beteiligung von Frauen im Parlament weisen nur Schweden und Finnland auf. Gute Ergebnisse, die rund ein Drittel der Sitze für Frauen aufweisen, hat eine größere Ländergruppe, die Dänemark, Niederlande, Spanien, Belgien, Österreich und Deutschland umfasst. Nur knapp ein Viertel der Sitze haben Frauen in den baltischen Staaten, Luxemburg, Portugal, Polen, Slowakei und Großbritannien. Ihre parlamentarische Repräsentation ist noch geringer in der letzten Gruppe, die von Italien und Tschechien angeführt wird. Hierbei verfügen Frauen in denen am Ende der Skala liegenden Länder (Malta, Ungarn, Rumänien) nur rund über zehn Prozent der Sitze. Nur unwesentlich besser sind die Werte in Slowenien, Frankreich, Griechenland, Zypern und Irland.

Die Unterschiede in diesem Demokratiefeld sind signifikant: In Ländern mit einer fast nahezu egalitären Beteiligung ist die Repräsentation von Frauen fast fünfmal höher als in den letzt platzierten Staaten. Dies ist dabei bei weitem kein Problem von kleinen Ländern oder jungen Demokratien, wie der Blick auf Großbritannien, Italien und vor allem Frankreich zeigt. Hier wird die im Demokratiemaß enthaltene egalitäre Dimension deutlich unterschritten. Es zeigt sich aber, dass es im Wesentlichen in etablierten Demokratien gelungen ist, eine höhere Repräsentation zu erreichen. Gleichfalls lässt sich ein Nord-Süd-Gefälle konstatieren, wobei Irland und Großbritannien die negativen Abweichungen und Spanien die positive Ausnahme darstellt. Ebenso weisen die Mitgliedstaaten der EU-Osterweiterung in der Regel nur mittlere und geringe Partizipationswerte auf. Bis zu einer Homogenisierung der Repräsentation von Frauen in nationalen Parlamenten scheint es noch ein weiter Weg. Dass dies jedoch kein aussichtloses Unterfangen sein muss, zeigt ein Blick auf das Europäische Parlament, das einen Frauenanteil von über 30 Prozent aufweist. Hierbei liegen auch Länder wie Frankreich und Slowenien nun über 40 Prozent und somit deutlich über dem Anteil in den entsprechenden nationalen Parlamenten. Lediglich Italien und Polen bestätigen auch auf dieser Ebene die geringen Partizipationswerte.[9]

Eine weitere Möglichkeit quantitative Angaben zur Bestimmung der Qualität einer Demokratie zu verwenden bietet der *Bertelsmann-Transformations-Index* (BTI), dessen Daten jedoch auf „Transformationsländer" begrenzt sind.[10] Insgesamt werden 119 Transformationsländer erfasst, darunter alle Staaten, die im Zuge der Osterweiterung EU-Mitglieder geworden sind. Die theoretischen Grundlagen des BTI beruhen maßgeblich auf dem Konzept der *Embedded Democracy* (Merkel et al. 2003). Für die Messung sind folgende fünf Teilregime für die Beurteilung einer Demokratie relevant: Staatlichkeit, politische Partizipation, Rechtsstaatlichkeit, institutionelle Stabilität und politische und gesellschaftliche Integration. Die Befunde für 2003 weisen allen mittelosteuropäischen Staaten ein gutes Ergebnis auf dem Wege zur demokratischen Transformation aus. Die höchsten Werte (5,0) erhalten gleich sechs Staaten (Litauen, Polen, Slowenien, Ungarn, Slowakei und Tschechien). Die beiden anderen baltischen Staaten erhalten kleinere Abstriche (Estland 4,8 und Lettland 4,4). Lediglich Bulgarien und Rumänien fallen mit 4,0 etwas ab, gehören aber damit immernoch zur Spitzengruppe aller untersuchten Transformationsländer. In dem leicht veränderten Bewertungsmaßstab für 2006 (nun Werte bis zehn) verändern sich die Befunde in der Substanz kaum. Slowenien, Tschechien, Ungarn, Estland (verbessert), Litauen, Slowakei und Polen erhalten sehr hohe Bewertungen von 9,55 bis 9,20. Bulgarien (8,45), Lettland (8,30) und Rumä-

---

[9] Malta und Zypern unterbieten jedoch auch dies, indem sie keine Frauen in das Europäische Parlament entsenden.
[10] Vgl. http://www.bertelsmann-transformation-index.de/11.0.html; Bertelsmann Stiftung 2004 und 2005; zur Kommentierung vgl. Müller/Pickel 2007.

nien (8,20) fallen dagegen weiterhin etwas ab, bleiben gleichwohl in der oberen Gruppe der Transformationsstaaten. Auch wenn es wünschenswert wäre, dass diese Messungen auch die anderen europäischen Staaten erfassen würden, wäre nur bedingt ein Instrument gewonnen, etablierte Demokratien differenziert einzuschätzen. Dazu ist dieses Messverfahren nur begrenzt angelegt, da es stärker den Bereich im Wechsel von autokratischen zu demokratischen Regimen erfassen möchte. Vermutlich würde ein Klumpungseffekt zu beobachten sein. Dies gilt auch bei den leicht veränderten Bewertungsmodalitäten des BTI 2006.

Wenngleich in fast keinem der vorgestellten Konzepte Daten der politischen Kulturforschung Eingang finden[11], wird oft diskutiert, ob nicht auch *Survey*-Daten zu Einstellungen zur Demokratie, ihren Institutionen und deren Effizienz sinnvoll zur Bestimmung der Qualität eingesetzt werden können. Dieses Anliegen ist nicht überraschend, wenn wir den Entstehungskontext der politischen Kulturforschung betrachten. Ein wichtiges Forschungsmotiv bestand in der Untersuchung der Stabilität von Demokratie; einem Aspekt, der in seiner Fixierung am Leitbild der *civic culture* (Almond/ Verba 1965) bis heute in der Forschung der Konsolidierung von Demokratien eine zentrale Rolle spielt (Merkel 1996; Plasser et al. 1997; Diamond 1999). Das damit verbundene Erkenntnisinteresse thematisiert die Verankerung demokratischer Wertvorstellungen in der Bevölkerung, das Ansehen der demokratischen Institutionen, die Zufriedenheit der Bürger mit diesen und die staatsbürgerlichen Kompetenzen der Bürger selbst. Stabilität und Qualität einer Demokratie sind jedoch konzeptionell zu trennen. Wäre Stabilität ein konstitutives Merkmal einer Demokratie, könnten junge Demokratien – per definitionem – nicht die höchsten Werte erzielen. Von einer stabilen und qualitativ hochwertigen Demokratie zu sprechen, heißt von einer konsolidierten Demokratie zu sprechen. Die Stabilität fügt demnach der Qualität ein Merkmal hinzu. Können Messkonzepte, die in der politischen Kulturforschung zur Bewertung der Demokratiestabilität entwickelt wurden, nun nicht in der Bestimmung der Qualität einer Demokratie verwendet werden? Diese Frage ist differenziert zu bewerten.

Begrenzt aussagekräftig erscheinen diejenigen Fragen, die auf die Anerkennung oder Ablehnung von demokratischen Werten zielen, da diese oftmals aus anderen Motiven genährt werden als von den aktuellen Erfahrungen mit der Demokratie. Wieso sollte dann aber von diesen Einstellungswerten auf die aktuelle Qualität einer Demokratie geschlossen werden? Prinzipiell können auch in funktionierenden Demokratien die Anerkennungswerte divergieren. Die Qualität einer Demokratie betrachtet Handlungen und nicht Handlungsmotive. Mehr Aussagekraft scheinen Fragen zu haben, die sich mit der Zufriedenheit mit politischen Institutionen befassen. Nicht ohne Grund liegt hier die Korrelation mit den „quasi-objektiven" Demokratiemessungen höher (Pickel 2000). Allerdings gibt es auch hier Zweifel, ob diese Messungen der Einstellungen eine valide Messung der demokratischen Qualität darstellen. Folgende Einwände sind zu beachten: Die Vorstellungen über die Demokratie, ihre Werte und Institutionen divergieren, folglich liegt der Beurteilung kein einheitlicher Maßstab zugrunde. Es kann kaum angenommen werden, dass (vor allem in jungen Demokratien) innerhalb einer Bevölkerung zu den relevanten Begriffen eine kohärente und gemeinsame Vorstellung existiert, geschweige denn im internationalen Vergleich.[12] Mit

---

[11] In gewissem Maße bieten die Kriterien von Beetham 1994 und von Saward 1998 Anknüpfungspunkte zum Einsatz von Umfragedaten der politischen Kulturforschung.
[12] So liegt beispielsweise die positive Bewertung der demokratischen Performanz in Aserbaidschan noch vor Norwegen und weit vor den Demokratien Westeuropas (Klingemann 2000: 290ff.). Die begrenzte Aussagekraft liegt auf der Hand.

diesem kulturellen *bias* kann durchaus die Zufriedenheit mit einer Institution oder einer Praxis einhergehen, die nach „objektiven" demokratietheoretischen Maßstäben eher problematisch wäre, wie die Akzeptanz des Verzichts auf eine geschriebene Verfassung in Großbritannien zeigt. Aber selbst, wenn die Begriffsverwendungen übereinstimmen würden, müsste dies nicht für die *Erwartungen* an die Performanz der Institutionen gelten. Doch gerade der bestehende Erwartungshorizont ist eine maßgebliche Folie für die Einschätzung der aktuellen Zufriedenheit, die wiederum als Resonanzboden für die Qualitätseinschätzung dient.[13]

Was besagt dieser Befund? Zunächst scheint es überraschend, dass die Einstellung der grundlegenden Akteure (der Staatsbürger) einer Demokratie wenig über deren Qualität aussagen kann. Ist ein solcher Standpunkt nicht Ausdruck einer Arroganz gegenüber dem demokratischen Souverän und Ignoranz gegenüber seiner Erfahrungswelt? Solch eine Einschätzung geht zu weit. Zum einen können den Staatsbürgern nicht alle für eine angemessene Einschätzung notwendigen Daten zur Verfügung stehen und zum anderen ergeben sich viele Bedenken aus einer komparativen Perspektive, die einen einheitlichen Bewertungsmaßstab erfordert. Schließlich ist noch zu beachten, dass Umfragedaten durchaus eine Rolle für die Qualitätsmessung haben. Ein wichtiger Bereich der Umfragen betrifft die kognitive Ebene der politischen Kulturmessung. Die damit einbezogenen Ergebnisse könnten nicht nur als Reflexionsboden für die Einschätzung der evaluativen und affektiven Befunde dienen, sondern lassen sich als direkte Möglichkeit nutzen, die Qualität der Demokratie zu bestimmen, indem sie darüber informieren, inwieweit die Rechte, Verfahren und Institutionen der Demokratie den Bürgern bekannt sind. Ohne deren Kenntnisse lassen sich diese schwerlich in Anspruch nehmen. Darüber hinaus könnten Umfragen analog wie bei TI die Wahrnehmung der Demokratie durch die Bürger vermitteln. Dies könnte dazu beitragen, die als Problem wahrgenommen Bereiche zu identifizieren und öffentlich zu thematisieren.

Indikatoren der politischen Kulturforschung können durchaus zur Bestimmung der Qualität von Demokratie herangezogen werden, allerdings nur unter bestimmten Bedingungen und im Bewusstsein der damit verbundenen Restriktionen. Sie sind somit nicht ein gleichwertiger Weg der Demokratiemessung im Vergleich mit den „quasi-objektiven" Strategien. Sie können aber sehr wohl in ausgewählten Gebieten als sinnvolle Ergänzung und zur Kontrolle anderer Messungen eingesetzt werden.[14] Auf die Darstellung der empirischen Befunde wird hier verzichtet und auf den Beitrag von O.W. Gabriel in diesem Band verwiesen.

---

[13] Ein Beispiel für eine mögliche Diskrepanz in der Einschätzung der Demokratie bilden politische Skandale. Während damit in den Augen der Bevölkerung oftmals eine Abwertung der Qualität der Demokratie verbunden ist, kann gerade das Aufdecken des Skandals und seine Bearbeitung ein Anzeichen für die Qualität der Demokratie (z. B. wirksame Kontrolle) sein.

[14] Dazu gehört auch der Einsatz von Indikatoren der politischen Kulturforschung für die Messung informeller Institutionen, deren Wirksamkeit sich auf das Verhalten und die Orientierungen der Bürger erstreckt. Hierbei wird von der Annahme ausgegangen, dass sich die Existenz informeller Institutionen in den Einstellungen und Kenntnissen der Bürger manifestiert.

3 Qualitative Ansätze

Die begrenzte Aussagemöglichkeit von quantifizierten (qualitativen) Demokratiemessungen verdeutlicht die Notwendigkeit, auch komplexere Ansätze in die Bestimmung der Qualität einer Demokratie einzubeziehen.

Die Auswahl ist in diesem Bereich deutlich kleiner, was sicherlich mit der Komplexität der damit verbundenen Bemühungen zu tun hat. Der wirkungsmächtigste Ansatz ist ohne Zweifel der der *democratic audit*. Er geht auf die Überlegung zurück, die Qualität der britischen Demokratie zu bestimmen, um Defizite identifizieren und soweit möglich beheben zu können (http://www.democraticaudit.com/index.php). Eine Reihe von Studien sind diesem Unternehmen entsprungen, das von David Beetham, Kenneth Boyle und Stuart Weir sowie weiteren Mitarbeitern getragen wurde.[15] Eine Besonderheit dieses *audit*-Projekts besteht in seinem politischen Anspruch, der auch auf politische Bildung abzielt. Durch die Beteiligung von Bürgern und Basisgruppen an der Erhebung der empirischen Befunde sollen Teile der Zivilgesellschaft zu einem reflexiven Umgang mit „ihrer" Demokratie veranlasst werden, der sowohl ihr Wissen als auch ihr politisches Engagement verändern kann. Ziel ist die vertiefte Demokratisierung des jeweiligen Landes.

Konzeptioneller Ausgangspunkt des Forschungsprojektes ist die Bestimmung der Prinzipien und Indikatoren der Demokratie (Beetham 1994; Klug et al. 1996; Beetham/ Weir 1999). Demokratie wird mittels zweier Dimensionen bestimmt: *popular control* (oder staatsbürgerliche Souveränität) und politische Gleichheit. Kontrolle wird verstanden als das Recht, über politische Inhalte (Gesetze) oder über die Auswahl von Repräsentanten zu entscheiden und diese zu kontrollieren. Die politische Gleichheit erschließt sich durch gleiches aktives und passives Wahlrecht und durch die Chancengleichheit in der Artikulation aller Präferenzen, die sich zugleich auf ihre politische Wahrnehmung und Behandlung in der Gesetzgebung bezieht. Beide zentrale Dimensionen oder demokratische Prinzipien werden durch vier Unterdimensionen (Institutionen) präzisiert (Beetham 1994):

- Wahlen oder „free and fair elections",
- Regierungsinstitutionen oder „open and accountable government",
- Bürgerrechte oder „civil and political rights",
- gesellschaftliche Demokratie oder „democratic society".

Diese Unterdimensionen werden mit 30 Fragen oder Indikatoren weiter konkretisiert (http://www.democraticaudit.com/auditing_democracy/assessmentframework.php), die sowohl formale Regeln als auch die gegenwärtige Praxis berücksichtigen. In der Untersuchung von „freien und fairen Wahlen" werden in verschiedenen Aspekten ihre Inklusivität und die Effektivität der Regierungsmacht erfasst. *Accountability* bezieht sich auf drei Ebenen: auf die politische (Rechtfertigung und Verantwortlichkeit der Regierung vor dem Parlament), die legale (rechtsstaatliches Handeln der staatlichen Akteure) und die finanzspezi-

---

[15] Die Publikationen finden sich aufgelistet unter: http://www.democraticaudit.com/media/index.php. Ihren Niederschlag gefunden haben die Forschungsbemühungen auch im Rahmen der UN (Beetham/ Boyle 1995) und in einem komparativen Forschungsprojekt, das acht (überwiegend außereuropäische) Länder umfasst und von dem IDEA (*Institute for Democracy and Electoral Assistance*, Stockholm) getragen wird (Beetham et al. 2002).

fische (Finanzkontrolle über Regierung durch Parlament und Gericht). Grundlage einer effektiven *accountability* ist Gewaltenteilung und Transparenz des Regierungshandelns. Die dritte (Unter)dimension „bürgerliche und politische Rechte" betrifft die klassischen Freiheitsrechte. Die „demokratische Gesellschaft" beinhaltet nicht nur die Sphäre der Zivilgesellschaft, sondern bezieht die Repräsentativität der Medien und die demokratische Struktur von mächtigen Privatunternehmen sowie den demokratischen Charakter der politischen Kultur und des Erziehungssystems mit ein.

Als Indikatoren finden quantitative Variablen (siehe Wahlbeteiligung und Befunde zur politischen Kultur) zwar Eingang in die Untersuchung, insgesamt werden jedoch hauptsächlich qualitative, auf subjektiven Einschätzungen beruhende *items* verwendet. Abgelehnt wird eine Übertragung der Ergebnisse auf eine gemeinsame quantitative Skala. Entsprechend findet sich keine Berechnung eines Aggregat- oder Indexwertes. Verzichtet wird gleichfalls auf eine Skalierung der einzelnen Fragen. Damit erhöht sich allerdings die Schwierigkeit, angemessen mit den Fragen zu arbeiten, um das Maß einer Demokratie zu bestimmen. Um die Problematik der Reliabilität zu reduzieren, ist der Maßstab für eine „gute" Demokratie zu präzisieren. Herangezogen werden dazu erstens die international (oder zumindest regional) akzeptierten Menschenrechtsstandards, wie sie in den verschieden Chartas und Konventionen verabschiedet sind (Beetham 1994: 26f., 32f.; Beetham/Weir 2000: 79ff.). Zweitens lässt sich ein Maßstab aus der Beobachtung der „best practice" in anderen Ländern erschließen (z. B. an USA und Schweden bei Transparenz und Offenheit des staatlichen Handelns). Damit soll gewährleistet sein, dass nicht utopische, sondern realistische und realisierbare Kriterien verwendet werden. Daher wird eine rein theoretisch konstruierte Messskala (oder *ideal standard*) abgelehnt, da sie zu wenig Bezug zur empirischen Wirklichkeit und Brauchbarkeit habe (Beetham 1994: 33).

Insgesamt kann der Versuch, den Maßstab der Demokratie auf den verschiedenen Ebenen (der Prinzipien, Dimensionen und Indikatoren) soweit zu präzisieren, dass er für eine empirische Anwendung brauchbar ist, nicht ganz befriedigen (Lauth 2004: 287ff.).[16] Beide Grundprinzipien sind sehr abstrakt formuliert und es lassen sich verschiedene Möglichkeiten der Konkretisierung vorstellen.[17] Während ein breites Verständnis von demokratischer Kontrolle vorliegt, ist zudem der Begriff der Freiheit eher unterrepräsentiert. Zu Recht weist Beetham (1994: 40) auf diesen Sachverhalt hin: „The definition of democracy in terms of the two general principles of popular control and political equality does in theory allow for (sic!) their institutionalization in different ways; and enables us to recognize democracy as an aspiration in many different societies and in various historical forms." Viele Aspekte bleiben vage und werden durch die Fragestellung eher implizit anvisiert, ohne sie ausreichend zu konkretisieren. Zudem thematisieren nicht alle Fragen den Aspekt der Qualität

---

[16] Es ist allerdings darauf hinzuweisen, dass sich mehr Hinweise in den konkreten Untersuchungen finden (Klug et al. 1996; Beetham/Weir 1999), in denen die *international standards* hinsichtlich der einzelnen Kriterien aufgegriffen werden. Allerdings werden auch damit nicht alle der folgenden Kritikpunkte ausgeräumt. So erscheint es allein problematisch, für alle Fragen einen solchen Standard zu identifizieren. Mag dieser Weg bei Wahlen und Menschenrechten noch gangbar sein, so erscheint er bei vielen Aspekten der *democratic society* fraglich.

[17] Die eingeschlagene Operationalisierungsstrategie gibt Anlass, von einer „institutionellen Lücke" zu sprechen. Zu Recht weist Schedler (1996: 169) darauf hin, dass die Verbindung zwischen der Formulierung der abstrakten Prinzipien und den konkreten Operationalisierungsfragen nicht hinreichend ausgearbeitet wurde.

einer Demokratie, sondern auch den der Konsolidierung einer Demokratie (Frage 30) oder förderlicher Faktoren (Frage 29). Problematisch ist die vierte Dimension *(democratic society)*, da hierbei erkennbar der Bereich der politischen Dimension verlassen wird. Repräsentativität der Medien, interne Demokratie von privaten Kooperationen, ein gehobenes politisches Bewusstsein der Bürger, das Ausmaß an Partizipation, der demokratische Charakter der politischen Kultur und des Erziehungssystems (Beetham 1994: 30) sind Faktoren, die entweder in anspruchsvolleren normativen Konzepten von Demokratie enthalten sind oder sogar sehr problematisch als Indikator für politische Demokratien angesehen werden. Die entscheidende Schwäche beruht auf dem Fehlen eines Maßstabes, der die Zielprojektion präzisiert. Der Rückgriff auf *international standards*, die in den empirischen Studien zum Tragen kommen, kann nur partiell die Lücke schließen und verschleiert zudem die eigentliche Leitidee, die letztlich die Auswahl solcher Standards leitet, die bei konkurrierenden Vorschlägen nötig ist. Die Schwierigkeit der empirischen Umsetzung des Konzeptes zeigt sich unter anderem daran, dass es trotz mehrjährigen Forschungsanstrengungen und drei umfangreichen Publikationen bislang nicht gelungen ist, alle Fragen allein für ein Land zu bearbeiten.[18]

Die Messanlage hat in einigen Fallstudien Anwendung gefunden. Die Fragen von Beetham werden als wesentliche Grundlagen für den *democratic audit* in Großbritannien genommen, der inzwischen in drei umfangreichen Bänden zu Freiheitsrechten, zu politischer Macht und demokratischer Kontrolle sowie zur Demokratie unter Blair (Klug et al. 1996; Beetham/Weir 1999; Beetham et al. 2002) dokumentiert ist. Abgesehen von der bleibenden Problematik des Maßstabes gelingt es, mit dem Frageraster ein differenziertes Bild der britischen Demokratie mit ihren Schwächen und Stärken zu zeichnen, das weit über die Komplexität der anderen Ansätze der Demokratiemessung reicht und somit eine Unterscheidung innerhalb der Gruppe von Demokratien ermöglicht, die ansonsten oftmals in einer Kategorie „klumpen".

Der empirische Befund kann hier nicht umfassend gewürdigt werden, aber die grundlegende Einschätzung der britischen Demokratie soll knapp skizziert werden. Als eine spezifische Schwachstelle wird die nicht befriedigende Verankerung von Menschenrechten gesehen, was ihre Kodifizierung, den Rechtsweg und ihre gleiche Geltung für alle gesellschaftlichen Gruppen betrifft. Bemängelt werden zugleich die begrenzte Transparenz des Regierungsapparates und die geringen institutionellen Kontrollmöglichkeiten. Hart fällt das Urteil aus (Democratic Findings No. 7: 1): „In the absence of these (checks and balances, Anm. des Verf.), 'electoral democracy' degenerates all too readily into elective dictatorship, as we have witnesses once again under Tony Blair". Diese negative Beurteilung entspricht jedoch nicht dem Gesamtbefund der Untersuchung. Eine differenzierte Einschätzung gibt die grafische Darstellung der Befunde, die sich an dem Fragekatalog ausrichtet (vgl. Abbildung 2). Demnach werden die Stärken der britischen Demokratie in der aktiven Ausprägung der Zivilgesellschaft gesehen. Deutlich positiv werden gleichfalls die zivile Kontrolle über die Sicherheitsorgane, die Bekämpfung der Korruption und die Rechtsstaatlichkeit eingeschätzt, während die Transparenz und Accountability der Regierung bleibend skeptisch bewertet werden. Ähnliches gilt für den Devolutionsprozess, die Responsivität der Regierung und die Repräsentation von Frauen im öffentlichen Leben, wenngleich hier Fortschritte verzeichnet werden. Generell wird trotz der harschen Kritik an der Regierung Blair

---

[18] Geplant ist ein weiterer Band über wirtschaftliche und soziale Rechte und zur Thematik der „democratic society".

Demokratieentwicklung und demokratische Qualität 51

ein Fortschritt in der demokratischen Entwicklung seit Thatcher konstatiert. In zwei Bereichen werden jedoch signifikante Gegentrends moniert: So sinkt die Wahlbeteiligung konstant und die demokratische Qualität des Parteilebens nimmt ab.

Abbildung 2: Qualität der britischen Demokratie nach dem Democratic Audit

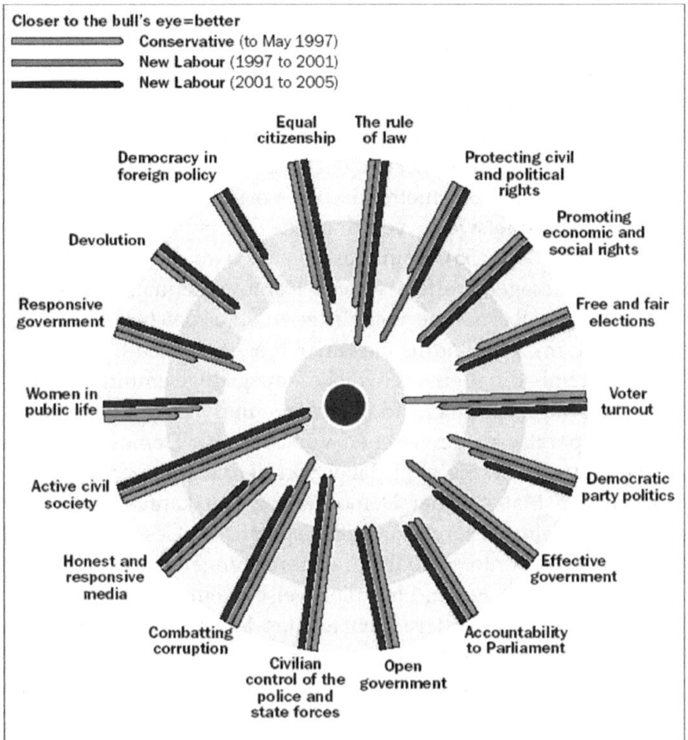

> Closer to the bull's eye=better
> Conservative (to May 1997)
> New Labour (1997 to 2001)
> New Labour (2001 to 2005)
>
> Equal citizenship · The rule of law · Protecting civil and political rights · Promoting economic and social rights · Free and fair elections · Voter turnout · Democratic party politics · Effective government · Accountability to Parliament · Open government · Civilian control of the police and state forces · Combatting corruption · Honest and responsive media · Active civil society · Women in public life · Responsive government · Devolution · Democracy in foreign policy
>
> This pamphlet updates Democratic Audit's two previous audits of the state of British democracy, conducted first at the end of the long period of Conservative rule in 1997, and then after the first New Labour administration in 2001. Now we assess Britain's democratic condition at the point of the 2005 election.
> Our auditing process is driven by the principles of popular control over government through accountable representative institutions and equal citizenship guaranteeing the fundamental freedoms of all citizens. The audit is divided into 18 areas of democratic life and practice, covering citizenship rights, free and fair elections, representative and accountable government, civil society, and the international dimension of democracy. Our findings for each of these areas can be seen at a glance, by looking at how close each comes to the bulls-eye of best international practice on the accompanying chart. You can make your own comparisons from the chart: across time to assess progress and regress; and between the different democratic areas in their distance from best international practice.

Quelle: http://www.democraticaudit.com/download/Findings7.pdf.

Auch zu Schweden wurden auf Grundlage des *audit* parallel zu dem britischen Projekt Untersuchungen zur Qualität der Demokratie vom Center for Business and Policy Studies (Stockholm – SNS) durchgeführt, die jedoch im Umfang geringer sind. Hier zeigt sich ein eher positives Bild der schwedischen Demokratie. Positiv herausgestellt werden die liberalen Freiheiten, die Rechtsstaatlichkeit, die lebendige Zivilgesellschaft, die hohe Repräsentativität der Politiker und die politische Entscheidungskapazität. Als Vorbild für andere europäische Länder werden der weitgehend freie Zugang zu öffentlichen Dokumenten (Transparenz) und das Modell der autonomen Verwaltungseinheiten betrachtet (Petersson 2001: 13). Aber auch problematische Stellen werden identifiziert: „The weak points are limited access to the political agenda, quality problems in the public sphere, intolerance, lack of clarity in the separation of powers, deficient accountability and weaknesses when it comes to economic resource control" (Petersson 2001: 2). Besonders problematisch wird der Rückgang der Mitgliedschaft in politischen Parteien bewertet, der die öffentliche Kommunikation und die Findung von Lösungen, die auf breitem sozialem Konsens beruhen, erschwert.[19]

Einen bescheideneren Versuch, den Vorschlag von Beetham umsetzen, bildet eine Fallstudie zu Österreich (Campbell et al. 1996). Hierbei werden zwei Problematiken des *audit* deutlich: (1) Die fehlende Explikation der Fragen und der Beurteilungsmaßstäbe führt zu einem „innovativen" Umgang mit der methodischen Vorlage (Gerlich 1996: 50ff.). Als Bewertungsmaßstäbe werden beispielsweise verschiedene Zeitperioden in der österreichischen Politik ausgewählt (Gerlich 1996: 55). Damit lassen sich zwar Angaben über Veränderungen machen, jedoch keine Aussagen treffen, welche Demokratiequalität der jeweilige Befund aufweist. Der assoziativen Übernahme von Kriterien sind gleichfalls Grenzen gesetzt, wie die Interpretationsbreite im Verständnis einzelner Fragen verdeutlicht. (2) Der *audit* erfordert – und dies ist nicht unbedingt eine Schwäche – ausgiebige empirische Forschungen, um die jeweiligen Einschätzungen hinreichend illustrieren und belegen zu können.

Einen stärker komparativ ausgewiesenen Vorschlag zur Demokratiemessung legt Heidrun Abromeit (2001, 2004) vor. Sie geht dabei von der Grundannahme aus, dass es nicht nur einen institutionellen Maßstab der Demokratie geben kann, der für alle Länder den Referenzrahmen bildet. Vielmehr sei die jeweilige spezifische Gesellschaftsstruktur in einem Land zu berücksichtigen, die unterschiedliche Anforderungen an die optimale Ausformung einer Demokratie zur Folge hat. So sind beispielsweise in einem Land mit einer homogenen Gesellschaftsstruktur andere Anforderungen an das Entscheidungsverfahren, Wahl- und Parteiensystem zu stellen als in einem mit heterogenen Strukturen. Ähnlich hatte bereits zuvor Lijphart (1999) argumentiert, indem er das Modell einer Mehrheitsdemokratie homogenen Gesellschaften empfahl und dasjenige der Konsensdemokratie für heterogene Gesellschaften. Aufgrund der engen Bindung des Vorschlags von Abromeit an Entscheidungsverfahren sind die Basiskriterien stark an Partizipationsmöglichkeiten ausgerichtet. Gefragt wird nach deren Umfang und Relevanz, ihrer Differenziertheit und Inklusivität, wobei Minderheiten, territoriale Untergliederungen und sektorale Segmente besondere Beachtung erfahren. In einem kursorischen Ländervergleich schneiden Österreich und die Schweiz am besten ab, Italien und Großbritannien werden kleinere Demokratieprobleme bescheinigt und Frankreich hätte demnach den größten Aufholbedarf.

Die Grundidee dieses Vorschlags ist zu beachten, allerdings trifft ihre Kritik nur dann, wenn sie auf Demokratiedefinitionen stößt, die institutionell gelagert sind. Dies wäre der Fall, wenn sich der Maßstab der Demokratie an bestimmten institutionellen Konfigurationen (z. B. parlamentarisches Regierungssystem, Mehrheitswahlrecht, Mehrparteiensystem, direkte Demokratie) ausrichten würde. Die Kritik greift dagegen nicht, wenn eine Demokratiedefinition vorliegt, die sich auf zentrale Funktionsleistungen einer Demokratie bezieht. So wäre die Aussage, dass das Partizipationssystem auf offenen, freien und fairen Verfahren beruht, als allgemeines Maß zu setzen, das für jedes Land gelten sollte. Welche institutionel-

---

[19] Neu erschienen ist gleichfalls eine Studie zur Demokratiebewertung in Irland (Hughes et al. 2007).

len Ausprägungen dieses Maß im Einzelnen realisieren, ist damit noch nicht festgelegt. Diese könnten durchaus divergieren, wobei die Möglichkeit funktionaler Äquivalente mitzubedenken ist. Es ist dann jeweils im Einzelfall zu prüfen, inwieweit das spezifische institutionelle Ensemble die mit ihnen verbundenen Funktionsleistungen angemessen zum Ausdruck bringen kann.

Abromeit geht einen Schritt weiter, indem sie auf der Grundlage einer Länderanalyse bereits selbst das adäquate institutionell gelagerte Maß der Demokratie formulieren möchte. Das erfordert zum einen eine exakte Länderanalyse (vor der eigentlichen Demokratiemessung)[20] und zum anderen kann sich der Maßstab verengen, wenn funktionale Äquivalente ausgeblendet werden. Darüber hinaus wäre zu diskutieren, inwieweit der jeweils aufgestellte Maßstab überzeugen kann, der nun eine weitaus größere Beweislast zu erbringen hat, indem er für jedes Land ein eigenes spezifisches Optimum formulieren möchte. Diese Problematik wird dadurch verstärkt, dass einige institutionelle Merkmale nun wiederum tendenziell als Maß gesetzt werden, wie die Präferenz für föderalistische Strukturen gegenüber unitarischen Ordnungen zeigt. Insgesamt erlauben die empirischen Studien somit einen differenzierten Einblick in die Vielfalt von Demokratien und erlauben durchaus Profile deutlich zu machen. Das dabei angewendete Messverfahren kann jedoch nicht restlos überzeugen.

Ein anderer Vorschlag, der von Abromeit/Stoiber (2006) und Stoiber (2007) vorgelegt wird, ist stärker zu beachten. Hierbei geht es um die Relevanz von Veto-Spielern und damit auch um die Messung der Gewaltenteilung. Mit letztgenannter wird ein zentrales konstitutives Moment von Demokratie erfasst, das für die Bestimmung ihrer Qualität notwendig ist (Kropp/Lauth 2007). Eine Demokratie benötigt eine ausreichende Teilung der Gewalten, um eine effektive Kontrolle zu ermöglichen. Konzentriert sich die politische Macht dagegen nur in einer Gewalt, so ist dies der Qualität der Demokratie abträglich, wie beispielsweise das Modell der delegativen Demokratie (O'Donnell 1994) anschaulich verdeutlicht. Es ist dabei jedoch auch hier zu beachten, dass damit nicht spezifische institutionelle Ausformungen verbunden werden, die beispielsweise den Typus eines Regierungssystems gegenüber einem anderen präferieren (z. B. präsidentielles vs. parlamentarisches Regierungssystem), weil es mehr Aspekte der Gewaltenteilung aufnimmt. Auch wäre die Aussage „Je mehr Gewaltenteilung, desto demokratischer" nicht überzeugend, da mit dem Maß der Gewaltenteilung auch die Anzahl der Veto-Spieler steigt, die wiederum den demokratischen Prozess blockieren können. Das von Stoiber (2007) diskutierte Maß der Gewaltenteilung ist daher für den Bereich brauchbar, in dem elementare Mängel in der Gewaltenteilung erfasst werden. Der Vorschlag ergänzt somit die Analyse unter einer weiteren spezifischen Perspektive. Im empirischen Befund wird deutlich, dass auch hier Probleme in etablierten Demokratien zu beobachten sind (vgl. Abbildung 3). Dies betrifft in dieser Untersuchung insbesondere Frankreich,[21] doch auch für Großbritannien werden von anderen Autoren ähnliche Probleme konstatiert (Bröchler 2007).

---

[20] So ließe sich über ihren Befund, dass aufgrund der weitgehend homogenen Gesellschaftsstruktur in Großbritannien das Entscheidungssystem und Entscheidungsregeln einfach sein können (Abromeit 2001: 8), durchaus diskutieren.

[21] „Aus Sicht der Gewalten- oder Machtteilung ist insbesondere der französische Fall (F1) problematisch. Denn hier verbindet sich die institutionelle Schwäche des Parlaments mit einer parteipolitischen Monopolisierung der Macht, die das Machtzentrum – auch des legislativen Prozesses – eindeutig in die Exekutive verlegt" (Stoiber 2007: 139).

Abbildung 3: Machtteilung der Regierungssysteme in verschiedenen Modi[1]

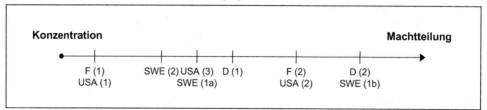

1 = Erläuterung „Frankreich unter Cohabitation (F (2)) ist ein besonderer Fall, da wir keinen effektiven VP finden. Zunächst scheint dieser Fall mit D (1) äquivalent zu sein, die Möglichkeit der Referenda lässt den Grad der Machtteilung jedoch steigen. Der Modus des ‚schwachen' amerikanischen *divided government* (US (2)) entspricht F (2) in seiner Machtteilung. Zwei Modi mit einer recht starken Machtteilung runden diese erste Anwendung ab. Bei Minderheitskoalitionen finden wir in Schweden drei effektive VP und zusätzlich recht starke Interessengruppen (SWE (1b)). Der deutsche Fall des *divided government* macht die Oppositionspartei zum starken fallabhängigen VP neben den Koalitionsparteien. Die starke Rolle des BVerfG hebt die Machtteilung dann auf ein vergleichbares Ausmaß der Machtteilung wie SWE (1b)." Quelle: Stoiber 2007: 139.

Auch ein Blick auf die Vielfalt der Beteiligungsrechte kann dazu beitragen, die Qualität der Demokratie differenziert zu erfassen. Dazu gehören die Wahlmöglichkeiten auf den unterschiedlichen Ebenen des politischen Systems, die in den Mitgliedstaaten der EU verschieden ausgeprägt sind (vgl. den Beitrag von Eckhard Jesse in diesem Band). Nicht zu vergessen sind aber auch die direktdemokratischen Verfahren, die in zahlreichen Ländern anzutreffen sind und in der Ergänzung der repräsentativen Demokratie tendenziell zur Erhöhung der Responsivität und Accountability der Politik gegenüber der Bürger beitragen (Schiller 2002). Die Staaten Mittelosteuropas gewähren im Durchschnitt ihren Bürgern mehr Rechte (Volksinitiative, Referendum) als in Westeuropa. Deutschland gehört zu den Nachzüglern, hat aber zumindest in den Bundesländern in den letzten Jahren aufgeholt (http://www.mehr-demokratie.de/ranking.html).[22]

Analog der Konzeption des democratic audit bietet Lauth (2004) einen umfassenden Vorschlag für eine systematische Demokratiemessung. Die Grundlage bildet ein Demokratieverständnis, das durch die Dimensionen von politischer Freiheit, politischer Gleichheit und politischer und rechtlicher Kontrolle definiert wird und in fünf zentralen Institutionen ihren Ausdruck findet: Entscheidungsverfahren, intermediäre Vermittlung, öffentliche Kommunikation, Rechtsgarantie, Regelsetzung und Regelanwendung (siehe Abbildung 4). Die Bewertungen reichen in jedem Feld von eins (beste Einschätzung) bis fünf (nicht mehr demokratisch); die Ergebnisse zwischen eins und drei liegen im Bereich einer funktionierenden Demokratie und der Wert vier signalisiert eine defizitäre Demokratie (nähere Erläuterungen in Lauth 2004).

---

[22] Eine umfangreiche Datenbasis für direkte Demokratie bietet das Forschungszentrum zu direkter Demokratie der Universität Zürich. Die Angaben finden sich unter http://www.c2d.ch/; vgl. auch den Beitrag von Melanie Walter-Rogg in diesem Band.

Demokratieentwicklung und demokratische Qualität

Abbildung 4: Die 15-Felder-Matrix der Demokratie: Möglichkeiten der Indexbildung

Dimensionen Institutionen	Freiheit	Gleichheit	Kontrolle	Index- bildung
Entscheidungs- verfahren	Freie Wahlen und Plebiszite 01 1/1	Gleiche Partizipa- tionschancen, Stimmengleichheit 06 1/2	Kontrolle durch Wahl- kommission 1 1/3	Instidex1
Intermediäre Vermittlung	Organisations- freiheiten 02 2/1	Gleiche Organi- sations- und Hand- lungsrechte 07 2/2	Kontrolle durch Ver- bände, Parteien, Zivil- gesellschaft 12 2/3	Instidex2
Kommunikation Öffentlichkeit	Kommunika- tionsfreiheiten 03 3/1	Gleiche Beteiligungschancen 08 3/2	Kontrolle durch Medien (unabhängiger Journa- lismus) 13 3/3	Instidex3
Rechtsgarantie	Freier Zugang zur Justiz 04 4/1	Gleiche Rechte und gleiche Behandlung durch Justiz 09 4/2	Effektive Recht- sprechung, Ver- fassungsgericht 14 4/3	Instidex4
Regelsetzung und Regelanwendung	*Effective govern- ment* (Parlament, rationale Bürok- ratie) 05 5/1	Gleiche Behandlung durch Parlament und Verwaltung 10 5/2	Gewaltenteilung (parlament. Oppositi- on, zweite Kammer, Rechnungshof) 15 5/3	Instidex5
Indexbildung	Dimex1F	Dimex2G	Dimex3K	Gesamt- index (Demex)

Quelle: eigene Darstellung (nach Lauth 2004: 330).

Eine fundierte wissenschaftliche Anwendung liegt hier für diese Messanlage noch nicht vor. Doch es können vorläufige Ergebnisskizzen präsentiert werden, die zeigen, dass auf diesem Wege ein differenziertes Profil auch von etablierten Demokratien zu erhalten ist. Ein gutes Beispiel bietet Italien (vgl. Abbildung 5). Der Gesamtindex ist für das Jahr 2004 mit 2,5 im Bereich der funktionierenden Demokratie angesiedelt. Doch die Aggregation verdeckt die deutliche Profilbildung, die ihr zugrunde liegt. Demnach sind die Werte hinsichtlich der Institutionen Entscheidungsverfahren – maßgeblich Wahlen – und der intermediären Vermittlung (Organisationsfreiheiten) in allen Dimensionen im guten Bereich. Demgegenüber werden die Befunde im Bereich der öffentlichen Kommunikation deutlich schlechter bewertet. Als problematischstes Feld wird hierbei die Ausübung der Kontrollfunktion gesehen, da alle maßgeblichen TV-Sender – private und öffentliche – direkt dem damaligen Ministerpräsidenten Berlusconi unterstanden, der diese Position auch nachweislich nutzte, um Kritik an seiner Regierung zu unterbinden. Der Wert von 3,73 liegt im Bereich der defizitären Demokratie und ordnet nach den Klassifikationsregeln dieses Ansatzes Italien dem gleichnamigen Regimetypus zu. Die negative Einschätzung dieses Bereichs reflektiert den bereits oben genannten Befund von Freedom of the Press und Reporter ohne Grenzen. Auch nur zufriedenstellend wird die Rechtsgarantie eingeschätzt, wobei das Verhältnis von Politik und Recht ebenso kritische Fragen aufwarf wie der Einfluss von Mafia und Korruption. An dieser Stelle wurde der Bedarf an tiefer gehenden empirischen Forschungen besonders deutlich. Die Regelsetzung und -anwendung ließ keine gravierenden Mängel erkennen. Insgesamt wird die Freiheitsdimension besser als die Gleichheits- und Kontrolldimension bewertet.

Abbildung 5:   Demokratie-Matrix Italien 2004

Italien (Seminar)	Freiheit	Gleichheit	Kontrolle	Mittelwert
Entscheidungsverfahren	1,60	2,04	2,37	*2,00*
Intermediäre Vermittlung	1,04	1,96	2,08	*1,69*
Kommunikation Öffentlichkeit	3,42	3,23	3,73	*3,46*
Rechtsgarantie	2,87	2,71	3,00	*2,86*
Regelsetzung und -anwendung	2,29	3,00	2,05	*2,52*
Mittelwert	*2,29*	*2,59*	*2,65*	*2,50*

Quelle: Seminar „Profile der Demokratie", N = 32

4   Fazit

Die Überlegungen zur Bestimmung der Qualität einer Demokratie haben gezeigt, dass dies kein einfaches Unterfangen ist, worauf gerade die Vielfalt der vorliegenden Messanlagen verweist. Auch wenn viele theoretische und methodische Kritikpunkte vorliegen, erlaubt eine sorgfältige Verwendung bestehender Daten eine erste Einschätzung der Qualität der Demokratie in den EU-Mitgliedstaaten. Wenn wir den Kombinationsindex NID verwenden, zeigt sich eine beachtliche Streuung der Ergebnisse, die 2004 (2002) von 9.85 (9.93) für Finnland bis 6.91 (6,71) für Rumänien reicht. Dabei erzielen überwiegend die etablierten Demokratien die besten Resultate. Doch dies gilt nicht generell wie ein Blick auf Frankreich (8,17) und Italien (7.81) zeigt. Diese Werte liegen deutlich unter denjenigen manch junger Demokratie wie Portugal (8.87) und Slowenien (8.69) (alle Befunde 2004). Im Allgemeinen liegen die Resultate der jungen Demokratien, die im Rahmen der Osterweiterung die EU-Mitgliedschaft erlangten, unter dem Durchschnitt der EU der 16. Allerdings haben viele Länder dieser Gruppe in den letzten Jahren Fortschritte in der demokratischen Entwicklung erzielen können und liegen zum Teil über den Werten der südeuropäischen Staaten. Die relativ geringen Bewertungen von Frankreich und Italien finden auch in separaten Messungen von Einzelaspekten der Demokratie ihre Bestätigung. Dies betrifft die Repräsentation von Frauen im Parlament, die Korruptionsrate und den Grad der Pressefreiheit. Die Befunde unterstreichen auch die beträchtlichen Schwierigkeiten, mit welchen die beiden letzten Neuzugänge – Bulgarien und Rumänien – zu kämpfen haben. Ihre demokratische Qualität liegt deutlich unter dem EU-Durchschnitt. Beide Länder können als defizitäre Demokratien bezeichnet werden. Damit liegt der Anteil defizitärer Demokratien in Bezug zur Gesamtanzahl aller Demokratien in der EU allerdings noch deutlich niedriger als in Lateinamerika, Afrika und Asien (Lauth 2006b).

Der Einbezug differenzierter qualitativer Messanlagen zeigt zum einen die Grenzen der bestehenden Daten und zum anderen die Möglichkeiten, die in einer systematischen Analyse der Demokratie liegen. Bei diesen Verfahren kommt es weniger auf die Indexbildung als auf die Profilanalyse der jeweiligen Demokratie an. Auf diese Weise lassen sich präziser die Errungenschaften und Schwachstellen der Demokratien feststellen, die neben den formalen Institutionen auch die informellen Strukturen und Praktiken berücksichtigen. Diesbezügliche Untersuchungen zu einem der Mutterländer der Demokratie (Großbritannien) konnten verdeutlichen, dass auch dort noch deutlich erkennbare Steigerungspotenziale vorliegen. Dies gilt auch für etablierte Demokratien – wie Italien unter Berlusconi. Hier konnte allerdings ein Regierungswechsel bereits den zentralen Kritikpunkt der Medienkonzentration entschärfen. Auch wenn dieser Weg der differenzierten Analyse sicherlich aufwendig ist, führt kein Weg an ihm vorbei, wenn die Profile der demokratischen Qualität sichtbar gemacht werden sollen. Auf diesem Wege lassen sich die Veränderungen der Qualität selbst feststellen und darüber hinaus ihre Ursachen und Wirkungen untersuchen. Steigerungspotenziale liegen in der Verbesserung der Rechtsstaatlichkeit (Transparenz und Kontrolle) und in der qualitativen Anhebung der politischen Partizipation wie sie im Rahmen von deliberativer Demokratie und direkter Demokratie diskutiert wird (Offe 2003, Schiller 2002, Zittel/ Fuchs 2007).

Es ist bei allen Evaluierungs- und Messverfahren darauf hinzuweisen, dass die demokratische Qualität der EU gleichfalls in den Bestimmungen der nationalen Demokratien zu berücksichtigen wäre, da von einem abgeschlossenen nationalen politischen System nicht gesprochen werden kann (Sturm/Pehle 2005, Schmidt 2006). So betrifft die Einschätzung der EU-Demokratiequalität auch diejenigen der Einzelstaaten.[23] Da die Qualität der Demokratie in der EU tendenziell eher skeptisch betrachtet wird, müssten folglich alle Mitgliedstaaten gleichfalls abgewertet werden. Da es sich jedoch mit der EU und den Mitgliedstaaten um ein integrales System handelt, in dem funktionale Kompensationsübertragungen möglich sind, sollten beide – EU und die Mitgliedstaaten – nicht separat erfasst werden, sondern bedürften eines gleichfalls integralen Messkonzepts, das bislang noch nicht vorliegt. Um die Angemessenheit der Einschätzung der Demokratie in den EU-Mitgliedsländern zu verbessern, sollte diese Perspektive stärker berücksichtigt werden.[24] Nichtsdestoweniger geben die vorliegen-

---

[23] Dies wird von *Democratic Audit* konzeptionell durchaus erfasst, jedoch nur begrenzt empirisch umgesetzt.
[24] Auch die Veränderung der Governancestrukturen muss angemessen in der Beurteilung der demokratischen Qualität von politischen Systemen berücksichtigt werden (vgl. Benz et al. 2007). Es ist durchaus möglich, dass die Effizienzsteigerung mit einer Reduktion der demokratischen Qualität erkauft wird.

den Resultate bereits jetzt eine relevante Auskunft über die feststellbaren Unterschiede in der Demokratiequalität der einzelnen Staaten. Deren Bestimmung kann dann eine produktive Ausgangsbasis sein, um die Problembewältigungskapazität von Demokratie zu analysieren und das Reformpotenzial zu ergründen (Jesse/Sturm 2003, Kaiser/Zittel 2004).

Literatur

Abromeit, Heidrun, 2001: Ein Maß für Demokratie. Europäische Demokratien im Vergleich. IHS Political Science Series No. 76. Wien.

Abromeit, Heidrun, 2004: Die Messbarkeit von Demokratie. Zur Relevanz des Kontexts, in: Politische Vierteljahresschrift 45 (1), 73-93.

Abromeit, Heidrun/Stoiber, Michael, 2006: Demokratien im Vergleich. Wiesbaden.

Agamben, Giorgio, 2002: Homo sacer. Souveräne Macht und bloßes Leben. Frankfurt am Main.

Almond, Gabriel A./Verba, Sidney, 1965: Political Culture. Political Attitudes and Democracy in Five Nations. Princeton.

Beetham, David, 1994: Key Principles and Indices for a Democratic Audit, in: Beetham, David (Hrsg.), Defining and Measuring Democracy. London, 25-43.

Beetham, David/Boyle, Kevin, 1995: Introducing Democracy. 80 Questions and Answers. Cambridge.

Beetham, David/Weir, Stuart, 1999: Political Power and Democratic Control in Britain. London.

Beetham, David/Weir, Stuart, 2000: Democratic-Audit in Comparative Perspective, in: Lauth, Hans-Joachim/Pickel, Gert/Welzel, Christian (Hrsg.), Demokratiemessung. Opladen, 73-88.

Beetham, David/Byrne, Iain/Ngan, Pauline/ Weir, Stuart, 2002: Democracy Under Blair. A Democratic Audit of the United Kingdom. London.

Beetham, David/Bracking, Sarah/Kearton, Iain/Weir, Stuart, 2002: International IDEA Handbook on Democracy Assessment. The Hague.

Benz, Arthur/Lütz, Susanne/Schimank, Uwe/Simonis, Georg (Hrsg.), 2007: Handbuch Governance. Theoretische Grundlagen und empirische Anwendungsfelder. Wiesbaden.

Berg-Schlosser, Dirk, 2004: The Quality of Democracies in Europe as Measured by current Indicators of Democratization and Good Governance, in: Journal of Communist Studies and Transition Politics 20 (1), 28-55.

Bertelsmann Stiftung (Hrsg.), 2004: Codebuch. Bertelsmann Transformation Index 2003. Auf dem Weg zur marktwirtschaftlichen Demokratie. Gütersloh.

Bertelsmann Stiftung (Hrsg.), 2005: Bertelsmann Transformation Index 2006. Auf dem Weg zur marktwirtschaftlichen Demokratie. Gütersloh.

Braml, Josef, 2007: Gewaltenkontrolle in den USA – ein aktuelles Experiment, in: Kropp, Sabine/Lauth, Hans-Joachim (Hrsg.), Gewaltenteilung und Demokratie. Konzepte und Probleme der „Horizontal Accountability" im interregionalen Vergleich. Baden-Baden, 191-212.

Bröchler, Stephan, 2007: „New Westminster-Modell" – Großbritannien eine Demokratie (fast) mit Gewaltenteilung?, in: Kropp, Sabine/Lauth, Hans-Joachim (Hrsg.), Gewaltenteilung und Demokratie. Konzepte und Probleme der „Horizontal Accountability" im interregionalen Vergleich. Baden-Baden, 141-167.

Campbell, David F. J./Liebhart, Karin/Martinsen, Renate/Schaller, Christian/Schedler, Andreas (Hrsg.), 1996: Die Qualität der österreichischen Demokratie. Versuche einer Annäherung. Wien.

Cornwall, Andrea/Goetz, Anne Marie, 2005: Democratizing democracy: Feminist perspectives, in: Democratization 12 (5), 783–800.
Dahl, Robert A., 1971: Polyarchy. Participation and Opposition. New Haven/London.
Diamond, Larry, 1999: Developing Democracy. Toward Consolidation. Baltimore.
Diamond, Larry/Morlino, Leonardo (Hrsg.), 2005: Assessing the Quality of Democracy. Baltimore.
Gastil, Raymond D., 1991: The Comparative Survey of Freedom. Experiences and Suggestions, in: Inkeles, Alex (Hrsg.), On Measuring Democracy. Its Consequences and Concomitants. New Brunswick/New Jersey, 21-36.
Gerlich, Peter, 1996: Öffentlichkeit, Zugänglichkeit, Kontrolle. Zur demokratischen Qualität staatlicher Institutionen, in: Campbell, David F.J./Liebhart, Karin/Martinsen, Renate/Schaller, Christian/Schedler, Andreas (Hrsg.), Die Qualität der österreichischen Demokratie. Versuche einer Annäherung. Wien, 45-58.
Guéhenno, Jean-Marie, 1994: Das Ende der Demokratie. München/Zürich.
Gurr, Ted R./Jaggers, Keith/Moore, Will H., 1990: The Transformation of the Western State. The Growth of Democracy, Autocracy, and State Power since 1800, in: Studies on Comparative International Development 25, 73-108.
Habermas, Jürgen, 1992: Faktizität und Geltung. Frankfurt am Main.
Held, David, 1991: Democracy, the Nation-State and the Global System, in: Held, David (Hrsg.), Political Theory Today, Cambridge, 197-235.
Hughes, Ian/Clancy, Paula/Harris, Clodagh/Beetham, David, 2007: Power to the People. Assessing Democracy in Ireland. Dublin.
Jesse, Eckhard/Sturm, Roland, 2003: Demokratien des 21. Jahrhunderts im Vergleich. Historische Zugänge, Gegenwartsprobleme, Reformperspektiven. Opladen.
Kaiser, André/Zittel, Thomas (Hrsg.), 2004: Demokratietheorie und Demokratieentwicklung. Festschrift für Peter Graf Kielmansegg. Wiesbaden.
Kaufmann, Daniel/Kraay, Art/Mastruzzi, Massimo, 2003: Governance Matters III. Governance Indicators for 1996-2002, in: Policy Research Working Paper 3106. The World Bank.
Klingemann, Hans-Dieter, 2000: Unterstützung für die Demokratie. Eine globale Analyse für die 1990er Jahre, in: Lauth, Hans-Joachim/Pickel, Gert/Welzel, Christian (Hrsg.), Demokratiemessung. Opladen, 266-297.
Klug, Francesca/Starmer, Keir/Weir, Stuart, 1996: The Three Pillars of Liberty. Political Rights and Freedoms in the United Kingdom. London.
Kneuer, Marianne, 2006: Demokratisierung durch die EU. Süd- und Ostmitteleuropa im Vergleich. Wiesbaden.
Kropp, Sabine/Lauth, Hans-Joachim (Hrsg.), 2007: Gewaltenteilung und Demokratie. Konzepte und Probleme der „Horizontal Accountability" im interregionalen Vergleich. Baden-Baden.
Landman, Todd, 2003: Map-Making and Analysis of the Main International Initiatives on Developing Indicators on Democracy and Good Governance. University of Essex – Human Rights Centre Eurostat Contract No. 200221200005 Final Report.
Lauth, Hans-Joachim, 2004: Demokratie und Demokratiemessung. Eine konzeptionelle Grundlegung für den interkulturellen Vergleich. Wiesbaden.
Lauth, Hans-Joachim, 2006a: Deficient Democracies. Qualität und außenpolitische Relevanz der Demokratie aus Sicht der empirischen Demokratietheorie, in: Hils, Jochen/Wilzewski, Jürgen (Hrsg.), Defekte Demokratie – Crusader State? Die Weltpolitik der USA in der Ära Bush. Trier, 77-108.

Lauth, Hans-Joachim, 2006b: Die Qualität der Demokratie im interregionalen Vergleich: Probleme und Entwicklungsperspektiven, in: Pickel, Gert/Pickel, Susanne (Hrsg.), Demokratisierung im internationalen Vergleich – Neue Erkenntnisse und Perspektiven. Wiesbaden, 89-110.

Lauth, Hans-Joachim, 2007: Die Qualität der Demokratie. Der NID als pragmatischer Vorschlag für die komparative Forschung, in: Behnke, Joachim/Behnke, Nathalie/Schnapp, Kai-Uwe (Hrsg.), Datenwelten. Datenerhebung und Datenbestände jenseits klassischer Umfrageformen. Baden-Baden. [Im Erscheinen]

Lauth, Hans-Joachim/Pickel, Gert/Welzel, Christian (Hrsg.), 2000: Demokratiemessung. Opladen.

Lijphart, Arend, 1999: Patterns of Democracy. Government Forms and Performance in Thirty-Six Countries. New Haven/London.

Merkel, Wolfgang, 1996: Theorien der Transformation. Die demokratische Konsolidierung postautoritärer Gesellschaften, in: Beyme, Klaus von/Offe, Claus (Hrsg.), Politische Theorien in der Ära der Transformation. Politische Vierteljahresschrift-Sonderheft 26. Opladen, 30-58.

Merkel, Wolfgang/Puhle, Hans-Jürgen/Croissant, Aurel/Eicher, Claudia/Thiery, Peter, 2003: Defekte Demokratien. Band 1: Theorie. Wiesbaden.

Müller, Thomas/Pickel, Susanne, 2007: Wie lässt sich Demokratie am besten messen? Zur Konzeptqualität von Demokratie-Indizes, in: Politische Vierteljahresschrift 48 (3), 511-539.

Munck, Gerardo L./Verkuilen, Jay, 2002: Conceptualizing and Measuring Democracy. Evaluating Alternative Indices, in: Comparative Political Studies 35 (1), 5-34.

O'Donnell, Guillermo, 1994: Delegative Democracy, in: Journal of Democracy 5 (1), 55-69.

O'Donnell, Guillermo, 2004: Why the Rule of Law Matters, in: Journal of Democracy 15 (4), 32-46.

Offe, Claus (Hrsg.), 2003: Demokratisierung der Demokratie. Diagnosen und Reformvorschläge. Frankfurt am Main.

Petersson, Olof, 2001: The Democratic Audit of Sweden. Stockholm.

Pickel, Gert, 2000: Subjektive und objektive Indikatoren der Demokratiemessung im Vergleich – Grundlegende Unterschiede oder gleiche Ergebnisse?, in: Lauth, Hans-Joachim/Pickel, Gert/Welzel, Christian (Hrsg.), Demokratiemessung. Konzepte und Befunde im internationalen Vergleich. Opladen, 242-265.

Plasser, Fritz/Ulram, Peter A./Waldrauch, Harald (Hrsg.), 1997: Politischer Kulturwandel in Ost-Mitteleuropa. Theorie und Empirie demokratischer Konsolidierung. Opladen.

Saward, Michael, 1998: The Terms of Democracy. Cambridge.

Scharpf, Fritz W., 1970: Demokratietheorie zwischen Utopie und Anpassung. Konstanz.

Schedler, Andreas, 1996: Dimensionen der Demokratiequalität. Keine abschließenden Bemerkungen, in: Campbell, David F. J./Liebhart, Karin/Martinsen, Renate/Schaller, Christian/Schedler, Andreas (Hrsg.), Die Qualität der österreichischen Demokratie. Versuche einer Annäherung. Wien, 165-180.

Schiller, Theo, 1999: Prinzipien und Qualifizierungskriterien von Demokratie, in: Berg-Schlosser, Dirk/Giegel, Hans-Joachim (Hrsg.), Perspektiven der Demokratie. Frankfurt am Main, 28-56.

Schiller, Theo, 2002: Direkte Demokratie. Eine Einführung. Frankfurt am Main/New York.

Schmidt, Manfred G., 1995: Demokratietheorien. Eine Einführung. Opladen.

Schmidt, Siegmar, 2006: Die Europäische Union in der Vergleichenden Politikwissenschaft, in: Lauth, Hans-Joachim (Hrsg.), Vergleichende Regierungslehre. 2. Auflage. Wiesbaden, 133-153.

Stoiber, Michael, 2007: Gewaltenteilung und Vetospieler – zwei Seiten derselben Medaille?, in: Kropp, Sabine/Lauth, Hans-Joachim (Hrsg.), Gewaltenteilung und Demokratie. Konzepte

und Probleme der „Horizontal Accountability" im interregionalen Vergleich. Baden-Baden, 121-140.
Sturm, Roland/Pehle, Heinrich, 2005: Das neue deutsche Regierungssystem. Stuttgart.
Vanhanen, Tatu, 1984: The Emergence of Democracy. A Comparative Study of 119 States, 1850–1979. Helsinki.
Vanhanen, Tatu, 1990: The Process of Democratization. A Comparative Study of 147 States, 1980–88. New York.
Vanhanen, Tatu, 1997: Prospects of Democracy. A Study of 172 Countries. London/New York.
Vanhanen, Tatu, 2000: A New Dataset Compared with Alternative Measurements of Democracy, in: Lauth, Hans-Joachim/Pickel, Gert/Welzel, Christian (Hrsg.), Demokratiemessung. Opladen, 184-206.
Wolf, Klaus-Dieter, 2000: Die neue Staatsräson – Zwischenstaatliche Kooperation als Demokratieproblem in der Weltgesellschaft. Plädoyer für eine geordnete Entstaatlichung des Regierens jenseits des Staates. Baden-Baden.
Zittel, Thomas/Fuchs, Dieter (Hrsg.), 2007: Participatory Democracy and Political Participation. Can Participatory Engineering Bring Citizens Back in? London/New York.

Adolf Kimmel

Verfassungsrechtliche Rahmenbedingungen: Grundrechte, Staatszielbestimmungen und Verfassungsstrukturen[1]

1 Das Problem der Homogenität

Mit dem Inkrafttreten der Einheitlichen Europäischen Akte am 1. Juli 1987 wird „die politische Finalität" der Europäischen Integration, die für viele Europapolitiker schon hinter der Gründung der Europäischen Wirtschaftsgemeinschaft stand, die sich jedoch nicht im Vertragstext niedergeschlagen hatte, nun offen bekundet: Ziel der Europäischen Gemeinschaft und der Europäischen Politische Zusammenarbeit ist es, „gemeinsam zu konkreten Fortschritten auf dem Weg zur Europäischen Union beizutragen" (EEA Art. 1). Der Vertrag von Maastricht, unterzeichnet am 7. Februar 1992, begründet diese Europäische Union. Wie immer sie genau aussehen mag, mit ihrer Schaffung stellt sich das Problem der politischen Homogenität. Politische Zusammenschlüsse und eben auch die Europäische Integration können umso eher gelingen, je größer die Ähnlichkeit der politischen Grundprinzipien und Grundstrukturen ihrer Mitglieder ist. Bundesstaatliche Verfassungen wie die der USA, der Schweiz oder der Bundesrepublik Deutschland enthalten derartige Homogenitätsvorschriften, die für den Zusammenhalt und die Dauerhaftigkeit des Gesamtstaates erforderlich erscheinen.

Der EU-Vertrag (Vertrag von Nizza) formuliert bereits in Art. 6 – im Unterschied zu den Römischen Verträgen – Kernelemente einer politischen Homogenität, die „allen Mitgliedstaaten gemeinsam" sind. Diese Kernelemente sind Freiheit, Demokratie, Achtung der Menschenrechte und Grundfreiheiten sowie die Rechtsstaatlichkeit. Reicht dieser Mindestbestand an politischen Gemeinsamkeiten aus, um der Europäischen Union das für ihren Zusammenhalt erforderliche Maß an Homogenität zu verleihen, so etwas wie eine politische europäische Identität zu begründen? Eine europäische politische Identität soll und kann die nationalen Identitäten gewiss nicht ersetzen, aber sie könnte neben sie treten und sie relativieren – eine Relativierung, die einem Zusammenwachsen Europas förderlich sein dürfte.

Finden sich in den Verfassungsstrukturen der nun 27 EU-Mitgliedstaaten weitere, die Kernelemente ergänzende Bestimmungen? Oder aber errichten sie, auf dem im EU-Vertrag gelegten Fundament, so unterschiedliche Gebäude, dass eine Homogenität kaum mehr erkennbar ist?

Auf den ersten Blick scheinen die Unterschiede gegenüber den Gemeinsamkeiten zu überwiegen. Verfassungen werden ja nicht am Reißbrett, in einem historischen Niemands-

---

[1] Der Verfasser greift im Folgenden verschiedentlich zurück auf die Einleitung des von ihm und Christiane Kimmel herausgegebenen Bandes „Die Verfassungen der EU-Mitgliedstaaten" (Kimmel/Kimmel 2005). Mit Hilfe des dort enthaltenen Sachverzeichnisses finden sich genauere Nachweise.

land entworfen, sondern sind Ergebnis der jeweiligen Geschichte eines Staates und der historisch gewachsenen nationalen politischen Kultur. Sie sind in einem bestimmten Kontext zustande gekommen, bei einer ganz bestimmten Konstellation der mitwirkenden politischen und sozialen Kräfte und zur Lösung von Problemen, die eben durch die Geschichte, den Kontext, die Kräftekonstellation eine jeweils besondere Prägung erhalten hatten. Da die Geschichte der europäischen Nationalstaaten im 19. und 20. Jahrhundert nach einem je eigenen Muster verlaufen ist, waren auch die Umstände der Verfassungsgebung von Staat zu Staat sehr verschieden.

2 Die Entstehung der Verfassungen

Vorab muss auf den „Sonderfall Großbritannien" hingewiesen werden. Großbritannien besitzt bekanntlich als einziger EU-Mitgliedstaat keine Verfassungsurkunde; folglich ist die Verfassungsgebung auch nicht auf eine bestimmte historisch-politische Konstellation zu fixieren. Die britische „Verfassung" – sofern überhaupt bestimmbar ist, was zu ihr gehört – ist im Laufe der Jahrhunderte gewachsen, vom Mittelalter (Magna Charta 1215) bis zur Gegenwart. Ältere Bestandteile wurden dabei neu ausgelegt oder auch umgedeutet – die Magna Charta in der Revolution des 17. Jahrhunderts. Jüngere Elemente sind hinzugefügt worden, vor allem in Form von Verfassungskonventionen und Gesetzesrecht (z. B. die die Stellung des Oberhauses erheblich mindernden Parliament Acts von 1911, 1949 und 1999).

Von den Verfassungstexten der übrigen EU-Mitglieder stammt nur noch die luxemburgische aus dem 19. Jahrhundert. Andere, wie die dänische (1953), die schwedische (1975) oder die niederländische (1983) beruhen in beachtlichem Maße auf älteren Texten. Auch wenn diese und andere Verfassungen in jüngster Zeit mehrfach und teilweise tiefgreifend revidiert worden sind, spiegeln sie doch noch unverkennbar die Problemlagen des 19. Jahrhundert wieder. Sie sind in geringerem Maße von den Strömungen und Problemen des 20. Jahrhunderts geprägt, auch wenn sie bei den Revisionen diese neuen Probleme teilweise aufnehmen (z. B. Entwicklung von Grundrechtskatalogen). Die Verfassungstexte aus der Zeit nach 1945, die infolge von Diskontinuitäten und historischen Brüchen nur sehr abgeschwächt – wenn überhaupt – ältere Traditionen fortsetzen, versuchen sowohl bei den Grundrechten und Staatszielen als auch bei der Organisation der öffentlichen Gewalt „modernere" Antworten zu geben.

Gemeinsam ist der italienischen Verfassung (1948), dem Bonner Grundgesetz (1949) und den späteren Verfassungen Griechenlands (1975), Portugals (1976) und Spaniens (1978) und insbesondere den ehemals kommunistischen Staaten Ostmittel- und Südosteuropas, die 2005 bzw. 2007 der EU beigetreten sind, dass sie nach dem Ende diktatorischer Regime ausgearbeitet wurden. Ungeachtet der beträchtlichen Unterschiede hinsichtlich ihrer politischen Zielvorstellungen und der Intensität ihres Repressionsapparates hatten alle diese Diktaturen die bürgerlichen Freiheitsrechte missachtet. Die Verfassungsgeber, die den Rechtsstaat wiederherstellen und ihm ein solideres Fundament geben wollten, zogen daraus die Konsequenz, die Grundrechte in den neuen Verfassungen – dem Organisationsteil oft vorangestellt – besonders umfassend zu formulieren und ihnen eine verstärkte Bestandsgarantie zu geben (erschwerte Verfassungsänderung, Verfassungsgerichtsbarkeit). Der Erfahrungshintergrund der kommunistischen Willkürherrschaft ist konkret greifbar im ausdrücklichen Folterverbot oder in sorgfältig formulierten Rechtsschutzgarantien bei einem möglichen Entzug der persönlichen Freiheit.

Gemeinsam war den Verfassungsgebern auch die Selbstverständlichkeit des Ziels, die Demokratie zu restaurieren. Dort, wo man die Instabilität früherer Demokratien für eine Ursache des Sieges der Diktaturen hielt, war das Bemühen vorherrschend, schon in den Verfassungen Sicherungen gegen eine abermalige Beseitigung der demokratischen Ordnung oder Stabilisatoren einzubauen. Ähnlich dem Grundgesetz greifen die Texte der ehemals kommunistischen Staaten die Idee der abwehrbereiten Demokratie auf, sehen Parteiverbote[2] oder zumindest die Verpflichtung, die Verfassung zu beachten oder ein Widerstandsrecht vor.[3] Die Abkehr vom Einparteienstaat des Kommunismus kommt besonders klar in der Bestimmung zum Ausdruck, die politischen Parteien müssten vom Staat getrennt sein (Slowakei Art. 29), sie dürften „direkt keine Staatsgewalt ausüben" (Ungarn Art. 3) oder es dürfe keine zu einer staatlichen erklärt werden (Bulgarien Art. 11).

Der Stabilisierung der neuen Demokratien soll vor allem die auf unterschiedliche Weise vorgenommene Stärkung der Exekutive gegenüber dem Parlament dienen. In diesem Zusammenhang muss auch auf die Verfassungsgebung in Frankreich (1958) hingewiesen werden. Da es hier nicht darum ging, nach einem Unrechtsstaat den Rechtsstaat neu zu begründen, enthält die Verfassung der V. Republik – als einzige Verfassung der EU-Mitgliedstaaten neben der österreichischen – keinen echten Grundrechtskatalog, sondern begnügt sich in der Präambel mit einem Verweis auf die Erklärung der Menschen- und Bürgerrechte von 1789 und die sie sozial ergänzende Präambel der Verfassung der IV. Republik (1946). Hingegen hatten die Schöpfer der neuen Verfassung besonders energisch und konsequent das Ziel verfolgt, durch eine Verfassungsordnung den instabilen und ineffizienten Parlamentarismus der IV. (und auch der III.) Republik zu ersetzen, die die gouvernementale Stabilität und Effizienz zu fördern geeignet war.

Das Bemühen um Stabilisierung und Stärkung der Exekutive konnte allerdings konterkariert werden, wenn Parteien mit einer prononciert parlamentsfreundlichen Einstellung bei den Verfassungsarbeiten ihre Auffassungen durchsetzen konnten (Italien, IV. französische Republik). Freilich hängen Stabilität bzw. Instabilität eines Regimes in größerem Maße vom Parteiensystem ab als von einzelnen Verfassungsbestimmungen. Allerdings ist hinzuzufügen, dass Verfassungsregelungen (z. B. Befugnisse des Staatschefs, Ausgestaltung des Misstrauensvotums oder des Auflösungsrechts) und insbesondere das Wahlsystem einen erheblichen Einfluss auf die Formierung und Entwicklung des Parteiensystems haben können, insofern sie eine Konzentration des Parteiensystems und Mehrheitsbildungen fördern können (besonders V. französische Republik).

Neben diesen wichtigen Gemeinsamkeiten fallen aber auch Unterschiede auf: Im Gegensatz zum Grundgesetz und zur griechischen Verfassung enthalten die Verfassungen einiger EU-Altmitgliedstaaten (Italien, Spanien, Portugal) Abschnitte über „soziale Grundrechte" und Staatszielbestimmungen. Bei der Ausarbeitung dieser drei Verfassungen übten linke, progressive Parteien (Sozialisten, Kommunisten) und Kräfte (Armee in Portugal) einen starken Einfluss aus, während im Parlamentarischen Rat und bei der griechischen Verfassungsgebung die bürgerlich-konservativen Gruppen die Debatten und Beschlüsse

---

[2] Besonders deutlich die polnische Verfassung.
[3] Mit Ausnahme Sloweniens und Lettlands, das auf seine alte, durch einen Abschnitt über die Grundrechte ergänzte Verfassung von 1922 zurückgegriffen hat.

entscheidend bestimmten. Hinzu kommt, dass das Klima zur Zeit der Entstehung der italienischen Verfassung noch in starkem Maße das des Antifaschismus, bei der Ausarbeitung des Grundgesetzes bereits das des Antikommunismus und des beginnenden Kalten Krieges war. Sozialistische Zielvorstellungen jeglicher Art waren durch die Entwicklungen in Ostmitteleuropa und in der sowjetischen Besatzungszone Deutschlands diskreditiert. Die „kapitalistischen" USA, die mit dem Marshallplan den wirtschaftlichen Wiederaufbau in den Westzonen auf einer marktwirtschaftlichen Grundlage förderten und auf deren Schutz die entstehende Bundesrepublik angewiesen war, übten einen entsprechenden Einfluss auf die Entstehung des Grundgesetzes aus. Dies alles führte dazu, dass außer der allgemeinen Formel in Art. 20 Abs. 1 („sozialer Bundesstaat") und Art. 28 Abs. 1 („sozialer Rechtsstaat") soziale Rechte und Ziele ins Grundgesetz keinen Eingang gefunden haben.

Die Verfassungen der ehemals kommunistischen Staaten enthalten, in Umfang und Formulierungen variierend, ebenfalls eine Reihe derartiger „sozialer Rechte" (Gesundheit, Arbeit, Wohnung etc.). Die sozialen „Errungenschaften" des Kommunismus erschienen offenbar bewahrenswert und sollten verfassungsrechtlich kodifiziert werden. Auch die Tatsache, dass das Streikrecht in alle diese Verfassungen Eingang gefunden hat, erklärt sich aus den historischen Erfahrungen.

Der direkte Zusammenhang der Entstehung der irischen Verfassung mit der Staatsgründung findet seinen Niederschlag in der starken, durch die Verfassungsänderung von 1998 nun abgeschwächten Betonung der nationalen Souveränität, was aber die Öffnung zu Europa nicht verhindert hat (Art. 29). Noch stärker ist, bei der Formulierung der Grundrechte, der Stempel des die irische Gesellschaft prägenden Katholizismus zu erkennen. Er macht die Verfassung zur am wenigsten liberalen innerhalb der EU, ist aber mit der Formulierung von „Leitsätzen zur Sozialpolitik" durchaus vereinbar.

3 Die Legitimität der Verfassungen und das Verfassungsverständnis

Alle Verfassungstexte sind in einer demokratischen Prozedur, in der einen oder anderen Form, zustande gekommen. Einschränkungen muss man hinsichtlich der luxemburgischen Verfassung machen. Als sie ausgearbeitet wurde, war das Großherzogtum noch gar keine Demokratie; die verfassungsgebende Körperschaft beruhte auf dem Zensuswahlrecht. Allerdings erfolgen die späteren, substantiellen Revisionen durch ein demokratisch gewähltes Parlament.

Die Verfassungsgebung konnte durch ein „normales" Parlament erfolgen, häufiger durch eine eigens gewählte verfassungsgebende Versammlung, zusätzlich durch einen Volksentscheid oder sogar, wie 1958 in Frankreich, nur durch ein Referendum ohne vorherige parlamentarische Beratung und Verabschiedung. Das Grundgesetz bildet insofern eine durch die besondere historische Situation bedingte Ausnahme, als der Parlamentarische Rat nicht direkt gewählt war, sondern sich aus Vertretern der Landtage der westdeutschen Länder zusammensetzte. Die Ratifizierung erfolgte weder durch den Bundestag noch durch einen Volksentscheid, sondern durch die – allerdings demokratisch gewählten – Landtage.

Gerade dieser Fall zeigt, dass das Prozedere bei der Verfassungsgebung für die Legitimität der Verfassungen nicht überschätzt werden sollte. Es ist keineswegs so, dass eine mit dem „urdemokratischen" Siegel einer Volksabstimmung versehene Verfassung allein deswegen eine höhere Legitimität besitzt.[4] Wichtiger ist, ob die Verfassung von einer breiten Mehrheit getragen wird[5] und ob diese Verfassungsmehrheit erhalten bleibt.[6] Ein „Machtwechsel", der die Verfassung intakt lässt, kann ihre Legitimität zusätzlich besonders dann stärken, wenn die Parteien bzw. Personen, die nun die Mehrheit besitzen, die Verfassung ursprünglich abgelehnt hatten.[7] Entscheidend für die Legitimität einer Verfassung wird auf Dauer sein, ob sie gut „funktioniert" und ob das politische Regime, dessen Fundament sie bildet, in der Bevölkerung durch politische und wirtschaftliche Leistungen möglichst breite Zustimmung findet. Dadurch können Verfassungen Legitimität einbüßen,[8] es kann ihnen vor allem aber Legitimität zuwachsen, so dass eine ursprüngliche demokratische Legitimitätsschwäche mehr als ausgeglichen werden kann. Das gilt sichtbar für das Grundgesetz, auch wenn im Zusammenhang mit dem Beitritt der fünf neuen Bundesländer die Forderung nach einer Volksabstimmung zur Stärkung der Legitimität erhoben wurde.

Innerhalb der EU scheint es allenfalls in Italien und Belgien in jüngster Zeit so etwas wie eine Legitimitätskrise der Verfassung zu geben. Sie wird genährt durch erhebliche Defizite des politischen Systems (häufige Regierungskrisen, wuchernde Parteimacht, Verwaltungsmissstände, Versagen gegenüber dem organisierten Verbrechen, Spannungen zwischen einzelnen Regionen und Bevölkerungsgruppen etc.) und durch abnehmende wirtschaftliche Leistungen, während das „italienische Wirtschaftswunder" die Schwächen in der Verfassungsordnung offenbar lange Zeit überdeckt hat.

In allen Ländern ist der Wert, der der Verfassung beigemessen wird, als hoch zu veranschlagen, zumal für einige dieser Länder die Verfassung für die Wiederbelebung der Menschenrechte und die Rückkehr zur Demokratie steht. In keinem anderen Land besitzt sie jedoch den Rang wie in der (alten) Bundesrepublik Deutschland. Dieser Umstand dürfte zum einen mit der in der deutschen Geschichte besonders stark ausgeprägten Tradition des Rechtsstaats stehen;[9] vor allem aber bedeutete das Grundgesetz in der Situation einer geteilten Nation die Möglichkeit, einen Identifikationspunkt anstelle des verlorenen Nationalstaats zu bilden. Der „Verfassungspatriotismus" – in keiner anderen Sprache gibt es ein Äquivalent für diesen Begriff – konnte einen Ersatz für die nicht mögliche nationale Identität bilden. In anderen Staaten dagegen sind mit Begriffen wie Nation, Republik oder Demokratie stärkere affektive Bindungen verknüpft als mit dem der Verfassung.

4 Grundrechte und Staatsziele

Die Unterschiede bezüglich des historisch-politischen Entstehungskontextes, der Kräftekonstellation und der Probleme, mit denen sich die Verfassungsgeber jeweils konfrontiert sa-

---

[4] Trotz dieser „Weihe" besaß z. B. die Verfassung der IV. französischen Republik nur eine schwache Legitimität.
[5] Was z. B. bei der Verfassung der IV. Republik nicht der Fall war.
[6] Was z. B. in der Weimarer Republik nicht der Fall war.
[7] Z. B. die Wahl Mitterrands zum Präsidenten der Republik und die Bildung einer sozialistisch-kommunistischen Regierung in Frankreich 1981 und der Wahlsieg der PASOK, ebenfalls 1981, in Griechenland.
[8] Weimarer Republik, IV. französische Republik.
[9] Das GG steht nach dem nationalsozialistischen Unrechtsstaat vor allem für die Wiederherstellung und bessere Fundierung des Rechtsstaates.

hen, dürfen allerdings einige grundlegende Gemeinsamkeiten der Texte, die schon kurz angesprochen wurden, nicht in den Hintergrund treten lassen. Die erste dieser Gemeinsamkeiten betrifft den Bereich der Grundrechte und Grundfreiheiten.

4.1 Politische Freiheitsrechte

In 24 von 27 Verfassungsurkunden der EU-Staaten sind Grundrechtskataloge enthalten. Die tschechische „Charta der Grundrechte und –freiheiten" ist gemäß Art. 3 der Verfassung Bestandteil der verfassungsmäßigen Ordnung. Die französische Verfassung enthält keinen eigenen Grundrechtskatalog, sondern verkündet in der Präambel „feierlich seine (des französischen Volkes, d. Verf.) Verbundenheit mit den Menschenrechten (...), wie sie in der Erklärung von 1789 niedergelegt wurden, die durch die Präambel der Verfassung von 1946 bestätigt und ergänzt wurden". In einer wegweisenden Entscheidung vom 16. Juli 1971 – es ging um die Vereinigungsfreiheit – hat der Verfassungsrat die Präambel und damit die Menschenrechtserklärung von 1789 wie die Präambel der Verfassung von 1946 zu konstituierenden Bestandteilen der Verfassung erklärt. Derzeit fällt nur noch die österreichische Verfassung aus dem Rahmen, da sie sich mit – sehr ausführlichen – Bestimmungen zur Staatsorganisation begnügt, aber auf einen Katalog von Grundrechten oder Staatszielen verzichtet. Was den „Sonderfall Großbritannien" betrifft, so darf daran erinnert werden, dass die historischen Texte, die als Bestandteil der Verfassung gelten, eine ganze Reihe dieser Freiheitsrechte, teils in moderner Umdeutung, enthalten.[10] Hinzu kommt, dass die Europäische Konvention zum Schutz der Menschenrechte und Grundfreiheiten vom 4. November 1950 nun in das britische Verfassungsrecht inkorporiert wurde.

Diese Konvention ist inzwischen von allen EU-Staaten ratifiziert worden (z. T. mit Einschränkungen). Damit haben sie sich zur Beachtung der in der Konvention enthaltenen Rechte verpflichtet; der Europäische Gerichtshof zum Schutz der Menschenrechte wacht über die Einhaltung. Die Konvention verdeutlicht die gesamteuropäische Dimension der Grundrechte ebenso wie die Charta der Grundrechte der Union aus dem Jahre 2000, die durch die Übernahme in den im Dezember 2007 unterzeichneten Vertrag von Lissabon nach dessen In-Kraft-Treten rechtsverbindlich wird.[11]

Diejenigen Verfassungen, die sich Staaten nach Beendigung einer Diktatur erst nach 1945 gegeben haben, gehen sowohl bei der Auflistung, der Formulierung und dem Schutz der Grundrechte am weitesten: Italien, die Bundesrepublik Deutschland, Griechenland, Portugal und Spanien sowie die ehemals kommunistischen Staaten. Ältere Verfassungstexte, die revidiert oder ganz erneuert wurden – Belgien, Luxemburg, Schweden –, oder neue, in der die Grundrechte durch diktatorische Einbrüche nicht beseitigt worden waren (abgesehen von äußerem Zwang etwa während einer Besatzungszeit) – Dänemark, Frankreich, die Niederlande –, begnügen sich mit relativ knappen Aufzählungen und einem nicht so stark ausgebauten Schutz. Die historischen Erfahrungen lassen eben einen möglichst umfassenden Katalog oder einen sehr wirksamen Schutz nicht als so vordringlich erscheinen.

---

[10] Magna Charta von 1215, Petition of Rights von 1627, Habeas-Corpus-Akte von 1679, Bill of Rights von 1689.
[11] Großbritannien übernimmt die Charta nicht in die britische Rechtsordnung. Irland und Polen wollen die Frage noch prüfen.

Innerhalb der klassischen Freiheitsrechte kann man zunächst eine Kategorie von Rechten unterscheiden, die der Bürger als Individuum besitzt und die seinen Privatbereich schützen. Die Freiheit der Person bildet die Grundnorm, der andere Rechte als Konkretisierungen zuzuordnen sind: Unverletzlichkeit der Wohnung, Schutz des Brief- und Fernmeldegeheimnisses, Recht auf Freizügigkeit, Achtung der Privatsphäre. Ebenfalls gehören dazu das Recht auf Leben und Unversehrtheit – nur die Verfassung des katholischen Irland gewährt ausdrücklich, im Art. 40, auch dem ungeborenen Leben Schutz – die Gleichheit vor dem Gesetz und ein allgemeines Diskriminierungsverbot sowie das Recht auf ein faires Verfahren vor den Gerichten. Diese klassischen Freiheitsrechte sind in der Substanz in allen Katalogen enthalten. Einige Besonderheiten sind vor allem durch besondere historische Erfahrungen erklärbar.

Allgemein lässt sich wiederum feststellen, dass die Verfassungen der Staaten, deren Vergangenheit durch gravierende Verletzungen der Grundrechte gekennzeichnet ist, diese Rechte nun besonders eindringlich und umfassend zu formulieren suchen. So stellen – in unterschiedlich starken Formulierungen – das Grundgesetz, die italienische, griechische, portugiesische und spanische Verfassung sowie, außer Estland und Litauen, die Verfassungen der Neumitglieder aus Ostmittel- und Südosteuropa die Menschenwürde und ihren Schutz besonders heraus (ähnlich auch die finnische und schwedische). Während die Verfassungen der „Altmitglieder" (bis auf Belgien, Dänemark und Großbritannien) und auch die Maltas und Zyperns die Todesstrafe abschaffen, enthalten die Verfassungen der Mehrzahl der ehemals kommunistischen Staaten diese Bestimmung nicht. Sicher aufgrund der noch frischen Erfahrungen unter ihren diktatorischen Regimen formulieren die griechische, die portugiesische und die spanische Verfassung wie die Texte aller Neumitglieder aus dem ehemaligen Ostblock noch eigens das Verbot der Folter. Die italienische Verfassung enthält es in Art. 13 ebenfalls, ohne das Wort zu benutzen. Die Verfassungen dieser Staaten sehen ferner besonders eingehende Habeas-Corpus-Bestimmungen vor.[12] Bemerkenswert ist auch, dass die meisten Verfassungen der Staaten, deren Angehörigen in Zeiten der Diktatur willkürlich die Staatsangehörigkeit aberkannt und denen dadurch zusätzlich Schaden zugefügt werden konnte, im Unterschied zu den meisten anderen den Entzug der Staatsbürgerschaft nun ausdrücklich verbieten. Die Aufnahme des Asylrechts, dessen Bedeutung ebenfalls in Zeiten der Diktatur besonders bewusst wurde, findet sich oft ebenfalls besonders klar formuliert.

Eine besondere Kategorie bilden die die Religion und ihre Ausübung betreffenden Grundrechte. Die Religions-, Glaubens- oder Gewissensfreiheit werden allgemein anerkannt. Vor dem Hintergrund der Geschichte sind die Bestimmungen der spanischen Verfassung bemerkenswert (Art. 16), die präzisieren, dass es keine Staatsreligion gibt und die auch die „negative" Religionsfreiheit garantieren. Die griechische, die bulgarische und die italienische Verfassung räumen der orthodoxen bzw. der römisch-katholischen Kirche einen gegenüber den anderen Religionen herausgehobenen Rang ein, ohne sie allerdings zur Staatsreligion zu machen. Trotz einer gewissen, durch Volksentscheide herbeigeführten Liberalisierung (Schwangerschaftsabbruch, Ehescheidung) geht die irische Verfassung bei der An-

---

[12] Die vom englischen Parlament 1679 durchgesetzte Habeas-Corpus-Akte sieht Maßnahmen gegen die Willkür der Krone vor (willkürliche Einkerkerungen, Rechte von Inhaftierten). Später wurde der Begriff ausgeweitet auf den Schutz persönlicher Freiheit vor staatlicher Willkür.

erkennung und teilweisen Übernahme religiöser, d. h. katholischer Werte, noch immer weiter als jede andere eines EU-Mitgliedstaates (Art. 41, 42, 44).

Im Zusammenhang mit dem Grundrecht der Glaubens- und Religionsfreiheit sind die Bestimmungen über Schule und Erziehung zu sehen. Das kritische Problem liegt in der Abgrenzung des Elternrechts gegenüber den staatlichen Rechten und Eingriffsbefugnissen. Wenn auch keine Verfassung eine der beiden Extrempositionen – Staatsmonopol bzw. völlige Staatsabstinenz – vertritt, so kann man doch erhebliche Unterschiede konstatieren. Die dem Laizismus verpflichtete französische Verfassung (Art. 2) kennt zwar weder Unterrichtsfreiheit noch Elternrecht, doch haben Entscheidungen des Verfassungsrats diese Rechte gewissermaßen konstitutionalisiert. Gleichwohl führen sie eine prekäre Existenz, während dem Staat eine beherrschende Position eingeräumt wird. Für die irische und die polnische Verfassung hingegen ist die Erziehung der Kinder in erster Linie ein Elternrecht, das der Staat anerkennen und achten muss; seine Rolle ist eindeutig subsidiär. Die übrigen Verfassungen enthalten Regelungen, die zwischen diesen beiden Positionen liegen.

Im Bereich der Wirtschaft ist vor allem das Eigentumsrecht (auch das Recht auf freie Erwerbstätigkeit) in engem Zusammenhang mit der persönlichen Freiheit zu sehen. Zwar kennen alle Verfassungen das Recht auf Privateigentum, doch ist an den Vorschriften über seine Einschränkung und über die Enteignung gut erkennbar, ob eine Verfassung der klassisch-liberalen Tradition noch in starkem Maße verhaftet bleibt bzw. sie wieder begründet, oder ob sie sie sozial ergänzen will. Am entschiedensten formuliert die irische Verfassung (Art. 43) das Recht des einzelnen Bürgers gegenüber dem Staat: Für sie gehört „das natürliche, über allen positiven Gesetzen stehende Recht auf Privateigentum an äußerlichen Gütern" dem Menschen „in seiner Eigenschaft als vernunftbegabtes Wesen" untrennbar hinzu. Folglich darf der Staat dieses Recht durch kein Gesetz beseitigen. Eine Enteignung ist nicht vorgesehen, sondern lediglich eine Beschränkung in der Ausübung des Eigentumsrechts, um es „mit den Erfordernissen des allgemeinen Wohls in Einklang zu bringen". Auch hier erklären die historischen Erfahrungen, dass in mehreren Verfassungen ehemals kommunistischer Staaten das Eigentumsrecht ähnlich stark geschützt ist. Alle Verfassungen sehen die Möglichkeit einer Enteignung vor, die allerdings nur im öffentlichen Interesse und gegen eine Entschädigung erfolgen darf und die mitunter an sehr strenge Bedingungen geknüpft ist (Dänemark und besonders Griechenland und mehrere ostmitteleuropäische Staaten).

Als neues Grundrecht hat der Datenschutz Eingang in mehrere neuere oder revidierte Verfassungen gefunden.

Es hat sich heute weitgehend die Auffassung durchgesetzt, dass ein einseitig negatorisches Grundrechtsverständnis, wonach die Grundrechte dem Bürger eine von staatlichen Eingriffen freie Sphäre garantieren sollen, durch die Entwicklung eines demokratischen, auch die Sozialordnung aktiv (mit-)gestaltenden Staates überholt ist. Die Grundrechte behalten zwar ihre Bedeutung als Abwehrrechte, aber sie erschöpfen sich nicht mehr in dieser Funktion, sondern sie werden auch als inhaltliche Maßstäbe staatlichen Handelns gesehen. Sie haben ferner die wesentliche Aufgabe, die Freiheit und Offenheit des demokratischen Prozesses zu ermöglichen, zu gewährleisten und zu steuern. Demokratie und Rechtsstaat, die häufig in einem Spannungsverhältnis, wenn nicht in einem Gegensatz gesehen werden, sind nun in einen untrennbaren Zusammenhang gebracht, ohne dass damit schon alle Probleme gelöst wären. Damit sind vor allem die Rechte und Freiheiten des Einzelnen angesprochen, die in die gesellschaftlich-politische Öffentlichkeit hineinwirken (auch politische Grundrechte genannt).

Bei der Ausgestaltung dieser Rechte, die für die liberal-pluralistische Demokratie von konstitutiver Bedeutung sind, erreichen die Verfassungen ein besonders großes Maß an Homogenität, gehören doch alle EU-Mitglieder zu dieser Systemkategorie. Es versteht sich von selbst, dass das allgemeine Wahlrecht als Legitimationsgrundlage der demokratischen Ordnung von allen Verfassungstexten aufgeführt wird, auch wenn es bei den Mechanismen des Wahlsystems, das nicht alle Verfassungen festschreiben, erhebliche Unterschiede gibt. Alle Verfassungen enthalten auch die politischen Rechte, die die Voraussetzung und die Rahmenbedingung kompetitiver Wahlen bilden: Meinungs- und Pressefreiheit (oft mit einem expliziten Zensurverbot) sowie die Versammlungs- und Vereinigungsfreiheit. Die beiden letztgenannten Freiheiten fehlen noch in der individualistischen Menschenrechtserklärung von 1789, doch haben sie Entscheidungen des französischen Verfassungsrats in den Verfassungsrang gehoben. Eine Reihe von Verfassungen, besonders jene der ehemals kommunistischen Staaten, heben die politischen Parteien, die Gewerkschaften und das Streikrecht zusätzlich hervor.

Damit die Grundrechte nicht nur schöne, aber folgenlose Bekundungen bleiben, sondern politisch wirksam werden können, müssen sie gegen Aufhebung oder Aushöhlung geschützt werden und sie müssen auch vom Gesetzgeber respektiert werden. Die französische Verfassungsentwicklung zeigt, dass sich dieser enge Konnex nicht von selbst verstand. Mit der Erklärung der Menschen- und Bürgerrechte hat Frankreich zwar, wie es pathetisch heißt, Europa und der Welt ein Beispiel der Freiheit gegeben, aber die verkündeten Rechte und Freiheiten konnten vom Gesetzgeber ignoriert, ja missachtet werden. Die Tradition der Parlamentssouveränität und die Vorstellung vom Gesetz als Ausdruck des allgemeinen Willens standen der vollen Entfaltung der Grundrechte entgegen. Erst mit der Verfassung von 1958 und der Einrichtung des Verfassungsrats sowie seiner schon zitierten Entscheidung von 1971 und der Reform von 1974 (Ausdehnung des Anrufungsrechts auf eine parlamentarische Minderheit) ist gewährleistet, dass die Erklärung von 1789 auch von der parlamentarischen Mehrheit, und sei sie noch so groß, beachtet werden muss. Besiegelt wird diese Überwindung einer mächtigen, man könnte sagen vulgär-demokratischen Tradition in einer an sich selbstverständlichen, für Frankreich aber bemerkenswerten Formulierung in einer Entscheidung des Verfassungsrates vom 23. August 1985. Demnach bringt das Gesetz den allgemeinen Willen „nur unter Beachtung der Verfassung zum Ausdruck".

Die Hüter der Verfassung sind die Verfassungsgerichte, die die Parlamentsmehrheiten zur Respektierung der Grundrechte bei der Gesetzgebung zwingen können. Auch hier räumen wieder die Staaten, die einmal eine systematische Verletzung dieser Rechte erlebt haben, in ihren Verfassungen dieser neuen Institution besonders starke Kompetenzen ein: Italien, die Bundesrepublik Deutschland und Spanien sowie in den ostmittel- und südosteuropäischen Staaten, in denen die Verfassungsgerichte geradezu einen Siegeszug angetreten haben. Griechenland, Portugal und Estland besitzen eine Verfassungsgerichtsbarkeit mit geringerer Kompetenz.

Natürlich bedeutet schon die Tatsache, dass die Grundrechte in den Verfassungstexten enthalten sind, eine starke Bestandsgarantie, denn Verfassungsänderungen sind schwierig und nur mit qualifizierten Mehrheiten durchzusetzen. Eine einfache Wähler- bzw. Parlamentsmehrheit kann also nicht über die Grundrechte verfügen. Das Grundgesetz (Art. 79), die griechische (Art. 110), die portugiesische (Art. 290) sowie die Tschechische Verfassung (Art. 9) entziehen alle oder einige besonders wichtige Grundrechte überhaupt der Änderung. Andere Verfassungen, vor allem mehrere der ostmitteleuropäischen Staaten, sehen ein noch erschwertes Revisionsverfahren mit einer Art Wesensgehaltsgarantie vor. Die Möglichkeit von Einschränkungen wird oft an die Situation eines inneren oder äußeren Notstandes gebunden. Nur erwähnt werden soll die Gewaltenteilung als das wichtigste und von allen EU-Mitgliedstaaten realisierte Strukturprinzip des Rechtsstaates, wenn es auch nicht immer verfassungsrechtlich explizit fixiert wird. Dabei ist nicht die „klassische" Aufgaben- und Machtteilung zwischen Exekutive und Legislative von Bedeutung, die durch die neue Gewaltenteilung zwischen Mehrheit (d. h. Regierung und parlamentarische Mehrheit) und Opposition zumindest überlagert, wenn nicht aufgehoben ist. Wichtiger ist heute die garantierte Unabhängigkeit der Dritten Gewalt, der Gerichtsbarkeit. Es ist freilich auch nicht zu übersehen, dass diese Unabhängigkeit in manchen Staaten von der Exekutive, der sie gelegentlich ein Dorn im Auge ist, bedroht wird.

Schließlich kann man noch hinzufügen, dass einige Verfassungen den Bürgern ein – wenn auch in seiner praktischen Bedeutung nicht zu überschätzendes – Widerstandsrecht einräumen gegen jeden, der die Verfassung beseitigen will. Es verwundert nicht, dass auch hierbei erneut solche Staaten vertreten sind, deren rechtsstaatlich-demokratische Verfassung schon einmal beseitigt worden war: neben der Bundesrepublik Deutschland, Griechenland und Portugal mehrere ehemals kommunistische Staaten. Auch die Magna Charta und die Menschenrechtserklärung formulieren ein aus der jeweiligen historischen Situation erklärbares Recht auf „Widerstand gegen die Unterdrückung".

4.2 „Soziale Grundrechte" und Staatszielbestimmungen

Das Problem der so genannten sozialen Grundrechte wurde durch die sozialen Folgen der Industrialisierung aufgeworfen. Der liberale Rechtsstaat, wie er sich im 19. Jahrhundert entwickelte, war auf die Interessen des Dritten Standes, des Bürgertums, zugeschnitten. Dem Vierten Stand, dem Industrieproletariat, fehlten damals weitgehend die materiellen Voraussetzungen, um die bürgerlich-liberalen Freiheitsrechte überhaupt wahrnehmen zu können. Das Sozialstaatspostulat und seine verfassungsrechtliche Verankerung sollen den Gesetzgeber und die Regierung anhalten, diese materiellen Voraussetzungen zu schaffen, damit die Freiheitsrechte möglichst für jeden Einzelnen real nutzbar werden. Besteht im Grundsätzlichen weitgehend Einigkeit, so ist strittig, in welcher Form dies geschehen soll und welchen Stellenwert derartige „soziale Grundrechte" haben können und haben sollen.

Ein gewisser Konsens besteht auch noch darüber, dass solche „sozialen Grundrechte keine subjektiven, einklagbaren Rechtsansprüche der Bürger begründen. Ausnahmen bilden einfache dieser Rechte wie das mit dem Gleichheitsgrundsatz begründbare Recht von Männer und Frauen auf gleichen Lohn. Diesem grundsätzlichen Unterschied zu den Freiheitsrechten tragen die Verfassungstexte Rechnung. Sofern sie soziale Rechte aufführen, nennen sie diese nicht zusammen mit den Freiheitsrechten, sondern in einem eigenen Abschnitt. Nur die Freiheitsrechte „finden unmittelbare Anwendung" und „binden die öffentliche Gewalt"; nur sie genießen eine verstärkte Bestandsgarantie.

Bei den „sozialen Grundrechten" handelt es sich also „nur" um Bestimmungen, die den Staat zu sozialem Handeln verpflichten sollen. Anders als bei den unmittelbar wirkenden Freiheitsrechten, deren Ausübung allenfalls durch Gesetze näher geregelt oder eventuell auch eingeschränkt werden kann, sind immer Gesetze – oder auch Regierungsverordnungen – nötig, damit der einzelne Bürger von den sozialen Rechten profitieren kann. Statt von „sozialen Grundrechten" müsste zutreffender von Verfassungsaufträgen, von Staatszielbestimmungen oder von Staatspflichten gesprochen werden.

Durch eine Konkretisierung des allgemeinen Sozialstaatspostulats in der Verfassung könnte zwar einerseits der Verpflichtungscharakter verstärkt und die gewünschte Grundorientierung staatlicher Politik präzisiert werden; gleichzeitig wäre damit auch ein gewisser Schutz vor einer zu großen Abweichung, Vernachlässigung oder gar stillschweigenden Aufhebung des generellen Verfassungsziels durch Parlament oder Regierung gegeben. Andererseits ist damit aber auch das Grundproblem solcher sozialer Rechte angesprochen: Eine hinreichende Konkretisierung, die im Übrigen das ohnehin gegebene Spannungsverhältnis zu den liberalen Freiheitsrechten verschärfen könnte, erscheint, im Unterschied zu den Freiheitsrechten, nicht ein für allemal möglich, denn das Sozialstaatsprinzip ist in starkem Maße für eine politische Ausgestaltung offen. In Ergänzung des eher statischen Rechtsstaatsprinzips der Verfassung verkörpert es das dynamische Prinzip. Seine Ausfüllung muss situationsgerecht, namentlich durch den Gesetzgeber erfolgen. Eine zu weitgehende Konkretisierung in der Verfassung, verbunden mit gewissen, zur Verwirklichung verpflichtenden Klauseln, zöge den politischen Gestaltungsmöglichkeiten zu enge Grenzen; Politik drohte dann allzu sehr zur Sache der Gerichte zu werden und ihren genuinen Charakter zu verlieren.

Der breite Konsens über den Grundsatz, dass die Herstellung von mehr sozialer Sicherheit zu den vorrangigen Staatszielen gehört, findet seinen Niederschlag in allen Verfassungstexten (mit Ausnahme Österreichs und des Vereinigten Königreichs), die in der einen oder anderen Formulierung dieses Ziel enthalten. Die Verfassungen Italiens (Art. 3), Portugals (Art. 9 und 81) und Spaniens (Art. 9 und 40) geben dem Sozialstaatspostulat eine ausgesprochen egalitäre Tendenz und unterstützen es durch die Forderung nach einem progressiven Steuersystem. Die meisten Texte belassen es bei einem inhaltlich nicht näher bestimmten Verfassungsauftrag, fügen allenfalls noch einzelne „Rechte" hinzu. Gleichwohl hat man in einem ganz allgemeinen Sozialstaatsprinzip nicht nur einen unverbindlichen Programmsatz zu sehen, sondern – wie etwa im Grundgesetz – eine Fundamentalentscheidung der Verfassung, die bei der Auslegung der Grundrechte ebenso wie bei der Gesetzgebung zu berücksichtigen ist.

Die Ausgestaltung des im Vergleich zum Rechtsstaat „moderneren" Sozialstaatsprinzips reflektiert die eingangs skizzierten unterschiedlichen Konstellationen und Wirkungskräfte bei der Verfassungsgebung. Texte aus dem 19. Jahrhundert (Luxemburg) oder solche, die bei Revisionen oder vollständigen Neufassungen nach 1945 ein hohes Maß an verfassungsgeschichtlicher Kontinuität wahren (Dänemark, die Niederlande), begnügen sich damit, einige dieser sozialen Rechte nachträglich aufzunehmen. Sie kennen das Recht auf Arbeit, erkennen einen Anspruch der Bedürftigen auf öffentliche Unterstützung an und nennen auch den Schutz der Gesundheit.

Der Verzicht des Grundgesetzes – im Unterschied zur Weimarer Reichsverfassung – auf jegliche Konkretisierung ist Ergebnis der Divergenzen zwischen der SPD und den bürgerlichen Parteien über die Art der Ausgestaltung der Sozialstaatlichkeit. Sie einigten sich auf einen „dilatorischen Formelkompromiss" in der Hoffnung, später im Parlament und in der Regierung die eigenen Vorstellungen durchsetzen zu können. Aus Anlass der Wiederherstellung der staatlichen Einheit Deutschlands wurden zwar Forderungen erhoben nach Aufnahme „sozialer Grundrechte" in das Grundgesetz, wie sie die DDR-Verfassung gekannt hatte. Der Einigungsvertrag (Art. 5) nennt immerhin die Aufnahme von „Staatszielbestimmungen" unter den möglichen „künftigen Verfassungsänderungen", mit denen sich "die gesetzgebenden Körperschaften des geeinten Deutschland" befassen sollten. Letztlich blieb aber alles beim Alten. In der Gemeinsamen Verfassungskommission fand sich keine Mehrheit für die Einführung derartiger sozialer Staatsziele.

Die Verfassungen neueren Datums, bei deren Ausarbeitung die Linksparteien ihren Einfluss geltend machen konnten, wie auch diejenigen der meisten postkommunistischen Staaten enthalten die vollständigsten Kataloge von "politischen, wirtschaftlichen und sozialen Grundsätzen", die "für unsere Zeit besonders nötig" sind (Präambel zur französischen Verfassung von 1946). Es handelt sich um Rechte und Pflichten im Bereich der "ethisch-sozialen" und "wirtschaftlichen Beziehungen", "wirtschaftliche, soziale und kulturelle Rechte und Pflichten" oder zumindest "Leitsätze der Sozial- und Wirtschaftspolitik" (Spanien). Allerdings finden sich die einzelnen "sozialen Grundrechte" nicht in ähnlicher Regelmäßigkeit wie die liberalen Freiheitsrechte. Schutz der Gesundheit, "soziale Sicherung im Fall der Arbeitsunfähigkeit wegen Krankheit oder Invalidität sowie nach Erreichung des Ruhealters" (Polen Art. 67) und das Recht auf Arbeit und auf angemessenen Wohnraum sind am weitesten verbreitet. Einige Verfassungen heben die Rechte der Arbeiter, ihre Ausbildung und ihr berufliches Fortkommen, ihre angemessene Entlohnung, die Arbeitsbedingungen und teilweise ihre Mitbestimmung im Wirtschaftsleben besonders hervor. Unter den "Altmitgliedern" gilt dies am deutlichsten für die Verfassung Portugals, auch nach den "entsozialisierenden Revisionen", sowie für die Italiens. Amtliche Bestimmungen finden sich in einigen Staaten Ostmittel- und Südosteuropas. Schutz und Förderung von Ehe und Familie, oft unter besonderer Hervorhebung der Mutterschaft und der Kinder, gelten ziemlich unbestritten als Staatspflichten. Einige neuere Texte weisen eigens auf die Probleme behinderter Menschen hin und gewähren ihnen besondere Rechte oder besonderen Schutz (u. a. Griechenland, Rumänien, Slowenien, Tschechien). Jüngere Verfassungsänderungen formulieren einige neue soziale Rechte oder Staatsziele. So gewährleisten die griechische (Art. 5 Abs. 5) und die portugiesische (Art. 26 Abs. 3) Verfassung Schutz gegen biomedizinische Experimente. Die griechische Verfassung formuliert sogar "die Planung und Anwendung einer demographischen Politik" als "Staatspflicht" (Art. 21 Abs. 5).

In der portugiesischen Verfassung ist der Hang erkennbar, möglichst viele solcher sozialen und kulturellen Rechte zu gewährleisten – so z. B. auch das Recht auf Sport – und sie noch dazu möglichst präzise und konkret zu fassen (z. B. Art. 65 über "das Recht auf eine angemessen große Wohnung hygienischer und komfortabler Beschaffenheit, die die persönliche Intimsphäre und das private Familienleben zu erhalten imstande ist", mit weiteren detaillierten Bestimmungen). Die genannten Beispiele verdeutlichen die Problematik eines solchen Unterfangens. Anstatt eine zwar konkrete, aber doch recht allgemein gehaltene "Richtschnur" für das Parlament zu bilden (vgl. Art. 45 der irischen Verfassung) drohen diese sozialen und kulturellen Rechte als bloße Leerformeln, wenn nicht gar als schlichte Liebenswürdigkeiten, als "Bekenntnisse einer schönen Seele"[13] gar nicht mehr ernst genommen zu werden und auf dem Papier stehen zu bleiben. Außerdem droht ein Widerspruch zu entstehen zwischen einer sehr detaillierten Verankerung politischer und sozialer Ziele in der Verfassung und dem Demokratiegebot, das der parlamentarischen Mehrheit – unter Beachtung der Grundrechte – freie Hand lassen muss.

Ein Vergleich des häufig verbrieften Rechts auf Arbeit mit den Arbeitslosenquoten in den jeweiligen Ländern oder der in Italien, Portugal und Spanien fortbestehenden erhebli-

---

[13] Goethe 1982: 358, zitiert aus dem Werk: Wilhelm Meisters Lehrjahre, Originalausgabe 1795/96.

chen Ungleichheiten in der Einkommens- und Vermögensverteilung mit den in den Verfassungen festgelegten Staatszielen verdeutlicht die Problematik von „sozialen Grundrechten". Insbesondere, wenn sie detailliert und ambitiös formuliert sind drohen sie zu schönen, aber unverbindlichen Deklarationen degradiert zu werden.

Noch jüngeren Datums als die soziale Frage ist die ökologische Frage. Erst bei der letzten „Welle" der Verfassungsgebung in Europa Mitte der siebziger Jahre war sie als ein immer ernster werdendes Problem erkannt worden. Folglich wurde der Umweltschutz als staatliche Aufgabe erstmals in die drei damals entstandenen Verfassungen aufgenommen. Mit Ausnahme Rumäniens und Großbritanniens erhalten inzwischen die Verfassungen aller EU-Mitgliedstaaten den Umweltschutz als Staatsziel. Frankreich hat sogar eine eigene Umweltcharta mit Verfassungsrang ausgestattet. Allerdings kann deswegen noch keine Rede davon sein, die EU-Mitgliedstaaten seien schon in ähnlicher Weise „Naturstaaten" (Mayer-Tasch 1991: 139ff.) wie Rechts- oder Sozialstaaten.

4.3 Die Wirtschaftsverfassung

Da die EU zuvörderst eine wirtschaftliche Integration anstrebt, ist die Frage nach der Homogenität nicht nur der Wirtschaftspolitiken, sondern auch nach den Wirtschaftsverfassungen der Mitglieder von besonderer Relevanz. Nur einige Verfassungen der ehemals kommunistischen Länder verleihen der Marktwirtschaft ausdrücklich Verfassungsrang (Bulgarien, Rumänien), mit der Präzisierung „sozial" in Polen und „sozial und ökologisch orientiert" in der Slowakei. Der ungarische Text (Art. 9) fügt hinzu, dass „das Gemeineigentum und das Privateigentum einen gleichberechtigten Schutz genießen".

Die häufig getroffene Feststellung, die meisten Verfassungen schrieben keine besondere Wirtschaftsordnung vor, seien diesbezüglich vielmehr neutral, ist zwar einerseits richtig, andererseits aber irreführend. Die einzelnen Verfassungen enthalten nämlich, freilich in unterschiedlicher „Dosierung", ausreichend Anhaltspunkte und Hinweise, um darin ein recht klar umrissenes Ordnungsbild zu erkennen. Schon die Tatsache, dass die Verfassungstexte in der Tat die Wirtschaftsordnung nicht in gleicher Weise festschreiben und präzisieren wie die politische Ordnung, hat ihre Bedeutung. Sie bringt das erste und zugleich wichtigste Charakteristikum zum Ausdruck: Es handelt sich zwar nicht um eine völlig staatsfreie, aber keinesfalls vom Staat gelenkte oder beherrschte Wirtschaft. Keine Verfassung der zehn ehemals kommunistischen Neumitglieder bezeichnet sich noch als sozialistische Demokratie. Auch Portugal hat seit der zweiten Verfassungsrevision von 1989 die Errichtung einer „klassenlosen Gesellschaft" als grundlegendes Verfassungsziel aufgegeben. Auch die „Überführung der Produktionsmittel und des Grund und Bodens in Gemeineigentum" soll nun nur noch unter Einschränkungen und Bedingungen erfolgen. Schließlich wird die Wirtschafts- und Sozialordnung nicht mehr „durch den Plan bestimmt, koordiniert und diszipliniert" (alter Art. 91). Einige Verfassungen räumen dem Staat aber die Möglichkeit oder das Recht ein, „zum Schutz des allgemeinen Interesses (…) die wirtschaftliche Tätigkeit im Lande" zu planen und zu koordinieren (Griechenland Art. 106; ähnlich Litauen Art. 46). Eine staatliche Zentralverwaltungswirtschaft nach kommunistischem Muster wird dadurch gleichwohl nicht vorgeschrieben, denn diese ebenso allgemeinen wie unbestimmten Formulierungen werden relativiert durch Bestimmungen, die den grundsätzlich freiheitlichen Charakter der Wirtschaftsordnung implizieren. Von einer prinzipiellen Offenheit der Verfassungen hinsichtlich der Wirtschaftsordnung kann deshalb nicht gesprochen werden, weil sich in allen Verfassungen die eine marktwirtschaftliche Ordnung prägenden Grundrechte des Privateigentums, der Berufs- und Gewerbefreiheit oder der Koalitionsfreiheit (um nur die wichtigsten zu nennen) finden. Die Einschränkungen zum Eigentumsrecht mit der Möglichkeit der Enteignung, sowie das schon behandelte Sozialstaatsprinzip und die in einer Reihe von Verfassungen eigens aufgeführten sozialen Rechte deuten recht klar darauf hin, dass die Verfassungen keine „Raubtierkapitalismus" wollen, sondern eine, wenn auch im Einzelnen nicht konkretisierte, Art soziale Marktwirtschaft beinhalten.

Auch in dieser Kernfrage gibt es also inzwischen einen breiten Konsens, der nach der Regierungspraxis von programmatisch relativ radikalen sozialistischen Parteien in Griechenland, Frankreich und Spanien nicht mehr in Frage gestellt scheint. Innerhalb dieses „marktwirtschaftlichen Konsenses" bewirken allerdings unterschiedliche nationale Traditionen (z. B. der französische Colbertismus), gesellschaftliche Kräfteverhältnisse und (partei-)politische Konstellationen noch beträchtliche Unterschiede bei der Ausgestaltung der Wirtschaftsverfassung, namentlich hinsichtlich der Rolle des Staates.

5 Politisch-institutionelle Grundstrukturen

5.1 Die Staatsform

Die Frage Republik oder Monarchie – sieben EU-Mitgliedstaaten sind Monarchien – ist heute nicht mehr Gegenstand heftiger politischer Auseinandersetzungen. Die Abschaffung der Monarchie in Italien (Volksabstimmung am 2. Juni 1946), die Auseinandersetzungen um König Leopold III. in Belgien 1950/51 und sein Thronverzicht zugunsten seines Sohnes, die Abschaffung der Monarchie in Griechenland (Volksabstimmung am 4. Dezember 1974) sowie ihre Einführung – ohne Referendum – in Spanien am 22. November 1975, nach dem Tod Francos, dürften auf absehbare Zeit die letzten einschlägigen Entscheidungen gewesen sein. Wenn einige Verfassungen die republikanische Staatsform festschreiben und sie ausdrücklich jeder Veränderung entziehen (Frankreich, Griechenland, Italien, Portugal, auch die Bundesrepublik), dann ist das ein Hinweis darauf, dass die Frage der Staatsform in der Vergangenheit umstritten war und dass man ein Wiederaufleben der Kontroverse vermeiden möchte. Einige Verfassungen der Neumitglieder (baltische Staaten, Polen) erschweren eine die Staatsform betreffende Verfassungsänderung, indem sie dafür eine Volksabstimmung vorsehen.

Verfassungsrechtlich besitzen die Monarchen noch erstaunlich große Kompetenzen. Luxemburg und die Niederlande formulieren noch nicht einmal die parlamentarische Verantwortlichkeit der Regierung (Belgien hat sie 1994 eingefügt) Es heißt lediglich, charakteristischerweise mit einer Formel aus der konstitutionellen Zeit des 19. Jahrhunderts, die Minister seien verantwortlich, ohne dass gesagt wird, wem gegenüber. Allerdings sind diese Kompetenzen schon rechtlich erheblich eingeschränkt – wenn nicht bereits aufgehoben – durch die ministerielle Gegenzeichnungspflicht. Gewohnheitsrecht und Verfassungskonventionen haben dazu geführt, dass der Monarch faktisch und unbestritten auf bloße Repräsentation verwiesen ist. Von einer „königlichen Macht" kann man nirgendwo mehr sprechen. Die Könige von Gottes Gnaden haben den Königen „von Verfassung Gnaden" bzw. von „Volkes Gnaden" Platz gemacht. Auch wenn sich die Verfassungstexte darüber ausschweigen, so sind in der Praxis alle Monarchien Demokratien und parlamentarische Systeme. Eine konstitutionelle Monarchie, in der der Monarch noch gewichtige politische Befugnisse besitzt, ist mit einer Demokratie auch nicht vereinbar.

Allerdings sollte man gerade in eventuellen Krisensituationen – Regierungsbildungen bei unklaren, ungewissen parlamentarischen Mehrheiten – nicht den Einfluss unterschätzen, den der Monarch ausüben kann. Nach Walter Bagehots berühmter Formel besitzt er „das Recht konsultiert zu werden, das Recht zu ermutigen und das Recht zu warnen". (Bagehot 1971: 97) Unterschätzt werden sollte auch nicht die integrierende Kraft der Monarchie gerade in den Staaten, die in besonderer Weise auf derartige integrierende Institutionen angewiesen sind (Belgien, Spanien). Insgesamt bildet der Monarch aber überall nur noch den „ehrwürdigen Teil" der Verfassung (Bagehot 1971: 49), auch wenn der spanische König vorübergehend, beim Übergang zur Demokratie nach 1975, eine wichtige, im Sinne der Stabilisierung der jungen Demokratie positive Rolle gespielt hat, durchaus „efficient part" war.

5.2 Demokratie, Gewaltenteilung, Repräsentativverfassung

Aus den Ausführungen zu den liberalen Grundrechten, aus den Zielvorstellungen der Europäischen Integration und inzwischen auch aus den Bestimmungen des EU-Vertrages ergibt sich, dass alle Mitgliedstaaten Demokratien sind, selbst wenn das Wort im Verfassungstext nicht auftaucht. Alle Verfassungen begründen die Legitimation der Staatsgewalt im Willen des Volkes, das sich in regelmäßig stattfindenden freien Wahlen äußert. Die irische Verfassung fügt – auch hier ist der Einfluss der katholischen Kirche spürbar – der demokratischen Legitimation ein damit schwerlich vereinbartes theokratisches Element hinzu, wenn es heißt (Art. 6 Abs. 1): „Alle Regierungsgewalten (…) gehen nächst Gott vom Volke aus."

Die Gewaltenteilung als ein Strukturelement der westlichen Demokratien (mag es auch durch die Entwicklung der Parteiendemokratie einem Strukturwandel unterworfen sein) ist der Sache nach in allen Texten enthalten, auch wenn der Begriff nicht expressis verbis benutzt wird: Die Aufteilung der staatlichen Funktionen auf verschiedene Organe und die Unabhängigkeit der Justiz finden sich überall. Da aber auch die das parlamentarische Regierungssystem kennzeichnende Verschränkung zwischen Regierung und Parlament besteht, liegt nicht die strenge Gewaltenteilung vor, an der sich die Verfassung der USA orientiert. Eine Art Mittelweg sucht die Verfassung der V. französischen Republik. Da man in der Gewaltenverschränkung bzw. -vermischung eine Hauptursache für die Instabilität, die man beenden wollte, sah, wurde im Kontext der Bemühungen um eine Stabilisierung die Gewaltenteilung stärker betont als in einem parlamentarischen Regierungssystem üblich. Diese Besonderheit schlägt sich nieder in der starken Stellung des parlamentarisch nicht verantwortlichen Staatschefs und in der Inkompatibilität zwischen Ministeramt und Abgeordnetenmandat.[14] In der Praxis – bei kongruenter präsidentieller und parlamentarischer Mehrheit – kommt eine Abschwächung der parlamentarischen Verantwortlichkeit der Regierung hinzu, die freilich verfassungsrechtlich fortbesteht.[15]

Es ist bemerkenswert, dass der Pluralismus als das der Demokratie inhärente Strukturprinzip von einigen Staaten, die ihn über längere Zeit entbehren mussten, nun explizit in die

---

[14] Die aber auch Belgien, Luxemburg, die Niederlande und Portugal kennen.
[15] Weswegen die V. Republik nicht zum Typ des präsidentiellen Regierungssystems gehört.

Verfassung geschrieben wurde (z. B. Portugal, Rumänien, Spanien). Es kommt auch in der Bestimmung zum Ausdruck, der Staat dürfe sich nicht „an eine ausschließliche Ideologie oder an ein religiöses Glaubensbekenntnis binden" (tschechische Charta der Grundrechte und -freiheiten Art. 2; auch Slowakei Art. 1). Angesichts ihrer herausragenden Bedeutung für den politischen Prozess in der pluralistischen Demokratie ist es beinahe schon selbstverständlich, dass mehrere der neueren Verfassungen, von der italienischen Verfassung und vom Grundgesetz inspiriert, die Parteien verfassungsrechtlich anerkennen. Einige Verfassungen weisen ihnen darüber hinaus eine besondere Rolle bei der politischen Willens- und Entscheidungsbildung zu. Gerade in dieser Frage lässt sich der Unterschied zwischen einer Verfassungsbestimmung und der politischen Realität gut erkennen, denn die Erwähnung der Parteien im Verfassungstext sagt nur wenig über ihre Rolle im politischen Prozess aus. Art. 21 GG oder Art. 49 der italienischen Verfassung lassen die dominierende Rolle, die sie in der Politik dieser Länder spielen, nicht einmal erahnen. Bemerkenswert ist die als Reaktion auf die Herrschaft der kommunistischen Staatsparteien zu verstehende Bestimmung, die Parteien müssten vom Staat getrennt sein (Slowenien, Tschechien, Ungarn).

Alle diese Demokratien sind repräsentativ verfasste, parlamentarische Demokratien; das direktdemokratische Element tritt, wenn überhaupt, allenfalls ergänzend hinzu. Dabei muss unterschieden werden zwischen der Mitwirkung des Volkes bei der Verfassungsgebung bzw. -änderung (in einigen Fällen auch bei der Entscheidung über die Staatsform) einerseits, der Gesetzgebung und sonstigen Sachfragen andererseits. Bei Verfassungsfragen sehen die meisten Texte eine Sanktionierung durch das Staatsvolk in der einen oder anderen Weise vor, und sei es nur, wie in den Benelux-Staaten, Griechenland, Schweden und Bulgarien indirekt über damit verbundene Neuwahlen (wobei deren tatsächliche Bedeutung für die Verfassungsproblematik dahingestellt bleiben mag). Nur die Bundesrepublik Deutschland, Finnland, Portugal und Tschechien kennen keine Möglichkeit, dass das Volk direkt seine verfassungsgebende Gewalt ausübt. Eine Volksabstimmung über das veränderte Grundgesetz, wie sie die neue Formulierung von Art. 146 nahe legt und auch im Einigungsvertrag angesprochen wird, hätte also gut „in die europäische Landschaft" gepasst.

Direkte Mitwirkungsrechte in Form von Volksbegehren, Volksbefragung, Volksentscheid bei der Gesetzgebung und/oder anderen sachpolitischen Fragen (es wird hier nur die zentralstaatliche Ebene berücksichtigt) sind im Verfassungsrecht die Regel, nicht die Ausnahme. Das Grundgesetz lässt sie auf der Bundesebene nur für einen Fall, die Neugliederung des Bundesgebiets, zu (Art. 29); nur die Verfassungen Belgiens, der Niederlande, Großbritanniens und Tschechiens üben völlige Abstinenz. Freilich können diese Volksrechte in aller Regel erst nach einem Beschluss der Staatsorgane effektiv werden. In der Praxis spielen sie gegenüber der parlamentarischen Entscheidung nur eine klar untergeordnete Rolle. Lediglich in Dänemark, Irland, in der gaullistischen Phase der V. Republik (besonders 1958 bis 1962) und besonders in Italien hatten bzw. haben sie eine gewisse Bedeutung. Gerade über europapolitische Fragen (Beitritte, Ratifizierung der Einheitlichen Europäischen Akte und des Maastricht-Vertrages, Vertrag über eine Verfassung für Europa) rekurrierte eine Reihe von Ländern auf die Volksabstimmung, aus welchen Gründen auch immer. Auch nach einem Ausbau der plebiszitären Elemente, der immer wieder gefordert wird, bliebe die repräsentative, parlamentarische Ebene im politischen Entscheidungsprozess gegenüber der direktdemokratischen dominierend.

Die repräsentativen Demokratien sind schließlich als parlamentarische Regierungssysteme organisiert in dem Sinne, dass die Regierung dem Parlament gegenüber politisch verantwortlich ist. Von den Monarchien regeln die dänische (Art. 15), die schwedische (Kap. XII, § 4), die spanische (Art. 101, 108, 112–114) sowie die neue belgische Verfassung (Art. 96) diese parlamentarische Verantwortlichkeit eindeutig. Wie bereits dargelegt, sind aber auch die anderen Monarchien in der „lebenden Verfassung" parlamentarische Systeme. Eine doppelte Verantwortlichkeit, dem Parlament wie dem Staatschef gegenüber, gibt es nur in Portugal (Art. 193, 194, 198) und in Österreich. In Portugal ist die parlamentarische Verantwortlichkeit eindeutig, die dem Präsidenten gegenüber bestehende abgeschwächt und eingeschränkt formuliert. Als Ergebnis einer etablierten Verfassungspraxis nimmt der Bundespräsident in Österreich seine wichtigsten Rechte, insbesondere das der Entlassung der Regierung, faktisch nicht wahr. Wie in den Zeiten der „cohabitation" (1986, 1988, 1993, 1995, 1997-2002) besteht in der V. französischen Republik bei kongruenten Mehrheiten eine politische, aber keine verfassungsrechtliche Verantwortlichkeit der Regierung gegenüber dem Präsidenten. Eine Ausnahme bildet Zypern, das nach der formal noch gültigen Verfassung von 1960 ein präsidentielles System ist (Art. 1). In Litauen wurde die Einführung eines präsidentiellen Systems durch eine Volksabstimmung 1992 abgelehnt.

5.3 Ein- und Zweikammersysteme

Nach dem Beitritt der ehemals kommunistischen Staaten (sowie Maltas und Zyperns) gibt es nun 14 Mitgliedstaaten mit nur einer Parlamentskammer. Der Hauptgrund ist in der relativ geringen räumlichen Ausdehnung und/oder in einer geringen Bevölkerungszahl zu suchen. Die anderen Staaten besitzen Zweite Kammern, die nach Struktur- und Kompetenzen erheblich voneinander differieren. Zypern ist auch hier ein Sonderfall, da die Zweite Kammer – Communal Chambers – nach dem Rückzug der Türkisch-Zyprioten 1963 faktisch nicht mehr besteht.

Das britische Oberhaus hat von den Zweiten Kammern die schwächste demokratische Legitimation. Bis zur Reform von 1999 war es gar nicht legitimiert. Konsequenterweise ist es mit fortschreitender Demokratisierung des politischen Systems zum „dignified part of the Constitution" herabgestuft worden (Gesetze von 1911, 1949 und 1999) und besitzt nur noch sehr geringe Kompetenzen. Der französische Wirtschafts- und Sozialrat, der irische Senat und der slowenische Staatsrat repräsentieren ständische und lokale Interessen, besitzen also den Charakter einer korporativen Versammlung; sie müssen sich mit einer beratenden Funktion begnügen und spielen im politischen System nur eine untergeordnete Rolle. Die Zweiten Kammern in Frankreich, Belgien, Spanien, Polen und Tschechien besitzen zwar weitergehende Befugnisse, sind aber den Ersten Kammern klar nachgeordnet: Sie verfügen gegenüber der Regierung nur über eingeschränkte Kontrollrechte (kein Misstrauensvotum) und in der Gesetzgebung nur über ein suspensives Veto. In Frankreich ist dies nach Intervention der Regierung der Fall, die der Nationalversammlung „das letzte Wort" geben kann. Bei Verfassungsänderungen ist ihre Position wesentlich stärker. Der tschechische Senat verfügt in einigen wichtigen Fragen, insbesondere in der Außenpolitik, über ein absolutes Vetorecht (Art. 49).

In Italien, Rumänien und – mit Einschränkung – in den Niederlanden besitzen die Zweiten Kammern[16] die gleichen Befugnisse wie die Ersten Kammern. Eine Blockierung des

---

[16] In der niederländischen Verfassung heißt sie Erste Kammer.

Systems wird nur verhindert, weil sich die beiden Häuser aufgrund des Wahlsystems in ihrer parteipolitischen Zusammensetzung nur geringfügig voneinander unterscheiden. Rein funktional betrachtet ähneln diese Systeme Einkammersystemen.

In dezentralisierten oder regional gegliederten Staaten wie Belgien, Frankreich, Italien, Österreich oder Spanien sollen in der Zweiten Kammer vor allem regionale Gesichtspunkte und Interessen zur Geltung kommen. Aber nur in der Bundesrepublik Deutschland, in Belgien und in Österreich ist die Zweite Kammer ein echtes föderalistisches Organ. Aufgrund seiner Rolle bei der Gesetzgebung ist der Bundesrat funktional eine Zweite Kammer. Wegen der Nichtwahl und des gebundenen Mandat seiner Mitglieder ist dies strukturell aber nicht der Fall. Bei der Gesetzgebung spielt der Bundesrat eine wichtigere Rolle als jede andere Zweite Kammer in der EU. Ist seine Mehrheit parteipolitisch anders ausgerichtet als die Bundestagsmehrheit, so kann sogar der „oppositionelle" Bundesrat eine mitregierende Funktion wahrnehmen. Im Sinne einer gewaltenteilenden Intra-Organ-Kontrolle (Loewenstein 1959) stellt er am ehesten ein Gegengewicht zur Ersten Kammer dar. Die anderen Zweiten Kammern sind zwar nicht nur „dignified parts of the Constitution", aber sie stehen doch am Rande des politischen Geschehens und können nur selten eine Hauptrolle auf der politischen Bühne spielen.

5.4 Der „rationalisierte Parlamentarismus"

Wie bereits angedeutet, versuchen eine Reihe von Verfassungen durch die Konstruktion eines geeigneten Institutionengebäudes das demokratische System zu stabilisieren. Als wichtigste Stabilisierungs- bzw. Destabilisierungsfaktoren haben das Parteiensystem und die vom System zu lösenden Probleme zu gelten. Aber Institutionen können zumindest politische Stabilität begünstigen oder aber sie können nachteilige Wirkungen auf sie haben. Ferner kann die Ausformung der Institutionen das Verhalten der Parteien und die Struktur des Parteiensystems beeinflussen, wie vor allem am Beispiel der V. französischen Republik erkennbar ist.

Es bemühen sich namentlich die Verfassungen der Staaten um Stabilisierung, deren Geschichte durch ein hohes Maß an Instabilität mit verhängnisvollen Folgen, insbesondere einem zeitweisen Zusammenbruch des demokratischen Systems, gekennzeichnet ist. Die Staaten mit einer stetigen, von tiefen Krisen weitgehend freien Entwicklung verzichten dagegen auf derartige Versuche, die als eine Beeinträchtigung des freien demokratischen Spiels gelten: Dänemark, Luxemburg, Irland, die Niederlande. Häufige Regierungskrisen, die es auch hier gibt, werden nicht als beunruhigende Instabilität empfunden. Die politische Stabilität Großbritanniens ergibt sich aus dem Parteiensystem, das seinerseits entscheidend durch das Mehrheitswahlsystem geformt wird, quasi von selbst. Zusätzliche institutionelle Regelungen sind zur Systemstabilisierung nicht erforderlich.

5.4.1 Der Staatschef

Eine Stabilisierung des politischen Systems soll erreicht werden durch eine Stärkung der Regierung und namentlich des Regierungschefs, mit der meist eine Schwächung des Parlaments einhergeht. In den Republiken kann der Staatschef in die Stabilisierungsbemühungen einbezogen werden. Ist er dagegen ein demokratisch nicht legitimierter Monarch, so muss er politisch schwach bleiben, selbst wenn die Verfassungsnormen hinter der „lebenden Verfassung" zurückbleiben. So ist es nicht erstaunlich, dass gerade in Monarchien der Regierungschef, auf den sich die Stabilisierung und Stärkung konzentriert, besonders mächtig ist: der britische, der schwedische und der spanische Premier gehören in der EU (mit dem griechischen und dem Bundeskanzler) zu den machtvollsten Regierungschefs.

Mit Ausnahme der Bundesrepublik, die aus den Weimarer Erfahrungen die Konsequenz gezogen hat, den Staatschef politisch nahezu völlig zu entmachten, haben die anderen republikanischen Verfassungen der Nachkriegszeit den Staatschef so mit Kompetenzen ausgestattet, dass er gegebenenfalls einen Beitrag zur Stabilisierung leisten kann. Am zurückhaltendsten ist dabei die italienische Verfassung, die ihn – das ist symptomatisch – erst im Abschnitt nach dem Parlament behandelt. Die verfassungsmäßige Kompetenzausstattung des italienischen Staatspräsidenten ist das Ergebnis eines Kompromisses zwischen der Rechten, die ihn viel stärker, und der Linken, die ihn noch schwächer wollte. Immerhin besitzt er noch beachtliche Befugnisse: Er ernennt den Regierungschef, was bei den unklaren italienischen Mehrheitsverhältnissen oft keine bloße Formalität ist. Er kann das Parlament auflösen und führt den Oberbefehl über die Streitkräfte. Diese im Vergleich zum deutschen Bundespräsidenten immer noch starke Stellung wird durch zwei Bestimmungen wesentlich eingeschränkt: durch den Wahlmodus (er besitzt keine direkte, sondern nur eine vom Parlament abgeleitete Legitimation) und durch die generelle ministerielle Gegenzeichnungspflicht.

Das Amt des griechischen Staatschefs – im Verfassungstext vor dem Parlament behandelt – ist teilweise dem französischen nachgebildet.[17] Vor 1986 besaß er eine sehr starke verfassungsrechtliche Stellung, litt aber unter der gleichen Legitimationsschwäche wie der italienische Präsident. Ob er trotzdem eine maßgebliche Rolle hätte spielen können, muss dahingestellt bleiben, denn Karamanlis entschied sich – anders als de Gaulle 1958 – für das Amt des Regierungs-, nicht für das des Staatschefs. Er hat damit in ähnlicher, wenn auch umgekehrter Weise für diese beiden Ämter prägend und traditionsbegründend gewirkt wie de Gaulle in Frankreich. Die Verfassungsreform von 1986 hat dem Präsidenten wesentliche Befugnisse genommen bzw. sie erheblich eingeschränkt. Trotzdem ist er nicht auf eine reine Symbolfigur zurückgestutzt, denn vor allem in Krisensituationen kann er aktiv ins Geschehen eingreifen.

Die Direktwahl ist eine notwendige, wenn auch nicht hinreichende Voraussetzung für einen politisch starken Präsidenten. Nur mit einer dem Parlament vergleichbaren demokratischen Legitimation kann der Staatschef in einem parlamentarischen System über die Rolle einer bloßen Repräsentationsfigur hinauswachsen und im politischen Prozess eine wichtige Rolle spielen. Elf von 20 Präsidenten werden direkt vom Volk gewählt. Bei allen Unterschieden in der Kompetenzausstattung und in ihrer tatsächlichen politischen Bedeutung ist ihnen gemeinsam, dass sie nicht auf rein repräsentative Aufgaben beschränkt sind.

Der portugiesische Staatschef besitzt Befugnisse, die denen des französischen Präsidenten – seinem Vorbild – in vielem vergleichbar sind. Die Parteien wünschten einerseits ein Gegengewicht gegen die Dominanz der Militärs während der Übergangsphase 1974/76, andererseits wollten sie auch kein reines Präsidialsystem mit der Gefahr einer abermaligen autoritären Entwicklung, sondern suchten das Präsidentenamt unter ihrer Kontrolle zu

---

[17] Konstantin Karamanlis, der bei der Neubegründung der Demokratie 1974 eine zentrale Rolle spielte, hatte im Pariser Exil gelebt.

behalten. Da die führenden Politiker aber ihren Ehrgeiz nicht auf dieses Amt richteten, sondern auf das des Regierungschefs, kam es nicht zu einer Präsidentialisierung nach dem Beispiel der V. Republik. Außerdem war die Parteienkonstellation eine völlig andere und es gab keinen portugiesischen de Gaulle. Ein von General Eanes 1978/79 unternommener Präsidentialisierungsversuch ist gescheitert. Aber der Regierungschef muss in Portugal doch auf den Staatschef in einem stärkeren Maße Rücksicht nehmen als dies in einem parlamentarischen System üblich ist. Die neue Verfassung Finnlands hat dem früher mächtigen Präsidenten einen Großteil seiner Befugnisse genommen, während die beachtlichen verfassungsrechtlichen Befugnisse des österreichischen Staatspräsidenten kaum politische Wirkung entfalten, da die „lebende Verfassung" seit langem den Bundeskanzler zum „starken Mann" macht.

Viele Verfassungen der ehemals kommunistischen Staaten statten den oft direkt gewählten Staatschef mit beachtlichen Befugnissen aus und machen ihn zu einer starken „Reservemacht", die in Krisensituationen entscheidend in die politischen Entwicklungen eingreifen kann. Am zurückhaltendsten sind Slowenien, Ungarn und die baltischen Staaten. Eine Regierungsbildung ohne oder gar gegen ihn ist häufig nicht möglich. Vor allem ernennt und entlässt er in der Regel den Regierungschef, mitunter ohne Beteiligung des Parlaments, von dessen Vertrauen dieser jedoch abhängt. In einigen Ländern (z. B. Polen) kann er den Vorsitz im Ministerrat übernehmen oder bei den Beratungen zumindest anwesend sein (z. B. Bulgarien). Er besitzt den Oberbefehl über die Streitkräfte (in Ungarn nur eine Mitwirkung). Der in vieler Hinsicht sich am französischen Vorbild orientierende polnische Präsident (in der neuen Verfassung von 1997 deutlich geschwächt) und der litauische verfügen über besondere Kompetenzen auf dem Feld der Außenpolitik und bei einem drohenden Angriff. Der Staatschef besitzt generell, wenn auch mitunter mit Einschränkungen, das Parlamentsauflösungsrecht (in Polen gibt es eine Selbstauflösung), insbesondere bei Konflikten zwischen dem Parlament und der Regierung. In einigen Fällen kann er eine wichtige Rolle bei Verfassungsänderungen spielen. Auch bei der Anberaumung von Volksabstimmungen hat er in einigen Fällen ein Mitentscheidungsrecht (Polen, Slowakei, Ungarn). Bei der Gesetzgebung besitzt er mitunter ein Initiativrecht, in Lettland und der Slowakei sogar ein suspensives Vetorecht. In Tschechien und in Ungarn darf er im Parlament anwesend sein und hat sogar Rederecht. Auf diese Weise kann er versuchen, auf die politische Willens- und Entscheidungsbildung Einfluss zu nehmen.

Die starke Stellung des Staatschefs in vielen der ostmittel- und südosteuropäischen Mitgliedsstaaten kann man als einen Versuch sehen, die Defizite der neu gebildeten und noch ungefestigten Parteiensysteme zu korrigieren und dadurch die parlamentarischen Systeme zu stabilisieren. In der Verfassungswirklichkeit liegt das politische Machtzentrum überall, wenn auch mit deutlichen Unterschieden, bei der Regierung und dem Parlament. Zu einer Entwicklung à la française oder gar einem Abdriften zu einem autoritären Präsidialsystem wie in Russland oder Weißrussland ist es bisher nirgendwo gekommen.

Die V. französische Republik ist das einzige parlamentarische Regime, in dem der Staatschef die auch gegenüber dem Regierungschef entscheidende politische Figur geworden ist. Zweifellos sind weit gefasste verfassungsrechtliche Zuständigkeiten eine unerlässliche Voraussetzung dafür. Die Situation der „cohabitation" hat aber deutlich gemacht, dass die Verfassung zwar einen mächtigen, aber keinen allmächtigen Präsidenten vorschreibt. Erst die Verfassungspraxis, für die die aktive Präsidentschaft de Gaulles stilbildend gewirkt hat, hat den Staatschef in eine derart dominierende Position gebracht. Er kann die Position aber nur behaupten, wenn er sich auf eine ihm gefügige parlamentarische Mehrheit stützen kann. In einer solchen Konstellation und mit einer starken Persönlichkeit als Präsident wird die V. Republik ein Regime – und zwar das einzige –, in dem nicht die Parlamentsmehrheit und die aus ihr hervorgegangene und von ihr getragene Regierung die allgemeine Richtung der Politik bestimmt, sondern der Staatspräsident, der sich beachtliche Abweichungen von „seiner" parlamentarischen Mehrheit erlauben oder sie – etwa im Bereich der Außen- und Sicherheitspolitik – sogar recht weitgehend ignorieren kann. Nach der Wahl Nicolas Sarkozys zum Präsidenten tritt die politische Dominanz des Präsidenten deutlicher zutage als je zuvor. Ob, wann und in welchem Maße der Verfassungstext dieser „lebenden Verfassung" angepasst wird, ist noch offen.

5.4.2 Der Regierungschef, die Regierung und die parlamentarische Mehrheit

Bei den Bemühungen, die Exekutive zu stärken, galt das Hauptaugenmerk meist der Regierung und dabei vor allem dem Regierungschef. Während er in den schon genannten Verfassungen, die eine „Rationalisierung" des Parlamentarismus nicht intendieren, entweder nicht besonders hervorgehoben (Irland), nur beiläufig (Belgien, Dänemark, die Niederlande) oder sogar gar nicht eigens erwähnt wird (Luxemburg), machen ihn die anderen Verfassungen zum Machtzentrum des politischen Systems. In vielen Verfassungen der ehemals kommunistischen Mitgliedstaaten ist der mit beachtlichen Kompetenzen ausgestattete Staatschef sein „Konkurrent". Die stärkste Stellung hat er in der slowenischen Verfassung. Unbeschadet der Verfassungsregelungen sind die Persönlichkeit des Regierungschefs, die Parteienkonstellation und die „Problemlage" Faktoren, die in ein- und demselben System beträchtliche Unterschiede zulassen.

Bereits die Art und Weise, wie der Regierungschef ins Amt kommt, gibt einen Hinweis auf seine Stellung. Wird er als einziges Mitglied der Regierung vom Parlament gewählt (neben der Bundesrepublik ist dies auch in Bulgarien, Finnland, Slowenien, Ungarn sowie – etwas modifiziert – in Rumänien der Fall), so besitzt er gegenüber den vom Staatschef nach seinem Vorschlag ernannten Ministern eine stärkere Legitimation.

In der Regierung ist der Regierungschef mehr als nur ein primus inter pares, denn er besitzt eine mehr oder minder klar formulierte Richtlinienkompetenz.[18] In Österreich und Schweden verfügt er über eine ähnlich starke Stellung. Die Verfassungen der ostmittel- und südosteuropäischen Staaten begnügen sich damit, ihm die Leitung der Regierungsarbeit zu übertragen. Er allein stellt gegebenenfalls im Parlament die Vertrauensfrage, die er in vielen Fällen mit einer Vorlage verbinden kann. Ein parlamentarisches Misstrauen richtet sich gegen ihn oder die Regierung insgesamt, doch erlauben einige Verfassungen (Estland, Lettland, Polen, Slowakei) ihnen, einzelne Minister aus seinem Kabinett durch ein nur gegen sie gerichtetes Misstrauensvotum „herauszuschießen". In den Monarchien besitzt er ein faktisches oder rechtliches (Spanien) Parlamentsauflösungsrecht; in den meisten Republiken ist er mitbeteiligt, indem er den Vorschlag macht (Irland Art. 13), die präsidentielle Verfügung gegenzeichnet (Italien Art. 88) oder durch eine, eventuell sogar „unechte", Vertrauensfrage den Auflösungsmechanismus in Gang setzen kann (Bundesrepublik Art. 68; Tschechien Art.

---

[18] GG Artikel 65; Frankreich Artikel 21; Griechenland Artikel 82 und 83; Italien Artikel 95; Portugal Artikel 204; Spanien Artikel 98.

35). Entscheidet unter den Altmitgliedern der EU nur in Griechenland, Frankreich, Österreich und Portugal von Verfassungswegen der Staatschef allein über die Parlamentsauflösung, so ist dies in allen ehemals kommunistischen Staaten der Fall. Allerdings kann der Regierungschef indirekt eingreifen, indem er die Vertrauensfrage stellt (Litauen, Slowenien, Tschechien).

Der Regierungschef und mit seiner rechtlichen oder faktischen Zustimmung eventuell auch die Minister können, falls vorhanden, die Instrumente des „rationalisierten Parlamentarismus" dem Parlament gegenüber im Gesetzgebungsprozess einsetzen.

Ein besonderes Anliegen war die Vermeidung häufiger Regierungskrisen, von denen jene nun um Stabilisierung bemühten Staaten vor der Etablierung der Diktaturen betroffen waren. Dieses Phänomen hat mitunter zur Diskreditierung der noch ungefestigten, zunächst für die Bevölkerung noch fremden Demokratien beigetragen. Hielt man an der Abhängigkeit der Regierung vom Vertrauen der parlamentarischen Mehrheit als dem verfassungsrechtlichen Grundprinzip der parlamentarischen Demokratie fest, so drohten die Stabilisierungsversuche angesichts der instabilen Vielparteiensysteme zur Quadratur des Kreises zu werden. Die mitunter äußerst ausgeklügelten Regelungen (bes. V. Republik), die dem Parlament den Sturz der Regierung erschweren sollten, waren gewiss nicht der ausschlaggebende Faktor, der in einigen Ländern die größere gouvernementale Stabilität herbeigeführt hat, aber als belanglos wird man ihn auch nicht abtun können. Ein besonders weitgehender Versuch, den Sturz der Regierung zu erschweren, ist das konstruktive Misstrauensvotum. Das deutsche Grundgesetz ist dabei vorangegangen, hat aber inzwischen mehrere Nachahmer gefunden (Spanien, Belgien, Slowenien, Ungarn, mit Einschränkungen Polen). Viele andere Verfassungen verlangen Unterschriftenquoren, besondere Mehrheiten bei der Abstimmung, koppeln es an eine eventuelle Auflösung oder unterbinden sich wiederholende Misstrauensanträge. Dagegen baut die italienische Verfassung (Art. 94) vor einem Regierungssturz nur relativ niedrige Hürden auf.

„Rationalisierung" des Parlamentarismus meint vor allem auch eine Regulierung und Beschränkung der Gesetzgebungstätigkeit des Parlaments oder auch seiner Arbeitsweise allgemein. Auch wenn die Verfassungen selbst keine entsprechenden Bestimmungen enthalten, z. B. Benelux-Staaten, skandinavische Staaten, sorgen die Geschäftsordnungen der Parlamente, meist für eine „Rationalisierung". Auch das Grundgesetz, die italienische und die spanische Verfassung schränken das Parlament kaum ein. Nachdem es unter dem Nationalsozialismus, dem Faschismus und dem Franco-Regime zu einer bloßen Farce heruntergekommen war, stand nicht seine Bändigung oder Entmachtung, sondern seine Regenerierung und Stärkung auf der Tagesordnung. Das Grundgesetz überlässt ihm weitestgehend die Regelung seiner Arbeitsweise durch die von ihm selbst zu beschließende Geschäftsordnung und verbietet ihm gewissermaßen die Selbstabdankung, indem es die Delegation seiner Gesetzgebungskompetenz erschwert und einschränkt (GG Art. 80; Italien Art. 76 und 77; Spanien Art. 86). Auch die allgemein übliche Einschränkung der Ausgabenfreudigkeit der Parlamentarier fällt recht milde aus.

Ähnlich, wenn nicht noch stärker ausgeprägt, war das Bemühen der Verfassungsgeber im Postkommunismus, das Parlament, das in den kommunistischen Regimen nur eine politisch völlig bedeutungslose Fassade gewesen war, zu einem besonders starken Pfeiler im neuen Verfassungsgefüge zu machen. Die Aufwertung des Parlaments kommt schon darin zum Ausdruck, dass es in einigen Verfassungen (Bulgarien, Slowakei, Tschechien) als ständig tagendes Organ bezeichnet wird. Dies markiert deutlich den Unterschied zu einem nur wenige Wochen im Jahr zusammentretenden Akklamationsorgan aus der kommunistischen Ära. Die ungarische Verfassung sieht sogar so etwas wie eine Versammlungsregierung vor. Sie erklärt das Parlament explizit zum „höchsten Organ der Staatsmacht", das „die Organisation, die Richtung und die Bedingungen des Regierens" festlegt (Art. 19). Selbst bei der Außenpolitik darf die Regierung lediglich „mitwirken" (Art. 35j). Seine Auflösung ist auch besonders schwierig (Art. 28). Für eine Disziplinierung durch die Regierung war infolgedessen kein Raum. So finden sich in den Texten denn auch nur wenige und recht schwache einschlägige Bestimmungen: Eine eventuelle Ausgabenfreudigkeit der Parlamentarier soll gebremst werden (baltische Staaten); in engen Grenzen soll die Regierung Verordnungen mit Gesetzeskraft erlassen dürfen (z. B. Lettland); sie kann Dringlichkeit beantragen (Polen). Das stärkste Druckmittel ist die Verbindung der Vertrauensfrage mit einer Gesetzesvorlage (Estland, Slowenien, Tschechien, Ungarn). Insgesamt kann von einem „rationalisierten Parlamentarismus" kaum die Rede sein. Zwischen einem relativ starken Staatschef und einem deutlich aufgewerteten Parlament erscheint die Regierung mitunter wie das Stiefkind dieser Verfassungen, doch haben die Funktionsnotwendigkeiten des modernen parlamentarischen Systems überall zu einer lebenden Verfassung geführt, in der die Regierung mit einem mehr oder weniger deutlich herausgehobenem Regierungschef das politische Machtzentrum bildet.

Bei der griechischen Verfassung schlägt wiederum der Modus der Verfassungsgebung durch: Das starke Gewicht der Regierung und der schwache Einfluss der Linken im Prozess der Verfassungsgebung führen zu einer stärkeren Regulierung und gouvernementalen Beeinflussung der Gesetzgebung (Art. 73–76) und der Aktivität des Parlaments allgemein (Art. 40 und 64 über die Sessionen).

Nicht nur bis an die Grenze des Erträglichen, sondern mitunter darüber hinaus geht die französische Verfassung von 1958. Auch hier hat der Modus der Ausarbeitung das Ergebnis erheblich beeinflusst: Das Parlament war nicht beteiligt und konnte seinen Standpunkt und seine Interessen nicht vertreten; der Verfassungstext hat einen deutlichen gouvernementalen (und präsidentiellen) „bias". Vor allem waren der historische Hintergrund und die Intention eine andere als etwa in Italien oder im Nachkriegsdeutschland. In Frankreich galt es ja nicht, ein in einer Diktatur gedemütigtes Parlament wieder aufzurichten, sondern ein Parlament, das sich durch „Undiszipliniertheit", „Verantwortungslosigkeit" und eine gewisse Machtarroganz selbst diskreditiert hatte, in seine Schranken zu weisen, um dadurch Frankreich ein effizienteres Regieren zu ermöglichen. Es lässt sich indes kaum bestreiten, dass die Reaktion zu einer Überreaktion geworden ist. Durch eine ganze Reihe von Klauseln, die ansonsten ihren Platz in der vom Parlament zu beschließenden Geschäftsordnung haben, kann die Regierung die Aktivität des Parlaments in erheblichem Umfang bestimmen: strikte Begrenzung der Zahl der Sitzungsperioden (durch die Verfassungsänderung von 1995 allerdings rückgängig gemacht), Begrenzung der Zahl der Ausschüsse, Bestimmung der Tagesordnung durch die Regierung etc. Bei der Gesetzgebung besitzt sie mehrere Instrumente, mit denen sie ihre Vorhaben durchdrücken kann. Hierzu gehören die Beratung über die Regierungs-, nicht über die Ausschussfassung, das „vote bloqué" und die Vertrauensfrage. So spielt die Nationalversammlung von allen Parlamenten der EU-Mitgliedstaaten sicher die schwächste Rolle im politischen Prozess. Es sei aber abschließend noch einmal betont, dass es sich hier nicht um einen „abweichenden Fall" handelt, sondern um den Extremfall einer allgemeinen Entwicklung.

5.5 Zentralismus, Dezentralisierung, Föderalismus

Als Föderalismus bezeichnet man eine politische Organisationsform, in der die Wahrnehmung der staatlichen Aufgaben so zwischen regionalen Gliedstaaten und Gesamtstaat aufgeteilt ist, dass jede staatliche Ebene in einer Reihe von Aufgabenbereichen endgültige Entscheidungen treffen kann. In diesem Sinne gehört neben der Bundesrepublik Deutschland und Österreich nun auch Belgien zu den föderalen Staaten. Zusätzlich verfügen die Gliedstaaten in diesen drei Gemeinschaften jeweils über eine gewählte Versammlung und eine Exekutive.

Die spanische Verfassung definiert die Staatsform nicht. Der inzwischen verbreitetste Begriff ist „Staat der Autonomien", womit die 17 Autonomen Gemeinschaften Spaniens angesprochen sind. Der ursprünglich stark unitarisch geprägte Staat ist seit 1978 in einem Dezentralisierungsprozess begriffen, für den die Verfassung einen flexiblen Rahmen abgibt. Die Dezentralisierung ist zwar schon deutlich weiter fortgeschritten als etwa in Frankreich, aber das föderale Stadium ist noch nicht erreicht. Ob und wann die Entwicklung dahin führen wird, ist noch offen.

In Italien wurde durch die Einführung der Direktwahl des Präsidenten des Regionalausschusses zwar die Legitimität der Regionen gestärkt, ihre Zuständigkeiten und Finanzausstattung freilich nicht erweitert. In Frankreich wurde auf dem Wege der Gesetzgebung, ohne Verfassungsänderung, 1982 ein Dezentralisierungsprozess eingeleitet und 2003 mit einer Verfassungsänderung fortgeführt. Dadurch wurde zwar ein besonders starrer Einheitsstaat in beachtlichem Maße aufgelockert, der Prozess soll aber weder in einen Föderalismus münden, noch darf er es, wie der Verfassungsrat entschieden hat, ohne vorherige Verfassungsänderung (Art. 2 spricht von der „unteilbaren" Republik). In Großbritannien wurden 1998 Gesetze beschlossen, die Schottland, Wales und Nordirland ein beachtliches Maß von Regionalautonomie geben. Bei den anderen Staaten stellt sich das Problem wegen ihrer begrenzten territorialen Ausdehnung und der relativen Homogenität der Bevölkerung kaum.

Insgesamt lässt sich eine Entwicklung weg vom Unitarismus beobachten. Motive und Ziele sind überall ähnlich: Einerseits soll durch eine größere Bürgernähe und durch vermehrte Partizipationschancen die demokratische Qualität des Systems erhöht werden; andererseits erhofft man sich, trotz der auch in Rechnung zu stellenden Reibungsverluste, eine Verbesserung der administrativen und ökonomischen Effizienz. Der Aspekt der Gewaltenteilung taucht in der Argumentation kaum auf.

6 Nationale Souveränität gegen Integration?

Verfassungen sind seit der Französischen Revolution Akte nationaler Selbstbestimmung und Souveränität. Auch wenn sich der Souveränitätsanspruch im Zeichen zunehmender politischer, wirtschaftlicher und rechtlicher Interdependenzen für Staaten von der Größenordnung selbst der gewichtigsten EU-Mitgliedstaaten kaum noch uneingeschränkt behaupten lässt, bleibt zu fragen, wie die Verfassungen zum Völkerrecht, zu den internationalen Organisationen, zu den Europäischen Gemeinschaften stehen.

Die aus dem 19. Jahrhundert tradierte „geschlossene Staatlichkeit", die die nationalstaatlichen Verfassungen gegenüber Einwirkungen des Völkerrechts recht hermetisch abschottete, wurde durch die Entwicklungen nach 1945 zumindest aufgeweicht. Nach dem Grundgesetz (Art. 25) und der italienischen Verfassung (Art. 10) zeigen auch mehrere der neueren Verfassungen eine grundsätzliche Aufgeschlossenheit gegenüber dem Völkerrecht, indem sie Friedens- und Kooperationsbereitschaft bekunden, den Angriffskrieg ächten oder die Normen und Grundsätze des allgemeinen Völkerrechts zum Bestandteil des nationalen Verfassungsrechts machen. Auch die Präambel der französischen Verfassung von 1946 – die ja weiter gültig ist – enthält einen entsprechenden Passus. Wichtiger als relativ unverbindliche Bekundungen („den Frieden, die Gerechtigkeit und die Entwicklung freundschaftlicher Beziehungen zwischen den Völkern und Staaten zu fördern", „fördert die Entwicklung der internationalen Rechtsordnung" etc.) ist die Bereitschaft, die Übertragung von Kompetenzen auf internationale Organisationen zu gestatten. Diese für die Weiterentwicklung der Europäischen Integration wichtige Möglichkeit sehen inzwischen – teils explizit für die EU – eine Reihe von Neufassungen vor. Freilich entstehen dabei Konflikte mit dem nach wie vor geheiligten und nicht aufgegebenen Grundsatz der nationalen Souveränität. Die Entscheidung des französischen Verfassungsrats vom 29./30. Dezember 1976 zur Direktwahl des Europäischen Parlaments – eine souveränitäts-, keine integrationsfreundliche Entscheidung – hat auf diesen Konflikt mit besonderer Deutlichkeit aufmerksam gemacht.

Trotz gewisser Entwicklungen und unbestreitbarer Öffnungen bleiben die Verfassungen in starkem Maße durch das Prinzip der nationalen Souveränität geprägt und können dadurch integrationshemmend wirken, zumal sie von integrationsfeindlichen Personen oder Gruppen in entsprechender Weise genutzt werden können. Immerhin ermöglichen inzwischen mit der Ausnahme Finnlands (dessen Verfassung aber die Mitarbeit an der EU ausdrücklich vorsieht) und Großbritanniens die Verfassungen der Altmitglieder die Übertragung von Zuständigkeiten, und damit von Souveränität, sei es in allgemeiner Form oder explizit bezogen auf die Europäische Union.

Die ostmitteleuropäischen Staaten hatten in der kommunistischen Ära ihre nationale Souveränität faktisch an die hegemoniale Sowjetunion verloren. Es ist verständlich, dass diese Staaten nach dem Ende des Ost-West-Konflikts besonders auf ihre neu gewonnene Unabhängigkeit pochen. Die Präambeln oder die ersten Artikel der Verfassungen weisen oft nachdrücklich auf die nationale Unabhängigkeit und das Selbstbestimmungsrecht des Volkes hin. Aber immerhin sehen außer den baltischen Staaten, Bulgarien und Rumänien alle anderen Verfassungen grundsätzlich die Möglichkeit der Kompetenzübertragung vor.

Das Problem der Normenhierarchie, also die Frage, welches Recht bei eventueller Nichtübereinstimmung Vorrang hat, regelt die Verfassung in unterschiedlicher Weise. Eine Reihe von Verfassungen sehen den Vorrang des Völker- und/oder des europäischen Gemeinschaftsrechts ausdrücklich vor (z. B. die Bundesrepublik, Portugal, verklausuliert Irland, auch ehemals kommunistische Staaten wie Bulgarien, Estland, Polen, Slowenien, die Slowakei, Tschechien). Andere begnügen sich damit, das Völkerrecht zum Bestandteil des innerstaatlichen Rechts zu machen oder es für verbindlich zu erklären (Österreich, Polen, Rumänien, Spanien), sich dem Völkerrecht anzupassen (Italien) oder den „Einklang" der beiden Rechtsordnungen zu sichern (Ungarn). Viele der älteren, nur in geringem Umfang geänderten Texte (Belgien, Dänemark, Finnland, Luxemburg, Schweden) wie einige der Neumitglieder (Lettland, Litauen) schweigen sich aus.

Das Beispiel Polen, vor allem seine Haltung zum Vertrag über eine Verfassung für Europa zeigt, dass aus Verfassungsartikeln noch keine Schlüsse hinsichtlich der von der jeweiligen Regierung betriebenen Politik gezogen werden können. Es bleibt abzuwarten, ob sich im Fortgang des Integrationsprozesses die Betonung nationalstaatlicher Souveränität abschwächt und die Bereitschaft zur Übertragung von Souveränitätsrechten wächst.

7 Schluss

Der Überblick hat gezeigt, dass hinsichtlich der wichtigsten Verfassungsprinzipien und grundlegenden Verfassungsstrukturen ein ausreichend hohes Maß an Homogenität besteht. Da es sich bei der EU nicht um einen gelegentlich als abschreckendes Gebilde gezeichneten europäischen „Superstaat" handelt, ist nicht das gleiche Maß an Homogenität erforderlich wie in Bundesstaaten. Der aus den bürgerlichen Revolutionen in England und Frankreich entstandene europäische Verfassungsstaat der Neuzeit realisiert die Ideen der Freiheit, der Volkssouveränität und der sozialen Gerechtigkeit. Ihm liegt das Motto der Französischen Revolution zugrunde: Freiheit, Gleichheit, Brüderlichkeit. Jeder EU-Mitgliedstaat ist, bei allen Unterschieden in der Ausgestaltung, ein Rechtsstaat, ein Volksstaat, ein Sozialstaat (Mayer-Tasch 1991: 139ff.). Die Verfassungen enthalten die liberalen Freiheitsrechte und schützen sie; sie legitimieren die Herrschaft demokratisch durch das Volk; sie enthalten das Sozialstaatspostulat und/oder einzelne soziale Staatszielbestimmungen. Alle Verfassungen implizieren eine sozial korrigierte marktwirtschaftliche Ordnung, in der man so etwas wie ein europäisches Gesellschaftsmodell sehen kann.

Bei allen Unterschieden im Einzelnen – Präsidial- oder Kanzlerdominanz, kollegiale Regierung, relativ starkes oder eher schwaches Parlament – sind, vom Sonderfall Zypern abgesehen, alle Staaten dem Grundtyp des parlamentarischen Regierungssystems zuzuordnen. Als solche werden sie auch mit gemeinsamen Problemen konfrontiert, etwa dem Übergewicht der Exekutive über die Legislative, der drohenden Übermacht der Bürokratie, der Aushöhlung des freien Mandats durch die Parteien. Allenfalls bei der politisch-administrativen Gliederung gibt es vom Bundesstaat zum Einheitsstaat recht große Unterschiede. Doch selbst hier ist eine konvergierende Entwicklung zu beobachten (Stärkung der zentralen Institutionen im Bundesstaat, Dezentralisierung des Einheitsstaates).

Ingesamt gilt: Einheit in der Vielfalt. Die wenigen Grundanforderungen des EU-Vertrages (Demokratie, Menschenrechte, Marktwirtschaft) werden von den Mitgliedstaaten erfüllt. In diesem gemeinsamen europäischen Haus finden sich recht unterschiedlich geschnittene Wohnungen. Die Vielfalt hat schon immer den Reichtum Europas ausgemacht; sie muss kein Hindernis sein für den Fortgang der Europäischen Integration hin zu „einer immer engeren Union der Völker Europas".

Literatur

Bagehot, Walter, 1971 [1876]: Die englische Verfassung. Neuwied/Berlin.
Beichelt, Timm, 2001: Demokratische Konsolidierung im postsozialistischen Europa. Die Rolle der politischen Institutionen. Opladen.
Beyme, Klaus von, 1999: Die parlamentarische Demokratie. 3. Auflage. Opladen.
Döring, Herbert (Hrsg.), 1995: Parliaments and Majority Rule in Western Europe. Frankfurt am Main/New York.
Duverger, Maurice (Hrsg.), 1988: Les régimes semi-présidentiels. Paris.

Goethe, Johann Wolfgang von, 1982 [1795/96]: Wilhelm Meisters Lehrjahre, in: Goethe, Johann Wolfgang von, Werke. Hamburger Ausgabe in 14 Bänden. 11. Auflage. Band 7. München.

Ismayr, Wolfgang, 1997: Die politischen Systeme Westeuropas im Vergleich, in: Ismayr, Wolfgang (Hrsg.), Die politischen Systeme Westeuropas. Opladen, 9-48.

Ismayr, Wolfgang, 2002: Die politischen Systeme Osteuropas im Vergleich, in: Ismayr, Wolfgang (Hrsg.), Die politischen Systeme Osteuropas. Opladen, 9-67.

Jones, George W. (Hrsg.), 1991: West European Prime Ministers. London.

Kimmel, Adolf/Kimmel, Christiane, 2005: Die Verfassungen der EU-Mitgliedstaaten. 6. Auflage. München.

Lijphart, Arend (Hrsg.), 1992: Parliamentary versus Presidential Government. Oxford.

Loewenstein, Karl, 1959: Verfassungslehre. Tübingen.

Luchterhandt, Otto (Hrsg.), 1996: Neue Regierungssysteme in Osteuropa und der GUS. Berlin.

Mayer-Tasch, Peter Cornelius, 1991: Politische Theorie des Verfassungsstaates. München.

Möckli, Silvano, 1994: Direkte Demokratie. Ein internationaler Vergleich. Bern.

Norton, Philip (Hrsg.), 1990: Parliaments in Western Europe. London.

Roggemann, Herwig (Hrsg.), 1990: Die Verfassungen Mittel- und Osteuropas. Berlin.

Rüb, Friedbert W., 2001: Schach dem Parlament! Regierungssysteme und Staatspräsidenten in den Demokratisierungsprozessen Osteuropas. Wiesbaden.

Steffani, Winfried, 1979: Parlamentarische und präsidentielle Demokratie. Opladen.

Steffani, Wilfried (Hrsg.), 1991: Regierungsmehrheit und Opposition in den Staaten der EG. Opladen.

Stefan Hradil

Sozialstruktur und gesellschaftlicher Wandel

1 Ziel des Beitrags

Der Blick auf die Sozialstruktur einer Gesellschaft legt viele der Aufgaben offen, die Politik zu bewältigen hat (beispielsweise die Beseitigung von Arbeitslosigkeit). Die Sozialstruktur einer Gesellschaft enthält aber auch viele Bedingungen, mit denen Politik zu rechnen hat (so die Bevölkerungsentwicklung), viele Ziele, die der Politik vorgegeben werden (z. B. die Interessen politischer Lager und die Werte sozialer Bewegungen). Nicht zuletzt spiegelt die Sozialstruktur auch viele Wirkungen politischer Maßnahmen (etwa die Verbesserung der Stellung der Frau in der Gesellschaft, die Milderung des Armutsrisikos der älteren Bevölkerung und die Behebung von Infrastrukturmängeln auf dem Lande).

Informationen über sozialstrukturelle Gegebenheiten bilden also eine unerlässliche Voraussetzung, um Möglichkeiten, Maßnahmen und Misslichkeiten der Politik einschätzen zu können. Das gilt schon für die Politik des eigenen Landes. Dies gilt aber noch viel mehr für inter- und supranationale Politik. Denn über ausländische Sozialstrukturen und ihre Bedeutung für die Politik ist in der Regel wenig bekannt. Wer Politik in Slowenien oder in der Europäischen Union beurteilen will, muss daher vergleichende Kenntnisse über die Sozialstruktur dieser Länder erwerben. Diesem Zweck dient der folgende Beitrag.[1]

2 Grundbegriffe der Sozialstrukturanalyse und Kriterien sozialen Wandels

2.1 Was versteht man unter „Sozialstruktur"?

Das Wort „sozial" bedeutet in der Soziologie „zwischenmenschlich", bezieht sich also auf alle direkten und indirekten Beziehungen, die zwischen Menschen bestehen. Unter „Struktur" wird eine relativ beständige, äußerlich nicht unbedingt erkennbare Zuordnung von Elementen eines Ganzen verstanden. Die Untersuchung von Strukturen erfordert also zunächst ein Zergliedern des Gesamtzusammenhangs in die zugrunde liegenden Elemente und dann die Erforschung der Wirkungs- und Beziehungsgefüge zwischen den Elementen.

Betrachten wir die beiden Wortbestandteile im Zusammenhang, so kann man Sozialstruktur definieren als die „Gesamtheit der relativ dauerhaften sozialen Gebilde (Gruppierungen, Institutionen, Organisationen) einer Gesellschaft, der sozialen Beziehungen und

---

[1] Aufbau und Grundgedanken dieses Aufsatzes sind meinem Buch: „Die Sozialstruktur Deutschlands im internationalen Vergleich" (Hradil 2006) entnommen. Alle empirischen Befunde in diesem Beitrag sind aktualisiert.

Wirkungszusammenhänge innerhalb und zwischen diesen Gebilden sowie deren Grundlagen" (Schäfers 2004: 3ff.).

Im Folgenden wird ein weites, mehrdimensionales Konzept der Sozialstrukturanalyse zugrunde gelegt, das theoretische Zugänge aus verschiedenen Richtungen erlaubt. Sozialstruktur wird im Rahmen der folgenden Dimensionen behandelt, die soziale Gebilde und Beziehungsgefüge auf den Ebenen von Personen, Institutionen und Subsystemen einschließen: Bevölkerung, Familien und Haushalte, Bildung, Erwerbstätigkeit, soziale Ungleichheit und soziale Sicherung.

2.2 Modernisierungstheorie als „Messlatte" des Vergleichs von Sozialstrukturen

Vergleiche bedürfen bekanntlich eines Bezugsrahmens, eines „tertium comparationis". Erst recht benötigt man eine solche Messlatte, wenn Vergleiche zwischen Sozialstrukturen von unterschiedlichen Ländern in ihrer jeweiligen Entwicklung vorgenommen werden sollen. Denn hier kommt zum synchronen noch der diachrone Vergleich hinzu.

Da Modernisierungstheorien[2] beanspruchen, alle Länder in eine gemeinsame Entwicklungstheorie einzubeziehen, sollen sie für den Sozialstrukturvergleich als Messlatte verwendet werden: Es soll *modellhaft* angenommen werden, dass sich alle Gesellschaften und ihre Sozialstrukturen schneller oder langsamer in jene Richtung entwickeln, die Modernisierungstheorien als „Modernisierung" kennzeichnen. Somit können Vorläufer und Nachzügler, theoriekonforme und davon abweichende Entwicklungspfade identifiziert werden.

Damit ist keineswegs unterstellt, dass Modernisierungstheorien durchweg zutreffen. Es wird sich vielmehr zeigen, dass sie in vieler Hinsicht nicht stimmen. Sie stellen vielmehr eine heuristische Modellvorstellung bereit, vor deren Hintergrund Vergleiche möglich sind.

Funktionalistische Modernisierungstheorien erklären die Durchsetzung der Modernisierung aus der höheren Effizienz modernerer Gesellschaften bzw. Gesellschaftsteile. Sie setzen sich in der Konkurrenz innerhalb und zwischen Gesellschaften durch. Sie verdrängen die weniger modernen oder zwingen sie zur Anpassung. Modernisierungstheorien können dabei ganz unterschiedlichen Kräften die entscheidende Wirkungsmacht zusprechen: Eliten, technischen oder anderen Innovationen, soziokulturellem Wandel, sozialen Klassen etc. (Zapf 1996: 74).

Was zeichnet nun gesellschaftliche Modernisierung aus? Die Grundgedanken der Modernisierung wurden spätestens seit dem 16. Jahrhundert in der Renaissance in den Schriften von Philosophen und Naturforschern systematisch entwickelt. Die politischen Implikationen der Modernisierung wurden massiv seit der Aufklärung eingefordert. Massenhafte gesellschaftliche Verbreitung erlangte die Modernisierung aber in Westeuropa und Nordamerika erst im Laufe des 19. Jahrhunderts:

---

[2] Genauer: Die herkömmlichen, vom soziologischen Funktionalismus inspirierten Modernisierungstheorien der 1950er und 1960er Jahre. Zugrunde gelegt wird im Folgenden eine Synthese jener „herkömmlichen" Modernisierungstheorien.

Sozialstruktur und gesellschaftlicher Wandel

- Gesellschaftliche Gebilde und Verhaltensweisen der Menschen wurden immer unterschiedlicher und immer spezifischer auf die Erfüllung jeweils bestimmter Aufgaben zugeschnitten (funktionale Differenzierung, Spezialisierung).
- Dabei wird die gegenseitige Abhängigkeit der Einheiten immer enger (Integration). Es vollzieht sich eine Entwicklung, die schon Herbert Spencer als Bewegung weg von der „unverbundenen Gleichartigkeit" hin zur „verbundenen Ungleichartigkeit" kennzeichnete (Spencer 1877: § 223).
- Die Problemlösungs- und Anpassungsfähigkeit von Gesellschaften und ihrer Mitglieder steigt, weil gesellschaftliche Gestaltung und menschliches Denken und Handeln immer mehr nach zweckrationalen Erwägungen und immer weniger nach Traditionen ausgerichtet sind.
- Funktionale Differenzierung, Spezialisierung und Rationalisierung pluralisieren überkommene Kulturen. Die Freiräume für unterschiedliche Werte, Normen, Kulturen, Lebensstile wachsen. Auf der anderen Seite erlangen grundlegende Wertvorstellungen und Normen universelle Gültigkeit (z. B. bezüglich demokratischer, gewaltfreier Spielregeln).

Diese generellen Tendenzen haben umfassende Auswirkungen: Z. B. gliedern sich ein separates Wirtschafts-, Bildungs-, politisches System und ein System sozialer Sicherheit aus. Es entstehen u. a. die Institutionen und Organisationen der Nationalstaaten, der Rechtsordnung, der Konkurrenzdemokratie, der Bürokratie, der Marktwirtschaft, des Massenkonsums, durch Leistung legitimierte soziale Schichtungen, Schulen und Sicherungseinrichtungen. Die Menschen denken und handeln anders: Sie sind geistig, regional und sozial mobiler, leistungsmotivierter und aufstiegsorientierter, individuell autonomer, haben mehr unterschiedlichere und anonymere Kontakte, sind zukunftsorientierter, planender, streben nach Effektivität und effizientem Umgang mit Zeit (d. h. sie „haben" weniger Zeit), sie halten ihre Umwelt, ihre Mitwelt und sich selbst für steuerbar.

Aus der Sicht von Modernisierungstheorien verändern sich auch die Sozialstrukturen von Gesellschaften. Modellhaft vollzieht sich die nachfolgend dargestellte Entwicklung von einer vormodernen Agrargesellschaft, über eine moderne Industriegesellschaft hin zu einer modernen, postindustriellen Dienstleistungsgesellschaft. Die folgenden Abschnitte werden zeigen, inwieweit sich diese theoretisch behauptete Entwicklung in den einzelnen Ländern der EU tatsächlich ergeben hat.

Tabelle 1: Das modernisierungstheoretische Modell der Sozialstrukturentwicklung

	Vormoderne Agrargesellschaft	Moderne Industriegesellschaft	Moderne postindustrielle Dienstleistungsgesellschaft
Bevölkerung	Heiratsbeschränkungen, viele Geburten in Ehen, hohe Sterblichkeit, geringe Bevölkerungsvermehrung	wenige Geburten, längere Lebenserwartung, sporadische Außenwanderungen, geringe Bevölkerungsvermehrung	Geburtendefizit, Alterung, Bevölkerungsrückgang, systematische Zuwanderung
Haushalte	Das „ganze Haus" dominiert. Arbeiten und Wohnen am gleichen Ort	Zwei-Generationen-Kernfamilie dominiert. Urbanisierung, Trennung von Arbeiten und Wohnen, Männer erwerbstätig, Frauen im Haushalt	weniger und spätere Heiraten, spätere Geburten, geringere Stabilität von Ehen, mehr Frauen sind erwerbstätig, Pluralisierung von Lebensformen
Bildung	Grundbildung nur für Teile der Bevölkerung, Bildungschancen formell von Standeszugehörigkeit abhängig	Massenbildung für alle, formale Chancengleichheit zur Erlangung von Bildungsabschlüssen, soziale Stellung immer mehr an Bildungsgrad gebunden	Bildungsexpansion: weiterführende Bildung für viele, systematische Weiterbildung, Ausdifferenzierung des Bildungssystems, mehr faktische Chancengleichheit
Erwerbstätigkeit	Die Landwirtschaft dominiert. Arbeit und Freizeit sind wenig getrennt	Der Landwirtschaftssektor schrumpft. Der Produktionssektor dominiert. Der Beruf ist die Schlüsselstellung der Menschen. Spezialisierung und Maschinenbedienung setzen sich durch. Lohnabhängigkeit dominiert. Trennung von Arbeit und Freizeit, standardisierte Arbeitsverhältnisse in arbeitsteiligen Großunternehmen (Fabriken)	zunehmende Erwerbstätigkeit, vor allem von Frauen; sinkende Arbeitslosigkeit. Landwirtschafts- und Produktionssektor schrumpfen. Der Dienstleistungssektor dominiert. Flexibilisierung von Karrieren, Arbeitsverhältnissen und Arbeitsbedingungen; steigende Wirtschaftsleistung und wachsender Wohlstand
Ungleichheit	Die jeweilige „Geburt" prägt die Stellung der Menschen im Ungleichheitsgefüge. Ständegesellschaft; sozialer Auf- und Abstieg kaum möglich	Erst Besitz, dann Beruf prägen Stellung im Ungleichheitsgefüge. Erst Klassen, dann Schichten entstehen. Mehr Verteilungs- und Chancengleichheit. Die Mittelschicht wächst; mehr Auf- und Abstiege	Außerberufliche Determinanten und Dimensionen sozialer Ungleichheit gewinnen an Bedeutung. Klassen und Schichten fächern sich auf; gleichere Verteilung innerhalb und zwischen den Gesellschaften; mehr Chancengleichheit

- Fortsetzung Tabelle 1 -

	Vormoderne Agrargesellschaft	Moderne Industriegesellschaft	Moderne postindustrielle Dienstleistungsgesellschaft
Soziale Sicherung	Sicherung durch die Familie bzw. durch das „ganze Haus"	Großorganisationen zur sozialen Sicherung gegen Standardrisiken (Alter, Krankheit, Unfall, Arbeitslosigkeit, Armut)	Großorganisationen werden zu teuer, lösen neue Sicherungsprobleme nicht. Ein „welfare-mix" entsteht.
Lebensweisen, Massenkultur	zahlreiche lokale, religiöse Sonderkulturen	Einebnung lokaler, religiöser etc. Sonderkulturen durch Arbeits-, Klassen- und Schicht-Kulturen sowie nationalstaatliche Kulturen	Wertewandel; Individualisierung; Pluralisierung von Milieus, Lebensstilen, ethnischen Kulturen; kulturelle Verflechtung der Länder; Orientierungen weniger von Arbeit, mehr von Freizeit und Konsum geprägt

Quelle: Hradil 2006: 30f.

3 Bevölkerung

3.1 Grundbegriffe und die idealtypische Modernisierung

Als Bevölkerung bezeichnet man alle Menschen, die in einem bestimmten Territorium längerfristig wohnen, unabhängig von ihrer Staatsangehörigkeit, Nationalität etc. Als Bevölkerungsstruktur versteht man die Untergliederung einer Bevölkerung nach sozial relevanten Merkmalen wie Alter, Geschlecht und ethnischer Zugehörigkeit.

Zahl und Struktur einer Bevölkerung verändern sich ausschließlich durch die drei Bevölkerungsprozesse Geburten, Sterbefälle und grenzüberschreitende Wanderungen. „Hinter" ihnen stehen jeweils vielfältige Bestimmungsgründe. So verändern sich z. B. die durchschnittlichen Geburtenzahlen der Menschen durch ihre jeweiligen Werte, Sicherheitsempfindungen und Nutzenkalkulationen. Bleiben in einer Gesellschaft die durchschnittlichen Raten von Geburten, Sterbefällen und grenzüberschreitenden Wanderungen über eine gewisse Zeit stabil, so spricht man von einer Bevölkerungsweise.

Modernisierungstheorien unterstellen, dass die Bevölkerungsentwicklung im Laufe des Modernisierungsprozesses im Prinzip in allen Ländern gleich verläuft. Insbesondere werden modellhaft zwei „demografische Übergänge" unterschieden: von der vorindustriellen zur industriegesellschaftlichen und von der industriegesellschaftlichen zur postindustriellen Bevölkerungsweise.

Abbildung 1: Das Modell des ersten und zweiten demografischen Übergangs

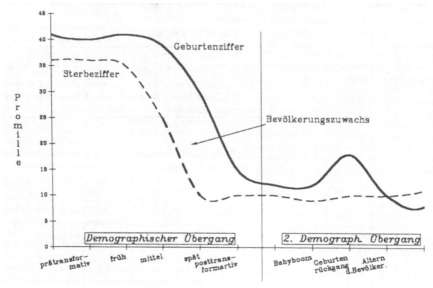

Quelle: Immerfall 1994: 42.

Das Modell der beiden demografischen Übergänge lässt sich wie folgt skizzieren:

- In vorindustriellen Agrargesellschaften sind Geburten und Sterbefälle sehr häufige Ereignisse. Die Geburtenrate liegt im Allgemeinen etwas über der Sterberate: Die Bevölkerung wächst langsam. Dies ist jedoch mit viel Arbeit und Leid erkauft.
- Im Übergang zwischen einer typischen Agrar- und einer Industriegesellschaft beginnt die Sterberate zu sinken. Die Lebenserwartung steigt. Da die Geburtenrate zunächst unverändert hoch ist, nimmt die Bevölkerung rasch zu. Dann sinkt auch die Geburtenrate. Die Bevölkerung wächst immer langsamer.
- In Industriegesellschaften stabilisieren sich die niedrigere Geburten- und die noch etwas niedrigere Sterberate. Diese industriegesellschaftliche Bevölkerungsweise lässt die Bevölkerung langsam wachsen, jedoch mit „sparsameren" Mitteln als in einer typischen Agrargesellschaft.
- Im Übergang zu einer postindustriellen Bevölkerungsweise sinkt die Geburtenrate ein zweites Mal, diesmal aber dauerhaft unter die Sterberate. Dadurch schrumpft die Bevölkerung.
- Im Rahmen der typisch industriegesellschaftlichen Bevölkerungsweise werden Bevölkerungsverluste durch andauernde Zuwanderungen ausgeglichen.

3.2 Bevölkerungszahl

Die Länder der EU bilden einen kleinen, aber besonders dicht besiedelten Teil der Erde. Von den gut 136 Millionen Quadratkilometern der Erde und den fast 23 Millionen Europas (bis zum Ural) entfallen nur knapp vier Millionen, also ca. drei Prozent, auf Länder der EU. Europa machte 2004 mit seinen 728 Millionen Menschen aber 11,1 Prozent aus, die 457 Millionen Bewohner der EU stellten immerhin 7,15 Prozent der Weltbevölkerung (Statistisches Bundesamt 2006a: 15, 24).

2005 machte die Bevölkerung Deutschlands 18 Prozent der gesamten EU-Bevölkerung aus. Damit war Deutschland das bevölkerungsstärkste Land der EU, gefolgt von Frankreich, dem Vereinigten Königreich und Italien mit jeweils 13 Prozent. In diesen vier Ländern lebten also fast 57 Prozent der Menschen der 25 Mitgliedstaaten der EU. Auf die zehn Staaten, die 2004 neu zur EU gekommen sind, entfielen 2005 nur etwas mehr als 16 Prozent der EU-Bevölkerung (Eurostat 2007: 50).

Allein schon diese Disparitäten zwischen wenigen großen und vielen kleinen Ländern der EU machen viele Interessenunterschiede und latente Konflikte im politischen Prozess verständlich.

3.3 Geburten

Bis ins 19. Jahrhundert hinein brachten die Frauen in vielen Ländern Europas durchschnittlich etwa sechs Kinder lebend zur Welt. Dann, in den meisten westeuropäischen Ländern war das um die Wende zum 20. Jahrhundert, reduzierten die Menschen ihre Kinderzahlen. Wohlstand und Sozialversicherungen machten Kinder als Arbeitskräfte und Alterssicherung immer weniger notwendig. Zwischen den beiden Weltkriegen war die Geburtenrate in einigen europäischen Ländern schon unter das Niveau der Bestandserhaltung (ca. 2,1 Kinder pro Frau) abgesunken. Nach dem Zweiten Weltkrieg führten nachgeholte Geburten, steigender Wohlstand und das wieder erlangte Sicherheitsgefühl in den meisten Ländern Europas zu einem Anstieg der Geburten („Babyboom") wieder deutlich über das Bestandserhaltungsniveau. In den 1960er und/oder 1970er Jahren (in Ost-Mitteleuropa erst Ende der 1980er Jahre), als empfängnisverhütende Maßnahmen verfügbar waren („Pillenknick"), sich die Rolle der Frau geändert hatte und in den westlichen Ländern der Wert der Selbstverwirklichung Priorität erlangt hatte, vollzog sich in den meisten Ländern der EU ein zweiter Geburtenrückgang. Die Phase, in der die Bevölkerungen der einzelnen Länder noch aufgrund der Geburten im eigenen Lande wuchsen, war damit beendet. Nur die (noch) günstige Altersstruktur – wegen des „Babybooms" der Nachkriegszeit waren viele Menschen im Alter der Familienbildung – verhinderte, dass schon in den 1970er bis 1990er Jahren große Geburtendefizite zu verzeichnen waren.

Insgesamt verlief die Geburtenentwicklung in den Ländern der EU also zeitversetzt, aber im Ganzen parallel. Deutschland machte keine Ausnahme. Hier verlief der Geburtenrückgang allenfalls etwas früher und schneller als in den meisten andern EU-Ländern.

Abbildung 2: Geburtenraten in Europa, 1950 bis 2004

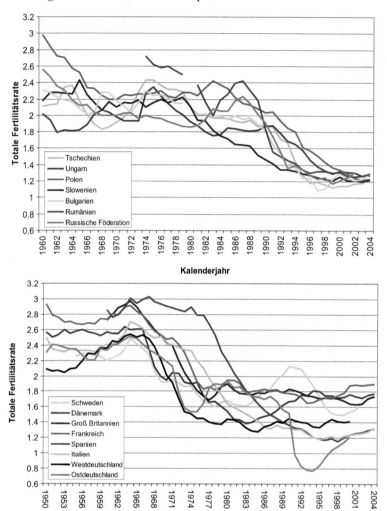

Daten: Eurostat (http://europa.eu.int/comm/eurostat/); Quelle: Bühler 2006: 19, 23.

Dennoch zeigen sich heute bestimmte Unterschiede: Auffällig ist, dass in besonders weit entwickelten und wohlhabenden Ländern der EU, in denen die Dienstleistungssektoren groß, viele Frauen erwerbstätig und Kinderbetreuungseinrichtungen weit ausgebaut sind, die Kinderzahlen wieder etwas zugenommen haben und mehr Kinder zur Welt kommen als in weniger entwickelten Ländern. So bekam jede Französin, Finnin, Dänin, Schwedin und Britin 2004 immerhin so viele Kinder, dass die Bevölkerungszahl durch diese Geburtenzahl langfristig fast stabil bleiben würde oder durch realistische Zuwanderungsraten stabil gehalten werden könnte. Im Gegensatz dazu fanden sich 2004 die niedrigsten Geburtenziffern der EU in Süd- sowie in Ost-Mitteleuropa, im Baltikum und in Deutschland: Bleibt es dabei, so kommen in diesen Ländern langfristig ein gutes Drittel bis fast die Hälfte weniger Kinder zur Welt, als zur Bestandserhaltung der Bevölkerung in den einzelnen Ländern nötig wäre (Statistisches Bundesamt 2006b: 31).

3.4 Sterblichkeit

In modernen Ländern leben die Menschen zwar nicht länger als in traditionellen Gesellschaften, aber viel mehr Menschen als früher erreichen ein hohes Lebensalter. Die Lebenserwartung der Menschen steigt in allen Ländern der EU. In zahlreichen entwickelten Ländern wird derzeit erstmals in der Geschichte der Menschheit eine Generation nahezu geschlossen alt.

In den vorindustriellen Gesellschaften Europas betrug die Lebenserwartung häufig weniger als 40 Jahre. Erst kurz vor dem Zweiten Weltkrieg war sie in Deutschland auf ca. 60 Jahre angestiegen. So viele Jahre etwa haben Neugeborene heute in den ärmsten Ländern der Welt zu leben. Heute können ein neugeborenes Mädchen in der EU mit ca. 82 und ein neugeborener Junge mit etwa 76 Lebensjahren rechnen.

Die Verlängerung der Lebenserwartung vollzog sich, weil zunächst – in den am weitesten entwickelten Ländern war das Ende des 19. Jahrhunderts – die Säuglingssterblichkeit dramatisch gesunken ist. Verbesserte Lebens-, Ernährungs-, Gesundheits- und Hygienebedingungen sowie medizinische Fortschritte sorgten dafür, dass nicht länger ein Drittel aller Neugeborenen, sondern nur noch vier oder fünf von 1000 im Säuglingsalter starben. Die Lebenserwartung der Menschen stieg weiterhin an, weil – vor allem in der Zeit zwischen den Weltkriegen – die großen Infektionskrankheiten erfolgreich bekämpft wurden. Schließlich verlängerte sich das Leben vieler Menschen – hauptsächlich seit dem Zweiten Weltkrieg – durch bessere Altersversorgungen und die Fortschritte der (teuren) Altersmedizin.

Abbildung 3: Lebenserwartung bei der Geburt, 2004

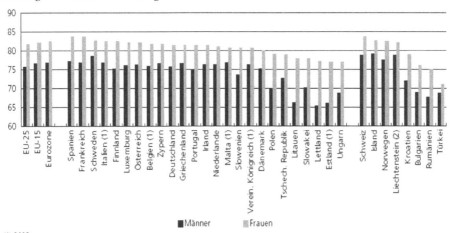

(1) 2003.
(2) 2002.
Durchschnittliche Zahl der Jahre, die ein Neugeborenes voraussichtlich lebt, wenn die zu diesem Zeitpunkt herrschenden Sterbebedingungen während seines ganzen Lebens bestehen bleiben (altersspezifische Sterbewahrscheinlichkeit).

Quelle: Eurostat 2007: 59.

Überdurchschnittlich lange leben die Menschen in den Mittelmeerländern der EU, obgleich dort weder der Lebensstandard noch die Gesundheitssysteme am weitesten entwickelt sind, sowie in Skandinavien. Etwas kürzer ist das Leben der Menschen, vor allem der Männer, in Ost-Mitteleuropa und im Baltikum. Im Übrigen leben in der EU, wie in praktisch allen Ländern der Welt, Frauen länger als Männer, obwohl Frauen häufig den härteren Daseinsbedingungen ausgesetzt sind. Dafür mögen auch biologische Gründe sorgen, sicher aber auch ein vorteilhafteres Risiko-, Ernährungs- und Gesundheitsverhalten von Frauen.

3.5 Außenwanderungen

Während die Geburtenüberschüsse seit den 1960er Jahren in immer mehr Ländern der EU abnahmen, haben besonders die fortschrittlichsten Länder der EU ihre Bevölkerungen durch Zuwanderungen vermehrt. Lange stand Deutschland hierbei mit an vorderster Stelle. In den letzten Jahren verzeichneten jedoch die Mittelmeeranrainerländer Spanien (2004: 610 Tausend netto: d. h. nach Abzug der Auswanderer) und Italien (558 Tausend) bei weitem die meisten Zuwanderer. In deutlichem Abstand danach folgten das Vereinigte Königreich, Frankreich, Deutschland und Österreich. 2004 sind (netto) deutlich weniger als 100.000 Menschen nach Deutschland zugewandert.

Damit ist für Deutschland vorerst eine Phase zu Ende gegangen, die durch folgende große „Wellen" von Zuwanderern geprägt war:

- ca. acht Millionen Flüchtlinge und Heimatvertriebene der unmittelbaren Nachkriegszeit
- mehr als drei Millionen Flüchtlinge aus der DDR bis zum Mauerbau 1961
- ca. 3,5 Millionen (Saldo bis 1987) „Gastarbeiter"
- mehr als 4,4 Millionen Aussiedler (1960 bis 2004)
- ca. 1,5 Millionen Asylbewerber (Zugänge) sowie
- gut eine Million sonstige Flüchtlinge.

Angesichts der geringen Geburtenraten und deren begrenzter Veränderungen sind die Zuwanderungen zur wichtigsten Steuerungsgröße des demografischen Wandels geworden. Die politische Regulierung von Außenwanderungen stellt ein wichtiges Mittel zur Bearbeitung der Probleme dar, die die demografische Entwicklung mit sich bringt.

3.6 Probleme demografischen Wandels

Derzeit kommen – zeitversetzt in den einzelnen Ländern der EU – die geburtenschwachen Jahrgänge in das Alter der Familienbildung. Sofern sich, wie zu vermuten, die Kinderzahlen nicht dramatisch ändern werden, dann werden erhebliche Geburtendefizite entstehen. Dann nämlich wird nicht nur jede Frau wie bisher „zu wenige" Kinder hervorbringen (Verhaltenseffekt). Zusätzlich werden auch weniger Frauen vorhanden sein, die Kinder bekommen könnten (Altersstruktureffekt). Es wird sich zeigen, inwieweit die Geburtendefizite durch Zuwanderungen vermindert werden können. Das ist politisch gestaltbar.

Sozialstruktur und gesellschaftlicher Wandel 99

Die Geburtendefizite werden zwei Folgen haben: Zum einen wird die Bevölkerung in den einzelnen Ländern und in der EU insgesamt schrumpfen. Zum andern wird sich die Altersstruktur „deformieren" (Miegel 2002). Wenige junge Menschen werden vielen Älteren gegenüberstehen. Aller Voraussicht nach wird diese Folgeerscheinung wesentlich problematischer als der Bevölkerungsrückgang an sich verlaufen.

Unterstellt man, dass in Deutschland auch in Zukunft jede Frau nur ca. 1,4 Kinder zur Welt bringen wird und dass wie in den vergangenen Jahrzehnten pro Jahr 200.000 Netto-Zuwanderer zu uns kommen werden, dann wird die Bevölkerung Deutschlands im Jahr 2050 von 82 Millionen auf 74 Millionen zurückgegangen sein (Statistisches Bundesamt 2006b: 15). Bedenkt man die lange Zeitdauer, so wird das ein sehr allmählicher Bevölkerungsrückgang sein. Allerdings wird er regional sehr unterschiedlich verlaufen. Neben (meist städtischen) Ballungsräumen wird es auch (weitgehend ländliche) Entleerungsgebiete geben.

Die Bevölkerung der EU (der 25) insgesamt wird bis zum Jahr 2050 voraussichtlich von 457 auf 445 Millionen Einwohner zurückgehen. Allerdings werden Länder wie Luxemburg, Irland, Schweden und Frankreich, die heute relativ hohe Geburtenziffern und zugleich eine recht starke Zuwanderung aufweisen, auch in den nächsten Jahrzehnten nicht schrumpfen, sondern weiter wachsen. Andererseits wird mehr als die Hälfte aller EU-Länder (vor allem Lettland, Estland, Litauern, Tschechien, die Slowakei, Polen, Ungarn, Deutschland, Italien und Slowenien) im Jahre 2050 wohl eine kleinere Bevölkerung als heute haben. Selbst bei steigenden Kinderzahlen pro Frau kann in diesen Ländern das Geburtendefizit nicht ausgeglichen werden, weil in den nächsten Jahrzehnten dort nur wenige potenzielle Eltern vorhanden sein werden (Altersstruktureffekt) (Statistisches Bundesamt 2006c: 16).

Die Alterung wird in Deutschland ab ca. 2025 stark zunehmen und etwa im Jahre 2040 ihren Höhepunkt erreichen. Dann werden die geburtenstarken Nachkriegsjahrgänge im Rentenalter und die geburtenschwachen im Familien- und Erwerbsalter sein. Danach werden die Altersproportionen wieder etwas ausgeglichener werden.

Diese Verschiebung der Altersstruktur wird wenigstens vier Probleme erzeugen. In anderen EU-Ländern insbesondere Ost-Mitteleuropa werden sie später als hierzulande, aber zum Teil heftiger auftreten:

1. Die Erwerbstätigen werden durchschnittlich älter. Zeitnahe Ausbildung wird zur Mangelware. Erfahrung wird reichlich vorhanden sein.
2. Die Zahl der potenziell Erwerbstätigen sinkt. Ohne Gegenmaßnahmen wird verbreitet Arbeitskräftemangel entstehen. Insbesondere Höherqualifizierte werden fehlen. Sie werden immer häufiger gebraucht und es gibt davon zu wenige.
3. Die Menschen im erwerbsfähigen Alter werden für immer mehr Ältere aufkommen müssen. Im Jahr 2005 kamen auf 100 EU-Bürger zwischen 15 und 65 Jahren nur 25 Ältere, im Jahr 2050 volle 53. Noch etwas ungünstiger wird sich das Verhältnis in Deutschland gestalten: Schon heute müssen 100 Erwerbsfähige für 28 Menschen sorgen, im Jahre 2050 für 56. Bedenkt man, dass nicht alle Menschen im erwerbsfähigen Alter erwerbstätig und zahlungskräftig sein werden, so wird die stärkere Belastung deutlich (Eurostat 2007: 64). Umlagefinanzierte Sicherungssysteme werden dadurch in Schwierigkeiten geraten.
4. Mit der Alterung steigen insbesondere die Bevölkerungsanteile der Hochaltrigen. Während in Deutschland heute jeder 25. Bürger mindestens 80 Jahre alt ist, wird im Jahre

2050 schon jeder achte Einwohner so alt sein. Damit werden sich nicht nur der Charakter der Gesellschaft insgesamt und manche Konsumstrukturen verändern. Auch die Belastungen durch Gesundheitsversorgung und Pflege werden stark in die Höhe gehen. Hilfs- und Pflegeleistungen innerhalb von Familien werden, u. a. wegen geringer Kinderzahlen und der zunehmenden Erwerbstätigkeit von Frauen, immer schwieriger werden.

Selbstverständlich wird man Gegenmaßnahmen treffen, um diese demografischen Herausforderungen zu bewältigen. Folgende Maßnahmen sind im Gange oder werden diskutiert:

- Häufigere Erwerbstätigkeit von Frauen und längere Lebensarbeitszeiten sollen den Anteil der Erwerbstätigen an den Menschen im erwerbsfähigen Alter erhöhen.
- Zuwanderung von qualifizierten oder qualifizierbaren Arbeitskräften soll den Bevölkerungsanteil von Erwerbstätigen und Beitragszahlern erhöhen.
- Allmähliche Rückführung von Sozialleistungen und späterer Eintritt des Rentenalters soll die Belastungen der Sozialkassen senken.
- Die Stärkung von gegenseitigen Hilfspotenzialen in Gemeinden, innerhalb von Familien und über Generationengrenzen hinweg soll dem gleichen Zweck dienen und zugleich eine weniger anonyme soziale Sicherung bewirken.
- Auch die Stärkung der Selbstsicherung in finanzieller Hinsicht (kapitalfinanzierte Renten) und im Verhalten der Menschen (z. B. im Gesundheitsverhalten) soll die Sozialversicherungen entlasten und zugleich die Autonomie der Menschen stärken.

Manche dieser Lösungswege werden zusätzliche Belastungen der Menschen darstellen. Andere dagegen werden keine Zumutungen für die Menschen sein, sondern Verbesserungen der heutigen Zustände mit sich bringen.

Bei alledem ist zu bedenken, dass in großen Teilen der „dritten" Welt nicht Bevölkerungsschrumpfung und Alterung, sondern im Gegenteil Bevölkerungsexplosion und die Fülle junger Menschen Probleme schafft. Stärker noch als im Westeuropa des 19. Jahrhunderts suchen dort junge Menschen nach Arbeitsplätzen, zum Teil auch in fernen Ländern.

Allerdings ist das Ende dieser Situation absehbar. Die Geburtenziffern gehen auch in den meisten Entwicklungsländern zurück. Die Vereinten Nationen rechnen derzeit damit, dass ab 2050 die durchschnittliche Geburtenziffer in den Entwicklungsländern zur Bestandserhaltung nicht mehr ausreicht. Spätestens eine Generation danach wird die Weltbevölkerung schrumpfen. Diese Prognosen werden immer wieder zeitlich nach vorne korrigiert.

4 Familien, Haushalte, Lebensphasen

4.1 Begriffe und die idealtypische Modernisierung

In der Soziologie wird unter einer Familie meist eine Wirtschafts- und Lebensgemeinschaft verstanden, in der Erwachsene Kinder sozialisieren (Schäfers 2004: 114). Dabei ist es einerlei, ob es sich bei den Erwachsenen um Paare, um Alleinerziehende oder um mehr als zwei Erziehende handelt, ob sie verheiratet sind oder nicht, ob die Kinder ehelich oder nichtehe-

Sozialstruktur und gesellschaftlicher Wandel 101

lich, leiblich, in Pflege genommen oder adoptiert sind. Dieser soziologische Familienbegriff ist zu unterscheiden vom juristischen (wo auch getrennt lebende Verwandte zur Familie zählen) oder vom statistischen (wo oft auch kinderlose Ehepaare als „Familie" gelten).

Als Haushalt zählt jede Lebensgemeinschaft, in der gemeinsam gewirtschaftet wird. Jede Familie stellt demnach einen Haushalt dar, aber nicht jeder Haushalt eine Familie.

Der Modernisierungstheorie zufolge ergibt sich im Verlauf der gesellschaftlichen Modernisierung eine ständige Verkleinerung von Haushalten und Familien. Bestimmte Soziologen weiteten die These auf die Menschheitsgeschichte insgesamt aus (Émile Durkheims „Kontraktionsgesetz").

Aus Sicht der Modernisierungstheorie ergibt sich modellhaft eine Abfolge von folgenden Haushaltstypen:

- In traditionalen Agrargesellschaften dominiert das „ganze Haus". Nicht nur Familienangehörige und Verwandte, sondern auch Knechte und Mägde bzw. Gesellen und Gesinde lebten gemeinsam unter einem Dach.
- In Industriegesellschaften herrscht eine Familie vor, in der Eltern verheiratet sind und als Zwei-Generationen-Familie mit wenigen Kindern zusammenleben. Diese „bürgerliche Familie" stellt die normale Lebensform dar, die von fast allen Gesellschaftsmitgliedern gelebt und von allen erwartet wird.
- Für postindustrielle Dienstleistungsgesellschaften gilt als charakteristisch, dass neben dieser Kern- und Kleinfamilie immer öfter auch andere Lebensformen gewählt werden.

4.2 Haushaltsgrößen

Wie in der Theorie erwartet, leben in den einzelnen Haushalten der EU immer weniger Menschen zusammen. Dies hat große Auswirkungen unter anderem für die Zahl der benötigten Wohnungen, für sozialpolitische Fragen und für das Lebensgefühl der Menschen. Im Jahre 2005 bestand ein Haushalt in Schweden nur noch aus 2,0 Personen, in Deutschland aus 2,1 und in Dänemark, Finnland und der Schweiz aus 2,2 Menschen. Der Trend zur Verkleinerung von Haushalten ist ungebrochen. Noch im Jahr 1990 bestand der deutsche Durchschnittshaushalt aus 2,3 Menschen. Die größten Durchschnittshaushalte in der EU sind so viel größer auch nicht: In Rumänien leben 3,0, in Irland 2,9, in Polen und in Portugal durchschnittlich 2,8 Personen in einem Haushalt (Statistisches Bundesamt 2006d: 239). Wer noch wirklich große Haushalte erleben möchte, muss z. B. nach Pakistan reisen. Dort leben im Durchschnitt noch 6,8 Menschen zusammen.

Die Gesamtheit der Haushalte zerfällt in unterschiedliche Typen. In Deutschland lebten 2005 in den einzelnen Haushaltstypen etwa die folgenden Anzahlen von Menschen (berechnet bzw. geschätzt nach: Statistisches Bundesamt 2006d):

Familien (43 Millionen):
 Zwei-Eltern-Familien (ca. 36 Millionen)
 verheiratete Eltern mit Kindern (ca. 33 Millionen)
 nichteheliche Lebensgemeinschaften mit Kindern (ca. 2,5 Millionen)
 allein Erziehende mit Kindern (ca. 7 Millionen)

kinderlose Haushalte (39 Millionen):
    kinderlose Paare (22,7 Millionen)
        verheiratete Paare (ca. 21 Millionen)
        nichteheliche Lebensgemeinschaften (ca. 3,6 Millionen)
    allein Stehende (15,7 Millionen)
        allein Lebende in Einpersonenhaushalten (14,2 Millionen)
        allein Stehende, die mit anderen zusammenleben (1,5 Millionen Menschen)

4.3 Ehe und Familie

In der Öffentlichkeit ist die Meinung verbreitet, Familienangehörige stellten mittlerweile eine Minderheit in der Bevölkerung dar. Betrachtet man jedoch näher, in welchen Haushalten die Menschen leben, so stellt sich heraus, dass die „Familien-Menschen" immer noch vorherrschen, wenn auch mit abnehmender Tendenz. Etwas mehr als die Hälfte der Bevölkerung Deutschlands lebte im Jahr 2005 in einer Familie. Ein Viertel der Bevölkerung waren Kinder, ein gutes Viertel Eltern, die mit Kindern zusammenlebten (Statistisches Bundesamt 2006d: 27).

Die verheirateten Elternpaare, die mit ihren Kindern zusammenleben, machen zwar einen immer geringeren Bevölkerungsanteil Deutschlands aus. Nach wie vor leben in dieser Lebensform aber mehr Menschen als in jeder anderen. Diese immer noch bestehende Vorherrschaft hat weitreichende Wurzeln. Ehe und Familie zählen zu den ältesten Institutionen der Menschheit. Insbesondere die europäischen Kulturen haben in der christlich-jüdischen Tradition ein Ideal strikter Monogamie und der Familiengründung auf Grundlage der Ehe entwickelt, das sich in den letzten 200 Jahren in Form der staatlich organisierten Heirat und der darauf gegründeten Familie in ganz Europa als Norm durchsetzte. Hatte noch im 18. Jahrhundert in weiten Teilen Europas nur ein Teil der Menschen das Recht zu heiraten und eine Familie zu gründen, so waren Ehe und Familie nach dem Zweiten Weltkrieg fast zur Pflicht geworden.

Von den 1950er bis Mitte der 1960er Jahre waren in Deutschland denn auch über 95 Prozent der einschlägigen Altersjahrgänge verheiratet. Und fast 90 Prozent davon hatten Kinder (Höhn et al. 1990: 169). Ehe und Familie waren hierzulande sowie in Süd- und Westeuropa die „Normal-Lebensform". In Nordeuropa waren die Heiratsquoten zwar etwas geringer, aber doch bedeutend höher als heute.

Allerdings erwies sich dieser „Normalzustand" bald als historisch vorübergehend. Die Heiratsneigung ist seither beträchtlich zurückgegangen. Nach Schätzungen des Bundesinstituts für Bevölkerungsforschung wird in Westdeutschland voraussichtlich fast jede(r) Dritte ledig bleiben (Peuckert 2007: 40), darunter besonders viele hochqualifizierte Frauen und Männer. In diesem Abstieg von Ehe und Familie gibt es in der EU zwar nationale Vorläufer (wie Schweden) und Nachzügler (wie die Mittelmeerländer), aber kaum nationale Sonderwege – sieht man von den osteuropäischen Ländern ab, wo das Heiraten nach wie vor hoch im Kurs steht.

Die nachlassende Attraktivität der Ehe bewirkt auch, dass Geschiedene immer seltener wieder heiraten. Heute heiratet nur noch etwa jeder Zweite von ihnen erneut (Peuckert 2007: 41).

Wenn überhaupt, dann wird immer später geheiratet. In Deutschland sind Frauen heute bei ihrer Erstheirat im Durchschnitt fast 30 und Männer fast 33 Jahre alt. Damit hat sich das Heiratsalter seit der Nachkriegszeit um etwa acht Jahre erhöht. Die Gründe hierfür sind klar: Ausbildungsende und Berufseinstieg erfolgen immer später, die meisten Paare leben vor der Ehe unverheiratet zusammen, Kinder – oft Anlass der Eheschließung – kommen immer später zur Welt (Peuckert 2007: 41). Die Eheschließung wird aber auch in allen anderen EU-Ländern immer weiter hinausgeschoben. Deutschland liegt hierbei im Mittelfeld hinter den skandinavischen, vor den Mittelmeer- und noch mehr vor den osteuropäischen Ländern (Eurostat 2006: 120).

Die Erosion der Ehe zeigt sich auch darin, dass Scheidungen mittlerweile als „normal" angesehen werden. Das Fundament einer Ehe sollte in modernen Gesellschaften ausschließlich aus gegenseitiger Zuneigung bestehen – und nicht länger aus wirtschaftlichen Nutzenerwägungen oder erwartetem Arbeitseinsatz. Ist dieses Fundament nicht länger gegeben, dann gilt eine Ehelösung nicht nur als legitim, sondern sogar als geboten. Dies zeigt sich in der sinkenden Stabilität von Ehen: Würde die Scheidungshäufigkeit des Jahres 2004 fortbestehen, so würden in 25 Jahren volle 42,5 Prozent aller heute in Deutschland bestehenden Ehen geschieden sein (Peuckert 2007: 43). Auch in dieser Hinsicht befindet sich Deutschland im Mittelfeld der EU-Länder. In Belgien, Schweden und Finnland ist diese „Scheidungsziffer" deutlich höher. In Slowenien, Polen, Griechenland, Spanien und Italien ist sie (noch?) weitaus geringer. In Malta sind Scheidungen nicht legal (Eurostat 2007: 71).

Scheidungen häufen sich zum einen in der Phase, in der die Ehe zur Familie wird. Die damit verbundenen Belastungen führen zum Bruch vieler Ehen. Zum anderen erfolgen Scheidungen typischerweise dann, wenn die Kinder aus dem Haus sind.

Wie sehr die Ehe an Anziehungskraft verloren hat, kann man auch daran erkennen, dass immer weniger Menschen nach einer Scheidung erneut heiraten. Nur noch die Hälfte versucht es heute noch einmal. 1975 waren es noch zwei Drittel (Peuckert 2007: 41).

Kinder kommen immer später zur Welt. In Deutschland und in der gesamten EU waren die Mütter im Jahr 2003 schon gut 29 Jahre alt, als sie ihr erstes Kind bekamen.

Kinder kommen aber auch immer häufiger außerhalb von Ehen zur Welt. Fast ein Drittel der Kinder in der EU, aber erst ein gutes Viertel der Kinder in Deutschland wurden 2004 nichtehelich geboren. Während in Griechenland der anhaltende Einfluss der orthodoxen Kirche dafür sorgt, dass dort nicht einmal jedes 20. Kind außerhalb einer Ehe geboren wird, und der Einfluss der katholischen Kirche nichteheliche Geburten in den Mittelmeerländern nach wie vor in Grenzen hält, erfolgen schon zwei Drittel aller Geburten in Island und die Hälfte aller Geburten in Norwegen, Bulgarien, Schweden, Slowenien, Frankreich, Lettland und Dänemark außerhalb von Ehen.

4.4 Allein Erziehende

Allein erziehende Mütter und Väter gehören zunehmend zum Alltag. Im Jahr 2005 gab es schon 2,6 Millionen allein erziehende Elternteile in Deutschland. Das waren volle 15 Prozent mehr als neun Jahre zuvor. Zu 87 Prozent waren die allein Erziehenden Mütter (Statistisches Bundesamt 2006d: 35). Mittlerweile lebt etwa jedes fünfte Kind in Deutschland in der Familie einer/s allein Erziehenden. Mit der wachsenden Zahl der Familien allein Erziehender sind auch die Vorurteile gegen diese Familienform zurückgegangen.

Auch in den übrigen EU-Ländern nimmt die Zahl allein Erziehender zu, allerdings mit durchaus unterschiedlicher Geschwindigkeit. So machten Haushalte von allein Erziehenden 2001 in Schweden schon 22 Prozent und im Vereinigten Königreich schon 17 Prozent aller Haushalte mit unterhaltsberechtigten Kindern aus. In Italien, Portugal und Griechenland stellten allein Erziehende nur vier Prozent, in Spanien nur drei Prozent aller Haushalte mit Kindern (Lehmann/Wirtz 2004).

Weil Scheidungen und nichteheliche Geburten zunehmen, steigen auch die Anteile der allein Erziehenden, die nach einer Scheidung ihre Kinder allein erziehen oder von vornherein nicht heirateten. Seltener geworden ist dagegen, dass Verwitwung ins allein Erziehen führt.

Die Lebenslage vieler allein Erziehender in Deutschland ist nicht günstig. Allein Erziehende haben in der Regel eine niedrigere berufliche Ausbildung als verheiratete Mütter, sind überdurchschnittlich häufig arbeitslos, verdienen ein Drittel weniger als der Durchschnitt aller Haushalte und die Hälfte weniger als Zwei-Elternfamilien (Äquivalenzeinkommen[3]). Es erstaunt daher nicht, dass in Deutschland mehr als 20 Prozent aller allein Erziehenden, jedoch nur ca. drei Prozent der Bevölkerung, mit Sozialhilfeleistungen auskommen müssen.

Das ist nicht in allen EU-Ländern der Fall. Die wirtschaftliche Lage von allein Erziehenden ist in den einzelnen EU-Ländern sehr unterschiedlich. Das hängt unter anderem von den Erwerbschancen und damit im Zusammenhang von den Möglichkeiten der Kinderbetreuung und der vorherrschenden Qualifikation der allein Erziehenden ab. In Luxemburg (94 Prozent) und in Österreich (86 Prozent) waren 2001 fast alle, in Deutschland gut zwei Drittel, im Vereinigten Königreich (62 Prozent) und in Belgien (64 Prozent) nicht einmal zwei Drittel aller allein Erziehenden erwerbstätig. In den Niederlanden, wo mehr als die Hälfte aller Frauen eine Teilzeittätigkeit ausübt, waren 2001 mehr als zwei Drittel aller allein Erziehenden in Teilzeit beschäftigt (Lehmann/ Wirtz: 2004). Von den Erwerbschancen und den sozialstaatlichen Transferleistungen wird die Armutsgefährdung geprägt: 2005 verdienten 37 Prozent aller britischen, 36 Prozent aller belgischen, 30 Prozent aller deutschen, aber nur 27 Prozent aller österreichischen und gar nur 18 Prozent aller schwedischen allein Erziehenden weniger als 60 Prozent des medianen Äquivalenzeinkommens (Eurostat 2007).

4.5 Nichteheliche Lebensgemeinschaften

Mag die Ehe an Attraktivität verlieren, das Zusammenleben als Paar sicher nicht. Im Gegenteil: Es ist geradezu zur Norm geworden, dass junge Paare vor der Eheschließung erst eine Zeit lang „auf Probe" zusammenleben. Das schließt ein längeres Zusammenleben ohne Trauschein anstatt, zwischen oder nach einer Ehe auch in höherem Alter nicht aus. Unter den 30-Jährigen fanden sich 2002 in Hamburg 29 Prozent, unter den 45-Jährigen 16 Prozent und unter den 60-Jährigen immerhin noch zehn Prozent, die in einer nichtehelichen Lebensgemeinschaft lebten (Peuckert 2007: 44).

---

[3] Unter dem Äquivalenzeinkommen versteht man ein nach der Zahl der Haushaltsmitglieder und ihrem Alter bedarfsgewichtetes Pro-Kopf-Haushaltseinkommen.

Sozialstruktur und gesellschaftlicher Wandel

Im Jahr 2004 gab es in Deutschland rund 2,4 Millionen nichteheliche Lebensgemeinschaften, ein Drittel mehr als 1996 (Statistisches Bundesamt 2006e: 35f.). Das waren 6,1 Prozent aller Haushalte. Darin lebten gut sechs Millionen Menschen.

Vor allem in Skandinavien sind nichteheliche Lebensgemeinschaften weit verbreitet und dauern oft auch sehr lange. Dagegen sind sie in Griechenland, Spanien, Irland, Portugal und Polen kurzlebiger und insgesamt deutlich seltener. Dies hat religiöse und wirtschaftliche Gründe. Ohne Beruf und Wohnung sind viele Jüngere gezwungen, bei ihren Eltern zu leben.

4.6 Singles und allein Lebende

Der Begriff „Single" wird nicht eindeutig verwendet. Unter Singles werden zum einen alle allein wohnende Menschen im mittleren Lebensalter verstanden, ob sie einen Partner haben oder nicht. Zum andern gelten diejenigen als „Singles", die im mittleren Lebensalter keine(n) Partner(in) haben, einerlei ob sie allein wohnen oder zusammen mit anderen (z. B. in einer Wohngemeinschaft). Ältere und sehr junge allein lebende bzw. partnerlose Menschen bezeichnet man üblicherweise nicht als Singles. Der Begriff konzentriert sich auf die Menschen im mittleren, im „besten Familien-Lebensalter".

Immer mehr Menschen leben als Singles: Von den 30-Jährigen lebten 2002 in Hamburg schon 29 Prozent partnerlos. Zusätzlich lebten 26 Prozent im gleichen Alter getrennt vom jeweiligen Partner. Dadurch wird deutlich, wie viele Großstadteinwohner mittlerweile Singles sind. Es irrt, wer meint, das Singledasein sei vor allem unter den Jüngeren verbreitet: Unter den 45-Jährigen lebten 2002 in Hamburg 19 Prozent ohne Partner und weitere 26 Prozent getrennt vom Partner (Peuckert 2007: 44). Die Zahl der partnerlos Lebenden (jeden Alters) wuchs in Deutschland seit 1996 um elf Prozent.

2005 waren 37,5 Prozent aller Haushalte Deutschlands Einpersonenhaushalte. Darin lebten 17,4 Prozent der Menschen (Lehmann/Wirtz 2004). Weniger als die Hälfte hiervon, ca. acht Prozent, befanden sich im mittleren Lebensalter zwischen 25 und 55 Jahren. Etwa ein Drittel hiervon hatte einen Partner, lebten aber von ihm getrennt, so dass knapp sechs Prozent der Bevölkerung Deutschlands Singles in dem Sinne waren, dass sie im mittleren Lebensalter ohne Partner allein lebten (Hradil 2003).

Die Zahl der allein Stehenden und der allein Lebenden im mittleren Lebensalter wächst auch in den anderen Ländern der EU. Auffällig ist jedoch, dass die Tendenz zum immer häufigeren partnerlosen und allein Leben in den skandinavischen Ländern erheblich weiter fortgeschritten ist als in Südeuropa. So lebten 2001 42 Prozent aller Schwed(inn)en und 40 Prozent aller Finn(inn)en jeden Alters alleine. Aber nur zwölf Prozent aller Menschen in Portugal und 17 Prozent in Spanien wohnten in Einpersonenhaushalten (Lehmann/Wirtz 2004).

Anders als um viele allein Erziehende muss man sich um die allein Lebenden mittleren Alters in der Regel keine wirtschaftlichen Sorgen machen. Unter ihnen finden sich besonders häufig beruflich erfolgreiche und beruflich besonders aktive Personen.

5 Bildung

5.1 Begriffe und die idealtypische Modernisierung

Im Rahmen der Sozialstrukturanalyse geht es weniger um Bildungsinhalte als um Abschlüsse in formalen Bildungseinrichtungen. Modellhaft vollzieht sich die Entwicklung formaler Bildungseinrichtungen in modernen Gesellschaften in drei Etappen:

- In traditionalen Agrargesellschaften besuchte nur ein kleiner Teil der Menschen Bildungseinrichtungen, wie etwa die Klosterschulen des Mittelalters oder dann im Zeitalter der Renaissance die Fürstenschulen und Universitäten. Die Mehrheit der Bevölkerung, insbesondere des Bauernstandes, gelangte nicht in die Schule, sondern wurde von ihren Eltern, Verwandten, Knechten etc. in die (wenigen) Kenntnisse eingewiesen, die zur Lebensführung notwendig waren. Familien- und Bildungssystem waren noch nicht ausdifferenziert.
- In modernen Industriegesellschaften existiert bereits ein flächendeckendes Bildungssystem. Es besteht Schulpflicht. Alle Gesellschaftsmitglieder genießen zumindest eine formale Grundbildung und können lesen und schreiben.
- In modernen Dienstleistungsgesellschaften steigen die Anforderungen an Bildung und Ausbildung rapide. In der Wirtschaft stellen nicht länger Grund und Boden, auch nicht mehr Maschinen, sondern die Kenntnisse der Menschen den wichtigsten Produktionsfaktor dar. Auch in der Politik wird von mündigen Staatsbürgern ein hoher Informationsstand erwartet. Größe und interne Spezialisierung des Bildungswesens nehmen stark zu. Weil das Bildungswesen eine so starke Bedeutung hat, werden Dienstleistungsgesellschaften oft auch als „Wissensgesellschaften" bezeichnet.

Die Aufgaben des Bildungswesens weiten sich aus:

- Bildungseinrichtungen vermitteln immer umfangreichere Kenntnisse und Fertigkeiten, die es den Menschen erlauben, in immer komplizierteren Gesellschaften zu leben und zu arbeiten.
- In modernen Gesellschaften wird in Bildungsstätten die individuelle Leistungsfähigkeit und –bereitschaft gemessen und bestätigt. Bildungseinrichtungen erteilen so die Berechtigung, entsprechende Berufe auszuüben und deren Belohnungen zu erhalten. Diese Aufgabe beruht auf dem Anspruch moderner Gesellschaften, ausschließlich die individuelle Leistung als Gradmesser für Berufsstellung, Einkommenshöhe und Prestige zuzulassen. Das Bildungswesen als Stätte der Leistungsmessung soll die legitime „Dirigierungsstelle" (Schelsky 1960) der Statuszuweisung in modernen Gesellschaften sein. Voraussetzung hierfür ist aber, dass gleiche Chancen geschaffen werden, Leistungsfähigkeit zu entwickeln, entsprechende Bildungsstätten zu besuchen und dort Anerkennung zu finden.
- In postindustriellen Dienstleistungsgesellschaften, in denen die Wissensbestände dramatisch zunehmen, fällt Bildungseinrichtungen immer mehr auch die Aufgabe zu, wichtige von unwichtigen Bildungsinhalten zu trennen und (Aus-)Bildung auf die wichtigen zu konzentrieren.

- In modernen, pluralistischen Dienstleistungsgesellschaft leben Menschen mit einer Vielzahl von Lebensstilen und Ethnien mit- und nebeneinander. Deren Vorstellungen von grundlegenden Normen unterscheiden sich oft. Daher müssen Bildungseinrichtungen einen Grundkonsens von allgemeinen Werten, Normen und „Spielregeln" vermitteln.

5.2 Bildungsexpansion

Nahezu alle Länder der EU haben den Umfang ihres Bildungswesens in den letzten Jahrzehnten ausgeweitet. Dies entspricht den Anforderungen moderner Wissensgesellschaften. Immer mehr Menschen besuchen immer länger Schulen und Hochschulen. Heute sind Schüler und Studierende, nicht mehr Lehrlinge und Arbeitende, die dominierenden Sozialfiguren unter den jungen Menschen. 2005 hatten über drei Viertel der EU-Bevölkerung im Alter von 20 bis 24 Jahren wenigstens die Sekundarstufe II abgeschlossen.

In fast allen EU-Ländern finden sich in der jüngeren Generation der heute 25- bis 34-Jährigen wesentlich mehr Menschen, die einen Schulabschluss des Sekundarbereichs II oder einen Hochschulabschluss vorzuweisen haben, als in der älteren Generation der 45- bis 54-Jährigen. Besonders stark wurden die Schulabschlüsse in Belgien, Frankreich, Griechenland, Irland, Italien, Portugal und Spanien sowie die Hochschulabschlüsse in Belgien, Irland, Spanien und Frankreich ausgeweitet. Deutschland ist das einzige Land der EU, das sich im Generationenvergleich kaum eine prozentuale Vermehrung höherwertiger Schulabschlüsse (Sekundarbereich II) und sogar eine Verminderung des Bevölkerungsanteils mit Hochschulabschluss (Tertiärbereich) leistet. Ansonsten finden sich nur einige Länder mit stagnierender Bildungsexpansion im Hochschulbereich (Dänemark, Schweiz, Österreich, Ungarn, Slowakei und Tschechien) (OECD 2006: 34, 36).

Einer der Gründe für das schlechte Abschneiden Deutschland im internationalen Bildungsvergleich ist die im Vergleich mit vergleichbaren EU-Ländern unterdurchschnittliche Finanzierung des Bildungswesens, insbesondere im Primar- und im Tertiärbereich. Öffentliche und private Bildungsausgaben machten 2003 in Deutschland 5,3 Prozent, in Österreich 5,5 Prozent, in Finnland und im Vereinigten Königreich 6,1 Prozent, in Frankreich und in Slowenien 6,3 Prozent, in Schweden 6,8 Prozent und in Dänemark sogar 7,0 Prozent des Bruttoinlandsprodukts aus (Eurostat 2007: 97). Dies äußert sich z.B. in einer besonders hohen Zahl von Schülern, die in deutschen Grundschulen auf einen Lehrer entfallen (Eurostat 2007: 86).

5.3 Geschlechtsspezifische Bildungschancen

Moderne Gesellschaften haben den Anspruch, Chancengleichheit und Leistungsgerechtigkeit zu realisieren. Ungleichheiten von Bildungschancen treten dann auf, wenn die Chancen zur Entwicklung von Leistungsfähigkeit oder zur Anerkennung von Leistungen im Bildungswesen von leistungsfremden Faktoren (wie z. B. von Geschlecht, sozialer Herkunft, ethnischer Zugehörigkeit, Rasse, Religion, Aussehen, persönlichen Beziehungen etc.) abhängen.

Als Maß der Chancengleichheit im Bildungswesen gilt die „proportionale Chancengleichheit". Demzufolge gilt Chancengleichheit dann als realisiert, wenn auf jeder Stufe des Bildungswesens so hohe Anteile der einzelnen gesellschaftlichen Gruppen wie auch in der gesamten Bevölkerung zu finden sind, wenn also die Hälfte der Schüler(innen) und Absolventen aller Bildungsstufen weiblich ist.

Weltweit gesehen haben Frauen in den meisten Ländern deutlich schlechtere Bildungschancen als Männer. Bis vor einigen Jahren war das auch in vielen Ländern Europas der Fall. Mittlerweile haben die Frauen im allgemeinbildenden Schulwesen und in den Hochschulen fast aller EU-Länder die Männer eingeholt und weithin sogar überholt. Deutschland ist in dieser Hinsicht eher Nachzügler. Zwar haben auch an den deutschen allgemeinbildenden Schulen die Mädchen seit Jahren bessere Erfolge als Jungen. Aber erst seit wenigen Jahren stellen Frauen auch an deutschen Hochschulen 50 Prozent der Studierenden und die Abbrecherquote von Frauen ist nicht länger höher als die der Männer. Dagegen bilden in allen EU-Ländern mit Ausnahme Zyperns die Frauen schon die Mehrheit der Studierenden (Eurostat 2007: 92).

Besonders deutlich zeigen sich die nunmehr schlechteren Bildungserfolge von Jungen in der deutschen Hauptschule. 10,5 Prozent aller Jungen, aber nur 6,3 Prozent aller Mädchen verlassen sie ohne Abschluss (Konsortium Bildungsberichterstattung 2006: 73). In den deutschen Sonderschulen für Lernbehinderte sind mehr als zwei Drittel der Schüler männlich. Wieso dies der Fall ist und wie dieser problematischen Entwicklung entgegengesteuert werden kann, ist derzeit Gegenstand vieler Forschungsprojekte.

5.4 Schichtspezifische Bildungschancen

In allen Ländern schneiden die Kinder sozial gut gestellter Eltern (mit höherer beruflicher Stellung, größeren Einkommen und besserer Bildung) in Bildungseinrichtungen besser ab als die Kinder aus niedrigeren Schichten. Kinder aus oberen sozialen Schichten genießen viele Vorteile, die ihre (Entwicklung von) Leistungsfähigkeit begünstigen, zum Teil erfahren sie auch eine bessere Anerkennung ihrer Leistungen. Allerdings ist diese soziale Selektivität in den einzelnen Ländern unterschiedlich stark.

Die viel diskutierten PISA-Studien zeigten, dass die Mathematik- und die Lesefertigkeiten von Schülern in Deutschland stärker von der Schichtzugehörigkeit der Eltern abhängen als in jedem anderen untersuchten OECD-Land (OECD 2004: 187ff.). Offenkundig ist das deutsche Bildungswesen nur in geringem Maße in der Lage, Startvorteile auszugleichen, oder es vergrößert diese noch. Das besonders hohe Ausmaß der schichtspezifischen Chancenungleichheit im Bildungswesen Deutschlands wird nicht aufgewogen durch ein besonders hohes Leistungsniveau. Die Leistungen deutscher Schüler sind im internationalen Vergleich vielmehr mittelmäßig (OECD 2007: 71). Europäische Länder wie Finnland und Island zeigen, dass sich ein relativ hohes Ausmaß an Chancengleichheit mit einem hohen Leistungsstand durchaus vereinbaren lässt (OECD 2004: 210).

Abbildung 4: Unterschiede zwischen der Lesekompetenz von 15-Jährigen aus Familien des oberen und unteren Viertels der Sozialstruktur in den OECD-Ländern, 2000

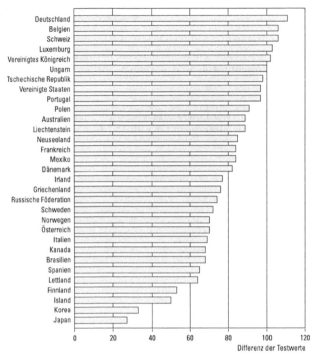

Quelle: Artelt et al. 2002: 12.

5.5 Bildungschancen von Migrantenkindern

Fast ein Fünftel der Bevölkerung Deutschlands war 2005 entweder selbst nach Deutschland eingewandert oder hatte mindestens ein eingewandertes Elternteil. In der Altersgruppe der 16- bis 24-Jährigen hatte jeder vierte, unter den Kleinkindern bis zu den 5-Jährigen hatte sogar jedes dritte einen Migrationshintergrund. Die Bildungserfolge dieser Migranten sind wesentlich schlechter als die der einheimischen Bevölkerung.

So konnten 41 Prozent der jungen (25- bis 34-jährigen) Migranten in Deutschland 2005 keinen Berufsabschluss vorweisen. Dagegen hatten „nur" 15 Prozent der Personen ohne Migrationshintergrund keine abgeschlossene Berufsausbildung. Fast 40 Prozent der jungen männlichen Migranten, aber nur gut 20 Prozent der männlichen Einheimischen im gleichen Alter hat 2005 nur einen Hauptschulabschluss erreicht. Knapp 40 Prozent der einheimischen Bevölkerung im gleichen Alter hatte 2005 die Hochschulreife erworben, aber nur gut 30 Prozent der jungen Migranten ist so erfolgreich gewesen (Konsortium Bildungsberichterstattung 2006: 147). Die Bildungserfolge junger Migranten aus den ehemaligen Anwerbeländern, insbesondere aus der Türkei, sind noch deutlich schlechter.

In allen OECD-Ländern, die in den PISA-Studien 2000 und 2003 untersucht wurden, fanden sich nur in Belgien noch geringere Bildungserfolge von Migrantenkindern als in Deutschland. Dieser unrühmliche zweitletzte Platz kommt unter anderem deswegen zustande, weil Migranteneltern in Deutschland im Durchschnitt einen besonders niedrigen Bildungs- und Berufsstatus besitzen (OECD 2004: 195). Hier verdeckt der Migrantenstatus also schichtspezifische Nachteile. Aber auch Sprachbarrieren, die in Deutschland kaum vorhandenen Vorschuleinrichtungen und geringen Fördereinrichtungen spielen eine wesentliche Rolle.

Abbildung 5: Unterschiede in der Lesekompetenz von 15-Jährigen aus Familien mit und ohne Migrationshintergrund in OECD-Ländern, 2000

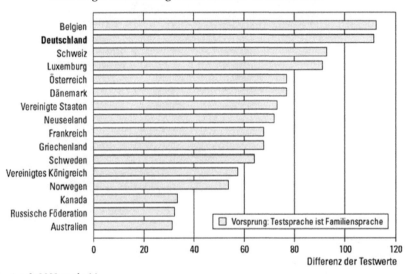

Quelle: Artelt 2002 et al.: 14.

6 Erwerbstätigkeit

6.1 Begriffe und die idealtypische Modernisierung

Modernisierungstheorien besagen:

- Im Zuge der Modernisierung werden immer größere Teile der Bevölkerung in die Erwerbstätigkeit einbezogen. Dies gilt in postindustriellen Gesellschaften auch und gerade für Frauen.
- Im Laufe der Entwicklung dominieren unterschiedliche Wirtschaftssektoren. Zuerst herrscht im Stadium der Agrargesellschaft der primäre Sektor der Landwirtschaft und Fischerei vor. Dann überwiegt in Industriegesellschaften der sekundäre Sektor der Güterproduktion. Schließlich dominiert in Dienstleistungsgesellschaften der tertiäre Sektor der Verrichtung von Dienstleistungen.
- Die Wirtschaftsleistung und damit auch der Wohlstand der Menschen nehmen zu.

6.2 Die Beteiligung am Erwerbsleben

Was die erste Aussage betrifft, so steigen die Beschäftigungsquoten (Anteile der Erwerbstätigen an der Bevölkerung im erwerbsfähigen Alter) in der Tat seit Jahrzehnten in den Ländern der EU praktisch kontinuierlich an. Zwar sank in vielen Ländern das „Arbeitsvolumen" (Zahl der insgesamt geleisteten Arbeitsstunden), aber die Zahl der Arbeitsplätze stieg. So gesehen kann also keine Rede davon sein, dass „der Arbeitsgesellschaft die Arbeit ausgeht" (Hannah Arendt).

Allerdings zeigen sich beim Beschäftigungszuwachs und beim Stand der Beschäftigung erhebliche Unterschiede zwischen den Ländern der EU. Fast zwei Drittel (64 Prozent) der erwerbsfähigen Bevölkerung der EU im Alter von 15 bis 64 Jahren gingen 2005 einer Erwerbstätigkeit nach. Mehr als zwei Drittel waren in Dänemark, Irland, Zypern, Niederlande, Österreich, Portugal, Finnland, Schweden und im Vereinigten Königreich beschäftigt. Eher niedrig mit unter 60 Prozent lag die Beschäftigungsquote dagegen in Italien, Ungarn, Malta, Polen und der Slowakei. Deutschland lag im Mittelfeld (Eurostat 2007: 132f.).

Es waren vor allem die Frauen, insbesondere auch die verheirateten Frauen und die Mütter, die die seit Mitte der 1970er Jahre auf den Arbeitsmarkt strömten und die Beschäftigungsquoten nach oben trieben. Daher sind in der Regel in den Ländern mit hoher Beschäftigungsquote (und großem Dienstleistungssektor; s.u.) auch viele Frauen erwerbstätig. Im Jahr 2005 stellten Frauen mehr als 46 Prozent der Erwerbstätigen in Dänemark, Estland, Finnland, Frankreich, Lettland, Litauen, Portugal, Schweden und dem Vereinigten Königreich. Auch hier liegt Deutschland mit 45 Prozent im Mittelfeld der EU und nur wenig über dem EU-Durchschnitt. Mit unter 40 Prozent der Beschäftigten stehen in den Mittelmeerländern Griechenland, Italien und Malta besonders wenige Frauen in Lohn und Brot (Statistisches Bundesamt 2006a: 50).

Abgesehen von den Baltischen Ländern zählen die westeuropäischen Länder mit hoher Frauenerwerbstätigkeit zu den Ländern, in denen eher viele Kinder zur Welt kommen. Das geläufige Vorurteil, Frauenerwerbstätigkeit ginge zu Lasten der Geburtenrate, trifft also nicht zu. Vielmehr erlaubt es die vergleichsweise hohe Frauenerwerbstätigkeit diesen Ländern, die nötigen Ressourcen bereit zu stellen, um (v. a. durch Kinderbetreuungseinrichtungen) Beruf und Familie zu vereinbaren und so relativ hohe Kinderzahlen möglich zu machen. Nicht trotz, sondern wegen hoher Frauenerwerbstätigkeit ist die Geburtenrate in Frankreich, Schweden, Großbritannien und Dänemark vergleichsweise hoch. In Ländern mit niedriger Frauenerwerbstätigkeit und schwachen Ressourcen, wie z. B. in Italien, ist dagegen die Kluft zwischen Familienbildungschancen und Berufswunsch sehr groß (Kröhnert/Klingholz 2005).

Ein Ausweg aus den Engpässen, die Rentenzahlungen auch in alternden Gesellschaften weiterhin zu gewährleisten, stellen längere Lebensarbeitszeiten dar (vgl. Abschnitt 2). Sie senken den Rentenbedarf und erhöhen das Finanzierungsniveau. Aufschlussreich ist daher, dass sich die Einbeziehung älterer Menschen in das Erwerbsleben in der EU dramatisch unterscheidet. Die Spanne reicht von Island, wo 84 Prozent aller Personen zwischen 55 und 64 Jahren noch erwerbstätig sind, über Schweden (69 Prozent), Norwegen (66 Prozent), Dänemark (60 Prozent), das Vereinigte Königreich (57 Prozent) und Estland (56 Prozent) auf der einen Seite, und Deutschland (45 Prozent), Frankreich (38 Prozent), Luxemburg (32 Prozent), viele osteuropäische Länder und Polen (27 Prozent) auf der anderen (Eurostat 2007: 135).

Ein Vergleich der Beschäftigung muss auch berücksichtigen, inwiefern Erwerbswünsche nicht befriedigt wurden, also Menschen arbeitslos waren. Da sich die Definitionen der Arbeitslosigkeit und der jeweiligen Bezugsgruppierungen in den einzelnen Ländern sehr unterscheiden, hat man in der EU harmonisierte Quoten der Arbeitslosigkeit nach einheitlichen Maßstäben errechnet. Sie unterscheiden sich von den nationalen deutlich. Demnach waren 2005 in der EU insgesamt 8,8 Prozent der Erwerbspersonen (Beschäftigte und Arbeitslose) ohne Stelle. Arbeitslosigkeit war in Frankreich (9,7 Prozent) und in Deutschland mit 9,5 Prozent überdurchschnittlich verbreitet. Überdurchschnittlich hoch waren in der Regel auch (noch?) die Arbeitslosigkeitsquoten in den osteuropäischen EU-Ländern. Vergleichsweise wenige Menschen waren in Dänemark (4,8 Prozent), im Vereinigten Königreich (4,7 Prozent), den Niederlanden (4,7 Prozent), Luxemburg (4,5 Prozent) und Irland (4,3 Prozent) arbeitslos (Eurostat 2007: 140).

Verglichen mit anderen Ländern sind in Deutschland wenige jüngere Menschen und wenige Frauen arbeitslos. Dagegen war das Arbeitslosigkeitsrisiko gering qualifizierter Menschen, das überall hoch ist, 2005 in Deutschland mit gut 20 Prozent ganz besonders hoch. Es war nur in Tschechien, Polen und in der Slowakei noch höher (Eurostat 2007: 143). Denn hierzulande werden infolge der starken Rationalisierung und Produktionsauslagerung vergleichsweise wenige Arbeitsplätze für gering Qualifizierte angeboten, und relativ viele Menschen verlassen das Bildungswesen ohne ausreichenden Abschluss.

6.3 Die sektorale Entwicklung

Die „Tertiarisierung", d. h. der Anteil der Erwerbstätigen, die im Dienstleistungssektor arbeiten, gilt als wichtiger Modernisierungsindikator. In allen weit entwickelten Ländern steigt dieser Anteil, während die Beschäftigung im Produktionssektor zurückgeht, nachdem sie zuvor lange gestiegen war. Im Agrarsektor arbeitet in den modernsten Ländern nur noch ein minimaler Prozentsatz der Menschen.

Gemessen hieran ist Deutschland nicht besonders modern, obwohl mittlerweile auch hierzulande über zwei Drittel (67,8 Prozent) der Beschäftigten im Dienstleistungsbereich arbeiten. In fast allen vergleichbaren Ländern ist der Dienstleistungsbereich größer. 2005 arbeiteten in Frankreich 71,9 Prozent, in Dänemark 72,6 Prozent, in Schweden 75,8 Prozent, in den Niederlanden 76,1 Prozent und im Vereinigten Königreich 76,5 Prozent der Beschäftigten in Dienstleistungsunternehmen. In den Vereinigten Staaten ist der Dienstleistungssektor schon auf 77,6 Prozent der Beschäftigten gewachsen (Statistisches Bundesamt 2006a: 248).

Deutschland hat einen vergleichsweise großen Produktions- und Industriesektor. Er gibt noch 29,9 Prozent der Beschäftigten Arbeit. Mag der Maschinen- und der Fahrzeugbau auch viel zum wirtschaftlichen Erfolg Deutschlands beitragen, es wird sich herausstellen, wie zukunftsfähig dieser Sektor sein wird. Besonders weit fortgeschritten ist der sektorale Strukturwandel im Vereinigten Königreich, in Schweden und in den Niederlanden. Dort hat sich der Strukturwandel hin zur Dienstleistungsgesellschaft schon vollzogen. Nur noch ein gutes Fünftel der Erwerbstätigen findet dort in Handwerk und Industrie sein Auskommen.

Noch zu Beginn des 19. Jahrhunderts ernährten sich fast vier Fünftel der Menschen durch Landwirtschaft und Fischerei. 2005 arbeiteten in Deutschland nur noch ganze 2,3 Prozent der Beschäftigten im primären Sektor. In Großbritannien sind es gar nur noch 1,4 Prozent. Im Gegensatz dazu sind andere Länder (Rumänien 32,8 Prozent, Türkei 29,5 Prozent) zwar nicht mehr Agrargesellschaften, aber bieten noch fast einem Drittel der Menschen Arbeitsplätze im ersten Sektor (Statistisches Bundesamt 2006a: 248). Für die Agrarpolitik der EU sind diese Unterschied sehr bedeutsam.

6.4 Wirtschaftsleistung und Wohlstandsniveau

Die Höhe des Bruttoinlandsprodukts (BIP), d. h. der Wert aller hervorgebrachten Güter und Dienstleistungen pro Kopf gilt als die wichtigste einzelne Kennzahl der gesellschaftlichen Entwicklung eines Landes. Obwohl sich triftige Gründe dafür anführen lassen, dass die Höhe der Wirtschaftsleistung auch über den Entwicklungsstand täuschen kann – jede Reparatur und jedes ökologisch fragwürdige Produkt erhöht das BIP – stellt doch die Wirtschaftsleistung die Ressourcen bereit, die Bildung, soziale Sicherung, Gesundheitsversorgung, persönlichen Wohlstand etc. erst möglich machen.

Das wirtschaftsstärkste und reichste Land der Welt ist Luxemburg. Auf jeden Einwohner entfiel 2005 ein kaufkraftbereinigtes BIP von fast 57.000 Euro (Kaufkraftparitäten). In gehörigem Abstand dahinter bestand 2005 die Spitzengruppe der EU, in der kaufkraftbereinigt mehr als 27.000 Euro auf jede Person kamen, aus den Ländern Irland, Niederlande, Dänemark, Österreich, Schweden und Großbritannien. Irland hat sich somit in wenigen Jahren vom Armenhaus Europas zum zweitreichsten Land der EU entwickelt. Deutschland fand sich 2005 mit 25.200 Euro im Mittelfeld.

Der Wohlstandsabstand zwischen den EU-Ländern ist infolge der Osterweiterung sehr gewachsen. Die „neue Unterschicht" in der EU bildeten 2005 die Länder Ungarn, Slowakei, Estland, Litauen, Polen und Lettland. Dort liegt das kaufkraftbereinigte BIP zwischen 15.000 und 11.000 Euro. Zum Vergleich: Die Beitrittskandidaten Rumänien, Bulgarien und Türkei hatten 2005 ein BIP pro Kopf von ca. 7000 Euro (Statistisches Bundesamt 2006a: 184).

7 Wohlstandsniveau und soziale Ungleichheit

7.1 Begriffe und die idealtypische Modernisierung

Der Reichtum eines Landes insgesamt gibt über den Lebensstandard eines Menschen nur unzureichend Auskunft. Denn die verfügbaren Ressourcen werden in der Regel ungleich unter den Gesellschaftsmitgliedern verteilt.

„Soziale Ungleichheit" heißt, dass den einzelnen Gesellschaftsmitgliedern aufgrund der Organisation ihres Zusammenlebens und –arbeitens mehr oder weniger von den knappen, begehrten „Gütern" einer Gesellschaft als anderen Menschen zukommt. So verdienen Ingenieure mehr als Schlosser, Ärzte sind angesehener als Müllmänner, ein Abteilungsleiter hat mehr Macht als der Bürobote und Frauen haben schlechtere Chancen, in gesellschaftliche Führungspositionen zu gelangen als Männer.

Mit „sozialer Ungleichheit" sind sowohl „gerechte" als auch „ungerechte" Vor- und Nachteile zwischen Menschen gemeint. Nicht als soziale Ungleichheit bezeichnet man natürliche (z. B. Körperstärke), zufällige (z. B. Lotteriegewinn) und momentane Ungleichheiten (z. B. die Ohnmacht einer Geisel).

Es ist zu unterscheiden zwischen Verteilungsungleichheit, d. h. der ungleichen Verteilung von begehrten knappen Gütern unter den Gesellschaftsmitgliedern insgesamt, und Chancenungleichheit. Hierunter versteht man die Chance bestimmter Bevölkerungsgruppen, eine vorteilhafte oder nachteilige Position in dieser Verteilung zu erlangen (z. B. die Chance von Frauen, gut bezahlte Berufspositionen einzunehmen).

Fasst man die Veränderungen der Struktur sozialer Ungleichheit im Modernisierungsprozess idealtypisch zusammen, so gewannen im Übergang von vorindustriellen zu industriellen Gesellschaften *erworbene*, d. h. durch individuelles Verhalten beeinflussbare Ungleichheiten an Bedeutung (z. B. durch die Besetzung einer bestimmten Berufsposition erlangte Prestigegrade, Einkommensstufen und Machtpotenziale). *Zugeschriebene*, d. h. an individuell unveränderliche Merkmale (wie Abstammung, Geschlecht, Alter, Nationalität und Kohorte) geknüpfte Vor- und Nachteile verloren allmählich an Gewicht. Wo sie fortbestehen (z. B. geschlechtsspezifische und ethnische Ungleichheiten) werden sie heute als besonders ärgerlich wahrgenommen.

Die „idealtypische Modernisierungssequenz" (M. R. Lepsius) besteht darin, dass für die meisten Menschen in einer modernen Industriegesellschaft der *Beruf* bestimmt, welche Stellung sie im Gefüge sozialer Ungleichheit einnehmen, und nicht mehr wie in der frühindustriellen Gesellschaft der *Besitz*, erst Recht nicht mehr wie in traditionalen Gesellschaften die *familiale Herkunft*.

Je weiter Industriegesellschaften zu postindustriellen Dienstleistungsgesellschaften fortschreiten, desto mehr gerät neben dem *Beruf* auch der *Bildungsgrad* als Weg zum Erwerb von Vor- und Nachteilen in den Vordergrund. Industriegesellschaften entwickeln sich zu Wissensgesellschaften. Außerdem verbreitert sich das Spektrum wichtiger Dimensionen sozialer Ungleichheit. Es werden immer mehr Vor- und Nachteile als wichtig empfunden. Neben den berufsnahen Dimensionen Einkommen, Berufsprestige und berufliche Macht geraten mehr und mehr auch soziale Sicherheit, Freizeit-, Arbeits-, Gesundheits- und Wohnbedingungen sowie „Ungleichbehandlungen" in den Vordergrund der Aufmerksamkeit (Hradil 1987: 2001).

Im Zusammenhang hiermit verändern sich die idealtypisch dominierenden Gruppierungen im Gefüge sozialer Ungleichheit:

- In der vorindustriellen *Ständegesellschaft* prägte die jeweilige Geburt aus unterständischen Gruppierungen, aus Bauern-, Bürger- oder Adelsstand die Lebenschancen, den Lebensweg und die gesellschaftliche Stellung. Den jeweiligen Ständen waren ungleiche Rechte und Pflichten zugeordnet. Die privilegierenden Standesregeln betrafen sowohl Erwerbschancen als auch das alltägliche Verhalten. Sozialer Auf- und Abstieg über Standesgrenzen hinweg war in der Regel schon aus rechtlichen Gründen nicht möglich.
- In der frühindustriellen *Klassengesellschaft* bestimmte der *Besitz* die gesellschaftliche Stellung und das gegenseitige Verhalten. Sozialer Aufstieg war nun rechtlich möglich, aber aus wirtschaftlichen Gründen selten. Die Klassen der Besitzenden und der Besitzlosen waren sozial voneinander geschieden und standen einander politisch entgegen.
- In industriellen Gesellschaften sind etwa neun Zehntel der Beschäftigten Unselbständige. Die Ungleichheiten innerhalb der Berufshierarchie der mehr oder minder Besitzlosen werden bedeutender als jene zwischen ihnen und den Besitzenden. Besonders wichtig werden die berufsnahen Ungleichheiten des Berufsprestiges, des Einkommens und der Bildung. Gruppierungen mit ähnlichem Berufs-, Einkommens- und Ausbil-

Sozialstruktur und gesellschaftlicher Wandel

dungsstatus werden als Schichten bezeichnet. Die Grenzen zwischen sozialen Schichten sind durchlässiger als Klassengrenzen. Gesellschaften, in denen Schichten das Ungleichheitsgefüge dominierten, werden *Schichtungsgesellschaften* genannt.
- In postindustriellen Gesellschaften differenziert sich das Ungleichheitsgefüge aus. Neben den Schichten, die innerhalb der Erwerbstätigen und ihrer Familien bestehen, werden Rand- und Problemgruppen „unterhalb" des Schichtungsgefüges sowie Gruppierungen (wie Rentner, Studierende) immer bedeutsamer, die ihr Auskommen aus Transferleistungen beziehen. Außerdem differenziert sich das Ungleichheitsgefüge auch kulturell aus: Lebensstilgruppierungen und soziale Milieus werden sozial, politisch und ökonomisch immer folgenreicher.

7.2 Soziale Schichten

Seit dem Zweiten Weltkrieg haben sich in Westeuropa bedeutende Veränderungen des Ungleichheitsgefüges vollzogen. Sie stimmen im Großen und Ganzen mit den o. a. Modernisierungslinien überein (Tipton/Aldrich 1987: 166f.).

- Der Adel verlor seine dominierende und tonangebende Stellung.
- Landbesitz vermittelt zwar noch gewisse Vorteile, aber kaum noch gesellschaftliche Macht.
- Wettbewerb ersetzte zunehmend Privilegien.
- Ausbildungsgrade und berufliche Stellung haben die Geburt als Statuszuweisungsmerkmal zurückgedrängt.
- Die Ausbreitung des Tertiärbereichs, die Entwicklung neuer Technologien, die Erreichbarkeit von Konsumgütern und das Aufkommen einer Massenkultur verwischten im Alltag die Grenzen zwischen Arbeitern und Angestellten, zwischen Proletariat und Bürgertum, ohne sie völlig einzuebnen.
- Der Wohlfahrtsstaat beseitigte absolute Not und Existenzrisiken mit Ausnahme kleiner Bevölkerungsgruppen, glich in vieler Hinsicht die Lebensverhältnisse der sozialen Gruppen einander an und trug so zum sozialen Frieden bei.
- Demokratische Politik hielt die Macht Einzelner in Grenzen.

Dies beseitigte jedoch soziale Ungleichheit nicht:

- Statt eines verelendeten Proletariats oder einer benachteiligten Unterschicht wurden Rand- und Problemgruppen ausgegrenzt. Diese sind kleiner, heterogener und haben, da sie in der Regel nicht erwerbstätig sind, weniger Macht als das große, relativ homogene und streikmächtige Proletariat. Deswegen ist die Lage von Asylbewerbern, Langzeitarbeitslosen, Pflegebedürftigen, Behinderten, Obdachlosen etc. besonders schwierig.
- Eine „Dienstklasse" von hochqualifizierten Angestellten und Beamten hob sich aus der Masse der Arbeitnehmer heraus.
- Armut existiert nach wie vor. Sie äußert sich darin, dass Menschen so geringe Mittel haben, dass sie am üblichen gesellschaftlichen Leben nicht teilnehmen können. Armut ist „relativ", da sie von den Maßstäben der jeweiligen Gesellschaft abhängt.

- Große, eher noch wachsende Einkommens- und Vermögensabstände trennen insbesondere die meisten Unternehmensbesitzer und freiberuflich Tätigen von den Unselbständigen.
- Geburt und Vermögen verschaffen immer noch Vor- und Nachteile, die jedoch zunehmend illegitim werden. Bildung und Beruf prägen die Lebenschancen auf eine zwar legitime, aber dennoch äußerst fühlbare und folgenreiche Weise.

Vergleicht man das aufgrund von Bildung und Beruf entstehende Schichtungsgefüge der einzelnen europäischen Länder, so kommt man für das Jahr 2004/05 zu folgendem Ergebnis[4]:

Tabelle 2: Soziale Schichtung in 24 europäischen Ländern

Land	Leitende Angestellte und Akademiker	Andere Nicht-Handarbeiter	Eigentümer	Facharbeiter	Ungelernte Arbeiter	Bauern und Landarbeiter
Österreich	10,7	20,2	6,2	8,1	16,4	3,4
Belgien	15,5	23,1	8,8	9,5	20,3	2,3
Tschechische Republik	8,0	16,5	6,6	14,6	25,6	3,6
Dänemark	17,5	21,6	6,3	6,1	26,9	3,0
Estland	12,9	16,7	4,2	15,7	27,7	5,6
Finnland	15,4	16,6	6,5	9,9	24,6	8,9
Frankreich	17,7	28,1	n. a.	5,8	22,1	3,7
Deutschland	15,9	21,0	6,7	10,8	18,3	3,0
Griechenland	9,4	7,1	14,5	8,4	22,7	18,2
Ungarn	15,7	24,1	n. a.	16,9	20,0	1,2
Irland	13,7	19,9	6,2	7,3	23,3	6,6
Luxemburg	13,8	24,8	4,1	7,8	23,8	5,4
Niederlande	18,9	29,6	6,9	5,4	14,4	2,8
Norwegen	16,2	20,2	6,6	6,9	21,3	4,5
Polen	8,8	13,1	7,5	15,0	22,1	12,7
Portugal	6,3	10,9	12,8	13,6	32,1	8,2
Slowakei	15,9	15,9	5,6	13,6	25,6	6,3
Slowenien	17,1	21,0	4,2	15,2	21,3	2,5
Spanien	14,8	17,9	12,0	8,9	26,3	7,6
Schweden	16,0	21,7	7,2	7,1	26,8	2,8
Schweiz	14,0	24,5	8,3	7,6	15,0	5,6
Ukraine	13,6	14,3	2,6	12,8	24,3	16,7
Großbritannien	17,2	18,3	8,7	7,0	23,8	2,5
Gesamt	14,0	19,4	6,8	10,0	22,6	6,0

n. a. = nicht angegeben. Quelle: Domanski 2007: 97.

---

[4] Die Befunde beruhen auf dem Schichtmodell von Erikson/Goldthorpe (1992: 38f.), das in internationalen Vergleichen besonders häufig verwendet wird. Es unterscheidet soziale Schichten, die jeweils nach Qualifikation, Stellung und Einkommen ähnliche Berufsgruppen darstellen.

7.3 Einkommensverteilung

Es ist an dieser Stelle nicht möglich, auf alle Aspekte sozialer Ungleichheit einzugehen. Besonders geeignet für internationale Vergleiche und besonders wichtig für den Alltag der Menschen ist die Verteilung der Einkommen. Die meisten nationalen Einkommensverteilungen[5] moderner Gesellschaften wurden zu Beginn der Industrialisierung ungleicher. Dies hat viel zur „sozialen Frage" des 19. Jahrhunderts beigetragen. Im Laufe des 20. Jahrhunderts, als der industrielle Sektor in den entwickelten Ländern immer dominierender wurde, haben sich die Einkommensverteilungen dort langsam angeglichen. Die Mittelschichten wuchsen. Aufstiege dorthin wurden häufiger. Dies wurde als Fortschritt im Zuge der Modernisierung begrüßt.

Bemerkenswert ist, dass seit etwa den 1970er Jahren in vielen modernen (aber auch in vielen anderen) Gesellschaften die Einkommensverteilungen wieder ungleicher werden. Bedingt durch technischen Wandel und „Globalisierung" zwingen die aufbrechenden Produktivitätsunterschiede zwischen industriellem und Dienstleistungssektor sowie innerhalb des Dienstleistungssektors die (primären) Markteinkommen auseinander. Je nach dem Ausmaß der wohlfahrtsstaatlichen Umverteilung schlagen diese Verschärfungen auf die (sekundäre) Verteilung der verfügbaren Einkommen mehr oder minder stark durch.

Verglichen mit anderen EU-Ländern hielten sich in Deutschland die Verschärfungen der Einkommensverteilung in den letzten Jahrzehnten in Grenzen. 1991 erhielt das einkommensschwächste Bevölkerungsfünftel 9,7 Prozent allen verfügbaren (Netto-Äquivalenz-)Einkommens, 2005 immerhin noch 9,4 Prozent. Das einkommensstärkste Fünftel der Bevölkerung verfügte 1991 über 35,2 Prozent, 2005 über 35,9 Prozent aller verfügbaren Einkommen (Statistisches Bundesamt 2006e: 609). In vielen anderen Ländern der EU, insbesondere in den neuen ost-mitteleuropäischen EU-Ländern, öffnete sich die Einkommensschere weiter. Besonders früh und stark gingen die verfügbaren Einkommen in Großbritannien auseinander. Dadurch ist Deutschland mittlerweile ein EU-Land mit unterdurchschnittlicher Einkommensungleichheit geworden. 2005 verfügte das einkommensstärkste Bevölkerungsfünftel in Deutschland über ein 4,1 mal so hohes (Netto-Äquivalenz-)Einkommen als das einkommensschwächste. Im Durchschnitt der EU-Länder belief sich dieses Verhältnis auf 4,9 (Eurostat Online Datenbank 2007).

Der Einkommensabstand zwischen Männern und Frauen wird in der öffentlichen Diskussion sehr kritisiert. Die Bruttostundenverdienste von Frauen lagen 2004 in der EU insgesamt um 14 Prozent unter denen der Männer. Dies liegt weniger darin begründet, dass Frauen für gleiche Arbeit weniger erhielten, als in niedrigeren Berufsstellungen und zum Teil noch schlechteren Qualifikationen von Frauen. In Deutschland ist dieser Einkommensabstand mit 23 Prozent deutlich größer als in fast allen anderen EU-Ländern (Eurostat 2007: 182).

---

[5] Nicht eingegangen werden kann auf die *internationale* (Vergleich der jeweiligen Einkommensdurchschnitte) und auf die *transnationale* Einkommensungleichheit (der Verteilung der Einkommen auf alle Haushalte bzw. Personen auf der Welt). Weltweit gesehen, wird die internationale Einkommensverteilung ungleicher (wegen vieler kleiner, armer Länder) und die transnationale Einkommensungleichheit gleicher (wegen des zunehmenden Wohlstands der bevölkerungsstarken Länder China und Indien).

7.4 Armut

Armut[6] in wohlhabenden Ländern besteht nur selten aus physischer Not. Sie besteht vielmehr darin, wegen unzureichender Mittel vom üblichen Leben in der Gesellschaft ausgeschlossen zu sein. Armut erstreckt sich somit auf viele Aspekte: auf Wohnbedingungen, Bildungsgrade, Gesundheitsbedingungen und nicht zuletzt auf das Einkommen. Von Armutsgefährdung wird in internationalen Vergleich dann gesprochen, wenn Menschen über ein Einkommen von weniger als 60 Prozent des Medianeinkommens[7] verfügen können. Nach dieser Messlatte waren 2003 in Deutschland 15 Prozent der Menschen armutsgefährdet. 1998 waren es erst elf Prozent. Dies bestätigt den Eindruck, dass sich die Einkommensverteilung in Deutschland seit etwa den 1970er Jahren insgesamt zwar wenig, an ihrem unteren und oberen Rand aber doch fühlbar verändert hat. Der Bevölkerungsanteil mit sehr geringem und mit sehr hohen Einkommen ist gewachsen.

Einkommensarmut ist in Deutschland genauso weit verbreitet wie im Durchschnitt der EU. Relativ viele arme Menschen fanden sich 2003 in Griechenland, in Irland und in der Slowakei (21 Prozent), in Portugal und in Spanien (19 Prozent), in Estland und im Vereinigten Königreich (18 Prozent). Relativ wenig Armut gab es in Tschechien (acht Prozent), in Slowenien (zehn Prozent), in Finnland (elf Prozent) sowie in Dänemark, Luxemburg, den Niederlanden und in Ungarn (zwölf Prozent). Es zeigt sich, dass in Ländern mit niedrigem BIP und/oder in Ländern mit wenig ausgebautem Sozialstaat verhältnismäßig viele Menschen in Armut leben (Eurostat 2006, 2007).

8 Sozialpolitik und Wohlfahrtsstaat

8.1 Begriffe und idealtypische Modernisierung

Die Sicherung gegen Armut, Krankheit, Alter und Unfall war in traditionalen Gesellschaften in erster Linie Sache der Familie und des „ganzen Hauses". Einrichtungen der Kirchen, von Städten und Landesherrschaften leisteten nur ergänzende Hilfen.

Mit der Herausbildung der Industriegesellschaft, insbesondere mit der Verstädterung und dem Vordringen der Kleinfamilie, brach ein großer Teil dieser Hilfeleistungen zusammen. Auf der anderen Seite verschärften sich die Risiken im Zuge der Industrialisierung: Die Existenz hing nur noch an der eigenen Erwerbstätigkeit (oder der des Familienernährers). Fiel diese durch Berufskrankheit, Unfall, Arbeitslosigkeit, Krankheit oder Alter aus, drohte die blanke Not. Deshalb, und um Proteste der Arbeitenden abzuwiegeln, schufen alle europäischen Länder Unterstützungs- und Versorgungseinrichtungen, freilich zu ganz unterschiedlichen Zeitpunkten, in unterschiedlicher Organisation und in sehr unterschiedlichem Ausmaß.

Im Laufe der Entwicklung der Industriegesellschaft kamen auf den Wohlfahrtsstaat immer mehr Aufgaben zu. Er sollte nicht nur

---

[6] Zum Begriff siehe Abschnitt 7.2.
[7] Das Medianeinkommen ist so definiert, dass die Hälfte der Menschen eines Landes weniger und die andere Hälfte mehr verdient als das Medianeinkommen.

- Armut und Not beseitigen (z. B. durch Sozialhilfe), und die
- „Standardrisiken" der Krankheit, des Unfalls, des Alters und der Arbeitslosigkeit absichern (in Deutschland durch Sozialversicherungen), sondern auch
- unerwünschte Formen und Ausmaße sozialer Ungleichheit einebnen (z. B. durch vertikale Umverteilung von den Reichen zu den Armen, durch horizontale Umverteilung von den Kinderlosen zu den Kinderreichen oder durch die Begrenzung von Machtpotenzialen u. a. durch Kündigungsschutzbestimmungen) und
- annähernd gleiche Lebensverhältnisse und Rahmenbedingungen herstellen (durch Bandinfrastruktur wie Straßen, Fernmeldeverbindungen etc. und soziale Infrastruktur wie Bildungseinrichtungen, Krankenhäuser, Kindergärten, Gesundheitsdienste etc.).

Insgesamt hat der Wohlfahrtsstaat seine Aktivitäten von den unteren Bevölkerungsschichten immer mehr auch auf mittlere und obere ausgedehnt. Dabei setzte er neben Geldleistungen immer mehr auch Sach- und Dienstleistungen ein, er vergab Rechte und vermittelte Symbole (z. B. in Aufklärungskampagnen).

In postindustriellen Dienstleistungsgesellschaften, in denen sich die Altersstruktur verschiebt und der globale Wettbewerb schärfer wird, vermindern sich die Ressourcen von Wohlfahrtsstaaten. Viele Länder konzentrieren dessen Aufgaben auf das notwendig Erscheinende und überantworten manche Leistung an die Einzelnen, an intermediäre Organisationen oder bürgerschaftliche Vereinigungen. Es entsteht ein „welfare-mix". Dessen kleinere Einheiten sind oft auch besser in der Lage, neu entstehende Probleme zu lösen wie familiäre Desorganisation, Verschuldung, Drogenabhängigkeit etc.

8.2 Das Ausmaß von Sozialleistungen

Der Ausbau des Wohlfahrtsstaates erfolgte in den meisten westeuropäischen Ländern schwergewichtig erst nach dem Zweiten Weltkrieg. Die Sozialleistungsquote (Anteil am BIP, der für Sozialleistungen aufgewendet wird) Deutschlands erhöhte sich im Zuge des „Wirtschaftswunders" nochmals deutlich, nachdem Deutschland durch den frühen Ausbau im Zuge der Bismarckschen Sozialpolitik schon internationaler Vorreiter war. Mitte der 1970er Jahre wurde mehr als jede vierte erwirtschaftete DM für Sozialleistungen ausgegeben. Das war mehr als in den meisten anderen westeuropäischen Ländern. Angesichts der ersten Rezessionen wuchsen dann die Aufgaben und sanken die Einnahmen des Sozialstaats. Sowohl sozialdemokratische als auch konservative Regierungen begrenzten daraufhin einen weiteren Anstieg der deutschen Sozialleistungsquote. Sie stagnierte bis zur deutschen Wiedervereinigung. Deren Lasten erforderte einen nochmaligen Ausgabenanstieg, obwohl viele Leistungen mittlerweile reduziert wurden waren. 2003 wurden drei von zehn (30,2 Prozent) in Deutschland erwirtschafteten Euro für Sozialleistungen ausgegeben. Nur Schweden (33,5 Prozent), Dänemark und Frankreich (30,9 Prozent) gaben noch höhere Anteile hierfür aus. Irland, wo freilich die Alterung weniger weit fortgeschritten ist als in Deutschland, die Baltischen Staaten, die Slowakei und Spanien gaben im gleichen Zeitraum weniger als 20 Prozent ihres Wirtschaftsergebnisses für Sozialleistungen aus (Eurostat 2007: 126).

8.3 Die Struktur der Sicherungsleistungen

Für manche sozialstaatliche Aufgaben wird weit weniger ausgegeben als viele Menschen meinen. 2003 gaben die Staaten der EU ganze 1,5 Prozent ihres BIP für die *Armutsbekämpfung* und 6,6 Prozent gegen die *Arbeitslosigkeit* aus. Bei weitem die aufwendigsten Posten in der Sozialbilanz stellen die Leistungen dar, die Risiken des *Alters* bekämpfen. In der EU machten sie 2003 volle 41 Prozent der Sozialleistungen aus. Addiert man dazu die 28 Prozent des EU-Sozialprodukts, die 2003 in Form von Sozialleistungen für die *Gesundheit* bzw. gegen *Krankheiten* der Bürger ausgegeben wurden (Eurostat 2007: 127), so belaufen sich allein diese beiden Ausgabenarten auf mehr als zwei Drittel aller Sozialleistungen. Da Krankheitskosten mit dem Alter von Menschen stark ansteigen, stehen also zwei Drittel der Sozialleistungen in engem Zusammenhang mit der Alterung von Gesellschaften.

8.4 Angleichung

Auf den ersten Blick scheinen gerade die Systeme sozialer Sicherung in den Ländern der EU äußerst verschiedenartig zu sein. Sie differieren im Ausmaß, in den Organisationsformen, in der Struktur der Sicherungsleistungen, in den dahinter stehenden Konzeptionen. Für die Integration der EU-Staaten scheinen daher gerade hier große Hindernisse zu bestehen. Wenn Sozialwissenschaftler Beispiele für „Pfadabhängigkeit" suchen, d. h. für die Zwangssituation, aus einmal angelegten Gleisen nicht herauskommen zu können, dann sind sie im Bereich der sozialen Sicherung leicht zu finden.

Um diese Unterschiedlichkeit überschaubarer zu machen, hat Gøsta Esping-Andersen (Esping-Andersen 1990) drei Typen moderner Wohlfahrtsstaaten herausgearbeitet:

- *Liberale Wohlfahrtsstaaten* (z. B. Australien, Großbritannien, die Schweiz und die USA) sind durch geringe sozialpolitische Staatstätigkeit gekennzeichnet. Sie betonen vor allem die Rolle des freien Marktes und der Familie. Es bestehen nur geringe Ansprüche auf Sicherungsleistungen. Sie richten sich vor allem nach dem nachgewiesenen Bedarf. Es entstehen arme Bevölkerungsgruppen, die voll von stigmatisierender Armenfürsorge abhängig sind, weitere einkommensschwache Gruppen, die auf die Sozialversicherungen angewiesen sind, aber auch wohlhabende Gruppierungen, die fähig sind, ihre soziale Sicherheit ohne Hilfe des Staates eigenständig über Markteinkommen sicherzustellen. Die Ungleichheit der Einkommen ist vergleichsweise groß.
- *Konservative Wohlfahrtsstaaten* (z. B. Belgien, Frankreich, Deutschland, Italien, Österreich) weisen mittelgroße sozialpolitische Aktivitäten auf. Sie beseitigen, anders als liberale, zwar die scharfen Klassengegensätze. Die Statusunterschiede der Erwerbstätigkeit werden aber ganz bewusst aufrechterhalten, u. a. durch Sozialversicherungssysteme, deren Leistungen sich nach der Höhe der gezahlten Beiträge bemessen. Die Ungleichheit der Einkommen bleibt mittelstark.
- *Sozialdemokratische Wohlfahrtsstaaten* (Dänemark, Finnland, Niederlande, Norwegen, Schweden) betreiben eine extensive Daseinsvorsorge. Die Ansprüche auf Sozialleistungen beruhen auf allgemeinen Bürgerrechten. Steuerfinanzierte, universalistische Lösungen mit dem Ziel des Lebensstandarderhalts dominieren. Fast alle Sozialleistungen werden vom öffentlichen Dienst erbracht. Der Zwang zur Existenzsicherung durch

Erwerbsarbeit ist gering. Der Schutz vor Marktkräften und Einkommensausfällen ist groß. Die mittleren Schichten sind umfangreich. Die Ungleichheit der Einkommen ist relativ gering.

Angesichts dieser augenfälligen konzeptionellen Unterschiede der sozialen Sicherung ist es bemerkenswert, dass sich die Systeme sozialer Sicherung der westeuropäischen Länder im Laufe der letzten Jahrzehnte mehr und mehr angeglichen haben. Sowohl das Ausmaß der Sozialausgaben als auch der Bevölkerungsanteil, der von staatlichen Sozialversicherungen abgesichert wurde, näherten sich deutlich an. Selbst die Grundsätze der Finanzierung der staatlichen Sozialversicherungen ähneln sich immer mehr (Kaelble 2007: 352).

9 Fazit

Ein Rückblick zeigt, dass die Sozialstrukturen der EU-Länder in vielerlei Hinsicht gemeinsame Entwicklungstendenzen aufweisen. Diese entsprechen häufig, jedoch durchaus nicht immer, den Voraussagen der anfangs skizzierten Modernisierungstheorien. So wachsen in praktisch allen EU-Ländern die „moderne" Pluralisierung der Lebensformen, die Bildungsbeteiligungen, die Erwerbsquoten (insbesondere von Frauen), die Tertiarisierung, die Wirtschaftleistungen und der Wohlstand. Allerdings sind im Gegensatz zu Modernisierungstheorien Arbeitslosigkeit und Armut keineswegs durchgehend auf dem Rückzug. Die Einkommensverteilung wird in vielen Ländern wieder ungleicher. Zwar gleichen sich die Chancen von Männern und Frauen einander an, nicht aber die von Migranten und Einheimischen, wohl auch nicht die von Alten und Jungen.

Gemeinsame, aber mit unterschiedlicher Geschwindigkeit begangene Wege können dazu führen, dass Entwicklungsabstände wachsen oder aber schrumpfen. Auch unterschiedliche Richtungen sozialen Wandels können zu Verschiedenartigkeit zwischen Ländern führen. Haben sich also die Länder der EU aufeinander zu- oder voneinander wegbewegt?

Die vorstehenden Abschnitte zeigten, dass Entwicklungsabstände und gesellschaftliche Unterschiede zwischen EU-Ländern in vieler Hinsicht schrumpften, obwohl Erweiterungen der EU die Heterogenität immer wieder vermehrten. Die Konvergenztendenzen betreffen gerade die zentralen Modernisierungsmerkmale der Sozialstruktur. So bewegen sich die Bruttoinlandsprodukte der „alten" EU-Länder mittlerweile auf sehr ähnlichem Niveau (dem nun auch Irland angehört), und die Wirtschaftsleistungen der „neuen" Länder holen zügig auf. Auch die Systeme sozialer Sicherung und die Bildungsbeteiligungen haben sich einander angenähert. Obwohl sich immer wieder Auseinanderentwicklungen und auch wachsende Abstände zeigen, obwohl manche Unterschiede immer noch frappierend sind (z. B. die zwischen Familienformen in Griechenland und in Skandinavien), so bewegen sich doch die Sozialstrukturen der EU-Länder insgesamt aufeinander zu. Für die Integration der EU sind das keine schlechten Aussichten.

Literatur

Artelt, Cordula/Baumer, Jürgen/Klieme, Eckhart/Neubrand, Michael/Prenzel, Manfred/ Schiefele, Ulrich/Schneider, Wolfgang/Schümer, Gundel/Stanat, Petra/Tillmann, Klaus-Jürgen/Weiß, Manfred, 2002: PISA 2000. Die Studie im Überblick. Berlin.
Bühler, Christoph, 2006: Soziale Netzwerke und Fertilität. Mainz.
Domanski, Henryk, 2007: The Formation of the Middle Class in Poland, in: Herbert Quandt-Stiftung (Hrsg.), The Future of the Societal Centre in Germany. Bad Homburg, 91-107.
Erikson, Robert./Goldthorpe, John H. H., 1992: The Constant Flux. A Study of Class Mobility in Industrial Societies. Oxford.
Esping-Andersen, Gøsta, 1990: The Three Worlds of Welfare Capitalism. Cambridge.
Eurostat (Hrsg.), 2006: Bevölkerungsstatistik 2006. Amt für amtliche Veröffentlichungen der Europäischen Gemeinschaften. Luxemburg.
Eurostat (Hrsg.), 2007: Europa in Zahlen. Eurostat Jahrbuch 2006-2007. Amt für amtliche Veröffentlichungen der Europäischen Gemeinschaften. Luxemburg.
Eurostat Online Datenbank, in: http://epp.eurostat.ec.europa.eu/portal/page?_pageid=1996, 45323734&_dad=portal&_schema=PORTAL&screen=welcomeref&close=/agric&language=de&product=EU_MAIN_TREE&root=EU_MAIN_TREE&scrollto=0; 20.11.2007.
Höhn, Charlotte/Mammey, Ulrich/Wendt, Hartmut, 1990: Bericht 1990 zur demographischen Lage, in: Zeitschrift für Bevölkerungswissenschaft 16, 135-205.
Hradil, Stefan, 1987: Sozialstrukturanalyse in einer fortgeschrittenen Gesellschaft. Opladen.
Hradil, Stefan, 2001: Soziale Ungleichheit in Deutschland. Opladen.
Hradil, Stefan, 2003: Vom Leitbild zum „Leidbild" – Singles, ihre veränderte Wahrnehmung und der „Wandel des Wertewandels", in: Zeitschrift für Familienforschung 15, 38-54.
Hradil, Stefan, 2006: Die Sozialstruktur Deutschlands im internationalen Vergleich. Wiesbaden.
Immerfall, Stefan, 1994: Einführung in den europäischen Gesellschaftsvergleich. Passau.
Kaelble, Hartmut, 2007: Sozialgeschichte Europas. 1945 bis zur Gegenwart. München.
Konsortium Bildungsberichterstattung, 2006: Bildung in Deutschland. Ein indikatorengestützter Bericht mit einer Analyse zu Bildung und Migration. Bielefeld.
Kröhnert, Stefan/Klingholz, Reiner, 2005: Emanzipation oder Kindergeld? Der europäische Vergleich lehrt, was man für höhere Geburtenraten tun kann, in: Sozialer Fortschritt 54, 280-290.
Lehmann, Petra/Wirtz, Christine, 2004: Haushaltszusammensetzung in der EU – Alleinerziehende, in: Eurostat (Hrsg.), Statistik kurz gefasst 5/2004, http://www.eds-destatis.de/de/downloads/sif/nk_04_05.pdf; 09.10.2007.
Miegel, Meinhard, 2002: Die deformierte Gesellschaft: Wie die Deutschen ihre Wirklichkeit verdrängen. Berlin.
OECD, 2004: Lernen für die Welt von morgen. Erste Ergebnisse von PISA 2003. Paris.
OECD, 2006: Bildung auf einen Blick. OECD-Indikatoren 2006. Paris.
OECD, 2007: Gesellschaft auf einen Blick. OECD-Sozialindikatoren 2006. Paris.
Peuckert, Rüdiger, 2007: Die Ehe – ein Auslaufmodell?, in: Gesellschaft – Wirtschaft – Politik 1/2007, 39-49.
Schäfers, Bernhard, 2004: Sozialstruktur und sozialer Wandel in Deutschland, Stuttgart.
Schelsky, Helmut, 1960: Wandlungen der deutschen Familie in der Gegenwart. Stuttgart.
Spencer, Herbert, 1877: Die Prinzipien der Sociologie. Stuttgart.
Statistisches Bundesamt (Hrsg.), 2006a: Statistisches Jahrbuch 2006 für das Ausland. Wiesbaden.

Statistisches Bundesamt (Hrsg.), 2006b: Bevölkerung Deutschlands bis 2050. 11. koordinierte Bevölkerungsvorausrechnung. Wiesbaden.
Statistisches Bundesamt (Hrsg.), 2006c: Im Blickpunkt: Deutschland in der EU 2006. Wiesbaden.
Statistisches Bundesamt (Hrsg.), 2006d: Leben in Deutschland. Haushalte, Familien und Gesundheit. Ergebnisse des Mikrozensus 2005. Wiesbaden.
Statistisches Bundesamt (Hrsg.), 2006e: Datenreport 2006. Zahlen und Fakten über die Bundesrepublik Deutschland. Bonn.
Tipton, Frank B./Aldrich, Robert, 1987: An Economic and Social History of Europe from 1939 to the Present. Baltimore.
Zapf, Wolfgang, 1996: Modernisierungstheorie und unterschiedliche Pfade der gesellschaftlichen Entwicklung, in: Leviathan 24, 63-77.

Volker Kunz und Johannes Marx

Wirtschaftliche Entwicklung und Modernisierung

1 Einleitung

Die wirtschaftliche Entwicklung der Mitgliedstaaten, der Grad der ökonomischen Modernisierung und des damit produzierten gesellschaftlichen Wohlstandes finden ihre wesentliche Grundlage im wirtschaftlichen Einigungsprozess Europas. Der Prozess der schrittweisen Marktschaffung, Marktvertiefung und Markterweiterung, die effektive Gestaltung der supranationalen Wirtschaftsordnung und weiterer wachstumsrelevanter Politikfelder durch die Gemeinschaft haben maßgeblich zum wirtschaftlichen Erfolg der Mitgliedstaaten beigetragen, insbesondere derjenigen Staaten, die am längsten bei dem Integrationsprojekt mitmachen: Seit der Gründung der Europäischen Gemeinschaft für Kohle und Stahl (EGKS) und der Europäischen Wirtschaftsgemeinschaft (EWG) in den 1950er Jahren stehen der Gemeinsame Markt und die sukzessive Annäherung der Wirtschaftspolitik der Mitgliedstaaten auf der Agenda. Die Europäische Union als Wirtschaftsunion ist daher Ausgangspunkt und zugleich Kernstück der europäischen Einigung im Rahmen eines umfassenden Integrationsprozesses. Während die EGKS zunächst sechs Mitgliedsländer hatte, gehören der Europäischen Union 56 Jahre später 27 Mitgliedsländer an. Aus einer reinen Wirtschaftsunion ist eine politische Union mit umfassenden Regelungsbefugnissen entstanden – auch wenn die politische und soziale Integration weit weniger fortgeschritten ist als die wirtschaftliche (vgl. Bornschier 2000; Kirchner 2005; Pfetsch 2005; Wagener et al. 2006).

Die ökonomische Entwicklung der Mitgliedstaaten und die Evolution Europas als Wirtschaftsgemeinschaft ist damit zu wesentlichen Teilen in einen umfassenden europäischen Einigungsprozess eingebettet, der sich auf unterschiedlichen Ebenen vollzieht und für dessen Verständnis der Bezug auf einen differenzierten Integrationsbegriff nützlich ist: Integration zielt auf das Bestreben von zwei oder mehr Ländern zur Einrichtung oder Intensivierung eines wirtschaftlichen und/oder politischen Zusammenschlusses, wobei die geläufige Bezeichnung „horizontale Integration" den Aspekt der Erweiterung einer bestehenden Einheit und der Begriff „vertikale Integration" den Prozess der institutionellen Vertiefung erfasst. Im Rahmen der horizontalen Integration kann wiederum zwischen territorialer Integration (Erweiterung um neue Mitgliedsländer) und sektoraler Integration (Erweiterung auf neue Sektoren) differenziert werden. Die verbreitete und aus den Wirtschaftswissenschaften stammende Unterscheidung zwischen positiver und negativer Integration bezieht sich auf die vertikale Dimension des Integrationsbegriffs. Mit negativer Integration bezeichnet man den Abbau von künstlichen, politisch gesetzten Handelshemmnissen jeder Art (vgl. Wagener et al. 2006: 23ff.). Es handelt sich insofern um marktschaffende Interventionen, da Zölle und Behinderungen des freien Wettbewerbs abgebaut und qualitative Beschränkungen des freien Handels (wie nationale Produktmarktregelungen in Form von Sicherheits-, Gesundheits- oder Umweltbestimmungen) beseitigt werden, was auch in Form einer wechselseitigen Anerkennung erfolgen kann. Demgegenüber ist positive Integration schwieriger

Wirtschaftliche Entwicklung und Modernisierung

zu verwirklichen. Sie zeichnet sich durch ein gemeinsames Entscheiden von handlungsrelevanten Regulierungen bzw. die Übertragung entsprechender Kompetenzen an eine supranationale Einheit aus (vgl. Scharpf 1999: 49f.). Maßnahmen der positiven Integration können sowohl marktschaffender Natur sein (z. B. Harmonisierung von Produktstandards) wie auch marktkorrigierend wirken (z. B. produktions- und standortbezogene Vorschriften über Arbeitsbedingungen oder Umweltschutz). Mit Bezug auf diese Differenzierungen steht im Mittelpunkt des nachfolgenden Abschnitts der Weg Europas zur Wirtschaftsgemeinschaft im Rahmen des umfassenden Integrationsprozesses. Damit werden zwar für jedes Mitgliedsland der Union wesentliche Grundlagen der ökonomischen Entwicklung gelegt, dennoch gibt es zwischen den einzelnen Volkswirtschaften erhebliche Unterschiede hinsichtlich des Entwicklungsstandes, der Wirtschaftsstruktur und komparativer Vorteile, die Thema des dritten Abschnittes sind.

2 Europa als Wirtschaftsgemeinschaft: Wirtschaftsordnung und Europäische Integration

In ökonomischer Hinsicht stellt sich die Europäische Integration als eine kontinuierliche Beseitigung von Schranken wirtschaftlicher Betätigung und Vergrößerung des Marktes dar, womit wesentliche Parameter für die nationalen Volkswirtschaften gesetzt werden. Am Anfang des Einigungsprozesses stand die Wirtschaftsintegration strategisch wichtiger Energiesektoren, die maßgeblich durch die Ideen von Jean Monnet und Robert Schuman geprägt wurde. Durch den Pariser Vertrag von 1951 wurde mit Wirkung zum 23. Juli 1952 die Europäische Gemeinschaft für Kohle und Stahl (EGKS) gegründet (Montanunion). Der Vergemeinschaftung dieser Sektoren durch die sechs kontinentalen Staaten Deutschland, Frankreich, Italien und der Benelux-Länder lagen neben wirtschaftlichen vor allem sicherheitspolitische Interessen zugrunde, weshalb sich der Prozess der Integration zunächst auf einen zwar strategisch wichtigen, de facto aber eher kleinen Wirtschaftsbereich konzentrierte. Dennoch erfüllte die EGKS gerade am Anfang wichtige konjunkturstabilisierende Funktionen und es liegt hier bereits der Kern eines umfassenderen europäischen Mehrebenensystems begründet, in dem die nationalen Märkte zu einer großen und wettbewerbsfähigen Ökonomie verbunden sind. Ausdrücklich wurde in der Präambel des Vertrags von Paris festgehalten, dass weitere Integrationsschritte folgen sollten, wofür die institutionellen Strukturen der EGKS einen geeigneten Ausgangspunkt bildeten. Allerdings war es nicht möglich, alle potentiellen Mitgliedskandidaten in das suprastaatliche Projekt einzubinden. Insbesondere Großbritannien blieb mit seinem vergleichsweise großen Montansektor zunächst außen vor, weil die Regierung wesentliche wirtschaftspolitische Entscheidungsbefugnisse in diesem Bereich (wie Produktions- und Investitionslenkung oder Preissetzung) nicht an die Hohe Behörde (die spätere Kommission der EG) abgeben wollte. Lediglich die Idee einer Freihandelszone und damit Schritte einer negativen Integration wurden unterstützt.[1]

---

[1] Man spricht von einer Freihandelszone, wenn keine Binnenzölle vorhanden sind. In einer Zollunion sind darüber hinaus Zölle und quantitative Handelsbeschränkungen harmonisiert und im Rahmen einer gemeinsamen Handelspolitik nach außen vereinheitlicht. Ein Gemeinsamer Markt geht über die Liberalisierung des Güterverkehrs hinaus und schließt den grenzüberschreitenden Austausch von

Mit den Römischen Verträgen von 1957, die am 1. Januar 1958 in Kraft traten, vollzogen die sechs Mitgliedsländer der Montanunion einen weiteren wesentlichen Schritt der Marktintegration. Zusätzliche Bereiche mit ausgeprägten grenzüberschreitenden Externalitäten und großem Regulierungsbedarf wurden durch den Vertrag zur Gründung der Europäischen Wirtschaftsgemeinschaft (EWG) sowie den Vertrag zur Gründung der Europäischen Atomgemeinschaft (Euratom bzw. EAG) zum Gegenstand des europäischen Integrationsprozesses (die drei Gemeinschaften, EGKS, EWG und EAG, wurden Mitte der 1960er Jahre fusioniert und bildeten seit dem 1. Januar 1967 die Europäischen Gemeinschaften (EG)). An die Stelle der geopolitischen Interessen, die den Integrationsprozess zu Beginn prägten, traten nun unter dem leitenden Ordnungsmodell einer koordinierten Ökonomie primär wirtschaftliche Motive, insbesondere im Hinblick auf die Stützung und Entwicklung des Agrarsektors und die internationale Wettbewerbsfähigkeit der europäischen Volkswirtschaften gegenüber den USA, die durch die Einrichtung eines Gemeinsamen Marktes gestärkt werden sollte. Für die wohlfahrtssteigernden Wirkungen der Marktintegration sprechen die Intensivierung des Wettbewerbs (der Handel, Produktdiversifizierung, Innovation und Wachstum fördert), Effizienzgewinne aufgrund von „economies of scale" (Skalenerträge, die insbesondere in der modernen forschungsintensiven Industrie von Bedeutung sein können) sowie „economies of common governance" (Beseitigung unterschiedlicher Regulierungen, die die Aktivitäten von Unternehmen und Konsumenten behindern, wie z. B. der Abbau innereuropäischer Zölle, die die Produkte einer zunehmend miteinander verflochtenen europäischen Industrie künstlich verteuern; vgl. Bornschier 2000: 180f.; Wagener et al. 2006: 26ff., 71ff., 207ff.). Entsprechend heißt es in Artikel 2 des EWG-Vertrages: „Aufgabe der Gemeinschaft ist es, durch die Errichtung eines Gemeinsamen Marktes und die schrittweise Annäherung der Wirtschaftspolitik der Mitgliedstaaten eine harmonische Entwicklung des Wirtschaftslebens innerhalb der Gemeinschaft, eine beständige und ausgewogene Wirtschaftsausweitung, eine größere Stabilität, eine beschleunigte Hebung der Lebenshaltung und engere Beziehungen zwischen den Staaten zu fördern, die in dieser Gemeinschaft zusammengeschlossen sind." Als konkrete Maßnahmen wurden u. a. eine koordinierte Agrar-, Verkehrs-, Wettbewerbs- und Wirtschaftspolitik beschlossen sowie der Aufbau einer Zollunion und eines gemeinsamen Binnenmarktes in den nächsten zwölf Jahren, der die Liberalisierung des Güter-, Personen-, Dienstleistungs- und Kapitalverkehrs zwischen den Mitgliedstaaten einschließt.

Die Erweiterung des europäischen Marktmodells um die EWG und die Euratom stellte primär eine Form sektoraler Integration dar: Die Reichweite bestehender Regelungen wurde auf andere Bereiche ausgedehnt und der institutionelle Rahmen orientierte sich am Modell der EGKS. Dennoch handelte es sich um eine ordnungspolitische Innovation, da es für einen Gemeinsamen Markt ohne politische Integration keine Vorbilder gab. Zugleich wurde zu Beginn des europäischen Integrationsprozesses eine klare institutionelle Richtungsentscheidung zugunsten einer wettbewerbsorientierten Marktwirtschaft getroffen, womit die EWG auch die vertiefte Durchsetzung markwirtschaftlicher Strukturen in den Ländern begünstigt

---

Dienstleistungen und Kapital und die freie Mobilität von Arbeitskräften ein. Dies setzt bereits erhebliche Koordinierungsleistungen in der Wirtschaftspolitik voraus. Eine Wirtschafts- und Währungsunion zeichnet sich zusätzlich durch gemeinsame Maßnahmen aus, die sicherstellen sollen, dass die wirtschaftliche Entwicklung in der Gemeinschaft ausgewogen und ohne größere Spannungen verläuft. Es ist offensichtlich, dass jede Ordnungs- bzw. Integrationsstufe eine weitergehende Bereitschaft zu vertikalen Integrationsschritten voraussetzt.

hat, in denen der Staatseinfluss sehr ausgeprägt war (insbesondere in Frankreich und Italien). Das Projekt eines gemeinsamen Binnenmarktes hätte allerdings eine Vielzahl weiterführender positiver Integrationsschritte vorausgesetzt, die aufgrund der vielfältigen besonderen Interessen und des Einstimmigkeitsprinzips im Ministerrat nicht umgesetzt werden konnten. Lediglich der Abbau der Binnenzölle und die Vereinheitlichung der Außenzölle zwischen den sechs Gründerstaaten wurden ernsthaft in Angriff genommen (und bis Mitte 1968 abgeschlossen).

Parallel zu den Integrationsbemühungen der Mitgliedsländer der Montanunion forcierte Großbritannien die Umsetzung eigener Ideen für eine europäische Einigung auf wirtschaftlicher Ebene. Insbesondere die Gemeinsame Agrarpolitik der EWG (GAP) bot Anlass für Diskussionen. Aufgrund der Abhängigkeit von Agrarimporten favorisierte Großbritannien eine liberale Landwirtschaftspolitik ohne ausgeprägten Protektionismus, während vor allem Frankreich seinen Agrarsektor durch Hochpreispolitik zu schützen versuchte (vgl. Moravcsik 1998: 89f.). Hinzu kamen die liberale Freihandelstradition und der Anspruch auf die Position einer dritten Weltmacht, weshalb in Großbritannien weiterhin die Idee einer negativen Integration dominierte. 1960 wurde auf Betreiben Großbritanniens deshalb als wirtschaftliches Gegengewicht zur EWG die Europäische Freihandelsassoziation (EFTA) mit den weiteren Mitgliedern Dänemark, Norwegen, Österreich, Portugal, Schweden und Schweiz gegründet, deren Ziele primär im Abbau tarifärer Handelshemmnisse sowie von Mengenbeschränkungen im Güterverkehr bestand. Weitergehende (positive) Integrationsschritte als die Einrichtung einer entsprechenden Freihandelszone unter dem ordnungspolitischen Leitbild einer liberalen Marktwirtschaft waren nicht intendiert. Befürchtungen, dass damit in Europa zwei konkurrierende Wirtschaftsräume entstehen könnten, erwiesen sich allerdings als unbegründet. Die Handelsströme liefen unter den Mitgliedsländern der unterschiedlichen Vereinigungen reibungslos weiter und schon frühzeitig wurden aufgrund der wirtschaftlichen Bedeutung der EWG von den EFTA-Mitgliedern Assoziations- und Beitrittsanträge zur EWG gestellt.

Die weitere Entwicklung der Marktintegration und europäischen Einigung bis Mitte der 1990er Jahre zeichnet sich auf den ersten Blick durch zwei gegenläufige Tendenzen aus. Auf der einen Seite lässt sich eine mit einem umfassenden territorialen Integrationsprozess verbundene Marktausdehnung feststellen: die Norderweiterung 1973, die Süderweiterung 1981 und 1986 und die so genannte „EFTA-Erweiterung" 1995. Auf der anderen Seite ist die Phase zunächst durch innere und äußere Krisen charakterisiert, die zu einem zeitweiligen Stillstand des vertikalen Integrationsprozesses führten. Intern mussten sich die Mitgliedsländer der EG mit dem Problem auseinandersetzen, dass Entscheidungen durch nationale Vetos blockiert wurden. Ursprünglich waren im EWG-Vertrag ab 1966 qualifizierte Mehrheitsentscheide im Ministerrat vorgesehen. Dies stieß jedoch auf erbitterten Widerstand Frankreichs, da bei Charles de Gaulle die Einschätzung vorherrschte, dass hierdurch nationale Interessen insbesondere in den Bereichen der Landwirtschafts- und Handelspolitik bedroht waren. Mit dem Kompromiss von Luxemburg 1966 konnten keine (wirtschaftspolitischen) Maßnahmen aufgrund von Mehrheitsentscheiden gegen den Willen einzelner Staaten durchgesetzt werden, wenn vitale nationale Interessen betroffen waren. Der Kompromiss klärte außerdem das Kräfteverhältnis zwischen Europäischem Rat und Kommission zugunsten des Rates. De facto wurde damit eine Vetomöglichkeit für die Mitgliedsländer der EG institutionell verankert und die umfassende Idee eines geeinten Europas zurückgedrängt; mit der Konsequenz, dass territoriale Integrationsfortschritte zunächst blockiert wurden: Schon zu Beginn der 1960er Jahre stellten Großbritannien, Irland, Dänemark und Norwegen einen Antrag auf Beitritt zur EWG sowie Österreich, Schweden, die Schweiz und Portugal einen Antrag auf Assoziation in Form bilateraler Freihandelsabkommen. Eine zügige Umsetzung der Anträge scheiterte jedoch am Widerstand Frankreichs. Erst nachdem die Finanzierung der GAP langfristig festgeschrieben wurde und Georges Pompidou de Gaulle im französischen Präsidentenamt abgelöst hatte, stimmte Frankreich den Beitritts- und Assoziationsbegehren zu. Zum 1. Januar 1973 traten schließlich die Assoziationsabkommen in Kraft und Großbritannien, Dänemark und Irland der EG bei, was die Entscheidungsprozesse in der Gemeinschaft allerdings nicht vereinfachte (EG-9, in Norwegen lehnte die Bevölkerung in einem Referendum den Beitritt ab).

Von außen wurde der Prozess der wirtschaftlichen Integration insbesondere durch Spannungen im Weltwährungssystem mit dem Zusammenbruch des Systems von Bretton Woods (1972), in dem der US-Dollar die Funktion einer Leitwährung erfüllte, und die Ölkrisen (1973 und 1979) belastet. Auf die ökonomischen und sozialen Probleme reagierten die Mitgliedstaaten mit sehr unterschiedlichen Wirtschaftspolitiken, mit der Konsequenz, dass schon vereinbarte Integrationsschritte nicht umgesetzt und weiterführende positive Integrationsschritte nicht mehr verfolgt wurden. Insbesondere scheiterte der 1969 verabschiedete Werner-Plan zur stufenweise Verwirklichung einer Wirtschafts- und Währungsunion (mit dem Ziel einer vollständigen Liberalisierung des Kapitalverkehrs und unwiderruflich festgelegter Wechselkurse) und es kam zu Einschränkungen des freien Warenverkehrs und des gemeinsamen Agrarmarktes (vgl. Krägenau/Wetter 1993). Erst aufgrund des starken Währungsverfalls des US-Dollars und der heftigen Wechselkursschwankungen, die eine erhebliche Beeinträchtigung des grenzüberschreitenden Handels darstellten, griff vor allem der damalige Kommissionspräsident Roy Jenkins die Idee einer Währungsgemeinschaft wieder auf. Zum 1. Januar 1979 trat das Europäische Währungssystem (EWS) in Kraft, an dem bis auf Großbritannien alle Mitgliedsländer der EG teilnahmen. Dieses sah Interventionen des 1973 aufgrund des Scheiterns des Bretton-Woods-Systems neu eingerichteten Europäischen Fonds für währungspolitische Zusammenarbeit (EFWZ) vor, wenn Währungsschwankungen außerhalb vorgegebener Bandbreite auftreten sollten („realignment"), was zumindest tendenziell eine verlässlichere Abschätzung der Währungsentwicklung erlaubte. Zugleich wurde mit der European Currency Unit (ECU) eine europäische Rechnungseinheit als internes Zahlungsmittel der Notenbanken eingeführt, die u. a. zur Festlegung der Leitkurse der am EWS teilnehmenden Währungen im Wechselkursmechanismus sowie als Reservemittel zwischen den Währungsbehörden der EG diente. Ihre Konstruktion machte sie zudem inflationsbeständiger als die schwächeren Korbwährungen. Allerdings reichten die beschlossenen Maßnahmen nicht aus, um Anfang der 1980er Jahre die ökonomischen Probleme wirksam in den Griff zu bekommen. In dem politisch nur unzureichend integrierten Wirtschaftsraum waren die notwendigen gemeinsamen und koordinierten Gegenmaßnahmen nicht durchzusetzen. Dennoch erfolgte in dieser Zeit vor allem aus politischen Gründen die Phase der Süderweiterung: Griechenland (1981) sowie Spanien und Portugal (1986) wurden in die EG-Familie aufgenommen, da man hiervon auch eine Konsolidierung der jungen Demokratien erwartete (EG-10 und EG-12).

In der Folge trat eine deutliche Revitalisierung der EG ein. 1985 entschied der Europäische Rat von Mailand, insbesondere auf Betreiben des damaligen Präsidenten der Europäischen Kommission Jacques Delors, eine umfassende Änderung und Erweiterung der Römischen Verträge. Die Vereinbarungen, die wichtige Schritte positiver Integration enthielten, wurden in der Einheitlichen Europäischen Akte (EEA) zusammengefasst, die Anfang 1986 unterzeichnet wurde und am 1. Juli 1987 in Kraft trat. Mit der EEA wurden die vertraglichen Grundlagen der EG, insbesondere der EWG-Vertrag, erheblich modifiziert. Zugleich stellte die EEA einen Bruch mit dem Luxemburger Kompromiss dar, da der Vertrag durch eine Mehrheitsentscheidung gegen den Willen von Großbritannien, Griechenland und Dänemark durchgesetzt wurde (die Länder protestierten zwar gegen das Verfahren der Mehrheitsentscheidung, verzichteten aber auf ihre Veto-Möglichkeit und nahmen an den Verhandlungen zur EEA teil). Inhaltlich rückte mit der EEA die Idee eines gemeinsamen Binnenmarktes wieder in den Fokus der Gemeinschaftspolitik: Schrittweise sollten bis zum 31. Dezember 1992 die zahlreichen bestehenden Beschränkungen des freien Verkehrs von Gütern, Dienstleistungen und Produktionsfaktoren in der Gemeinschaft (wie z. B. nationale Qualitäts-, Sicherheits- und Qualifikationsstandards) abgebaut werden (mittels Deregulierungsmaßnahmen bzw. wechselseitiger Anerkennung oder Harmonisierung der Standards). Darüber hinaus wurde die wirtschaftliche Integration um Maßnahmen in den Bereichen Umwelt, wirtschaftlicher und sozialer Zusammenhalt sowie insbesondere auch Forschung und Technologie ergänzt und erweitert. Damit wurde ein für den Prozess der Modernisierung der Industrie wichtiges und für die Entwicklung moderner Volkswirtschaften besonders wachstumsrelevantes Handlungsfeld vertraglich verankert und neue Prioritäten im Bereich der Informations- und Kommunikationstechnologien gesetzt. Schon frühzeitig erkannte die Kommission, dass es für die Wettbewerbsfähigkeit moderner Volkswirtschaften maßgeblich darauf ankommt, die Umsetzung von Forschungs- und Entwicklungsergebnissen in marktfähige Produkte zu beschleunigen und den technologischen Fortschritt und damit die Entwicklung der Firmen zu leistungsfähigen, technologisch fortgeschrittenen Unternehmen intensiv zu fördern. Mit der Implementation in die EEA wurde diese grundlegende Perspektive sozioökonomischer Modernisierung (vgl. Bell 1979) zum zentralen Bestandteil der Marktintegration, weshalb Volker Bornschier (2005: 353ff.) hier auch von einem wesentlichen Element des Übergangs in ein neues europäisches Gesellschaftsmodell spricht.

Mehr Markt und strategische Planung von Forschung und Entwicklung sind das Programm der EU, das zudem durch neue Formen des zwischenstaatlichen Wohlstandsausgleichs ergänzt wurde. Diese sind mit der Einrichtung der so genannten „Strukturfonds" verknüpft, die dazu beitragen sollten, in den ärmeren Ländern das umfangreiche Binnenmarktprogramm sozial abzufedern, was erstens im Rahmen einer komplexen Paketlösung die Zustimmung dieser Länder zur EEA sicherstellte und – zweitens – auch der dominierenden Sichtweise entsprach, dass bestehende Problemlagen und infolge der Marktintegration zu erwartende Ungleichheiten im Rahmen der Gemeinschaft nicht mit einer anspruchs- und personenbezogenen Sozialpolitik, sondern am besten mit einer Politik der regionalen Entwicklungsförderung zu bearbeiten sind (vgl. Anderson 1998: 181ff.; Wachendorfer-Schmidt 2003: 147). Damit wurden zugleich die bisherigen Ansätze der gemeinschaftlichen Regionalpolitik vertraglich fixiert und als wesentlicher Bestandteil einer Gemeinschaftspolitik anerkannt, die weitgehend supranational definierten Kriterien und Zielsetzungen folgt (vgl. Bornschier 2000: 183ff.). Schließlich wurden mit der EEA auch weitergehende Reformen des institutionellen Gefüges der EG durchgesetzt, durch die sich die Beziehungen zwischen den supranationalen Institutionen untereinander wesentlich veränderten (vgl. Tsebelis/Garret 2001): Auf politisch-institutioneller Ebene wurden Mehrheitsentscheide im Rat eingeführt und die Europäische Politische Zusammenarbeit (EPZ) auf eine rechtliche Basis gestellt, die auf die vertiefte Kooperation der Mitgliedstaaten in Fragen der internationalen Politik zielte.

Der weitere Integrationsprozess erfolgte vor dem Hintergrund der nachhaltigen Veränderung der historischen Situation, d. h. des Zusammenbruchs der kommunistischen Herrschaft in den Ländern Mittel- und Osteuropas und der deutschen Wiedervereinigung (vgl. Pfetsch 2005: 60ff.; Wagener et al. 2006: 129ff.). Die auch aus ökonomischen Gründen (Markterweiterung, Wettbewerb, Einbindung einer Wachstumsregion) angestrebte Osterweiterung der EG implizierte weitergehende Reform- und Integrationsschritte, die mit den Verträgen von Maastricht (1992), Amsterdam (1997) und Nizza (2000) zumindest ansatzweise eingeleitet wurden. Der so genannte „Vertrag von Maastricht" begründete die Europäische Union (EU) und umfasst (1.) neben den notwendigen Änderungen und Ergänzungen im EWG-Vertrag im Hinblick auf die Schaffung einer Wirtschafts- und Währungsunion (WWU) (2.) den Vertrag über den Ausbau der EPZ zur Gemeinsamen Außen- und Sicherheitspolitik (GASP) sowie (3.) die Zusammenarbeit in der Justiz- und Innenpolitik (ZBJI) (Dreisäulenmodell). In diesem Zusammenhang wurde der EWG-Vertrag in EG-Vertrag umbenannt, der mit seinem zentralen Ziel der Vollendung der monetären Integration in der Gemeinschaft am 1. Januar 1993 in Kraft trat. Unter dem Dach der EU befinden sich damit die drei supranationalen Europäischen Gemeinschaften, EWG bzw. EG, Euratom und die EGKS (wobei der EGKS-Vertrag im Jahr 2002 ausgelaufen ist), sowie die intergouvernementale Zusammenarbeit in den Bereichen GASP und ZBJI. Außerdem wurde – über die bereits in der EEA genannten drei Bereiche hinaus – eine Zusammenarbeit mit entsprechenden Gemeinschaftskompetenzen in weiteren Politikbereichen vereinbart (insbesondere Industriepolitik, berufliche Aus- und Weiterbildung, Kulturpolitik, Gesundheitswesen, Verbraucherschutz, transnationale Verkehrswege, Entwicklungspolitik), allerdings unter ausdrücklicher Geltung des Subsidiaritätsprinzips (Art. 5 EG-Vertrag). Zusätzlich beschlossen die Mitgliedstaaten mit Ausnahme Großbritanniens ein Abkommen über die Sozialpolitik, das auf Annäherungen im Bereich sozialpolitischer Standards zielt (insbesondere hinsichtlich der Gleichbehandlung von Männern und Frauen am Arbeitsplatz und sozialer Grundrechte; so genanntes „Maastrichter Sozialprotokoll").[2]

Der Vertrag von Maastricht kann damit nach dem Integrationsschub mit der Einheitlichen Europäischen Akte als der große positive Integrationsschritt in der Geschichte der Gemeinschaft interpretiert werden. Die umfassenden Regelungen gehen weit über die Idee einer Freihandels- und Zollunion hinaus, begründen eine weitreichende Wirtschafts- und Währungsgemeinschaft und ermöglichen vor allem im Rahmen der Struktur- bzw. Regional- und Agrarpolitik marktkorrigierende Maßnahmen. Parallel zu diesen vertikalen Integrationsschritten erfolgte in der ersten Hälfte der 1990er Jahre eine Vertiefung der territorialen Integration. Mit Finnland, Österreich und Schweden traten am 1. Januar 1995 drei EFTA-Staaten der EU bei. Ihr Beitritt wurde in der EU-Familie durchgehend befürwortet, da es sich um stabile und wirtschaftsstarke Demokratien handelte, die die Mehrheitsverhältnisse zwischen den bestehenden Verteilungskoalitionen innerhalb der Gemeinschaft nicht veränderten (EU-15, vgl. Rittberger/ Schimmelfennig 2005: 71f.). Ohnehin bestanden seit 1973 bilaterale Freihandelsabkommen mit den verbleibenden EFTA-Staaten, die 1980 durch weitere Vereinbarungen und 1994 durch den Vertrag über den Europäischen Wirtschaftsraum (EWR) (ohne das EFTA-Mitglied Schweiz) ergänzt wurden, so dass der Beitritt der drei

---

[2] Außerdem wurde von sieben EU-Staaten 1995 im Vorgriff auf EU-weite Regelungen das Schengener Abkommen in Kraft gesetzt. Dieses sah den sukzessiven Abbau von Grenzkontrollen an den Binnengrenzen vor und vereinfachte die innereuropäische polizeiche Zusammenarbeit.

Länder zur EU der Logik der zunehmenden Kooperation zwischen EFTA und EG bzw. EU folgte.

Für die wirtschaftliche Entwicklung der Mitgliedsländer der Gemeinschaft in den letzten zwei Jahrzehnten ist vor allem der auf die Bemühungen von Delors zurückgehende Drei-Stufen-Plan zur Errichtung einer Währungsunion von Bedeutung. Damit wurde die europäische Wirtschaftsordnung, deren zentrale Elemente bisher der gemeinsame Binnenmarkt und die Gemeinsamen Politiken waren, um die Einrichtung einer Europäischen Zentralbank (EZB) mit dem Ziel einer gemeinsamen Geldpolitik und die Einführung einer einheitlichen europäischen Währung erweitert (vgl. Hillenbrand 2004: 252ff.; Schröder 2005: 821ff.; Wagener et al. 2006: 129ff.).[3] Ökonomisch spricht für die Vollendung der monetären Integration die Steigerung der internationalen Wettbewerbsfähigkeit und die Aufwertung der EU als Wirtschaftsraum (als Gegenstück zum Dollar- und Yen-Raum), die Sicherung der Preisstabilität, die effizienzsteigernde und investitionsstimulierende Wirkung direkt vergleichbarer Preise, der Wegfall von Umtauschkosten und Währungsrisiken und damit die Planungssicherheit für Investitionen und Exporte, die Verringerung der Zinsniveaus, da Wechselkursänderungen nicht mehr durch (investitionshemmende) Zinsen ausgeglichen werden müssen, und die Harmonierung der wirtschaftlichen Entwicklung in der Gemeinschaft, was insgesamt eine deutliche Reduktion von Transaktions- und Kurssicherungskosten für die Wirtschaftsakteure bewirkt. Zwar führte bereits das 1979 implementierte EWS in den 1980er Jahren zu einer Begrenzung der für die Konjunktur abträglichen Wechselkursschwankungen und einer Konvergenz der Inflationsraten auf einem vergleichsweise niedrigen Niveau, aber zu Beginn der 1990er Jahre kam es, u. a. infolge der wirtschaftlichen Probleme des wiedervereinigten Deutschlands, wieder zu ökonomischen Friktionen (Ausweitung der Wechselkursbandbreiten, Austritt von Italien und Großbritannien aus dem EWS). Daher erschien es im Hinblick auf die Projekte Binnenmarktintegration und Markterweiterung immer dringlicher, eine umfassende Währungsunion zu errichten, wobei das Ziel der Geldwertstabilität zum dominierenden Rationalitätskriterium erklärt wurde und bis heute eine klare Vorrangstellung besitzt („Euromonetarismus"). Um den wirtschaftlich weniger entwickelten Mitgliedsländern diesen Modernisierungs- und Integrationsschritt zu erleichtern und die erhöhte Wettbewerbsintensität auf einem freien Binnenmarkt zumindest partiell auszugleichen, wurden nach Maßgabe des Vertrages von Maastricht die Mittel für die Strukturfonds aufgestockt und – auf Grundlage des Prinzips der Stärkung des wirtschaftlichen und sozialen Zusammenhalt (Kohäsionsprinzip nach Art. 3.1.k EG-Vertrag) – ein neuer Kohäsionsfond eingerichtet. Zudem wurden alle Mitgliedstaaten und die Gemeinschaft auf den Grundsatz einer offenen Marktwirtschaft mit freiem Wettbewerb verpflichtet (Art. 4 EG-Vertrag), womit allerdings verschiedene Spielarten des Kapitalismus kompatibel sind, wie das angloamerikanische Modell einer liberalen Marktwirtschaft in Großbritannien und Irland oder die traditionellen kontinentaleuropäischen Wirtschaftssysteme der koordinierten Marktwirtschaft, zu denen z. B. das deutsche Modell der sozialen Marktwirtschaft, der

---

[3] Die erste Stufe begann am 1. Juli 1990 zeitgleich mit der vollständigen Liberalisierung des Kapitalverkehrs in der Gemeinschaft mit einer engeren währungspolitischen Koordination. Am 1. Januar 1994 startete die zweite Stufe, die insbesondere die Gründung eines europäischen Zentralbanksystems mit zunächst noch eingeschränkten Befugnissen vorsah. Die dritte Stufe umfasste ab 1. Januar 1999 die unverrückbare Festsetzung der Wechselkurse und die Einführung des Euro.

wohlfahrtsstaatliche skandinavische Typus oder die französische Wirtschaft mit ihrer ausgeprägten etatistischen Orientierung zählen.[4]

Die Teilnahme an der Währungsunion impliziert den Verzicht der Mitgliedstaaten auf zentrale wirtschaftspolitische Instrumente (Geld- und Wechselkurspolitik) und setzt die Einhaltung bestimmter Konvergenzstandards voraus, womit eine möglichst weitgehende Harmonisierung der wirtschaftlichen Entwicklung der Mitgliedsländer angestrebt wird (Artikel 121 EG-Vertrag). Zu den Kriterien gehören neben einem hohen Grad an Preisstabilität eine auf Dauer tragbare Finanzlage der öffentlichen Hand, Wechselkursstabilität und ein letztlich redundantes Zinskriterium, das im Grunde erfüllt ist, wenn die anderen Konvergenzkriterien zutreffen:

- Die Inflationsrate eines Mitgliedstaates darf (im Jahr vor der Eintrittsprüfung) die durchschnittliche Inflationsrate der drei Mitgliedstaaten mit dem besten Ergebnis um maximal 1,5 Prozentpunkte übersteigen.
- Die jährliche Neuverschuldung eines Landes darf drei Prozent des Bruttoinlandsprodukts (BIP) nicht überschreiten und der gesamtstaatliche Schuldenstand nicht mehr als 60 Prozent des BIP betragen.
- Die Währung eines Staates muss mindestes zwei Jahre am (EWS-) Wechselkursmechanismus mit der normalen (engen) Bandbreite teilgenommen haben, ohne dass die Landeswährung unter Abwertungsdruck geraten ist.
- Die langfristigen Marktzinsen eines Mitgliedslandes dürfen (im Jahr vor der Eintrittsprüfung) nicht über zwei Prozentpunkte über dem entsprechenden Satz in den drei Ländern mit der höchsten Preisstabilität liegen.

Diese Konvergenzkriterien sollen sicherstellen, dass die wirtschaftliche Entwicklung in der WWU ausgewogen und ohne größere Spannungen zwischen den Mitgliedstaaten verläuft. Bei der Entscheidung über die Teilnahme eines Landes an der Währungsunion verfügt der

---

[4] Liberale und koordinierte Marktwirtschaften unterscheiden sich insbesondere im Hinblick auf die Bedeutung der „economic" bzw. „corporate governance" und die Rolle des Staates für den Wirtschaftsprozess. So zeichnet sich der liberale Typ im Gegensatz zum koordinierten Typ durch ein vergleichsweise geringes Interventionspotential des Staates sowie die Regelung anfallender Koordinatonsprobleme durch den Marktmechanismus aus, d. h. es existieren keine ausgeprägten korporatistischen Strukturen und damit auch keine institutionellen Anreize zur strategischen Interaktion bzw. unternehmerischen Kooperation, weshalb bei den Firmen kurzfristiges Gewinnstreben dominiert (vgl. mit Einzelheiten Hall/Soskice 2001; Whitley 2002). Zu den koordinierten Marktwirtschaften zählen traditionell neben den genannten Volkswirtschaften Österreich, die Benelux-Länder sowie die Schweiz. Mitunter werden die mediterranen Ökonomien Frankreichs, Italiens, Spaniens, Portugals und Griechenlands aufgrund ihres relativ hohen Grades an staatlichen Interventionen auf der Angebotsseite der Wirtschaft unter dem (Residual-)Typ „gemischte Marktwirtschaften" subsummiert (vgl. Hall/Gingerich 2004: 12, 22f.; Hall/Soskice 2001: 21). Die Volkswirtschaften der neuen ost- und südeuropäischen Mitgliedsländer, die der Gemeinschaft 2004 und 2007 beigetreten sind, dürften in der Regel dem liberalen Typ zuzuordnen sein (mit der Ausnahme der Wirtschaft Sloweniens, in der klare Tendenzen einer koordinierten Marktwirtschaft vorliegen; vgl. Feldmann 2006). Die leitenden Ordnungsmodelle auf suprastaatlichem Niveau können sich unabhängig von den Kapitalismusmodellen auf der Ebene der Mitgliedsländer konstituieren (wie das liberale Modell der EFTA und der koordinierte Typ der EG bzw. EU zeigen). Allerdings haben die verschiedenen Spielarten des Kapitalismus in der Regel bestimmte Integrationspräferenzen zur Folge (vgl. Abschnitt 4).

Europäische Rat allerdings über einen politischen Spielraum hinsichtlich der Beurteilung der Gesamtlage. Auf Empfehlung der Kommission beschloss der Europäische Rat der Staats- und Regierungschefs den Start der Währungsunion mit der EZB in Frankfurt zum 1. Januar 1999 mit folgenden elf Ländern: Belgien, Deutschland, Finnland, Frankreich, Irland, Italien, Luxemburg, die Niederlande, Österreich, Portugal und Spanien.[5] Vor allem aufgrund von Vorbehalten gegenüber einer eingeschränkten Souveränität in den entsprechenden Politikbereichen halten Schweden (mit einer gezielten Nicht-Teilnahme am Wechselkursmechanismus) sowie Großbritannien und Dänemark (mit entsprechenden Ausnahmeregelungen im Maastricht-Vertrag) bis heute an ihren Währungen fest. Griechenland nimmt aufgrund zunächst mangelnder Konvergenzfortschritte erst seit dem 1. Januar 2001 an der Währungsunion teil. Der Euro wurde von 1999 bis Ende 2001 in der Form von Buchgeld eingeführt und im Jahr 2002 gesetzliches Zahlungsmittel in der Eurozone. Als 13. Land führte Slowenien am 1. Januar 2007 offiziell das neue Zahlungsmittel ein. Auch alle übrigen neuen süd- und osteuropäischen Mitgliedstaaten, die der Union 2004 und 2007 beigetreten sind (siehe unten), sollen die einheitliche Währung einführen, sobald die Konvergenzkriterien erfüllt sind. In den Beitrittsverhandlungen wurden keine Ausnahmeregelungen eingeräumt.

Um den langfristigen Erfolg der WWU und der Europäischen Integration insgesamt unter den Bedingungen einer erweiterten Union zu sichern, erschien es notwendig, auf eine Verbesserung der Entscheidungsprozesse auf Gemeinschaftsebene und einer verstärkten wirtschaftspolitischen Koordination der Mitgliedstaaten hinzuarbeiten. Als weitere, tendenziell positive Integrationsschritte mit einer zusätzlichen Stärkung des supranationalen Charakters der Gemeinschaft folgten daher nach dem Vertrag von Maastricht im Jahr 1997 der Vertrag von Amsterdam und – hier von besonderem Interesse – der Stabilitäts- und Wachstumspakt. Der Vertrag von Amsterdam schloss allerdings aufgrund der unterschiedlichen nationalen Interessen nicht die intendierte nachhaltige Reform der europäischen Institutionen ein. Im Mittelpunkt standen neben einer Erweiterung der Rechte des Europäischen Parlaments insbesondere die Vertiefung und Vergemeinschaftung der innen- und rechtspolitischen Zusammenarbeit in einem Raum ohne Grenzkontrollen, wie er aus den Prinzipien des Binnenmarktes folgte, die Übernahme des Maastrichter Sozialprotokolls in den EG-Vertrag sowie das Ziel eines hohen Beschäftigungsniveaus innerhalb der EU, das über eine bessere Koordination der Beschäftigungspolitik der Mitgliedsländer erreicht werden sollte. Außerdem wurde – unter restriktiven Bedingungen – die Möglichkeit einer verstärkten Zusammenarbeit innerhalb einer Teilgruppe von Mitgliedstaaten vorgesehen. Der Vertrag trat am 1. Mai 1999 in Kraft.

Der Stabilitäts- und Wachstumspakt bringt das Element der Wirtschaftsunion in der WWU verstärkt zum Tragen, die ansonsten eindeutig vom Element der Währungsunion dominiert wird. Der Pakt beruht auf einer Entschließung des Europäischen Rates in Amsterdam und zwei weiteren Verordnungen des Rates zu den technischen Modalitäten. Letztere wurden aufgrund der Diskussionen über die Anwendung des Stabilitäts- und Wachstumspakts (im Zuge der übermäßigen Defizite in Deutschland und Frankreich) im März 2005 geändert. In dem Pakt haben sich die Mitgliedstaaten der WWU verpflichtet, die Vor-

---

[5] Da etliche Staaten einen Schuldenstand über der 60-Prozentmarke aufwiesen und ein Schuldenabbau – im Gegensatz zur Beeinflussung des Haushaltsdefizits – nur langfristig möglich ist, wurde im Vertrag von Maastricht vereinbart, dass eine Bewegung in Richtung auf die 60-Prozentmarke ausreichend sei (vgl. auch Abschnitt 3).

gabe eines mittelfristig mindestens ausgeglichenen Haushalts zu erfüllen. Die Grenzwerte richten sich nach den Maastrichter Konvergenzkriterien, nach denen die Obergrenze für die gesamtstaatliche Verschuldung auf 60 Prozent und für das jährliche Defizit auf drei Prozent des BIP festgelegt ist. Darüber hinaus haben die Euroländer Rat und Kommission ein jährlich zu aktualisierendes Stabilitätsprogramm zu liefern, in dem mittelfristige Haushaltsziele, die Wege zur Erreichung der Ziele sowie die voraussichtliche Entwicklung der öffentlichen Schulden und der wirtschaftlichen Lage (Wachstum und Beschäftigung) darzulegen sind. Mitgliedstaaten, die den Euro bisher nicht eingeführt haben, müssen ein Konvergenzprogramm vorlegen. Weiterhin ist im Stabilitäts- und Wachstumspakt vorgesehen, dass der Rat Sanktionen aussprechen kann, wenn ein teilnehmendes Land nicht die zur Behebung eines übermäßigen Defizits erforderlichen Schritte einleitet (Defizitverfahren). Dabei entscheidet der Rat unter Würdigung der ökonomischen Umstände des Einzelfalls; eine dehnbare Regelung, die ebenso wie die willkürliche Festsetzung der Grenzwerte und die fehlenden Regeln für die fiskalische Konsolidierung in wirtschaftlich guten Zeiten sehr umstritten ist (vgl. z. B. Brunila et al. 2001).

Die Fortsetzung der Reformen und damit die Evolution Europas als Wirtschaftsgemeinschaft und des europäischen Integrationsprozesses erfolgte vor allem im Rahmen der Agenda 2000 und des Vertrages von Nizza, allerdings nur auf Grundlage minimaler Reformschritte. Die Agenda 2000 (verabschiedet auf dem europäischen Gipfeltreffen im März 1999 in Berlin) bezeichnet ein Aktionsprogramm, das mit Blick auf die Osterweiterung insbesondere darauf zielte, die Gemeinschaftspolitik wirksamer zu gestalten. Dies betraf mit Blick auf die ausgeprägte landwirtschaftliche Struktur und das geringe wirtschaftliche Entwicklungsniveau der Beitrittsländer in erster Linie die Bereiche der Agrar- und Strukturpolitik. Außerdem enthält die Agenda 2000 Neuerungen zur Finanzierung des EU-Haushalts. Aufgrund der weiterhin stark divergierenden nationalen Interessen (vgl. mit Einzelheiten z. B. Pfetsch 2005: 73ff.) blieben die Reformen durchweg hinter den Vorstellungen der Kommission und weit hinter dem für die bevorstehende Erweiterung eigentlich erforderlichen Niveau zurück, was sich auch mit dem Vertrag von Nizza im Dezember 2000 nicht änderte: Das angestrebte Ziel grundlegender institutioneller Reformen, die die Unionspolitik handlungsfähiger und effizienter machen sollten, um so für die bevorstehende Aufnahme neuer Mitgliedsländer gewappnet zu sein, wurde ebenfalls nur halbherzig angegangen. Der Vertrag, der am 1. Februar 2003 in Kraft trat, beinhaltet neben Regelungen zur Neugewichtung der Stimmen im Ministerrat und zur Größe und Zusammensetzung der Europäischen Kommission zwar auch Bestimmungen zur Erleichterung der verstärkten Zusammenarbeit innerhalb einer Teilgruppe von Mitgliedstaaten und zur Ausweitung der Mehrheitsentscheidungen, aber in vielen wesentlichen Politikbereichen blieb das Einstimmigkeitsprinzip erhalten (so in Teilen der Steuer- und Sozialpolitik, in der Strukturpolitik und im Asylrecht). In ordnungspolitischer Hinsicht ist daher von der Wirtschaftsunion auch kein kongruentes Wirtschaftsordnungsmodell oder eine einheitliche Wirtschaftspolitik zu erwarten, weshalb es in der EU auch in Zukunft unterschiedliche Typen der Organisation marktwirtschaftlicher Prozesse geben wird, zumal die unterschiedlichen Varianten des Kapitalismus im Hinblick auf ihre ökonomische Performanz gleichermaßen erfolgreich sein können (vgl. den nachfolgenden Abschnitt dieses Beitrags).

Neben dem Vertragswerk proklamierten die Staats- und Regierungschefs auf der Konferenz von Nizza eine Grundrechtecharta, die Kernstück einer künftigen europäischen Verfassung sein sollte. Der in einigen Punkten geänderte Entwurf des „Europäischen Verfassungskonvents" von 2003 fand allerdings in Frankreich und den Niederlanden und damit in zwei Gründungsmitgliedern der Gemeinschaft bei den dort durchgeführten Referenden keine Zustimmung, so dass letztlich nur einige politisch und ökonomisch wesentliche und aufgrund der großen Einkommensdifferenzen in vielen Fällen rudimentäre Voraussetzungen für die Erweiterung der Union geschaffen wurden. Dennoch oder vielleicht gerade deswegen bot die Mitgliedschaft in der EU zentrale wirtschaftliche und politische Vorteile für die Beitrittskandidaten. Am 1. Mai 2004 traten die acht Länder Osteuropas Tschechien, Estland, Lettland, Litauen, Ungarn, Polen, Slowenien und die Slowakei sowie die beiden Mittelmeerländer Zypern und Malta der EU bei (EU-25). Am 1. Januar 2007 folgten Bulgarien und Rumänien, so dass eine Gemeinschaft von 27 Mitgliedsländer mit rund 490 Millionen Verbrauchern und Bürgern geschaffen wurde (EU-27). Auf die Gemeinsamkeiten und Unterschiede zwischen den nationalen Ökonomien in diesem umfassenden Wirtschaftsraum geht der nachfolgende Abschnitt ein.

Angesichts der vielfältigen nationalen Interessen wurde die Idee einer europäischen Verfassung inzwischen aufgegeben. Der Europäische Rat von Brüssel im Juni 2007 verabschiedete lediglich einen an der Verfassung angelehnten Vertragsentwurf, der aber in Teilen eine Modernisierung des institutionellen Gefüges vorsieht, wodurch Entscheidungen effizienter getroffen werden können (insbesondere durch eine Verkleinerung der EU-Kommission und eine Ausweitung von Mehrheitsentscheidungen, jedoch weiterhin mit wesentlichen Ausnahmen in den Bereichen der Sicherheits- und Außenpolitik sowie Steuer- und Sozialpolitik). Darüber hinaus sieht der Vertragsentwurf u. a. vor, dass die Charta der Grundrechte rechtsverbindlich wird (mit Ausnahmeregelungen für Großbritannien) und sich mindestens ein Drittel der Mitgliedsländer im Zuge einer verstärkten Kooperation auf gemeinsame Projekte einigen kann, wobei sich andere Staaten der Zusammenarbeit in der Folge anschließen können. Der europäische Reformvertrag wurde am 13. Dezember 2007 in Lissabon unterzeichnet. Bis 2009 soll der Vertrag durch alle Mitgliedsstaaten ratifiziert werden.

Aus politisch-ökonomischer Sicht ist festzuhalten, dass der europäische Integrationsprozess vor allem als ein umfassendes marktwirtschaftliches und in der Wirtschaftsgeschichte einmaliges Deregulierungs- und Modernisierungsprogramm erscheint, in dem die Bemühungen um die Sicherung des Standortes Europa und seiner internationalen Konkurrenzfähigkeit im Mittelpunkt stehen (vgl. Bornschier 2005: 358f.; Grosser 1994: 387f.; Wagener et al. 2006: 123ff.). Seit den 1950er Jahren wurden zahlreiche nationale Normen abgeschafft, die den Grundfreiheiten des Binnenmarktes – Freiheit des Warenverkehrs, Freizügigkeit der Personenverkehrs, Freiheit des Dienstleistungs- und Kapitalverkehrs – entgegenstehen. Ziel ist eine effiziente Allokation von Ressourcen, d. h. Waren, Dienstleistungen und Produktionsfaktoren sollen dort eingesetzt werden, wo sie ökonomisch am höchsten bewertet werden. Dies setzt die Konzeption des Gemeinsamen Marktes als Wettbewerbswirtschaft voraus, weshalb sich gerade vor dem Hintergrund der umfassenden territorialen Integrationsschritte die Verwirklichung der vier Grundfreiheiten als Schritt zur Stärkung der marktwirtschaftlichen Ordnung interpretieren lässt. Dabei sieht die gelungene Entwicklung des freien Binnenmarktes und der Währungsunion oft wie das Ergebnis einer einfachen negativen Integration aus, die aber dennoch großer Anstrengungen positiver Integration bedurfte, was tendenziell für die Sichtweise des europäischen Mehrebenensystems als Problemlösungsinstanz spricht (wenn auch einige Teilmärkte noch nicht vollständig liberalisiert sind; vgl. z. B. Benz 2000; Wachendorfer-Schmidt 2003: 120ff.). Vermehrt wurden Kompetenzen auf die supranationalen Organe der Gemeinschaft übertragen, die in zunehmendem Maße Regelungen auch in den Bereichen Forschung und Entwicklung, Aus- und Weiterbildung, Regionalförderung oder Arbeits-, Umwelt- und Verbraucherschutz verabschiedete, die zum Teil über die nationalen Regulierungen hinausgingen, und – wie insbesondere im Fall der Technologie- und Kohäsionspolitik – auch empirisch erkennbar von wirtschaftlichem Vorteil sind. Hierbei wirkt die Gemeinschaft nicht nur über die primärrechtlichen Vorschriften der Verträge, sondern in weiten Teilen auch durch die Produktion sekundärrechtlicher Normen (Verordnungen, Richtlinien, einfache Beschlüsse, Empfehlungen und Stellungnahmen). Von Bedeutung ist außerdem die integrationsfreundliche Rechtsprechung des Europäischen Gerichtshofs (EuGH), nach der z. B. die Vorschriften, die sich auf die vier Grundfreiheiten des Binnenmarktes beziehen, für die Bürger und Unternehmen unmittelbare Rechtswirkung entfalten, die sie vor den nationalen Gerichten der Mitgliedsländer einfordern können. Allerdings ist auch festzustellen, dass der Integrationsprozess mit seiner großen territorialen Komponente oftmals eine zunehmende Verflechtung der Entscheidungsstrukturen mit sich bringt und in zahlreichen Bereichen die Abgrenzung zwischen nationalen und supranationalen Kompetenzen nicht eindeutig geklärt ist, da sich die Souveränitätsverluste der Mitgliedstaaten nicht automatisch als Souveränitätsgewinne auf europäischer Ebene darstellen (vgl. Ostheim/Zohlnhöfer 2006; Scharpf 1999; Tomann 2006). Zentrale positive Integrationsschritte fallen daher hinter die Entwicklung des Marktes zurück, wenn sich auch die Bemühungen zur Formulierung und Verabschiedung eines neuen übergreifenden EU-Vertrages, der die in den bestehenden Verträgen formulierten Grundsätze integriert, als systematische Konsequenz der immer komplexeren und tieferen wirtschaftlichen Integration interpretieren lassen, der es an einer entsprechenden politischen Basis mangelt (vgl. Wagener et al. 2006: 88; auch Franzmeyer 1995: 125; Hillenbrand 2004: 267).

3 Wirtschaftsstrukturen und wirtschaftliche Entwicklung in den Mitgliedstaaten

Binnenmarkt und Währungsunion definieren wesentliche politikökonomische Rahmenbedingungen für die wirtschaftliche Entwicklung der Mitgliedstaaten, die auch aufgrund der effektiven supranationalen Gestaltung wachstumsrelevanter Politikfelder durch eine insgesamt große Dynamik gekennzeichnet ist (vgl. Bornschier 2000, 2005). Die positiven Wohlfahrts- und Wachstumseffekte der EU-Mitgliedschaft haben in vielen Ländern zu eindrucksvollen ökonomischen Entwicklungen geführt und dazu beigetragen, dass die volkswirtschaftliche Gesamtleistung der EU inzwischen diejenige der Vereinigten Staaten von Amerika übertrifft. Nach neuesten Schätzungen und Vorausberechnungen der Europäischen Kommission für das Jahr 2007 wird das Bruttoinlandsprodukt (BIP) in der EU bei rund 12000 und in den USA bei 10300 Mrd. Euro liegen. Damit gehören beide Volkswirtschaften neben Japan (3200 Mrd. Euro) zu den größten Volkswirtschaften auf dem Weltmarkt. Diese Verhältnisse schlagen sich auch in der Verteilung der ausländischen Direktinvestitionen nieder. Der Anteil der EU an den weltweiten Gesamtinvestitionen liegt bei ca. 37 Prozent und übertrifft damit den Anteil der beiden Hauptkonkurrenten auf dem Weltmarkt deutlich (USA = 23 Prozent, Japan = 4 Prozent in 2003). Die große weltwirtschaftliche Bedeutung der EU offenbart auch ihre herausgehobene Stellung im Welthandel. Klammert man den innereuropäischen Handel aus, sind – bei einem insgesamt begrenzten Handelsdefizit – rund ein Fünftel aller Exporte und Importe der EU zuzurechnen (19/19 Prozent), wobei als

Wirtschaftliche Entwicklung und Modernisierung

weitere Hauptakteure die USA (14/23 Prozent) sowie China (9/8 Prozent), Japan (9/7 Prozent) und Kanada (5/4 Prozent) auftreten (2004). Die Vereinigten Staaten stellen zugleich den bei weitem wichtigsten Handelspartner der EU dar, inzwischen gefolgt von China, mit dessen Volkswirtschaft sich der Handel in den vergangenen Jahren erheblich intensiviert hat. Die wichtigsten Rollen innerhalb der EU spielen dabei Deutschland sowie mit einigem Abstand Großbritannien, Frankreich, die Niederlande und Italien. Dies sind neben Spanien auch diejenigen (bevölkerungsreichen) Mitgliedsländer, die den größten Beitrag zum BIP der EU leisten (mit insgesamt rund 80 Prozent). Demgegenüber fällt der Anteil der neuen ost- und südeuropäischen Mitgliedstaaten vergleichsweise gering aus (rund fünf Prozent). Allerdings fällt auf, dass ihre Volkswirtschaften die relative Schließung in der Phase des Sozialismus überwunden haben und – u. a. aufgrund ihrer Mitgliedschaft in der EU und anderen internationalen Organisationen wie der OECD sowie umfangreicher ausländischer exportorientierter Investitionen – heute ebenfalls vergleichsweise offen sind (gemessen an der Relation von Export und BIP, vgl. Tabelle 1).[6] Von den EU-15-Ländern trifft dies insbesondere auf die kleineren Ökonomien Belgiens, der Niederlande und Irlands zu und von den großen wirtschaftsstarken Ländern zeigt sich vor allem Deutschland als besonders außenhandelsabhängig, was das besondere Interesse der Staaten am Gemeinsamen Markt erklärt.

---

[6] Quelle der Daten: Eurostat, soweit nicht anders angegeben (Abruf der Daten über Internet Ende 2006 und Anfang 2007). Die Strukturbeschreibung bezieht sich soweit möglich auf das Jahr 2005. Dies ist zumeist das letzte Jahr, in dem die EU-Angaben nicht nur auf Schätzungen beruhen (einige fehlende Werte für dieses Jahr wurden durch Werte für das letzte verfügbare Jahr – in der Regel 2004/03 – ersetzt). Lediglich die Angaben zum Stand der Informationsgesellschaft und zu den neueren ökonomischen Entwicklungen am Ende dieses Abschnitts nehmen auch Bezug auf Daten bzw. Schätzwerte für das Jahr 2006. Da in etlichen Fällen keine Angaben für die neuen Mitgliedsländer Bulgarien und Rumänien vorliegen, die Anfang 2007 der EU beigetreten sind, beziehen sich – entsprechend der bei Konzeption und Abfassung des Beitrags maßgeblichen Veröffentlichungspraxis der EU (vgl. z. B. EC 2006) – die ausgewiesenen Gesamt- und Durchschnittswerte auf die EU-25 (und EU-15). Die wesentlichen Informationen zu den Indikatoren werden im Text genannt (für nähere Angaben vgl. insbesondere Eurostat: http://epp.eurostat.ec.europa.eu; eine detaillierte Beschreibung der Daten kann bei den Autoren angefordert werden: kunz@politik.uni-mainz.de).

Tabelle 1: Bevölkerung, Modernisierung und wirtschaftliche Strukturmerkmale der EU-Mitgliedsländer, 2005 oder letztes verfügbares Jahr

	Bev. Mio.	HDI	BIP Mrd. €	BIP p. K.	Offenheit Exp/BIP Prozent	Handels-Bilanz Mrd. €	Agrarwirtschaft Besch. Prozent	Agrarwirtschaft Fläche Mill. ha	Wertschöpfung Aw. Prozent	Wertschöpfung Ind. Prozent	Wertschöpfung Dl. Prozent
Belgien	10,5	0,945	299	118	90,0	12,6	2,0	1,4	1,1	24,1	74,8
Dänemark	5,4	0,943	208	124	32,9	7,5	3,1	2,7	1,5	25,5	72,9
Deutschland	82,5	0,932	2241	109	34,8	158,0	2,2	17,0	1,0	29,3	69,7
Irland	4,1	0,956	161	138	54,8	33,6	5,9	3,5	2,5	37,5	60,0
Griechenland	11,1	0,921	181	82	7,6	-29,6	14,4	3,8	5,2	20,8	74,0
Spanien	43,0	0,938	905	99	16,6	-73,6	5,2	25,8	3,3	29,3	67,5
Frankreich	62,5	0,942	1718	109	21,5	-30,2	3,5	29,6	2,2	20,9	76,9
Italien	58,5	0,940	1423	103	20,8	-10,0	4,0	14,7	2,2	26,6	71,2
Luxemburg	0,5	0,945	29	248	50,3	-2,7	1,3	0,1	0,4	16,2	83,4
Niederlande	16,3	0,947	506	124	64,0	34,9	3,2	1,9	2,2	24,2	73,6
Österreich	8,2	0,944	245	123	40,8	-1,5	11,8	3,2	1,6	29,7	68,6
Portugal	10,6	0,904	149	71	20,6	-18,5	k. A.	3,9	2,7	25,0	72,3
Finnland	5,2	0,947	157	113	33,8	5,7	5,0	2,3	2,9	31,4	65,7
Schweden	9,0	0,951	288	114	36,4	15,2	2,2	3,2	1,2	28,2	70,5
Großbritannien	60,2	0,940	1793	116	17,2	-102,5	0,9	16,8	0,9	23,2	75,9
EU-15	387,6		10303	108		-69,2	3,7	129,9	1,8	25,9	72,4
Tschechien	10,2	0,885	100	74	63,2	1,3	4,0	3,6	2,9	38,2	58,8
Estland	1,4	0,858	11	60	55,7	-1,9	5,3	0,8	3,7	28,5	67,8
Zypern	0,8	0,903	14	85	8,7	-3,9	4,9	0,2	2,9	19,8	77,3
Lettland	2,3	0,845	13	47	31,9	-2,8	11,2	1,7	4,0	21,6	74,5
Litauen	3,4	0,857	21	52	46,1	-2,9	14,0	2,8	5,7	34,3	60,0
Ungarn	10,1	0,869	89	61	56,5	-2,8	4,9	5,9	4,3	30,1	65,6
Malta	0,4	0,875	5	70	38,3	-1,1	1,9	0,0	2,8	22,3	74,8
Polen	38,2	0,862	244	50	29,5	-9,3	19,2	15,9	4,6	30,8	64,5
Slowenien	2,0	0,910	28	81	55,7	-0,9	10,1	0,5	2,5	34,1	63,4
Slowakei	5,4	0,856	38	55	67,6	-2,7	3,7	1,9	4,3	35,7	60,0
EU-25	461,5		10865	100		-105,8	4,9	163,2	1,9	26,2	71,9
Bulgarien	7,8	0,816	22	32	k. A.	k. A.	k. A.	5,3	9,3	30,7	60,7
Rumänien	21,7	0,805	80	35	k. A.	k. A.	41,4	14,3	10,1	34,5	55,9

BIP pro Kopf in KKS (Kaufkraftstandards), EU-25 = 100; HDI = Human Development Index 2004 (Basisindikatoren: reales BSP p. K., Bildungsniveau, durchschnittliche Lebenserwartung; Einzelheiten unter http://hdr.undp.org); Aw. = Agrarwirtschaft; Ind. = Industrie (einschl. Bau); Dl. = Dienstleistungen; k. A. = keine Angabe. Quellen: Eurostat, Human Development Report 2006.

Zwischen den Mitgliedstaaten gibt es nicht nur deutliche Differenzen hinsichtlich der Größe und der Offenheit, sondern auch hinsichtlich des Entwicklungsstandes und der Wirtschaftsstruktur. Signifikante Unterschiede zeigen sich sowohl beim allgemeinen und aktuellen „Human Development" Modernisierungsindex des „United Nations Development Programme" (UNDP) als auch in der Pro-Kopf-Wirtschaftsleistung, die in Kaufkraftstandards (KKS) gemessen wird, um Unterschiede der Preisniveaus zwischen den Ländern zu eliminieren, und häufig als allgemeiner Indikator für den materiellen Lebensstandard verwendet wird (vgl. Tabelle 1). Dabei war bereits in der EU-15 der Abstand zwischen reichen Ländern wie Luxemburg, Irland, Niederlande, Dänemark und Österreich und armen Ländern wie Portugal und Griechenland trotz einer langfristigen Konvergenz ihrer wirtschaftlichen Entwicklung beachtlich, wobei sich das inzwischen nur noch mittlere Niveau Deutschlands aus den Sonderbedingungen erklärt, die seit der Vereinigung gelten. Die Pro-Kopf-Wirtschaftsleistung der Neumitglieder in Ost- und Südeuropa erreicht aber in der Regel noch nicht einmal die bislang geringsten Werte. Fast durchgehend liegt der Lebensstandard unter 80 Prozent des Durchschnitts der EU-25 und schwankt zwischen 47 Prozent in Lettland und 85 Prozent in Zypern. Neben Zypern gehören Slowenien, die Tschechische Republik, Malta, Ungarn und Estland zu den wirtschaftlich am weitesten fortgeschrittenen EU-Neulingen. Die neuen Mitgliedstaaten Bulgarien und Rumänien bleiben mit 32 Prozent bzw. 35 Prozent nochmals deutlich unter diesem Niveau. Demgegenüber liegen die Werte in den genannten reichen west- und nordeuropäischen Ländern mit ihren ausdifferenzierten wirtschaftlichen Strukturen bei über 120 Prozent des EU-Durchschnitts, was die überaus große Bandbereite des Lebensstandards und der Wirtschaftsleistung in der erweiterten EU offenkundig werden lässt.

Zu einem wesentlichen Teil sind die Wohlfahrtsunterschiede auf den unterschiedlichen Modernisierungsgrad der Volkswirtschaften zurückzuführen. In einigen ost- und südeuropäischen Mitgliedstaaten steht nach dem Übergang vom System der zentral gesteuerten Planwirtschaft zur marktwirtschaftlichen Koordination in den 1990er Jahren der Prozess der Modernisierung und Effizienzsteigerung des Agrarsektors und anderer Wirtschaftsbereiche noch bevor, der in anderen Ländern wie in der Bundesrepublik Deutschland und Frankreich schon in den 1950er und 1960er Jahren mit der Folge eines nachhaltigen wirtschaftlichen Wachstums eingesetzt hatte. Dies gilt mit Blick auf die Neumitglieder und die verfügbaren Daten insbesondere für Rumänien, Polen, Litauen, Lettland und Slowenien, in denen wie in Griechenland ein großer Teil der Erwerbstätigen im Agrarsektor beschäftigt ist (vgl. Tabelle 1). Ihr Anteil beläuft sich hier auf über zehn Prozent, während er im EU-Durchschnitt unter fünf Prozent (EU-25) bzw. vier Prozent (EU-15) liegt. Die Länder mit den größten landwirtschaftlichen Nutzflächen sind allerdings mit über 20 Millionen Hektar Frankreich als größter Exporteur landwirtschaftlicher Erzeugnisse in der EU und Spanien. Zumindest im letzten Fall trägt die Landwirtschaft wie in Griechenland, den baltischen Staaten, Polen, Ungarn, der Slowakei sowie in Bulgarien und Rumänien auch in einem signifikanten Maß zur volkswirtschaftlichen Wertschöpfung (BWS) bei, wodurch sich ihr besonderes Interesse an der GAP erklärt (Anteil > drei Prozent). In den beiden letztgenannten Ländern liegt ihr Beitrag zur gesamtwirtschaftlichen Leistung sogar bei neun bis zehn Prozent, was im Vergleich zum EU-Durchschnitt, der unter zwei Prozent liegt (sowohl EU-15 als auch EU-25), besonders hoch ist. Aber auch in diesen Staaten wird wie in allen anderen Mitgliedsländern der größte Teil der Wertschöpfung vom Dienstleistungssektor erbracht. Dies ist Folge eines allgemeinen Strukturwandels der Wirtschaft, nach dem sich aufgrund von Nachfrageveränderungen und unterschiedlichen Produktivitätsfortschritten in den Sektoren der Schwerpunkt der Wirtschaftstätigkeit von der Landwirtschaft zur Industrie und zum verarbeitenden Gewerbes und letztlich zum Dienstleistungssektor verschiebt. In dieser Hinsicht unterliegen die wirtschaftlichen Strukturen der EU-Neulinge den gleichen Veränderungen und Modernisierungsschritten wie die Volkswirtschaften der älteren Mitglieder. Inzwischen entfallen in der EU auf alle Dienstleistungsaktivitäten zusammen rund 70 Prozent der Wertschöpfung, mit relativ großen Anteilen vor allem in Luxemburg, Zypern, Frankreich und Großbritannien (vgl. Tabelle 1). Der starke Zweig des Dienstleistungssektors in Zypern ist – wie auch vor allem in Griechenland, Portugal, Malta und Österreich – die Tourismusbranche. Grundsätzlich ist aber zu berücksichtigen, dass eine Vielzahl von Aktivitäten im Dienstleistungsbereich mit Handel, Verkehr und unternehmensnahen Dienstleistungen für den Industriesektor in Verbindung stehen, weshalb nicht zwangsläufig von Deindustrialisierung und Dienstleistungsökonomien gesprochen werden kann. Diese Wechselbeziehungen fallen aber wegen der großen Heterogenität und den unterschiedlichen Schwerpunkten des Dienstleistungssektors in den einzelnen Ländern sowie aufgrund der unterschiedlichen Betriebsgrößenstrukturen von Land zu Land sehr unterschiedlich aus. Insofern variiert auch die eigenständige Bedeutung des industriellen Sektors und liegt gemessen an seinem Beitrag zur Wertschöpfung zwischen 16 Prozent in Luxemburg und 38 Prozent in Irland.

Die trotz des allgemeinen Strukturwandels moderner Volkswirtschaften noch vergleichsweise agrarisch geprägte Beschäftigungsstruktur in etlichen neuen Mitgliedsländern – bei zugleich relativ geringen Wertschöpfungsanteilen des primären Sektors – lässt auf ineffiziente Betriebs- und Produktionsstrukturen schließen, weshalb mit ihrer Modernisierung im Zuge der EU-Integration mit deutlichen Arbeitsplatzverlusten im Agrarsektor zu rechnen ist. Dabei sind gerade die Neumitglieder in der Regel von relativ hoher Arbeitslosigkeit betroffen (vgl. Tabelle 2). Die höchste Arbeitslosenquote gibt es im Referenzjahr (2005) in Polen (18 Prozent), gefolgt von der Slowakei (16 Prozent) und Bulgarien (10 Prozent). In diesen Ländern bestehen auch die höchsten Langzeitarbeitslosenquoten (Arbeitslosigkeit zwölf Monate und mehr). In den älteren Mitgliedstaaten der EU-15 kämpfen vor allem Griechenland, Frankreich und Deutschland mit hoher Arbeitslosigkeit und Dauerarbeitslosigkeit, was darauf schließen lässt, dass hier die Arbeitsmärkte vergleichsweise ineffizient funktionieren. Demgegenüber weisen Irland, Luxemburg, Dänemark, die Niederlande im Rahmen ihres so genannten „Poldermodells" und Großbritannien nach teilweise schmerzhaften Reformen in den letzten zwei Jahrzehnten eine relativ niedrige Arbeitslosenquote auf. Fast durchweg gilt aber, dass Frauen ein deutlich größeres Risiko als Männer haben, arbeitslos zu werden.

Zwar sind in den von Arbeitslosigkeit besonders betroffenen neuen Mitgliedsländern die Arbeitskosten (in der Industrie und im marktorientierten Dienstleistungssektor) verhältnismäßig niedrig, was für viele arbeitsintensive Produktionen ein wichtiger Standortfaktor ist. Dennoch dürften sich die beschäftigungswirksamen Effekte insgesamt in Grenzen halten, da hier zugleich die Arbeitsproduktivität weit unterdurchschnittlich ausgeprägt ist. Auffällig ist in diesem Zusammenhang die große Varianz der in Tabelle 2 enthaltenen Indikatoren. Während in Niedriglohnländern wie Bulgarien, Rumänien, Lettland, Litauen, Estland und der Slowakei die Arbeitskosten je Stunde im Bereich der Industrie und marktorientierten Dienstleistungen unter fünf Euro betragen, muss in Hochlohnländern wie Luxemburg, Belgien, Dänemark, Schweden, Frankreich, die Niederlande, Deutschland, Finnland und Österreich für eine entsprechende Arbeitsstunde fünfmal soviel und mehr aufgewendet werden.

Entsprechend groß ist auch die Spannweite der durchschnittlichen (Brutto-) Jahresverdienste (der Vollzeitbeschäftigten in der Industrie und im Dienstleistungssektor) und Mindestbruttolöhne pro Monat, die es für die Mehrheit der Vollzeitarbeitnehmer in insgesamt 20 Ländern der EU-Familie gibt, sowie die Bandbreite der Produktivität, die über das BIP in KKS je geleistete Arbeitsstunde (für 2004) oder je Beschäftigten gemessen wird. Sie reicht im letztgenannten Fall im EU-25-Raum von rund 50 Prozent des EU-Durchschnitts in Lettland und Litauen bis über 120 Prozent in Luxemburg, Irland und Belgien. Besonders niedrige Werte weisen auch hier die Neumitglieder Bulgarien und Rumänien (unter 40 Prozent).

Die schwierigen Arbeitsmarktverhältnisse in etlichen Mitgliedstaaten offenbaren zugleich, dass ein wesentlicher Teil des vorhandenen Beschäftigtenpotenzials in der EU nicht ausgeschöpft wird. Diese angesichts der demographischen Entwicklung vor allem für die Entwicklung wohlfahrtsstaatlicher Sicherungssysteme problematische Konstellation hat die EU veranlasst, im Rahmen ihrer im Jahr 2000 formulierten Lissabon-Strategie eine Beschäftigungsquote von mindestens 70 Prozent bis 2010 anzuvisieren. Im Referenzjahr (2005) liegt die durchschnittliche Erwerbsbeteiligung allerdings nur bei 63 Prozent und damit auch klar unter den entsprechenden Quoten in den USA und Japan (72 bzw. 69 Prozent; Anteil der erwerbstätigen Personen im Alter von 15 – 64 Jahren an der Gesamtbevölkerung derselben Altersgruppe). Eine Erwerbsbeteiligung von 70 Prozent oder mehr erreichen lediglich Dänemark, die Niederlande, Schweden und Großbritannien. In Italien, der Slowakei, Ungarn, Malta und Polen sowie Rumänien und Bulgarien liegt die Quote teilweise sogar deutlich unter 60 Prozent, was die Produktivität und die Wachstumschancen der Volkswirtschaften beschränkt (vgl. Tabelle 2). Die beträchtlichen Unterschiede hängen eng mit der Flexibilität der Arbeitsbedingungen, zum Beispiel im Rahmen von Teilzeitbeschäftigungen, und mit der Erwerbsbeteiligung der Frauen zusammen, die im Durchschnitt bei 56 Prozent liegt und zwischen 70 Prozent in Schweden und 34 Prozent in Malta variiert. Verantwortlich für diese Differenzen sind neben flexibleren Arbeitszeitmodellen und insbesondere dem Angebot an Teilzeitarbeit, wie vor allem das niederländische Beispiel zeigt, unterschiedliche familienpolitische Strategien, variierende Infrastrukturangebote wie die Verfügbarkeit von Kinderbetreuungseinrichtungen oder auch verschiedenartige kulturelle Orientierungen. Es ist Ziel der EU, die Erwerbsbeteiligung der Frauen bis 2010 auf 60 Prozent auszuweiten und auch ältere Erwerbstätige (55 – 64 Jahre) verstärkt in den Arbeitsmarkt zu integrieren, deren Beschäftigungsquote in vielen Ländern der EU sehr niedrig ausfällt. Ebenso sollen die in allen Mitgliedsländern bestehenden und zum Teil erheblichen geschlechtsspezifischen Lohnunterschiede mittels geeigneter Maßnahmen z. B. im Bereich der Bildungspolitik abgebaut werden: Der Unterschied zwischen den (Brutto-) Stundenverdiensten der Männer und Frauen in Prozent der Stundenverdienste der Männer liegt im EU-Durchschnitt bei 15 Prozent und variiert zwischen vier Prozent in Malta und über 20 Prozent in Zypern, Estland, Deutschland, der Slowakei und Großbritannien (vgl. Tabelle 2).

Die Differenzen zwischen den einzelnen Volkswirtschaften in der EU weisen darauf hin, dass innerhalb der Gemeinschaft ganz unterschiedliche Voraussetzungen der gesellschaftlichen und wirtschaftlichen Modernisierung bestehen. Dies betrifft insbesondere auch zentrale Aspekte der Entwicklung zur Informationsgesellschaft und zu einer wettbewerbsfähigen wissensbasierten Ökonomie, wie sie von der Gemeinschaft vor allem im Rahmen ihrer Forschungs- und Technologiepolitik angestrebt wird (vgl. Abschnitt 2). Am Beispiel einiger Schlüsselindikatoren zur Infrastruktur der Informationsökonomie und -gesellschaft sowie zur Intensität von Forschung und Entwicklung tritt dies klar zu Tage (vgl. Tabelle 3):

EU-weit verfügen zwar über die Hälfte der Privathaushalte inzwischen über einen Personalcomputer und auch die Internetzugangsdichte ist aufgrund ihrer dynamischen Entwicklung im gesamten EU-Raum ähnlich hoch, aber zwischen den Mitgliedsländern bestehen mit rund 60 Prozentpunkten erhebliche Unterschiede. Hohe Durchdringungsraten gibt es vor allem in den west- und nordeuropäischen Ländern, in denen in der Regel über 60 Prozent der privaten Haushalte einen PC besitzen, während in den ärmeren Ländern wie Portugal und Griechenland sowie in den neuen süd- und osteuropäischen Mitgliedstaaten – bis auf Slowenien – die Raten zum Teil noch deutlich unter 50 Prozent liegen (in 2005). Beim Internetzugang zeigt sich ein sehr ähnliches Bild, wobei für den Zugang zu einem Breitbandanschluss offenbar technische und organisatorische Besonderheiten in einzelnen Ländern von Bedeutung sind (Angaben für 2006).

Bemerkenswert fällt auch die Bandbreite der Ausgaben im Bereich Forschung und Entwicklung (FuE) aus, die ein wesentlicher Indikator für die Aktivitäten des privaten und öffentlichen Sektors zur Erreichung von Wettbewerbsvorteilen vor allem in technologischer Hinsicht sind (vgl. z. B. Bassanini/Scarpetta 2001). Die FuE-Intensität, die über die FuE-Ausgaben im Verhältnis zum BIP gemessen wird, bewegt sich im Referenzjahr (2005) zwischen 0,4 und 3,9 Prozent, wobei lediglich in Schweden und Finnland die Drei-Prozentmarke übertroffen wird (vgl. Tabelle 3, nach Eurostat und EC 2006: 91, 99). Daher liegen die durchschnittlichen Bruttoinlandsaufwendungen für FuE in der EU mit rund 1,8 Prozent auch deutlich unter dem Niveau der beiden Hauptkonkurrenten USA und Japan (2,7 und 3,2 Prozent in 2004/03). Im Rahmen ihrer Lissabon-Strategie verfolgt die Gemeinschaft allerdings das Ziel, den Anteil der FuE-Ausgaben am BIP bis 2010 EU-weit auf drei Prozent zu steigern, um so den europäischen Wirtschaftsraum zur „most competitive and dynamic knowledge-based economy" zu entwickeln (EC 2006: 97). Diesem Ziel stehen allerdings bescheidene FuE-Aufwendungen in etlichen Mitgliedsländern entgegen. Die geringsten FuE-Ausgaben sind für Rumänien, Zypern und Bulgarien zu verzeichnen, in denen die FuE-Intensität nicht über 0,5 Prozent hinausgeht. Geringe Raten gibt es darüber hinaus in Griechenland und Portugal sowie Estland, Lettland, Litauen, Ungarn, Malta, Polen und der Slowakei (unter einem Prozent). In diesen Ländern sind auch die niedrigsten Werte für den Anteil der Beschäftigung in Forschung und Entwicklung (an der Gesamtbeschäftigung) sowie die Patentanmeldungen am Europäischen Patentamt (je eine Million Einwohner) zu verzeichnen (Angaben jeweils für 2003). Patente gelten weithin als wichtiger Indikator des technologischen Outputs und innovativen Performanz eines Landes. Im Mittelpunkt steht die Fähigkeit einer Volkswirtschaft neues Wissen zu erlangen und ökonomisch gewinnbringend einzusetzen. Die meisten Patentanmeldungen in Relation zur Bevölkerungszahl liegen aus Deutschland, Finnland, Schweden, den Niederlanden, Dänemark und Luxemburg vor, gefolgt von Österreich, Frankreich und Großbritannien (vgl. Tabelle 3). In Deutschland sowie in Irland gibt es darüber hinaus den weitaus größten Anteil von Unternehmen, die an innovativen Aktivitäten beteiligt sind (vgl. EC 2006: 98). Ein analoges Bild ergibt sich, wenn man die so genannte „triadische Patentfamilie" betrachtet, die die registrierten Patente bei allen drei großen Patentämtern, d. h. dem Patent- und Markenamt der Vereinigten Staaten sowie dem Japanischen und Europäischen Patentamt, erfasst (vgl. OECD 2006: 134f.). Der Anteil der EU-25 an den Patentfamilien im OECD-Raum liegt nach Berechnungen der OECD für das Jahr 2002 hinter dem der USA, aber vor dem Anteil Japans (32/36/26 Prozent).

Wirtschaftliche Entwicklung und Modernisierung

Tabelle 2: Der Arbeitsmarkt in den EU-Mitgliedsländern, 2005 oder letztes verfügbares Jahr

	Beschäftigung insg. Prozent	w. Prozent	ält. Prozent	Tz. Prozent	Arbeitslosigkeit insg. Prozent	w. Prozent	Lz. Prozent	Arb.-kosten € p.St.	Arb.prod. BIP/Be.	BIP/A.st.	Ver-dienst € p.J.	Mind.-lohn € p.M.	L-diff. Prozent
Belgien	61,1	53,8	31,8	22,0	8,4	9,5	4,4	30,73	129	131	36673	1210	7
Dänemark	75,9	71,9	59,6	22,1	4,8	5,3	1,1	30,70	105	101	47529	k.R.	18
Deutschland	65,4	59,6	45,4	24,0	9,5	10,3	5,0	26,43	103	110	41691	k.R.	22
Irland	67,6	58,3	51,6	16,8	4,3	4,0	1,5	k.A.	129	121	k.A.	1183	9
Griechenland	60,1	46,1	41,6	5,0	9,8	15,3	5,1	13,37	101	72	16739	668	9
Spanien	63,3	51,2	43,1	12,4	9,2	12,2	2,2	15,22	97	89	20439	599	13
Frankreich	63,1	57,6	37,9	17,2	9,6	10,6	4,0	29,29	119	117	28847	1197	12
Italien	57,6	45,3	31,4	12,8	7,7	10,1	3,9	21,39	106	91	k.A.	k.R.	9
Luxemburg	63,6	53,7	31,7	17,4	4,5	5,8	1,2	31,10	164	158	42135	1467	14
Niederlande	73,2	66,4	46,1	46,1	4,7	5,1	1,9	27,41	109	119	38700	1265	18
Österreich	68,6	62,0	31,8	21,1	5,2	5,5	1,3	25,30	116	99	36032	k.R.	18
Portugal	67,5	61,7	50,5	11,2	7,6	8,7	3,7	10,60	66	60	14715	437	9
Finnland	68,4	66,5	52,7	13,7	8,4	8,6	2,2	26,39	106	96	33282	k.R.	k.A.
Schweden	72,5	70,4	69,4	24,7	7,5	7,4	1,2	30,43	105	102	34049	k.R.	16
Großbritannien	71,7	65,9	56,9	25,4	4,8	4,3	1,0	24,47	108	100	41253	1197	20
EU-15	65,2	57,4	44,1	20,3	7,9	9,0	3,3	k.A.	106	100	34412		15
Tschechien	64,8	56,3	44,5	4,9	7,9	9,8	4,2	6,63	66	52	k.A.	235	19
Estland	64,4	62,1	56,1	7,8	7,9	7,1	4,2	4,67	59	41	k.A.	172	25
Zypern	68,5	58,4	50,6	8,9	5,2	6,5	1,2	11,10	81	67	19290	k.R.	25
Lettland	63,3	59,3	49,5	8,3	8,9	8,7	4,1	2,77	48	36	4246	116	17
Litauen	62,6	59,4	49,2	7,1	8,3	8,3	4,3	3,56	53	44	k.A.	145	15
Ungarn	56,9	51,0	33,0	4,1	7,2	7,4	3,2	6,14	71	54	7798	232	11
Malta	53,9	33,7	30,8	9,6	7,3	9,0	3,4	8,35	83	72	11180	557	4
Polen	52,8	46,8	27,2	10,8	17,7	19,1	10,2	5,55	59	46	6270	205	10
Slowenien	66,0	61,3	30,7	9,0	6,5	7,0	3,1	10,76	78	68	k.A.	490	8
Slowakei	57,7	50,9	30,3	2,5	16,3	17,2	11,7	4,80	65	56	7168	167	24
EU-25	63,8	56,3	42,5	18,4	8,8	9,8	3,9	21,20	100	92	k.A.		15
Bulgarien	55,8	51,7	34,7	2,1	10,1	9,8	6,0	1,55	34	k.A.	1978	77	16
Rumänien	57,6	51,5	39,4	10,2	7,2	6,4	4,0	2,33	39	k.A.	k.A.	72	13

Beschäftigte ält. = ältere Beschäftigte (55-64 Jahre); Tz. = Teilzeit; Arbeitslosigkeit Lz. = Langzeit (zwölf Monate und mehr); Mindestlohn k. R. = keine Regelung; L-diff. = geschlechtsspezifische Lohnunterschiede EU-25 = 100; BIP pro Arbeitsstunde in KKS, EU-15 = 100 (2004); BIP pro Beschäftigten in KKS. (vgl. Text); k. A. = keine Angabe. Quelle: Eurostat.

Tabelle 3: Forschung, Entwicklung und Informationsgesellschaft (Computer- und Internetzugang der Haushalte) in den EU-Mitgliedsländern, 2003 – 2006 oder letztes verfügbares Jahr

	Forschung und Entwicklung			Computer- und Internetzugang		
	FuE/BIP Prozent (2005)	Besch. Prozent (2003)	Patente (2003)	PC Prozent (2005)	Internet Prozent (2006)	Breitband Prozent (2006)
Belgien	1,82	1,82	144	k. A.	54	48
Dänemark	2,44	2,29	236	84	79	63
Deutschland	2,51	1,85	312	70	67	34
Irland	1,25	1,43	77	55	50	13
Griechenland	0,61	1,34	11	33	23	4
Spanien	1,12	1,45	31	55	39	29
Frankreich	2,13	1,73	149	50	41	30
Italien	1,10	1,13	87	46	40	16
Luxemburg	1,56	2,20	200	87	70	44
Niederlande	1,78	1,50	244	78	80	66
Österreich	2,36	1,79	195	63	52	33
Portugal	0,81	0,86	8	42	35	24
Finnland	3,48	3,11	306	64	65	53
Schweden	3,86	2,49	285	80	77	51
Großbritannien	1,73	k. A.	121	70	63	44
EU-15	1,91	1,54	161	63	54	34
Tschechien	1,42	1,18	16	30	29	17
Estland	0,94	1,29	16	43	46	37
Zypern	0,40	0,64	16	46	37	12
Lettland	0,57	0,80	6	30	42	23
Litauen	0,76	0,99	6	32	35	19
Ungarn	0,94	1,24	19	42	32	22
Malta	0,61	0,47	9	k. A.	53	40
Polen	0,57	0,92	4	40	36	22
Slowenien	1,22	1,40	50	61	54	34
Slowakei	0,51	0,97	8	47	27	11
EU-25	1,85	1,44	136	58	51	32
Bulgarien	0,50	0,61	4	k. A.	17	10
Rumänien	0,39	0,43	1	k. A.	k. A.	k. A.

k. A. = keine Angabe. Quellen: Eurostat, EC (2006: 91, 99).

In der Summe offenbaren die vorliegenden Strukturdaten einerseits die große ökonomische und technologische Leistungsfähigkeit der erweiterten EU, andererseits aber auch die enorme Spannweite der marktwirtschaftlichen Performanz in der Gemeinschaft. Diese ist vor allem darauf zurückzuführen, dass die zuvor schon bestehenden Ungleichgewichte durch die Erweiterung in den letzten Jahren deutlich zugenommen haben (dies gilt auch – und darauf können wir hier nur hinweisen – für die regionalen Disparitäten). Der Beitritt von zwölf Ländern Ost- und Südeuropas in 2004 und 2007, insbesondere der Transformationsstaaten, hat das Leistungs- und Wohlstandsgefälle noch einmal deutlich verschärft, so dass die EU in wirtschaftlicher Hinsicht heute in weiten Teilen durch ein Nord-Süd- und West-Ost-Gefälle gekennzeichnet ist. Zwar führten die mit der Mitgliedschaft in der EU verbundenen Anpassungszwänge in der Regel zu einer zügigen Modernisierung der ökonomischen und politischen Institutionen im Transformationsprozess und wesentliche finanzielle und administrative Leistungen der EU unterstützen bis heute den Reformkurs der EU-Neulinge. Dennoch gehören in wesentlichen Aspekten der ökonomischen und technologischen Leistungsfähigkeit die meisten Neumitglieder zusammen mit Griechenland (EL) und Portugal (PT) zu den Schlusslichtern in der EU, wie Tabelle 4 noch einmal komprimiert für die Faktoren Pro-Kopf-Wirtschaftsleistung, Forschung und Entwicklung und Arbeitsproduktivität zusammenfasst. Lediglich Slowenien (SI) und mit Abstrichen Tschechien (CZ), Zypern (CY) und Malta (MT) liegen zumindest in einigen Merkmalen im Mittelfeld der EU-Familie. Grundsätzlich sprechen für die Wettbewerbsfähigkeit der neuen Mitglieder allerdings ihre relativen Kostenvorteile, insbesondere aufgrund der überwiegend geringen Arbeitskosten, die sich bereits auf die Standortentscheidungen zahlreicher Unternehmen aus anderen Industriestaaten für ihre Produktionsstätten ausgewirkt haben. Im Bereich des Arbeitsmarktes sieht es daher trotz der Überbeschäftigung in Zeiten der Planwirtschaft in vielen dieser Länder besser aus. Weit überdurchschnittliche Arbeitslosenquoten (ALQ) bei zugleich weit unter dem Durchschnitt rangierenden Beschäftigungsquoten sind nur in Polen (PL), der Slowakei (SK) und Bulgarien (BG) anzutreffen (vgl. die letzten beiden Spalten in Tabelle 4). Problematisch ist, dass es sich gerade bei Polen um eine vergleichsweise große Volkswirtschaft mit einem hohen Beschäftigtenanteil im Agrarsektor handelt. Kommt es dort in Zukunft zu größeren Modernisierungsfortschritten und Freisetzungen, was im Rahmen der EU-Integration und in Anbetracht der geringen Produktivität zu erwarten ist, und sollten diese vom Industrie- und Dienstleistungsbereich nicht absorbiert werden können, werden erhebliche soziale Probleme und politische Widerstände die Folge sein. Gravierende Funktionsprobleme des Arbeitsmarktes liegen Mitte der 2000er Jahre aber auch in einigen älteren Mitgliedsländern vor, d. h. in Griechenland (EL), Spanien (ES), den Hochlohnländern Deutschland (DE) und Frankreich (FR) sowie mit Blick auf die geringe Beschäftigungsquote auch in Italien (IT). In Deutschland sind allerdings überdurchschnittliche FuE-Aktivitäten und – wie ebenfalls in Frankreich – eine relativ hohe Arbeitsproduktivität zu verzeichnen, so dass die aktuellen Reformanstrengungen in den Bereichen der Wirtschafts-, Steuer- und Arbeitsmarktpolitik zumindest in dieser Hinsicht an ökonomisch viel versprechenden Bedingungen ansetzen können. Durchgehend zur Spitzengruppe, gekennzeichnet durch eine hohe ökonomische und technologische Leistungsfähigkeit bei zugleich guten Arbeitsmarktwerten, gehören die stark auf den Export ausgerichteten Niederlande (NL) und Dänemark (DK) (vgl. Tabelle 4). Dort hat eine Phase grundlegender Reformen in der Wirtschafts- und Sozialpolitik Ende der 1980er Jahre und in den 1990er Jahren zu erheblichen Entlastungen der Wirtschaft und Verbesserungen der ökonomischen Lage geführt, weshalb die Volkswirtschaften beider Länder mit Blick auf das Wohlfahrtsniveau und den wirtschaftlichen Modernisierungsstand heute zu den erfolgreichsten der EU gehören.

Tabelle 4: Zusammenfassende Darstellung

	BIP p. K.	FuE	Arbeits-produkt.	Arbeits-kosten	Beschäf-tigung	ALQ reziprok
Niedrig	< 90	I < 1 Prozent, P < 50	< 60 (BIP/A. st.)	< 10 € p. St	< 60 Prozent	> 9 Prozent
	EL PT *CZ EE CY LV LT HU MT PL SI SK BG RO*[1]	EL PT *EE CY LV LT HU MT PL SK BG RO*	*CZ EE LV LT HU PL SK BG RO*	*CZ EE LV LT HU MT PL SK BG RO*	IT *HU MT SK PL BG RO*	DE EL ES FR *PL SK BG*
Mittel	DE ES FR IT	BE IE* ES IT UK *CZ SI*	EL ES IT AT PT FI UK *CY MT SI*	EL ES PT *CY SI*	BE DE IE EL ES FR LU AT PT FI *CZ EE CY LV LT SI*	BE IT PT FI SE *CZ EE LV LT HU MT SI RO*
Hoch	> 110	I > 2 Prozent, P > 150	> 100 (BIP/A. st.)	> 20 € p. St	> 70 Prozent	< 6 Prozent
	BE DK IE LU NL AT FI SE UK	DK DE FR LU NL AT FI SE	BE DK DE IE FR LU NL SE	BE DK DE FR IT LU NL AT FI SE UK	DK NL SE UK	DK IE LU NL UK AT *CY*

FuE-I = Intensität; FuE-P = Patente (je 1 Mill Einw.);* außerordentlich hohe Anteile von Unternehmen mit innovativen Aktivitäten und von Beschäftigten im Hochtechnologiesektor (nach EC 2006: 98, 100). Neumitglieder kursiv. Relative Kategorien. Quellen: vorhergehende Tabellen.

Die erheblichen Strukturunterschiede in der EU-Familie vor allem zwischen den älteren und den neuen ost- und südeuropäischen Mitgliedsländern werfen die Frage auf, wie sich das Leistungs- und Wohlstandsgefälle in der Gemeinschaft entwickeln wird und welche Chancen einer Harmonisierung der wirtschaftlichen Entwicklung bestehen. Zweifellos brauchen gerade die neuen Mitgliedsländer auf lange Sicht Wachstumsraten, die deutlich über dem EU-Durchschnitt liegen, wenn sie z. B. den teilweise enormen Rückstand im Pro-Kopf-Einkommen aufholen möchten. Allerdings ist ihre wirtschaftliche Entwicklung in Folge der ökonomischen und politischen Modernisierungsprozesse in den meisten Fällen bereits durch eine besondere Dynamik gekennzeichnet, wie ein Blick auf die (durchschnittliche prozentuale) Entwicklung des realen BIP in den vergangenen Jahren zeigt (vgl. Tabelle 5). Einige der ehemals kommunistisch regierten Länder mussten zwar in den ersten Jahren des Übergangs von der planwirtschaftlichen Vergangenheit zu einer am Markt orientierten Wirtschaftsordnung einen signifikanten Rückgang ihres realen BIP, hohe Inflationsraten und Arbeitslosenquoten hinnehmen, da wesentliche Defizite der überkommenen planwirtschaftlichen Verhältnisse (wie eine einseitige Konzentration der industriellen Produktion im Rahmen eines überalteten Kapitalstocks und verzerrten Preissystems, ein unzulänglicher Ausbau der öffentlichen Infrastruktur und eine hohe Staatsverschuldung) die Anpassung an das marktwirtschaftliche System erheblich erschwerten (vgl. z. B. Orlowski 2001). Nach der Übergangskrise, der teilweisen Schließung ganzer Wirtschaftszweige wie z. B. in der Slowakei, der weitgehenden Privatisierung der ehemaligen Staatsbetriebe und Liberalisierung der Märkte, der überwiegenden Neuausrichtung des Außenhandels auf Westeuropa sowie der Institutionalisierung geeigneter Instrumente (z. B. im Bereich der Geld- und Steuerpolitik) und Organisationen (z. B. Banken- und Rechtswesen) für marktwirtschaftliche Transaktionen hat sich die Wirtschaft aber weitgehend stabilisiert. In den meisten Fällen sind seit Mitte der 1990er Jahre positive und relativ hohe Wachstumsraten zu verzeichnen, wobei nach den Daten der „European Values Study" (1999/2000) diese Entwicklung durch eine ausgesprochen positive Wettbewerbs- und Leistungsorientierung der Bürger gestützt wird (vgl. Gerhards 2005: 140, 146). Auch im Bereich des für die wirtschaftliche Entwicklung bedeutsamen „good governance" hat sich aufgrund der politisch-institutionellen Aufnahmebedingungen für die Mitgliedschaft in der EU einiges getan, wenn z. T. auch noch signifikante Defizite bestehen (wie man z. B. am Korruptionsindex von Transparency International ablesen kann, vgl. CPI in Tabelle 5). Jedenfalls gehören die Wachstumsraten der osteuropäischen Neumitglieder heute zu den höchsten in der EU. Insbesondere in den baltischen Staaten, der Slowakei, Bulgarien, Rumänien und Polen liegt aufgrund eines beherzten Reformkurses und der Neuansiedlung von Industrieunternehmen das jährliche Wirtschaftswachstum z. T. weit über dem EU-Durchschnitt (wobei aber auch immer das niedrige Ausgangsniveau zu berücksichtigen ist). Zugleich sind die Inflationsraten nach der Umstrukturierung der Wirtschaft deutlich zurückgegangen und haben sich gegenüber den teilweise sehr hohen Werten zu Anfang der Transformationsphase weitgehend normalisiert. Lediglich in Bulgarien, Rumänien und Lettland liegt die Inflation noch immer erkennbar über dem mittleren Niveau in der Union (vgl. Tabelle 5).

Ebenso wie die Transformationsländer weist auch Zypern ein Wirtschaftswachstum über dem EU-Durchschnitt auf. Zumindest der Süden Zyperns hat sich in den letzten beiden Jahrzehnten zu einer modernen Finanz- und Dienstleistungswirtschaft entwickelt. Von den EU-Neulingen lässt lediglich das zweite Mittelmeerland, die ehemalige britische Kolonie Malta, ein Wirtschaftswachstum unter dem EU-Durchschnitt erkennen, da ein großer Teil der Produktion noch immer in verlustträchtigen Staatsbetrieben organisiert ist und auch der Bereich der Agrarwirtschaft aufgrund der schwierigen Bodenverhältnisse keine wirtschaftlichen Perspektiven bietet. Diese Strukturen dürften auch wesentlich zu dem in den neuen Mitgliedsländern höchsten Anstieg der öffentlichen Gesamtverschuldung beigetragen haben (vgl. Tabelle 5). Insgesamt zeichnen sich die Neumitgliedern aber durch große Stabilitätsfortschritte und eine beachtliche Stabilität aus, wobei gravierende Stabilitätsgefahren für die WWU auch deshalb nicht zu erwarten sind, weil es sich überwiegend um kleinere Ökonomien handelt.

Die größtenteils dynamische Entwicklung der EU-Neulinge korrespondiert mit der Entwicklung, die insgesamt die älteren und weniger entwickelten Mitgliedsländer genommen haben. Ihre Marktintegration, die auch außerhalb der formellen Mitgliedschaft stattfand, hat zu enormen wirtschaftlichen Konvergenzerfolgen geführt, die nach überwiegender Einschätzung über den üblichen und empirisch gut bestätigten Konvergenzeffekt für moderne Volkswirtschaften hinausgehen (vgl. Bornschier 2000; Mattli 1999; Wagener et al. 2006: 106ff.). Sehr anschaulich zeigen dies auch die in Tabelle 6 zusammengestellten Daten zur langfristigen Wirtschaftsentwicklung im 20. Jahrhundert (auf Grundlage der intertemporal und international vergleichbaren Angaben von Maddison 2006). Spanien, Portugal, mit Abstrichen Griechenland und vor allem Irland konnten insbesondere aufgrund von Produktivitätssteigerungen, die sich beim Wechsel von Arbeitskräften aus dem Agrarsektor in den Industrie- und Dienstleistungssektor ergaben, einer überwiegend starken Tourismusbranche und günstiger Rahmenbedingungen für ausländische Direktinvestitionen sowie vielfältiger Fördermaßnahmen der EU (GAP, Kohäsions-, Struktur- und Regionalfonds)

Tabelle 5: Wirtschaftliche Entwicklung und wahrgenommene Korruption in den EU-Mitgliedsländern, 1995 – 2006[1]

	Entw. BIP 96-06	Entw. BIP 04-06	E-ALQ 95-06	Inflation 95/97	Inflation 2006	Schulden 1995	Schulden 2006	Defizit 2006	Zinsen 1995	Zinsen 2006	CPI 2006
Belgien	2,1	2,3	-1,4	1,3	2,3	135,9	89,1	0,2	7,48	3,81	7,3
Dänemark	2,2	2,6	-2,8	2,0	1,9	77,4	30,2	4,2	8,27	3,81	9,5
Deutschland	1,4	1,5	0,4	1,5	1,8	49,3	67,9	-1,7	6,85	3,76	8,0
Irland	7,3	5,0	-7,9	1,3	2,7	89,6	24,9	2,9	8,25	3,74	7,4
Griechenland	3,9	4,1	0,6	5,4	3,3	107,9	104,6	-2,6	17,27	4,07	4,4
Spanien	3,7	3,5	-9,8	4,6	3,6	61,1	39,9	1,8	11,27	3,78	6,8
Frankreich	2,2	1,9	-2,1	1,8	1,9	48,4	63,9	-2,5	7,54	3,80	7,4
Italien	1,3	0,9	-3,5	5,4	2,2	124,8	106,8	-4,4	12,21	4,05	4,9
Luxemburg	4,7	4,4	1,9	1,4	3,0	6,3	6,8	0,1	k.A.	k.A.	8,6
Niederlande	2,6	2,2	-2,7	1,4	1,7	76,4	48,7	0,6	6,90	3,78	8,7
Österreich	2,3	2,5	0,9	1,6	1,7	63,4	62,2	-1,1	7,14	3,80	8,6
Portugal	2,3	0,9	0,4	4,0	3,0	62,1	64,7	-3,9	11,47	3,91	6,6
Finnland	3,7	3,8	-7,7	0,4	1,3	58,0	39,1	3,9	8,79	3,78	9,6
Schweden	2,9	3,7	-1,7	2,7	1,5	73,9	46,9	2,2	10,23	3,70	9,2
Großbritannien	2,8	2,6	-3,2	2,7	2,3	48,6	43,5	-2,8	8,32	4,37	8,6
EU-15	2,2	2,1	-2,8	2,8	2,1	70,8	63,3	-1,6			
Tschechien	2,9	5,4	-1,5	8,0	2,1	12,2	30,4	-2,9	6,94	4,87	4,8
Estland	7,6	9,8	-7,2	9,3	4,4	6,4	4,1	3,8	k.A.	k.A.	6,7
Zypern	3,5	4,0	0,0	3,3	2,2	61,6	65,3	-1,5	7,55	4,12	5,6
Lettland	7,2	9,9	-6,9	8,1	6,6	9,8	10,0	0,4	4,85	4,16	4,7
Litauen	6,4	7,6	-10,5	10,3	3,8	15,2	18,2	-0,3	5,97	4,00	4,8
Ungarn	4,4	4,4	1,1	18,5	4,0	64,2	66,0	-9,2	8,55	7,12	5,2
Malta	2,3	1,5	0,7	3,9	2,6	51,5	66,5	-2,6	5,75	4,31	6,4
Polen	4,3	4,7	-2,1	15,0	1,3	44,0	47,8	-3,9	11,79	5,27	3,7
Slowenien	4,0	4,4	-0,7	8,3	2,5	23,6	27,8	-1,4	2,49	3,90	6,4
Slowakei	4,4	6,0	-5,4	6,0	4,3	33,1	30,7	-3,4	8,33	4,42	4,7
EU-25	2,3	2,3	-0,7	3,0	2,2	k.A.	62,2	-1,7			
Bulgarien	2,5	5,7	-7,5	18,7	7,4	105,1	22,8	3,3	8,26	4,01	4,0
Rumänien	4,6	6,6	0,2	154,8	6,6	16,5	12,4	-1,9	k.A.	k.A.	3,1

1 = Der zeitliche Bezug variiert aufgrund der Datenverfügbarkeit. Die Werte für 2006 sind z. T. geschätzt. Entw. BIP = durchschnittliche (prozentuale) Veränderung des realen BIP; E-ALQ = Veränderung der Arbeitslosenquote 2006 gegenüber 1995 bzw. 2000, Arbeitslosenquote Griechenland, Italien 2005 (statt 2006); Inflation = jährliche durchschnittliche Veränderungsrate der Harmonisierten Verbraucherpreisindices (HVPI), Inflationsrate Deutschland, Irland, Griechenland, Luxemburg 1997 (statt 1995), Bulgarien 1998 (statt 1997); Schulden = Bruttoschuldenstand des Staates in Prozent des BIP, Schuldenstand Zypern, Lettland, Slowenien 1998 (statt 1997); Defizit = Nettofinanzierungssaldo des Staates in Prozent des BIP; Zinsen = langfristige Zinssätze, Zinssätze Lettland, Slowenien 2004 (statt 2000), Litauen, Bulgarien 2002 (statt 2000), Tschechien 2002 (statt 2006); CPI = „Corruption Perceptions Index" (wahrgenommene Korruption im öffentlichen Sektor auf der Grundlage von Expertenumfragen, max. Punktwert 10 = als frei von Korruption wahrgenommen, Einzelheiten unter http://www.transparency.org); k. A. = keine Angabe. Quellen: Eurostat, Transparency International.

einen wirtschaftlichen Aufholprozess starten, der – bei allen Rückschlägen und heute noch bestehenden Unterschieden – zu einer deutlichen Angleichung des wirtschaftlichen Leistungs- und Lebensstandards an die höher entwickelten Mitgliedstaaten geführt hat. Irland hat es aufgrund beeindruckender Wachstumsraten in der neueren Zeit sogar an die Spitze der EU gebracht (vgl. Tabellen 1 und 5), was vor allem auf die Förderung und die Entwicklung im Bereich der innovativen Hochtechnologieproduktionen zurückzuführen ist, etwa in den Sektoren Pharmazie, Telekommunikation und elektronische Erzeugnisse (vgl. EC 2006: 78, 98, 100). Die Einschätzung ist daher im Zusammenhang mit den großen FuE-Aktivitäten in anderen Randstaaten der Gemeinschaft weit verbreitet, dass „the most remarkable change in the geography of production was the spreading of relatively high-technology and high-skill industries towards the EU periphery (Irland and Finland); and that the availability of highly-skilled and educated workers is becoming increasingly important determinant of industrial location" (Javanovic 2005: 832).

Aufgrund der mit der industriellen Neuorientierung auf den Hochtechnologiebereich einhergehenden hohen Wachstumsraten in Irland und Finnland konnten diese Länder – nach der fast überall wirksamen Rezession in 1993 – auch große Erfolge beim Abbau der Arbeitslosigkeit seit Mitte der 1990er Jahr verbuchen (vgl. E-ALQ in Tabelle 5). Ein deutlicher Rückgang der Arbeitslosenquote findet sich darüber hinaus vor allem in den wachstumsstarken neuen Mitgliedsländern Ost- und Südeuropas, was nach Einschätzung der OECD dafür spricht, dass sich insbesondere unter den Bedingungen hoher Arbeitslosigkeit in einer rasch wachsenden Wirtschaft leichter Arbeitsplätze finden lassen und Volkswirtschaften schneller wachsen können, wenn sie Arbeitslosigkeit zu einer unattraktiven Alternative machen (vgl. z. B. OECD 2006: 122). Darauf weisen ebenfalls die – trotz des heute noch überdurchschnittlichen Niveaus – beachtlichen Erfolge Spaniens beim Abbau der Mitte der 1990er Jahre außerordentlich hohen Arbeitslosigkeit hin, die auf die guten Wachstumsraten im Zuge umfassender Maßnahmen zur Liberalisierung und Modernisierung der spanischen Wirtschaft zurückzuführen sind. Dennoch sollte man mit einer einseitigen Interpretation der Wirkungszusammenhänge im Rahmen der ökonomisch plausiblen neoliberalen Perspektive vorsichtig sein (vgl. Armingeon 2003; Baccaro/Rei 2006; Scharpf 2001; van Veen 2006). Wie vor allem die wirtschaftlich erfolgreichen Beispiele Irland und Finnland zeigen, ermöglichen offensichtlich verschiedene Spielarten des Kapitalismus – liberale Marktwirtschaften (mit einer Betonung des Marktmechanismus zur Lösung von Koordinationsproblemen) wie Irland und koordinierte Marktwirtschaften (mit mehr oder minder ausgeprägten korporatistischen Strukturen) wie Finnland – eine hohe ökonomische Performanz und die Förderung des gesellschaftlichen Wohlstandes. In der neueren sozialwissenschaftlichen Diskussion ist daher wiederholt auf die besondere Bedeutung des politisch-institutionellen und kulturellen Kontextes für die wirtschaftliche Entwicklung aufmerksam gemacht worden, die einfache und allgemeingültige Erklärungen schwierig macht (vgl. u. a. Bornschier 2005; Hall/Soskice 2001; Kunz 2000; Müller 2006; Obinger 2003; Whitley 2002; Wilensky 2002). Dies lassen jedenfalls die in der EU-Familie insgesamt doch sehr unterschiedlichen und vom Wirtschaftswachstum nicht eindeutig bestimmten Entwicklungspfade auf dem Arbeitsmarkt erkennen (vgl. Tabelle 5). Auch für die in den letzten Jahren relativ wachstumsschwache und von hoher Arbeitslosigkeit gekennzeichnete deutsche Volkswirtschaft sind nicht nur allgemeine strukturelle Probleme des Sozial- und Steuerstaates im Zeitalter der Globalisierung von Bedeutung, sondern ebenso die besonderen Folgen der Wiedervereinigung, die aus den ökonomischen Problemen in den neuen Bundesländern resultieren. Aus diesen Sonderbedingungen erklärt sich insbesondere auch, dass Deutschland zu den zehn Ländern der EU-27 bzw. sieben Ländern der EU-15 gehört, die 2006 eine Gesamtverschuldung über dem Referenzwert des Stabilitätspaktes von 60 Prozent des BIP aufweisen, wobei in Griechenland und Italien der Anteil sogar über 100 Prozent liegt (vgl. Tabelle 5). In Italien konnte der zuvor noch wesentlich höhere Verschuldungsgrad nach Umbau des „römischen Staatskapitalismus" durch Privatisierungen und Liberalisierungen wie in den meisten anderen EU-15-Staaten zurückgeführt werden, wenn auch das Budgetdefizit die Marke von drei Prozent des BIP noch deutlich übertrifft (wie in insgesamt vier weiteren Ländern). Ebenfalls gibt es aufgrund der mit der Wirtschafts- und Währungsunion verbundenen Anpassungszwänge – und forciert durch den starken Euro – eine Angleichung der Inflationsraten auf niedrigerem Niveau. Dies gilt auch für die Entwicklung der langfristigen Zinssätze, die gleichfalls zu den maßgeblichen Indikatoren des Stabilitätspaktes gehören (vgl. Tabelle 5).

Tabelle 6: Die langfristige Entwicklung des BIP pro Kopf in ausgewählten Mitgliedsländern der EU, 1900 – 2000[1]

	1900	1913	1925	1950	1960	1970	1980	1990	2000
Belgien	83	86	91	79	80	99	112	105	105
Dänemark	67	79	85	100	102	118	118	112	116
Deutschland	66	74	69	56	89	101	109	97	94
Irland	k. A.	56	50	50	50	58	66	72	111
Griechenland	k. A.	32	42	28	36	58	69	61	61
Spanien	k. A.	42	48	32	36	59	71	73	77
Frankreich	64	71	81	76	87	108	117	110	105
Italien	40	52	57	50	68	90	102	99	95
Niederlande	76	82	98	86	96	111	114	105	109
Österreich	64	70	65	53	75	91	106	103	101
Portugal	k. A.	25	28	30	34	51	62	66	71
Finnland	37	43	45	61	72	89	100	103	102
Schweden	57	63	63	97	100	119	116	108	102
Großbritannien	100	100	100	100	100	100	100	100	100

1 = Die Angaben beruhen auf dem Konzept konsistenter Zeitreihen von Agnus Maddison (2006: 383ff.); UK = 100 (Großbritannien war das zu Beginn des 20. Jahrhunderts wirtschaftsstärkste Land). Internationale Geary-Khamis Dollars von 1990 (Originalangaben für Großbritannien: 4492, 4921, 5144, 6939, 8645, 10767, 12931, 16430, 19817); k. A. = keine Angabe. Quelle: Maddison 2006: 438ff..

4 Perspektiven

Der Prozess der europäischen Marktintegration ist ein einmaliges Projekt in der Wirtschaftsgeschichte und es ist zu erwarten, dass Europa als Wirtschaftsgemeinschaft weiter expandieren wird. Die wohlfahrtssteigernden Effekte sind beachtlich und wesentliche Schritte der sozioökonomischen Modernisierung und wirtschaftlichen Entwicklung der Mitgliedsländer hätten ohne die Einbettung in den europäischen Integrationsprozess nicht so schnell vollzogen werden können, weshalb ökonomische Interessen häufig als ausschlaggebend für den gesamten Einigungsprozess angesehen werden (vgl. Mattli 1999; Moravcsik 1993). Der Prozess der Modernisierung ist aber ein sehr komplexer Vorgang, weshalb Binnenmarkt und Währungsunion für sich keine harmonische Wirtschaftsentwicklung der Mitgliedstaaten garantieren und bis heute trotz beachtlicher Konvergenzerfolge signifikante Unterschiede im Entwicklungsstand der nationalen Volkswirtschaften bestehen, die sich durch den umfassenden Prozess der Marktausweitung und territorialen Integration noch verstärkt haben. Nach den bisherigen Erfahrungen ist der Aufholprozess in Mittel- und Osteuropa eine Aufgabe, die nur langfristig zu bewältigen ist. Auch deshalb spricht die EU in der anlässlich des 50. Jahrestages der Unterzeichnung der Römischen Verträge verfassten Berliner Erklärung 2007 ausdrücklich von einem solidarischen Miteinander der Mitgliedsländer, was aber auf Dauer nur dann funktionieren wird, wenn Europa nicht nur den Interessen der Marktökonomie gerecht wird, sondern auch der Marktgesellschaft, d. h. den sozialintegrativen Gesichtspunkten wirtschaftlichen Handelns (vgl. Bach 2006; Vobruba 2005). Damit ist in ökonomischer Hinsicht nicht nur die Frage nach der umstrittenen Ausrichtung eines entpolitisierten Währungsmanagements auf das vorrangige Ziel der Preisstabilität mit der Folge der Herabstufung anderer relevanter makroökonomischer Ziele (wie Vollbeschäftigung und stetiges Wirtschaftswachstum) angesprochen (vgl. Weinert 2000), sondern vor allem auch die trotz des aktuellen Vertragsentwurfs von Brüssel offene Frage nach den Möglichkeiten weiterer, die WWU begleitender Vertiefungsschritte: Wenn auch mit dem Voranstellen spezifischer ökonomischer Ziele die EU den dominierenden Integrationsprinzipien gefolgt ist, hat die Währungsunion zweifellos die Zahl der Materien vergrößert, in denen eine verstärkte Kooperation der Mitgliedstaaten notwendig ist, um Reibungsverluste zu vermeiden und die soziale Integration der Gesellschaften zu fördern (vgl. Hillenbrand 2004: 265ff.).

Die notwendigen vertikalen und positiven Integrationsschritte finden aber nicht bei allen Mitgliedsländern Unterstützung. Aus Sicht der Politischen Ökonomie hängt dies insbesondere auch mit den unterschiedlichen ordnungspolitischen Präferenzen zusammen, die die institutionelle Struktur eines Wirtschaftssystems bestimmen. Die vergleichende Kapitalismusforschung weist hier vor allem auf die schon erwähnte Differenz zwischen liberalen und koordinierten Marktwirtschaften hin, die eine unterschiedliche Bereitschaft zu entsprechenden Integrationsschritten zur Folge haben können. Nach Hall und Gingerich (2004) treten gerade in Zeiten, die wie in der Ära der Globalisierung durch besondere Herausforderungen und Krisen gekennzeichnet sind, liberale Marktwirtschaften eher für mehr Markt und Konkurrenz und koordinierte Marktwirtschaften eher für mehr strategische Interaktion ein, um die jeweiligen komparativen Vorteile nicht in Gefahr zu bringen (vgl. auch Bornschier 2005; Fioretos 2001; Menz 2005; Müller 2006; Wagener et al. 2006: 47ff.). Es ist daher unwahrscheinlich, dass weitergehende Integrationsprojekte, die tendenziell die Grundlagen einer liberalen Marktwirtschaft beeinträchtigen, von den politischen und wirtschaftlichen Akteuren in einem solchen System nachhaltig unterstützt werden (wie sich beispielhaft in der Integrationspolitik Großbritanniens zeigt).

Weitere wesentliche Schritte einer positiven Integration dürften insofern von einer verstärkten Zusammenarbeit jener Mitgliedsländer abhängen, die schneller vorankommen wollen als andere. Eine andere Möglichkeit wäre die Entschärfung des institutionellen Grundkonflikts zwischen den verschiedenen Spielarten des Kapitalismus. Davon ist allerdings nicht auszugehen, da die Änderung ordnungspolitischer Weichenstellungen erhebliche ökonomische und gesellschaftliche Kosten verursacht und der Wettbewerb zwischen den Systemen in der erweiterten Union eher zugenommen hat. Darüber hinaus zeigt die vergleichende Wirtschaftsforschung, dass die verschiedenen institutionellen Arrangements des Kapitalismus mit ihren historisch gewachsenen Konfigurationen die Voraussetzungen für Wettbewerbsfähigkeit und wirtschaftlichen Erfolg auch unter Bedingungen der ökonomischen Globalisierung in gleichem Maße hervorbringen können, mithin funktional äquivalent sind (vgl. Bornschier 2005: 366ff.; Müller 2006: 263ff.; Wilensky 2002: 430ff.). Es gibt zwar verschiedene Ordnungsmodelle, die sich klar voneinander unterscheiden, diese führen aber nicht zwangsläufig zu Unterschieden in der wirtschaftlichen Performanz. Daher ist nicht zu erwarten, dass die bisher recht beständigen Unterschiede zwischen den Varianten des Kapitalismus verschwinden werden.

Literatur

Anderson, Jeffrey J., 1998: Die „soziale Dimension" der Strukturfonds: Sprungbrett oder Stolperstein?, in: Leibfried, Stephan/Pierson, Paul (Hrsg.), Standort Europa. Frankfurt am Main, 155-195.
Armingeon, Klaus, 2003: Die Politische Ökonomie der Arbeitslosigkeit, in: Obinger, Herbert/Wagschal, Uwe/Kittel, Bernhard (Hrsg.), Politische Ökonomie. Opladen, 151-174.
Baccaro, Lucio/Rei, Diego, 2006: Institutions and Unemployment in OECD Countries, in: Mitchell, William/Muysken, Joan/van Veen, Tom (Hrsg.), Growth and Cohesion in the European Union. Cheltenham, 109-129.
Bach, Maurizio, 2006: Marktintegration ohne Sozialintegration in der Europäischen Union, in: Hettlage, Robert/Müller, Hans-Peter (Hrsg.), Die europäische Gesellschaft. Konstanz, 175-194.
Bassanini, Andrea/Scarpetta, Stefano, 2001: The Driving Forces of Economic Growth, in: OECD Economic Studies 33, 9-56.
Bell, Daniel, 1979: Die Zukunft der westlichen Welt: Kultur und Technologie im Widerstreit. Frankfurt am Main.
Benz, Arthur, 2000: Entflechtung als Folge von Verflechtung, in: Grande, Edgar/Jachtenfuchs, Markus (Hrsg.), Wie problemlösungsfähig ist die EU?. Baden-Baden, 141-163.
Bornschier, Volker, 2000: Ist die Europäische Union wirtschaftlich von Vorteil und eine Quelle beschleunigter Konvergenz?, in: Bach, Maurizio (Hrsg.), Die Europäisierung nationaler Gesellschaften. Wiesbaden, 178-204.
Bornschier, Volker, 2005: Varianten des Kapitalismus in reichen Demokratien beim Übergang in das neue Gesellschaftsmodell, in: Windolf, Paul (Hrsg.), Finanzmarktkapitalismus. Wiesbaden, 331-371.
Brunila, Anne/Buti, Marco/Franco, Daniele (Hrsg.), 2001: The Stability and Growth Pact. Houndsmills.
European Commission (EC), 2006: EU Integration Seen through Statistics. Luxembourg.
Feldmann, Magnus, 2006: Emerging Varieties of Capitalism in Transition Countries, in: Comparative Political Studies 29 (7), 829-854.
Fioretos, Orfeo, 2001: The Domestic Sources of Multilateral Preferences: Varieties of Capitalism in the European Community, in: Hall, Peter A./Soskice, David (Hrsg.), Varieties of Capitalism. Oxford/New York.
Franzmeyer, Fritz, 1995: Osterweiterung, Kerneuropa, Währungsunion – Zentrale Weichenstellungen in der Integrationspolitik, in: Integration 3, 125-132.

Gerhards, Jürgen, 2005: Kulturelle Unterschiede in der Europäischen Union. Unter Mitarbeit von Michael Hölscher. Wiesbaden.

Grosser, Dieter, 1994: Ordnungspolitische Orientierungen und wirtschaftliche Entwicklung. Unter Mitarbeit von Thomas Neuschwander, in: Gabriel, Oscar W./ Brettschneider, Frank (Hrsg.), Die EG-Staaten im Vergleich. 2. Auflage. Opladen, 384-421.

Hall, Peter A./Soskice, David, 2001: An Introduction to Varieties of Capitalism, in: Hall, Peter A./Soskice, David (Hrsg.), Varieties of Capitalism. Oxford/New York, 1-68.

Hall, Peter A./Gingerich, Daniel W., 2004: „Spielarten des Kapitalismus" und institutionelle Komplementaritäten in der Makroökonomie – Eine empirische Analyse, in: Berliner Journal für Soziologie 14 (1), 5-32.

Hillenbrand, Olaf, 2004: Die Wirtschafts- und Währungsunion, in: Weidenfeld, Werner (Hrsg.), Die Europäische Union. Bonn, 242-272.

Javanovic, Miroslav N., 2005: The Economics of European Integration. Cheltenham.

Kirchner, Christian, 2005: Europa als Wirtschaftsgemeinschaft, in: Schuppert, Gunnar Folke/Pernice, Ingolf/Haltern, Ulrich (Hrsg.), Europawissenschaft. Baden-Baden, 375-427.

Krägenau, Henry/Wetter, Wolfgang (Hrsg.), 1993: Europäische Wirtschafts- und Währungsunion. Baden-Baden.

Kunz, Volker, 2000: Kulturelle Variablen, organisatorische Netzwerke und demokratische Staatsstrukturen als Determinanten der wirtschaftlichen Entwicklung im internationalen Vergleich, in: Kölner Zeitschrift für Soziologie und Sozialpsychologie 52 (2), 195-225.

Maddison, Angus, 2006: The World Economy, Reprint. Paris.

Mattli, Walter, 1999: The Logic of Regional Integration. Cambridge.

Menz, Georg, 2005: Varieties of Capitalism and Europeanization. Oxford.

Moravcsik, Andrew, 1993: Preferences and Power in the European Community: A Liberal Intergovernmentalist Approach, in: Journal of Common Market Studies 31 (4), 473-524.

Moravcsik, Andrew, 1998: The Choice for Europe. London.

Müller, Hans-Peter, 2006: Europäischer Kapitalismus?, in: Hettlage, Robert/Müller, Hans-Peter (Hrsg.), Die europäische Gesellschaft. Konstanz, 249-269.

Obinger, Herbert, 2003: Die Politische Ökonomie des Wirtschaftswachstums, in: Obinger, Herbert/Wagschal, Uwe/Kittel, Bernhard (Hrsg.), Politische Ökonomie. Opladen, 113-150.

OECD, 2006: Die OECD in Zahlen und Fakten 2006. Paris.

Orlowski, Lucjan, T. (Hrsg.), 2001: Transition and Growth in Post-Communist Countries. Cheltenham.

Ostheim, Tobias/Zohlnhöfer, Reimut, 2006: Weiche Koordinierung in der Beschäftigungspolitik, in: Tomann, Horst (Hrsg.), Die Rolle der europäischen Institutionen in der Wirtschaftspolitik. Baden-Baden, 109-131.

Pfetsch, Frank R., 2005: Die Europäische Union. 3. Auflage. München.

Rittberger, Berthold/Schimmelfennig, Frank, 2005: Integrationstheorien: Entstehung und Entwicklung der EU, in: Holzinger, Katharina/Knill, Christoph/Peters, Dirk/Rittberger, Berthold/Schimmelfennig, Frank/Wagner, Wolfgang (Hrsg.), Die Europäische Union. Paderborn, 19-80.

Scharpf, Fritz W., 1999: Regieren in Europa: Effektiv und demokratisch? Frankfurt am Main/New York.

Scharpf, Fritz W., 2001: Employment and the Welfare State: A Continental Dilemma?, in: Ebbinghaus, Bernhard/Manow, Philip (Hrsg.), Comparing Welfare State Capitalism. London/New York, 270-283.

Schröder, Ulrich, 2005: Wirtschafts- und Währungsunion (WWU), in: Mickel, Wolfgang M./ Bergmann, Jan M. (Hrsg.), Handlexikon der Europäischen Union. 3. Auflage. Baden-Baden, 821-825.

Tomann, Horst, 2006: Die Rolle der europäischen Institutionen in der Wirtschaftspolitik. Baden-Baden.

Tsebelis, George/Garret, Geoffrey, 2001: The Institutional Determinants of Supranationalism in the EU, in: International Organization 55 (2), 357-390.

van Veen, Tom, 2006: Institutions and the Labour Market: Examining the Benefits, in: Mitchell, William/Muysken, Joan/van Veen, Tom (Hrsg.), Growth and Cohesion in the European Union. Cheltenham, 109-129.

Vobruba, Georg, 2005: Die Dynamik Europas. Wiesbaden.

Wachendorfer-Schmidt, Ute, 2003: Politikverflechtung im vereinigten Deutschland. Wiesbaden.

Wagener, Hans-Jürgen/Eger, Thomas/Fritz, Heiko, 2006: Europäische Integration. München.

Weinert, Rainer, 2000: Voluntarismus, Oligarchisierung und institutionelle Entkopplung, in: Bach, Maurizio (Hrsg.), Die Europäisierung nationaler Gesellschaften. Wiesbaden, 68-92.

Whitley, Richard (Hrsg.), 2002: Competing Capitalism: Institutions and Economies, 2 Bände. Cheltenham.

Wilensky, Harold L., 2002: Rich Democracies, Political Economy, Public Policy, and Performance. Berkeley.

Heinrich Pehle und Roland Sturm

Die Europäisierung der Regierungssysteme

1 Einleitung

1.1 Karriere, Bedeutung und Reichweite des Begriffs „Europäisierung"[1]

Der Begriff „Europäisierung" fand mit der fortschreitenden Europäischen Integration zunächst ausschließlich mit Blick auf die Entwicklung supranationaler Institutionen, Normen und Politiken Eingang in die politikwissenschaftliche Literatur (Knill/Winkler 2006: 216). Von dieser, traditionell als Vergemeinschaftung politischer Aufgaben bezeichneten Dimension, die auf die Übertragung ehemals nationalstaatlicher Kompetenzen auf die Europäische Union abhebt, gilt es ein Analysekonzept abzugrenzen, wie es diesem Beitrag zugrunde liegt. Es versteht den Kompetenztransfer nach „Brüssel" nicht mehr als primären Untersuchungsgegenstand, sondern vielmehr als Ausgangspunkt wissenschaftlichen Bemühens. Kurz gesagt richtet sich das Augenmerk der neueren Europäisierungsliteratur somit auf die Veränderungen auf der Ebene der Nationalstaaten, die durch die Europäische Integration verursacht worden sind.

Die Untersuchung der Europäisierungsprozesse, die sich als „im Geflecht europäischer Staatlichkeit immer neu austarierende Balance von nationalstaatlicher Besonderung und europäischer Einbindung" darstellen (Sturm 2005: 104), findet sich erst seit Kürzerem auf der Agenda politikwissenschaftlicher Forschung. Ihr weitaus größter Teil ist bis heute der „Gattung ‚Policyanalyse' zur Auswirkung europäischer Politik auf die nationale Politikformulierung" (Auel 2005: 294) und nicht der Erforschung institutioneller Adaptionsprozesse zuzuordnen. Zudem ist mehr als fraglich, ob „Europäisierung jemals vollendet werden kann", denn die Europäische Integration ist ein fortschreitender Prozess, dessen Finalität noch immer im Ungewissen liegt. Schon deshalb hat die Behauptung, dass die „Auswirkungen der europäischen Integration auf rechtliche und politisch-administrative Strukturen in den Mitgliedstaaten (…) bislang nur ansatzweise erforscht worden (sind, Anm. d. Verf.)" (Knill/Winkler 2006: 217), durchaus ihre Berechtigung – und dies insbesondere in Bezug auf die Situation der zum 1. Mai 2004 beziehungsweise zum 1. Januar 2007 der EU beigetretenen Neumitglieder. Andererseits erlaubt es der Forschungsstand aber durchaus, die als „Anpassungsprozesse" an die Europäische Integration begreifbaren Veränderungen in den nationalen Institutionengefügen verschiedener Mitgliedstaaten zu identifizieren und sie hinsichtlich ihrer jeweiligen nationalen Besonderheiten einer vergleichenden Analyse zu unterziehen.

---

[1] Dieser Abschnitt folgt weitgehend den Ausführungen in Sturm/Pehle 2005: 11ff. und Sturm 2005.

1.2 Theoretische Zugänge

Weitgehende Einigkeit besteht in der Forschung darüber, dass, wie Peter Glotz (1990: 114) schon vor langem prognostizierte, die Europäische Integration die Nationalstaaten zwar „wohltuend" schwäche, dieselben aber gleichwohl „noch für viele Jahrzehnte ihr Leben fristen werden." Wie sich Europäisierungsprozesse auf Nationalstaaten konkret auswirken, bleibt indes umstritten. Eine Reihe von theoretischen Zugängen stellt die gewachsene institutionelle Verflechtung der EU mit den Nationalstaaten bzw. die Integration von Entscheidungsprozessen der EU mit denen des Nationalstaats in den Vordergrund. Entsprechende Modellvorstellungen reichen von der Verschmelzung der europäischen und der nationalstaatlichen Ebene über die Entscheidungsverflechtung bis hin zu gegenseitigen Lernprozessen, die auf nationaler oder europäischer Ebene zu institutioneller Imitation führen. Stärkeres Gewicht auf die gesellschaftlichen Folgen von Europäisierung legen theoretische Ansätze, die die Veränderung von Elementen der gesellschaftlichen Selbststeuerung in den Vordergrund stellen. Im hier zu diskutierenden Kontext – der Europäisierung von Regierungssystemen – können sie allerdings vernachlässigt werden, da sie sich nicht auf die *polity*-Dimension, sondern auf die Veränderung von *policies* im Sinne der inhaltlichen Ausrichtung von verschiedenen Politikfeldern beziehen.

Die bereits angesprochene Erkenntnis, dass der Nationalstaat im Europäisierungsprozess überlebt, sich aber durch die Spezifika seiner dynamisch-symbiotischen Einbindung in diesen Prozess ständig formal und substantiell wandelt, versucht die Fusionsthese mit Leben zu füllen. Mit Fusion ist der Verschmelzungsprozess staatlicher Handlungs- und Steuerungsinstrumente, die teils in der Verfügungsgewalt der EU-Mitgliedstaaten (oder auch ihrer Regionen) und teils in derjenigen der EU-Organe liegen, gemeint. „Demnach sind staatliche Akteure mehrerer Ebenen gemeinsam, aber in variierenden Formen, an der Vorbereitung, Herstellung, Durchführung und Kontrolle allgemein verbindlicher Entscheidungen zum Einsatz legislativer und budgetärer Handlungs- und Steuerungsinstrumente der EU beteiligt" (Wessels 1997: 35). Die Fusionsthese erwartet, dass durch solche „spezifischen gegenseitigen Beteiligungsformen" ein „fusionierter Föderalstaat" (Wessels 1992: 40) in Europa entsteht. Die Fusion als solche erscheint irreversibel.

Aus der Sicht des Nationalstaats bedeutet dies nicht den Ausschluss von nationalen Entscheidungsträgern durch Prozesse der Europäisierung, sondern deren Mitwirkung an Entscheidungen im institutionellen Kontext der EU, dort aber unter den neuen Bedingungen europäischen Entscheidens. Die Fusionsthese konzipiert „europäisches Entscheiden" als Verschmelzung der Wahrnehmung von Kompetenzen und Verantwortung, die es unmöglich macht, separate nationalstaatliche und europäische Zuschreibungen vorzunehmen.

Nationales Regieren unter den Kontextbedingungen der Europäisierung ist in zunehmendem Maße ausgerichtet auf das Management der Interdependenzbeziehungen, die sich aus der gemeinsamen Nutzung der Instrumente politischer Steuerung durch die unterschiedlichen politischen Ebenen ergeben. Ein zentrales Managementinstrument ist das Schnüren von Paketlösungen bei Verhandlungen, die Verluste bei der Wahrnehmung nationaler Interessen durch entsprechende Zugewinne ausgleichen. Hinsichtlich des sich daraus ergebenden institutionellen Wandels wird vermutet, dass die nationalen und regionalen Parlamente gegenüber den in Brüssel verhandelnden Exekutiven geschwächt werden und dass der Nationalstaat bei abnehmender Effizienz seines politischen Handelns um die Zuschreibung politischer Legitimität kämpfen muss (u. a. Weßels 2000: 339). Ein Teufelskreis entsteht, da immer mehr staatliche und nichtstaatliche Akteure eine Mitwirkung im fusionierten Entscheidungsprozess anstreben, dadurch aber auch dessen Komplexität erhöhen und diesen noch stärker delegitimieren, statt durch verstärkte Partizipation, wie aus der nationalstaatlichen Sicht wünschenswert, die Legitimation fusionierten Entscheidens zu verbessern (Mittag/Wessels 2003: 447).

Die Vermutung der Fusionsthese, dass die Nationalstaaten in der EU inzwischen in eine Art föderale Ordnung eingebunden sind, wird durch die Politikverflechtungsthese konkretisiert. Verflechtung ist weniger als die von der Fusionsthese unterstellte Verschmelzung. Es bleibt noch immer die (nicht leicht durchsetzbare) Möglichkeit der Entflechtung von Kompetenzen, wie sie ja auch in den Jahren 2002 und 2003 im Vorfeld der Entscheidung zum Vertragsentwurf für eine Verfassung für Europa immer wieder diskutiert wurde. Wichtiger aber ist die Tatsache, dass die Politikverflechtungsthese einer der möglichen Ansätze ist, der in der Europäisierungsdiskussion das Regieren über mehrere Ebenen hinweg thematisiert und dabei der nationalstaatlichen Ebene noch einen deutlich eigenständigen Status zubilligt. Modelle der Mehrebenenregierung gehören zum Grundbestand der Theorien internationaler Beziehungen und der EU-Forschung. Allerdings wurden sie hier vor allem formuliert, um den Integrationsprozess zu verstehen, also um – vom Nationalstaat aus gesehen – die „bottom up"-Perspektive zu thematisieren. Europäisierung im hier definierten Sinne bezieht sich aber auf die umgekehrte Sichtweise, die „top-down"-Betrachtung der Folgen des Integrationsprozesses für den Nationalstaat.

Bezogen auf die Politikverflechtungsthese heißt dies konkret, dass politische Entscheidungen durch Kompromisse der Regierungen aller politischen Ebenen gefunden werden (Beteiligungsföderalismus), und dass die aus solchen Entscheidungen hervorgehenden Programme ein dichtes Mehrebenengeflecht von Finanzierung, Implementation und Evaluation bilden. Nationalstaaten sind Mitentscheider, aber sie machen nicht die Spielregeln. Zu diesen Spielregeln gehört auch die strukturelle Bevorzugung von Entscheidungsträgern, die auf europäischer Ebene gefundene Kompromisse nationalstaatlich umsetzen können. Daraus ergibt sich eine durch die Europäisierung geförderte strategische Privilegierung von Strukturen der nationalstaatlichen Exekutive, die innerstaatlich gefördert wird vom Eigeninteresse der nationalen Ministerialbürokratie an eigenständiger Gestaltungsmacht und möglichst politisch kontrollfreien Räumen. Die Vertreter der Politikverflechtungsthese verweisen daher häufig auf die Analogie zum deutschen Bundesstaat, zum einen wegen „der dem deutschen Bundesrat vergleichbaren Zusammensetzung des Rates aus Regierungsvertretern" und zum anderen wegen der „funktionalen Kompetenzverteilung zwischen Rechtsetzungszuständigkeiten der supranationalen Ebene und dem weitestgehenden Verbleib der Verwaltungszuständigkeiten bei den Mitgliedstaaten und ihren Regionen" (Fischer/Schley 1999: 33).

Betrachtet man die Mehrebenenbeziehung, die der Politikverflechtung zugrunde liegt, in allgemeinerer Form, so wird deutlich, dass Europäisierung nach einem *principal-agent*-Modell funktioniert, welches die nationalstaatliche der europäischen Ebene nachordnet. Der damit verbundene nationalstaatliche Machtverlust wird aber dank unterschiedlich wirksamer Beteiligung der nationalstaatlichen Repräsentanten am Europäisierungsprozess nicht unbedingt nationalstaatlich kommuniziert. Es ist sogar möglich, nationale Entscheidungen als Europäisierungsfolgen im Nachhinein zu legitimieren. Ebenso erlaubt die Politikverflechtung durch Beteiligung an europäischen Beschlüssen, die Europäisierungslogik mitzusteuern, um damit in einem nationalstaatlichen Kontext gewünschte, aber hier schwer durchsetzbare politische Weichenstellungen alternativlos erscheinen zu lassen.

Sieht man einmal von den föderalismusspezifischen Konnotationen des Begriffes „Politikverflechtung" ab, so lassen sich Verflechtungsbeziehungen nationalstaatlichen und europäischen Entscheidens auch in einer weniger auf formale Institutionen bezogenen Weise fassen. In der Literatur zum europäischen Regieren (*governance*) besteht Einigkeit darüber, dass dieses sich nicht alleine auf das für die Politikverflechtungsthese zentrale institutionelle Zusammenspiel stützt, sondern sich auch eines Netzwerks gesellschaftlicher Akteure bedient (Rhodes et al. 1996; Kohler-Koch/Eising 1999). Der Nationalstaat verliert nicht nur deshalb an Bedeutung, weil seine Grenzen porös werden und er von der EU-Ebene penetriert wird, sondern auch deshalb, weil seine traditionellen Institutionen sich in Entscheidungsprozessen gegenüber neuen gesellschaftlichen Entscheidungsträgern öffnen müssen. Offen ist allerdings, wie diese Öffnung im konkreten Fall aussieht. Es stellt sich mithin die Frage, welche Reaktionen des Nationalstaats unter welchen Bedingungen zu erwarten sind.

Der gedankliche Ausgangspunkt der einschlägigen Literatur ist die „misfit"- oder „mismatch"-Hypothese. Sie besagt, dass es nur dann zu Reaktionen auf der nationalstaatlichen Ebene kommt, wenn die europäische Herausforderung sich nicht mit nationalen Entscheidungsverfahren und Willensbildungsprozessen sowie nationaler politischer Kultur oder der Realität nationaler Politikfelder vereinbaren lässt. Die so hervorgerufene nationalstaatliche Irritation wird als notwendige, wenn auch nicht als ausreichende Voraussetzung für Anpassungsprozesse des Nationalstaats angesehen. Es geht also zunächst einmal um das Problem des Entstehens einer „Gelegenheitsstruktur" für Europäisierung. Was wir dann tatsächlich als europäisierte Realität vorfinden, bedarf der weiteren Analyse und Erklärung. Dabei ist zu beachten, dass der Anpassungsdruck, der von der fortschreitenden Europäischen Integration ausgeht, von den betroffenen Akteuren auf mitgliedstaatlicher Ebene nicht unbedingt als Zwang, sondern durchaus auch als Chance zu andernfalls nicht oder nur schwer durchsetzbaren institutionellen Reformen perzipiert werden kann und wird (Schmidt 2006a: 679).

Die „misfit"-These blendet die Alternative des „fit", also der Übereinstimmung der europäischen Herausforderung mit der nationalstaatlichen politischen Logik, aus. Dies ist bei der Analyse von Politikfeldern, zumindest was den materiellen Gehalt von Politik betrifft, unmittelbar einsichtig. Warum sollte Deutschland beispielsweise seine Forschungspolitik ändern, wenn sie europäischen Vorgaben genügt? Allerdings ist die Europäisierungswirkung selbst bei der Übereinstimmung mit europäischen Vorgaben im Bereich der politischen Willensbildung und bezüglich der politischen Institutionen nicht zu vernachlässigen (Sturm/Dieringer 2004). Anders als die „misfit"-Hypothese vermutet, ist es durchaus denkbar und auch geschehen, dass nationale Institutionen sich im Europäisierungsprozess verändern (z. B. änderten, wie im Einzelnen noch zu zeigen sein wird, nationale Parlamente ihre Ausschussstruktur oder Regierungen ihre interne Organisation), auch wenn prinzipiell kein misfit zwischen der institutionellen Struktur und der Europäisierungsherausforderung besteht. Effizienzanpassungen dieser Art zwingen nicht zum grundsätzlichen Umdenken. Die Europäisierungsherausforderung ist hier kein Fremdkörper im nationalen politischen Entscheidungsprozess.

Nachhaltig wird die Europäisierung von Nationalstaaten aber erst, wenn sie (auch) Ergebnis eines politischen Lernprozesses im oben erwähnten Sinne ist. Die Europäisierung geschieht hier auch, aber nicht ausschließlich, in der Form des institutionellen Isomorphismus. Die aus der Organisationstheorie entlehnte These des institutionellen Isomorphismus (der Tendenz zur institutionellen Angleichung) geht davon aus, dass einerseits die Nationalstaaten europäische Lösungen in ihr institutionelles Gefüge sowie ihr Handlungsrepertoire aufnehmen und dass andererseits auch die EU nationale Vorbilder institutioneller Regelungen in ihre institutionelle und Entscheidungspraxis integriert. Hier wird wieder deutlich, dass Europäisierung keine Einbahnstraße zur Veränderung des Nationalstaats ist, sondern ein Wirkungszusammenhang, der auch die EU verändert. Eine Verabsolutierung des Isomorphismus als Strukturprinzip der Europäisierung (Risse et al. 2001: 16) führt allerdings in die Irre, denn dann wäre als Folge von Europäisierung nur noch die Konvergenz der politischen Realitäten in den EU-Mitgliedstaaten möglich. Eben dies ist, wie im Folgenden noch deutlich werden wird, aber keineswegs der Fall.

Gleichwohl ist nicht zu leugnen, dass sich aus europäischen Harmonisierungsvorgaben schon wiederholt (nicht unbedingt freiwillig übernommene) isomorphe Strukturen ergeben haben. Ein Beispiel ist die Einrichtung unabhängiger Notenbanken als Vorbedingung der Mitgliedschaft in der Europäischen Währungsunion. Es ist jedoch fraglich, ob solche erzwungene Konvergenz überhaupt dem „institutionellen Isomorphismus" zugeordnet werden sollte, wie dies in der Literatur teilweise geschieht (z. B. Risse et al. 2001:16). Sinnvoller wäre es, zwischen der europapolitisch durchgesetzten Harmonisierung nationalstaatlicher Politik – die, wie z. B. im Falle der Begrenzung der Sonderrolle deutscher Sparkassen auf dem europäischen Finanzmarkt, auch schon als Europäisierung bezeichnet wurde (Grossman 2006) – und deren institutioneller Konvergenz durch Politiklernen zu unterscheiden. Anders als im Falle der europäischen Vertragspolitik, die den jeweils formal erreichten Europäisierungsgrad festschreibt, oder der informellen Strukturen der Europäisierung, die in Politiknetzwerken ihren Ausdruck finden, wirkt der institutionelle Isomorphismus, sofern er auf nationales Regieren zurückwirkt, durch Vorbild und ein bestimmtes Politikangebot.

In Bezug auf die Anpassungsleistungen, die nationale Institutionen im Europäisierungsprozess erbringen, ist zu beobachten, dass sie nicht nur das Verhältnis dieser Institutionen zur EU verändern, sondern auch, dass sie ihr relatives Gewicht im nationalen politischen System verschieben. Ein Extremfall ist der Deutsche Bundesrat, der national immer wieder als Blockadeinstrument bei politischen Entscheidungen wahrgenommen wird, aber trotz Strukturreformen, wie der Einrichtung einer Europakammer, seine machtpolitische Verankerung im innerstaatlichen Kontext bei EU-Entscheidungen nicht bewahren konnte.

Auch wenn die organisatorischen Anpassungsleistungen von Institutionen im Einzelfall nur schwach ausgeprägt sein mögen, sollte daraus nicht voreilig der Schluss gezogen werden, die Europäisierung sei weitgehend folgenlos geblieben. So hat Jordan (2003: 280) gezeigt, wie das britische *Department of the Environment* (DoE) trotz großer organisatorischer Kontinuität im Europäisierungsprozess seine Identität neu definierte: „the EU has helped to make the DoE a more environmental department than it would otherwise have been. In a sense, the EU helped the DoE to find a culture. This change, which has occurred at the deep level of organizational values and assumptions, owes much to the ‚uncongealing' effect of political crises, created by the misfit between European and British politics."

Kassim (2003: 102ff.) hat die Anpassungsleistungen nationaler Institutionen an den Europäisierungsdruck vergleichend untersucht. Er kommt zu dem Ergebnis, dass dessen Wirkungen von zwei Faktoren abhängen, zum einen von der Grundhaltung zur Europäischen Integration und zum anderen von den institutionellen und politisch-kulturellen Traditionen der Nationalstaaten. Letzterer Faktor befördert institutionelle Unterschiede im Europäisierungsprozess. Ersterer bewegt die Länder, die ihre nationalstaatliche Souveränität verteidigen wollen, dazu (Kassim nennt hier Dänemark, Frankreich, Schweden und Großbritannien), ihre innerstaatlichen europapolitischen Koordinationsmechanismen in einem umfassenden Sinne zu zentralisieren. Vivien Schmidt (2006b: 19) vertritt die These, dass die Anpassungsleistungen an den Europäisierungsdruck in unitarischen Staaten wie Frankreich oder Großbritannien größer seien als in föderalen wie Deutschland, da in letzteren die Macht der zentralstaatlichen Exekutive ohnehin eingeschränkt sei und sie deshalb auch weniger Machteinbußen durch ihre europäische Einbindung hinnehmen müssten.

Es ist zu erwarten, dass die hier angesprochenen theoretischen Aspekte der Europäisierung in der intensiver gewordenen wissenschaftlichen Debatte weiter ausgearbeitet und fortentwickelt werden. Vor allem steht als große Aufgabe die Verbreiterung und Systematisierung der empirischen Basis der Europäisierungsforschung bevor. Es wäre aber fatal, würde sich die Europäisierungsforschung wissenschaftlich zu sehr verselbständigen. Die Europäisierung ist nur eine Variable, die auf die Entwicklung der Nationalstaaten in der EU einwirkt und die Rückwirkungen auf die Staatlichkeit der EU und in der EU hat. Eine ganze Reihe weiterer Variablen sind denkbar: von der Globalisierung bis hin zu innerstaatlichen Konflikten. Diese dürfen nicht vernachlässigt werden, will man nationalstaatliche Realitäten fassen und erklären (Geyer 2003). Als bleibender Gewinn der Europäisierungsforschung bleibt aber, die politische Dynamik nationalstaatlicher Einbindung in die EU durch eine wichtige Facette ergänzt zu haben. Diese Perspektive soll im Folgenden in vergleichender Hinsicht weiter verfolgt werden.

2 Die nationalen Parlamente: Reaktionen der „Integrationsverlierer"

Die fortschreitende Europäische Integration, die sich in einem „Souveränitätstransfer" von den Mitgliedstaaten an die Europäische Union niedergeschlagen hat, brachte für die nationalen Parlamente naturgemäß einen gravierenden Verlust an legislativen Zuständigkeiten mit sich. Insofern ist es durchaus zutreffend, einen Prozess der „Entparlamentarisierung" (Scheuing 1997: 92; Börzel 2000) zu diagnostizieren. Aus demokratietheoretischer Sicht ist er, wie auch das Bundesverfassungsgericht in seinem „Maastricht-Urteil" festgestellt hat, aus zweierlei Gründen nicht unproblematisch. Erstens droht die Aushöhlung des Demokratieprinzips auf mitgliedstaatlicher Ebene, wenn den nationalen Volksvertretungen „Aufgaben und Befugnisse von substantiellem Gewicht" nicht mehr verbleiben würden (BVerfGE 89: 155 (156)), und zweitens stellt sich die Frage, ob diese Entparlamentarisierung nicht auch auf eine Verstärkung des ohnehin viel beklagten Legitimationsdefizits für die Europäische Union hinausläuft. Dies gilt zumindest dann, wenn man der These zustimmt, dass das Europäische Parlament (noch?) nicht in der Lage ist, allein für eine ausreichende demokratische Legitimation der Europäischen Union zu sorgen. Das deutsche Verfassungsgericht jedenfalls unterstellte, dass von einer rein supranationalen Legitimation der Europäischen Union nicht die Rede sein könne. Einen „demokratischen Ausgleich", so meinten die Richter, könnten nur die nationalen Parlamente leisten, die sogar „zuvörderst" als Legitimationsgaranten der Europäischen Union fungieren müssten (BVerfGE 89: 155 (184f.)).

Diese Sichtweise blieb nicht auf Deutschland beschränkt, wie daraus ersichtlich wird, dass auf Initiative der französischen und der britischen Regierung dem Vertrag von Maastricht eine Erklärung beigefügt wurde, der zu Folge eine „Beteiligung" der nationalen Parlamente an den Tätigkeiten der Europäischen Union „wichtig" und „zu fördern" sei (hierzu und zum Folgenden auch Janowski 2005: 18ff.). Das dem Vertrag von Amsterdam zugehörende „Protokoll über die Rolle der einzelstaatlichen Parlamente in der Europäischen Union" (PNP), das auf eine gemeinsame Initiative der deutschen, dänischen und französischen Regierung zurückging, präzisiert diese Aussage dahingehend, dass alle Konsultationsdokumente der Europäischen Kommission den mitgliedstaatlichen Parlamenten „unverzüglich" zugeleitet werden sollen, und – ungleich wichtiger noch – dass alle Vorschläge für Gesetzgebungsakte rechtzeitig zur Verfügung gestellt werden, damit die Regierungen dafür Sorge tragen können, „dass ihr einzelstaatliches Parlament sie gegebenenfalls erhält". Zwischen dem Zeitpunkt, zu welchem dem Rat der Europäischen Union ein Vorschlag für einen Rechtsakt unterbreitet wird, und dem Zeitpunkt, zu dem er zur Beschlussfassung auf die Tagesordnung des Rates gesetzt wird, liegt ein Zeitraum von sechs Wochen, um den Parlamenten „bessere Möglichkeiten zu geben, sich zu Fragen, die für sie von besonderem Interesse sein können, zu äußern" (PNP: Präambel). Das Protokoll, das auch nach Inkrafttreten des Vertrags von Nizza unveränderter Bestandteil des europäischen Primärrechts ist, hält an gleicher Stelle aber auch unmissverständlich fest, dass die „Kontrolle der jeweiligen Regierungen durch die einzelstaatlichen Parlamente hinsichtlich der Tätigkeiten der Europäischen Union Sache der besonderen verfassungsrechtlichen Gestaltung und Praxis jedes Mitgliedstaats ist".

Der Beitrag der nationalen Parlamente zur europäischen Legitimationskette soll also (und kann auch nur) im Wesentlichen in der Kontrolle der jeweiligen Regierungen hinsichtlich ihres Verhandlungs- und Abstimmungsverhaltens im Rat der Europäischen Union und der ihm zugeordneten Organe – vor allem dem Ausschuss der Ständigen Vertreter – bestehen. „Nach Maastricht" ließ sich in fast allen Mitgliedstaaten beobachten, dass die nationalen Parlamente europapolitische Mitwirkungsrechte in unterschiedlicher Form entweder völlig neu verankerten oder bereits vorhandene Institutionen und/oder Verfahren an die neu erkannten Herausforderungen anpassten. Nachdem in der Tat „kaum vorstellbar (ist, Anm. d. Verf.), wie die nationalen Parlamente ihre europäische Legitimationsfunktion erfüllen sollen, ohne sich auf die Koordination und die Expertise eines Europa-Gremiums zu stützen" (Janowski 2005: 21), handelte es sich dabei durchgängig um parlamentarische Ausschüsse oder Kommissionen, deren unterschiedlich konzipierte Verfahrensrechte und Handlungsoptionen entscheidend sind für den jeweils möglichen Beitrag der nationalen Volksvertretungen zum dualen Legitimationsmodell der Europäischen Union. Was die alten Mitgliedstaaten der EU-15 vorexerzierten, ahmten die neuen nach – und zwar häufig bereits bevor sie zum 1. Mai 2004 beziehungsweise zum 1. Januar 2007 offiziell in die Europäische Union aufgenommen wurden (zur Gruppe der ersten zehn Beitrittsstaaten Györi 2005).

Bereits der Vergleich der einschlägigen Parlamentsorgane in den Altmitgliedstaaten zeigt, dass sich schon in rein formaler Hinsicht strukturelle Unterschiede ausmachen lassen. So verstanden sich nur acht der fünfzehn Parlamente dazu, einen ständigen Europaausschuss einzurichten. Dies war der Fall in der Bundesrepublik Deutschland, in Belgien, Dänemark, Griechenland, Italien, in den Niederlanden, in Schweden und im Vereinigten Königreich. In Österreich, Finnland, Portugal und Luxemburg delegierten die Abgeordneten die Behandlung von EU-Angelegenheiten an einen bereits bestehenden Ausschuss, wofür man in Österreich und Finnland jeweils den „Hauptausschuss" erkor, während man in den beiden anderen Ländern den Auswärtigen Ausschuss mit der Wahrnehmung der europapolitischen Aufgaben beauftragte. Sonderfälle bilden die französische Nationalversammlung, die eine beratende Europakommission eingesetzt hat, sowie Irland und Spanien, die jeweils einen gemeinsamen Ausschuss beider Parlamentskammern konstituierten (zum Gesamttableau Janowski 2005: 69f.).

Bezüglich der Parlamente der neuen Mitgliedstaaten sind derartige Unterschiede nicht zu beobachten, denn sie alle – einschließlich Bulgarien und Rumänien, die ja erst zum 1. Januar 2007 der EU beigetreten sind – haben eigenständige Europaausschüsse eingerichtet. Variationen gab es allerdings hinsichtlich des Zeitpunkts, zu dem sich die Volksvertretungen zu ihrer Einrichtung verstanden. Die Vorreiter waren Polen und Ungarn, wo bereits in den Jahren 1991 (Polen) und 1992 (Ungarn) – also im weiten Vorfeld des späteren EU-Beitritts – jeweils ein Europaausschuss gegründet wurde. Die Nachzügler bildeten die Parlamente Litauens und der Tschechischen Republik, die sich erst 1997 beziehungsweise 1998, aber damit immerhin auch schon etliche Jahre vor dem EU-Beitritt, zur Einrichtung eines auf die EU-Angelegenheiten spezialisierten Ausschusses verstanden (hierzu und zum Folgenden Györi 2005: 126). Während die Parlamente der mittel- und osteuropäischen Staaten gleichzeitig mit der Vorbereitung des EU-Beitritts noch die Folgen der politischen und ökonomischen Transition zu bewältigen hatten, waren Malta und Zypern besser gestellt. Dies mag erklären, warum sich die Parlamente beider Staaten zunächst damit begnügten, ihre Auswärtigen Ausschüsse mit der Wahrnehmung der europapolitischen Angelegenheiten zu beauftragen. Erst im Jahr 1999 (Zypern) bzw. im Jahr 2003 (Malta) konstituierte man auch dort gesonderte parlamentarische Europaausschüsse. Eine Übersicht über die parlamentarischen Europagremien in den Mitgliedstaaten liefert die folgende Tabelle.

Tabelle 1: Die Europagremien der mitgliedstaatlichen Parlamente

Mitgliedstaat	Ausschuss für Europäische Angelegenheiten	Datum der Ausschussbildung	Zusammensetzung
Belgien - Kammer und Senat	Föderaler Beratungsausschuss für Europäische Angelegenheiten *(Comité d'avis fédéral chargé de Questions européennes)* *(Federaal Adviescomité voor Europese Aangelegenheden)*	1985/1990	30 Mitglieder, davon 10 Senatoren, 10 Mitglieder der Abgeordnetenkammer und 10 belgische MEPs
Bulgarien	EU-Ausschuss der Nationalversammlung *(Комисия по европейските въпроси)*	?	20 Mitglieder
Dänemark	Ausschuss für Europäische Angelegenheiten *(Europaudvalget)*	Oktober 1972	17 Mitglieder
Deutschland - Bundestag	Ausschuss für die Angelegenheiten der Europäischen Union	September 1991/1994	33 Mitglieder des Bundestages and 15 deutsche MEPs ohne Stimmrecht
Deutschland - Bundesrat	Ausschuss für Fragen der Europäischen Union	1957/1965	16 Mitglieder, zusammengesetzt aus je einem Mitglied pro Bundesland
Estland	Ausschuss für Europäische Angelegenheiten des Riigikogu *(Riigikogu Euroopa Liidu asjade komisjon)*	Januar 1997	Mindestens 15 Mitglieder

Die Europäisierung der Regierungssysteme

Mitgliedstaat	Ausschuss für Europäische Angelegenheiten	Datum der Ausschussbildung	Zusammensetzung
Finnland	Großer Ausschuss *(Suuri valiokunta, Stora utskottet)*	1906, aber Übernahme seiner heutigen Aufgabenbereiche seit 1994	25 Titularmitglieder und 13 Stellvertreter, die der Versammlung beiwohnen und über Rederecht verfügen
Frankreich - Senat	Delegation des Senates für die Europäische Union *(Délégation du Sénat pour l'Union européenne)*	6. Juli 1979	36 Mitglieder, die das Kräfteverhältnis der politischen Gruppen im Senat widerspiegeln
Frankreich - Nationalversammlung	Delegation für die Europäische Union *(La Délégation pour l'Union européenne)*	6. Juli 1979	36 Mitglieder, die das Kräfteverhältnis der Parteien in der Nationalversammlung widerspiegeln
Griechenland	Ständiger Sonderausschuss für Europäische Angelegenheiten *(Ειδική Διαρκής Επιτροπή Ευρωπαϊκών Υποθέσεων)*	Juni 1990	31 Mitglieder
Großbritannien - Oberhaus	EU-Ausschuss *(European Union Committee)*	6. Mai 1974	Etwa 18 Mitglieder, zusätzlich etwa 52 Mitglieder aus den sieben Unterausschüssen des EU-Ausschusses. Insgesamt sind also 70 Mitglieder involviert
Großbritannien - Unterhaus	Europäischer Kontrollausschuss *(European Scrutiny Committee)*	1974	16 Mitglieder. Seine parteipolitische Zusammensetzung spiegelt die parteipolitische Zusammensetzung des Unterhauses wider
Irland	Gemeinsamer Ausschuss für Europäische Angelegenheiten *(Joint Committee on European Affairs)*	17. Oktober 1995/2002	17 Mitglieder: 11 Mitglieder des Dáil und 6 Mitglieder des Senanad
Italien - Abgeordnetenkammer	Ausschuss für EU-Politik *(Commissione Politiche dell'Unione europea)*	1990/1996	Genauso zusammengesetzt wie die anderen ständigen Ausschüsse der Abgeordnetenkammer. Gegenwärtig 43 Mitglieder
Italien - Senat	14. ständiger Ausschuss für EU-Politiken *(14ª Commissione permanente Politiche dell'Unione europea)*	1968/2003	Gegenwärtig 27 Mitglieder
Lettland	Ausschuss für Europäische Angelegenheiten *(Eiropas lietu komisija)*	1995/2004	Gegenwärtig 17 Mitglieder, die das Kräfteverhältnis der Fraktionen Seima widerspiegeln
Litauen	Ausschuss für Europäische Angelegenheiten *(Europos reikalų komitetas)*	18. September 1997	Nicht weniger als 15 and nicht mehr als 25 Mitglieder. In Übereinstimmung mit dem Prinzip der verhältnismäßigen Repräsentation der Parlamentsfraktionen

Mitgliedstaat	Ausschuss für Europäische Angelegenheiten	Datum der Ausschussbildung	Zusammensetzung
Luxemburg	Ausschuss für Außen- und Europapolitik, für Verteidigung, Zusammenarbeit und Einwanderung (*Commission des Affaires étrangères et européennes, de la Défense, de la Coopération et de l'Immigration*)	1989	11 Mitglieder, die das Kräfteverhältnis der Parlamentsfraktionen widerspiegeln
Malta	Ständiger Ausschuss für Außen- und Europapolitik (*Kumitat Permanenti dwar l-Affarijiet Barranin u Ewropej*)	1995/2003	9 Mitglieder
Niederlande - Abgeordnetenkammer	Ausschuss für Europäische Angelegenheiten (*Commissie voor Europese Zaken*)	1986	27 Mitglieder, die alle politischen Parteien der Abgeordnetenkammer repräsentieren.
Niederlande - Senat	Ständiger Ausschuss für die Organisation der Europäischen Kooperation (*Vaaste Commissis voor Europese Samenwerkings organisaties*)	9. Juni 1970	13 Mitglieder und 11 Ersatzleute
Österreich - Nationalrat	Hauptausschuss	1995/2000	32 Mitglieder
Österreich - Bundesrat	EU-Ausschuss	1996	15 Mitglieder
Polen - Sejm	Ausschuss für die Angelegenheiten der Europäischen Union (*Komisja do Spraw Unii Europejskiej*)	14. Mai 2004 Vor dem Beitritt hatte Sejm einen Europäischen Ausschuss (von Oktober 2001 bis zum 31. Juli 2004)	Der Ausschuss sollte sich max. aus 46 Abgeordneten zusammensetzen (10 Prozent des Sejm). In seiner Zusammensetzung sollte sich die Zusammensetzung der Kammer widerspiegeln
Polen - Senat	Ausschuss für die Angelegenheiten der Europäischen Union (*Komisja do Spraw Unii Europejskiej*)	26. November 1991/22. April 2004	Die Zahl der Mitglieder des Ausschusses wird formal nicht begrenzt, gegenwärtig besteht er aus 15 Mitgliedern
Portugal	Ausschuss für Europäische Angelegenheiten (*Comissão de Assuntos Europeus*)		33 Mitglieder des Ausschusses, die das Kräfteverhältnis der politischen Parteien im Parlament repräsentieren
Rumänien	Gemeinsamer EU-Ausschuss von Abgeordnetenhaus und Senat (*Comisia pentru afaceri europene a Parlamentului României*)	?	31 Mitglieder, davon 12 Senatoren und 19 Abgeordnete

Die Europäisierung der Regierungssysteme 165

Mitgliedstaat	Ausschuss für Europäische Angelegenheiten	Datum der Ausschussbildung	Zusammensetzung
Schweden	Ausschuss für die Angelegenheiten der Europäischen Union *(Nämnden för Europeiska unionen)*	21. Dezember 1994	17 Mitglieder und 33 Ersatzleute. Alle bereichsbezogenen Ausschüsse sind im Ausschuss für Europäische Angelegenheiten repräsentiert
Slowakei	Ausschuss des Nationalrates der Slowakischen Republik für Europäische Angelegenheiten *(Výbor Národnej rady Slovenskej republiky pre európske záležitosti)*	29. April 2004	11 Mitglieder, die das Kräfteverhältnis der Fraktionen des Parlaments widerspiegeln
Slowenien - Staatsversammlung	Ausschuss für Europäische Angelegenheiten *(Odbor za zadeve EU)*	April 2004	14 Mitglieder. Politische Parteien werden proportional repräsentiert
Slowenien - Nationalrat	Ausschuss für Internationale Beziehungen und Europäische Angelegenheiten *(Sestava komisije za mednarodne odnose in evropske zadeve)*	1993	10 Mitglieder. Zusammengesetzt aus Abgeordneten der Interessengruppen der slowenischen Gesellschaft
Spanien -Kongress und Senat	Gemeinsamer Ausschuss für Europäische Angelegenheiten *(Comision Mixta para la Unión Europea)*	19. Mai 1986/1994	42 Mitglieder. In Übereinstimmung mit einer Entscheidung, die von den Abteilungen beider Kammern im Rahmen einer gemeinsamen Sitzung getroffen worden ist
Tschechien - Abgeordnetenkammer	Ausschuss für Europäische Angelegenheiten *(Výbor pro evropské záležitosti)*	2004	21 Mitglieder, die das Kräfteverhältnis aller politischen Parteien in der Abgeordnetenkammer widerspiegeln
Tschechien - Senat	Ausschuss für Europäische Angelegenheiten *(Výbor pro evropské záležitosti)*	1998	11 Mitglieder, die die Fraktionen proportional zu ihrem Kräfteverhältnis im Senat repräsentieren
Ungarn	Ausschuss für Europäische Angelegenheiten *(Európai ügyek bizottsága)*	1992	21 Mitglieder, die das Kräfteverhältnis der Parlamentsfraktionen widerspiegeln
Zypern	Ausschuss für Europäische Angelegenheiten *(Ευρωπαϊκών Υποθέσεων)*	25. Februar 1999	15 Mitglieder

Quelle: verändert und aktualisiert nach http://www.cosac.eu/en/info/scrutiny/eac/For_more_info (abgerufen am 18. Mai 2007).

Einrichtung und Tätigkeit der parlamentarischen Europaausschüsse sind in den verschiedenen Mitgliedstaaten rechtlich unterschiedlich abgesichert. Am weitesten gingen unter den Mitgliedstaaten der EU-15 die Bundesrepublik Deutschland, Österreich und Finnland, wo sich eine verfassungsrechtliche Verankerung der europapolitischen Mitwirkungsrechte der Parlamente samt der entsprechenden Einrichtungen (EU-Ausschuss bzw. Hauptausschuss) findet. Während man also in keinem der anderen „alten" Mitgliedstaaten Anlass sah, die europapolitische Kontrolle der Parlamente über die Regierungen konstitutionell zu verankern, fand dieses Modell doch Nachahmer in Gestalt dreier der im Jahr 2004 beigetretenen Neumitglieder, nämlich Polen, Slowenien und Ungarn (Györi 2005: 129). Alle anderen EU-Mitgliedstaaten begnügen sich mit einfachgesetzlichen Regelungen und/oder mit der Verankerung der jeweiligen Parlamentsrechte und -einrichtungen in den Geschäftordnungen der Volksvertretungen. Auch hier findet sich in der Bundesrepublik Deutschland das bei weitem elaborierteste Regelwerk. Artikel 23 des Grundgesetzes wird unterfüttert durch das im Jahr 1993 in Kraft getretene „Gesetz über die Zusammenarbeit von Bundesregierung und Bundestag in Angelegenheit der Europäischen Union", dessen verfahrensrechtliche Regelungen dem Parlament eine wirkungsvolle Regierungskontrolle ermöglichen sollte (dazu Sturm/Pehle 2005: 71ff.). Damit nicht genug, wurde im September 2006 eine Vereinbarung zwischen Bundesregierung und Bundestag geschlossen, welche die Informationspflichten der Bundesregierung gegenüber dem Parlament einerseits sowie die „Bindungswirkung" der Stellungnahmen des Bundestages für die Verhandlungsführung der Bundesregierung im Rat der Europäischen Union andererseits im Sinne des Parlaments (Parlamentsvorbehalt) weiter präzisierte (Bundestag-Drucksache 16/2620; Schäfer et al. 2007).

Über den tatsächlichen Einfluss der nationalstaatlichen Parlamente auf und die Wirksamkeit ihrer Kontrolle über das europapolitische Handeln der jeweiligen Regierungen sagen derartige Regelungen zwar noch wenig bis nichts aus. Gleichwohl erlaubt ein genauerer Blick auf selbige eine erste Kategorisierung der mitgliedstaatlichen Parlamente entlang des Grades ihrer formalen Verankerung und – ungleich wichtiger – ihrer institutionellen Mitwirkungs- und Kontrollmöglichkeiten. Die vergleichende Parlamentarismusforschung hat hierzu empirisch gesättigte Ergebnisse bislang im Wesentlichen nur bezogen auf die Parlamente der EU-15 vorlegen können, die im Folgenden zusammenfassend präsentiert werden.

Janowski (2005: 178ff., bes. 184) identifiziert als institutionell *und* formal starke Europagremien lediglich den EU-Ausschuss des Deutschen Bundestags und den Hauptausschuss des österreichischen Nationalrats. Als formal zwar schwächer abgesichert, verfahrensrechtlich aber mindestens ebenso stark qualifiziert sie die Europaausschüsse in Dänemark und Schweden sowie den Hauptausschuss des finnischen Parlaments. Allen fünf Parlamenten ist es möglich, ihre Regierungen mit einem Verhandlungsmandat auszustatten, wie es auf Dänemark, Schweden und Finnland zutrifft oder sie zumindest mit mehr (Österreich) oder weniger bindenden Stellungnahmen (Deutschland) in ihren Handlungsspielräumen einzuschränken. Allen anderen parlamentarischen Europagremien billigt Janowski nur nachrangige Bedeutung zu, da ihnen als Handlungsinstrumente lediglich Berichtspflichten der Regierungen und parlamentarische „Empfehlungen" zur Verfügung stünden, sie also das Regierungsverhalten im Ministerrat realiter nicht beeinflussen könnten.

Zu einem ganz ähnlichen Befund gelangt Maurer (2002), der zwischen den formalen Kontrollumfängen, die den einzelnen Parlamenten zugestanden wurden, einerseits (Maurer 200: 274ff.) und den Wirkungen, die diese Kontrollverfahren auf das konkrete Regierungshandeln andererseits entfalten (Maurer 2002: 339ff.), unterscheidet. Zu den Parlamenten mit „systematischen Kontrollzugängen" zählt er in Übereinstimmung mit Janowski die Volksvertretungen in Dänemark, Deutschland, Finnland, Österreich und Schweden. Er erwähnt in diesem Zusammenhang auch das Parlament der Niederlande, wobei dieses nur in Bezug auf die so genannte „Dritte Säule" der Europäischen Union – also der polizeilichen und justiziellen Zusammenarbeit – entsprechende Rechte wahrnehmen kann. Allen anderen nationalen Parlamenten der EU-15 schreibt er lediglich eingeschränkte Kontrollzugänge zu. Diese unterschiedlich ausgebauten Möglichkeiten zur parlamentarischen Kontrolle schlagen sich nieder in differierenden Chancen zur Mitgestaltung der nationalen Europapolitiken. Fragt man, ob die Parlamente nun tatsächlich in der Lage sind, eine „unmittelbare und gegebenenfalls substanzändernde Einflussnahme im innerstaatlichen, auf die EU bezogenen Willensbildungsprozess" auszuüben, d. h. „die seitens der Regierung mit Blick auf ihre Tätigkeit im Ministerrat erstellten Aktions- und Reaktionsentwürfe zu modifizieren, abzulehnen oder durch Alternativprojekte zu ersetzen" (Maurer 2002: 341), richtet sich der Blick wiederum zunächst auf die nordeuropäischen Mitgliedstaaten und Österreich. Den Deutschen Bundestag und den Bundesrat hingegen rechnet Maurer nur mit Einschränkungen zu den „policy influencing legislatures".

Am weitesten sind die parlamentarischen Einflussmöglichkeiten auf die Europapolitik der Regierung in Dänemark ausgebaut. Kern des dortigen Entscheidungsmechanismus ist die Erteilung von Mandaten an die zuständigen Minister durch den Europaausschuss des Folketing: Dänische Minister können zu anstehenden Ratsbeschlüssen nur dann förmlich Stellung beziehen, wenn ihnen vorab ein entsprechendes Mandat erteilt worden ist. Ähnlich strukturiert sind die europapolitischen Entscheidungsprozesse in Finnland und Schweden. Allerdings sind sie mit einer rechtlich vergleichsweise schwächeren Bindungswirkung ausgestattet und eher auf die Ausstattung der Regierungsmitglieder mit flexiblen Verhandlungsoptionen denn auf die Erteilung strikter Mandate ausgerichtet. Gleichsam dazwischen rangiert der österreichische Nationalrat, dessen Stellungnahmen die Regierungsmitglieder rechtlich binden, wenn es um die Verabschiedung von Verordnungen und Richtlinien im Ministerrat geht. Weicht die Regierung dennoch von der parlamentarischen Stellungnahme ab – was ihr nicht gestattet ist, wenn eine europäische Rechtsnorm eine Änderung der österreichischen Verfassung nach sich zieht – muss sie dem Parlament hierüber unverzüglich Rechenschaft ablegen. Formal betrachtet sind die Mitglieder der deutschen Bundesregierung nicht so eng an die Stellungnahmen des Parlaments gebunden wie ihre österreichischen Kollegen. Immerhin aber müssen sie die Stellungnahmen des Bundestages ihrer Verhandlungen in Brüssel „zugrunde legen". Weichen sie von ihnen ab, müssen sie gegenüber dem Deutschen Bundestag die Gründe dafür darlegen.

Auch einige der im Jahre 2004 in die EU aufgenommenen Neumitglieder haben Regelungen getroffen, die zumindest in formaler Hinsicht auf europapolitisch „starke" Parlamente schließen lassen. Dies gilt etwa für Ungarn, wo die Regierung gezwungen ist, Entscheidungen des parlamentarischen Europaausschusses zu berücksichtigen und Abweichungen davon entsprechend zu begründen: „Diese Regelung kann nicht als bindendes Mandat bezeichnet werden, sie ist jedoch nicht weit davon entfernt" (Dieringer/Stuchlik 2005: 141). Auch für Slowenien, Estland, Lettland, Litauen, Polen und die Slowakei wird eine mehr oder weniger enge Anlehnung an das „finnisch-österreichische Modell" proklamiert (Peterle 2005: 197; COSAC 2007), nachdem sich die dortigen Parlamente mit Erfolg die Möglichkeit, ihren Regierungen Verhandlungsmandate mit allerdings unterschiedlichen Bindungswirkungen zu erteilen, gesichert haben. Der tschechische Europaausschuss ist hingegen nur mit vergleichsweise schwachen Einflussmöglichkeiten ausgestattet (Dieringer/Stuchlik 2005: 142f.) – ein einheitliches Modell für die Beteiligung der Parlamente an europapolitischen Entscheidungsprozessen kann für die Neumitglieder also genauso wenig ausgemacht werden wie für die EU-15-Mitgliedstaaten.

Für die politische Praxis gilt dieser Befund gleichermaßen, denn die Handlungsrationalitäten der politischen Akteure werden natürlich auch durch die jeweils variierenden nationalen Systemvorgaben gesetzt. So entwickeln die jeweiligen, die Regierung tragenden Parlamentsmehrheiten in parlamentarischen Regierungssystemen verständlicherweise relativ wenig Interesse, „ihren" Regierungen integrationspolitische Fesseln anzulegen. Dies erklärt den Befund, dass „die Parlamente und ihre EU-Ausschüsse weitgehend den Regierungen nachgeordnete und von diesen instrumentalisierte Kontrollinstanzen dar(stellen, Anm. d. Verf.). Im besten Fall dienen sie der parlamentarischen Opposition zur regelmäßigeren Mitwirkung an Politikprozessen, die diese aufgrund des Mehrebenencharakters europäischer Politik passiv mitverfolgen können" (Maurer 2002: 438).

So besehen erklärt sich der „Sonderfall" Dänemark denn auch weniger durch die dort entwickelten, ausgefeilten parlamentarischen Kontrollrechte als durch die Tatsache, dass in Dänemark seit langem regelmäßig Minderheitsregierungen amtieren (anders allerdings Janowski 2005: 222). Entsprechendes galt bis zur Reichstagswahl des Jahres 2006 auch für Schweden. In beiden Ländern hat die der Regierung jeweils gegenüberstehende Parlamentsmehrheit natürlich ein ausgeprägtes Interesse daran, der Regierung bei divergierenden Auffassungen einen relativ eng gefassten Verhandlungsauftrag mit auf den Weg zu geben. Wenn, wie es in diesen Ländern der Fall ist, zudem parlamentarische Sanktionsmöglichkeiten durch Misstrauensvoten gegen einzelne Minister möglich sind, wird die Folgebereitschaft der Regierungsmitglieder gegenüber den parlamentarischen Europaausschüssen weiter gestärkt. Als weiteres Erklärungsmerkmal tritt hinzu, dass in den genannten Ländern – anders als in Deutschland, wo zwischen den im Parlament vertretenen Parteien ein weitgehender europapolitischer Konsens dominiert – ausgeprägte integrationspolitische Differenzen zwischen den politischen Parteien vorherrschen; teilweise sind die Parteien sogar in sich über das Thema „Europa" zerstritten. All dies steigert natürlich das Interesse der Abgeordneten an einer möglichst weitgehenden parlamentarischen Mitsteuerung der gouvernementalen Europapolitik.

Auch in Tschechien kann von europapolitischem Konsens zwischen den Parteien keine Rede sein. Trotzdem, und obwohl in Prag häufig Minderheitsregierungen amtierten, war und ist die Rolle des Parlaments in Europafragen vergleichsweise stark unterentwickelt (Dieringer/Stuchlik 2005: 144). Dies weist darauf hin, dass die Existenz von Minderheitsregierungen offenbar nur dann zu verstärkten parlamentarischen Einflussmöglichkeiten auf die jeweilige Europapolitik führt, wenn sie den nationalen Regelfall repräsentiert, innerhalb dessen sich eine entsprechende Parlamentskultur entwickeln konnte.

Mag die „mandating power" der Europaausschüsse in formaler Hinsicht auch durchaus beachtlich variieren, kann von einer wirklichen parlamentarischen Mitgestaltung der mitgliedstaatlichen Europapolitiken im Grunde nirgends ernsthaft die Rede sein. Auch der österreichische Hauptausschuss, der bewusst dem dänischen Modell nachgebildet wurde und im Unterschied zu diesem sogar verfassungsrechtliche Verankerung erfuhr, hat seine europapolitischen Aktivitäten in jüngerer Vergangenheit deutlich reduziert, nachdem er bereits nach der Erteilung seines ersten (und bislang einzigen) Abstimmungsmandats an die Regierung im Beitrittsjahr 1995 registrieren musste, wie unproduktiv sich die Erteilung eines bindenden Mandats mitunter auswirken kann: Der Minister sah sich von der Kompromisssuche im Ministerrat ausgeschlossen. In die Zuschauerrolle gedrängt, blieb ihm nur, sich schlussendlich überstimmen zu lassen (Janowski 2005: 212). Ein weniger weitreichendes Verhandlungs- und Abstimmungsmandat hätte es hingegen unter Umständen erlaubt, doch Einiges von dem durchzusetzen, was der österreichische Nationalrat in seiner Mehrheit hatte erreichen wollen. Dieses Beispiel mag belegen, dass die nationalen Parlamente gut beraten scheinen, nach Vorbild etwa des polnischen Sejm (Bota 2004, zit. nach Kropp 2006:

288) nur „mittelstarke" Europaausschüsse zu installieren, um die Verhandlungsspielräume ihrer Regierungen nicht durch zu eng gefasste Verhandlungsmandate über Gebühr einzuschränken.

In der Gesamtschau zeigt sich, dass die mitgliedstaatlichen Parlamente allesamt Europäisierungsprozesse durchlaufen haben, die allerdings nicht in einer Konvergenz der nationalen politischen Systeme mündeten: Zu groß sind die Unterschiede, die sich in institutioneller und verfahrensrechtlicher Hinsicht ausmachen lassen. Im „Praxistest" zeigt sich indes auch hinsichtlich formal kompetenzstarker Parlamente wie des Deutschen Bundestages und des österreichischen Nationalrats ein „ernüchterndes Bild" (Janowski 2005: 221). Parlamente wie die skandinavischen, denen ein größerer Einfluss auf die nationale Europapolitik zugeschrieben werden kann, profitieren dagegen offenbar weniger von institutionellen, speziell auf die Entscheidungsprozesse der EU bezogenen Neuerungen, sondern von systemischen Variablen, die sich unabhängig davon bereits lange vor dem EU-Beitritt entwickelt haben.

Wie auch immer diese Variablen im Einzelnen ausgestaltet sein mögen, machen die mitgliedstaatlichen Parlamente in ihrer großen Mehrzahl doch hinsichtlich eines Umstands offenbar sehr ähnliche Erfahrungen: Mit den Informationen, die ihnen von ihren Regierungen hinsichtlich der Entwicklungen auf europäischer Ebene zur Verfügung gestellt werden, sind sie – nicht zuletzt aufgrund von Defiziten in der Vergangenheit hinsichtlich des häufig verspäteten Informationsflusses – offenbar chronisch unzufrieden. Sie bemühen sich deshalb um ihr „eigenes Ohr" in Brüssel. Ständige Vertreter der nationalen Parlamente vor Ort sollen als Frühwarnsysteme fungieren, mittels derer die Abgeordneten in den Hauptstädten auch für längerfristige Vorhaben und Tendenzen der europäischen Politik sensibilisiert werden können. Nachdem auch der Deutsche Bundestag sich im Herbst 2006 zur Einrichtung eines eigenen Büros beim Europäischen Parlament verstanden hat, verzichten nur noch die Parlamente Bulgariens, Maltas, Portugals, Rumäniens und Spaniens auf derartige zusätzliche Informationsquellen. An der strukturellen Unterlegenheit der nationalen Legislativen gegenüber den jeweiligen Regierungsapparaten vermögen auch solche Einrichtungen allerdings nur wenig zu ändern.

Angesichts der zunehmend defensiveren Position nationaler Parlamente, hervorgerufen durch die Europäisierung nationaler politischer Entscheidungsprozesse, wurde argumentiert (z. B. Maurer 2003: 141; Benz 2004: 897), dass es die Aufgabe nationaler Parlamente sein könnte, neben ihren rudimentären Kontroll- und Auskunftsrechten und, bezogen auf diese, ihre Funktion der Kommunikation und der öffentlichen Deliberation europäischer Politik stärker in den Vordergrund zu stellen, um so das demokratische Defizit der EU zu begrenzen. Solange aber Karrierechancen von Politikern an nationale Wahlen geknüpft sind, bei der einerseits nationale Themen im Vordergrund stehen und andererseits positiv kommunizierbare europäische Entwicklungen als Leistungen der nationalen Politik und der nationalen Mandatsträger aus naheliegenden Gründen der Verbesserung der eigenen Wiederwahlchancen kommuniziert werden, ignoriert das (idealistische) Setzen auf eine der Legitimation europäischer Entscheidungen gewidmete Debattenkultur grundlegende Rahmenbedingungen der Präferenzbildung nationaler Akteure. Zu Ende gedacht bedeutet für diese eine solche Debattenkultur das permanente Eingeständnis verlorener Entscheidungsfähigkeit als Folge von Europäisierungsprozessen.

3 Die mitgliedstaatlichen Regierungen: Strategien der „Integrationsgewinner"

Ungeachtet der inkremental vollzogenen Aufwertung des Europäischen Parlaments im Gesetzgebungsprozess durch das so genannte Mitentscheidungsverfahren ist der Rat der Europäischen Union, bis zum Inkrafttreten des Vertrags von Maastricht noch als „Ministerrat" tituliert, doch noch immer das „oberste und damit das eigentliche Rechtsetzungsorgan der EU" (Tömmel 2006: 64). Das bedeutet nichts anderes, als dass diejenigen legislativen Kompetenzen, derer die nationalen Parlamente im Zuge der in der Vergangenheit vollzogenen Kompetenzübertragungen an die Europäische Union verlustig gegangen sind, vermittelt über die Entscheidungszuständigkeiten des Rates bei den nationalen Regierungen angekommen sind. Deshalb ist die Frage nach der Konstruktion der europapolitischen Willensbildungs- und Entscheidungsprozesse der nationalen Exekutiven von entscheidender Bedeutung für das Verständnis von Europäisierungsprozessen auf mitgliedstaatlicher Ebene (Sturm/Pehle 2005: 43). Ergänzend ist ins Kalkül zu ziehen, dass der Europäische Rat in Form der Gipfeltreffen der Staats- und Regierungschefs seit den neunziger Jahren des vergangenen Jahrhunderts einen Funktionswandel dahingehend durchlaufen hat, dass er mittlerweile auch im „Tagesgeschäft" der Europäischen Union eine immer dominantere Rolle spielt. Der Grund für diese Entwicklung ist darin zu suchen, dass es den Fachministerräten häufig nicht gelingt, zu Kompromissen zu finden, weil sie nicht in der Lage sind, Forderungen und Zugeständnisse aus verschiedenen Politikbereichen miteinander zu verrechnen. Eben dazu – zum Schnüren politikfeldübergreifender Verhandlungspakete – sind die Staats- und Regierungschefs aber sehr wohl imstande, weshalb sie de facto auch zu „Einzelfallentscheidern" geworden sind, auch wenn sie die von ihnen erzielten Kompromisse noch zur formalen Entscheidung an die jeweiligen Fachministerräte weiterreichen (Sturm/Pehle 2005: 49).

Dieser Funktionswandel des Europäischen Rates, der sich eher stillschweigend und am Wortlaut der europäischen Verträge vorbei vollzogen hat, blieb nicht ohne Auswirkungen auch auf die Machtbalance und die Entscheidungsstrukturen innerhalb der nationalen Regierungen. Als erste Beobachtung kann deshalb eine Annäherung der mitgliedstaatlichen Systemstrukturen untereinander dahingehend diagnostiziert werden, dass die Regierungschefs zu „Schlüsselakteuren" in den europapolitischen Entscheidungsprozessen der nationalen Exekutiven geworden sind: Insbesondere durch ihre Rolle als Mitglieder des Europäischen Rates und dem daraus entspringenden Informationsvorsprüngen sind sie prinzipiell in der Lage, interne Prozeduren zu steuern und so die nationalen Entscheidungsprozesse zu dominieren – und zwar ungeachtet der Frage, ob sie nun formal über eine „Richtlinienkompetenz" verfügen, wie etwa der deutsche Bundeskanzler, oder auf eine solche verzichten müssen, wie beispielsweise sein österreichischer Amtskollege oder der Premierminister der Niederlande. Für die „Post-Maastricht-Periode" wurde dementsprechend für die große Mehrzahl der EU-15 Mitgliedstaaten eine faktische Verschiebung der europapolitischen Aktivitäten weg von den vordem durchwegs dominierenden Außenministerien hin zu den jeweiligen Regierungszentralen festgestellt, die sich allerdings in national variierender Intensität vollzog (Mittag/Wessels 2003: 423f.).

Die tendenzielle europapolitische Dominanz der jeweiligen Regierungschefs ändert jedoch nichts daran, dass mittlerweile beinahe alle nationalen Fachministerien innerhalb ihres Zuständigkeitsbereichs je eigene auf die europäischen Politiken bezogenen Arbeitseinheiten eingerichtet haben. Für die Außen-, Wirtschafts-, Landwirtschafts- und Finanzministerien galt dies im Grunde schon von Anbeginn der jeweiligen EG/EU-Mitgliedschaft ihres Landes an, für andere Fachressorts bedeutete die Herausbildung europapolitischer Kapazitäten und Kompetenzen jedoch zu unterschiedlichen Zeitpunkten eine neue Herausforderung. Auszugehen ist also von der Tatsache, dass – bis vor kurzem noch mit Ausnahme der Verteidigungsministerien, die mittlerweile aber sukzessive auch von der fortschreitenden Europäischen Integration betroffen werden – im Grunde alle nationalen Fachministerien zugleich immer auch „Europaressorts" sind (Hetmeier 2004: 172), die ihre eigene Europadiplomatie betreiben (und betreiben müssen). Dies stellt die Organisatoren der europabezogenen Regierungsarbeit vor die besondere Aufgabe, eine effektive, Politikfeld übergreifende Koordination der einzelnen Fachpolitiken zu realisieren. Aus Sicht der mitgliedstaatlichen Regierungen geht es darum, allen sektoralen Ausdifferenzierungen zum Trotz in Brüssel „mit einer Stimme zu sprechen", denn nur so besteht die Chance, Bündnispartner für die eigenen Positionen für die schlussendlich anstehenden Abstimmungen in Parlament und Rat identifizieren und gewinnen zu können.

Der bereits erwähnte generelle Zugewinn an europapolitischen Steuerungspotenzialen für die Regierungschefs wird sich im gouvernementalen Alltag allerdings zwangsläufig in Grundsatzentscheidungen erschöpfen müssen, wenn er nicht durch besondere institutionelle Vorkehrungen unterfüttert wird. Deshalb ist es eine offene Frage, ob die konkrete Koordination der nationalen Europapolitiken in den einzelnen Mitgliedstaaten von der Regierungszentrale, von einem oder von mehreren Fachressorts gemeinsam beziehungsweise arbeitsteilig wahrgenommen wird. Es existiert gleichsam ein ganzes „Menü" möglicher Organisationsentscheidungen, das, anders als Laffan (2003: ix, 2006: 692) argumentiert, grundsätzlich nicht nur die Wahl lässt zwischen der Zuweisung der entsprechenden Kompetenzen entweder an die Regierungszentrale oder an das Außenministerium. Es wird sich im Folgenden zeigen, dass durchaus auch „Zwischenlösungen" oder „gemischte Modelle" praktiziert werden, weshalb von einer Konvergenz der nationalen Systemstrukturen in dieser Hinsicht auch keine Rede sein kann.

Bezogen auf die mitgliedstaatlichen Regierungen der EU-15, die ihre Bemühungen um die interne Koordination ihrer Europapolitiken in den neunziger Jahren des letzten Jahrhunderts ausnahmslos intensivierten, war und ist ein Koordinationsmodell, welches dem jeweiligen Außenministerium zumindest formal die allein führende Rolle zuweist, nach wie vor absolut dominierend. Mittag und Wessels (2003: 425) zufolge wird es lediglich in Deutschland, Finnland, den Niederlanden und Österreich nicht praktiziert. Dass in den restlichen elf Altmitgliedstaaten die herausgehobene Rolle der Außenministerien hinsichtlich ihrer europapolitischen Koordinationsaufgaben in formaler Hinsicht unangetastet blieb, bedeutet allerdings nicht, dass sich nicht auch dort „hinter den Kulissen" reale Machtverschiebungen vollzogen hätten. So herrscht in der Forschung Einigkeit, dass sich nach Inkrafttreten des Vertrages über die Europäische Union in Bezug auf die nationalen Fachressorts generell verzweigtere Koordinationsmechanismen durchsetzten, von denen nach Realisierung der Wirtschafts- und Währungsunion in den davon betroffenen Staaten tendenziell insbesondere die Finanzminister profitiert haben.

Ein Modell, das in der deutschen Diskussion um eine mögliche Umstrukturierung der europapolitischen Zuständigkeiten innerhalb der Bundesregierung seit langem eine prominente Rolle spielt und dessen Einführung wiederholt gefordert wurde, besteht in der Einrichtung eines eigenständigen Europaministeriums (Sturm/Pehle 2005: 56ff.). Eine derartige Lösung hat sich jedoch in keinem der Mitgliedstaaten durchsetzen können. Zwar haben sich fünf von ihnen (teilweise nur zeitweilig) dazu verstanden, „Europaminister" zu ernennen (Frankreich, Griechenland, Italien, Finnland und Großbritannien) doch verfüg(t)en selbige weder über eigene Ressorts noch über anderweitige nennenswerte Handlungsressourcen (Mittag/Wessels 2003: 425).

In einigen Mitgliedstaaten – interessanterweise auch und gerade in denjenigen, in welchen die traditionelle europapolitische Zuständigkeit der Außenministerien für Fragen der Europäischen Integration formal unangetastet blieb und in welchen man den Chefs der Auswärtigen Ämter „Junior-Europaminister" zuordnete – entwickelte sich an Stelle eines Europaministeriums ein Koordinationsmodell, das auf einer zentralen Arbeitseinheit basiert, welche sich ihrerseits der permanenten Unterstützung durch die politische Führung erfreut. Als Paradebeispiel für eine derartige Lösung, die hinsichtlich der nationalen Interessenvertretung in Brüssel als besonders effizient eingeschätzt wird, gilt das britische Modell. In seinem Zentrum steht das *Cabinet Office European Secretariat* (COES). Das *Cabinet Office* arbeitet faktisch dem Premierminister persönlich und nicht der gesamten Regierung zu. Die Ansiedlung des *European Secretariat* in der Regierungszentrale statt in einem Ministerium macht damit aber nicht nur den europapolitischen Führungsanspruch des Regierungschefs deutlich, sondern ist auch bewusster Ausdruck der Vermittlungsrolle des COES. Das Europasekretariat soll Interessenkonflikten zwischen den Ressorts möglichst vorbeugen beziehungsweise als „neutraler" Schlichter über Ressortstreitigkeiten fungieren, um so der britischen Regierung die Erarbeitung sektorübergreifender Verhandlungspositionen zu erlauben (Knill et al. 2006: 42). Zu den routinemäßigen Aufgaben des Europasekretariats gehören unter anderem die Sammlung und Weiterleitung aller relevanten EU-Dokumente an die Fachressorts und das Parlament, Beratung und Informationen bezüglich der EU-Politiken und Verfahren sowie die Bestandsaufnahme und gegebenenfalls Abstimmung der einzelnen Ressortstellungnahmen aufeinander. Seine multifunktionale und strategische Ausrichtung wird dem Sekretariat nicht zuletzt durch seine besondere personelle Ausstattung ermöglicht: Das COES ist eine vergleichsweise kleine, sehr kompakte Arbeitseinheit, welche aus ca. 25 Beamten besteht, die aus verschiedenen Ministerien abgestellt werden. Der Leiter des COES und sein erster Stellvertreter werden traditionell von einem der „integrationserprobten" Ressorts wie den für Wirtschaft, Landwirtschaft oder Finanzen gestellt, während der zweite Stellvertreter stets vom Außenministerium abgeordnet wird (Kassim 2000: 34).

Als ähnlich effizient hinsichtlich der Generierung konsistenter europapolitischer Positionen gilt das in Finnland entwickelte, institutionelle Arrangement zur Koordination und Steuerung der nationalen Integrationspolitik (Laffan 2003; Knill et al. 2006: 38ff.). Es existiert seit dem Jahr 2000, dem Jahr also, in welchem der „Umbau" des finnischen politischen Systems von einem semipräsidentiellen zu einem parlamentarischen Regierungssystem abgeschlossen wurde, womit die präsidentiellen Prärogative in der Außenpolitik weitgehend der Vergangenheit angehören. Das System ist vierstufig aufgebaut und darauf ausgerichtet, sowohl dem Premierminister, der in Finnland traditionell eine Mehrparteienkoalition anführt, ein wirksames Steuerungsinstrumentarium an die Hand zu geben, als auch die einzelnen Ressortpolitiken aufeinander abzustimmen. An der Spitze des Koordinationsmechanismus steht das Regierungssekretariat für EU-Angelegenheiten, das dem Büro des Premierministers zugeordnet ist. Es ist zuständig für die Sammlung und Zirkulierung aller die EU betreffenden Dokumente, bereitet die Tagungen des Europäischen Rates vor und ist vor allem für die Instruktion der Ständigen Vertretung Finnlands bei der Europäischen Union zuständig. Das Regierungssekretariat ist in allen anderen EU-bezogenen Institutionen der

Regierung vertreten. Dabei handelt es sich zunächst um den Kabinettsausschuss für Europafragen, dem der Premierminister vorsitzt. Der Ausschuss tagt einmal wöchentlich und hat die Aufgabe, die Positionen der finnischen Regierung für sämtliche Ratstagungen festzulegen. Als „Unterbau" hierzu fungiert das EU-Komitee, das ebenfalls wöchentlich zusammenkommt, um die Sitzungen des Kabinettsausschusses vorzubereiten. In diesem Gremium sind unter anderem sämtliche Ministerien, das Büro des Staatspräsidenten und die finnische Staatsbank auf Staatssekretärsebene vertreten. Den Vorsitz führt der Staatssekretär aus dem Regierungssekretariat für EU-Angelegenheiten. Das Komitee hat im Laufe der Zeit insgesamt 37 Unterausschüsse eingerichtet, die je nach Bedarf und in unterschiedlicher Zusammensetzung auf Referentenebene und gegebenenfalls unter Einbeziehung von Vertretern gesellschaftlicher Interessengruppen unter Vorsitz des jeweils federführenden Ministeriums vorbereitend für die ihnen übergeordneten Gremien tätig sind.[2]

In einer, aber eben auch nur in einer (und eher nachrangigen) Hinsicht ähnelt das finnische System der europapolitischen Konzertierung dem deutschen: An die jeweils übergeordneten Gremien werden nur diejenigen Angelegenheiten weitergeleitet, die „unten" strittig geblieben sind. Ansonsten unterscheidet sich der Ansatz, den die deutsche Bundesregierung ihren integrationspolitischen Abstimmungs- und Entscheidungsprozesse zugrunde legt, gravierend von den beiden bisher dargestellten. Während jene nach allgemeiner Einschätzung als vorbildlich für die Erarbeitung frühzeitig abgestimmter und in sich konsistenter Positionen für die tägliche Interessenvertretung in Brüssel gelten, wird das deutsche Modell dahingehend kritisiert, dass die integrationspolitischen Entscheidungsprozesse innerhalb der Bundesregierung aufgrund des dominierenden Prinzips der Ressortverantwortlichkeit extrem fragmentiert und deshalb fernab von dem durch den internationalen Vergleich von *best practices* als realisierbar erkannten Maß an Koordination sei (dazu und zum Folgenden Sturm/Pehle 2005: 43ff.). Der europapolitische Koordinations- und Steuerungsmechanismus in Deutschland ist zunächst dadurch gekennzeichnet, dass die Regierungszentrale über keinerlei wirklich effiziente Möglichkeiten verfügt, die im Kanzlerprinzip angelegte Richtlinienkompetenz integrationspolitisch umfassend, d. h. bezogen auf alle wichtigen Entscheidungen in den unterschiedlichsten Politikfeldern, wirksam werden zu lassen. Die Einrichtung einer insgesamt vier Referate umfassenden Abteilung für Europapolitik, die aus dem Jahr 2002 datiert, hat an diesem Steuerungsdefizit wenig zu ändern vermocht.

Dies findet seine Gründe auch darin, dass die europapolitischen Koordinationsaufgaben seit nunmehr 50 Jahren im Wesentlichen auf zwei – nicht selten miteinander konkurrierende – Fachressorts verteilt sind. Es handelt sich dabei um das Auswärtige Amt und das Wirtschaftsministerium, wobei letzteres in der Zeit von 1998 bis 2005 in dieser Rolle vom Finanzministerium abgelöst wurde. Schon die Rochade der integrationspolitischen Kompetenzen zwischen den beiden letztgenannten Ressorts zeigt, dass tragende Sachargumente weder für die eine noch für die andere Lösung ins Feld geführt werden können. Stattdessen entscheiden offenbar Ressortkonkurrenzen und Koalitionsarithmetik über die Verteilung der entsprechenden Zuständigkeiten.

Unterhalb des Kabinetts, das als Kollegialorgan unter Leitung des Kanzlers schlussendlich über alle wichtigen europapolitischen Angelegenheiten berät und entscheidet, findet sich ein organisatorischer Unterbau, der sich personell aus den Fachressorts speist. Er

---

[2] Für eine Darstellung des finnischen Modells vgl. auch http://www.government.fi/eu/suomi-ja-eu/asioiden-kassitelly/en.jsp.print.

besteht im Wesentlichen aus zwei Gremien, welche die Kabinettssitzungen vorbereiten und selbige von der Entscheidung über Routineangelegenheiten entlasten sollen. Deren eines ist das so genannte Dienstags-Komitee, in welchem die Abteilungsleiter der einzelnen Ministerien wöchentlich zum Zwecke der Abstimmung ihrer Ressortpositionen zusammentreffen. Was auf dieser Ebene nicht geklärt werden kann, wird weitergereicht an das Komitee der Staatssekretäre, das im Normalfall etwa vierwöchentlich zusammentritt. Die bereits angesprochene Fragmentierung der Entscheidungsprozesse wird deutlich an der Tatsache, dass das Staatssekretärskomitee unter Leitung des Auswärtigen Amtes, das Dienstags-Komitee hingegen unter Leitung des Wirtschaftsministeriums tagt. Eine Aufgabenteilung zwischen beiden Ressorts gibt es auch hinsichtlich der Berechtigung, die jeweils letztgültigen Instruktionen an die Ständige Vertretung Deutschlands in Brüssel zu erteilen.

Deutschland mag zwar auf durchaus erfolgreiche Ratspräsidentschaften zurückblicken, aber, so ein bis heute viel zitiertes Urteil britischer Beobachter, es „boxt im Alltag der europäischen Politik eine Gewichtsklasse niedriger als es eigentlich könnte", weil es das überkommene Ressortprinzip in Bezug auf die integrationspolitischen Erfordernisse nicht zu suspendieren vermochte (Bulmer et al. 1998: 99). Deshalb nimmt es nicht Wunder, dass Berlin zumindest in dieser Hinsicht nicht zum Vorbild für die Neumitglieder der Europäischen Union wurde.

Welchem Modell aber folgten letztere dann? Hierzu erlaubt der Ertrag der bislang geleisteten Forschung zwar nur recht spärliche, exemplarisch gewonnene Einsichten, die zudem teilweise bereits in der Phase der Beitrittsverhandlungen gewonnen wurden. Gleichwohl ist zumindest ein Befund nicht von der Hand zu weisen: Von einer wirklichen Konvergenz der europapolitisch relevanten Regierungsstrukturen der Neumitglieder der Europäischen Union kann nicht die Rede sein, wenngleich „Mischformen", wie sie sich beispielsweise in Deutschland entwickelten, offenbar nirgends praktiziert werden. Stattdessen entschied man sich seitens der damaligen Beitrittskandidaten durchgängig zwischen der klaren Alternative, die integrationspolitische Führungs- und Koordinationsfunktionen entweder der jeweiligen Regierungszentrale zuzuordnen oder sie dem Außenministerium zu überantworten. Für die erstgenannte Variante standen und stehen bis heute beispielhaft Estland und Slowenien, wo man bereits in den Jahren 1996 und 1997 Regierungssekretariate für europäische Angelegenheiten in den Regierungszentralen verankerte (Laffan 2003: 8). Die ungarische Regierung richtete 2003 die Position eines Ministers für Europafragen beim Ministerpräsidenten des Landes ein (Lippert/Umbach 2004a: 69). Die tschechische und – nach anfänglichem Zögern – auch die polnische Regierung hingegen verstanden sich dazu, ihre neu eingerichteten Sekretariate für Fragen der Europäischen Integration den Außenministerien zuzuordnen (Lippert/Umbach 2004b: 126).

Unabhängig von der Frage, wo die europapolitischen Koordinationsfunktionen verankert wurden, entschied man offenbar über die eigentlichen Entscheidungsstrukturen. So wird nur in Bezug auf Ungarn, Slowenien und Estland von der Einrichtung von Kabinettsausschüssen für Europaangelegenheiten berichtet (Laffan 2003: 12). In diesen Ländern ist also nur ein bestimmter Kreis privilegierter Minister in die entsprechenden Entscheidungsprozesse eingebunden. Ihre Beratungen werden jeweils von einem interministeriellen Gremium aus hochrangigen Beamten der aktuell betroffenen Ressorts vorbereitet (Laffan 2003: 12).

Die Europäisierung der politischen Systeme der Jungmitglieder der Europäischen Union ist noch längst nicht abgeschlossen. Zwar gilt dies auch für die schon wesentlich länger in die Europäische Integration eingebundenen Mitgliedstaaten, doch sind dort die entsprechenden

Strukturen natürlich schon wesentlich stärker verfestigt. Die in den neuen Mitgliedstaaten sich weiterhin vollziehenden Anpassungsprozesse betreffen vor allem die Konkurrenz zwischen den Regierungszentralen und den Außenministerien. So hat man in Ungarn im Jahr 2003 den Posten eines Ministers für Europafragen beim Ministerpräsidenten geschaffen und damit die integrationspolitischen Kapazitäten des dortigen Kanzleramtes gestärkt. Und wenn in Tschechien und Polen bereits „Anpassungen und leichte Überarbeitungen der exekutiven Entscheidungssysteme" beobachtet wurden, so weist dies ebenfalls darauf hin, dass eine „vermehrte Ansiedlung von Koordinierungskompetenzen bei den Regierungschefs" offensichtlich doch allgemein im Trend liegt (Lippert/Umbach 2004: 128f.). All dies spricht durchaus für die Fähigkeit der EU-Neumitglieder zum institutionellen Lernen, hat sich doch gezeigt, dass diejenigen Mitgliedstaaten, in welchen man den Regierungschefs mit den entsprechenden integrationspolitischen Steuerungs- und Koordinationskompetenzen samt der erforderlichen Ressourcen ausgestattet hat, exakt diejenigen sind, die sich im Brüsseler Konzert der mittlerweile 27 Regierungen am ehesten Gehör verschaffen können.

4 Fazit

Europäisierung hat institutionelle Folgen, wie vermutet nicht im Sinne der Uniformität, sondern national unterschiedlicher Reaktionsmuster mit sehr unterschiedlichen Perspektiven hinsichtlich der Selbstbehauptung nationaler politischer Institutionen. Dass die Ausstattung der Regierungszentralen mit eindeutigen europapolitischen Koordinations- und Führungsfunktionen die Durchsetzbarkeit der jeweiligen nationalen Exekutive in den Gremien der Europäischen Union stärkt, scheint eindeutig. Derartige Arrangements tendieren tendenziell dazu, die Parlamente mit ihren Kontrollansprüchen ins Abseits zu stellen. Zwingend ist diese Konsequenz allerdings nicht. Vor allem das Beispiel Finnland zeigt, dass und wie eine effiziente Koordination der europapolitischen Arbeit der Exekutive sich durchaus mit wirksamen parlamentarischen Kontrollmöglichkeiten vertragen kann. Dies gilt zumindest dann, wenn man parlamentarische Kontrolle nicht vorschnell mit parlamentarischen Mandatierungsrechten gleichsetzt. Sowohl der Ausbau parlamentarischer Kontrollrechte über die Europapolitik als auch die variierenden integrationspolitischen Kapazitäten der Regierungszentralen verhalten sich neutral gegenüber der generellen Ausrichtung nationaler Europapolitiken. „Europaskeptische" Mitgliedstaaten kennen sowohl kontrollstarke Parlamente (Dänemark, Schweden) wie auch diesbezüglich eher benachteiligte Volksvertretungen (Großbritannien), und tendenziell schlecht ausgestattete Regierungszentralen finden sich auch in ausgesprochen integrationsfreundlichen Staaten (Deutschland) wie umgekehrt. So besehen würde auch eine stärkere Konvergenz der nationalen Systemstrukturen die Europäische Integration nicht befördern helfen.

Literatur

Auel, Katrin, 2005: Europäisierung nationaler Politik, in: Bieling, Hans-Jürgen/Lerch, Marika (Hrsg.), Theorien der europäischen Integration. Wiesbaden, 293–318.
Benz, Arthur, 2004: Path-Dependent Institutions and Strategic Veto Players: National Parliaments in the European Union, in: West European Politics 27 (5), 875-900.

Börzel, Tanja A., 2000: Europäisierung und innerstaatlicher Wandel. Zentralisierung und Entparlamentarisierung?, in: Politische Vierteljahresschrift 41 (2), 225-250.
Bota, Alice, 2005: Der polnische Europaausschuss (Komisja Europejska Sejmu): Kontroll-, Einfluss- und Mitwirkungsmöglichkeiten auf die nationale Europapolitik. Magisterarbeit Universität Potsdam.
Bulmer, Simon/Jeffery, Charlie/Paterson, William E., 1998: Deutschlands europäische Diplomatie. Die Entwicklung des regionalen Milieus, in: Weidenfeld, Werner (Hrsg.), Deutsche Europapolitik: Optionen wirksamer Interessenvertretung. Bonn, 11-102.
Dieringer, Jürgen/Stuchlik, Andrej, 2005: Nationale Parlamente und Europa im tschechisch-ungarischen Vergleich, in: Dieringer, Jürgen/Maurer, Andreas/Györi, Einkö (Hrsg.), Europäische Entscheidungen kontrollieren. Nationale Parlamente im Ost-West-Vergleich. Dresden, 131-148.
Fischer, Thomas/Schley, Nicole, 1999: Europa föderal organisieren. Ein neues Kompetenz- und Vertragsgefüge für die Europäische Union. Bonn.
Geyer, Robert A., 2003: Globalization, Europeanization, Complexity and the Future of Scandinavian Exceptionalism, in: Governance 16 (4), 559-576.
Glotz, Peter, 1990: Der Irrweg des Nationalstaats. Stuttgart.
Grossman, Emiliano, 2006: Europeanization as an Interactive Process: German Public Banks Meet EU State Aid Policy, in: Journal of Common Market Studies 44 (2), 25-48.
Györi, Einkö, 2005: Handling EU Affairs in the Parliaments of the Ten Acceeding Countries, in: Dieringer, Jürgen/Maurer, Andreas/Györi, Einkö (Hrsg.), Europäische Entscheidungen kontrollieren. Nationale Parlamente im Ost-West-Vergleich. Dresden, 123-130.
Hetmeier, Heinz, 2004: Auswirkungen der europäischen Integration auf die deutsche Bundesverwaltung: Europapolitik aus der Perspektive des BMWi, in: Siedentopf, Heinrich (Hrsg.), Der europäische Verwaltungsraum – Beiträge einer Fachtagung. Baden-Baden, 171-175.
Janowski, Cordula A., 2005: Die nationalen Parlamente und ihre Europa-Gremien. Legitimationsgarant der EU? Baden-Baden.
Jordan, Andrew, 2003: The Europeanisation of National Government and Policy, in: British Journal of Political Science 33 (2), 261-282.
Kassim, Hussein, 2000: The United Kingdom, in: Kassim, Hussein/Peters Guy B./Wright, Vincent (Hrsg.), The National Coordination of EU Policy. The Domestic Level. Oxford, 1-21.
Kassim, Hussein, 2003: Meeting the Demands of EU Membership: The Europeanization of National Administrative Systems, in: Featherstone, Kevin/Radaelli, Claudio M. (Hrsg.), The Politics of Europeanization. Oxford, 83-111.
Knill, Christoph/Bauer, Michael W./Ziegler, Maria, 2006: Optimierungsmöglichkeiten vorausschauender Politikgestaltung. Institutionen staatlicher Planung und Koordination im europäischen Vergleich. (Zukunft Regieren. Beiträge für eine gestaltungsfähige Politik 2). Gütersloh.
Knill, Christoph/Winkler, Daniela, 2006: Staatlichkeit und Europäisierung: Zur Abgrenzung und Systematisierung eines interdisziplinären Konzepts, in: Der Staat 45 (2), 215-244.
Kohler-Koch, Beate/Eising, Rainer (Hrsg.), 1999: The Transformation of Governance in the European Union. London.
Kropp, Sabine, 2006: Ausbruch aus exekutiver Führerschaft? Ressourcen- und Machtverschiebungen im Dreieck von Regierung, Verwaltung und Parlament, in: Bogumil, Jörg/Jann, Werner/Nullmeier, Frank (Hrsg.), Politik und Verwaltung. Politische Vierteljahresschrift-Sonderheft 37. Wiesbaden, 275-298.

Laffan, Brigid, 2003: Managing Europe from Home. Impact of the EU on Executive Government. A Comparative Analysis. OEUE Phase I – Occasional Paper 0.1 – 09.03. Dublin, in: http://www.oeue.net/papers/acomparativeanalysis-theimpact.pdf; 16.08.2007.

Laffan, Brigid, 2006: Managing Europe from Home in Dublin, Athens and Helsinki: A Comparative Analysis, in: West European Politics 29 (4), 687-708.

Lippert, Barbara/Umbach, Gaby, 2004a: Verwaltungen in Mittel- und Osteuropa unter Europäisierungsdruck – nationale Differenzierungen –Szenarien, in: Integration 27 (1-2), 56-74.

Lippert, Barbara/Umbach, Gaby, 2004b: EU-Beitritt als Herausforderung für die Verwaltungen in Mittel- und Osteuropa: Uniformer Europäisierungsdruck – individuelle Entwicklungspfade, in: Lippert, Barbara (Hrsg.), Bilanz und Folgeprobleme der EU-Erweiterung. Baden-Baden, 111-138.

Maurer, Andreas, 2002: Parlamentarische Demokratie in der Europäischen Union. Der Beitrag des Europäischen Parlaments und der nationalen Parlamente. Baden-Baden.

Maurer, Andreas, 2003: Die Rolle der Bundesländer und der Landesparlamente in der Europäischen Union, in: Der Landtag Schleswig-Holstein (Hrsg.), Föderalismusreform – Ziele und Wege. Kiel, 135-147.

Mittag, Jürgen/Wessels, Wolfgang, 2003: The "One" and the "Fifteen"? The Member States Between Procedural Adaption and Structural Revolution, in: Wessels, Wolfgang/Maurer, Andreas/Mittag, Jürgen (Hrsg.), Fifteen into One? The European Union and its Member States. Manchester/New York, 413-454.

Peterle, Lojze, 2005: Ein Praxisbericht aus Slowenien, in: Dieringer, Jürgen/Maurer, Andreas/Györi, Einkö (Hrsg.), Europäische Entscheidungen kontrollieren. Nationale Parlamente im Ost-West-Vergleich. Dresden, 197-198.

Rhodes, R.A.W./Bache, Ian/George, Stephen, 1996: Policy-Networks and Policy-Making in the European Union: A Critical Appraisal, in: Hooghe, Lisbet (Hrsg.), Cohesion Policy and European Integration: Building Multi-Level Governance. Oxford, 367-387.

Risse, Thomas/Green-Cowles, Maria/Caporaso, James, 2001: Europeanisation and Domestic Change: Introduction, in: Green-Cowles, Maria/Caporaso, James/Risse, Thomas (Hrsg.), Transforming Europe. Europeanisation and Domestic Change. Ithaca/London, 1-20.

Schäfer, Axel/Roth, Michael/Thum, Christoph, 2007: Stärkung der Europatauglichkeit des Bundestages, in: Integration 30 (1), 44-49.

Scheuing, Dieter H., 1997: Zur Europäisierung des deutschen Verfassungsrechts, in: Kreuzer, Karl F./Scheuing, Dieter H./Sieber, Ulrich (Hrsg.), Die Europäisierung der mitgliedstaatlichen Rechtsordnungen in der Europäischen Union. Baden-Baden, 87-106.

Schmidt, Vivien A., 2006a: Procedural Democracy in the EU: the Europeanization of National and Sectoral Policy-making Processes, in: Journal of European Public Policy 13 (5), 670-691.

Schmidt, Vivien A., 2006b: Adapting to Europe: Is it Harder for Britain?, in: British Journal of Politics and International Relations 8 (1), 15-33.

Sturm, Roland/Dieringer, Jürgen, 2004: Theoretische Perspektiven der Europäisierung von Regionen im Ost-West-Vergleich, in: Europäisches Zentrum für Föderalismusforschung Tübingen (Hrsg.), Jahrbuch des Föderalismus 2004. Baden-Baden, 21-35.

Sturm, Roland, 2005: Was ist Europäisierung? Zur Entgrenzung und Einbindung des Nationalstaats im Prozess der europäischen Integration, in: Schuppert, Gunnar Folke/Pernice, Ingolf/Haltern, Ulrich (Hrsg.), Europawissenschaft. Baden-Baden, 101-127.

Sturm, Roland/Pehle, Heinrich, 2005: Das neue deutsche Regierungssystem. Die Europäisierung von Institutionen, Entscheidungsprozessen und Politikfeldern. Wiesbaden.

Tömmel, Ingeborg, 2006: Das politische System der europäischen Union. München/Wien.
Wessels, Wolfgang, 1992: Staat und westeuropäische Integration. Die Fusionsthese, in: Kreile, Michael (Hrsg.), Die Integration Europas, PVS-Sonderheft 23. Opladen, 36-61.
Wessels, Wolfgang, 1997: Die Europäische Union der Zukunft – immer enger, weiter und … komplexer? Die Fusionsthese, in: Jäger, Thomas/Piepenschneider, Melanie (Hrsg.), Europa 2020. Szenarien politischer Entwicklungen. Opladen, 45-79.
Weßels, Bernhard, 2000: Politische Repräsentation und politische Integration in der EU: Ist die Quadratur des Kreises möglich?, in: van Deth, Jan W./König, Thomas (Hrsg.), Europäische Politikwissenschaft: Ein Blick in die Werkstatt. Frankfurt am Main/New York, 337-372.

II. Teil:
Bürger und Politik

Oscar W. Gabriel

Politische Einstellungen und politische Kultur

1 Politische Einstellungen und politische Kultur in der erweiterten EU

Im allgemeinen Sprachgebrauch versteht man unter Europa nicht nur eine geographische Einheit, sondern auch einen durch die Werte des Christentums und der bürgerlich-liberalen Aufklärung geprägten Kulturraum. Die Idee einer gemeinsamen kulturellen Identität der Europäer, die der Vision eines politischen vereinten Europa von Anfang zugrunde lag, wurde durch die Erweiterungswellen der 1970er und 1980er Jahre nicht infrage gestellt. Ungeachtet der zwischen ihnen bestehenden Unterschiede waren die 15 Staaten, die bis zum Jahr 2004 der Europäischen Union angehörten, in eine kulturelle Tradition eingebunden, in welcher die Werte des Christentums, der Aufklärung und des demokratischen Sozialismus zusammenfließen.

Mit der Osterweiterung stellt sich die Frage nach der kulturellen Identität der EU-Mitgliedstaaten auf eine neue Weise. Zwar steht die Zugehörigkeit von Ländern wie Polen, Ungarn oder Tschechien zum europäischen Kulturkreis nicht infrage. Dennoch hat die langjährige Zugehörigkeit dieser Länder zum kommunistischen Herrschaftsbereich kulturelle Prägungen hinterlassen, die innerhalb eines Jahrzehnts nach dem Regimewechsel noch nicht überwunden sein können. Schon aus diesem Grunde hat der Beitritt der mittel- und osteuropäischen Staaten die kulturelle Vielfalt in der EU verstärkt und der Frage nach den kulturellen Gemeinsamkeiten zwischen den EU-Staaten eine neue Brisanz verliehen (vgl. Gerhards 2005).

2 Politische Einstellungen und politische Kultur. Zur Klärung der Begriffe und ihrer politikwissenschaftlichen Bedeutung

2.1 Die Begriffe politische Einstellungen und politische Kultur

Obgleich das Interesse an den subjektiven Aspekten der Politik bis in die Antike zurückreicht (vgl. Almond 1989), setzte eine theoriegeleitete empirische Analyse politischer Einstellungen und der politischen Kultur erst nach dem Zweiten Weltkrieg ein. Mit der Etablierung dieses neuen Forschungszweiges war allerdings keine Verständigung über das Konzept der politischen Kultur verbunden. Seine ursprünglich eindeutige Verankerung in der empirischen Einstellungsforschung wurde im Laufe der Zeit durch die Entwicklung eines sehr weiten, normativ aufgeladenen Begriffs der politischen Kultur infrage gestellt (vgl. den Überblick über die konkurrierenden Ansätze bei Patrick 1984).

Dieser Beitrag knüpft an die von Almond und Verba (1989a)[1] begründete Forschungstradition an und verwendet das Einstellungskonzept als Grundbegriff der Analyse der politischen Kultur. Nach McGuire (1985: 239) beziehen sich *Einstellungen* auf bestimmte Objekte des Denkens und platzieren diese auf bestimmten Bewertungsdimensionen. Sie sind nicht direkt beobachtbar (latent) und enthalten kognitive und bewertende Elemente. Politische Einstellungen beziehen sich auf politische Objekte. Nach Almond/Verba (1989a: 13) bilden diese individuellen Einstellungen die Grundlage der politischen Kultur, die sie als „das besondere Muster der Verteilung von Orientierungen auf politische Objekte unter den Mitgliedern einer Nation" (Übers. d. Verf.) definieren. Während politische *Einstellungen* Eigenschaften von *Individuen* bezeichnen, ist die politische *Kultur* ein Merkmal von *Kollektiven*, besonders von Staaten oder Nationen. Sie ergibt sich aus dem Muster (System) der *Verteilung* individueller Einstellungen der zu der betreffenden politischen Gemeinschaft gehörenden Menschen. Diese Vorstellung von politischer Kultur ist nicht unumstritten, sie liegt aber nahezu allen einschlägigen empirischen Untersuchungen zugrunde.

2.2 Die Dimensionen politischer Kultur

Um welche konkreten Einstellungen geht es bei der Beschreibung politischer Kulturen? Almond und Verba verwenden die Einstellungs*objekte* und die Einstellungs*arten* als Analyseraster. In Anlehnung an die sozialpsychologische Einstellungsforschung schreiben sie den politischen Einstellungen bestimmte Funktionen für die Auseinandersetzung der Individuen mit ihrer politischen Umwelt zu, die in der neueren Forschung präziser bestimmt wurden (vgl. Sears et al. 2003). *Kognitive* Orientierungen dienen dazu, die Eigenschaften politischer Objekte (Situationen, Handlungen, Institutionen) wahrzunehmen, diese Wahrnehmungen mit bereits vorhandenen Wissensbeständen zu verknüpfen, sie im Gedächtnis zu speichern und im Bedarfsfall für die politische Urteilsbildung zu aktivieren. Kognitionen zeigen den Menschen, was sie in bestimmten Situationen tun *können*. *Affektive* Orientierungen umfassen positive oder negative Gefühle eines Menschen gegenüber einem politischen Objekt. Sie beeinflussen das Verhalten gegenüber dem betreffenden Objekt und legen fest, was Menschen – ausschließlich aufgrund ihrer individuellen Befindlichkeiten – in einer bestimmten Situation tun *möchten*. Bei den *Wertorientierungen* handelt es sich nicht um rein individuelle Neigungen, sondern um die Anwendung moralischer Prinzipien bei der Beurteilung von Objekten. Diese sind einer großen Zahl von Menschen gemeinsam und machen einen Teil der Identität einer Gesellschaft aus. Wenn Wertorientierungen das menschliche Verhalten bestimmen, finden in Entscheidungen zwischen konkurrierenden Handlungsalternativen die von den anderen Mitgliedern der Gesellschaft geteilten Prinzipien Berücksichtigung. Neben Überlegungen darüber, was Menschen *möchten*, enthalten Wertorientierungen auch Vorstellungen davon, was sie im Hinblick auf die in der betreffenden Gesellschaft geltenden Moralvorstellungen tun *sollen* oder *dürfen*. Aus dem Zusammenspiel der Kenntnis dessen, was man tun kann und der Vorstellung, was man tun möchte, soll und darf, ergeben sich die *Verhaltensabsichten* (konative Orientierungen) als Bindeglieder zwischen den individuellen Einstellungen und Verhaltensweisen.

---

[1] Alle folgenden Angaben beziehen sich auf den 1989 veröffentlichten Neuabdruck der Taschenbuchausgabe von 1965.

Die Unterscheidung zwischen den *Objekten* politischer Einstellungen spielt in der Political Culture-Forschung von Anfang an eine wichtigere Rolle als die bisher vernachlässigte Beschäftigung mit den verschiedenen Arten von Beziehungen zu den Objekten. Nach Almond (1989: 28) kann man die Einstellungsobjekte zu drei Gruppen zusammenfassen und diese Einteilung als Basis der Unterscheidung zwischen drei Typen politisch-kultureller Systeme — der System-, der Prozess- und der Policy-Kultur — verwenden.

Die Einstellungen zum politischen System spielen in allen Untersuchungen der politischen Kultur eine Schlüsselrolle. Sie repräsentieren den wichtigsten Aspekt des Verhältnisses der Bürger zur Politik und beeinflussen die Stabilität und Leistungsfähigkeit des politischen Systems. Nach Easton (1979: 171ff.)[2] umfasst die Systemkultur zwei Komponenten, die Einstellungen zum politischen *Regime* und zur politischen *Gemeinschaft*. Mit dem Begriff „politisches Regime" bezeichnet Easton die grundlegenden Merkmale der institutionellen Ordnung wie die Grundrechte, die Volkssouveränität, die Gewaltenteilung und das Rechtsstaatsprinzip. Sie machen die Identität eines politischen Systems als Demokratie aus und grenzen es von autoritären und totalitären Regimen ab. Die politische Gemeinschaft symbolisiert die Einheit, der sich die Individuen zugehörig fühlen und der sie ihre Loyalität entgegenbringen (Nation, Gemeinde, Ethnie). In der Forschung gilt ein Mindestmaß an positiven Einstellungen zum politischen Regime und zur politischen Gemeinschaft als unabdingbares Erfordernis des Systemerhalts, genaue Aussagen über das erforderliche Ausmaß an Systemunterstützung werden dabei nicht gemacht.

Ein zweiter Komplex von Orientierungen richtet sich auf die Policy-Aspekte der Politik, d. h. auf die Inhalte politischer Entscheidungen, zum Beispiel auf Maßnahmen zur Reform des Gesundheits- und Rentensystems oder zur Verbesserung der Inneren Sicherheit. Dieser Bereich spielt in der Political Culture-Forschung bisher eine untergeordnete Rolle, allerdings gibt es einige interessante empirische Studien über die Policy-Orientierungen, insbesondere über die Einstellungen zum Wohlfahrtsstaat (vgl. z. B. Borre/Scarbrough 1995).

Policies bilden das Endergebnis eines politischen Prozesses, der mit der Artikulation von Forderungen beginnt und mit der Durchsetzung verbindlicher Entscheidungen einen vorläufigen Abschluss findet. An diesem Prozess sind zahlreiche individuelle und kollektive Akteure in unterschiedlichen Rollen und mit unterschiedlichen Aufgaben beteiligt. Verbände und Parteien artikulieren und bündeln Forderungen, tragen sie in die Parlamente, welche über diese Angelegenheiten beraten und entscheiden. Regierungen und Verwaltungen führen Entscheidungen der Parlamente aus, bereiten sie vor und nehmen auf sie Einfluss. Neben anderen politischen Organisationen wie den Massenmedien und den Gerichten sind auch die Bürger in verschiedenen Rollen am politischen Prozess beteiligt: als Wähler, als Steuerzahler, als Empfänger staatlicher Leistungen oder Adressaten staatlicher Regelungen. Alle Einstellungen, die sich auf den Prozess der Politikgestaltung beziehen, machen die Prozess- bzw. Politics-Kultur aus (vgl. Almond/Verba 1989a).

---

[2] Alle folgenden Angaben beziehen sich auf den 1979 veröffentlichten Neuabdruck der Ausgabe von 1965.

2.3 Die politische Kultur der Demokratie

Die Frage, welche konkrete Verteilung politischer Einstellungen als politische Kultur der Demokratie bezeichnet werden soll, ist bis heute nicht zufrieden stellend beantwortet. Almond und Verba (1989a: 337ff.) näherten sich diesem Thema, indem sie mit der Macht und der Responsivität zwei Funktionsprinzipien demokratischer Politik identifizierten und die Einstellungsmuster beschrieben, die die Erfüllung dieser Funktionen fördern. Nach Easton (1975, 1979) und Lipset (1981) kommen zwei weitere Systemprinzipien hinzu, nämlich die der Legitimität und der Identität[3].

Das Prinzip der *Legitimität* ist die wichtigste Komponente des Verhältnisses der Bürger zum politischen Regime (vgl. Lipset 1981). Legitim ist eine politische Ordnung dann, wenn die Menschen die Verteilung von Herrschaftsbefugnissen als rechtmäßig anerkennen und aus diesem Grunde dazu bereit sind, Entscheidungen zu befolgen. In einer Demokratie ist dies besonders wichtig, weil die Ausübung politischer Herrschaft durch das Prinzip der Volkssouveränität gerechtfertigt ist. Demokratische Herrschaft muss sich definitionsgemäß auf die freiwillig erteilte Zustimmung der Mitglieder der politischen Gemeinschaft stützen können. Dabei spielt die Überzeugung von der Rechtmäßigkeit der Herrschaftsbefugnis eine wichtige Rolle, denn anderenfalls fehlt die Legitimität. Diese Zustimmung speist sich aus zwei Quellen: Einerseits bedürfen die Grundsätze und Verfahrensweisen, die der Zuweisung von Herrschaftsbefugnissen und der Bestellung von Herrschaftsträgern zugrunde liegen, der Zustimmung der Bürger. Andererseits ist die Überzeugung der Mitglieder der politischen Gemeinschaft, die von der politischen Ordnung und ihren Institutionen verkörperten Werte und Normen stimmten mit ihren eigen Vorstellungen davon überein, was im politischen Leben gut, richtig und moralisch zu rechtfertigen ist, eine wichtige Quelle legitimer Herrschaft (vgl. auch: Easton 1979: 278ff.). Die Anerkennung des politischen Regimes als legitime, gegenüber möglichen Alternativen zu bevorzugende Herrschaftsordnung gehört zu den unverzichtbaren Merkmalen der politischen Kultur der Demokratie.

Die *Identität* bestimmt das Verhältnis der Menschen zu ihren Mitmenschen und zur politischen Gemeinschaft. Die Bürger eines Landes beziehen ihr politisches Selbstverständnis unter anderem aus ihrer Zugehörigkeit zur politischen Gemeinschaft. Diese unterscheidet sich durch ihre Tradition, die in ihr geltenden Werte und Normen und die den Bürgern zugewiesenen Rechte und Pflichten von anderen politischen Gemeinschaften. Dieses Gefühl der Zugehörigkeit findet seinen Ausdruck in der Bindung an kollektive politische Symbole (Flaggen, Hymnen, Gedenktage). Es drückt sich außerdem im Gefühl des interpersonalen Vertrauens und in der Anerkennung der mit dem Status des Bürgers verbundenen Rechte und Pflichten aus (vgl. Denters et al. 2007; van Deth et al. 2007). In der Neuzeit stellte vor allem die Nation diese Identifikationsangebote bereit und diente dadurch als Bezugspunkt der Identitätsbildung. Andere traditionell bedeutsame, territorial definierte Identifikationsobjekte waren die Gemeinde und die Region. Mit dem Zusammenwachsen des europäischen Kontinents zu einer wirtschaftlichen, politischen und kulturellen Gemeinschaft stellt sich die Frage nach dem Entstehen einer europäischen Identität. Ähnlich wie die Legitimitätsüberzeugungen bilden die Bindungen an die politische Gemeinschaft ein Kernelement

---

[3] Alle folgenden Angaben zu Lipset beziehen sich auf den 1981 veröffentlichten Neuabdruck der Ausgabe von 1959.

der politischen Kultur, sie sind aber primär für den Zusammenhalt der Nation relevant, nicht für die Identität des politischen Regimes.

Die Prinzipien der *Effektivität* und der *Responsivität* betreffen das Verhältnis der Menschen zu den für die Gestaltung der Politik verantwortlichen Institutionen und Akteuren. In jedem Staat erwarten die Bürger, dass die politischen Entscheidungsträger bestimmte Aufgaben übernehmen und sie effektiv erfüllen. Hierzu gehört die Gewährleistung der inneren und äußeren Sicherheit, die Bereitstellung wirtschaftlicher, sozialer und kultureller Güter, die Schaffung der Rahmenbedingungen für eine effektive Produktion und Verteilung wirtschaftlicher Güter, die Sicherung der natürlichen Lebensgrundlagen und die Bereitstellung von Möglichkeiten zu einer gleichberechtigten Teilhabe aller Bürger am gesellschaftlichen Leben. In Abhängigkeit von der vorherrschenden Staatsdoktrin fällt der Umfang öffentlicher Aufgaben mehr oder weniger umfassend aus. In der demokratischen Welt bewegen sich die Staatszuständigkeiten zwischen den Extrempolen eines mit minimalen Kompetenzen ausgestatteten liberalen Nachtwächterstaates und eines umfassenden, in zahlreiche menschliche Lebensbereiche eingreifenden Wohlfahrtsstaates. Das Verhältnis der Menschen zum politischen System richtet sich unter anderem danach, in welchem Maße die vom Staat wahrgenommenen Aufgaben und die von ihm erwarteten Leistungen den eigenen Erwartungen entsprechen (vgl. Borre/Scarbrough 1995).

In einer pluralistischen, durch unterschiedliche Interessen, Wertvorstellungen und politische Erwartungen charakterisierten Gesellschaft können die staatlichen Institutionen und Akteure allerdings nicht allen Erwartungen gleichzeitig und in vollem Umfang gerecht werden. Dem steht vor allem die Knappheit der für die Erfüllung staatlicher Aufgaben benötigten Ressourcen entgegen. Politische Entscheidungen produzieren Gewinner und Verlierer und schließen das Risiko ein, dass die Verlierer die getroffenen Entscheidungen nicht akzeptieren, Widerstand gegen sie leisten und dadurch eine effektive Regierungsarbeit erschweren. Derartige Reaktionen werden aber umso unwahrscheinlicher, je weiter in der Öffentlichkeit die Überzeugung verbreitet ist, dass politische Entscheidungen in rechtlich korrekten Verfahren zustande kommen und den Prinzipien der Fairness, Gerechtigkeit und Gemeinwohlorientierung genügen. Dieser Vertrauenskredit macht es möglich, auch solche Entscheidungen zu akzeptieren, die den eigenen Interessen zuwiderlaufen. Er stellt die Folgebereitschaft der Bevölkerung sicher, verschafft der politischen Führung den für ein effektives Erfüllen der staatlichen Aufgaben notwendigen Gestaltungsspielraum und ermöglicht Veränderungen des Status Quo (vgl. z. B. Sniderman 1981: 8).

Wenn die Bürger politischen Akteuren und Institutionen Vertrauen schenken, übertragen sie diesen zugleich große Machtressourcen. Um deren Missbrauch zu verhindern, sind Gegengewichte gegen die aus einer Vertrauensbeziehung resultierende Machtkonzentration bei den Regierenden notwendig. Diese Funktion erfüllt das Prinzip der *Responsivität*. Es bindet das Handeln der politischen Führung an die Erwartungen der Öffentlichkeit, und dies umso mehr, je stärker die Bürger sich als kritische und wachsame Begleiter der Regierungsarbeit begreifen und im Bedarfsfall dazu bereit sind, ihre Interessen aktiv zu vertreten, die politische Führung zu kontrollieren und Druck auf sie auszuüben. Die mentale und aktive Teilnahme am politischen Leben bildet das Gegengewicht zum politischen Vertrauen und sorgt dafür, dass sich die politische Führung responsiv verhält (vgl. Almond/Verba 1989a: 186ff., 341ff.).

Im Wechselspiel von Vertrauen und Kritikbereitschaft findet das Paradox der Demokratie seinen Ausdruck, nach dem die Menschen denjenigen die Macht anvertrauen, denen sie misstrauen (vgl. Parry 1976: 137). Sniderman (1981: 16) leitete hieraus die Folgerung ab, in einer Demokratie dürfe weder blinde Folgebereitschaft noch tiefes Misstrauen die Beziehung der Regierten zu den Regierenden prägen. Um den Erfordernissen eines effektiven und responsiven Regierens gleichermaßen gerecht zu werden, bedürfe es einer Einstellung, die er als „balanced judgement", als Gleichgewicht von Vertrauen und Misstrauen, Folge- und Kritikbereitschaft bezeichnete (vgl. auch: Almond/Verba 1989a: 337ff.).

Abbildung 1: Die politische Kultur der Demokratie

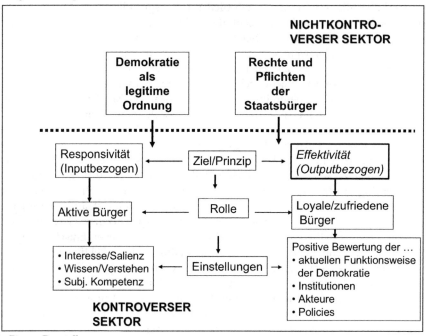

Quelle: Eigene Darstellung.

In der politischen Kultur der Demokratie finden die Prinzipien der Legitimität, der Identität, der Effektivität und der Responsivität ihre Entsprechung in den politischen Einstellungen der Bevölkerung. Zu diesen gehören die *Unterstützung des politischen Regimes*, die *Bindung an die politische Gemeinschaft*, die *Internalisierung der staatsbürgerlichen Rechte und Pflichten*, eine *Balance von Vertrauen* zu den politischen Autoritäten *und Misstrauen* ihnen gegenüber sowie ein Mindestmaß an *kognitivem Engagement*. Allerdings müssen nicht alle diese Einstellungen gleich weit verbreitet sein, damit eine politische Kultur das Attribut „demokratisch" beanspruchen kann. Die Akzeptanz der demokratischen Ordnung und der für sie konstitutiven Werte, Normen und Verfahrensweisen sowie die Anerkennung der staatsbürgerlichen Rechte und Pflichten bilden die Grundlage des politischen Zusammenlebens und wurden von Fraenkel (1932) als nichtkontroverser Sektor der politischen Gemeinschaft bezeichnet. Dieser bildet den Rahmen für den kontroversen Sektor, in dem Vertrauen und Misstrauen, Kritikbereitschaft und Unterordnung, Gleichgültigkeit und Engagement nebeneinander existieren können, ohne das Funktionieren der Demokratie zu gefährden. Im kontroversen Sektor der politischen Gemeinschaft sind dem entsprechend uneinheitliche nationale Muster zu erwarten. Solange sich die Demokratie jedoch auf eine breite bürgerschaftliche Zustimmung stützen kann, bleiben diese inner- und zwischengesellschaftlichen Unterschiede ohne negative Folgen für die Leistungsfähigkeit und Stabilität des politischen Systems (vgl. auch: Lipset 1981: 65ff.).

Dieser Beitrag beschäftigt sich mit der Verbreitung einiger Kernelemente der politischen Kultur der Demokratie in den Mitgliedsstaaten der Europäischen Union[4]. Soweit es die Datenlage erlaubt, geht es dabei nicht um eine Momentaufnahme der aktuellen Verhältnisse, sondern um die Beschreibung dauerhafter Charakteristika. Deshalb liegt der Schwerpunkt der Analyse auf Daten, die sich auf einen möglichst langen Zeitraum beziehen. Diese Akzentuierung bringt allerdings einige Probleme mit sich. Schon allein wegen der unterschiedlichen Dauer der Zugehörigkeit zur EU steht nicht für alle Länder eine gleich große Zahl von Umfragen zur Verfügung. Deshalb beruhen die Informationen über einzelne Länder oder Ländergruppen auf einer unterschiedlichen Zahl von Datenpunkten. Zudem müssen mitunter Unterschiede in den Formulierungen der Erhebungsfragen und Antwortvorgaben hingenommen werden. Ein weiteres Problem kommt hinzu. Bei einer Zahl von 28 Untersuchungseinheiten und einer Beobachtungsperiode von zum Teil mehr als 30 Jahren ist es weder möglich noch sinnvoll, Jahresergebnisse für sämtliche Länder vorzustellen, selbst wenn diese vorliegen. Um die Menge der präsentierten Daten überschaubar zu halten, werden die Umfrageergebnisse möglichst zu Fünfjahresperioden und regionalen Gruppen zusammengefasst. Die Gruppierung der Länder orientiert sich an ihrer räumlichen Nachbarschaft und kulturellen Nähe. Auf dieser Basis wurde zwischen fünf Regionen unterschieden: Nord- (Dänemark, Finnland, Schweden), West- (Großbritannien, Irland), Mittel- (die Beneluxländer, Frankreich, Westdeutschland und Österreich), Süd- (Griechenland, Italien, Malta, Portugal, Spanien und Zypern) sowie Mittelost- und Osteuropa (Bulgarien, Estland, Lettland, Litauen, Ostdeutschland, Polen, Rumänien, die Slowakei, Slowenien, die Tschechische Republik und Ungarn). Ländererergebnisse werden nur zur Illustration von Besonderheiten dargestellt (vgl. jedoch die ausführliche Dokumentation auf der Webseite zu diesem Buch).

3 Die Einstellungen zur Demokratie

Unbestritten schreiben die Verfassungen aller 27 Mitgliedstaaten der EU die Demokratie als Modell der politischen Ordnung vor. Dieses Verfassungsprinzip ist faktisch weitgehend realisiert, und dem entsprechend weist der Freedom-House-Index 2006 alle Mitgliedstaaten der EU als freie Länder aus. Soweit es um die politischen Rechte geht, fehlt lediglich Rumänien in der Spitzengruppe, bei der Realisierung der Bürgerrechte wurden außer in Rumänien auch in Bulgarien und Griechenland leichte Defizite festgestellt[5].

Die Verfassung setzt nur einen allgemeinen Rahmen für das politische Zusammenleben. Um Idee und Realität der Demokratie in Übereinstimmung zu bringen, müssen die Menschen zusätzlich die entsprechenden Prinzipien und Spielregeln anerkennen und praktizieren. Dass die Unterscheidung zwischen der Idee und der Wirklichkeit der Demokratie

---

[4] Aufgrund der unterschiedlichen politischen Traditionen werden West- und Ostdeutschland als getrennte Gesellschaften behandelt.
[5] www.freedomhouse.org. Country Report, Zugriff am 20. März 2007.

keine akademische Angelegenheit ist, sondern sich auch in den Köpfen der Bürger wiederfindet, belegen Befunde der empirischen Forschung. Sie lassen eine Differenzierung zwischen drei Aspekten der Einstellung zur Demokratie erkennen (vgl. Gabriel et al. 2002: 180): (1) der Bevorzugung eines demokratischen Regimes gegenüber ordnungspolitischen Alternativen (Diktatur, Expertenherrschaft), (2) der generellen Einschätzung der Leistungsfähigkeit von Demokratien bei der Lösung wirtschaftlicher Probleme, der Aufrechterhaltung der öffentlichen Ordnung oder der Produktion effizienter Entscheidungen und (3) der Zufriedenheit mit dem aktuellen Zustand der Demokratie. Aufgrund der Datenlage beschränken sich die folgenden Abschnitte auf eine Darstellung der Präferenz für ein demokratisches Regime und der Demokratiezufriedenheit. Für eine weitere Dimension der Einstellungen zur Demokratie, die Unterstützung einzelner demokratischer Werte, liegen leider keine aktuellen, europaweit vergleichenden Daten vor (Hinweise auf ältere Ergebnisse finden sich bei Gabriel 1994).

3.1 Die generalisierte Unterstützung der Demokratie als Ordnungsmodell

Die Political Culture-Forschung hat die Beschäftigung mit der Frage, in welchem Maße die Bürger die Demokratie als Ordnungsmodell unterstützen und worauf sich diese Zustimmung gründet, lange Zeit vernachlässigt. Diese Forschungslücke ist nur schwer zu begreifen, weil ein politisches System, dem die Unterstützung der Bürger fehlt, nicht die Bezeichnung „Demokratie" für sich in Anspruch nehmen kann. Erst nach dem Zusammenbruch der autoritären Regime in Süd- (vgl. Morlino/Montero 1995) und Mittelosteuropa (vgl. Mishler/Rose 2002; Klingemann et al. 2006; Pickel et al. 2006) wuchs das Interesse an den kulturellen Grundlagen der Konsolidierung neuer Demokratien. Damit geriet auch das Problem der generalisierten Systemunterstützung ins Blickfeld der empirischen Forschung.

In einer der wenigen Analysen der Unterstützung der Demokratie vor dem politischen Umbruch in Mittelosteuropa hatten Fuchs et al. (1995: 347ff.) in den damals der EU angehörenden zwölf Staaten eine nahezu konsensuale Zustimmung zur Idee der Demokratie sowie eine außerordentlich breite Unterstützung der Demokratie als Herrschaftsordnung nachgewiesen. Dies bestätigen auch die in Abbildung 2 enthaltenen Daten, nach denen die Demokratie als Ordnungsmodell in den fünf europäischen Regionen eine fast allgemeine Zustimmung findet. Wie die zwischen 1988 und 1999 ermittelten Durchschnittswerte eindrucksvoll zeigen, fällt die Unterstützung der Demokratie in Europa so breit aus, dass man fast von einem demokratischen Konsens sprechen kann. Gewisse Abstriche an dieser Aussage sind für die postkommunistischen Gesellschaften zu machen. In diesen spricht sich zwar eine große Mehrheit der Bürger für die Demokratie aus, die Unterstützung ist aber gleichwohl geringer als in der westlichen Hälfte des Kontinents. Nach den Befunden von Pickel et al. (2006: 45) erfreuen sich Alternativen zur Demokratie in einigen dieser Länder noch einer gewissen Popularität. Für eine Expertenregierung votiert in allen mittelosteuropäischen Staaten eine Mehrheit der Bürger, Einparteienregime erzielen Zustimmungsquoten zwischen 18 (Ostdeutschland) und 40 Prozent (Polen). Selbst die Rückkehr zum Sozialismus stellt in Ungarn, der Slowakei, Rumänien und Bulgarien für starke Minderheiten offenbar eine Perspektive dar. In Polen, Bulgarien, Rumänien, Estland und Ungarn könnte sich jeder Fünfte mit einer Diktatur oder einem starken Führer anfreunden. Allerdings treffen die Ideen einer nichtdemokratisch legitimierten Expertenherrschaft bzw. eines starken Führers,

Politische Einstellungen und politische Kultur 189

der seine Entscheidungen unabhängig von Parteien und Parlamenten treffen könnte, auch in einigen westeuropäischen Ländern bei starken Minderheiten auf Sympathien (zur Unterstützung der Demokratie und ihrer Alternativen: Klingemann 1999: 42-46; Gerhards 2005: 208-212; Gunther et al. 2006: 47-52; Fuchs/Klingemann 2006; Pickel et al. 2006: 44-46).

Abbildung 2: Unterstützung der Demokratie als Ordnungsmodell in den europäischen Regionen, 1988–1999[1]

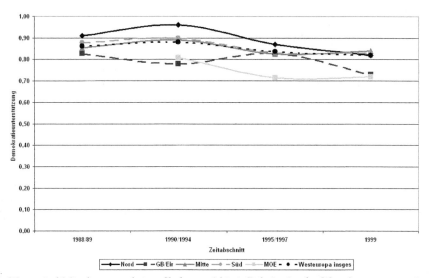

1 = Die Werte sind Mittelwerte auf einer Skala von 0 bis 1. Dabei zeigt der Wert 0 extrem negative Einstellungen zur Demokratie an, der Wert 1 extrem positive Bewertungen. Der Wert 0,5 kann entweder ein Gleichgewicht von negativen und positiven Einstellungen oder ambivalente Einstellungen aller Befragten anzeigen.
Fragewortlaute:
EB 1988, 1992 und EB 1997: Here are three opinions about political systems. Which one comes closest to your own way of thinking? 1. Democracy is the best political system in all circumstances 2. In certain circumstances a dictatorship could be a good thing 3. Whether we live in a democracy or under a dictatorship makes no difference to people like me.
EB 1989: Let us consider the idea of democracy: are you for or against the idea of democracy? 1. For – very much 2. For – to some extent 3. Against – to some extent 4. Against – very much.
WVS: Democracy may have problems but it's better than any other form of government. 1. Strongly agree 2. Agree 3. Disagree 4. Strongly disagree.
Quellen: EB (1988, 1989, 1992, 1997); WVS (1995, 1999); eigene Berechnungen.

Die Unterstützung der Demokratie nahm im untersuchten Zeitraum leicht ab. Dies gilt für die westlichen Länder, wie auch für die postkommunistischen Gesellschaften. Lediglich in den beiden englischsprachigen europäischen Demokratien verläuft die Entwicklung diskontinuierlich. Ungeachtet dessen erwies sich die Demokratie in sämtlichen Erhebungen in allen westeuropäischen Regionen als nahezu allgemein akzeptiertes Ordnungsmodell, auch in den mittelosteuropäischen Staaten wird sie von einer breiten Mehrheit der Bürger getragen.

Bei einer Betrachtung der einzelnen EU-Mitgliedstaaten bleibt dieses Bild erhalten. In allen postkommunistischen Gesellschaften findet die Demokratie zwar weniger Zustimmung als in den Ländern diesseits des früheren Eisernen Vorhanges, jedoch unterstützt auch hier eine breite Mehrheit der Menschen die Demokratie als Ordnungsmodell. Zwölf Länder, angeführt von Dänemark und Griechenland (hinzu kommen alle mitteleuropäischen Länder sowie Schweden, Zypern, Italien und Spanien), liegen in der Zustimmung zur Demokratie über dem EU-Durchschnitt, alle postkommunistischen Länder befinden sich unter dem Durchschnitt der EU-Mitgliedstaaten. In der Tschechischen Republik, dem Spitzenreiter unter den mittelosteuropäischen Staaten, sowie in Rumänien und Ostdeutschland wurden nur geringfügig niedrigere Werte gemessen als in Irland und Finnland, den westeuropäischen Schlusslichtern (vgl. dazu die Angaben auf der Webseite zu diesem Buch). In allen EU-Mitgliedstaaten stellt die Präferenz für ein demokratisches Regime ein Identitätsmerkmal der politischen Kultur dar und gehört zum weitgehend nichtkontroversen Sektor des politischen Zusammenlebens (vgl. auch Gerhards 2005: 209).

3.2 Die Demokratiezufriedenheit

Wie auch in anderen Lebensbereichen können in der Politik Ideal und Realität nicht übereinstimmen. Insofern darf die generelle Zustimmung zur Demokratie als Ordnungsmodell nicht mit einer positiven Bewertung der Realität der Demokratie im eigenen Lande gleichgesetzt werden. Gerade in den letzten zehn Jahren wurde die mögliche Lücke zwischen dem Idealzustand der Demokratie und den tatsächlichen Verhältnissen zu einem wichtigen Gegenstand der vergleichenden empirischen Forschung (vgl. z. B. Norris 1999: 2; Klingemann 1999; Pickel et al. 2006: 42ff.).

Im Unterschied zur generalisierten Akzeptanz der Demokratie, die in Umfragen selten erhoben wurde, gehört die Zufriedenheit der Bevölkerung mit dem Funktionieren der Demokratie zu den von der empirischen Forschung am besten dokumentierten politischen Einstellungen. Sie wurde in international vergleichender Perspektive erstmals 1973 ermittelt und ist seither in zahlreichen Umfragen enthalten. Der Status dieser Einstellung als Indikator von Regimeunterstützung ist jedoch strittig, und über ihre Verteilung und Entwicklung gibt es erstaunlicherweise gegensätzliche Behauptungen. Einige Beobachter betrachten den Beginn der 1970er Jahre als Startpunkt einer Erosion der Unterstützung der repräsentativen, liberal-pluralistischen Demokratien in der westlichen Welt. Die vorgetragene Kritik richtete sich vor allem auf ihre angeblich begrenzte Fähigkeit, sich auf die vielfältigen Herausforderungen des gesellschaftlichen Modernisierungsprozesses einzustellen. Im wirtschaftlichen Bereich habe sich nach dem Ende der „goldenen Nachkriegsjahre" eine wachsende Lücke zwischen den steigenden Erwartungen der Bürger an den Staat und dessen begrenzten Handlungsmöglichkeiten aufgetan. Im kulturellen System wurde ein Wertewandel festgestellt, in dessen Verlauf Selbstverwirklichungsziele an Bedeutung gewonnen und die Politik mit neuen Bewertungsmaßstäben konfrontiert hätten, die im Kalkül politischer Eliten und die von ihnen repräsentierten Institutionen aber noch keine prominente Rolle spielten. Dies habe zu einer Vertrauenskrise der Institutionen der repräsentativen Demokratie und dem Ruf nach einem Ausbau der direkten Demokratie geführt (vgl. Dalton 2004; kritisch: Kaase/ Newton 1995).

Politische Einstellungen und politische Kultur

Die Herausforderungen, vor denen die repräsentativen Demokratien am Beginn des 21. Jahrhunderts stehen, stammen demnach aus verschiedenen Quellen. Teils resultieren sie aus Wertekonflikten und teils aus Leistungsschwächen oder gar Strukturmängeln des politischen Systems. Die Vielfältigkeit und Widersprüchlichkeit der neuen Anforderungen erschwere es den politischen Eliten und Institutionen, schnell und sachlich angemessen auf die auftretenden Probleme zu reagieren. In dem Maße, in dem sich die Politik der Lösung einzelner Probleme zuwende, produziere sie unter Umständen neue. Befriedige sie die Bedürfnisse bestimmter Gruppen, verstoße sie zugleich gegen die Interessen anderer (vgl. die Zusammenfassung bei: Kaase/Newton 1995). Nach der Auffassung vieler Beobachter hat die fortschreitende Globalisierung die inneren Funktionsprobleme der Demokratien verschärft. Eine weitere, paradoxe Belastung ergibt sich aus dem Ende des Kalten Krieges. Wie Fuchs und Klingemann (1995: 438ff.) annehmen, brachte der Zusammenbruch des Kommunismus einen fast vierzig Jahre lang wirksamen Integrationsfaktor – die Abgrenzung zu einem gegnerischen Regime – zum Verschwinden und sensibilisierte die Bevölkerung stärker als vorher für die Schwächen der repräsentativen Demokratien.

Entgegen dieser Annahmen deutet die Bewertung der Problemlösungskapazität der Demokratie in den EU-Mitgliedstaaten nicht auf eine solche krisenhafte Situation hin. Selbst unter den schwierigen Bedingungen des Übergangs vom Kommunismus zu einer liberalpluralistischen Demokratie ist die Mehrheit der Menschen in jedem zweiten Land Mittel- und Osteuropas davon überzeugt, die Demokratie könne die anstehenden Probleme bewältigen. Außer in Frankreich herrscht diese Auffassung auch in allen westeuropäischen Ländern vor. Selbst wenn man dies nicht als Ausdruck der Zufriedenheit mit dem Status quo interpretieren kann, dürfte die Überzeugung von der Problemlösungsfähigkeit der Demokratie nicht ohne Einfluss auf die Zufriedenheit der Europäer mit dem Funktionieren der Demokratie bleiben.

Auch die Zufriedenheit der Bürger mit dem Funktionieren der Demokratie in den EU-Mitgliedstaaten liefert keine Hinweise auf eine Akzeptanzkrise. Der Durchschnittswert sämtlicher, seit 1976 in den Mitgliedsländern durchgeführten Erhebungen deutet auf eine Balance von Zufriedenheit und Unzufriedenheit hin, aber nicht auf eine Krise der Demokratie (vgl. Abbildung 3, so auch schon Kaase 1985; Fuchs et al. 1995). Zwar liegt die Demokratiezufriedenheit deutlich unterhalb der generalisierten Zustimmung zur Demokratie. Dies entspricht jedoch den Erwartungen und wird den Funktionsprinzipien einer liberalen Demokratie eher gerecht als eine extrem positive oder extrem negative Einstellung zum Status Quo.

Der europäische Durchschnittswert verdeckt beträchtliche Unterschiede zwischen den Regionen. Zunächst zeigt sich ein relativ deutlicher Einstellungsunterschied zwischen den west- und den mittelosteuropäischen Ländern, der bei einer nach Regionen gesonderten Betrachtung noch deutlicher zutage tritt. In Nord-, Mittel- und Westeuropa existiert mehr Zufriedenheit als Unzufriedenheit mit dem Funktionieren der Demokratie, in Südeuropa überwiegen die negativen Einstellungen leicht, in Mittelosteuropa steht die Mehrheit der Bürger der Realität der Demokratie kritisch gegenüber. In diesen beiden zuletzt genannten Regionen – insbesondere in Südeuropa – nimmt die Bevölkerung eine starke Lücke zwischen der Einstellung zum Ideal und zur Wirklichkeit der Demokratie wahr.

Abbildung 3: Demokratiezufriedenheit in den europäischen Regionen, 1975–2006[1]

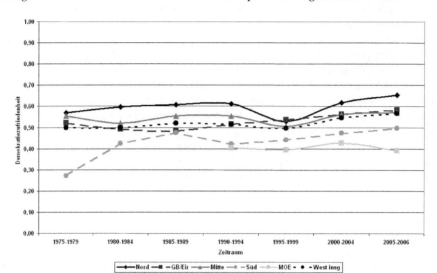

1 = Die in den Zellen angegebenen Werte sind Mittelwerte auf einer Skala von 0 bis 1. Dabei zeigt der Wert 0 extrem negative Einstellungen aller Befragten an, der Wert 1 extrem positive Bewertungen aller Befragten. Der Wert 0,5 kann entweder ein Gleichgewicht von negativen und positiven Einstellungen oder ambivalente Einstellungen aller Befragten anzeigen.
Fragewortlaute:
EB: On the whole, are you very satisfied, fairly satisfied, not very satisfied or not at all satisfied with the way democracy works in (country)?
Quellen: EB (1975–2006); Central Eastern EB (1990–1997); eigene Berechnungen.

Noch größere Unterschiede zeigen sich bei einem Blick auf die Demokratiezufriedenheit in einzelnen Gesellschaften. Besonders positiv beurteilen die Dänen und Luxemburger das Funktionieren der Demokratie in ihrem Land, aber auch in Westdeutschland, den Niederlanden, Österreich und Irland fallen die Einstellungen deutlich positiver aus als im Durchschnitt der EU-Staaten. Sehr niedrige Werte wurden dagegen in Bulgarien, Italien, Ungarn und der Slowakei gemessen. Doch nicht nur dort, sondern in fast allen postkommunistischen Ländern sind die meisten Menschen unzufrieden mit dem Funktionieren der Demokratie. Allerdings liegen die in Slowenien und Tschechien gemessenen Werte nur unwesentlich niedriger als in Frankreich, Portugal, Griechenland, Malta und Belgien. Zudem zeichnet sich in den nach 2000 durchgeführten Umfragen eine partielle Auflösung der zunächst klaren Trennlinie zwischen dem westlichen und dem östlichen Europa ab.

Bei keiner anderen politischen Einstellung erlaubt die Datenlage eine solch detaillierte Untersuchung von Entwicklungstrends wie bei der Zufriedenheit mit der Demokratie. Dies eröffnet die Möglichkeit, die Behauptung einer zunehmenden Akzeptanzschwäche der europäischen Demokratien auf den Prüfstand der empirischen Forschung zu stellen. In Übereinstimmung mit einigen seit der Mitte der 1970er Jahre durchgeführten Studien (vgl. besonders Fuchs et al. 1995; Dalton 2004: 39-41, besonders Abbildung 2.5) widerlegen die in Abbildung 3 enthaltenen Daten die These von einer wachsenden Unzufriedenheit der Bürger mit dem Zustand der Demokratie und vermitteln den Eindruck von Stabilität. Die nach-

Politische Einstellungen und politische Kultur

weisbaren Schwankungen der Demokratiezufriedenheit sind unsystematisch, von zeitlich befristeter Dauer und unterschiedlich gelagert. Abgesehen von einem Einbruch am Beginn der 1990er Jahre ist die Demokratiezufriedenheit in Südeuropa stark gestiegen, in keiner Region nahm sie in der Gesamtbilanz ab. Allerdings ist festzustellen, dass in jüngster Zeit die Zufriedenheit im westlichen Teil der EU stärker zunahm als im östlichen. Infolgedessen hat sich der Unterschied zwischen diesen beiden Großregionen nicht abgeschwächt, sondern vertieft.

Abbildung 4: Niveau und Trend der Demokratiezufriedenheit in den Mitgliedstaaten der EU, 1975–2006[1]

Niveau → Trend ↓	Hoch	Mittel	Niedrig
Besonders stabil	Finnland, Luxemburg (+), Niederlande (+), Österreich	Estland, Frankreich (+) Malta, Slowenien, Tschechische Republik, Großbritannien	Rumänien
Durchschnittlich stabil	Deutschl.-West (–) Irland (+)	Belgien (=), Polen, Portugal (–)	Deutschl.-Ost (–), Lettland, Ungarn
Instabil	Dänemark (+), Schweden, Zypern	Griechenland (–), Litauen, Spanien (+)	Italien (+), Bulgarien, Slowakei

1 = Ordnung nach dem Niveau:
Hoch: Ländermittelwert um mindestens eine Standardabweichung (0,06) über dem EU-Durchschnitt.
Mittel: Abweichung des Ländermittelwerts vom EU-Durchschnitt kleiner oder gleich als eine Standardabweichung (0,06).
Niedrig: Ländermittelwert um mindestens eine Standardabweichung (0,06) unter dem EU-Durchschnitt.
Ordnung nach der Stabilität:
Besonders stabil: Standardabweichung des Landeswertes kleiner als im Durchschnitt der EU-Länder (0,06).
Durchschnittlich stabil: Standardabweichung des Landeswertes gleich dem Durchschnitt der EU-Länder (0,06).
Instabil: Standardabweichung des Landeswertes über dem Durchschnitt der EU-Länder (0,06).
Die Entwicklung wurde durch eine Regressionsanalyse geschätzt. Angaben werden nur für die Länder gemacht, für die mindestens 20 Datenpunkte vorlagen, vermerkt sind positive (+) oder negative (–) Trends.

Ein genauerer Blick auf die einzelnen Länder bestätigt diese Feststellung (vgl. dazu die Angaben auf der Webseite zu diesem Buch). In elf EU-Mitgliedstaaten veränderte sich die Demokratiezufriedenheit zwischen 1975 und 2006 nur geringfügig. Unter diesen befinden sich mit Luxemburg, Finnland, den Niederlanden und Österreich vier Länder mit einem überdurchschnittlichen Zufriedenheitsniveau. In vier weiteren Ländern (Dänemark, Irland, Italien und Spanien) entwickelte sich das Verhältnis der Bevölkerung zum bestehenden politischen System deutlich positiv, in drei weiteren trat eine leichte Verbesserung der Werte ein (Frankreich, Luxemburg, Großbritannien). Ein bemerkenswerter Aufwärtstrend ergibt sich in Italien, einem Land, das Merkl (1988: 44) noch vor 20 Jahren zu Recht als „low legitimacy wonder" bezeichnet hatte. Zwischen 1975 und 2000 hat sich in diesem Land die Zufriedenheit mit der Demokratie nahezu verdoppelt. Allerdings gibt es mit Westdeutschland ein Gegenstück zu dieser Entwicklung. In einem Land, das in den 1980er Jahren noch als Musterbeispiel für ein positives Verhältnis der Bevölkerung zum politischen System gegolten hatte (vgl. Merkl 1988), ging die Demokratiezufriedenheit seit der Wiedervereinigung beträchtlich zurück. Seither büßte Deutschland seine frühere Spitzenposition ein und rutschte ins europäische Mittelfeld ab. Auch in Ostdeutschland ist seit der Wiedervereinigung ein leichter Negativtrend zu verzeichnen. Anders als die generalisierte Systemunterstützung gehört die Zufriedenheit mit dem Funktionieren der Demokratie in den EU-Staaten zum kontroversen Sektor des politischen Zusammenlebens. Dabei neigt die Mehrheit der Westeuropäer zu einem leicht positiven, die der Osteuropäer zu einem kritischen Urteil.

4 Politisches Vertrauen

Für die meisten Menschen stellt die Demokratie eine abstrakte, von den Alltagserfahrungen relativ weit entfernte Größe dar, mit der man sich nicht intensiv auseinandersetzt. Konkreter gestaltet sich die Politik für die Bürger im Handeln politischer Akteure und Organisationen. Diese Einrichtungen des öffentlichen Lebens können ihre Aufgaben nur dann effektiv erfüllen, wenn sie in der Bevölkerung über einen gewissen Vertrauenskredit verfügen. Ohne diesen ist es schwierig, Entscheidungen durchzusetzen.

In den letzten beiden Jahrzehnten entwickelte sich das politische Vertrauen zu einem wichtigen Thema der politikwissenschaftlichen Forschung. Dies findet seinen Niederschlag in zahlreichen vergleichenden Untersuchungen des Niveaus, des Wandels und der Bestimmungsfaktoren des Vertrauens zu den politischen Institutionen. Selten sind dagegen Analysen des Vertrauens zu den Akteuren, welche diese Institutionen repräsentieren (vgl. z. B. Listhaug 1995; Listhaug/Wiberg 1995; Newton 1999, 2006; Klingemann 1999; Gabriel et al. 2002; Gabriel/Zmerli 2006; Montero et al. 2007; Denters et al. 2007). In diesen Studien wurde das Vertrauen zu den politischen Institutionen unterschiedlich gefasst. Während Listhaug/ Wiberg (1995) sowie Newton/Norris (2000) das Vertrauen zu öffentlichen und privaten Institutionen untersuchen, stellen andere Forscher das Vertrauen der Bürger zu den parteienstaatlichen und rechtsstaatlichen Institutionen in den Vordergrund (vgl. Gabriel et al. 2002: 183ff.; Gabriel/Zmerli 2006; Denters et al. 2007). Alle diese Unterscheidungen können sinnvoll sein. Abgesehen von der Frage, ob analytisch begründete Gruppierungen der politischen Institutionen eine Entsprechung in den politischen Einstellungen der Bürger finden, kommt es in Analysen des *politischen* Vertrauens jedoch besonders darauf an, den unterschiedlichen Aufgaben der politischen Institutionen Rechnung zu tragen, denn diese beeinflussen die Kriterien, nach denen die Bürger die Vertrauenswürdigkeit politischer Institutionen beurteilen.

Unter diesem Gesichtspunkt ist die Unterscheidung zwischen parteienstaatlichen und rechtsstaatlichen Institutionen von besonderer Bedeutung. Parteienstaatliche Institutionen erfüllen die Funktion, die aus unterschiedlichen Interessen und Wertvorstellungen resultierenden Konflikte deutlich zu machen und sie in den politischen Entscheidungsprozess einzubringen. Die hieraus resultierenden politischen Kontroversen sind in pluralistischen Demokratien nicht nur unvermeidlich, sondern unverzichtbar, denn demokratische Politik ist Streit über die angemessene Lösung gesellschaftlicher Probleme. Im Unterschied dazu haben die rechtsstaatlichen Institutionen die Aufgabe, die Befolgung der Gesetze sicherzustellen, soziale Konflikte verbindlich zu regeln und dadurch den gesellschaftlichen Frieden zu sichern. Ihre Tätigkeit ist im Regelfall nicht Gegenstand parteipolitischer Kontroversen und unterliegt kaum dem Einfluss tagespolitischer Standpunkte und Interessen. Die Einstellungen zu den parteienstaatlichen Institutionen sind stark durch individuelle und gruppenspezifische Interessen geprägt, in den Einstellungen zu den rechtsstaatlichen Institutionen schlagen sich sehr viel stärker allgemein anerkannte Werte und Normen nieder (vgl. auch: Denters et al. 2007).

Wie alle bisherigen empirischen Untersuchungen zeigen, beeinflussen die unterschiedlichen Aufgaben der politischen Institutionen tatsächlich das Vertrauen der Bevölkerung zu ihnen. Die Polizei und die Gerichte nehmen in der Regel Spitzenpositionen in der Vertrauenshierarchie ein, das Parlament befindet sich im Mittelfeld und die intermediären Institutionen stehen auf den unteren Rangplätzen (vgl. z. B. Listhaug/Wiberg 1995). Auch in unserer Analyse des Institutionenvertrauens schenkt eine breite Mehrheit der Bürger der EU-Mitgliedstaaten den rechtsstaatlichen Institutionen (Polizei und Gerichte) zu sämtlichen Erhebungszeitpunkten Vertrauen. Hingegen sind die Einstellungen zum Parlament von einer Balance aus Vertrauen und Skepsis geprägt. Dieses Muster wiederholt sich auf unterschiedlichen Vertrauensniveaus in West- und Osteuropa bzw. in allen fünf europäischen Regionen. Dabei bringen die Westeuropäer den politischen Institutionen mehr Vertrauen entgegen als die Bürger der postkommunistischen Staaten.

Besonders großes Ansehen genießen die rechtsstaatlichen Institutionen in Nord- und Westeuropa. Auch in Mittel- und Südeuropa ist das Vertrauen zur Polizei und den Gerichten weit verbreitet. In den postkommunistischen Gesellschaften gibt es etwa gleich viel Vertrauen zu Einrichtungen des Rechtsstaates und Kritik an ihnen. Beim Vertrauen zum nationalen Parlament nehmen die nordischen Demokratien vor denen Mitteleuropas ebenfalls die Spitzenposition ein. In beiden Regionen überwiegt das Vertrauen leicht die Skepsis. Süd- und Westeuropa rangieren dahinter. In Mittelosteuropa werden niedrigere Werte gemessen als in den westeuropäischen Gesellschaften, zudem sind positive Einstellungen seltener als eine kritische Haltung.

Spitzenposition im Vertrauen zum Parlament und zum Rechtsstaat nehmen die Bürger der drei nordischen Staaten, der Niederlande, Luxemburgs und Österreichs ein. Beim Parlamentsvertrauen gehören Griechenland und Zypern zu den Nationen mit überdurchschnittlich hohen Werten, beim Vertrauen zum Rechtsstaat gilt dies für Großbritannien, Irland, Westdeutschland, Malta und Italien. Litauen und Lettland nehmen sowohl im Vertrauen zum Parlament als auch im Vertrauen zum Rechtsstaat die Schlusspositionen ein. Außer in Litauen und Lettland finden wir auch in der Slowakei, der Tschechischen Republik, Rumänien, Bulgarien und Polen ein sehr niedriges Institutionenvertrauen. Beim Vertrauen zum Rechtsstaat gehören u. a. Belgien und Slowenien zu der Schlussgruppe. Die beiden von uns untersuchten Aspekte des Institutionenvertrauens hängen relativ eng miteinander zusammen. In keinem einzigen Mitgliedstaat der EU geht ein überdurchschnittliches Vertrauen zum Parlament mit einem unterdurchschnittlichen Vertrauen zum Rechtsstaat einher oder umgekehrt. Allerdings zeigen sich einige Abweichungen von diesem Muster. Besonders auffällig ist eine große Ländergruppe, in der ein überdurchschnittliches Vertrauen zum Rechtsstaat gemeinsam mit einem durchschnittlichen Parlamentsvertrauen auftritt. Zu ihr gehören außer Westdeutschland ausschließlich süd- und westeuropäische Gesellschaften. Als Repräsentanten einer Untertanenkultur im Sinne von Almond und Verba (1989a) kann man diese Länder allerdings nicht bezeichnen, denn das Vertrauen zu den parteipolitischen Institutionen ist in ihnen keineswegs schwach ausgeprägt. Auf der anderen Seite geht in Griechenland und Zypern ein starkes Vertrauen zum Parlament mit einem mäßigen Vertrauen zu den rechtsstaatlichen Institutionen einher.

Abbildung 5: Vertrauen zu den politischen Institutionen in den europäischen Regionen, 1981–2006[1]

Vertrauen zum Parlament

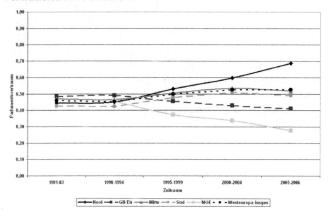

Vertrauen zum Rechtsstaat

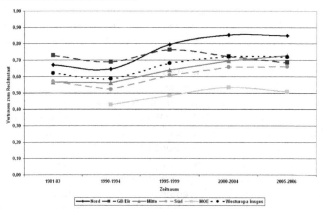

1 = Die in den Zellen angegebenen Werte sind Mittelwerte auf einer Skala von 0 bis 1. Dabei zeigt der Wert 0 extrem negative Einstellungen aller Befragten an, der Wert 1 extrem positive Bewertungen aller Befragten. Der Wert 0,5 kann entweder ein Gleichgewicht von negativen und positiven Einstellungen oder ambivalente Einstellungen aller Befragten anzeigen.
Fragewortlaute:
Institutions: Parliament, the legal system and the police.
EB: I would like to ask you a question about how much trust you have in certain institutions. For each of the following, please tell me if you tend to trust it or tend not to trust it. 1. Tend to trust 2. Tend not to trust.
WVS: I am going to name a number of organizations. For each one, could you tell me how much confidence you have in them: is it a great deal of confidence, quite a lot of confidence, not very much confidence or none at all? 1. A great deal of confidence 2. Quite a lot confidence 3. Not very much confidence; 4. None at all.
ESS: Using this card, please tell me on a score of 0-10 how much you personally trust each of the institutions. 0 means you do not trust an institution at all, and 10 means you have completely trust.
Quellen: EB (1999–2006); WVS (1981–83, 1990, 1995–97, 1997); Ergänzung fehlender Werte aus dem ESS; eigene Berechnungen.

Politische Einstellungen und politische Kultur 197

Abbildung 6: Muster des Vertrauens zum Parlament und zu den rechtsstaatlichen Institutionen in den Mitgliedstaaten der EU, 1981–2006[1]

Rechtsstaat → Parlament ↓	Hoch ≥ ,67	Mittel ,53 – ,66	Niedrig ≤ ,52
Hoch ≥ ,54	Dänemark, Finnland, Luxemburg, Österreich, Schweden, Niederlande	Griechenland, Zypern	
Mittel ,38 – ,53	Deutschland-W, Irland, Italien, Malta, Großbritannien	Deutschland-O, Estland, Frankreich, Portugal, Spanien, Ungarn,	
Niedrig ≤ ,38		Belgien, Slowenien	Bulgarien, Lettland, Litauen, Polen, Rumänien, Slowakei, Tschechische Republik

1 = Ordnung nach dem Niveau:
Hoch: Ländermittelwert um mindestens eine Standardabweichung über dem EU-Durchschnitt.
Mittel: Abweichung des Ländermittelwerts vom EU-Durchschnitt kleiner als eine Standardabweichung.
Niedrig: Ländermittelwert um mindestens eine Standardabweichung unter dem EU-Durchschnitt.
Quelle: siehe Abbildung 5

Wie die in Abbildung 5 wiedergegeben Daten zeigen, hat sich das Institutionenvertrauen seit dem Beginn der 1980er Jahre uneinheitlich entwickelt. Die Unterschiede betreffen sowohl die Verlaufsmuster in den europäischen Regionen als auch den Wandel der Einstellungen zu den parteienstaatlichen und rechtsstaatlichen Institutionen. In Nordeuropa ist das Vertrauen zum Parlament und zum Rechtsstaat zwischen 1981 und 2006 deutlich gestiegen. In Mitteleuropa trifft dies nur für die Einstellungen zum Rechtsstaat zu, beim Parlamentsvertrauen kam die positive Entwicklung in jüngster Zeit zum Stillstand. In Westeuropa geht ein Rückgang des Parlamentsvertrauens mit einer diskontinuierlichen Entwicklung der Unterstützung des Rechtsstaates einher, in Südeuropa stieg das Vertrauen zum Parlament, die Einstellungen entwickeln sich seit 1990 positiv. In den postkommunistischen Demokratien verzeichneten die rechtsstaatlichen Institutionen zwischen 1990 und 2004 einen Vertrauensgewinn, der sich seither aber nicht fortsetzte. Das Vertrauen zum nationalen Parlament ging seit 1990 in einem beunruhigenden Ausmaß zurück. In den Einstellungen zu den politischen Institutionen fand seit 1990 insgesamt keine Annäherung zwischen dem östlichen und dem westlichen Teil Europas statt, im Gegenteil: In diesem Bereich sind die Unterschiede im Jahr 2006 größer als in der Zeit des Systemwechsels. Allerdings wurde im European Social Survey 2006 in Ostdeutschland erstmals seit der Wiedervereinigung ein gleich großes Vertrauen zu den Institutionen des Rechtsstaats gemessen wie in Westdeutschland. Ungarn lag etwa gleichauf mit Ostdeutschland und verzeichnete höhere Werte als einige westeuropäische Länder. Auch beim Parlamentsvertrauen lagen Ungarn, Ostdeutschland, die Slowakei und Slowenien auf dem Niveau von Portugal, Frankreich, Westdeutschland und Großbritannien. Nur Bulgarien unterscheidet sich klar von den Ländern westlich des ehemaligen Eisernen Vorhanges.

Im Vergleich mit dem Vertrauen zu den politischen Institutionen war das Politikervertrauen nur selten Gegenstand international vergleichender Untersuchungen. Die aus der Mitte der 1970er Jahre stammenden Daten für sechs heutige Mitgliedstaaten der EU belegen ein geringes Politikervertrauen (vgl. Kaase 1988: 122ff.). Zu positiveren Ergebnissen kam Listhaug (1995) in einer Analyse der Struktur und Entwicklung des Vertrauens zu Politikern in Dänemark, Schweden und in den Niederlanden. Die im Rahmen des European Social Survey (2002, 2004, 2006) erhobenen Daten belegen große Ähnlichkeiten in der Verteilung des Politiker- und des Institutionenvertrauens. Zwar ist das Vertrauen zu den politischen Akteuren im Allgemeinen niedriger als das zu den Institutionen, jedoch nehmen die Länder, in denen das Vertrauen zu den politischen Institutionen groß ist, auch beim Politikervertrauen obere Ränge ein (Dänemark, Schweden, Finnland, Luxemburg). Geringes Vertrauen zu den Institutionen geht dementsprechend mit geringem Politikervertrauen einher (Portugal, Polen, Slowenien; vgl. auch: Gabriel/Zmerli 2006).

Die für Europa vorliegenden Daten über das Niveau und die Entwicklung des Institutionenvertrauens liefern keine Hinweise auf eine Krise der Institutionen des demokratischen Verfassungsstaates, wie sie zahlreiche Publikationen über die Vereinigten Staaten konstatierten (vgl. Nye et al. 1997; Hibbing/Theiss-Morse 2001). Auch wenn in einzelnen europäischen Ländern und Regionen periodische Schwankungen des politischen Vertrauens zu beobachten waren, haben wir es nicht mit einem grundlegenden Wandel der politischen Unterstützung zu tun, sondern mit kurzfristigen und umkehrbaren Veränderungen der Beziehung zwischen Regierenden und Regierten. Bedenklich allerdings ist der starke Rückgang des Parlamentsvertrauens in Mittelosteuropa.

5 Die Anteilnahme an der Politik

Die partizipative Demokratietheorie betrachtet die politische Involvierung der Bevölkerung als wichtiges Merkmal einer demokratischen politischen Kultur. Im Zentrum ihrer Überlegungen steht das Leitbild des politisch interessierten, informierten und handlungsbereiten Bürgers, der im Austausch mit der politischen Führung selbstbewusst seine Belange vertritt und über deren Berücksichtigung wacht. Nach Dalton (2006: 15f.) vertraten zahlreiche Demokratietheoretiker die Auffassung, die Demokratie funktioniere nur dann, wenn die Bürgerinnen und Bürger ein starkes politisches Interesse, ein hohes Informationsniveau und ein ausgeprägtes Urteilsvermögen aufwiesen. Das politische Interesse und die der Politik zugeschriebene Bedeutsamkeit, die Fähigkeit zur politischen Urteilsbildung sowie das Gefühl politischer Kompetenz (political efficacy) fasst die Forschung unter den Sammelbezeichnungen „kognitive Involvierung" oder „political sophistication" zusammen (vgl. Neuman 1986).

Im Vergleich mit den Annahmen der partizipativen Demokratietheorie liefert die empirische Forschung seit ihren Anfängen Befunde, die auf den ersten Blick desillusionierend zu sein schienen. Von einer breiten, intensiven Anteilnahme der Bevölkerung an der Politik kann in modernen Demokratien nicht die Rede sein (vgl. die Hinweise bei Neuman 1986; Dalton 2006: 15ff.; van Deth/Neller 2006; Martin/van Deth 2007). Diese Forschungsergebnisse weckten Zweifel am Realitätsgehalt und der politischen Relevanz der Annahmen der partizipativen Demokratietheorie, zumal Demokratien offensichtlich funktionieren, obwohl ihre Bürger so gar nicht den Ansprüchen mancher Theoretiker genügen.

Dementsprechend stellt die neuere politische Psychologie die Frage, ob die begrenzte Anteilnahme der Menschen an der Politik überhaupt der Qualität der Demokratie abträglich sei, indem sie zu schlechteren Entscheidungen oder zu einer zu schwach ausgeprägten Verantwortlichkeit der Gewählten gegenüber den Wählern führe. Nach dem Prinzip der „begrenzten Rationalität" oder der „low information rationality" sind die Bürger nicht einfach interessiert, informiert und handlungsbereit – oder eben nicht. Sie machen ihre Beziehungen zur Politik vielmehr von den Erfordernissen der Handlungssituation abhängig und interessieren, informieren und engagieren sich nur dann politisch, wenn es ihnen persönlich wichtig erscheint. Im politischen Leben verhalten sich viele Menschen als „kognitive Geizkragen" (Dalton 2006: 26ff.). Sie prüfen die Zweckmäßigkeit einer detaillierten Informationsbeschaffung und sachgerechten Urteilsbildung kritisch und erzielen dabei häufig das Ergebnis, dass sich die dafür notwendige Investition nicht lohnt. Stattdessen greifen sie auf die gerade verfügbaren Informationen zurück, verwenden bei ihrer Urteilsbildung in Entscheidungssituationen stark vereinfachende Hilfsmittel, entscheiden gefühlsbetont oder folgen den von den Medien berichteten Partei- oder Elitepositionen bzw. den in ihrem persönlichen Umfeld vorherrschenden Vorstellungen. Nur wenn es darauf ankommt, etwa in einer wahrgenommenen Risikosituation oder in einer als sehr bedeutsam eingeschätzten Angelegenheit, setzen sie sich vorübergehend intensiv mit einer politischen Frage auseinander (vgl. Sniderman 1993, 2000; Lupia et al. 2000; Taber 2003).

Nach diesen Überlegungen bleibt die politische Involvierung im Normalfall mäßig und schwankt nach Themenfeldern und Handlungssituationen. Aus diesen individuellen Orientierungen ergeben sich zugleich die Annahmen über die Verteilung der politischen Involvierung in der Gesellschaft. Aufgrund ihrer Interessenlage und ihrer Ressourcenausstattung nehmen bestimmte Personen bzw. Gruppen stärker Anteil am politischen Leben als andere (vgl. Neuman 1986: 30ff.). Dies führt unter Umständen zu Problemen für das Funktionieren der Demokratie, wenn sich Politikpräferenzen der Involvierten stark von denen der Nichtinvolvierten unterscheiden und wenn sich die Entscheidungen der politischen Führung vornehmlich an den Vorstellungen der Gruppen orientieren, die ihrer Stimme im politischen Prozess Gehör zu verschaffen verstehen. Im Hinblick auf die Datenlage beschäftigen sich die folgenden Ausführungen mit dem politischen Interesse, dem politischen Kompetenzbewusstsein und der Parteiidentifikation.

5.1 Politisches Interesse

Über das politische Interesse liegen besonders viele, auch international vergleichende Umfragedaten vor, die allerdings nur in wenigen Studien systematisch ausgewertet wurden. Dies ist vor allem deshalb erstaunlich, weil das politische Interesse die Basis einer intensiveren Beschäftigung mit der Politik darstellt. Nur wenn ein Mindestmaß an politischem Interesse vorliegt, sind Menschen dazu bereit, sich mit politischen Vorgängen auseinander zu setzen (vgl. z. B. Neuman 1986; Sniderman 1993; van Deth 1996; van Deth/Neller 2006; Martin/van Deth 2007: 303ff.).

In Übereinstimmung mit den zuvor dargestellten theoretischen Überlegungen zeigen die vorliegenden empirischen Studien, dass sich der größte Teil der Menschen nur mäßig für die Politik interessiert und dass nur eine Minderheit ein starkes politisches Interesse aufweist. Zudem wurde in Europa regelmäßig ein Nord-Süd-Gefälle in der Verteilung des politischen Interesses nachgewiesen (vgl. Almond/Verba 1989a: 45ff.; van Deth/Neller 2006; Martin/van Deth 2007: 303ff.). Dass die Europäer politischen Fragen mit Interesse begegnen, ohne allerdings hoch politisiert zu sein, bestätigen auch die in Abbildung 7 enthaltenen

Daten. Im Durchschnitt aller seit 1973 durchgeführten Erhebungen gab knapp jeder Zweite an, sich für politische Angelegenheiten zu interessieren. Bei dieser Einstellung verläuft die politische Trennlinie erstmals nicht zwischen den Bürgern der westlichen und der östlichen Hälfte Europas, sondern dessen nördlicheren und südlichen Teilen.

In Nord, Mittel- und Mittelosteuropa ist das politische Interesse annähernd gleich stark entwickelt, in Westeuropa liegen die Werte geringfügig, in Südeuropa sehr deutlich unter dem Niveau dieser drei Regionen. Als politisch besonders interessiert erweist sich die Bevölkerung in Dänemark, aber auch in Ost- und Westdeutschland, in den Niederlanden, Österreich, Schweden und Litauen wurden überdurchschnittlich hohe Werte gemessen. Dagegen ist das politische Interesse der Belgier, Italiener, Spanier und Portugiesen im europäischen Vergleich schwach entwickelt.

Abbildung 7: Politisches Interesse in den europäischen Regionen, 1975–2006[1]

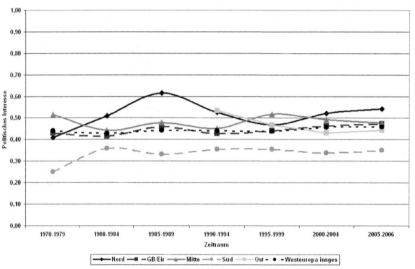

1 = Die in den Zellen angegebenen Werte sind Mittelwerte auf einer Skala von 0 bis 1. Dabei zeigt der Wert 0 extrem negative Einstellungen aller Befragten an, der Wert 1 extrem positive Bewertungen aller Befragten. Der Wert 0,5 kann entweder ein Gleichgewicht von negativen und positiven Einstellungen oder ambivalente Einstellungen aller Befragten anzeigen.
Fragewortlaute:
Political Action, WVS, CID und ESS: How interested would you say you are in politics? 1. Very interested 2. Quite interested 3. Hardly interested 4. Not at all interested.
EB: To what extent would you say you are interested in politics? 1. A great deal 2. To some extent 3. Not much 4. Not at all.
ISSP: How interested would you say you personally are in politics? 1. Very interested 2. Fairly interested 3. Somewhat interested 4. Not very interested 5. Not at all interested.
Quellen: Political Action (1974); EB (1983, 1988, 1989, 1994); WVS (1990, 1995, 1999); ISSP (1996); CID (2001); ESS (2002, 2004, 2006). Die Jahreswerte 1989 (EB) und 1994 (EB) sind Mittelwerte aus mehren Jahreserhebungen; eigene Berechnungen.

Im gesamten Beobachtungszeitraum blieb das politische Interesse der Europäer weitgehend stabil. Diese Feststellung gilt auch für die meisten Regionen Westeuropas. In diesen traten zwar periodische Schwankungen des politischen Interesses auf, die sind aber eher der veränderten Zusammensetzung der Ländergruppen als der Verteilung des politischen Interesses in einzelnen Nationen geschuldet. Inhaltlich interpretierbare Abweichungen von diesem stabilen Muster zeigen sich allein in den postkommunistischen Gesellschaften. Die in ihnen beobachtbare Entwicklung spiegelt den dramatischen politischen Umbruch wider, der sich in den Jahren 1989/1990 in den kommunistischen Regimen vollzog. Im zeitlichen Kontext des Regimewechsels nahm die Bevölkerung stark am politischen Leben Anteil und leistete durch eine politische Mobilisierung in einigen dieser Länder einen Beitrag zum Zusammenbruch der kommunistischen Herrschaftssysteme. Zusammenfassend kann man festhalten, dass das politische Interesse in den europäischen Demokratien im Allgemeinen moderat ausgeprägt ist. In besonderen Situationen – zu diesen gehört der Regimewechsel in Mittelosteuropa – steigt es erwartungsgemäß an. Auch weniger dramatische Ereignisse wie Wahlen, Wahlkämpfe oder politische Skandale mobilisieren die Öffentlichkeit.

5.2 Politisches Kompetenzbewusstsein

Das politische Interesse schafft die Voraussetzungen dafür, dass sich die Bürger mit politischen Sachverhalten beschäftigen und im Bedarfsfall politisch aktiv werden. Politisches Interesse setzt sich jedoch vor allem dann in politische Aktivität um, wenn bei den Menschen das Gefühl vorhanden ist, sie könnten politische Sachverhalte verstehen und Einfluss auf die Gestaltung der Politik nehmen (vgl. Campbell et al. 1960: 103ff.). Diese als Gefühl politischer Kompetenz oder „Political Efficacy" bezeichnete Einstellung wirkt als Bindeglied zwischen den Einstellungen und dem Handeln von Individuen.

Bereits in der Civic Culture-Studie beschäftigten sich Almond und Verba (1989a: 136ff.) mit dem staatsbürgerlichen Kompetenzbewusstsein und stellten große Unterschiede zwischen den anglo-amerikanischen und den kontinentaleuropäischen Demokratien fest, vor allem in der Wahrnehmung von Einflussmöglichkeiten auf die nationale Politik. Die Einschätzung der jungen Bundesrepublik als Prototyp einer Untertanenkultur, in der die Bürger der Politik vornehmlich als Empfänger von Leistungen entgegenträten, sich aber kaum zutrauten, eine aktive Rolle zu spielen, stützte sich vor allem auf die Befunde über das Gefühl politischer Kompetenz. Seither wurden nur wenige international vergleichende Studien über das Kompetenzbewusstsein der Europäer durchgeführt (vgl. Hayes/Bean 1993; Vetter 2002). In der Political Action-Studie zeigten sich nur noch geringfügige Unterschiede im politischen Kompetenzgefühl der Bürger europäischer Demokratien. In den sechs heutigen EU-Staaten, für die entsprechende Daten vorlagen, fühlte sich eine relativ starke Minderheit der Befragten politisch kompetent, die Niederlande nahmen die Spitzenposition ein, die Österreicher bildeten das Schlusslicht (vgl. Kaase 1988: 122ff.).

Im Vergleich mit den älteren Daten wurden in den neuesten, zwischen 2002 und 2006 durchgeführten Umfragen deutlich höhere Werte gemessen. Knapp die Hälfte der Europäer war im Durchschnitt aller ausgewerteten Umfragen der Auffassung, politische Fragen verstehen und in politischen Diskussionen eine aktive Rolle spielen zu können. Zwischen den europäischen Regionen treten nur geringe Unterschiede auf, nur die Südeuropäer bleiben im Gefühl subjektiver politischer Kompetenz etwas hinter den in den anderen Regionen gemessenen Werten zurück und bestätigen damit ein Bild, das sich bereits bei der Analyse des politischen Interesses gezeigt hatte. Im Ländervergleich ist das Gefühl politischer Kompetenz in Zypern, Dänemark, Österreich, West- und Ostdeutschland und Irland überdurchschnittlich stark entwickelt. Mit Bulgarien und Ungarn befinden sich auch zwei mittelosteuropäische Länder in der Spitzengruppe. Den Gegenpol bilden überwiegend romanisch-katholische Länder (Belgien, Spanien, Frankreich, Italien und Portugal), zu denen sich mit Finnland eine nordeuropäische Demokratie sowie mit Polen und der Tschechischen Republik zwei postkommunistische Länder gesellen. Eine Analyse der Entwicklung des Gefühls politischer Kompetenz ist wegen fehlender Langzeitdaten nicht möglich.

Abbildung 8: Politisches Kompetenzbewusstsein in den europäischen Regionen, 2002–2006[1]

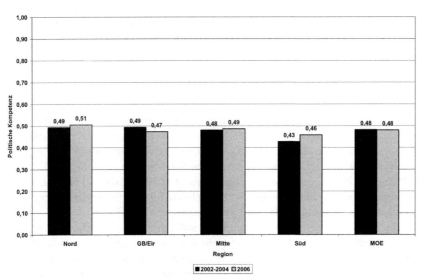

1 = Die in den Zellen angegebenen Werte sind Mittelwerte auf einer Skala von 0 bis 1. Dabei zeigt der Wert 0 extrem negative Einstellungen aller Befragten an, der Wert 1 extrem positive Bewertungen aller Befragten. Der Wert 0,5 kann entweder ein Gleichgewicht von negativen und positiven Einstellungen oder ambivalente Einstellungen aller Befragten anzeigen.
Fragewortlaute:
ESS: How often does politics seem so complicated that you can't really understand what is going on? 1. Never 2. Seldom 3. Occasionally 4. Regularly 5. Frequently; Do you think that you could take an active role in a group involved with political issues? 1. Definitely not 2. Probably not 3. Not sure either way 4. Probably 5. Definitely; How difficult or easy do you find it to make your mind up about political issues? 1. Very difficult 2. Difficult 3. Neither difficult nor easy 4. Easy.
Quellen: ESS 2004–2006; eigene Berechnungen.

5.3 Die Parteiidentifikation

Bei der Organisation des politischen Lebens moderner Demokratien spielen die politischen Parteien eine hervorgehobene Rolle. Sie erfüllen zahlreiche wichtige Funktionen. Sie artikulieren und aggregieren politische Interessen, rekrutieren das politische Führungspersonal, vermitteln Informationen und Forderungen in den politischen Willensbildungs- und Entscheidungsprozess und werben um die Unterstützung von der politischen Führung getroffener Entscheidungen (vgl. z. B. Dalton 2000: 20ff.). Ohne die Vermittlungsleistung und die Deutungsangebote der politischen Parteien wäre die Gestaltung demokratischer Politik kaum vorstellbar.

Dennoch ist die Rolle der politischen Parteien umstritten, seit es sie gibt. Während ihre funktionale Nützlichkeit in bestimmten Bereichen des politischen Prozesses weitgehend anerkannt ist, richtet sich Kritik auf die starke parteipolitische Durchdringung des gesamten politischen Lebens in modernen Demokratien. Die Parteien sind mit dem Vorwurf konfrontiert, ihre Mitwirkung am politischen Willensbildungsprozess in eine Monopolstellung umgewandelt zu haben. Der Kampf um die Macht, den sie erfolgreich bestehen müssen, um ihre politischen Vorstellungen durchsetzen zu können, sei zum Selbstzweck geworden. Viele Publikationen erwecken den Eindruck, als hätten sich die Bürger von den politischen Parteien abgewandt und trauten ihnen nicht mehr zu, ihre Interessen zu vertreten und für eine bürgernahe Politik zu sorgen. Der Rückgang der Wahlbeteiligung und der Zahl der Parteimitglieder gelten als Symptome einer Krise der europäischen Parteiendemokratien, die auf ein Zusammenspiel sozialer und kultureller Wandlungsprozesse mit als unzulänglich eingeschätzten Reaktionen der Parteien auf die veränderten Rahmenbedingungen zurückgeführt wird (vgl. z. B. die Zusammenstellung einschlägiger Positionen bei Dalton et al. 2000).

Im Austausch der Bevölkerung mit den politischen Parteien spielt das Konzept der Parteiidentifikation seit den 1950er Jahren eine wichtige Rolle. Campbell et al. (1960: 121ff.) hatten es in die Forschung eingeführt, um die Stabilität des Wählerverhaltens in sich verändernden politischen Kontexten zu erklären. Als Parteiidentifikation bezeichneten sie eine dauerhafte, von konkreten politischen Ereignissen, Inhalten und Akteuren weitgehend unabhängige gefühlsmäßige Bindung an eine Partei, eine Art psychische Parteimitgliedschaft. Allerdings ist die Funktion dieser Einstellung nur unvollständig beschrieben, wenn man sie darauf reduziert, dem Individuum die Wahlentscheidung zu erleichtern. Darüber hinaus hilft sie bei der Beurteilung politischer Fragen, fördert die Anteilnahme an der Politik und stabilisiert das Parteiensystem, indem sie die Etablierung neuer Parteien erschwert (vgl. schon: Campbell et al. 1960: 120 sowie Sniderman 2000).

Dalton (2000, 2006: 177ff.) interpretiert die Lockerung der Parteibindungen („partisan dealignment") als Begleiterscheinung der gesellschaftlichen Modernisierung und beschreibt damit eine Entwicklung, der aufgrund der großen Bedeutung der Parteiidentifikation für das Funktionieren repräsentativer Demokratien eine besondere Brisanz zukommt. Infolge dieser Entwicklung könnten die Beziehungen zwischen Wählern und Gewählten sowie der Ablauf und das Ergebnis politischer Entscheidungsprozesse künftig schwerer kalkulierbar sein als in der Vergangenheit. Diesem Verlust an Stabilität und Kontinuität stünde möglicherweise eine größere Flexibilität und Innovationsfähigkeit des politischen Systems gegenüber. Das in den mittelosteuropäischen Gesellschaften mögliche Ausbleiben stabiler Beziehungen zwischen den Bürgern und den Parteien könnte wiederum die Konsolidierung des Parteien- und Regierungssystems erschweren.

Vor einer Analyse der Entwicklung der Parteiidentifikation ist es sinnvoll, deren Verteilung in den europäischen Regionen in den Blick zu nehmen. Im Durchschnitt aller seit 1975 durchgeführten Erhebungen weist nur eine Minderheit der Europäer Parteibindungen auf. Am höchsten fällt deren Niveau in Nordeuropa aus, am niedrigsten in West- und Mittelosteuropa. Dieses Muster lässt sich seit der Mitte der 1980er Jahre beobachten. In den Erhebungen der Jahre 2002-2006 waren allerdings in Südeuropa ebenso hohe Werte zu verzeichnen wie in Mitteleuropa, 2006 fielen sie im Süden sogar höher aus als in der Mitte des Kontinents. Eine besonders starke Parteiidentifikation weisen die Bürger Zyperns, für das allerdings nur eine Erhebung vorliegt, und Schwedens auf. Auch in den Niederlanden, Dänemark, Griechenland, Italien und Ungarn fühlen sich überdurchschnittlich viele Menschen einer Partei verbunden. Besonders wenige Parteiidentifizierer gibt es dagegen in Polen, Spanien, Slowenien, Ostdeutschland und Estland.

Die These von einem Rückgang der Parteiidentifikation in den westlichen Demokratien wurde von Schmitt und Holmberg (1995) sowie von Dalton (2000: 23ff.) empirisch untermauert. Nach den von ihnen präsentierten Forschungsergebnissen war in allen untersuchten Ländern ein Rückgang der Parteiidentifikation zu verzeichnen, postkommunistische Gesellschaften hatten bei ihnen noch keine Berücksichtigung gefunden. Da die in Abbildung 9 enthaltenen Daten bis zum Jahr 1996 auf der Auswertung der Umfragen basieren, auf die sich Schmitt und Holmberg gestützt hatten, stimmen die für diesen Zeitraum festgestellten Ergebnisse mit denen der früheren Studien überein. Sie belegen in allen Regionen Europas einen Rückgang der Parteiidentifikation. Das „partisan dealignment" fiel in den nordischen Ländern und in Südeuropa, den Regionen mit dem höchsten Ausgangsniveau, besonders deutlich aus. Allerdings kehrte sich dieser Trend in der Mitte der 1990er Jahre um. In den Jahren 2002 bis 2006 zeigt sich in allen europäischen Regionen eine stärkere Parteiidentifikation als in den davor liegenden Dekaden. Als besonders markant stellt sich dieser Trend in Nordeuropa, aber auch in Süd- und Mittelosteuropa dar[6].

Wie in anderen Bereichen des Verhältnisses der Bürger zur Politik beobachtet wurde, vollzieht sich auch bei der Bindung der Bürger an die politischen Parteien eine Veränderung, als deren Folge sich die Differenzen zwischen den traditionsreichen und den neuen Demokratien abschwächen. Wenn man den Blick auf einzelne Länder richtet, hat die Parteiidentifikation außer in Spanien und Portugal in allen westeuropäischen Staaten, für die entsprechende Daten vorliegen, abgenommen. Besonders markant war die Lockerung der Parteibindungen in Westdeutschland, Griechenland und Italien. Über die mittelosteuropäischen Staaten lassen sich wegen des Fehlens von Langzeitdaten keine Aussagen machen.

Die Bürger der EU-Mitgliedstaaten fühlen sich somit den Parteien unterschiedlich verbunden. In einzelnen Gesellschaften bestehen beträchtliche Vorbehalte gegen die politischen Parteien, in wenigen sind die Einstellungen zu ihnen ambivalent, nirgendwo dominieren außer in Zypern positive Orientierungen. Ob die unbestreitbare Distanz zwischen den Bürgern und den politischen Parteien, die sich vor allem zwischen der Mitte der 1970er und der 1990er vertieft hat, sich seither aber wieder verringert hat, als Gleichgültigkeit, Ablehnung

---

[6] Es ist nicht auszuschließen, dass dieses Ergebnis der Verwendung unterschiedlicher Datengrundlagen geschuldet ist. Während die Informationen über die Entwicklung der Parteiidentifikation bis zur Mitte der 1990er Jahre den Eurobarometern entnommen sind, stammen die Daten für den Zeitraum 2002-2006 dem European Social Survey. Auf diesen wurde zurückgegriffen, weil die Frage nach der Parteiidentifikation in den Eurobarometern seit 1996 nicht mehr gestellt wurde.

Politische Einstellungen und politische Kultur

oder Hinweis auf eine wachsende Eigenständigkeit des politischen Urteils zu interpretieren ist, lässt sich auf der Basis der vorliegenden Daten nur schwer beurteilen.

Abbildung 9: Parteiidentifikation in den europäischen Regionen, 1975–2006[1]

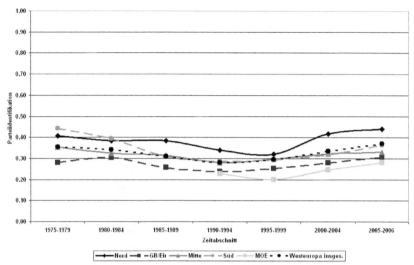

1 = Die in den Zellen angegebenen Werte sind Mittelwerte auf einer Skala von 0 bis 1. Dabei zeigt der Wert 0 extrem negative Einstellungen aller Befragten an, der Wert 1 extrem positive Bewertungen aller Befragten. Der Wert 0,5 kann entweder ein Gleichgewicht von negativen und positiven Einstellungen oder ambivalente Einstellungen aller Befragten anzeigen.
Fragewortlaute:
EB: Do you feel affinities with any particular political party? 1. Yes 2. No.
ESS: Is there a political party you feel closer than all the other parties? 1. Yes 2. No.
Quellen: EB (1975–1996); ESS (2002–2006); eigene Berechnungen.

6 Eine politische Kultur der Demokratie? Konturen des Verhältnisses der Bürger zur Politik in den EU-Staaten

Nach den bisher vorgestellten Ergebnissen fällt das Verhältnis der Bevölkerung zur Politik in den Mitgliedstaaten der EU und in den europäischen Regionen uneinheitlich aus. Da wir – anders Almond und Verba – nicht von der Vorstellung einer einheitlichen politischen Kultur der Demokratie ausgehen, wirft dieser Befund nicht per se ein Problem auf. Nach unseren Annahmen gliedert sich das Verhältnis der Bevölkerung zur Politik in Demokratien in einen kontroversen und einen nichtkontroversen Sektor. Demnach muss die Demokratie als Ordnungsmodell – einschließlich der für sie maßgeblichen Werte, Normen und Spielregeln – von einer breiten Zustimmung der Mitglieder der politischen Gemeinschaft getragen sein. In anderen Bereichen des politischen Lebens reicht es unter normativen Gesichtspunkten aus, wenn ein gewisses, quantitativ nicht bestimmtes Maß an Zustimmung vorhanden ist.

Diese Form politischer Kultur ist in allen Mitgliedstaaten der EU vorhanden. Überall gehört die grundsätzliche Unterstützung der Demokratie als Ordnungsmodell zum nichtkontroversen Sektor des politischen Zusammenlebens. Allerdings war die Unterstützung der Demokratie als Ordnungsmodell bei der letzten im Jahr 1999 durchgeführten Umfrage in den postkommunistischen Gesellschaften immer noch schwächer als in den Ländern westlich des ehemaligen Eisernen Vorhanges. In einigen Staaten Mittelosteuropas fanden zudem nichtdemokratische Ordnungsmodelle bei starken Minderheiten Zustimmung, und viele Bürger sahen keinen klaren Gegensatz zwischen demokratischen und nichtdemokratischen Formen der Herrschaftsausübung. Sie hielten einen starken Führer, der sich nicht um Parteien und Parlamente kümmert, für mit einer Demokratie ebenso vereinbar wie Einparteienregime. Die politischen Implikationen demokratischen Regierens scheinen in diesen Ländern noch nicht allen Menschen bewusst zu sein.

Unterhalb dieses demokratischen Basiskonsenses existieren neben kulturellen Gemeinsamkeiten nationale und regionale Unterschiede. Eine dieser Übereinstimmungen betrifft das Institutionenvertrauen. In allen EU-Mitgliedsländern bringen die Menschen den Institutionen des Rechtsstaates mehr Vertrauen entgegen als denen des Parteienstaates. Die politischen Kulturen weisen somit eher eine legalistische als eine parteienstaatliche Prägung auf. Allerdings variiert das Vertrauen zu diesen beiden Arten von Institutionen von Land zu Land beträchtlich. Eine Unterstützung der rechtsstaatlichen Institutionen durch die Mehrheit der Bürger ist wesentlich häufiger als mehrheitliches Vertrauen zum Parlament. Das relativ distanzierte Verhältnis der Europäer zu den Einrichtungen des Parteienstaates zeigt sich auch an einer dritten Übereinstimmung. Außer in Zypern, für das nur eine Erhebung vorliegt, weist die Mehrheit der Befragten in keinem EU-Mitgliedstaat eine langfristige gefühlsmäßige Bindung an eine politische Partei auf. Erneut fallen die Verteilungen dieser Einstellungen von Land zu Land unterschiedlich aus. Dies gilt auch für die anderen hier untersuchten Aspekte des Verhältnisses der Bevölkerung zur Politik, die Demokratiezufriedenheit, das politische Interesse und das Gefühl politischer Kompetenz.

Ein zusammenfassender Überblick über einzelne Merkmale erleichtert zwar das Verständnis der kulturellen Gegebenheiten in den EU-Staaten, er bleibt aber an der Oberfläche und gibt keine Informationen über Kombinationen politischer Einstellungen, aus deren Grundlage man bestimmte Typen nationaler politischer Kulturen identifizieren kann. Mittlerweile bietet die multivariate Statistik Möglichkeiten, solche Gruppierungen nicht nur nach Plausibilitätskriterien vorzunehmen, sondern sie statistisch abzusichern. Bei einer Zusammenfassung der 27 europäischen Gesellschaften, für die alle benötigten Daten zur Verfügung stehen, zu Gruppen kulturell ähnlicher Länder zeigt sich zunächst die überragende Bedeutung des alten Ost-West-Gegensatzes. Im Hinblick auf die Unterstützung der Demokratie als Ordnungsmodell, die Demokratiezufriedenheit, das Vertrauen zum Parlament und den rechtsstaatlichen Institutionen, das politische Interesse sowie die Parteiidentifikation gruppieren sich nahezu alle Länder entlang der historischen Trennlinie zwischen den demokratischen und den kommunistischen Ländern[7]. Nur drei von ihnen passen nicht in dieses Schema: Belgien und Frankreich werden der östlichen und Ostdeutschland der westlichen Ländergruppe zugeordnet. Die wichtigsten Unterscheidungsmerkmale zwischen diesen beiden Gruppen bilden die Unterstützung der Demokratie als Ordnungsmodell

---

[7] Das politische Interesse leistet keinen signifikanten Beitrag zur Gruppentrennung und blieb deshalb in den detaillierten Analysen unberücksichtigt.

Politische Einstellungen und politische Kultur 207

sowie das Vertrauen zu den rechtsstaatlichen Institutionen. Beide Einstellungen sind in den westlichen Gesellschaften signifikant weiter verbreitet als in den mittelosteuropäischen.

Eine feinere Gruppierung lässt zwar Unterschiede innerhalb dieser beiden großen Ländergruppen erkennen, die Differenz zwischen West- und Osteuropa bleibt aber erhalten. Bei einer Anwendung einschlägiger statistischer Verfahren ergeben sich sieben Gruppen kulturell ähnlicher Länder, von denen sich einige nur im Niveau, nicht aber in der qualitativen Ausprägung der relevanten Einstellungen voneinander unterscheiden. Die erste von diesen umfasst sieben ehemals postkommunistische Gesellschaften. In ihnen akzeptiert die Bevölkerungsmehrheit zwar die Demokratie als Ordnungsmodell, aber im Übrigen steht sie dem politischen System sehr kritisch gegenüber. In abgeschwächter Form ist diese Konstellation auch in zwei aus west- und osteuropäischen Staaten bestehenden Mischgruppen gegeben. In einer von ihnen (Italien, Ostdeutschland und Ungarn) vertraut die Mehrheit den Institutionen des Rechtsstaates, in der anderen (Belgien, Frankreich, Portugal, Estland, Slowenien) ist die Zufriedenheit mit dem Funktionieren der Demokratie ungefähr gleich weit verbreitet wie die Kritik an ihr. Hinzu kommt eine noch geringere Verbreitung der Parteiidentifikation als in den beiden anderen Ländergruppen, in denen sich postkommunistische Gesellschaften befinden.

Tabelle 2: Typen politischer Kultur in den EU-Staaten[1]

Länder		Generalisierte Unterstützung der Demokratie	Demokratiezufriedenheit	Vertrauen zum Rechtsstaat	Vertrauen zum Parlament	Parteiidentifikation
BG, LTV, LIT, PL, RUM, SLK, CR	Distanziert	+	–	–	– –	– –
D-O, I, H	Distanziert-legalistisch	+	–	+	–	–
B, F, EST, PT, SLV	Demokratisch-institutionen-kritisch	+	O	–	–	– –
D-W, EIR, GB	Demokratisch-legalistisch	++	O	+	–	– –
SPA, CYP	Demokratisch-parteienstaatlich	++	O	+	+	O
A, DK, SF	Loyalistisch-legalistisch	++	+	++	+	–
GR, LUX, NL, S	Loyalistisch-nichtparteilich	++	+	+	+	– –

1 = ++ 80 % Zustimmung und mehr; + 55 bis 79,9% Zustimmung; O 45 bis 54,9% Zustimmung: – 35 bis 44,9% Zustimmung; – – Weniger als 35% Zustimmung.
Quelle: Siehe Abbildung 1-9; eigene Darstellung.

Zwei nur im Niveau, nicht aber in der Qualität positiver Einstellungen zum politischen System voneinander unterscheidbare westeuropäische Ländergruppen kommen dem von Almond/Verba (1989a) eingeführten Leitbild der „Civic Culture" nahe (Österreich, Dänemark und Finnland bzw. Griechenland, Luxemburg, die Niederlande und Schweden). Mit Ausnahme der Parteiidentifikation weist die Mehrheit der Bürger dieser Staaten alle Einstellungen auf, die die Effektivität und Responsivität des politischen Systems fördern. Dies betrifft auch das nicht in unsere Klassifikation einbezogene Gefühl politischer Kompetenz und das politische Interesse. Zwei weitere westliche Ländergruppen liegen zwischen den bisher beschriebenen Extremen. In Spanien und Zypern finden parteienstaatliche Einrichtungen mehr Unterstützung als in den anderen Mitgliedstaaten der EU, während Deutschland, Irland und Großbritannien eine legalistische politische Kultur aufweisen. Insgesamt erhärten die Daten unsere Aussage, nach der die Bürger in stabilen Demokratien unterhalb der Unterstützung der Demokratie als Ordnungsmodell unterschiedliche Beziehungen zur Politik unterhalten können.

7 Bestimmungsfaktoren des Verhältnisses der Europäer zur Politik: Demokratie, Vertrauen, Involvierung

Seit den 1950er Jahren war es Ziel der Political Culture-Forschung, das Entstehen und Überleben demokratischer Herrschaftsordnungen in modernen Gesellschaften zu erklären. Für die seit dem Ende des Ersten Weltkrieges zu beobachtende Spaltung Europas in eine kleine Zahl von Demokratien und eine Mehrheit autoritärer und totalitärer Regime konnte die Politikwissenschaft zunächst keine befriedigende Erklärung liefern. In einer Studie über die Bestimmungsfaktoren demokratischer Stabilität hatte Lipset mit der sozioökonomischen Modernität zwar eine wichtige Triebkraft der Demokratisierung identifiziert, allerdings passte die geringe Stabilität der Demokratie in kulturell und ökonomisch hoch entwickelten Ländern wie Deutschland und Italien nicht in dieses Bild (Lipset 1981). Der politischen Kultur war die Funktion zugedacht, die Erklärungslücke der sozioökonomischen Modernisierungstheorien zu schließen.

Aus einer Reihe von Gründen wurde dieses Ziel bis heute nicht erreicht. In der Civic Culture-Studie und den auf ihr aufbauenden Untersuchungen scheiterte eine strenge empirische Prüfung der Stabilitätsannahme an der zu kleinen Zahl an Ländern (vgl. Almond/Verba 1989a, 1989b). Neuere Arbeiten über die Bedeutung kultureller Faktoren für die Stabilität demokratischer Regime waren zwar nicht mit dem Problem einer zu kleinen Fallzahl, aber mit dem einer relativ willkürlichen Operationalisierung der kulturellen Erklärungsvariablen konfrontiert und liefern insofern auch keine brauchbaren Ergebnisse (vgl. z. B. Muller/Seligson 1994; Lane/Ersson 2005; Inglehart/Welzel 2005).

Aus der Perspektive der empirischen Wissenschaftslehre und der Forschungspraxis sind überdies ganz grundsätzliche Zweifel an der Einlösbarkeit des Programms der klassischen Political Culture-Forschung angebracht. Die zur Messung kultureller Größen benötigten repräsentativen Bevölkerungsbefragungen sind praktisch nur in Ländern mit einer freiheitlichen Verfassung und einer professionell organisierten Umfrageforschung möglich. Dabei handelt es sich typischerweise um Demokratien, so dass die zu erklärende Variable, die Demokratisierung, keine Varianz aufweist. Ein überzeugender Ausweg aus diesem Dilemma wurde bisher nicht gefunden. Ungeachtet dieses Problems ist die Beschreibung und Erklärung politischer Einstellungen ein wichtiges Thema der Politikwissenschaft. Die in einer politischen Gemeinschaft und in differenten Gesellschaften lebenden Menschen unterscheiden sich in ihrem Verhältnis zur Politik, und diese Tatbestände gilt es ebenso zu erklären wie die Beziehung zwischen politischen Einstellungen und Verhaltensweisen. Eine allgemein akzeptierte Theorie politischer Einstellungen existiert bisher jedoch nicht. Abgesehen von einigen neueren Arbeiten in der Kognitions- und Emotionsforschung (vgl. den vorzüglichen Sammelband von Sears et al. 2003), dominieren bis heute Erklärungen mittlerer oder geringer Reichweite. Sie sind überwiegend miteinander vereinbar, weisen aber unterschiedliche Anwendungsfelder auf und haben sich in der Forschungspraxis mehr oder weniger gut bewährt (vgl. z. B. Norris 1999; van Deth et al. 2007).

In der intellektuellen Tradition von Lipset (1981) sowie Almond/Verba (1989a, 1989b) stehen die Modernisierungstheorien. Sie behandeln die politisch-kulturelle Entwicklung als Begleiterscheinung der sozioökonomischen Modernisierung und formulieren die Annahme, dass mit dem Modernisierungsgrad einer Gesellschaft (gemessen an Größen wie dem Bildungsniveau, der gesellschaftlichen Bedeutung von Forschung und Entwicklung, der Höhe des Bruttosozialprodukts usw.) die „Civicness" der Menschen steige (vgl. z. B. Lane/Ersson 2005). Die bekannteste aktuelle Variante der Modernisierungstheorie wurde von Ronald Inglehart entwickelt. Nach dessen Annahmen vollzieht sich in den modernen Gesellschaften seit dem Ende des Zweiten Weltkrieges ein Übergang von materialistischen zu postmaterialistischen Wertorientierungen (vgl. Inglehart/Welzel 2005). Diesen Wertewandel führt Inglehart auf die Unterschiede in der physischen und materiellen Sicherheit zurück, die den Menschen in der Zeit ihrer Primärsozialisation zuteil wurde. Während die Angehörigen der Vorkriegsgeneration in ihrer Jugendzeit von Erfahrungen der Unsicherheit und des Mangels geprägt wurden, wuchs die Nachkriegsgeneration in einer Welt des Wohlstands und Friedens auf. Aufgrund dieser Erfahrungen weist die Vorkriegsgeneration materialistischen Sicherheits- und Wohlfahrtswerten eine große Bedeutung zu. Dagegen halten die Angehörigen der Nachkriegsgeneration postmaterialistische Selbstentfaltungswerte für wichtiger. Diese Wertorientierungen beeinflussen nach Inglehart die politischen Einstellungen von Menschen und die politische Kultur von Nationen. Postmaterialisten zeichnen sich seiner Auffassung nach durch eine besonders starke Unterstützung demokratischer Prinzipien und durch eine starke politische Involvierung aus. Sie stehen jedoch den repräsentativen Demokratien, ihren Institutionen und Akteuren kritisch gegenüber, insbesondere soweit es sich um autoritative Institutionen handelt (vgl. u. a. Inglehart 1999). Auch wenn einige von Ingleharts Annahmen empirisch widerlegt wurden, spielt die These vom Wertewandel in der sozialwissenschaftlichen Diskussion eine wichtige Rolle. Sie löste eine breite Forschung über zahlreiche Aspekte des Verhältnisses der Bürger zur Politik aus. Als besonders relevant erwies sich die Präferenz für materialistische bzw. postmaterialistische Werte für die politische Involvierung und die Unterstützung demokratischer Prinzipien (vgl. z. B. van Deth/Scarbrough 1995; Dalton 2004: 97ff.).

In den beiden letzten Jahrzehnten etablierte sich mit der Sozialkapitalforschung ein neuer Ansatz, der die Bedeutung des sozialen Engagements, des zwischenmenschlichen Vertrauens und der Unterstützung gemeinschaftsbezogener Werte und Normen für die politische Kultur der Demokratie betont (vgl. Putnam 1993, 2000). Wie die Ergebnisse mehrerer empirischer Studien zeigen, fördern das soziale Engagement und die Unterstützung von Partizipationsnormen das politische Engagement. Das soziale Vertrauen und die Bereitschaft zur Regelbefolgung üben einen positiven Einfluss auf die Unterstützung des politischen Systems, seiner Institutionen und Akteure aus (vgl. z. B. Gabriel et al. 2002; Stolle/Hooghe 2003; van Deth et al. 2007). Die Interpretation des Sozialkapitalkonzepts als Muster eng miteinander verbundener Größen und Effekte wird aber dadurch infrage gestellt, dass die Einbindung in soziale Netzwerke nur die politische Involvierung, aber nicht die politische Unterstützung fördert, während die prosozialen Normen und das soziale Vertrauen nur mit der politischen Unterstützung, aber nicht mit der politischen Involvierung in Verbindung stehen.

Andere, im weitesten Sinne institutionalistische Ansätze führen die politische Einstellung von Individuen auf positive Erfahrungen mit gesellschaftlichen und politischen Institutionen bzw. mit deren Leistungen zurück. Diese fördern die Unterstützung des politischen Systems, das Vertrauen zu den politischen Institutionen und Akteuren sowie die politische Involvierung. Im Unterschied zum Wertewandel- und Sozialkapitalansatz stellt der institutionelle Ansatz kein geschlossenes Erklärungsmodell dar, sondern dient als Dach für eine große Gruppe unterschiedlicher Variablen (z. B. für die Bewertung der Regierungsleistungen, die Bindung an eine Regierungspartei, die Zufriedenheit mit den wirtschaftlichen und gesellschaftlichen Bedingungen, die Parteiidentifikation und die Wahrnehmung der Politikberichterstattung der Massenmedien). Aus diesem Grunde ist es schwierig, allgemeine Aussagen über die Erklärungskraft dieses Ansatzes zu machen. Es existieren etliche empirische Belege für positive Effekte der Parteiidentifikation, einer Bindung an die Regierungsparteien und einer positiven Bewertung der Wirtschaftslage auf die politische Unterstützung oder für den positiven Einfluss der Parteiidentifikation auf die politische Involvierung. In empirischen Analysen, die gleichzeitig die Tragfähigkeit mehrerer Erklärungsansätze testen, spielen institutionelle Faktoren regelmäßig eine große Rolle, für das politische Vertrauen sind sie oft ausschlaggebend (vgl. z. B. Listhaug/Wiberg 1995; MacAllister 1999; Miller/Listhaug 1999; Denters et al. 2007).

8 Schluss

Die eingangs gestellte Frage nach der kulturellen Einheit Europas lässt sich, soweit es um die hier behandelten politischen Einstellungen geht, klar beantworten. Die Unterstützung der Demokratie als Ordnungsmodell bildet das gemeinsame Merkmal der politischen Kultur aller EU-Mitgliedstaaten. In allen der EU angehörigen Ländern gehört diese Einstellung zum nichtkontroversen Sektor des politischen Lebens. Die universelle Anerkennung der Demokratie als der erwünschten Form politischer Ordnung setzt den Rahmen, innerhalb dessen sich kulturelle Vielfalt entfalten kann. Sie gibt Raum für Unterschiede in der Demokratiezufriedenheit, im politischen Vertrauen und im politischen Interesse, im Gefühl politischer Kompetenz und in der Parteiidentifikation. In diesen Bereichen zeigen sich die kulturellen Besonderheiten der europäischen Nationen und Regionen. Diese Unterschiedlichkeit des Verhältnisses der Bürger zur Politik – selbst in den seit mehr als 50 Jahren bestehenden europäischen Demokratien – unterstreicht unsere Annahme, dass demokratische Strukturen mit unterschiedlichen politischen Kulturen vereinbar sind. Einheit in der Vielfalt – so kann man die politische Kultur der Mitgliedstaaten der EU derzeit charakterisieren.

Literatur

Almond, Gabriel A., 1989: The Intellectual History of the Civic Culture Concept, in: Almond, Gabriel A./Verba, Sidney (Hrsg.), The Civic Culture Revisited. Newbury Park, 1-36.
Almond, Gabriel A./Verba, Sidney (Hrsg.), 1989a: The Civic Culture. Political Attitudes and Democracy in Five Nations. Newbury Park.

Almond, Gabriel A./Verba, Sidney (Hrsg.), 1989b: The Civic Culture Revisited. Newbury Park.
Borre, Ole/Scarbrough, Elinor (Hrsg.), 1995: The Scope of Government. Beliefs in Government, Vol. 3. Oxford.
Campbell, Angus/Converse, Philip E./Miller, Warren E./Stokes, Donald E. (Hrsg.), 1960: The American Voter. New York.
Dalton, Russell J., 2000: The Decline of Party Identification, in: Dalton, Russell/McAllister, Ian/Wattenberg, Martin (Hrsg.), Parties without Partisans. Oxford.
Dalton, Russell J. (Hrsg.), 2004: Democratic Challenges, Democratic Choices: The Erosion of Political Support in Advanced Industrial Democracies. Oxford.
Dalton, Russell J. (Hrsg.), 2006: Citizen Politics in Western Democracies. Public Opinion and Political Parties in the United States, Great Britain, West Germany, and France. Washington.
Dalton, Russell J./McAllister, Ian/Wattenberg, Martin P. (Hrsg.), 2000: Parties without Partisans. Political Change in Advanced Industrial Democracies. Oxford.
Denters, Bas/Gabriel, Oscar W./Torcal, Mariano, 2007: Political Confidence in Representative Democracies, in: van Deth, Jan W./Montero, José R./Westholm, Anders (Hrsg.), Citizenship and Involvement in European Democracies. A Comparative Analysis. London/ New York, 66-87.
Easton, David, 1975: A Re-Assessment of the Concept of Political Support, in: British Journal of Political Science 5 (4), 435-457.
Easton, David (Hrsg.), 1979: A Systems Analysis of Political Life. Chicago.
Fraenkel, Ernst (Hrsg.), 1932: Um die Verfassung, in: Gesammelte Schriften. Band 1: Recht und Politik in der Weimarer Republik. Baden-Baden, 496-509.
Fuchs, Dieter/Guidorossi, Giovanna/Svensson, Palle, 1995: Support for the Democratic System, in: Klingemann, Hans-Dieter/Fuchs, Dieter (Hrsg.), Citizens and the State. Beliefs in Government, Vol. 1. Oxford, 323-353.
Fuchs, Dieter/Klingemann, Hans-Dieter, 1995: Citizen and the State: A Transformed Relationship, in: Klingemann, Hans-Dieter/Fuchs, Dieter (Hrsg.), Citizen and the State. Beliefs in Government, Vol. 1. Oxford, 419-443.
Fuchs, Dieter/Klingemann, Hans-Dieter, 2006: Democratic communities in Europe: a comparison between East and West, in: Klingemann Hans-Dieter/Fuchs, Dieter/Zilonka, Jan (Hrsg.), Democracy and Political Culture in Eastern Europe. London/New York, 25-66.
Gabriel, Oscar W., 1994: Politische Einstellungen und politische Kultur, in: Gabriel, Oscar W./ Brettschneider, Frank (Hrsg.), Die EU-Staaten im Vergleich. Strukturen –Prozess – Politikinhalte. 2. Auflage. Opladen, 457-522.
Gabriel, Oscar W./Kunz, Volker/Rossteutscher, Sigrid/van Deth, Jan W. (Hrsg.), 2002: Sozialkapital und Demokratie. Zivilgesellschaftliche Ressourcen im internationalen Vergleich. Wien.
Gabriel, Oscar W./Zmerli, Sonja, 2006: Politisches Vertrauen: Deutschland in Europa, in: Aus Politik und Zeitgeschichte 30-31, 8-15.
Gerhards, Jürgen (Hrsg.), 2005: Kulturelle Unterschiede in der Europäischen Union: Ein Vergleich zwischen Mitgliedsländern, Beitrittskandidaten und der Türkei. Wiesbaden.
Gunther, Richard/Montero, Jose R./Puhle, Hans-Jürgen (Hrsg.), 2006: Democracy, Intermediation, and Voting on Four Continents. Oxford.
Hayes, Bernadette C./Bean, Clive S., 1993: Political Efficacy: A Comparative Study of the United States, West-Germany, Great Britain and Australia, in: European Journal of Political Research 23 (2), 261-280.

Hibbing, John R./Theiss-Morse, Elizabeth (Hrsg.), 2001: What is it About Government Americans Dislike. Cambridge.
Inglehart, Ronald, 1999: Trust, Well-being and Democracy, in: Warren, Mark (Hrsg.), Democracy and Trust. Cambridge, 88-120.
Inglehart, Ronald/Welzel, Christian (Hrsg.), 2005: Modernization, Cultural Change and Democracy. Cambridge.
Kaase, Max,1985: Systemakzeptanz in den westlichen Demokratien, in: Matz, Ulrich (Hrsg.), Aktuelle Herausforderungen der repräsentativen Demokratie. Veröffentlichungen der Deutschen Gesellschaft für Politikwissenschaft DGfP, Heft 2. Köln, 99-125.
Kaase, Max, 1988: Political Alienation and Protest, in: Dogan, Mattei (Hrsg.), Comparing Pluralist Democracies. Boulder, 114-142.
Kaase, Max/Newton, Kenneth (Hrsg.), 1995: Beliefs in Government, Vol. 5. Oxford.
Klingemann, Hans-Dieter, 1999: Mapping Political Support in the 1990s: A Global Analysis, in: Norris, Pippa (Hrsg.), Critical Citizens. Oxford, 31-56.
Klingemann, Hans-Dieter/Fuchs, Dieter/Zielonka, Jan (Hrsg.), 2006: Democracy and Political Culture in Eastern Europe. London/New York.
Lane, Jan-Erik/Ersson, Svante (Hrsg.), 2005: Culture and Politics. A Comparative Approach. Aldershot/Burlington.
Lipset, Seymour M. (Hrsg.), 1981: Political Man. The Social Bases of Politics. Baltimore.
Listhaug, Ola, 1995: The Dynamics of Trust in Politicians, in: Klingemann, Hans-Dieter/Fuchs, Dieter (Hrsg.), Citizens and the State. Beliefs in Government, Vol. 1. Oxford, 261-298.
Listhaug, Ola/Wiberg, Matti, 1995: Confidence in Political and Private Institutions, in: Klingemann, Hans Dieter/Fuchs, Dieter (Hrsg.), Citizen and the State. Beliefs in Government, Vol. 1. Oxford, 299-321.
Lupia, Arthur/McCubbins, Matthew D./Popkin, Samuel L. (Hrsg.), 2000: Elements of Reason. Cognition, Choice, and the Bounds of Rationality. Cambridge.
MacAllister, Ian, 1999: The Economic Performance of Governments, in: Norris, Pippa (Hrsg.), Critical Citizens. Oxford, 188-203.
Martin, Irene/van Deth, Jan W., 2007: Political Involvement, in: van Deth, Jan W./Montero, José R./Westholm, Anders (Hrsg.), Citizenship and Involvement in European Democracies. A Comparative Analysis. London/New York, 303-333.
McGuire, William J., 1985: Attitudes and Attitude Change, in: Lindzey, Gardner/Aronson, Elliot (Hrsg.), The Handbook of Social Psychology, Vol. 2. Third edition. Cambridge, 233-346.
Merkl, Peter H., 1988: Comparing Legitimacy and Values Among Advanced Industrial Countries, in: Dogan, Mattei (Hrsg.), Comparing Pluralist Democracies. Boulder, 19-63.
Miller, Arthur H./Listhaug, Ola, 1999: Political Performance and Institutional Trust, in: Norris, Pippa (Hrsg.), Critical Citizens. Oxford, 204-235.
Mishler, William/Rose, Richard, 2002: Learning and Re-Learning Regime Support: the Dynamics of Post-Communist Regimes, in: European Journal of Political Research 41 (1), 5-36.
Montero, José R./Newton, Kenneth/Zmerli, Sonja, 2007: Trust in People, Confidence in Political Institutions, and Satisfaction with Democracy, in: van Deth, Jan W./Montero, José R./Westholm, Anders (Hrsg.), Citizenship and Involvement in European Democracies. A Comparative Analysis. London/New York, 35-65.
Morlino, Leonardo/Montero, José R, 1995: Legitimacy and Democracy in Southern Europe, in: Gunther, Richard/Diamandouros, Nikoforos/Puhle, Hans-Jürgen (Hrsg.), The Politics of Democratic Consolidation. Baltimore, 231-260.

Muller, Edward N./Seligson, Mitchell A., 1994: Civic Culture and Democracy: The Question of Causal Relationship, in: American Political Science Review 88 (3), 635-654.
Neuman, W. Russell (Hrsg.), 1986: The Paradox of Mass Politics: Knowledge and Opinion and the American Electorate. Cambridge.
Newton, Kenneth, 1999: Social and Political Trust in Established Democracies, in: Norris, Pippa (Hrsg.), Critical Citizens. Oxford, 169-187.
Newton, Kenneth/Norris, Pippa, 2000: Confidence in Public Institutions: Faith, Culture, or Performance?, In: Pharr, Susan/Putnam, Robert (Hrsg.), Disaffected Democracies. Princeton, 55-73.
Newton, Kenneth, 2006: Institutional Confidence and Social Trust: Aggregate and Individual Relations, in: Torcal, Mariano/Montero, José R. (Hrsg.), Political Disaffection in Contemporary Democracies: Social Capital, Institutions and Politics. London/New York, 81-100.
Norris, Pippa (Hrsg.), 1999: Critical Citizens. Global Support for Democratic Governance. Oxford.
Nye, Joseph S./Zelikow, Philip D./King, David C. (Hrsg.), 1997: Why People Don't Trust Government. Cambridge.
Parry, Geraint, 1976: Trust, Distrust and Consensus, in: British Journal of Political Science,6 (2), 129-142.
Patrick, Glenda, 1984: Political Culture, in: Sartori, Giovanni (Hrsg.), Social Science Concepts: A Systematic Analysis. London, 264-314.
Pickel, Gert/Pollack, Detlef/Müller, Olaf/Jacobs, Jörg (Hrsg.), 2006: Osteuropas Bevölkerung auf dem Weg in die Demokratie. Wiesbaden.
Putnam, Robert D. (Hrsg.), 1993: Making Democracy Work. Civic Traditions in Modern Italy. Princeton.
Putnam, Robert D. (Hrsg.), 2000: Bowling Alone. The Collapse and Revival of American Community. New York.
Schmitt, Hermann/Holmberg, Sören, 1995: Political Parties in Decline, in: Klingemann, Hans-Dieter/Fuchs, Dieter (Hrsg.), Citizens and the State. Beliefs in Government, Vol. 1. Oxford, 95-133.
Sears, David O./Huddy, Leonie/Jervis, Robert (Hrsg.), 2003: Oxford Handbook of Political Psychology. Oxford.
Sniderman, Paul M. (Hrsg.), 1981: A Question of Loyalty. Berkeley.
Sniderman, Paul M., 1993: The New Look in Public Opinion Research, in: Finifter, Ada W. (Hrsg.), Political Science 2. The State of the Discipline. Washington, 219-245.
Sniderman, Paul M., 2000: Taking Sides: A Fix Choice Theory of Political Reasoning, in: Lupia, Arthur/McCubbins, Matthew D./Popkin, Samuel L. (Hrsg.), Elements of Reason. Cambridge, 67-84.
Stolle, Dietlind/Hooghe, Marc (Hrsg.), 2003: Generating Social Capital. New York.
Taber, Charles, 2003: Information Processing and Public Opinion, in: Sears, David O./Huddy, Leonie/Jervis, Robert (Hrsg.), Oxford Handbook of Political Psychology. Oxford, 433-476.
van Deth, Jan W./Montero, José R./Westholm, Anders (Hrsg.), 2007: Citizenship and Involvement in European Democracies. A Comparative Analysis. London/New York.
van Deth, Jan W., 1996: Politisches Interesse und Apathie in Europa, in: König, Thomas/Rieger, Elmar/Schmitt, Hermann (Hrsg.), Das europäische Mehrebenensystem. Frankfurt am Main, 383-402.
van Deth, Jan W./Neller, Katja, 2006: Politisches Engagement in Europa, in: Aus Politik und Zeitgeschichte 30-31, 30-38.

van Deth, Jan W./Scarbrough, Elinor (Hrsg.), 1995: The Impact of Values. Beliefs in Government, Vol. 4. Oxford.
Vetter, Angelika, 2002: Local Political Competence in Europe: A Resource of Legitimacy for Higher Levels of Government?, In: International Journal of Public Opinion Research 14 (1), 3-18.

Eva-Maria Trüdinger

Die Europäische Integration aus Sicht der Bevölkerung: Akzeptanz trotz Vielfalt?

1 Einleitung

Die Europäische Union zeichnet sich nicht nur durch unterschiedliche sozioökonomische Bedingungen und Institutionengefüge in ihren Mitgliedsländern, sondern auch durch nationale Besonderheiten im Verhältnis der Bürger zur Politik und in den Meinungen zum europäischen Integrationsprojekt aus. Diese Vielfalt ist durch das Anwachsen der EU im Zuge der letzten Erweiterungsrunden zu einer Gemeinschaft von knapp 500 Millionen Bürgern aus 27 Staaten zweifellos noch größer geworden. Man muss aber auch davon ausgehen, dass es eines gewissen Konsenses in den Vorstellungen von der zukünftigen Gestalt Europas und in den Einstellungen der Bürger aller Länder zur europäischen Politik bedarf: Mit der Transformation der EU von einem auf Elitenebene geregelten ökonomischen Zweckverband zu einem Herrschaftsverband mit demokratischem Legitimitätsanspruch bekommt die Zustimmung der Bevölkerung zum Integrationsprojekt eine neue Qualität. Wie die Volksabstimmungen über eine Verfassung für Europa in Frankreich oder den Niederlanden gezeigt haben, ist die EU als Elitenprojekt mit einem „permissive consensus" (Lindberg/Scheingold 1970: 38ff.) der Bürger nicht mehr denkbar. Eine politische Union, in der bindende Entscheidungen und auch Verteilungsfragen nicht mehr nur einstimmig beschlossen werden, kann sich ohne das Vorhandensein gemeinsamer Vorstellungen der Bevölkerung von den normativen Grundlagen, der institutionellen Ausgestaltung und den Grenzen des Herrschaftsverbandes und ohne eine gewisse Übereinstimmung der entsprechenden Vorstellungen von Eliten und Bevölkerung nur schwer weiterentwickeln (vgl. Brettschneider et al. 2003: 10).

Einstellungen der Bevölkerung zur Europäischen Integration wirken sich vor allem über zwei Mechanismen auf die Politik in Europa aus. Erstens schlagen sie sich auf EU-Ebene über Volksabstimmungen oder Wahlen zum Europäischen Parlament auf die europäische Politik nieder. Zweitens besteht die Möglichkeit, dass europäische Themen in nationalen Wahlkämpfen aufgegriffen werden und dass über diesen Weg die Handlungsoptionen nationaler Regierungen in Brüssel beeinflusst werden. Die in den letzten Jahrzehnten stattgefundene Transformation der primär wirtschaftlichen Zusammenarbeit zu einem supranationalen Regime, das weitreichende Entscheidungen für den Alltag seiner Bürger trifft, spiegelt sich auch in der Wissenschaft wider: Forschungstätigkeiten aus den Anfängen der Europäischen Integration reflektieren die Tatsache, dass es sich um eine Idee der politischen Eliten handelte. Diese wurde häufig im Rahmen von Theorien internationaler Regime untersucht, ohne der Bevölkerungsmeinung einen großen Stellenwert einzuräumen. Erst Ende der 1980er, vor allem aber Mitte der 1990er Jahre wurden die Einstellungen der Bürger zu Europa verstärkt betrachtet (vgl. Brettschneider et al. 2003: 9f.), während in dieser Zeit die

EU im Zuge der Verträge von Maastricht (1993) und Amsterdam (1999) weitere Kompetenzen hinzugewann. Will man den Forschungsstand heute bewerten, so fällt auf, dass vor allem die Legitimität der EU und die generelle Akzeptanz des Integrationsprojekts durch die Bevölkerung analysiert werden, oft verbunden mit der Diskussion um die demokratische Qualität der Union (vgl. Fuchs 2003; Kielmansegg 1996). Relativ wenige Forschungsarbeiten setzen sich mit den Einstellungen der Bürger zu Bereichen der materiellen EU-Politik oder mit der öffentlichen Meinung zu einzelnen EU-Institutionen auseinander, viele Analysen überprüfen hingegen die Relevanz verschiedener Determinanten der Unterstützung der EU oder fragen nach der Existenz und der Notwendigkeit einer europäischen Identität. In diesem Beitrag soll die Diskussion folgender Fragen der Transformation der EU seit ihren Anfängen in den 1950er Jahren und der Bedeutung nationaler Kontexte in den Ländern Rechnung tragen: Wie präsent ist die EU heute für die Bürger der 27 Mitgliedstaaten und wie stark wird sie von den Menschen unterstützt? Wie hat sich die öffentliche Meinung zu unterschiedlichen Facetten der Europäischen Integration über die Zeit entwickelt? Welches Maß an Einheit oder Vielfalt lässt sich feststellen, wenn man die Einstellungen in den verschiedenen Mitgliedsländern miteinander vergleicht?

Die vorhandene Literatur und die Tatsache, dass in den letzten Jahren der Europäischen Integration viele Fragen gerade zu den Themen Erweiterung und Vertiefung aufgeworfen wurden, zeigen: Meinungen zur Europäischen Integration umfassen mehr als nur Zustimmung oder Ablehnung. Bei der Darstellung unterschiedlicher Dimensionen von Einstellungen zur Europäischen Union liegt es nahe, sich an Typologien zu Orientierungen gegenüber dem nationalen politischen System anzulehnen, allerdings ist zu beachten, dass sich die Besonderheiten in den institutionellen Strukturen und der Außenwirkung der EU auch in den Orientierungsmustern der Bevölkerung widerspiegeln dürften. In einem ersten Schritt betrachten wir Bevölkerungsorientierungen, die von Almond und Verba (1965) mit dem Konzept der politischen Involvierung abgedeckt wurden und sich als kognitive Seite der politischen Kultur erfassen lassen. Dazu gehören Einstellungen, die den Besitz von Informationen zur Europäischen Integration und die Fähigkeit sowie Bereitschaft zum Umgang mit ihnen widerspiegeln. In der Bevölkerungsmeinung zum Thema Europäische Integration kommt diesen Einstellungen eine Schlüsselrolle zu, kann ihre Untersuchung doch zeigen, ob ein gewisses Maß an Wissen und Anteilnahme am „europäischen Geschehen" überhaupt vorhanden ist, was als Voraussetzung für die weitere Meinungsbildung zu EU-Themen angesehen werden kann. Anschließend soll das Ausmaß an Unterstützung des europäischen Integrationsprojekts untersucht werden.[1] Wir betrachten in diesem Rahmen die Einstellungen zum EU-Regime als Ganzem und das Vertrauen in zentrale europäische Institutionen. Wenn man nach den Motiven fragt, die hinter der Ablehnung oder der Befürwortung des europäischen Integrationsprojekts stehen, werden oft Nutzenerwägungen genannt. Diesen und weiteren Bestimmungsfaktoren der Bevölkerungsmeinung zur Europäischen Integration gehen wir in einem gesonderten Überblick über Erklärungsansätze nach. Auch affektive Orientierungen spielen als Unterstützungsdimension und -motiv eine Rolle, daher wird das Vorhandensein einer europäischen Identität ebenfalls diskutiert, be-

---

[1] Vor allem die erst in den letzten Jahren aufgekommenen Forschungsarbeiten seit Taggart (1998: 366), die sich mit dem Phänomen des „Euroskeptizismus" beschäftigen, unterscheiden zwischen verschiedenen Dimensionen der Ablehnung oder Unterstützung des europäischen Integrationsprojekts (vgl. z. B. Kopecky/Mudde 2002; Sörensen 2005; Fuchs et al. 2008).

vor wir erörtern, wie die Integrationsideale der Bevölkerung aussehen und welche Art der Weiterentwicklung der Union die Bürger befürworten.

2 Einstellungsobjekt EU – Wissen und Anteilnahme

Mehrere Gründe sprechen für die Vermutung, dass die EU in den Köpfen ihrer Bürger nicht sehr präsent ist: Politik im Allgemeinen besitzt für einen großen Teil der Bevölkerung eine im Vergleich zu anderen Lebensbereichen relativ geringe Bedeutung (vgl. van Deth 2000). Europäische Politik ist jedoch noch weiter vom Alltag der Bürger entfernt, was dazu führen dürfte, dass sich eine Minderheit mit der europäischen Politik auseinandersetzt. Vor allem die Komplexität des Mehrebenensystems EU mit undurchsichtigen Entscheidungsprozessen, komplizierten institutionellen Strukturen und umfangreichen Regelungen dürfte es dem Bürger schwer machen, das Funktionieren des politischen Systems der EU zu verstehen (vgl. Fuchs 2003: 36f.). Hinzu kommt, dass sich die Beteiligungsmöglichkeiten an der europäischen Politik auf die von den Bürgern als eher unbedeutend wahrgenommenen Wahlen zum Europäischen Parlament und zusätzliche nationale Referenden über europäische Fragen in einigen Ländern beschränken, und somit über diese Kanäle die Bevölkerung wenig mobilisiert und motiviert werden dürfte. Im Gegensatz dazu haben sich die Bürger über eine sehr lange Zeit mit ihrem jeweiligen nationalen politischen System vertraut machen können. Dieses stellt sozusagen das Referenzsystem für sie dar, welches die europäische Ebene in der Wahrnehmung der Bürger klar dominiert.

Erste Erkenntnisse darüber, ob die Bürger europäische Angelegenheiten verstehen, erhält man über die Frage nach der persönlichen Einschätzung des eigenen Wissens über die Europäische Union. Wenn man bedenkt, dass die Bürger sich eher durch ein niedriges Informationsniveau in Bezug auf die nationale Politik auszeichnen, unterscheiden sich die Ergebnisse aus Tabelle 1 zum subjektiven Verständnis der Europäischen Union nicht stark von den Werten zur nationalen Politik. Über alle Länder betrachtet, schätzen die Bürger ihr Wissen über die EU eher als gering bis mittelmäßig ein. Allerdings dürfte die Frage, inwiefern die EU als eigenständiges Einstellungsobjekt wahrgenommen wird, zwischen den Mitgliedsländern stark variieren. Während in den Gründungsstaaten die EU bzw. ihre Vorgänger schon seit 50 Jahren ein wichtiger Bestandteil der Politik sind, konnten die Bürger aus den osteuropäischen Ländern beispielsweise die europäische Politik lange nur als externe Betrachter wahrnehmen. Es könnte also Lerneffekte geben, und dementsprechend sind Länderunterschiede in der Anteilnahme der Bevölkerung an der europäischen Politik ebenso wie Veränderungen über die Zeit hinweg zu erwarten. Betrachtet man die Ergebnisse für die einzelnen Länder aus dem Jahr 2005, so fällt auf, dass sich aber keine große Kluft zwischen dem subjektiven EU-Wissen der Bürger aus den Ländern der EU-15 und den Ländern der Osterweiterung auftut, insgesamt sind die Abstände relativ gering. Zwar haben die ungarischen Bürger ihren Angaben zufolge das geringste Informationsniveau innerhalb der EU, doch unmittelbar danach folgen die als europafern bekannten Briten und aus Südeuropa sowohl Portugiesen als auch Spanier. Das größte Wissen über die Europäische Union, ihre Politik und die Institutionen schreiben sich neben den Bürgern der skandinavischen Länder Dänemark, Schweden und Finnland auch die Bürger einiger Gründungsstaaten zu, nämlich Luxemburg, die Niederlande und Deutschland (ähnliche Ergebnisse auch bei Scheuer 2005).

Tabelle 1: Einstellungen zu einzelnen Aspekten der Europäischen Integration I

	Obj. Wissen[1]	Subj. Wissen[2]	Mitgl.[3]	Nutzen des Landes[4]	Nat. + Europ.[5]	Europäer[5]	National[5]
Belgien	.44	.35	.73	68	61,6	5,1	33,3
Deutschland (ABL)	.32	.43	.69	51	63,3	2,8	33,9
Deutschland (NBL)	.32	.41	.71	48	55,5	2,4	42,1
Frankreich	.42	.33	.65	57	62,6	3,8	33,6
Italien	.33	.33	.69	58	62,4	1,9	35,7
Luxemburg	.63	.41	.88	82	63,0	8,7	28,2
Niederlande	.33	.42	.79	64	65,7	1,4	32,9
Dänemark	.49	.42	.70	78	56,2	2,2	41,7
Irland	.38	.34	.85	93	46,5	2,9	50,6
Verein. Königreich	.30	.29	.54	46	33,4	2,3	64,3
Griechenland	.48	.34	.70	69	53,3	0,5	46,2
Portugal	.42	.30	.70	71	50,0	1,1	48,9
Spanien	.36	.29	.81	81	55,7	4,7	39,6
Finnland	.41	.39	.57	47	48,8	0,4	50,8
Österreich	.45	.42	.53	42	52,3	1,6	46,1
Schweden	.43	.42	.54	36	55,9	1,0	43,1
Estland	.38	.33	.66	68	45,7	0,5	53,8
Lettland	.35	.37	.60	57	50,0	1,0	49,1
Litauen	.39	.34	.73	81	41,2	0,8	58,0
Malta	.58	.36	.62	63	66,6	0,2	33,2
Polen	.48	.36	.74	71	56,5	0,6	42,9
Slowakische Rep.	.43	.38	.70	66	56,7	2,2	41,0
Slowenien	.60	.37	.68	65	62,4	0,8	36,9
Tschechische Rep.	.36	.37	.67	62	59,5	2,4	38,1
Ungarn	.43	.27	.63	48	46,3	0,3	53,4
Zypern	.59	.35	.62	41	64,9	2,2	32,9
Bulgarien	.27	.35	.73	69	53,1	2,1	44,8
Rumänien	.27	.40	.78	81	59,1	1,4	39,5
EU 15	.41	.37	.69	62	55,4	2,7	41,9
EU + 10	.46	.35	.67	62	55,0	1,1	43,9
EU + 2	.27	.38	.76	75	56,1	1,8	42,1

Anmerkungen: 1 = objektives Wissen: Mittelwert; 2 = subjektives Wissen: Mittelwert, 0-1. 3 = Mitgl.: Mitgliedschaft gute Sache, weder noch, schlechte Sache; Mittelwert, 0-1. 4 = Nutzen des Landes: gültige Prozente Nutzen. 5 = Nat. + Europ., Europäer, National: Selbstbeschreibung; gültige Prozente, gerundet. Länder nach Beitrittswellen geordnet. Quelle: Eurobarometer 64.2, eigene Berechnungen; ungewichtete Daten, anschlussfähig an Zeitreihen auf der Webseite zu diesem Buch. Genaue Fragewortlaute finden sich auf der Webseite zu diesem Buch bei Informationen zu den Beiträgen.

Dass dieses im Vergleich zu anderen EU-Bürgern leicht höhere subjektive Informationsniveau an der längeren Erfahrung mit der Europäischen Integration liegt, lässt sich nicht direkt sagen, da sich auch die Bürger der ehemaligen DDR und die österreichischen Befragten trotz kürzerer Mitgliedschaft als genauso gut informiert einschätzen. Möglicherweise haben sich hier Informationen auch über die Nutzung westdeutscher Medien durch Teile der Bevölkerung verbreitet. Die Verteilungen über die Länder lassen sich auch bestätigen, wenn man das subjektive EU-Wissen der Bürger im Zeitverlauf betrachtet (vgl. Tabelle 76 auf der Webseite zu diesem Buch). Hier liegen Daten für die Länder der EU-15 seit 1997 vor, die belegen, dass es im Länderdurchschnitt einen minimalen Anstieg des subjektiven Informationsniveaus gegeben hat, wobei aber die oben aufgezeigten Unterschiede zwischen den Ländern nicht eingeebnet wurden.

Aufschluss über die Aussagekraft dieser subjektiven Einschätzungen können Fragen zum objektiven Wissen liefern, dem „range of factual information about politics" (Delli et al. 1996: 10), wobei die Ergebnisse nicht überbewertet werden sollten, da sie stark vom Kontext und der Bedeutung der einzelnen Fakten abhängen, die abgefragt werden. Ein Index objektiven Wissens, der aus den richtigen Antworten zu Themen wie Anzahl der Mitgliedsländer oder Art und Datum der Wahlen zum Europäischen Parlament gebildet wurde, ermöglicht die ländervergleichende Betrachtung EU-spezifischer Kenntnisse (siehe ebenfalls Tabelle 1). In einigen Ländern zeigen sich zwischen Einschätzung und tatsächlich abgefragtem EU-Wissen Parallelen, so zum Beispiel bei den relativ gut informierten Bürgern aus Luxemburg, Dänemark oder Österreich. In anderen Ländern wie Deutschland, den Niederlanden, aber auch den neuen Beitrittsländern Rumänien und Bulgarien ist das so gemessene Informationsniveau, gemessen am subjektiven Verständnis, eher gering. Insgesamt fällt auf, dass im Jahr 2005, also ein Jahr nach der großen Osterweiterung der EU, das objektive Wissen in den zehn neuen Mitgliedsländern im Durchschnitt sogar höher ausfällt als in den alten Mitgliedstaaten. Dies würde dafür sprechen, dass die neuen EU-Bürger im Laufe des Beitrittsprozesses vielen Informationen diesbezüglich ausgesetzt waren und diese auch aufgenommen haben.

Vor dem Hintergrund der in der Literatur häufig aufgezeigten Annahme, dass über die EU informierte Bürger diesem Regime auch positiver gegenüberstehen (vgl. z. B. Inglehart 1970), wurde die einfache Beziehung zwischen dem Wissen und der Unterstützung der Unionsmitgliedschaft durch die Bürger separat analysiert (hier nicht ausgewiesen). Der positive Zusammenhang zwischen diesen beiden Größen konnte belegt werden, was vermuten lässt, dass die Öffentlichkeitsarbeit zur Europäischen Integration für die zukünftige Akzeptanz der Union durch die Bürger von erheblicher Relevanz ist. Mit dem Informationsstand der Bürger hängt auch das Interesse an der Europäischen Union zusammen, das allerdings seit 1994 nicht mehr erhoben wurde. Daher haben wir keinen Aufschluss darüber, wie hoch dieses Interesse an der Politik der EU im Vergleich zum Interesse an der nationalen Politik ausfällt (für diese Beziehung vgl. u. a. Niedermayer 1998), und wie stark es möglicherweise die Aufnahme politischer Informationen bedingt.

In Anbetracht der relativ geringen Wahrnehmung der EU und des Umstandes, dass kognitive Prozesse als Anfangskomponenten im Einstellungsprozess gelten (vgl. Zaller 1992), stellt sich die Frage, wie die Bürger gleichwohl zu einer Urteilsbildung in europapolitischen Fragen gelangen. Verschiedene Aspekte werden hier in der Forschung genannt: Geht man davon aus, dass die Äußerungen zur EU, die über Umfragen erhoben werden, nicht ausschließlich ohne eigene Meinung abgegeben wurden und so genannte Nichteinstellungen darstellen, lassen sich mehrere andere Möglichkeiten zum Verständnis des Phänomens der „low information rationality" (Sniderman et al. 1994) aufzeigen, auf die im Laufe des Beitrags noch näher eingegangen wird: Orientierungshilfe bei geringer Informiertheit der Bürger über europapolitische Sachverhalte können so genannte Frames oder Urteilsheuristiken geben. In diesem Sinne werden Individuen beispielsweise Einstellungen zur nationalen Politik auf Urteile zu Europa übertragen. Wahrscheinlich ist auch, dass die Bevölkerung allgemeine Leitbilder und Vorstellungen von Europa, wie sie zum Beispiel von Parteien oder Medien transportiert werden, übernimmt und sich bei der Beurteilung der EU daran orientiert. Im nachfolgenden Kapitel wird jedoch zunächst analysiert, wie die Urteile der Bevölkerung über die Europäische Union generell und über ihre zentralen Institutionen ausfallen.

3 Die Unterstützung der Europäischen Union und ihrer Institutionen

3.1 Die „EU-Mitgliedschaft als gute Sache"?

Auch wenn die Erwartungen, die die Bürger an die EU herantragen, sich je nach nationalen Traditionen und „Mitgliedsgeschichte" von Land zu Land unterscheiden dürften, sind das Fortbestehen und die Weiterentwicklung der Union ohne einen gewissen Grundkonsens ihrer Bevölkerung nicht vorstellbar. Inwiefern die EU als Regime heute von den Bürgern insgesamt unterstützt wird, lässt sich über einen Indikator aus den Eurobarometer-Umfragen erheben, der danach fragt, ob die Mitgliedschaft des eigenen Landes eine gute oder schlechte Sache sei (vgl. Tabelle 1). Diese Frage wird von vielen Autoren als Messung einer generellen oder diffusen Unterstützung der EU angesehen (vgl. Niedermayer 1991; Fuchs 2003).[2]

In allen Ländern überwiegt heute eine positive Sicht der EU-Mitgliedschaft des eigenen Landes, allerdings kann man erhebliche Unterschiede zwischen einzelnen Ländergruppen im Hinblick auf die Zustimmungsraten ausmachen. Die höchste Akzeptanz legen dabei nicht durchweg die Bürger der ursprünglichen Mitgliedsländer an den Tag, und die Unterstützung der EU in den zwölf seit 2004 neu beigetretenen Staaten unterscheidet sich auch nicht wesentlich von den Durchschnittswerten der Gruppe älterer EU-Mitgliedstaaten. Diesbezüglich sind keine Integrationsprobleme für die neuen EU-Bürger zu erwarten. Eine besonders positive Sicht der EU-Mitgliedschaft wird außer im traditionell europafreundlichen Luxemburg und in den Niederlanden auch in Irland, Spanien und Rumänien geäußert. In den meisten Ländern liegen die Zustimmungswerte zwischen .60 und .70, am wenigsten positiv fallen die Systemorientierungen der Bürger schließlich durchschnittlich in Finnland, Schweden, Großbritannien und Österreich aus.

Betrachtet man die Unterstützung der EU im Zeitverlauf seit den 1970er Jahren (vgl. Tabelle 78 auf der Website zu diesem Buch), lässt sich überprüfen, ob die festgestellten Un-

---

[2] Zwar gibt es immer wieder Diskussionen über die begrenzte Aussagekraft von Indikatoren der Eurobarometer-Umfragen als Messung öffentlicher Meinung zu Europa (vgl. z. B. Scheuer 2005). Doch bessere Messinstrumente stehen in der Regel nicht zur Verfügung, und gleichzeitig wurden Fragen wie diese oft kontinuierlich über einen langen Zeitraum hinweg erhoben und erlauben somit Aussagen über längerfristige Trends in der Unterstützung des europäischen Integrationsprojekts.

terschiede zwischen den Ländern die letzten Jahrzehnte überdauert oder sich erst über die Jahre hinweg entwickelt haben. Einen durchgängigen Trend zur Europäisierung der öffentlichen Meinung – als zunehmende Akzeptanz der EU durch die Bevölkerung – können die vorliegenden Zahlen nicht belegen. Vielmehr fällt in vielen Ländern das Unterstützungsniveau heute ähnlich wie früher aus, allerdings gab es im Zeitverlauf teilweise starke Schwankungen, so etwa in Finnland, Schweden oder Großbritannien. Die Bevölkerung Großbritanniens hat dabei ihre Meinung über die EU nicht geändert. Sie zeichnet sich nach wie vor durch eine europaskeptische Haltung aus, was auf eine starke Tradition nationaler Autonomie zurückzuführen ist. Auch in Skandinavien ist die Akzeptanz der EU im Durchschnitt nicht sehr hoch, allerdings hat sie sich in Dänemark in den ersten Jahrzehnten nach dem Beitritt kontinuierlich erhöht. Gleiches gilt auch für Irland, während sich in den Ländern der Süderweiterung die traditionell eher überdurchschnittliche Unterstützung der Europäischen Integration gehalten hat. Anders sieht es in Italien und Frankreich aus, wo die positiven Einstellungen zur EU-Mitgliedschaft allgemein leicht zurückgegangen sind.

Beim Blick auf den allgemeinen Trend über die Mitgliedsländer hinweg (vgl. Tabelle 78 auf der Webseite zu diesem Buch) lassen sich einige Schwankungen feststellen, die möglicherweise durch besondere politische Ereignisse, wie z. B. durch den Vertrag von Maastricht, mit verursacht werden. Auf nachlassende Unterstützungsraten gegen Ende der 1970er Jahre folgt eine Europäisierung der öffentlichen Meinung in den 1980ern (vgl. Niedermayer 1991: 334f.). In einer systematischen Analyse der Beziehung zwischen Ereignissen mit Bedeutung für die Europäische Integration einerseits und Einstellungen der Bevölkerung in neun Mitgliedstaaten andererseits findet Çiftçi (2005) zudem einen Zusammenhang zwischen den Integrationsbemühungen Ende der 1980er Jahre (Einheitliche Europäische Akte) und einer zunehmenden Akzeptanz der EU. Den Umfragedaten zufolge hat sich die Unterstützung der EU-Mitgliedschaft in den Ländern aber Mitte bis Ende der 1990er Jahre abgeschwächt. In dieser Zeit nach dem Inkrafttreten des Vertrags von Maastricht wurden die Auswirkungen Europäischer Integration für die Bürger deutlicher spürbar. Ein Rückgang nationaler Souveränität wurde vermutlich zunächst als Bedrohung wahrgenommen (vgl. Çiftçi 2005: 477f.), bevor die Bürger in der Folgezeit wieder ein positiveres Bild von der EU bekamen.

3.2 EU-Institutionen – von der europäischen Bevölkerung angenommen?

Die Bedeutungszunahme der Europäischen Union in den letzten Jahrzehnten impliziert auch, dass zunehmend Kompetenzen weg von nationalen Institutionen hin zu Institutionen der EU verlagert wurden, die heute für das Leben der europäischen Bürger zentrale Entscheidungen treffen (vgl. Wessels 2004: 83ff.). In Bezug auf nationale politische Systeme geht man davon aus, dass Beziehungen zum politischen System vor allem über die Wahrnehmung der Arbeit politischer Institutionen und Akteure aufgebaut werden, da diese für die Bürger greifbarer und näher sind (vgl. Gabriel 1994: 115). Übertragen auf die Europäische Union wäre also die Bewertung ihrer Institutionen zum Beispiel über Erfahrungen bei der Wahl zum Europäischen Parlament oder mit Urteilen des Europäischen Gerichtshofs von großer Bedeutung, weil sich daraus eine generelle Position zu Fragen der Europäischen Integration ergeben könnte.

Vor dem Hintergrund verschiedener Besonderheiten des europäischen Mehrebenensystems ist es aber wahrscheinlich, dass die Einstellungen der Bürger zu den europäischen Institutionen eher von einem allgemeinen Urteil über die EU abgeleitet werden. In einem komplizierten Entscheidungssystem, dem es an Transparenz mangelt, interagieren supranationale und intergouvernementale EU-Institutionen, wovon viele – wie zum Beispiel der Europäische Ombudsmann oder der Ausschuss der Regionen – den Bürgern kaum bekannt sind. Außerdem lassen sich die Institutionen nicht so gut nach dem Vorbild vieler nationaler Systeme traditionellen Funktionen zuordnen – mit Ausnahme des Europäischen Gerichtshofs, der für die Rechtssprechung zuständig ist. So teilt sich beispielsweise das Europäische Parlament mit dem Rat der EU die Gesetzgebungsfunktion, der Rat der EU tagt je nach Aufgabenbereich in unterschiedlicher Zusammensetzung nationaler Fachminister. Die Europäische Kommission wiederum hat Initiativrecht in der Gesetzgebung, sorgt auch für die Ausführung der EU-Politik und gilt als „Hüterin der Verträge". Direkte Erfahrungen mit den europäischen Institutionen sind selten, weil keines der Organe außer dem Europäischen Parlament in Direktwahl zusammengesetzt wird und die Entscheidungen indirekt über nationale Institutionen implementiert werden. Ein gewisses Maß an Vertrauen in die europäischen Institutionen – und damit die Bereitschaft, ihnen auf Dauer Macht zur Verfügung zu stellen – dürfte von Vorteil sein, wenn diese im Zuge der Weiterentwicklung der EU an Kompetenzen gewinnen sollten. Davon kann man ausgehen, auch wenn in der Forschung zum politischen Vertrauen dessen notwendiges Ausmaß umstritten ist.

Das durchschnittliche Vertrauen in die wichtigsten Institutionen der EU wird in Tabelle 2 wiedergegeben und umfasst Einstellungen zum Europäischen Parlament, dem Europäischen Gerichtshof, der Europäischen Kommission und dem Rat der EU. In den meisten Ländern halten sich Vertrauen und Misstrauen (bzw. fehlendes Vertrauen) ungefähr die Waage. Am meisten vertrauen diesen für allgemein verbindliche Entscheidungen zuständigen Institutionen die Bürger Luxemburgs, Griechenlands, Rumäniens und Portugals. Deutschland belegt einen mittleren Platz in dieser Vertrauenshierarchie, ganz unten stehen Lettland und vor allem Großbritannien. Diese Ergebnisse entstehen auf unterschiedliche Art und Weise. Betrachtet man die Werte einiger Länder, lässt sich vermuten, dass vor allem generelle Wahrnehmungen der Europäischen Union die Beziehungen der Bürger zu den Institutionen bedingen (z. B. Großbritannien, Luxemburg). Außerdem weisen die Daten darauf hin, dass die Urteile auf der nationalen Ebene – als Bereich mit den meisten verfügbaren Informationen – gefällt werden und dann auf die europäischen Institutionen übertragen werden. Allerdings existieren hierfür zwei plausible Erklärungsvarianten, auf die im nächsten Kapitel genauer eingegangen wird: Niedriges Vertrauen in nationale Institutionen steht in den meisten Mitgliedstaaten mit niedrigem Vertrauen in EU-Institutionen im Zusammenhang, doch in einigen Ländern (z. B. Rumänien) gehen verhältnismäßig negative Einstellungen den nationalen Institutionen gegenüber mit einem relativ hohen Vertrauensniveau auf europäischer Ebene einher (Zusammenhänge sind hier nicht ausgewiesen). Als weitere wichtige Bedingungsfaktoren des Vertrauens in EU-Institutionen gelten auch Bewertungen der Performanz und des Nutzens der Institutionen. So fällt beispielsweise nach Schmitt (2003: 70) in den Nettoempfängerländern das Vertrauen in die EU überdurchschnittlich hoch aus.

Tabelle 2: Einstellungen zu einzelnen Aspekten der Europäischen Integration II

	Instit.-ver-trauen[2]	Rang[1] EP	Rang[1] EuGH	Rang[1] EK	Rang[1] Rat	Er-weite-rung[4]	Komp. Poli-cies[5]
Belgien	.57	2	3	1	4	49	.52
Deutschland (ABL)	.48	2	1	4	3	36	.45
Deutschland (NBL)	.49	2	1	3	4	39	.48
Frankreich	.43	2	1	3	4	34	.46
Italien	.55	1	4	2	3	64	.39
Luxemburg	.63	2	1	3	4	34	.49
Niederlande	.49	3	1	2	4	50	.51
Dänemark	.58	2	1	4	2	48	.45
Irland	.56	3	1	2	4	68	.43
Verein. Königreich	.25	3	1	2	4	50	.34
Griechenland	.60	2	1	3	4	77	.38
Portugal	.59	2	1	3	4	67	.39
Spanien	.45	1	4	2	3	74	.33
Finnland	.48	2	1	3	4	44	.33
Österreich	.44	2	1	3	4	32	.36
Schweden	.46	2	1	3	4	50	.41
Estland	.44	4	1	2	3	64	.46
Lettland	.38	1	3	2	4	70	.47
Litauen	.47	1	4	2	3	81	.43
Malta	.55	2	1	3	4	71	.42
Polen	.44	2	1	3	4	84	.49
Slowakische Rep.	.55	1	4	2	3	78	.51
Slowenien	.55	1	4	3	2	78	.43
Tschechische Rep.	.51	1	1	3	4	71	.48
Ungarn	.54	1	4	2	3	77	.50
Zypern	.59	4	1	2	3	79	.53
Bulgarien	.45	1	3	2	4	89	.40
Rumänien	.59	1	4	2	3	90	.39
Gesamtrang[3]		53	55	71	99		
EU 15	.50					51	.42
EU + 10	.50					75	.47
EU + 2	.52					90	.40

Anmerkungen: 1 = Rang: Platz in der Vertrauenshierarchie der vier Institutionen; für Abkürzungen: s. Webseite zu diesem Buch. 2 = Instit.vertrauen: Index zum Vertrauen in die vier entscheidungsrelevanten EU-Institutionen; Mittelwert, 0-1. 3 = Gesamtrang: niedrige Werte – hohes Vertrauen (Addition der Ränge in den Ländern). 4 = Erweiterung: gültige Prozente dafür. 5 = Komp. Policies: Index zur Befürwortung gemeinsamer europäischer Politik in verschiedenen Bereichen; Mittelwert, 0-1. Länder nach Beitrittswellen geordnet. Quelle: Eurobarometer 64.2, eigene Berechnungen; ungewichtete Daten, anschlussfähig an Zeitreihen auf der Webseite zu diesem Buch. Genaue Fragewortlaute finden sich auf der Webseite zu diesem Buch bei Informationen zu den Beiträgen.

Weiter geht man davon aus, dass politisches Vertrauen über eine Generalisierung andauernder Erfahrungen mit den Outputs der Institutionen entsteht (vgl. Easton 1975: 446). Die fehlende Erfahrung mit den europäischen Institutionen bedeutet aber nicht, dass in den zwölf neuen Mitgliedsländern generell weniger Vertrauen in diese Institutionen existiert, im Durchschnitt kann man von einem identischen Vertrauensniveau sprechen, allerdings sind die einzelnen Institutionen in den neuen EU-Ländern im Schnitt weniger bekannt (Daten hierzu sind nicht ausgewiesen). Auf jeden Fall gibt es einige EU-Bürger, welche den europäischen Institutionen trotz fehlender Kenntnisse vertrauen und ihre Meinung aus nationalen oder globaleren europäischen Orientierungen ableiten. Gleichzeitig haben mehreren Analysen zufolge Informationen über europäische Institutionen auf deren Beurteilung einen leicht positiven Effekt. So bringen Niedermayer und Sinnott (1995) für das Europäische Parlament sowie Caldeira und Gibson (1995) für den Europäischen Gerichtshof Anteilnahme und Unterstützung in ihren Analysen zusammen.

Nicht weniger interessant als das Niveau des Institutionenvertrauens ist die Platzierung der vier untersuchten EU-Institutionen in einer Vertrauenshierarchie (siehe Tabelle 2). Über alle EU-Länder betrachtet nimmt das Europäische Parlament im Jahr 2005 insgesamt die besten Plätze ein, allerdings dicht gefolgt vom Europäischen Gerichtshof. Mit einigem Abstand rangiert die Europäische Kommission auf dem dritten Platz, an letzter Stelle folgt der Rat der Europäischen Union, der in den meisten Ländern die hinteren Plätze belegt. Dabei fällt auf, dass dem Europäischen Gerichtshof, der europäisches Recht auch für einzelne Bürger geltend macht, in den meisten Ländern der EU-15 das höchste Vertrauen ausgesprochen wird. Dieses Ergebnis passt zu den hohen Vertrauenswerten rechtsstaatlicher Institutionen in vielen dieser Länder. Dahingegen vertrauen ihm die Bürger vieler osteuropäischer Staaten am wenigsten, in diesen Ländern fällt aber auch das Vertrauen in die nationale Justiz durchschnittlich geringer aus. Dass das Europäische Parlament in der Vertrauenshierarchie am höchsten platziert ist, lässt sich auf mehrere Gründe zurückführen: Zum einen handelt es sich um die einzige Institution auf europäischer Ebene, die direkt gewählt und über diese Wahlen legitimiert ist, was mehr Bürgernähe und einen höheren Bekanntheitsgrad mit sich bringen dürfte. Außerdem kann man sich die Aufgaben des Parlaments besser vorstellen als die anderer europäischer Organe. Auch trat das Europäische Parlament in den letzten Jahren verstärkt als Kontrollorgan der Kommission und Anwältin der Bürgerinteressen in Erscheinung (vgl. Schmitt 2003: 67ff.). In vielen Ländern Ost- und Westeuropas ist das Vertrauen in diese Institution sogar größer als in die jeweiligen nationalen Parlamente. Als ein Grund hierfür gilt, dass das Europäische Parlament bisher wegen vergleichsweise geringen Befugnissen auch weniger unpopuläre Maßnahmen und strittige Entscheidungen über die Verteilung knapper Güter treffen konnte.

4 Erklärungsansätze

Der folgende Überblick unterscheidet analytisch zwischen fünf Erklärungsansätzen für das Ausmaß der Unterstützung des europäischen Integrationsprojekts durch die Bevölkerung: eine Sichtweise, welche instrumentelle Unterstützungsmotive betont, Ansätze über Wertorientierungen und kognitive Mobilisierung, Erklärungsmodelle, welche den Einstellungen auf nationaler Ebene oder genuin europäischen Faktoren eine entscheidende Rolle für die Beurteilung der EU zuweisen, sowie schließlich eine Perspektive, bei der die Beziehung zwischen politischen Eliten und Bevölkerung im Mittelpunkt steht (vgl. auch den Überblick bei Gabel 1998).

Stellvertretend für utilitaristische Erklärungsmodelle steht die Analyse von Gabel/Palmer (1995). Demnach hängt die Beurteilung der Europäischen Integration durch die Bürger in vielfältigen sozioökonomischen Lagen von deren Erfahrungen mit Kosten und Nutzen der Integrationspolitik ab: „an individual's level of support is positively related to her nation's security and trade interests in EC membership and her potential to benefit from liberalized markets for goods, labour, and money" (Gabel/Palmer 1995: 3). Individuelle Wahrnehmungen variieren diesem Ansatz zufolge je nach objektiver oder subjektiv empfundener persönlicher Lage und der Einschätzung, welche Verbesserungen oder Verschlechterungen die zunehmende Marktliberalisierung innerhalb der EU für einen persönlich mit sich bringt. Auf der Aggregatebene lautet die Annahme, dass die Unterstützung der EU in den Ländern am höchsten sein sollte, die wirtschaftlich von der Europäischen Integration profitieren, beispielsweise über ihre Handelsbilanz oder den Erhalt von Subventionen. Empirische Analysen zeugen von einer positiven Beziehung zwischen höherem Einkommens- und Bildungsniveau oder einer guten finanziellen Situation von Individuen und der Beurteilung des Integrationsprozesses, aber auch vom Einfluss nationaler Handelsbeziehungen oder der Grenzlage einer Region (vgl. u. a. Eichenberg/Dalton 1993; Gabel/Palmer 1995; Gabel/Whitten 1997). Es hat sich gezeigt, dass instrumentelle Faktoren nach wie vor die generalisierte Unterstützung der EU mit am besten erklären können (vgl. Gabel 1998). Die Bedeutung des wirtschaftlichen Nutzens spricht dafür, dass die EU nach wie vor als Wirtschaftsgemeinschaft zur individuellen und kollektiven Wohlfahrtssteigerung interpretiert und bewertet wird. Wie Tabelle 1 zeigt, geben vor allem die Iren, die Bürger Luxemburgs, Spaniens und Litauens an, dass ihr Land von der Europäischen Union profitiert hat. In den Nettozahlerländern außer Luxemburg sind die Bürger skeptischer, was den Nutzen des Landes angeht, so etwa in Schweden, Österreich oder Großbritannien. Die Einschätzung des Nutzens und die allgemeine Beurteilung der EU-Mitgliedschaft des eigenen Landes liegen häufig auf einem ähnlichen Niveau. Doch kommt es auch vor, dass die Akzeptanz des europäischen Integrationsprozesses trotz Einschätzung eines geringen Nutzens für das Land hoch ist. Außer utilitaristischen könnten demnach noch andere Erwägungen für eine positive oder negative Sicht auf die EU verantwortlich sein.

Im Laufe der Zeit sind auch alternative Unterstützungsquellen untersucht worden. So beschäftigt sich eine zweite Kategorie von Untersuchungen mit der Bedeutung kognitiver Mobilisierung und postmaterialistischer Wertorientierungen als Katalysatoren positiver Einstellungen zur Europäischen Integration. Nach Inglehart (1970) führt eine hohe kognitive Mobilisierung, die sich durch politisches Bewusstsein und politisches Wissen auszeichnet, zu erhöhter Identifikation mit einer supranationalen Gemeinschaft. Dieses Argument stützt sich auf zwei Annahmen: Es wird davon ausgegangen, dass ein Mindestmaß an kognitiven Fähigkeiten nötig ist, um die komplexen Informationen zum Thema EU zu verstehen. Gleichzeitig soll aber auch gelten, dass jede Information über die Integration zu mehr Unterstützung dieses Prozesses führt (vgl. Inglehart et al. 1987). Die gleichen Autoren sprechen außerdem von einem Zusammenhang zwischen postmaterialistischen Wertorientierungen und der Befürwortung der Europäischen Integration. Demzufolge steht die europäische Idee für gesellschaftliche, politische und wirtschaftliche Reformen hin zu einer offenen Gesellschaft mit weniger Ungleichheiten und mehr Freiheiten, die den Vorstellungen der Postmaterialisten stärker entspricht. Empirische Folgeanalysen schränken allerdings die Gültigkeit dieser Hypothesen zu Postmaterialismus und zur kognitiven Mobilisierung ein (vgl. Janssen 1991; Gabel 1998). Vermutlich hat dies vor allem folgende Gründe: Zum einen dürfte der europäische Integrationsprozess nicht eindeutig postmaterialistischen Zielen entsprechen (z. B. Erhöhung der materiellen Sicherheit durch mehr Wettbewerb, begrenzte Beteiligungsmöglichkeiten der Bürger an der EU-Politik). Zum anderen ist wahrscheinlich, dass das Ausmaß an kognitiver Mobilisierung eher einen indirekten Einfluss auf die Unterstützung der EU ausübt, indem es bestimmt, welche Erwägungen für die Unterstützung der EU durch die Bürger welche Rolle spielen.

Ein dritter Forschungsansatz besteht darin, die Einstellungen zur Europäischen Integration auf Orientierungen gegenüber dem nationalen politischen System zurückzuführen. Dahinter verbirgt sich die Annahme, dass die nationale Ebene der primäre Bezugspunkt für Einstellungen zum entfernten und komplexen Europa sein muss. Der Zusammenhang zwischen nationaler und europäischer Ebene wird hingegen auf unterschiedliche Art und Weise modelliert: Nach Anderson (1998) fällt die Unterstützung der EU umso höher aus, je positiver man gegenüber der nationalen Regierung eingestellt und je zufriedener man mit der nationalen Demokratie ist. Dieser von Vertretern der sogenannten Spillover-These angenommene Mechanismus der Übertragung kann natürlich auch für negative Einstellungen zur nationalen Ebene gelten. Er wird deshalb von seinen Vertretern als entscheidend angesehen, weil die Bürger selten zwischen nationaler und europäischer Ebene differenzieren (vgl. Kritzinger 2003). Die gegensätzliche Argumentation, die man als Kompensationsthese beschreiben kann, fußt auf folgender Annahme: Positive Einstellungen der Bevölkerung zur EU müssten vorwiegend in den Ländern zu finden sein, in denen nationale politische Systeme eher negativ beurteilt werden. Dass es Personen gibt, welche mit dem nationalen System unzufrieden sind, wird als Hinweis dafür gesehen, dass die Bürger aber zwischen den beiden politischen Ebenen unterscheiden können (vgl. Sánchez-Cuenca 2000). Es ist wahrscheinlich, dass beide Mechanismen eine Rolle spielen. Die Einstellungen zur nationalen Ebene gelten heute als wichtige Determinanten für die öffentliche Meinung zur Europäischen Union und als Filter für die Bedeutung „europäischer Faktoren" (vgl. Kritzinger 2003: 230).

Die Untersuchungen genuin europäischer Faktoren bilden ebenfalls einen, wenn auch heterogenen Forschungsbereich, in dem zwei Erklärungsansätze eine Rolle spielen. Auf der einen Seite werden Einstellungen, die sich auf Teilaspekte der Europäischen Integration beziehen, als zentrale Prädiktoren für eine globale Unterstützung der EU angesehen. Demnach beeinflussen beispielsweise positive Bewertungen der systemischen und der demokratischen Performanz der EU auch die generelle Akzeptanz der Europäischen Integration. Vor allem die Einschätzung der systemischen Performanz, also der Schaffung von Wohlfahrt oder Sicherheit, spielt in den Erklärungen eine zentrale Rolle; sie deckt sich zum Teil mit der instrumentellen Bewertung der Bürger (siehe oben; vgl. Fuchs 2003). Wahrnehmungen der demokratischen Performanz, also der Umsetzung demokratischer Prinzipien durch die Institutionen und Akteure der EU, sind eingeschränkt von Bedeutung (vgl. Fuchs 2003). Die Einschätzung der Bürger, ob das System der EU responsiv und transparent ist, wird als wichtige Determinante der politischen Unterstützung der EU angesehen (vgl. Sánchez-Cuenca 2000). Auf der anderen Seite ist es aber wahrscheinlich und durch empirische Analysen auch gestützt, dass die europäische Bevölkerung zwischen einzelnen Aspekten der Union nicht sehr stark differenziert (vgl. z. B. Fuchs 2003). Eine Folge davon könnte sein, dass sich die Bürger grob ein generell positives oder negatives Bild der EU machen und daraus spezifischere Beurteilungen, zum Beispiel einzelner europäischer Institutionen, ableiten.

Der letzte hier dargestellte Erklärungsansatz hängt insofern mit der Ferne und Komplexität der europäischen Ebene zusammen da angenommen wird, dass die Einstellungen der Bevölkerung zur Europäischen Integration davon abhängen, welche Standpunkte von Eliten und Parteien – vor allem über die Medien – den Bürgern vermittelt werden. Nach dem „Class-Partisanship"-Ansatz sollen die Bürger die Position der von ihnen favorisierten Parteien zu Themen der Europäischen Integration übernehmen (vgl. Weßels 1995; Gabel 1998; Carrubba 2001). So zeigt Weßels (1995) Zusammenhänge zwischen den Parteipositionen und den Positionen der Anhänger auf und kommt zum Schluss, dass eine starke Beziehung zwischen Einstellungen von Eliten und Bürgern besteht. Über die kausale Richtung dieser Beziehung werden hingegen unterschiedliche Annahmen gemacht: Mit „cue-taking" (Carrubba 2001: 141) werden diejenigen Überlegungen bezeichnet, nach welchen politische Eliten die Einstellungen und Präferenzen der Bürger zu Europa in eine bestimmte Richtung lenken. Alternativ dazu wird davon ausgegangen, dass die Politiker sich an den Wählerpräferenzen orientieren, um ihre Wiederwahl zu sichern, also sich in diesem Fall beispielsweise nationale Regierungen an die Vorstellungen der Bevölkerung zur EU halten und so die weitere Ausgestaltung europäischer Politik beeinflussen (vgl. Carrubba 2001: 153). Die empirischen Analysen sprechen bisher eher dafür, dass Wechselwirkungen in beide Richtungen möglich sind, dass vor allem aber die Bürger in einem Top-Down-Prozess die von Eliten und Medien gesetzten Frames übernehmen (vgl. u. a. Franklin et al. 1994; Weßels 1995; Steenbergen et al. 2007).

5 Europäische Identität?

Vor allem seit den Beschlüssen von Maastricht (1992) haben sich nicht nur die Aufgabenbereiche einzelner europäischer Institutionen und Akteure vergrößert, sondern man kann insgesamt eine Ausweitung europäischer Kompetenzen beobachten, und dies auch in traditionell nationalstaatlichen oder souveränitätsgeladenen Politikfeldern wie der Innen- und Außenpolitik. Zugleich ist durch die letzten Erweiterungsrunden das Gewicht des Finanzausgleichs gewachsen, auch haben die Mehrheitsentscheidungen als Beschlussform im Ministerrat zugenommen. Lepsius (2004: 5) erwartet in der EU zunehmend eine „laute Umverteilungspolitik", welche bei den Bürgern mehr Solidaritätsgaben und gleichzeitig eine stärkere Identifikation mit Europa und den europäischen Mitbürgern erzwingt.

In der Forschung herrscht mehrheitlich die Auffassung, dass die heutige Ausgestaltung der europäischen Politik auch ein Mindestmaß an europäischer Identität erforderlich macht (vgl. z. B. Beetham/Lord 1998; Fuchs 2007). Der Stellenwert einer kollektiven europäischen Identität lässt sich dabei aus demokratietheoretischer Sicht begründen: Die EU kann nur dann demokratiefähig sein, wenn sich ein zum Regime kongruenter Demos als Subjekt und Adressat demokratischen Regierens bildet. Das heißt, dass sich europäische Bürger, die „Empfänger" kollektiver Entscheidungen, als Gemeinschaft begreifen müssen, damit Mehrheitsentscheidungen in der EU demokratisch legitimiert sind (vgl. dazu u. a. Kielmansegg 1996; Scharpf 1999; Fuchs 2000; Brettschneider et al. 2003). Indizien für die Bedeutsamkeit eines europäischen Gemeinschaftsgefühls liefern auch empirische Analysen, welche die positive Beziehung zwischen europäischer Identität und Unterstützung der Europäischen Union oder auch der Kompetenzerweiterung in bestimmten Politikfeldern herausstellen (vgl. Fuchs 2007; Trüdinger 2008).

Antworten auf die Frage, ob sich bis heute eine europäische Identität herausgebildet hat oder überhaupt herausbilden kann, hängen von der Bedeutung ab, die man diesem Begriff zuschreibt. Die Autoren, welche den Möglichkeiten einer Genese kollektiver europäischer Identität eher skeptisch gegenüberstehen, urteilen meist vor dem Hintergrund eines Vergleichs mit dem langen Prozess europäischer Nationenbildung. Europa wird keine Gemeinschaft sein, gegenüber der die Bürger ein ähnliches Zugehörigkeits- und Loyalitätsgefühl ausdrücken. Eine „real community of belonging of the kind experienced in nation states" (Duchesne/Frognier 1995: 223) könne es nicht geben, weil sich die dazu nötigen gemeinsamen Erinnerungen, Kommunikationen und Erfahrungen nicht herausbilden konnten (vgl. Kielmansegg 1996). Die nationalen Gemeinschaften in Europa haben sich nicht zuletzt durch eine konfliktträchtige Homogenisierung von Sprache, Kultur und Abstammung herausgebildet. Dieser Prozess widerspricht aber dem Bild von Europa als einer Gemeinschaft von hoher ethnischer, kultureller und sprachlicher Vielfalt. Einer anderen Perspektive zufolge fehlt es Europa zwar an einer kulturellen Identität, allerdings ist unter bestimmten Bedingungen eine europäische politische Identität möglich, und die Bevölkerung kann einen europäischen Demos bilden (vgl. Fuchs 2000; Cerutti 2003; Westle 2004). Dieser wäre dann nicht gleichzusetzen mit einer europäischen Nation, würde aber das Wissen um eine Gemeinschaft und gemeinsame politische Werte sowie eine Identifikation mit der Gemeinschaft und seinen Mitgliedern, einen „sense of community" (Easton 1965: 185) beinhalten.

Wenn die EU nicht nur auf dem Papier steht, sondern auch durch eine kollektive Identität gestützt wird, dann sollten sich die Bürger selbst auch als Europäer sehen und sich mit Europa als Gemeinschaft verbunden fühlen (vgl. Fuchs 2007: 6; ergänzend zu dieser Perspektive wird in einigen Untersuchungen auch das Ausmaß eines vorhandenen Gemeinschaftsgefühls, gemessen über das den Bürgern anderer Mitgliedsländer entgegengebrachte Vertrauen, untersucht; vgl. Niedermayer 1995; Scheuer 1999). Auf die direkte Frage danach, wie stark man sich mit Europa verbunden fühlt, gab in fast allen Mitgliedsländern 2004 die Mehrheit der Bevölkerung an, eine starke oder zumindest relativ stark ausgeprägte emotionale Bindung an Europa zu haben. Bei dieser isolierten Sichtweise ohne Betrachtung anderer Identifikationsebenen ergeben sich relativ hohe Werte, und dies über verschiedene Ländergruppen hinweg: Die durchschnittliche Verbundenheit mit Europa in den EU-15 Ländern und den zehn neuen Mitgliedsländern ist ungefähr gleich hoch, in Rumänien wird sogar noch eine stärkere Verbundenheit geäußert (Zahlen sind nicht ausgewiesen). Dies spricht auf den ersten Blick nicht dafür, dass sich eine solche Verbundenheit über lange Zeit hinweg entwickeln muss und deswegen in den Ländern im Kern Europas, die schon lange der EU angehören, stärker präsent ist (vgl. Nissen 2004: 27). Weil sich die Frage aber nicht auf die EU sondern auf Europa allgemein bezieht, ist diese Interpretation nur eingeschränkt zulässig. Eher wäre die Präsenz des Europathemas im Zuge des Beitrittsprozesses für die Zahlen aus Rumänien und abgeschwächt auch aus Bulgarien eine Erklärung. Ebenfalls überdurchschnittliche Verbundenheit mit Europa äußern außerdem traditionell die Bewohner Luxemburgs, aber auch Polens und Ungarns vor der schwedischen, dänischen, slowenischen und tschechischen Bevölkerung. Am unteren Ende der Länderreihe finden wir vor Großbritannien noch die Bürger der Republik Zypern und Estlands, es folgen die Befragten aus Griechenland und Litauen.

Ein Vergleich aus dem Jahr 2004 mit anderen für die europäische Bevölkerung denkbaren Bezugsebenen wie z. B. der Region oder dem Land zeigt aber, dass hier die europäische Ebene relativ am schlechtesten abschneidet (Analysen nicht ausgewiesen). Vor diesem Hintergrund ist die Debatte um Möglichkeiten und Grenzen „multipler Identitäten" in der EU zu erwähnen (vgl. Lepsius 1999). Heute geht man davon aus, dass Individuen sich mehreren lebensräumlichen Einheiten gleichzeitig zugehörig fühlen können und insbesondere nationale Identität unter Umständen als Katalysator für europäische Identität fungieren kann. Auf die Frage, ob man sich in Zukunft als Angehöriger seiner Nation, als Europäer oder beides sieht, beschreibt sich beispielsweise nur eine Minderheit von bis zu fünf Prozent ausschließlich als Europäer (vgl. Tabelle 1), vor allem in Luxemburg, aber auch in Belgien, also zwei kleinen Ländern und Gründungsmitgliedern der EU, liegt die Quote etwas höher. Die meisten EU-Bürger, nämlich maximal zwei Drittel, definieren sich in naher Zukunft jedoch sowohl über die eigene Nationalität als auch über Europa. Den höchsten Anteil derer, die sich ausschließlich als Angehörige ihrer Nation sehen, stellt Großbritannien, vor Litauen, Estland, Ungarn und Irland. Die Zahlen sprechen für die Existenz multipler Identitäten, genauso wie weitere hier nicht ausgewiesene Analysen, die in fast allen Ländern außer Großbritannien eine mehr oder weniger starke positive Beziehung zwischen dem Nationalstolz der Bürger und dem Stolz Europäer zu sein, ausmachen können. Auf sich gegenseitig verstärkende Identifikationen deutet auch hin, dass sich Personen, die sich beispielsweise mit ihrem Land oder ihrer Region verbunden fühlen, stärker Europa zugehörig fühlen als Personen, die sich mit anderen Ebenen eher nicht identifizieren (vgl. Noll/Scheuer 2006: 5). Die Identitätsbildungen innerhalb der Nationalstaaten wurden also „durch eine Bezugsgröße ‚Europa' erweitert" (Lepsius 1999: 213).

Die Ergebnisse aus den einzelnen Ländern zum zukünftigen Selbstbild deuten nicht auf systematische Unterschiede zwischen alten und neuen Mitgliedsländern, aber das sozioökonomische Entwicklungsniveau und die geographische Lage scheinen für das über diese Frage gemessene Zugehörigkeitsgefühl eine Rolle zu spielen. Vergleicht man die Ergebnisse über einen Zeitraum von gut zehn Jahren, dann lässt sich auch nicht von einer systematisch anwachsenden Identifikation mit Europa sprechen (vgl. Tabelle 75 auf der Webseite zu diesem Buch; Noll/Scheuer 2006: 3), vielmehr schwanken die Antwortverteilungen zwar leicht, aber ohne deutlichen Trend. Wahrscheinlich ist, dass das geäußerte Ausmaß europäischer Identität neben der Auswahl der Indikatoren auch davon abhängt, ob in der Politik und den Medien gerade ein Gegensatz oder eine Harmonie zwischen Nation und Europa thematisiert wird (vgl. Westle 2004: 274) – ein Befund, der nicht ohne Bedeutung für die Weiterentwicklung der EU ist.

6 Welche Zukunft für die EU?

Die Vertiefung einerseits und die Erweiterung andererseits gelten als zentrale Dimensionen der Weiterentwicklung der Europäischen Union. Diskussionen darüber, ob die beiden Ziele gleichzeitig zu verfolgen sind, stehen im Mittelpunkt der Auseinandersetzungen um die künftige Entwicklung Europas. Die beiden Entwicklungsoptionen sind miteinander verbunden: Gerade für die Europäische Kommission ist die Erweiterung ein Aspekt im Integrationsprozess und stärkt die Rolle der EU und ihrer Institutionen (vgl. Karp/Bowler 2006: 369). Gleichzeitig können Vertiefungsprozesse auch als Notwendigkeit interpretiert werden, Entscheidungsmechanismen nach der Aufnahme neuer Mitgliedstaaten zu verändern. Doch die beiden Optionen der Weiterentwicklung können sich auch entgegenstehen, etwa wenn Bürger keine weiter politische Integration der EU wollen und stattdessen eine Wirtschaftsgemeinschaft einer großen Zahl an Ländern bevorzugen. Unterschiedliche Vorstellungen von der zukünftigen Rolle der EU als politische, kulturelle oder Wirtschaftsgemeinschaft dürften dabei die Einstellungen zur Vertiefung und Erweiterung der Union beeinflussen.

Eine Vertiefung der EU kann auf verschiedenen Wegen erfolgen, beispielsweise über eine Stärkung europäischer Institutionen, ein Mehr an supranationalen Entscheidungen oder den Ausbau von Kompetenzen der Union in bereits europäisierten oder vorwiegend noch national dominierten Politikfeldern. Ein erstes Bild der öffentlichen Meinung zur Vertiefung der EU liefert ein Indikator, der die positiven Antworten zur Mitentscheidung der europäischen Ebene für eine Vielzahl an Politikfeldern zusammenfasst (vgl. Tabelle 2). In allen Ländern wünschen sich die Bürger im Durchschnitt zumindest in einigen Bereichen mehr EU-Kompetenz, insgesamt werden aber in den meisten Ländern mehr Politikfelder der nationalen als der gemeinsamen Zuständigkeit zugeschrieben. Die Forderungen nach einer Kompetenzerweiterung der EU sind am höchsten in Zypern, Belgien, der Slowakischen Republik, den Niederlanden und Ungarn, sie finden besonders wenig Zustimmung in Spanien, Finnland, Großbritannien und Österreich. Auffallend ist, dass die Bürger der zwölf neuen Mitgliedsländer durchschnittlich eine stärkere Präferenz für die Mitwirkung der EU in den abgefragten Policies haben als die Bürger der EU-15. Betrachtet man die Einstellungen zur Kompetenzerweiterung nach einzelnen Politikfeldern getrennt, wird deutlich, dass neben der generellen Unterstützung der EU und dem Vertrauen in die europäischen Institutionen (vgl. Karp/Bowler 2006: 380ff.) vor allem politikfeldspezifische Faktoren und nationale Traditionen die Einstellungen zu einem Ausbau von EU-Kompetenzen beeinflussen, wie zwei Beispiele zeigen: Gerade in Bereichen mit länderübergreifendem Problemcharakter, wie der internationalen Verbrechens- oder Terrorismusbekämpfung oder der Migrationspolitik wird mehrheitlich ein stärkeres Engagement der EU gewünscht. Im Bereich der Sozialpolitik fordern die Bürger gerade der Länder mehr EU-Kompetenz, welche eine starke Staatstätigkeit in diesem Bereich gekannt haben (z. B. in Osteuropa) oder welche – wie etwa in Südeuropa – mit der nationalen Politik nicht zufrieden sind. Skeptisch gegenüber einer Kompetenzerweiterung der EU in diesem Politikfeld sind hingegen vor allem die Skandinavier, welche hohe Standards ihrer jeweiligen sozialpolitischen Regime gewohnt sind (vgl. Sinnott 2003; Mau 2003; Trüdinger 2008).

Neben Länderunterschieden gibt es auch Divergenzen zwischen Elite und Bevölkerung in den Vorstellungen von der zukünftigen Rolle Europas. Insgesamt sind die Befürworter eines Ausbaus der EU-Kompetenzen in mehreren Politikfeldern unter Kommissionsbeamten und nationalen Eliten zahlreicher als in der Bevölkerung. Diese bevorzugt vor allem einen Ausbau der europäischen Politik in sozialpolitischen Bereichen, der Regionalpolitik, in Bildung und Forschung (vgl. Hooghe 2003: 283). Die politischen Eliten wünschen vor allem eine EU, die den europäischen Markt effektiv regulieren kann, wohingegen die Bevölkerung der EU die Aufgabe übertragen will, vor den Risiken der Marktwirtschaft einen Schutz zu bieten (vgl. Hooghe 2003: 296). Ähnlich sind sich die Eliten- und Bürgerpräferenzen insoweit, als dass beide Gruppen die Europäisierung von „high spending policies" kritisch sehen.

Die Geschichte der Europäischen Union ist auch die Geschichte ihrer Erweiterungen. So ist es fraglich, ob auf die große Osterweiterung und die Aufnahme Bulgariens und Rumäniens nun eine von vielen Bürgern geforderte Phase der Konsolidierung der EU innerhalb der aktuellen Grenzen folgt. Denn seit 2005 laufen Beitrittsverhandlungen mit Kroatien und ergebnisoffene Verhandlungen mit der Türkei, als potenzielle Beitrittskandidaten gelten Albanien, Bosnien und Herzegowina, Montenegro und Serbien. Wie Tabelle 2 zeigt, gibt es Ende 2005 in den meisten Ländern eine Mehrheit für die Aufnahme weiterer Länder in den nächsten Jahren. Allerdings lässt sich hier ein deutlicher Unterschied zwischen den Ländern, die schon länger Mitgliedstaaten sind, und den neueren EU-Ländern erkennen: Bei letzteren fällt die Zustimmung zu weiteren Erweiterungsrunden im Durchschnitt deutlich höher aus als bei den langjährigen Mitgliedern. Interessanterweise scheint also in den neuen Ländern die denkbare Befürchtung, bei neuen Erweiterungen weniger Hilfe von EU-Seite zu erhalten, keine entscheidende Rolle zu spielen. Gerade Bürger aus den Gründungsstaaten der EU und vornehmlich aus Nettozahlerländern wie Deutschland, Frankreich oder Luxemburg, aber auch Österreich, stehen der Aufnahme neuer Länder skeptisch gegenüber. Diese Befunde decken sich mit den Ergebnissen von Karp/Bowler (2006: 380ff.), wonach sich zwar die generalisierte Unterstützung der EU deutlich positiv auf die Einstellungen zu ihrer Erweiterung auswirkt, aber gerade die eigenen Interessen und die Angst vor der Verschlechterung der eigenen Lage bei den Gegnern zusätzlicher Erweiterungen für ihre Entscheidung maßgeblich sind. Fragt man nicht danach, ob die Bevölkerung sich für neue Erweiterungen ausspricht, sondern welche Kandidaten sie als Mitgliedsländer akzeptieren würde, spielen diese Erwägungen auch eine Rolle. So würde beispielsweise die Mehrheit der Bürger aller EU-Länder einen Beitritt der Schweiz begrüßen, während ungefähr die Hälfte der Bürger für eine Aufnahme Kroatiens und noch weniger für eine EU-Mitgliedschaft der Türkei plädieren würde.

7 Schluss

Die Position der Bürger zur Europäischen Integration ist keinesfalls einheitlich. Die öffentliche Meinung zum Thema Europäische Union zeichnet sich durch einige Besonderheiten aus, die allerdings für viele Länder gelten und eine Art Grundmuster bilden: Die EU ist bei der Bevölkerung nicht sehr präsent und man weiß generell wenig über ihr Funktionieren, egal ob die Union schon länger oder erst seit den letzten Beitrittswellen die jeweilige nationale Politik mitbestimmt. Gleichzeitig fühlen sich viele Bürger einer europäischen Gemeinschaft verbunden, wobei diese Orientierungen in der Regel die nationale Identität ergänzen, jedoch nicht ersetzen. Vor allem aber wird die EU-Mitgliedschaft heute in allen Mitgliedstaaten mehrheitlich unterstützt. Diese breite Akzeptanz ist eine entscheidende Basis für die Weiterentwicklung der EU, soll aber nicht die zahlreichen Herausforderungen überdecken, die sich in den Umfrageergebnissen widerspiegeln: Der europäische Integrationsprozess wird zwar in vielen Ländern insgesamt als positiv wahrgenommen, doch gibt es über die Jahre hinweg immer wieder Schwankungen. Dabei scheint es eine Rolle zu spielen, ob die europäische Politik als Bedrohung des nationalen Handlungsspielraums oder als gewinnbringende Zusammenarbeit angesehen wird.

Interessant wird sein, wie sich die Bevölkerungsmeinung in den postkommunistischen Ländern entwickelt. Heute ist keine Kluft zwischen dieser und den Einstellungen von Bürgern älterer Mitgliedsländer festzustellen, auch wenn es Unterschiede beispielsweise in den Präferenzen für weitere Erweiterungen der EU gibt. Noch bleibt die Frage offen, wie die öffentliche Meinung in den neuen Mitgliedsländern nach einigen Jahren und ersten Erfahrungen mit europäischen Entscheidungen reagieren wird. Es könnte möglicherweise zu starken Spannungen zwischen den EU-Prinzipien des freien Marktes und noch vom Sozialismus geprägten wirtschaftspolitischen Auffassungen kommen, die viele Bürger in diesen Ländern vertreten (vgl. Rohrschneider/Whitefield 2006). Trotz vieler Ähnlichkeiten über die Länder hinweg werden nationale Besonderheiten in den Beziehungen der Bevölkerung zur europäischen Politik voraussichtlich bestehen bleiben. Zumindest hat die gemeinsame Integrationsgeschichte solche Unterschiede bisher nicht eingeebnet. Wir haben also auch auf Bevölkerungsebene ein Europa verschiedener Geschwindigkeiten, was sich auf die Gestalt zukünftiger Integrationsprozesse auswirken dürfte.

Literatur

Almond, Gabriel A./Verba, Sidney, 1965: The Civic Culture. Political Attitudes and Democracy in Five Nations. Boston.
Anderson, Christopher J., 1998: When in Doubt Use Proxies. Attitudes Toward Domestic Politics and Support for European Integration, in: Comparative Political Studies 31 (5), 569-601.
Beetham, David/Lord, Christopher, 1998: Legitimacy and the European Union. London/ New York.
Brettschneider, Frank/van Deth, Jan/Roller, Edeltraud, 2003: Europäische Integration in der öffentlichen Meinung: Forschungsstand und Forschungsperspektiven, in: Brettschneider, Frank/van Deth, Jan/Roller, Edeltraud (Hrsg.), Europäische Integration: Öffentliche Meinung, politische Einstellungen und politisches Verhalten. Opladen, 9-26.
Caldeira, Gregory/Gibson, James L., 1995: The Legitimacy of the Court of Justice in the European Union: Models of Institutional Support, in: American Political Science Review 89 (2), 356-376.
Carrubba, Clifford J., 2001: The Electoral Connection in European Politics, in: The Journal of Politics 63, 141-158.
Cerutti, Furio, 2003: A Political Identity of the Europeans?, in: Thesis Eleven 72 (1), 26-45.
Çiftçi, Sabri, 2005: Treaties, Collective Responses and the Determinants of Aggregate Support for European Integration, in: European Union Politics 6 (4), 469-492.
Delli Carpini, Michael X./Keeter, Scott, 1996: What Americans Know About Politics and Why It Matters. New Haven.
Duchesne, Sophie/Frognier, André-Paul, 1995: Is There a European Identity?, in: Niedermayer, Oskar/Sinnott, Richard (Hrsg.), Public Opinion and Internationalized Governance. Oxford, 193-226.
Easton, David, 1965: A Framework for Political Analysis. Englewood Cliffs.
Easton, David, 1975: A Re-Assessment of the Concept of Political Support, in: British Journal of Political Science 5 (4), 435-457.
Eichenberg, Richard C./Dalton, Russell J., 1993: Europeans and the European Community: The Dynamics of Public Support for European Integration, in: International Organization 47 (4), 507-534.
Franklin, Mark/Marsh, Michael/McLaren, Lauren, 1994: The European Question: Opposition to Unification in the Wake of Maastricht, in: Journal of Common Market Studies 35 (4), 455-472.
Fuchs, Dieter, 2000: Demos und Nation in der Europäischen Union, in: Klingemann, Hans-Dieter/Neidhardt, Friedhelm (Hrsg.), Zur Zukunft der Demokratie. Herausforderungen im Zeitalter der Globalisierung. Berlin, 215-236.

Fuchs, Dieter, 2003: Das Demokratiedefizit der Europäischen Union und die politische Integration Europas: Eine Analyse der Einstellungen der Bürger in Westeuropa, in: Brettschneider, Frank/van Deth, Jan/Roller, Edeltraud (Hrsg.), Europäische Integration: Öffentliche Meinung, politische Einstellungen und politisches Verhalten. Opladen, 29-56.

Fuchs, Dieter, 2007: European Identity and the Legitimacy of the European Union. Theoretical Considerations and Empirical Evidence. Paper prepared for the International Conference "The Europeans. The European Union in Search of Political Identity and Legitimacy" at the Università degli Studi di Firenze, 25. – 26. Mai 2007. Florence.

Fuchs, Dieter/Magni-Berton, Raul/Roger, Antoine, 2008: Introduction. In: Euroscepticism. Images of Europe among Mass Publics and Political Elites. Opladen (Im Erscheinen).

Gabel, Matthew, 1998: Public Support for European Integration: An Empirical Test of Five Theories, in: Journal of Politics 60 (2), 333-354.

Gabel, Matthew/Palmer, Harvey D., 1995: Understanding Variation in Public Support for European Integration, in: European Journal of Political Research 27 (1), 3-19.

Gabel, Matthew/Whitten, Guy, 1997: Economic Conditions, Economic Perceptions, and Public Support for European Integration, in: Political Behavior 19 (1), 81-96.

Gabriel, Oscar W., 1994: Politische Einstellungen und politische Kultur, in: Gabriel, Oscar W./Brettschneider, Frank (Hrsg.), Die EU-Staaten im Vergleich. Strukturen, Prozesse, Politikinhalte. Opladen, 96-133.

Inglehart, Ronald, 1970: Cognitive Mobilization and European Identity, in: Comparative Politics 3 (1), 45-70.

Inglehart, Ronald/Rabier, J.R./Reif, Karlheinz, 1987: The Evolution of Public Attitudes Toward European Integration: 1970-1986, in: Journal of European Integration 10, 135-155.

Janssen, Joseph I.H., 1991: Postmaterialism, Cognitive Mobilization and Public Support for European Integration, in: British Journal of Political Science 21 (4), 443-468.

Karp, Jeffrey A./Bowler, Shaun, 2006: Broadening and Deepening or Broadening versus Deepening: The Question of Enlargement and Europe's ‚hesitant Europeans', in: European Journal of Political Research 45 (3), 369-390.

Kielmansegg, Peter Graf, 1996: Integration und Demokratie, in: Jachtenfuchs, Markus/Kohler-Koch, Beate (Hrsg.), Europäische Integration. Opladen, 47-71.

Kopecky, Petr/Mudde, Cas, 2002: The Two Sides of Euroscepticism. Party Positions on European Integration in Eastern and Central Europe, in: European Union Politics 3 (3), 297-326.

Kritzinger, Sylvia, 2003: The Influence of the Nation-State on Individual Support for the European Union, in: European Union Politics 4 (2), 219-241.

Lepsius, Rainer M., 1999: Die Europäische Union. Ökonomisch-politische Integration und kulturelle Pluralität, in: Viehoff, Reinhold/Segers, Rien T. (Hrsg.), Kultur, Identität, Europa. Über die Schwierigkeiten und Möglichkeiten einer Konstruktion. Frankfurt am Main, 201-222.

Lepsius, Rainer M., 2004: Prozesse der europäischen Identitätsstiftung, in: Aus Politik und Zeitgeschichte B38, 3-5.

Lindberg, Leon N./Scheingold, Stuart A. (Hrsg.), 1970: Europe's Would be Polity: Patterns of Change in the European Community. Englewood Cliffs.

Mau, Steffen, 2003: Wohlfahrspolitischer Verantwortungstransfer nach Europa? Präferenzstrukturen und ihre Determinanten in der europäischen Bevölkerung, in: Zeitschrift für Soziologie 32 (4), 302-324.

Niedermayer, Oskar, 1991: Bevölkerungsorientierungen gegenüber dem politischen System der Europäischen Gemeinschaft, in: Wildenmann, Rudolf (Hrsg.), Staatswerdung Europas? Optionen für eine Europäische Union. Baden-Baden, 321-353.

Niedermayer, Oskar, 1995: Trust and Sense of Community, in: Niedermayer, Oskar/Sinnott, Richard (Hrsg.), Public Opinion and Internationalized Governance. Oxford, 227-245.

Niedermayer, Oskar, 1998: Die Entwicklung der öffentlichen Meinung zu Europa, in: Jopp, Mathias/Maurer, Andreas/Schneider, Heinrich (Hrsg.), Europapolitische Grundverständnisse im Wandel. Bonn, 419-448.

Niedermayer, Oskar/Sinnott, Richard, 1995: Democratic Legitimacy and the European Parliament, in: Niedermayer, Oskar/Sinnott, Richard (Hrsg.), Public Opinion and Internationalized Governance. Oxford, 277-308.

Niedermayer, Oskar, 1998: Die Entwicklung der öffentlichen Meinung zu Europa, in: Jopp, Mathias/Maurer, Andreas/Schneider, Heinrich (Hrsg.), Europapolitische Grundverständnisse im Wandel. Bonn, 419-448.

Nissen, Sylke, 2004: Europäische Identität und die Zukunft Europas, in: Aus Politik und Zeitgeschichte B38, 21-29.

Noll, Heinz-Herbert/Scheuer, Angelika, 2006: Kein Herz für Europa? Komparative Indikatoren und Analysen zur europäischen Identität der Bürger, in: Informationsdienst Soziale Indikatoren 25 (1), 1-5.

Rohrschneider, Robert/Whitefield, Stephen, 2006: Political Parties, Public Opinion and European Integration in Post-Communist Countries: The State of the Art, in: European Union Politics 7 (1), 141-160.

Sánchez-Cuenca, Ignacio, 2000: The Political Basis of Support for European Integration, in: European Union Politics 1 (2), 147-172.

Scharpf, Fritz W., 1999: Governing in Europe: Effective and Democratic? Oxford.

Scheuer, Angelika, 1999: A Political Community?, in: Schmitt, Hermann/Thomassen, Jacques (Hrsg.), Political Representation and Legitimacy in the European Union. Oxford, 25-46.

Scheuer, Angelika, 2005: How Europeans see Europe. Structure and Dynamics of European Legitimacy Beliefs. Dissertation, in: http://www.gesis.org/ZUMA/neue%20Buecher/2005/Scheuer_HowEuropeansSeeEurope.pdf; 13.04.07.

Schmitt, Lars H., 2003: Vertrauenskrise in der EU? Ausmaß, Struktur und Determinanten des Vertrauens in die zentralen Institutionen der EU unter besonderer Berücksichtigung des Europäischen Parlaments, in: Brettschneider, Frank/van Deth, Jan/Roller, Edeltraud (Hrsg.), Europäische Integration: Öffentliche Meinung, politische Einstellungen und politisches Verhalten. Opladen, 57-82.

Sinnott, Richard, 2003: Policy, Subsidiarity, and Legitimacy, in: Borre, Ole/Scarbrough, Elinor (Hrsg.), The Scope of Government. New York, 246-276.

Sniderman Paul M./Brody, Richard A./Tetlock, Philip E. (Hrsg.), 1994: Reasoning and Choice. Explorations in Political Psychology. Cambridge.

Sörensen, Catharina, 2005: Public Euroscepticism: the Diversity of Denmark, France and the United Kingdom. Dissertation, Danish Institute for International Studies.

Steenbergen, Marco R./Edwards, Erica E./de Vries, Catherine E., 2007: Who's Cueing Whom? Mass-Elite Linkages and the Future of European Integration, in: European Union Politics 8 (1), 13-35.

Taggart, Paul, 1998: A Touchstone of Dissent: Euroscepticism in Contemporary Western European Party Systems, in: European Journal of Political Research 33 (3), 363-388.

Trüdinger, Eva-Maria, 2008: Have They Gone Too Far? Attitudes towards the Transfer of Policies on the EU Level, in: Euroscepticism. Images of Europe among Mass Publics and Political Elites. Opladen [im Erscheinen].

van Deth, Jan W., 2000: Das Leben, nicht die Politik ist wichtig, in: Niedermayer, Oskar/ Westle, Bettina (Hrsg.), Demokratie und Partizipation. Festschrift für Max Kaase. Wiesbaden, 115-135.

Weßels, Bernhard, 1995: Support for Integration: Elite or Mass-Driven?, in: Niedermayer, Oskar/ Sinnott, Richard (Hrsg.), Public Opinion and Internationalized Governance. Oxford, 137-162.

Wessels, Wolfgang, 2004: Das politische System der EU, in: Weidenfeld, Werner (Hrsg.), Die Europäische Union. Politisches System und Politikbereiche. Bonn, 83-108.

Westle, Bettina, 2004: Europäische Identifikation im Spannungsfeld regionaler und nationaler Identitäten. Theoretische Überlegungen und empirische Befunde, in: Politische Vierteljahresschrift 44 (4), 453-482.

Zaller, John R., 1992: The Nature and Origins of Mass Opinion. Cambridge.

Melanie Walter-Rogg

Direkte Demokratie

1 Einleitung

Der Begriff direkte Demokratie bezeichnet einen spezifischen Modus der konventionellen Teilnahme der Bürger am politischen Entscheidungsprozess: den Modus der Abstimmung. Dieser zeichnet sich dadurch aus, dass keine Entscheidungsvollmacht übertragen, sondern über eine Sachfrage unmittelbar vom Volk entschieden wird (vgl. Jung 2001: 13). Während Wissenschaftler und Praktiker lange Zeit einen Disput darüber führten, inwieweit direktdemokratische Verfahren mit den Entscheidungsstrukturen eines repräsentativen Systems kompatibel seien, ist heute ein Konsens erreicht, dass sich repräsentative und direktdemokratische Elemente in einer Demokratie nicht ausschließen (vgl. u. a. Scheuch 2002; Weixner 2002). Ganz im Gegenteil vertreten einige Forscher die Ansicht, dass die mehr oder weniger starke Ergänzung repräsentativer Entscheidungsmodi durch direkte Bürgerbeteiligung förderlich für die Akzeptanz und Unterstützung demokratischer Staaten sei. Vor allem im Zusammenhang mit der oft behaupteten Vertrauenskrise des Parteienstaats bzw. der politischen Klasse wird angeführt, dass direktdemokratische Verfahren neue Partizipationsressourcen und Identifikationspotentiale auf dem Weg von einer „Zuschauerdemokratie" hin zu einer „Bürgerdemokratie" bieten können (vgl. Batt 2006: 16). Im Gegensatz zu den klassischen, personen- bzw. parteibezogenen Beteiligungsformen – wie der Wahl oder Abberufung von Politikern und Regierungen – ermöglichen direktdemokratische Verfahren den Bürgern themenspezifische Partizipation. Nach Auffassung der Befürworter direkter Demokratie trägt dies zur Öffnung parteiendemokratischer Machtstrukturen bei, indem die politischen Eliten einen sachbezogenen Diskurs mit der Bevölkerung führen und diese in ihre Entscheidungen einbeziehen müssen. Auch den Bürgern der Wertewandel-Generationen sei eine verstärkt inhaltsbezogene Beteiligung wichtig, da sie Verantwortung übernehmen wollten.

Die Gegner direkter Demokratie sehen eine Gefahr für die Stabilität und Effektivität demokratischer Systeme, wenn die politische Verantwortung für Sachentscheidungen nicht bei der gewählten Volksvertretung und der von dieser gelenkten und kontrollierten Exekutive liege. „Die unmittelbare Beteiligung der Bevölkerung an der Gestaltung der Politik gilt als Störpotential, weil Entscheidungen über komplexe Sachfragen die Bürger überforderten, eine Herrschaft politisierter Minderheiten über die schweigende Mehrheit herbeiführten und in prozeduraler wie in materieller Hinsicht zu schlechteren Ergebnissen führten" (Gabriel 1999: 300). Die Befürchtungen der Gegner der Einführung bzw. des Ausbaus direktdemokratischer Verfahren sind in der Regel unbegründet. Die weltweite Praxis zeigt, dass es sich bei den direktdemokratischen Elementen um einen begrenzten Bereich von Entscheidungsverfahren handelt, der in den Rahmen des politischen Systems eingebettet ist und die Strukturen und Prozesse der repräsentativen Demokratie ergänzt. Selbst in der Schweiz

Direkte Demokratie

spielt das Parlament die dominierende Rolle im politischen Entscheidungsprozess (vgl. Schiller/Mittendorf 2002: 13).

Dennoch haben Volksentscheide seit ungefähr zwei Dekaden weltweit Konjunktur (vgl. LeDuc 2003). Bis Mitte 2007 fanden 2080 nationale Referenden statt, seit dem Jahr 1987 hat sich diese Zahl gegenüber der Zeit davor nahezu verdoppelt (vgl. Müller 2007). Die Forscher machen zwei Phänomene für diese positive Entwicklung verantwortlich. Zum einen die Demokratisierung lateinamerikanischer sowie mittel- und osteuropäischer Staaten. Zum anderen aber auch eine zunehmende Nutzung direktdemokratischer Entscheidungsformen in den bestehenden liberalen Demokratien (vgl. Gallagher/Uleri 1996; Auer/Bützer 2001; Erne 2002). Auch in Ländern, in denen bislang eine kritische Haltung gegenüber direktdemokratischen Beteiligungsformen vorherrschte – wie in Belgien, Deutschland, den Niederlanden oder Tschechien – diskutiert man zunehmend über einen Ausbau der direkten Demokratie. Allerdings existiert bislang keine Studie, die direktdemokratische Verfahren und deren Nutzung in den Staaten der Europäischen Union (EU) analysiert. Zwar legte das „Initiative and Referendum Institute Europe" einen Vergleich der direkten Demokratie in 32 europäischen Staaten vor (vgl. Gross/Kaufmann 2002; Kaufmann 2004a). Diese Untersuchung berücksichtigt aber auch Nicht-EU-Mitgliedstaaten bzw. lässt einige EU-Beitrittskandidaten unberücksichtigt.

Gerade im Hinblick auf die Integrationsfähigkeit und die Akzeptanz der Europäischen Union ist es von Bedeutung, ob sich die Mitgliedstaaten in der Ausgestaltung und Nutzung direktdemokratischer Verfahren deutlich unterscheiden oder einander ähneln. Sind z. B. die jüngeren, posttotalitären Regime eher dazu bereit, die Bürger an der Entscheidung über Sachfragen zu beteiligen als die älteren Regime, die stärker die repräsentative Demokratie befürworten? Diese Überlegungen gelten auch für die Debatte über die Entscheidung der europäischen Verfassung, die in einigen Ländern Sache des Parlaments ist, in anderen aber durch Volksentscheide erfolgt.

Neben der institutionellen Ausgestaltung direktdemokratischer Verfahren ist vor allem deren Nutzung seitens der Bevölkerung von Interesse. Für eine stärkere Legitimation der Europäischen Union ist eine Akzeptanz durch Verfahren notwendig. Liegt diesbezüglich wenig Engagement seitens der Bürger vor, so ist kaum zu erwarten, dass Volksinitiativen in der europäischen oder nationalen Politik eine wichtige Rolle spielen.

Der vorliegende Beitrag untersucht die Qualität direkter Demokratie in den 27 EU-Mitgliedstaaten und den Beitrittskandidaten Kroatien, Mazedonien und Türkei. Zu fragen ist, ob deren institutionelle Regelungen bzw. die vorhandene politische Kultur hinsichtlich direkter Demokratie kompatibel zu den bisherigen EU-Mitgliedern sind oder diese sich grundsätzlich davon unterscheiden. Nach den grundlegenden Begriffsdefinitionen werden die Elemente direkter Demokratie beschrieben und theoretisch eingeordnet sowie wichtige Pro- und Contra-Argumente der sachorientierten Bürgerbeteiligung angeführt. Den Hauptteil bilden die empirischen Befunde über die Nutzung direktdemokratischer Verfahren in den 30 Staaten. Diese Informationen dienen als Grundlage für eine Einordnung und Typologisierung der direkten Demokratie im europäischen Vergleich. Der Beitrag endet mit einem Ausblick, welchen Stellenwert die direkte Demokratie in den EU-Mitgliedstaaten künftig haben wird und welche Entwicklungsperspektiven denkbar sind.

2 Direkte Demokratie in theoretischer Perspektive

2.1 Begriffsdefinition

Bevor die relevanten Formen direkter Demokratie in den EU-Staaten vorgestellt und deren praktische Nutzung dargestellt werden, sind einige definitorische und theoretische Vorüberlegungen notwendig. Die folgende Definition des Begriffes direkte Demokratie wird in der wissenschaftlichen Diskussion zwar nicht durchgängig geteilt, findet aber in der neueren Literatur mehrheitlich und mit zunehmender Tendenz Unterstützung (vgl. Kielmansegg 2001; Jung 2001). Nach Schiller/Mittendorf (2002: 11) bezieht sich der Begriff direkte Demokratie auf „diejenigen Beteiligungsformen, die durch einen Auslösungsakt ‚von unten' für *Sach*entscheidungen ein Entscheidungsverfahren mit Stimmrecht aller Bürgerinnen und Bürger eröffnen. Das betrifft auch die Unterwerfung eines parlamentarisch beschlossenen Gesetzes unter ein ‚fakultatives Referendum' (…) Als Grenzfall werden verfassungsmäßig festgelegte Fälle eines ‚obligatorischen Referendums' ebenfalls einbezogen (…), denn hierbei erfolgt die Auslösung grundsätzlich automatisch und nicht nach politischem Ermessen von Repräsentationsorganen." Wahlen zu öffentlichen Ämtern werden nicht als Bestandteil direkter Demokratie gezählt, auch wenn sie als Direktwahlen z. B. von Bürgermeistern oder Staatsoberhäuptern organisiert sind.

Volksbegehren und -entscheide gehören zu den institutionell geregelten Formen der Mitwirkung an politischen Sachentscheiden; sie unterscheiden sich allerdings im Hinblick auf die Verbindlichkeit ihrer Resultate. Volksbegehren lassen sich als rechtsförmig geregelte Artikulations- oder Initiativrechte interpretieren. Ihre Funktion besteht darin, Entscheidungsprobleme auf die politische Agenda zu setzen. Die Entscheidung über die betreffende Frage erfolgt in einem zweiten Schritt, entweder durch einen Beschluss des nationalen Parlamentes oder durch einen Volksentscheid. Von anderen, nicht-formalisierten Artikulations- und Initiativrechten, z. B. der Teilnahme an Demonstrationen oder Unterschriftenaktionen, unterscheiden sich Volksbegehren durch die verbindliche Festlegung des Kreises der partizipationsberechtigten Personen sowie der Voraussetzungen, des Ablauf und des Ergebnisses des Partizipationsverfahrens. Die Rechtsvorschriften binden einerseits die Partizipanten an bestimmte formale und materielle Regeln und verpflichten andererseits die Entscheidungsträger dazu, sich mit den artikulierten Forderungen zu beschäftigen (vgl. Gabriel 1999).

2.2 Institutionelle Bedingungen und Formen direkter Demokratie

Für einen Vergleich der Einrichtungen der direkten Demokratie in den EU-Staaten ist es zweckmäßig, die Regelungen nach bestimmten Verfahrensmerkmalen zu klassifizieren. Nur so wird eine Aussage darüber möglich, inwieweit sich die Länder in ihrer institutionellen Ausgestaltung der unmittelbaren Partizipationsrechte in politischen Sachfragen ähneln bzw. unterscheiden. In der Literatur existieren zahlreiche Versuche, direktdemokratische Verfahren zu typologisieren (siehe den Überblick bei Jung 2001: 84ff.). Dabei stellen die Autoren verschiedene Fragen, wie zum Beispiel nach der Auslösungskompetenz, der Bestimmung des Abstimmungsgegenstandes, der gesetzlichen Bindekraft einer Abstimmung (vgl. Möckli

Direkte Demokratie 239

1998: 90ff.). Ein wichtiges Merkmal für die Ausgestaltung der Teilhaberechte stellt die Regelung der Frage dar, wer oder was einen Volksentscheid in Gang bringen kann. Grundsätzlich lassen sich drei Initiativformen unterscheiden. Ein Volksentscheid kann (verfassungs-)rechtlich vorgeschrieben sein *(obligatorisches Referendum)*, von einem Staatsorgan initiiert *(Plebiszit)* oder durch eine Gruppe von Bürgern ausgelöst werden *(Volksinitiative, Volksbegehren, fakultatives Referendum)*. Alle Initiativformen können in ihrer Wirkung bindend (dezisiv) oder lediglich beratend (konsultativ) sein (vgl. Abbildung 1). Allerdings kommt konsultativen Volksentscheiden in der Praxis meist faktische Bindungswirkung zu (vgl. Rommelfanger 1988; Luthardt 1994: 174f.). Aus diesem Grund wird in der folgenden Analyse auf diese Differenzierung verzichtet.

Obligatorische Referenden sind Volksabstimmungen, die aufgrund einer gesetzlichen Bestimmung zwingend durchgeführt werden müssen wie meist bei Verfassungsänderungen. Diese Abstimmungsergebnisse sind in den meisten Fällen rechtlich bindend. 16 europäische Staaten haben Formen des obligatorischen Referendums – allerdings mit großen Variationen – in ihren nationalen und/oder regionalen Verfassungen verankert (vgl. Erne 2002: 78). In einigen Ländern ist das obligatorische Referendum nur im Falle einer Totalrevision der Verfassung oder eines Kernelements der Verfassung vorgesehen; in anderen Staaten ist jede Teilrevision der Verfassung einem Referendum unterworfen. In der Mehrheit der europäischen Staaten wird die Bevölkerung bei grundsätzlichen Entscheidungen einbezogen. Auch EU-Staaten, die kein obligatorisches Referendum in ihrer Verfassung verankert haben, riefen bei wichtigen Themen wie z. B. dem EU- oder NATO-Beitritt ihre Bürger an die Urnen (z. B. Finnland, Frankreich, Großbritannien, Österreich, Schweden).

Abbildung 1: Formen direkter Demokratie

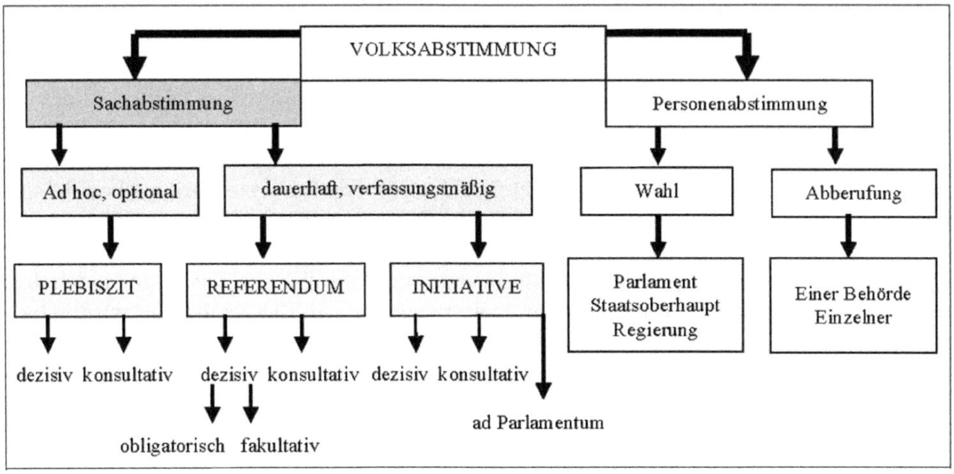

Quelle: Möckli 1994: 89; Darstellung MWR.

Plebiszite sind Volksabstimmungen, die aufgrund eines Beschlusses „von oben" – also auf Initiative der Regierung, des Parlaments oder des Staatsoberhaupts – durchzuführen sind. Ein Motiv dafür kann die Überwindung einer Blockade im jeweiligen Regierungssystem sein, oft sind aber auch verfassungsrechtliche oder politische Gründe ausschlaggebend (vgl.

Möckli 1994). Bei Plebisziten ist zwischen *Zustimmungs-* und *Entscheidungsreferenden* zu unterscheiden. Im ersten Fall verfügen Regierung bzw. Parlamentsmehrheit, dass eine politische Entscheidung, zu der bereits ein Beschluss des Parlaments vorliegt, der zusätzlichen Zustimmung der Bevölkerung bedarf. Im zweiten Fall entscheidet das Volk anstelle des Parlaments. Den Bürgern wird von den Regierenden eine Frage zur Entscheidung vorgelegt, über die im Parlament bzw. zwischen den Repräsentationsorganen entweder keine Einigung erzielt werden konnte oder über die noch keine Entscheidung stattgefunden hat (vgl. Jung 2001: 87).

Volksinitiativen, Volksbegehren oder *fakultative Referenden* werden auf Antrag von Bürgern durchgeführt und sind an das Erreichen eines bestimmten Quorums gebunden. Die Volksinitiative soll veranlassen, dass das Parlament im Sinne der Initiatoren tätig werden muss *(ad Parlamentum)*. Entscheidet das legislative Staatsorgan anders, ist in der Regel das Volksbegehren einzuleiten. Noch einmal erfolgt eine parlamentarische Beratung. Ergibt sich kein Beschluss gemäß dem Begehren, muss in jedem Fall ein Volksentscheid durchgeführt werden. Die Volksinitiative ist damit eine eigenständige, dem Begehren vorangestellte Stufe. Das Begehren kann einmal darauf gerichtet sein, eine politische Frage in die Diskussion und damit in den parlamentarischen Entscheidungsprozess zu bringen. Mit diesem Instrument der *Gesetzesinitiative* wird das Volk selbst zum Gesetzgeber, d. h. es kann die politische Agenda selbst bestimmen und an den Regierenden vorbei Entscheidungen treffen. „Eine weitreichendere institutionelle Einschränkung von Regierungsmacht als durch die Gesetzesinitiative läßt sich kaum denken!" (Jung 2001: 113). Zum anderen kann mittels der Volksinitiative durchgesetzt werden, dass in einem *fakultativen Referendum* endgültig über einen vom Gesetzgebungsorgan bereits gefassten Beschluss entschieden wird. Mittels dieses Verfahrens kann das Volk lediglich reagieren, nicht aber eigenständig und gegen den Willen der Regierenden Fragen auf die politische Tagesordnung setzen. Es ist somit ein Instrument zur Kontrolle der politischen Elite und wird deshalb auch *Volksveto* bzw. *Referendumsinitiative* genannt. Aufgrund der Agenda-Setting-Funktion und der Möglichkeit, anstelle des Parlamentes zu entscheiden, ist das Verfahren der Gesetzesinitiative im Vergleich zur Referendumsinitiative das wesentlich stärkere Instrument (vgl. Jung 2001: 85ff.; Weixner 2002: 87).

In Bezug auf die Referendumsinitiative unterscheidet Uleri (1996) noch zwischen der zurückweisenden bzw. der abrogativen, aufhebenden Form. Die erste Variante bezieht sich auf Gesetze, die erst kürzlich vom Parlament beschlossen wurden, die zweite Variante hat seit langem bestehende Gesetze zum Gegenstand. Vor allem in Italien wird das Instrument der abrogativen Referendumsinitiative häufig angewandt. Müller (2007) zufolge fanden dort seit 1970 61 Referenden mit aufhebender Zielsetzung statt. In diesem Beitrag wird jedoch der Einschätzung einiger Autoren gefolgt, wonach die aufhebende Referendumsinitiative keinen eigenständigen Verfahrenstypus darstellt, sondern funktional mit der Gesetzesinitiative gleichzusetzen ist. „Beide ermöglichen ein aktives und eigenständiges Agenda-Setting durch die Bürger, beide können die Verabschiedung von Gesetzen erzwingen, die nicht im Interesse der Regierenden sind." (Jung 2001: 88, vgl. auch Möckli 1994: 92).

2.3 Beteiligungs- und Zustimmungsquoren

Jung (2001) weist auf ein weiteres wichtiges Kriterium hinsichtlich der Bewertung direkter Demokratie hin: die Regelung von Quoren. Für den vorliegenden Beitrag spielt dieses Krite-

Direkte Demokratie

rium für die Einstufung der Anwendungsfreundlichkeit der Verfahren eine Rolle. In EU-Staaten mit hohen Beteiligungs- und/oder Zustimmungsquoren werden direktdemokratische Verfahren erschwert und sehr wahrscheinlich weniger von der Bevölkerung genutzt bzw. erfolgreich angewandt als in Ländern, die lediglich eine relative Mehrheit der Abstimmenden unabhängig von der Höhe der Beteiligung verlangen.

Das Beteiligungsquorum spielt in zweierlei Hinsicht eine Rolle. Zum einen beeinflusst das Beteiligungsniveau die Art und die Konsequenzen des Initiativ- oder Abstimmungsverfahrens. In Ungarn können 50.000 Bürger eine Volksinitiative starten, die das Parlament zwingt, sich mit dem Thema zu beschäftigen. Entspricht das Ergebnis nicht den Erwartungen der Antragssteller, so müssen mindestens 100.000 Unterschriften für ein Volksbegehren gesammelt werden. Allerdings ist erst bei der Vorlage von 200.000 Unterschriften die Durchführung eines Referendums obligatorisch; andernfalls kann das Parlament frei entscheiden, ob es eine Abstimmung durchführen möchte oder nicht (vgl. Reti 2004: 67ff.). Zum anderen ist das Ergebnis einer Abstimmung nur dann gültig, wenn ein bestimmter Prozentsatz der Wahlberechtigten daran teilgenommen hat. Dadurch soll verhindert werden, dass es einer kleinen, nicht repräsentativen Minderheit gelingt, ihre Interessen gegen die der schweigenden Mehrheit durchzusetzen. Das Ziel des Beteiligungquorums ist somit zum einen die Gewährleistung der Repräsentativität und der Legitimität direktdemokratischer Entscheidungen, zum anderen aber auch die Maximierung der Beteiligung. Leider verfehlen Beteiligungsquoren oft diese Zielsetzung, da die Gegner der Abstimmungsvorlage einfach durch ihre Nichtteilnahme eine gültige Abstimmung verhindern (vgl. Jung 2001: 94).

Im Unterschied zum Beteiligungsquorum geht es beim Zustimmungsquorum um die Maximierung von Zustimmung, also das Verhältnis von Ja- und Neinstimmen. Die schwächste Forderung für das Zustandekommen einer Entscheidung ist die *relative Mehrheit*. Der von den Initiatoren unterbreitete Vorschlag ist angenommen, wenn es mehr Ja- als Neinstimmen gibt. Die meisten Länder verlangen beim Entscheidungsquorum allerdings eine *einfache Mehrheit*. Hierbei ist die Entscheidung erst dann angenommen, wenn die Ja- oder Neinstimmen mehr als die Hälfte der abgegebenen Stimmen ausmachen. Es wird bei beiden Varianten nicht von einer vorher bestimmten Stimmenbasis (Anzahl der Wahlberechtigten) ausgegangen, sondern lediglich von der Summe der Ja- und Neinstimmen. Somit kann eine einfache Mehrheitsentscheidung auch von einer Minderheit der Stimmberechtigten getroffen werden.

Oft wird die Annahme einer Abstimmungsvorlage auch dadurch erschwert, dass nicht die einfache sondern eine *qualifizierte Mehrheit* der Jastimmen gefordert wird. Dieses Quorum ist meist bei Verfassungsänderungen vorgesehen, in manchen Staaten ist dabei sogar eine Kombination von Beteiligungs- und Abstimmungsquoren vorgeschrieben. In diesem Fall ist ein Vorschlag nur dann angenommen bzw. wird nur dann bindend, wenn sich eine Mehrheit der Abstimmenden, die zugleich einen bestimmten Prozentsatz der Wählerschaft repräsentieren muss, für sie entscheidet. So muss in Ungarn für ein bindendes Referendum eine einfache Mehrheit zustimmen und diese Stimmen müssen mehr als ein Viertel des Elektorats repräsentieren (vgl. Reti 2004: 67). Die Höhe des Beteiligungsquorums wurde dort im Jahre 1997 gesenkt, davor mussten sich mehr als die Hälfte der Wahlberechtigten an einer Volksabstimmung beteiligen. In der Slowakei ist dies heute noch der Fall. Nach Kipke (2004: 300) scheiterten an dieser hohen Hürde nahezu alle slowakischen Volksabstimmungen mit Ausnahme des EU-Referendums im Jahr 2003, an dem knapp über 52 Prozent der Bürger teilnahmen und 92,5 Prozent für den EU-Beitritt votierten.

Tabelle 1 zeigt die möglichen Arten von Entscheidungsquoren und deren Folgen für die Annahme der Abstimmung an einem fiktiven Beispiel.

Tabelle 1: Fiktives Beispiel für Zustimmungsquoren

	Mögliche Stimmen (Wahlberechtigte) 1000	Ungültig/ Enthaltungen 400	Abgegebene gültige Stimmen 600	Ja-stimmen 400	Nein-stimmen 200
Relative Mehrheit (Mehr Ja- als Neinstimmen)	Mehr Ja- als Neinstimmen (400 vs. 200) → Vorschlag ist angenommen					
Einfache Mehrheit (> 50 % der abgegebenen, gültigen Stimmen)	Jastimmen = 67 % (400 von 600) der abgegebenen, gültigen Stimmen → Vorschlag ist angenommen				
Qualifizierte Mehrheit (z. B. ¾ der abgegebenen, gültigen Stimmen)	Jastimmen = 67 % statt 75 % (450) der abgegebenen, gültigen Stimmen → Vorschlag ist NICHT angenommen				
Absolute Mehrheit (> 50 % der möglichen Stimmen)	Jastimmen = 40 % statt 50 % + 1 (501) der möglichen Stimmen → Vorschlag ist NICHT angenommen				
Beispiel bindendes Referendum in Ungarn (> 50 % der abgegebenen, gültigen Stimmen + 25 % + 1 der Wahlberechtigten)	Jastimmen = 67 % (400 von 600) der abgegebenen, gültigen Stimmen + Ja-Stimmen = 40 % (400 von 1000) der möglichen Stimmen → Vorschlag ist angenommen und Ergebnis ist bindend				
Beispiel bindendes Referendum in der Slowakei (> 50 % der abgegebenen, gültigen Stimmen + 50 % + 1 der Wahlberechtigten)	Jastimmen = 67 % (400 von 600) der abgegebenen, gültigen Stimmen + Jastimmen = 40 % (400 von 1000) der möglichen Stimmen → Vorschlag ist NICHT angenommen				

Quelle: MWR.

Schließlich kann noch die *absolute Mehrheit* der Jastimmen für die Annahme eines Referendums gefordert sein. Das im Jahr 1987 verabschiedete Gesetz über Volksbefragungen und Referenden in Polen ging sogar noch weiter und verlangte für die Annahme einer zur Volksabstimmung auf lokaler und nationaler Ebene gestellten Frage die Zustimmung von mindestens der Hälfte der Abstimmungs*berechtigten*. Nach Ziemer/Matthes (2004: 219) drückte sich in diesem nahezu unerreichbaren Quorum das Misstrauen der damaligen Staatsmacht gegenüber Referenden aus. Abgeordnete des *Sejm* wiesen vergeblich darauf hin, dass dieses Quorum zu hoch sei, da bei einer Beteiligung sowie einer Zustimmung von jeweils 70 Prozent ein Vorhaben nur die Zustimmung von 49 Prozent der Wahlberechtigten erreiche. Auch im neuen Gesetz aus dem Jahr 1995 ist die Hürde noch recht hoch. Das Ergebnis eines Referendums ist nur bindend, wenn mehr als die Hälfte der Wahlberechtigten daran teilgenommen hat. Für die Annahme einer neuen Verfassung ist allerdings kein Quorum vorgeschrieben. Angesichts der niedrigen Beteiligung von 43 Prozent im Referendum über die Verfassung von 1997 erwies sich diese spezielle Regelung als sinnvoll.

2.4 Vor- und Nachteile der direkten Demokratie

In der sozial- und rechtswissenschaftlichen Forschung ist in den letzten beiden Dekaden unverkennbar ein wachsendes Interesse an Themen der direkten Demokratie zu verzeichnen. Erneut tauschen die Wissenschaftler Pro- und Contra-Argumente aus und stellen die Frage, ob direkte Demokratie mit dem Prinzip der repräsentativen Demokratie vereinbar sei oder nicht. Während das Recht zur Mitwirkung an der Auswahl des politischen Führungspersonals in allen demokratischen Verfassungen sowie in der Verfassungspraxis von Demokratien fest verankert ist und als Kernelement der Staatsbürgerrolle angesehen werden kann, gehen die Vorstellungen über weitere, mit dem Repräsentationsprinzip vereinbare Formen politischer Mitwirkung weit auseinander. Dies trifft vor allem auf die Teilnahme an der verbindlichen Entscheidung über Sachfragen zu (vgl. Rüther 1996).

Die Frage, ob und in welchem Ausmaß die Bürger direkt an politischen Entscheidungen beteiligt werden sollen, ist ein klassisches Thema der normativen und empirischen Demokratietheorie. Ideengeschichtlich lässt sie sich bis zu Rousseau und seinem „contrat social" (1762) zurückverfolgen. Darin überträgt das Volk nicht die Staatsgewalt auf einen Herrscher, sondern übt sie selbst aus. Rousseau (1762: 15) vertrat die Ansicht, „jedes Gesetz, das das Volk nicht selbst beschlossen hat, ist nichtig; es ist überhaupt kein Gesetz" (Übersetzung MWR). Diese geforderte Identität von Regierenden und Regierten ist in der Massengesellschaft nicht realisierbar, weshalb in den modernen Demokratien vor allem um den Grad der Bürgerbeteiligung gestritten wird. Kritiker direkter Mitwirkungsmöglichkeiten zweifeln an der Sachkompetenz und der demokratischen Reife der Bürger und sehen im Ausbau plebiszitärer Einrichtungen nicht nur eine Gefahr für die Rationalität politischer Entscheidungsprozesse, sondern darüber hinaus eine Schwächung der Institutionen der repräsentativen Demokratie. Vor allem das Parlament als Gesetzgeber aber auch die Parteien verlören durch eine Zunahme von Volksabstimmungen ihre Legitimation, gleichzeitig würden große Interessenverbände, die als Initiatoren der Volksentscheide auftreten, gestärkt werden. Mit der Schwächung der repräsentativen und legitimatorischen Mechanismen des parlamentarischen Systems wird zugleich eine Abnahme ihrer Konflikt- und Entscheidungsfähigkeit vermutet (vgl. Schmidt 2000; Kielmansegg 2001).

Somit existieren auch heute noch kritische Stimmen, die in der Verbindung von repräsentativer und direkter Demokratie eine Verwischung von Verantwortlichkeiten sehen und deshalb eine Kombination beider Demokratieformen ablehnen (vgl. Kielmansegg 2001). Deshalb seien direkte Verfahren mit der Funktionslogik der repräsentativen Demokratie nur dann kompatibel, wenn sie die abschließende Entscheidung den repräsentativen Institutionen überlasse (vgl. Marshall 1997). Auch wird oft angeführt, dass direktdemokratische Verfahren den Entscheidungsprozess ineffizient werden ließen, also zu langsam und zu teuer seien. Die Gegenposition betont die Tatsache, dass der längere Entscheidungsprozess am Ende eine stärkere Legitimation bzw. Akzeptanz erfährt als elitenzentrierte Entscheidungsverfahren.

Die Befürworter direktdemokratischer Partizipation begründen ihre Position mit der langjährigen Stabilität liberaler Demokratien, die auf eine Verinnerlichung demokratischer Prinzipien schließen lasse und mit dem in der Bevölkerung verbreiteten Wunsch nach erweiterter Mitbestimmung (vgl. Verhulst/Nijeboer 2007). Seit langem votieren Vertreter der partizipatorischen Demokratietheorie für eine Ausweitung direkter Entscheidungskompetenzen der Bürger (vgl. Alemann 1975). Dieser Forderung schließen sich seit einiger Zeit auch Autoren an, die die Prämissen der partizipatorischen Demokratietheorie nicht teilen, aber im Ausbau der Bürgerbeteiligung einen Weg zur Beseitigung der Auswüchse des Parteienstaates sehen (vgl. Wassermann 1989; Kielmansegg 2000). Von einer Ergänzung der repräsentativen, parteienstaatlichen Formen der Willensbildung und Entscheidung erhofft man eine Mobilisierung weiterer Bevölkerungskreise, einen direkten Austausch zwischen Regierenden und Regierten, mehr Responsivität und weniger Politikverdrossenheit. „Da es sich jedoch kein demokratisches Regierungssystem auf Dauer leisten kann, Vertrauen bei seinen Bürgerinnen und Bürgern zu verlieren, könnte die Zunahme von Volksentscheiden auch ein Bedürfnis der Regierenden widerspiegeln, nämlich die Mobilisierung zusätzlicher Legitimationsressourcen für wichtige Entscheidungen" (Erne 2002: 77). Als Beispiel dafür nennt der Autor die Referenden über die EU-Verträge bzw. die EU-Mitgliedschaft in Westeuropa sowie über die neuen Verfassungen in Mittel- und Osteuropa.

Die Frage, ob die Einführung direktdemokratischer Beteiligungsformen tatsächlich zu mehr Bürgernähe, Transparenz, Responsivität und Innovation geführt hat, lässt sich anhand der vorliegenden Informationen und Daten nicht beantworten. Die einzigen empirisch tragfähigen Aussagen, die sich dazu machen lassen, beziehen sich auf die Mobilisierungs- und Erfolgsquote von direktdemokratischen Verfahren. Dank der Datenbank des Schweizers Beat Müller liegen für die 30 Staaten Statistiken für alle durchgeführten Referenden auf nationaler Ebene vor. Auf diesen detaillierten Informationen basiert die folgende Analyse der Nutzung und der Erfolgsquote nationaler Abstimmungen in den EU-Staaten.

3 Direkte Demokratie in den EU-Staaten

3.1 Analysestrategie

Systematische, internationale Vergleiche der Ausgestaltung und Nutzung der Instrumente der direkten Demokratie liegen kaum vor.[1] Dies überrascht vor allem im Hinblick auf Europa, denn dort werden Volksentscheide immer mehr zu einem Bestandteil des politischen Entscheidungsprozesses. Fanden im Zeitraum von 1985 bis 1989 elf Referenden innerhalb der EU statt, so waren es von 1995 bis 1999 bereits 29 (vgl. Erne 2002: 76). Auch die Europäische Union selbst war von 1972 bis 2005 in 43 Fällen Gegenstand nationaler Entscheide (vgl. Müller 2007). Trotz der gestiegenen Zahl von Referenden bleibt das parlamentarische Gesetzgebungsverfahren in allen Staaten der Normalfall. Selbst in der Schweiz werden – im Vergleich zu den vom Parlament verabschiedeten Gesetzen – wenige Vorlagen dem Volk zur Entscheidung vorgelegt (vgl. Linder 1994). Oft betrifft das Abstimmungsrecht in den Staaten nur Verfassungsänderungen, die – nachdem sie vom Parlament angenommen wurden – dem Volk vorgelegt werden müssen (obligatorisches Referendum) oder Entscheide, die „von oben" eingeleitet werden (Plebiszit). Die Möglichkeit, dass die Bürger selbst per Begehren Abstimmungen auslösen und anstelle des Parlamentes entscheiden, ist nur in wenigen Ländern vorgesehen.[2]

---

[1] Vgl. den Überblick bei Jung 2001: 18ff. bzw. die Studien von LeDuc (2003) in 39 Ländern und von Gross/Kaufmann (2002) bzw. Kaufmann (2004a) in 32 europäischen Staaten.
[2] Die Schweiz und Liechtenstein sind die einzigen Länder, in denen es auf nationaler Ebene ein umfassendes System direkter Demokratie gibt. Nur noch in einer Reihe US-amerikanischer Bundesstaaten –

Somit sagt allein die Existenz direktdemokratischer Verfahren in einem Land wenig über deren tatsächliche Qualität und Nutzung aus. Die folgende Analyse direktdemokratischer Verfahren in den 27 EU-Staaten und den aktuell drei Beitrittskandidaten orientiert sich deshalb an der Studie von Gross/Kaufmann (2002) bzw. der aktualisierten Version von Kaufmann (2004a), in der die Qualität direkter Demokratie in den Ländern des Europäischen Konvents[3] und der Europäischen Freihandelsassoziation[4] untersucht wurde. Kaufmann (2004a: 3) schlägt als adäquates Vorgehen eine qualitative Evaluation bestehender Initiativ- und Abstimmungsprozesse und ihrer praktischen Konsequenzen vor. Für die Bewertung sind drei Aspekte relevant. Erstens, ob überhaupt direktdemokratische Verfahren auf der nationalen Ebene eines Landes existieren. Zweitens, ob die Bürger über die Auslösungskompetenz verfügen, also eine Volksinitiative oder ein fakultatives Referendum starten können. Und drittens, ob die Möglichkeit obligatorischer Referenden gegeben ist. In einem weiteren Schritt analysierten die Autoren die 32 europäischen Staaten anhand eines detaillierten Kriterienkatalogs hinsichtlich der Güte ihrer direktdemokratischen Verfahren und gruppierten sie in verschiedene Kategorien.[5]

Doch welche Kriterien werden als wichtig für eine qualitativ gut ausgestaltete Volksgesetzgebung angesehen? Für Gross/Kaufmann (2002: 5ff.) sind die entscheidenden Elemente der Themenausschlusskatalog, die Einstiegshürden, die Sammelfristen, die Mehrheitserfordernisse und die Kohärenz der direktdemokratischen Elemente. Als wesentlich für die Qualität der direkten Demokratie nennt er die Form der Unterschriftensammlung, die Einbeziehung und das Vorschlagsrecht des Parlamentes und die Information der Stimmberechtigten. Neben diesen notwendigen Regeln sieht er einige Faktoren als sinnvoll und hilfreich für die Initiativ- und Abstimmungsprozesse an. Hier spielen die Faktoren Zeit und Geld eine wichtige Rolle. Zeit, die sich Regierung, Parlament und Verwaltung nehmen sollten, für die Anhörung und die Beratung der Volksinitiative, aber auch Zeit für die öffentliche Diskussion zwischen der Antragstellung und der Volksabstimmung selbst. Hilfreich sei zudem, dass den Antragstellern ein Teil ihrer Kosten vorfinanziert oder rückerstattet wird.

Als Ergebnis ihrer Analyse der 32 europäischen Staaten präsentieren Gross und Kaufmann (2002) ein Ranking mit sechs Gruppen. Die Schweiz und Lichtenstein werden dabei als *Avantgardisten* in Sachen direkter Demokratie bezeichnet, da nur in diesen beiden Ländern ein breites Verfahrensspektrum vorhanden ist, das auch von der Bevölkerung rege genutzt wird. Diese Gruppe bleibt im Folgenden unberücksichtigt, da diese beiden Länder keine EU-Mitgliedstaaten sind. Auch wurden die letzten beiden Kategorien der *Hoffnungslosen* und der *Schlusslichter* zusammengefasst, da sich diese nur darin unterscheiden, ob in den Ländern eine Debatte über Volksgesetzgebung geführt wird oder nicht. Somit bleiben die Kategorien der *Demokraten*, der *Vorsichtigen* und der *Ängstlichen*, die im Abschnitt 3.5 genauer beschrieben sind.

---

darunter beispielhaft Kalifornien – gibt es vergleichbare Systeme, die eine direkte Beschlussfassung der Bürger vorsehen.

[3] 15 EU-Mitgliedstaaten und 13 Beitrittskandidaten.
[4] EFTA-Staaten: Island, Norwegen, Liechtenstein, Schweiz.
[5] Gross/Kaufmann (2002: 5) unterscheidet zwischen entscheidenden, wesentlichen, nützlichen und hilfreichen Verfahrenselementen „in einer gut designten Direkten Demokratie" und kommt auf etwa 20 Differenzierungen. Diese bilden den Maßstab für die Beurteilung „weniger optimaler, real existierender Designs von Direkter Demokratie". Die Kategorie 1A bildet das optimale Design direktdemokratischer Verfahren ab, das selbst die Schweiz nicht erreicht, sie erhält stattdessen das Prädikat 1B.

Kaufmann evaluierte in der aktualisierten Studie aus dem Jahr 2004 alle 27 EU-Staaten sowie die Türkei, nur Kroatien und Mazedonien sind nicht berücksichtigt. Die Analyse der nationalen Abstimmungen in den EU-Staaten präsentiert somit das Ranking der qualitativen Bewertung von Kaufmann (2004a) und ergänzt diese um eine eigene Beurteilung der beiden Beitrittskandidaten. Auch wurde eine systematischen Übersicht über die Verfahren und die Nutzung der direkten Demokratie in den 27 EU-Staaten und den Beitrittsländern erarbeitet. Die einzelnen Länderberichte im Guidebook „Direct Democracy in Europe" von Kaufmann/Waters (2004) sowie die Onlinedatenbank von Müller (2007) bildeten dafür die Grundlage. Im Gegensatz zu der ausführlichen Studie von Gross/Kaufmann (2002) muss sich der hier vorgelegte Vergleich auf einige wesentliche Evaluationskriterien beschränken. Neben den Kriterien – Auslösungskompetenz, Vorlagenurheber, Zustimmungs-/Entscheidungscharakter bzw. Entscheidungsregeln – wird noch ein weiterer Aspekt berücksichtigt. Auch wenn dieser Beitrag in erster Linie die nationale Ebene der EU-Staaten untersucht, so ist nicht unerheblich, ob Abstimmungen über Sachfragen auf anderen politischen Ebenen möglich sind. Während die Bundesrepublik Deutschland keine nationalen Referenden vorsieht, spielen die Instrumente direkter Demokratie auf der Länder- bzw. Gemeindeebene durchaus eine Rolle (vgl. Walter-Rogg 2003). Deshalb geht in die Bewertung direkter Demokratie in den EU-Staaten auch das Vorhandensein bzw. die Nutzung auf den verschiedenen politischen Ebenen ein.

3.2 Direkte Demokratie auf der nationalen Ebene

3.2.1 Die Häufigkeit direktdemokratischer Verfahren

Der Staat, in dem die direkte Demokratie weltweit die größte Bedeutung hat, ist die Schweiz. Insgesamt fanden dort 531 nationale Abstimmungen seit dem Jahr 1798 statt. Auch im kleinen Liechtenstein wurden bis heute 85 Referenden durchgeführt (vgl. Müller 2007). Diese Zahlen der so genannten „Avantgardisten" (vgl. Kaufmann 2004a: 4) in Sachen direkter Demokratie dienen als Ausgangspunkt für eine Einschätzung der Nutzungspraxis in den europäischen Ländern. Abbildung 2 zeigt die absolute Zahl nationaler Volksabstimmungen in den 27 EU-Staaten und den Beitrittskandidaten. Spitzenreiter mit 87 Volksabstimmungen ist Italien. Seit der Einführung der abrogativen Referendumsinitiative im Jahr 1970 fanden dort bis heute 61 Referenden mit aufhebender Zielsetzung statt. Eine Gruppe von fünf Ländern macht relativ ausgiebig Gebrauch von den Volksrechten: Frankreich (38), Irland (29), Dänemark (19), Litauen (18) und Spanien (16). Eine weitere Gruppe von Ländern, in der mit Ausnahme von Großbritannien nur osteuropäische Staaten (Polen, Slowenien, Lettland, Ungarn, Estland, Slowakei, Rumänien) sind, nutzt sporadisch direktdemokratische Verfahren. In den übrigen 17 der 30 untersuchten Staaten spielt die Bürgerbeteiligung an Themenentscheidungen keine nennenswerte oder gar keine Rolle.

Direkte Demokratie 247

Abbildung 2: Nationale Volksabstimmungen in den EU-Staaten und den
Beitrittskandidaten, 1793-2007

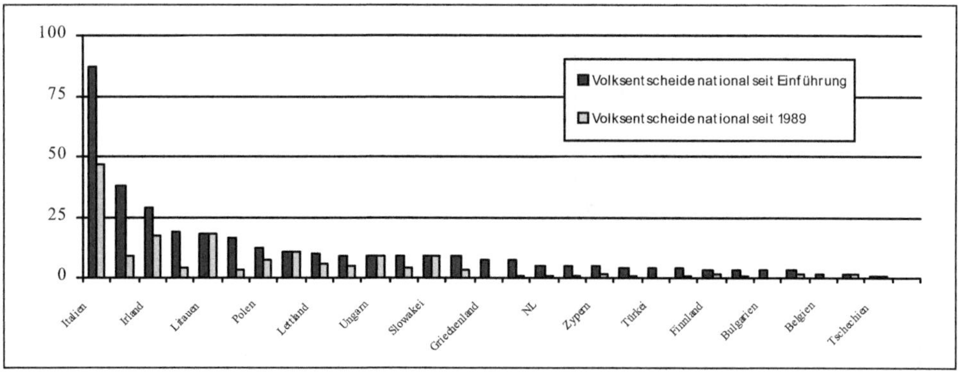

Quelle: Müller 2007; Werte siehe Tabelle 2, Grafik: MWR.

Allerdings vermitteln diese absoluten Zahlen ein verzerrtes Bild der politischen Wirklichkeit, weil die Verfahren direkter Demokratie in den europäischen Staaten zu unterschiedlichen Zeitpunkten eingeführt wurden. Deshalb ist ein aussagekräftiger Vergleich über die Nutzung der Volksentscheide erst auf der Basis einer *Standardisierung der absoluten Zahlen nach Jahren* möglich. Diese Daten zeigen, wie selten die Bevölkerung von den Einrichtungen der direkten Demokratie Gebrauch macht. In allen 30 europäischen Ländern wurden seit der jeweiligen Einführung der Volksgesetzgebung bis heute lediglich 0,22 Referenden pro Jahr durchgeführt (vgl. Tabelle 2). Auch wenn man den Zeitraum seit 1989 betrachtet, ändert sich nur wenig an diesem Durchschnittswert (0,32). Immerhin verdeutlicht er, dass die Zahl der Referenden in Europa gestiegen ist. Das Beispiel Italien zeigt die Bedeutung des Bezugszeitraums für den internationalen Vergleich. Dort wurden zwar die Instrumente der direkten Demokratie im Jahr 1797 erstmalig angewandt, eine verstärkte Nutzung setzte aber erst seit 1970 ein. Im gesamten Bezugszeitraum liegt Italien mit dem Wert 0,40 nur leicht über dem Gesamtmittelwert von 0,22. In den Jahren 1989 bis 2007 erreicht Italien jedoch mit 2,61 Referenden pro Jahr einen deutlich überdurchschnittlichen Wert.

Aufgrund der besseren Vergleichbarkeit wird für die abschließende Analyse der Nutzung direkter Demokratie deshalb die Standardisierung des kurzen Zeitraumes verwendet. Deutlich über dem Durchschnittswert liegen dabei Italien und Litauen. In Irland, der Slowakei, Slowenien, Ungarn, Polen und Frankreich ist ebenfalls eine überdurchschnittlich hohe Nutzung zu verzeichnen. Lettland, Großbritannien, Dänemark und Estland liegen mit 0,33 bis 0,22 Referenden pro Jahr im europäischen Durchschnitt. Alle anderen Staaten weisen eine niedrigere Nutzungsfrequenz auf, als sie im Durchschnitt in den 30 europäischen Staaten gemessen wurde. In Belgien, Deutschland, Griechenland, Bulgarien und der Türkei fanden in den letzten 18 Jahren keine Volksabstimmungen auf nationaler Ebene statt.

Tabelle 2 Direktdemokratische Verfahren in den EU-Staaten und den Beitrittskandidaten[1]

		Direkte Demokratie seit	Verfassung erwähnt Referendum	Auf allen Ebenen möglich	Obligatorisches Referendum	Initiative eines Staatsorgans	Konsultative Volksabstimmungen	Fakultatives Referendum vom Volk	Initiativquorum	Volksinitiative/ Volksbegehren	Initiativquorum
	Die Demokraten										
1.	Italien	1797	Ja	Ja	Teilw.	Ja	Ja	Ja	500.000	Ja	50.000
2.	Slowenien	1990	Ja	Ja	Nein	Ja	Ja	Ja	40.000	Ja	5.000
3.	Lettland	1923	Ja	Nein	Ja	Ja	Nein	Ja	10 %	Ja	10.000
4.	Irland	1937	Ja	Nein	Ja	Ja	Nein	Nein	-	Nein	-
5.	Dänemark	1915	Ja	Ja	Ja	Ja	Nein	Nein	-	Nein	-
6.	Litauen	1991	Ja	Nein	Ja	Ja	Nein	Ja	300.000	Ja	50.000
	Die Vorsichtigen										
7.	Slowakei	1994	Ja	Ja	Ja	Ja	Nein	Ja	350.000	Nein	-
8.	Niederlande	1797	lokal	Ja	Nein	Nein	Ja	Ja	600.000	Nein	-
9.	Frankreich	1793	Ja	Nein	Ja	Ja	Ja	Nein	-	Nein	-
10.	Spanien	1947	Ja	Ja	Ja	Nein	Ja	Nein	-	Ja	Nein
11.	Österreich	1929	Ja	Nein	Ja	Ja	Ja	Ja	100.000	Nein	-
12.	Portugal	1933	Ja	Nein	Nein	Ja	Ja	Nein	-	Ja	75.000
13.	Schweden	1922	Ja	Nein	Nein	Ja	Ja	Nein	-	Nein	-
14.	Ungarn	1989	Ja	Ja	Teilw.	Ja	Ja	Ja	200.000	Ja	50.000
15.	Polen	1987	Ja	Ja	Nein	Ja	Nein	Ja	500.000	Ja	100.000
16.	Luxemburg	1919	Ja	Ja	Nein	Ja	Ja	Nein	-	Nein	-

Direkte Demokratie 249

- Fortsetzung Tabelle 2 -

Die Ängstlichen

17.	Großbritannien	1973	Keine geschrieb. Verfassung	Nein	Nein	Ja	Nein	Nein	-
18.	Finnland	1931	Ja	Nein	Nein	Nein	Ja	Nein	-
19.	Estland	1920	Ja	Ja	Ja	Ja	Nein	Nein	-
20.	Mazedonien	1991	Ja	Ja	Nein	Ja	Nein	Ja	150.000
21.	Belgien	1885	lokal	Nein	Nein	Nein	Ja	Nein	-
22.	Deutschland	1926	regional	Nein	Teilw.	Nein	Nein	Nein	-
23.	Griechenland	1862	Ja	Nein	Nein	Ja	Ja	Nein	-
24.	Tschechien	1993	lokal	Nein	Nein	Nein	Nein	Nein	-

Die Schlusslichter

25.	Malta	1870	Nein	Nein	Ja	Ja	Ja	Ja	10 %
26.	Rumänien	1864	Ja	Ja	Nein	Ja	Ja	Ja	250.000
27.	Kroatien	1919	Ja	Ja	Ja	Ja	Nein	Nein	-
28.	Bulgarien	1922	Ja	Ja	Nein	Ja	Nein	Nein	-
29.	Zypern	1950	Nein	Nein	Nein	Nein	Nein	Nein	-
30.	Türkei	1961	Nein	Nein	Nein	Nein	Nein	Nein	-

- Fortsetzung Tabelle 2 -

		Verbindl. Initiativrecht	Beteiligungsquorum einfache Gesetze	Zustimmungsquorum	Themenbeschränkung	Volksentscheide national	Volksentscheide pro Jahr	Volksentscheide seit 1989	Volksentscheide pro Jahr	Erfolgsquote seit 1989 in %	Anzahl Volksentscheide regional	Anzahl Bürgerentscheide lokal
Die Demokraten												
1.	Italien	Nein	50 %	50 % + 1	Gering	87	0,40	47	2,61	32	Keine Relev.	Kons. Refer.
2.	Slowenien	Nein	50 %	50 % + 1	Nein	11	0,65	11	0,65	55	Keine Region	Keine Info
3.	Lettland	Ja	50 % letzte Wahl	50 % + 1	Gering	10	0,12	6	0,33	33	Keine Region	Nicht mögl.
4.	Irland	Nein	-	-	-	29	0,41	17	0,94	82	Nicht mögl.	Nicht mögl.
5.	Dänemark	Nein	-	-	-	19	0,21	4	0,22	50	6	160
6.	Litauen	Nein	50 % letzte Wahl	50 % + 1	Nein	18	1,13	18	1,13	33	Nicht mögl.	Nicht mögl.
Die Vorsichtigen												
7.	Slowakei	Nein	-	-	-	9	0,69	9	0,69	11	Keine Region	> 48
8.	Niederlande	Nein	-	-	-	5	0,02	1	0,06	0	6	Mehrere hundert
9.	Frankreich	Nein	-	-	-	38	0,18	9	0,50	56	Keine Info	180
10.	Spanien	Nein	500.000	Nein	Stark	16	0,32	3	0,17	100	Keine Info	Keine Info
11.	Österreich	Nein	-	-	-	3	0,04	1	0,06	100	Keine Info	Keine Info
12.	Portugal	Nein	50 %	50 % + 1	Stark	4	0,05	1	0,06	100	0	Einige
13.	Schweden	Nein	-	-	-	7	0,08	1	0,06	0	0	> 60
14.	Ungarn	Teilw.	25 % + 1	25 % + 1	Stark	9	0,50	9	0,50	67	Keine Info	119
15.	Polen	Ja	50 % + 1	50 % + 1	Mittel	12	0,60	7	0,39	29	Keine Info	> 300
16.	Luxemburg	Nein	fallw.Festleg.	fallw. Festleg.	fallw. Festleg.	4	0,05	1	0,06	100	Keine Region	5

Direkte Demokratie 251

- Fortsetzung Tabelle 2 -

Die Ängstlichen

17.	Großbritannien	Nein	-	-	9	0,27	5	0,28	100	6	35
18.	Finnland	Nein	-	-	3	0,04	2	0,11	100	Nicht mögl.	20
19.	Estland	Nein	-	-	9	0,10	4	0,22	75	Keine Region	Einges. mögl.
20.	Mazedonien	Ja	50 %	50 % + 1	2	0,13	2	0,13	50	Keine Region	41
21.	Belgien	Nein	-	Gering	2	0,02	0	0,00	-	Nicht mögl.	15
22.	Deutschland	Nein	-	-	0	0,00	0	0,00	-	-	1763
23.	Griechenland	Nein	-	-	7	0,05	0	0,00	-	Nicht mögl.	Nicht mögl.
24.	Tschechien	Nein	-	-	1	0,07	1	0,07	100	Nicht mögl.	81

Die Schlusslichter

25.	Malta	Ja	10%	50 % + 1	Mittel	5	0,04	1	0,06	100	Nicht mögl.	Nicht mögl.
26.	Rumänien	Nein	50 % + 1	50 % + 1	Stark	9	0,06	3	0,17	67	Keine Region	0
27.	Kroatien	Nein	-	-	3	0,03	2	0,11	50	Keine Info	Keine Info
28.	Bulgarien	Nein	-	-	3	0,04	0	0,00	-	Keine Region	Keine Info
29.	Zypern	Nein	-	-	5	0,09	2	0,11	50	Keine Region	Keine Info
30.	Türkei	Nein	-	-	4	0,09	0	0,00	-	Nicht mögl.	Nicht mögl.

| | Summe | | | | 343 | 6,48 | 167 | 9,69 | 62 | | |
| | ø | | | | 11,43 | 0,22 | 5,57 | 0,32 | | | |

1 = Die Rangordnung der Länder und Bezeichnung der Ländergruppen basiert auf der qualitativen Analyse von Kaufmann 2004a: 5, ergänzt durch die eigene Analyse der Länder Mazedonien und Kroatien. Eigene Zusammenstellung aller weiteren Informationen auf Basis der folgenden Quellen: Datenbank direkte Demokratie des Schweizers Beat Müller (www.sudd.ch); Auer/Bützer 2001; Ismayr 1997, 2004; Jung 2001; Gabriel/Walter-Rogg 2006; Kaufmann et al. 2004; Kaufmann/Waters 2004; Möckli 1994, 1998; Premat 2005; Rehmet 2007; Smith 2007; Verhulst/Nijeboer 2007.

3.2.2 Direktdemokratische Verfahren im Zeitverlauf

Vergleicht man die nationalen Referenden, die insgesamt in den 30 untersuchten Staaten durchgeführt wurden (343) mit den Volksabstimmungen seit 1989 (167), so hat sich deren Zahl in den letzten 18 Jahren nahezu verdoppelt (vgl. Tabelle 2). Dies könnte zum einen daran liegen, dass immer mehr Länder der Europäischen Union beitreten und sich deshalb die Frequenz der nationalen Volksgesetzgebung erhöht. Aber auch der spezielle Prozess der Beitrittsreferenden bzw. der Zustimmung zur europäischen Verfassung könnte ein Grund für diese Zunahme sein. Schließlich erscheint plausibel, dass die neu hinzugekommenen mittel- und osteuropäischen Staaten eher bereit sind, die Bürger an Sachfragen zu beteiligen als die älteren stark repräsentativ orientierten Regime. Im Zuge der „third wave of democratization" (Huntington 1991) haben direktdemokratische Verfahren Eingang in zahlreiche Verfassungen der Reformstaaten Ost- und Mitteleuropas gefunden. Fast alle 27 Verfassungen, die in den 1990er Jahren verabschiedet wurden, enthalten direktdemokratische Elemente. „(…) The degree to which direct democratic institutions have been implemented in the post-communist constitutions is quite impressive" (Bützer 2001: 6). So verfügen Litauen, die Slowakei und Ungarn nach der Einschätzung von Möckli (1998: 103) über ein direktdemokratisches Instrumentarium, welches an das der Schweiz durchaus heranreicht.

Abbildung 3 zeigt die nationalen Abstimmungen in den EU-Staaten seit dem Jahr 1951, der Gründung der *Europäischen Gemeinschaft für Kohle und Stahl* (EGKS). Diese Gemeinschaft der Staaten Belgien, Deutschland, Frankreich, Italien, Luxemburg und den Niederlanden bildete die Basis aller künftigen EU-Integrationsschritte. Danach folgten fünf Erweiterungswellen (1973, 1981-1986, 1995, 2004, 2007), die in der Darstellung ebenfalls berücksichtigt sind. Tatsächlich scheint sich zu bestätigen, dass die EU-Gründungsstaaten sehr verhalten Volksabstimmungen durchführen. Allerdings zeigt die Detailanalyse eine starke Heterogenität in den Gründungsstaaten. Im Zeitraum von 1951 bis 2007 fand in Belgien und der Bundesrepublik Deutschland kein nationales Referendum statt und in den Niederlanden sowie Luxemburg jeweils nur ein einziges. Dagegen ließ Frankreich 16 mal die Bürger über wichtige Fragen abstimmen und Italien sogar 63 mal. In der nächsten Beitrittswelle im Jahr 1973 sind es Irland und Dänemark, die die Anzahl nationaler Referenden innerhalb der EU-Staaten deutlich erhöhen und weniger Großbritannien. In den beiden weiteren Erweiterungen traten sechs Länder der Europäischen Union bei, in denen die nationale Volksgesetzgebung kaum eine Rolle spielt. Erst mit den letzten beiden Wellen und dem Beitritt von zehn mittel- und osteuropäischen Staaten erhöht sich die Anzahl nationaler Referenden in den EU-Staaten nochmals deutlich. Allein in Slowenien wurden in der letzten Dekade acht nationale Referenden durchgeführt.

Dieser Übersicht im Zeitverlauf ist zu entnehmen, dass die stetige Zunahme an EU-Mitgliedern nicht automatisch zu einer steigenden Zahl nationaler Referenden führte. Der Abstimmungsprozess im Zusammenhang mit dem EU-Beitritt und der EU-Verfassung hat sicherlich eine Zunahme an Referenden ausgelöst, aber nicht in denjenigen Ländern, die der Volksgesetzgebung skeptisch gegenüber stehen. Jedoch bestätigt sich die Vermutung, dass der Beitritt der mittel- und osteuropäischen Staaten die Zahl der Volksabstimmungen in den EU-Staaten deutlich erhöhte. Allein in der letzten Dekade wurden in den zehn Staaten aus Mittel- und Osteuropa 22 nationale Referenden durchgeführt. Seit dem Jahr 1989 waren es sogar 67 nationale Abstimmungen in diesen Ländern (vgl. Tabelle 2). Der Beitritt der mittel-

Direkte Demokratie 253

und osteuropäischen Reformstaaten hat somit zu einer deutlich stärkeren Nutzung direktdemokratischer Verfahren geführt.

Abbildung 3: Nationale Volksabstimmungen in den EU-Staaten, 1951-2007

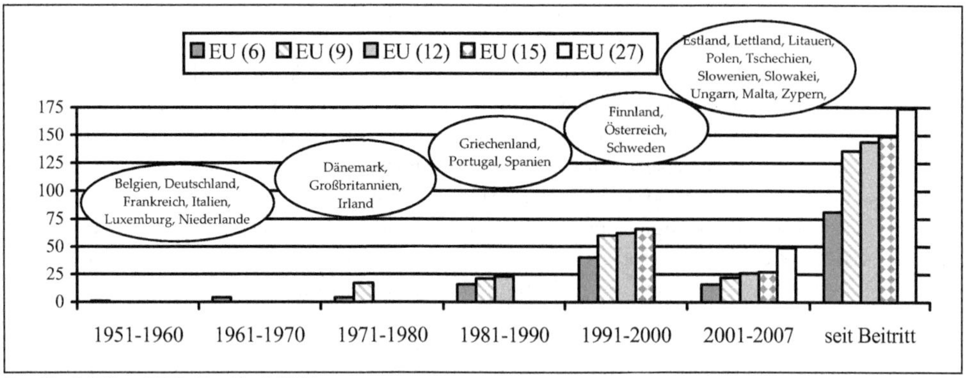

[Diagramm: Balkendiagramm mit Kategorien EU (6), EU (9), EU (12), EU (15), EU (27) über Zeiträume 1951-1960, 1961-1970, 1971-1980, 1981-1990, 1991-2000, 2001-2007, seit Beitritt. Gruppen: Belgien, Deutschland, Frankreich, Italien, Luxemburg, Niederlande; Dänemark, Großbritannien, Irland; Griechenland, Portugal, Spanien; Finnland, Österreich, Schweden; Estland, Lettland, Litauen, Polen, Tschechien, Slowenien, Slowakei, Ungarn, Malta, Zypern]

Quelle: Müller 2007; Grafik: MWR.

In den Staaten Mittel- und Osteuropas wurden die direktdemokratischen Mitwirkungsmöglichkeiten vergleichsweise gut angenommen. Slowenien und Lettland gehören hier zu den Vorreitern. Die Bevölkerung beider Länder kann relativ viele Themen initiieren und darüber abstimmen. Ein großes Hindernis stellt in diesen Staaten allerdings das hohe Beteiligungsquorum (50 Prozent) bei der Abstimmung über einfache Gesetze dar. Dennoch verfügen nach Kaufmann (2004a: 5) sechs der zehn neuen EU-Mitgliedstaaten aus der Beitrittswelle 2004 (Slowenien, Lettland, Litauen, Slowakei, Ungarn, Polen) über umfassendere Möglichkeiten direktdemokratischer Beteiligung als die Gründungsmitglieder Luxemburg, Belgien und die Bundesrepublik Deutschland. Estland, Tschechien, Bulgarien und Rumänien sind hinsichtlich den direktdemokratischen Mitwirkungsmöglichkeiten der Bürger zurückhaltender. In Estland gibt es im wörtlichen Sinn keine direkte Demokratie.

Allerdings ist es obligatorisch, bei Verfassungsänderungen das Volk abstimmen zu lassen. Dieses Verfahren kam erstmals bei der Entscheidung über den EU-Beitritt im Jahr 2003 zum Tragen. In Tschechien sind keine Abstimmungen auf der nationalen Ebene möglich, in Bulgarien ist lediglich ein optionales Parlamentsplebiszit möglich (vgl. Bützer 2001: 7). Die rumänische Verfassung sieht zwar einige Instrumente direkter Demokratie vor, hohe Quoren und starke Themenrestriktionen verhindern jedoch deren praktische Anwendung (vgl. Kaufmann/Waters 2004: 105).

3.3 Nationale Referenden über europäische Themen

Der Erweiterungsprozess sowie in jüngster Zeit der Ratifikationsprozess der europäischen Verfassung führten zu einem Anstieg nationaler Abstimmungen sowie einer intensiven Debatte über direkte Demokratie in den EU-Staaten. In den meisten Mitgliedstaaten der EU ist das Volk in sehr wichtigen Fragen wie die Abtretung nationaler Souveränitätsrechte an der politischen Entscheidung beteiligt. Seit 1972 war deshalb die Europäische Integration in 45 Fällen (inkl. der EFTA-Staaten) Gegenstand nationaler Referenden, in den EU-Staaten allein waren es bislang 34 nationale Referenden (vgl. Müller 2007). Kein anderes Thema brachte die Menschen in diesem Ausmaß an die Abstimmungsurnen (vgl. Kaufmann 2004b). Dabei ging es in 16 Fällen um den EU-Beitritt und damit die Abtretung von Entscheidungsrechten an die supranationale Ebene. Dies erfordert allerdings nur in Irland, Dänemark, Österreich und Rumänien ein obligatorisches Verfassungsreferendum. Großbritannien, Finnland, Schweden und Malta führten für den EU-Beitritt nicht-dezisive Parlamentsplebiszite durch, in Großbritannien initiierte die neue konservative Regierung ein konsultatives Referendum über den Verbleib in der EU. Die Verfassungen der neuen Mitglieder aus Mittel- und Osteuropa sahen kein obligatorisches Referendum dazu vor, weshalb die Parlamente erst Gesetze dafür erlassen mussten. Diese bindenden Parlamentsplebiszite bezeichnet Müller (2007) als obligatorische Verfassungsreferenden und sie gleichen diesen auch in ihrer Wirkung. Allerdings ist deren bindende Wirkung meist an ein Beteiligungsquorum gebunden. So sind in Polen Volksabstimmungen, die der Sejm über wichtige Angelegenheiten ansetzen kann, nur bindend, wenn die *Mehrheit der Stimmberechtigten* daran teilnimmt.[6]

Tabelle 3 verdeutlicht, dass im Zusammenhang mit europäischen Themen zwei Abstimmungsformen dominieren: das obligatorische Verfassungsreferendum, dessen Ergebnis stets bindend für die Regierenden ist, und Plebiszite, die in neun Fällen nicht-bindend und in 13 Fällen bindend für die politischen Eliten waren. In der Mehrheit der nationalen Abstimmungen konnte das Volk somit selbst über die europäischen Themen entscheiden. Zudem ist der Anteil der obligatorischen und/oder bindenden Referenden im Zeitverlauf gestiegen.

Für die Ratifizierung der EU-Verfassung schreiben nur die Verfassungen Irlands und Dänemarks ein Referendum vor. Aber auch von denjenigen Ländern, in denen keine Bestätigung durch die Bevölkerung erforderlich ist, wird im Hinblick auf die gemeinsame Verfassung indirekt gefordert, die „EU endlich zu demokratisieren und der ersten europäischen Verfassung die nötige Legitimation zu verschaffen" (Auer 2004: 581, vgl. auch Feld/ Kirchgässner 2004: 228). Die neue Verfassung sollte ursprünglich Ende 2006 in Kraft treten. Zuvor war aber die Ratifikation in allen Mitgliedstaaten notwendig, entweder durch die dafür zuständigen nationalen Parlamente oder in Volksabstimmungen. 18 von 27 EU-Mitgliedstaaten stimmten bislang der EU-Verfassung zu, 13 davon durch Parlamentsentscheidungen. In Bulgarien und Rumänien war der Verfassungsvertrag bereits Teil der Beitrittsverträge und wurde zugleich mit dem Beitritt Anfang 2007 ratifiziert.

Obwohl in einigen Ländern wie in Deutschland und Österreich intensiv über das Abhalten eines konsultativen Referendums diskutiert wurde, konnten sich die Befürworter nicht durchsetzen. Zuvor hatten sich knapp 80 Prozent der Deutschen ein Referendum zur EU-Verfassung gewünscht, und in Österreich wurde eine Bürgerinitiative für diesen Zweck gegründet (vgl. Verhulst/Nijeboer 2007: 10). Bestätigt fühlten sich die Abstimmungsgegner im Zusammenhang mit dem Ratifizierungsprozess, als dieser durch die Ablehnung bei Referenden in Frankreich und in den Niederlanden einen deutlichen Rückschlag erlitt. Dänemark, Großbritannien, Irland, Polen, Portugal, Schweden und Tschechien setzten danach den Ratifizierungsprozess bis auf weiteres aus. Von diesen Ländern beabsichtigt nur Schweden, die EU-Verfassung vom Parlament bestätigen zu lassen, während Dänemark, Irland,

---

[6] Das polnische Verfassungsgericht entschied zuvor, dass der Sejm den EU-Beitritt allein hätte beschließen können, wenn die Abstimmung mangels Beteiligung gescheitert wäre (vgl. Müller 2007).

Portugal und Großbritannien Referenden planen. In Polen und Tschechien ist noch nicht entschieden, ob ein Referendum stattfinden soll, es wäre allerdings möglich (vgl. Belafi 2007).

Tabelle 3: Nationale Referenden über europäische Themen in den EU-Staaten

	Nicht-Bindend	Bindend
Obligatorisches Referendum		Rumänien 2003 *Irland 1972*, 1987, 1992, 1998, 2001 *Dänemark 1972*, 1992, 1998, 2000 Österreich 1994
Plebiszit	SPANIEN 2005 LUXEMBURG 2005 NIEDERLANDE 2005 Schweden 2003 Malta 2003 Schweden 1994 Finnland 1994 Großbritannien 1975 Frankreich 1972	FRANKREICH 2005, 1992 Litauen 2003 Estland 2003 Tschechien 2003 Polen 2003 Slowakei 2003 Litauen 2003 Ungarn 2003 Slowenien 2003 Irland 2002 Dänemark 1986, 1993
Volksinitiative	ITALIEN 1989	

Referenden in Großbuchstaben: EU-Verfassung. Kursiv markierte Referenden: EU-Beitritt.
Quellen: Kaufmann 2004b: 16; Müller 2007. Darstellung MWR.

Als Konsequenz der Ablehnung der EU-Verfassung durch die französische und niederländische Bevölkerung endete die danach ausgerufene Reflexionsphase mit einem Beschluss des Europäischen Rats im Jahr 2007. Dieser sieht vor, die bestehenden EU-Verträge zu ändern, statt sie durch einen Verfassungsvertrag zu ersetzen. Mit einem Reformvertrag, der ohne Volksabstimmungen ratifiziert werden kann, soll ein Großteil der Inhalte des Verfassungsvertrages in die grundlegenden Verträge eingearbeitet werden. Es ist zu befürchten, dass sich die Bürger angesichts dieser Ratsentscheidung erneut ausgeschlossen fühlen. Weshalb sollten sie sich für europäische Themen interessieren und an Abstimmungen teilnehmen, wenn sie bei wichtigen Fragen der Europäischen Integration nicht gefragt werden bzw. ihr Veto unberücksichtigt bleibt? „Meuterei im Gallierdorf! Asterix sagt nein (…) Obelix denkt sich seinen Teil. Warum soll man denn überhaupt abstimmen, wenn man nur JA sagen darf? Die sind verrückt in Brüssel!"[7]

Diese Entwicklung bedeutet für die direkte Demokratie einen Rückschritt. Wieder wird die Forderung laut, dass man wichtige Themen wie den europäischen Einigungsprozess nicht von uninformierten Bürgern entscheiden lassen dürfe und die Letztverantwortung bei den Parlamenten und Regierungen liegen müsse. Die positiven Tendenzen, die die Debatte um EU-Referenden auslöste, werden erneut zurückgedrängt. Immerhin hatten Abstimmungskritiker wie Deutschland und Österreich über das Abhalten einer Volksabstimmung

---

[7] Kommentar der Neuen Züricher Zeitung zur Ablehnung der EU-Verfassung in Frankreich (30.05.2005).

nachgedacht. In Belgien wurde im Parlament über die für ein Referendum nötige Verfassungsänderung abgestimmt, die notwendige Zweidrittelmehrheit wurde jedoch nicht erreicht. Und in den Niederlanden fand zum ersten Mal seit 200 Jahren eine Volksabstimmung über die Annahme der europäischen Verfassung statt. Das Parlament musste dafür ein Spezialgesetz erlassen, da die Verfassung Referenden nicht vorsah. Die Regierung erklärte, sie werde das Ergebnis des konsultativen Parlamentsplebiszites respektieren, wenn sich mehr als 30 Prozent der Stimmberechtigten beteiligen. 63 Prozent der Niederländer gingen zu den Urnen, nach deren mehrheitlicher Ablehnung der EU-Verfassung zog die Regierung den Gesetzesentwurf zur Ratifikation zurück.

3.4 Direkte Demokratie auf der subnationalen Ebene

In Staaten mit föderalistischer Struktur findet die subnationale Volksgesetzgebung in den Gliedstaaten, Städten und Gemeinden statt. In unitarischen Staaten sind subnationale Abstimmungen vor allem in den Städten und Gemeinden möglich, mitunter auch in Regionen oder Provinzen. Sowohl für föderale wie für unitarische Staaten ist es somit sinnvoll, von regionaler bzw. lokaler direkter Demokratie zu sprechen (vgl. Avtonomov 2001: 325).

Für einen Ländervergleich der Ausgestaltung und Nutzung direkter Demokratie auf regionaler und lokaler Ebene liegen nur wenige Informationen vor. „The main problem of local experience in direct democracy is it's secretiveness. To find data on this subject amounts to an outstanding exploit" (Auer/Bützer 2001: 354). Auch sind zum Beispiel in Dänemark die regionalen Einheiten mehrdeutig definiert. So führt Kjaerulff-Schmidt (2004: 51) an, dass hier bislang sechs regionale Referenden stattfanden und meint damit Abstimmungen in Grönland, auf den Faröer Inseln und in der Region Nordschleswig. Regionale Grenzen im Sinne politisch-administrativer Strukturen kennt das Land erst seit Januar 2007, seither existieren fünf Regionen mit 98 Kommunen. Für diese neue regionale Ebene liegen jedoch ebenso wie für die lokale Ebene keine gesetzlichen Bestimmungen über Volksabstimmungen vor. Dennoch fanden in Dänemark zwischen 1970 und 2000 mehr als 160 konsultative kommunale Referenden statt, die nach der Einschätzung von Kjaerulff-Schmidt (2004: 53) durchaus den lokalen Entscheidungsprozess beeinflussten. Dies bestätigt van Holsteyn (2001: 341) auch für die lokale Ebene in den Niederlanden. „In general, councils have found it proper and expedient to accept the results; if the turnout is reasonably high and the wishes of the electorate are clear, there are few parties or politicians who dare take another path". Ebenso wie in Dänemark wird in den Niederlanden von regionalen Referenden gesprochen, obwohl damit Abstimmungen auf den Niederländischen Antillen gemeint sind.

Der Vergleich direkter Demokratie auf regionaler und lokaler Ebene wird neben den Problemen der Datenverfügbarkeit und vergleichbarer Einheiten auch durch unklare Gesetzeslagen erschwert. Einigen Verfassungstexten ist nicht eindeutig zu entnehmen, wie die direktdemokratischen Elemente ausgestaltet sind, entsprechend häufig fehlen präzisierende Ausführungsgesetze wie eben in Dänemark. Aber auch die Slowakei und die baltischen Staaten Estland, Lettland und Litauen haben keine gesetzlichen Bestimmungen über subnationale Referenden. Vier Staaten sehen weder auf regionaler noch auf lokaler Ebene die Anwendung direkter Demokratie vor (Irland, Litauen, Griechenland, Türkei), drei Staaten erlauben keine regionale dafür aber lokale Referenden (Finnland, Belgien, Tschechien).

Direkte Demokratie

Vor allem für die Lokalebene werden häufig Effizienzgründe für die Einführung direkter Demokratie angeführt. Die Kommunen seien zunehmend auf die Mitarbeit durch die Bürger angewiesen, da sie in Zeiten knapper Kassen die bisherigen Leistungen nicht aufrecht erhalten können. Ein Hauptargument bildet auch die größere Bürgernähe auf dieser Ebene, die sich deshalb sehr gut für direkte Mitwirkung eigne (vgl. Gabriel/Walter-Rogg 2003: 140). Nach der Einschätzung von Smith (2007: 71) kommt in den postkommunistischen Systemen noch die Angst vor einer Rückkehr zu autoritären Strukturen hinzu. „Some political reformers (…) believed that increasing the participatory rights of citizens would be a key mechanism for preventing recourse to authoritarianism and for bolstering democratic practices at the local level". Deshalb seien die Ergebnisse lokaler Referenden in den mittel- und osteuropäischen Staaten in der Regel bindend für die politische Elite und somit effektiver als die meist nur beratenden Abstimmungen in Westeuropa. Dies gilt für Tschechien, die Slowakei, Polen, Ungarn, Slowenien, Kroatien und Mazedonien. In Rumänien sind konsultative Abstimmungen vorgesehen, die allerdings nur auf Antrag des Bürgermeisters initiiert werden können.[8]

Die Nationalstaatsbildung in Südosteuropa hat sich im Allgemeinen stark an dem zentralistischen französischen Modell ausgerichtet, d. h. zwischen dem Zentralstaat und den Kommunen gibt es keine politisch-administrative Zwischenebene der Regionen. Dies trifft für Slowenien, Slowakei, Mazedonien, Rumänien, Bulgarien, Zypern, Malta[9] aber auch für Estland und Lettland zu. Unter den westeuropäischen Staaten weist Luxemburg keine Gliederung in regionale Einheiten auf. Somit haben zehn der 30 Staaten keine regionale Untergliederung. In der Mehrheit der westeuropäischen Staaten sind auf regionaler und lokaler Ebene nur konsultative Referenden möglich (Belgien, Dänemark, Finnland, Italien, Österreich, Niederlande, Spanien, Schweden). Nur in wenigen Ländern sind bindende Abstimmungen vorgesehen, eine führende Rolle spielt hier Deutschland.

Deutschland gehörte lange Zeit zu den Staaten, die strikt das Prinzip der repräsentativen Demokratie vertraten. Während bis 1989 erst sieben Bundesländer die Volksgesetzgebung auf Länderebene und nur Baden-Württemberg auf kommunaler Ebene vorsah, setzte mit der deutschen Wiedervereinigung ein regelrechter Siegeszug der direkten Demokratie ein. Seit 1998 sind regionale und lokale Volksabstimmungen in allen deutschen Ländern möglich, allerdings unterscheiden sich diese zum Teil erheblich in der institutionellen Ausgestaltung (vgl. Walter-Rogg 2003: 14ff.; Kost 2005). Der Großteil der Bundesländer erschwerte in der Vergangenheit die Durchführung von Referenden durch hohe Hürden und bürokratische Hindernisse. Von den 185 Volksbegehren, die bis Ende 2006 gestartet wurden, führten nur 13 zum Volksentscheid. Die Mehrzahl der Anträge scheiterten an den hohen Unterschriftsquoren. Neben den von den Bürgern initiierten Entscheiden kam es bisher zu 36 Referenden. Sie betrafen Fragen der Länderneugliederung, die Annahme neuer Landesverfassungen und obligatorische Verfassungsreferenden (vgl. Rehmet 2007: 6ff.). Allerdings

---

[8] Mehr Informationen zu den institutionellen Regeln lokaler Demokratie in Osteuropa siehe Avtonomov 2001.
[9] In Malta werden die seit 1993 existierenden Gemeinden lediglich für statistische Zwecke zu sechs Distrikten und diese wiederum zu drei Regionen zusammengefasst. Bis 1993 wurde der Inselstaat zentral von Valletta aus regiert und verwaltet. Nach einem Stufenplan sollen den Kommunalparlamenten mehr und mehr Kompetenzen übertragen werden, lokale Volksabstimmungen sind dabei nicht vorgesehen (vgl. Waschkuhn/Bestler 1997).

ist ein positiver Trend zu verzeichnen, immer mehr Länder etablieren oder diskutieren bürgerfreundlichere Regelungen der Volksgesetzgebung.[10]

Deutschland weist zwar im Vergleich mit den anderen EU-Staaten eine deutlich höhere Nutzung lokaler und regionaler Referenden auf (vgl. Tabelle 1), dennoch finden diese seltener statt als in der Schweiz oder den USA. Auch in Norwegen werden auf lokaler Ebene recht häufig Bürgerbegehren und -entscheide durchgeführt (vgl. Walter-Rogg 2003: 34). Die Häufigkeit lokaler und regionaler Referenden variiert von Bundesland zu Bundesland ganz beträchtlich.[11] Insgesamt führt Deutschland die 30-Staaten-Liste mit 53 regionalen und 1763 lokalen Referenden an. Die Niederlande, Großbritannien und Dänemark fallen mit sechs regionalen Abstimmungen deutlich ab, in Italien, Portugal und Schweden wurden bis heute auf dieser Ebene keine Referenden durchgeführt. Für sechs Staaten liegen keine Informationen für regionale Volksentscheide vor (Frankreich, Spanien, Österreich, Ungarn, Polen und Kroatien) und für weitere sechs Staaten nicht für lokale Referenden (Slowenien, Spanien, Österreich, Kroatien, Bulgarien und Zypern).

Polen nimmt den zweiten Rang bei der Nutzung lokaler direkter Demokratie ein. Dort können auf der Gemeinde-, Kreis- und Wojewodschaftsebene Volksabstimmungen durchgeführt werden, sie kommen aber vor allem auf Gemeindeebene zur Anwendung. Die institutionellen Regelungen sind sehr anwendungsfreundlich, dabei kann die Initiative vom Kommunalparlament oder einem Zehntel der Stimmberechtigten ausgehen. Auch ist in Polen die Abwahl von Parlamenten (seit 1992) bzw. von Bürgermeistern (seit 2000) möglich. Davon wurde von 2001 bis 2005 188 mal Gebrauch gemacht, also bei zwei Dritteln aller polnischen Referenden in diesem Zeitraum (vgl. Smith 2007: 75). Diese große Zahl von Abberufungen wird auf das stark zersplitterte Parteiensystem und die hohen Zahl Parteiunabhängiger zurückgeführt. Meist initiierten nicht die Bürger, sondern unterlegene Kandidaten der vorausgegangenen Wahlen die Abberufung des gewählten Rates oder Bürgermeisters. Entsprechend niedrig fällt auch die Beteiligung an diesen so genannten Recall-Referenden aus, so scheiterten die meisten der mehr als 300 durchgeführten lokalen Referenden, weil sie das Quorum von 30 Prozent verfehlten (vgl. Ziemer/Matthes 2004: 220).

An dritter Stelle steht eine Ländergruppe, in denen lokale Referenden nicht an der Tagesordnung sind, aber einen relativ hohen Stellenwert haben. Während in Frankreich (seit 1880: 180), den Niederlanden (seit 1912: mehrere Hundert) und Dänemark (seit 1970: 160) die direkte Demokratie auf der Kommunalebene eine längere Tradition hat, wurden in Tschechien und Ungarn in kurzen Zeiträumen viele Bürgerbegehren initiiert. In Ungarn führten seit 1999 165 Kampagnen zu 119 abgehaltenen Referenden und in Tschechien fanden seit 1992 113 Kampagnen statt, die zu insgesamt 81 lokalen Referenden führten (vgl. Smith 2007: 69, 75). Eine weitere Fünfergruppe wendet nur sehr sporadisch direktdemokra-

---

[10] Zuletzt sorgte Berlin für Aufsehen, als der Stadtstaat innerhalb kürzester Zeit die Volksrechte in den Bezirken Berlins etablierte und sie auf Stadtstaatenebene bürgerfreundlich reformierte (vgl. www.mehr-demokratie.de). Der Fachverband Mehr Demokratie e.V. bewertet in einem jährlichen Volksentscheid-Ranking die einzelnen Länder und ihre regionalen und lokalen direktdemokratischen Regelungen. Danach sind im Jahr 2006 nur die Verfahren in Bayern, Berlin und Hamburg anwendungsfreundlich, aber auch diese erhielten angesichts eines zuvor definierten optimalen Designs lediglich die Note befriedigend (vgl. Rehmet 2007: 5).

[11] Bayern nimmt unter den Flächenstaaten die Spitzenposition ein, dort wurden von 1946-2006 16 Volksbegehren (vgl. Rehmet 2007) und von 1995-2005 1457 Bürgerbegehren initiiert (vgl. Gabriel/Walter-Rogg 2006).

Direkte Demokratie

tische Verfahren auf der lokalen Ebene an: Schweden, Finnland, Großbritannien, Mazedonien und die Slowakei. In den meisten slowakischen Referenden ging es um die Trennung von Gemeinden. Auch dort ist es möglich, Bürgermeister abzuberufen oder Begehren zu bestimmten Themen zu starten, dazu liegen jedoch keine Daten vor (vgl. Smith 2007: 80).

Das Schlusslicht für die Nutzung lokaler Referenden bildet Belgien, obwohl diese seit dem 19. Jahrhundert möglich sind. Seitdem gab es aufgrund der unklaren Gesetzeslage und sehr restriktiver Regeln nur wenige Abstimmungen in den Gemeinden (15). Erst 1995 wurde das konsultative Referendum per Gesetz eingeführt, es änderte allerdings wenig an dessen praktischen Unbrauchbarkeit. Selbst wenn die hohe Beteiligung von 40 Prozent erreicht wird, folgt nicht automatisch ein Bürgerentscheid. Wird das Quorum nicht erreicht, werden alle Unterschriften vernichtet. „Thus Belgium is one of the few countries on this planet where uncounted votes are burned in the name of democracy" (Verhulst 2004: 38).

3.5 Einordnung und Typologisierung der direkten Demokratie in den EU-Staaten und den Beitrittsländern

Abschließend erfolgt nun eine zusammenfassende Bestandsaufnahme der institutionellen Ausgestaltung und Nutzung direktdemokratischer Verfahren in den EU-Staaten. Tabelle 2 ist der Versuch einer systematischen Übersicht.[12] Dabei ist zunächst zu erkennen, dass eine Tradition direktdemokratischer Verfahren nicht automatisch dazu führt, dass ein Land zur Gruppe der *Avantgardisten* gehört. Frankreich kennt Elemente der Volksgesetzgebung seit dem 18. Jahrhundert, dennoch ist es nach Kaufmann (2004a) in die Gruppe der *Vorsichtigen* einzustufen. Der Zeitpunkt der Einführung von Einrichtungen der direkten Demokratie in den EU-Staaten ist nicht immer so einfach zu bestimmen wie im Falle Frankreichs. So wurde in Luxemburg im Jahr 1870 ein spontanes Referendum abgehalten, um dem Wunsch der Bevölkerung nach Unabhängigkeit nachzukommen. Aber erst im Jahr 1919 wurden Referenden in der Verfassung verankert, das dafür notwendige Ausführungsgesetz existiert allerdings bis heute nicht (vgl. Groff 2004: 90). Die Daten über den Beginn der direkten Demokratie in einem Staat folgen deshalb den Angaben von Müller (2007); die Informationen über die Zahl nationaler Volksentscheide beziehen sich ebenfalls auf dieses Datum. Danach wurden in Luxemburg von 1919 bis Mitte 2007 vier konsultative Parlamentsplebiszite abgehalten.

Neben dem Zeitpunkt der Einführung ist wichtig, ob die Verfassungen der einzelnen Staaten das Referendum erwähnen. Dabei wird das Referendum in seiner allgemeinsten Form als jede Art unmittelbarer Sachentscheidungen durch das Volk definiert – gleichgültig welchen Inhalts, welcher Rechtsqualität und unabhängig von der Bindungswirkung der Entscheidung (vgl. Weixner 2002: 87). Lediglich Malta und Zypern erwähnen diese Elemente überhaupt nicht, vier Länder sehen Verfahren der direkten Demokratie auf regionaler bzw. lokaler Ebene vor (Deutschland, Niederlande, Norwegen, Tschechien). In 14 EU-Staaten sind direktdemokratische Beteiligungsverfahren auf allen Ebenen des politischen Systems möglich. Dieses Kriterium scheint allerdings wenig über die Qualität direkter Demokratie in einem Land auszusagen, da sich diese Länder auf alle vier Bewertungskategorien verteilen. So wird Irland als sehr abstimmungsfreundlich eingestuft (Platz vier), obwohl es

---

[12] Die Rangordnung der Länder und Bezeichnung der Ländergruppen basiert auf der qualitativen Analyse von Kaufmann (2004a: 5), ergänzt durch die eigene Analyse der Länder Mazedonien und Kroatien.

keine Referenden auf regionaler oder lokaler Ebene und auch keine nationale Volksinitiative vorsieht. Dafür wird umso öfter von obligatorischen Verfassungsreferenden und Plebisziten Gebrauch gemacht, zudem sind alle Abstimmungsergebnisse bindend (vgl. Taaffe 2004).

Die größte Schwierigkeit bei der Bewertung direkter Demokratie besteht im Vergleich der Anwendungsfreundlichkeit und Effektivität der verschiedenen Verfahren. Obligatorische Referenden sind nicht in allen EU-Staaten möglich, am häufigsten sind Abstimmungen, die durch das Parlament, die Regierung oder das Staatsoberhaupt ausgelöst werden (Plebiszite), und konsultative Referenden. In Griechenland, Portugal, Frankreich und Irland können Referenden nur von den Regierenden gestartet werden, während in einigen Ländern nicht-verbindliche konsultative Abstimmungen fakultativ durchgeführt werden können (Spanien, Österreich, Finnland, Schweden, Großbritannien, Luxemburg und den Niederlanden). Dabei ist üblich, dass sich die Regierung bzw. parlamentarische Mehrheit an das Ergebnis einer Volksbefragung zumindest für eine gewisse Zeit gebunden fühlt.

Referenden werden von Experten skeptisch beurteilt, sie sehen vor allem die Volksinitiative als Kernelement der direkten Demokratie. „Trotz der Zunahme von Referenden in Europa ist es auf internationaler Ebene leider immer noch die Volksabstimmung, die am häufigsten durchgeführt wird. Dabei handelt es sich ausnahmslos um unverbindliche ‚Referenden', die von amtierenden Politikern ausgerufen werden. Entweder soll die eigene Politik außer der Reihe legitimiert werden, oder es ist in Koalitionen oder Parteien zu internen Meinungsverschiedenheiten gekommen. Die Spielregeln werden dabei häufig so angepasst, wie es den Politikern gerade Recht ist" (Verhulst/Nijeboer 2007: 53). Bei einem fakultativen Referendum reagierten die Bürger lediglich auf Entscheidungen des Parlaments, das dann immer noch gestalterisch wirke. Hingegen werde bei einer Volksinitiative die politische Tagesordnung von den Bürgern aktiv bestimmt.

Nach der Analyse von Kaufmann (2004a: 4) können die Bürger nur in drei EU-Staaten (Italien, Slowenien und Lettland) nationale Referenden unabhängig vom Parlament oder der Regierung initiieren und nur in vier Ländern (Irland, Dänemark, Litauen und der Slowakei) gibt es obligatorische Referenden, deren Ergebnis ohne Einschränkung bindend ist. In allen anderen Ländern hat die politische Elite die Macht, Volksentscheide zu verhindern oder deren Ergebnisse zu ignorieren. Zwar haben die Bürger in mehreren Ländern die Möglichkeit, über einfache Gesetze abzustimmen. Allerdings ist die Volksgesetzgebung, bei der sowohl die Initiative als auch die Entscheidung formell bei den Bürgern liegt, auf der nationalen Ebene des politischen Systems in keinem EU-Land eingeführt.[13]

Über die Erfolgsquoten von Volksbegehren liegen nur lückenhafte Informationen vor. Um ein vollständiges Bild zu zeichnen, wären Angaben darüber notwendig, wie viele Begehren die Bürgern initiierten, wie viele davon in einen Entscheid mündeten und im Sinne der Antragssteller entschieden wurden. Immerhin können – dank der Datenbank von Müller (2007) – die beiden letztgenannten Aspekte untersucht werden. Diese Analyse beschränkt sich aufgrund der besseren Vergleichbarkeit auf den Zeitraum von 1989 bis 2007. In dieser Zeit waren in Italien von 46 fakultativen (eigentlich abrogativen) Referenden und einem konsultativen Referendum 24 ungültig, weil die Mindestbeteiligung von 50 Prozent für die einfache Gesetzgebung nicht gegeben war. Acht Abstimmungen wurden nicht im

---

[13] Dies ist lediglich in Lichtenstein der Fall. Stark ausgebaut ist die Volksgesetzgebung auch in den Kantonen der Schweiz und in fast allen deutschen und österreichischen Bundesländern (vgl. Ismayr 1997: 35ff.).

Sinne der Antragssteller entschieden und 15 erzielten die einfache Mehrheit bei den Jastimmen. Somit hat Italien eine Erfolgsquote von 32 Prozent und liegt damit deutlich unter dem Durchschnitt von 62 Prozent der 25 Staaten, in denen in dieser Zeit Referenden stattfanden. Die Erfolgsquote wird somit maßgeblich vom Beteiligungsquorum beeinflusst. Auch in der Slowakei erreichte nur eines von neun Referenden – nämlich das über den EU-Beitritt – das Quorum. In Ungarn wurde das Beteiligungs- und Zustimmungsquorum bei einfachen Gesetzen deutlich gesenkt, hier liegt die Erfolgsquote bei zwei Drittel aller Referenden.

Auch wer eine Volksabstimmung initiiert, ist ausschlaggebend für deren Erfolg. In Irland liegt die Erfolgsquote bei 82 Prozent, hier werden die Bürger automatisch bei wichtigen Fragen zu den Urnen gerufen. In Frankreich können Volksabstimmungen nur vom Präsidenten ausgelöst werden. Zudem ist bei Änderungen der Verfassung ein obligatorisches Referendum vorgesehen, das allerdings umgangen werden kann. Auch hier ist die Erfolgsquote mit 56 Prozent hoch. Bei der Volksinitiative ist ferner die Themenbeschränkung zu beachten. Keine Themenbeschränkung bei der Volksinitiative haben lediglich Slowenien und Litauen; in Italien, Lettland, der Slowakei und Mazedonien sind nur wenige Themen davon ausgeschlossen. Sehr restriktiv in den abstimmungsfähigen Themen sind hingegen Spanien, Österreich, Portugal, Ungarn und Rumänien. In Luxemburg wird die Themenbeschränkung fallweise festgelegt.

Abschließend erfolgt eine Einordnung bzw. Typologisierung der direkten Demokratie in den 27 EU-Staaten. Abbildung 4 zeigt die Einordnung der Länder nach der Kategorisierung von Kaufmann (2004a). Der Kategorie *Demokraten* sind dabei diejenigen Länder zugewiesen, in denen die Bürger zumindest teilweise über Möglichkeiten verfügen, ohne die Zustimmung der Staatsorgane nationale Volksabstimmungen auszulösen, und die das obligatorische Referendum kennen. Hier sind die Möglichkeiten der direkten Bürgerbeteiligung überdurchschnittlich groß und werden durch die Bevölkerung auch relativ häufig genutzt. Neben Italien, Irland und Dänemark gehören hierzu auch bereits die jungen Demokratien Slowenien, Lettland und Litauen. In der aktualisierten Analyse von Kaufmann (2004a) gehört die Slowakei nicht mehr in diese sondern in die nächste Kategorie. Obwohl das Land das obligatorische Staatsvertragsreferendum kennt, wurde im Zusammenhang mit dem EU-Beitritt nur ein konsultatives Parlamentsplebiszit abgehalten.[14]

Zehn Staaten sind eher *vorsichtig* im Umgang mit der direkten Demokratie. Hier gibt es zwar Erfahrungen mit Volksabstimmungen, diese sind aber vorwiegend plebiszitär ausgelöst (Slowakei, Niederlande, Frankreich, Spanien, Österreich, Portugal, Schweden, Ungarn, Polen, Luxemburg). In den *ängstlichen* Länder gibt es zwar Ansätze zum Ausbau direkter Demokratie. Die politischen Eliten schrecken aber bislang davor zurück, die Bürger an politischen Entscheidungen zu beteiligen (Großbritannien, Finnland, Estland, Mazedonien, Belgien, Deutschland, Griechenland, Tschechien). Die *Schlusslichter* kennen quasi keine institutionelle Regeln oder haben kaum Erfahrungen mit der direkten Demokratie. Die politischen und kulturellen Rahmenbedingungen in diesen Ländern werden eher negativ für die Einführung der Volksgesetzgebung eingeschätzt. Im Vergleich zu Zypern und der Tür-

---

[14] Die Stimmbeteiligung musste mindestens 50 Prozent betragen. Daher gaben führende Politiker vor der Abstimmung bekannt, dass die Frist, die Propaganda 48 Stunden vor dem Abstimmungstag verbietet, zu missachten sei. Bei einer Beteiligung von 52 Prozent der Stimmberechtigten stimmten 94 Prozent der Abstimmenden mit Ja. Das slowakische Parlament beschloss daraufhin formell den EU-Beitritt (vgl. Müller 2007).

kei führen Malta, Rumänien, Kroatien und Bulgarien wenigstens Diskussionen über direktdemokratische Verfahren bzw. weitergehende Entwicklungen.

Abbildung 4: Ausgestaltung und Nutzung direkter Demokratie in den EU-Staaten und den Beitrittsländern

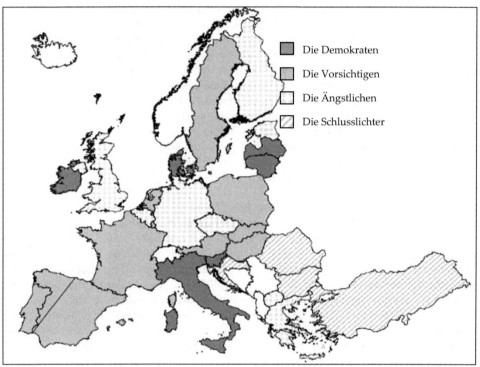

Quelle: siehe Tabelle 2; Grafik: MWR.

4 Resümee und Ausblick: Die Zukunft direkter Demokratie in den EU-Staaten und den Beitrittsländern

Nach den Ergebnissen unserer Analyse unterscheiden sich die EU-Staaten durchaus in der Ausgestaltung und Nutzung direktdemokratischer Verfahren. Während einige großen Wert auf die Beteiligung der Bürger an der Entscheidung über wichtige nationale Fragen legen, sind andere vorsichtiger und gewähren dem Volk lediglich auf der subnationalen Ebene unmittelbare Mitwirkungsrechte bei der Entscheidung über politische Sachfragen. Die 30 untersuchten Ländern lassen sich nach Kaufmann (2004a) vier Gruppen zuordnen, die die Elemente direkter Demokratie „demokratisch", „vorsichtig", „ängstlich" oder „überhaupt nicht" anwenden. Die EU-Staaten verteilen sich relativ gleichmäßig auf die vier Kategorien, dies gilt ebenso für die neuen Mitgliedstaaten aus Mittel- und Osteuropa. Allerdings haben diese bei den direktdemokratischen Verfahren teilweise anwendungsfreundlichere Modi und eine größere Nutzungsfrequenz als manche EU-Gründungsmitglieder.

Die größte Schwierigkeit für einen aussagekräftigen Vergleich bzw. die Beurteilung der Qualität und Effektivität direkter Demokratie liegt in der Differenzierung der einzelnen Verfahren und deren institutioneller Ausgestaltung. Die Experten sehen vor allem die Volksinitiative mit niedrigen Quoren und geringer Themenbeschränkung als Kernelement direkter Demokratie. Mit diesem Instrument wird das Volk zum Gesetzgeber, d. h. es kann die politische Agenda selbst bestimmen und an den Regierenden vorbei Entscheidungen treffen. Diese Möglichkeit gibt es jedoch nur in wenigen Ländern, die meisten halten am Repräsentationsprinzip im politischen Entscheidungsprozess fest. Nur in Italien, Slowenien und Lettland können die Bürger nationale Referenden unabhängig vom Parlament oder der Regierung initiieren und nur in Irland, Dänemark, Litauen und der Slowakei gibt es obligatorische Referenden, deren Ergebnis ohne Einschränkung bindend ist. In allen anderen Ländern hat die politische Elite die Macht, Volksentscheide zu verhindern oder deren Ergebnisse zu ignorieren. Zwar haben die Bürger in mehreren Ländern die Möglichkeit, über einfache Gesetze abzustimmen. Allerdings ist die Volksgesetzgebung, bei der sowohl die Initiative als auch die Entscheidung formell bei den Bürgern liegt, auf zentralstaatlicher Ebene in keinem EU-Land eingeführt. Am häufigsten sind Abstimmungen, die von oben ausgehen (Plebiszite) und konsultative Referenden. Auch wenn die Volksbefragungen letztlich nicht bindend für politische Entscheidungen sind, zeigt die Praxis, dass sich die Regierung bzw. die parlamentarische Mehrheit an deren Ergebnis gebunden fühlt.

Die Nutzungsanalyse verdeutlicht, wie selten die Bevölkerung von den Einrichtungen der direkten Demokratie Gebrauch macht. In 17 der 30 untersuchten Staaten spielt die Bürgerbeteiligung an Themenentscheidungen keine nennenswerte Rolle. Die außerordentlich begrenzte, direkte Bedeutung von Volksinitiativen und Referenden ist ein generelles Phänomen der Politik in modernen Demokratien und betrifft nicht die EU-Staaten allein (vgl. LeDuc 2003; Scarrow 2003). Jedoch wird gerade innerhalb der Europäischen Union gefordert, die direkte Demokratie stärker in den Integrations- und Entscheidungsprozess einzubauen und dem vermeintlichen Demokratiedefizit durch die Anwendung von Beitritts- und Ratifikationsreferenden zu begegnen. Dies ist zum größten Teil geschehen, kein anderes Thema brachte die europäischen Bürger so häufig und zahlreich an die Wahlurnen wie die Europäische Integration. Sogar Länder ohne rechtliche Grundlagen führten konsultative Volksabstimmungen durch und akzeptierten deren Ergebnisse.

Einen großen Dienst hat die direkte Demokratie in den EU-Staaten dadurch allerdings nicht erfahren. Im Gegenteil, die ablehnenden Referenden in Frankreich und den Niederlanden blockierten den Ratifikationsprozess einer gemeinsamen europäischen Verfassung. Die direkte Demokratie wurde in diesem Zusammenhang für eine politische Entscheidung angewandt, die letztlich nicht demokratisch ist. Da europarechtlich das Einstimmkeitsprinzip vorgegeben ist, lässt ein negatives Votum in einem einzigen Mitgliedstaat die Verfassung scheitern. Damit entscheidet eine Minderheit über die Mehrheit – ein Vorwurf den Abstimmungsgegner stets anführen. Auch verdeutlicht das Beispiel der Verfassungsratifizierung „das Gestrüpp unterschiedlicher staatlicher Regeln, die wegen des Nebeneinanders von parlamentarischer und unmittelbarer Zustimmung den Bürgern einen ungleichgewichtigen Einfluss ermöglichen" (Bieber 2006: 69). Die Lösung wäre einfach und rechtlich möglich gewesen, indem innerstaatliche Referenden in allen Staaten an einem gemeinsamen Termin abgehalten oder gar ein europäisches Referendum durchgeführt worden wäre. Letzteres wird schon lange von Forschern und Praktikern gefordert. „Einzig ein europäisches

Referendum könnte die direkte Demokratie in den Dienst des Integrationsprozesses stellen" (Auer 2004: 580).

Die Chance einer europäischen Volksinitiative bei der Ratifizierung der gemeinsamen Verfassung wurde verpasst. Bleibt die Hoffnung, dass die Verfahren zur Billigung der Verfassung und die Durchführung zahlreicher EU-Referenden als Katalysator für die gesetzlichen Bestimmungen in den Staaten der Abstimmungsskeptiker sowie für ein gemeineuropäisches Verfassungsrecht wirken. Zwar überwiegt heute bei den meisten Forschern und Politikern das pragmatische Verständnis, dass repräsentative und plebiszitäre Elemente als sich ergänzende politische Prinzipien in einer Demokratie zu betrachten sind. Tatsächliches Mitspracherecht in politischen Sachfragen ermöglichen jedoch die wenigsten EU-Staaten. Und dabei gibt es kaum ein EU-Land, in dem sich nicht eine Mehrheit der Bevölkerung für direkte Demokratie ausspricht (vgl. Verhulst/Nijeboer 2007: 10).

Direkte Demokratie ist kein Allheilmittel für politische Krisen oder Legitimationsdefizite. Schließlich besteht auch die Gefahr, dass die Bevölkerung durch unzulängliche oder falsche Informationen manipuliert wird, sei es durch die regierenden Eliten oder die Medien. Nichtsdestotrotz würde eine verstärkte Einbeziehung der Bürger in Entscheidungen über Sachfragen zumindest das wichtige Bedürfnis der Bürger der Mitsprache in modernen Staaten befriedigen und damit letztendlich deren demokratische Qualität erhöhen. Einige EU-Staaten wie Litauen, die Slowakei, die Niederlande, Frankreich, Österreich, Schweden, Griechenland oder Malta haben diese Zeichen der Zeit bereits erkannt und führen aktuell eine breite öffentliche Diskussion über den Ausbau direktdemokratischer Verfahren.

Literatur

Alemann, Ulrich von, 1975: Partizipation, Demokratisierung, Mitbestimmung. Problemstand und Literatur in Politik, Wirtschaft, Bildung und Wissenschaft. Eine Einführung. Opladen.
Auer, Andreas, 2004: Referenden und europäische Öffentlichkeit: nationale Volksabstimmungen über die Verfassung für Europa. Erfahrungen, Rechtsgrundlagen, Perspektiven, in: Zeitschrift für Staats- und Europawissenschaften 2 (4), 580-596.
Auer, Andreas/Bützer, Michael, 2001: Direct Democracy: The Eastern and Central European Experience. Aldershot.
Avtonomov, Alexei, 2001: Sub-national Referendums in Eastern European Countries, in: Auer, Andreas/Bützer, Michael, Direct Democracy: The Eastern and Central European Experience. Aldershot, 325-339.
Batt, Helge, 2006: Direktdemokratie im internationalen Vergleich, in: Aus Politik und Zeitgeschichte B10, 10-17.
Belafi, Matthias, 2007: Bekommt die Europäische Union eine Verfassung? Übersicht zum Stand des Ratifizierungsprozesses in den 27 EU-Mitgliedstaaten. Bertelsmann Forschungsgruppe Politik, in: www.cap-lmu.de/themen/eu-reform/ratifikation/index.php; 18.01.2007
Bieber, Roland, 2006: Zur Ko-Existenz von Referenden und parlamentarischer Demokratie. Das Beispiel der Ratifizierungsverfahren zur Europäischen Verfassung, in: Kadelbach, Stefan (Hrsg.), Europäische Verfassung und direkte Demokratie. Baden-Baden, 57-70.
Bützer, Michael, 2001: Introduction, in: Auer, Andreas/Bützer, Michael, 2001, Direct Democracy: The Eastern and Central European Experience. Aldershot, 1-10.

Erne, Roland, 2002: Obligatorisches Referendum, Plebiszit und Volksbegehren – drei Typen direkter Demokratie im europäischen Vergleich, in: Schiller, Theo/Mittendorf, Volker (Hrsg.), Direkte Demokratie – Forschungsstand und Perspektiven. Opladen, 76-101.
Feld, Lars P./Kirchgässner, Gebhard, 2004: The Role of Direct Democracy in the European Union, in: Blankart, Charles B./Mueller, Dennis C. (Hrsg.), A Constitution for the European Union. Cambridge/Mass., 203-235.
Gabriel, Oscar W., 1999: Das Volk als Gesetzgeber: Bürgerbegehren und Bürgerentscheide in der Kommunalpolitik aus der Perspektive der empirischen Forschung, in: Zeitschrift für Gesetzgebung 14 (4), 299-331.
Gabriel, Oscar W./Walter-Rogg, Melanie, 2003: Kommunale Demokratie, in: Jesse, Eckhard/Sturm, Roland (Hrsg.), Demokratien im 21. Jahrhundert im Vergleich. Historische Zugänge, Gegenwartsprobleme, Reformperspektiven. Opladen, 139-171.
Gabriel, Oscar W./Walter-Rogg, Melanie, 2006: Bürgerbegehren und Bürgerentscheide – Folgen für den kommunalpolitischen Entscheidungsprozess, in: Deutsche Zeitschrift für Kommunalwissenschaften 45 (2), 39-56.
Gallagher, Michael/Uleri, Pier V., 1996: The Referendum Experience in Europe. Basingstoke.
Groff, Alfred, 2004: Luxembourg, in: Kaufmann, Bruno/Waters, M. Dane (Hrsg.), Direct Democracy in Europe. A Comprehensive Reference Guide to the Initiative and Referendum Process in Europe. Durham, NC., 90-92.
Gross, Andreas, 2002: Das Design der Direkten Demokratie und ihre Qualitäten. Erfahrungen und Reformideen im Vergleich zwischen Kalifornien, Schweiz und den deutschen Bundesländern, in: Schiller, Theo/Mittendorf, Volker (Hrsg.), Direkte Demokratie – Forschungsstand und Perspektiven. Opladen, 331-339.
Gross, Andreas/Kaufmann, Bruno, 2002: IRI Europe Länderindex zur Volksgesetzgebung 2002. Ein Design- und Ratingbericht zu den direktdemokratischen Verfahren und Praktiken in 32 europäischen Staaten. Amsterdam.
Huntington, Samuel P., 1991: The Third Wave. Democratization in the Late Twentieth Century. Norman.
Ismayr, Wolfgang (Hrsg.), 1997: Die politischen Systeme Westeuropas. Opladen.
Ismayr, Wolfgang (Hrsg.), 2004: Die politischen Systeme Osteuropas. Opladen.
Jung, Sabine, 2001: Die Logik direkter Demokratie. Wiesbaden.
Kaufmann, Bruno, 2004a: A Comparative Evaluation of Initiative & Referendum in 32 European States, in: Kaufmann, Bruno/Waters, M. Dane (Hrsg.), Direct Democracy in Europe. A Comprehensive Reference Guide to the Initiative and Referendum Process in Europe. Durham, NC., 3-9.
Kaufmann, Bruno, 2004b: Survey 2004 on the New Challenge of Initiative & Referendum in Europe, in: Kaufmann, Bruno/Waters, M. Dane (Hrsg.), Direct Democracy in Europe. A Comprehensive Reference Guide to the Initiative and Referendum Process in Europe. Durham, NC., 11-32.
Kaufmann, Bruno, 2005: Direkte Demokratie in Europa – eine Übersicht, in: Kaufmann, Bruno/Kreis, Georg/Gross, Andreas (Hrsg.), Direkte Demokratie und europäische Integration. Die Handlungsspielräume der Schweiz. Basel, 13-33. In: www.europa.unibas.ch/cms4/uploads/media/BS75_02.pdf; 05.12.2007.
Kaufmann, Bruno/Lamassoure, Alain/Meyer, Jürgen (Hrsg.), 2004: Transnational Democracy in the Making – The New Challenge of European Initiative & Referendum After the Convention. Amsterdam.

Kaufmann, Bruno/Waters, M. Dane, 2004 (Hrsg.): Direct Democracy in Europe. A Comprehensive Reference Guide to the Initiative and Referendum Process in Europe. Durham, NC.

Kielmansegg, Peter Graf, 2000: Helfen gegen den Parteienstaat nur noch Volksentscheide?, in: Kielmansegg, Peter Graf/Schöppner, Klaus-Peter/Wehling, Hans-Georg (Hrsg.), Wieviel Bürgerbeteiligung im Parteienstaat?. Berlin, 14-21.

Kielmansegg, Peter Graf, 2001: Soll die Demokratie direkt sein? Wenn die Bürger selbst entscheiden, ersetzt der Monolog den Dialog zwischen Wählern und Gewählten, in: Frankfurter Allgemeine Zeitung, 25.04.2001.

Kipke, Rüdiger, 2004: Das politische System der Slowakei, in: Ismayr, Wolfgang (Hrsg.), Die politischen Systeme Osteuropas. Opladen, 285-321.

Kjaerulff-Schmidt, Steffen, 2004: Denmark, in: Kaufmann, Bruno/Waters, M. Dane (Hrsg.), Direct Democracy in Europe. A Comprehensive Reference Guide to the Initiative and Referendum Process in Europe. Durham, NC., 51-54.

Kost, Andreas (Hrsg.), 2005: Direkte Demokratie in den deutschen Ländern: eine Einführung. Wiesbaden.

LeDuc, Lawrence, 2003: The Politics of Direct Democracy: Referendums in Global Perspective. Peterborough.

Linder, Wolf, 1994: Swiss Democracy. Possible Solutions to Conflict in Multicultural Societies. Basingstoke.

Luthardt, Wolfgang, 1994: Direkte Demokratie. Ein Vergleich in Westeuropa. Baden-Baden.

Marshall, Geoffrey, 1997: The Referendum: What, When and How?, in: Parliamentary Affairs 50 (2), 307-313.

Möckli, Silvano, 1994: Direkte Demokratie: ein Vergleich der Einrichtungen und Verfahren in der Schweiz und Kalifornien, unter Berücksichtigung von Frankreich, Italien, Dänemark, Irland, Österreich, Lichtenstein und Australien. Bern.

Möckli, Silvano, 1998: Direktdemokratische Einrichtungen und Verfahren in den Mitgliedstaaten des Europarates, in: Zeitschrift für Parlamentsfragen 29 (1), 90-107.

Müller, Beat, 2007: Online-Datenbank zur direkten Demokratie in 190 Staaten, in: www.sudd.ch; 11.12.2007

Premat, Christophe, 2005: The Growing Use of Referenda in Local Politics: A Comparison of France and Germany, in: Reynaert, Herwig/Steyvers, Kristof/Delwit, Pascal/Pilet, Jean-Benoit (Hrsg.), Revolution or Renovation? Reforming Local Politics in Europe. Brugge, 185-212.

Rehmet, Frank, 2007: Zweites Volksentscheid-Ranking. Länder und Gemeinden im Demokratievergleich, in: www.mehr-demokratie.de/fileadmin/md/pdf/bund/berichte/2007-ranking-mehr-demokratie.pdf; 01.03.2007.

Reti, Pal, 2004: Hungary, in: Kaufmann, Bruno/Waters, M. Dane (Hrsg.), Direct Democracy in Europe. A Comprehensive Reference Guide to the Initiative and Referendum Process in Europe. Durham, NC., 67-70.

Rommelfanger, Ulrich, 1988: Das konsultative Referendum. Eine verfassungstheoretische, -rechtliche und -vergleichende Untersuchung. Berlin.

Rousseau, Jean-Jacques, 1762: Du Contrat social ou Principes du droit politique. Amsterdam.

Rüther, Günther, 1996: Was verbirgt sich hinter der Forderung nach mehr direkter Demokratie? Eine einführende Betrachtung, in: Rüther, Günther (Hrsg.), Repräsentative oder plebiszitäre Demokratie – eine Alternative? Grundlagen, Vergleich, Perspektiven. Baden-Baden, 9-30.

Scarrow, Susan E., 2003: Making Elections More Direct?, in: Cain, Bruce E./Dalton, Russell J./ Scarrow, Susan E. (Hrsg.), Democracy Transformed? Expanding Political Opportunities in Advanced Industrial Democracies. Oxford, 44-58.

Scheuch, Erwin K., 2002: Der Platz der direkten in einer parlamentarischen Demokratie, in: Schiller, Theo/Mittendorf, Volker (Hrsg.), Direkte Demokratie – Forschungsstand und Perspektiven. Opladen, 316-323.

Schiller, Theo/Mittendorf, Volker, 2002: Neue Entwicklungen der direkten Demokratie, in: Schiller, Theo/Mittendorf, Volker (Hrsg.), Direkte Demokratie – Forschungsstand und Perspektiven. Opladen, 7-21.

Schmidt, Manfred G., 2000: Demokratietheorien. Eine Einführung. 3. Auflage. Opladen.

Smith, Michael L., 2007: Making Direct Democracy Work: Czech Local Referendums in Regional Comparison, in: Delwit, Pascal/Pilet, Jean-Benoit/Reynaert, Herwig/Steyvers, Kristof (Hrsg.), Towards DIY-Politics. Participatory and Direct Democracy at the Local Level in Europe. Brugge, 67-102.

Taaffe, Dolores, 2004: Ireland, in: Kaufmann, Bruno/Waters, M. Dane (Hrsg.), Direct Democracy in Europe. A Comprehensive Reference Guide to the Initiative and Referendum Process in Europe. Durham, NC., 70-73.

Uleri, Pier V., 1996: Introduction, in: Gallagher, Michael/Uleri, Pier V. (Hrsg.), The Referendum Experience in Europe. Basingstoke, 1-19.

van Holsteyn, Joop, 2001: Local Experiences, in: Auer, Andreas/Bützer, Michael (Hrsg.), Direct Democracy: The Eastern and Central European Experience. Aldershot, 340-344.

Verhulst, Jos, 2004: Belgium, in: Kaufmann, Bruno/Waters, M. Dane (Hrsg.), Direct Democracy in Europe. A comprehensive Reference Guide to the Initiative and Referendum Process in Europe. Durham, NC., 36-38.

Verhulst, Jos/Nijeboer, Arjen, 2007: Direkte Demokratie. Fakten, Argumente, Erfahrungen. Brüssel.

Walter-Rogg, Melanie, 2003: Direkte Demokratie in der Bundesrepublik Deutschland und im internationalen Vergleich, in: Gabriel, Oscar W. (Hrsg.), Politische Partizipation, in: www.politikon.org/inhalt/; 05.12.2007.

Waschkuhn, Arno/Bestler, Anita, 1997: Das politische System Maltas, in: Ismayr, Wolfgang (Hrsg.), Die politischen Systeme Westeuropas. Opladen, 655-676.

Wassermann, Rudolf, 1989: Die Zuschauerdemokratie. München/Zürich.

Weixner, Bärbel M., 2002: Direkte Demokratie in den Bundesländern. Verfassungsrechtlicher und empirischer Befund aus politikwissenschaftlicher Perspektive. Opladen.

Weßels, Bernhard, 1995: Evaluations of the EC: Elite or Mass-Driven?, in: Niedermayer, Oskar/ Sinnott, Richard (Hrsg.), Public Opinion and Internationalized Governance. Oxford, 137-162.

Ziemer, Klaus/Matthes, Claudia-Yvette, 2004: Das politische System Polens, in: Ismayr, Wolfgang (Hrsg.), Die politischen Systeme Osteuropas. Opladen, 189-246.

Oscar W. Gabriel und Kerstin Völkl

Politische und soziale Partizipation

1 Partizipation und Demokratie in der EU

In der modernen Demokratietheorie besteht Übereinstimmung darin, dass die Institutionalisierung allgemeiner und gleicher Partizipationsrechte sowie ihre Nutzung durch die Bevölkerung zu den unverzichtbaren Merkmalen der Demokratie gehören. Robert A. Dahl (1971) beschreibt die Demokratisierung von Staaten als Prozess der Institutionalisierung von Partizipation (Inklusivität) und Wettbewerb (Liberalisierung). Nach Rokkan (1971) vollzieht sich die Modernisierung von Staaten und Gesellschaften als schrittweise Bewältigung von Entwicklungskrisen. Als deren Abschluss sieht er die Lösung der Partizipations- und der Verteilungskrise durch die Institutionalisierung von Demokratie und Wohlfahrtsstaat an.

Eine breite bürgerschaftliche Beteiligung an der Gestaltung des sozialen und politischen Zusammenlebens gilt auch in der aktuellen politischen und wissenschaftlichen Diskussion als Qualitätsmerkmal von „Good Governance". Der Entwurf der EU-Verfassung greift diese Vorstellung auf und bezeichnet in Art. 47 I das Prinzip der partizipativen Demokratie als Leitbild für die Weiterentwicklung und Vertiefung der Europäischen Union. Demnach müssen sich die politischen Verhältnisse in den Mitgliedstaaten der EU an den Qualitätsmerkmalen der verfassungsrechtlichen Absicherung und der Praxis bürgergesellschaftlicher Beteiligung messen lassen. Relativ unproblematisch ist dies für die institutionellen Aspekte, denn mit Ausnahme Rumäniens klassifizieren die von Freedom House jährlich durchgeführten Demokratiemessungen alle Mitgliedstaaten der EU als freie Länder, in denen bürgerschaftliche und politische Rechte ohne Einschränkung garantiert sind.[1] Die Verankerung partizipativer Prinzipien im Verfassungssystem eines Landes sagt aber noch nichts über die Praxis sozialer und politischer Beteiligung aus. Nicht alle Beteiligungsrechte werden von allen Bürgern genutzt und umgekehrt sind auch nicht alle Formen der Beteiligung am politischen und gesellschaftlichen Leben institutionell geregelt. Immer dann, wenn die Beteiligungspraxis von den institutionellen Regelungen abweicht, wird die klassische Frage der Partizipationsforschung interessant: Wer beteiligt sich in welcher Form und mit welchem Ergebnis an der Gestaltung des politischen und gesellschaftlichen Zusammenlebens?

Art und Ausmaß der bürgerschaftlichen Beteiligung am politischen und gesellschaftlichen Leben resultieren aus langfristigen gesellschaftlichen und politischen Entwicklungsprozessen. Sie sind in den Mitgliedstaaten der EU im 19. und 20. Jahrhundert sehr unterschiedlich verlaufen und prägen bis auf den heutigen Tag das politische und gesellschaftliche Leben dieser Länder. In Schweden, Irland und Großbritannien hatten sich bereits am Beginn des 20. Jahrhunderts demokratische Strukturen herausgebildet, die auch nicht durch

---

[1] Aus diesem Grunde klammern wir die verfassungsrechtlichen und gesetzlichen Regelungen sozialer und politischer Beteiligungsrechte aus unserer Analyse aus. Hierzu sei auf den Beitrag von Kimmel sowie auf die Verfassungssynopse in diesem Band verwiesen.

eine deutsche Besetzung im Zweiten Weltkrieg unterbrochen wurden. In den Beneluxstaaten, Frankreich und Dänemark gibt es eine nur durch die Kriegsereignisse unterbrochene Kontinuität demokratischer Politik. In Deutschland, Italien und Österreich entwickelten sich nach dem Ende des Zweiten Weltkriegs stabile Demokratien. In Spanien, Portugal und Griechenland setzte diese Entwicklung in den 1970er Jahren ein. Demgegenüber entstanden demokratisch verfasste Regime in den mittel- und osteuropäischen Staaten erst im letzten Jahrzehnt des 20. Jahrhunderts nach dem unerwartet schnellen Zusammenbruch des kommunistischen Regimes. Doch selbst innerhalb der genannten Ländergruppen verlief die politische Entwicklung uneinheitlich. Schweden entwickelte sich frühzeitig zu einer auf den Prinzipien der Gleichheit und Solidarität aufgebauten politischen Gemeinschaft, in Großbritannien wirken die Traditionen einer hierarchisch geprägten Gesellschaft bis in die Gegenwart fort. Auch innerhalb der postkommunistischen Länder fällt es nicht leicht, Gemeinsamkeiten zwischen Polen und Ungarn auf der einen Seite sowie Rumänien und Bulgarien auf der anderen Seite auszumachen, vom Sonderfall Ostdeutschland gar nicht zu reden. Wie wir in diesem Beitrag zeigen werden, bleiben die nationalen Besonderheiten der EU-Mitgliedstaaten auch dann erhalten, wenn man einige für die Beteiligung der Menschen am politischen und gesellschaftlichen Leben bedeutsame Faktoren konstant hält. Das in der europäischen Verfassung festgeschriebene Leitbild der aktiven Bürgergesellschaft ist nicht in allen Mitgliedstaaten der EU in gleichem Maße verwirklicht. Wir werden in den folgenden Abschnitten dieses Beitrags zu zeigen versuchen, welche Länder diesem Idealbild besonders nahe kommen und welche Faktoren hierfür maßgeblich sind.

2 Was versteht man unter politischer und sozialer Partizipation?

Untersuchungen der politischen und der sozialen Partizipation sind in eine lange Forschungstradition eingebettet. Alexis de Tocqueville beschrieb in seinem Buch „Demokratie in Amerika" (1835) die Vereinigten Staaten als „Nation of Joiners" und sah in dieser Eigenschaft eine Ursache der Stärke der amerikanischen Demokratie. Zwischen der politischen und der sozialen Partizipation machte er keinen Unterschied. Im 20. Jahrhundert ging diese Sicht zunächst verloren. Die Forschung widmete ihre Aufmerksamkeit in erster Linie der politischen Partizipation, vor allem der Wahlbeteiligung. Zwar behandelten einige der klassischen Partizipationsstudien neben dem politischen auch das soziale Engagement (vgl. Nie et al. 1969a, 1969b; Verba et al. 1978), doch spielte die soziale Partizipation „nur" die Rolle eines Bestimmungsfaktors politischer Partizipation. Ein wichtiger, eigenständiger Gegenstand der empirischen Forschung war sie nicht.

Erst in den letzten zwanzig Jahren knüpfte die Forschung wieder stärker an die Tradition Tocquevilles an. Die Begriffe „Bürgergesellschaft" oder „Zivilgesellschaft" wurden als Sammelbezeichnungen für das politische und soziale Engagement der Menschen benutzt. Damit bezieht sich auch der Begriff der Partizipation zugleich auf die Mitgestaltung des gesellschaftlichen Lebens und auf die Beteiligung an der Politik (vgl. Münkler 1997; Schuppert 1997). Auch wenn diese beiden Verhaltensformen normativ und empirisch eng miteinander zusammenhängen, ist es dennoch sinnvoll, sie analytisch voneinander zu trennen, denn sie erfüllen unterschiedliche Funktionen und richten sich an unterschiedliche Adressaten. Außerdem kann ihr Verhältnis zueinander nur dann geklärt werden, wenn man sie begrifflich klar voneinander trennt.

Der Begriff der sozialen Partizipation ist im Vergleich mit dem der politischen Partizipation weiter zu fassen. Van Deth (2004: 297) bezeichnet als soziale Partizipation alle Tätigkeiten, „die Bürger freiwillig mit dem Ziel unternehmen, Entscheidungen innerhalb von Organisationen zu beeinflussen. Beispiele sind die Mitgliedschaft im Skatverein oder in Interessengruppen wie dem ADAC. Aber zur sozialen Partizipation gehören auch ehrenamtliche Tätigkeiten im regionalen Jugendverband oder die finanziellen Unterstützungskampagnen gegen Umweltverschmutzung". Offenkundig deckt der Begriff soziale Partizipation ein breites Spektrum verschiedenartiger sozialer Aktivitäten ab. Er umfasst die Mitgliedschaft in Organisationen, die aktive Mitarbeit und die Übernahme von Ämtern in ihnen, das Spenden von Geld für soziale Zwecke sowie schließlich die gemeinschaftliche Freizeitgestaltung mit anderen. Gemeinsam sind allen diesen Aktivitäten die folgenden Merkmale: Sie werden unentgeltlich, freiwillig und gemeinsam mit anderen ausgeführt; sie dienen dazu, an der Gestaltung kollektiver Angelegenheiten mitzuwirken und richten sich nicht an politische Adressaten (vgl. auch Verba et al. 1995: 38f.). Abweichend von der Definition van Deths schlagen wir vor, den Begriff soziale Partizipation nicht ausschließlich zur Bezeichnung organisationsbezogener Aktivitäten, sondern aller zuvor beschriebener Formen kollektiven Handelns zu verwenden, gleichgültig ob sie im Rahmen von Freiwilligenorganisationen oder informellen Gruppen stattfinden. Hilfsaktivitäten einzelner Personen zugunsten Dritter stellen zwar keine Formen kollektiven Handelns dar, sie sind aber dann als soziale Partizipation zu behandeln, wenn sie einen über das unmittelbare persönliche Lebensumfeld hinausgehenden sozialen Bezug aufweisen. Dies gilt etwa für die Beteiligung an Blutspendeaktionen oder für die Betreuung hilfsbedürftiger Personen. Soziale Unterstützung und soziale Integration sind die wichtigsten Ziele, die Menschen mit ihrem sozialen Engagement verfolgen (vgl. Gabriel/Völkl 2005: 529).

Während die soziale Partizipation das menschliche Verhalten in einer Vielzahl sozialer Lebensbereiche wie in der Freizeitgestaltung, dem Arbeitsleben, der sozialen Gemeinschaft und dem Kulturleben betrifft, bezieht sich die politische Partizipation auf einen enger eingegrenzten Aktionsradius. Ihr Adressat ist die Politik als derjenige Handlungsbereich der Gesellschaft, in dem für die Allgemeinheit verbindliche Entscheidungen vorbereitet, gefällt und durchgesetzt werden. Allerdings ist es nicht zweckmäßig, alle Arten von Beziehungen, die Menschen zur Politik unterhalten, als politische Partizipation zu bezeichnen. Ebenso wenig angemessen ist es, den Begriff politische Beteiligung auf die Stimmabgabe bei Wahlen zu begrenzen, wie es in den frühen Arbeiten üblich war. In Anlehnung an Kaase (1997: 160) bezeichnen wir als politische Partizipation diejenigen Aktivitäten, die Menschen freiwillig und nicht in einer beruflichen Funktion mit dem Ziel ausführen, Einfluss auf Personal- und Sachentscheidungen im politischen System zu nehmen oder selbst am Fällen oder an der Ausführung dieser Entscheidungen mitzuwirken (vgl. auch Verba et al. 1995: 38). Politische Partizipation unterscheidet sich vom sozialen Engagement nicht allein durch den Politikbezug, sondern auch durch den klarer eingegrenzten Zweck: Sie dient nicht primär der politischen Integration und Unterstützung, sondern der Einflussnahme auf Entscheidungen. Durch ihre Aktivität greifen die Bürger in die im politischen System gegebene Machtverteilung ein. Sie versuchen, die Inhaber politischer Entscheidungspositionen dazu zu veranlassen, anders zu handeln, als sie es ohne die bürgerschaftliche Einflussnahme getan hätten. Auf diese Weise üben die Partizipanten politische Macht aus. Politische Integration und politische Unterstützung gehören zu den Begleiterscheinungen, aber nicht zu den spezifischen Zwecken politischer Partizipation. Auch Einstellungen wie das politische

Interesse oder Aktivitäten wie das Verfolgen politischer Ereignisse in den Massenmedien sind in diesem Sinne nicht als Partizipation zu bezeichnen. Ebenso wenig gilt dies für die hauptberufliche Beschäftigung mit der Politik in der Rolle des Politikers, des Journalisten, des Verbandsfunktionärs oder des Verwaltungsbeamten. Die Klärung der Frage, wie politische Partizipation mit diesen anderen Aspekten des Verhältnisses der Menschen zur Gesellschaft und zur Politik verbunden ist, ist ein Problem der empirischen Forschung, aber nicht auf dem Definitionsweg zu lösen.

Abbildung 1: Politische und soziale Partizipation

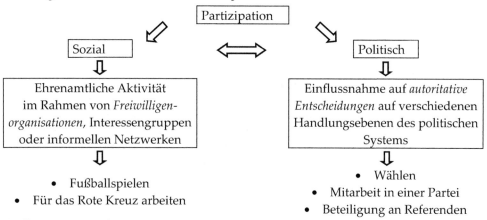

Quelle: Eigene Darstellung.

Wenn man politische Partizipation in diesem engen Sinn benutzt, dann tritt ihre Bedeutung in der Demokratie besonders deutlich zu Tage. In modernen Demokratien hat sich eine Form der Arbeitsteilung zwischen den Bürgern und den politischen Führungsgruppen eingespielt, in der die Macht ungleich verteilt ist. Die Bürger übertragen durch ihre Entscheidung bei Parlaments- oder Präsidentschaftswahlen einer Gruppe von Personen die Macht, bindende Entscheidungen zu treffen. Die Entscheidungskompetenz der gewählten politischen Führung ist zwar aus dem Wählerauftrag abgeleitet, nachdem die Wahlsieger jedoch das Mandat zur Gestaltung der Politik erhalten haben, verfügen sie über eine enorme Machtfülle, die lediglich durch die zeitliche Befristung des Regierungsauftrags und die Bindung ihres Handelns an die Verfassung und die Gesetze begrenzt wird. Durch die Institutionalisierung von Partizipationsrechten hat die Bevölkerung über die Möglichkeit, zwischen zwei Wahlen Druck auf die Regierenden auszuüben, damit diese bei der Gestaltung der Politik die Wünsche der Wähler berücksichtigen (vgl. Dahl 1971; Verba/Nie 1972). Nur vor diesem Hintergrund wird klar, aus welchem Grund die Untersuchung des Ausmaßes politischer Beteiligung und der sozialen Herkunft der Aktivisten demokratietheoretisch hochgradig brisante Themen berühren. Je passiver die Öffentlichkeit ist, desto weniger wird die Regierung zu responsivem Verhalten gezwungen, und je unterschiedlicher die Wahrnehmung der Beteiligungsrechte durch einzelne Bevölkerungsgruppen ausfällt, desto mehr steigt die Wahrscheinlichkeit, dass die politische Führung vornehmlich die Interessen derer berücksichtigt, die sich in der öffentlichen Debatte Gehör zu verschaffen verstehen (vgl. Schattschneider 1975).

3 Formen politischer und sozialer Partizipation

Welche Möglichkeiten stehen den Bürgern in modernen Demokratien zur Verfügung, um Einfluss auf politische Entscheidungen zu nehmen, und wie lassen sich die verschiedenen Formen sozialer Partizipation klassifizieren? Bei der Untersuchung beider Formen menschlichen Handelns vollzog sich in der empirischen Forschung ein Perspektivenwandel, der die zunehmende Ausdifferenzierung des Partizipationsmarktes widerspiegelt und ein immer vielschichtiger werdendes Bild von der Partizipationswirklichkeit moderner Demokratien vermittelte.

3.1 Politische Partizipation

In den ersten empirischen Studien wurde politische Partizipation mit der Stimmabgabe bei Wahlen gleichgesetzt. Dies hatte seine Ursache darin, dass die Daten der amtlichen Statistik, die die Grundlage dieser Untersuchungen bildeten, außer der Wahlbeteiligung keine weiteren Beteiligungsformen erfassen. Mit dem Einzug der Umfrageforschung in die empirische Politikwissenschaft weitete sich das Spektrum der für die Partizipationsforschung zugänglichen Aktivitäten aus. Es umfasste nunmehr Handlungen wie den Besuch von Wahlkampfveranstaltungen, Wahlkampfspenden und andere Formen der Unterstützung von Parteien oder Kandidaten (vgl. Asher et al. 1984: 27ff., 36ff.). Die Vorstellungen von den zwischen diesen Aktivitäten bestehenden Beziehungen waren einfach. Man nahm an, die einzelnen Formen politischer Partizipation ließen sich nach dem mit ihnen verbundenen Aufwand und dem daraus resultierenden Verbreitungsgrad auf einer einzigen Dimension anordnen. Aufwändige Handlungen wie das aktive Engagement in Wahlkämpfen oder die Kandidatur für öffentliche Ämter träten selten auf, wenig aufwändige wie die Stimmabgabe bei Wahlen oder die Lektüre des politischen Teils der Zeitung dagegen häufig. In einem klassischen Beitrag zur Partizipationsforschung beschrieb Milbrath (1965) eine entsprechend strukturierte Partizipationspyramide und teilte die Bevölkerung nach dem Grad ihrer politischen Beteiligung in die Gruppen der Apathischen, der Zuschauer und der Gladiatoren ein. Die erste Gruppe nahm seinen Vorstellungen zu Folge gar nicht an der Politik teil, die zweite beschränkte sich auf die passive Beobachtung des politischen Geschehens, nur die dritte nahm aktiv Einfluss auf das politische Geschehen. Die Analyse sozialer Partizipation folgte der gleichen Logik (vgl. Nie et al. 1969a, 1969b).

Die Sicht der sozialen und politischen Partizipation als eindimensionale Größe entsprach vermutlich schon in der Zeit, in der sie entstand, nicht mehr den tatsächlichen politischen Verhältnissen. Ungeachtet ihrer Bedeutung war die Beteiligung an Wahlen und Wahlkämpfen niemals die einzige Möglichkeit zur Einflussnahme auf politische Entscheidungen, und sie eignete sich auch nicht zur Verwirklichung aller politischen Ziele. Dies zeigte sich spätestens mit dem Aufkommen der amerikanischen Bürgerrechtsbewegung, die ihre politischen Forderungen mittels des Stimmzettels nicht durchsetzen konnte und aus diesem Grund neue, später als unkonventionell bezeichnete Formen politischer Partizipation entwickelte.

In den frühen 1970er Jahren setzte sich in der empirischen Partizipationsforschung eine neue Sicht politischer Beteiligung durch, die den veränderten politischen Gegebenheiten teilweise Rechnung trug. Verba und Nie (1972: 45) beschrieben diese Vorstellung wie folgt:

„In short, the citizenry is not divided simply into more or less active citizens. Rather there are many types of activists engaging in different acts with different motives, and different consequences".

Auf der Basis dieser Annahme entwickelten die Forscher mehrere Kriterien zur Abgrenzung *qualitativ* voneinander unterscheidbarer Partizipationssysteme (Aufwand, Konflikthaftigkeit, individuelle oder kollektive Reichweite und Information bzw. Druck als Art des Austauschs mit den politischen Eliten). Eine empirische Prüfung dieser zunächst ausschließlich auf konzeptuellen Überlegungen beruhenden Annahme führte zu den folgenden Ergebnissen: In Übereinstimmung mit den Ergebnissen der älteren Studien stellten Verba und Nie zunächst fest, dass fast alle untersuchten Formen politischer Partizipation miteinander zusammenhängen. Demnach neigen Individuen dazu, entweder aktiv ins politische Geschehen einzugreifen oder passiv zu bleiben. Diejenigen, die an bestimmten Aktivitäten teilnehmen, sind überdurchschnittlich stark dazu bereit, sich auch in anderer Weise politisch zu engagieren. Daneben konnten Verba und Nie eine Spezialisierung des Beteiligungsverhaltens nachweisen. In den von ihnen untersuchten Ländern existierten die vier Partizipationssysteme „Wählen", „Wahlkämpfen", „Beteiligung an Gemeinschaftsaktivitäten" und „Individuelle Politikkontakte in eigener Sache". Diese zeichnen sich durch jeweils besondere Merkmale und mit diesen verbundene Einflusspotenziale aus. Die beiden ersten Beteiligungsformen bezeichneten sie als elektoral, die beiden letzten als nichtelektoral.

Obgleich die Verba-Gruppe zu einer differenzierten, auf den qualitativen Eigenschaften einzelner Beteiligungsformen basierenden Sicht politischer Partizipation übergegangen war, hatte sie eine wichtige Veränderung des politischen Verhaltens der Bürger nicht berücksichtigt. Seit der Mitte der 1970er Jahre gelangten neue Formen politischer Einflussnahme ins Blickfeld der Forschung. Ihr besonderes Interesse richtete sich auf die Beschreibung und Erklärung von Protestaktivitäten, die in den Vereinigten Staaten im Rahmen der Aktivitäten der Bürgerrechts-, Studenten- und Friedensbewegung entstanden waren und in der Folgezeit auf andere Demokratien übergriffen (vgl. z. B. McPhail 1971; Gamson 1975).

Protestaktionen waren kein völlig neues Phänomen im politischen Leben der modernen Demokratien. Bemerkenswert war allerdings, dass sie in den 1960er Jahren nahezu zeitgleich in vielen wohlhabenden Gesellschaften mit einem vergleichsweise hohen Niveau sozialer Sicherheit und einer relativ egalitären Einkommensverteilung auftraten. Erste empirische Untersuchungen zeigten denn auch, dass die neuen Protestaktivitäten einen anderen Hintergrund aufwiesen als frühere Erscheinungsformen des sozialen Protests. Vor allem die wohlhabenden, formal gut gebildeten Angehörigen der neuen Mittelschicht traten als Träger der Protestbewegung in Erscheinung und brachten statt der Auseinandersetzung über die gerechte Verteilung des Wohlstandes Lebensstilfragen auf die politische Agenda ihrer Länder (vgl. Barnes et al. 1979; Kaase/ Barnes 1979; Inglehart 1979).

Diese neue Erscheinungsform des Protests warf für die empirische Partizipationsforschung eine Reihe von Fragen auf, besonders diejenige nach dem Verhältnis zwischen traditionellen und neuen Formen politischer Einflussnahme. Dies setzte voraus, dass zunächst die Unterschiede zwischen den alten, konventionellen und den neuen, unkonventionellen Formen politischer Beteiligung bestimmt wurden. Kaase und Marsh (1979a: 41) bezeichneten solche Formen des politischen Verhaltens als unkonventionell, „that does not correspond to the norms of law and custom that regulate political participation under a particular regime". Damit lieferten sie zwei Kriterien für die Unterscheidung zwischen konventionellem und unkonventionellem politischem Verhalten, das der Legalität (Übereinstimmung mit geltendem Recht) und das der Legitimität (Übereinstimmung mit den von der Bevölkerung akzeptierten und unterstützten Werten und Normen). Als weiteres Unterscheidungsmerkmal tritt das der Institutionalisierung bzw. des Bezugs auf institutionell geregelte Elemente des politischen Prozesses hinzu (vgl. Kaase/Marsh 1979a: 45; Kaase 1997: 160).

Wie schon die Bezeichnungen „konventionell" und „unkonventionell" erkennen lassen, ist die Einschätzung der gewählten Handlungsformen als legitim bzw. illegitim das Merkmal, das traditionelle und neue Aktionsformen voneinander trennt. In der Mitte der 1970er Jahre waren tatsächlich Verhaltensweisen wie die Teilnahme an Demonstrationen, Boykotten, Wilden Streiks usw. in dem Sinne unkonventionell, dass nur eine Minderheit unter den Bürgern moderner Demokratien in ihnen normale oder zulässige Mittel der Interessendurchsetzung sah. Dies galt unabhängig davon, ob die betreffenden Aktivitäten sich im Einklang mit dem geltenden Recht befanden (Demonstrationen, Unterschriftenaktionen) oder gegen die für das politische Verhalten maßgeblichen Rechtsvorschriften verstießen (Wilde Streiks, Gebäudebesetzungen). Die Merkmale der Legalität und der Institutionalisierung waren somit nicht dazu geeignet, konventionelle von unkonventionellen Verhaltensformen abzugrenzen. Sie konnten aber als Grundlage einer weiteren Differenzierung innerhalb der Systeme konventioneller und unkonventioneller Partizipation dienen. Im konventionellen Bereich kann es sinnvoll sein, zwischen institutionalisierten (Wählen, Mitgliedschaft in einer politischen Organisation) und nichtinstitutionalisierten Formen politischer Partizipation (Versammlungsbesuche, Politikerkontakte) zu unterscheiden. Beim unkonventionellen Verhalten hingegen ist die bereits erwähnte Differenzierung zwischen legalen und illegalen Aktivitäten bedeutsam. Diese und andere Aufgliederungen der Formen politischer Beteiligung spielten in den an die Political Action-Studie anschließenden Untersuchungen eine wichtige Rolle (vgl. z. B. Uehlinger 1988; Parry et al. 1992; Verba et al. 1995; Gabriel 2002, 2004; Pattie et al. 2004; Teorell et al. 2007).

Das ursprünglich für die Abgrenzung zwischen unkonventionellen und konventionellen Beteiligungsformen benutzte Kriterium der Legitimität unterliegt im Zeitverlauf Veränderungen. Insofern können Aktivitäten, die die Mehrheit der Bürger zu einem bestimmten Zeitpunkt nicht als legitime Formen politischer Einflussnahme bewertet, zu einem anderen Zeitpunkt als angemessen und gerechtfertigt angesehen werden. Ein solcher Wandel der Verhaltensnormen hat sich in den letzten 30 Jahren in den modernen Demokratien vollzogen. Ehemals als unkonventionell eingeschätzte Verhaltensformen wurden in das Handlungsrepertoire der Bürger integriert. Wie wir noch zeigen werden, sind einige von ihnen heute weiter verbreitet als so genannte konventionelle Verhaltensformen.

3.2 Soziale Partizipation

Verglichen mit der politischen Partizipation fand das soziale Engagement erst relativ spät das Interesse der empirischen Sozialforschung. Zudem waren die meisten Untersuchungen dieses Aspekts des bürgerschaftlichen Verhaltens eher an der Beschreibung organisationsbezogener Aktivitäten als an einer Analyse der Strukturen und Bestimmungsfaktoren sozialer Beteiligung interessiert (vgl. Smith/Macaulay 1980; Richter 1985; Verba et al. 1978: 94ff.; Almond/Verba 1989: 245ff.; Curtis et al. 1992; Gaskin/ Smith 1995).

Gerade angesichts der unbefriedigenden Forschungslage erscheint es sinnvoll, neben der Häufigkeit die Struktur des Engagements genauer in den Blick zu nehmen. Hierzu bieten sich mehrere Möglichkeiten an. Da sich ein großer Teil des sozialen Engagements in so genannten Organisationen des „Dritten Sektors" vollzieht, kann man zunächst einmal den Anteil der irgendeiner Freiwilligenorganisation als Mitglied angehörigen Bürger untersuchen. Allerdings erfasst man auf diese Weise nicht die informellen, nicht an Organisationen gebundenen Formen sozialer Partizipation und blendet so eine in manchen Gesellschaften wichtige Form des Engagements aus. Um dies zu vermeiden, sind zusätzlich zur Organisationsmitgliedschaft die unentgeltlichen sozialen Hilfeleistungen und die Mitarbeit in informellen Gruppen zu berücksichtigen.

Die formale Mitgliedschaft in einer Organisation sagt wenig über die Intensität des sozialen Engagements aus, denn sie kann sich darauf beschränken, in der Mitgliederkartei registriert zu sein und Beiträge zu zahlen. Aus diesem Grunde ist es erforderlich, als einen weiteren Aspekt sozialer Partizipation die aktive Beteiligung am Organisationsleben zu beleuchten. Zu diesem Zweck kann man auf Indikatoren wie die Übernahme von Ehrenämtern, den Besuch von Veranstaltungen, die Beteilung an den Aktivitäten der Organisationen, das Spenden von Geld für das Erreichen von Organisationszielen oder die in soziales Engagement investierte Zeit zurückgreifen. Schließlich macht es Sinn, nach Arten politischer Organisationen zu unterscheiden, denn die Mitgliedschaft und Mitarbeit in einem lokalen Freizeit- oder Sportverein erfüllt für das Individuum und die Gesellschaft andere Funktionen als die Mitgliedschaft im ADAC oder in einer Gewerkschaft (vgl. Stolle/Rochon 1998; Gabriel/Keil 2005; Morales/Geurts 2007).

Moderne Demokratien nehmen für sich in Anspruch, allen Bürgern das gleiche Recht auf Teilnahme am politischen und sozialen Leben einzuräumen. Gemessen an den institutionellen Regelungen, den informellen Verhaltensnormen und der Ausdifferenzierung des Systems sozialer und politischer Beteiligung werden die politischen Verhältnisse in den Mitgliedstaaten der EU den Grundsätzen einer demokratischen Bürgergesellschaft in hohem Maße gerecht. In den europäischen Gesellschaften hat sich ein weit verzweigtes, verfassungsrechtlich abgesichertes System sozialer und politischer Beteiligung entwickelt, das den Bürgern zahlreiche Möglichkeiten bietet, an der Gestaltung des gesellschaftlichen und politischen Zusammenlebens mitzuwirken und auf politische Entscheidungen Einfluss zu nehmen. In welchem Maße diese Chancen genutzt werden, welche Beteiligungsformen in diesem Zusammenhang eine besonders wichtige Rolle spielen und welche Faktoren für die Entscheidung von Individuen maßgeblich sind, sich am gesellschaftlichen und politischen Leben zu beteiligen, ist das Thema der folgenden Abschnitte.

4 Die Struktur sozialer und politischer Beteiligung

Auch wenn die Tradition des bürgerschaftlichen Engagements in einzelnen europäischen Staaten bis in die frühe Neuzeit zurückreicht, gilt keiner der Mitgliedstaaten der EU als Wiege der Zivilgesellschaft. Als die wichtigsten Vermittlungsinstanzen im Verhältnis zwischen Bürger und Staat fungieren in den meisten europäischen Staaten seit dem Ende des 19. Jahrhunderts die politischen Parteien. Einige von ihnen, besonders die sozialistischen und christlichen Parteien, bedienten sich zwar zum Zweck der Mobilisierung und Integration ihrer Klientelgruppen eines mehr oder weniger dichten Netzes gesellschaftlicher Vorfeldorganisationen. Auf diese Weise stärkten sie aber eher den Parteienstaat als die Zivilgesellschaft. Möglicherweise signalisiert das fast zeitgleich mit der Debatte über den Bedeutungsverlust des Parteienstaats entstandene Interesse an neuen Formen sozialer und politischer Partizipation einen grundlegenden Wandel der politischen Verhaltensmuster der Europäer und der Funktionsweise der europäischen Demokratien (vgl. u. a. Norris 2002; Cain et al. 2003; Montero et al. 2007).

Eine umfassende, auf die Untersuchung langfristiger Entwicklungstrends gestützte Aussage über den Wandel der sozialen und politischen Partizipation in den Mitgliedstaaten der EU ist bei der gegebenen Datenlage nicht möglich. Wir müssen uns vielmehr auf eine Bestandsaufnahme der Situation am Beginn des 21. Jahrhunderts konzentrieren, die in Einzelfällen um die Analyse von Trenddaten ergänzt werden kann.[2] Um die Analysen so übersichtlich wie möglich zu halten, beschreiben wir das soziale und politische Engagement in fünf europäischen Regionen und gehen nur knapp auf hervorstechende Eigenschaften einzelner Länder ein.[3] Nach ihrer regionalen Lage und den damit zumeist verbundenen kulturellen Traditionen werden die EU-Staaten zu fünf Regionen zusammengefasst. Zu Nordeuropa zählen Dänemark, Finnland und Schweden. Westeuropa setzt sich aus Großbritannien und Irland zusammen. Westmitteleuropa umfasst die Länder Österreich, Belgien, Deutschland, Frankreich, Luxemburg und die Niederlande. Aufgrund der unterschiedlichen Traditionen werden Ost- und Westdeutschland bei der Länderanalyse getrennt betrachtet. Zu Südeuropa gehören Italien, Griechenland, Spanien und Portugal. Osteuropa[4] schließt die Tschechische Republik, Ungarn, Polen und Slowenien ein – bei der Untersuchung der politischen Partizipation auch Estland und die Slowakei.[5]

4.1 Soziales Engagement

Menschen können sich auf vielfältige Weise sozial engagieren (vgl. Kapitel 2.2). In den folgenden Abschnitten beschäftigen wir uns mit den drei wichtigsten Formen des sozialen Engagements, der *formalen Mitgliedschaft* in Vereinen, Verbänden und anderen Freiwilligenorganisationen, der *aktiven Beteiligung* am Organisationsleben (Teilnahme an gemeinsamen Aktivitäten, Übernahme eines Ehrenamtes, Einbindung in innerorganisatorische Freundschaftsnetzwerke) und der nicht an eine Organisationsmitgliedschaft gebundenen *Unterstützung von Mitmenschen* außerhalb des Kreises der Familie und der Arbeitskollegen.

Im Durchschnitt aller EU-Länder sind 51 Prozent der Bürger Mitglied in einer oder mehreren Organisationen. Das formalisierte Engagement ist demnach in den europäischen Gesellschaften breit gestreut. Allerdings verdeckt dieser Durchschnittswert ein beträchtli-

---

[2] Diese Analysen stützen sich auf den European Social Survey (ESS). Dabei handelt es sich um zwei repräsentative Umfragen aus den Jahren 2002/2003 und 2004/2005. Die erste Welle wurde in 19 EU-Staaten durchgeführt und umfasst 35.784 Fälle. Die zweite Welle enthält 41.201 Fälle aus 21 Ländern der EU. In jedem Land wurden jeweils mindestens 1.200 Personen befragt. Die Ausführungen über die soziale Partizipation basieren auf den Ergebnissen der ersten Welle des ESS, während Daten über die politische Partizipation in beiden Erhebungswellen enthalten waren.
[3] Die nach Regionen aufgeschlüsselten Analysen wurden nach der Bevölkerungszahl der Länder gewichtet.
[4] Die Region Osteuropa umfasst sowohl die geographischen Gebiete Osteuropas als auch Ostmitteleuropas. Der Einfachheit halber wird im Folgenden der Begriff Osteuropa verwendet.
[5] Daten für Bulgarien, Rumänien, Lettland, Litauen, Malta und Zypern waren nicht verfügbar. Estland und die Slowakei waren lediglich in der zweiten Erhebungswelle enthalten.

ches regionales und nationales Gefälle in der Zahl der Organisationsmitglieder. Während fast neun von zehn Nordeuropäern mindestens einer Freiwilligenorganisation als Mitglied angehören, beläuft sich dieser Anteil in West- und Westmitteleuropa ungefähr auf zwei Drittel der Bürger, in Südeuropa auf ein Drittel und in Osteuropa auf ein Fünftel (vgl. Tabelle 1). Der Anteil der Organisationsmitglieder in Nordeuropa ist demnach mehr als viermal so hoch wie in Osteuropa. Allerdings sind die Regionen keineswegs homogene Einheiten. In Finnland liegt der Anteil der Organisationsmitglieder erheblich unter dem Niveau Schwedens und Dänemarks. Unter den Ländern des westlichen Mitteleuropas weisen die Niederlande und Luxemburg eine weit über, Frankreich eine beträchtlich unter dem regionalen Durchschnitt liegende Organisationsquote auf. In Südeuropa fällt der Anteil der Organisationsmitglieder in Griechenland besonders niedrig aus, während sich in Osteuropa Slowenien positiv von den übrigen Ländern abhebt. Im Großen und Ganzen entspricht die in Tabelle 1 wiedergegebene Reihenfolge der Länder den Ergebnissen früherer Studien. Die nordeuropäischen Länder befinden sich stets in einer Spitzenposition. In den süd- und osteuropäischen Gesellschaften gehören dagegen weniger Menschen einer Freiwilligenorganisation als Mitglieder an (vgl. Norris 2002: 147ff.; Morales/Geurts 2007).

Erwartungsgemäß fällt das aktive soziale Engagement deutlich schwächer aus als die formale Mitgliedschaft, erreicht aber immer noch ein hohes Niveau. 36 Prozent der EU-Bürger beteiligen sich an Aktivitäten wie dem Besuch von Veranstaltungen oder der Übernahme eines Ehrenamtes. Dabei treten erneut beträchtliche Unterschiede zwischen den Regionen zutage. In Nord- und Westeuropa gehört jeder Zweite zur Gruppe der sozial Aktiven, in Westmitteleuropa immerhin 45 Prozent, in Südeuropa umfasst dieser Personenkreis jeden vierten Befragten und in Osteuropa 13 Prozent (vgl. Tabelle 1). Wie bereits bei der formalen Organisationsmitgliedschaft festgestellt wurde, treten innerhalb der Regionen relativ große Unterschiede auf. In den nord- und osteuropäischen Ländern zeigt sich ein ähnliches Muster wie bei der formalen Mitgliedschaft, allerdings besteht zwischen Dänemark und Schweden einerseits und Finnland andererseits ein geringeres Gefälle als bei der formalen Mitgliedschaft. Die Briten sind deutlich aktiver in Organisationen als ihre irischen Nachbarn. Im westlichen Mitteleuropa nimmt nunmehr Luxemburg, nicht Frankreich, die Schlussposition ein, während Belgien, die Niederlande und Westdeutschland ziemlich dicht beieinander liegen und in der organisationsbezogenen Aktivität zu Schweden und Dänemark aufschließen. In Südeuropa zeigen sich deutlich Differenzen zwischen Italien und Spanien einerseits sowie Portugal und Griechenland auf der anderen Seite.

In sämtlichen europäischen Regionen und Ländern sind informelle soziale Hilfsleistungen weiter verbreitet als das aktive Engagement in Freiwilligenorganisationen. Besonders markant fällt dieser Unterschied in Ost- und Südeuropa aus, aber auch im westlichen Mitteleuropa ist die informelle soziale Partizipation stärker entwickelt als die formale. Zudem zeigt sich eine etwas andere Reihenfolge der Regionen als bei denjenigen sozialen Aktivitäten, die sich in und durch Freiwilligenorganisationen vollziehen. Bei den informellen Aktivitäten nimmt Westmitteleuropa die Spitzenposition ein, am unteren Ende der Skala liegt Südeuropa, knapp hinter Osteuropa. Nord- und Westeuropäer befinden sich bei diesen Aktivitäten zwischen der Spitzen- und der Schlussgruppe (vgl. Tabelle 1). Erneut weichen einige Länder positiv oder negativ von den anderen der jeweiligen Region ab. In Osteuropa gilt dies – wie zuvor – für Slowenien. Dort erreicht die informelle soziale Partizipation fast das in Westmitteleuropa erzielte Durchschnittsniveau. Die Portugiesen und Griechen kompensieren ihr schwach ausgeprägtes Engagement in Freiwilligenorganisationen durch eine besonders stark entwickelte Beteiligung an informellen Hilfsaktionen. In Westmitteleuropa sind die Österreicher und Deutschen in diesem Bereich besonders aktiv und in West- und Nordeuropa zeigen sich die bereits bekannten Muster. Nimmt man die europäischen Durchschnittswerte zum Maßstab, dann ist die soziale Partizipation der Europäer relativ hoch entwickelt und weist nicht nur quantitativ, sondern auch qualitativ einige interessante regionale Besonderheiten auf. In Nord- und Westeuropa vollzieht sich soziales Engagement sehr stark über eine Mitarbeit in Freiwilligenorganisationen. Diese bleibt zwar unter dem Niveau der informellen sozialen Hilfeleistungen, ist aber dennoch sehr weit verbreitet. In den übrigen europäischen Regionen dominiert dagegen eindeutig die informelle soziale Partizipation.

Tabelle 1: Soziale Partizipation in den EU-Staaten, 2002/03

	Formales Mitglied in Organisationen %	N	Aktive Teilnahme in Organisationen[1] %	N	Häufigkeit von Hilfsleistungen %	N
Nordeuropa	*87*	*1582*	*50*	*1582*	*65*	*1561*
Dänemark	92	1506	52	1506	72	1466
Finnland	76	2000	43	2000	54	1994
Schweden	90	1999	52	1999	67	1976
Westeuopa	*69*	*5083*	*51*	*5082*	*61*	*5051*
Großbritannien	70	2051	52	2053	61	2042
Irland	68	2046	39	2046	58	2011
Westmitteleuropa	*64*	*14614*	*45*	*14615*	*77*	*9650*
Belgien	71	1899	53	1899	71	1862
Deutschland Ost	65	631	35	629	78	628
Deutschland West	73	2289	50	2289	79	2249
Frankreich	50	1503	45	1503	ne	
Luxemburg	78	1552	31	1552	58	1487
Niederlande	84	2363	50	2363	76	2348
Österreich	75	2257	39	2257	81	2146
Südeuropa	*33*	*10101*	*24*	*10101*	*47*	*9623*
Griechenland	25	2566	14	2566	55	2459
Italien	35	1207	25	1206	44	1172
Portugal	29	1510	19	1511	67	1448
Spanien	36	1729	27	1729	44	1600
Osteuropa	*20*	*5000*	*13*	*4999*	*52*	*4727*
Estland	ne		ne		ne	
Polen	21	2110	13	2110	52	1970
Slowakei	ne		ne		ne	
Slowenien	52	1519	32	1519	74	1498
Tschech. Republik	ne		ne		40	1298
Ungarn	27	1685	22	1685	61	1627
Mittelwert EU	51	36380	36	36380	60	30612

1 = Aktive Teilnahme in Organisationen: Teilnahme an Aktivitäten oder Übernahme eines Ehrenamts in Organisationen. ne = nicht erhoben. Quelle: ESS 1; Daten gewichtet; eigene Berechnungen.

In seinen umfassenden Arbeiten über die Entwicklung des zivilgesellschaftlichen Engagements in den Vereinigten Staaten hatte Robert Putnam (2000: 48ff.) einen Rückgang der sozialen Partizipation festgestellt und hierin eine der Ursachen der Krise der amerikanischen Demokratie gesehen. Trotz allen aus der Datenlage resultierenden Beschränkungen ist in Europa keine vergleichbare Tendenz feststellbar. Das soziale Engagement der Europäer lässt keinen klaren Trend erkennen, sondern variiert von Land zu Land sowie mit der untersuchten Organisationsform. Eine von Dekker und van den Broek (2006: 185f.) für den Zeitraum 1981 bis 1999 durchgeführte Untersuchung dokumentierte lediglich in zwei europäischen Ländern, Westdeutschland und Spanien, einen Negativtrend. Dem stehen positive Entwicklungen in Schweden, Dänemark, den Niederlanden und Großbritannien sowie mehr oder weniger stabile Verhaltensmuster in Belgien, Frankreich, Italien und Irland gegenüber. Noch uneinheitlicher stellt sich das Bild dar, wenn man nach der Teilnahme in verschiedenen Organisationen differenziert (vgl. Gabriel et al. 2002: 52; Norris 2002: 149ff.; Morales/Geurts 2007).[6] In den von ihm untersuchten europäischen Demokratien fand Putnam selbst (2001: 751ff.) keine Belege für einen Zerfall des sozialen Engagements. Zwar mussten einige Freiwilligenorganisationen, besonders die Parteien und die Gewerkschaften, seit dem Ende des Zweiten Weltkriegs einen Mitgliederschwund hinnehmen und auch bei den Kirchen war eine ähnliche Tendenz erkennbar. Jedoch waren keineswegs alle Freiwilligenorganisationen von einem derartigen Prozess betroffen. Zudem haben wir es bei genauerer Betrachtung eher mit einem Formenwandel als mit einem Rückgang des sozialen Engagements zu tun. Die dauerhafte Bindung an traditionelle soziale Organisationen scheint für die partizipationsbereite Bevölkerung an Attraktivität verloren zu haben. Ihre Funktion ist zumindest zum Teil auf informelle, punktuelle, an konkrete Anliegen gebundene und zeitlich befristete Formen sozialen Engagements übergegangen (vgl. auch Cohen 1999).

4.2 Politische Partizipation

Seit dem Ende des Zweiten Weltkriegs vollzog sich in den europäischen Demokratien ein Verhaltenswandel, den einige Forscher als „partizipatorische Revolution" bezeichneten (vgl. z. B. Almond/Verba 1989: 2ff.; Kaase/Marsh 1979a; Kaase/Barnes 1979). Die mit diesem Begriff beschriebenen Veränderungen weisen die folgenden drei Aspekte auf: Demnach schließt die partizipatorische Revolution einen *Anstieg* der politischen Partizipation, eine zunehmende *Ausdifferenzierung* des Beteiligungssystems und eine *Erweiterung der institutionalisierten Einflussmöglichkeiten* der Bürger auf politische Entscheidungen ein. Mit der fortschreitenden Ausweitung, Ausdifferenzierung und Institutionalisierung von Beteiligungsmöglichkeiten verbanden Wissenschaftler und Politiker zugleich die Hoffnung, es könne gelingen, die Qualität der Demokratie zu verbessern und bisher inaktive Gruppen für den politischen Prozess zu mobilisieren oder zumindest den partizipationsbereiten Teilen der Bevölkerung neue Einflussmöglichkeiten zu eröffnen (vgl. auch Cain et al. 2003).

In den folgenden Abschnitten untersuchen wir die Struktur, Verbreitung und Bestimmungsfaktoren dreier verschiedener Formen politischer Partizipation. Hierbei handelt es

---

[6] Diese Aussagen basieren auf Auswertungen der European bzw. World Values Surveys, deren Ergebnisse aufgrund unterschiedlicher Stichprobendesigns, Erhebungsformate und -zeitpunkte allerdings mit großer Vorsicht zu interpretieren sind.

sich um die Wahlbeteiligung, die traditionellen, auf Wahlen, Parteien oder Politiker bezogenen Aktionsformen sowie die Beteiligung an Protestaktivitäten. Weitere Ausdifferenzierungen, wie wir sie z. B. in den Studien von Parry et al. (1992) oder von Armingeon (2007) finden, waren mit den uns verfügbaren Daten nicht möglich. Die Analyse der Wahlbeteiligung erfolgt auf der Grundlage von Daten der amtlichen Statistik, die Untersuchung der übrigen politischen Aktivitäten basiert auf den Umfragedaten aus beiden Wellen des ESS.

Die besondere Rolle der Wahlbeteiligung im Partizipationssystem der Demokratie, die sich in zahlreichen empirischen Studien immer wieder bestätigt (vgl. Norris 2002: 35; Franklin 2002), zeigt sich auch in den Mitgliedstaaten der EU. In allen Regionen gibt die Mehrheit der Wahlberechtigten bei nationalen Parlamentswahlen ihre Stimme ab. Mit Werten um 80 Prozent beteiligten sich die Nord-, Westmittel- und Südeuropäer zwischen 2001 und 2006 besonders rege an den Wahlen zum nationalen Parlament, während die Beteiligungsrate in Westeuropa und den postkommunistischen Ländern Mittel- und Osteuropas durchschnittlich nur leicht über 60 Prozent liegt (vgl. Tabelle 2). Bei der Interpretation dieser Ergebnisse muss man allerdings berücksichtigen, dass in einigen EU-Staaten Wahlpflicht besteht. Hierzu zählen Griechenland, Italien, Belgien und Luxemburg. Zwar gilt die Teilnahme an Wahlen in diesen Ländern vornehmlich als moralische Verpflichtung, deren Verletzung nicht bestraft wird. Dennoch ist die Wahlpflicht in der Verfassung verankert und ihre Nichtbefolgung kann mit einer Geldstrafe geahndet werden (vgl. hierzu auch die Angaben in der Verfassungssynopse).

Einzelne Länder weichen deutlich von dem in ihrer Region vorherrschenden Muster ab. Unter den Ländern Nordeuropas nimmt Finnland, wie beim sozialen Engagement, eine Sonderrolle ein und fällt deutlich gegenüber Schweden und Dänemark ab. Irland und Großbritannien unterscheiden sich kaum voneinander, weisen aber im europäischen Vergleich eine sehr niedrige Wahlbeteiligung auf. Aufgrund der Wahlpflicht nehmen Belgien und Luxemburg mit Beteiligungsquoten über 90 Prozent nicht nur in Westmitteleuropa, sondern in der gesamten EU eine Spitzenposition ein. Frankreich liegt deutlich unter dem regionalen Durchschnittswert, in abgeschwächter Form gilt dies auch für Ostdeutschland. Die übrigen westmitteleuropäischen Demokratien ohne Wahlpflicht liegen nahe am regionalen Durchschnitt. Südeuropa hingegen liefert gute Beispiele dafür, dass sich eine Wahlpflicht nicht unbedingt in eine hohe Wahlbeteiligung umsetzt. So weisen Malta und Zypern eine hohe Wahlbeteiligung auf, obgleich keine Wahlpflicht existiert. Das Gegenbeispiel stellt Griechenland dar. Dort gaben – ungeachtet der gesetzlich festgelegten Wahlpflicht – bei den Parlamentswahlen 2000 und 2004 im Durchschnitt nur drei Viertel der Wahlberechtigten ihre Stimme ab. In Osteuropa fällt die Wahlbeteiligung deutlich niedriger aus als in den anderen Teilen Europas. In keinem der in dieser Region gelegenen Länder erreicht die Wahlbeteiligung den EU-Durchschnittswert. Polen ist das einzige zur EU gehörende Land, in dem nur eine Minderheit der Wahlberechtigten ihre Stimme abgibt. Auch einige weitere postkommunistische Staaten, insbesondere Litauen und Estland, liegen beträchtlich unter dem europäischen und dem regionalen Durchschnitt.

Noch deutlicher tritt die besondere Rolle der Wahlbeteiligung im Partizipationssystem moderner Demokratien hervor, wenn man ihre Verbreitung mit den anderen Partizipationsformen vergleicht. Während mehr als 70 Prozent der wahlberechtigten Europäer bei nationalen Parlamentswahlen ihre Stimme abgeben, beteiligt sich nur jeder Vierte an mindestens einer traditionellen Aktivität und versucht, durch die Mitarbeit in politischen Parteien oder anderen Organisationen oder durch Kontakte zu Politikern oder Verwaltungen, Einfluss auf die Politik zu nehmen. Verba und Nie (1972: 44ff.) bzw. Verba et al. (1978: 46ff.) hatten zwischen vier unterschiedlichen Systemen konventioneller politischer Aktivitäten unterschieden. Vermutlich in Folge der kleinen Zahl von Erhebungsfragen konnten wir dagegen neben der Wahlbeteiligung lediglich ein einziges traditionelles Beteiligungssystem feststellen.

Wie bei der sozialen Partizipation nehmen die Nordeuropäer im europaweiten Vergleich den ersten Platz ein, gefolgt von den Bürgern Westmitteleuropas. In diesen beiden europäischen Regionen beteiligt sich mehr als jeder dritte bzw. jeder vierte Bürger an mindestens einer traditionellen Aktivität. Diese Partizipationsformen spielen im politischen Leben der in der Mitte und im Nordwesten Europas gelegenen Demokratien eine beachtliche Rolle. Als besonders aktiv erweisen sich die Finnen (Nordeuropa) bzw. die Luxemburger und Österreicher (Westmitteleuropa), starke Abweichungen nach unten treten in diesen beiden Regionen nicht auf. Abweichend von der Wahlbeteiligung greifen die Iren stärker auf traditionelle Formen politischer Einflussnahme zurück als die Briten. In Südeuropa stellen die Spanier und die Portugiesen die Ausreißer dar. Erstere sind überdurchschnittlich, letztere unterdurchschnittlich aktiv. Als noch inaktiver erweisen sich die Menschen in Osteuropa, wo im Durchschnitt lediglich 15 Prozent der Befragten angaben, sich an partei- oder organisationsbezogenen Aktivitäten beteiligt oder Kontakt zu einem Politiker aufgenommen zu haben. Aus dieser Ländergruppe hebt sich Tschechien mit einer Partizipationsquote ab, die den westmitteleuropäischen Durchschnittswert erreicht (vgl. Tabelle 2).

Die zum dritten Partizipationssystem gehörenden themenspezifischen Aktivitäten werden gelegentlich als unkonventionelle, d. h. nicht zum Verhaltensrepertoire der Durchschnittsbürger gehörende Formen politischen Handelns bezeichnet. Besonders deutlich zeigt sich der ambivalente Charakter dieser Aktivitäten, wenn man sie als nicht legitim einschätzt. Damit ist gemeint, dass sie nicht im Einklang mit den als angemessen und rechtmäßig geltenden Standards politischen Handelns stehen. Diese Sicht stützt sich darauf, dass themenspezifische Formen politischer Partizipation häufig als legale oder nichtlegale Protestaktionen in Erscheinung treten. Bei einem Blick auf unsere Daten zeigt sich allerdings sehr deutlich, wie problematisch es wäre, legale Formen des politischen Protests als unkonventionell zu bezeichnen. Außer in Osteuropa greift die Bevölkerung heute zur Durchsetzung ihrer politischen Ziele stärker auf legale Protestaktionen zurück als auf traditionelle Formen politischer Einflussnahme (etwas anders Teorell et al. 2007: 348ff.).

Mit 35 Prozent liegt die durchschnittliche Beteiligungsquote in den EU-Staaten um mehr als zehn Prozentpunkte über dem Niveau der Teilnahme an traditionellen Aktionsformen. In Nord-, West- und Westmitteleuropa hat fast jeder zweite Befragte nach eigenen Angaben im Laufe des vergangenen Jahres an mindestens einer legalen Protestaktion teilgenommen. Diese Anteile liegen wesentlich höher als bei traditionellen Partizipationsformen, besonders in Westeuropa. In Nordeuropa setzen vor allem die Schweden auf legale Protestaktivitäten, wenn es darum geht, ihren politischen Vorstellungen Geltung zu verschaffen. Die Finnen sind in diesem Bereich zurückhaltender und bedienen sich stärker der traditionellen Formen der Einflussnahme. Eine vergleichbare Konstellation zeigt sich in Großbritannien und Irland. Die Briten ähneln in ihrem Verhalten den Schweden, die Iren den Finnen – allerdings in beiden Fällen auf niedrigerem Aktivitätsniveau. Im westlichen Mitteleuropa fällt allenfalls Frankreich durch eine relativ hohe Protestaktivität der Bürger auf, in den Niederlanden und Belgien dagegen sind Bürgerproteste deutlich seltener als in den meisten

Tabelle 2: Politische Partizipation in den EU-Staaten[1]

	Beteiligung an Legislativwahlen, 01-06 %	Konventionelle Partizipation, 02/03-04/05 %		Politischer Protest, 02/03-04/05 %	
		%	N	%	N
Nordeuropa	77,8	35	3182	50	3163
Dänemark	85,8	32	2980	44	2963
Finnland	66,6	42	4015	41	4011
Schweden	81,1	33	3946	58	3907
Westeuropa	61,7	22	10238	45	10194
Großbritannien	60,4	22	3941	47	3922
Irland	63,0	30	4215	30	4198
Westmitteleuropa	81,2	27	21491	43	29257
Belgien	91,1	30	3662	34	3637
Deutschland Ost	73,6	26	1191	46	1189
Deutschland West	79,6	25	4592	44	4577
Frankreich	64,4	28	3306	48	3286
Luxemburg	91,7	32	3167	39	3167
Niederlande	79,7	29	4236	28	4214
Österreich	81,4	32	4421	38	4380
Südeuropa	80,0	19	20327	26	20295
Griechenland	75,8	17	4958	11	4933
Italien	82,5	17	2718	23	2719
Malta	95,7	ne		ne	
Portugal	63,7	10	3528	9	3540
Spanien	72,2	25	3342	38	3335
Zypern	90,4	ne		ne	
Osteuropa	60,1	15	9967	13	9923
Polen	43,4	13	3807	11	3797
Slowakei	62,4	15	1491	31	1453
Slowenien	65,4	13	2927	12	2927
Tschech. Republik	61,2	26	4294	20	4221
Ungarn	69,2	13	3171	9	3166
Estland	57,9	11	1978	9	1972
Lettland	66,9	ne		ne	
Litauen	52,3	ne		ne	
Bulgarien	61,2	ne		ne	
Rumänien	60,9	ne		ne	
Mittelwert EU	71,4	23	75019	35	74746

1 = Für die Prozentangabe je Region wurden die Wahlbeteiligungsraten zwischen 2001-2006 addiert und durch die Anzahl der Länder je Region geteilt. Fanden in einem Land zwei Wahlen in dem angegebenen Zeitraum statt, ging der Mittelwert in die Berechnung ein. ne = nicht erhoben. Quelle: Wahlbeteiligung: Aggregatdaten; (Un-)Konventionelle Partizipation: Gepoolter ESS-Datensatz; Daten gewichtet; eigene Berechnungen.

Politische und soziale Partizipation

anderen Staaten der Region. Dies ist insofern bemerkenswert, als die Niederländer am Beginn der partizipatorischen Revolution eine Vorreiterrolle im Einsatz des Protests zur Durchsetzung politischer Ziele gespielt hatten (vgl. Kaase/Marsh 1979c). Dagegen ist die Popularität von Protestaktionen in Frankreich schon aus anderen Studien bekannt (vgl. Schild 2000: 55ff.; Norris 2002: 194ff.; Dalton 2006: 64ff.). In den beiden verbleibenden Regionen ist der Protest als Mittel zur Durchsetzung politischer Ziele weniger weit verbreitet. In Südeuropa beläuft sich die Teilnahmequote auf 26 Prozent, in Osteuropa nur auf 13 Prozent. Als relativ protestfreudig erweisen sich in diesen Regionen die Spanier und die Slowaken. Dennoch bleiben sie mit ihren Aktivitäten hinter den Durchschnittswerten der westlichen Teile des Kontinents zurück. Wenig Beteiligung an Protestaktivitäten finden wir in Portugal, Estland und Ungarn.

Wenn man die relative Bedeutung traditioneller politischer Aktivitäten und die Beteiligung an Protestaktionen einander gegenüberstellt, dann zeigt sich in den meisten untersuchten Ländern eine mehr oder weniger dominierende Rolle der Protestpolitik (vgl. Abbildung 2). Dies ist sicher zum Teil dadurch bedingt, dass in den Index zur Messung traditioneller Aktivitäten überwiegend Handlungen eingingen, die den Partizipanten ein relativ hohes Ausmaß an Initiative und Aufwand abverlangen. Doch auch dies ist ein wichtiges Ergebnis. Die an die Dauermitgliedschaft in Organisationen gebundenen oder mit einem relativ hohen individuellen Aufwand verbundenen Aktivitäten sind nicht aus dem politischen Leben verschwunden. Sie haben ihre Rolle als wichtigster Zugang zu den politischen Entscheidungsträgern aber an spontane und punktuell einzusetzende, oft gemeinsam mit anderen auszuführenden Aktionsformen abgegeben. Besonders markant ist diese Tendenz in Ländern mit einem generell hohen Niveau sozialer und politischer Partizipation. Auf der anderen Seite befinden sich dort, wo die politische Aktivität der Bevölkerung relativ schwach ausgeprägt ist, traditionelle Formen des Engagements und Protestaktivitäten in einem Gleichgewicht oder die traditionellen Formen dominieren, wenn auch auf einem insgesamt niedrigen Partizipationsniveau.

Die von manchen Forschern formulierte Annahme, die traditionellen, elitegesteuerten Formen politischen Engagements würden im Zuge der partizipatorischen Revolution durch neue, die politischen Eliten herausfordernde Aktivitäten zurückgedrängt (vgl. Inglehart 1979: 301ff.), ist damit allerdings noch nicht belegt. Dies gilt nicht allein deshalb, weil ein mehr oder weniger großer Teil der Bürger nach wie vor selbst aufwändige traditionelle Aktionsformen zur Durchsetzung politischer Ziele einsetzt. Ebenso wichtig ist die Feststellung, dass die vorhandenen Formen politischer Partizipation in einer Beziehung zueinander stehen. Mit anderen Worten: Wer sich traditioneller Formen politischer Einflussnahme bedient, weist auch eine überdurchschnittliche Neigung zur Teilnahme an Protestaktivitäten auf (vgl. Kaase/Marsh 1979b: 149ff.; Teorell et al. 2007: 350).

Im Vergleich mit den Ergebnissen älterer Studien zeigen sich am Anfang des 21. Jahrhunderts in den Mitgliedstaaten der EU einige Konstanten, aber auch einige Änderungen. Der wohl wichtigste neue Befund betrifft die Positionierung der postkommunistischen Gesellschaften in der Partizipationslandschaft der EU. Im Vergleich mit ihren Nachbarn im Westen machen die Bürger der osteuropäischen Demokratien bislang nur zögerlich von ihren neuen politischen Teilnahmerechten Gebrauch, insbesondere vom Wahlrecht und von konventionellen Formen politischer Einflussnahme. Außer in Tschechien und der Slowakei ist die Teilnahme an Protestaktivitäten ebenfalls schwächer ausgeprägt als im Westen Europas. In den Ländern westlich des ehemaligen Eisernen Vorhangs blieb die Beteiligung an

Wahlen die weitaus am breitesten genutzte Form politischer Einflussnahme. Jedoch setzen die Menschen derzeit stärker auf den legalen Protest als auf traditionelle Formen des politischen Engagements, wenn es darum geht, Ziele in der Politik durchzusetzen.

Abbildung 2: Aktionsstile in den Mitgliedstaaten der EU, 2002/03-2004/05

		Protest > traditionelle Aktivität	Protest ≈ traditionelle Aktivität	Protest < traditionelle Aktivität
Allgemeines Partizipationsniveau	Oberes Drittel	Schweden, Dänemark, Luxemburg, Österreich, Westdeutschland, Belgien	Niederlande	
	Mittleres Drittel	Spanien, Italien, Frankreich, Großbritannien, Ostdeutschland	Finnland, Slowenien, Irland	
	Unteres Drittel	Slowakei	Portugal, Polen, Estland	Griechenland, Ungarn, Tsch. Republik

Anmerkung: Die Zuordnung der Länder zu den drei Gruppen wurde auf der Basis der Rangplätze bei allen Formen sozialer und politischer Partizipation vorgenommen (vgl. dazu auch Abbildung 3). Quelle: vgl. Tabelle 2.

4.3 Die europäische Zivilgesellschaft: Ein zusammenfassender Überblick

Welche Schlussfolgerungen ergeben sich aus den bisherigen Analysen für die Verwirklichung des im Entwurf zum europäischen Verfassungsvertrag niedergelegten Ideals einer europäischen Zivilgesellschaft? Verfügen die Menschen in den Mitgliedstaaten der EU tatsächlich über die breiten Möglichkeiten zur sozialen und politischen Beteiligung, die dem Ideal einer Bürgergesellschaft entsprechen, und nehmen sie diese Möglichkeiten wahr? Die erste Frage lässt sich leichter beantworten als die zweite. In keinem zur EU gehörenden Staat gibt es nennenswerte institutionelle Barrieren, die einer umfassenden sozialen und politischen Beteiligung entgegenstünden. Nach Scarrow (2003) erfolgte in den letzten Jahrzehnten in zahlreichen westeuropäischen Ländern ein Ausbau der institutionalisierten Beteiligungsformen. An dem Umstand, dass die Stimmabgabe bei Wahlen die einzige von der Mehrheit der Bürger genutzte Form politischer Beteiligung geblieben ist, haben diese Reformen dennoch nichts geändert.

Wenn man die Verwirklichung des Ideals der Zivilgesellschaft daran festmacht, dass die Mehrheit der Bürger sich aktiv am sozialen und politischen Leben beteiligt, dann besteht zwischen Norm und Wirklichkeit eine Lücke. Doch ist die Frage zu stellen, ob eine Festlegung derartiger Schwellenwerte vernünftig ist. Dies ist schon allein deshalb zu bezweifeln, weil das Recht zur sozialen und politischen Beteiligung in einer Demokratie auch das Recht einschließt, von den verfügbaren Möglichkeiten keinen Gebrauch zu machen, und weil positive Effekte der Partizipation auf das Funktionieren der Demokratie nicht allein von der Breite der Nutzung, sondern auch von der sozialen Herkunft der Aktiven sowie von ihren politischen Einstellungen und Wertorientierungen abhängen. Es macht demnach keinen Sinn, das Konzept der Zivilgesellschaft an willkürlich gesetzten Maßstäben festzumachen.

Politische und soziale Partizipation 285

Stattdessen sollte man fragen, wie sich die Mitgliedstaaten der EU – gemessen am Niveau sozialer und politischer Beteiligung – zueinander positionieren.

Abbildung 3: Partizipationsniveau in den EU-Staaten

Quelle: siehe „Informationen zu den Beiträgen" auf der Website zu diesem Buch.

Bei einer Verdichtung der bisher präsentierten Informationen über die Verteilung einzelner Formen sozialer und politischer Partizipation zu einem einzigen Indikator ergibt sich eine relativ klare Gruppierung der Länder (vgl. Abbildung 3). Drei kleine nord- bzw. westmitteleuropäische Staaten, Schweden, Österreich und Dänemark befinden sich gemeinsam mit Westdeutschland und den drei Benelux-Ländern in der Spitzengruppe der EU-Staaten. Die restlichen nord-, west- und westmitteleuropäischen Staaten sowie Spanien, Italien, Ostdeutschland und Slowenien gehören zum Mittelfeld, die übrigen süd- und ost-europäischen Mitgliedsländer der EU bilden die Schlussgruppe. Besondere Beachtung verdient in diesem Zusammenhang die Position Ostdeutschlands und Sloweniens. Die Menschen in den neuen Bundesländern unterscheiden sich gut eine Dekade nach dem Zusammenbruch des kommunistischen Regimes in ihrem Partizipationsniveau kaum noch von den Bürgern anderer nordwesteuropäischer Länder. Slowenien ist auf dem Weg dorthin.

Die kulturelle Trennlinie, die in Europa mit dem Eisernen Vorhang entstanden war, ist auch mehr als ein Jahrzehnt nach dem Regimeumbruch in Mittel- und Osteuropa nicht verschwunden. Nur in zwei postkommunistischen Gesellschaften, Slowenien und Ostdeutschland, bildeten sich seither zivilgesellschaftliche Strukturen heraus, die jenen der älteren westeuropäischen Demokratien gleichen. Auch die konfessionelle Trennlinie zwischen dem katholischen Süden Europas und den protestantischen oder konfessionell gemischten Gesellschaften Nord- und Westmitteleuropas ist noch erkennbar. Allerdings fallen Österreich (positiv) und Finnland (negativ) aus diesem Muster heraus. Die schon seit langem bekannten regionalen Partizipationskulturen erweisen sich somit als sehr dauerhaft.

5 Die Entwicklung der politischen Beteiligung

Die bisherigen Aussagen über die soziale und politische Beteiligung der EU-Bürger stützen sich ausschließlich auf Daten aus dem ersten Jahrzehnt des 21. Jahrhunderts. Sie liefern zwar eine aktuelle Momentaufnahme, vermitteln aber keine Aufschlüsse über die langfristige Entwicklung politischer Beteiligung und die in ihnen entstandenen nationalen Partizipationsmuster. Informationen dieser Art sind nur durch Daten über die Trends sozialer und politischer Partizipation zu gewinnen, die lediglich in begrenztem Umfang zur Verfügung stehen. Unsere Aussagen über die Entwicklung der politischen Partizipation beschränken sich deshalb auf die Wahlbeteiligung sowie auf Protestaktivitäten (vgl. Tabelle 72 und Kapitel 3.6 auf der Website zu diesem Buch).

Auf den ersten Blick scheint die Wahlbeteiligung in den meisten Mitgliedstaaten der EU während der letzten Jahrzehnte zurückgegangen zu sein (vgl. auch Norris 2002: 53). In denjenigen Ländern, in denen die Daten eine statistische Schätzung des Trends erlauben, verläuft dieser fast ausnahmslos negativ. Allerdings fällt dieses Verlaufsmuster unterschiedlich klar aus, zudem gibt es Abweichungen von der allgemeinen Entwicklung. Ein relativ eindeutiger Abwärtstrend zeigt sich in Frankreich, Großbritannien, Österreich, Finnland, Irland und Italien, eine deutliche langfristige Zunahme hingegen in Malta. In den anderen Ländern, in denen seit dem Zweiten Weltkrieg kontinuierlich demokratische Wahlen stattfanden, liegt kein eindeutiger Trend vor. Mitunter weist die Wahlbeteiligung nur geringe Schwankungen auf (Dänemark, Belgien, Luxemburg), mitunter folgen Phasen steigender und sinkender Wahlbeteiligung aufeinander (Deutschland, Schweden).

Bemerkenswert verlief die Entwicklung in den postkommunistischen Demokratien. Auch wenn aufgrund der schmalen Datenbasis keine statistisch abgesicherten Trendanalysen möglich sind, zeigt schon ein oberflächlicher Blick auf die Daten in allen diesen Ländern außer in Ungarn einen Rückgang der Wahlbeteiligung. Vor allem im Vergleich mit der starken Wählermobilisierung unmittelbar nach dem Systemwechsel stellt sich dieser geradezu als dramatisch dar. In Tschechien, der Slowakei und Rumänien liegt die Beteiligung an den letzten Parlamentswahlen um mehr als zwanzig Prozentpunkte unter dem bei den ersten freien Wahlen erreichten Niveau, in Polen fällt der Rückgang nur geringfügig schwächer aus. Die für die rückläufige Inanspruchnahme der neuen demokratischen Rechte maßgeblichen Ursachen lassen sich nur durch genauere empirische Analysen bestimmen. Dasselbe gilt für den weniger markanten Wandel der Wahlbeteiligung in Westeuropa (vgl. einige Hinweise bei Norris 2002: 54ff.; „Informationen zu den Beiträgen" auf der Website zu diesem Buch).

Anders als die Wahlbeteiligung ist die Teilnahme an Protestaktivitäten nicht in amtlichen Statistiken dokumentiert, ihr Ausmaß muss vielmehr durch Ereignisanalysen oder Umfragen ermittelt werden. Die European Values Surveys enthalten seit 1981 mehr oder weniger kontinuierlich Fragen nach der Beteiligung an verschiedenen legalen oder nichtlegalen Protestaktivitäten. Im Zeitraum 1981 bzw. 1990 bis 2000 hat in zwölf der 23 EU-Mitgliedstaaten, für die Trenddaten zur Verfügung stehen, die Beteiligung an Unterschriftenaktionen zugenommen, zum Teil sehr deutlich. Dieser Trend ist in allen nordeuropäischen Mitgliedsländern sowie in allen Gesellschaften Westmitteleuropas außer in Deutschland zu verzeichnen. Rückläufig entwickelten sich diese Aktivitäten nur in Litauen und Lettland. Im Übrigen verlief der Trend diskontinuierlich (acht Länder, u. a. in Deutschland und Großbritannien). In Spanien, Portugal und Polen waren im Zeitverlauf keine bemerkenswerten Veränderungen zu verzeichnen. Ein ähnliches Bild ergibt sich bei der Beteiligung an legalen Demonstrationen, die ebenfalls in elf der 23 Gesellschaften zugenommen, in vieren zurückgegangen ist und sich ansonsten diskontinuierlich entwickelte oder stabil blieb. Die regionale Verteilung dieser Muster ähnelt ebenfalls weitgehend der bei den Unterschriftenaktionen. Die Beteiligung an Boykotten, die in den meisten Gesellschaften nur bei einer kleinen Minderheit der Befragten Resonanz findet, ist überwiegend stabil geblieben. Nur in wenigen, überwiegend nord- bzw. westmitteleuropäischen Ländern war in diesem Bereich eine positive Entwicklung zu verzeichnen. Noch deutlicher zeigt sich der stabile Minderheitenstatus bei der Beteiligung an wilden Streiks (vgl. Tabelle 72 auf der Website zu diesem Buch).

Wenn man die vorliegenden Daten über die Entwicklung der politischen Partizipation in den Mitgliedstaaten der EU zu einem Gesamtbild zusammenzufügen versucht, dann zeigen sich sowohl im Niveau als auch in den Entwicklungstrends regionale Muster, die einerseits die in verschiedenen Teilen Europas vorherrschenden kulturellen Traditionen, andererseits globale Entwicklungstrends und schließlich bestimmte Partizipationskonjunkturen zum Vorschein bringen. Die Zeitspanne zwischen 1945 und Mitte der 1970er Jahre war im damals freien Europa durch eine zunehmende Wahlbeteiligung gekennzeichnet. Sie scheint zumindest in einigen Ländern mit einer verstärkten Ausbreitung anderer partei- und wahlbezogener Aktivitäten einhergegangen zu sein. Seit Mitte der 1970er Jahre haben elektorale Aktivitäten an Bedeutung verloren, legale Protestaktivitäten dagegen fanden zunehmende Resonanz in der westeuropäischen Öffentlichkeit (vgl. auch Norris 2002: 103ff., 194ff.; Teorell et al. 3007). Dies führte zwar nicht zu der von Inglehart (1979) vorhergesagten Verdrängung elitegesteuerter Aktivitäten, ein Wandel der Verhaltensstile der westeuropäischen Publika lässt sich aber nicht in Abrede stellen. Ganz anders stellt sich die Situation in den neuen Demokratien Mittel- und Osteuropas dar. Die vom Regimewechsel ausgelöste, zumindest mit ihm einhergehende „partizipative Revolution" erwies sich als Strohfeuer. Bereits kurz nach der Wende ging die politische Aktivität der Bürger in fast allen postkommunistischen Gesellschaften deutlich zurück.

6 Die Erklärung politischer Partizipation

6.1 Die Erklärungsmodelle

Wie die bisher vorgestellten Befunde zeigen, ist die Beteiligung der Bürger am politischen Leben in den Mitgliedstaaten der EU höchst ungleich verteilt. Abgesehen von der Stimmabgabe bei Wahlen bleibt die politische Partizipation in fast allen europäischen Demokratien eine Sache von Minderheiten. Besonders deutlich zeigt sich dies in den postkommunistischen Gesellschaften.

Dieser Befund stellt das Ideal der demokratischen Bürgergesellschaft in zweierlei Hinsicht in Frage. Die erste Herausforderung besteht darin, dass ein großer Teil der Bürger keinen Gebrauch von ihren politischen Rechten macht, und die zweite ist darin zu sehen, dass

Aktivität und Inaktivität in der Demokratie nicht zufällig verteilt sind, sondern systematisch mit der Zugehörigkeit zu bestimmten gesellschaftlichen Gruppen zusammenhängen. Mit diesen Feststellungen verbindet sich die Frage, ob und inwieweit das demokratische Ideal der Responsivität der Regierenden gegenüber den Regierten in den EU-Mitgliedstaaten verwirklicht ist. Die ungleiche Wahrnehmung der vorhandenen politischen Rechte durch die verschiedenen gesellschaftlichen Gruppen birgt nämlich das Risiko in sich, dass nicht artikulierte Bedürfnisse vergleichsweise schlechte Chancen haben, erkannt und befriedigt zu werden. Umgekehrt könnten die politischen Einflusschancen von Individuen und Gruppen in dem Maße wachsen, in dem sie sich aktiv für die Durchsetzung ihrer Ziele engagieren.

Diese Zusammenhänge sind in der Partizipationsforschung seit langem bekannt. Von den ersten Arbeiten bis zu den jüngsten Studien wiederholt sich das gleiche Bild. Männer, Angehörige der mittleren Altersgruppen, formal gut gebildete und sozial integrierte Personen sind politisch aktiver als Angehörige anderer sozialer Gruppen (vgl. bereits Milbrath 1965; aber auch Verba et al. 1995; Pattie et al. 2004; Armingeon 2007). Mit der Feststellung gruppenspezifischer Partizipationsmuster sind allerdings noch keine Erkenntnisse über die Faktoren gewonnen, die Bürger zur politischen Aktivität oder Inaktivität veranlassen. Jedoch gibt es seit den Anfängen der Partizipationsforschung Vermutungen über die für die Beteiligung an der Politik maßgeblichen Bestimmungsfaktoren.

Die ersten empirischen Studien versuchten, die Höhe der Wahlbeteiligung durch sozioökonomische und institutionelle Faktoren zu erklären. Politische Partizipation wurde als Bestandteil des Modernisierungsprozesses von Gesellschaften verstanden, die umso stärker ausgeprägt sein müsste, je moderner eine Gesellschaft ist (vgl. z. B. Wernicke 1976). Institutionelle Erklärungen stellen auf die Eigenschaften politischer Institutionen ab, Anreize zur politischen Partizipation zur Verfügung zu stellen oder diese zu erschweren. Demnach wirkt ein Verhältniswahlrecht mobilisierend, weil es die Parteien dazu zwingt, ihre Wahlkampfaktivitäten nicht auf wenige strategisch bedeutsame Wahlkreise zu konzentrieren, sondern sie über das gesamte Wahlgebiet zu streuen. Eine Registrierungspflicht schwächt dagegen die Beteiligung ab, weil sie den partizipationswilligen Bürgern zusätzliche Kosten verursacht (vgl. zur Rolle institutioneller Determinanten der Wahlbeteiligung Jackman 1987).

Die überwiegend mit Makrodaten arbeitenden Erklärungsansätze sind zwar aus der Partizipationsforschung nicht verschwunden (vgl. z. B. Norris 2002: 54ff., 58ff.), im Vergleich mit individualistischen Erklärungen haben sie aber an Bedeutung verloren. Diejenigen Analysemodelle, die Eigenschaften der Bürger zur Erklärung der individuellen politischen Beteiligung heranziehen, schätzen drei Faktorenbündel als die wichtigsten Antriebskräfte politischer Partizipation ein: die materiellen und intellektuellen Ressourcen der Bürger, ihre Motivation zum politischen Engagement und ihre Integration in soziale Netzwerke bzw. ihre Mobilisierung durch diese (vgl. z. B. Nie et al. 1969a, 1969b; Verba et al. 1978; Barnes et al. 1979; Armingeon 2007). Anschaulicher als alle anderen Partizipationsforscher beschrieben Verba et al. (1995: 15) die Wirkungsmechanismen dieser Variablen: „In thinking about why some people are active while others are not, we find it helpful to invert the usual question and ask instead why people do *not* take part in politics. Three answers immediately suggest themselves: because they can't; because they don't want to; or because nobody asked".

Das „Können" bezieht sich auf den Zugang zu gesellschaftlichen oder intellektuellen Ressourcen, die ein Individuum benötigt, um seine politischen Interessen zu erkennen, sie zu artikulieren und Wege zu finden, auf denen es diese durchsetzen kann. Bildung, Kommunikations- und Organisationsfähigkeit, Geld und Zeit sind wichtige partizipationsrelevante Ressourcen. Das „Wollen" bezieht sich auf die der politischen Aktivität zugrunde liegenden Motive wie das Interesse an der Politik, die Betroffenheit durch sie oder das Gefühl, aktives politisches Engagement sei eine staatsbürgerliche Pflicht und könne etwas bewirken. Das „Gefragt werden" verweist auf die Einbindung von Individuen in soziale Netzwerke, die einerseits Beteiligungsmotive und Ressourcen vermitteln und andererseits zum gemeinschaftlichen Handeln mobilisieren (vgl. Verba et al. 1995: 16ff.; ähnlich, wenn auch mit anderen Bezeichnungen Armingeon 2007). Die Beantwortung der Frage, welcher Komplex von Erklärungsfaktoren für welche Form politischer Partizipation besonders bedeutsam ist, muss der empirischen Analyse überlassen bleiben.

6.2 Bestimmungsfaktoren politischer Partizipation

Wenn man den in der empirischen Partizipationsforschung vielfach bestätigten Annahmen folgt, dann müssten sich die zwischen den Mitgliedstaaten der EU auftretenden Unterschiede im Partizipationsniveau der Bevölkerung zu einem großen Teil auf die innergesellschaftliche Ressourcenverteilung, das Auftreten partizipationsfördernder Einstellungen und die Einbindung der Bevölkerung in gesellschaftliche Netzwerke zurückführen lassen. Anders formuliert: Lägen in Polen die gleichen Voraussetzungen vor wie in Schweden, dann würden die Unterschiede in der politischen Aktivität der Bürger beider Länder vermutlich nicht gänzlich verschwinden, sich aber deutlich abschwächen. Doch nicht allein die Frage, welche Folgen eine Kontrolle partizipationsrelevanter Faktoren für das Niveau politischer Beteiligung in den Mitgliedstaaten der EU hat, ist von Interesse. Nicht weniger bedeutsam ist die Klärung der daran anschließenden Fragen: Welches der genannten Faktorenbündel hat den stärksten Effekt und welcher Raum bleibt für mögliche Wirkungen hier nicht zu kontrollierender historischer oder institutioneller Bestimmungsfaktoren politischer Beteiligung?

Abbildung 4 gibt einen Überblick über die zur Erklärung der zuvor behandelten Partizipationsformen herangezogenen theoretischen Konzepte und die zu ihrer Messung benutzten Indikatoren.[7] Die Ressourcen, Motive und sozialen Netzwerke können durch eine Reihe von Indikatoren abgebildet werden, deren Erklärungskraft nunmehr empirisch geprüft wird. Wir gehen von der Annahme aus, dass alle drei Komplexe von Bestimmungsfaktoren einen eigenständigen Beitrag zur Erklärung politischer Partizipation leisten. Die soziale Partizipation wird hier nur als Bestimmungsfaktor politischer Partizipation behandelt, ihrerseits aber nicht empirisch erklärt.

---

[7] Anders als bei den Erläuterungen der Struktur und der Entwicklung der Wahlbeteiligung wird im Falle der Erklärungsfaktoren auf Umfragedaten zurückgegriffen. D. h. die Angaben über die Teilnahme an den letzten nationalen Parlamentswahlen basieren auf Auskünften, die die Befragten selbst gaben.

Abbildung 4: Das Modell zur Erklärung politischer Partizipation

Anmerkung: *Ressourcen*: a: Bildung, Einkommen, Berufsprestige; b: Alter, Geschlecht; c: Medienkonsum, Häufigkeit politischer Diskussionen; *Motive*: d: politisches Interesse, Wichtigkeit von Politik, Politisches Kompetenzbewusstsein; e: Überzeugung von der Responsivität der Politiker, Demokratiezufriedenheit, Vertrauen in parteien- und rechtsstaatliche Institutionen; f: Wichtigkeit politischer Aktivität und Politik als Lebensbereich sowie Wahlteilnahme als Staatsbürgerpflicht; *Netzwerke*: g: Kirchgangshäufigkeit, Familie und berufliche Integration, Häufigkeit sozialer Kontakte, Wohndauer; h: Häufigkeit von Hilfsleistungen, Teilnahme an sozialen Aktivitäten; i: Mitgliedschaft, Aktivität, Einbindung in Freundschaftsnetzwerke. Quelle: Eigene Darstellung.

Die vorliegenden empirischen Untersuchungen vermitteln kein einheitliches Bild von den für die Beteiligung der Menschen an politischen Aktivitäten maßgeblichen Faktoren. Dies ist zum Teil durch die unterschiedlichen Forschungsinteressen und die daraus resultierenden Unterschiede in den Erklärungsmodellen bedingt. Doch selbst wenn man dies in Rechnung stellt, scheinen nationale Besonderheiten in den Hintergrundfaktoren politischer Beteiligung oft bedeutsamer zu sein als länderübergreifende Gesetzmäßigkeiten. Dies zeigt sich beispielsweise in der von Verba et al. (1978) in sieben sehr unterschiedlichen Gesellschaften durchgeführten Untersuchung der Bedeutung der Ressourcenausstattung für die politische Partizipation. Zunächst ergab sich ein positiver Zusammenhang zwischen einer guten Ausstattung mit sozioökonomischen Ressourcen und der Beteiligung an politischen Aktivitäten. Dieser war unabhängig von den gegebenen sozioökonomischen, politischen und kulturellen Rahmenbedingungen. Das Bild änderte sich allerdings, sobald die institutionellen Bindungen der Bürger berücksichtigt wurden. In diesem Fall ergaben sich von Land zu Land und von Partizipationsform zu Partizipationsform unterschiedliche Konstellationen. Die auf dem Test anderer Erklärungsmodelle basierenden Ergebnisse von Barnes und Kaase (1979) sowie von van Deth et al. (2007) fügen sich in dieses Bild ein.

Wie gut lassen sich die verschiedenen Formen politischer Partizipation durch das „Civic Voluntarism Model" von Verba et al. (1995) erklären und welche Motive, Ressourcen- und Netzwerkgrößen tragen dazu bei, die Beteiligung der Bürger an den uns interessierenden Aktivitäten zu erklären? Um diese Fragen zu beantworten, haben wir die Bedeutung der Ressourcen, Motive und Netzwerke zunächst gesondert für jede der genannten Formen politischer Beteiligung untersucht. In einem auf diesen Ergebnissen aufbauenden integrierten Erklärungsmodell fanden nur solche Größen Berücksichtigung, die sich im Test der Einzelmodelle als besonders bedeutsam erwiesen hatten.[8] Auf diese Weise ergeben sich drei relativ sparsame Erklärungsmodelle, die einige Gemeinsamkeiten und einige Unterschiede aufweisen. Der Übersichtlichkeit halber stellen wir die Hintergründe politischer Beteiligung nur für die europäischen Regionen dar, genauere Angaben über einzelne Länder finden sich im Datenteil (vgl. „Informationen zu den Beiträgen" auf der Website zu diesem Buch).

Die in den EU-Staaten am weitesten verbreitete Form politischer Partizipation, die Wahlbeteiligung, lässt sich mit Hilfe des Civic Voluntarism-Modells in allen europäischen Regionen relativ gut erklären (vgl. Tabelle 3). Am schwächsten fällt die Erklärungsleistung in den neuen Demokratien Mittel- und Osteuropas aus, in denen es noch keine lange Tradition demokratischer Wahlen gibt. Dies könnte der Grund dafür sein, dass sich in dieser Region Europas noch keine so beständigen Verhaltensstrukturen herausgebildet haben wie in den älteren Demokratien. In Übereinstimmung mit den Ergebnissen der Verba-Gruppe (Verba et al. 1978) beeinflusst das sozioökonomische Ressourcenniveau überall außer in Westeuropa (Großbritannien und Irland) das Niveau der Wahlbeteiligung. Das politische Interesse sowie die familiale und berufliche Integration fördern in allen europäischen Regionen außer in Nordeuropa die Stimmabgabe bei Wahlen. Abgesehen vom westlichen Mitteleuropa hat auch die Parteibindung in allen europäischen Regionen einen partizipationsfördernden Effekt. In Südeuropa schließlich kommt auch der über die Wohndauer gemessenen örtlichen Bindung eine Bedeutung für die Partizipation an Wahlen zu. Zwei Erklärungsgrößen, die Einschätzung der Wahlbeteiligung als Staatsbürgerpflicht sowie das Lebensalter, spielen in sämtlichen europäischen Regionen eine Rolle für die Beteiligung der Bürger an Wahlen. Der erste Faktor ist der weitaus wichtigere. Insbesondere in den mindestens seit dem Zweiten Weltkrieg bestehenden Demokratien Nord-, West- und Westmitteleuropas setzen Menschen, die die Wahlbeteiligung als Staatsbürgerpflicht betrachten, diese

Tabelle 3: Bestimmungsfaktoren der Wahlbeteiligung in den EU-Regionen, 2002/03[1]

	Nordeuropa	Westeuropa	Westmitteleuropa	Osteuropa	Südeuropa
Ressourcen	+		+	+	+
Alter	+	+ +	+ +	+ +	+
Politikinteresse		+	+	+	
Wahlteilnahme Bürgerpflicht	+ + + +	+ + + +	+ + + +	+ + + +	+ + + +
Parteibindung	+	+		+	+
Fam. und berufl. Integration		+	+	+	+
Wohndauer					+
Gesamterklärungskraft	+ +	+ +	+ +	+	+ +

1 = Die Anzahl der Plus- bzw. Minuszeichen gibt die Höhe der statistisch signifikanten, unstandardisierten Regressionskoeffizienten an; + = .10-.19; + + = .20-.29; + + + = .30-.39; + + + + = > .40; Gesamterklärungskraft = korrigiertes R^2. Quelle: ESS 1; eigene Berechnungen.

Einstellung in eine entsprechende politische Aktivität um. Zudem ist diese Form politischer Einflussnahme in den älteren Bevölkerungsgruppen deutlich weiter verbreitet als in den

---

[8] Kriterien hierfür waren die statistische Signifikanz der Effekte sowie ein Wert des standardisierten Regressionskoeffizienten von ≥ .10.

jüngeren. Somit erweisen sich in allen europäischen Regionen Ressourcen-, Motivations- und Netzwerkfaktoren als Bestimmungsgründe der Wahlbeteiligung. Ihre Stärke variiert jedoch von Region zu Region und es handelt sich auch zum Teil um unterschiedliche Größen, die darüber entscheiden, ob Individuen sich an Wahlen beteiligen oder ihnen fernbleiben.

Im Vergleich mit der Wahlbeteiligung lässt sich die Teilnahme an traditionellen Beteiligungsarten etwas schlechter erklären (vgl. Tabelle 4). Nur in Südeuropa eignet sich das Civic Voluntarism-Modell fast ebenso gut für die Erklärung traditioneller Formen politischer Einflussnahme wie für die Analyse der Teilnahme an Legislativwahlen. Die in allen europäischen Regionen nachweisbare, überragende Bedeutung des aktiven sozialen Engagements als Antriebskraft traditioneller Formen politischer Aktivität zeigte sich schon in vielen anderen Studien. Diese Beziehung ist insofern plausibel, als traditionelles politisches Engagement sich vielfach durch Parteien oder andere politische Organisationen vollzieht und somit der organisierten sozialen Partizipation strukturell ähnelt. Auch der generell feststellbare positive Zusammenhang zwischen dem politischen Interesse und der aktiven Teilnahme an konventionellen Aktivitäten deckt sich mit den Ergebnissen vieler anderer Partizipationsstudien (vgl. zur Relevanz dieser beiden Größen u. a. Nie et al. 1969a, 1969b; Verba et al. 1978, 1995; van Deth 2001; Armingeon 2007). Weitere Bestimmungsfaktoren politischer Partizipation spielen nur in einigen Regionen Europas eine Rolle. Zu diesen gehören das Gefühl, Einfluss auf politische Entscheidungen nehmen zu können (subjektive politische Kompetenz), das in West-, Süd- und Osteuropa die Intensität politischer Partizipation beeinflusst, die Wahrnehmung sozialen Engagements als Bürgerpflicht (Westmittel- und Nordeuropa) sowie die Beteiligung an informellen sozialen Aktivitäten (West-, Ost- und Südeuropa). In drei europäischen Regionen besteht zudem ein positiver Zusammenhang zwischen der Häufigkeit der Beteiligung an politischen Diskussionen und der politischen Partizipation (vgl. Marsh/Kaase 1979a). Damit entsprechen die von uns ermittelten Hintergrundfaktoren politischer Beteiligungen im Großen und Ganzen den Erkenntnissen früherer Studien.

Tabelle 4: Bestimmungsfaktoren traditioneller Partizipation in den EU-Regionen, 2002/03

	Nord-europa	West-europa	Westmittel-europa	Mittelost-europa	Süd-europa
Häufigkeit pol. Disk.	+ +	+			+
Politikinteresse	+	+	+	+	+
Subj. Kompetenzgefühl		+		+	+
Norm: soz. Engagement	+		+ +		
informelle soz. Aktivität	+ +			+	+
Aktivität in Organisationen	+ + +	+ + +	+ + + +	+ + + +	+ + + +
Gesamterklärungskraft	+	+	+	+	+ +

Anmerkung und Quelle: siehe Tabelle 3.

Die Beteiligung an Protestaktivitäten lässt sich durch strukturelle Größen schlechter erklären als dies bei der Wahlbeteiligung oder traditionellen Aktionsmustern der Fall ist (vgl. auch Armingeon 2007: 367ff.). Eine Erklärung hierfür könnte darin liegen, dass die Teilnahme an Protestaktionen stark von konkreten Anlässen bestimmt wird. Dadurch könnten Merkmale der Gesellschaft oder der Partizipanten in ihrer Wirkung abgeschwächt werden.

Ungeachtet dessen spielen für die Erklärung des Protestverhaltens jene Größen eine Rolle, die wir bereits aus der Analyse der Wahlbeteiligung und der traditionellen Partizipationsformen kennen (vgl. Tabelle 5). Insbesondere zwischen dem Rückgriff auf traditionelle Formen politischer Einflussnahme und dem politischen Protest besteht eine überraschend große Übereinstimmung. Beide werden in allen fünf europäischen Regionen vornehmlich vom aktiven sozialen Engagement und vom politischen Interesse beeinflusst. Bei weiteren Einflussfaktoren zeigen sich ebenfalls einige Übereinstimmungen zwischen dem politischen Protest und anderen Formen politischer Aktivität, diesen stehen aber die folgenden Besonderheiten gegenüber.

Überall außer in Osteuropa greifen jüngere Menschen überdurchschnittlich stark auf Protestaktionen zurück, um ihre Ziele durchzusetzen. Dieser bereits in den ersten international vergleichenden Untersuchungen unkonventioneller politischer Partizipation beschriebene Sachverhalt (vgl. Marsh/Kaase 1979b) hat bis heute Bestand. Interessant ist ein zweiter Befund: In Westeuropa und im westlichen Mitteleuropa nimmt die Beteiligung am Protest zu, wenn das Vertrauen in das Parlament und in die Politiker sinkt. Auch wenn dieser Zusammenhang nur schwach ausgeprägt ist, deutet er darauf hin, dass in diesen Regionen Europas die offenkundig vorhandene Distanz zwischen Wählern und Gewählten ihren Ausdruck in Protestaktionen gefunden hat. In den älteren Demokratien fördert zudem das informelle soziale Engagement die Beteiligung an diesen Aktivitäten. In Nordeuropa sind sie bei Menschen mit schwachen lokalen Bindungen besonders ausgeprägt, zugleich spielt diese Region noch in anderer Hinsicht eine Sonderrolle. Nur in Nordeuropa existiert kein Zusammenhang zwischen der Ausstattung von Menschen mit sozioökonomischen Ressourcen und ihrer Beteiligung an Protestaktionen. Schließlich zeigt sich erneut der positive Zusammenhang zwischen Diskussionshäufigkeit und politischer Aktivität.

Tabelle 5: Bestimmungsfaktoren der Teilnahme an Protestaktivitäten in den EU-Regionen, 2002/03

	Nordeuropa	Westeuropa	Westmitteleuropa	Osteuropa	Südeuropa
Ressourcen		+	+	+	+
Alter	−		−		−
Häufigkeit pol. Disk.	+	+ +	+ +		+ +
Politikinteresse	+ +	+	+ +	+	+
Parlaments- und Politikervertrauen		−	−		
Hilfsleistungen	+	+	+		
Wohndauer	−				
Aktivität in Organisationen	+ +	+ +	+ +	+ +	+ + + +
Gesamterklärungskraft		+	+		+

Anmerkung und Quelle: siehe Tabelle 3.

„Wollen", „Können" und „Gefragt werden" tragen dazu bei, dass Individuen sich dafür entscheiden, eine aktive politische Rolle zu übernehmen. Insbesondere die Ausstattung mit sozioökonomischen oder kognitiven Ressourcen und die Einbindung in formale oder informelle Netzwerke fördern die aktive politische Beteiligung, gleich in welcher Form sie sich vollzieht. Insofern hat die Entwicklung in den letzten Jahrzehnten in den europäischen Demokratien weniger dazu geführt, bisher inaktive Bevölkerungsgruppen an den politischen

Prozess heranzuführen als dazu, den ohnehin sozial oder politisch Engagierten neue politische Einflussmöglichkeiten zu verschaffen. Eine gewisse Ausnahme bilden in dieser Hinsicht die Protestaktivitäten. Sie werden in den Staaten westlich des früheren Eisernen Vorhangs überdurchschnittlich stark von jüngeren Menschen genutzt, deren Wahlbeteiligung im Gegenzug schwächer ausfällt als in anderen Altersgruppen.

7 Schluss: Die Europäische Union auf dem Weg zur Bürgergesellschaft?

Der gescheiterte Entwurf eines Europäischen Verfassungsvertrages hatte die Bürgergesellschaft, die Elemente der repräsentativen und der partizipativen Demokratie zu einer Einheit verbindet, als Leitbild für die künftige Entwicklung der Europäischen Union propagiert. Die für eine partizipative Demokratie typischen institutionellen Bedingungen wurden in allen Mitgliedstaaten der Europäischen Union geschaffen, die Realität der europäischen Demokratien hält diesem hohen Anspruch allerdings nur bedingt stand. Abgesehen von der Beteiligung an Wahlen macht nur eine Minderheit der Bürger der EU-Mitgliedstaaten von ihren Partizipationsrechten Gebrauch. In einigen neuen Demokratien Ostmitteleuropas ist sogar die Wahlbeteiligung mittlerweile unter die 50-Prozent-Marke gesunken. Andere Formen politischer Partizipation werden von den Bürgern der Mitgliedstaaten der EU ebenfalls in unterschiedlichem Ausmaß wahrgenommen. Die langfristig gewachsenen, nach der Teilung Europas verfestigten historischen Traditionen prägen auch heute noch das politische Verhalten der Europäer. Doch nicht nur zwischen den einzelnen Ländern, sondern auch innerhalb der europäischen Gesellschaften zeigen sich Differenzen in der Wahrnehmung der bestehenden Möglichkeiten zur Einflussnahme auf politische Entscheidungen. Die institutionellen Reformen der letzten Jahrzehnte konnten nur bedingt dazu beigetragen, die von Ressourcen, Motiven und der Integration in soziale Netzwerke ausgehenden Antriebskräfte und Hemmnisse politischer Beteiligung zu beseitigen.

Dennoch gibt es einige Hinweise auf vorhandene bzw. sich entwickelnde bürgergesellschaftliche Strukturen. Insbesondere in Schweden, Dänemark, Westdeutschland, Österreich und den Beneluxstaaten sind die partizipativen Strukturen gut entwickelt. Wenn sich jeder dritte Bürger über die Stimmabgabe bei Wahlen hinausgehend, aktiv am politischen Leben beteiligt und jeder zweite aktiv in einer Freiwilligenorganisation mitarbeitet oder sich auf informelle Weise sozial engagiert, deutet dies auf ein beachtliches Ausmaß an zivilgesellschaftlichem Engagement hin. Wie das Beispiel Ostdeutschlands und Sloweniens zeigt, scheinen auch in den postkommunistischen Gesellschaften Mittel- und Osteuropas bürgergesellschaftliche Entwicklungspotenziale vorhanden, die sich in den meisten Ländern allerdings noch entfalten müssen. Für diesen Prozess können interne Veränderungen, aber auch internationale Lernprozesse eine wichtige Rolle spielen. In diesem Zusammenhang verdient die künftige Rolle der Europäischen Union als Katalysator bei der Etablierung einer europäischen Bürgergesellschaft besondere Aufmerksamkeit. Gegenwärtig trägt die Europäische Union wegen des schwachen Entwicklungsgrads einer europäischen Öffentlichkeit und ihres Demokratiedefizits kaum dazu bei, bürgergesellschaftliche Impulse zu setzen. Diese dürften bis auf weiteres vornehmlich von den nationalen politischen Systemen ausgehen. Das bedeutet aber keineswegs, dass das Projekt einer europäischen Bürgergesellschaft zum Scheitern verurteilt wäre.

Literatur

Almond, Gabriel A./Verba, Sidney, 1989: The Civic Culture. Political Attitudes and Democracy in Five Nations. London.
Armingeon, Klaus, 2007: Political Participation and Associational Involvement, in: van Deth, Jan/Montero, José Ramón/Westholm, Anders (Hrsg.), Citizenship and Involvement in European Democracies: A Comparative Analysis. London, 358-383.
Asher, Herbert B./Richardson, Bradley M./Weisberg, Herbert F., 1984: Political Participation. An ISSC Workbook in Comparative Analysis. Frankfurt am Main/New York.
Barnes, Samuel H./Kaase, Max/Allerback, Klaus R./Farah, Barbara/Heunks, Felix/Inglehart, Ronald/Jennings, M. Kent/Klingemann, Hans D./Marsh, Allan/Rosenmayr, Leopold (Hrsg.), 1979: Political Action. Mass Participation in Five Western Democracies. Beverly Hills.
Cain, Bruce E./Dalton, Russell J/Scarrow, Susan E. (Hrsg.), 2003: Democracy Transformed. Expanding Political Opportunities in Advanced Industrial Democracies. Oxford/New York.
Cohen, Jean, 1999: Trust, Voluntary Associations and Workable Democracy: the Contemporary American Discourse of Civil Society, in: Warren, Mark E. (Hrsg.), Democracy and Trust. Cambridge, 208-248.
Curtis, James E./Grabb, Edward G./Baer, Douglas E., 1992: Voluntary Association Membership in Fifteen Countries. A Comparative Analysis, in: American Sociological Review 57 (2), 139-152.
Dahl, Robert Alan, 1971: Polyarchy. Participation and Opposition. New Haven/London.
Dalton, Russell J., 2006: Citizen Politics. Public Opinion and Political Parties in Advanced Industrial Democracies. 4. Auflage. Washington, D.C.
Dekker, Paul/van den Broek, Andries, 2006: Is Volunteering Going Down?, in: Ester, Peter/Braun, Michael/Mohler, Peter (Hrsg.), Globalization, Value Change and Generations. A Cross-National and Intergenerational Perspective. Leiden, 179-201.
Franklin, Mark N., 2002: The Dynamics of Electoral Participation, in: LeDuc, Lawrence/ Niemi, Richard G./Norris, Pippa (Hrsg.), Comparing Democracies 2. New Challenges in the Study of Elections and Voting. London/Thousands Oaks/New Delhi, 148-168.
Gabriel, Oscar W., 2002: Bürgerbeteiligung an der Kommunalpolitik. In: Enquete-Kommission „Zukunft des Bürgerschaftlichen Engagements" Deutscher Bundestag (Hrsg.), Bürgerschaftliches Engagement und Zivilgesellschaft. Opladen, 121-160.
Gabriel, Oscar W., 2004: Politische Partizipation, in: van Deth, Jan (Hrsg.), Deutschland in Europa. Ergebnisse des European Social Survey 2002 – 2003. Wiesbaden, 317-338.
Gabriel, Oscar W./Keil, Silke, 2005: Wählerverhalten, in: Gabriel, Oscar W./Holtmann, Everhard (Hrsg.), Handbuch Politisches System der Bundesrepublik Deutschland. München, 575-621.
Gabriel, Oscar W./Völkl, Kerstin, 2005: Politische und soziale Partizipation, in: Gabriel, Oscar W./Holtmann, Everhard (Hrsg.), Handbuch Politisches System der Bundesrepublik Deutschland. München, 523-573.
Gabriel, Oscar W./Kunz, Volker/Roßteutscher, Sigrid/van Deth, Jan W., 2002: Sozialkapital und Demokratie. Zivilgesellschaftliche Ressourcen im Vergleich. Wien.
Gamson, William A., 1975: The Strategy of Social Protest. Homewood, Ill.
Gaskin, Katharine/Smith, Justin Davis, 1995: A New Civic Europe? A Study of the Extent and Role of Volunteering. London.
Inglehart, Ronald, 1979: Political Action. The Impact of Values, Cognitive Level, and Social Background, in: Barnes, Samuel H./Kaase, Max/Allerback, Klaus R./Farah, Barbara/ Heunks, Fe-

lix/Inglehart, Ronald/Jennings, M. Kent/ Klingemann, Hans D./Marsh, Allan/Rosenmayr, Leopold (Hrsg.), Political Action. Mass Participation in Five Western Democracies. Beverly Hills, 343-380.

Jackman, Robert W., 1987: Political Institutions and Voter Turnout in the Industrial Democracies, in: American Political Science Review 81 (2), 405-423.

Kaase, Max/Barnes, Samuel H., 1979: In Conclusion. The Future of Political Protest in Western Democracies, in: Barnes, Samuel H./Kaase, Max/Allerback, Klaus R./Farah, Barbara/Heunks, Felix/Inglehart, Ronald/Jennings, M. Kent/ Klingemann, Hans D./Marsh, Allan/Rosenmayr, Leopold (Hrsg.), Political Action. Mass Participation in Five Western Democracies. Beverly Hills, 523-536.

Kaase, Max/Marsh, Alan, 1979a: Political Action. A Theoretical Perspective, in: Barnes, Samuel H./Kaase, Max/Allerback, Klaus R./Farah, Barbara/Heunks, Felix/Inglehart, Ronald/Jennings, M. Kent/Klingemann, Hans D./Marsh, Allan/Rosenmayr, Leopold (Hrsg.), Political Action. Mass Participation in Five Western Democracies. Beverly Hills, 27-56.

Kaase, Max/Marsh, Alan, 1979b: Political Action Repertory. Changes Over Time and a New Typology, in: Barnes, Samuel H./Kaase, Max/Allerback, Klaus R./Farah, Barbara/ Heunks, Felix/Inglehart, Ronald/Jennings, M. Kent/Klingemann, Hans D./Marsh, Allan/Rosenmayr, Leopold (Hrsg.), Political Action. Mass Participation in Five Western Democracies. Beverly Hills, 137-166.

Kaase, Max/Marsh, Alan, 1979c: Distribution of Political Action, in: Barnes, Samuel H./ Kaase, Max/Allerback, Klaus R./Farah, Barbara/Heunks, Felix/Inglehart, Ronald/Jennings, M. Kent/ Klingemann, Hans D./Marsh, Allan/Rosenmayr, Leopold (Hrsg.), Political Action. Mass Participation in Five Western Democracies, 167-201.

Kaase, Max, 1997: Vergleichende Politische Partizipationsforschung, in: Berg-Schlosser, Dirk/ Müller-Rommel, Ferdinand (Hrsg.), Vergleichende Politikwissenschaft. Ein einführendes Studienbuch. 3., überarbeitete und ergänzte Auflage. Opladen, 159-174.

McPhail, Clark, 1971: Civil Disorder Participation: A Critical Examination of Recent Research, in: American Sociological Review 36 (6), 1058-1073.

Milbrath, Lester W., 1965: Political Participation. How and Why Do People Get Involved in Politics. Chicago.

Montero, José Ramón/Westholm, Anders/van Deth, Jan W., 2007: Conclusion. The Realisation of Democratic Citizenship in Europe, in: van Deth, Jan/Montero, José Ramón/ Westholm, Anders (Hrsg.), Citizenship and Involvement in European Democracies: A Comparative Analysis. London, 415-438.

Morales, Laura/Geurts, Peter, 2007: Associational Involvement, in: van Deth, Jan/Montero, José Ramón/Westholm, Anders (Hrsg.), Citizenship and involvement in European democracies: a comparative analysis. London, 135-157.

Münkler, Herfried, 1997: Der kompetente Bürger, in: Klein, Ansgar/Schmalz-Bruns, Rainer (Hrsg.), Politische Beteiligung und Bürgerengagement in Deutschland. Möglichkeiten und Grenzen. Bonn, 153-172.

Nie, Norman H./Powell, G. Bingham/Prewitt, Kenneth, 1969a: Social Structure and Political Participation. Developmental Relationships, Part I, in: American Political Science Review 63 (2), 361-376.

Nie, Norman H./Powell, G. Bingham/Prewitt, Kenneth, 1969b: Social Structure and Political Participation. Developmental Relationships, Part II, in: American Political Science Review 63 (4), 808-832.

Norris, Pippa, 2002: Democratic Phoenix. Reinventing Political Activism. Cambridge.
Parry, Gerraint/Moyser, George/Day, Neil, 1992: Political Participation and Democracy in Britain. Cambridge.
Pattie, Charles/Seyd, Patrick/Whiteley, Paul, 2004: Citizenship in Britain: Values, Participation and Democracy. Cambridge.
Putnam, Robert D., 2000: Bowling Alone. The Collapse and Revival of American Community. New York.
Putnam, Robert D., 2001: Gesellschaft und Gemeinsinn. Sozialkapital im internationalen Vergleich. Gütersloh.
Richter, Rudolf, 1985: Soziokulturelle Dimensionen freiwilliger Vereinigungen. USA, Bundesrepublik Deutschland und Österreich im soziologischen Vergleich. München.
Rokkan, Stein, 1971: Die vergleichende Analyse der Staaten- und Nationenbildung: Modelle und Methoden, in: Zapf, Wolfgang (Hrsg.), Theorien des sozialen Wandels. 3. Auflage. Köln/Berlin, 228-252.
Scarrow, Susan E., 2003: Making Elections More Direct? Reducing the Role of Parties in Elections, in: Cain, Bruce E./Dalton, Russell J/Scarrow, Susan E. (Hrsg.), Democracy Transformed. Expanding Political Opportunities in Advanced Industrial Democracies. Oxford/New York, 44-58.
Schattschneider, Elmer E., 1975: The Semisovereign People. A Realist's View of Democracy in America. Hinsdale, Ill.
Schild, Joachim, 2000: Politische Konfliktlinien, individualistische Werte und politischer Protest. Ein deutsch-französischer Vergleich. Opladen.
Schuppert, Gunnar Folke, 1997: Assoziative Demokratie. Zum Platz der organisierten Menschen in der Demokratietheorie, in: Klein, Ansgar/Schmalz-Bruns, Rainer (Hrsg.), Politische Beteiligung und Bürgerengagement in Deutschland. Möglichkeiten und Grenzen. Bonn, 114-152.
Smith, David H./Macaulay, Jacqueline (Hrsg.), 1980: Participation in Social and Political Activities. San Francisco.
Sniderman, Paul M., 1975: Personality and Democratic Politics. Berkeley/Los Angeles/London.
Stolle, Dietlind/Rochon, Thomas R., 1998: Are All Associations Alike?, in: American Behavioral Scientist 42 (1), 47-65.
Teorell, Jan/Torcal, Mariano/Montero, José Ramón, 2007: Political Participation, in: van Deth, Jan/Montero, José Ramón/Westholm, Anders (Hrsg.), Citizenship and Involvement in European Democracies: A Comparative Analysis. London, 334-357.
Tocqueville, Alexis de, 1985 [1835]: Demokratie in Amerika. Stuttgart.
Uehlinger, Hans-Martin, 1988: Politische Partizipation in der Bundesrepublik. Strukturen und Erklärungsmodelle. Opladen.
van Deth, Jan W., 2001: Soziale und politische Beteiligung: Alternativen, Ergänzungen oder Zwillinge?, in: Koch, Achim/Wasmer, Marina/Schmidt, Peter (Hrsg.), Politische Partizipation in der Bundesrepublik Deutschland. Empirische Befunde und theoretische Erklärungen. Opladen, 195-219.
van Deth, Jan W., 2004: Soziale Partizipation, in: van Deth, Jan W. (Hrsg.), Deutschland in Europa. Ergebnisse des European Social Survey 2002-2003. Wiesbaden, 295-315.
van Deth, Jan W./Montero, José Ramón/Westholm, Anders (Hrsg.), 2007: Citizenship and Involvement in European Democracies: A Comparative Analysis. London/New York.
Verba, Sidney/Nie, Norman H., 1972: Participation in America. Political Democracy and Social Equality. New York.

Verba, Sidney/Nie, Norman H./Kim, Jae-On, 1978: Participation and Political Equality. A Seven-Nation Comparison. Cambridge.

Verba, Sidney/Schlozman, Kay Lehman/Brady, Henry, 1995: Voice and Equality Civic Voluntarism in American Politics. Cambridge, Mass./London.

Wernicke, Immo H., 1976: Die Bedingungen politischer Partizipation. Eine international vergleichende Kontext- und Aggregatdatenanalyse für Großbritannien, Norwegen, Frankreich und Deutschland (BRD). Meisenheim am Glan.

Anhang

Angaben zur Operationalisierung der Variablen finden sich auf der Website zu diesem Buch unter „Informationen zu den Beiträgen".

Eckhard Jesse

Wahlsysteme und Wahlrecht

1 Grundformen von Wahlsystemen

Wahlsysteme können erst dann ihre Funktion erfüllen, wenn das Institut der demokratischen Wahl gewährleistet ist (Nohlen 2004a; Derichs/Heberer 2006). Kommt Wahlen für die demokratische Legitimation eines politischen Systems keine oder nur eine geringe Rolle zu, so ist der jeweilige Wahlmodus ganz zu vernachlässigen. Bei den Staaten der EU handelt es sich jedoch ausnahmslos um demokratische Verfassungsstaaten, in denen Wahlen kompetitiven Charakter tragen. Sie entscheiden über die Zusammensetzung des Parlaments und damit indirekt auch darüber, wer regiert. Wahlsysteme sind Verfahren, mittels derer die Stimmenanteile der Parteien in Mandate umgesetzt werden. Zum Wahlrecht – die Terminologie in der Wissenschaft ist nicht eindeutig – gehören alle einschlägigen Regelungen, die nicht das Problem der Umwandlung von Stimmen in Mandate berühren (z. B. das Wahlalter oder die Dauer der Legislaturperiode).

Als Grundform der Wahlsysteme gelten Verhältnis- und Mehrheitswahl. Was ist die Verhältnis-, was die Mehrheitswahl? Wer diese Termini zu definieren sucht, sieht sich mit einer Reihe von Problemen konfrontiert. Grundsätzlich lässt sich differenzieren zwischen dem Repräsentationsprinzip, das auf das gesamte Wahlgebiet zielt, und dem Verteilungsprinzip, das für den einzelnen Wahlkreis gilt (Nohlen 1978: 48ff.). Das Repräsentationsprinzip der Verhältniswahl bezweckt eine Kongruenz von Stimmen- und Mandatsanteil, das Repräsentationsprinzip der Mehrheitswahl will hingegen die Mehrheitsbildung fördern und strebt infolgedessen eine Disproportion von Stimmen- und Mandatsanteil an. Freilich ist auch ein Repräsentationsprinzip möglich, das zwischen Verhältnis- und Mehrheitswahl angesiedelt ist. Das technische Verteilungsprinzip hingegen stellt darauf ab, ob die Mandate in den Wahlkreisen nach dem Verhältnis der auf sie entfallenden Stimmen vergeben werden oder nach dem Mehrheitsprinzip. Die vielfach anzutreffende Definition, der zufolge bei der Mehrheitswahl der Kandidat mit den meisten Stimmen das Mandat bekommt und bei der Verhältniswahl der Mandatsanteil einer Partei dem Stimmenanteil entspricht, ist daher wenig triftig. Denn im ersten Fall wird auf das Verteilungsprinzip abgehoben, im zweiten Fall auf das Repräsentationsprinzip. Entscheidend ist das Repräsentationsprinzip, spielt die Verteilung der Mandate im Wahlkreis doch keine ausschlaggebende Rolle für das gesamte Wahlgebiet. Beispielsweise: Bestehen in einem Land nur Wahlkreise, in denen jeweils drei Mandate gemäß dem Proportionalprinzip vergeben werden, so führt das – bezogen auf die gesamtstaatliche Ebene – zur Begünstigung größerer Parteien. Erst eine Partei, die mindestens 25 Prozent der Stimmen erhält, kann sicher sein, dass sie ein Mandat gewinnt. Es handelt sich also um Mehrheitswahl im Sinne des Repräsentationsprinzips[1] und um Verhältniswahl im Sinne des Verteilungsprinzips.

Nun gibt es – unabhängig vom Verteilungsprinzip – eine Reihe von Wahlsystemen, die weder klar Mehrheits- noch eindeutig Verhältniswahl sind. Das gilt etwa für ein Wahlsystem, in dem die eine Hälfte der Abgeordneten nach Mehrheitswahl, die andere nach Verhältniswahl gewählt wird, oder auch für ein Wahlsystem mit einer landesweiten Zehnprozentsperrklausel. Ebenso trifft das auf Wahlen in so genannten Mehrmannwahlkreisen zu, wenn eine Verrechnung entweder entfällt oder sie nicht proportional erfolgt. Künstliche und natürliche Hürden erschweren für Parteien den Einzug ins Parlament. „Aus funktionaler Perspektive erscheinen beide Regeln als zwei Seiten derselben Medaille" (Helms 2007: 43). Wahlen in Zweierwahlkreisen sind – gemäß dem Repräsentationsprinzip – eindeutig Mehrheitswahl, Wahlen in Zwanzigerwahlkreisen ebenso klar Verhältniswahl. Wie aber sollen Wahlsysteme mit Mehrmannwahlkreisen heißen, in denen jeweils zehn Mandate vergeben werden? Offenkundig liegt ein „Kontinuum zwischen Mehrheitswahl und Verhältniswahl" (Schütt-Wetschky 1986: 7) vor, eine strikte Trennung zwischen Mehrheits- und Verhältniswahl ist damit Fiktion. Es gibt eben gemischte Wahlsysteme, die weder Mehrheits- noch Verhältniswahl sind (Kaiser 2002). Die Wahlsysteme vieler neuer mittel- und osteuropäischer EU-Staaten fallen in diese Kategorie.

So sinnvoll es ist, das Repräsentationsprinzip in den Vordergrund zu stellen, so wenig leuchtet es ein, die Verfassungsmäßigkeit eines Wahlsystems in erster Linie nach dem jeweiligen Repräsentationsprinzip bewerten zu wollen. Von dem fließenden Übergang zwischen dem Repräsentationsprinzip der Verhältniswahl und dem der Mehrheitswahl einmal abgesehen: Eine solche Vorgehensweise führte zur Trivialität, dass die Mehrheitsbildung wegen des Repräsentationsprinzips der Mehrheitswahl akzeptabel wäre; ginge man vom Repräsentationsprinzip der Verhältniswahl aus, ließe sich eine größere Disproportion zwischen Stimmen- und Mandatsanteil nicht mehr tolerieren. Gerade ein Vergleich zwischen den Wahlsystemen verschiedener Länder zeigt die Scholastik eines solchen Unterfangens.

Die Frage der Terminologie kann demnach für die Bewertung nicht entscheidend sein. Die Wahlsysteme müssen nach denselben Kriterien beurteilt werden, unabhängig davon, ob es sich um Mehrheitswahl, Verhältniswahl oder um Varianten eines Mischwahlsystems handelt (Jesse 1985: 144ff.). Tatsächlich herrscht jedoch vielfach Wahlrechtsdogmatismus vor. Damit ist u. a. die Fixierung auf die beiden gegensätzlichen Repräsentationsprinzipien gemeint, ohne „Mischungen" ausreichend zu berücksichtigen. So sehen manche Anhänger der Mehrheitswahl eine Sperrklausel unter den Bedingungen der Verhältniswahl als „Legitimitätsmangel" (Sternberger 1986: 345) an, obwohl doch die Auswirkungen der Mehrheitswahl für kleinere Parteien weitaus restriktiver wirken.

Wie die empirische Forschung längst erwiesen hat, treffen bestimmte – aus der Deduktion gewonnene – Annahmen über die Auswirkungen von Wahlsystemen nicht zu. Das gilt beispielsweise für das populäre Argument, unter den Bedingungen der Mehrheitswahl stelle sich eine enge Verbindung zwischen Wählern und Gewählten ein (Crewe 1985). Der Streit um das richtige Wahlsystem ist in der Vergangenheit häufig zu einer Glaubensfrage

---

[1] Außer Acht gelassen wird das Problem, dass in praxi das Repräsentationsprinzip der Mehrheitswahl wider Erwarten zu einer Kongruenz von Stimmen- und Mandatsanteil führen könnte. In diesem Fall wäre also die Wahl in Dreierwahlkreisen vom Verteilungsprinzip her Verhältniswahl, vom Repräsentationsprinzip in theoretischer Hinsicht Mehrheitswahl, vom Repräsentationsprinzip in praktischer Hinsicht „Verhältniswahl". Das Beispiel zeigt die mindere Bedeutung der Terminologie.

ausgeartet. Einem bestimmten Wahlsystem wurden automatisch Wirkungen zugeschrieben, die einer Verallgemeinerung nicht standhielten. Manche Wahlsystemdiskussionen hatten zum Teil einen etwas scholastischen Charakter, weil die empirische Wahlsystemforschung, die inzwischen beträchtliche Fortschritte gemacht hat (Lijphart 1994), nicht genügend einbezogen wurde (Rae 1971). So stand ein Teil der Wahlsystemforschung in der Bundesrepublik Deutschland unter dem „Schatten von Weimar" (Günther 1985). Hingegen reduzierten Anhänger der Verhältniswahl das Prinzip der „Gerechtigkeit" ausschließlich auf die Übereinstimmung von Stimmen- und Mandatsanteil, ohne genügend zu berücksichtigen, dass die Wahl der Regierung in einer parlamentarischen Demokratie zu den wesentlichen Aufgaben des Parlaments gehört. Abstrakt und verallgemeinernd gibt es keine angemessene Antwort auf die (Gretchen-)Frage, ob die Verhältniswahl, die Mehrheitswahl oder ein Mischwahlsystem demokratischer ist (Lijphart 1984).

2 Institutionelle Regelungen zu den Wahlsystemen der EU-Mitgliedsstaaten

Die Wahlsysteme in den 27 EU-Staaten sind höchst unterschiedlich. Kein Wahlsystem gleicht dem anderen völlig. Auch die Wahlrechtsbestimmungen (z. B. im Hinblick auf aktives und passives Wahlalter, Verankerung des Wahlmodus in der Verfassung) weichen voneinander ab, wenngleich sich in diesem Bereich (z. B. Senkung des aktiven Wahlalters auf 18 Jahre) beträchtliche Angleichungen vollzogen haben.

Schon die historische Entwicklung ist unterschiedlich verlaufen. In einigen Ländern folgte das allgemeine (Männer-)Wahlrecht erst nach der Parlamentarisierung, in anderen hinkte diese jenem nach (Kohl 1982). Beide Merkmale müssen erfüllt sein, ehe sich von einem demokratischen Verfassungsstaat sprechen lässt. Großbritannien und Belgien sind Prototypen der ersten Kategorie, Frankreich und Deutschland gehören zur zweiten. Schließlich gibt es EU-Länder – wie Irland –, in denen die Parlamentarisierung und die Einführung des demokratischen Wahlrechts zusammenfielen. Viele Staaten verfügten nach dem Ende des Ersten Weltkrieges sowohl über ein parlamentarisches Regierungssystem als auch über ein demokratisches Wahlrecht. Spanien und Portugal hatten lange Perioden diktatorischer Regierungsweise zu überstehen und kehrten erst Mitte der siebziger Jahre des vergangenen Jahrhunderts zur parlamentarischen Demokratie zurück, Griechenland besaß von 1967 bis 1974 eine Militärjunta. Spanien, Portugal und Griechenland waren zu jener Zeit allerdings keine EU-Mitgliedstaaten. Gleiches gilt für die mittel- und osteuropäischen Staaten, die erst seit Beginn der 1990er Jahre nach dem Kollaps des Sowjetkommunismus zu den demokratischen Verfassungsstaaten zählen (und nun seit 2004 bzw. 2007 EU-Staaten sind).

Das Problem, ob man den Wahlmodus in die Verfassung aufnimmt und damit seine Änderung erschwert oder auf seine verfassungsmäßige Verankerung verzichtet, sich zwecks Revision also mit einer einfachen Mehrheit begnügt, ist unterschiedlich gelöst worden. Im ersten Fall wird die Etablierung eines anderen Wahlmodus beeinträchtigt, aber nicht unmöglich gemacht, im zweiten erleichtert, allerdings keineswegs automatisch gewährleistet. 13 Länder haben den Wahlsystemtypus in der Verfassung festgelegt, 14 dagegen nicht (vgl. Tabelle 1). Die Verfassung Portugals verbietet sogar eine landesweite Sperrklausel (Art. 155 Abs. 2), obwohl die zahlreichen kleineren Mehrmannwahlkreise und der weitere Verrechnungsmodus das Gebot der strikten Verhältnismäßigkeit unterlaufen.

Tabelle 1: Festlegung des Wahlsystems in der Verfassung

Länder mit verfassungsrechtlicher Festlegung des Wahlsystems		Länder mit wahlgesetzlicher Bestimmung des Wahlsystems
Belgien	Art. 62 Abs. 2	BRep. Deutschland
Dänemark	Art. 31 Abs. 2	Bulgarien
Estland	Art. 60 Abs. 1	Finnland
Irland	Art. 16 Abs. 2	Frankreich
Lettland	Art. 6	Griechenland
Luxemburg	Art 51 Abs. 5 und 6	Großbritannien
Malta	Art. 56	Italien
Niederlande	Art. 92 Abs. 2	Litauen
Österreich	Art. 26 Abs. 1	Rumänien
Polen	Art. 96 Abs. 2	Schweden
Portugal	Art. 149	Slowakei
Spanien	Art. 68 Abs. 3	Slowenien
Tschechische Republik	Art. 18 Abs. 1 und 2	Ungarn
		Zypern

Quelle: Nohlen 2004a: 135 und ergänzt durch den Verfasser.

Das aktive Wahlrecht liegt mittlerweile in allen Ländern bei 18 Jahren, in Österreich seit 2007 sogar bei 16 (vgl. Tabelle 2). Das Mindestalter für das passive Wahlrecht differiert beträchtlich von Land zu Land. Belgien, Griechenland, Italien, Luxemburg und Zypern haben Wahlpflicht – die Sanktionen wegen Wahlabstinenz halten sich freilich in Grenzen. In den meisten Ländern dauert die reguläre Legislaturperiode vier (z. B. Portugal und Rumänien), in anderen fünf Jahre (z. B. Frankreich und Großbritannien). Allerdings geht der Trend, um für eine größere Kontinuität zu sorgen, auf fünf Jahre. So hat Österreich 2007 eine derartige Änderung beschlossen.

Die Variationsbreite der Wahlsysteme der 27 EU-Länder ist beträchtlich (Bauer 2007; Nohlen 2004a; Reynolds/Reilly 1997; Steffani 1991; Sternberger/Vogel 1969).[2] Zwei Länder weisen eindeutig ein Mehrheitswahlsystem auf (Großbritannien wählt nach den Bedingungen der relativen, Frankreich nach denen der absoluten Mehrheitswahl); einige Länder gehören klar in die Kategorie der Verhältniswahlsysteme (z. B. die Niederlande, auch die Bundesrepublik Deutschland, trotz der Fünfprozentklausel); die anderen müssen wohl als Mischsysteme bezeichnet werden, da die Mehrmannwahlkreise eine restriktive Wirkung für die kleineren Parteien haben. In der Literatur firmieren sie meistens – ungenau – wegen des Verteilungsprinzips im Wahlkreis als Verhältniswahlsysteme. Das litauische „Grabenwahlsystem" ist ein Musterbeispiel für ein exakt zwischen Verhältnis- und Mehrheitswahl angesiedeltes Wahlsystem.

---

[2] Es ist an dieser Stelle weder möglich noch nötig, die häufig komplizierten Vorschriften der Wahlgesetze detailliert wiederzugeben.

Tabelle 2: Wahlrechtsbestimmungen

	aktives Wahlrecht	passives Wahlrecht	Höchstdauer der Legislaturperiode für die Erste Kammer
Belgien	18	21	4
Bulgarien	18	21	4
BRep. Deutschland	18	18	4
Dänemark	18	18	4
Estland	18	21	4
Finnland	18	18	4
Frankreich	18	18	5
Griechenland	18	25	4
Großbritannien	18	21	5
Irland	18	21	5
Italien	18	25	5
Lettland	18	21	4
Litauen	18	25	4
Luxemburg	18	18	5
Malta	18	18	5
Niederlande	18	18	4
Österreich	16	18	5
Polen	18	18	4
Portugal	18	18	4
Rumänien	18	21	4
Schweden	18	18	4
Slowakei	18	21	4
Slowenien	18[1]	18	4
Spanien	18	18	4
Tschech. Republik	18	21	4
Ungarn	18	18	4
Zypern	18	25	5

1 = Arbeitnehmer sind vom 16. Lebensjahr an wahlberechtigt.
Quelle: Zusammenstellung des Verfassers nach den Verfassungs- und Wahlrechtsbestimmungen der EU-Staaten.

In Großbritannien wird traditionell – seit über 100 Jahren – nach dem Prinzip der relativen Mehrheit votiert. Das gesamte Land ist in so viele Wahlkreise aufgeteilt, wie Abgeordnete zu wählen sind. Im Wahlkreis ist gewählt, wer die Mehrheit der Stimmen auf sich vereinigt. Die anderen Stimmen fallen unter den Tisch. Dabei hat der Sieger im Wahlkreis häufig nicht die absolute Mehrheit der Stimmen erreicht. Scheidet ein Abgeordneter aus dem Unterhaus aus, finden Nachwahlen (by-elections) statt. Das Wahlsystem führt aufgrund der Verzerrung von Stimmen- und Mandatsanteil in der Regel zu einem gewünschten Verstärkereffekt für die größte Partei. Da bei der relativen Mehrheitswahl eine ungefähr gleiche Größe der Wahlkreise zwingend ist, sind überparteiliche *boundary commissions* gebildet worden, um ein *gerrymandering* zu vermeiden, also eine Manipulation der Wahlkreiseinteilung durch gezieltes Zuschneiden der Grenzen. Daneben steht eine Änderung der Wahlkreise an, wenn die Zahl der Wahlberechtigten von dem Durchschnittswert zu sehr abweicht.

Frankreich hingegen wählt seit dem Beginn der V. Republik im Jahre 1958 – mit einer kurzen Unterbrechung 1985/86 – seine Nationalversammlung nach dem System der absoluten Mehrheitswahl. Hier wurde das Wahlsystem öfter geändert. Gewählt ist, wer in seinem Wahlkreis im ersten Wahlgang die absolute Mehrheit der Stimmen erhält (und mindestens 25 Prozent der Stimmen der Wahlberechtigten). Fehlt es an diesen Voraussetzungen, findet eine Woche später ein zweiter Wahlgang statt. An diesem können nicht nur, wie sonst bei der absoluten Mehrheitswahl, die beiden stärksten Kandidaten teilnehmen, sondern alle diejenigen, die im ersten Wahlgang mindestens 12,5 Prozent der Wahlberechtigten (1958 bis 1966 fünf Prozent der Stimmen, 1966 bis 1976 zehn Prozent der Wahlberechtigten) erreicht haben (absolute Mehrheitswahl romanischen Typs). Am zweiten Wahlgang beteiligen sich meistens lediglich zwei Bewerber, sei es wegen der Wahlabsprachen zwischen den Parteien, sei es wegen der rigiden Wahlrechtskautele.

Die Bürger der Niederlande wählen ihr nationales Parlament nach den Prinzipien der Verhältniswahl: Stimmen- und Mandatsanteil fallen im Prinzip zusammen. Sie benötigen keine Wahlkreise. Die aus technischen Gründen gebildeten 18 Wahlringe haben keinen Einfluss auf die Mandatsvergabe. Durch verschiedene Verfahren der Zuteilung gehen nur wenige Stimmen verloren. Zypern gehört in dieselbe Kategorie: Die Fünfprozenthürde wurde 1996 auf eine Sperre von 1,8 Prozent reduziert. Allerdings kommt Parlamentswahlen unter den Bedingungen eines Präsidialsystems ein weniger bedeutender Einfluss zu. Von den EU-Staaten besitzt nur Zypern ein Präsidialsystem.

Auch die folgenden Staaten besitzen Verhältniswahlsysteme, wenngleich bei ihnen völlige Proportionalität nicht angestrebt ist. In Belgien werden in unterschiedlich großen Wahlkreisen zwischen vier bis 34 Abgeordnete gewählt (Mittelwert der Wahlkreise: 7,5 Mandate). Listenverbindungen und Reststimmenverwertung – hierfür ist allerdings ein bestimmtes Quorum vonnöten – verstärken das Verhältniswahlprinzip weiter.

In Dänemark ist das Wahlgebiet in siebzehn Mehrpersonenwahlkreise (Zweier- bis Fünfzehnerwahlkreise; Durchschnittsgröße: 7,9 Mandate) unterteilt. Außerdem stehen 40 Zusatzmandate entsprechend dem Stärkeverhältnis der Parteien zur Verfügung. So tritt eine weitgehende Proportionalisierung der Mandatsverteilung ein. Für die Zusatzmandate kommen allerdings nur Parteien in Frage, die entweder ein Wahlkreismandat errungen oder, und diese Kautele ist entscheidend, die Zweiprozenthürde überwunden haben.

Finnland wählt in 14 Mehrpersonenwahlkreisen sieben bis 32 Abgeordnete, wobei deren Zahl von Wahl zu Wahl variiert. Der Durchschnittswert liegt bei 14,3 Mandaten. Damit wird durch das Wahlsystem, das Präferenzstimmgebung vorsieht, ein hohes Ausmaß an Proportionalisierung erreicht. Eine Sperrklausel fehlt. Finnland hat als erstes europäisches Land bereits im Jahre 1907 das passive Wahlrecht für Frauen garantiert. Eine Initiative zur Herabsetzung des aktiven Wahlalters auf 16 Jahre scheiterte jüngst.

Schweden verfügt über eine landesweite Sperrklausel von vier Prozent oder über eine wahlkreisweite von zwölf Prozent. Das Land besitzt 29 höchst unterschiedliche Wahlkreise, in denen zwischen zwei und 39 Mandate vergeben werden (Mittelwert: 10,7). Ausgleichsmandate fallen den Parteien entsprechend ihrer Größe zu; sie gleichen die Verzerrung durch die Wahl in den Mehrpersonenwahlkreisen weithin aus. Präferenzstimmgebung ist seit 1998 möglich. Zwischen 1970 und 1994 betrug die Legislaturperiode nur drei Jahre.

Österreich besitzt ebenfalls eine landesweite Sperrklausel von vier Prozent oder eine regionale von 20 bis 25 Prozent. In 43 eher kleinen Wahlkreisen (Durchschnittswert: 4,2 Mandate) erfolgt die Mandatsverteilung. Die mehrstufige Mandatsvergabe schwächt die Verzerrung zwischen Mandats- und Stimmenanteil stark ab und gewährleistet einen hohen Proportionalitätsgrad. Die Präferenzstimmgebung fördert personalisierende Effekte. Der Versuch, ein Zweistimmensystem nach deutschem Muster einzuführen, scheiterte nicht zuletzt an den Interessen der beiden großen Parteien: Diese fürchteten Zweitstimmenverluste zugunsten kleinerer Parteien.

In der Bundesrepublik Deutschland wird aufgrund der Zweitstimmen ermittelt, wie viele Mandate den Parteien zustehen. Die gesamten Mandate fallen den Landeslisten der Parteien zu, wobei man die in den Wahlkreisen errungenen Direktmandate – insgesamt die Hälfte der Mandate – von den Landeslistenmandaten der Parteien abzieht. In den Wahlkreisen ist gewählt, wer die meisten Stimmen auf sich vereinigt. Das Wahlsystem ist damit kein Mischsystem, wie vielfach, nicht zuletzt auch im Ausland, behauptet. Ein „Mischsystem" ist es lediglich insoweit, als jeweils die Hälfte der Abgeordneten über die Liste und direkt gewählt wird, ohne dass dies das Proportionalprinzip limitiert. Allerdings beschränkt die Fünfprozentklausel – und, am Rande, die Möglichkeit von Überhangmandaten – die Kongruenz von Stimmen- und Mandatsanteil: Parteien mit weniger als fünf Prozent der Zweitstimmen oder nicht mindestens drei Direktmandaten bleiben bei der Mandatsvergabe unberücksichtigt. Überhangmandate können dann aufkommen, wenn eine Partei in einem Bundesland mehr Direktmandate erringt, als ihr nach dem Zweitstimmenanteil zustehen. Die getrennte Sperrklausel für die Wahlgebiete West und Ost galt nur für die erste Bundestagswahl nach der Wiedervereinigung im Jahre 1990.

Irlands Wahlverfahren ist ungewöhnlich. Bei der hier praktizierten übertragbaren Einzelstimmgebung (single transferable vote) kann der Wähler auf dem Stimmzettel Präferenzen angeben – durch Kennzeichnung der Kandidaten mit 1, 2, 3, 4 usw. Somit ist die Übertragbarkeit der Stimmen, wenn sie nicht zur Geltung kommen, gewährleistet. Dieser Modus, der die Stimmgebung betrifft, sagt aber nichts über den Wahlsystemtyp aus. Da in den Mehrmannwahlkreisen jeweils drei bis fünf Abgeordnete gewählt werden – bei den Wahlen zum irischen Parlament gibt es seit dem Wahljahr 1981 je 13 Drei- und Viermannwahlkreise sowie 15 Fünfmannwahlkreise (Mittelwert: 4,0) –, hat dieses Verfahren einen teils mehrheitsbildenden Charakter. Ihm wohnt auch eine personelle Komponente insofern inne, als in den Wahlkreisen in der Regel mehrere Kandidaten derselben Partei antreten.

Das Wahlverfahren in Malta mit 13 Fünfpersonenwahlkreisen ähnelt dem in Irland – mit Blick auf die übertragbare Einzelstimmgebung, jedoch nicht mit Blick auf die Mandatsermittlung. Seit 1987 gilt: Die Partei, die eine absolute Stimmenmehrheit erzielt hat, besitzt automatisch eine absolute Mandatsmehrheit. Seit 1996 gilt dies auch für die Partei mit der relativen Mehrheit. Diese Bestimmungen zeigten bereits Praxisrelevanz.

Auch Griechenlands Wahlsystem ist nicht eindeutig als Mehrheits- oder Verhältniswahl klassifizierbar. Griechenland gehört neben Frankreich und Italien zu den Ländern, die das Wahlsystem öfters ändern, da die Regierung hierzu vor der Wahl ermächtigt ist. 1974, nach dem Sturz der Militärjunta, wurde die Wahl in Mehrmannwahlkreisen eingeführt. An den Restmandaten konnten nur jene Parteien partizipieren, die die festgesetzten hohen Quoren übersprangen. Bei diesem Zuteilungsverfahren gingen selbst Parteien mit einem Stimmenanteil von 15 Prozent leer aus. Das System hatte also nicht den Zweck, das Wahlergebnis zu proportionalisieren, sondern – ganz im Gegenteil – die großen Parteien zu privilegieren (Modus der so genannten „verstärkten Verhältniswahl"). Hatte das Wahlgesetz von 1989 die Begünstigung für die großen Parteien weitgehend abgeschafft, wurde es später modifiziert. Kontinuität besteht somit nur in der Diskontinuität. Seit 1993 hat die Partei mit den meisten Stimmen automatisch die Mehrheit der Sitze für sich. Auf nationaler Ebene existiert eine Sperrklausel in Höhe von drei Prozent.

Italien praktizierte ebenfalls die Wahl in unterschiedlich großen Mehrmannwahlkreisen. In den insgesamt 32 Wahlkreisen wurden zwischen vier und 47 Mandate vergeben. Die Durchschnittsgröße der Wahlkreise lag bei 19,2 Mandaten. Es gab zwar weitere Verrechnungsverfahren zur Vergabe der Reststimmen, aber diese waren so gestaltet, dass kleinere Parteien nicht ihren proportionalen Anteil erhielten. Wer nicht mindestens 300.000 Stimmen und ein Wahlkreismandat errang, blieb von der Mandatsvergabe ausgeschlossen. Bis zum Jahre 1991 existierte die Präferenzstimmgebung. Schließlich lösten im Jahr 1993 krisenhafte Entwicklungen im politischen System eine gravierende Zäsur aus. Es wurde nach einem erfolgreichen Referendum über die Veränderung des Wahlsystems für den Senat auch ein neues Wahlverfahren für die Abgeordnetenkammer verabschiedet. Die Bürger wählen drei Viertel der Abgeordneten (wie der Senatoren) nach den Grundsätzen der relativen Mehrheitswahl, ein Viertel aufgrund von Verhältniswahl. Berücksichtigung fanden nur Parteien mit einem Mindeststimmenanteil von vier Prozent. Diese Reform brachte jedoch nicht die erwünschten Fortschritte. Im Jahre 2005 kam es zur Reform der Reform: Das neue, stark durch Elemente der Verhältniswahl gekennzeichnete Wahlsystem zeichnet sich aber dadurch aus, dass dem siegreichen Wahlbündnis von vornherein 340 der 630 Parlamentssitze zustehen. Auf diese – künstliche – Weise ist (wie in Griechenland) die absolute Mandatsmehrheit des Siegers abgesichert, unabhängig vom prozentualen Stimmenanteil. Die Paradoxie: Die Rückkehr zur Verhältniswahl ermöglichte die absolute Mehrheit des siegreichen Wahlbündnisses. Das ist nicht einmal unter den Bedingungen der relativen Mehrheitswahl in Großbritannien der Fall. Gleichwohl herrscht Unzufriedenheit über die Reform der Reform.

Luxemburg bildet für die Wahl seiner Abgeordneten vier Wahlkreise. In ihnen werden sieben bis 23 Personen gewählt. Die durchschnittliche Wahlkreisgröße liegt bei 15. Ein zweites Zuteilungsverfahren, das aber nicht zur Proportionalisierung der Wahlergebnisse führt, ist vorgesehen. Der Wähler kann entweder für eine Parteiliste oder für Kandidaten stimmen. Dabei ist es ihm gemäß dem Prinzip der freien Liste gestattet, seine Stimmen den Kandidaten einer Partei oder auch mehreren zu geben (Panaschieren). Es besteht auch die Möglichkeit des Kumulierens. Jeder Wähler hat so viele Stimmen, wie Mandate im Wahlkreis zu vergeben sind.

In Spanien wird in insgesamt 52 extrem unterschiedlich großen Wahlkreisen gewählt. Die Provinzen figurieren als Wahlkreise. Es gibt zwei Einerwahlkreise (Ceuta und Melilla), ebenso einen Zweiunddreißiger- (Madrid) und einen Dreiunddreißigerwahlkreis (Barcelona). Die Durchschnittsgröße beläuft sich auf 7,0 Mandate. Das Wahlsystem begünstigt die kleinen regionalen Parteien – im Verhältnis zu kleinen Parteien ohne regionale Schwerpunkte. Eine Partei wird nur dann bei der Mandatsverteilung in einem Wahlkreis berücksichtigt, wenn sie dort mindestens drei Prozent der Stimmen errungen hat. Diese Kautele hat selbstredend lediglich Bedeutung für die großen Wahlkreise, da in den anderen die indirekte Sperrwirkung aufgrund der Wahlkreisgrößen zum Zuge kommt. Spanien kombiniert zur Verhinderung des Einzugs von Splitterparteien in das Parlament folglich natürliche mit künstlichen Hürden.

Tabelle 3: Der Wahlsystemmodus in den EU-Ländern

Mehrheitswahlsysteme	Frankreich (absolute Mehrheitswahl)
	Großbritannien (relative Mehrheitswahl)
Verhältniswahlsysteme	BRep. Deutschland
	Belgien
	Bulgarien
	Dänemark
	Estland
	Finnland
	Lettland
	Niederlande
	Österreich
	Polen
	Schweden
	Slowakei
	Slowenien
	Tschechische Republik
Mischwahlsysteme	Griechenland
	Irland
	Italien
	Litauen („Grabenwahlsystem")
	Luxemburg
	Malta
	Portugal
	Rumänien
	Spanien
	Ungarn
	Zypern

Quelle: Ermittlung und Einordnung durch den Verfasser.

Portugal legt in seiner Verfassung sehr detailliert den Modus des Wahlsystems fest, mit der Verfassungsreform von 1989 sogar die Zahl der Abgeordneten (230 bis 235). Laut Art. 155 der Verfassung wählen die Bürger ihre Abgeordneten nach dem Verhältniswahlsystem – eine landesweite Sperrklausel ist eigens ausgeschlossen – und dem d'Hondtschen Höchstzählverfahren. Ungeachtet der Festschreibung der Verhältniswahl werden durch die Mehrmannwahlkreise die größeren Parteien begünstigt. Es existieren 17 Wahlkreise – vom Zweipersonenwahlkreis bis zum Fünfzigpersonenwahlkreis. Im Durchschnitt sind pro Wahlkreis 10,5 Mandate vorgesehen. Eine Sperrklausel fehlt.

Die Wahlsysteme in den neuen mittel- und osteuropäischen Ländern (Bulgarien, Estland, Lettland, Litauen, Polen, Rumänien, Slowakei, Slowenien, Tschechische Republik, Ungarn) sind „typologisch betrachtet relativ uniform" (Nohlen 2004a: 223) und zeichnen sich überwiegend dadurch aus, dass die Wahl in Mehrpersonenwahlkreisen stattfindet (bis auf Bulgarien, Litauen und Slowakei) (Nohlen/Kasapovic 1996; Harfst 2007). Deren Größe variiert beträchtlich. In Lettland liegt der Mittelwert bei 20,0 Mandaten pro Wahlkreis, in Ungarn bei 7,8. Faktisch läuft Verhältniswahl in Mehrmannwahlkreisen auf ein Mischwahlsystem hinaus. Neben den natürlichen Wahlkreishürden, die einen Einzug von kleineren Parteien in das Parlament verhindern, gibt es Sperrklauseln. Sie betragen jeweils vier Prozent in Bulgarien und Slowenien, in den anderen Ländern jeweils fünf Prozent. Diese variieren nicht nur von Land zu Land, sondern zuweilen auch in einem Land, je nachdem, ob sich ein Parteienbündnis oder eine Partei zur Wahl stellt. Die „Differenzierung der Sperrklausel (also höhere Sperrklauseln für Wahlbündnisse als für Parteien) ist als osteuropäische Innovation hervorzuheben" (Nohlen 2005: 19).[3] Viele dieser Wahlsysteme sind sehr kompliziert angelegt und machen daher die Auswirkungen der Wahl nicht immer transparent. So führten divergierende politische Interessen „zu der im internationalen Vergleich beispiellosen Komplexität des ungarischen Wahlsystems" (Nohlen 2004a: 359). Für viele Staaten ist folgender Umstand charakteristisch: Bei der Wahl auf Wahlkreisebene, die häufig nach der lose gebundenen Liste erfolgt, bleiben Restmandate für eine nationale Liste zurück, bei der die Reihenfolge der Kandidaten von vornherein feststeht. So sind bekannte Politiker abgesichert.

Bulgarien, Litauen und die Slowakei bilden eine gewisse Sonderstellung: In der Slowakei, die einen einzigen Wahlkreis aufweist und das Präferenzsystem anwendet, gibt es seit 1992 eine Fünfprozenthürde, die für die Beteiligung an der Mandatsvergabe überwunden werden muss. Bulgarien weist eine Vierprozenthürde auf. Die Verteilung erfolgt nach regionalen – starren – Listen. Während die Bürger in beiden Staaten eher nach einem Verhältniswahlsystem votieren, ist das in Litauen anders: Das Land ist in 71 Wahlkreise aufgeteilt, in der die Stimmabgabe nach der absoluten Mehrheitswahl erfolgt. Die Vergabe der übrigen 70 Mandate geschieht nach dem Verhältniswahlprinzip. Da eine Verrechnung unterbleibt, handelt es sich um ein klassisches Mischsystem im Sinn eines „Grabenwahlsystems" (segmentiertes Wahlsystem), was in der Bundesrepublik 1956 zur Einführung anstand und zum Rücktritt der FDP aus der Bundesregierung geführt hat.

Tabelle 3 bedarf insofern der Relativierung, als die Grenzen zwischen den Verhältniswahlsystemen und den als „Mischwahlsysteme" apostrophierten Wahlverfahren fließend sind. Die Kategorie der „Mischwahlsysteme" lässt aufgrund der variierenden Größe der Mehrpersonenwahlkreise und der unterschiedlichen Formen der Verrechnung mannigfache Ausformungen zu: Beim Wahlsystem in der Republik Irland überlagert das Element der Mehrheitswahl jenes der Verhältniswahl, bei dem von Portugal ist es umgekehrt. Das Mischwahlsystem von Irland liegt also nahe bei der Mehrheitswahl, das von Portugal eher bei der Verhältniswahl. Der Proportionalitätsgrad kann von Wahl zu Wahl schwanken. Für Litauen gibt es jedoch keinen Zweifel.

Die Wahlsysteme in den EU-Ländern lassen sich nicht nur nach dem Wahlsystemtyp einordnen, sondern auch nach weiteren Kriterien – etwa dem Wahlkreistyp, der Stimmgebung oder dem Verrechnungsverfahren (Nohlen 2004a). Unterscheidet man nach dem Wahlkreistyp, so gibt es Einerwahlkreise, Mehrmannwahlkreise und landesweite Wahlkreise, wobei ein bestimmter Wahlkreistypus keinen bestimmten Wahlsystemtypus voraussetzt oder erzwingt (Bogdanor 1985): Großbritannien besitzt ebenso Einerwahlkreise wie die Bundesrepublik. Auch die Wahlbewerbung variiert: Bei der starren Liste (wie etwa in Spanien und Portugal) verbleibt dem Wähler keine Auswahl, bei der lose gebundenen Liste kann er die Reihenfolge der vorgegebenen Kandidaten ändern, bei der freien Liste auch Kandidaten

---

[3] Italien hat mit dem neuen Wahlsystem 2006 diese Eigenart übernommen: Um ins Parlament zu gelangen, benötigen Parteienbündnisse zehn Prozent, Parteien, die in keiner Verbindung zu einer Parteienkoalition stehen, vier Prozent und Parteien, die im Rahmen eines Parteienbündnisses an der Wahl teilnehmen, zwei Prozent.

Wahlsysteme und Wahlrecht

unterschiedlicher Parteien wählen. Wie Tabelle 4 belegt, existiert kein direkter Zusammenhang zwischen dem Wahlkreistyp und der Art der Kandidatenauswahl. Bezieht man den Wahlsystemtypus ein, so ist die früher vielfach verbreitete Zuordnung zwischen Mehrheits- und Personenwahl einerseits, sowie zwischen Verhältnis- und Listenwahl andererseits durchaus nicht zwingend.

Mit Stimmgebung ist gemeint, wie viele Stimmen der Wähler hat und in welcher Form er sie abgeben kann. In Irland und Malta etwa gibt es – wie erwähnt – die Präferenzstimmgebung. Das Einstimmensystem ist am verbreitetsten, das Zweistimmensystem nur in der Bundesrepublik und in Litauen heimisch, bezogen auf die EU-Länder. Mehrstimmgebung existiert bei der begrenzt offenen (wie in der Slowakei) oder der freien Liste (wie in Luxemburg).

Keine große Rolle spielt das oft überschätzte Verrechnungsverfahren. Zu unterscheiden sind bei der Verhältniswahl Divisoren- und Wahlzahlverfahren. Bei den Divisorenverfahren werden die Wahlergebnisse der Parteien so lange geteilt, bis alle Stimmen vergeben sind. Das bekannteste ist das d'Hondtsche Höchstzählverfahren (Division durch 1, 2, 3, 4 usw.). Bei den Wahlzahlverfahren wird eine Wahlzahl ermittelt und dann festgestellt, wie viele Mandate den Parteien zustehen. Im Unterschied zum Divisorenverfahren kommt es zunächst nicht zu einer vollständigen Mandatsverteilung; ein weiteres Zuteilungsverfahren ist notwendig. Die EU-Länder wenden für die Ermittlung der Mandate teilweise ein Wahlzahlverfahren an (z. B. Belgien, Niederlande), teilweise ein Höchstzahlverfahren (z. B. Portugal, Spanien). In der Bundesrepublik Deutschland ist der Gesetzgeber im Jahre 1985 vom Höchstzahlverfahren nach d'Hondt zum Wahlzahlverfahren Hare/Niemeyer übergegangen. Begünstigte das d'Hondtsche System ein wenig die größeren Parteien, so ist Hare/Niemeyer für die kleineren vorteilhafter.

Tabelle 4: Wahlkreistypen und Kandidatenauswahl in den EU-Ländern

Wahlkreistyp	*Kandidatenauswahl*		
	keine	begrenzt und unwirksam in der Praxis	beträchtlich
Einerwahlkreis	BRep. Deutschland Großbritannien Ungarn	Frankreich Litauen Slowakei	
Mehrmannwahlkreis	Bulgarien Italien Portugal Rumänien Spanien	Belgien Griechenland Lettland Österreich Polen Schweden Slowenien Tschechische Republik Zypern	Dänemark Estland Finnland Irland Luxemburg Malta
Landesweiter Wahlkreis		Niederlande	

Quelle: Bogdanor 1985: 11 und ergänzt durch den Verfasser.

3 Auswirkungen der Wahlsysteme

Wer nach den Auswirkungen der Wahlsysteme fragt, muss verschiedene Bereiche voneinander unterscheiden. So lässt sich etwa nach der Bedeutung des Wahlsystems fragen. Ist sie in allen Ländern gleich (gering), oder hat das Wahlsystem in einem bestimmten Land das Gefüge des politischen Systems umgestaltet? Diese Frage könnte man dann gut beantworten, wenn sich in den jeweiligen Staaten das Wahlsystem grundlegend geändert hätte (etwa von reiner Verhältnis- zur Mehrheitswahl oder umgekehrt).

Aber das ist, von Frankreich und, mit gewissen Einschränkungen, Italien abgesehen, nicht der Fall. Zwischen den einzelnen Faktoren besteht eine komplizierte Wechselbeziehung. Einerseits wirkt das jeweilige Wahlsystem auf die politische Kultur, andererseits hat diese Rückwirkungen auf jenes. Selten ist daher wegen der Vielzahl der Variablen klar die jeweilige Wirkung des Wahlsystems zu entscheiden. Trotz allem soll der Versuch gemacht werden, die Auswirkungen auf die Parteien (einerseits Art des Parteiensystems, andererseits Struktur des Parteienwettbewerbs) sowie auf die Regierungen (einerseits Stabilität der Regierung, andererseits die Möglichkeit von Regierungswechseln) in knapper Form darzustellen (Beyme 1982; Bogdanor/Butler 1983; Grofman/Lijphart 1986; Nohlen 2004a).

Zum ersten Punkt, zur Frage nach der Auswirkung des Wahlsystems auf das Parteiensystem: Während manche Autoren geradezu monokausal das Wahlsystem für die Art des Parteiensystems verantwortlich machen – nach Ferdinand A. Hermens (1968) führt Proportionalwahl zwangsläufig zur Zersplitterung des Parteiensystems und damit letztlich zur Gefährdung der Demokratie –, sind nach Seymour M. Lipset und Stein Rokkan (1967: 1ff.) die europäischen Parteiensysteme aufgrund von vier *cleavages* entstanden (Zentrum/Peripherie, Staat/Kirche, Stadt/Land, Arbeit/Kapital) und heute „eingefroren". Während Hermens einen unauflöslichen Zusammenhang von Zweiparteien- und Mehrheitswahlsystem konstruiert, sehen Lipset und Rokkan ihn gar nicht.

Die These, dass ein Mehrheitswahlsystem tendenziell zu einem Zweiparteiensystem führt, ist verbreitet. Der französische Politikwissenschaftler Maurice Duverger hatte 1950 „Gesetze" im Hinblick auf den Zusammenhang zwischen Wahl- und Parteiensystem formuliert (Duverger 1983). Die Verhältniswahl fördere ein Vielparteiensystem mit starren Fronten, die absolute Mehrheitswahl ein Vielparteiensystem mit elastischen und stabilen Parteien, die relative Mehrheitswahl ein Mehrparteiensystem mit großen Parteien und beweglichen Fronten. Wie ist, vor dem Hintergrund der Entwicklung in den EU-Staaten, die Tragfähigkeit dieser „Gesetze" einzuschätzen?

Sie kann nicht als sonderlich hoch bewertet werden,[4] denn der empirische Befund widerstreitet Duvergers Annahmen, weniger mit Blick auf die relative Mehrheitswahl. Großbritannien weist in der Tat ein Zweiparteiensystem auf, weil eine Partei meistens alleine regieren kann und ihr eine große Oppositionspartei gegenübersteht. Allerdings hat die beträchtliche Disproportionalität von Stimmen- und Mandatsanteil zuungunsten der dritten politischen Kraft auf der Insel – den Liberal Democrats – seit Beginn der 1990er Jahre zu wachsender Kritik am britischen Mehrheitswahlsystem geführt. Bei der letzten Unterhauswahl 2005 erreichten die Labour Party und die Conservative Party zusammen nur 67,5 Prozent. In Frankreich ist unter den Bedingungen der absoluten Mehrheitswahl ein bipolares Parteiensystem entstanden, kein bewegliches Vielparteiensystem. Griechenland hat selbst

---

[4] Duverger (1984) selber hat aus der Rückschau Kritik an den eigenen „Gesetzen" geübt.

nach dem Ende der Herrschaft der Militärjunta von 1974 bis 1989 Einparteienregierungen aufgewiesen, obwohl kein eindeutiges Mehrheits-, sondern ein Mischwahlsystem vorlag.[5] Auch in der Bundesrepublik Deutschland, in Irland, Österreich, Portugal und in Schweden gab es dann und wann Einparteienregierungen, selbst unter den Bedingungen eines Verhältniswahl- oder Mischwahlsystems. Vielparteiensysteme sind jedoch oft vorhanden. Eine Art „Zweiparteienblöckesystem", das ähnlich wie ein Zweiparteiensystem funktioniert, hat sich zum Teil auch unter den Bedingungen der eingeschränkten Verhältniswahl durchgesetzt (z. B. Bundesrepublik Deutschland, Luxemburg, Italien). Dies gilt ebenso für die absolute Mehrheitswahl Frankreichs, selbst für die Wahl 1986, als die Bürger nach einer modifizierten Verhältniswahl votierten. Bei den Ländern mit einem Vielparteiensystem kann danach unterschieden werden, ob ein „gemäßigter" (Belgien, Niederlande) oder ein (sich nach dem Niedergang kommunistischer Parteien abgeschwächter) „polarisierter Pluralismus" dominiert, so die Terminologie Giovanni Sartoris. Insgesamt ist die harsche Kritik Dieter Nohlens begründet, wiewohl Duverger das Verdienst gebührt, zum ersten Mal systematisch dem Zusammenhang von Wahlsystem und Parteiensystem nachgespürt zu haben: „Die Duverger'schen Gesetze ... lassen sich ... wissenschaftlich nicht halten. Die Defizite liegen in den drei Bereichen der Empirie, Theorie und Methode" (Nohlen 2004a: 395).

Die in den neuen EU-Ländern Mittel- und Osteuropas nach dem Systemwechsel 1989/90 etablierten Verhältnis- und Mischwahlwahlsysteme führten zu Mehrparteiensystemen. Nirgendwo entstand ein Zweiparteiensystem. Nach Wolfgang Ismayr tragen Verhältniswahlsysteme mit Sperrklauseln und Verhältniswahlelemente in kombinierten Wahlsystemen mehr zum Parteibildungsprozess in Osteuropa bei als Mehrheitswahlelemente (Ismayr 2002: 48). Nur bedingt erklären die unterschiedlichen Wahlsysteme die Ausformungen der Parteiensysteme im osteuropäischen Raum. Die Parteientwicklung war vor allem in den postkommunistischen Anfangsjahren der generellen Dynamik im Transitionsprozess geschuldet.

Zum zweiten Punkt, zur Struktur des Parteienwettbewerbs: In einigen politischen Systemen zeichnet sich der Parteienwettbewerb eher durch konkurrenzdemokratische Konfliktlösungsmuster aus, in anderen mehr durch konkordanzdemokratische. Für die Konkurrenzdemokratie ist das Zweiparteiensystem Großbritanniens typisch, für die Konkordanzdemokratie das Vielparteiensystem Belgiens oder das der Niederlande. Lagerübergreifende Koalitionen bilden sich in vielen Ländern (wie etwa in Finnland, Österreich, Belgien, Niederlande, Luxemburg). Zum Teil sind sie aufgebrochen worden (wie etwa in Österreich). Die verbreitete Annahme, Konkurrenzdemokratie herrsche dort vor, wo der Konsens hoch ist, und Konkordanzdemokratie dort, wo das Verhältnis zwischen den Parteien polarisiert ist, bedarf der Relativierung. In Großbritannien etwa war zwischen den großen Parteien zumal in den 1980er Jahren des letzten Jahrhunderts eine massive Polarisierung eingetreten: Die Labour Party und die Konservativen rückten immer weiter auseinander.

Die Struktur des Parteienwettbewerbs ist höchst unterschiedlich und kann kaum auf die Art des Wahlsystems zurückgeführt werden, wohl aber auf gesellschaftliche Konfliktlinien (z. B. die sozioökonomische, die konfessionelle, die ethnische und die Dimension der Systemstabilität). Nach den belgischen Parlamentswahlen 2007 war eine Regierungserklärung in Brüssel monatelang unmöglich, weil sich die Vertreter des niederländischsprachi-

---

[5] Die Einparteienregierungen seit 1993 hängen wesentlich mit der Regelung zusammen, dass der stärksten Partei eine absolute Mandatsmehrheit zufällt. Gleiches gilt für Malta.

gen Flandern und der französischsprachigen Wallonie nicht auf eine Föderalismusreform verständigen konnten.

In den meisten EU-Ländern sind die Gegensätze zwischen den Parteien gegenüber den 1950er Jahren eher zurückgegangen, mag auch das Aufkommen der Grünen und rechtspopulistischer Kräfte einen gegenläufigen Trend markieren. In vielen postkommunistischen Ländern dominiert nach wie vor der Konflikt zwischen gewandelten oder ungewandelten kommunistischen Nachfolgeparteien und aus Oppositionsgruppen hervorgegangenen Parteineugründungen (z. B. in Tschechien, Ungarn). In der Bundesrepublik haben sich Phasen mit einer stärker auf Konflikt und Phasen mit einer mehr auf Konsens ausgerichteten Strategie abgewechselt, und zwar unabhängig vom Wahlsystem, das gleich geblieben ist. In Frankreich und Italien konnten sich vor der friedlichen Revolution 1989/90 Links- und Rechtsaußenparteien mit einigem Einfluss herausbilden, obwohl sich die dortigen Wahlsysteme in hohem Maße voneinander unterschieden haben. In den Staaten Osteuropas existieren dagegen ähnliche Wahlsysteme – die Bilanz von Stärke und Schwäche extremistischer Parteien fällt jedoch höchst unterschiedlich aus (Thieme 2007). Die herkömmlichen Ideologeme für Rechts- und Linksextremismus vermengen sich.

Zum dritten Punkt, zur Stabilität der Regierungen: Wird die absolute Mehrheit einer Partei in den Parlamenten durch die Mehrheitswahl gefördert – und damit die Stabilität der Regierung? In der Wahlsystemforschung unterscheidet man zwischen *earned majorities* und *manufactured majorities* (Rae 1971; Nohlen 2004a): Mit earned majorities ist gemeint, dass eine absolute Mehrheit der Stimmen auch eine absolute Mehrheit der Mandate erbringt. Im Zweiparteiensystem Maltas gelang dies bei den letzten acht Parlamentswahlen stets einer der beiden Großparteien (Malta Labour Party: 1971, 1976, 1996; Nationalist Party: 1981, 1987, 1992, 1998, 2003). Manufactured majorities sind solche Mehrheiten, die erst durch die Art der Umsetzung der Stimmen in Mandate entstehen. Bildeten earned majorities wie etwa in der Bundesrepublik Deutschland 1957 (CDU/CSU: 50,2 Prozent), in Irland 1977 (Fianna Fail: 50,6 Prozent), in Portugal 1987 (partido Social Democrata: 50,2 Prozent) oder in Bulgarien 1997 (Obendineni demokratični sili: 52,3 Prozent) Ausnahmen, so kommen manufactured majorities häufiger vor, zumal unter den Bedingungen der relativen Mehrheitswahl. So konnte von 1945 an bei keiner der 17 Unterhauswahlen eine Partei die absolute Mehrheit der Stimmen erreichen, doch blieb, von der ersten Unterhauswahl des Jahres 1974 abgesehen, eine manufactured majority nicht aus. In Frankreich trat dieser Verstärkereffekt bei der absoluten Mehrheitswahl nur selten ein. Auf weitgehende Proportionalität zwischen Stimmen und Mandaten zielende Wahlsysteme führten in anderen Ländern der EU lediglich ausnahmsweise zu manufactured majorities (z. B. in Spanien 1982 und 1986 sowie in Griechenland zwischen 1974 und 1989). Die zum Teil krasse Differenz zwischen Stimmen- und Mandatsanteil in Großbritannien heißen Anhänger des dortigen Systems gut, weil es regierungsfähige Mehrheiten begünstige; andere kritisieren diese Disproportion als ungerecht. Bei einem Verhältniswahlsystem wäre eine Koalitionsregierung dort unumgänglich.

An diesem Beispiel lassen sich, wie sonst nirgendwo, die unterschiedlichen Auswirkungen verschiedenartiger Wahlsysteme gut erkennen. Länder wie Dänemark (Schütt-Wetschky 1987) liefern augenfällige Beispiele instabiler Verhältnisse. In Dänemark gab es von 1945 an mehr Minderheits- als Mehrheitsregierungen. Neubildungen der Regierung und vorzeitige Neuwahlen gehören hier wie in Italien, wo das Wahlsystem oft geändert wird, zur Tagesordnung. Allerdings muss eine übergroße Regierungsmehrheit kein zureichender Faktor für Stabilität sein.

Auch Koalitionsregierungen (wie etwa in der Bundesrepublik) können stabil sein (nur dreimal kam es zu einer vorzeitigen Auflösung des Bundestages: 1972, 1983, 2005), wie überhaupt Vorsicht bei der Verwendung des Begriffs der Stabilität angebracht ist. Die Fixierung auf Regierungsstabilität mag verkürzt sein: „Die Stabilität eines immer gleich bleibenden Regierungspersonals, die Stabilität der Bürokratie unterhalb der Regierungsebene, die Stabilität der Parteien, die sich im Reigen der wechselnden Koalitionen beteiligen, kann ein System geradezu immobil erscheinen lassen, trotz permanenter Regierungswechsel" (Beyme 1982: 386f.). Umgekehrt muss ein System ohne (wenig) Regierungswechsel nicht Stabilität verbürgen.

Wer ein Resümee zieht, kommt zu folgendem Befund: „Selbst wenn der Begriff Instabilität sehr großzügig definiert wird, sind die westeuropäischen Parteiensysteme nur ausnahmsweise in unstabile und krisenhafte Situationen geraten. An erster Stelle ist Italien zu nennen, aber auch die schon erwähnten Beispiele (Spanien, Dänemark ...) könnten dazu gerechnet werden. Auch die Niederlande befanden sich 2002/2003 in Folge des Erdrutschsieges der Liste Pim Fortuyn in einer Krisensituation" (Stöss et al. 2006: 33). Krisenhafte Entwicklungen bei den Parteien führen auch zu krisenhaften Entwicklungen bei der Stabilität der Regierungen, wovon mittel- und osteuropäische EU-Staaten ein Zeugnis ablegen.

Hier bestehen nur schwache Zusammenhänge von Parteiensystem und Regierungsstabilität. Die Stabilität der Regierungskoalitionen ist unterschiedlich groß. Um vier Länder herauszugreifen: In Ungarn wurde keines der bisherigen Regierungsbündnisse vorzeitig aufgelöst, in Tschechien lediglich die Mitte-Rechts-Koalition unter Vacláv Klaus 1996. In Polen dagegen überstand von 1990 an kein Regierungsbündnis eine Legislaturperiode ohne Koalitionsumbildungen oder Neuwahlen. Die Slowakei weist mehr Parallelen zu Polen auf als zu Ungarn und Tschechien (Grotz 2000). „In empirischer Hinsicht hat die vergleichende Analyse gezeigt, dass sich die parteipolitischen Rahmenbedingungen für Koalitionsstabilität in den vier ostmitteleuropäischen Staaten beträchtlich unterscheiden" (Grotz 2007: 122). In Tschechien und vor allem in Umgarn stehen relativ kohärente parteipolitische Lager einander gegenüber, nicht aber in Ländern wie Polen und der Slowakei. Hier überlappen sich stärker die Konfliktmuster von Regierungs- und Oppositionsparteien.

Zum vierten Punkt, der Frage nach der Möglichkeit des Regierungswechsels: Damit ist nicht das Gegenteil des vorherigen Punktes gemeint, denn Regierungswechsel müssen keinesfalls mit Labilität einhergehen. Sie sind vielmehr ein wesentlicher Bestandteil einer funktionierenden Demokratie. Dieser Aspekt betrifft die Frage, wie oft die Wahlentscheidung der Bürger zu einem Regierungswechsel führt. In der zweiten Hälfte der 1950er und der ersten Hälfte der 1960er Jahre war in der Sozialwissenschaft nicht nur der Bundesrepublik die Auffassung verbreitet, das Ende der parlamentarischen Opposition stünde bevor. Sie stützte sich auf die Behauptung, es gelinge den Oppositionsparteien in westeuropäischen Ländern nicht, bei welchem Wahlsystem auch immer, die Regierungsparteien in Wahlen abzulösen. Diese Diagnose[6] erwies sich als irrig. Gesteigerte Erwartungshaltungen der Bürger stell(t)en die Regierungsparteien vor eine große Herausforderung. In allen EU-Staaten hat es Regierungswechsel gegeben, wenn man darunter versteht, dass die führende Regierungspartei nicht mehr an den Schalthebeln der Macht sitzt – in den 1970er, 1980er und

---

[6] Sie wurde besonders engagiert vertreten von Ekkehart Krippendorff und in die These vom „Ende des Parteienstaates" gekleidet (vgl. Krippendorff 1962; abgeschwächter und differenzierter in Friedrich 1962).

1990er Jahren im Schnitt mehr als in den beiden Jahrzehnten davor, hervorgerufen überwiegend durch Wahlen.[7] Die Erosion der herkömmlichen Bindungen – z. B. an die Kirchen oder die Gewerkschaften – leistete dem Vorschub. Um nur ein Beispiel zu bringen: „Machtwechsel zugunsten bürgerlicher Parteien gab es in den vergangenen Jahren in neun der 15 ‚alten' EU-Staaten: in Dänemark (2001), Finnland (2003), in den Niederlanden (2002), in Frankreich (2002), Österreich (2000), Portugal (2002), Italien (2001), Griechenland (2004) und Deutschland (2005)" (Stöss et al. 2006: 26). Damit ist aber kein genereller Trend beschrieben, mehr eine Momentaufnahme. In Portugal (seit 2005) und Italien (seit 2006) – allerdings stehen im April 2008 abermals vorzeitige Wahlen an – sind wieder linke Regierungen an der Macht, in Spanien (2004) löste eine linke Regierung die konservative ab.

Noch deutlicher wird das Ergebnis mit Blick auf die 2004 und 2007 hinzugekommenen EU-Neulinge, denn in den postkommunistischen Ländern ist die Abwahl der Regierenden trotz überwiegender Verhältniswahlsysteme mehr Regel als Ausnahme. Lediglich in Slowenien stellten die *Liberalen Demokraten Sloweniens* (LDS) als stärkste Regierungspartei – mit Ausnahme von April bis November 2000 – stets den Ministerpräsidenten. In Polen dagegen regierte kein Kabinett länger als eine Legislaturperiode. In der Slowakei kam es bei fünf Parlamentswahlen zu zwei ungefilterten Regierungswechseln (1998 und 2006). In Ungarn wurde erstmals 2006 eine Regierung im Amt bestätigt. Das (Ab-)Wahlverhalten in Osteuropa dürfte allerdings weniger auf die Ausgestaltung der Wahlsysteme zurückgehen, sondern wesentlich auf die wirtschaftliche und soziale Unzufriedenheit vieler Bürger. „Verantwortlich dafür waren in erster Linie die hohe *volatility*, also die starken Umschwünge der Parteien in der Gunst der Wählerschaft, in zweiter Linie die wahlstrategischen Anpassungen der Parteien an die Erfolgsbedingungen des Wahlsystems" (Nohlen 2004a: 391; Hervorhebung im Original).

In den 17 britischen Unterhauswahlen nach dem Ende des Zweiten Weltkrieges kam es in sieben Fällen zu einem Regierungswechsel, wenn auch nicht nach Art eines Intervalls. Eine Partei gewann bisher – die konservative stellte ununterbrochen von 1979 bis 1997 die Regierung – nie mehr als vier Wahlen hintereinander. Das britische Modell hat in dieser Hinsicht die Erwartungen seiner Anhänger erfüllt (allerdings weniger seit den 1980er Jahren). Wie die Ergebnisse aber zeigen, ist das System der alternierenden Regierung auch unter den Bedingungen der Verhältniswahl möglich, freilich nicht so häufig. Ist damit die These widerlegt, die Verhältniswahl führe nicht zu einem Regierungswechsel? Diese Frage dürfte nur bedingt zu bejahen sein. Schließlich kommt es in der Regel nicht zu einer „reinen" Wachablösung, da in der neuen Koalitionsregierung Parteien aus der alten vertreten sind, wenngleich nicht die bisherige „Hauptregierungspartei". In typischen Konkordanzdemokratien wie Belgien sind alle größeren Parteien an der Regierung beteiligt. Italiens war lange insofern problematisch, als das System der alternierenden Parteienregierung nicht zustande kam („blockierte Demokratie"). Das hat sich jedoch seit den 1990er Jahren massiv geändert, ausgelöst durch den Zusammenbruch des herkömmlichen Parteiensystems.

Die Beschreibung der Auswirkungen von Wahlsystemen ist das eine, ihre Bewertung das andere. Dabei weichen die Auffassungen naturgemäß weit voneinander ab. Beispielsweise: Wer als Anhänger der Verhältniswahl Koalitionsregierungen favorisiert, findet den

---

[7] Selbst wenn der Regierungswechsel durch den Übertritt einer Koalitionspartei – ohne Wahlen – zur Oppositionspartei erfolgte, so lag dem meistens auch eine Reaktion auf den „Wählerwillen" zugrunde. Man denke etwa an die Haltung der FDP im Jahre 1982.

Regierungswechsel unter den Bedingungen einer Koalitionsregierung besser, weil er durch die Teilnahme bisheriger Koalitionsparteien an der neuen Regierung abgefedert wird, während für die Kritiker diese Parteien damit die Verantwortung verwischen.[8] Wer ein Fazit zieht, muss Dieter Nohlen (2004a: 403ff.) zustimmen: Die unterschiedlichen soziopolitischen Bedingungen sind häufig dafür verantwortlich, dass einerseits im Prinzip gleiche Wahlsysteme in den Ländern unterschiedliche Auswirkungen und verschiedenartige Wahlsysteme ähnliche Fragen hervorrufen. Das heißt freilich nicht, die Bedeutung der Wahlsysteme herunterzuspielen oder gar zu ignorieren. Die Frage der Gewichtung wird weiterhin kontrovers beantwortet.

4 Reformen und Reformüberlegungen

Die Reformen – gleiches gilt für wissenschaftliche und politische Reformüberlegungen – fallen in den einzelnen Ländern höchst verschiedenartig aus (Lijphart/Grofman 1986; Noiret 1990; Nohlen 2004a). In den einen Ländern herrscht Ruhe, in den anderen Reformeifer. Keinesfalls geht die Tendenz der Reformen in eine ganz bestimmte Richtung. Mal soll der Proporz weiter verstärkt, mal abgeschwächt werden.

Das bundesdeutsche Wahlsystem gilt im Ausland häufig als ein nachahmenswertes Modell (Jesse 1987). Dafür mögen folgende Gründe maßgebend sein: Es erscheint – vielen zu Unrecht – als „Mischwahlsystem", das die Vorteile des einen Modus mit denen des anderen vereinigt. Zudem neigt man dazu, die im Ausland teilweise bewunderte Funktionsweise des bundesdeutschen politischen Systems in übertriebener Form auf das Wahlsystem zurückzuführen, vernachlässigt also die Rahmenbedingungen. Möglicherweise ist für die Vorbildwirkung des Wahlsystems der völlig fehlende Reformeifer seit dem Ende der Wahlsystemkontroverse zur Zeit der ersten Großen Koalition auch ein Grund. Allerdings ist die Behauptung, die Frage der Änderung des Wahlsystems sei ein „deutsches Tabu" (Wilms 1986), insofern missverständlich, als der Eindruck erweckt wird, es traue sich niemand, wider das bestehende Wahlsystem den Stachel zu löcken. Tatsächlich ist die Reformdiskussion deshalb weitgehend zum Erliegen gekommen, weil Politik, Publizistik und Politikwissenschaft keine Notwendigkeit mehr für eine grundlegende Reform sehen – auch nicht nach der zweiten Großen Koalition 2005 (siehe allerdings Strohmeier 2007).

Was die deskriptive Ebene betrifft, so ist der Spielraum für Reformen insgesamt eher eng, jedenfalls in den „alten" Demokratien. Das gilt zumal für eine strukturelle Reform (von der Mehrheits- zur Verhältniswahl oder umgekehrt). Lediglich in Frankreich wurde der Grundtyp mehrfach geändert: im Jahre 1958 von der Verhältniswahl zur absoluten Mehrheitswahl, 1985 von der absoluten Mehrheitswahl zur Verhältniswahl, ein Jahr später von der Verhältniswahl erneut zur absoluten Mehrheitswahl. Die Italiener führten 1993 und 2005 gravierende – komplizierte – Wahlsystemreformen durch und streben weitere an (Köppl 2007). In Irland scheiterte in Referenden zweimal die Ablösung des – faktisch mehrheitsbildenden – Systems der single transferable vote durch die relative Mehrheitswahl (1959 und 1968). In den meisten „alten" EU-Ländern ist seit Jahrzehnten nichts am Wahlsystem geändert, in einigen Ländern eine gewisse Reform vorgenommen worden. Griechen-

---

[8] In der Bundesrepublik Deutschland hat es fast ein halbes Jahrhundert bis zu einem ungefilterten Regierungswechsel gedauert.

land, wo die Regierung seit 1974 das Wahlsystem ändern kann (und davon auch rege Gebrauch gemacht hat), ist nicht typisch. Nach der Verfassungsrevision von 2001 ist eine Revision nur für die übernächste Wahl gültig.

Ausgerechnet die zwei EU-Länder mit Mehrheitswahl nehmen Extrempositionen ein: Frankreich ändert das Wahlgesetz des Öfteren (auch grundlegend), während Großbritannien an der relativen Mehrheitswahl ohne Einschränkungen festhält. Dabei gibt es folgendes Paradoxon: In Großbritannien, wo bisher alles beim alten geblieben ist, wird eine Revision erörtert (Kaiser 2006); in Frankreich, wo man die Wahlsystemfrage wenig erörtert, ist dagegen, wie in Griechenland, viel geändert worden. Was Michael Kreile vor zwei Jahrzehnten auf Italien gemünzt hatte, gilt für viele andere Länder, keineswegs mehr jedoch für die römische Republik: Durchgreifende Reformen sind „nicht mehrheitsfähig, mehrheitsfähige Reformen hingegen kaum geeignet, den italienischen Parlamentarismus zu erneuern" (Kreile 1987: 582). Was kaum jemand für möglich erachtet hatte, trat in der ersten Hälfte der 1990er Jahre binnen kurzem ein: eine grundlegende Verfassungsreform mit einer Revision des Wahlsystems.

Anders liegt, wie erwähnt, die Situation in der Bundesrepublik Deutschland. Hier sind in den 1950er und 1960er Jahren in einem bestimmten Rhythmus Reformversuche zwecks Einführung eines mehrheitsbildenden Wahlsystems unternommen worden – am heftigsten zur Zeit der Großen Koalition 1966 bis 1969. Alle diese Bestrebungen scheiterten, und seit dem Ende der 1960er Jahre ist diese Thematik – wie erwähnt – mehr oder weniger irrelevant geworden. Es ergibt sich der merkwürdige Umstand, dass die von Befürwortern einer Reform genannten Gründe (Schaffung regierungsfähiger Mehrheiten, faktische Regierungsbildung durch das Volk, Erleichterung des Regierungswechsels, politische Mäßigung) auch unter den Bedingungen der Verhältniswahl eine lange Zeit eingetroffen, die prophezeiten Negativwirkungen (Parteienzersplitterung, Instabilität, Koalitionsquerelen, Verfälschung des Wählerwillens, Radikalisierung der Wählerschaft) hingegen weitgehend ausgeblieben sind. Aber diese Entwicklung ist nur ein Grund, warum heutzutage das Thema Patina angesetzt hat: Die politische Kultur in der Bundesrepublik hat seit den 1960er Jahren einen massiven Wandel erfahren. Die Gesellschaft ist konfliktfreudiger geworden und längst keine Schönwetterdemokratie mehr. Die frühere Suche nach Stabilität gilt weithin als übertrieben (Jesse 1987).

Auch deshalb findet in Großbritannien der Ruf nach Abschaffung der Mehrheitswahl stärkere Unterstützung als früher. Außerdem hat er handfeste Ursachen: So könnte aufgrund der komplizierter gewordenen parlamentarischen Mehrheitsverhältnisse eine Partei nicht mehr in der Lage sein, die Regierung zu stellen *(hung parliament)*. In den letzten Jahrzehnten hatte die „dritte Kraft" jeweils etwa ein Fünftel der Stimmen erreicht, jedoch nicht annähernd einen so hohen Mandatsanteil. Als kritikwürdig gilt mithin einerseits die potenzielle Gefahr mangelnder Mehrheitsbildung, andererseits das Gegenteil – die extreme Disproportion zwischen Stimmen- und Mandatsanteil bei der „dritten Kraft".

In den Demokratien Mittel- und Osteuropas ist der Reformeifer größer. War der ursprüngliche Wahlsystemmodus jedenfalls zum Teil von dem Systemwechseltypus abhängig (Nohlen/Kasapovic 1996),[9] so kam es in der Folge schnell zu einer Reihe von Änderungen,

---

[9] Allerdings ist die Position von Nohlen und Kasapovic (1996) überzogen und empirisch nicht immer haltbar: Die absolute Mehrheitswahl ist in jenen Staaten beibehalten worden, in denen die kommunistischen Machthaber aktiv den Transformationsprozess gestalteten; ein kombiniertes Wahlsystem wurde bei einem „Gleichgewicht" zwischen den alten Machthabern und den neuen Kräften ausgehandelt;

die nicht auf eine spezifische Pfadabhängigkeit zurückzuführen sind. „Bereits kurz nach der Transitionsphase waren die Wahlsystemreformen in Mittel- und Osteuropa eher durch fallspezifische Variablenkonstellationen als länderübergreifende Entwicklungsmuster geprägt" (Grotz 2005: 39). Offenkundig lassen sich neue Wahlsysteme, denen weniger Legitimität anhaftet, schneller ändern als alte. Allerdings hielt sich das Ausmaß der Revisionen in Grenzen (Tiemann 2006: 348). Nirgendwo ist man von einem Verhältniswahlsystem zu einem Mehrheitswahlsystem übergangen, jedoch oft zu einer Erhöhung der Sperrklausel (Harfst 2007: 223). In Bulgarien wurde nach der ersten Wahl 1990 das „Grabenwahlsystem" sofort wieder abgeschafft.

In präskriptiver Hinsicht stellt sich die Situation komplizierter dar. Wer die Notwendigkeit von Reformen beurteilen will, kann das nur anhand eines einheitlichen Kriterienrasters tun. Dieses muss so gewählt sein, dass es nicht von vornherein ein bestimmtes Wahlsystem begünstigt. Der Verfasser hat an anderer Stelle einen solchen Kriterienkatalog entwickelt (Jesse 1985: 45ff.; ferner Nohlen 2004a: 155ff.): Verständlichkeit und Einfachheit des Wahlverfahrens, sinnvolle Zuordnung von Stimmen und Mandaten, Chance eines Regierungswechsels, Bildung regierungsfähiger Mehrheiten, Repräsentation der politischen Richtungen, traditionelle Verankerung. Verstehen sich vier der sechs Kriterien von alleine, so bedürfen zwei der Verdeutlichung.

Die sinnvolle Zuordnung von Stimmen und Mandaten besagt, dass die Umsetzung der Stimmen in Mandate dem Wähler hinreichend plausibel erscheinen muss. Ein Wahlsystem, welches der Partei mit den wenigsten Stimmen ein Zusatzmandat zuerkennen würde, wäre offenkundig sinnwidrig. Nicht immer liegt der Fall dabei so einfach. Das Element der Kontinuität – die traditionelle Verankerung – spielt eine wichtige Rolle und verbürgt in gewisser Weise Legitimität. Es ist unangebracht, ohne Not ein schon bestehendes Wahlsystem zu verändern. Dieses Argument läuft keineswegs auf die normative Kraft des Faktischen hinaus, will vielmehr Skepsis gegenüber besonderer Experimentierfreude wecken. Allein durch Dauerhaftigkeit kann ein Wahlsystem seine „Anerkennung" erhöhen.

Beide Kriterien stehen in engem Zusammenhang insofern, als eine bestimmte Form der Zuordnung von Stimmen und Mandaten in einem Land akzeptiert wird, während sie in einer anderen Kritik hervorruft und der Ablehnung verfällt. In Großbritannien ist seit 1945 in zwei Fällen (1951 und erste Wahl 1974) das Kuriosum eingetreten, dass die an Stimmen stärkste Partei nicht die meisten Mandate erzielen konnte. Gleichwohl nahmen die Briten das Ergebnis hin. In Deutschland, aber nicht nur hier, hätte die vorherrschende Form des Gerechtigkeitsempfindens ein solches Resultat wohl nicht als legitim angesehen; in Griechenland und Malta besitzt (nach einer Revision der Verfassung), wie erwähnt, die stärkste Parteigruppierung automatisch eine absolute Mandatsmehrheit.

Auch wenn die Frage, ob in den Ländern mit einem modifizierten Verhältniswahlsystem der Übergang zu einem Mehrheitswahlsystem in Erwägung zu ziehen sei, aus einer Reihe von Gründen nicht bejaht werden kann, verdient ein Argument besondere Beachtung: Das konkurrenzdemokratische Element kommt in vielen EU-Staaten zu kurz. Selbst in der Bundesrepublik Deutschland, wo sich das System einer alternierenden Parteienregierung weithin herausgebildet hat (wenngleich bisher nur einmal in ungefilterter Form), lässt sich angesichts verschiedener Formen der Politikverflechtung häufig nicht mehr hinreichend klar

---

Verhältniswahlsysteme setzten sich in den Ländern durch, in denen die Systemopposition die politische Willensbildung dominierte.

nachvollziehen, auf wen eine politische Entscheidung zurückgeht. Die Tendenz zur Verwischung der politischen Verantwortlichkeit ist weit fortgeschritten. Erst recht trifft dieser Umstand auf jene Länder zu, in denen der Wahlausgang im Kern nichts an der jeweiligen Regierungskonstellation ändert, sondern lediglich eine interne Verschiebung der Gewichte registriert. Parteienverdruss, im Extremfall sogar Systemverdruss, kann die Folge sein.

Nach Meinung des Verfassers gibt es bei der sinnvollen Zuordnung von Stimmen und Mandaten Reformbedarf: Die in den jeweiligen Ländern unterschiedlich großen Mehrmannwahlkreise mit ihrer indirekten Sperrwirkung sind höchst problematisch. Als störend muss weniger die Restriktion an sich gelten als vielmehr die Art, wie sie erreicht wird. Die verschiedene Größe der Mehrmannwahlkreise führt dazu, dass in einem Wahlkreis drei Prozent der Stimmen genügen, um an der Mandatsverteilung beteiligt zu sein, in einem anderen jedoch nicht einmal zwanzig Prozent. Die Reststimmenverwertung gleicht diese Abweichung in der Regel nicht aus. Außerdem begünstigt das System der Mehrmannwahlkreise „Hochburgenparteien". Ihr Zweck – Schwächung kleiner Parteien – wird dadurch geradezu unterlaufen. Hochburgenparteien sind entgegen verbreiteten Vorstellungen keineswegs „repräsentationswürdiger".

Ein Wahlsystem mit einer Prozentklausel erreicht die Schwächung kleinerer Parteien ebenso und ist dabei gerechter: Wer die Hürde überwindet, ist seinem Stimmenanteil gemäß an der Mandatsvergabe beteiligt. Das Wahlergebnis im ganzen Land schlägt sich im Parlament aufgrund der sinnvollen Zuordnung zwischen Stimmen- und Mandatsanteil nieder, nicht jedoch so bei der Wahl in Mehrmannwahlkreisen. Dass künstliche Hürden wie eine Sperrklausel als ungerecht gelten, „natürliche" dagegen eher als gerecht, ist wenig überzeugend. Insofern sind die in den mittel- und osteuropäischen EU-Ländern konsequent, wenngleich Mehrpersonenwahlkreise ihren Mechanismus zum Teil aushebeln. Hingegen ist die komplizierte Ausgestaltung der Wahlsysteme in jenen Ländern ein Grund zur Kritik: Das Prinzip der Verständlichkeit wird ad absurdum geführt.

Für die meisten Länder waren die Reformüberlegungen zum Wahlsystem und zum Wahlrecht bisher keineswegs eine zentrale Frage der Politik und der Wissenschaft – allenfalls kurzfristig. Mancher reformerische Impuls fällt in den Bereich politischer Rhetorik. Die Reformwünsche, die seitens der Politiker ohnehin meist machiavellistischen Gesichtspunkten entsprangen,[10] wurden häufig von gegenläufigen politischen Überlegungen überlagert und damit verhindert. Das gilt zumal für die Reform des Wahlgesetzes zum Europäischen Parlament.

Die Ausarbeitung eines einheitlichen Wahlgesetzes durch das Europäische Parlament war schon in den Römischen Verträgen von 1957 vorgesehen. Dazu ist es jedoch bis heute nicht gekommen. Die Geschichte über die Versuche, eine Vereinheitlichung der Wahlsysteme vorzunehmen, ist verschlungen (Nohlen 2004b). Im Rechtsakt über die Einführung unmittelbarer Wahlen von 1976 wurde zwar ein einheitliches Wahlverfahren befürwortet, jedoch zugleich auf die (unterschiedlichen) innerstaatlichen Vorschriften hingewiesen. „Trotz aller gegenteiligen Absichtserklärungen verringerte sich die Aussicht auf Vereinbarung eines einheitlichen Verfahrens im ursprünglichen Sinne noch – zum einen dadurch, dass im

---

[10] Freilich lässt sich dieser Sachverhalt nicht absolut setzen. Weltanschauliche Elemente – wie etwa die Orientierung von Sozialisten am Gleichheitspostulat – spielen daneben eine Rolle. Besonders verbreitet ist der „Wahlrechts-Machiavellismus" in Frankreich, ebenso in Griechenland und Italien (aufgrund der Reformen 1993 und 2006). Junge mittel- und osteuropäische Demokratien experimentierten auch häufiger.

Maastrichter Vertrag vom Februar 1992 die Hürde zur Verabschiedung eines einheitlichen Wahlrechts erhöht wurde, und zum anderen dadurch, dass der Amsterdamer Vertrag (in Art 130. Abs. 4 EGV) eine alternative Lösung, nämlich ein Verfahren ‚im Einklang mit den allen Mitgliedstaaten gemeinsamen Grundsätzen', ermöglichte" (Nohlen 2004b: 30). Damit wurde gleichsam ein „Schlupfloch" geschaffen. Die „Einheitlichkeit" des Wahlverfahrens für ein Parlament, dessen Bedeutung nach wie vor deutlich geringer ist als die der nationalen Parlamente (Axt 2006), scheiterte nicht zuletzt deshalb an den spezifischen Traditionen des jeweiligen Landes. So will Irland das single transferable vote-System nicht aufgeben. Die britischen Anhänger ihres Wahlsystems sträubten sich zunächst gegen eine Reform, weil sie befürchteten, diese könnte eine präjudizierende Bedeutung für das eigene Land haben (als eine Art „Einstieg" zur allmählichen Abschaffung der relativen Mehrheitswahl), gaben aber später nach.

Die Bestimmungen für die sechs bisherigen Direktwahlen zum Europäischen Parlament (1979, 1984, 1989, 1994, 1999, 2004) lehnen sich vielfach an die Wahlrechtsregelungen der einzelnen Länder für die nationalen Parlamente an, nehmen aber auch Abweichungen vor (Axt 2006). Großbritannien wählt nun (seit 1999) nicht mehr nach dem System der relativen Mehrheitswahl, Frankreich, anders als bei den Wahlen zur Nationalversammlung, stets nach dem Verhältniswahlsystem (mit einer Fünfprozentklausel auf Wahlkreisebene). Bei den Wahlen zum Europäischen Parlament gab es in 19 Staaten einen Wahlkreis, wobei häufig – 14mal – eine Sperrklausel bestand (höchstens in der Höhe von fünf Prozent wie u. a. in Lettland und Litauen). Die Unterteilung des Wahlgebiets in mehrere Wahlkreise führte zu einer Abschwächung des proportionalen Charakters der Wahl (wie in Belgien, Frankreich, Großbritannien, Irland, Italien und Polen). Mit Blick auf das passive Wahlalter, die Möglichkeit des Panaschierens wie des Kumulierens und das Sitzzuteilungsverfahren differieren die jeweiligen Wahlverfahren ebenso. Nicht alle Länder wählen am Sonntag. Die Ausnahmen sind Großbritannien, Irland, die Niederlande und Tschechien.

Ein einheitliches Wahlsystem für das Europäische Parlament wäre nicht nur aus systematischen Gründen sinnvoll, sondern auch deshalb, weil sich dort die Fraktionen nicht nach Ländern, sondern nach politischen Strömungen zusammenfinden. Aber bis zu einer grundlegenden Reform dürfte es noch weit sein. Die Widerstände gegen die Reformbestrebungen geben zu Optimismus keinen größeren Anlass.

Literatur

Axt, Heinz-Jürgen, 2006: Wahlen zum Europäischen Parlament: Trotz Europäisierungstendenzen noch immer nationale Sekundärwahlen, in: Derichs, Claudia/Heberer, Thomas (Hrsg.), Wahlsystem und Wahltypen. Politische Systeme und regionale Kontexte im Vergleich. Wiesbaden, 122-144.
Bauer, Werner T., 2007: Wahlsysteme in den Mitgliedstaaten der Europäischen Union. Aktualisierte Fassung. Wien.
Beyme, Klaus von, 1982: Parteien in westlichen Demokratien. München.
Bogdanor, Vernon, 1983: Conclusion: Electoral Systems and Party Systems, in: Bogdanor, Vernon/Butler, David (Hrsg.), Electoral Systems and Their Political Consequences. Cambridge, 247-262.

Bogdanor, Vernon (Hrsg.), 1985: Representatives of the People? Parliamentarians and Constituents in Western Democracies. Aldershot.

Bogdanor, Vernon/Butler, David (Hrsg.), 1983: Electoral Systems and Their Political Consequences. Cambridge.

Crewe, Ivor, 1985: MPs and their Constituents in Britain: How Strong are The Links?, in: Bogdanor, Vernon (Hrsg.), Representatives of the People? Parliamentarians and Constituents in Western Democracies. Aldershot, 44-65.

Derichs, Claudia/Heberer, Thomas, 2006: Wahlsysteme und Wahltypen. Politische Systeme und regionale Kontexte im Vergleich. Wiesbaden.

Duverger, Maurice, 1983: Der Einfluss der Wahlsysteme auf das politische Leben, in: Büsch, Otto/Steinbach, Peter (Hrsg.), Vergleichende europäische Wahlgeschichte. Eine Anthologie. Beiträge zur historischen Wahlforschung vornehmlich West- und Nordeuropas. Berlin, 30-84.

Duverger, Maurice, 1984: Duverger's Law: Forty Years later, in: Grofman, Bernard/Lijphart, Arend (Hrsg.), Electoral Laws and Their Political Consequences. New York, 69-84.

Friedrich, Manfred, 1962: Opposition ohne Alternative? Köln.

Grofman, Bernard/Lijphart, Arend (Hrsg.), 1986: Electoral Laws and Their Political Consequences. New York.

Grotz, Florian, 2000: Politische Institutionen und post-sozialistische Parteiensysteme in Ostmitteleuropa. Polen, Ungarn, Tschechien und die Slowakei im Vergleich. Opladen.

Grotz, Florian, 2005: Die Entwicklung kompetetiver Wahlsysteme in Mittel- und Osteuropa: Postsozialistische Entstehungsbedingungen und fallspezifische Reformkontexte, in: Österreichische Zeitschrift für Politikwissenschaft 34 (1), 27-42.

Grotz, Florian, 2007: Stabile Regierungsbündnisse? Determinanten der Koalitionspolitik in Ostmitteleuropa, in: Osteuropa 57 (4), 109-122.

Günther, Klaus, 1985: Politisch-soziale Analyse im Schatten von Weimar. Frankfurt am Main/Bern/New York.

Harfst, Philipp, 2007: Wahlsystemwandel in Mittelosteuropa. Strategisches Design einer politischen Institution. Wiesbaden.

Helms, Ludger, 2007: Die Institutionalisierung der liberalen Demokratie. Deutschland im internationalen Vergleich. Frankfurt am Main.

Hermens, Ferdinand A., 1968: Demokratie oder Anarchie? Untersuchung über die Verhältniswahl. 2. Auflage. Köln.

Ismayr, Wolfgang, 2002: Die politischen Systeme Osteuropas im Vergleich, in: Ismayr, Wolfgang (Hrsg.), Die politischen Systeme Osteuropas. Opladen, 6-67.

Jesse, Eckhard, 1985: Wahlrecht zwischen Kontinuität und Reform. Eine Analyse der Wahlsystemdiskussion und der Wahlrechtsveränderungen in der Bundesrepublik Deutschland. Düsseldorf.

Jesse, Eckhard, 1987: The West German Electoral System. The Case for Reform, 1949-87, in: West European Politics 10 (3), 434-448.

Jesse, Eckhard, 1990: Elections. The Federal Republic of Germany in Comparison. 2. Auflage. London.

Kaiser, André, 2002: Gemischte Wahlsysteme. Ein Vorschlag zur typologischen Einordnung, in: Zeitschrift für Politikwissenschaft 12 (4), 1545-1571.

Kaiser, André, 2006: Parteien und Wahlen, in: Kastendiek, Hans/Sturm, Roland (Hrsg.), Länderbericht Großbritannien. Geschichte – Politik – Wirtschaft – Gesellschaft – Kultur. 3. Auflage. Bonn, 181-204.

Köppl, Stefan, 2007: Das politische System Italiens. Eine Einführung. Wiesbaden.
Kohl, Jürgen, 1982: Zur langfristigen Entwicklung der politischen Partizipation in Westeuropa, in: Steinbach, Peter (Hrsg.), Probleme politischer Partizipation im Modernisierungsprozess. Stuttgart, 473-503.
Kreile, Michael, 1987: Die Reform der staatliche Institutionen in Italien: symbolische Politik und parlamentarischer Prozess, in: Zeitschrift für Parlamentsfragen 18 (4), 573-584.
Krippendorff, Ekkehart, 1962: Das Ende des Parteienstaates?, in: Der Monat 160 (14), 64-70.
Lijphart, Arend, 1984: Trying to Have the Best of 50th Worlds: Semi-Proportional and Mixed Systems, in: Lijphart, Arend/Grofman, Bernard (Hrsg.), Choosing An Electoral System. Issues and Alternatives. New York, 207-213.
Lijphart, Arend, 1994: Electoral Systems and Party Systems. Oxford.
Lijphart, Arend/Grofman, Bernard (Hrsg.), 1986: Choosing an Electoral System. Issues and Alternatives. New York.
Lipset, Seymour M./Rokkan, Stein (Hrsg.), 1967: Party Systems and Voter Alignments. Cross-National Perspectives. New York.
Nohlen, Dieter, 1978: Wahlsysteme der Welt. Daten und Analysen. Ein Handbuch. Unter Mitarbeit von Rainer-Olaf Schultze. München.
Nohlen, Dieter, 1984: Changes and Choices in Electoral Systems, in: Lijphart, Arend/Grofman, Bernard (Hrsg.), Choosing an Electoral System. Issues and Alternatives. New York, 217-224.
Nohlen, Dieter, 2004a: Wahlrecht und Parteiensystem. Zur Theorie der Wahlsysteme. 2. Auflage. Opladen.
Nohlen, Dieter, 2004b: Wie wählt Europa? Das polymorphe Wahlsystem zum Europäischen Wahlsystem, in: Aus Politik und Zeitgeschichte B17, 29-37.
Nohlen, Dieter, 2005: Internationale Trends der Wahlsystementwicklung, in: Österreichische Zeitschrift für Politikwissenschaft 34 (1), 11-26.
Nohlen, Dieter/Kasapovic, Mirjana, 1996: Wahlsysteme und Systemwechsel in Osteuropa. Genese, Auswirkungen und Reform politischer Institutionen. Opladen.
Noiret, Serge (Hrsg.), 1990: Political Strategies and Electoral Reforms: Origins of Voting Systems in Europe in the 19th and 20th Centuries. Baden-Baden.
Rae, Douglas, 1971: The Political Consequences of Electoral Laws. 2. Auflage. New Haven.
Reynolds, Andrew/Ben, Reilly, 1997: The International IDEA Handbook of Electoral System Design. Stockholm.
Schütt-Wetschky, Eberhard, 1986: Wahlsystem und politisches System in der parlamentarischen Demokratie, in: Politische Bildung 19 (1), 3-17.
Schütt-Wetschky, Eberhard, 1987: Verhältniswahl und Minderheitsregierungen. Unter besonderer Berücksichtigung Großbritanniens, Dänemarks und der Bundesrepublik Deutschland, in: Zeitschrift für Parlamentsfragen 18 (1), 94-109.
Steffani, Winfried, 1991: Regierungsmehrheit und Opposition in den Staaten der EG. Unter Mitarbeit von Jens-Peter Gabriel. Opladen.
Sternberger, Dolf, 1986: Grund und Abgrund der Macht. Über Legitimität von Regierungen. Frankfurt am Main.
Sternberger, Dolf/Vogel, Bernhard (Hrsg.), 1969: Die Wahl der Parlamente und anderer Staatsorgane. Ein Handbuch, Bd. I, 2 Halbbände. Berlin.
Stöss, Richard/Haas, Melanie/Niedermayer, Oskar, 2006: Parteiensysteme in Westeuropa: Stabilität und Wandel, in, Stöss, Richard/Haas, Melanie/Niedermayer, Oskar (Hrsg.), Die Parteiensysteme Westeuropas. Wiesbaden, 7-40.

Strohmeier, Gerd, 2007: Ein Plädoyer für die „gemäßigte Mehrheitswahl": optimale Lösung für Deutschland, Vorbild für Österreich und anderer Demokratien, in: Zeitschrift für Parlamentsfragen 38 (3), 578-590.
Thieme, Tom, 2007: Hammer, Sichel, Hakenkreuz. Parteipolitischer Extremismus in Osteuropa. Entstehungsbedingungen und Erscheinungsformen. Baden-Baden.
Tiemann, Guido, 2006: Wahlsysteme, Parteiensysteme und politische Repräsentation. Wiesbaden.
Wilms, Günther, 1986: Ein deutsches Tabu, in: Zeitschrift für Politik 33, 188-198.

Harald Schoen

Wählerverhalten

1 Einleitung

Die Mitgliedstaaten der Europäischen Union (EU) sind repräsentative Demokratien (Ismayr 2003, 2004). In dieser Form der Demokratie bestimmen Bürger in Wahlen Repräsentanten auf Zeit, die an ihrer Stelle allgemein verbindliche Entscheidungen treffen. Ohne Wahlen kann Entscheidungsgewalt nicht demokratisch delegiert werden, weshalb die Wahl ein Kernelement der repräsentativen Demokratie ist. Mit der Delegation ist die Zielvorstellung verbunden, dass die Entscheidungen der Repräsentanten in Einklang mit den Präferenzen der Bürger stehen (Dahl 1989: 95). In der Responsivitätskette von den Präferenzen der Bürger bis hin zu den Elitenentscheidungen bildet das Wahlverhalten ein wichtiges Glied (Powell 2000, 2004; Schedler 2002). Bei einer Wahl können die Bürger nach ihren Präferenzen einzelne oder zu Parteien zusammengeschlossene Kandidaten auswählen. Für die Rückkopplung zwischen Bürgerpräferenzen und Elitenentscheidungen kommt es nicht nur darauf an, wofür sich Bürger entscheiden, sondern auch wie und weshalb sie dies tun. Orientieren sie sich an langfristigen politischen Loyalitäten, so dass die Wahlentscheidung für sie keine echte Entscheidung ist, könnten sich die Gewählten ihrer Wähler sicher wähnen und den Wünschen der Bürger weniger Aufmerksamkeit schenken. Wägen die Bürger hingegen immer wieder von neuem ab, für wen sie votieren, sehen sich Kandidaten und Parteien einem größeren Wettbewerbsdruck ausgesetzt (Zohlnhöfer 1980; Schoen 2003: 31ff.). Wie sie um Stimmen werben können, hängt davon ab, welche Faktoren die Entscheidungen der Bürger maßgeblich beeinflussen: Lassen sich die Bürger von in die Zukunft gerichteten Zusagen leiten, kann ihr Votum als Auftrag interpretiert werden, diese Versprechen nach der Wahl einzulösen (Kelley 1983: 126ff.; Dahl 1990). Achten sie auf vergangene Leistungen und Fehler, müssen die Gewählten damit rechnen, am Ende einer Wahlperiode von den Bürgern mit dem Stimmzettel zur Rechenschaft gezogen zu werden. Legen Bürger dabei außerordentlich großen Wert auf bestimmte Politikfelder, etwa die Wirtschafts-, die Umwelt- oder die Europapolitik, ist dies für politische Akteure ein Anreiz, auf diesen Gebieten besonders responsiv zu handeln. Das Wählerverhalten ist somit ein wichtiges Regulativ im Interessenvermittlungsprozess.

Vor diesem Hintergrund wird im vorliegenden Beitrag das Wählerverhalten in den Mitgliedstaaten der EU untersucht. Seit der jüngsten Erweiterungsrunde umfasst die EU neben etlichen etablierten Demokratien einige junge, die erst nach der Implosion des Sowjetimperiums entstanden sind. Deren Bürger hatten nach Jahrzehnten der Diktatur keine Erfahrung mit gesellschaftlichem Pluralismus, kannten Parteien als staatssozialistische Organisationen ohne demokratisches Innenleben und hatten Wahlen allenfalls als folgenloses Zettelfalten kennen gelernt. Sie mussten die Demokratie gewissermaßen erst erlernen (Rohrschneider 1999). Seitdem sind rund anderthalb Jahrzehnte vergangen, in denen sie Erfahrungen sammeln konnten. Damit ist jedoch keineswegs gesagt, dass sie sich bei Wahlen genauso verhalten wie die Bürger etablierter Demokratien in der EU. Verläuft also eine unsichtbare Trennlinie durch die EU zwischen alten und neuen Mitgliedern, oder hat sich ein homogenes gesamteuropäisches Elektorat herausgebildet? Möglicherweise sind aber auch unter alten wie unter neuen Mitgliedern ebensogroße Unterschiede zu erkennen wie zwischen ihnen. Um diesen Fragen nachzugehen, wird zunächst ein Modell der Wahlentscheidung vorgestellt. Anschließend wird anhand dieses Modells untersucht, welche Faktoren das Wahlverhalten der EU-Bürger beeinflussen und wie stabil es ist. Abschließend werden die zentralen Ergebnisse der Analyse zusammengefasst und mit Blick auf die Europäische Integration diskutiert.

2 Ein Modell des Wahlverhaltens

Die empirische Wahlforschung hat eine Reihe von Modellen zur Erklärung von Wahlverhalten entwickelt (Falter/Schoen 2005). Als empirisch besonders erfolgreich erwies sich das sozialpsychologische Modell, das Campbell et al. (1954, 1960) zur Erklärung von Wahlverhalten bei amerikanischen Präsidentschaftswahlen in den fünfziger Jahren des letzten Jahrhunderts formulierten. Es führt die Wahlentscheidung primär auf politische Einstellungen zurück. Unter diesen unmittelbar wahlrelevanten Orientierungen finden drei besonders große Aufmerksamkeit: Themenorientierungen (Issues), Kandidatenorientierungen und die Parteiidentifikation (für einen Überblick siehe Schoen/ Weins 2005; siehe Abbildung 1).

Bei Issueorientierungen handelt es sich um Einstellungen zu politischen Sachfragen. Für die Wahlentscheidung zwischen verschiedenen Parteien gewinnt eine Sachfrage dann an Bedeutung, wenn ein Bürger sie als wichtig wahrnimmt, eine Partei im Hinblick auf das Issue bevorzugt und schließlich seine Stimme entsprechend abgibt (Campbell et al. 1960: 169ff.). Es lassen sich verschiedene Typen von Sachfragen unterscheiden. Inhaltlich kann man richtungs- und leistungsbezogene Fragen trennen. Bei ersteren konkurrieren Parteien und Kandidaten mit unterschiedlichen Standpunkten um die Wählergunst, bei letzteren herrscht Konsens über die Zielsetzung, aber Dissens darüber, welche Partei oder welcher Kandidat sie am ehesten erreichen kann (Shanks/Miller 1990: 145). Nach dem zeitlichen Bezug sind nachträgliche und vorausschauende (retro- und prospektive) Sachfragenorientierungen zu unterscheiden. Im ersten Fall blickt der Wähler zurück auf Leistungen und Fehler und zieht Bilanz, im zweiten richtet er den Blick in die Zukunft, wenn er entscheidet. Kombiniert man beide Taxonomien, kann man etwa prospektive Richtungsentscheidungen von retrospektiven Leistungsurteilen unterscheiden, die an Eliten verschiedene Handlungsanreize aussenden (Miller/Wattenberg 1985: 359f.). Kandidatenorientierungen sind Einstellungen zu politischen Akteuren, vor allem zu den Spitzenkandidaten der Parteien. Es lassen sich rollennahe Kandidatenmerkmale, also etwa Durchsetzungskraft, und rollenferne Merkmale wie die physische Attraktivität unterscheiden (Brettschneider 2002; King 2002). Wie Sachfragenorientierungen gelten Kandidatenorientierungen als kurzfristig variabel.

Die Parteiidentifikation ist im Gegensatz dazu als langfristig stabile, affektive Bindung an eine politische Partei konzipiert (Campbell et al. 1960; siehe aber auch Fiorina 1981; Clarke et al. 2004). Einmal erworben, färbt sie gleichsam die politische Wahrnehmung zugunsten der Identifikationspartei (Bartels 2002). So schreiben Parteianhänger in der Regel ‚ihrer' Partei eine größere Problemlösungskompetenz zu als anderen Parteien und bewerten deren Spitzenpersonal besser als andere Politiker. Parteibindungen besitzen daher die Fähigkeit, sich selbst zu stabilisieren. Gleichwohl sind sie nicht vollkommen starr und immunisieren nicht gegen ihnen widersprechende Wahrnehmungen (Green et al. 2002). Folglich können sich Parteibindungen unter Umständen abschwächen oder sogar auflösen. Parteibindungen prägen zudem das Wahlverhalten. In der Regel gehen Parteianhänger zur Wahl, votieren für „ihre" Partei und sind selten unter den Wechselwählern zu finden. Allerdings wird die Stimmabgabe nicht vollständig von der Parteibindung determiniert, vielmehr können Parteianhänger etwa unter dem Einfluss von Kandidaten- oder Sachfragenorientierungen gelegentlich einer Wahl fernbleiben oder für eine andere Partei stimmen.

Abbildung 1: Das sozialpsychologische Modell in vereinfachter Form

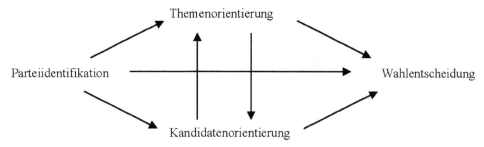

Quelle: Eigene Darstellung

Die Verbreitung wirksamer Parteibindungen hat nach diesem Modell wichtige Folgen für das politische Geschehen (Dalton et al. 2000: 39ff.). Setzt sich eine Gesellschaft aus überzeugten Parteianhängern zusammen, steht der Ausgang einer Wahl bereits lange vor dem Wahltag weitgehend fest. Wahlkampagnen können sich mit Mobilisierungsversuchen begnügen, und von Wahl zu Wahl ergeben sich Verschiebungen in den parteipolitischen Kräfteverhältnissen praktisch nur infolge des demographischen Wandels. Wahlen sind gewissermaßen Zählappelle wohlformierter Parteilager. Mit einem weitaus intensiveren Wettbewerb um die Wahlberechtigten ist in einer Gesellschaft ohne Parteianhänger zu rechnen. Hier müssen sich Parteien und Kandidaten jedes Mal von neuem um alle Stimmberechtigten bemühen. Sie können sich nicht auf einmal erworbenen Lorbeeren ausruhen und haben zugleich die Chance, mit geschickten programmatischen und personellen Entscheidungen deutliche Stimmengewinne zu erzielen. Auch Parteineugründungen haben es relativ leicht, Erfolge zu erzielen. Der höhere Wettbewerbsdruck sollte insgesamt für eine stärkere Orientierung an den momentanen Wünschen der Bürger, also responsiveres Verhalten sorgen. Allerdings kann dies auch bedeuten, dass sachlich gebotene, aber unpopuläre Entscheidungen unterbleiben.

Versuche, das sozialpsychologische Modell auf europäische Gesellschaften anzuwenden, wurden anfänglich von einiger Skepsis begleitet. Kritik zogen vor allem Bemühungen auf sich, das Konzept der Parteiidentifikation zu übertragen. So wurde eingewandt, das Konzept sei in Europa entbehrlich, da es in europäischen Gesellschaften mit politisierten sozialen Gegensätzen keine eigenständige Erklärungskraft besitze. Denn die Zugehörigkeit und Bindungen an soziale Großgruppen, etwa die Arbeiterschaft oder die Kirchen, bestimmten politische Orientierungen wie die Parteiidentifikation und politisches Verhalten (Pappi 1973). Dieser Einwand konnte jedoch mit Analysen entkräftet werden, die zeigen, dass auch in europäischen Gesellschaften von der sozialen Lage nicht bestimmte Parteibindungen existierten (Zelle 1998; Jenssen 1999). Es wurde aber auch angezweifelt, ob in europäischen Staaten mit ausgeprägten Parteiendemokratien überhaupt von der Wahlentscheidung unterscheidbare und stabile Parteibindungen existierten. Würde man Bürger europäischer Demokratien nach Parteibindungen fragen, würden sie schlicht ihre momentane Parteipräferenz nennen. Diese Bedenken konnten für eine Reihe von Ländern in der Zwischenzeit weitgehend ausgeräumt werden (Berglund 2000; Falter et al. 2000; Berglund et al. 2005). Wenngleich skeptische Stimmen nicht vollends verstummt sind (Thomassen 1976; Richardson 1991; Tillie 1995), ist das sozialpsychologische Modell für Wahlanalysen in Europa mittlerweile grundsätzlich akzeptiert.

Im Lichte dieses Modells erscheinen erhebliche Unterschiede im Wahlverhalten zwischen etablierten und jungen Demokratien in der EU plausibel. Die Forschung hat gezeigt, dass sich in den Demokratien Westeuropas erhebliche Teile der Bevölkerung an politische Parteien gebunden fühlen (Dalton 2000; Berglund et al. 2005). Der Entstehung und intergenerationalen Übertragung solcher Bindungen zuträglich waren verschiedene gesellschaftliche und politische Faktoren. Dazu gehören etwa stabile Parteiensysteme mit programmatisch profilierten Parteien, die es sich in vielen Fällen zur Aufgabe machten, die Interessen bestimmter Klientelgruppen in der politischen Arena zu vertreten (Lipset/Rokkan 1967). Auch die vorherrschenden Muster politischer Kommunikation trugen dazu bei, dass etliche Menschen von Kindesbeinen an Parteipräferenzen lernten und diese ihr Leben lang beibehielten. Allerdings sind die Parteibindungen in einigen dieser Länder in den vergangenen Jahrzehnten erodiert (Schmitt/ Holmberg 1995; Dalton 2000; Clarke et al. 2004; Berglund et al. 2005). Das Bild einer parteipolitisch weitgehend festgelegten Gesellschaft beschreibt die Realität dieser Länder heute also weniger treffend als noch vor ein paar Dekaden.

Die Bürger der jungen Demokratien Mittel- und Osteuropas lebten über Jahrzehnte unter einer Diktatur und konnten in dieser Zeit keine Bindungen an politische Parteien entwickeln. Die einzige Ausnahme bilden Bindungen an postkommunistische Parteien, die das Erbe der Staatsparteien antraten. Die Ausgangsbedingungen ähneln somit etwa jenen in Portugal und Spanien nach dem Ende der Diktatur oder auch jenen in Italien und mit Abstrichen Deutschland nach 1945. Viele Bürger waren nicht von frühester Jugend an ganz selbstverständlich in eine Bindung zu einer demokratischen Partei hineingewachsen, sondern konnten allenfalls im Erwachsenenleben durch eigene Erfahrungen eine solche Loyalität erwerben, was naturgemäß schwieriger ist (Carmines et al. 1987; Mattei/Niemi 1991). Gleichwohl bildeten sich in diesen Gesellschaften im Laufe der Zeit Parteibindungen heraus, die dazu beitrugen, politische Einstellungen und politisches Verhalten zu stabilisieren (Converse 1969; Gluchowski 1983; Barnes et al. 1985). Diese Entwicklung war jedoch keine Selbstverständlichkeit, sondern scheint von bestimmten gesellschaftlichen Bedingungen, etwa ökonomischen Erfolgen, der Stabilisierung des Parteiensystems und der Konsolidierung der Demokratie, begünstigt worden zu sein. Die gesellschaftlichen und politischen Bedingungen in den jungen Demokratien Mittel- und Osteuropas sind der Entwicklung von Parteibindungen weniger zuträglich (Dalton/Weldon 2007). Ökonomische Erfolgsgeschichten, die es den Bürgern leicht machten, Zutrauen zu den Parteien zu fassen, sind nicht die Regel. Viele osteuropäische Parteiensysteme sind wenig institutionalisiert. Parteien sind auf einzelne Politiker zugeschnitten und von diesen abhängig, was zu einer hohen Volatilität beiträgt (Toole 2000; Bakke/Sitter 2005; vgl. auch den Beitrag von Niedermayer in diesem Band). Unter diesen Bedingungen haben es Sympathien für eine politische Richtung oder

Parteienfamilie (Shabad/Slomczynski 1999; Tworzecki 2003: 105f.; siehe Converse/Pierce 1986) und erst recht solche für eine bestimmte Partei relativ schwer, über längere Zeit zu stabilen und belastbaren Parteibindungen zu reifen.[1]

Zusammengenommen sprechen die gesellschaftlichen und politischen Bedingungen dafür, dass in den neuen Demokratien Mittel- und Osteuropas weniger, schwächere, weniger stabile und weniger wirksame Parteibindungen zu beobachten sind als in etablierten EU-Demokratien. Die Bürger sollten politisch weniger berechenbar sein, das Potenzial für wechselndes Wahlverhalten daher größer sein. Im Ergebnis ist mit einem höheren Wettbewerbsdruck in der politischen Auseinandersetzung zu rechnen, der eine größere Responsivität der Eliten begünstigt. Inwieweit diese Vermutungen zutreffen, wird in den folgenden Abschnitten untersucht.

3 Bestimmungsgründe des Wahlverhaltens in den EU-Staaten

Eine vergleichende Analyse des Wahlverhaltens in den EU-Staaten setzt geeignete Daten voraus. Informationen über individuelles Wahlverhalten und politische Einstellungen in 24 der 27 EU-Mitglieder wurden im Rahmen der European Election Study 2004 kurz nach der Europawahl 2004 erhoben.[2] Allerdings wurde nicht in allen Ländern der gleiche Erhebungsmodus eingesetzt. In Belgien, Irland, Italien und den Niederlanden (per E-Mail) wurden die Respondenten schriftlich befragt, in Dänemark, Deutschland, Finnland, Griechenland, Großbritannien, Luxemburg, Österreich, Portugal und Slowenien telefonisch, während in den übrigen Ländern persönliche Interviews geführt wurden (Schmitt/Loveless 2004: 10). Da der Erhebungsmodus Stichprobenqualität und Messfehler beeinflussen kann, könnten diese Unterschiede zu Verzerrungen internationaler Vergleiche führen.

Um die Wahlentscheidung zu messen, wurden die Befragten gebeten, für einzelne Parteien auf einer von null bis zehn reichenden Skala anzugeben, wie wahrscheinlich es sei, dass sie jemals für diese Partei votieren würden. Dieses Instrument weicht von der üblichen Vorgehensweise ab und bildet die aktuelle Wahlentscheidung nur ungenau ab, zumal danach gefragt wird, ob die Befragten die jeweilige Partei „jemals" wählen würden. Gleichzeitig eröffnet es zusätzliche Analysemöglichkeiten und ist statistisch leicht handhabbar (van der Eijk 2002).[3]

Parteibindungen wurden mit der Frage gemessen, ob der Respondent einer bestimmten Partei nahe stehe. Anschließend wurden die Befragten um eine Einschätzung gebeten, wie nahe sie sich dieser Partei fühlten. Dieses Instrument ist relativ „weich" formuliert, dürfte also nicht nur langfristig stabile affektive Bindungen erfassen, sondern auch momentane Sympathien. Es ist daher fraglich, ob es sich um einen gültigen Indikator für Parteibindungen handelt. Da dieses oder verwandte Instrumente in international vergleichenden Erhebungen üblich sind, lässt sich dieses Messproblem allerdings nicht umgehen. Erschwerend kommt hinzu, dass die Befragungsinstrumente zwischen den Ländern variieren. In

---

[1] Dies verschärft das Problem, dass mit Fragen nach Parteibindungen lediglich momentane Parteipräferenzen gemessen werden (siehe etwa Rose/Mishler 1998; Miller/Klobucar 2000; Miller et al. 2000).
[2] Wie in Bulgarien und Rumänien, die damals noch nicht zur EU gehörten, wurde in Malta keine Umfrage durchgeführt.
[3] Die Wahlwahrscheinlichkeiten wurden in Belgien, Litauen, Luxemburg und Schweden nicht erhoben.

einigen Ländern wurde nach der Nähe gefragt, während etwa in Schweden nach Parteianhängern gefragt wurde. Zudem wurde etwa in Irland in die Frage nach der Parteinähe das Wort „gewöhnlich" eingefügt, in anderen Ländern jedoch nicht. Schließlich wurden in einigen Ländern in der Frage mögliche Identifikationsparteien genannt, in anderen jedoch nicht. Derartige Variationen der Stimuli können das Antwortverhalten erheblich beeinflussen und daher im internationalen Vergleich für Verzerrungen sorgen (siehe auch Sinnott 1998; Schmitt/Holmberg 1995: 123ff.).

Die Issuedimension wurde mit zwei Indikatoren erfasst. Zum einen wurden die Respondenten nach dem wichtigsten Problem im Land gefragt und anschließend gebeten, die Partei zu nennen, die ihrer Meinung nach am besten geeignet sei, dieses Problem zu lösen. Damit werden die Erwartungen *zukünftiger* Leistungen gemessen. Zum anderen wurde nach der Zufriedenheit mit den Leistungen der nationalen Regierung gefragt. Dieses Instrument misst eine *nachträgliche* Bewertung der Leistungen eines besonders prominenten kollektiven Akteurs im politischen Geschehen. Beide Indikatoren zusammen dürften recht gut abbilden, wie die Wahlberechtigten die (erwarteten) Leistungen der Akteure beurteilen.

Das vorliegende Datenmaterial erlaubt es allerdings nicht, das skizzierte Modell der Wahlentscheidung vollständig zu untersuchen. Zum einen können Einstellungen zu richtungsbezogenen Sachfragen nicht berücksichtigt werden. Dies ist zwar bedauerlich, doch deutet die Forschung darauf hin, dass Positionssachfragen bei der Wahlentscheidung im Allgemeinen weniger ins Gewicht fallen als die Bewertung von Leistungen (Roller 1998: 187f.). Zum anderen liegen keine Informationen über Kandidatenbewertungen vor, so dass diese Komponente ausgespart bleiben muss. Zwar spielen Kandidatenorientierungen bei der Entscheidung zwischen Parteien in Parlamentswahlen eine kleinere Rolle als etwa in amerikanischen oder französischen Präsidentschaftswahlen (Pierce 1995; Brettschneider 2002; King 2002; Curtice/Holmberg 2005). Gerade mit Blick auf europäische Parteien, die stark auf einzelne Politiker zugeschnitten sind, ist dieses Defizit jedoch bedauerlich.

Abbildung 2 zeigt, wie viele Befragte angaben, einer Partei nahe zu stehen. Die Anteile variieren zwischen gut einem Drittel in Slowenien sowie in Ungarn und über 80 Prozent in den Niederlanden sowie in Schweden. Ähnlich große Unterschiede sind zu erkennen, wenn man sich auf die Personen konzentriert, die sich einer Partei ziemlich oder sehr nahe fühlen. Am Ende des Feldes liegen Esten, Letten und Slowenen mit rund zehn Prozent. An der Spitze stehen Griechenland und Zypern, wo sich jeweils rund die Hälfte der Befragten einer Partei sehr nahe sieht. Sofern das Instrument in allen Ländern valide misst,[4] legen die Ergebnisse den Schluss nahe, dass in Griechenland und Zypern deutlich mehr Bürger auf eine Partei festgelegt sind als in Slowenien und den beiden baltischen Republiken und daher ein kleineres Potenzial für Verschiebungen in der öffentlichen Meinung und im Wahlverhalten vorliegt.

Um zu klären, welchen Beitrag Parteibindungen sowie retro- und prospektive Leistungsbewertungen zur Erklärung von Wahlverhalten in den EU-Mitgliedstaaten leisten, wurde die Wahrscheinlichkeit der Stimmabgabe für eine bestimmte Partei durch ein Modell geschätzt, in dem die Parteinähe, die Bewertung der Regierungsleistungen und die Zuweisung von Problemlösungskompetenz an eine Partei enthalten waren. Zunächst wurde die

---

[4] Zweifel daran nähren etwa die Anteilswerte für Großbritannien und Deutschland, die im Vergleich zu den Ergebnissen anderer Befragungen ungewöhnlich niedrig erscheinen (vgl. etwa Clarke et al. 2004: 176ff.; Schoen 2008). Da in Deutschland nur knapp 600 Personen befragt wurden, wird hier und in weiteren Analysen darauf verzichtet, für West- und Ostdeutschland getrennt Ergebnisse auszuweisen.

Parteibindung als einzige Erklärungsgröße verwendet und der Anteil der allein durch sie erklärten Varianz der Wahlwahrscheinlichkeit ermittelt. Anschließend wurde die Kompetenzzuweisung hinzugefügt und der Anstieg des korrigierten Bestimmtheitsmaßes R^2 gemessen. Schließlich wurde geprüft, wie stark die Hinzunahme der Bewertung der Regierungsarbeit die Erklärungsleistung des Modells erhöht. Die Resultate dieser Analyse sind getrennt für die EU-15 und die Beitrittsländer des Jahres 2004 in Tabelle 1 und 2 zusammengestellt.[5]

Abbildung 2: Anteil der Befragten, die einer Partei nahe stehen (Angaben in Prozent)

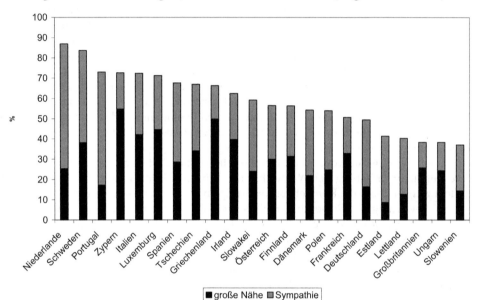

Quelle: eigene Berechnungen auf der Basis der European Election Study 2004. Zu Belgien, Bulgarien, Litauen, Malta und Rumänien liegen keine Daten vor.

Die Ergebnisse zeigen, dass in den Ländern, die bereits vor 2004 der EU angehörten, die drei Einflussfaktoren gemeinsam das Stimmverhalten zu einem beträchtlichen Teil erklären. In Deutschland binden die drei Faktoren bis zu 30 Prozent, in Finnland und Österreich immerhin gut 40 Prozent der Varianz der Wahlwahrscheinlichkeit. Unter britischen, französischen, irischen, niederländischen und portugiesischen Befragten wird im besten Fall gut die Hälfte der Varianz gebunden. In Dänemark und Griechenland steigt das korrigierte R^2 auf über 60 Prozent. In Italien und Spanien schließlich erklären Parteibindungen, Kompetenzzuschreibungen und die Zufriedenheit mit der Regierung zusammen zum Teil mehr als 70 Prozent

---

[5] Bei schrittweiser Einführung von Variablen können in einem späteren Schritt berücksichtigte Variablen nur die durch die bereits einbezogenen Größen nicht erhellte Varianz aufklären. Die Reihenfolge, in der die Variablen eingeführt werden, kann daher die Ergebnisse beeinflussen. Die hier präsentierten Befunde wurden daher in Analysen zusätzlich abgesichert, in denen die Variablenreihenfolge variiert wurde. Die Ergebnisse dieser Analysen wie auch die einzelnen Koeffizientenschätzungen in den vollständigen Modellen können aus Platzgründen nicht abgedruckt werden.

des Wahlverhaltens. Auch wenn nur ein Teil der im sozialpsychologischen Modell relevanten Einflussgrößen berücksichtigt werden konnte, gelingt also insgesamt eine gute Erklärung des Wahlverhaltens.

Die Unterschiede zwischen den Ländern können mit verschiedenen Faktoren zusammenhängen. Sieht man einmal von den bereits angesprochenen Unterschieden bei der Messung und deren Gültigkeit ab, könnte das reduzierte Modell Faktoren ausblenden, die in bestimmten Ländern besonders erklärungsstark sind. Beispielsweise könnten in Irland bedingt durch das Wahlsystem der *single transferable vote* (Bowler/Grofman 2000; vgl. dazu den Beitrag von Jesse in diesem Band) Einstellungen zu einzelnen Kandidaten vergleichsweise stark ins Gewicht fallen. Ebenso ist zu bedenken, dass die Respondenten in den verschiedenen Ländern zwar (weitgehend) zur gleichen Zeit befragt wurden, dabei aber unterschiedlichen nationalen Einflussfaktoren ausgesetzt waren. So hatte in Griechenland und Spanien nur wenige Wochen vor der Befragung eine nationale Wahl stattgefunden, in deren zeitlicher Nähe Einstellungen in der Regel klarer auskristallisiert sind und stärker mit der Wahlabsicht zusammenhängen als in wahlfernen Zeiten (Finkel 1989; Gelman/King 1993). Andere Länder, etwa Deutschland, Großbritannien und Österreich befanden sich dagegen in der Mitte des nationalen Wahlzyklus. Da es unter diesen Bedingungen schwierig ist, die Erklärungskraft der Modelle zwischen den Ländern zu vergleichen, steht dieser Aspekt nicht im Vordergrund der Betrachtung.

In den zwölf westeuropäischen Ländern steuert die Parteibindung in der Regel den Löwenanteil zur Erklärung der Wahlwahrscheinlichkeit bei. Mit gehörigem Abstand folgt auf dem zweiten Platz die Kompetenzzuweisung an eine Partei, auf dem dritten Platz rangiert die Bewertung der Regierungsarbeit, soweit sie überhaupt eine nennenswerte Rolle spielt. Somit scheint die Wahlentscheidung zu einem beträchtlichen Teil durch Parteibindungen geprägt zu sein. Zugleich sind die Einstellungen, die sich auf die Leistungsfähigkeit politischer Akteure beziehen, nicht bedeutungslos. Insoweit haben politische Eliten einen Anreiz, in einen Leistungswettbewerb einzutreten.

Parteibindungen entfalten in der Regel eine besonders starke Wirkung auf die Entscheidung für große Parteien. In Großbritannien liegen Labour und die Conservatives deutlich an der Spitze, ebenso in Frankreich die Parti Socialiste und die UMP. In Italien erklärt die Parteinähe die Wahlentscheidung für Forza Italia am besten, gefolgt von Voten für die Linksdemokraten, die Alleanza Nazionale und die Margherita. Ähnlich kann in Spanien die Stimmabgabe für die PSOE und den Partido Popular, in Griechenland die Entscheidung für die Nea Dimokratia und die PASOK und in Österreich jene für ÖVP und SPÖ am besten erklärt werden. Dieses Muster dürfte weniger mit der Größe der Parteien zusammenhängen, sondern vor allem damit, dass diese Parteien in einem überkommenen gesellschaftlichen Konflikt eine Seite vertreten und sich in dieser Bevölkerungsgruppe über lange Zeit Parteiloyalitäten entwickeln konnten.

In einigen Ländern liegen die Dinge weniger eindeutig. In Irland ist die Erklärungskraft der Parteibindungen zwar bei der Wahl der Fianna Fail am größten, aber die kleine Sinn Fein liegt beinahe gleichauf mit der zweitplazierten Fine Gael. In den Niederlanden kann ebenfalls die Stimmabgabe für GroenLinks und die Sozialistische Partei, die erst bei der Wahl 2006 einen erheblichen Aufschwung erlebte, beinahe so gut erklärt werden wie die Entscheidung für die PvdA, den CDA und die VVD, die allesamt deutlich größere Stimmenanteile verbuchen konnten. In Deutschland liegt die Erklärungskraft für die Wahl der Bündnisgrünen nur knapp unter jener für ein Votum zugunsten von SPD oder CDU/CSU.

Wählerverhalten

Sieht man einmal von Messproblemen ab, scheinen Parteibindungen auch die Wahlentscheidung zugunsten mancher kleiner Parteien relativ gut erklären zu können. Dies mag in einigen Fällen damit zusammenhängen, dass die betreffenden Parteien auf einer tradierten Konfliktlinie eine Bevölkerungsgruppe vertreten. Beispiele dafür sind die Sinn Fein und die niederländische Christen-Union, die im religiös-konfessionellen Konflikt eindeutig eine Seite vertreten.

Im Vergleich zur Parteibindung spielt die Kompetenzzuweisung in den meisten Fällen eine Nebenrolle. So ist ihr Einfluss in Finnland, den Niederlanden und Portugal begrenzt. In einigen anderen Ländern, etwa Dänemark, Frankreich, Großbritannien und Irland, trägt diese prospektive Issueorientierung hingegen beträchtlich zur Wahlentscheidung bei. Dabei fallen zusätzlich große Unterschiede zwischen einzelnen Parteien ins Auge. In Irland gehen bei der Entscheidung für Fianna Fail oder Fine Gael knapp 20 Prozent auf das Konto der Kompetenzurteile. Bei der Wahl für Labour, die Grünen und Sinn Fein ist es rund ein Viertel. Das Votum für die 1985 gegründeten Progressive Democrats hängt sogar beinahe zur Hälfte davon ab, ob Wahlberechtigte ihnen die Fähigkeit zuschreiben, das größte Problem des Landes zu lösen. Ein ähnliches Bild ergibt sich in Großbritannien, allerdings mit einem kleinen Unterschied: Die Wahlentscheidung für die UK Independence Party wird sogar hauptsächlich von der Kompetenzzuweisung bestimmt. Hier steht also „Issuevoting" eindeutig im Vordergrund, was folgerichtig erscheint, da es sich um eine neue Partei mit klarem programmatischen Schwerpunkt auf einer neuen Streitfrage handelt. Im Einklang mit diesem Argument scheint der relative Erklärungsbeitrag prospektiver Issueorientierungen bei Parteien, die sich nicht ohne weiteres in das traditionelle Gefüge gesellschaftlicher Spaltungen und politischer Konflikte einordnen lassen, relativ groß auszufallen. In Italien ist das etwa an der Lega Nord abzulesen, in den Niederlanden an der Liste Pim Fortuyn, in Dänemark an der Dänischen Volkspartei und in Irland an den Progressive Democrats. Allerdings können Kompetenzurteile auch bei Voten für traditionsreiche Parteien wie der Radikalen Venstre in Dänemark und der irischen Labour Party eine wesentliche Rolle spielen.

Urteile über die Arbeit der Regierung beeinflussen die Entscheidung für viele Regierungsparteien. Am stärksten wirken solche Leistungsbewertungen auf die Wahlentscheidung zugunsten der dänischen Liberalen: Sie steigern die Erklärungskraft des Modells für die Partei von Ministerpräsident Rasmussen um gut neun Punkte und steuern damit rund 15 Prozent zur gesamten Erklärungsleistung bei. Sehr deutliche Regierungseffekte treten etwa bei der Wahl der spanischen PSOE auf, die wenige Wochen vor der Europawahl 2004 die Regierungsgeschäfte übernommen hatte. Auch bei der italienischen Forza Italia und der britischen Labour Party fällt die Wirkung der Regierungsbewertung merklich ins Gewicht. Ebenso profitieren in Frankreich UMP und UDF leicht von positiven Bewertungen der von ihr getragenen Regierung, wie in Deutschland SPD und Grüne, in Österreich ÖVP und FPÖ, in Griechenland die Nea Dimokratia, in Irland Fianna Fail und Progressive Democrats, in den Niederlanden CDA und VVD und in Portugal PSD und CDS-PP. Zustimmung zu den Leistungen der Regierung scheint sich an der Wahlurne für Regierungsparteien auszuzahlen. Besonders stark ist dieser Effekt bei der Entscheidung für die Partei des Regierungschefs ausgeprägt. Dies deutet auf eine verbreitete personalisierte Wahrnehmung der Regierung hin.

Tabelle 1: Erklärungskraft von Parteibindung, Kompetenzzuschreibung und Bewertung der Regierungsarbeit in den alten EU-Mitgliedsstaaten, 2004 (Angaben korr. R^2 bzw. Δ korr. R^2)[1]

	Parteibindung	Kompetenzzuschreibung	Regierungsarbeit	Gesamt
Dänemark				
Venstre	46.5	7.0	9.4	62.9
Socialdemokratiet	45.9	6.6	1.6	54.1
Dansk Folkeparti	20.3	8.9	0.8	30.0
Konservative Folkeparti	30.5	5.5	2.7	38.7
Social. Folkeparti	33.8	9.2	4.2	47.2
Radikale Venstre	19.1	11.5	1.0	31.6
Deutschland				
SPD	26.1	2.1	2.4	30.6
CDU/CSU	27.9	4.4	0	32.3
Grüne	24.2	2.3	0.6	27.1
FDP	12.4	2.6	0	15.0
PDS	12.0	2.4	0	14.4
Finnland				
KESK	40.4	0.8	0.6	41.8
SDP	31.9	4.6	1.2	37.7
KOK	33.7	2.2	0.9	36.8
VAS	32.0	0.8	0	32.8
VIHR	25.6	1.0	0.6	27.2
KD	17.2	2.4	0	19.6
SFP	27.0	0.6	0	27.6
PS	9.9	0.3	0.1	10.3
Frankreich				
UMP	41.3	6.2	3.2	50.7
PS	43.8	7.7	1.1	52.6
FN	22.3	6.5	0.1	28.9
UDF	25.5	4.0	2.2	31.7
PCF	27.9	9.2	0.3	37.4
Les Verts	18.0	5.6	0.5	24.1
Griechenland				
ND	54.7	5.0	3.8	63.5
PASOK	45.4	5.6	0.1	51.1
KKE	24.4	2.6	0	27.0
SYN	15.0	0	0	15.0
LAOS	11.2	2.6	0.5	14.3

- Fortsetzung Tabelle 1 -

	Parteibindung	Kompetenzzuschreibung	Regierungsarbeit	Gesamt
Großbritannien				
Labour	36.9	9.2	6.9	53.0
Conservatives	33.7	11.2	0.1	45.0
Lib. Democrats	14.4	8.2	0	22.6
UKIP	6.6	11.1	0.5	18.2
Irland				
Fianna Fail	39.3	8.8	3.5	51.6
Fine Gael	31.3	6.1	0	37.4
Labour Party	21.4	8.7	0.2	30.3
Progressive Democrats	8.2	7.8	2.3	18.3
Green Party	14.2	4.5	0.2	18.9
Sinn Fein	24.9	9.2	0.1	34.2
Italien				
Forza Italia	62.4	6.6	4.9	73.9
PDS	67.4	3.0	1.6	72
La Margherita	52.0	4.0	1.5	57.5
AN	56.5	4.9	1.0	62.4
Rif. Comunista	44.1	5.3	0.2	49.6
Lega Nord	38.7	6.0	1.0	45.7
Italia die Valori	19.7	4.7	0.3	24.7
UDC	20.6	2.4	0.7	23.7
Verdi	33.4	3.5	0	36.9
Partito Radicale	10.2	0.5	0.6	11.3
PCI	43.3	2.4	0.2	45.9
Nuovo PSI	15.4	0.7	2.4	18.5
Popolari –UDEUR	5.6	0.6	0	6.2
SDI	22.5	1.1	0	23.6
Niederlande				
CDA	46.9	0	3.0	49.9
PvdA	54.4	1.5	0.2	56.1
VVD	51.0	2.6	1.8	55.4
SP	49.1	1.4	1.0	51.5
LPF	28.4	3.3	0	31.7
GroenLinks	45.5	1.7	0.4	47.6
D'66	23.1	1.1	0.2	24.4
ChristenUnie	41.9	0.1	0	42.0
SGP	35.7	0	0	35.7
Österreich				
ÖVP	37.4	5.3	2.6	45.3
SPÖ	41.3	2.3	1.2	44.8
FPÖ	25.8	4.8	0.8	31.4
Grüne	25.7	4.6	0.4	30.7

- Fortsetzung Tabelle 1 -

	Parteibindung	Kompetenzzuschreibung	Regierungsarbeit	Gesamt
Portugal				
PSD	47.5	3.2	2.6	53.3
PS	45.7	1.5	0.2	47.4
CDS/PP	28.2	1.9	2.5	32.6
CDU	30.0	3.6	0.1	33.7
BE	26.0	3.3	0	29.3
Spanien				
PSOE	56.5	6.5	5.5	68.5
PP	67.4	3.8	0.4	71.6
IU	33.5	3.2	1.1	37.8

1 = Regierungsparteien (Stand Juni 2004) sind kursiv gedruckt. Legende/Abkürzungen: Dänemark: Venstre: Liberale; Socialdemokratiet: Sozialdemokraten; Dansk Folkeparti: Dänische Volkspartei; Konservative Folkeparti: Konservative Volkspartei; Social. Folkeparti: Sozialistische Volkspartei; Radikale Venstre: Radikalliberale; Finnland: KESK: Zentrumspartei; SDP: Sozialdemokraten; KOK: Nationale Sammlungspartei; VAS: Linksallianz; VIHR: Grüne Liga; KD: Christdemokraten; SFP: Schwedische Volkspartei; Frankreich: UMP: Union für eine Volksbewegung; PS: Sozialistische Partei; FN: Nationale Front; UDF: Union für französische Demokratie; PCF: Kommunistische Partei Frankreichs; Les Verts: Grüne; Finnland: ND: Neue Demokratie; PASOK: Panhellenische Sozialistische Bewegung; KKE: Kommunistische Partei; SYN: Bündnis der Linken, der Bewegungen und der Ökologie, LAOS: Orthodoxe Volkszusammenkunft; Großbritannien: UKIP: UK Independence Party; Italien: PDS: Demokratische Partei der Linken; AN: Nationale Allianz; Rif. Comunista: Kommunistische Wiedergründung; UDC: Union der Christdemokraten und Zentrumsdemokraten; PCI: Kommunistische Partei Italiens; Nuovo PSI: Neue Sozialistische Partei Italiens; Popolari – UDEUR: Union der Demokraten für Europa; SDI: Italienische Demokratische Sozialisten; Niederlande: CDA: Christlich-Demokratischer Appell; PvdA: Partei der Arbeit; VVD: Partei für Freiheit und Demokratie; SP: Sozialistische Partei; LPF: Liste Pim Fortuyn; GroenLinks: Grüne Linke; D'66: Demokraten '66; ChristenUnie: Christenunion; SGP: Reformiert politische Partei; Portugal: PSD: Sozialdemokratische Partei; PS: Sozialistische Partei; CDS/PP: Demokratisches-Soziales Zentrum/Volkspartei; CDU: Kommunisten und Grüne; BE: Linksblock; Spanien: PSOE: Spanische Sozialistische Arbeiterpartei; PP: Volkspartei; IU: Vereinigte Linke.
Lesehilfe: Der Wert 46.5 in der Zeile „Venstre" bedeutet, dass allein die Parteibindung 46.5 Prozent der Wahrscheinlichkeit, für diese Partei zu stimmen, erklärt. Der Wert 7.0 in der zweiten Spalte sagt, dass die Hinzunahme der Kompetenzzuschreibung die Erklärungsleistung um sieben Punkte steigert. Nimmt man zur Parteibindung und der Kompetenzzuweisung die Bewertung der Regierungsarbeit hinzu, so steigt die Erklärungskraft nochmals um 9.4 Punkte, wie der dritten Datenspalte zu entnehmen ist.
Quelle: eigene Berechnungen auf der Basis der European Election Study 2004. Zu Belgien, Bulgarien, Litauen, Malta und Rumänien liegen keine Daten vor.

Oppositionsparteien profitieren dagegen kaum von Kritik der Bürger an der Regierungsarbeit. So bleibt die Entscheidung für die griechische PASOK von Einstellungen zur Regierungsleistung ebenso unbeeinflusst, wie die Entscheidung für CDU/CSU, FDP und PDS in Deutschland, für Fine Gael, Labour und Sinn Fein in Irland, für die PvdA in den Niederlanden, für die PS in Portugal und den Partido Popular in Spanien. In einigen Fällen hängt die Wahlentscheidung für oppositionelle Parteien jedoch von Urteilen über die Regierungsarbeit ab, wenngleich in geringerem Maße als die Entscheidung für Regierungsparteien. An erster Stelle sind die dänischen Sozialdemokraten und Sozialisten zu nennen. Weitere Beispiele liefern die österreichische SPÖ, die französischen Sozialisten sowie Margherita und PDS in Italien. In diesen Fällen schaden Fehlleistungen der Regierung nicht nur den sie tragenden Parteien, sondern sie nützen auch der Opposition. Man kann daher den Eindruck gewinnen, dass zum Zeitpunkt der Befragung im Jahr 2004 die Opposition hier stärker als Regierung im Wartestand wahrgenommen wird als in den Ländern, in denen solche Effekte nicht auftreten.

Unterschiede in den Bestimmungsgründen des Wahlverhaltens sind nicht nur zwischen den alten EU-Ländern zu erkennen, sondern auch zwischen den Beitrittsländern des Jahres 2004 (siehe Tabelle 2). In Zypern erklären die drei Einflussgrößen zum Teil mehr als 70 Prozent der Varianz im Wahlverhalten, in Ungarn beinahe soviel. In der Tschechischen Republik erreicht das Bestimmtheitsmaß maximal die 50-Prozent-Marke, in Polen und der Slowakei liegt der Höchstwert etwas niedriger. In Estland, Lettland und Slowenien schließlich gelingt es den drei Faktoren, höchstens 40 Prozent des Wahlverhaltens statistisch zu erklären. Auch hier gelingt also eine insgesamt zufriedenstellende Erklärung der Stimmabgabe.

Betrachtet man die Beiträge der drei Faktorenbündel, verstärkt sich der Eindruck, dass Zypern unter den neuen EU-Mitgliedern eine Sonderstellung einnimmt. Zu der außergewöhnlich hohen Erklärungsleistung trägt zum größten Teil und im Falle der beiden großen Parteien AKEL und DISY beinahe ausschließlich die Parteibindung bei. Die Wahlentscheidung scheint somit für viele Zyprioten keine echte Entscheidung zu sein, sondern bereits lange vor einer Wahl und unabhängig vom politischen Tagesgeschehen festzustehen. Dies dürfte damit zusammenhängen, dass in Zypern klar abgegrenzte politische Lager mit engen Beziehungen zu gesellschaftlichen Großgruppen existieren (Zervakis 2004: 921f.).

Im Vergleich damit fallen in den übrigen betrachteten Beitrittsländern Parteibindungen bei der Wahlentscheidung weniger ins Gewicht. Am Ende des Feldes liegen Slowenien sowie die baltischen Staaten. Etwas größer ist der Einfluss der Parteibindung in Tschechien sowie in Ungarn, der Slowakei und Polen, also den vier mittelosteuropäischen Staaten. Gemessen an den meisten alten EU-Mitgliedern, entfalten Parteiloyalitäten hier jedoch allenfalls eine mäßige Wirkung auf die Stimmentscheidung. Selbst wenn Bürger einer Partei nahe stehen, sind sie also leichter für eine andere zu gewinnen, als dies etwa in Griechenland, Spanien, Italien oder den Niederlanden der Fall ist.

Urteile über die Leistungen der Regierung beeinflussen – wie in den alten Mitgliedstaaten – hauptsächlich die Stimmabgabe für Regierungsparteien und hier vor allem die Partei des Regierungschefs. In Tschechien konzentriert sich dieser Exekutiveffekt in hohem Maße auf die CSSD des damaligen Ministerpräsidenten Spidla, während die kleinste Koalitionspartei, die liberale US-DEU, von ihm unberührt bleibt. Ähnlich berücksichtigen die polnischen Wahlberechtigten Urteile über die Regierungsleistung am stärksten dann, wenn sie darüber nachdenken, ob sie für die SLD votieren sollen. Sehr deutlich erkennbar sind die Regierungseffekte auch in Slowenien bei den vier Regierungsparteien. Dabei fallen besonders der große absolute Erklärungsbeitrag bei der LDS des damaligen Regierungschefs Rop ins Auge sowie der hohe relative Beitrag von mehr als einem Drittel bei der Rentnerpartei DESUS.

Tabelle 2: Erklärungskraft von Parteibindung, Kompetenzzuschreibung und Bewertung der Regierungsarbeit in Beitrittsländern, 2004
(Angaben korr. R^2 bzw. Δ korr. R^2)[1]

	Parteibindung	Kompetenzzuschreibung	Regierungsarbeit	Gesamt
Estland				
Keskerakond	33.2	5.5	0.1	38.8
Res Publica	17.9	4.9	4.7	27.5
Reformierakond	23.3	4.3	2.1	29.7
Rahvalit	10.9	3.4	0	14.3
Isamaaliit	19.5	3.7	1.0	24.2
Sotsiaaldem. Erakond	16.8	7.0	0	23.8
Lettland				
JL	32.1	5.7	1.5	39.3
PCTVL	31.6	7.2	0.2	39.0
TP	19.6	5.4	2.0	27.0
ZZS	15.9	3.3	3.8	23.0
LPP	1.2	16.9	3.2	21.3
TB/LNNK	19.9	5.3	1.4	26.6
LC	14.7	2.9	1.6	19.2
Polen				
SLD	29.7	3.3	4.6	37.6
PO	39.2	7.6	0	46.8
Samoobrona	40.1	5.6	0	45.7
PiS	24.0	4.5	0.1	28.6
PSL	19.6	3.4	1.5	24.5
LPR	36.9	4.4	0	41.3
UP	14.1	2.1	2.1	18.3
UW	20.8	3.2	0.2	24.2
SdPL	26.4	2.9	1.9	31.2
Slowakei				
LS-HZDS	43.7	2.2	1.6	47.5
SDKU	33.7	2.1	6.3	42.1
Smer	38.2	4.6	0.6	43.4
SMK	41.3	0.5	0.9	42.7
KDH	30.0	1.7	1.7	33.4
ANO	15.5	3.1	2.5	21.1
KSS	25.8	4.7	0.5	31.0
SNS	16.5	1.7	1.1	19.3
Slowenien				
SDS	23.3	4.3	0.8	28.4
LDS	26.2	7.2	8.2	41.6
ZLSD	21.1	4.2	3.5	28.8
NSi	28.1	4.5	0	32.5
SLS	10.7	1.5	0.5	12.7
SNS	9.1	1.7	0	10.8
DESUS	3.6	0.6	2.4	6.6
SMS	4.5	0	0	4.5

Wählerverhalten

- Fortsetzung Tabelle 2 -

	Parteibindung	Kompetenzzuschreibung	Regierungsarbeit	Gesamt
Tschechien				
ODS	51.9	1.6	0	53.5
CSSD	28.9	0.9	3.9	33.7
KSCM	48.0	1.2	0	49.2
KDU-CSL	32.2	0.4	0.9	33.5
US-DEU	2.6	0	0	2.6
Ungarn				
MSZP	41.9	18.5	5.4	65.8
FIDESZ	42.4	23.4	0.4	66.2
SZDSZ	24.0	5.8	2.9	32.7
MIEP	11.0	0.8	0.4	12.2
MDF	6.7	8.5	0.2	15.4
MP	9.6	2.1	0.8	12.5
Zypern				
AKEL	70.7	0.8	0.6	72.1
DISY	71.3	1.6	0.3	73.2
DIKO	51.9	1.5	5.0	58.4
EDEK	34.8	2.0	3.3	40.1

1 = Regierungsparteien (Stand Juni 2004) sind kursiv gedruckt. Legende/Abkürzungen: Estland: Keskerakond: Zentrum; Reformierakond: Reformpartei; Rahvalit: Volksunion; Isamaaliit: Vaterland; Sotsiaaldemokraatlik Erakond: Sozialdemokratische Partei; Lettland: JL: Neue Zeit; PCTVL: Für Menschenrechte in einem Vereinten Lettland; TP: Volkspartei; ZZS: Union der Grünen und Bauern; LPP: Lettlands Erste Partei; TB/LNNK: Für Vaterland und Freiheit/Lettlands Nationale Unabhängigkeitsbewegung; LC: Lettlands Weg; Polen: SLD: Allianz der Demokratischen Linken; PO: Bürgerplattform; Samoobrona: Selbstverteidigung; PiS: Recht und Gerechtigkeit; PSL: Polnische Bauernpartei; LPR: Polnische Familienliga; UP: Union der Arbeit; UW: Freiheitsunion; SdLP: Sozialdemokratie von Polen; Slowakei: LS-HZDS: Volkspartei – Bewegung für eine Demokratische Slowakei; SDKU: Slowakische Demokratische und Christliche Union; Smer: Richtung; SMK: Partei der Ungarischen Koalition; KDH: Christlich-Demokratische Bewegung; ANO: Allianz des neuen Bürgers; KSS: Kommunistische Partei der Slowakei; SNS: Slowakische Nationalpartei; Slowenien: SDS: Sozialdemokratische Partei; LDS: Liberale Demokraten Sloweniens; ZLSD: Vereinigte Liste der Sozialdemokraten; NSi: Neues Slowenien; SLS: Slowenische Volkspartei; SNS: Slowenische Nationalpartei; DESUS: Demokratische Pensionistenpartei; SMS: Partei der Jugend Sloweniens; Tschechien: ODS: Demokratische Bürgerpartei; CSSD: Tschechische Sozialdemokratische Partei; KSCM: Kommunistische Partei; KDU-CSL: Christlich-Demokratisch Union – Volkspartei; US – DEU: Freiheitsunion – Demokratische Union; Ungarn: MSZP: Ungarische Sozialistische Partei; FIDESZ: Bund der Jungen Demokraten; SZDSZ: Bund der Freien Demokraten; MIEP: Ungarische Partei für Gerechtigkeit und Leben; MDF: Ungarisches Demokratisches Forum; MP: Arbeiterpartei; Zypern: AKEL: Aufbaupartei des Werktätigen Volkes; DISY: Demokratische Sammlung; DIKO: Demokratische Partei; EDEK: Sozialistische Partei.
Quelle: eigene Berechnungen auf der Basis der European Election Study 2004. Zu Belgien, Bulgarien, Litauen, Malta und Rumänien liegen keine Daten vor.

Slowenien ist aber zugleich eines jener Länder, in denen der Einfluss von Bewertungen des Regierungshandelns nicht auf die Koalitionsparteien beschränkt ist, wie der schwach negative Effekt auf die Entscheidung für die SDS zeigt. Über die machtpolitischen Grenzen hinweg wirkt die Regierungszufriedenheit auch in der Slowakei und in Ungarn auf das Wahlverhalten. In Ungarn profitieren beide Regierungsparteien, vor allem aber die MSZP des damaligen Ministerpräsidenten Medgyessy, von positiven Urteilen über die Arbeit der Regierung. Kritik an der Exekutive begünstigt die Wahl der drei unterschiedlich weit rechts stehenden Oppositionsparteien FIDESZ, MIEP und MDF leicht. In der Slowakei beziehen Bürger ihre Meinung über die Leistung der Exekutive am deutlichsten bei der Entscheidung für die Partei des damaligen Regierungschefs, die SDKU, in ihr Kalkül ein. Dagegen profitieren die anderen Regierungsparteien ANO, SMK und KDH vergleichsweise wenig von vorteilhaften Eindrücken von der Regierungsarbeit. Auf Seiten der Opposition kann die LS-HZDS des ehemaligen Ministerpräsidenten Meciar Kritik an der Regierung am besten auf ihre elektoralen Mühlen lenken, aber auch Smer, der SNS und der KSS gelingt dies in gewissem Maße. Die Effekte folgen also dem bekannten Muster, dass günstige Urteile über die Regierungsarbeit Regierungsparteien nützen und Oppositionsparteien schaden.

Eine etwas andere Konstellation ist in den beiden baltischen Staaten zu erkennen. In Estland und Lettland sind die stärksten Effekte von Urteilen über die Regierungsarbeit auf die Entscheidung zugunsten der Partei des jeweiligen Regierungschefs, also Res Publica bzw. Union der Grünen und Bauern, zu beobachten. Voten zugunsten anderer Regierungsparteien werden ebenfalls etwas wahrscheinlicher, wenn ein Bürger die Arbeit der Exekutive positiv bewertet. Auch auf die Wahlentscheidung zugunsten oppositioneller Parteien sind Exekutiveffekte nachzuweisen. Interessanterweise weisen diese Effekte jedoch in die gleiche Richtung wie bei den Regierungsparteien: Auch oppositionelle Parteien profitieren von positiven Urteilen über die Regierungsarbeit. Dies mag damit zusammenhängen, dass in beiden Ländern Regierungen recht instabil sind und Parteien relativ häufig zwischen den parlamentarischen Seiten wechseln, so dass es für die Bürger schwierig ist, Verantwortlichkeiten klar zuzuweisen. Das Wahlverhalten scheint somit vom wenig institutionalisierten Parteiensystem beeinflusst zu werden.

Urteile über die Problemlösungskompetenz tragen zur Erklärung des Stimmverhaltens bei, doch variiert ihr Einfluss zwischen Ländern und Parteien zum Teil beträchtlich. In Tschechien ist diese Sachfragenorientierung bei der Wahlentscheidung praktisch bedeutungslos. Für die slowakischen Bürger sind Kompetenzzuweisungen etwas wichtiger, und zwar bei Voten für die regierende ANO und die oppositionellen Smer und KSS. Die Wahlberechtigten lassen diese Orientierungen jedoch weitgehend außer Acht, wenn sie darüber entscheiden, ob sie für die Minderheitenpartei SMK votieren, deren Elektorat relativ stark sozialstrukturell abgegrenzt zu sein scheint. Auf Kompetenzurteile achten polnische Wähler am stärksten bei der Entscheidung für die urban geprägte PO sowie die eher ländliche Samoobrona. In Slowenien zeichnet sich ein ähnliches Bild ab, wobei die LDS-Wahl am stärksten auf Kompetenzurteile reagiert. Bei estnischen Wählern wirken Urteile über die Problemlösungsfähigkeit ähnlich stark auf die Wahlentscheidung. Da jedoch die drei Einflussfaktoren insgesamt eine geringere Erklärungsleistung erzielen als in Slowenien, fallen die Kompetenzurteile hier relativ stärker ins Gewicht. Das gilt auch für ihre lettischen Nachbarn. Hier gibt es mit der Ersten Partei sogar eine Partei, deren Unterstützung zum ganz überwiegenden Teil, nämlich zu vier Fünfteln, von Kompetenzbewertungen abhängt. Dies mag damit zusammenhängen, dass diese Partei erst im Jahr 2002 gegründet wurde, wenngleich nicht von politischen Neulingen (Davies/Ozolins 2004).

Die stärksten Effekte von Kompetenzurteilen sind bei den ungarischen Wählern zu beobachten. Die Entscheidung für die größte Regierungs- und die größte Oppositionspartei, MSZP bzw. FIDESZ, werden massiv von Kompetenzurteilen beeinflusst: Sie steuern knapp

19 bzw. gut 23 Punkte zur Erklärung des Wahlentscheides bei. Im Falle der SZDSZ entfällt ein knappes Fünftel der Erklärungsleistung auf diese Komponente. Bei der Entscheidung für die konservative MDF, die sich insgesamt nur schlecht mit den drei ausgewählten Faktoren erklären lässt, trägt die Kompetenzzuweisung sogar mehr als die Hälfte der Erklärungsleistung bei. Ungarns Bürger scheinen den Parteien erhebliche Anreize zu einem Kompetenzwettbewerb zu geben.

Insgesamt belegt die Analyse der Bestimmungsgründe des Wahlverhaltens ein hohes Maß an Heterogenität unter den EU-Staaten. Griechenland und Zypern erscheinen als Horte politischer Stabilität, da hier viele Bürger einer Partei nahe stehen und sich von diesen Bindungen an der Wahlurne stark beeinflussen lassen. In abgeschwächter Form gilt das auch für die beiden recht jungen Demokratien Spanien und Portugal. Auch wenn man im griechischen und spanischen Fall den potenziell verzerrenden Einfluss des Erhebungszeitpunkts nicht außer Acht lassen darf, scheinen die Bürger in diesen Gesellschaften politisch ziemlich berechenbar und für stabiles Wahlverhalten prädestiniert. Ihnen ähneln Italiener und Niederländer. In den übrigen westeuropäischen Gesellschaften sehen sich weniger Personen einer Partei nahe und lassen sich von einer solchen Orientierung auch seltener leiten. Die Bürger können leichter einmal der Wahl fernbleiben oder bei aufeinander folgenden Urnengängen für unterschiedliche Parteien stimmen. Daher besitzen die politischen Eliten einen vergleichsweise großen Anreiz, in einen intensiven Wettbewerb um die Wählergunst einzutreten. Diese Beschreibung trifft erst recht auf osteuropäische EU-Mitglieder zu. Geradezu als Paradebeispiele für Elektorate, die sich bei der Wahlentscheidung kaum von Parteibindungen leiten lassen, können Estland und Lettland gelten. Mit anderen Worten: Die beiden baltischen Republiken zeichnen sich durch ein enormes Wechselpotenzial aus.

4 Wechselndes Wahlverhalten in den EU-Staaten

Das Potenzial für wechselndes Wahlverhalten entscheidet nicht allein, sondern im Zusammenspiel mit dem politischen Angebot darüber, ob und wie viele Bürger sich bei aufeinander folgenden Wahlen unterschiedlich entscheiden (Field 1994; Schoen 2003). Die Rolle der Wechselbereitschaft lässt sich an politischen Prädispositionen veranschaulichen: Personen, die sich einer bestimmten Partei verpflichtet fühlen, werden dieser, wann immer möglich, ihre Stimmen geben, während Personen ohne ein solches Loyalitätsgefühl für Veränderungen offen sind (etwa Dalton et al. 2000). Daneben darf nicht übersehen werden, welche Wahlmöglichkeiten den Stimmberechtigten offeriert werden (Key 1966). Wechselt eine Partei ihr Spitzenpersonal komplett aus oder unterzieht ihre Programmatik einer Generalrevision, wird sie wahrscheinlicher ehemalige Wähler verlieren oder neue Wähler gewinnen, als wenn sie alles beim Alten beließe. Noch deutlicher ist der Einfluss von Angebotsfaktoren beim Auftreten neuer Parteien oder beim Rückzug einer Partei, welcher deren frühere Wähler zu einem Wechsel zwingt, ob nun zur Wahl einer anderen Partei oder zur Nichtwahl. Folglich ist mit außerordentlich wenigen Wechselwählern zu rechnen, wenn ein parteitreues Elektorat ein stabiles Parteienangebot vorfindet, während eine wechselbereite Wählerschaft, die erhebliche Veränderungen im politischen Angebot erlebt, eine hohe Wechslerrate erwarten lässt.

Die Daten aus der European Election Study 2004 erlauben es nicht, das Zusammenspiel von Angebots- und Nachfragefaktoren in den EU-Staaten im Detail zu untersuchen. Es ist jedoch möglich, die Wechselaktivität zu ermitteln und mit dem Wechselpotenzial zu vergleichen. Auf diese Weise kann man zumindest Hinweise auf die Rolle von individueller Wechselbereitschaft und Angebotsfaktoren bei der Entscheidung für stabiles oder wechselndes Wahlverhalten ableiten. Um die Variabilität des Wahlverhaltens zu untersuchen, wurden die Antworten auf die Frage nach der Wahlentscheidung bei einer hypothetischen unmittelbar bevorstehenden und bei der letzten nationalen Parlamentswahl verglichen. Zunächst wurden nur die Befragten berücksichtigt, die eine Teilnahme an beiden Urnengängen angaben. Als Parteiwechsler gelten die Personen, die dabei zwei unterschiedliche Parteien nannten. Im zweiten Schritt wurden alle bei beiden Urnengängen Stimmberechtigten betrachtet, also auch ein- und zweimalige Nichtwähler. Nun können Veränderungen im Parteiwechsel oder aber im Wechsel zwischen Nicht- und Parteiwahl bestehen (Stöss 1997: 34ff.; Rattinger 2007).[6] Da das Wahlverhalten bei den zwei Urnengängen in einem Interview erhoben wurde und manche Befragte, etwa um Erinnerungslücken zu schließen, ihre Angaben zu früherem Wahlverhalten ihrer momentanen Parteipräferenz anpassen, ist davon auszugehen, dass die ermittelten Werte die Wechselhaftigkeit unterschätzen (Waldahl/Aardal 2000; Schoen 2003: 140ff.).

Wie Abbildung 3 und 4 zu entnehmen ist, geben beileibe nicht alle Wahlberechtigten in den EU-Staaten bei zwei aufeinander folgenden Wahlen ihre Stimme der gleichen Partei. Von den Teilnehmern an zwei aufeinander folgenden Wahlen geben sich zwischen fünf und 50 Prozent der Befragten als Parteiwechsler zu erkennen. Bezogen auf alle Stimmberechtigten machen die Parteiwechsler zwischen etwa fünf Prozent und einem Viertel aus. Damit ist jedoch nur ein Teil, häufig sogar deutlich weniger als die Hälfte der gesamten Wählerfluktuation erfasst. Zu ihr tragen in den betrachteten EU-Staaten zwischen einem Zehntel und der Hälfte der Stimmberechtigten bei. In den europäischen Elektoraten herrscht also einige Bewegung.

Der Beitrag der Parteiwechsler zur gesamten Stimmenfluktuation variiert beträchtlich zwischen den EU-Staaten. In einigen Ländern, etwa Italien, Luxemburg und den Niederlanden, machen die einmaligen Nichtwähler nur wenige Prozentpunkte an der Wählerbewegung aus. Den Bürgern dieser Länder scheint es leichter zu fallen, zwischen den Parteien zu wechseln, als einmal der Wahl fernzubleiben und einmal eine Stimme abzugeben. Wenig überraschend handelt es sich dabei um Länder, in denen eine Wahlpflicht galt oder noch immer gilt. In einigen anderen EU-Staaten tragen einmalige Nichtwähler erheblich mehr zur Wählerfluktuation bei. So halten sie sich etwa in Irland und Schweden mit den Parteiwechslern die Waage. Anders sieht es etwa in Deutschland, Lettland, Slowenien, der Tschechischen Republik und Ungarn aus, wo Wechsel zwischen Nicht- und Parteiwahl die direkten Parteiwechsel deutlich übertreffen. In diesen Ländern scheinen die Hürden zwischen den Parteien höher zu liegen als zwischen Wahlteilnahme und Nichtwahl. Womöglich ist die Wahlenthaltung für einige Bürger eine Zwischenstation auf dem Weg zu einer anderen Partei.

---

[6] Bei der aktuellen Wahlentscheidung wurde „weiß nicht" als Nichtwahl interpretiert, bei der Rückerinnerungsfrage wurden die entsprechenden Fälle ausgeschlossen.

Abbildung 3: Anteil der Parteiwechsler an den zweimaligen Wählern
(Angaben in Prozent)

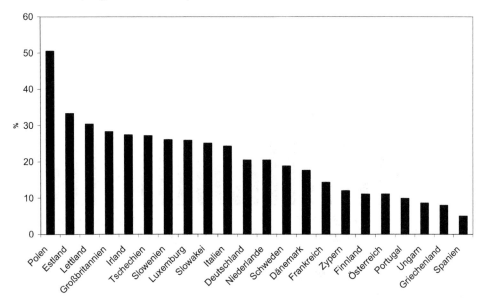

Quelle: eigene Berechnungen auf der Basis der Daten der European Election Study 2004, die zu Belgien, Bulgarien, Litauen, Malta und Rumänien keine entsprechenden Informationen enthält.

Im internationalen Vergleich erweisen sich die polnischen Wähler als die wechselfreudigsten: Rund die Hälfte der zweimaligen Wähler wechselt die Partei, und etwa die Hälfte der Stimmberechtigten wechselt zwischen Parteien oder enthält sich einmal der Stimme. Ebenfalls in der Spitzengruppe rangieren Esten, Letten, Slowenen und Briten. Am anderen Ende des Feldes finden sich die Bürger Griechenlands, Spaniens, Zyperns, Ungarns und – nur bezogen auf die Parteiwechsler, nicht aber die einmaligen Nichtwähler – Portugals. Die niedrigen griechischen und spanischen Wechselraten sollte man freilich nicht überbewerten, da es sich um Produkte des Erhebungszeitpunktes handeln könnte. In beiden Ländern hatte nur wenige Wochen vor der Befragung die letzte nationale Parlamentswahl stattgefunden, was dazu beigetragen haben dürfte, dass nur wenige Respondenten eine andere Wahlentscheidung als damals treffen würden. Diese methodische Frage beiseite gelassen, scheinen osteuropäische Bürger wechselfreudiger zu sein als solche etablierter EU-Demokratien, wenngleich es zu dieser Regel – man denke an Ungarn – bemerkenswerte Ausnahmen gibt.

Vergleicht man die Reihenfolge der EU-Mitglieder hinsichtlich des Wechselpotenzials und der Wechselaktivität, fallen zunächst zahlreiche Übereinstimmungen ins Auge. So erweisen sich die griechischen, spanischen und zypriotischen Bürger nicht nur potenziell, sondern auch tatsächlich als ausgesprochen berechenbar und stabil in ihrem Wahlverhalten. Ebenso finden sich etwa Letten und Esten, von denen wenige einer Partei nahe stehen und sich davon auch nur schwach beeinflussen lassen, an der Spitze des Feldes wechselfreudiger Wahlberechtigter in der EU.

Abbildung 4: Anteil der Parteiwechsler und einmaligen Nichtwähler an allen Wahlberechtigten (Angaben in Prozent)

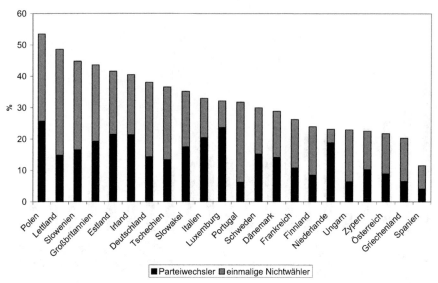

Quelle: siehe Abbildung 3.

Zugleich sind bemerkenswerte Abweichungen zwischen Wechselpotenzial und -aktivität zu beobachten. Gemessen an den Parteibindungen und ihrer Wirkung auf das Stimmverhalten, erscheinen Ungarns Bürger nicht unbedingt prädestiniert für konstantes Wahlverhalten. Genau das bringen jedoch die Ergebnisse in Abbildung 3 und 4 an den Tag. Dieser Befund legt den Schluss nahe, dass in Ungarn der Parteienwettbewerb das Wahlverhalten zusätzlich stabilisiert. Zieht man die starken Kompetenzeffekte auf die Stimmentscheidung in Betracht, dann könnte eine Ursache des relativ stabilen Wählerverhaltens darin liegen, dass stets ein sehr ähnlicher Themenhaushalt diskutiert wird und die Bürger insofern klare Vorstellungen von den Stärken und Schwächen der Parteien auf den relevanten Politikfeldern besitzen. Auch Finnland und Österreich zählen eher zu den EU-Mitgliedern mit geringer Wählerfluktuation, obwohl kein außergewöhnlich großer Anteil der Wahlberechtigten einer Partei nahe steht und sich von dieser Orientierung bei der Stimmabgabe beeinflussen lässt. Hier scheinen ebenfalls andere Faktoren, wie etwa das programmatische oder personelle Angebot in einem institutionalisierten Parteiensystem, das Wahlverhalten zu stabilisieren.

Nimmt man die Verbreitung von Parteibindungen und deren Prägekraft an der Wahlurne zum Maßstab, ähneln die Niederlande und Italien Griechenland, Spanien oder Zypern. Tatsächlich entscheiden sich Niederländer und Italiener jedoch relativ häufig für andere Parteien als bei der vorangegangenen Wahl. Sieht man von Messproblemen ab, dann deutet dieser Befund auf eine wechselstimulierende Wirkung des politischen Angebots hin. Dabei ist etwa an die relativ fragmentierten Parteiensysteme sowie an Parteineugründungen zu denken. Jüngstes Beispiel dafür ist der kometenhafte Aufstieg Pim Fortuyns (van der Brug 2003; van Holsteyn et al. 2003). So lag bei der Wahl 2002 der Anteil der Wechselwähler deutlich über den in Abbildung 3 und 4 ausgewiesenen Werten: Von den zweimaligen Wählern entschieden sich rund 42 Prozent für einen Parteiwechsel, von allen Wahlberechtigten wechselte knapp die Hälfte zwischen Parteien oder zwischen Nichtwahl und einer Partei.[7] Auch in Polen scheint das politische Angebot wechselndes Wahlverhalten zu begünstigen. Die polnischen Bürger fallen nicht durch außergewöhnlich seltene oder wirkungslose Parteibindungen auf, lassen jedoch die Bürger aller anderen betrachteten EU-Staaten hinter sich, wenn es um Wählerbewegungen geht. Dies dürfte mit Angebotsänderungen im fragmentierten und volatilen polnischen Parteiensystem zusammenhängen (Tworzecki 2003: 197; Bakke/Sitter 2005).

Diese Beispiele illustrieren, wie Wechselbereitschaft und politisches Angebot im Zusammenspiel Wählerbewegungen beeinflussen. Zugleich weist dieses Argument darauf hin, dass die vorliegende Momentaufnahme aus dem Sommer 2004 nur begrenzt allgemeine Schlussfolgerungen über wechselndes Wahlverhalten in den EU-Staaten erlaubt. Zwar ist die grundsätzliche Wechselbereitschaft der einzelnen Wähler im Zeitverlauf weitgehend konstant, doch trifft sie auf ein sich veränderndes politisches Angebot. Folglich könnten die Wechselraten in den EU-Staaten zu anderen Zeitpunkten und damit unter anderen Angebotsbedingungen erheblich von den hier ausgewiesenen abweichen. Dieses Problem wird dadurch abgemildert, dass Veränderungen des politischen Angebots nicht zufällig auftreten (etwa Mainwaring/Scully 1995) und daher in einigen Ländern mit geringeren Schwankungen der Wechselrate zu rechnen ist als in anderen (Schoen 2003: 251ff.). Allerdings können unter außergewöhnlichen Bedingungen auch generell sehr berechenbar und immobil erscheinende Bürger ausgesprochen wechselfreudig werden. Man denke nur an die rapiden Stimmenverschiebungen in den wenigen Tagen zwischen dem Terroranschlag vom 11. März 2004 und der spanischen Parlamentswahl 2004 (Colomer 2005; Bali 2007). Daher ist bei der Interpretation und der Verallgemeinerung der Wechselraten Vorsicht geboten.

5 Schluss

Ziel dieses Beitrages war es, das Wählerverhalten in den EU-Staaten zu untersuchen. Wie die Analyse auf der Basis der European Election Study 2004, die mit manchen methodischen Problemen behaftet ist, gezeigt hat, wuchs in Folge der EU-Erweiterung nach der Wende zum 21. Jahrhundert nicht nur die Zahl der Wahlberechtigten, sondern die europäische Wählerschaft hat sich auch qualitativ verändert (siehe auch zur Europawahl 2004 Schmitt 2005; Koepke/Ringe 2006). Sieht man von Messproblemen und einigen Ausnahmen ab, sind die Bürger der mittel- und osteuropäischen Beitrittsstaaten *cum grano salis* weniger an politische Parteien gebunden und lassen sich bei der Wahlentscheidung weniger von solchen Bindungen beeinflussen als die Bürger der EU 15. Auch entscheiden sie sich seltener für die gleiche Partei, sei es, dass sie zwischen Parteien wechseln, sei es, dass sie gelegentlich keine Stimme abgeben. Mit Ausnahme der politisch berechenbaren Zyprioten und wohl auch Malteser hat die jüngste Erweiterungsrunde den Anteil derjenigen Bürger erhöht, die langfristig nicht auf eine politische Partei festgelegt sind, sondern jedes Mal von neuem eine echte Entscheidung treffen. Sie hat also die Tendenzen verstärkt, die in vielen alten EU-Mitgliedsländern seit einigen Jahrzehnten zu beobachten waren. Bürger lösen sich von politischen Traditionen oder wachsen gar nicht in solche hinein, votieren weniger selbstverständlich für eine Partei als früher und entscheiden stärker aus der Situation heraus (vgl. etwa

---

[7] Eigene Berechnungen auf der Basis des CSES-Datensatzes zur niederländischen Parlamentswahl 2002.

Dalton 2000). Kurz: Die EU-Bürger scheinen wählerischer geworden zu sein. Die neuen, mittelosteuropäischen EU-Bürger übertreffen die Bürger der EU-15 darin sogar noch und könnten gleichsam als europäische Avantgarde erscheinen.

Parteipolitisch nicht festgelegte, wählerische Personen entscheiden stärker aus der Situation heraus. Sie schenken mit erhöhter Wahrscheinlichkeit Kandidaten und aktuellen politischen Themen ihre Aufmerksamkeit, wenn sie ihre Wahlentscheidung treffen. In der vorliegenden Analyse konnte nicht detailliert untersucht werden, an welchen Sachfragen und Kandidatenmerkmalen sich die Wähler orientieren und welche Anreize zu responsivem Handeln daher für politische Eliten vom Wahlverhalten ausgehen. Ein potenziell entscheidungsrelevantes Thema ist, wie eingangs erwähnt, die Europäische Integration. Sie galt lange als irrelevant für die Entscheidung bei nationalen Wahlen, weil sie für die meisten Bürger zu weit von ihrem alltäglichen Leben entfernt sei, als dass sie sich eine eigene Meinung bilden könnten (Lindberg/Scheingold 1970). Stattdessen würden sie sich in Fragen der Europäischen Integration von Eliten leiten lassen. Dieses Argument erscheint mittlerweile aus verschiedenen Gründen zweifelhaft. Infolge der Kompetenzausweitung der EU betreffen deren Entscheidungen immer häufiger Europas Bürger unmittelbar, so dass diese sich leichter eine eigene Meinung bilden können. Zudem ist Europa auf der Elitenebene nicht mehr unumstritten, vielmehr formieren sich in verschiedenen Ländern europaskeptische Parteien (Taggart 1998; Taggart/ Szczerbiak 2002). Europas Bürger haben also eine echte Wahl in Europafragen. Und schließlich konnte gezeigt werden, dass die europäische Einigung das Stimmverhalten bei nationalen Wahlen tatsächlich beeinflusst hat (Evans 1998, 1999). Das ist erst recht in Gesellschaften zu erwarten, in denen wenige Personen einer Partei nahe stehen. Insoweit sind mit der EU-Osterweiterung Europaeffekte auf nationale Wahlen wahrscheinlicher geworden. Regierungen, die auf europäischer Ebene Verhandlungen führen, müssen daher damit rechnen, dass ihre europapolitischen Entscheidungen im nationalen Wahlkampf thematisiert werden und den Wahlausgang beeinflussen. Sofern die Akteure daran interessiert sind, auch nach der nächsten Wahl der Regierung anzugehören, werden sie sich um europapolitische Responsivität bemühen.

Dieses demokratietheoretisch erfreuliche Ergebnis kann sich in Abhängigkeit von der öffentlichen Meinung als Motor oder als Bremse für die europäische Einigung erweisen. Responsives Verhalten gegenüber einer integrationsfreundlichen Öffentlichkeit bedeutet, die europäische Einigung weiter voranzutreiben, womöglich sogar mit höherer Geschwindigkeit. In einem integrationsskeptischen Klima könnte ausgeprägte Responsivität gegenüber den Bürgerpräferenzen dagegen dazu führen, dass die politischen Akteure auf europäischer Ebene nationale Interessen stärker betonen und weniger kompromissbereit handeln. Im Ergebnis könnte sich der Einigungsprozess verlangsamen oder sogar umkehren. Es wird interessant sein zu sehen, wie die EU-Bürger mit der Europäischen Integration bei der Wahlentscheidung umgehen und wie die Eliten darauf reagieren.

Literatur

Bakke, Elisabeth/Sitter, Nick, 2005: Patterns of Stability: Party Competition and Strategy in Central Europe since 1989, in: Party Politics 11 (2), 243-263.
Bali, Valentina A., 2007: Terror and Elections: Lessons from Spain, in: Electoral Studies 26, 669-687.

Barnes, Samuel H./McDonough, Peter/Pina, Antonio L., 1985: The Development of Partisanship in New Democracies: The Case of Spain, in: American Journal of Political Science 29 (4), 695-720.

Bartels, Larry M., 2002: Beyond the Running Tally: Partisan Bias in Political Perceptions, in: Political Behavior 24 (2), 117-150.

Berglund, Frode, 2000: Party Identification – Nothing but the Vote?, in: Acta Politica 35 (1), 37-63.

Berglund, Frode/Holmberg, Sören/Schmitt, Hermann/Thomassen, Jacques, 2005: Party Identification and Party Choice, in: Thomassen, Jacques (Hrsg.), The European Voter. A Comparative Study of Modern Democracies. Oxford, 106-124.

Bowler, Shaun/Grofman, Bernard (Hrsg.), 2000: Elections in Australia, Ireland and Malta under the Single Transferable Vote. Ann Arbor.

Brettschneider, Frank, 2002: Spitzenkandidaten und Wahlerfolg. Personalisierung – Kompetenz – Parteien. Ein internationaler Vergleich. Wiesbaden.

Campbell, Angus/Gurin, Gerald/Miller, Warren E., 1954: The Voter Decides. Evanston, IL.

Campbell, Angus/Converse, Philip E./Miller, Warren E./Stokes, Donald E., 1960: The American Voter. New York.

Carmines, Edward G./McIver, John P./Stimson, James A., 1987: Unrealized Partisanship: A Theory of Dealignment, in: Journal of Politics 49 (2), 376-400.

Clarke, Harold D./Sanders, David/Stewart, Marianne C./Whiteley, Paul F., 2004: Political Choice in Britain. Oxford.

Colomer, Joseph M., 2005: The General Election in Spain, March 2004, in: Electoral Studies 24 (2), 149-156.

Converse, Philip E., 1969: Of Time and Partisan Stability, in: Comparative Political Studies 2 (2), 139-171.

Converse, Philip E./Pierce, Roy, 1986: Political Representation in France. Cambridge/MA..

Curtice, John/Holmberg, Sören, 2005: Party Leaders and Party Choice, in: Thomassen, Jacques (Hrsg.), The European Voter. A Comparative Study of Modern Democracies. Oxford, 235-253.

Dahl, Robert A., 1989: Democracy and Its Critics. New Haven.

Dahl, Robert A., 1990: Myth of the Presidential Mandate, in: Political Science Quarterly 105 (3), 355-372.

Dalton, Russell J., 2000: The Decline of Party Identification, in: Dalton, Russell J./Wattenberg, Martin P. (Hrsg.), Parties without Partisans. Political Change in Advanced Industrial Democracies. Oxford, 19-36.

Dalton, Russell J./Weldon, Steven, 2007: Partisanship and Party System Institutionalization, in: Party Politics 13 (2), 179-196.

Dalton, Russell J./McAllister, Ian/Wattenberg, Martin P., 2000: The Consequences of Partisan Dealignment, in: Dalton, Russell J./Wattenberg, Martin P. (Hrsg.), Parties without Partisans. Political Change in Advanced Industrial Democracies. Oxford, 37-63.

Davies, Philip John/Ozolins, Andrejs Valdis, 2004: The Parliamentary Election in Latvia, October 2002, in: Electoral Studies 23 (4), 834-840.

Evans, Geoffrey, 1998. Euroscepticism and Conservative Electoral Support: How an Asset Became a Liability, in: British Journal of Political Science 28, 573-590.

Evans, Geoffrey, 1999: Europe: A New Electoral Cleavage?, in: Evans, Geoffrey/Norris, Pippa (Hrsg.), Critical Elections: British Parties and Voters in Long-Term Perspective. Thousand Oaks, 207-222.

Falter, Jürgen W./Schoen, Harald (Hrsg.), 2005: Handbuch Wahlforschung. Wiesbaden.

Falter, Jürgen W./Schoen, Harald/Caballero, Claudio, 2000: Dreißig Jahre danach. Zur Validierung des Konzepts, „Parteiidentifikation" in der Bundesrepublik, in: Klein, Markus/Jagodzinski, Wolfgang/Mochmann, Ekkehard/Ohr, Dieter (Hrsg.), 50 Jahre empirische Wahlforschung in Deutschland: Entwicklung, Befunde, Perspektiven, Daten. Wiesbaden, 235-271.

Field, William H., 1994: Electoral Volatility and the Structure of Competition: A Reassessment of Voting Patterns in Britain 1959-1992, in: West European Politics 17 (4), 149-165.

Finkel, Steven E., 1989: The Effects of the 1980 and 1984 Campaigns on Mass Ideological Orientations: Testing the Salience Hypothesis, in: Western Political Quarterly 42 (3), 325-346.

Fiorina, Morris P., 1981: Retrospective Voting in American National Elections. New Haven.

Gelman, Andrew/King, Gary, 1993: Why are American Election Polls so Variable when Votes are so Predictable?, in: British Journal of Political Science 23 (4), 409-451.

Gluchowski, Peter, 1983: Wahlerfahrung und Parteiidentifikation. Zur Einbindung von Wählern in das Parteiensystem der Bundesrepublik, in: Kaase, Max/Klingemann, Hans-Dieter (Hrsg.), Wahlen und politisches System. Analysen aus Anlaß der Bundestagswahl 1980. Opladen, 442-477.

Green, Donald P./Palmquist, Bradley/Schickler, Eric, 2002: Partisan Hearts and Minds. Political Parties and the Social Identities of Voters. New Haven.

Ismayr, Wolfgang (Hrsg.), 2003: Die politischen Systeme Westeuropas. 3. Auflage. Opladen.

Ismayr, Wolfgang (Hrsg.), 2004: Die politischen Systeme Osteuropas. 2. aktualisierte Auflage. Opladen.

Jenssen, Anders Todal, 1999: All that is Solid Melts into Air: Party Identification in Norway, in: Scandinavian Political Studies 22 (1), 1-27.

Kelley, Stanley jr., 1983: Interpreting Elections. Princeton.

Key, Vladimir O., 1966: The Responsible Electorate. Rationality in Presidential Voting, 1936-1960. New York.

King, Anthony (Hrsg.), 2002: Leaders' Personalities and the Outcomes of Democratic Elections. New York.

Koepke, Jason R./Ringe, Nils, 2006: The Second-order Election Model in an Enlarged Europe, in: European Union Politics 7 (3), 321-346.

Lindberg, Leon N./Scheingold, Stuart A., 1970: Europe's Would-be Polity. Englewood Cliffs.

Lipset, Seymour Martin/Rokkan, Stein, 1967: Cleavage Structures, Party Systems, and Voter Alignments. An Introduction, in: Lipset, Seymour Martin/Rokkan, Stein (Hrsg.), Party Systems and Voter Alignments: Cross-National Perspectives. New York/London, 1-64.

Mainwaring, Scott/Scully, Timothy R., 1995: Introduction. Party Systems in Latin America, in: Mainwaring, Scott/Scully, Timothy R. (Hrsg.), Building Democratic Institutions: Party Systems in Latin America. Stanford, 1-34.

Mattei, Franco/Niemi, Richard G., 1991: Unrealized Partisans, Realized Independents, and the Intergenerational Transmission of Partisan Identification, in: Journal of Politics 53 (1), 161-174.

Miller, Arthur H./Klobucar, Thomas F., 2000: The Development of Party Identification in Post-Soviet Societies, in: American Journal of Political Science 44 (4), 667-685.

Miller, Arthur H./Wattenberg, Martin P., 1985: Throwing the Rascals Out. Policy and Performance Evaluations of Presidential Candidates, 1952-1980, in: American Political Science Review 79 (2), 359-372.

Miller, Arthur H./Erb, Gwyn/Reisinger, William M./Hesli, Vicki L., 2000: Emerging Party Systems in Post-Soviet Societies: Fact or Fiction?, in: Journal of Politics 62 (2), 455-490.

Pappi, Franz Urban, 1973: Parteiensystem und Sozialstruktur in der Bundesrepublik, in: Politische Vierteljahresschrift 14 (3), 191-213.
Pierce, Roy, 1995: Choosing the Chief. Presidential Elections in France and the United States. Ann Arbor.
Powell, G. Bingham, 2000: Elections as Instruments of Democracy: Majoritarian and Proportional Visions. New Haven.
Powell, G. Bingham, 2004: The Chain of Responsiveness, in: Journal of Democracy 15 (4), 91-105.
Rattinger, Hans, 2007: Wechselwähler 1990 bis 2002, in: Rattinger, Hans/Gabriel, Oscar W./Falter, Jürgen W. (Hrsg.), Der gesamtdeutsche Wähler. Baden-Baden, 37-65.
Richardson, Bradley M., 1991: European Party Loyalties Revisited, in: American Political Science Review 85 (3), 751-775.
Rohrschneider, Robert, 1999: Learning Democracy: Democratic and Economic Values in Unified Germany. Oxford.
Roller, Edeltraud, 1998: Positions- und performanzbasierte Sachfragenorientierungen und Wahlentscheidung: Eine theoretische und empirische Analyse aus Anlaß der Bundestagswahl 1994, in: Kaase, Max/Klingemann, Hans-Dieter (Hrsg.), Wahlen und Wähler. Analysen aus Anlaß der Bundestagswahl 1994. Opladen/Wiesbaden, 173-219.
Rose, Richard/Mishler, William, 1998: Negative and Positive Party Identification in Post-Communist Countries, in: Electoral Studies 17 (2), 217-234.
Schedler, Andreas, 2002: Democracy Without Elections: The Menu of Manipulation, in: Journal of Democracy 13 (2), 36-50.
Schmitt, Hermann, 2005: The European Parliament Elections of June 2004: Still Second-Order?, in: West European Politics 28 (3), 650-679.
Schmitt, Hermann/Holmberg, Sören, 1995: Political Parties in Decline?, in: Klingemann, Hans-Dieter/Fuchs, Dieter (Hrsg.), Citizens and the State. Oxford, 95-133.
Schmitt, Hermann/Loveless, Matthew, 2004: European Election Study 2004. Design, Data Description and Documentation. MZES und European Election Study Research Group. Mannheim.
Schoen, Harald, 2003: Wählerwandel und Wechselwahl. Eine vergleichende Untersuchung. Wiesbaden.
Schoen, Harald, 2008: Wahlsoziologie, in: Kaina, Viktoria/Römmele, Andrea (Hrsg.), Politische Soziologie. Ein Studienbuch. Wiesbaden. (Im Erscheinen).
Schoen, Harald/Weins, Cornelia, 2005: Der sozialpsychologische Ansatz zur Erklärung von Wahlverhalten, in: Falter, Jürgen W./Schoen, Harald (Hrsg.). Handbuch Wahlforschung. Wiesbaden, 187-242.
Shabad, Goldie/Slomczynski, Kazimierz M., 1999: Political Identities in the Initial Phase of Systemic Transformation in Poland: A Test of the Tabula Rasa Hypothesis, in: Comparative Political Studies 32 (6), 690-723.
Shanks, J. Merrill/Miller, Warren E., 1990: Policy Direction and Performance Evaluation: Complementary Explanations of the Reagan Elections, in: British Journal of Political Science 20 (2), 143-235.
Sinnott, Richard, 1998: Party Attachment in Europe: Methodological Critique and Substantive Implications, in: British Journal of Political Science 28 (4), 627-659.
Stöss, Richard, 1997: Stabilität im Umbruch. Opladen.
Taggart, Paul, 1998: A Touchstone of Dissent: Euroscepticism in Contemporary Western European Party Systems, in: European Journal of Political Research 33 (3), 363-388.

Taggart, Paul/Szczerbiak, Aleks, 2002: Europeanisation, Euroscepticism and Party Systems: Party-Based Euroscepticism in the Candidate States of Central and Eastern Europe, in: Perspectives on European Politics and Society 3 (1), 23-41.

Thomassen, Jacques, 1976: Party Identification as a Cross-National Concept: Its Meaning in the Netherlands, in: Budge, Ian/Crewe, Ivor/Farlie, Dennis (Hrsg.), Party Identification and Beyond. Representations of Voting and Party Competition. London, 63-79.

Tillie, Jean, 1995: Party Utility and Voting Behavior. Amsterdam.

Toole, James, 2000: Government Formation and Party System Stabilization in East Central Europe, in: Party Politics 6 (4), 441-461.

Tworzecki, Hubert, 2003: Learning to Choose. Electoral Politics in East-Central Europe. Stanford.

van der Brug, Wouter, 2003: How the LPF Fuelled Discontent: Empirical Tests of Explanations of LPF Support, in: Acta Politica 38 (1), 89-106.

van der Eijk, Cees, 2002: Design Issues in Electoral Research: Taking Care of (Core) Business, in: Electoral Studies 21 (2), 189-206.

von Holsteyn, Joop J.M./Galen, Irwin A., 2003: Never a Dull Moment: Pim Fortuyn and the Dutch Parliamentary Election of 2002, in: West European Politics 26 (2), 41-66.

Waldahl, Ragnar/Aardal, Bernt Olav, 2000: The Accuracy of Recalled Previous Voting: Evidence from Norwegian Election Study Panels, in: Scandinavian Political Studies 23 (4), 373-389.

Zelle, Carsten, 1998: A Third Face of Dealignment? An Update on Party Identification in Germany, in: Anderson, Christopher J./Zelle, Carsten (Hrsg.), Stability and Change in German Elections. Westport, 55-70.

Zervakis, Peter A., 2004: Die politischen Systeme Zyperns, in: Ismayr, Wolfgang (Hrsg.), Die politischen Systeme Osteuropas. 2. Auflage. Wiesbaden, 887-942.

Zohlnhöfer, Werner, 1980: Das Steuerungspotenzial des Parteienwettbewerbs im Bereich staatlicher Wirtschaftspolitik, in: Boettcher, Erik/Herder-Dorneich, Philipp/Schenk, Karl-Ernst (Hrsg.), Neue Politische Ökonomie als Ordnungstheorie. Tübingen, 82-102.

III. Teil:
Das intermediäre System

Oskar Niedermayer

Parteiensysteme

1 Einleitung

Die Osterweiterungen der Europäischen Union im Mai 2004 und Januar 2007 haben nicht nur die Gestalt der EU verändert, sondern auch die europäisch-vergleichende Parteiensystemforschung vor neue Herausforderungen gestellt. Konnte man sich bisher auf die etablierten westeuropäischen Parteiensysteme konzentrieren, so kamen nun – neben Malta und Zypern – zehn ostmitteleuropäische Staaten hinzu, in denen sich pluralistische Parteiensysteme unter vollkommen anderen Kontextbedingungen erst vor gut einem Jahrzehnt herausgebildet hatten. Bisher hat sich die Parteienforschung noch wenig auf diese neue Situation eingestellt, d. h.: vergleichende Analysen der Parteiensysteme der 27 heutigen EU-Mitgliedstaaten[1] sind noch dünn gesät[2] und die neuesten umfassenden Publikationen halten die Trennung aufrecht.[3]

Im folgenden Kapitel soll ein Beitrag zur Schließung dieser Forschungslücke geleistet werden, wobei nicht nur die aktuelle Situation nach der EU-Erweiterung, sondern auch die Entwicklung der letzten eineinhalb Jahrzehnte seit den Systemtransformationen in den ostmitteleuropäischen Staaten in den Blick genommen wird. Es versteht sich dabei von selbst, dass die Analyse sich den einzelnen Parteiensystemen nicht im Detail widmen kann und auf das Aufzeigen von allgemeinen Entwicklungstrends bzw. Ähnlichkeiten und Unterschieden zwischen den Parteiensystemen beschränkt werden muss. Ein gutes Instrumentarium hierfür liefert die quantitativ-vergleichende Parteiensystemforschung, deren Analyseansatz im nächsten Abschnitt vorgestellt wird (vgl. hierzu Niedermayer 2007a).

---

[1] Als Kriterien für den Zeitpunkt, ab dem die ostmitteleuropäischen Staaten einbezogen werden, werden die Erklärung der nationalen Unabhängigkeit bzw. die Schaffung der verfassungsmäßigen Voraussetzungen für freie Wahlen gewählt, d. h. die Tschechische Republik und die Slowakei werden ab dem Januar 1993, Estland und Lettland ab dem August 1991, Litauen ab dem März 1990, Slowenien ab dem Juni 1991, Polen und Ungarn ab Ende 1989 und Bulgarien ab der Wahl zur Nationalversammlung im Juni 1990 einbezogen. Rumänien wird ab der Wahl der Verfassungsgebenden Versammlung vom Mai 1990 berücksichtigt, auch wenn am demokratischen Charakter dieser ersten Wahl nach dem gewaltsamen Sturz Ceaușescus Zweifel bestehen.
[2] Eine der wenigen Ausnahmen bildet Siaroff 2000.
[3] Analysen aller westeuropäischen Parteiensysteme sind in Niedermayer et al. 2006 zu finden, die ostmitteleuropäischen Systeme werden in Jungerstam-Mulders 2006a analysiert. Für frühere Sammelbände vgl. z. B. Berglund/Dellenbrant 1994, Broughton/Donovan 1999, Pennings/Lane 1998a und Segert et al. 1997.

2 Zur quantitativ-empirischen Analyse von Parteiensystemen

Ein Parteiensystem ist mehr als die Summe der es bildenden Parteien. Darauf verwies schon einer der Klassiker der Parteienforschung, Maurice Duverger (1959: 217), der das Parteiensystem eines Landes durch „die Form und Art der Koexistenz" mehrerer Parteien bestimmt sah. Diese Koexistenz muss jedoch nicht unbedingt in Form eines Wettbewerbs unabhängiger Parteien bestehen, sondern kann sich auch als Über-/Unterordnungsbeziehung äußern, so dass sich kompetitive von nichtkompetitiven Parteiensystemen unterscheiden lassen. Nichtkompetitive Parteiensysteme sind in der Regel Hegemonialsysteme, in denen institutionelle Regelungen verhindern, dass die Machtposition der Hegemonialpartei durch die anderen (Satelliten-)Parteien gefährdet wird. Im Folgenden werden wir uns den kompetitiven Systemen zuwenden.

Duverger (1959: 221) verwies auch darauf, dass ein Vergleich der verschiedenen Parteien eines Parteiensystems die Bestimmung neuer Merkmale ermöglicht, „die an der einzelnen isolierten Partei nicht zu gewinnen sind", und dass ein Parteiensystem sich nach dem Verhältnis bestimmt, „in dem alle diese Merkmale zueinander stehen". Er benannte – allerdings nicht abschließend und ohne klare theoretische Fundierung – eine Reihe von relationalen, auf die Koexistenz von mehreren Parteien bezogenen Charakteristika, deren spezifisches Muster das Parteiensystem eines Landes zu einer bestimmten Zeit definiert. Diese Sichtweise wurde in der international vergleichenden Parteiensystemforschung grundsätzlich akzeptiert. Bis heute besteht in der Literatur jedoch keine Einigkeit darüber, welche dieser Parteiensystemeigenschaften in die Analyse einzubeziehen und wie sie zu operationalisieren sind (vgl. Wolinetz 2006). Als allgemeine Maxime zur Auswahl der Parteiensystemeigenschaften kann dienen, dass eine möglichst große Systemvariation durch eine minimale Anzahl von Eigenschaften erfasst werden sollte. Die Systemvariation kann sich zum einen auf strukturelle und zum anderen auf inhaltliche Charakteristika des Parteiensystems beziehen und sie kann auf der elektoralen und auf der parlamentarischen Ebene analysiert werden.

Die Struktur eines Parteiensystems wird wesentlich durch die Anzahl der das System bildenden Parteien bestimmt. Bei der Operationalisierung dieser meist als *Format* bezeichneten Eigenschaft stellt sich die Frage, ob alle an einer nationalen Wahl teilnehmenden (elektorale Ebene) bzw. parlamentarisch repräsentierten (parlamentarische Ebene) Parteien und/ oder nur die nach einem bestimmten Kriterium als relevant angesehenen Parteien betrachtet werden sollen. Das bekannteste Kriterium für die parlamentarische Relevanz von Parteien stammt von Sartori (1976: 122f.), der nur diejenigen Parteien in die Analyse einbezieht, die entweder „Koalitionspotenzial" oder „Erpressungspotenzial" besitzen. Danach kann eine Partei dann als irrelevant angesehen werden, wenn „it is never needed or put to use for any feasible coalition majority". Unabhängig von ihrem Koalitionspotential, muss eine Partei jedoch immer dann mitgezählt werden, wenn „its existence, or appearance, affects the tactics of party competition". Gegen diese Lösung spricht, dass sowohl bei der Bestimmung der „feasible" – also politisch machbaren – Koalitionen als auch des „Erpressungspotenzials" einer Partei des Öfteren Operationalisierungsprobleme auftreten und dass durch diese Kriterien die strukturelle mit der inhaltlichen Dimension vermischt wird, das Format aber als eine rein strukturelle Parteiensystemeigenschaft konzeptualisiert werden sollte. Als rein strukturelle und problemlos operationalisierbare Alternative zur Bestimmung des parlamentarischen Formats wird daher hier vorgeschlagen, eine parlamentarisch vertretene Partei nur dann als relevant anzusehen, wenn mit ihr eine minimal winning coalition gebildet werden kann.[4] Ist dies nicht der Fall, dann spielt die Partei für Koalitionsbildungsüberlegungen keinerlei Rolle, ist dies der Fall, dann müssen zumindest die für eine solche Koalition prinzipiell infrage kommenden anderen Parteien eine positive oder negative Koalitionsentscheidung treffen.

Neben der Anzahl der Parteien werden ihre Größenverhältnisse zur Analyse der Struktur eines Parteiensystems herangezogen, d.h. es wird die *Fragmentierung* – also der Grad an Zersplitterung oder Konzentration eines Parteiensystems – bestimmt. Gemessen wird die Größe von Parteien auf der elektoralen Ebene durch ihre Stimmenanteile bei Wahlen und auf der parlamentarischen Ebene durch ihre Anteile an den Parlamentssitzen. Zur Operationalisierung dieser Eigenschaft wurde eine ganze Reihe von Indizes vorgeschlagen, wobei die „effective number of parties" von Laakso und Taagepera (1979) aufgrund ihrer Anschaulichkeit die größte Verbreitung gefunden hat. Die effektive Anzahl der Parteien in einem Parteiensystem entspricht der realen Anzahl, wenn alle relevanten Parteien den gleichen Stimmen- bzw. Mandatsanteil aufweisen, also ein ausgeglichenes Machtverhältnis existiert. Je ungleicher das Machtverhältnis ist, desto geringer ist die effektive im Vergleich zur realen Anzahl, und bei Dominanz nur einer Partei nähert sich der Index dem Wert eins.

Für Parteiensysteme, die von zwei Großparteien dominiert werden, ist es für die Analyse ihrer Funktionslogik sinnvoll, zusätzlich zum Format und der Fragmentierung die Größenrelation nur der beiden Großparteien zu betrachten. Wenn Parteiendemokratie als System potenziell alternierender Parteiregierungen gesehen wird, so kommt der prinzipiellen Chancengleichheit zum Machtgewinn überragende Bedeutung zu. Längerfristige, über mehrere Wahlperioden hinweg bestehende, deutliche Vorteile einer der beiden Parteien im Machtwettbewerb gefährden diese Chancengleichheit. Das Ausmaß, in dem dies der Fall ist, wird durch den Grad an struktureller *Asymmetrie* eines Parteiensystems angezeigt, der durch die Differenz der Stimmen- bzw. Mandatsanteile der beiden Großparteien gemessen wird.[5]

Spätestens seit den Arbeiten Sartoris (1966, 1976) werden die strukturellen Parteiensystemeigenschaften durch eine inhaltliche, die ideologisch-programmatischen Distanzen zwischen den Parteien in den Blick nehmende Eigenschaft ergänzt, die als *Polarisierung* bezeichnet wird. Bei der Operationalisierung dieser Eigenschaft ist zum einen danach zu fragen, welches die zentralen inhaltlichen Konfliktlinien sind, durch die der Parteienwettbewerb charakterisiert werden kann, und zum anderen muss festgestellt werden, wie homogen oder heterogen das gesamte Parteiensystem in Bezug auf diese Konfliktlinien ist. Ausgangspunkt der Konfliktlinienanalyse bildet auch heute noch meist die Cleavage-Theorie von Lipset und Rokkan (1967). Danach entstanden die westeuropäischen Parteiensysteme vor dem Hintergrund der durch die Industrielle Revolution und die Nationalstaatsbildung bewirkten Umbrüche und Verwerfungen des 19. Jahrhunderts als Widerspiegelung und Politisierung von zentralen gesellschaftlichen Konfliktlinien.[6]

---

[4] Minimal winning coalitions sind Mehrheitskoalitionen, die beim Wegfall einer der Koalitionsparteien die Mehrheit verlieren (vgl. schon Neumann/Morgenstern 1947).
[5] In föderalen politischen Systemen kommt als Struktureigenschaft noch der Grad an Regionalisierung des Parteiensystems hinzu (vgl. für Deutschland Niedermayer 2008a). Da dies in der EU jedoch nur ganz wenige Staaten betrifft, wird diese Eigenschaft hier nicht behandelt.
[6] Klassenkonflikt, Stadt-Land-Konflikt, Kirche-Staat-Konflikt und Zentrum-Peripherie-Konflikt; vgl. Abschnitt 4.

In enger Beziehung zur Polarisierung steht die *Segmentierung* eines Parteiensystems. Sie gibt den Grad der gegenseitigen Abschottung der einzelnen Parteien wieder. Auf der elektoralen Ebene sind Parteiensysteme stark segmentiert, wenn zwischen den einzelnen Parteien kaum Wettbewerb stattfindet, weil alle Parteien ihre jeweilige Wählerschaft aus klar voneinander abgegrenzten und gegenseitig abgeschotteten Wählersegmenten rekrutieren.[7] Auf der parlamentarischen Ebene sind extrem segmentierte Parteiensysteme dadurch gekennzeichnet, dass die Parteien untereinander nicht koalitionswillig sind, während in nicht segmentierten Systemen alle Parteien untereinander prinzipiell zu Koalitionsbildungen bereit sind.

Anhand dieser Systemeigenschaften lässt sich die Vielzahl der existierenden Parteiensysteme beschreiben. Zu finden sind in der Literatur zum einen Klassifikationen, d. h. die Einteilung von Parteiensystemen in sich gegenseitig ausschließende Klassen mit Hilfe einer einzigen Systemeigenschaft, und zum anderen Typologien, die meist zwei oder drei Eigenschaften kombinieren. Die einfachste Klassifikation in Ein-, Zwei- und Mehrparteiensysteme (vgl. z. B. Hartmann 1979) erfolgt nach dem Format. Strukturtypologien (vgl. z. B. Blondel 1968; Duverger 1959; Ware 1996) kombinieren meist das Format mit der Fragmentierung, Mair (1997) unterscheidet Parteiensysteme nach der Art des Wettbewerbs um Regierungsbeteiligungen und bezieht daher die Segmentierung mit ein. Die bekannteste Parteiensystemtypologie, die Differenzierung in predominant party systems, two-party systems, moderate pluralism und polarized pluralism von Sartori (1976), kombiniert das Format, die Fragmentierung und die Polarisierung.

Will man zu Längsschnittsanalysen übergehen, also die zeitliche Entwicklung von Parteiensystemen analysieren, so muss analytisch klar unterscheidbar sein, ob ein Parteiensystem im Zeitablauf stabil bleibt oder ob es sich wandelt und wenn ja, wie dieser Wandel aussieht. Stellt man bei Längsschnittsanalysen auf die Entwicklung kontinuierlicher quantitativer Eigenschaftsindikatoren ab, so stellt sich die Frage, bei welcher Art ihrer Veränderung von welcher Art des Wandels gesprochen werden kann. Smith (1989) unterscheidet neben der Stabilität vier verschiedene Intensitätsstufen der Veränderung von Parteiensystemen, die allerdings nicht immer leicht zu trennen sind: temporäre Fluktuationen (kurzfristige Veränderungen von Systemeigenschaften ohne längerfristigen Trend), partiellen Wandel (längerfristige Veränderung nur einer bzw. sehr weniger Eigenschaften), generellen Wandel (gleichzeitige oder sukzessive Veränderung vieler Eigenschaften) und Transformation (radikale Veränderung aller Eigenschaften). Bildet man aus der Kombination verschiedener Eigenschaften Parteiensystemtypologien und definiert Wandel als Übergang von einem Typ zum anderen, so gerät man leicht in die Gefahr, „to bias one's analysis in favour of the absence of change" (Mair 2006: 63), wenn einzelne Typen zu breit angelegt sind.[8]

Beide Vorgehensweisen stellen Stabilität oder Wandel anhand einer komparativ-statischen Analyse fest, d. h. es werden die Systemzustände zu verschiedenen Zeitpunkten verglichen. Stützt man sich hierbei auf Struktureigenschaften bzw. -typologien, so gerät man noch aus einem weiteren Grund in die Gefahr, mögliche Veränderungen zu unter-

---

[7] Ein immer wieder zitiertes Beispiel für die elektorale Segmentierung bildet das „versäulte" Parteiensystem der Niederlande, dessen Säulen erst in den 1960er Jahren langsam abzubröckeln begannen.
[8] So gehören z. B. seit längerer Zeit „fast alle Parteiensysteme der westlichen Welt" im Rahmen der Typologie von Sartori „zu den gemäßigt pluralistischen Systemen" (Beyme 2000: 166), obwohl sich unterhalb der Schwelle des Übergangs in einen neuen Systemtyp in einigen Systemen deutliche Veränderungen vollzogen haben.

schätzen: Die Struktureigenschaften Format, Fragmentierung und Asymmetrie stellen allein auf die Wettbewerbsstruktur eines Parteiensystems ab. Ein und dieselbe Wettbewerbsstruktur kann jedoch auf unterschiedlichen Akteursstrukturen beruhen und somit kann ein Parteiensystem zu zwei verschiedenen Zeitpunkten die gleichen Wettbewerbsstruktureigenschaften aufweisen, obwohl sich die Akteursstruktur wesentlich verändert hat.[9] Der Gefahr, diese Art von Wandel zu unterschätzen, wird durch eine *Volatilitätsanalyse* begegnet, die auf das Ausmaß des Wandels der Akteursstruktur eines Parteiensystems bei zwei aufeinander folgenden Wahlen abstellt. Eine solche Analyse kann quantitativ oder qualitativ erfolgen. Der bekannteste quantitative Indikator ist der Volatilitätsindex von Pedersen (1979), der den kumulierten Stimmengewinn aller im Vergleich zur Vorwahl erfolgreichen Parteien in Prozentpunkten wiedergibt. Damit lässt sich zwar das Ausmaß des Wandels von Parteiensystemen quantitativ bestimmen, es gibt jedoch keinen theoretisch begründetem Schwellenwert zur Unterscheidung von Konstanz und Wandel[10] und der Index gibt keine Auskunft über die Art des Wandels.[11] Dies bleibt einer qualitativen Analyse vorbehalten, wobei sich drei unterschiedliche Formen von Volatilität unterscheiden lassen: (1) die Veränderung der Größenrelationen der bestehenden Parteien, (2) Veränderungen durch Neustrukturierungen (Zusammenschlüsse, Abspaltungen) der bestehenden Parteien und (3) Wandel durch das Hinzukommen genuin neuer Parteien.

Die möglichen Ursachen für die Stabilität bzw. den Wandel von Parteiensystemen sind äußerst vielfältig. Sie lassen sich systematisieren, wenn man sich vergegenwärtigt, dass für die Parteiensysteme in demokratischen Gesellschaften der Parteienwettbewerb konstitutiv ist und die Systementwicklung somit aus den Wettbewerbsbedingungen und deren Veränderungen resultiert. Daher lassen sich bei den möglichen Ursachen für unterschiedliche Entwicklungen von Parteiensystemen drei Gruppen unterscheiden: Angebotsfaktoren, Nachfragefaktoren und Rahmenbedingungen. Die Angebotsseite des Wettbewerbs wird vom Ressourceneinsatz sowie von den politischen Aktivitäten der Parteien im System bestimmt, die Nachfrageseite wird durch die Orientierungen und Verhaltensweisen der Wähler gesteuert und die institutionellen Rahmenbedingungen des Parteienwettbewerbs werden insbesondere durch die Regelungen zum Wahlrecht, zur Finanzierung und zum Verbot von Parteien gesetzt.

Die folgende Analyse orientiert sich an dem hier vorgestellten Rahmen, wobei zunächst die Struktur der Parteiensysteme im Mittelpunkt steht und im letzten Abschnitt auf die inhaltliche Dimension in Form eines Überblicks über die Polarisierung der Parteiensysteme eingegangen wird.[12] Besonderes Augenmerk wird dabei auf den Vergleich der westeu-

---

[9] So kann z. B. ein zum Zeitpunkt t aufgrund der Dominanz einer bestimmten Partei gering fragmentiertes System zum Zeitpunkt t+1 die gleiche Fragmentierung aufweisen, jetzt aber von einer anderen Partei dominiert sein.

[10] Ein aus der empirischen Analyse der Volatilitätswerte westeuropäischer Parteiensysteme abgeleiteter Schwellenwert für eine das Parteiensystem verändernde „earthquake election" liegt bei etwa 15 Prozent (Ersson/Lane 1998: 31).

[11] Zudem ist es, wie die unterschiedlichen in der Literatur zu findenden Werte für diesen Index zeigen, gerade in hoch volatilen, durch laufende Neustrukturierungen der Parteienlandschaft gekennzeichneten Parteiensystemen wie denen Ostmitteleuropas schwierig, die Volatilität exakt zu quantifizieren. Im Folgenden wird daher auf eine Berechnung des Volatilitätsindexes verzichtet.

[12] Eine detaillierte Analyse der inhaltlichen Dimension würde den Rahmen dieses Beitrags sprengen. Zur Segmentierung auf der parlamentarischen Ebene vgl. z. B. Kropp et al. 2002.

ropäischen mit den ostmitteleuropäischen Systemen gelegt, d. h. diese Einteilung deckt sich nicht ganz mit der Unterscheidung zwischen „alten" und „neuen" EU-Mitgliedstaaten, da Malta und Zypern der ersten Kategorie zugeschlagen werden.

Bevor zur Analyse der Parteiensystemeigenschaften übergegangen wird, soll jedoch zunächst die Frage geklärt werden, inwieweit sich in den neuen Demokratien Mittelosteuropas die parteiförmige Organisation des politischen Willensbildungsprozesses und der politischen Repräsentation überhaupt durchgesetzt hat. Einen relativ gut quantifizierbaren Indikator für diese Frage bildet der Anteil der Unabhängigen an den Mandaten in den nationalen Parlamenten, denn hieran wird deutlich, ob die Spezifika der jeweiligen nationalen politischen Kultur und die Ausgestaltung des Wahlrechts zu einem Quasi-Monopol von Parteien bei der Rekrutierung des politischen Führungspersonals geführt haben. Legt man diesen Maßstab an, so kann in allen mittelosteuropäischen Staaten von einem solchen Quasi-Monopol gesprochen werden: Unabhängige Kandidaten hatten es von Anfang an sehr schwer und konnten über die Zeit hinweg überhaupt nur in Litauen und Ungarn in die Parlamente einziehen, wobei ihr Anteil an den Mandaten zwischen 0,3 und 4,3 Prozent schwankte. Der einzige EU-Mitgliedstaat mit einem nennenswerten Anteil von Unabhängigen im Parlament ist Irland, dessen Wahlrecht den Wählern in komplexer Weise erlaubt, einen Mittelweg zwischen der Wahl von Parteien und unabhängigen Kandidaten zu finden, mit der Folge, dass das irische Parlament „usually contains more independents than all other West European parliaments put together" (Gallagher 2003: 102f.).[13]

3 Die Entwicklung der Strukur der europäischen Parteiensysteme

3.1 Die elektorale Ebene: Zersplitterung oder Konzentration?

Zur Charakterisierung der Struktur von Parteiensystemen auf der elektoralen Ebene ist das Format, also die Anzahl der an Wahlen teilnehmenden Parteien, ein nur begrenzt aussagekräftiger Indikator, da die Fülle von für den Parteienwettbewerb gänzlich irrelevanten Kleinstparteien in manchen Systemen zu Fehlschlüssen verleiten würde. In vergleichenden Analysen wird daher als zentrale Struktureigenschaft meist die Fragmentierung untersucht, d h. es wird nach der Zersplitterung bzw. Konzentration der Parteiensysteme unter Berücksichtigung der Stärkeverhältnisse der einzelnen Parteien gefragt.[14]

Die in Tabelle 1 wiedergegebenen Werte für die effective number of parties zeigen, dass diese Struktureigenschaft europaweit eine große Variationsbreite aufweist.[15] Hoch fragmentierten Parteiensystemen wie dem belgischen[16] steht das maltesische System gegen-

---

[13] Bei der Wahl von 1997 waren es 9,5 Prozent, 2002 fast 8 Prozent, 2007 allerdings nur noch 3 Prozent.
[14] Ausgangspunkt für die Berechnung der in den folgenden Tabellen und Schaubildern wiedergegebenen Indikatoren ist die Datenbank des Verfassers, in der die aus amtlichen Quellen stammenden, detaillierten Wahlergebnisse für alle 25 EU-Mitgliedstaaten seit 1990 enthalten sind.
[15] Berechnet wird der Index, indem man den Kehrwert der Summe der quadrierten Anteile (als Dezimalzahlen) aller Parteien an den abgegebenen gültigen Stimmen bildet.
[16] Das belgische Parteiensystem stellt vor allem wegen der aufgrund des Zentrum-Peripherie-Konflikts erfolgten Aufspaltung aller relevanten Parteien in organisatorisch und programmatisch vollkommen

über, das als einziges in Europa auf der elektoralen Ebene seit Anfang der 1970er Jahre ein – fast – perfektes Zweiparteiensystem darstellt.[17] Die ostmitteleuropäischen Parteiensysteme sind im Schnitt höher fragmentiert als die westeuropäischen (2007: effective number of parties 5,00 zu 4,41), allerdings haben sich Ungarn seit 2002 und Polen, Rumänien und Tschechien mit den letzten Wahlen in die Gruppe der relativ gering fragmentierten Systeme eingereiht, zu denen in Westeuropa im gesamten Untersuchungszeitraum vor allem die Parteiensysteme im Süden zählen.

Tabelle 1: Elektorale Fragmentierung der europäischen Parteiensysteme (jeweils letzte Wahl und Trend seit 1990)

Land	Wahl	EFRA	T	Land	Wahl	EFRA	T
Belgien	2007	9,04	(-)	Luxemburg	2004	4,26	(-)
Lettland	2006	7,50	(+)	Tschechische Rep.	2006	3,90	-
Slowakei	2006	6,10	(+)	Rumänien	2004	3,89	-
Slowenien	2004	5,97	-	Deutschland	2005	3,76	(+)
Finnland	2007	5,90	0	Irland	2007	3,72	0
Bulgarien	2005	5,80	+	Österreich	2006	3,71	0
Niederlande	2006	5,80	0	Großbritannien	2005	3,58	(+)
Litauen	2004	5,79	+	Polen	2007	3,32	-
Italien	2006	5,51	-	Griechenland	2007	3,02	0
Dänemark	2007	5,42	0	Portugal	2005	3,13	0
Estland	2007	5,01	-	Spanien	2004	2,98	-
Schweden	2006	4,66	0	Ungarn	2006	2,70	-
Frankreich	2007	4,32	-	Malta	2003	2,02	0
Zypern	2006	4,29	(+)	EU-Durchschnitt	2006	4,48	0

EFRA = elektorale Fragmentierung (effektive Parteienanzahl); T = Trend seit 1990: + = zunehmende, - = abnehmende Fragmentierung; in Klammern: schwacher Trend, 0 = kein klarer Trend erkennbar.
Quelle: eigene Berechnungen.

Betrachtet man die Entwicklung der elektoralen Fragmentierung seit 1990, so lässt sich weder für die west- noch die ostmitteleuropäischen Parteiensysteme ein einheitlicher Trend zu mehr Zersplitterung oder mehr Konzentration erkennen. Ein Unterschied fällt jedoch ins Auge: Während die Mehrheit der westeuropäischen Parteiensysteme im Untersuchungszeitraum im Hinblick auf die Fragmentierung relativ stabil geblieben ist,[18] trifft dies für kein

---

unabhängige Einheiten in Flandern und Wallonien („Parteienkonföderalismus", vgl. Hecking 2006: 48) seit Ende der 1970er Jahre das am stärksten zersplitterte System Westeuropas dar.
[17] Der Stimmenanteil dritter Parteien betrug bei den Wahlen seit 1971 höchstens 1,7 Prozent.
[18] In einigen Systemen erfolgten tief greifende Veränderungen in den 1970er Jahren: In Großbritannien (genauer: dem Vereinigten Königreich) führte die Herausbildung einer neuen Konfliktlinie in Form eines „Zentrum-Peripherie-Gegensatzes mit kulturellen und ethnischen Faktoren" seit Mitte der 1970er Jahre zum „Abschmelzen des Parteienduopols der Conservative Party und der Labour Party" (Helms 2006: 220) und damit zu einem deutlichen Anstieg der elektoralen Fragmentierung. In Dänemark markierte die Erdrutschwahl von 1973 den Niedergang des traditionellen Fünfparteiensystems und in Belgien führte der Parteienkonföderalismus in den 1970er Jahren zu einem Fragmentierungsschub (vgl. Fußnote 15).

einziges ostmitteleuropäisches Parteiensystem zu. Zudem hat sich die Entwicklung in diesen Staaten mit Ausnahme von Tschechien und Ungarn, deren Parteiensysteme durch einen relativ kontinuierlichen Konzentrationsprozess gekennzeichnet sind, auch nicht annähernd linear vollzogen, sondern ist durch drastische Sprünge gekennzeichnet, die die strukturelle Instabilität dieser Parteiensysteme auf der elektoralen Ebene vor allem in der Anfangsphase verdeutlichen (vgl. Tabelle 1).

Das für bundesrepublikanische Verhältnisse durchaus bemerkenswerte Ansteigen der Fragmentierung des deutschen Parteiensystems vor allem bei der Bundestagswahl 2005 wird angesichts der dramatischen Veränderungen der Parteiensysteme in Ostmitteleuropa deutlich relativiert.[19] In Polen z. B. haben an der ersten Wahl 111 Parteien und Listen teilgenommen und die stärkste Partei erzielte 12,3 Prozent der Stimmen, bei der dritten Wahl 1997 waren es nur noch 21 und die stärkste Partei kam auf knapp 34 Prozent, 2007 nahmen noch zehn Parteien teil und die zwei stärksten Parteien erhielten zusammen fast drei Viertel der Stimmen. Das polnische Parteiensystem hat damit im Untersuchungszeitraum den mit Abstand dramatischsten Konzentrationsprozess aller 27 Staaten durchgemacht.

Abbildung 1: Entwicklung der elektoralen Fragmentierung der Parteiensysteme ausgewählter ostmitteleuropäischer Staaten und Deutschlands

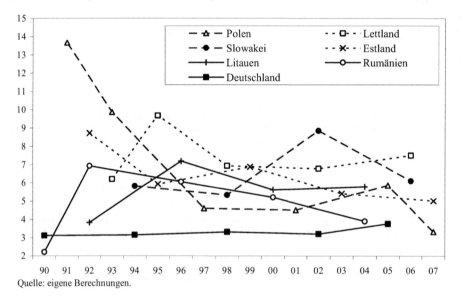

Quelle: eigene Berechnungen.

---

[19] Die sinkende Mobilisierungsfähigkeit von CDU/CSU und SPD sowie das Hinzukommen neuer Parteien (Grüne, später Linkspartei.PDS) haben schon seit den 1980er Jahren zu einem graduellen Anstieg der Fragmentierung geführt, der sich 2005 deutlich verstärkt hat, so dass das heutige deutsche Parteiensystem wieder stärker fragmentiert ist als Anfang der 1950er Jahre.

3.2 Die parlamentarische Ebene: vier Typen von Parteiensystemen

Die Struktur eines Parteiensystems auf der elektoralen Ebene wird bei Wahlen nicht eins zu eins auf der parlamentarischen Ebene abgebildet. Es erfolgt in aller Regel eine Konzentration, die das Format und die Fragmentierung mehr oder minder deutlich verringert. Ursache hierfür sind vor allem die unterschiedlichen Typen von Wahlsystemen, die unterschiedlich starke Konzentrationswirkungen entfalten. Als wichtigste Merkmale, die zur Konzentrationswirkung eines Wahlsystems beitragen, gelten die Wahlkreisgröße (Zahl der in einem Wahlkreis zugeteilten Mandate) und Sperrklauseln (Beschränkung der parlamentarischen Repräsentation auf Parteien ab einem bestimmten Stimmenanteil), weitere relevante Merkmale sind das Stimmenverrechnungsverfahren und die geografische Wahlkreiseinteilung (vgl. Nohlen 2004: 75ff.). Der konkrete Konzentrationseffekt bei einer Wahl, der sich als Prozentsatz darstellen lässt, um den die parlamentarische gegenüber der elektoralen Fragmentierung vermindert ist, hängt jedoch nicht nur von der „technischen" Konzentrationswirkung des bestehenden Wahlsystems ab, sondern auch von den Einflüssen, die das Parteien- und Wählerverhalten auf seine beiden Komponenten, die elektorale und parlamentarische Fragmentierung, ausüben, wobei das Verhalten beider Akteursgruppen wiederum u. a. von der Ausgestaltung des Wahlrechts abhängt[20] und die (regierenden) Parteien diese Ausgestaltung andererseits auch verändern können.[21] Das Verhalten der Parteien kann u. U. sogar zu einem Dekonzentrationseffekt führen, wenn Wahlbündnisse gebildet werden, die den Wählern gegenüber gemeinsam auftreten, nach der Wahl aber getrennte Fraktionen bilden. In Parteiensystemen mit relativ stabiler Struktur und über die Zeit hinweg konstantem Wahlsystem lässt sich die technische Konzentrationswirkung des Wahlsystems daher auch recht gut aufzeigen, weil sie den größten Einfluss auf den Konzentrationseffekt ausübt, so dass sich dieser Effekt daher von Wahl zu Wahl auch nicht wesentlich verändert. In „fluiden" Parteiensystemen variiert der Konzentrationseffekt von Wahl zu Wahl jedoch deutlich, da sich die ihn prägenden Faktoren (einschließlich des Wahlrechts) stark verändern.

Über den gesamten Untersuchungszeitraum hinweg zeigen sich die mit Abstand größten Konzentrationseffekte in Frankreich und Großbritannien. In Frankreich erlaubt das absolute Mehrheitswahlsystem „im ersten Wahlgang die Teilnahme einer Vielzahl von Parteien und sichert so das Fortbestehen des Mehrparteiensystems. Im zweiten Wahlgang fördert es dann durch die Sperrklausel und durch Wahlabsprachen ebenfalls die Konzentration" (Höhne 2006: 170), so dass die parlamentarische gegenüber der elektoralen Fragmentierung um über die Hälfte reduziert ist. In Großbritannien führen „die stark verzerrenden Wirkungen" (Helms 2006: 218) des relativen Mehrheitswahlsystems in Einerwahlkreisen zu einer Reduzierung um etwa ein Drittel. Das andere Extrem bildet Malta, wo das Wahlsystem aufgrund der Existenz eines fast perfekten Zweiparteiensystems auf der elektoralen Ebene

---

[20] So führt z. B. die Einführung einer Sperrklausel zu Konzentrationsprozessen auf der elektoralen Ebene, weil mancher Wähler kleine Parteien dann nicht mehr wählt, um seine Stimme nicht zu „verschenken". In hoch polarisierten Parteiensystemen wird diese Wirkung noch verstärkt, weil das Verschenken von Stimmen für Parteien des eigenen Lagers dem gegnerischen Lager nützt und die Wähler daher aufgefordert werden, dies bei ihrer Stimmabgabe zu beachten (vgl. z. B. Enyedi 2006: 198 für Ungarn).
[21] Zu Beispielen von Wahlrechtsänderungen als Machterhaltungsinstrument in Osteuropa vgl. Schmitz 2006: 373f., zur allgemeinen Kontroverse darüber, ob das Wahlsystem die zentrale Variable bei der Erklärung der Entwicklung von Parteiensystemen darstellt, vgl. z. B. Duverger 1959, Bogdanor 1983 und Lijphart 1994.

so gut wie keine Konzentrationswirkungen mehr entfalten kann. In den ostmitteleuropäischen Parteiensystemen schwanken die Konzentrationseffekte von Wahl zu Wahl meist deutlich.

Um die Struktur der Parteiensysteme auf der parlamentarischen Ebene zu verdeutlichen, soll hier eine Typologie gebildet werden, die alle Struktureigenschaften, also das Format, die Fragmentierung[22] und die Asymmetrie, heranzieht. Unterschieden werden Parteiensysteme mit einer prädominanten Partei, Parteiensysteme mit Zweiparteiendominanz, pluralistische Parteiensysteme und hoch fragmentierte Parteiensysteme. Zur Abgrenzung der ersten beiden Typen ist es notwendig, die Größenrelationen der zwei bzw. drei größten Parteien zu definieren. Um willkürliche bzw. rein empirisch gewonnene Abgrenzungen weitgehend zu vermeiden, wird hier als zentrales Kriterium die qualitative Veränderung der Machtposition von Parteien in Parlamenten beim Überschreiten zweier Grenzen des Mandatsanteils herangezogen: zum einen der absoluten Mehrheit, die es einer Partei erlaubt, allein zu regieren, und zum anderen der Zweidrittelmehrheit, die in vielen Staaten die Grenze für Verfassungsänderungen darstellt. Als Hilfskriterium zur Abgrenzung gegenüber kleineren Parteien wird argumentiert, dass eine Partei A dann wesentlich kleiner ist als eine Partei B, wenn sie über höchstens die Hälfte des Mandatsanteils der Partei B verfügt.

Unter einem Parteiensystem mit einer prädominanten Partei verstehen wir ein System, bei dem eine Partei im Parlament über die absolute Mehrheit und die nächst kleinere Partei höchstens über ein Viertel der Mandate verfügt, so dass ihr Mandatsanteil bestenfalls halb so groß ist wie der der prädominanten Partei. Damit existiert nach unserem Kriterium für das parlamentarische Format nur eine relevante Partei und der Abstand gegenüber allen anderen Parteien ist groß genug, um mit dem Begriff der Prädominanz operieren zu können.

Der zweite Strukturtyp wird häufig als „Zweiparteiensystem" gekennzeichnet. Da jedoch – trotz der Konzentrationswirkungen der Wahlsysteme – ein System mit nur zwei parlamentarisch repräsentierten Parteien außer in Malta in der ganzen EU nicht existiert, ist es sinnvoller, diesen Typ als Parteiensystem mit Zweiparteiendominanz zu bezeichnen. Dazu müssen die beiden größten Parteien zusammen eine bestimmte Mindestgröße, in ihrem Größenverhältnis untereinander keine allzu große Asymmetrie und einen genügend großen Abstand zur drittstärksten Partei aufweisen. Operationalisiert werden diese Erfordernisse dadurch, dass die beiden Großparteien im Parlament je über mehr als ein Viertel und zusammen über mindestens zwei Drittel der Sitze verfügen und die nächst kleinere Partei höchstens die Hälfte der Sitze der kleineren der beiden Großparteien erreicht.

Zur Abgrenzung der anderen beiden – stärker fragmentierten – Strukturtypen wird die effektive Anzahl der Parlamentsparteien verwendet. Basierend auf einer aus Erfahrenswerten der westeuropäischen Parteiensystemforschung abgeleiteten Konvention werden hier Parteiensysteme mit einer effektiven Parteienanzahl von über fünf als hoch fragmentiert eingestuft. Liegt der Wert höchstens bei fünf und handelt es sich nicht um einen der beiden erstgenannten Strukturtypen, so wird das Parteiensystem als pluralistisch bezeichnet. Dieser Systemtyp kann durchaus eine Partei aufweisen, die aufgrund ihrer Größe im Wettbewerb eine zentrale Rolle spielt, aber eben keine prädominante Partei darstellt.

---

[22] Es muss betont werden, dass die Berechnung der parlamentarischen Fragmentierung auf der durch die jeweilige Wahl bestimmten Sitzverteilung in den Parlamenten basiert und nicht auf den danach erfolgenden Zusammenschlüssen, Angliederungen, Neugruppierungen oder Koalitionen.

Bei der Analyse der zeitlichen Entwicklung der Parteiensysteme werden zwei Formen von Wandel unterschieden: der typverändernde und der typbeibehaltende Wandel. Die erste Form des Wandels liegt vor, wenn sich die Wettbewerbsstruktur so stark verändert, dass es zu einem Typwechsel kommt, die zweite Form liegt vor, wenn die Akteursstruktur sich deutlich verändert, dies jedoch nicht zu einem Typwechsel in der Wettbewerbsstruktur führt. Bei Parteiensystemen mit einer prädominanten Partei ist dies dann gegeben, wenn die prädominante Partei wechselt, bei einem System mit Zweiparteiendominanz; wenn ein Wechsel einer/beider Großparteien erfolgt bzw. eine lang andauernde strukturelle Asymmetrie zwischen diesen Parteien sich wandelt, bei pluralistischen Systemen, wenn eine zentrale Partei entsteht bzw. die zentrale Partei wechselt und bei hoch fragmentierten Systemen, wenn die Mehrheit der Parteien neu entsteht bzw. eine neue Partei aus dem Stand zur stärksten Partei wird.

Der allgemeine Tenor der Analysen zur Frage der Stabilität bzw. des Wandels europäischer Parteiensysteme bis zur zweiten Hälfte der 1990er Jahre wird von Pennings und Lane (1998b: 9) wie folgt zusammengefasst: „Until the end of the 1980s most party systems have been evaluated as beeing stable (...) This situation has changed drastically within less than ten years. Since the fall of the Berlin wall we have witnessed many forms of party system change in all parts of Europe." Für die Situation bis zum Ende der 1960er Jahre wird der Befund der „absence of change" (Rose/Urwin 1970: 295) in der Literatur weitestgehend geteilt, die empirischen Analysen in den beiden folgenden Jahrzehnten zeichneten jedoch eher ein Bild des Wandels der Parteiensysteme, obwohl auch dies nicht unwidersprochen blieb,[23] und zu Beginn der Neunziger warnten einige Autoren davor, den Wandel der Gesamtheit der – westeuropäischen – Parteiensysteme[24] aufgrund der neueren Entwicklungen in einigen Systemen zu überschätzen (vgl. z. B. Mair 1993). Frühere eigene Analysen (vgl. Niedermayer 1992, 2003) zeigen daher auch, dass zwar mehrheitliche Entwicklungstendenzen in einigen Bereichen aufgezeigt werden können, eine gleichförmige Entwicklung aller Parteiensysteme aber nicht gegeben ist. Dies gilt umso mehr, wenn die ostmitteleuropäischen Systeme hinzugenommen werden, wie die folgende Analyse zeigt.

Abbildung 2 gibt die Zuordnung der Parteiensysteme zu den vier unterschiedenen Strukturtypen in der Untersuchungsphase von 1990 bis 2007 wieder und gibt zudem an, ob in diesem Zeitraum ein typbeibehaltender Wandel stattgefunden hat.

Es zeigt sich, dass in Bezug auf das Ausmaß an Stabilität der Parteiensysteme ein wesentlicher Unterschied zwischen West- und Ostmitteleuropa besteht. Von den 17 westeuropäischen Parteiensystemen sind zwei Drittel (elf) über den gesamten Untersuchungszeitraum hinweg stabil einem bestimmten Typ zuzuordnen, d. h. hier erfolgte kein Wandel der grundlegenden Wettbewerbsstruktur, wobei allerdings bei zwei Systemen (Deutschland und Italien) ein typbeibehaltender Wandel der Akteursstruktur festzustellen ist. Zwei Parteiensysteme vollzogen einen Wechsel in den angrenzenden Systemtyp (Dänemark und Österreich), eine alternierende Typzugehörigkeit mit tendenzieller Einordnung in einen der

---

[23] Zu den Analysen der 1970er und 1980er Jahre vgl. z. B. Bartolini/Mair 1990, Dalton et al. 1984, Ersson/Lane 1982, Maguire 1983, Pedersen 1979, 1983, Shamir 1984 und Wolinetz 1979. Zum Wandel einzelner Parteiensysteme in den 1970er Jahren vgl. Fußnote 17.
[24] Zur „party system change"-Literatur der 1990er Jahre vgl. z. B. Broughton/Donovan 1999, Lane/Ersson 1997 und Pennings/Lane 1998a.

beiden Strukturtypen[25] liegt bei drei Systemen vor (Finnland, Irland und den Niederlanden), und nur das französische Parteiensystem hat im Untersuchungszeitraum mehrere übergreifende Typwechsel vollzogen.

Von den ostmitteleuropäischen Staaten hingegen ist nur Lettland stabil einem bestimmten Typ zuzuordnen, dort gab es jedoch einen typbeibehaltenden Wandel der Akteursstruktur, so dass in keinem einzigen der zehn Staaten von einer vollkommenen Stabilität des Parteiensystems gesprochen werden kann. In Estland ist eine alternierende Typzugehörigkeit mit tendenzieller Zuordnung zu einem Typ zu beobachten. Auch in der Tschechischen Republik alterniert die Typzugehörigkeit, eine tendenzielle Zuordnung ist jedoch noch schwierig. In Slowenien erfolgte ein Wechsel zum angrenzenden Typ, der in der Folgezeit Bestand hatte, die Slowakei verzeichnete eine Ausnahmewahl mit Rückkehr zum alten Typ bei der nächsten Wahl und in den anderen fünf Staaten vollzogen sich seit 1990 jeweils mehrere übergreifende Typwechsel. Zusätzlich lässt sich in den kurzen Phasen der Typkonstanz bei mehr als der Hälfte der Fälle noch ein typbeibehaltender Wandel – also eine deutliche Veränderung der Akteursstruktur – feststellen. Als stabilstes Parteiensystem präsentiert sich in neuerer Zeit das ungarische, das in den drei letzten Wahlen eine Zweiparteiendominanz aufwies.

Abbildung 2: Strukturtypen von Parteiensystemen, 1990-2007

Typ	Westeuropa	Ostmitteleuropa
PS mit einer prädominanten Partei	Frankreich (2002)	Bulgarien (1997), Litauen (1992, 1996; TBW), Rumänien (1990), Ungarn (1994)
PS mit Zweiparteiendominanz	Deutschland (TBW), Frankreich (1993, 2007), Griechenland, Großbritannien, Irland[1], Malta, Österreich (ab 2002), Portugal, Spanien	Bulgarien (1990 bis 1994, TBW), Polen (1997, 2007), Tschechische Republik (1998, 2006), Ungarn (ab 1998)
Pluralistische PS	Dänemark (1990 bis 2005, TBW), Frankreich (1997), Luxemburg, Österreich (1990-1999), Schweden, Zypern	Bulgarien (2001, 2005; TBW), Estland[1], Litauen (2000), Polen (1993, 2001, 2005; TBW), Rumänien (1992, 2000, 2004), Slowakei (1994, 1998, TBW, 2006), Slowenien (2000, 2004), Tschechische Republik (1996, 2002), Ungarn (1990)
Hoch fragmentierte PS	Belgien, Dänemark (2007), Finnland[1], Italien (TBW), Niederlande[1]	Lettland (TBW), Litauen (2004), Polen (1991), Rumänien (1996), Slowakei (2002), Slowenien (1992, 1996)

TBW = typbeibehaltender Wandel; 1 = alternierende Typzugehörigkeit mit tendenzieller Typzuordnung.
Quelle: eigene Berechnungen und Darstellung

---

[25] In diese Kategorie werden Parteiensysteme eingeordnet, wenn im Rahmen des Untersuchungszeitraums mindestens ein dreimaliger Wechsel zwischen zwei angrenzenden Systemtypen erfolgt ist und das System sich jedoch deutlich stärker einem der beiden Typen zuordnen lässt.

3.3 Die Extremtypen: Parteiensysteme mit einer prädominanten Partei und hoch fragmentierte Parteiensysteme

Es zeigt sich somit in den ostmitteleuropäischen Parteiensystemen ein deutlich höheres Maß an struktureller Instabilität als in den westeuropäischen. Allerdings haben sich für die Gesamtheit dieser Systeme die oft geäußerten Befürchtungen nicht bewahrheitet, die Veen (2005: 25) wie folgt zusammenfasst: „Nach dem Ende der kommunistischen Einparteiendiktaturen gab es mit Blick auf das sich nun frei entfaltende Parteileben vor allem zwei Befürchtungen: 1. Dass es zu einer Explosion des Parteiensystems mit zahlreichen Neugründungen und damit zu einer hochgradigen Zersplitterung (...) kommen könnte" und „2. Dass nach einem kurzen Triumph der jungen Parteien und Bürgerbewegungen die Professionalität der alten Parteieliten in neuen, postkommunistischen Kleidern und unter neuem Namen bald wieder dominieren würde, wenn auch (...) nicht mehr als hegemoniale, so doch als prädominante Parteien im Parteiensystem".

Ungeachtet der Frage, inwieweit die alten Parteieliten der früheren kommunistischen Staatsparteien die postkommunistischen Parteien nach der Systemtransformation personell und inhaltlich noch dominierten bzw. bis heute dominieren, gibt es weder in Ostmittel- noch in Westeuropa ein einziges Parteiensystem, das über den gesamten Untersuchungszeitraum hinweg auf der parlamentarischen Ebene eine prädominante Partei aufweist. In den vier ostmitteleuropäischen Systemen, wo dies phasenweise der Fall war – Bulgarien, Litauen, Rumänien und Ungarn – folgte nur Ungarn anfangs dem Muster der Prädominanz postkommunistischer Parteien nach einer kurzen Übergangsphase: Die aus der Oppositionsbewegung gegen das kommunistische Regime hervorgegangenen Parteien Ungarisches Demokratisches Forum (MDF) und Bund Freier Demokraten (SZDSZ) erhielten bei der ersten freien Wahl 1990 fast 43 bzw. gut 24 Prozent der Mandate, während sich die postkommunistische MSZP mit 8,5 Prozent zufrieden geben musste und die drittstärkste Partei nur 11,4 Prozent erhielt, so dass man von der Herausbildung eines pluralistischen Parteiensystems mit klarer Tendenz zur Zweiparteiendominanz sprechen konnte. Aufgrund der schnell geschwundenen Popularität der Regierung konnte die MSZP jedoch bei der nächsten Wahl 1994 einen Erdrutschsieg einfahren, der ihr 54 Prozent der Mandate einbrachte und sie zur prädominanten Partei machte, während das MDF kollabierte und der SZDSZ nur 18 Prozent erreichte. Bei der nächsten Wahl kehrte das System jedoch zur Zweiparteiendominanz zurück, nun gekennzeichnet von der bis heute andauernden Rivalität zwischen der MSZP und der Fidesz, die 1998 zur stärksten Parlamentspartei angewachsen war, sich 2002 und 2006 aber mit dem zweiten Platz begnügen musste.[26]

In Bulgarien hingegen erreichte die postkommunistische Bulgarische Sozialistische Partei (BSP) bei der ersten Wahl 1990 mit fast 53 Prozent die absolute Mehrheit der Sitze, das oppositionelle Bündnis Union der Demokratischen Kräfte (SDS) kam auf 36 Prozent, konnte bei der zweiten Wahl ein Jahr später jedoch das von der BSP angeführte Wahlbündnis mit 46 zu 44 Prozent knapp überflügeln, musste sich 1994 mit 29 zu 52 Prozent dem postkommunistischen Bündnis (BSPASEK) erneut geschlagen geben und wurde 1997 als breites

---

[26] Inwieweit dies bei der nächsten Wahl auch noch der Fall sein wird, bleibt abzuwarten, nachdem es im Oktober 2006 zu Demonstrationen und gewalttätigen Ausschreitungen aus Protest gegen Ministerpräsident Gyurcsány (MSZP) kam, der in einer parteiinternen, jedoch in die Medien gelangten Rede zugegeben hatte, die Wähler belogen zu haben.

Bündnis unter dem Namen Vereinigte Demokratische Kräfte (ODS) zur prädominanten Partei. Im Jahre 2001 kehrte der bulgarische Ex-Monarch Simeon Sakskoburggotski nach Bulgarien zurück, gründete die Partei Nationale Bewegung Simeon II (NDSV) und konnte bei der Wahl im gleichen Jahr mit einer personenzentrierten, populistischen Kampagne aus dem Stand 50 Prozent der Sitze erobern und die OSD mit 21 Prozent auf den zweiten Platz verweisen. Konnte man somit 2001 von einem pluralistischen System mit einer zentralen, aber wegen des knappen Verfehlens der absoluten Mehrheit nicht prädominanten Partei sprechen, so präsentierte sich das bulgarische Parteiensystem in der letzten Wahl von 2005 als eindeutig pluralistisches System mit 34 Prozent für das postkommunistische Bündnis Koalition für Bulgarien (KB) und 22 Prozent der Mandate für die NDSV.

Auch in Litauen konnten sich die Postkommunisten (LDDP) bei der ersten Wahl 1992 die absolute Mehrheit im Parlament sichern, das Oppositionsbündnis Sajudis erhielt nur 21 Prozent der Sitze. Bei der nächsten Wahl 1996 ging jedoch die Rolle der prädominanten Partei in die Hände der aus Sajudis hervorgegangenen Heimatunion (TS) über, so dass sich ein dramatischer, aber typbeibehaltender Wandel vollzog. Bei der dritten Wahl 2000 gab es eine weitere massive Wählerwanderung, die trotz eines vom früheren Staatspräsidenten Algirdas Brazauskas geführten Wahlbündnisses aus vier Parteien zu einem pluralistischen Parteiensystem führte. Die bisher letzte Etappe des Wandels bildete die Wahl von 2004, bei der die erst 2003 gegründete Arbeitspartei (DP) auf Anhieb zur stärksten Partei wurde und nach der das Parteiensystem Litauens zu den am höchsten fragmentierten Systemen in ganz Europa gehört.

In Rumänien, wo die – gewaltsame – Transformation des politischen Systems 1989 nicht durch eine Massenbewegung des Volkes, sondern in Form eines innerparteilichen Elitewechsels der kommunistischen Partei erfolgt war, konnte bei der Wahl zur Verfassungsgebenden Versammlung im Mai 1990 die postkommunistische, vom ehemaligen ZK-Sekretär Ion Iliescu geleitete Front der Nationalen Rettung (FSN), die „systematically hampered the new non-communist political parties" (Gebethner 1997: 382), sogar eine Zweidrittelmehrheit der Sitze erzielen. Schon bei der nächsten Wahl 1992 entstand jedoch durch eine Reihe von Parteispaltungen und Neugruppierungen ein pluralistisches Parteiensystem, das 1996 sogar zum hoch fragmentierten System wurde und seit 2000 wieder ein pluralistisches System mit der aus der FSN hervorgegangenen und mittlerweile auf europäischer Ebene der Sozialdemokratischen Partei Europas angehörenden Sozialdemokratischen Partei (PSD) als zentraler Partei darstellt.

Eine kurze Phase der Prädominanz einer Partei lässt sich auch in einem westeuropäischen Parteiensystem feststellen, nämlich in Frankreich. Dort schlossen sich die Anhänger des im Mai 2002 vom Volk wiedergewählten Staatspräsidenten Jacques Chirac aus dem RPR (Neogaullisten), der UDF (Zentristen) und der DL (Liberale) vor der Wahl zur Nationalversammlung im Juni 2002 in der Union pour la Majorité Présidentielle (UMP) zusammen, die fast 62 Prozent der Sitze erhielt[27] und sich im November 2002 als Partei konstituierte (vgl. Höhne 2006: 182f.). Die mit 24 Prozent der Mandate abgeschlagen auf dem zweiten Platz gelandeten Sozialisten (PS) waren bei der vorangegangenen Wahl 1997 durch ihr Wahlbündnis mit den Kommunisten (PC) und weiteren Wahlabsprachen mit knapp 43 Prozent zur stärksten Parlamentspartei geworden, der RPR erhielt gut 24 Prozent und die UDF 19 Prozent, so dass das Parteiensystem insgesamt als pluralistisch einzustufen war. Bei der

---

[27] Die Teile der UDF, die sich nicht der UMP angeschlossen hatten, bilden eine eigene Fraktion.

Parteiensysteme 365

Wahl 1993 hingegen hatten die Sozialisten aufgrund einer Reihe von sich gegenseitig beeinflussenden parteiinternen und externen Gründen eine deutliche Niederlage mit noch nicht einmal 10 Prozent der Parlamentsmandate erlitten, während der RPR mit 42 Prozent die stärkste und die UDF mit 36 Prozent die zweitstärkste Fraktion stellte, so dass das Parteiensystem eine Zweiparteiendominanz aufwies.

Die 2002 begonnene Prädominanzphase des französischen Parteiensystems währte jedoch nicht lange. Schon bei der darauffolgenden Wahl von 2007 konnte die unter Beibehaltung der Abkürzung UMP in Union pour un mouvement Populaire umbenannte Partei des kurz zuvor neugewählten Präsidenten Nicolas Sarkozy zwar mit 54 Prozent wieder die absolute Mehrheit gewinnen, die PS verbesserte sich jedoch auf gut 32 Prozent der Mandate und keine der anderen Parteien erreichte mehr als knapp vier Prozent, so dass das System nun durch eine Zweiparteiendominanz charakterisiert ist. Im gesamten Untersuchungszeitraum haben somit durch das Wahlsystem mitverursachte Veränderungen in den parlamentarischen Stärkeverhältnissen der relevanten Parteien dazu geführt, dass das französische als einziges der westeuropäischen Parteiensysteme im Untersuchungszeitraum mehrere übergreifende Typwechsel vollzog.

Unter den ostmitteleuropäischen Parteiensystemen war dies – neben Bulgarien, Litauen und Rumänien – auch in Polen der Fall. Bei der ersten Wahl 1991 mit einem Verhältniswahlsystem ohne Sperrklausel gelangten 29 Parteien ins Parlament und die stärkste Fraktion bildete eine der aus der Oppositionsbewegung hervorgegangenen Parteien, die Demokratische Union (UD), mit gerade einmal 13,5 Prozent der Mandate, so dass das Parteiensystem die höchste parlamentarische Fragmentierung aller 25 Parteiensysteme im gesamten Untersuchungszeitraum aufwies. Zur Wahl von 1993 wurde dann das Wahlsystem mit dem Ziel geändert, „to reduce fragmentation and produce a more consolitated parliament" (Szczerbiak 2006: 110), was auch gelang und dazu beitrug, das Parteiensystem zu einem pluralistischen System umzuformen. Bei der Wahl von 1997 erreichte das Parteiensystem durch den großen Erfolg des neu gebildeten Parteienkonglomerats AWS und das gute Abschneiden des postkommunistischen Bündnisses der Demokratischen Linken (SLD) den Status der Zweiparteiendominanz, den es aber schon bei der nächsten Wahl 2001 durch den Zerfall der AWS und das gute Abschneiden der neu gegründeten Bürgerplattform (PO) wieder verlor.[28] Auch bei der nächsten Wahl von 2005 war es den pluralistischen Systemen zuzurechnen, wobei sich wieder drastische Veränderungen der Größenrelationen der Parteien vollzogen. Die nach einer Regierungskrise anberaumten vorgezogenen Neuwahlen von 2007 führten zu einer Konzentration auf die bisherige Oppositionspartei PO, die mit über 45 Prozent der Mandate die Wahl gewann, und die konservative PiS (Recht und Gerechtigkeit) des bisherigen Premiers Jaroslaw Kaczyński (36 Prozent). Die drittplatzierten Linken und Demokraten (LiD) konnten nur 11,5 Prozent verbuchen, so dass das Parteiensystem nun wieder eine Zweiparteiendominanz aufweist.

Auch in allen anderen ostmitteleuropäischen Parteiensystemen tauchten im Untersuchungszeitraum sehr häufig neue Parteien auf, die existierenden Parteien formierten sich neu oder ihre Größenverhältnisse und damit die Chance auf Machtteilhabe veränderten sich von Wahl zu Wahl deutlich, so dass mit der Wiederwahl der regierenden ungarischen Koa-

---

[28] Die AWS (Akcja Wyborcza Solidarnosc) war „an eclectic group of 22 right-wing and centre-right parties and groupings spearheaded by the Solidarity trade union" (Szczerbiak 2006: 97), die PO (Platforma Obywatelskim) wurde im Januar 2001 zunächst als Bürgerbewegung gegründet und war erst durch das Hinzukommen von Teilen schon bestehender Parteien so erfolgreich.

lition aus Sozialisten (MSZP) und Freien Demokraten (SZDSZ) im April 2006 zum ersten Mal nach 1990 in einem ostmitteleuropäischen Land eine Regierung in der gleichen parteipolitischen Zusammensetzung eine zweite Wahlperiode im Amt blieb.[29]

Auch die zweite anfangs geäußerte Befürchtung in Bezug auf die Entwicklung der ostmitteleuropäischen Parteiensysteme, dass sie zu hochgradig zersplitterten Systemen werden könnten, hat sich nicht bewahrheitet. Zwar wurde in Bezug auf die baltischen Staaten nach der Demokratisierung von der „re-emergence of multi-partism" (Dellenbrant 1994: 74) gesprochen, die ihre Wurzeln in der demokratischen Tradition der kurzen Unabhängigkeitsperiode zwischen den beiden Weltkriegen habe. Über den gesamten Untersuchungszeitraum hinweg gehört jedoch nur Lettland zu den hoch fragmentierten Parteiensystemen, wobei sich bis einschließlich 2002 bei jeder Wahl ein typbeibehaltender Wandel der Akteursstruktur in der Weise vollzogen hat, dass neu auftauchende Parteien aus dem Stand zur stärksten Partei wurden. Estland ist ein Grenzfall: Dort wurden in zwei von fünf Wahlen die zur Abgrenzung des hoch fragmentierten zum pluralistischen System gesetzte Schwelle einer effektiven Anzahl der Parlamentsparteien von fünf überschritten.[30] Nach den letzten beiden Wahlen zu urteilen, scheint sich jedoch längerfristig ein pluralistisches Parteiensystem mit der Konzentration auf die Reformpartei, die Zentrumspartei und die Union aus Res Publica und Vaterlandsunion herauszubilden. Das Parteiensystem Litauens hingegen zeichnete sich in der Anfangsphase – wie schon ausgeführt – durch die Existenz einer prädominanten Partei aus und wurde erst in der letzten Wahl von 2004 zu einem hoch fragmentierten System. Unter den ostmitteleuropäischen Staaten wies darüber hinaus Slowenien in der Anfangsphase ein hoch fragmentiertes Parteiensystem auf, der kontinuierliche Konzentrationsprozess führte jedoch 2000 zu einem Typwechsel (vgl. Abschnitt 3.4). Polen, Rumänien und die Slowakei waren bei jeweils einer Ausnahmewahl als hoch fragmentiert einzuordnen, gehören jedoch eher zu den pluralistischen Systemen.

In Westeuropa gehören Belgien, Finnland, Italien und die Niederlande zu den hoch fragmentierten Systemen, wie das folgende, die Entwicklung der effektiven Anzahl der parlamentarisch vertretenen Parteien wiedergebende Schaubild zeigt.

---

[29] In den Niederlanden wurde die im Februar 2002 gegründete Liste des kurz vor der Wahl im Mai 2002 ermordeten Pim Fortuyn (LPF) zur zweitstärksten Partei und trat in die Regierung ein. Parteiinterne Streitigkeiten führten aber noch im gleichen Jahr zu einer Koalitionskrise und vorgezogenen Neuwahlen im Januar 2003, bei denen die Partei deutlich einbrach und in die Opposition verwiesen wurde.
[30] Der Durchschnitt aller fünf Wahlen lag jedoch unter fünf.

Parteiensysteme 367

Abbildung 3: Hoch fragmentierte Parteiensysteme (effektive Anzahl parlament. Parteien)

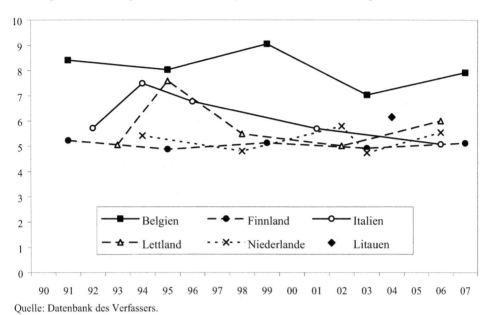

Quelle: Datenbank des Verfassers.

Finnland und die Niederlande sind als Grenzfälle anzusehen, bei denen in zwei von fünf betrachteten Wahlen die Schwelle der effektiven Parteienanzahl von fünf unterschritten wurde. Da jedoch der Durchschnitt über alle Wahlen hinweg über fünf liegt und zudem nach unserem Relevanzkriterium in den Parlamenten dieser beiden Staaten in neuerer Zeit zwischen acht und zehn relevante Parteien vertreten waren, werden sie dem Strukturtyp des hoch fragmentierten Parteiensystems zugeordnet.

Das während des gesamten Untersuchungszeitraums am stärksten fragmentierte Parteiensystem war das belgische System. Da die Parteienlandschaft Belgiens nach ihrer Regionalisierung in den 1970er Jahren (vgl. Anmerkung 15) seit mehr als zwei Jahrzehnten eine vergleichsweise geringe Volatilität aufweist und das Wahlsystem keinen großen Konzentrationseffekt bewirkt, setzt sich die hohe elektorale Fragmentierung in eine zersplitterte parlamentarische Parteienlandschaft um. Dies blieb für die Regierungsfähigkeit Belgiens nicht ohne Folgen: Obwohl fast alle Parteien prinzipiell miteinander koalitionsfähig sind,[31] erwiesen sich die notwendigen Mehrparteienkoalitionen in den 1970er und 1980er Jahren des Öfteren als instabil. Seit den 1990er Jahren war dies zwar nicht mehr der Fall, nach der jüngsten Wahl vom Juni 2007 jedoch gab es harte Auseinandersetzungen zwischen den Parteien, die bei vielen Beobachtern die Sorge vor einem Zerfall des Königreichs aufkommen ließen. Nachdem die siegreichen flämischen Christdemokraten bei der Regierungsbildung zweimal gescheitert waren, hat sich knapp zweihundert Tage nach der Wahl eine Über-

---

[31] Eine Ausnahme bildet der ethnozentristische Vlaams Belang (bis 1994: Vlaams Block), der durch eine Vereinbarung der anderen Parteien („cordon sanitaire") von Koalitionen ausgeschlossen ist.

gangsregierung unter dem bisherigen flämischen liberalen Premierminister Guy Verhofstadt gebildet.

Dass eine hohe parlamentarische Fragmentierung jedoch nicht unbedingt – wie von einigen Koalitionstheorien postuliert[32] – zu schwierigen Regierungsbildungen und einer Instabilität von Regierungskoalitionen führen muss, zeigen die letzten beiden Jahrzehnte in Finnland, weswegen dort auch von einer „effektiven Fragmentierung" (Jahn et al. 2006: 136) gesprochen wird.[33]

Auch Italien gehört seit den 1990er Jahren zu den hoch fragmentierten Parteiensystemen, was einen Typwechsel gegenüber der Vergangenheit bedeutet. Das Parteiensystem der „ersten Republik" bis Anfang der 1990er war zwar immer durch eine hohe Anzahl von im Parlament vertretenen Parteien gekennzeichnet, wurde jedoch vor allem durch zwei Parteien geprägt – die Christdemokraten (DC) und die Kommunisten (PCI) – deren Stärke in den 1970erJahren und der ersten Hälfte der 1980er Jahre zu einem System mit Zweiparteiendominanz führte, wobei die DC seit 1946 stets die stärkste Partei war, jedoch nie die absolute Mehrheit erringen konnte. Zentrales Charakteristikum des Parteienwettbewerbs war über die gesamte Periode hinweg jedoch, dass es sich um ein „bipartitismo imperfetto" (Galli 1966) handelte, weil der Alternanzmechanismus aufgrund der Wahrnehmung des PCI als Antisystempartei und der daraus folgenden Ausgrenzung außer Kraft gesetzt war: Die DC stellte – mit wechselnden Koalitionspartnern – stets die Regierung.[34] Aus einer Reihe von Gründen – dem externen Schock des Zusammenbruchs der kommunistischen Systeme in Osteuropa und seinen Konsequenzen für den PCI, der parteiensystembedingten Ineffizienz der Regierungspolitik, der Erosion der Subkulturen und der Skandale um die unter dem Begriff „Tangentopoli" diskutierten illegalen Parteifinanzierungspraktiken – erlebte das italienische Parteiensystem im Übergang von den 1980er Jahren zu den 1990er Jahren eine beispiellose Transformation der Akteurstruktur: „Bei den Wahlen 1994 trat praktisch keine Partei mehr an, die auch an den Wahlen 1987 teilgenommen hatte – jedenfalls nicht unter gleichem Namen" (Zohlnhöfer 2006: 286), und die erst zwei Monate zuvor von Silvio Berlusconi gegründete Forza Italia wurde auf Anhieb zur stärksten Partei und führenden Kraft der neuen Regierung.

Wenn auch im neuen Parteiensystem nach dem Anstieg 1994 ein stetiger Rückgang der parlamentarischen Fragmentierung festzustellen ist, haben sich die in die Wahlrechtsreform vom Anfang der 1990er Jahre gesetzten Hoffnungen auf einen starken Konzentrationseffekt bis zur Wahl von 2006 noch nicht erfüllt. Im Jahre 2007 kam jedoch deutliche Bewegung in die italienische Parteienlandschaft: Die vom Ministerpräsidenten Romano Prodi schon längere Zeit favorisierte Vereinigung von Linksdemokraten (DS) und Liberaldemokraten (Margherita) zur Demokratischen Partei (DP, Partito Democratico) wurde nach anfänglichen Schwierigkeiten im Frühjahr 2007 durch Parteitage gebilligt und im Herbst konkret in die Wege geleitet. Daraufhin kündigte der frühere Ministerpräsident Silvio Berlusconi im November überraschend die Gründung einer neuen Sammlungspartei auf Oppositionsseite an, über deren Namen er im Dezember 2007 öffentlich abstimmen ließ, wobei sich „Popolo della Liberta" (Volk der Freiheit) durchsetzte. Anfang 2008 soll eine konstituierende Versamm-

---

[32] Zu den verschiedenen Koalitionstheorien vgl. z. B. Müller 2004.
[33] Auch die Regierungsbildung nach der neuesten Wahl von 2007 erfolgte innerhalb weniger Wochen.
[34] „Auch die extrem niedrige Regierungsstabilität – im Durchschnitt bestand eine Regierung in der „ersten Republik" nur rund zehn Monate – lässt sich mit der faktischen Unmöglichkeit eines Regierungswechsels erklären" (Zohlnhöfer 2006: 283).

lung der neuen Partei stattfinden. Zudem versucht der Vorsitzende der Alleanza Nazionale, Gianfranco Fini, seine Partei weiter zur Mitte hin zu verschieben und zeigt sich offen für den Gedanken einer „Bewegung der Mitte" mit der christdemokratischen UDC, deren Chef Casini einer solchen Entwicklung gegenüber durchaus aufgeschlossen ist. Da zudem auch die kleinen radikalen Parteien der Linken über einen Verbund nachdenken, könnte das italienische Parteiensystem in Zukunft ein pluralistisches System mit vier relevanten Parteien werden.

3.4 Die moderaten Typen: Parteiensysteme mit Zweiparteiendominanz und pluralistischeParteiensysteme

Die große Mehrheit der europäischen Parteiensysteme gehört nicht zu einem der beiden Extremtypen mit starker Zersplitterung oder einer prädominanten Partei, sondern zu den Systemen, die durch eine moderate Parteienvielfalt mit oder ohne Zweiparteiendominanz gekennzeichnet sind.

Parteiensysteme mit Zweiparteiendominanz werden durch zwei die Struktur des Parteienwettbewerbs prägende Großparteien dominiert; dritte Parteien erreichen nur relativ geringe Mandatsanteile. Wenn eine der beiden Großparteien dabei aufgrund einer spezifischen Konstellation von Einflussfaktoren einen längerfristigen Wettbewerbsvorteil besitzt, so dass sie – in Form einer Alleinregierung oder auch mit einem kleinen Regierungspartner – die Regierungsbildung über längere Zeit hinweg dominiert, wenn also das System durch eine strukturelle Asymmetrie zwischen den Großparteien gekennzeichnet ist,[35] kommt ein solches System dem Typ des Parteiensystems mit einer prädominanten Partei nahe, bei dem der demokratische Alternanzmechanismus außer Kraft gesetzt ist.

Wie stark die parlamentarische Dominanz beider Großparteien in den neun längerfristig dem Typ der Zweiparteiendominanz zuzurechnenden Parteiensystemen ist, zeigt Schaubild 4, das den gemeinsamen Mandatsanteil der beiden Großparteien wiedergibt. In seiner Reinform wird dieser Parteiensystemtyp von Malta verkörpert, wo seit 1966 nur noch zwei Parteien (PN und MLP) im Parlament vertreten sind. In den anderen sieben westeuropäischen Systemen lässt sich im Untersuchungszeitraum kein einheitlicher Trend feststellen. Während in Griechenland die PASOK und die ND ihren Mandatsanteil von über 90 Prozent bis zur Wahl von 2004 noch leicht steigern konnten, 2007 aber beide gleichermaßen Mandatsverluste hinnehmen mussten, dominieren in Spanien die PP und die PSOE seit der Jahrhundertwende das Parteiensystem noch wesentlich deutlicher als vorher. In Portugal dagegen ist der gemeinsame Stimmenanteil von PS und PSD leicht zurückgegangen. Eine stärker rückläufige Tendenz ist in Großbritannien festzustellen, wo die Labour Party und die Conservative Party 2005 mit einem gemeinsamen Mandatsanteil von 85,6 Prozent das schlechteste Ergebnis seit 1945 hinnehmen mussten. Allerdings sorgt das britische Wahlsystem dafür, dass sich das viel stärkere Abschmelzen des Parteienduopols auf der elektoralen Ebene[36] nur sehr abgeschwächt in den Mandatsanteilen niederschlägt.

---

[35] Operationalisiert wird eine strukturelle Asymmetrie hier durch die Tatsache, dass eine der beiden Großparteien mindestens fünf Wahlen hintereinander für sich entscheiden kann.
[36] Beide Parteien erreichten 2005 nur noch einen kumulierten Stimmenanteil von 67,6 Prozent (vgl. auch Abschnitt 3.1 und 3.2).

Abbildung 4: Gemeinsamer Stimmenanteil der beiden Großparteien in Parteiensystemen mit Zweiparteiendominanz

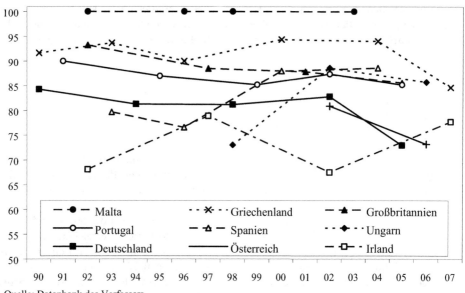

Quelle: Datenbank des Verfassers.

In Deutschland führte die Bundestagswahl von 2005 zu einem deutlichen Rückgang des Mandatsanteils der beiden Großparteien. Während CDU/CSU und SPD seit den 1950er Jahren immer über 80 Prozent, von Mitte der 1960er bis Mitte der 1970er Jahre sogar weit über 90 Prozent der Mandate erhielten, fielen sie bei der Wahl 2005 mit 73 Prozent auf das nach 1949 (67,2 Prozent) zweitschlechteste Ergebnis zurück.[37] Von Anfang der 1950er bis Mitte der 1990er Jahre zeichnete sich das Parteiensystem zudem durch eine strukturelle Asymmetrie zugunsten der CDU/CSU aus (vgl. Schaubild 5),[38] seither gehört dieser längerfristige Wettbewerbsvorteil zugunsten der Christdemokraten jedoch aus einer Reihe von Gründen der Vergangenheit an (vgl. hierzu Niedermayer 2007b). Das deutsche Parteiensystem hat somit im Rahmen des Beobachtungszeitraums einen typbeibehaltenden Wandel vollzogen, der noch dadurch akzentuiert wird, dass nach der Wahl 2005 zum ersten Mal seit Mitte der 1950er Jahre fünf relevante Parlamentsparteien existieren.[39]

---

[37] Zu den Gründen für die Mobilisierungsschwäche der beiden Großparteien 2005 vgl. Niedermayer 2007b.
[38] Bis 1998 gelang es der SPD nur ein einziges Mal, die CDU/CSU knapp zu schlagen: bei der in jeder Hinsicht eine Ausnahmewahl darstellenden, nach einem gescheiterten konstruktiven Misstrauensvotum der Union gegen Bundeskanzler Willy Brandt vorgezogenen Bundestagswahl von 1972, die inhaltlich von der neuen Ostpolitik dominiert war. Das Schaubild gibt die Prozentpunktedifferenzen zwischen den Mandatsanteilen der beiden Großparteien wieder.
[39] Zwar sind schon seit 1990 fünf Parteien im Parlament vertreten, 1990 war jedoch die ostdeutsche Listenvereinigung Bündnis90/Grüne-BürgerInnenbewegung – die davon getrennt kandidierenden westdeutschen Grünen scheiterten an der für die beiden Wahlgebiete getrennt geltenden Fünfprozent-

Parteiensysteme 371

Abbildung 5: Strukturelle Asymmetrie zugunsten einer der beiden Großparteien in Parteiensystemen mit Zweiparteiendominanz

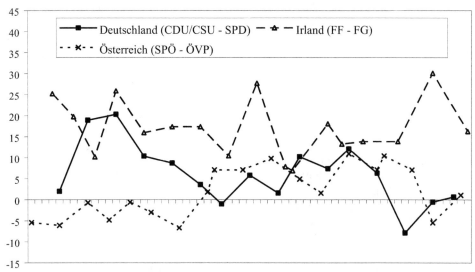

Quelle: Datenbank des Verfassers.

Das irische Parteiensystem war seit den 1950er Jahren durch eine Zweiparteiendominanz von Fianna Fáil und Fine Gael geprägt, die seit Ende der 1960er Jahre stets über 85 Prozent der Mandate auf sich vereinigen konnten. Dabei bestand immer eine deutliche strukturelle Asymmetrie zugunsten der sich selbst als „the embodiment of Ireland" (McBride 2006: 239) betrachtenden Fianna Fáil. Seit Mitte der 1980er Jahre zeichnet sich jedoch ein Wandel des Systems ab, die sich in einer größeren Anzahl parlamentarisch repräsentierter Parteien und einer höheren Fragmentierung niederschlägt.[40] Insbesondere gelang es der Labour Party, 1992 und 2002 den Abstand zur Fine Gael so weit zu verkürzen, dass eine der beiden von uns formulierten Bedingungen für eine Zweiparteiendominanz, der große Abstand zur drittplatzierten Partei, nicht mehr gegeben war. Bei der Wahl von 2007 wurde diese Dominanz jedoch wieder hergestellt. Zudem erreichten die beiden Großparteien immer mehr als zwei Drittel der Mandate und das System ist weiterhin durch eine strukturelle Asymmetrie zugunsten der Fianna Fáil gekennzeichnet (vgl. Abbildung 5), so dass es tendenziell weiter zu den Zweiparteiensystemen gerechnet werden kann.

Das traditionell durch eine Zweiparteiendominanz gekennzeichnete, in den 1990er Jahren jedoch dem pluralistischen Typ zuzurechnende österreichische Parteiensystem ist seit 2002 wieder zur Zweiparteiendominanz zurückgekehrt. Bis Anfang der 1980er war der Parteienwettbewerb vom Duopol der beiden Großparteien ÖVP und SPÖ mit der FPÖ als

---

klausel – für die rechnerische Bildung einer minimalen Gewinnkoalition nicht relevant, 1994 bis 2002 galt dies für die PDS und 2002 auch für die FDP.
[40] Seit 1989 bleibt der kumulierte Mandatsanteil der beiden Großparteien unter 80 Prozent, 1992 und 1996 waren es nur noch rund 68 Prozent.

kleiner Flügelpartei gekennzeichnet. Im Jahr 1986 übernahm Jörg Haider den FPÖ-Vorsitz und transformierte die Partei in kurzer Zeit zu einer „Protestpartei und Mobilisierungsplattform latenter Antiparteieneffekte und emotionalisierter Ressentiments" (Plasser/UIram 2006: 355). Damit begann ein beispielloser, die FPÖ ab 1990 immer näher an die ÖVP heranführender Aufstieg bis zur Nationalratswahl 1999, bei der die FPÖ mit der ÖVP gleichzog. Bei der vorgezogenen Wahl von 2002 musste die FPÖ als Folge „der parteiinternen Eskalation strategischer Konflikte, persönlicher Animositäten und zentrifugaler Auflösungstendenzen" (Plasser/UIram 2006: 356) jedoch erdrutschartige Verluste hinnehmen. Obwohl seither die Zweiparteiendominanz aus ÖVP und SPÖ wieder besteht, ist das österreichische Parteiensystem nicht mehr durch die hohe Stabilität früherer Zeiten gekennzeichnet. Dies zeigt sich – neben veränderten inhaltlichen Eigenschaften – strukturell durch den deutlich geringeren kumulierten Mandatsanteil der beiden Großparteien[41] und die wohl nicht mehr bestehende strukturelle Asymmetrie zugunsten einer der beiden Parteien, die das Parteiensystem vier Jahrzehnte lang geprägt hatte (1945 bis 1966 zugunsten der ÖVP und 1970 bis 1999 zugunsten der SPÖ).

Nach der Einebnung der längerfristigen Vorteile einer der beiden Großparteien in Österreich und Deutschland weist unter den Parteiensystemen mit Zweiparteiendominanz nur noch Irland eine strukturelle Asymmetrie auf. Zwar gab es seit 1945 in einigen anderen Systemen immer wieder Phasen, in denen eine der beiden Parteien mehrere Wahlen hintereinander für sich entschied, eine Dominanz über fünf und mehr Legislaturperioden hinweg war jedoch in keinem System zu beobachten.

Der einzige ostmitteleuropäische Staat, dessen Parteiensystem über einen etwas längeren Zeitraum eine Zweiparteiendominanz aufweist, ist Ungarn. Dort hat sich seit 1998 ein Duopol von MSZP und Fidesz herausgebildet (vgl. Abschnitt 3.3). Ob sich die stärkere Stellung der MSZP bei den letzten beiden Wahlen in Zukunft zu einer strukturellen Asymmetrie verfestigt, bleibt abzuwarten.

In der Tschechischen Republik war der Parteienwettbewerb zwar von 1996 an durch zwei rivalisierende Großparteien – die Sozialdemokraten (CSSD) und die Demokratische Bürgerpartei (ODS) – bestimmt, erst 2006 kann man jedoch von einem Übergang von pluralistischen System zu einer klaren Zweiparteiendominanz sprechen.

Unter den pluralistischen Systemen ist das Parteiensystem Zyperns bis heute unverändert durch den historisch bedingten, auf die britische Kolonialzeit zurückgehenden Gegensatz zwischen drei Parteien, den „kirchentreuen, mit dem Anschluss an Griechenland sympathisierenden Konservativen/Rechten (DISY/DIKO) und der kommunistischen Arbeiterbewegung (AKEL)" (Zervakis 2002: 876), geprägt. Die einzige vierte Partei mit länger andauernder parlamentarischer Repräsentation sind die Sozialdemokraten (EDEK). Daneben tauchen immer wieder „höchst fragile Klein- und Kleinstparteien" (Zervakis 2002: 876) auf, die sich jedoch meist sehr schnell wieder auflösen.

Auch in pluralistischen Parteiensystemen kann der Wettbewerb durch eine Art von struktureller Asymmetrie gekennzeichnet sein, wenn eine zentrale Partei existiert, die über eine längere Zeit hinweg die relative – nicht wie bei einer prädominanten Partei die absolute – Mehrheit der Mandate erringt. Dies war traditionellerweise in den skandinavischen Fünfparteiensystemen in Form der Sozialdemokratie der Fall. In der Nachkriegsära erhielt in

---

[41] Mit Ausnahme der Wahlen von 1949 und 1953 erzielten ÖVP und SPÖ bis Anfang der 1980er Jahre gemeinsame Mandatsanteile von 94 bis 98 Prozent, 2002 waren es 81 und 2006 nur noch 73 Prozent.

Schweden die Socialdemokraterna immer die relative Mandatsmehrheit (bei der Wahl von 1968 sogar die absolute Mehrheit), woran sich bis heute nichts geändert hat.[42] Während sich die Wettbewerbs- und Akteursstruktur des schwedischen Parteiensystems trotz einiger Veränderungen – vor allem dem Aufkommen der Grünen – somit nicht grundlegend gewandelt hat, vollzog sich in Dänemark im Untersuchungszeitraum zunächst ein typbeibehaltender Wandel der Akteursstruktur: Die Wahl von 2001 markierte mit dem Verlust der relativen Mandatsmehrheit der dänischen Sozialdemokratiet an die rechtsliberale Venstre das Ende einer Epoche, die mehr als 80 Jahre gedauert hatte. Auch die nächsten beiden Wahlen – 2001 und die vorgezogene Wahl von 2007 – konnte die Venstre für sich entscheiden, wobei die Fragmentierung des Parteisystems 2007 so weit anstieg, dass Dänemark nun zu den hoch fragmentierten Parteiensystemen gehört.

Das luxemburgische Parteiensystem gehört seit Ende der 1960er Jahre zu den pluralistischen Systemen. Bis heute konnten die Christdemokraten (CSV) immer die relative Mandatsmehrheit erringen, gefolgt von den Sozialdemokraten (LSAP) und den Liberalen (DP).

In Ostmitteleuropa ist – neben Estland, vgl. Abschnitt 3.3 – die Slowakei den pluralistischen Parteiensystemen zuzurechnen. Seit der ersten Wahl nach der staatlichen Unabhängigkeit sind dort immer sechs bis sieben Parteien parlamentarisch repräsentiert. Allerdings vollzog sich ein typbeibehaltender Wandel der Akteursstruktur: Die erste Wahl 1994 konnte die aus den Reihen der slowakischen Oppositionsbewegung hervorgegangene Bewegung für eine Demokratische Slowakei (HZDS) mit 41 Prozent der Mandate klar für sich entscheiden und ihr Vorsitzender, Vladimir Meciar, wurde Ministerpräsident. Kurz vor der zweiten Wahl 1998 führten eine Wahlrechtsänderung und das Bestreben der zersplitterten Oppositionslandschaft nach Ablösung der autoritären Meciar-Regierung zu einem Konzentrationsprozess und die neu gebildete Slowakische Demokratische Koalition (SDK) wurde knapp hinter der HZDS zur zweitstärksten Partei. Die folgende Legislaturperiode war durch einen extremen Desintegrationsprozess fast aller Parteien gekennzeichnet und mündete bei der Wahl 2002 in ein dem Kriterium der effektiven Anzahl der Parlamentsparteien nach als hoch fragmentiert zu kennzeichnende System, das 2006 aber wieder zur pluralistischen Wettbewerbsstruktur zurückkehrte. In neuerer Zeit gehört auch Slowenien zu diesem Typus. Anfangs hoch fragmentiert, hat sich das slowenische Parteiensystem seit 2000 zu einem pluralistischen System mit immer noch acht bis neun parlamentarisch repräsentierten Parteien entwickelt, dessen zwei stärkste Parteien heute die Slowenische Demokratische Partei (SDS) und die Liberalen (LDS) sind.

4 Die Polarisierung der europäischen Parteiensysteme: Den Parteienwettbewerb prägende Konfliktlinien

Wie im Abschnitt 2 ausgeführt, lassen sich Parteiensysteme neben den bisher betrachteten Struktureigenschaften durch die inhaltlichen Eigenschaften der Polarisierung und der Segmentierung charakterisieren. Auf die Polarisierung soll nun in Form einer Erörterung der Befunde zu den die Parteiensysteme prägenden inhaltlichen Konfliktlinien noch kurz einge-

---

[42] Dies schlug sich meist in sozialdemokratischen Minderheitsregierungen – anfangs auch in Koalitionen mit dem Bauernbund – nieder. Regierungen ohne die Sozialdemokraten bestanden nur 1976 bis 82, 1991 bis 94 und seit 2006.

gangen werden. Die Literatur zur Analyse des Parteienwettbewerbs in den europäischen Parteiensystemen ist durch eine Fülle von unterschiedlichen, zum Teil gegensätzlichen Argumentationen und Forschungsergebnissen geprägt. Zur Strukturierung der Forschungslandschaft und ihrer Ergebnisse muss zunächst verdeutlicht werden, dass für die Analyse drei Faktoren eine Rolle spielen: die Existenz und spezifische Konstellation von gesellschaftlichen Konfliktlinien (cleavages), die Existenz und spezifische Konstellation von parteipolitischen Konfliktlinien und die Art des Parteienwettbewerbs. Unter einer gesellschaftlichen Konfliktlinie verstehen wir eine tiefgreifende, über eine längere Zeit stabile, konflikthafte und im Rahmen des intermediären Systems organisatorisch verfestigte Spaltungslinie zwischen Bevölkerungsgruppen, die über ihre sozialstrukturelle Positionierung und die hieraus abgeleiteten materiellen Interessen und Wertvorstellungen bzw. primär über ihre unterschiedlichen Wertvorstellungen definiert sind.

Eine parteipolitische Konfliktlinie ist demzufolge eine tiefgreifende, über eine längere Zeit stabile, konflikthafte Spaltungslinie im Parteiensytem. Sie beruht auf der parteipolitischen Vertretung der Belange unterschiedlicher Bevölkerungsgruppen, durch ihre sozialstrukturelle Positionierung und die hieraus abgeleiteten materiellen Interessen und Wertvorstellungen gebildet, ist sie eine primär auf unterschiedlichen Wertvorstellungen definierter Bevölkerungsgruppen beruhende Spaltungslinie im Parteiensystem. Wird der Wettbewerb zwischen den Parteien durch diese parteipolitischen Konfliktlinien geprägt, so wollen wir von einem cleavage-basierten Parteienwettbewerb sprechen.

Die Beziehungen zwischen diesen drei Variablen lassen sich unterschiedlich konzeptualisieren. Aus struktureller Sicht „bringen Parteiensysteme die institutionalisierten Konflikte eines Gemeinwesens zum Ausdruck", so dass „vorpolitische Konfliktkonstellationen und soziale Wandlungsprozesse (...) den politischen Wettbewerb bestimmen" (Eith 2008: 25). Damit bilden die gesellschaftlichen Konfliktlinien die unabhängige Variable, von der die anderen beiden Variablen abhängen. Aus akteurszentrierter Sicht „handeln Parteien als unabhängige Akteure, die durch ihre politischen Konzepte und Deutungsangebote den politischen Wettbewerb strukturieren und dadurch einen nicht zu vernachlässigenden Einfluss auf den gesellschaftlichen Entwicklungsprozess ausüben" (Eith 2008: 26), womit die parteipolitischen Konfliktlinienkonstellation als unabhängige, die anderen beiden Faktoren beeinflussende Variable angesehen wird. Eine plausible theoretische Konzeptualisierung gelingt jedoch mit beiden einseitigen Ansätzen nicht, so dass letztlich auf die Wechselwirkung zwischen den gesellschaftlichen Strukturen und der Handlungslogik der politischen Akteure abgestellt werden muss.

Das von den „Urvätern" der Konfliktanalyse (Lipset/Rokkan 1967) vorgelegte Erklärungsmodell der Genese der westeuropäischen Parteiensysteme geht davon aus, dass sich in den westeuropäischen Gesellschaften des 19. Jahrhunderts vor dem Hintergrund der durch die Industrielle Revolution und die Nationalstaatsbildung bewirkten Umbrüche und Verwerfungen verschiedene gesellschaftliche Konfliktlinien zwischen sozialen Gruppen entwickelten und die sich in dieser Zeit herausbildenden politischen Parteien „the institutionalization of cleavages" (Lipset 2001: 3) darstellten, so dass die Parteiensysteme als Ganzes mit ihren Konfliktlinien die jeweilige gesellschaftliche cleavage-Konstellation widerspiegelten.

In einem solchen Parteiensystem kann von einem cleavage-basierten Parteienwettbewerb gesprochen werden, der historisch mit den Parteitypen der bürgerlichen Repräsentationsparteien und proletarischen bzw. konfessionellen Massenintegrationsparteien verbunden ist. Folgt man jedoch der Argumentation Kirchheimers (1965: 27ff.), so hat sich nach dem Zweiten Weltkrieg in Westeuropa „die Massenintegrationspartei (...) zu einer Allerweltspartei (catch-all party), zu einer echten Volkspartei" umgeformt, die u. a. durch ein „radikales Beiseiteschieben der ideologischen Komponenten" und „Wahlpropaganda mit dem Ziel, die ganze Bevölkerung zu erfassen" gekennzeichnet ist. Wird der Wettbewerb durch Parteien geprägt, die diesem Typus in seiner Reinform entsprechen, handelt es sich inhaltlich nicht um einen cleavage-, sondern um einen issue-basierten Parteienwettbewerb, bei dem sich die Parteien die jeweiligen von der Zieldimension her kontroversen Wettbewerbsinhalte (Positionsissues) von Wahl zu Wahl nur danach aussuchen, was ihnen momentan die größte Wählerschaft verspricht oder versuchen, in irgendeiner Form beide Seiten anzusprechen bzw. den Wettbewerb nur an Valenzissues ausrichten, wo sich der Streit um unterschiedliche Mittel zur Erreichung unkontroverser Ziele dreht. Einige Autoren argumentieren, dass der Parteienwettbewerb in den ostmitteleuropäischen Staaten von Anfang an stark issue-basiert war und Lawson (1999: 33) sieht daher „the uncoupling (...) of parties from cleavages" als gesamteuropäisches Phänomen an. Andere Akzentuierungen (vgl. z. B. Ost 1993) betonten anfangs, dass die kommunistische Herrschaft die soziale und ideologische Landschaft so weit eingeebnet habe, dass sich ein auf gesellschaftlichen cleavages basierender Parteienwettbewerb gar nicht oder erst nach einer langen sozialen Rekonstruktionsphase entwickeln würde. „In this context (...) political competition for votes in post-communist states would be based on personalistic, demagogic, and populist appeals" (Whitefield 2002: 185).[43] Nach einem guten Jahrzehnt der wissenschaftlichen Beschäftigung mit diesem Bereich kommt jedoch die Analyse von Tucker (2002: 292) zu dem Schluss: „In general, the literature on elections and voting in post-communist countries offers a fairly consistent ‚yes' as an answer to the question of whether societal cleavages exist".

Auch für die westeuropäischen Parteiensysteme wird einerseits die These vertreten, dass „social cleavages had (finally) (...) become irrelevant to partisanship" (Franklin 1992: 404) und andererseits wird über den zunehmenden Trend zu einem personen-basierten Parteienwettbewerb diskutiert. Allerdings kommt Farrell (2002: 183) in seiner Analyse der Wahlkampagnen zu dem Schluss: „in their fundamentals they have remained partycoated". Zudem muss bei personen-basierten Kampagnen untersucht werden, ob mit den Personen nicht auch kontroverse politische Inhalte transportiert werden.

Selbst wenn es sich um einen cleavage-basierten Wettbewerb handelt, müssen die gesellschaftlichen jedoch nicht mit den parteipolitischen Konfliktlinien übereinstimmen, so dass die in der Literatur oft zu findende Operationalisierung der parteipolitischen Konfliktlinienkonstellation anhand der Untersuchung der gesellschaftlichen Spaltungslinien in die Irre führen kann. Schon Lipset/Rokkan (1967: 26) selbst haben betont, dass „cleavages do not translate themselves into party oppositions as a matter of course", weil für die Parteipolitisierung eines cleavages eine Reihe von Schwellen zu überwinden ist und es daher für die eine cleavage-Position vertretenden (Gegen-)Eliten sinnvoller sein kann, sich mit einer bereits bestehenden Partei zu verbünden statt eine eigene Partei zu gründen. Nimmt man das Argument des Entscheidungsspielraums der Akteure ernst, so folgen daraus zusätzlich drei Möglichkeiten: (1) Die cleavage-Vertreter können auch entscheiden, die Belange ihrer Gruppe nur durch Verbände, soziale Bewegungen oder sonstige zivilgesellschaftliche Organisati-

---

[43] So gründeten z. B. in Litauen mehrere Politiker, die sich zuvor in ihrer Stammpartei nicht durchsetzen konnten, eigene Parteien zu dem Zweck, ihnen eine politische Plattform zu bieten (Rolandas Paksas die Liberaldemokraten, Viktoras Uspaskichas die Arbeitspartei, Artūras Paulauskas die Naujoji Sajunga und Petras Auštrevičius die Lietuvos Republikos Liberalų Sąjūdis).

onen und nicht in Parteiform zu vertreten. (2) Die Eliten der existierenden Parteien können prinzipiell entscheiden, welche gesellschaftlichen cleavages sie in welcher Form zur Grundlage des Parteienwettbewerbs machen: „cleavages may either be channelled, deflected, and repressed, or, vice versa, activated and reinforced precisely by the operations and operators of the political system" (Sartori 1968: 20). Im Hinblick auf die Anfangsphase der Herausbildung der Parteiensysteme Ostmitteleuropas argumentiert Zielinski (2002: 185), dass „the early rounds of electoral competition (...) are the founding moments when political actors determine which cleavages to depoliticize and which to establish as the permanent axes of political competition". Dies kann so weit gehen, dass das strategische Kalkül der Parteiakteure in Abhängigkeit von den institutionellen Rahmenbedingungen des Wettbewerbs zu einer „mosaic cleavage party" führt, die in ihrer inhaltlichen Positionierung verschiedene gesellschaftliche Konfliktlinien kombiniert, um ihre Machtchancen zu optimieren: „If the various cleavages do have a common denominator and if the translation of votes into seats and seats into governmental power penalizes small parties, the outcome will be an amalgamation of minor cleavages into a more comprehensive divide" (Enyedi 2005: 700f.).[44] Auch für die etablierten westeuropäischen Systeme kann nicht ungeprüft davon ausgegangen werden, dass die organisatorische Kontinuität der Akteurskonstellation von Parteiensystemen, die historisch durch die Politisierung einer bestimmten gesellschaftlichen cleavage-Konstellation entstanden ist, noch Jahrzehnte später impliziert, dass die ursprünglichen parteipolitischen Konfliktlinien immer noch vorhanden sind und auch in Form eines cleavage-basierten Parteienwettbewerbs stets aktualisiert werden.

Die Ergebnisse einer solchen Überprüfung hängen wesentlich davon ab, wie das Konzept der Konfliktlinie definiert wird. Für die gesellschaftlichen cleavages muss konstatiert werden, dass „the substantial literature (...) offers no single coherent definition of what cleavages actually are" (Römmele 1999: 4). Insbesondere ist für viele Autoren (vgl. z. B. Bartolini/Mair 1990; Knutsen/Scarbrough 1995; Schoen 2005) neben dem organisatorischen und dem Werteaspekt auch ein sozialstruktureller Aspekt für ein cleavage konstitutiv, d. h. die Spaltungslinie muss zwischen objektiv anhand sozialstruktureller Kriterien klar identifizierbaren Gruppen bestehen. Damit werden sozialstrukturell nicht eindeutig zuordbare Wertekonflikte nicht unter das Cleavagekonzept subsumiert, obwohl einer der Gründerväter des Konzepts sie als „new cleavages" (Lipset 2001: 7) ansieht. Die enge Cleavagedefinition stellte so lange kein gravierendes Problem dar, wie davon ausgegangen werden konnte, dass Wertorientierungen „aufgrund gruppenspezifischer Sozialisationsprozesse in hohem Maße (...) von der Positionierung eines Individuums in der Sozialstruktur" (Klein 2005: 427f.) abhängig waren, was in den Industriegesellschaften zweifellos der Fall war, in den postindustriellen Gesellschaften der neueren Zeit jedoch immer weniger der Fall ist.

---

[44] So kommt Enyedi (2005: 710) in seiner Analyse der starken eindimensionalen Polarisierung des ungarischen Parteiensystems der letzten Jahre zu dem Schluss, dass die Strategie einer der dominanten Lagerparteien, der Fidesz, „was aimed at channeling minor cleavages into a major one, develo-ping a mosaic cleavage party". Die Fidesz „spliced the various ideological dimensions tightly together, merged the right-wing segments into one single bloc and consolidated the principal divide by creating more impermeable boundaries between the two sides" (Enyedi 2005: 717). Ehrke (2007: 9f.) hingegen betont die Zersplitterung der ungarischen Gesellschaft, geht von einer „Diversität, Überlagerung und Unübersichtlichkeit der Konfliktlinien" aus und ist der Ansicht, dass die „in extremer Schärfe" bestehende Lagerkonfrontation nicht „durch die Gegensätzlichkeit der Interessenlagen oder Werthaltungen gerechtfertigt" werden kann.

Geht man von der hier anfangs vorgestellten breiteren Definition aus, lassen sich die traditionellen wie auch die modernen Spaltungslinien unter das Konfliktlinienkonzept subsumieren, was schon deswegen geboten ist, weil „auch die traditionellen Wertorientierungen immer weniger an die Zugehörigkeit zu sozialen Klassen bzw. Schichten oder Milieus gebunden" (Stöss 1997: 151) sind, so dass der Parteienwettbewerb heutzutage primär von Wertekonflikten dominiert wird. Die traditionellen, im 19. Jahrhundert in Westeuropa entstandenen gesellschaftlichen Konfliktlinien sind nach Lipset/Rokkan (1967: 14ff.): (1) der Klassenkonflikt zwischen Kapitaleignern und abhängig Beschäftigten, (2) der Stadt-Land-Konflikt zwischen der neuen Schicht des eher städtischen Handwerker- und Unternehmertums und dem Landadel, (3) der Kirche-Staat-Konflikt zwischen dem Machtanspruch des neuen Nationalstaats und den historisch gewachsenen Vorrechten der – katholischen – Kirche und (4) der Zentrum-Peripherie-Konflikt zwischen den zentralstaatlichen Eliten und den Vertretern ethnischer, sprachlicher oder religiöser Minderheiten.

Betrachtet man die Situation zu Beginn des 21. Jahrhunderts, hebt die Begrenzung auf die westeuropäischen Parteiensysteme auf und versucht anhand der einschlägigen Literatur ein Tableau möglicher parteipolitischer Konfliktlinien zu entwerfen, so lassen sich Konflikte in drei Bereichen ausmachen, dem sozioökonomischen, dem soziokulturellen und dem politisch-konstitutionellen Bereich. Im sozioökonomischen Bereich drehen sich die Auseinandersetzungen um die Rolle des Staates in der Ökonomie, im soziokulturellen Bereich um die Gestaltung des menschlichen Zusammenlebens und im politisch-konstitutionellen Bereich um die Gestaltung der politischen Ordnung. Abbildung 3 gibt einen zusammenfassenden Überblick über die mögliche Konfliktstruktur europäischer Parteiensysteme.[45]

Abbildung 6: Potenzielle parteipolitische Konfliktlinien

Sozioökonomischer Bereich	Soziokultureller Bereich	Politisch-konstitutioneller Bereich
Sozialstaatskonflikt	Religionskonflikt	Systemkonflikt
Stadt-Land-Konflikt	Libertarismus-Autoritarismus-Konflikt	
	Zentrum-Peripherie-Konflikt	

Quelle: eigene Darstellung.

Nach der Genese der westeuropäischen Parteiensysteme im 19. Jahrhundert kam in der Folgezeit „den Auseinandersetzungen zwischen Kirche und Staat sowie insbesondere zwischen Kapital und Arbeit die größte politische Wirkung" (Eith 2001: 325) zu, wobei beide Konflikte sich immer mehr zu primären Wertekonflikten wandelten. Der traditionelle Klas-

---

[45] Zum Folgenden vgl. ausführlicher Niedermayer 2008b. Zur immer noch kontrovers geführten Diskussion um die Anzahl, Abgrenzung und Benennung möglicher Konfliktlinien vgl. auch z. B. Budge et al. 2001, Jungerstam-Mulders 2006b, Listhaug et al. 1990, Warwick 2002 und Whitefield 2002. Die unterschiedliche Haltung zur Europäischen Integration und zur EU als deren institutioneller Ausdruck wird hier nicht als eigenständige Konfliktlinie im obigen Sinne verstanden, da wir uns der Auffassung anschließen, dass die bestehenden Konfliktlinien „constitute ‚prisms' through which political parties respond to the issue of European integration" (Marks et al.2002: 586). Zur kontroversen Diskussion über diese Frage vgl. z. B. Harmsen/Spiering 2004, Marks et al. 2006, Neumayer 2008 und Szczerbiak/Taggart 2005.

senkonflikt stellt heute einen Wertekonflikt um die Rolle der Politik in der Ökonomie dar. In Westeuropa dreht sich die Auseinandersetzung primär um die Rolle des Staates bei der Verteilung von Gütern und Dienstleistungen, d. h. sie wird als Sozialstaatskonflikt zwischen den Grundwerten Marktfreiheit und sozialer Gerechtigkeit ausgetragen. In Ostmitteleuropa stand zunächst die Rolle des Staates bei der Produktion von Gütern und Dienstleistungen im Mittelpunkt, d. h. die Auseinandersetzungen drehten sich als Privatisierungskonflikt um das Gemeineigentum versus Privateigentum an Produktionsmitteln. Nachdem „über das ‚Ob' der Privatisierung in vielen Staaten Konsens erzielt wurde" und auch „Pro-Staat-Parteien" durchaus „latent das Ziel der Privatisierung" verfolgen (Eckert 2004/2005: 35f.), verwandelt sich dieser Konflikt zunehmend in den Sozialstaatskonflikt um die Frage der Abfederung der sozialen Kosten der marktwirtschaftlichen Transformation durch verteilungspolitische staatliche Interventionen. Der Sozialstaatskonflikt dominiert, wie mehrere Expertenbefragungen in den letzten Jahrzehnten zeigen,[46] nach Einschätzung der Parteienforschung die Konfliktstruktur der westeuropäischen Parteiensysteme und ist auch in neuester Zeit durch die Auswirkungen der Globalisierung und des demografischen Wandels von großer Relevanz.[47] Viele Autoren sehen in ihm auch das „primary cleavage in post-communist society" (Lewis 2000: 145),[48] während andere zu dem Schluss kommen, dass in den Parteiensystemen der ostmitteleuropäischen Staaten dem soziokulturellen Bereich zuzuordnende Konfliktlinien eindeutig dominieren und die sozioökonomische Dimension meist „secondary or subordinated" ist (Jungerstam-Mulders 2006b: 246; vgl. auch Tavits 2005: 288), auch wenn sie in einigen Staaten zukünftig eine deutlich größere Rolle spielen könnte.

Die zweite Konfliktlinie im sozioökonomischen Bereich, der Stadt-Land-Konflikt, ist in seiner modernen Form primär ein Gegensatz zwischen städtisch-(post-)industriellen und ländlich-agraischen Interessen, der aber – wie alle gesellschaftlichen Konfliktlinien – erst durch die Rechtfertigung der Position der Konfliktparteien „durch Bezugnahme auf übergeordnete gesellschaftliche Werte" (Klein 2005: 427) politisch relevant wird. In den westeuropäischen Parteiensystemen ist diese Konfliktlinie heutzutage kaum noch relevant.[49] Auch in Ostmitteleuropa hat sie nach Ansicht von Eckert (2004/ 2005: 31) „durch die Urbanisierungspolitik des Sozialismus an Bedeutung verloren", stellt aber in einigen Ländern – vor allem in Estland und Slowenien – noch eine relevante Konfliktlinie dar (vgl. Jungerstam-Mulders 2006b: 246; Whitefield 2002: 188f.).

Im soziokulturellen Bereich hat sich der traditionelle Kirche-Staat-Konflikt mit den Katholiken als sozialstruktureller Trägergruppe in einen Religionskonflikt zwischen religiösen und säkularen Wertesystemen transformiert, dessen Bedeutung in den letzten Jahrzehnten in den meisten Parteiensystemen Westeuropas durch die Säkularisierungsprozesse immer stärker zurückgegangen ist (vgl. Dobbelaere/Jagodzinski 1995),[50] in einigen ostmitteleuropäischen Parteiensystemen – z. B. in Polen und Litauen – aber durchaus eine Rolle spielt (vgl. z. B. Whitefield 2002: 188f.).

---

[46] Vgl. Castles/Mair 1984, Dodd 1976, Huber/Inglehart 1995 und Knutsen 1998.
[47] Allerdings variiert die Bedeutung dieses Konflikts zwischen den einzelnen Parteiensystemen durchaus, wie die Länderanalysen in Niedermayer et al. 2006 zeigen.
[48] Vgl. z. B. auch Eckert 2004/2005: 31f. und die dort zitierte Literatur.
[49] Lediglich in Finnland spielt er noch eine Rolle (vgl. Jahn et al. 2006: 139).
[50] In den Niederlanden jedoch „trennen sich immer noch weltliche und christliche Parteien" (Lucardie 2006: 343).

Bestimmte, mit religiösen Prägungen verbundene kulturell-moralische Werthaltungen wurden zudem in die neue Konfliktlinie zwischen libertären und autoritären Wertesystemen integriert, die seit Ende der 1970er Jahre in den meisten westeuropäischen Staaten von politischen Eliten aufgegriffen und parteipolitisch in Form neuer Parteifamilien umgesetzt wurde (Niedermayer 2003: 282ff.). Das Aufkommen eines neuen gesellschaftlichen Wertekonflikts wurde zunächst durch die Arbeiten Ingleharts (1977, 1979) thematisiert, der als Folge eines tief greifenden Wertewandels in den hoch entwickelten, ökonomisch prosperierenden westeuropäischen Gesellschaften von der Herausbildung eines dauerhaften Gegensatzes zwischen Personen mit „materialistischen" und solchen mit „postmaterialistischen" Wertprioritäten ausging und diesen als neues cleavage ansah (vgl. auch Inglehart 1984). Problematisch an dieser Konzeptualisierung ist jedoch, dass der materialistische Pol sozioökonomische und soziokulturelle Elemente enthält und daher das Konzept auch keinen eindimensionalen, echten Gegensatz abbildet, wie auch der hohe Anteil von Mischtypen in den empirischen Analysen zeigt. Flanagan (1979, 1987) stimmt mit Inglehart darin überein, dass der soziale Wandel neue Wertorientierungen erzeugt, die er „libertär" nannte, spaltete den Gegenpol jedoch in zwei Komponenten auf, eine materialistische und eine autoritäre Wertorientierung. Kitschelt (1991; Kitschelt/McGann 1995) griff dies auf und argumentierte, dass die klassische ökonomische „socialist vs. capitalist politics"-Konfliktlinie in den Parteiensystemen durch den Gegensatz zwischen „libertarian" und „authoritarian politics" ergänzt werde. Für die Zeit bis in die 1990er Jahre ging er letztlich jedoch von einer eindimensionalen Polarisierung des Parteienwettbewerbs aus, da für ihn die Hauptachse der Parteienkonkurrenz in der Dimension „left-libertarian" versus „right-authoritarian politics" bestand. In neueren Arbeiten konzidiert er jedoch, dass „there is no longer a natural affinity between economic ‚leftism' and socio-cultural ‚libertarianism' or economic ‚rightism' and socio-cultural ‚autarianism'" (Kitschelt 2004: 6, vgl. auch 2001).

Die Gründe für die Herausbildung libertärer und autoritärer Wertesysteme werden im Wandel von der klassischen Industriegesellschaft zur globalisierten postindustriellen Gesellschaft gesehen, deren zentrales Kennzeichen in der gleichzeitigen Zunahme von Chancen und Risiken besteht, die je nach konkreter Lebenswelt und mentalen Kapazitäten von den Individuen unterschiedlich erfahren und verarbeitet werden. Die Verarbeitung kann entweder „in Form einer ‚Öffnung' hin zu moralischer und kultureller Permissivität" oder in Form „einer schutzsuchenden ‚Schließung' mit Hilfe autoritärer Schemata" (Ruß/Schmidt 1998: 277) erfolgen.

Im Parteienwettbewerb wird der libertäre Pol der neuen Konfliktlinie durch die grünen Parteien organisatorisch abgebildet und der autoritäre Pol durch die ethnozentristischen Parteien. Letztere werden gemeinhin rechtsextremistische bzw. rechtspopulistische Parteien genannt. Viele dieser Parteien vertreten jedoch seit einiger Zeit im ökonomischen Bereich einen anti-globalen, protektionistischen Gegenentwurf zum Marktfreiheitskonzept (vgl. Greven 2006) und haben die soziale Frage für sich entdeckt, so dass sie – wenn die Links-Rechts-Kategorisierung im Sinne der Positionierung im Sozialstaatskonflikt verstanden wird – keine extrem rechten Positionen vertreten. Der gemeinsame Nenner, der diese Gruppe von Parteien als Parteifamilie zu den anderen Parteifamilien jedoch klar abgrenzt, ist dem soziokulturellen Bereich zuzuordnen und besteht in einem ausgeprägten Ethnozentrismus: They „share the fundamental core of ethnonationalist xenophobia (based on the so-called ‚ethnopluralistic doctrine'" which „is mostly embedded in a general sociocultural authoritarianism" (Rydgren 2005: 433; vgl. auch Scharenberg 2006: 70).

Grüne Parteien existieren in allen westeuropäischen Parteiensystemen, sind seit 1990 in etwa zwei Dritteln, seit der Jahrhundertwende in drei Vierteln der Staaten parlamentarisch repräsentiert und waren um die Jahrhundertwende in fünf, 2007 noch in drei Staaten[51] an der Regierung beteiligt. Ethnozentristische Parteien existieren in mehr als drei Vierteln der Staaten, sind seit der Jahrhundertwende in gut einem Drittel parlamentarisch repräsentiert und haben durch Regierungsbeteiligungen in drei Staaten von sich reden gemacht.[52]

Während in Westeuropa von der ersten Wahlteilnahme grüner Parteien Ende der 1970er Jahre bis zur ersten Regierungsbeteiligung 1995 in Finnland eine lange Zeit verging, wurde diese Hürde in Ostmitteleuropa sehr viel schneller genommen. Kurz vor dem Zusammenbruch der kommunistischen Systeme waren in vielen Ländern Umweltprotestbewegungen entstanden, von denen sich einige in politische Parteien transformierten, die in der Übergangsphase in breite antikommunistische Bündnisse aufgenommen wurden, die dann in Regierungskoalitionen mündeten (vgl. Rüdig 2004). Auf diese Weise waren 1990 bis 1992 Grüne in Estland und Litauen sowie 1990 bis 1994 in Slowenien an Regierungen beteiligt. In der Folgezeit war dies jedoch nur noch in Polen (1997 bis 2000), der Slowakei (1998 bis 2002) und vor allem in Lettland der Fall, wo der grüne Politiker Indulis Emsis wegen seines professionellen Rufs 1993 zum Umweltminister ernannt wurde und 2004 sogar für einige Monate Premierminister war, während die grüne Partei 1995 bis 1998 Teil der Regierungskoalition war und es seit 2002 wieder ist. Zudem endete 2007 die schwierige Regierungsbildung in der Tschechischen Republik nach der Wahl von 2006 mit der Bestätigung einer Minderheitsregierung unter Einschluss der Grünen. Bis Mitte der 1990er Jahre waren grüne Parteien in (mehr als) der Hälfte der Staaten parlamentarisch repräsentiert, 2007 jedoch nur noch in drei. Ethnozentristische Parteien existieren in allen ostmitteleuropäischen Parteiensystemen außer in Lettland,[53] sind seit Mitte der 1990er Jahre meist in gut der Hälfte der Staaten parlamentarisch repräsentiert, waren 1992 bis 1996 in Rumänien, 1993 bis 1998 in der Slowakei und 2006 bis 2007 in Polen an der Regierung beteiligt und sind dies seit 2006 wieder in der Slowakei. Insgesamt hat sich somit auch in Ostmitteleuropa eine Libertarismus-Autoritarismus-Konfliktlinie herausgebildet: Mit diesen Wertesystemen verbundene „moral attitudes (...) constitute a commonly significant dividing line between parties in most post-communist countries" (Jungerstam-Mulders 2006b: 245).

Primär im soziokulturellen Bereich verankert – aber in die anderen Bereiche hineinreichend – ist der Zentrum-Peripherie-Konflikt, der in der Regel zwischen gesamtstaatlichen Parteien und den politischen Vertretungen nationaler Minderheiten besteht, im Extremfall jedoch auch zu einer Aufspaltung des gesamten Parteiensystems in Regionalparteien führen kann. Das europäische Beispiel hierfür ist Belgien. In dem „zerrissenen Land" (Schmitz-Reiners 2007: 1) bestehen zwischen dem niederländischsprachigen Norden und dem französischsprachigen Süden gravierende Trennlinien „sprachlicher, kultureller, wirtschaftlicher, religiöser und weltanschaulicher Art" (Hecking 2006: 48), die zu einer vollständigen Regionalisierung des Parteiensystems geführt haben. Im Vereinigten Königreich führte die Intensivierung des Zentrum-Peripherie-Konflikts zu einem Bedeutungsgewinn der kleineren

---

[51] Finnland, Irland und Italien.
[52] Von Anfang 2000 bis Ende 2006 in Österreich (FPÖ, später BZÖ), 1994 und 2001 bis zur Wahl 2006 in Italien (LN, AN) und 2002 in den Niederlanden (LPF). Zudem stützt die DF seit 2001 die dänische Minderheitsregierung.
[53] Hier ist allerdings die Zuordnung der TKL unter Joachim Siegerist unklar. Einen Überblick über die ethnozentristischen Parteien in Ostmitteleuropa liefern die Beiträge in Mudde 2005.

Regionalparteien, in Italien wird der Konflikt durch die Lega Nord aktualisiert, die „zwischen den Forderungen nach Föderalismus und Sezession des Nordens (‚Padanien') oszilliert" (Zohlnhöfer 2006: 289), und in Spanien zeigt sich die Konfliktlinie „vor allem in den beiden autonomen Regionen Baskenland und Katalonien, deren Parteiensysteme durch die Konkurrenz der nationalistischen Kräfte mit den gesamtstaatlichen Parteien geprägt sind" (Haas 2006: 447). In Finnland war im 19. Jahrhundert der Sprachenstreit zwischen finnisch- und schwedischsprachigen Finnen „die erste parteibildende Konfliktlinie" (Jahn et al. 2006: 137), die allerdings heute durch eine vorbildliche Minderheitenpolitik weitestgehend befriedet ist.[54] In Ostmitteleuropa bestehen eine ethnisch dominierte Zentrum-Peripherie-Konfliktlinie in der Mehrzahl der Staaten. In Lettland war dieser Konflikt bis vor nicht allzu langer Zeit dominant (vgl. Pabriks/Štokenberga 2006: 54), in Estland sind die Interessen der russischen Minderheit in zwei Parteien organisiert, in Litauen und Polen ist die polnische bzw. deutsche Minderheit durch eigene Parteien parlamentarisch vertreten, in Rumänien wird in Artikel 62 der Verfassung festgelegt, dass Organisationen von nationalen Minderheiten, die den zur parlamentarischen Repräsentation notwendigen Stimmenanteil von fünf Prozent nicht erreichen, das Recht auf einen Parlamentssitz haben, in der Slowakei war die Ungarnpartei SMK von 1998 bis 2006 sogar an der Regierung beteiligt und in Bulgarien ist dies seit 2005 für die Partei der türkischsprachigen Minderheit (DPS) der Fall.

Im politisch-konstitutionellen Bereich angesiedelt ist der Systemkonflikt, der sich auf die Gestaltung der politischen Ordnung bezieht und systembejahende Parteien von Antisystemparteien trennt. In Westeuropa trat dieser Konflikt in Gestalt der Trennungslinie zwischen demokratischen und antidemokratischen Parteien, in Ostmitteleuropa als Kommunismus-Antikommunismus-Konflikt auf. Da jedoch in Westeuropa einerseits die „kommunistischen und sozialistischen Parteien an Bedeutung verloren und zudem ihre systemoppositionelle Haltung aufgaben oder wenigstens doch abschwächten" (Stöss et al. 2006: 30f.) und andererseits unter den rechtsextremen Parteien dem eindeutig systemfeindlichen Typ in neuerer Zeit „bei Wahlen zumeist nur eine Randexistenz" (Stöss 2006: 545) zukommt, ist diese Konfliktlinie in den westeuropäischen Parteiensystemen nicht mehr relevant. In Ostmitteleuropa ist es „evident that the first dimension of conflict (...) was the communist-anticommunist cleavage. This cleavage dominated politics in the early years of the democratic regime". Mittlerweile gilt aber für die meisten Länder, dass diese Konfliktlinie „has started to fade away" (Jungerstam-Mulders 2006b: 245), und „extremistische Parteien, die einen radikalen Systemwechsel fordern, kaum Chancen (haben), mehr als marginale Minderheiten für sich zu gewinnen" (Thieme 2007: 23).[55]

5 Fazit

Die Analyse der Entwicklung der europäischen Parteiensysteme seit 1990 hat gezeigt, dass Vielfalt das Bild prägt und nicht Einheitlichkeit. Weder von einem einheitlichen Typus noch

---

[54] Vor allem wurde die Schwedische Volkspartei (RKP) „fast durchgängig in wechselnden Koalitionen mit Regierungsverantwortung betraut" (vgl. Jahn et al. 2006: 137).
[55] Dies schließt eine Gefährdung der Demokratie in manchen Staaten nicht aus. So hat sich vor allem in Rumänien die Regierungspartei PSD nach der Jahrhundertwende „zu einer Staatspartei entwickelt" und die „Opposition fällt als demokratisches Gegengewicht fast vollständig aus" (Habersack 2003: 54f.).

von einer Konvergenz in der zeitlichen Entwicklung kann die Rede sein. Dennoch haben wir es nicht mit einer atomisierten Landschaft zu tun, die jeweils nur mit Blick auf die Spezifika eines einzelnen Parteiensystems sinnvoll zu analysieren wäre. Von ihren Struktureigenschaften her, lassen sich die Parteiensysteme in vier Typen differenzieren und die weit überwiegende Mehrheit gehört den beiden moderaten Typen, den Parteiensystemen mit Zweiparteiendominanz oder den pluralistischen Systemen, an. Parteiensysteme mit einer prädominanten Partei, in denen der demokratische Alternanzmechanismus faktisch außer Kraft gesetzt ist, traten über längere Zeit nicht auf und hoch fragmentierte Systeme mit ihren möglichen negativen Konsequenzen für die Bildung und Stabilität von Regierungen bilden eine kleine Minderheit. Die westeuropäischen Parteiensysteme waren im Untersuchungszeitraum strukturell wesentlich stabiler als die ostmitteleuropäischen, was nicht verwundert, da etablierte Parteiensysteme „enjoy an inherent bias towards stability" (Mair 2001: 35). Die Analyse der inhaltlichen Polarisierung der Parteiensysteme hat verdeutlicht, dass der Parteienwettbewerb durch eine überschaubare Zahl von sozioökonomischen, soziokulturellen und politisch-konstitutionellen Konfliktlinien geprägt ist und dass das für Westeuropa entwickelte Instrumentarium der Konfliktlinienanalyse zumindest für die Zeit nach einer anfänglichen Übergangsphase auch auf die ostmitteleuropäischen Systeme angewendet werden kann. Insgesamt bieten die europäischen Parteiensysteme damit auch für die Zukunft genügend Raum für international-vergleichende Analysen.

Literatur

Bartolini, Stefano/Mair, Peter, 1990: Identity, Competition, and Electoral Availability. The Stabilization of European Electorates 1885-1985. Cambridge.
Berglund, Sten/Dellenbrant, Jan A. (Hrsg.), 1994: The New Democracies in Eastern Europe. Party Systems and Political Cleavages. 2. Auflage. Aldershot.
Beyme, Klaus von, 2000: Parteien im Wandel. Von den Volksparteien zu den professionalisierten Wählerparteien. Wiesbaden.
Blondel, Jean, 1968: Party Systems and Patterns of Government in Western Democracies, in: Canadian Journal of Political Science 1 (2), 180-203.
Bogdanor, Vernon, 1983: Conclusion: Electoral Systems and Party Systems, in: Bogdanor, Vernon/Butler, David (Hrsg.), Democracy and Elections: Electoral Systems and Their Political Consequences. Cambridge, 247-262.
Broughton, David/Donovan, Mark (Hrsg.), 1999: Changing Party Systems in Western Europe. London.
Budge, Ian/Klingemann, Hans-Dieter/Volkens, Andrea/Bara, Judith/Tanenbaum, Eric (Hrsg.), 2001: Mapping Policy Preferences. Estimates for Parties, Electors, and Governments 1945-1998. Oxford.
Castles, Francis G./Mair, Peter, 1984: Left-Right Political Scales: Some „Expert" Judgments, in: European Journal of Political Research 12 (1), 73-88.
Dalton, Russell J./Beck, Paul A./Flanagan, Scott C., 1984: Electoral Change in Advanced Industrial Democracies, in: Dalton, Russell J./Flanagan, Scott C./Beck, Paul A. (Hrsg.), Electoral Change in Advanced Industrial Democracies. Realignment or Dealignment? Princeton, 3-22.

Dellenbrant, Jan Ake, 1994: The Re-Emergence of Multi-Partyism in the Baltic States, in: Berglund, Sten/Dellenbrant, Jan Ake (Hrsg.), The New Democracies in Eastern Europe. Party Systems and Political Cleavages. Aldershot, 74-116.

Dobbelaere, Karel/Jagodzinski, Wolfgang, 1995: Religious Cognitions and Beliefs, in: van Deth, Jan W./Scarbrough, Elinor (Hrsg.), The Impact of Values. Oxford, 197-217.

Dodd, Lawrence C., 1976: Coalitions in Parliamentary Government. Princeton.

Duverger, Maurice, 1959: Die politischen Parteien. Tübingen.

Eckert, Florian, 2004/2005: Wie soll man osteuropäische Parteiengruppierugen einteilen?, in: Mitteilungen des Instituts für Deutsches und Europäisches Parteienrecht und Parteienforschung 12-2004/2005, 30-39.

Ehrke, Michael, 2007: Länderanalyse Ungarn: Strukturen eines postkommunistischen Transformationslandes, in: Internationale Politikanalyse. Friedrich Ebert Stiftung Oktober 2007. Online unter: http://library.fes.de/pdf-files/id/04982.pdf; 01.04.2008.

Eith, Ulrich, 2001: Gesellschaftliche Konflikte und Parteiensysteme: Möglichkeiten und Grenzen eines überregionalen Vergleichs, in: Eith, Ulrich/Mielke, Gerd (Hrsg.), Gesellschaftliche Konflikte und Parteiensysteme. Wiesbaden, 322-335.

Eith, Ulrich, 2008: Gesellschaftliche Konflikte und politischer Wettbewerb, in: Grabow, Karsten/Köllner, Patrick (Hrsg.): Parteien und ihre Wähler. Sankt Augustin/Berlin, 23-34.

Enyedi, Zsolt, 2005: The Role of Agency in Cleavage Formation, in: European Journal of Political Research 44 (5), 697-720.

Enyedi, Zsolt, 2006: The Survival of the Fittest: Party System Concentration in Hungary, in: Jungerstam-Mulders, Susanne (Hrsg.), Post-Communist EU Member States. Parties and Party Systems. Aldershot, 177-201.

Ersson, Svante/Lane, Jan-Erik, 1982: Democratic Party Systems in Europe: Dimensions, Change and Stability, in: Scandinavian Political Studies 5 (1), 67-96.

Ersson, Svante/Lane, Jan-Erik, 1998: Electoral Instability and Party System Change in Western Europe, in: Pennings, Paul/Lane, Jan-Erik (Hrsg.), Comparing Party System Change. London, 23-39.

Farrell, David M., 2002: Campaign Modernizing and the West European Party, in: Luther, Kurt R./Müller-Rommel, Ferdinand (Hrsg.): Political Parties in the New Europe. Political and Analytical Challenges. Oxford, 163-183.

Flanagan, Scott C., 1979: Value Change and Partisan Change in Japan. The Silent Revolution Revisited, in: Comparative Politics 11 (2), 253-278.

Flanagan, Scott C., 1987: Value Change in Industrial Societies, in: American Political Science Review 81 (4), 1303-1319.

Franklin, Mark N. 1992: The Decline of Cleavage Politics, in: Franklin, Mark N./Mackie, Thomas T./Valen, Henry (Hrsg.): Electoral Change: Responses to Evolving Social and Attitudinal Structures in Western Countries. Cambridge/New York, 383-405.

Gallagher, Michael, 2003: Analysis of the results, in: Gallagher, Michael/Marsh, Michael/Mitchell, Paul (Hrsg.), How Ireland Voted 2002. Dublin/London, 88-118.

Galli, Giorgio, 1966: Il bipartitismo imperfetto: Communisti e democristiani in Italia. Bologna.

Gebethner, Stanislaw, 1997: Free Elections and Political Parties in Transition to Democracy in Central and Southeastern Europe, in: International Political Science Review 18 (4), 381-399.

Greven, Thomas, 2006: Rechtsextreme Globalisierungskritik: Anti-globaler Gegenentwurf zu Neoliberalismus und Global Governance, in: Greven, Thomas/Grumke, Thomas (Hrsg.), Globalisierter Rechtsextremismus? Wiesbaden, 15-29.

Haas, Melanie, 2006: Das Parteiensystem Spaniens, in: Niedermayer, Oscar/Stöss, Richard/Haas, Melanie (Hrsg.): Die Parteiensysteme Westeuropas. Wiesbaden, 421-454.

Habersack, Sabine, 2003: Sonderfall Rumänien? Korruption, Defizite des Parteiensystems, Autoritarismus, in: Konrad-Adenauer-Stiftung (Hrsg.): Auslandsinformationen 9/2003, 44-61.

Harmsen, Robert/Spiering, Menno, 2004: Euroscepticism: Party Politics, National Identity and European Integration. European Studies 20. Amsterdam/New York.

Hartmann, Jürgen, 1979: Parteienforschung. Darmstadt.

Hecking, Claus, 2006: Das Parteiensystem Belgiens, in: Niedermayer, Oskar/Stöss, Richard/Haas, Melanie (Hrsg.), Die Parteiensysteme Westeuropas. Wiesbaden, 41-65.

Helms, Ludger, 2006: Das Parteiensystem Großbritanniens, in: Niedermayer, Oskar/Stöss, Richard/Haas, Melanie (Hrsg.), Die Parteiensysteme Westeuropas. Wiesbaden, 213-233.

Höhne, Roland, 2006: Das Parteiensystem Frankreichs, in: Niedermayer, Oskar/Stöss, Richard/ Haas, Melanie (Hrsg.), Die Parteiensysteme Westeuropas. Wiesbaden, 161-187.

Huber, John/Inglehart, Ronald, 1995: Expert Interpretations of Party Space and Party Locations in 42 Societies, in: Party Politics 1 (1), 73-111.

Inglehart, Ronald, 1977: The Silent Revolution. Princeton.

Inglehart, Ronald, 1979: Wertwandel in westlichen Gesellschaften: Politische Konsequenzen von materialistischen und postmaterialistischen Prioritäten, in: Klages, Helmut/Kmieciak, Peter (Hrsg.), Wertwandel und gesellschaftlicher Wandel. Frankfurt am Main, 279-316.

Inglehart, Ronald, 1984: The Changing Structure of Political Cleavages in Western Society, in: Dalton, Russell J./Flanagan, Scott C./Beck, Paul A. (Hrsg.), Electoral Change in Advanced Industrial Democracies: Realignment or Dealignment? Princeton.

Jahn, Detlef/Kuitto, Kati/Oberst, Christoph, 2006: Das Parteiensystem Finnlands, in: Niedermayer, Oskar/Stöss, Richard/Haas, Melanie (Hrsg.), Die Parteiensysteme Westeuropas. Wiesbaden, 135-159.

Jungerstam-Mulders, Susanne (Hrsg.), 2006a: Post-Communist EU Member States. Parties and Party Systems. Aldershot.

Jungerstam-Mulders, Susanne, 2006b: Party System Change in Post-Communist EU Member States, in: Jungerstam-Mulders, Susanne (Hrsg.), Post-Communist EU Member States. Parties and Party Systems. Aldershot, 233-250.

Kirchheimer, Otto, 1965: Der Wandel des westeuropäischen Parteiensystems, in: Politische Vierteljahresschrift 6 (1), 20-41.

Kitschelt, Herbert, 1991: Left-Libertarians and Right-Authoritarians: Is the New Right a Response to the New Left in European Politics? Minneapolis: Conference on the Radical Right in Western Europe.

Kitschelt, Herbert, 2001: Politische Konfliktlinien in westlichen Demokratien. Ethnisch-kulturelle und wirtschaftliche Verteilungskonflikte, in: Heidtmeyer, Wilhelm (Hrsg.): Autoritäre Entwicklungen im Zeitalter der Globalisierung. Frankfurt am Main, 418-441.

Kitschelt, Herbert, 2004: Diversification and Reconfiguration of Party Systems in Postindustrial Democracies. Bonn.

Kitschelt, Herbert/McGann, Anthony J., 1995: The Radical Right in Western Europe: A Comparative Analysis. Ann Arbor.

Klein, Markus, 2005: Gesellschaftliche Wertorientierungen, Wertewandel und Wählerverhalten, in: Falter, Jürgen W./Schoen, Harald (Hrsg.), Handbuch Wahlforschung. Wiesbaden, 423-445.

Knutsen, Oddbjorn, 1998: Expert Judgements of the Left-Right Location of Political Parties: A Comparative Longitudinal Study, in: West European Politics 21 (2), 63-94.

Knutsen, Oddbjorn/Scarbrough, Elinor, 1995: Cleavage Politics, in: van Deth, Jan W./Scarbrough, Elinor (Hrsg.), The Impact of Values. Oxford, 492-523.

Kropp, Sabine/Schüttemeyer, Suzanne S./Sturm, Roland (Hrsg.), 2002: Koalitionen in West- und Osteuropa. Wiesbaden.

Laakso, Markku/Taagepera, Rein, 1979: „Effective" Number of Parties. A Measure with Application to West Europe, in: Comparative Political Studies 12 (1), 3-27.

Lane, Jan-Erik/Ersson, Svante, 1997: Parties and Voters: What Creates the Ties?, in: Scandinavian Political Studies 20 (2), 179-196.

Lawson, Kay, 1999: Cleavages, Parties, and Voters, in: Lawson, Kay/Römmele, Andrea/Karasimeonov, Georgi (Hrsg.), Cleavages, Parties, and Voters. Studies from Bulgaria, Hungary, Poland, and Romania. Westport/London, 19-34.

Lewis, Paul G., 2000: Political Parties in Post-Communist Eastern Europe. London/New York.

Lijphart, Arend, 1994: Electoral Systems and Party Systems: A Study of Twenty-Seven Democracies, 1945-1990. Oxford.

Lipset, Seymour Martin, 2001: Cleavages, parties and democracy, in: Karvonen, Lauri/Kuhnle, Stein (Hrsg.), Party Systems and Voter Alignments Revisited. London, 3-9.

Lipset, Seymour M./Rokkan, Stein, 1967: Cleavage Structures, Party Systems, and Voter Alignments: An Introduction, in: Lipset, Seymour M./Rokkan, Stein (Hrsg.), Party Systems and Voter Alignments. Cross-national Perspectives. New York, 1-64.

Listhaug, Ola/Macdonald, Stuart E./Rabinowitz, George, 1990: A Comparative Spatial Analysis of European Party Systems, in: Scandinavian Political Studies 13 (3), 227-254.

Lucardie, Paul, 2006: Das Parteiensystem der Niederlande, in: Niedermayer, Oscar/Stöss, Richard/Haas, Melanie (Hrsg.): Die Parteiensysteme Westeuropas. Wiesbaden, 331-350.

Maguire, Maria, 1983: Is There Still Persistence? Electoral Change in Western Europe, 1948-1979, in: Daalder, Hans/Mair, Peter (Hrsg.), Western European Party Systems. Continuity and Change. London, 67-94.

Mair, Peter, 1993: Myths of Electoral Change and the Survival of Traditional Parties – The 1992 Stein Rokkan Lecture, in: European Journal of Political Research 24 (2), 121-133.

Mair, Peter, 1997: Party System Change. Approaches and Interpretations. Oxford.

Mair, Peter, 2001: The Freezing Hypothesis: An Evaluation, in: Karvonen, Lauri/Kuhnle, Stein (Hrsg.), Party Systems and Voter Alignments Revisited. London, 27-44.

Mair, Peter, 2006: Party System Change, in: Katz, Richard S./Crotty, William (Hrsg.), Handbook of Party Politics. London, 63-73.

Marks, Gary/Wilson, Carol J./Ray, Leonard, 2002: National Political Parties and European Integration, in: American Journal of Political Science 46, 585-594.

Marks, Gary/Hooghe, Liesbet/Nelson, Moira/Edwards, Erica, 2006: Party Competition and European Integration in the East and West, in: Comparative Political Studies 39 (2), 155-175.

McBride, James P., 2006: The Party System of Ireland, in: Niedermayer, Oskar/Stöss, Richard/Haas, Melanie (Hrsg.), Die Parteiensysteme Westeuropas. Wiesbaden, 235-243.

Mudde, Cas (Hrsg.), 2005: Racist Extremism in Central and Eastern Europe. London/New York.

Müller, Wolfgang C., 2004: Koalitionstheorien, in: Helms, Ludger/Jun, Uwe (Hrsg.), Politische Theorie und Vergleichende Regierungslehre. Frankfurt am Main/New York, 267-301.

Neumann, John von/Morgenstern, Oskar, 1947: Theory of Games and Economic Behavior. 2. Auflage. Princeton.

Neumayer, Laure, 2008: Euroscepticism as a Political Label: The Use of European Union Issues in Political Competition in the New Member States, in: European Journal of Political Research 47 (2), 135-160.
Niedermayer, Oskar, 1992: Entwicklungstendenzen der westeuropäischen Parteiensysteme: eine quantitative Analyse, in: Kreile, Michael (Hrsg.), Die Integration Europas, Politische Vierteljahresschrift Sonderheft 23. Opladen, 142-159.
Niedermayer, Oskar, 2003: Parteiensystem, in: Jesse, Eckhard/Sturm, Roland (Hrsg.), Demokratien des 21. Jahrhunderts im Vergleich. Opladen, 261-288.
Niedermayer, Oskar, 2007a: Die Entwicklung des bundesdeutschen Parteiensystems, in: Decker, Frank/Neu, Viola (Hrsg.), Handbuch der deutschen Parteien. Wiesbaden. [Im Erscheinen]
Niedermayer, Oskar, 2007b: Das fluide Fünfparteiensystem nach der Bundestagswahl 2005, in: Niedermayer, Oskar (Hrsg.), Die Parteien nach der Bundestagswahl 2005. Wiesbaden, 9-35.
Niedermayer, Oskar, 2007c: Der Wahlkampf zur Bundestagswahl 2005. Parteistrategien und Kampagnenverlauf, in: Brettschneider, Frank/Niedermayer, Oskar/Pfetsch, Barbara (Hrsg.), Die Bundestagswahl 2005. Wiesbaden. [Im Erscheinen]
Niedermayer, Oskar, 2008a: Regionalisierung des Wahlverhaltens und des Parteiensystems seit 1949, in: Gabriel, Oscar W./Weßels, Bernhard/Falter Jürgen W. (Hrsg.), Wahlen und Wähler. Analysen aus Anlass der Bundestagswahl 2005. Wiesbaden. [Im Erscheinen]
Niedermayer, Oskar, 2008b: Gesellschaftliche Konfliktlinien und die Polarisierung des Parteiensystems aus der Sicht der Bürger, in: Kühnel, Steffen/Niedermayer, Oskar/Westle, Bettina (Hrsg.), Bürger und Parteien: Wahl- und parteiensoziologische Analysen einer schwierigen Beziehung. Wiesbaden. [in Vorbereitung].
Niedermayer, Oskar/Stöss, Richard/Haas, Melanie (Hrsg.), 2006: Die Parteiensysteme Westeuropas. Wiesbaden.
Nohlen, Dieter, 2004: Wahlrecht und Parteiensystem. 4. korrigierte und aktualisierte Auflage. Opladen.
Ost, David, 1993: The Politics of Interest in Post-communist East Europe, in: Theory and Society 22 (4), 453-486.
Pabriks, Artis/Stokenberga, Aiga, 2006: Political Parties and the Party System in Latvia, in: Jungerstam-Mulders, Susanne (Hrsg.): Post-Communist EU Member States. Parties and Party Systems. Aldershot, 51-68.
Pedersen, Mogens N., 1979: The Dynamics of European Party Systems: Changing Patterns of Electoral Volatility, in: European Journal of Political Research 7 (1), 1-26.
Pedersen, Mogens N., 1983: Changing Patterns of Electoral Volatility in European Party Systems, 1948-1977: Explorations in Explanation, in: Daalder, Hans/Mair, Peter (Hrsg.), Western European Party Systems. Continuity and Change. London, 29-66.
Pennings, Paul/Lane, Jan-Erik (Hrsg.), 1998a: Comparing Party System Change. London.
Pennings, Paul/Lane, Jan-Erik, 1998b: Preface, in: Pennings, Paul/Lane, Jan-Erik (Hrsg.), Comparing Party System Change. London/New York, 9.
Plasser, Fritz/Ulram, Peter A., 2006: Das Parteiensystem Österreichs, in: Niedermayer, Oskar/ Stöss, Richard/Haas, Melanie (Hrsg.), Die Parteiensysteme Westeuropas. Wiesbaden, 351-372.
Römmele, Andrea, 1999: Cleavage Structures and Party Systems in East and Central Europe, in: Lawson, Kay/Römmele, Andrea/Karasimeonov, Georgi (Hrsg.), Cleavages, Parties, and Voters. Studies from Bulgaria, the Czech Republic, Hungary, Poland, and Romania. Westport, 3-17.

Rose, Richard/Urwin, Derek W., 1970: Persistence and Change in Western Party Systems Since 1945, in: Political Studies 18 (3), 287-319.

Rüdig, Wolfgang, 2004: Zwischen Ökotopia und Desillusionierung: Regierungsbeteiligungen grüner Parteien in Europa 1990-2004, in: Heinrich-Böll-Stiftung (Hrsg.), Die Grünen in Europa. Ein Handbuch. Münster, 146-194.

Ruß, Sabine/Schmidt, Jochen, 1998: Herausforderungen von links und rechts. Wertewandel und Veränderungen in den Parteiensystemen in Deutschland und Frankreich, in: Köcher, Renate/Schild, Joachim (Hrsg.), Wertewandel in Deutschland und Frankreich. Nationale Unterschiede und europäische Gemeinsamkeiten. Opladen, 265-287.

Rydgren, Jens, 2005: Is Extreme Right-wing Populism Contagious? Explaining the Emergence of a New Party Family, in: European Journal of Political Research 44 (3), 413-437.

Sartori, Giovanni, 1966: European Political Parties: The Case of Polarized Pluralism, in: LaPalombara, Joseph/Weiner, Myron (Hrsg.), Political Parties and Political Development. Princeton, 137-176.

Sartori, Giovanni, 1968: The Sociology of Parties. A Critical Review, in: Stammer, Otto (Hrsg.), Party Systems, Party Organizations, and the Politics of New Masses. Berlin, 1-25.

Sartori, Giovanni, 1976: Parties and Party Systems. A Framework for Analysis. Cambridge.

Scharenberg, Albert, 2006: Brücke zum Mainstream – Mainstream als Brücke, in: Greven, Thomas/Grumke, Thomas (Hrsg.), Globalisierter Rechtsextremismus? Wiesbaden, 70-111.

Schoen, Harald, 2005: Soziologische Ansätze in der empirischen Wahlforschung, in: Falter, Jürgen W./Schoen, Harald (Hrsg.), Handbuch Wahlforschung. Wiesbaden, 135-185.

Schmitz, Karsten, 2006: Wahl- und Parteiensysteme in Osteuropa: Eine Neubewertung anhand des Konzentrationseffekts, in: Zeitschrift für Parlamentsfragen 37 (2), 353-376.

Schmitz-Reiners, Marion, 2007: Die belgische Krise oder: Ein zerrissenes Land. Brüssel.

Segert, Dieter/Stöss, Richard/Niedermayer, Oskar (Hrsg.), 1997: Parteiensysteme in postkommunistischen Gesellschaften Osteuropas. Opladen.

Shamir, Michal, 1984: Are Western European Party Systems Frozen?, in: Comparative Political Studies 17 (1), 35-79.

Siaroff, Alan, 2000: Comparative European Party Systems. New York/London.

Smith, Gordon, 1989: A System Perspective on Party System Change, in: Journal of Theoretical Politics 1 (3), 349-364.

Stöss, Richard, 1997: Stabilität im Umbruch. Opladen.

Stöss, Richard, 2006: Rechtsextreme Parteien in Europa, in: Niedermayer, Oscar/Stöss, Richard/Haas, Melanie (Hrsg.): Die Parteiensysteme Westeuropas. Wiesbaden, 521-564.

Stöss, Richard/Haas, Melanie/Niedermayer, Oskar, 2006: Stabilität und Wandel, in: Niedermayer, Oskar/Stöss, Richard/Haas, Melanie (Hrsg.), Die Parteiensysteme Westeuropas. Wiesbaden, 7-37.

Szczerbiak, Aleks/Taggart, Paul (Hrsg). 2005: EU Enlargement and Referendums. London.

Szczerbiak, Aleks, 2006: Power without Love: Patterns of Party Politics in Post-1989 Poland, in: Jungerstam-Mulders, Susanne (Hrsg.), Post-Communist EU Member States. Parties and Party Systems. Aldershot, 91-123.

Tavits, Margit, 2005: The Development of Stable Party Support: Electoral Dynamics in Post-Communist Europe, in: American Journal of Political Science 49 (2), 283-298.

Thieme, Tom, 2007: Extremistische Parteien im postkommunistischen Osteuropa, in: Aus Politik und Zeitgeschichte 43/2007, 21-26.

Tucker, Joshua A., 2002: The First Decade of Post-Communist Elections and Voting: What Have We Studied and How Have We Studied It?, in: Annual Review of Political Science 5, 271-304.

Veen, Hans-Joachim, 2005: Die Entwicklung der Parteiensysteme in den postkommunistischen EU-Beitrittsländern. Auslandsinformationen der Konrad-Adenauer-Stiftung, Nr. 7/05. Berlin.

Ware, Alan, 1996: Political Parties and Party Systems. Oxford.

Warwick, Paul V., 2002: Toward a Common Dimensionality in West European Policy Spaces, in: Party Politics 8 (1), 101-122.

Whitefield, Stephen, 2002: Political Cleavages and Post-Communist Politics, in: Annual Review of Political Science 5, 181-200.

Wolinetz, Steven B., 1979: The Transformation of Western European Party Systems Revisited, in: West European Politics 2 (1), 4-28.

Wolinetz, Steven B., 2006: Party Systems and Party System Types, in: Katz, Richard S./Crotty, William (Hrsg.), Handbook of Party Politics. London, 51-62.

Zervakis, Peter A., 2002: Die politischen Systeme Zyperns, in: Ismayr, Wolfgang (Hrsg.), Die politischen systeme Osteuropas. Opladen, 847-892.

Zielinski, Jakub, 2002: Translating Social Cleavages into Party Systems, in: World Politics 54 (1), 184-211.

Zohlnhöfer, Reimut, 2006: Das Parteiensystem Italiens, in: Niedermayer, Oskar/Stöss, Richard/Haas, Melanie (Hrsg.), Die Parteiensysteme Westeuropas. Wiesbaden, 275-298.

Werner Reutter und Peter Rütters

Interessenverbände

1 Einleitung

Seit Alexis de Tocqueville (1986: 287ff.) im Assoziationswesen eine Ursache für die Stärke der amerikanischen Demokratie erkannte, sind solche Dimensionen zivilgesellschaftlichen Engagements Gegenstand sozialwissenschaftlicher Reflexion. Die dritte Welle der Demokratisierung in den 1970er und 1980er Jahren und der Umbruch in Osteuropa nach 1989 haben Tocquevilles hellsichtige Beobachtungen bestätigt und erneut gezeigt, dass sich in Verbänden und Vereinen bürgerliche Freiheitsrechte und politische Partizipationsansprüche manifestieren und diese zur Stabilität und Konsolidierung von Demokratien beitragen können (Sandschneider 1999). Die vergleichende Interessengruppenforschung schließt an diese Themenstellungen an. Sie beschäftigt sich mit den Voraussetzungen funktionaler Interessenvermittlung ebenso wie sie die inner- und zwischenverbandlichen Strukturen untersucht, um den Beitrag privater Interessenregierungen für gesellschaftliche Integration und staatliche Steuerungsfähigkeit zu erschließen.

Es überrascht sicher nicht, dass die Rolle von Verbänden und Verbandssystemen aus unterschiedlichen theoretischen Perspektiven thematisiert worden ist (Reutter 2005; Sebaldt/Straßner 2004: 28ff.). Klaus von Beyme und Ludger Helms (2004) etwa nennen neben dem „Alt-" und dem „Neo-Pluralismus" der 50er und 60er Jahre noch Korporatismustheorien, Theorien zu neuen sozialen Bewegungen und Netzwerkanalysen. Andere würden noch Ansätze hinzufügen, die sich mit Lobbyismus (Winter 2004), „sozialem Kapital" (Putnam 1993), Verbänden in der Europäischen Union (Kohler-Koch 1996; Eising 2001) oder in postautoritären Gesellschaften beschäftigen (Merkel/Sandschneider 1999; Schmitter 1999). Es besteht also ein reicher, sich teilweise ergänzender, aber auch sich widersprechender Forschungsstand, der dennoch Desiderate und Blickverengungen aufweist: So sind die Untersuchungsgegenstände – Interessenverbände und Verbandssysteme – unscharfe *moving targets* geblieben, und nicht immer ist klar, ob z. B. neue soziale Bewegungen oder Nichtregierungsorganisationen zum Bereich funktionaler Interessenvermittlung gehören. Außerdem kann die Anzahl der Verbände (und Vereine) in einem Land leicht in die Tausende gehen (z. B. Sebaldt 1997). Aus diesem Grunde tendiert die vergleichende Verbandsforschung dazu, sich empirisch auf wenige Großorganisationen (v. a. Gewerkschaften, Arbeitgeberverbände, Bauernverbände) zu konzentrieren. Obgleich ein solches Vorgehen die Verallgemeinerbarkeit von Forschungsergebnissen infrage stellen kann, wird sich auch die weitere Darstellung aufgrund der z. T. rudimentären Datenlage über Verbände außerhalb des Wirtschafts- und Arbeitssystems immer wieder auf die genannten Großorganisationen (und deren Einbindung in tripartistische Gremien) beschränken müssen. Ein zusätzliches methodisches Problem ergibt sich daraus, dass Verbände multifunktionale Einheiten sind, denen sich mit durchaus überzeugenden Gründen ein gemeinsamer inhaltlicher Kristallisationskern absprechen lässt (Alemann/Weßels 1997: 10ff.). Fehlt jedoch jegliche „funktionale

Äquivalenz", stellt das die Möglichkeit des Vergleichs grundsätzlich infrage (van Deth 1998; Reutter 2005). Deswegen raten Bernhard Ebbinghaus und Jelle Visser, die eine Datensammlung zu Gewerkschaften in Europa vorgelegt haben, zur Vorsicht beim länderübergreifenden Vergleichen. Denn: „It should be kept in mind that the same institution in one country may serve a different function in another country, and of course also that different institutions may serve the same function" (Ebbinghaus/ Visser 2000: 68).

Doch unbeschadet des Theorienpluralismus und der methodischen und empirischen Schwierigkeiten hat die vergleichende Interessengruppenforschung wichtige Leistungen aufzuweisen. Allein die Korporatismustheorien haben, so Wolfgang Streeck, neue „heuristische Orientierungen," „neue Perspektiven" und „neue substanzielle Grundannahmen" für das Studium des Verhältnisses von sozialen Institutionen und Politik etabliert (Streeck 1994: 8). Drei dieser heuristischen Orientierungen bzw. substanziellen Grundannahmen sollen im Weiteren dargestellt und untersucht werden: die zivilgesellschaftlichen Voraussetzungen funktionaler Interessenvermittlung (Kapitel 3), der Beitrag von Verbänden zur staatlichen Politik und zur staatlichen Steuerungsfähigkeit (Kapitel 4) sowie die Rolle von Verbänden auf europäischer Ebene (Kapitel 6). Auf die Rolle von Verbänden in Osteuropa wird dabei gesondert eingegangen (Kapitel 5). Insgesamt ist der Darstellung die Frage unterlegt, ob und inwieweit Unterschiede und Gemeinsamkeiten zwischen den nationalen Verbandssystemen integrationshemmend bzw. -fördernd wirken. Doch zuerst sind die rechtlichen Rahmenbedingungen zu skizzieren, in denen Verbände agieren (Kapitel 2).

2 Rechtliche Grundlagen für funktionale Interessenvermittlung in Europa

Rechtsordnungen bilden für Gründungen, Binnenstrukturen und Einflusschancen von Verbänden wichtige Rahmenbedingungen. Sie definieren den Status von Verbänden (öffentlich/privat), weisen diesen Rechte und Pflichten zu und geben Minimalstrukturen vor (Hartmann 1994: 258ff.). In den meisten Ländern der EU existiert für das jeweilige Vereins- und Verbandswesen eine differenzierte Legalstruktur, die in der Vereinigungsfreiheit eine gemeinsame menschenrechtliche Basis besitzt. Mit Ausnahme Österreichs und Großbritanniens garantieren die nationalen Verfassungen das Grundrecht der Vereinigungs-, vielfach auch die Koalitionsfreiheit (und damit das Streikrecht).[1] Gleichzeitig sind alle Länder der EU Mitglied des Europarates, haben also die Europäische Menschenrechtskonvention ratifiziert, in der sowohl die Vereinigungsfreiheit als auch das Recht niedergelegt ist, „Gewerkschaften zu bilden und diesen beizutreten" (Art. 11 Abs. 1 EMRK). Schließlich ist zu erwähnen, dass inzwischen alle EU-Mitgliedstaaten die Konventionen Nr. 87 und Nr. 98 der ILO (International Labour Organization) ratifizierten, in denen ebenfalls die Vereinigungs- und Koalitionsfreiheit garantiert ist.

In den Verfassungen werden Interessenverbände zumeist nicht erwähnt. Sie sind – wie in Deutschland – Sonderfälle der Vereinigungsfreiheit, die in der Regel als Individualgrund-

---

[1] Österreichs Verfassung enthält keinen Grundrechtskatalog, das Vereinigte Königreich hat bekanntlich keine geschriebene Verfassung. Erst durch den *Human Rights Act* von 1998 wurde die Menschenrechtskonvention zu innerstaatlichem Recht in GB und damit vor britischen Gerichten einklagbar (Plöhn 2001: 170).

recht ausgestaltet ist und den Bürgern das Recht einräumt, Vereine zu bilden und ihnen beizutreten (oder auch nicht beizutreten). Es ist also ein Recht auf gesellschaftliche Selbstorganisation, das aber keineswegs als bloßes Abwehrrecht zu verstehen ist. Der Staat muss einerseits dafür Sorge tragen, dass dieses Recht in Anspruch genommen werden kann. Andererseits kann es in Verbindung mit der Meinungs- und Versammlungsfreiheit einen eminent politischen Charakter gewinnen. Im Verbandswesen repräsentiert sich damit nicht nur ein gesellschaftlicher Autonomie-, sondern auch ein politischer Partizipations- und Kontrollanspruch der Bürger gegenüber dem Staat.

Das französische Beispiel zeigt, dass die faktische Wirksamkeit solcher Normen nicht einfach unterstellt werden kann. Denn erst als der *Conseil Constitutionel* 1971 entschieden hatte, dass die in der Präambel der Verfassung genannte Menschenrechtserklärung von 1789 auch den Gesetzgeber der Fünften Republik bindet, wurde die Vereinigungsfreiheit der beliebigen Disposition des Parlaments entzogen (Safran 2003: 239). Doch trotz der dadurch erfolgten verfassungsrechtlichen Aufwertung der Vereinigungsfreiheit verfügt Frankreich weiterhin über ein vergleichsweise restriktives Vereinsrecht (Jansen 2001: 129). Auch in anderen Ländern werden immer wieder Beeinträchtigungen der Vereinigungs- und der dazu gehörigen Versammlungs- und Meinungsfreiheit beklagt.

Die verfassungsrechtlichen Grundsätze haben in den meisten Ländern vereinsrechtliche Konkretisierungen erfahren, die sich auf die Binnenstrukturen, mögliche Zwecksetzungen einer Vereinigung, Haftungsfragen und ähnliches mehr beziehen, aber auch Beschränkungen markieren können (für Deutschland vgl. Zimmer 1996): So sind in Finnland Vereine, „die auf militärische Weise organisiert sind", verboten, Schützenvereine bedürfen der behördlichen Genehmigung und Ausländer dürfen sich in der Regel nur nichtstaatlichen Vereinigungen anschließen (Lappalainen/Siisiäinen 2001: 106). In Italien existiert ein für die einzelnen Sektoren differenziertes Recht (Trentini/Zanetti 2001: 222ff.), und in England disziplinierte Margaret Thatcher die Gewerkschaften in den 1980er Jahren durch gesetzliche Eingriffe (Plöhn 2001: 174ff.).

Auch die Einflussnahme auf Parlamente und Regierungen ist häufig rechtlich normiert. Nicht immer sind die Regelungen so detailliert und umfassend wie in Deutschland (Weber 1976: 175ff.). Folgt man Ulrike Liebert, kennt Frankreich zwar ein ausgeprägtes Kommissionswesen, aber eine institutionalisierte Beteiligung von Verbänden an Gesetzgebungsverfahren in Form von öffentlichen Anhörungen ist eine seltene Ausnahme (ähnlich: Dänemark und Spanien). Im Gegensatz dazu sind in der Bundesrepublik, Finnland, Irland, den Niederlanden, Schweden und auch im Europäischen Parlament öffentliche Anhörungen die Regel (Liebert 1995: 425ff.; Hartmann 1985: 45ff.). In Schweden ist die Einholung von Stellungnahmen bei Gesetzgebungsvorhaben sogar verfassungsrechtlich verankert (Götz 2001: 384).

Cum grano salis gilt das oben Gesagte auch für die mittel- und osteuropäischen EU-Länder (im Folgenden als MOE-Staaten bezeichnet), die mit den Anfang der 1990er Jahre verabschiedeten Landesverfassungen die rechtlichen Grundlagen für die Bildung von Interessenorganisationen geschaffen haben. Gelegentlich (z. B. Litauen) fand das Recht zur Bildung von Gewerkschaften in der Verfassung ausdrückliche Erwähnung. Die weitere gesetzliche Regelungsdichte für einzelne Interessenorganisationen – u. a. Normen für die Gründung, Repräsentativität und Tariffähigkeit von Gewerkschaften und Arbeitgeberorganisationen, Repräsentativitätsanforderungen für die Beteiligung u. a. an tripartistischen Institutionen – und das Vorhandensein allgemeiner Vereinsgesetze variieren in den MOE-Staaten. So wurden Vereinsgesetze gelegentlich schon Anfang der 1990er Jahre verabschiedet (in der

Tschechoslowakei 1990), sie kamen aber auch, wie das 2003 nach langwierigen Debatten beschlossene Vereinsgesetz in Polen zeigt, erst mit erheblicher zeitlicher Verzögerung zustande.

Trotz der durchaus beachtlichen Unterschiede zwischen den EU-Mitgliedstaaten entfalten die rechtlichen Rahmenbedingungen keine integrationshemmenden Wirkungen. Im Gegenteil, in verfassungs- und vereinsrechtlicher Hinsicht lässt sich eine Tendenz zur Konvergenz zumindest im Grundsätzlichen feststellen.

3 Gesellschaft und Interessenverbände

Verbände sind Mitgliedsorganisationen, d. h. sie sind – zumindest teilweise – Resultat der sozialen und politischen Mobilisierungsfähigkeit einer Gesellschaft. Ohne an dieser Stelle auf die theoretischen Ansätze eingehen zu können, mit denen die variierende Organisations- und Konfliktfähigkeit (Offe 1969) von Interessen erklärt wird,[2] ist festzuhalten, dass sich dieser Fundamentalzusammenhang auf die Verbandsforschung in dreierlei Hinsicht niedergeschlagen hat:

(1) Im Anschluss an Überlegungen von Robert Putnam (1993, 1995) gehen viele Autoren davon aus, dass das „soziale Kapital" in westlichen Gesellschaften schwindet, was die Voraussetzungen für die Funktionsfähigkeit von Interessenvermittlungssystemen infrage stellen würde. Zieht man die Daten der World Values Surveys und des Eurobarometers heran,[3] lässt sich für die westeuropäischen Länder allerdings kein genereller Rückgang der Assoziationsneigung feststellen (Tabelle 1). Auch wenn Schwankungen im Anteil der Befragten auftreten, die in mindestens einem Verein oder Verband Mitglied waren, und die Daten mit Vorsicht zu interpretieren sind, lassen die Befunde immerhin den Schluss zu, dass das in Vereinen und Verbänden organisierte soziale Kapital keineswegs kontinuierlich gesunken ist. In vielen (westeuropäischen) Ländern liegt der Anteil der in Vereinen und Verbänden Organisierten Ende der 90er Jahre sogar deutlich über dem Stand der 1970er oder 1980er Jahre (Welzel et al. 2005: 128; Roller/Weßels 1996; Aarts 1995; Weßels 1997). Eine Ausnahme bilden allerdings die meisten osteuropäischen Länder. Durchschnittlich ging der Anteil der in Vereinen und Verbänden Organisierten in zehn osteuropäischen Ländern von 57,4 (1990-93) auf 37,8 Prozent (1998) zurück (World Values Survey 2006); nur in Slowenien und der Slowakei stieg er von 39 bzw. 56 Prozent (1990) auf 52 bzw. 65 Prozent (1998).

(2) Gleichzeitig fällt auf, dass die Neigung, sich einem Verein oder Verband anzuschließen, zwischen den Ländern variiert (Tabelle 1). Obgleich sich im Zeitablauf in den einzelnen Ländern zum Teil schwer erklärbare Schwankungen zeigen (was die Validität der

---

[2] Die variierende Organisations- und Konfliktfähigkeit von Interessen lässt sich thematisieren unter (1) einer „strukturalistischen" Perspektive, nach der Mobilisierung und Organisation von Interessen Ergebnis sozialer, politischer und ökonomischer Modernisierungsprozesse und/oder politischer Opportunitätsstrukturen sind, (2) einer „institutionentheoretischen" Perspektive, in der Verbände nicht bloßes Resultat säkularer Entwicklungen und Umweltbedingungen sind, sondern ihre Bestands- und Handlungsvoraussetzungen selbst beeinflussen können, und (3) einer „individualistischen" Perspektive, nach der die Mobilisierung von Interessen Ergebnis ökonomischer Kosten/Nutzen-Kalküle der Verbandsmitglieder ist (Reutter/Rütters 2007; auch Willems/Winter 2007).
[3] Auf die methodischen Probleme solcher Surveys wird hier nicht eingegangen (siehe dazu Reutter 2005: 243ff.; van Deth/Kreuter 1998; Armingeon 2002: 219ff.).

Interessenverbände 393

Daten in Frage stellt), können drei Gruppen von Ländern unterschieden werden: die Länder Südeuropas, in denen sich ein eher geringer Anteil der Bevölkerung in Vereinen und Verbänden organisiert; die Länder in der Mitte und im Norden der EU (einschl. Westdeutschlands) mit einer zum Teil hohen Assoziationsneigung, sowie schließlich die postautoritären osteuropäischen Länder mit einer – wenn man den Angaben folgt – zumeist ebenfalls geringen, vor allem aber äußerst volatilen Organisationsneigung. Diese Unterschiede verweisen zum einen auf historisch-strukturelle Entwicklungspfade und widerlegen die bisweilen aufgestellte Vermutung, postindustrielle Gesellschaften neigten zu konvergenten Strukturen. Zum anderen scheinen etablierte Organisationen ihre Bestands- und Handlungsvoraussetzungen teilweise selbst beeinflussen zu können (Streeck 1987). Organisatorische Rationalisierungsprozesse, neuere Formen der Mitgliederwerbung, selektive positive Anreize durch die Bereitstellung von individualisierbaren Gütern sind nur einige der Maßnahmen, die etwa deutsche Gewerkschaften eingeleitet haben, um ihrem Mitgliederschwund Einhalt zu gebieten (bisher jedoch erfolglos). Damit geht einher, dass Länder, die in allen einschlägigen Untersuchungen als stark korporatistisch ausgewiesen sind und damit tendenziell über Verbände verfügen, die mittels der genannten Rationalisierungsmaßnahmen ihre Bestands- und Handlungsvoraussetzungen selbst beeinflussen können, hohe gewerkschaftliche Organisationsgrade aufweisen und dem im internationalen Vergleich vielfach festgestellten Mitgliederschwund bei Arbeitnehmervertretungen am besten getrotzt haben. So organisierten im Jahr 2000 die finnischen Gewerkschaften 79 Prozent der abhängig Erwerbstätigen, die schwedischen 82 und die dänischen 79 Prozent. In allen drei Ländern sind die Organisationsgrade zwischen 1980 und 2000 sogar noch gestiegen, in Schweden um 4,7, in Finnland um 12,9 und in Dänemark um 5,4 Prozent, während sie in pluralistischen Ländern wie Großbritannien, Italien, Frankreich und Irland zum Teil dramatisch gefallen sind (Ebbinghaus 2003: 196). Doch auch hier gibt es Ausnahmen: In Österreich, ein traditionell sozialpartnerschaftliches Land, fiel der Organisationsgrad zwischen 1980 und 2000 um 30,5 Prozent.

Tabelle 1: Mitgliedschaft in Vereinen und Verbänden[1], 1974-1998 (in Prozent)

	1974[2]	1977[3]	1981[4]	1983[3]	1987[3]	1990[3]	1990[4]	1998/99[4]
Westeuropa[5]								
Belgien	-	71	41	44	51	56	57	63
Dänemark	-	75	64	65	84	86	81	86
D (O)	-	-	-				84	56
D (W)	36	53	48	57	45	57	67	66
Finnland	63	-	40				77	79
Frankreich	-	63	27	44	44	42	38	56
Griechenland	-	-	-	32	22	25	-	24
Italien	7	46	24	36	36	38	34	50
Irland	-	54	52	55	65	56	49	64
Luxemburg	-	71	-	69	77	77	-	74

- Fortsetzung Tabelle 1 -

	1974²	1977³	1981⁴	1983³	1987³	1990³	1990⁴	1998/99⁴
Malta	-	-	41⁶				37	-
Niederlande	44	80	61	78	72	74	84	83
Österreich	45	-	-	-	-	-	53	66
Portugal	-	-	-		31	25	33	34
Schweden	-	-	67				85	90
Spanien	-	-	31		18	27	23	48
UK/GB	44	54	52	58	61	61	52	61
Osteuropa								
Bulgarien	-	-	-	-	-	-	41	20
Estland	-	-	-	-	-	-	73	33
Lettland	-	-	-	-	-	-	68	31
Litauen			-	-	-	-	60	17
Polen	-	-	-	-	-	-	41	26
Rumänien	-	-	-	-	-	-	30	21
Slowakei	-	-	-	-	-	-	56	65
Slowenien	-	-	-	-	-	-	39	52
Tschech. Rep.	-	-	-	-	-	-	62	59
Ungarn	-	-	-	-	-	-	50	29

1 = Anteil der Befragten, die in mindestens einem Verband oder Verein Mitglied waren; 2 = Political Action Study; 3 = Eurobarometer; 4 = World Values Surveys (1981-84; 1989-1991, 1999-2001); 5 = für Zypern liegen keine Daten vor; 6 = 1983.
Quellen: van Deth/Kreuter 1998: 138; World Values Surveys (1981-84, 1990-93, 1999-2001).

Gleichzeitig fällt auf, dass die Verbandssysteme einem säkularen Wandel zu unterliegen scheinen. Während traditionelle Großorganisationen häufig stagnieren oder an Mitgliedern verlieren, haben kulturelle, ökologische und sozialpolitische Vereinigungen vielfach Zuwächse zu verzeichnen. Christian Welzel et al. stellen daher zu Recht fest: „(...) there is no *general* decline of membership in voluntary associations throughout the post-industrial world. Rather, membership seems to have shifted from utilitarian to sociotropic associations. This does not indicate a universal erosion of social capital" (Welzel et al. 2005: 128, Hervorhebung im Original; siehe auch: Immerfall 1997; Weßels 1997).[4] Wieder gestalteten sich diese Entwicklungen in Osteuropa anders. Hier ist nicht nur der gewerkschaftliche

---

[4] In die Untersuchung von Welzel et al. einbezogen waren neben zehn westeuropäischen Ländern die USA und Kanada. „Utilitaristische" Assoziationen versuchen, exklusive Klubgüter ihrer Mitglieder durchzusetzen, „sociotropic associations" vertreten öffentliche Anliegen (wie Gesundheit, Umwelt etc.) (Welzel et al. 2005: 126).

Organisationsgrad von durchschnittlich 24,9 Prozent (1990/93) auf 9,6 Prozent gefallen. Vielmehr konnte dieser Rückgang auch nicht durch andere Organisationen und Vereinigungen kompensiert werden (World Values Survey 2006).

(3) Schließlich interessiert, ob sich aus dem Grad der gesellschaftlichen Assoziationsneigung Rückschlüsse ziehen lassen auf den Typ des Interessenvermittlungssystems. Eine einfache statistische Korrelationsanalyse lässt dabei den Schluss zu:[5] Ein hoher gesellschaftlicher Organisationsgrad geht in der Regel mit korporatistischen Strukturen einher, während geringere gesellschaftliche Organisationsgrade eher in pluralistischen Verbandssystemen zu finden sind. Doch gibt es auch hier Ausnahmen (Tabelle 1). Unbeschadet solcher Relativierungen lässt sich dennoch festhalten: Viel spricht für die Vermutung, dass ein hoher gesellschaftlicher Assoziationsgrad eine hohe verbandliche Integrations- und Organisationsfähigkeit indiziert, wenn auch nicht zwingend zur Folge hat (zum Vorstehenden: Reutter 2002: 505f.).

4 Interessenverbände, Demokratie und staatliche Steuerungsfähigkeit

Welchen Einfluss Interessenverbände auf politische Entscheidungen haben, ist in komparativer Perspektive schwer präzise zu bestimmen. Das hat nicht nur damit zu tun, dass sich verbandlicher Einfluss kaum exakt quantifizieren lässt und politische Entscheidungen und ihre Auswirkungen von einer Vielzahl von Faktoren abhängen. Vielmehr setzen auch methodische Probleme dem Vergleich in diesem Bereich Grenzen. Denn politischer Einfluss und Macht von Verbänden lassen sich schwerlich ausschließlich über die Struktur des Verbandssystems erschließen. Genau diese Annahme ist aber vielen vergleichenden Studien unterlegt, in denen korporatistische oder pluralistische Interessenvermittlung als Ursache gesehen werden für Policy-Outcomes. Um den Einfluss von Verbänden auf einzelne Entscheidungen bestimmen zu können, müssten die Ressourcen, die programmatischen Positionen und Handlungsstrategien von Verbänden in die Analyse einbezogen werden. Doch ist die vergleichende Verbandsforschung – von Ausnahmen abgesehen (z. B. Puhle 1975; Grant 1987; Hartmann 1985) – einen anderen Weg gegangen. Sie unterstellt, wie erwähnt, einen strukturellen Zusammenhang zwischen Verbandssystemen (oder Teilen davon) und staatlicher Steuerungsfähigkeit. Eine bestimmte Struktur von Verbandssystemen wirkt sich danach positiv oder negativ auf Politikinhalte und -ergebnisse und insbesondere auf die ökonomische Entwicklung aus. Eine Analyse und ein länderübergreifender Vergleich von konkreten Entscheidungsprozessen findet dabei nicht statt. Dieser handlungs- oder akteurstheoretische *missing link* ist eine Ursache dafür, dass die Befunde über den Einfluss von Verbänden beträchtlich variieren. Doch unbeschadet dieser Desiderate und Schwierigkeiten hat diese Richtung der Verbandsforschung zu einer nicht abreißenden Kette von Untersuchungen geführt. Cum grano salis lassen sich dabei zwei „substanzielle Grundannahmen" (Streeck 1994: 8) identifizieren, denen in diesen Untersuchungen nachgegangen wird: Zum einen wird ein Zusammenhang von Verbandssystem und Demokratietyp (einschließlich

---

[5] Die Korrelationsanalyse ergibt einen Wert von: r = -0,80. Für die Berechnung herangezogen wurden die Daten von 16 europäischen Ländern (EU-15 + Malta) aus Tabelle 1; die Länder wurden dann mit den Werten aus Spalte 1 in Tabelle 2 korreliert.

Staatsaufbau) vermutet, zum anderen wird die staatliche Steuerungsfähigkeit über die Struktur funktionaler Interessenvermittlung zu erklären versucht.

Tabelle 2: Interessenvermittlungssysteme und Policy-Outcomes

	Korporat. bzw. Pluralis.[1] (Lijphart)	E-P-D[2] (Lijphart)	Föderalismus[3]	Index der Vetospieler[4]	Arbeitskämpfe[5] (2000-2003)	Wachstum[6] (2002-2005)	Arbeitslosigkeit[7] (2002-2005)
Schweden	0,50	0,82	2,0	2	41	2,5	6,2
Österreich	0,62	0,33	4,0	9	104	1,7	4,6
Dänemark	1,00	1,25	2,0	3	44	1,6	5,3
Niederlande	1,19	1,23	3,0	7	11	0,7	4,0
Belgien	1,25	1,08	5,0	7	k. A.	1,6	8,1
Finnland	1,31	1,53	2,0	4	55	2,6	8,8
Deutschland	1,38	0,67	5,0	8	4	0,6	9,1
Luxemburg	1,38	0,43	1,0	6	6	3,5	4,2
Frankreich	2,84	-1,00	1,0	7	41	1,4	9,4
Irland	2,94	0,01	1,0	4	46	4,9	4,5
Portugal	3,00	0,36	1,0	3	18	0,3	6,4
Italien	3,12	1,07	1,0	7	135	0,4	8,2
Spanien	3,25	-0,59	3,0	6	220	3,1	10,5
Malta	3,30	-0,89	1,0	1	15	0,0	7,4
Großbritan.	3,38	-1,21	1,0	2	27	2,4	4,9
Griechenland	3,50	-0,73	1,0	3	40	4,3	10,1

1 = Korporatismus: ein niedriger Wert zeigt korporatistische Strukturen an, ein hoher pluralistische; 2 = E-P-D = Exekutive-Parteien-Dimensionen; standardisierte Durchschnittswerte nach Lijphart (1999); 3 = Föderalismus: der Index beruht auf einer Klassifikation, die unterscheidet zwischen: föderal und dezentralisiert (mit einem Wert von 5,0), föderal und zentralisiert (4,0), halb-föderal (3,0), unitarisch und dezentralisiert (2,0), unitarisch und zentralisiert (1,0); 4 = Vetospieler: Zahl der wichtigsten Vetospieler im politischen Prozess; 5 = Arbeitskämpfe: verlorene Arbeitstage pro 1.000 Arbeitnehmer, Jahresdurchschnittswerte; 6 = Wachstum: durchschnittliche Veränderung des BIP in Prozent gegenüber dem Vorjahr; 7) Arbeitslosigkeit: Anzahl der Arbeitslosen in Prozent der zivilen Erwerbsbevölkerung; Durchschnittswerte. k. A. = keine Angabe. Quellen: Lijphart 1999: 311ff.; Schmidt 2000: 342, 352; EIRO 2005: 9; Schulten 2006: 366.

Zuerst zum Zusammenhang von Verbandssystem und Demokratietyp: Insbesondere Gerhard Lehmbruch hat frühzeitig darauf aufmerksam gemacht, dass Korporatismus eine „Wahlverwandtschaft" mit Konkordanzdemokratien aufweise (Lehmbruch 1979). In beiden dominieren nicht Parteienkonkurrenz und Mehrheitsentscheidungen den politischen Entscheidungsprozess, sondern Elitenkonsens, Verfahren der Kompromissbildung und eine möglichst breite Beteiligung der relevanten politischen Akteure. Statistisch betrachtet haben sich hier auch robuste Zusammenhänge gezeigt. Parteien- und Verbandssysteme haben danach strukturelle Beziehungsmuster ausgebildet und „versäulte Organisationsnetze" hervorgebracht (Lehmbruch 1992: 210; siehe auch: Lijphart 1999; Lehmbruch 1977). So fungieren in stark korporatistischen Ländern wie Schweden oder Österreich Verbände zum Teil als „Vorfeldorganisationen" von Parteien; und in Belgien und den Niederlanden bilden sie sogar konstitutive Bestandteile „versäulter" Strukturen (Hooghe 2001; Götz 2001; Karlhofer 2001; Kleinfeld 2001). Pluralistische Systeme haben hingegen eine Tendenz zum Zweiparteiensystem und zur Konzentration der Exekutivmacht durch kleinstmögliche Regierungskoalitionen entwickelt (Plöhn 2001; Lijphart 1999: 171ff.).

Allerdings blieben diese Thesen nicht unwidersprochen. Zunächst ist anzumerken, dass die Qualifizierung von Interessenvermittlungssystemen umstritten ist. Obgleich die diversen Rangordnungen in hohem Maße übereinstimmen, verbergen sich hinter den Klassifikationen häufig divergierende inhaltliche Konzepte (Reutter 2005: 248). Doch trotz dieser Unterschiede kommen die Autoren zu weitgehend ähnlichen Rangordnungen. Im Ergebnis heißt dies: „Thus (...) dissimilar indicators sometimes yield the same results!" (Pennings et al. 1999: 283; siehe auch: Lane/Ersson 2000: 229). Darüber hinaus wird bezweifelt, dass zwischen Demokratietypen und Systemen von Interessenvermittlung „Wahlverwandtschaften" bestehen. Eine solche Vermutung unterstellt, dass Verbände und politisch-administrative Systeme in einem langfristigen Prozess der gegenseitigen Anpassung Strukturparallelitäten oder „Isomorphien" ausbilden (Mayntz 1990; Lehmbruch 1994; Eichener/Voelzkow 1994). Allerdings sind die Befunde hier uneindeutig: So weisen die fünf stärksten korporatistischen Länder Österreich, Schweden, Niederlande, Dänemark und Belgien sowohl in vertikaler als auch in horizontaler Hinsicht unterschiedliche Regierungsstrukturen auf (Tabelle 2), was sich schon an der divergierenden Anzahl der Vetospieler und an den föderalen bzw. administrativen Strukturen der politischen Systeme ablesen lässt (Armingeon 2002). Und schließlich ist darauf hinzuweisen, dass auch der vielfach behauptete Zusammenhang zwischen korporatistischer Interessenvermittlung und Regierbarkeit oder ökonomischer Performanz ebenso viele Anhänger wie Kritiker gefunden hat. Während für Wilensky/Turner (1987: 51) „over long periods" korporatistische Strukturen ursächlich sind für ökonomischen Erfolg, sehen Lane/Ersson solche Zusammenhänge durch die Daten nicht bestätigt (Lane/Ersson 2000: 242f.). Das kann nun nicht bedeuten, dass die Strukturen funktionaler Interessenvermittlung keine Rolle spielen für Politikergebnisse oder staatliche Steuerungsfähigkeit. Eine Reihe von Arbeiten zeigt, in welchem Ausmaß Verbände an staatlichen Willensbildungs- und Entscheidungsprozessen beteiligt sind und in welcher Weise der Staat auf das Verbandswesen zurückwirkt. Doch darf der Einfluss und die Bedeutung einzelner Verbände nicht gleichgesetzt werden mit dem Einfluss und der Bedeutung von Verbandssystemen – ein aus der Diskussion über Parteien und Parteiensysteme bekannter Fehlschluss.

5 Interessenorganisationen in den EU-Mitgliedsländern Mittel- und Osteuropas

Die Transformation der politischen und ökonomischen Systeme der staatssozialistischen Länder Mittel- und Osteuropas (MOE) schloss die tiefgreifende Veränderung der Strukturen und Funktionen gesellschaftlicher Repräsentanz und Partizipation in Form von Interessenorganisationen ein. Zwar konnte auch das politische System der ehemaligen staatssozialistischen Regime nicht ohne formelle und informelle Berücksichtigung ökonomischer und gesellschaftlicher Interessen auskommen. Doch blockierten der Monopolanspruch der kommunistischen Partei auf die Definition und Organisation von Interessen sowie der Repressionsapparat des Staates alle Versuche gesellschaftlicher Selbstorganisation und Einflussnahme auf politische Entscheidungsprozesse (Wiesenthal 1999: 83f.). Gegen dieses über Jahrzehnte eingeübte Erfahrungsmuster staatlicher und parteisanktionierter Verwaltung gesellschaftlicher Interessen und gegen verbreitete Strategien individueller Interessenwahrnehmungen hatten sich seit 1988/89 Neugründungen und Umformungen schon bestehender Verbände zu behaupten.

Trotz dieser Hemmnisse gab es in den 1990er Jahren in den meisten MOE-Ländern einen regelrechten Gründerboom von Verbänden und Vereinen. Überwiegend entstanden dabei Freizeit-, Sport- und Kulturvereine, die die Lücke zu schließen versuchten, die durch den Wegfall zentral gelenkter staatlicher und betrieblicher Einrichtungen entstanden war. Beispielsweise wurden in Polen bis 2002 über 36.000 Interessengruppen und ca. 90.000 Bürgervereine, Kirchen und Glaubensgemeinschaften registriert; in der Tschechischen Republik waren gegen Ende der 1990er Jahre ca. 50.000 Vereine aktiv, und in der Slowakei wurden bis 1999 etwa 15.000 Vereinsgründungen erfasst (Fiala 2000: 127; Gawrich 2003: 47f.; Kipke 2002: 292f.). Überwiegend handelte es sich um kleine Vereine, die mitglieder- oder klientelbezogene Dienstleistungen erbrachten. Nur ein geringer Teil von diesen Vereins- und Verbandsgründungen nimmt Funktionen interessenrepräsentativer und lobbyistischer Einflussnahmen auf den politischen Entscheidungsprozess wahr.

Intermediäre Organisationen hingegen, die den auflebenden politischen Partizipationsanspruch der sich pluralistisch differenzierenden Transitionsgesellschaften zu repräsentieren vermochten, waren mit verschiedenen, ihre Funktionsfähigkeit belastenden Handikaps beschwert. Soweit sie Funktions- oder Organisationsnachfolger ehemaliger von Partei und Staat sanktionierter Institutionen waren – insbesondere traf das „reformierte", aber auch neu gegründete Gewerkschaften –, waren sie mit Reputationsdefiziten konfrontiert und mussten Repräsentativitätseinbußen, die Bestandsfähigkeit bedrohende Mitgliederverluste und Loyalitätseinbrüche (beschränkte Mobilisierungsfähigkeit) hinnehmen. Neu gegründete Interessenverbände ohne Vorläuferorganisationen in den sozialistischen Regimen taten sich über längere Zeit schwer, eine repräsentative und dem Verbandshandeln gegenüber loyale Mitgliedschaft zu gewinnen, eine für die Anerkennung als Interessenverband notwendige Expertise aufzuweisen und für die Mitglieder relevante Servicefunktionen anzubieten. Akzeptanzprobleme und geringe oder mangelnde Verpflichtungsfähigkeit hemmten in den 1990er Jahren insbesondere Wirtschafts- und Arbeitgeberverbände auf allen Ebenen und in allen Branchen. Dennoch ließen sich in einigen Ländern (z. B. Tschechoslowakei/Tschechische Republik) die nach dem Regimewechsel entstandenen „staatlichen Steuerungslücken und Akzeptanzdefizite (…) durch das Organisationspotential intermediärer Institutionen partiell schließen" (Vodička 2002: 260).

Auch wenn die MOE-Staaten Ende der 1980er und Anfang der 1990er Jahre vor der gleichen Aufgabe der Systemtransformation standen, waren die Ausgangsbedingungen und der Verlauf der politischen Demokratisierung, die Einführung eines marktwirtschaftlichen Systems und die gesellschaftliche Liberalisierung von Land zu Land dennoch unterschiedlich, zumal sich „der Aufbau einer handlungs- und funktionsfähigen Zivilgesellschaft weder erzwingen noch exportieren" lässt (Sandschneider 1999: 13). Diese variierenden Rahmenbedingungen und insbesondere die unterschiedlichen Strategien für die Privatisierung der Staatsunternehmen führten zu mehr oder weniger stark differierenden Ergebnissen bei der Strukturierung der gesellschaftlichen Interessenrepräsentation. Von hoher Bedeutung für die gesellschaftliche Akzeptanz des Transformationsprozesses war angesichts der grundsätzlichen Veränderung der Wirtschaftsstruktur und der Beschäftigungssituationen durch die Privatisierung der Staatsunternehmen die Einbindung der reformierten „alten" bzw. neugegründeten Gewerkschaften und der neu zu gründenden Arbeitgeber- und Wirtschaftsverbände.

Die Reorganisation und der Neuaufbau der Gewerkschaften erfolgte mit umfangreicher externer Unterstützung seitens der ILO, von internationalen und europäischen Gewerkschaftsorganisationen (IBFG, WVA, IBS/GUF, EGB und EGV) sowie durch eine Vielzahl bilateraler Gewerkschaftskontakte (Rütters/Mielke 1992; Rütters 1994). Dennoch führten diese Unterstützungen nicht zu gleichförmigen Gewerkschaftsbewegungen. Bestimmend für die Strukturierung des jeweiligen Verbändesystems blieben die landesspezifischen Transformationsbedingungen. In Reaktion auf die zentralisierten Staatsgewerkschaften entstanden mit dem Transformationsprozess in allen MOE-Ländern mehr oder weniger fragmentierte Gewerkschaftsbewegungen, die mit erheblichen Reputationseinbußen konfrontiert waren. Stilllegung und Privatisierung von Staatsbetrieben sowie damit verbundene Modernisierungen und Rationalisierungen führten zu hoher Arbeitslosigkeit in den Branchen, in denen Gewerkschaften traditionell über ein hohes Organisationspotential verfügten. Hingegen hatten und haben sie erhebliche Schwierigkeiten, Arbeitnehmer in neugegründeten kleinen und mittleren Unternehmen der Privatwirtschaft und unter den Angestellten in den neuen Dienstleistungssektoren zu gewinnen. Loyalitätseinbußen mussten die Arbeitnehmerorganisationen nicht zuletzt auch deshalb hinnehmen, weil sie im Transformationsprozess die Erwartungen ihrer Mitglieder an Unterstützungsleistungen, Arbeitsplatz- und Einkommenssicherung nicht zu erfüllen vermochten.

Eine der bis in die Gegenwart reichenden Folgen dieser Entwicklungen ist ein generell gesunkener Organisationsgrad der Gewerkschaften: Er liegt in den zehn EU-Staaten in MOE nur in Slowenien und (vielleicht) Rumänien noch über 40, in Ungarn über 30, in Bulgarien und in der Slowakei zwischen 20 und 30 Prozent, während in den drei baltischen Staaten und Polen nur noch zwischen 15 und 20 Prozent der Beschäftigten organisiert sind. Die erwähnte Differenzierung und Fragmentierung der Gewerkschaftsbewegungen in den einzelnen Ländern zeigt sich nicht nur in einer starken Auffächerung der Dachverbände in eine Vielzahl von Branchen- und Industriegewerkschaften, sondern auch in konkurrierenden Gewerkschaftszentren, die auf nationaler Ebene eine relevante Anzahl von Mitgliedern repräsentieren (Tabelle 3).

Tabelle 3: Anzahl und Mitgliederstärke der Gewerkschaftskonföderationen der 10 EU-Mitgliedsländer in Mittel- und Osteuropa

Länder	Anzahl der Dachverbände (DV)	Mitgliederanteil (in Prozent): größter DV	Mitgliederanteil (in Prozent): zweitgrößter DV	Mitglieder beim EGB
Bulgarien	1	75,7	21,1	2
Estland	2	51,6	37,6	2
Lettland	1	100,0	-	1
Litauen	3	55 (?)	40 (?)	3
Polen	4	42,1	41,1	2
Rumänien	5	34,1	22,7	4
Slowakei	1	96,2	k. A.	1
Slowenien	4	50,0	k. A.	1
Tschechien	3	80 (?)	10 (?)	1
Ungarn	6	28,8	25,6	6

EGB = Europäischer Gewerkschaftsbund. k. A. = keine Angabe. Quelle: Carley 2004; Trif 2004.

Die Tabelle bietet nur eine Momentaufnahme, da insbesondere in den Ländern mit stark fragmentierter Gewerkschaftsbewegung noch immer relevante Umgruppierungen und Neugründungen stattfinden. Um nur zwei Beispiele anzuführen: In Rumänien ist der unabhängige Dachverband Meridian (gegründet 1994) in den letzten Jahren zur mitgliederstärksten Organisation geworden, vor allem auf Kosten der bislang einflussreichen CNSLR-Fratia. In Polen vertritt die 2003 gegründete unabhängige FZZ etwa 17 Prozent der Organisierten, während die bislang mitgliederstärkste Gewerkschaft OPZZ etwa ein Drittel ihrer Mitglieder einbüßte.

Die nach 1988/89 etablierten Wirtschafts- und Arbeitgeberverbände – abgesehen von Handelskammern, die bis zum Regimewechsel als Außenwirtschaftskammern fungiert hatten – mussten neu aufgebaut werden, da sie keine unmittelbaren Vorläuferorganisationen hatten. Anders als bei den Gewerkschaften erfolgte hier die Verbandsbildung zögerlicher, wenngleich häufig ähnlich fragmentiert. Gründe waren eine ausgeprägte Interessenheterogenität (u. a. zwischen Unternehmen im privaten Sektor und in Staatsbetrieben) und die verbreitet wahrgenommene Chance unternehmensindividueller Interessenvertretung. Insbesondere, aber keineswegs ausschließlich, waren und sind Arbeitgeberorganisationen mit der Situation konfrontiert, eine repräsentative und dem Verbandshandeln gegenüber loyale Mitgliedschaft zu gewinnen, eine für die Anerkennung als Interessenverband notwendige Repräsentativität und Expertise auszuweisen und für die Mitglieder relevante Servicefunktionen anzubieten. Gleichzeitig beschweren der geringe Organisationsgrad von Arbeitgeberverbänden und ihre unzureichende Verpflichtungsfähigkeit in diesem Jahrzehnt die Bestrebungen von Regierungen in fast allen MOE-Staaten, mit tripartistischen Arrangements den wirtschaftlichen und sozialen Transformationsprozess konfliktarm zu steuern.

Gleichwohl wurde im Verlauf der zurückliegenden fast zwei Jahrzehnte auch auf Unternehmensseite in allen hier berücksichtigten MOE-Staaten ein differenziertes Verbändesystem aufgebaut. Das Kammersystem umfasst inzwischen nicht nur Industrie- und Handelskammern, sondern auch Handwerks- und Landwirtschaftskammern sowie Kammern Freier Berufe (Ärzte, Notare, Rechtsanwälte etc.). Sie übernehmen zum Teil staatliche Aufgaben, und in einigen Ländern kennen auch die Industrie- und Handelskammern eine obligatorische Mitgliedschaft. Bei den Dachverbänden der Wirtschafts- und Arbeitgeberorganisationen bestehen in einigen MOE-Ländern konkurrierende Vereinigungen (u. a. Rumänien, Polen, Tschechien; Trif 2004: 46ff.; Towalski 2002: 1); was ihre Repräsentativität schwächt und ihre Durchsetzungschancen mindert.

Angeregt von der ILO und der EU wurden in allen hier angesprochenen MOE-Ländern bis Mitte der 1990er Jahre tripartistische Gremien des sozialen Dialogs eingerichtet, in denen Gewerkschaften und Arbeitsgeberorganisationen vertreten sind. Eine wesentliche Aufgabe dieser Gremien und der in ihnen vereinbarten Arrangements sollte es anfangs sein, angesichts der enormen Veränderungen und sozialen Spannungen, die mit dem Regimewechsel und vor allem mit dem Umbau der planwirtschaftlichen Systeme in marktorientierte Ökonomien verbunden waren, das soziale Konfliktpotential durch die Einbindung der Gewerkschaften in die ökonomischen und sozialen Reformprozesse zu begrenzen (Rütters 1994: 591ff.; Kurtán 1999: 115ff.). Inzwischen haben sich die Kompetenzen dieser Gremien, die von Land zu Land unterschiedlich ausgestaltet sind, dahin verändert, dass sie meist neben der Festlegung von Mindestlöhnen und Rahmenvereinbarungen über die angestrebte Lohnentwicklung zu allen relevanten Fragen der Arbeitsbeziehungen und der Sozialpolitik gehört werden. Obwohl die einmal eingerichteten tripartistischen Gremien sich – wie nicht anders zu erwarten war – dauerhaft institutionalisieren konnten, war dennoch ihre Fähigkeit, in ähnlicher Permanenz auch tripartistische Arrangements zu generieren, u. a. durch häufigen Regierungswechsel in den MOE-Staaten erheblich eingeschränkt. Ebenso trugen eine geringe Repräsentativität und mangelnde Verpflichtungsfähigkeit (gelegentlich auch Verpflichtungsbereitschaft) der Arbeitsmarktparteien (Reutter: 1995: 1062f.) in den meisten MOE-Staaten dazu bei, dass die tripartistischen Gremien sich nur sehr begrenzt in der Lage zeigten, integrative Lösungen zu vereinbaren. Zwar erfahren die in den tripartistischen Gremien vertretenen Organisationen eine Aufwertung ihrer Position, doch kann auch das nicht darüber hinwegtäuschen, dass z. B. tarifpolitische Rahmenvereinbarungen nur geringe Beachtung auf Branchen- und Unternehmensebene finden (Tóth/Neumann 2004). Als Institutionen korporatistischer Arrangements konnten sich die tripartistischen Gremien aber schon deshalb nicht erweisen, weil ein staatlicher Verteilungsspielraum so gut wie nicht gegeben war und ist, die mitwirkenden Arbeitsmarktparteien – wie betont – über eine nur sehr begrenzte interne Verpflichtungsfähigkeit verfüg(t)en und ihre Integrationsfähigkeit in den meisten MOE-Ländern darüber hinaus noch durch einen konkurrierenden Verbändepluralismus beschränkt wird.

Doch trotz der angesprochenen Organisations- und Funktionsschwächen von Gewerkschaften und Unternehmerverbänden ist festzuhalten: Seit 1989/90 hat sich in den EU-Mitgliedsländern in MOE ein differenziertes, pluralistisches und im Kern inzwischen stabiles System intermediärer Interessenorganisationen herausgebildet. Diese Feststellung trifft nicht nur für die meistens (und auch hier) bei der Betrachtung der Interessenorganisationen im Mittelpunkt stehenden Vereinigungen der Sozialpartner (Gewerkschaften, Arbeitgeber- und Wirtschaftsverbände) zu. Auch für andere gesellschaftliche Bereiche haben sich – soweit sie nicht wie die Katholische Kirche in Polen bereits bestanden – Vereinigungen etablieren können, die (auch) der Interessenrepräsentation gegenüber dem politischen System dienen. Angesprochen sind damit u. a. Bereiche und Verbände gesamtgesellschaftlicher Interessen (public interests) wie Umweltschutzorganisationen, Wohlfahrtsverbände und Verbraucherorganisationen. Eine Schwäche vieler Interessenorganisationen besteht nach wie vor in ihrer geringen Ressourcenausstattung, was die Beschäftigung von Fachkräften begrenzt und ihre Expertise und Verhandlungsposition mindert.

Auch in den MOE-Ländern nehmen die Verbände also die Aufgabe der Repräsentation funktionaler gesellschaftlicher Interessen wahr und entlasten – in der Tendenz – Regierung, Parlament und Parteien durch ihre Integrationsfähigkeit. Aber wie in Westeuropa variieren die Struktur der „Verbändelandschaften", die Intensität der Integrationsleistungen und die Akzeptanz im politischen System nicht unerheblich von Land zu Land. Vielleicht stärker als in Westeuropa besteht in den MOE-Staaten noch manche Unklarheit über die Adressaten politischer Einflussnahmen (Parteien, Parlament, Regierung) und – trotz tripartistischer Institutionen – über die Legitimität der Beteiligung von Partikularinteressen an politischen Entscheidungsprozessen. Darüber hinaus nehmen die Interessenorganisationen in den EU-Ländern Mittel- und Osteuropas – ebenso wie ihre westeuropäischen Pendants – aktiv am europäischen Integrationsprozess zumindest in der Weise teil, dass ihre nationalen Spitzenorganisationen – ob Gewerkschaften, Arbeitgeber-, Unternehmer- und Wirtschaftsverbände oder Umweltschutzorganisationen – Mitglieder entsprechender europäischer Interessenorganisationen sind.

6   Interessenorganisationen in der Europäischen Union

Mit Betonung der „partizipativen Demokratie" als Ergänzung der repräsentativen Demokratie im Verfassungsentwurf für die Europäische Union (EU) und der Hervorhebung der Mitwirkung der Zivilgesellschaft im Weißbuch der Europäischen Kommission „Europäisches Regieren" von 2001 (Platzer 2004: 186) wurde auf die wichtige Funktion von Interessenorganisationen für die Politikformulierung und den politischen Entscheidungsprozess in der EU hingewiesen. Mit diesen Hervorhebungen wurde nicht in erster Linie eine Veränderung der zukünftigen Politik der EU gegenüber der „zivilgesellschaftlichen" Partizipation in Aussicht gestellt. Vielmehr wurde eine seit Gründung der ersten supranationalen europäischen Institution – der Europäischen Gemeinschaft für Kohle und Stahl (1951) – etablierte Praxis der Einbeziehung von Vertretern nationaler und europäischer Interessenorganisationen in den europäischen Willensbildungs- und Entscheidungsprozess bestätigt.

Zwar wird gelegentlich bei der Betrachtung der „Verbändelandschaft" auf europäischer Ebene eine bis ins 19. Jahrhundert zurückreichende Tradition beansprucht, dennoch entstand die seit Anfang der 1950er Jahre aufkommende Vielfalt und Aufgabenorientierung europäischer Interessenorganisationen in engem Bezug zur Gründung und Entwicklung der supranationalen europäischen Gemeinschaften EGKS (1951), EWG und EURATOM (beide 1957)[6]. Und auch wenn mit der Schaffung europäischer Institutionen Gremien wie der Beratende Ausschuss der EGKS oder der Wirtschafts- und Sozialausschuss der EWG/EU für eine Politikbeteiligung betroffener gesellschaftlichen Gruppen der einzelnen Mitgliedstaaten bereitgestellt wurden, waren diese Anlass und Bezugspunkt für die einbezogenen Gruppen,

---

[6] Zur Vereinfachung wird im weiteren die Bezeichnung Europäische Union (EU) verwendet.

sich jeweils eigenständige europäische Koordinationsforen einzurichten (exemplarisch für die europäischen Gewerkschaftsorganisationen im Montanbereich: Stöckl 1986: 153ff.).

Die dynamische Entwicklung der Europäischen Gemeinschaften bzw. der Europäischen Union (1) durch die Aufnahme neuer Mitglieder und der damit verbundenen territorialen Ausweitung der EU-Regelungen seit Anfang der 1970er Jahre, (2) durch die Erweiterung der Aufgaben der EU insbesondere im Rahmen der wirtschaftlichen Integration und Binnenmarktentwicklung und durch die gemeinsame Außen- und Sicherheitspolitik und die Zusammenarbeit im Bereich Justiz und Inneres und schließlich (3) durch wachsende Kompetenzausstattungen von EU-Institutionen (insbesondere des Europäischen Parlaments) und geänderte Entscheidungsregeln (Ablösung der Einstimmigkeit durch das Mehrheitsprinzip) führten sowohl zu einem stetigen Anwachsen der Anzahl der auf EU-Ebene vertretenen organisierten Interessen als auch zu einer Veränderung von deren Strukturen, Funktionen und Strategien.

Es ist aber keineswegs ausgemacht, ob die Anforderungen und Erwartungen an die Integrationsleistungen und die Vermittlung gesellschaftlicher Akzeptanz für die EU-Politik von der „zivilgesellschaftlichen" Partizipation auch erfüllt werden und ob die europäischen Interessenorganisationen über die für diese Aufgaben erforderliche Repräsentativität, Legitimation und Verpflichtungsfähigkeit verfügen. Denn die Entwicklung der europäischen Interessenverbände zeigt „die Problematik eines beschleunigten, nach gesellschaftlichen Interessenbereichen ungleichgewichtigen Wachstums des Eurolobbyismus: die Bevorzugung wirtschaftlicher Interessen und die Beförderung klientelbezogener Verteilungskoalitionen in einem durch die diffuse hoheitliche Struktur der EU begünstigten, intransparenten und demokratisch-parlamentarisch nicht hinreichend kontrollierten Entscheidungssystem" (Platzer 2004: 188).

Auf europäischer Ebene hat sich mit der Etablierung und dem Ausbau der Europäischen Gemeinschaften eine wachsende Anzahl von Interessenvertretungen unterschiedlicher Art etabliert, deren Aktivitäten vorrangig auf die EU-Institutionen ausgerichtet sind. Angaben zur Anzahl der bei EU-Gremien in Brüssel aktiven Verbände und Organisationen variieren zwischen 1.000 und 3.000. Bei der EU-Kommission in Brüssel sind zurzeit (2006) etwa 750 Interessenvertretungen freiwillig registriert. Inzwischen umfasst diese differenzierte europäische „Verbändelandschaft" mehr oder weniger das gesamte Spektrum nationaler Interessenorganisationen.

Wirtschaftsverbände einschließlich der Agrarorganisationen sind nach wie vor am stärksten in der EU vertreten (Greenwood 1997: 47; Eising 2001: 458). Doch haben die territoriale Expansion und die Funktionserweiterung der EU dazu geführt, dass sich in Brüssel neben den „Sozialpartnern"[7] Vereinigungen regionaler und kommunaler Gebietskörperschaften sowie eine Vielzahl unterschiedlicher Repräsentationen öffentlicher Interessen

---

[7] Ebenso wie die Unternehmerorganisationen mit UNICE (Union des Industries de la Communauté Européenne, gegründet 1958) haben sich die Gewerkschaften seit Anfang der 1950er Jahre europäische Koordinationsorgane geschaffen, deren richtungsübergreifende Reorganisation 1973 mit der Gründung des Europäischen Gewerkschaftsbundes (EGB) und den derzeit elf assoziierten Europäischen Gewerkschaftsausschüssen (EGA) als Branchen-/Industrieverbänden erfolgte (Reutter/Rütters 2003: 529ff.). Als branchenübergreifender Dachverband vertritt UNICE nationale Dachverbände von Wirtschafts- und Arbeitgeberorganisationen, die auf nationaler Ebene teils separat (z. B. BDI und BDA), teils als Gesamtverband organisiert sind. – UNICE hat sich umbenannt und führt seit dem 23.1.2007 den Namen: BUSINESSEUROPE.

(Public Interest Groups) wie Wohlfahrtsverbände, Verbraucherschutz- (BEUC, Bureau Européen des Unions de Consommateurs) und Umweltschutzorganisationen (EEB, European Environmental Bureau) bis hin zu Vertretungen der verschiedenen Religionsgruppen etabliert haben.

Viele Europaverbände – insbesondere Wirtschafts- und Unternehmerorganisationen, aber auch EGB, EGA und Verbraucherverbände – weisen zwar eine hohe Repräsentativität auf. Gleichwohl kommt ihnen angesichts dominanter nationaler Einbindung und Loyalitätsanforderungen ihrer Mitgliedsorganisationen, die in der Regel über erheblich größere materielle und personelle Ressourcen verfügen, nur eine sehr begrenzte Integrations- und Aggregationskraft zu, ganz abgesehen von einer weitgehend verweigerten Verhandlungsautonomie (Eising 2001: 460).

Die aus der Dominanz nationaler Einbettung resultierenden Konsensprobleme zwischen den Mitgliedsverbänden von Europa-Organisationen hat seit den 1950er Jahren dazu beigetragen, dass nationale Interessenorganisationen eigene Büros in Brüssel einrichteten, um gegebenenfalls eigenständige Einflussnahmen zu ermöglichen. Beispielsweise unterhalten BDI (Bund deutscher Industrie) und DIHK (Deutscher Industrie- und Handelskammertag) seit Ende der 1950er Jahre, der DGB (Deutscher Gewerkschaftsbund) seit 1967, Büros in Brüssel. Die territoriale und funktionale Erweiterung der EU hat die innerverbandlichen Konsensprobleme vermehrt, was den Trend zu direkter Repräsentanz in Brüssel verstärkt.

Die zunehmende Bedeutung der EU-Rechtssetzungen, aber auch die von der EU in verschiedenen Programmen zur Verfügung gestellten Mittel haben das Interesse von Multinationalen Konzernen (MNKs) an einer direkten Vertretung in Brüssel – unabhängig von ihren Dach- und Wirtschaftsverbänden – wachsen lassen. Über 200 Großunternehmen bzw. MNKs sind inzwischen mit Büros in Brüssel ansässig, um eigenständig Lobbyaktivitäten entwickeln zu können, die sie gegebenenfalls unabhängig machen von den Konsenszwängen ihrer Wirtschaftsverbände. Um den Austritt von MNKs zu verhindern und deren Verbandsmitarbeit sicherzustellen, sind verschiedene Europaverbände (u. a. UNICE, CEFIC (European Chemical Industry Council), EFPIA (European Federation of Pharmaceutical Industries and Associations)) dazu übergegangen, neben der Mitgliedschaft der nationalen Interessenorganisationen eine Direktmitgliedschaft von Großunternehmen zuzulassen, wenn nicht sogar vorrangig MNKs zu organisieren, wie in der Automobilindustrie (ACEA (European Automobile Manufacturers Association)). Die Tendenz zu einer Macht- und Einflussverschiebung zugunsten einzelner Konzerne zeigt sich in deren zunehmendem Einfluss in den Vorständen von EU-Verbänden. Ob und wie dadurch Repräsentativität, Integrations- und Verpflichtungsfähigkeit der EU-Vereinigungen beeinflusst oder tendenziell eingeschränkt werden, kann aus Mangel an einschlägigen empirischen Studien nur vermutet werden. Beeinträchtigt werden Transparenz und demokratische Kontrolle von Einflussnahmen auf die Politikformulierung und den politischen Entscheidungsprozess der EU-Institutionen zweifelsohne auch durch das kommerzielle Auftrags-Lobbying einer wachsenden Anzahl von spezialisierten Anwaltskanzleien und Consulting-Unternehmen.

Die Bemühungen der EU-Kommission und des EU-Parlaments, Standards für die Zusammenarbeit mit Verbänden und Lobbyagenturen stärker zu formalisieren, führte zur Formulierung von Verhaltenskodizes (Durchführungsbestimmung zu Art. 9 (2) der GO des Europa-Parlaments, Anlage IX, Art. 3) und zu Anregungen für freiwillige Verhaltenskodizes (EU-Kommission). Transparenz und öffentliche Kontrolle der EU-Entscheidungsprozesse im Hinblick auf die Einflussnahmen und Durchsetzungsfähigkeiten von Interessenorganisationen konnten diese sanktionsfreien Regularien bislang nicht erreichen.

Die EU ist mit einer differenzierten Willensbildungs- und Entscheidungsstruktur ausgestattet, die in hohem Maße mit nationalen politischen Institutionen in einem Mehrebenensystem verflochten ist. Aber trotz der Aufwertung, die insbesondere das Europäische Parlament (EP) mit der verbesserten Kompetenzausstattung durch die Einheitliche Europäische Akte (1987) und die nachfolgenden Vertragsreformen (Maastricht 1993, Amsterdam 1999, Nizza 2001) erhalten hat, ist die Europäische Kommission aufgrund ihres alleinigen Initiativrechtes für Rechtsakte der EU nach wie vor wichtigster Adressat für den Verbändelobbyismus. Da die Kommission zwar die zentrale Position bei der Politikformulierung und Entscheidungsfindung einnimmt, ihr jedoch die administrative Sachkompetenz und ein intermediärer Unterbau fehlen, hat die Kommission u. a. durch die Einrichtung beratender Ausschüsse Interessenorganisationen in die Politikformulierung einbezogen, um ihren Informationsbedarf zu decken und die gesellschaftliche Akzeptanz für die EU-Politik zu erhöhen. „In den Konsultationsprozessen stehen die Expertise und die Repräsentativität von Interessengruppen als Bedingungen für die Partizipation im Vordergrund" (Eising 2001: 454). Um dies zu erreichen, hat die Kommission auf die Entstehung europäischer Interessenorganisationen hingewirkt und deren Etablierung gegebenenfalls organisatorisch und finanziell unterstützt. Von derartigen Förderungen profitieren nicht nur EGB und EGA, die institutionelle und finanzielle Hilfen u. a. für das Europäische Gewerkschaftsforschungsinstitut, das Technische Gewerkschaftsbüro und die Durchführung von Konferenzen und Tagungen erhalten. Vor allem Public Interest Groups oder NGOs wären ohne diese Mittel kaum in der Lage (gewesen), sich auf europäischer Ebene zu organisieren und Büros in Brüssel zu unterhalten. Mit finanzieller Unterstützung der EU konnten u. a. das Europäische Umweltbüro (EEB) und die European Women's Lobby etabliert werden. Es wird angenommen, dass ca. 60 Prozent der NGOs Mittel der EU erhalten (Eising 2001: 469).

Angesichts der zum Teil erheblichen finanziellen und prozeduralen Förderung von Interessenorganisationen durch die EU-Kommission ist nicht zu verkennen, dass hier die Gefahr einer Abhängigkeit entsteht, die sich auf die politische Arbeit auswirken kann. Nicht zu übersehen ist jedoch auch, dass „die finanzielle Unterstützung partizipationsschwacher Gruppen die Teilhabe an politischen Entscheidungsverfahren ermöglicht und so die Entfaltung eines politischen Pluralismus und deliberativer Entscheidungsverfahren auf der EU-Ebene stärkt" (Eising 2001: 472). Doch steht diese Wirkung in einem Spannungsverhältnis zum Anschein, dass sich die Kommission durch die gezielte, zugleich wenig transparente Förderung von NGOs Legitimität und Unterstützung verschafft.

Die in dieser Problematik angedeutete Schwierigkeit europäischer Interessenverbände, die Aufgabe eigenständig handelnder intermediärer Organisationen tatsächlich wahrnehmen zu können, verdeutlichen die mageren Ergebnisse des seit dem Maastricht-Vertrag institutionalisierten „sozialen Dialogs" der Sozialpartner (EGB, UNICE und CEEP (Centre Européen de l'Entreprise Publique)). Die den Sozialpartnern auf europäischer Ebene subsidiär übertragene begrenzte Regulierungskompetenz erbrachte bislang keine überzeugenden Ergebnisse (Reutter/Rütters 2003: 537). Abgesehen von der den Europa-Verbänden von ihren Mitgliedsorganisationen vorenthaltenen Verhandlungsautonomie, die für korporatistische Arrangements erforderlich wäre, scheint die "Verhandlungsmacht des EGB gegenüber UNICE (...) von einer problemspezifischen Unterstützung durch die Kommission" abzuhängen (Eising 2001: 465).

Insgesamt haben weder die Kommission noch das Europäische Parlament mit ihren zurückhaltenden Empfehlungen für Verhaltenskodizes, zögernden Regulierungen und Strukturierungen von Zugangsmöglichkeiten zu europäischen Institutionen und beratenden Gremien die angestrebte zivilgesellschaftliche Partizipation und vor allem die Transparenz politischer Entscheidungsprozesse in der EU entscheidend verbessert. Es hat den Anschein, dass die wachsende Zahl von Interessenorganisationen sowie deren zunehmende Heterogenität – auch wenn sie dazu beitragen mögen, die gesellschaftliche Partizipation zu erhöhen – Transparenz und demokratisch-politische Kontrolle der EU-Politik eher behindern denn befördern. Politische Transparenz und Akzeptanz der EU-Politik sowie die Integrationsleistungen der Verbände werden, wie oben erwähnt, insbesondere gefährdet und unterlaufen durch den forcierten EU-Lobbyismus professioneller Anwalts- und Beratungsfirmen, durch direkte Einflussnahmen von Großunternehmen (MNKs) und nationale Verbänden auf EU-Institutionen.

7 Schluss und Ausblick

Verbände und Verbandssysteme können – unbeschadet ihrer divergierenden nationalen Ausgangsbedingungen – beides: die Europäische Integration hemmen und fördern. Für beides liegen die Voraussetzungen sowohl auf nationaler als auch auf europäischer Ebene vor. Prüft man etwa die nationalen Voraussetzungen für funktionale Interessenvermittlung im Hinblick auf ihre integrationshemmenden bzw. -fördernden Wirkungen, ergibt sich ein gemischtes Bild. Zuerst ist festzuhalten, dass sich in den EU-Ländern durchaus beachtliche Anpassungsprozesse und Gemeinsamkeiten feststellen lassen. Diesen potenziell integrationsfreundlichen Strukturkonvergenzen stehen allerdings zwei gewichtige integrationshemmende Effekte gegenüber: Zum einen prägen historische Entwicklungspfade nationale Verbandslandschaften. Zudem weichen in den neuen Beitrittsländern der EU auch die gesellschaftlichen Voraussetzungen für funktionale Interessenvermittlung von den tradierten westeuropäischen Mustern ab. Zum anderen ist gesellschaftlicher Wandel für Interessenverbände eine zu bearbeitende Umwelt, was zumeist die „Imperative der Mitgliedschaftslogik" (Streeck 1987) stärkt und eine suprastaatliche Orientierung erschwert. Hinzu kommen weitere Defizite auf europäischer Ebene.

Die „Verbändelandschaft" auf Ebene der EU war schon immer weit davon entfernt, den Schritt zu intermediären Organisationen gehen zu können. Für eine solche Entwicklung waren die nationalen Interessen und Legitimationsanforderungen der Mitgliedsverbände stets zu ausgeprägt. Dieses Handikap zeigt sich exemplarisch gerade dort, wo die Interessenvertretung auf europäischer Ebene und die Zusammenarbeit in EU-Gremien eine lange Tradition haben: im Bereich der Sozial- und Arbeitsbeziehungen. Die Sozialpartner konnten die subsidiären Kompetenzen des "Sozialen Dialogs" bislang offensichtlich kaum nutzen.

Fraglich ist auch, ob die Bemühungen der Europäischen Kommission, sich ein „zivilgesellschaftliches" Verbändeumfeld durch gezielte Förderung und Finanzierung insbesondere von Public Interest Groups zu schaffen, einen belastbaren Beitrag darstellen, eine größere Akzeptanz der EU-Politik auf nationaler Ebene zu erreichen und den Integrationsprozess zu verstärken. Zweifelhaft scheint es, dass von diesen Europaverbänden, deren Existenz und Handlungsfähigkeit mehr oder weniger von der EU-Kommission abhängt, die erwartete Integrationskraft und Verpflichtungsfähigkeit gegenüber nationalen Mitgliedsverbänden erbracht werden können. Ob der Mangel an Verpflichtungsfähigkeit durch das vermehrte Auftreten von Netzwerkstrukturen kompensiert werden kann und ob diese Strukturen die erwarteten Partizipationsmöglichkeiten tatsächlich bieten, mag im besten Fall als umstritten gelten. Einen relevanten Beitrag zu Transparenz von politischen Entscheidungen der EU liefern sie wohl kaum. Umstritten ist darüber hinaus das verstärkte Auftreten von Großunternehmen (MNKs) auf verschiedenen Ebenen: durch eigene Büros in Brüssel, als Auftraggeber professioneller Lobbyisten, ihre Einflussnahme in Interessenorganisationen usf. Nicht von der Hand zu weisen ist die Tendenz, dass einzelne Verbände von wenigen MNKs instrumentalisiert werden und sie ihre Integrationskraft und Akzeptanzleistung dadurch für die nationale Ebene einzubüßen drohen.

Zusammenfassend heißt dies, dass weder die angedeuteten Strukturkonvergenzen und Annäherungen zwangsläufig eine integrationsfreundliche Dynamik hervorrufen müssen noch dass die Maßnahmen der EU die strukturellen Defizite funktionaler Interessenvertretung auf europäischer Ebene beseitigen können. Aber gleichzeitig muss betont werden, dass die Differenzen in den Interessenvermittlungssystemen der alten und neuen EU-Staaten keineswegs eine weitere Integration auf europäischer Ebene blockieren müssen. Das mag für viele eine recht dürftige und unentschiedene Schlussfolgerung sein. Doch viel mehr lässt sich wohl kaum sagen.

Literatur

Aarts, Kees, 1995: Intermediate Organizations and Interest Representation, in: Klingemann, Hans-Dieter/Fuchs, Dieter (Hrsg.), Citizens and the State. Oxford, 227-257.

Alemann, Ulrich von/Weßels, Bernhard, 1997: Verbände in vergleichender Perspektive – Königs- oder Dornenweg?, in: Alemann, Ulrich von/Weßels, Bernhard (Hrsg.), Verbände in vergleichender Perspektive. Beiträge zu einem vernachlässigten Feld. Berlin, 7-28.

Armingeon, Klaus, 2002: Verbändesystem und Korporatismus. Eine vergleichende Analyse, in: Benz, Arthur/Lehmbruch, Gerhard (Hrsg.), Föderalismus. Analysen in entwicklungsgeschichtlicher und vergleichender Perspektive. Opladen, 213-233.

Beyme, Klaus von/Helms, Ludger, 2004: Interessengruppen, in: Helms, Ludger/Jun, Uwe (Hrsg.), Politische Theorie und Regierungslehre. Eine Einführung in die politikwissenschaftliche Institutionenlehre. Frankfurt am Main, 194-218.

Carley, Mark, 2004: Gewerkschaftsmitglieder im Zeitraum 1993 bis 2003, in: http://www.eurofound.europa.eu/eiro/2004/03/update/tn0403114u.html; 12.12.2006.

Ebbinghaus, Bernhard, 2003: Die Mitgliederentwicklung deutscher Gewerkschaften im historischen und internationalen Vergleich, in: Schroeder, Wolfgang/Weßels, Bernhard (Hrsg.), Die Gewerkschaften in Politik und Gesellschaft der Bundesrepublik Deutschland. Ein Handbuch. Wiesbaden, 174-203.

Ebbinghaus, Bernhard/Visser, Jelle, 2000: A Comparative Profile, in: Ebbinghaus, Bernhard/Visser, Jelle (Hrsg.), Trade Unions in Western Europa since 1945. London, 33-74.

Eichener, Volker/Voelzkow, Helmut, 1994: Ko-Evolution politisch-administrativer und verbandlicher Strukturen: Am Beispiel der technischen Harmonisierung des europäischen Arbeits-, Verbraucher- und Umweltschutzes, in: Streeck, Wolfgang (Hrsg.): Staat und Verbände. Opladen, 256-290.

EIRO, 2005: Developments in Industrial Action 2000-04, in: http://www.eiro.eurofound. eu.int/2005/06/update/tn0506101u.html; 08.11.2006.

Eising, Rainer, 2001: Interessenvermittlung in der Europäischen Union, in: Reutter, Werner/ Rütters, Peter (Hrsg.), Verbände und Verbandssysteme in Westeuropa. Opladen, 453-476.

Fiala, Petr, 2000: Der Stand der politischen und gesellschaftlichen Transformation in der Tschechischen Republik, in: Neuss, Beate/Jurczek, Peter/Hilz, Wolfram (Hrsg.), Zwischenbilanz der EU-Osterweiterung – Slowenien, Slowakei und Tschechien als Beispiele. Chemnitz, 122-135.

Gawrich, Andrea, 2003: Zivilgesellschaft, katholische Kirche und organisierte Interessen, in: Franzke, Jochen (Hrsg.), Das moderne Polen. Staat und Gesellschaft im Wandel. Berlin, 46-67.

Götz, Norbert, 2001: Schweden, in: Reutter, Werner/Rütters, Peter (Hrsg.), Verbände und Verbandssysteme in Westeuropa. Opladen, 381-404.

Grant, Wyn (Hrsg.), 1987: Business Interests, Organizational Development and Private Interest Government. An International Comparative Study of the Food Processing Industry. Berlin.

Greenwood, Justin, 1997: Representing Interests in the European Union. New York.

Hartmann, Jürgen, 1985: Verbände in der westlichen Industriegesellschaft. Ein international vergleichendes Handbuch. Frankfurt am Main.

Hartmann, Jürgen, 1994: Interessenverbände, in: Gabriel, Oscar W./Brettschneider, Frank (Hrsg.), Die EU-Staaten im Vergleich. Strukturen, Prozesse, Politikinhalte. 2. Auflage. Bonn, 258-278.

Hooghe, Marc, 2001: Belgien, in: Reutter, Werner/Rütters, Peter (Hrsg.), Verbände und Verbandssysteme in Westeuropa. Opladen, 31-50.

Immerfall, Stefan, 1997: Soziale Integration in den westeuropäischen Gesellschaften: Werte, Mitgliedschaften und Netzwerke, in: Hradil, Stefan/Immerfall, Stefan (Hrsg.), Die westeuropäischen Gesellschaften im Vergleich. Opladen, 139-173.

Jansen, Peter, 2001: Frankreich, in: Reutter, Werner/Rütters, Peter (Hrsg.), Verbände und Verbandssysteme in Westeuropa. Opladen, 125-150.

Karlhofer, Ferdinand, 2001: Österreich, in: Reutter, Werner/Rütters, Peter (Hrsg.), Verbände und Verbandssysteme in Westeuropa. Opladen, 335-354.

Kipke, Rüdiger, 2002: Das politische System der Slowakei, in: Ismayr, Wolfgang (Hrsg.), Die politischen Systeme Osteuropas. Opladen, 273-308.

Kleinfeld, Ralf, 2001: Niederlande, in: Reutter, Werner/Rütters, Peter (Hrsg.), Verbände und Verbandssysteme in Westeuropa. Opladen, 287-312.

Kohler-Koch, Beate, 1996: Die Gestaltungsmacht organisierter Interessen, in: Jachtenfuchs, Markus/Kohler-Koch, Beate (Hrsg.), Europäische Integration. Opladen, 193-222.

Kurtán, Sándor, 1999: Gewerkschaften und Tripartismus im ostmitteleuropäischen Systemwechsel, in: Merkel, Wolfgang/ Sandschneider, Eberhard (Hrsg.), Systemwechsel 4. Die Rolle von Verbänden im Transformationsprozess. Opladen, 115-135.

Lane, Jan-Erik/Ersson, Svante, 2000: The New Institutional Politics. Performance and Outcomes. London.

Lappalainen, Pertti/Siisiäinen, Martti, 2001: Finnland, in: Reutter, Werner/Rütters, Peter (Hrsg.), Verbände und Verbandssysteme in Westeuropa. Opladen, 103-124.

Lehmbruch, Gerhard, 1977: Liberal Corporatism and Party Government, in: Comparative Political Studies 10 (1), 91-126.

Lehmbruch, Gerhard, 1979: Consociational Democracy, Class Conflict, and the New Corporatism, in: Schmitter, Philippe C./Lehmbruch, Gerhard (Hrsg.), Trends Toward Corporatist Intermediation. Beverly Hills, 53-62.
Lehmbruch, Gerhard, 1992: Konkordanzdemokratien, in: Schmidt, Manfred G. (Hrsg.), Die westlichen Länder. München, 206-211.
Lehmbruch, Gerhard, 1994: Dilemmata verbandlicher Einflußlogik im Prozeß der deutschen Vereinigung, in: Streeck, Wolfgang (Hrsg.), Staat und Verbände. Opladen, 370-392.
Liebert, Ulrike, 1995: Parliamentary Lobby Regimes, in: Döring, Herbert (Hrsg.), Parliaments and Majority Rule in Western Europe. Frankfurt am Main, 407-447.
Lijphart, Arend, 1999: Patterns of Democracy. Government Forms and Performance in Thirty-Six Countries. New Haven.
Mayntz, Renate, 1990: Organisierte Interessenvertretung und Föderalismus, in: Ellwein, Thomas/Hesse, Joachim Jens/Mayntz, Renate/Scharpf, Fritz W. (Hrsg.), Jahrbuch zur Staats- und Verwaltungswissenschaft. Baden-Baden, 145-156.
Merkel, Wolfgang/Sandschneider, Eberhard (Hrsg.) 1999: Systemwechsel 4. Die Rolle von Verbänden im Transformationsprozeß. Opladen.
Offe Claus, 1969: Politische Herrschaft und Klassenstrukturen. Zur Analyse spätkapitalistischer Gesellschaften, in: Kress, Gisela/Senghaas, Dieter (Hrsg.): Politikwissenschaft – Eine Einführung in ihre Probleme. Frankfurt am Main, 135-164.
Pennings, Paul/Keman, Hans/Kleinnijenhuis, Jan, 1999: Doing Research in Political Science. An Introduction to Comparative Methods and Statistics. London.
Platzer, Hans-Wolfgang, 2004: Interessenverbände und europäischer Lobbyismus, in: Weidenfeld, Werner (Hrsg.), Die Europäische Union. Politisches System und Politikbereiche. Bonn, 186-202.
Plöhn, Jürgen, 2001: Großbritannien. Interessengruppen im Zeichen von Traditionen, sozialem Wandel und politischen Reformen, in: Reutter, Werner/Rütters, Peter (Hrsg.),Verbände und Verbandssysteme in Westeuropa. Opladen, 169-196.
Puhle, Hans-Jürgen, 1975: Politische Agrarbewegungen in kapitalistischen Industriegesellschaften. Deutschland, USA und Frankreich im 20. Jahrhundert. Göttingen.
Putnam, Robert, 1993: Making Democracy Work. Civic Traditions in Modern Italy. Princeton.
Putnam, Robert, 1995: Bowling Alone: America's Declining Social Capital, in: Journal of Democracy 6 (1), 65-78.
Reutter, Werner, 1995: Gewerkschaften und Politik in mittel- und osteuropäischen Ländern, in: Osteuropa. Zeitschrift für Gegenwartsfragen des Ostens 45 (11), 1048-1063.
Reutter, Werner, 2002: Verbände, Staat und Demokratie. Zur Kritik der Korporatismustheorie, in: Zeitschrift für Parlamentsfragen 33 (3), 501-511.
Reutter, Werner, 2005: Verbände und Interessengruppen in der Vergleichenden Politikwissenschaft: theoretische Entwicklung und methodische Probleme, in: Kropp, Sabine/Minkenberg, Michael (Hrsg.), Vergleichen in der Politikwissenschaft. Wiesbaden, 234-254.
Reutter, Werner/Rütters, Peter, 2003: Internationale und europäische Gewerkschaftsorganisationen: Geschichte, Struktur und Einfluss, in: Schroeder, Wolfgang/Weßels, Bernhard (Hrsg.), Die Gewerkschaften in Politik und Gesellschaft der Bundesrepublik Deutschland. Ein Handbuch. Wiesbaden, 512-542.
Reutter, Werner/Rütters, Peter, 2007: Mobilisierung von Interessen, in: Winter, Thomas von/Willems, Ulrich (Hrsg.), Interessenverbände in Deutschland. Wiesbaden, 119-138.

Roller, Edeltraud/Weßels, Bernhard, 1996: Contexts of Political Protest in Western Democracies: Political Organization and Modernity. Discussion Paper FS III 96-202. Wissenschaftszentrum Berlin für Sozialforschung (WZB). Berlin.

Rütters, Peter, 1994: Tendenzen in Mittel- und Osteuropa, in: Kittner, Michael (Hrsg.), Gewerkschaften heute. Jahrbuch für Arbeitnehmerfragen 1994. Köln, 568-603.

Rütters, Peter/Mielke, Siegfried, 1992: Entwicklung der Gewerkschaften in Mittel- und Osteuropa, in: Kittner, Michael (Hrsg.), Gewerkschaftsjahrbuch 1992. Daten – Fakten – Analysen. Köln, 582-622.

Safran, William, 2003: The French Polity. 6. Auflage. New York.

Sandschneider, Eberhard, 1999: Einleitung, in: Merkel, Wolfgang/Sandschneider, Eberhard (Hrsg.), Systemwechsel 4. Die Rolle von Verbänden im Transformationsprozess. Opladen, 9-22.

Schmidt, Manfred G., 2000: Demokratietheorien. 3. Auflage. Opladen.

Schmitter, Philippe C., 1999: Organisierte Interessen und die Konsolidierung der Demokratie in Südeuropa, in: Merkel, Wolfgang/Sandschneider, Eberhard (Hrsg.), Systemwechsel 4. Die Rolle von Verbänden im Transformationsprozess. Opladen, 45-82.

Schulten, Thorsten, 2006: Europäischer Tarifbericht des WSI 2005/2006, in: WSI-Mitteilungen 59 (7), 365-373.

Sebaldt, Martin, 1997: Organisierter Pluralismus. Kräftefeld, Selbstverständnis und politische Arbeit deutscher Interessengruppen. Opladen.

Sebaldt, Martin/Straßner, Alexander, 2004: Verbände in der Bundesrepublik Deutschland. Eine Einführung. Wiesbaden.

Stöckl, Ingrid, 1986: Gewerkschaftsausschüsse in der EG. Die Entwicklung der transnationalen Organisation und Strategie der europäischen Fachgewerkschaften und ihre Möglichkeiten zur gewerkschaftlichen Interessenvertretung im Rahmen der Europäischen Gemeinschaft. Kehl.

Streeck, Wolfgang, 1987: Vielfalt und Interdependenz. Überlegungen zur Rolle von intermediären Organisationen in sich ändernden Umwelten, in: Kölner Zeitschrift für Soziologie und Sozialpsychologie 39 (3), 471-495.

Streeck, Wolfgang, 1994: Einleitung des Herausgebers. Staat und Verbände: Neue Fragen. Neue Antworten?, in: Streeck, Wolfgang (Hrsg.), Staat und Verbände. Politische Vierteljahresschrift Sonderheft 25. Opladen, 7-34.

Tocqueville, Alexis de, 1986: De la démocratie en Amérique, Originalausgabe 1835. Paris.

Tóth, András/Neumann, László, 2004: National-level tripartism and EMU in the new EU Member States and candidate countries, in: http://www.eurofound.europa.eu/pubdocs/2004/110/en/1/ef04110en.pdf; 2.9.2007.

Towalski, Rafael, 2002: Employers' organisations examined, in: http://www.eurofound.europa.eu/eiro/2002/09/feature/pl0209104f.html; 12.12.2006.

Trentini, Marco/Zanetti, Massimo A., 2001: Italien, in: Reutter, Werner/Rütters, Peter (Hrsg.), Verbände und Verbandssysteme in Westeuropa. Opladen, 221-240.

Trif, Aurora, 2004: Overview of industrial relations in Romania, in: South East Review for Labour and Social Affairs 7 (2), 43-64.

van Deth, Jan W., 1998: Equivalence in Comparative Political Research, in: van Deth, Jan W. (Hrsg.), Comparative Politics. The Problem of Equivalence. London, 1-19.

van Deth, Jan W./Kreuter, Frauke, 1998: Membership of Voluntary Associations, in: van Deth, Jan W. (Hrsg.), Comparative Politics. The Problem of Equivalence. London, 135-155.

Vodička, Karel, 2002: Das politische System Tschechiens, in: Ismayr, Wolfgang (Hrsg.), Die politischen Systeme Osteuropas. Opladen, 239-272.

Weber, Jürgen, 1976: Interessengruppen im politischen System der Bundesrepublik Deutschland, München.

Welzel, Christian/Inglehart, Ronald/Deutsch, Franziska, 2005: Social Capital, Voluntary Associations and Collective Action: Which Aspects of Social Capital Have the Greatest „Civic" Payoff?, in: Journal of Civil Society 1 (2), 121-146.

Weßels, Bernhard, 1997: Organizing Capacity of Societies and Modernity, in: van Deth, Jan W. (Hrsg.), Private Groups and Public Life. Social Participation, Voluntary Associations and Political Involvement in Representative Democracies. London, 198-219.

Wiesenthal, Helmut, 1999: Interessenverbände in Ostmitteleuropa – Startbedingungen und Entwicklungsprobleme, in: Merkel, Wolfgang/Sandschneider, Eberhard (Hrsg.), Systemwechsel 4. Die Rolle von Verbänden im Transformationsprozess. Opladen, 83-113.

Wilensky, Harold L./Turner, Lowell, 1987: Democratic Corporatism and Policy Linkages: The Interdependence of Industrial, Labor Market, Incomes, Social Policies in Eight Countries, Research Series No. 69. Institute of International Studies, Berkeley.

Willems, Ulrich/Winter, Thomas von, 2007: Interessenverbände als intermediäre Organisationen. Zum Wandel ihrer Strukturen, Funktionen, Strategien und Effekte in einer veränderten Umwelt, in: Willems, Ulrich/Winter, Thomas von (Hrsg.), Interessenverbände in Deutschland. Wiesbaden, 13-50.

Winter, Thomas von, 2004: Vom Korporatismus zum Lobbyismus. Paradigmenwechsel in Theorie und Analyse der Interessenvermittlung, in: Zeitschrift für Parlamentsfragen 35 (4), 761-776.

World Values Surveys, 2006: in: http://www.worldvaluessurveys.org; 13.11.2006.

Zimmer, Annette, 1996: Vereine – Basiselement der Demokratie. Opladen.

Jens Tenscher

Massenmedien und politische Kommunikation in den Ländern der Europäischen Union

1 Einleitung

Massenmedien übernehmen als *soziale Mediatoren* vielfältige Leistungen für den Bestand und die Fortentwicklung moderner Gesellschaften (vgl. McQuail 2000). Vor allem ihre Fähigkeit, über gesellschaftlich relevante, nicht für jedermann zugängliche Ereignisse zu berichten, d. h. ihre *Informationsfunktion*, lässt sie in gesellschaftlicher und sozial-integrativer Hinsicht unverzichtbar erscheinen.[1] Dies gilt insbesondere für die Sphäre des Politischen, in der sich die Massenmedien in den vergangenen Jahrzehnten immer mehr zu Zentralinstanzen der Politikdarstellung und Politikwahrnehmung entwickelt haben. Dabei gewährleisten sie jenen „Brückenschlag zwischen Individuum und Politik" (Klingemann/Voltmer 1989: 221), der lange Zeit den „klassischen" Instanzen politischer Meinungsbildung und Interessenvermittlung (z. B. Parteien, Gewerkschaften) vorbehalten war.

Tatsächlich ist der Bereich des Politischen heutzutage mehr denn je eine Sphäre, in der massenmediale Konstruktionen die Wahrnehmungen und Handlungen der involvierten Akteure (politische Eliten wie Bürgerinnen und Bürger) bestimmen. Damit geraten jedoch die Funktionen, die Massenmedien im Prozess der Formulierung, Aggregation, Herstellung und Durchsetzung kollektiv verbindlicher Entscheidungen, also im Rahmen *politischer Kommunikationsprozesse,* zukommen sowohl aus normativer Sicht als auch im Sinne real erbrachter Leistungen in besonderem Maße auf den Prüfstand. Diesbezüglich wird von den Massenmedien in demokratischen Gesellschaften vor allem erwartet, dass sie (1) Öffentlichkeit herstellen, (2) die politisch Herrschenden kritisieren und kontrollieren, (3) die Interessen und Meinungen der Bürgerinnen und Bürger artikulieren, (4) zu deren politischer Sozialisation und Bildung beitragen sowie (5) diese zur politischen Teilhabe aktivieren (vgl. u. a. Burkart 1995: 362ff.; Norris 2003). Entsprechende Erwartungen machen jedoch nicht an nationalstaatlichen Grenzen halt. Sie gelten auch als normative wie empirische Bezugsgrößen für den sich erst langsam ausbildenden transnationalen Raum der Europäischen Union (vgl. die Beiträge in Langenbucher/Latzer 2006).

Während sich derartige normative Leistungszuschreibungen als weitgehend statisch erweisen, sind die Massenmedien selbst und damit ihre Möglichkeiten, im politischen Raum zu agieren und zu „funktionieren", mit permanenten Veränderungen konfrontiert. Dabei hat sich gerade in den vergangenen drei Jahrzehnten eine besondere Entwicklungsdynamik

---

[1] Auch das Aufkommen „neuer", computervermittelter Medien enthebt die Massenmedien (Rundfunk- und Printmedien) nicht von ihrer gesamtgesellschaftlichen Informations- und Integrationsfunktion. Schließlich können massenmedial verbreitete Informationen in deutlich höherem Maße den Nutzern gesamtgesellschaftliche Relevanz garantieren und zur Anschlusskommunikation animieren (vgl. u. a. Donges 2000).

entfaltet, welche in viel zitierten Begrifflichkeiten wie „Mediatisierung", „Globalisierung", „Kommerzialisierung" und „Ökonomisierung" ihren Ausdruck findet (vgl. u. a. Jarren/ Meier 2002: 109ff.; Hallin/Mancini 2004: 251ff.). Diese verweisen auf umfassende Veränderungen in den Rahmenbedingungen politischer Kommunikation postindustrieller, westlicher und insbesondere westeuropäischer Gesellschaften, welche auf einige *endogene*, modernisierungsbedingte Wandlungsprozesse einerseits (insbesondere Individualisierung, Pluralisierung, Säkularisierung, Entideologisierung) sowie auf *exogene*, grenzüberschreitende Einflüsse andererseits zurückgeführt werden. Letzteren können sich auch die jungen Demokratien Mittel- und Osteuropas nur schwerlich entziehen (vgl. grundlegend Kleinsteuber 1993; Hadamik 2004). Zu entsprechenden äußeren Einflussfaktoren zählen insbesondere Innovationen in der Informationstechnologie und Kommunikationsinfrastruktur, das Wachstum und die Konzentration von transnational agierenden Medienkonzernen, schließlich aber auch der in politischer und rechtlicher Hinsicht voranschreitende europäische Integrationsprozess, der eine Harmonisierung der Mediengesetze, die Deregulierung der nationalen Medienpolitiken sowie die Öffnung der Medienmärkte forciert hat (vgl. Kleinsteuber/Rossmann 1994; Schorr 2003; Holtz-Bacha 2006). Die Folge ist eine in den Mitgliedstaaten der Europäischen Union (EU) in unterschiedlichem Tempo um sich greifende „Emanzipation" der Massenmedien von nationalstaatlichen politischen Akteuren bei gleichzeitiger Zunahme ökonomischer Imperative – mit entsprechenden Rückwirkungen für die politisch Handelnden, die Massenmedien selbst und schließlich das „Publikum" politischer Kommunikation, die Bürgerinnen und Bürger.

Vor dem Hintergrund dieser Wandlungsdynamik stellt sich die normative wie empirische Frage, inwieweit die Massenmedien ihren politischen Funktionszuschreibungen in den sich zusehends ökonomisch, kulturell wie politisch „entgrenzenden" Staaten Europas noch gerecht werden (können). Eine entsprechende Untersuchung verlangt nach einem *komparativen Ansatz*, der es ermöglicht, sowohl grenzüberschreitende Gemeinsamkeiten als auch länderspezifische Besonderheiten hinsichtlich der Frage aufzudecken, in welcher Art und Weise die EU-Mitgliedstaaten auf die skizzierten endogenen und exogenen Herausforderungen reagieren, inwieweit sie sich also einen (neuen) Rahmen für politisches Handeln, Kommunizieren und Beobachten sowie – allgemein – gesellschaftliche Integration und Veränderung geben. Diese Fragestellung erweist sich sowohl hinsichtlich der Stabilisierung demokratischer Strukturen in „etablierten" EU-Ländern als auch für die Phase der politischen Konsolidierung in den jungen Transformationsstaaten Mittel- und Osteuropas als von zentraler Relevanz (vgl. Thomaß 2001; Voltmer 2000a; Hadamik 2004; Voltmer/Schmitt-Beck 2006). Damit ist daran erinnert, dass ungeachtet der voranschreitenden „Europäisierung" und globalen Vernetzung die zentrale Einheit zur Untersuchung der Rolle der Massenmedien in politischen Kommunikationsprozessen immer noch das nationalstaatliche bzw. systemisch-kulturell definierte Gebilde darstellt (vgl. u. a. Livingston 2003: 479ff.; Esser 2003: 468ff.).

Zur Verdeutlichung transnationaler wie länderspezifischer Antworten auf endogene und exogene Entwicklungen sollen im Folgenden die Charakteristika der Medienlandschaften der EU-Mitgliedstaaten zu Beginn des 21. Jahrhunderts untersucht werden. Dies erfolgt in zwei Schritten: Zunächst gilt es, – auf der Makroebene – die historisch gewachsenen Mediensysteme der EU-Länder darzustellen, also den institutionellen Rahmen des Gefüges der Massenmedien abzustecken, in dem politische Kommunikation zu Beginn des 21. Jahrhunderts stattfindet (Kapitel 2). Dabei sollen nicht nur allgemeine Entwicklungstrends und länderspezifische Besonderheiten betrachtet, sondern vor allem die massenmediale Angebotspalette skizziert werden, mithin der Vorrat an Rundfunk- und Printmedien, auf den die Bürgerinnen und Bürger *prinzipiell* zugreifen können.[2] Inweit sie dies tatsächlich tun, wird im Anschluss anhand von Mediennutzungszahlen verdeutlicht. Diese beziehen sich zum einen und mit Blick auf die soziale Integrationsleistung der Massenmedien auf die generelle Zuwendung zum massenmedialen Angebot und zum anderen auf die spezifische Nutzung politischer Informationen (Kapitel 3). Die zentralen Befunde werden abschließend zusammengefasst und mit Blick auf deren Bedeutung für die politische Kommunikation in der EU bewertet (Kapitel 4).

Die vergleichende Analyse von Strukturen, Angebot und Nutzung der Massenmedien in den EU-Mitgliedstaaten zielt letztlich darauf ab, eine Antwort darauf zu finden, ob die jüngsten Entwicklungstendenzen, wie Anfang der 1990er Jahre prognostiziert, in einer „zunehmenden Unübersichtlichkeit" (Gellner 1994: 279) der medialen Rahmenbedingungen politischer Kommunikation münden oder doch eher, wie die Globalisierungsperspektive suggeriert, zur europaweiten „Homogenisierung" (Hallin/ Mancini 2004: 251ff.) führen. Antworten hierauf verlangen nach Klassifizierungen und Typologisierungen von Ländern anhand geeigneter Kriterien, wobei das Vorhandensein entsprechender Daten die Möglichkeiten des Vergleichs einschränkt. Diesbezüglich ist darauf zu verweisen, dass die meisten komparativ angelegten empirischen Studien nur eine begrenzte Auswahl an Ländern berücksichtigen und dabei allzu häufig an den Grenzen der ehemaligen EU-15 enden (vgl. u. a. Schorr 2003: 40f.).[3] Der an dieser Stelle eingeschlagene Weg eines komprimierten Blickes auf die 27 EU-Länder soll in insofern auch einen Beitrag zur Intensivierung der (EU-) vergleichenden politischen Kommunikationsforschung leisten.

---

[2] Aufgrund der eingeschränkten Datenlage und des begrenzten Raumes wird im Folgenden der Fokus auf Rundfunk- (vor allem Fernsehen) und periodisch erscheinende Printmedien (vor allem Tageszeitungen) gerichtet. Die Massenmedien „Film", „Buch" und „Unterhaltungselektronik", aber auch die für politische Kommunikation durchaus relevanten „neuen Medien" (Internet etc.) werden nur am Rande behandelt (für detaillierte länderspezifische Überblicke vgl. Kelly et al. 2004; Hans-Bredow-Institut 2004; für ländervergleichende Statistiken vgl. European Audiovisual Observatory 2005; World Association of Newspapers 2005; Wilke/Breßler 2005; IP International Marketing Committee 2006; Europäische Kommission 2006a).

[3] Aufgrund fehlender ländervergleichender Studien bzw. entsprechender Daten ist es nicht möglich, für die Gesamtheit der 27 EU-Länder verlässliche Aussagen über *prozessuale* oder *inhaltliche* Charakteristika und Veränderungen der routinemäßigen politischen Kommunikation zu treffen. So liegen bislang nur vereinzelte Vergleichsstudien zum Wandel der Wahlkampfführung vor, die u. a. auf deutliche Unterschiede in den Wahlkampfpraktiken westeuropäischer Länder einerseits und ostmitteleuropäischer Staaten andererseits verweisen (vgl. Plasser/Plasser 2002: 335ff.). Hier zeichnet sich ein umfassendes Forschungsdesiderat ab, welches in Bezug auf die *Inhalte* politischer Kommunikation noch gravierender ausfällt: Mit Ausnahme jener Studien, die die EU-spezifische Berichterstattung beleuchten (vgl. u. a. de Vreese et al. 2006), fehlt es schlichtweg an komparativen Untersuchungen darüber, in welchem Maße und auf welche Art und Weise die Massenmedien in den „alten" und „neuen" EU-Mitgliedsländern informieren. Schließlich steckt auch die ländervergleichende Erforschung der *Wirkungen* politischer Berichterstattung noch in den Kinderschuhen; bei den derzeit vorliegenden Untersuchungen geht es weniger um (nur in Panelstudien messbare) *Effekte*, als vielmehr um erste Annäherungen an *Zusammenhänge* von politischer Informationsnutzung und politischen Orientierungen in den Ländern der Europäischen Union (vgl. Neller 2004; Voltmer/Schmitt-Beck 2006; Tenscher 2008).

2 Mediensysteme im Vergleich

2.1 Europäische Mediensysteme im Wandel

Mediensysteme stellen ein komplexes Gefüge der gedruckten, auditiven und audiovisuellen Medien in einer Gesellschaft dar. Sie geben den institutionellen Rahmen vor, in dem Journalismus betrieben wird und innerhalb dessen sich Massen- und politische Kommunikation realisieren. Dabei spiegeln Mediensysteme immer, so die grundlegende Annahme der komparativen Medienforschung, in besonderer Art und Weise die politisch-historische (auch kulturelle) Entwicklung eines Landes und damit die Erwartungen, die von Seiten der Gesellschaft, namentlich der Politik und in zunehmendem Maße der Wirtschaft, an die Massenmedien und den Journalismus gerichtet werden (vgl. Siebert et al. 1956; u. a. Jarren/Meier 2002: 100ff.). Ihren Ausdruck finden derartige gesellschaftliche Funktionszuschreibungen sowie die Möglichkeiten und Grenzen für die Massenmedien, diesen nachzukommen, im Rahmen verfassungsrechtlicher Vorgaben sowie der Medienpolitik bzw. *Media Governance*, d. h. in medienpolitisch relevanten Gesetzen, Verordnungen, Sanktionen und Anreizprogrammen, die adäquate Produktions-, Distributions- und Rezeptionsbedingungen schaffen, für deren Gestaltung und Durchsetzung staatliche, supranationale (z. B. EU) und zum Teil auch nichtstaatliche Akteure Verantwortung tragen (vgl. zusammenfassend Puppis/Jarren 2005; Donges 2007).

Dabei scheint gerade in den vergangenen Jahren das Spannungsverhältnis zwischen normativen und politischen Vorgaben einerseits und ökonomischen Imperativen andererseits zugenommen zu haben. Deutlich wird dies insbesondere am sukzessiven und mittlerweile europaweiten Aufbrechen ehemaliger Monopole von *Public-Service-Rundfunkanbietern*, d. h. staatlicher (z. B. Frankreich), öffentlicher (z. B. Großbritannien), öffentlich-rechtlicher (z. B. Deutschland) oder korporatistischer (z. B. Niederlande) Rundfunkmonopole seit den 1980er Jahren (vgl. u. a. Kleinsteuber/Rossmann 1994: 276ff.; Voltmer 2000b: 27ff.; Humphreys 2007). Voraussetzung hierfür waren zunächst technologische Innovationen (Kabel- und Satellitenübertragungstechniken, Digitalisierungsmöglichkeiten), welche die vormalige Frequenzknappheit als Begründung staatlicher bzw. öffentlicher Kontrolle obsolet werden ließen. Dazu kam ein politisches „Umdenken", nachdem sich die ursprüngliche Unsicherheit gegenüber einem möglichen Marktversagen und einer einseitigen politischen Instrumentalisierung des Rundfunks verflüchtigt bzw., wie in Deutschland, die Kritik an der parteipolitischen Durchdringung der öffentlich-rechtlichen Aufsichtsgremien inklusive entsprechender Steuerungsversuche zugenommen hatte. In beiden Fällen wurden die Rufe nach unabhängigen Rundfunkmedien lauter (vgl. u. a. Schatz 1979; Gellner 1994: 281f.). Die Folge war eine – je nach Land in unterschiedlichem Tempo und Ausmaß vorangetriebene – (Teil-) Öffnung des Rundfunksystems seit den 1980er Jahren für kommerzielle Anbieter, eine Deregulierung und „Dualisierung", welche schließlich durch grundsätzliche medienpolitische Vorgaben der EU beschleunigt wurde.[4] Entsprechende Veränderungen betrafen in der Regel zunächst den Hörfunk und die lokale Ebene, bevor sie den nationalen Fernsehmarkt tangierten.

---

[4] Gab es im Jahr 1980 bis auf Großbritannien, Italien und Luxemburg in allen Mitgliedsländern der heutigen EU Public-Service-Rundfunkmonopole, konnten deren Bürgerinnen und Bürger zur Jahrtausendwende überall auf nationale wie ausländische Privatsender zugreifen.

Die Zuständigkeit der EU im Rundfunkbereich ist durchaus umstritten, da dieser in den meisten Mitgliedstaaten dem Kulturbereich zugeordnet ist, wodurch sich der Einfluss der EU auf fördernde Maßnahmen beschränken würde. Dessen ungeachtet stellen Massenmedien immer auch – und aus Sicht der EU[5] hauptsächlich – ökonomische bzw. öffentliche Kollektivgüter dar, bei denen die Prämisse des ungehinderten Wettbewerbs unter Berücksichtigung der kulturellen und sprachlichen Vielfalt im Rahmen des europäischen Binnenmarkts zu gelten habe (vgl. Dörr 2004: 46ff.; Wheeler 2007).[6] Rechtsverbindlichen Charakter bekam dieser *Liberalisierungsansatz* erstmalig in der 1989 verabschiedeten Richtlinie „Fernsehen ohne Grenzen", die seitdem mehrfach novelliert worden ist. Dieser ist es von Anfang an darum gegangen, einen grenzüberschreitenden, von nationalen Eingriffen und Eigenheiten weithin befreiten europäischen Fernsehmarkt zu schaffen, der nicht nur ein Gegengewicht zu nichteuropäischen (vor allem US-amerikanischen) Konkurrenten darstellen, sondern zugleich als Katalysator einer europäischen Öffentlichkeit fungieren sollte.

In der Tat hat diese Politik, welche in nationalstaatliches Recht verbindlich umzusetzen ist, dazu geführt, dass sich in allen EU-Ländern auf Basis reformierter Rundfunkordnungen mittlerweile privat-kommerzielle Fernsehanbieter ausbreiten konnten, aber sich zugleich auch – entgegen der ursprünglichen Intention der Gewährung von Medienvielfalt und Sicherung von kultureller und sprachlicher Pluralität – der Prozess der nationalstaatlichen wie grenzüberschreitenden Medienkonzentration und der weitgehenden Marktsättigung beschleunigt hat (vgl. u. a. Voltmer 2000b: 9ff.; Doyle 2007). Hauptprofiteure dieses Prozesses sind multinational agierende Medienkonzerne, wie z. B. die drei umsatzstärksten „Bertelsmann" (Deutschland), „Vivendi Universal" (Frankreich) und „Lagardère" (Frankreich), die in einer Vielzahl europäischer Länder, insbesondere in den „neuen" EU-Ländern und zugleich in unterschiedlichsten Medienmärkten (Fernsehen, Radio, Zeitschriften, Zeitungen, Musik und Bücher) aktiv sind (vgl. European Audiovisual Observatory 2005; Meier/Trappel 2006: 265f.). Gleichzeitig sind die öffentlichen Rundfunkanbieter, die an ihr gesetzlich definiertes nationales Sendegebiet gebunden sind, in den vergangenen Jahren unter zunehmendem Konkurrenz-, Finanzierungs- und Legitimationsdruck geraten (vgl. u. a. Humphreys 2007). Schließlich haben sich länderübergreifende Kooperationen wie die Union der Public-Service-Anbieter *(European Broadcasting Union)*, der deutsch-französische Kulturkanal *ARTE* oder die deutsch-österreichisch-schweizerische Kooperation *3SAT*, ebenso wie vereinzelte Versuche mit paneuropäischen Fernsehanbietern (z. B. *Europa TV, Eurikon*) – nicht zuletzt

---

[5] Es sollte darauf hingewiesen werden, dass die medienpolitisch relevanten, supranationalen Akteure in Europa nur selten mit einer Stimme sprechen. Einer primär wettbewerbsorientierten EU-Kommission steht ein in stärkerem Maße kulturellen, identitäts- und integrationsbezogenen Zielen verpflichtetes Europäisches Parlament und ein ebenso ausgerichteter Europarat gegenüber – wobei sich die Kommission bislang als durchsetzungsfähiger erwiesen hat (vgl. u. a. Holtz-Bacha 2006: 307ff.).

[6] Im Unterschied zum Rundfunk ist dieses außenpluralistische Wettbewerbsprinzip im Pressesektor in allen Ländern nach der Überwindung etwaiger diktatorischer bzw. autoritärer Perioden (wie in den Mittelmeer- und osteuropäischen EU-Staaten) von Grund auf angelegt gewesen (vgl. Gellner 1994: 283). Dies erklärt eine entsprechende Zurückhaltung der EU hinsichtlich der Regulierung der Printmedien (vgl. Dörr 2004: 66f.; Hutchison 2007).

aufgrund von Sprachbarrieren – als wenig publikumsattraktiv, konkurrenz- und durchsetzungsfähig erwiesen (vgl. Holtz-Bacha 2006: 304).[7]

Auch wenn die wirtschaftliche und publizistische Transnationalisierung, der die Nationalstaaten unterschiedlich enge medienpolitische Grenzen gesetzt haben (siehe unten), bislang nicht zu einer grenzüberschreitenden Homogenisierung des Medienangebots oder gar der Mediennutzung geführt hat, so haben sich doch die Rahmenbedingungen für die Politikvermittlung, -berichterstattung und -wahrnehmung nachhaltig gewandelt. Erinnert sei in diesem Zusammenhang nur an neue (auch unterhaltsame) Formate der Politikberichterstattung, wie z. B. politische Talkshows, aber auch an die wachsenden Möglichkeiten für die Bürgerinnen und Bürger, (politischer) Information per Knopfdruck angesichts einer kaum mehr überschaubaren Zahl an terrestrisch, per Kabel und Satellit empfangbaren Sendern auszuweichen (vgl. grundlegend Tenscher 1998). Dies erschwert jedoch nicht nur die Ausbildung nationaler politischer Öffentlichkeiten, sondern lässt – entgegen der ursprünglichen Vision der Europäischen Gemeinschaft – das eigentliche Ziel, die Schaffung einer europäischen, nationalstaatliche Grenzen transzendierenden Öffentlichkeit, in weite Ferne rücken (vgl. u. a. Kleinsteuber 2006: 233f.).[8]

Dessen unbenommen zeugt auch die jüngste Überarbeitung der Fernsehrichtlinie vom März 2007 nicht von einem grundsätzlichen Umdenken in der Liberalisierungs- und Deregulierungspolitik der EU, bei der weiterhin ökonomischen Imperativen gegenüber dem viel beschworenen Aspekt der kulturellen Diversität, der grenzüberschreitenden Integration und dem Zugang zu (politischen) Informationen Vorzug gewährt wird (vgl. Wheeler 2007: 228). Vielmehr ist sie primär eine Reaktion auf die Weiterentwicklung der Informations- und Kommunikationstechnologien, die sich in „grenzenlosen", weltweiten Distributionsmöglichkeiten einerseits und in der Verschmelzung von audiovisuellen Massenmedien, „neuen Medien" und telekommunikativen Diensten (z. B. Video on Demand, Mobil-TV, Digital-TV) andererseits manifestiert und eine entsprechende Ausweitung der Rundfunk- zur Kommunikationspolitik nach sich zieht (vgl. u. a. Puppis/Jarren 2005: 256).

Wie sich vor dem Hintergrund dieser zunehmenden *Internationalisierung* (im Sinne von Globalisierung und Europäisierung) und *Ökonomisierung* die nationalstaatlichen Mediensysteme verändert haben, wird im Folgenden zu klären sein. Dabei kann an die von Daniel C. Hallin und Paolo Mancini (2004) vorgeschlagene Typologisierung westeuropäischer Mediensysteme angeknüpft werden.[9] Diese unterscheidet drei Haupttypen: (1) das nordatlantische bzw. liberale Modell, (2) das nord- und zentraleuropäische bzw. demokratisch-korpo-

---

[7] Eine gewisse Ausnahme stellen diesbezüglich die kommerziellen Spartenkanäle *Euronews*, *MTV* und *Eurosport* dar. Auch der Etablierung paneuropäischer Tageszeitungen ist bislang der wirtschaftliche Erfolg versagt geblieben.

[8] Die Ausbildung einer so verstandenen europäischen Öffentlichkeit müsste schließlich jedoch auch eine Vielzahl an historisch gewachsenen sprachlichen, (politisch-)kulturellen und – nicht zuletzt – journalistischen Hürden überwinden (vgl. u. a. Kleinsteuber 2006: 236ff.). So erscheint derzeit die Entstehung nationaler, europäisierter Öffentlichkeiten als die realistischere – wenngleich nur selten anzutreffende – Alternative zur Vision einer grenzüberschreitenden europäischen Öffentlichkeit (vgl. die Beiträge in Langenbucher/Latzer 2006).

[9] Als Alternative böte sich u. a. der von Roger Blum angestoßene *pragmatische Differenzansatz* an, der weltweit sieben unterschiedliche Modelle identifiziert, von denen sich für die Länder der Europäischen Union drei als relevant erweisen (vgl. zusammenfassend Blum 2006: 15f.; für eine andere Typologisierung vgl. Voltmer 2000b).

ratistische Modell sowie (3) das polarisiert-pluralistische bzw. mediterrane Modell. Diese sollen an dieser Stelle um einen vierten Mediensystemtypus ergänzt werden: das *transformatorische bzw. osteuropäische Modell*. Dabei erfolgt eine Zuordnung länderspezifischer Mediensysteme anhand von vier Kriterienbündeln (vgl. Hallin/Mancini 2004: 21ff.):

1. die Entwicklung der Medienmärkte unter besonderer Berücksichtigung der Entwicklung einer Massenpresse. Als entsprechende Vergleichsindikatoren bieten sich diesbezüglich vor allem Veränderungen in der Größe und Stratifikation des Pressemarkts (d. h. des Angebots an Boulevard- und Qualitätsmedien sowie des quantitativen Verhältnisses an lokalen, regionalen und überregionalen Printmedien), die Bedeutung einzelner Medien im Prozess der sozialen Orientierung und politischen Kommunikation (z. B. „Leitmedium" Fernsehen) sowie die Ausrichtung der Medien an den Bedürfnissen eines Massenpublikums und/oder der politischen Eliten an. In dieser Dimension gilt es vor allen Dingen nach den historischen Wurzeln und zentralen Veränderungsphasen zu fragen.
2. das Ausmaß und die Ursprünge des politischen Parallelismus, also die Frage, in welchem Maße die Massenmedien das parteipolitische Spektrum und die grundlegenden gesellschaftlichen Konfliktlinien *(cleavages)* widerspiegeln. Als zentrale Indikatoren zur Messung des politischen Parallelismus soll auf den Grad der Polisierung bzw. der politischen (Un-)Abhängigkeit der Medien geblickt werden. Dieser schlägt sich nieder in institutioneller Hinsicht (z. B. im Aufbau von Public-Service-Anstalten, der Art der Rundfunkregulierung sowie in den Prinzipien des Binnen- und Außenpluralismus), kommt aber auch in Medieninhalten, der Art der politikorientierten Mediennutzung sowie dem journalistischen Rollenselbstverständnis zum Ausdruck.
3. der Professionalisierungsgrad des Journalismus. Dieser bemisst sich anhand (1) des Ausmaßes an Autonomie, das der Journalismus in Gänze, journalistische Organisationen (Redaktionen) sowie einzelnen Kommunikatoren beansprucht und diesen zugestanden wird, (2) der Ausbildung und Verankerung professionsspezifischer Normen („Presse-Kodizes") und entsprechender Vertretungsorgane (z. B. Journalistenverbände) sowie (3) der Intensität der Gemeinwohlorientierung im Verhältnis zur Orientierung an ökonomischen Imperativen.
4. das Ausmaß und die Art des staatlichen Interventionismus in medienpolitische Belange. Diesbezüglich gilt es Medienbesitzverhältnisse, Arten der Medienfinanzierung und gegebenenfalls -subventionierung sowie Verfahren der Medienregulierung bzw. der Media Governance zu untersuchen. Entsprechende Indikatoren hierfür sind insbesondere (1) die Ausgestaltung des öffentlichen Rundfunks, (2) die Art der Filmförderung, (3) die Gewährleistung von Presse- und Informationsfreiheiten, (4) Gesetze zur Medienregulierung bzw. Liberalisierung des Medienmarkts, (5) zur Wahlwerbung sowie (6) zur Lizenzierung neuer Medienanbieter.

Eine entsprechende Analyse anhand dieser vier Kriterienbündel geht damit weit über die Betrachtung verfassungsrechtlicher Vorgaben und gesetzlicher Normierungen hinaus (vgl. hierzu zusammenfassend Gellner 1994: 283f.). Angesichts der Vielzahl an Vergleichskriterien und der schieren Zahl von 27 EU-Mitgliedsländern muss im Folgenden ein Schwerpunkt auf die jeweiligen zentralen, typenspezifischen Merkmale gelegt werden – ohne dabei jedoch länderspezifische Besonderheiten völlig zu vernachlässigen. Auch stellen solche

Betrachtungen immer nur eine Momentaufnahme dar. So lässt insbesondere der Transformationscharakter der sich erst ausbildenden Mediensysteme osteuropäischer Staaten offen, ob, in welchem Maße und Tempo sich diese zukünftig einem der drei anderen Medientypen annähern werden (vgl. u. a. Thomaß/Tzankoff 2001; Hadamik 2004; Thomaß 2007).

2.2 Nordatlantische bzw. liberale Mediensysteme

In liberalen Mediensystemen bestimmen zuvorderst die Bedürfnisse und Gesetze des Marktes die Strukturen, Angebots- und Nutzungsmuster der Massenmedien (vgl. Hallin/Mancini 2004: 66ff.). Die Einflüsse (partei-)politischer Akteure sind demgegenüber reduziert, der politische Parallelismus sowie der staatliche Interventionismus kaum ausgeprägt. Statt einer Elitenorientierung und parteipolitisch orientierten Berichterstattung dominiert der neutrale Informationsjournalismus. Die Redaktionen sind in der Regel binnenpluralistisch organisiert und – wie der gesamte Journalismus – durch ein hohes Maß an journalistischer Professionalität gekennzeichnet, welches weitreichende Autonomie gegenüber politischen, staatlichen und sonstigen Einflüssen garantiert. Schließlich ist die vergleichsweise frühe Ausbildung einer kommerziell ausgerichteten, jedoch eher durchschnittlich genutzten Massenpresse ein typisches Kennzeichen für liberale Mediensysteme.

Derartige marktorientierte, liberale Mediensysteme finden sich in keinem der Kontinentalstaaten der Europäischen Union und auch die beiden so klassifizierten EU-Länder Großbritannien und Irland entpuppen sich bei genauerem Hinsehen im Vergleich zum US-amerikanischen „Idealtyp" eher als *Mischsysteme*, da sie in mancherlei Hinsicht die freien Kräfte des Marktes durch demokratisch-korporatistische Strukturen begrenzen und damit einen höheren Grad an staatlicher Kontrolle aufweisen (vgl. u. a Siebert et al. 1956; Hallin/Mancini 2004: 75ff.). Dies trifft in besonderem Maße auf den Rundfunksektor zu. Diesbezüglich haben in Irland Sorgen um die nationale Sprache und Kultur bis heute dazu geführt, den öffentlichen Rundfunk *(Radio Telifís Éireann, RTÉ)* weitgehend vor nationalen privaten Konkurrenten zu schützen. Diese gingen erst 1998 auf Sendung – deutlich später als in den meisten anderen europäischen Ländern, wenngleich darauf hinzuweisen ist, dass britische Privatsender schon früher zu empfangen waren (vgl. Truetzschler 2004: 117ff.).

Auch in Großbritannien hat das *Public Broadcasting* traditionell eine starke Stellung. Schließlich findet sich hier mit der 1927 gegründeten *British Broadcasting Corporation (BBC)* die „Mutter aller public service-Anstalten" (Gellner 1994: 284), die sich bis heute fast komplett über Rundfunkgebühren und ohne jegliche Werbeeinnahmen finanziert. In Großbritannien wurde aber auch (1954) am frühzeitigsten im europäischen Vergleich (mit Ausnahme Luxemburgs, siehe unten) privat-kommerzielle Konkurrenz zugelassen und damit die „Dualisierung" des Rundfunksektors vorangetrieben (vgl. Humphreys 2004: 329f.).

Im Unterschied zum Rundfunksektor, in dem die staatlichen Kontrollmöglichkeiten, für liberale Medienmodelle untypisch, latent vorhanden sind, hat sich die unabhängige, kommerziell ausgerichtete Presse in beiden Ländern frei von staatlichen Einflüssen und bereits sehr früh entwickelt (vgl. Hallin/Mancini 2004: 200ff.). Dadurch konnten sich große Zeitschriftenmärkte mit – gerade in Großbritannien – höchsten Auflagenzahlen ausbilden (vgl. Voltmer 2000b: 18f.), wobei sich das reichhaltige Angebot jedoch nicht in entsprechender Nutzung niederschlägt (vgl. Kapitel 3).

Während der irische Pressemarkt bislang nur wenig Anlass gab, sich Gedanken über eine zu starke Medienkonzentration zu machen (vgl. Truetzschler 2004: 116), beherrschen in Großbritannien derzeit allein drei Unternehmen drei Viertel des Pressemarktes (vgl. Humphreys 2004: 328f.). Zudem fällt eine starke parteipolitische Ausrichtung der britischen (nicht jedoch der irischen) Printmedien auf, ein *ausgeprägter politischer Parallelismus,* der sich weniger aus politischen Instrumentalisierungsversuchen nährt und vielmehr die Folge kommerziell bedingter Positionierungsstrategien ist. Eine Konsequenz dieser starken Orientierung an den Bedürfnissen der Leserschaft ist auch eine im weltweiten Vergleich nahezu einzigartige Fülle an publikumsattraktiven Boulevardblättern (z. B. *Sun, Daily Mirror*), eine Art „Dualisierung" des Printsektors in Qualitäts- und Boulevardzeitungen, aber auch eine im europäischen und globalen Vergleich bedenklich niedrige Minimierung (politischer) Vielfalt (vgl. Voltmer 2000b: 26; Tunstall 2004: 264).

Während das Ausmaß des (partei-)politischen Parallelismus der britischen Presse wenig charakteristisch für liberale Mediensysteme ist, ist schließlich der *hohe Professionalisierungsgrad* des dortigen Journalismus ein prägendes Kennzeichen für das nordatlantische Medienmodell. Dies gilt auch für Irland, wo sich die Massen- und vor allem die Printmedien ebenfalls relativ unabhängig von parteipolitischen und staatlichen Einflüssen entwickeln konnten und dadurch ein hohes Maß an *professioneller Autonomie* gewannen. Einschränkungen erfährt diese vor allem durch ökonomische Abhängigkeiten (vgl. Hallin/Mancini 2004: 221ff.). Obschon die Mehrheit der irischen und britischen Journalisten Mitglieder des *National Union of Journalists* ist, erfolgt jedoch die für professionelles Handeln zentrale Selbstregulierung und -kontrolle in erster Linie in nichtinstitutionalisierter Form innerhalb streng hierarchisierter Redaktionsstrukturen, die sowohl äußere Instrumentalisierungsversuche als auch journalistische „Alleingänge" erschweren (vgl. zusammenfassend u. a. Donsbach/Patterson 2003).

Insgesamt kristallisiert sich also mit Blick auf das Ausmaß des staatlichen Interventionismus, die Entwicklung der Massenpresse, den politischen Parallelismus und den Professionalisierungsgrad eine größere Nähe des irischen als des britischen Mediensystems gegenüber dem US-amerikanischen, marktliberalen Rollenmodell heraus. Das britische System weist doch einige Eigenheiten auf, die es näher an das in den skandinavischen und zentraleuropäischen EU-Ländern typische Modell heranrücken lassen. Dieses soll im Folgenden skizziert werden.

2.3 Nord- und zentraleuropäische bzw. demokratisch-korporatistische Mediensysteme

Der „Idealtyp" eines demokratisch-korporatistischen Mediensystems zeichnet sich im Vergleich zum liberalen Mediensystemtyp durch einen größeren, wenngleich gemäßigten Staatsinterventionismus aus, der den freien Kräften des Marktes Einhalt gebieten soll (vgl. Hallin/Mancini 2004: 74f.). Die staatlichen Einflüsse kommen u. a. in der Etablierung und starken Stellung von öffentlichen Rundfunkanstalten und der Subventionierung einzelner Massenmedien zum Ausdruck. Im Vergleich zu polarisierten Mediensystemen (siehe unten) zeigt sich der Journalismus demokratisch-korporatistisch strukturierter Mediensysteme heutzutage weithin resistent gegenüber direkten (partei-) politischen Instrumentalisierungsversuchen, wenngleich der politische Parallelismus – zumal im Rundfunksektor – ausgeprägter ist als in liberalen Mediensystemen. Dies mag auch eine Folge der ursprünglich starken Stellung der Parteipresse in den betroffenen Ländern sein, die ab Ende des 19. Jahrhunderts zusehends von einer am Publikumsgeschmack orientierten Massenpresse ergänzt (und verdrängt) wurde. Diese kann ihre starke Stellung als wichtiges Medium zur Orientierung im politischen Raum noch heute behaupten. Schließlich zeichnen sich demokratisch-korporatistische Mediensysteme durch einen hohen Professionalisierungsgrad des Journalismus aus, der durch die Ausbildung und Etablierung entsprechender Institutionen (z. B. Presseräte, Journalistenverbände) Absicherung findet.

Insbesondere die für wirtschaftsliberale Mediensysteme (wie man es in den USA vorfindet) untypisch starke Stellung des öffentlichen Rundfunks war lange Zeit *das* Charakteristikum sozialverantwortlicher und demokratisch kontrollierter Institutionalisierung der Massenmedien (vgl. Siebert et al. 1956) – ein Differenzierungsmerkmal, dessen Bedeutung jedoch mit dem Voranschreiten der skizzierten Öffnung der Rundfunkmärkte für privatkommerzielle Anbieter in den vergangenen Jahren deutlich gesunken ist. Dadurch hat sich nahezu zwangsläufig das Ausmaß der staatlichen Kontrollmöglichkeiten und der Durchsetzung gesellschaftlicher Funktionszuschreibungen in den betroffenen Ländern seit Beginn der 1980er Jahre verringert (vgl. auch Gellner 1994: 286ff.).

In der Art und Weise und dem Tempo der Zulassung privater Rundfunkanbieter haben die dem demokratisch-korporatistischen Typ zuzurechnenden EU-Staaten – Schweden, Dänemark, Finnland, Niederlande, Belgien, Luxemburg,[10] Deutschland und Österreich (sowie die Nicht-EU-Länder Schweiz und Norwegen) – unterschiedliche Wege beschritten. Dies kann sowohl als Ausdruck unterschiedlichen (stärker pro- oder eher reaktiven) medienpolitischen Handelns als auch der traditionell divergierenden politischen Funktionszuschreibungen und Ausgestaltungsformen des Public-Service-Sektors interpretiert werden. Diesbezüglich folgten die skandinavischen Staaten schon früh dem britischen Vorbild einer staatsfernen, politisch weitgehend unabhängigen, professionellen Treuhänderanstalt zur Wahrung gesellschaftlicher Interessen, welche sich bis heute nahezu ausschließlich durch Rundfunkgebühren finanziert und weitgehend auf Werbegebühren verzichtet (vgl. z. B. für Schweden Hultén 2004: 245; für Dänemark Prehn 2004: 238).[11] In den anderen Staaten dieses Typus ist dagegen der Einfluss parlamentarischer (und damit parteipolitischer) Akteure sowie sonstiger gesellschaftlich relevanter Gruppen auf den öffentlichen Rundfunk bis heute deutlich stärker ausgeprägt. Eine Sonderstellung nehmen diesbezüglich die Niederlande

---

[10] Luxemburg stellt insofern eine Ausnahme dar, weil es niemals über einen öffentlichen Rundfunk verfügte, diesbezüglich also eher dem liberalen Modell entspricht. So wurde Anfang der 1930er Jahre dem kommerziellen Anbieter *Compagnie Luxembourgoise de Télédiffusion* (*CLT*, nun *RTL*) per Konzessionsvertrag ein Monopol verschafft, das er bis 1991 bewahren konnte. Ungeachtet der seitdem entstandenen Konkurrenz kann *RTL* seine Vormachtstellung in Hörfunk und Fernsehen weiter behaupten, wobei das Unternehmen mittlerweile den europäischen Fernsehmarkt mit einem jährlichen Umsatz von zuletzt über vier Milliarden Euro klar dominiert und sich dabei europaweit angesiedelt hat (vgl. Wadlinger 2006: 69). Sein Mutterland Luxemburg zeigt indes alle Anzeichen eines demokratisch-korporatistischen Mediensystems, d. h. vor allem eine starke, in Teilen staatlich subventionierte Massenpresse sowie einen relativ hohen journalistischen Autonomie- und Professionalisierungsgrad (vgl. Hirsch 2004).
[11] Nur der öffentliche Rundfunkanbieter Finnlands *(Yle)* finanziert sich nicht nur über Rundfunkgebühren, sondern auch durch Werbegelder und Lizenzgebühren seitens der privat-kommerziellen Anstalten – eine in Europa sonst nur in Estland bekannte Form der Quersubventionierung öffentlicher Anbieter durch private Konkurrenten (vgl. Österlund-Karinkanta 2004: 61; Lauk/Shein 2004: 279).

ein, wo die „Versäulung" der Rundfunkanstalten, d. h. deren Organisation durch religiöse und ideologische Gruppierungen, weiterhin als Spiegel eines gesellschaftlich segmentierten Pluralismus des Landes gedacht ist (vgl. van der Eijk 2000).

In den Niederlanden kam es auch erst im Jahr 2001 zur Zulassung eigener privater Fernsehanbieter, nachdem das Land schon seit den 1980ern von Luxemburg aus „fremdkommerzialisiert" wurde. Dies ist typisch für „Kleinstaaten", deren Medienpolitik in hohem Maße durch die Entwicklungen in den jeweiligen Nachbarländern und die hohe ausländische Medienpräsenz gekennzeichnet ist (vgl. Bonfadelli/Meier 1994). Entsprechend ist auch die zögerliche, ja defensive Rundfunkpolitik Österreichs zu interpretieren, das ebenfalls erst im Jahr 2001 auf die aus Deutschland via Kabel und Satellit einstrahlenden Privatsender mit der Zulassung nationaler Anbieter reagierte. Diese erzielen jedoch bis heute – im Vergleich zur ausländischen Konkurrenz – nur marginale Marktanteile (vgl. Trappel 2004: 8). Im Unterschied zu diesen beiden „Nachzüglern" unter den „alten" EU-Ländern kam es in Deutschland (1984), Belgien (Wallonien 1986, Flandern 1987), Dänemark (1988), Schweden (1992) und Finnland (1992)[12] deutlich früher zur „Dualisierung" des nationalen Rundfunksektors. Dabei waren insbesondere die dänischen, belgischen und niederländischen Umsetzungsvarianten vom Bemühen gekennzeichnet, die kulturelle Identität und Vielfalt des Landes durch die Stärkung der Öffentlich-Rechtlichen zu bewahren (vgl. Gellner 1994: 289).

Für all diese Länder kann festgehalten werden, dass die Zulassung privat-kommerzieller Anbieter die öffentlichen Sender in finanzieller, programmbezogener und legitimatorischer Hinsicht unter erheblichen Druck gesetzt hat. Als Folge daraus wurden nahezu alle Rundfunkaufsichtsbehörden der betroffenen Länder mittlerweile reorganisiert; es wurden neue, stärker am Publikumsgeschmack ausgerichtete Fernsehformate entwickelt, neue Finanzierungsformen öffentlich-rechtlicher Sender erprobt (z. B. in Dänemark) und teilweise hat eine Neuausrichtung bereits vorhandener und die Etablierung neuer, stärker unterhaltungsorientierter Fernsehkanäle stattgefunden (z. B. in Schweden und Österreich), die in direkte Konkurrenz zu den Privatanstalten treten sollten. Gedacht zur Sicherung der Grundversorgung an Information, Bildung, Kultur und Unterhaltung, zur Bewahrung kultureller Vielfalt und demokratischer Teilhabe, hat dieses (erzwungene) Umdenken seitens der Öffentlich-Rechtlichen mittlerweile doch die – je nach Land unterschiedlich ausgeprägte – Konvergenz der Programme und der (politischen) Berichterstattung befördert, auch wenn sich in den meisten dieser EU-Länder die öffentlich-rechtlichen Anbieter noch als Marktführer behaupten können (vgl. Norris 2000: 911ff.; Meier/Trappel 2006: 267ff. sowie Tabelle 1 in Kapitel 3). Schließlich beschränken sich die Möglichkeiten der (partei-)politischen Instrumentalisierung und Kontrolle jedoch nicht allein in den demokratisch-korporatistischen Mediensystemen heutzutage nur noch auf einen Teil der Rundfunklandschaft (vgl. z. B. für Österreich Steinmaurer 2003).

Bezüglich der Entwicklung des Printsektors ähneln die nord- und zentraleuropäischen Staaten in hohem Maße denjenigen in Großbritannien und Irland: Bereits zu Anfang des 19. Jahrhunderts konnte sich vor dem Hintergrund der Gewährung von Pressefreiheit[13] eine Massenpresse entwickeln, teils von unternehmerischer Seite forciert (wie z. B. in den Niederlanden und Belgien), teils von politischen Bewegungen und Parteien (wie z. B. in

---

[12] Der finnische Privatsender *MTV3 Finland* wurde bereits 1957 gegründet, konnte jedoch bis ins Jahr 1992 nur im Rahmen von Programmfenstern des öffentlichen Fernsehens *Yle* empfangen werden.
[13] Diesbezüglich nahm Schweden weltweit eine Führungsrolle ein, als es in der Verfassung des Jahres 1776 die Pressefreiheit verankerte (vgl. Hallin/Mancini 2004: 147).

Deutschland, Schweden und Finnland). Entsprechend finden sich noch heute, ungeachtet des Aussterbens der Parteipresse und des Siegeszugs der kommerziellen Massenpresse im Unterschied zum liberalen Modell, zum Teil deutliche Spuren in der politischen Polarisierung des Printsektors, ein ausgeprägter politischer Parallelismus, aber auch externer Pluralismus entlang ideologischer Linien, wie er beispielsweise in Deutschland in den überregionalen Qualitätsmedien von der *Frankfurter Allgemeinen Zeitung* bis hin zur *Tageszeitung* zum Ausdruck kommt (vgl. Hallin/Mancini 2004: 155ff.).

Neben dieser unterschwelligen politischen Ausrichtung sind die Pressemärkte Zentral- und Nordeuropas heutzutage durch eine hohe Marktsättigung, hohe Auflagenzahlen, höchste Diversifizierung (Anzahl der Titel/Einwohner) und eine starke Stellung der Presse im Vergleich zu anderen Massenmedien gekennzeichnet (vgl. Voltmer 2000b: 18f. sowie Tabelle 2 in Kapitel 3). Bis auf Deutschland werden die Printmedien (vor allem in den skandinavischen Ländern) von staatlicher Seite subventioniert – nicht nur ein deutliches Zeichen für die sozialverantwortliche Rolle, die den Printmedien in demokratisch-korporatistischen Mediensystemen im Unterschied zum marktliberalen Modell zugeschrieben wird, sondern auch ein (weithin vergeblicher) Versuch, der zunehmenden Pressekonzentration zu begegnen (vgl. Siebert et al. 1956; Puppis/Jarren 2005).

Schließlich zeichnen sich die genannten Länder durch einen traditionell hohen Professionalisierungsgrad des Journalismus aus. Dies mag angesichts der parteipolitischen Ursprünge der Printmedien und der institutionalisierten Einflussmöglichkeiten über Public-Service-Anstalten im Rundfunkbereich, welche die journalistische Unabhängigkeit berühren, überraschen (vgl. Hallin/Mancini 2004: 170ff.). Allerdings sorgt die starke Stellung der Journalistengewerkschaften in den skandinavischen und zentraleuropäischen Ländern für die Wahrung der für professionelles Handeln notwendigen Autonomie. Als weitere wesentliche Bestandteile der institutionalisierten Form der Selbstregulierung gesellen sich – im Vergleich zu den liberalen und mediterranen Mediensystemen – relativ starke Selbstkontrollorgane hinzu, die die Entwicklung hin zum „kritisch-professionellen Journalismus" begleitet haben (vgl. auch Donsbach/Patterson 2003).

2.4 Mediterrane bzw. polarisiert-pluralistische Mediensysteme

Im Vergleich zu den oben genannten Mediensystemtypen dienen im polarisiert-pluralistischen Modell zuvorderst der Staat und die politischen Eliten als Orientierungsgröße (vgl. Hallin/Mancini 2004: 75f.) Dies kommt in einem hohen Maß an staatlichem Interventionismus, an staatlicher Subventionierung, aber auch an etwaigen Einschränkungen der Pressefreiheit zum Ausdruck. Im Rundfunk haben sich staatliche und parlamentarische Kräfte zum Teil dauerhaft ihren Einfluss durch die Besetzung entsprechender Rundfunkräte gesichert. Das hohe Maß an politischem Parallelismus findet aber auch im Printsektor seinen Ausdruck. Dieser ist durch eine starke Ausrichtung am Geschmack der politischen Eliten und eine eher rückständige Entwicklung der Massenpresse gekennzeichnet. Schließlich steht das hohe Maß an staatlichem Interventionismus und politischem Parallelismus in unmittelbarem Zusammenhang mit einem relativ niedrigen Autonomie- und Professionalisierungsgrad des Journalismus.

Auch diejenigen Länder, die dem mediterranen Medienmodel zuzurechnen sind (Portugal, Spanien, Italien, Griechenland und – mit einigen Abstrichen – Frankreich), konnten sich dem Europäisierungs- und Liberalisierungsdruck seit Beginn der 1980er Jahre nicht entziehen.[14] Dabei wurde der Wandel zu dualisierten Rundfunksystemen im Unterschied zu den nord- und zentraleuropäischen Ländern mitunter auch gegen den Willen der Regierenden seitens oppositioneller Kräfte „erzwungen". Dies gilt ausdrücklich nicht für Frankreich, aber umso mehr für Griechenland, Portugal und Spanien, wo der Rundfunk auch nach der Überwindung der faschistischen Diktaturen in den 1970er Jahren in höchstem Maße durch die Regierenden kontrolliert und für (partei-)politische Zwecke instrumentalisiert wurde (vgl. zusammenfassend Gellner 1994: 288f.); ein Phänomen, das sich in Malta[15] und Zypern ebenso beobachten lässt. Basis hierfür war eine – auch in Frankreich und Italien bis heute übliche – spezifische Institutionalisierungsform des Public Broadcasting, das so genannte „government model" (Hallin/Mancini 2004: 30), bei der die Ernennung der Direktoren der Rundfunkanstalten direkt in den Händen der Regierenden bzw. der parlamentarischen Mehrheit liegt, wodurch die politische Kontrolle des öffentlich-rechtlichen Rundfunks erleichtert worden ist.[16] Da sich die politisch Herrschenden in den 1980er Jahren nur zögerlich von dem für ihre Zwecke günstigen regierungsnahen, öffentlichen Rundfunk trennten, kam es zu einer „wilden Deregulierung" (Traquina 1995), in der die staatlich betriebene Medienpolitik bisweilen den rundfunkpolitischen Realitäten, wie z. B. der Inbetriebnahme illegaler, lokaler „Piratensender", nacheilte.

Im Vergleich zu diesen (und auch anderen europäischen) Ländern setzte die Kommerzialisierung des Rundfunks in Italien deutlich früher ein: Bereits Mitte der 1970er Jahre hob das Verfassungsgericht das Sendemonopol des öffentlichen Anbieters *RAI* auf und schuf damit die Grundlage für einen „Wildwuchs" von bis zu 3000 (!) lokalen Privatsendern (vgl. Natale 2004: 375f.). Der in den 1980er Jahren einsetzende Konzentrationsprozess und „chronisches regulatives Politikversagen" (Gellner 1994: 290) ermöglichten schließlich die Ausbildung eines Duopols aus *RAI* und der von Silvio Berlusconi kontrollierten *Mediaset*-Gruppe. Dieses erhöhte in den Zeiten der zweifachen Amtszeit Berlusconis dessen Kontrolle über Personen, Programme und Inhalte im Rundfunk zu einem bedenklichen und in den „alten" EU-Ländern bis dato ungekannten Maße (vgl. auch Mazzoleni 2004: 129ff.).

---

[14] Gleiches gilt – mit entsprechender Zeitverzögerung – für die 2004 der EU beigetretenen Inselstaaten Zypern und Malta, die bei Hallin/Mancini (2004) keine Berücksichtigung finden. Insbesondere das zypriotische Mediensystem könnte auch dem an dieser Stelle eingeführten vierten Typus, dem transformatorischen Medienmodell, zugerechnet werden, wobei den Medien in dem seit 1974 geteilten Land, von dem nach Scheitern des Annan-Plans faktisch nur der südliche Teil der EU beigetreten ist, eine besondere Rolle hinsichtlich der gesellschaftlichen Integration und des Aufbaus demokratischer Strukturen zukommt (vgl. Samaras/Kentas 2006).

[15] Ungeachtet der Tatsache, dass Malta bis 1964 unter britischer Kolonialherrschaft stand, ähnelt das Rundfunksystem stärker dem französischen Typus. Eine EU-weite Besonderheit zeichnet dieses jedoch aus: Es gibt neben dem öffentlich-rechtlichen Anbieter keine in Malta zugelassenen privat-kommerziellen Sender; die entsprechenden Lizenzen wurden vielmehr an die *politischen Parteien* vergeben (vgl. Borg 2004: 441f.).

[16] Dieses Modell schenkt dem französischen Präsidenten besondere Kompetenzen: So waren es die Präsidenten Giscard d'Estaing und François Mitterrand, die ab Mitte der 1970er Jahre die Liberalisierung vorantrieben; ein Erlass Jacques Chiracs führte schließlich zur Umwandlung des vormals öffentlich-rechtlichen Kanals *TF 1* in ein Privatunternehmen, das sich auf Unterhaltungsangebote konzentrieren und so die Konkurrenz zu den kommerziellen Anbietern suchen sollte. Der Sender erzielt mittlerweile die höchsten Marktanteile (vgl. Miège 2004: 305ff.).

Die starke Stellung des Staates in der Medienpolitik mediterraner Länder findet ihren Niederschlag auch in der portugiesischen, griechischen und spanischen Presse, wo sich der freie Wettbewerb im Vergleich zu den nord- und zentraleuropäischen Ländern sowie zu Großbritannien und Irland erst vergleichsweise spät, zur Mitte des 20. Jahrhunderts, entfalten konnte. Anders war dies in Frankreich und Italien, wo sich im Laufe des 19. Jahrhunderts die politischen Parteien entsprechende Presseorgane schufen, um sich im politischen Wettbewerb Gehör zu verschaffen – mit der Folge einer noch heute deutlich erkennbaren Positionierung und Polarisierung der Zeitungen entlang parteipolitischer bzw. (in Spanien, Portugal und Italien) religiöser gesellschaftlicher Konfliktlinien, die auch das Aufkommen der marktorientierten Printprodukte seit den 1970er Jahren überdauert hat (vgl. Hallin/Mancini 2004: 93ff.).

Das Fehlen offener Märkte in autoritären Zeiten, die spätere Politik der Pressesubventionierung sowie die in Italien, Spanien und Griechenland besonders stark ausgeprägten *klientelistischen Traditionen* sorgten schließlich nicht nur dafür, dass bis heute der politische Parallelismus in diesen Ländern sehr verbreitet ist, sondern auch dafür, dass sich die Printmedien eher am Geschmack der politischen Eliten als am Massenpublikum orientieren. Boulevardmedien wie z. B. in Großbritannien (z. B. *Sun*) oder in Deutschland (z. B. *Bild*) gibt es – mit Ausnahme der *France Soir*, deren Auflage in den vergangenen Dekaden aber rapide gesunken ist (vgl. Charon 2004: 66) – nicht. Entsprechend „übersichtlich" fallen denn auch in allen romanischen Ländern, gemessen an den Bevölkerungszahlen, die Anzahl der Zeitungstitel und die Auflagenhöhen aus; ein Zeichen für unterdurchschnittliche Diversifizierung und geringe Pressedichte (vgl. Voltmer 2000b: 18f.). Noch deutlicher wird die mangelhafte Orientierung am Publikumsgeschmack (mit der bemerkenswerten Ausnahme von auf Sportnachrichten spezialisierten Zeitungen) beim Blick auf die in allen mediterranen Ländern im Vergleich zur Rest-EU unterdurchschnittliche Reichweiten: Im Süden Europas ist das Leitmedium der öffentlichen und politischen Kommunikation eindeutig das Fernsehen, während die Zeitung wenn überhaupt, dann nur für eine Minderheit ein *Ergänzungsmedium* darstellt (vgl. Kapitel 3).

Aus der traditionell starken (partei-)politischen bzw. staatlichen Durchdringung der öffentlich-rechtlichen Rundfunkmedien einerseits und des immensen politischen Parallelismus der tagesaktuellen Printmedien andererseits resultiert auch ein für die mediterranen Länder charakteristisches niedriges Maß an journalistischer Professionalität (vgl. Hallin/Mancini 2004: 110ff.). Dieses manifestiert sich in erster Linie in fehlender professioneller Autonomie und einem im Vergleich zum nord- und mitteleuropäischen Journalismus nur wenig ausgeprägten journalistischen Rollenselbstverständnis (vgl. z. B. für Italien Donsbach/Patterson 2003). Auch die Journalistengewerkschaften können (bis auf Italien) aufgrund fehlender Tradition und/oder Akzeptanz nicht als Orientierungsgrößen dienen. Selbstkontrollorgane (z. B. Presseräte) spielen schließlich in allen Ländern so gut wie keine Rolle.

2.5 Osteuropäische bzw. transformatorische Mediensysteme

Während es sich bei den oben genannten Modellen um vergleichsweise etablierte Mediensystemtypen handelt, sind die Medienlandschaften derjenigen osteuropäischen Länder, die erst 2004 bzw. 2007 der EU beitraten, bislang vor allem durch eine enorme Veränderungsdynamik und noch nicht abgeschlossene Transformationsprozesse gekennzeichnet gewesen (vgl. u. a. Hadamik 2004; Thomaß 2007). Bei allen länderspezifischen Unterschiedlichkeiten und je spezifischer Ausrichtung an unterschiedlichen „Mediensystemvorbildern" der „alten" EU-Länder offenbart der vergleichende Blick doch einige länderübergreifende, typische Merkmale hinsichtlich des Aufbaus von Medienstrukturen, des hohen Maßes an staatlichem Interventionismus und politischem Parallelismus sowie einer bislang eingeschränkten journalistischen Professionalisierung.

So gilt, was für die in den 1970er Jahren in die Demokratie entlassenen drei mediterranen Staaten Griechenland, Spanien und Portugal zutrifft, in noch höherem Maße für die postkommunistischen Transformationsstaaten des ehemaligen „Ostblocks" (Estland, Lettland, Litauen, Polen, Bulgarien, Rumänien, Tschechien, Slowenien, Slowakei, Ungarn): Innerhalb kürzester Zeit mussten hier Medienstrukturen geschaffen werden, die den inneren Demokratieaufbau beförderten, den modernisierungsbedingten gesellschaftlichen Wandel ermöglichten und schließlich dem anschwellenden Globalisierungs- und Europäisierungsdruck Raum schufen (vgl. u. a. Voltmer/Schmitt-Beck 2006: 229ff.). Was sich in den „alten" EU-Ländern mit zum Teil Jahrhunderte zurückreichenden demokratischen Wurzeln langsam entwickeln konnte, d. h. die Herausbildung parlamentarisch-demokratischer Herrschaftsformen, der Aufbau marktwirtschaftlicher Strukturen und die Institutionalisierung adäquater Medienstrukturen, hat sich in Osteuropa in den vergangenen Jahren also – nolens volens – im „Hauruckverfahren" und unter erschwerten Bedingungen verändern müssen (vgl. auch Thomaß 2007).

Als besonders hinderlich für den Aufbau von demokratisch verfassten, unabhängig und gesellschaftlich verantwortlich handelnden Massenmedien hat sich die für die ehemaligen autoritären Regime ganz selbstverständliche Vereinnahmung und politische Instrumentalisierung der Massenmedien durch die Herrschenden erwiesen. Wie in Griechenland, Spanien und Portugal fiel es auch den ersten demokratisch gewählten Machthabern postkommunistischer Länder schwer, die Kontrolle und garantierten Einflussmöglichkeiten über „ihre" Medien, vor allem über das als „wirkungsstark" erachtete Fernsehen, abzugeben (vgl. Thomaß/Tzankoff 2001: 240ff.). So dauerte es in einzelnen Ländern bis in die Mitte der 1990er Jahre, bis neue Rundfunkgesetze erlassen wurden, die das ehemalige Staatsmonopol aufhoben – bisweilen begleitet von heftigen politischen Konfrontationen, öffentlichen Protesten und „media wars" wie insbesondere in Ungarn (vgl. Sükösd 2000: 152ff.). Die schließlich erlassenen Rundfunkgesetze sicherten einigen Regierungen und parteipolitischen Eliten aber bis heute noch umfängliche Möglichkeiten, über Aufsichtsgremien, Rundfunkräte und die staatliche Finanzierung der öffentlich-rechtlichen Sender Einfluss auf das Programm zu nehmen. Dabei folgten die meisten Länder dem mediterranen, regierungsnahen Modell (z. B. Polen; vgl. Jakubowski 2004), einige, wie z. B. Tschechien oder Estland, dem in Deutschland bekannten parlaments- bzw. parteinahen Modell eines öffentlich-rechtlichen, (hauptsächlich) über Gebühren finanzierten Rundfunks, (vgl. Lambrecht/ Schröter 2001; Lauk/Shein 2004) und nur wenige, darunter z. B. Rumänien, dem britischen „Treuhändermodell" (vgl. Marinescu 2004).

Die näher rückende Aufnahme in die Europäische Union (zum 1. Mai 2004 bzw. 1. Januar 2007), mithin die Bindung an den *acquis communautaire*, hat schließlich in allen osteuropäischen Ländern zu einer „zweiten Welle" der Rundfunkregulierung geführt (1998–2003), in der die gerade verabschiedeten Gesetze sogleich novelliert und neue Gesetze erlassen wurden (vgl. de Smaele 2007: 121f.). Gemäß der EU-Fernsehrichtlinie musste nun den freien Kräften des (Rundfunk-)Marktes und damit auch ausländischen Medienanbietern eine Chance eingeräumt werden, obwohl dies offenkundig im Widerspruch zur „vererbten" Funktionszuschreibung stand, wonach die Medien in Osteuropa in erster Linie als Institutionen *nationaler*, gesellschaftlicher (politischer und kultureller) Integration fungieren sollten. Als Reaktion auf den Harmonisierungsdruck durch die EU und als Ausweg zur Wahrung nationaler Identität, haben schließlich einige osteuropäische Länder (insbesondere Polen) entsprechend „großzügige" Quotierungen für Sendungen inländischer Anbieter eingeführt. Nicht zuletzt dank dieser Quotierungen konnte der Einfluss ausländischer Medienkonzerne zumindest in diesem Rundfunkmarkt bislang vergleichsweise niedrig gehalten werden – und der über klientelistische Kanäle gesicherte Einfluss politischer und wirtschaftlicher Eliten entsprechend hoch (vgl. Jakubowski 2004). Auch in Tschechien haben es ausländische Rundfunksender bislang schwer gehabt. In beiden Ländern hat schließlich die schiere (Markt-)Größe die Etablierung heimischer Medienanbieter, die in Konkurrenz zu ausländischen Investoren treten konnten, erschwert. Deren Angebote und Sender beherrschen aber mittlerweile die Rundfunklandschaften fast aller anderen osteuropäischen EU-Länder (mit der Ausnahme Rumäniens) (vgl. Meier/Trappel 2006: 268; Huber 2006; sowie Tabelle 1 in Kapitel 3).

Im Unterschied zum Rundfunk wurde der Printsektor mit dem Ende der kommunistischen Diktaturen umgehend für ausländische Investoren geöffnet – nicht zuletzt, um ausländisches Kapital in die neu entstehenden Medienmärkte fließen zu lassen und politischen Konkurrenten keine (Presse-)Stimme zu geben (vgl. Thomaß/Tzankoff 2001: 245). Der Abschied von ehemals gesicherten staatlichen Einflusskanälen vollzog sich diesbezüglich recht unkontrolliert und in rasantem Tempo, auch wenn noch heute die Presse in einigen Ländern von staatlicher Seite subventioniert wird, was durchaus als ein Zeichen sozialverantwortlicher Medienpolitik gedeutet werden kann.

Im Zuge der Öffnung der Presselandschaften sicherten sich skandinavische Medienkonzerne einen umfänglichen Zugriff auf den Zeitungsmarkt der baltischen Länder, während sich deutsche, schweizerische und österreichische Unternehmen als Marktführer in Tschechien, der Slowakei, Slowenien und Ungarn etablieren konnten (vgl. Meier/Trappel 2006: 268). Wie in den „alten" EU-Ländern haben auch hier mittlerweile – nach einer ersten Phase der Unübersichtlichkeit und Vielfalt – umfängliche Konzentrationsprozesse eingesetzt, die jedoch, wie die im europäischen Vergleich sehr hohe Diversifikation an unterschiedlichen Titeln zeigt, noch nicht abgeschlossen sein dürfte (vgl. Tabelle 2 in Kapitel 3; Ausnahme ist Polen). Gleichzeitig hat die Kommerzialisierung der Presselandschaft zu einer *Tabloidizierung* des Angebots geführt: Nicht nur, dass die Boulevardblätter höchste Reichweiten erzielen (vor allem in Bulgarien), auch die politische Berichterstattung – in Presse- wie Rundfunkmedien – erweist sich mittlerweile von Popularisierung, Simplifizierung und Privatisierung durchtränkt (vgl. Tzankoff 2002). Dies ermöglicht einer breiten Masse an Bürgerinnen und Bürgern einen „einfachen" Zugang zu politischer Information, der sich, ungeachtet „westlicher" Ideale und entsprechender Vorurteile, als durchaus funktional für das politische Wissen und die Unterstützung der Demokratie entpuppt (vgl. Voltmer/Schmitt-Beck 2006: 238ff.).

Schließlich stellt sich die Frage, wie es um den Professionalisierungsgrad der Journalistinnen und Journalisten in den osteuropäischen Transformationsstaaten bestellt ist. Deren oppositionelles Engagement und Widerstand gegen die Staatsmacht war eine entscheidende Triebfeder für den Zusammenbruch des Kommunismus und Sozialismus in den Staaten des ehemaligen „Ostblocks" (vgl. z. B. für Ungarn Sükösd 2000: 145ff.). Dies gab Anlass zur Hoffnung, dass sich der Journalismus recht schnell als eine unabhängige, professionelle und verantwortungsvolle Instanz etablieren und seiner Rolle als Kritiker und Kontrolleur politischer Eliten gerecht werden würde. Voraussetzung hierfür war die zügig gewährte Pressefreiheit, kodifiziert in den Ende der 1980er Jahre verabschiedeten Verfassungen aller osteuropäischen Staaten. Dass dennoch der Professionalisierungsgrad des Journalismus in den postkommunistischen Ländern nach rund zwei Jahrzehnten der demokratischen Entwicklung als niedrig, wenn nicht als bedenklich einzustufen ist, hat mehrere Gründe: Erstens haben Bußgelder und andere subtile Formen politischer Beeinflussung (insbesondere im öffentlichen Rundfunk) in einigen Ländern ein Klima der Einschüchterung, des vorauseilenden Gehorsams und der Selbstzensur geschaffen, nachdem sich der Journalismus aus Sicht staatlicher Akteure zunächst zu sehr in seiner Kritik und Kontrolle gegenüber der Politik „ausgetobt" hatte (vgl. Voltmer 2000a; Thomaß/Tzankoff 2001: 240f.).[17] Zweitens wird die Entfaltung professioneller Unabhängigkeit und gesellschaftlicher Verantwortung durch den enormen wirtschaftlichen Druck, dem sich die Medien ausgesetzt sehen und der auf die Journalistinnen und Journalisten übertragen wird, nachhaltig eingeschränkt. Drittens hat der Zusammenbruch der alten Regime auch zu einem Generationenwandel im Journalismus geführt, wobei es weithin an standardisierten Ausbildungswegen mangelt. Schließlich fehlt es in vielen Ländern an einer funktionierenden Selbstregulierung und -kontrolle des Journalismus. Nur in wenigen Ländern, wie z. B. in Polen, Estland, Slowenien (vgl. Lauk/Shein 2004; Brečka 2004: 620), konnten sich bislang Journalistengewerkschaften und Presseräte etablieren, die zur Autonomie und zur Verständigung über journalistische Standards einen wesentlichen Beitrag leisten.

Zusammenfassend lässt sich festhalten, dass die Transformations- und Konsolidierungsphase der Mediensysteme in den zehn neuen, osteuropäischen EU-Mitgliedstaaten in vielerlei Hinsicht ähnlich verlaufen ist – und auch noch nicht abgeschlossen ist. Die bisherigen Entwicklungen deuten auf in der Regel weiterhin starke Einflussmöglichkeiten politischer Eliten hin (mit Ausnahme Estlands), welche insbesondere im öffentlich-rechtlichen Rundfunk zum Ausdruck kommen. Klientelistische Verflechtungen von politischen, ökonomischen und medialen Akteuren und entsprechende „Vetternwirtschaft" hat mitunter aber auch die Zulassung privat-kommerzieller Medienkonzerne geprägt. Dabei ist die Tür nicht nur für einheimische Oligarchen geöffnet worden, sondern in der Mehrzahl der Staaten auch – ganz bewusst – für ausländische Investoren (vgl. Huber 2006). Die Folge ist ein rasant voranschreitender Prozess der Kommerzialisierung, Fragmentierung und „Verwestlichung" (Thomaß/Tzankoff 20001: 249) der osteuropäischen Medienlandschaften, denen nur große Länder wie Polen und Tschechien, und das auch nur in Bezug auf den Rundfunksektor einigermaßen begrenzen konnten.

Die durch die Europäisierung beschleunigte Liberalisierung der Medienmärkte hat zweifelsohne die Vielfalt des Medienangebots und damit auch der politischen Berichterstat-

---

[17] Die mittlerweile feststellbare Zurückhaltung direkter staatlicher Kontrolle und der Verzicht auf Einschüchterungsversuche gegenüber Journalisten (wie sie z. B. für Russland noch immer charakteristisch sind) hat zur Folge, dass die Mehrzahl der osteuropäischen EU-Länder hinsichtlich der Gewährung von Pressefreiheit mittlerweile als bedenkenlos einzustufen ist: So finden sich in der aktuellen „Weltrangliste der Pressefreiheit", erstellt von der Nichtregierungsorganisation „Reporter ohne Grenzen", unter den ersten zwanzig Nationen sechs der neuen osteuropäischen EU-Staaten (nicht jedoch Litauen, Bulgarien, Rumänien und Polen; vgl. Reporters without Borders 2007).

tung im Vergleich zu vordemokratischen, autoritären Zeiten gestärkt. Jedoch werden derartige Entwicklungen durch die in vielen Ländern fortbestehenden politischen (und ökonomischen) Instrumentalisierungsversuche und den geringen Professionalisierungsgrad des Journalismus konterkariert. So ist das massenmediale Angebot vieler osteuropäischer Länder derzeit durch eine Art Doppelstruktur gekennzeichnet: eine an politischen Eliten einerseits und den ökonomischen Erwartungen einiger weniger Medienimperien andererseits ausgerichtete Produktpalette, die sich vielerorts in einer Depolitisierung, Boulevardisierung und Standardisierung der Berichterstattung manifestiert, von der auch die Programme öffentlich-rechtlicher Anbieter betroffen sind (vgl. u. a. für Bulgarien Tzankoff 2002; für Slowenien Hrvan/Milosavljević 2004). Inwieweit sich diese Entwicklung fortsetzt, der Einfluss politischer Akteure ab- und der ökonomischer Imperative zunimmt, in welchem Maße sich also die osteuropäischen Mediensysteme an jene der etablierten EU-Länder annähern, gilt es weiter zu beobachten. Wie die Bürgerinnen und Bürger diesen neuen Rahmen zur gesellschaftlichen Orientierung und politischen Information nutzen, soll im Folgenden geklärt werden.

3 Mediennutzung im europäischen Vergleich

3.1 Wandel des Medienangebots

Die skizzierten Ökonomisierungs-, Konzentrations- und Europäisierungsprozesse haben das Medienangebot, d. h. die empfangbaren Programme, Formate und Inhalte, in den vergangenen zwei Dekaden europaweit nachhaltig verändert – und dies in quantitativer wie qualitativer Hinsicht. Quantitativ ist eine rasante Ausweitung und Ausdifferenzierung massenmedialer Produkte zu konstatieren. Diese betrifft in den „alten" EU-Ländern vornehmlich die strukturelle Vielfalt audiovisueller Angebote, in den skandinavischen Ländern aber auch den Pressemarkt, bei dem die Konzentrationsprozesse noch nicht so weit vorangeschritten sind. Auch in den „neuen" EU-Ländern ist diese Konsolidierungsphase im Print-, hier aber auch im audiovisuellen Mediensektor noch nicht abgeschlossen. Vielmehr sind die entsprechenden Medienmärkte bislang durch eine hohe Instabilität und eine ausgeprägte Fluktuation, durch Neugründungen und Wiedereinstellungen von Medienprodukten – bei voranschreitender intra- und intermedialer Medienkonzentration – gekennzeichnet gewesen (vgl. auch Meier/Trappel 2006). Ungeachtet dieser Schwankungen hat sich rein quantitativ die Zahl der zur Verfügung stehenden Medienprodukte in den postkommunistischen Staaten im Vergleich zu autoritären Zeiten vervielfacht.

Die quantitative Ausweitung des Medienangebots ist jedoch nicht mit einer Ausweitung der publizistischen Vielfalt gleichzusetzen. De facto ist diese durch die zunehmende Orientierung am kommerziellen Erfolg und damit am (oftmals unterstellten) Geschmack des Publikums bzw. bestimmter, werberelevanter Zielgruppen sowie durch die voranschreitenden Konzentrationsprozesse in den vergangenen Jahren zusehends unterlaufen worden (vgl. zusammenfassend Siegert et al. 2005). Die Erfüllung gesellschaftlicher und politischer Funktionserwartungen (vgl. Kapitel 1) hat sich dabei zusehends auf das Angebot der öffentlich-rechtlichen Anbieter reduziert, welche jedoch immer mehr in den Wettbewerb um Aufmerksamkeit mit publikumsattraktiven Alternativen geraten. Entsprechend beschränken sich qualitative Veränderungen in der Art und Weise der Berichterstattung, in den Inhalten und der Aufmachung schon lange nicht mehr nur auf privatkommerzielle Medienprodukte. Für die politische Kommunikation als besonders relevant erweisen sich in diesem Zusammenhang die bereits angesprochenen *Boulevardisierungsprozesse*, d. h. auch die Aufbereitung und „Verpackung" politischer Informationen unter besonderer Berücksichtigung der Rezeptionsmotive „Unterhaltung" und „Entspannung", welche die Simplifizierung, Verkürzung, Emotionalisierung, Personalisierung und Depolitisierung der Politikdarstellung und -wahrnehmung forciert haben (vgl. zusammenfassend Saxer 2007). Diesem Trend können sich nur noch einige wenige Medienformate, wie z. B. Nachrichtensendungen oder politische Wochenzeitungen (und diese auch nur bedingt) entziehen. Dabei ist es derzeit unklar, inwieweit entsprechende Veränderungen in eine EU-weite Homogenisierung und Standardisierung der Politikberichterstattung münden (vgl. zu unterschiedlichen Einschätzungen Meier/Trappel 2006; Siegert et al. 2005). Schließlich hat die Liberalisierung der Medienmärkte aber zweifelsohne die Chance eröffnet, neue Formate der Politikberichterstattung auszutesten, die nicht nur das politikaffine Publikum in besonderem Maße ansprechen (wie z. B. Nachrichtenkanäle), sondern die auch politikferne Bürgerinnen und Bürger quasi nebenbei mit politischen Informationen konfrontieren (z. B. Infotainmentmagazine, politische Talkshows; vgl. grundlegend Tenscher 1998).

3.2 Allgemeine Mediennutzung

Angesichts der skizzierten Veränderungen der Mediensystemstrukturen und des Medienangebots ist zu erwarten, dass sich auch die Zuwendung der Bürgerinnen und Bürger zu massenmedialen Inhalten in den vergangenen Jahren nachhaltig gewandelt hat. Dabei scheinen diesen die neuen Möglichkeiten zum Empfang audiovisueller Programme (via Kabel und Satellit) und die flächendeckende technische Verfügbarkeit entgegengekommen zu sein. Mittlerweile kann EU-weit von einer beinahe vollständigen Verbreitung von Fernseh- und Radioempfangsgeräten ausgegangen werden; in nahezu jedem Haushalt steht mindestens ein Fernsehgerät (inklusive Fernbedienung) zur Verfügung.[18] Mit den neuen Übertragungstechniken (und dem Aufkommen kommerzieller Anbieter) hat sich auch die Zahl der empfangbaren Programme auf 30 bis 40, bei digitalem Empfang auf über 200, erhöht. Dies gilt in höherem Maße für die skandinavischen und mitteleuropäischen Länder (mit der Ausnahme Großbritanniens) als für süd- und osteuropäische Länder, wo der Anteil der Haushalte, die Fernsehen nur terrestrisch empfangen können, deutlich höher ist (vgl. Tabelle 1; Wilke/Breßler 2005: 68ff.).

---

[18] Diese Zahl variiert von 93 Prozent (Finnland) bis 100 Prozent (Zypern). Auch die Möglichkeit, digitales Fernsehen zu empfangen, ist in den vergangenen Jahren rasant gestiegen: Im Jahr 2005 erreichte das Digitalfernsehen in den „alten" EU-Ländern (EU-15) 31 Prozent der Haushalte, in den (damals) zehn neuen EU-Ländern jedoch nur 6,4 Prozent (vgl. IP International Marketing Committee 2006: 12, 18). Gleichwohl scheint auf europäischer Ebene die Antenne auf dem Dach oder die Zimmerantenne weiterhin die am weitesten verbreitete Empfangsart zu sein. Jeder zweite europäische Haushalt erklärt, Fernsehen auf diese Art zu empfangen, gefolgt vom Kabel- (33 Prozent) und Satellitenfernsehen (22 Prozent) (vgl. Europäische Kommission 2006a: 63f.; zu ähnlichen Zahlen Limmer 2005).

Tabelle 1: Strukturen des Fernsehsektors, 2006

	Reichweiten-stärkste öffentliche Sender	Reichweitenstärkste Privatsender	Haushalte mit Kabelempfang (in %)	Haushalte mit Satellitenempfang (in %)	Haushalte nur mit terrestrischem Empfang (in %)
Belgien (Flan.)	TF1[1], KETNET	VTM	94,8	7,3	3,4
Belgien (Wall.)	RTBF 1/2	*RTL – TVI*			
Bulgarien	Kanal 1	b*TV*, TV Nova	58,6	9,0	32,4
Dänemark	DR 1/2, *TV 2*	TV 3	28,7	52,2	ne
Deutschland	*ARD*, ZDF	RTL, SAT.1, PRO 7	55,7	39,0	2,5
Estland	ETV	Kanal 2, *TV 3*	47,3	5,9	48,6
Finnland	YLE 1/2	*MTV3*, Nelonen	56,0	12,0	ne
Frankreich	France 2/3/5	Canal+, M6, *TF1*	15,0	24,6	ne
Griechenland	ET 1/3, NET	*Antenna 1*, Megachannel	0,3	0,8	ne
Großbritan.	BBC 1/2	ITV, C4	11,3	32,0	31,1
Irland	*RTÉ 1/2*, TG4	TV3	42,0	23,0	35,0
Italien	*RAI 1/2/3*	Canale 5, Italia 1	0,6	22,3	ne
Lettland	LTV 1/7	*LNT*, TV3	50,8	7,2	42,4
Litauen	LTV 1/2	LNK, *TV3*, TV4	43,7	ne	56,3
Luxemburg		RTL	81,2	28,0	0
Malta	TVM	Super One TV, Media Set[2]	78,0	8,5	ne
Niederlande	*NED 2/1/3*	RTL 4/5, SBS6, Yorin	91,4	12,0	1,2
Österreich	ORF 1, *ORF 2*	ATV+	39,0	46,4	14,7
Polen	*TVP 1/2/3*	Polsat, TV Wisla	36,5	20,3	46,1
Portugal	RTP1/2	SIC, *TV1*	44,6	8,1	49,7
Schweden	*SVT-1/2*	TV3/4	52,0	25,0	18,0
Slowakei	STV 1/2	Joj TV, *TV Markiza*	39,2	13,4	60,0
Slowenien	TVS 1/2	Kanal A, *Pop TV*	54,8	10,7	34,5
Spanien	*TVE 1/2*	Antenna 3, Canal+, Tele5	10,6	21,1	68,3
Rumänien	*TVR 1/2*	Pro TV, Antena 1	69,0	3,2	30,0
Tschechien	CT 1/2	*Nova TV*, Prima	18,3	11,2	67,8
Ungarn	M1/2	RTL Klub, TV2	61,6	4,7	33,6
Zypern	RIK 1/2	Lumiere, TVO, *Sigma*	3,0	15,0	ne

1 = kursiv gedruckt: Sender mit den höchsten Marktanteilen im Jahr 2004.
2= Hierbei handelt es sich um aus dem Ausland sendende Anbieter ohne nationale Sendelizenz. ne = nicht erhoben. Quellen: European Audiovisual Observatory 2005; IP International Marketing Committee 2006; eigene Recherchen und Darstellung.

Die Potenzierung des verfügbaren Medienangebots und die Vereinfachung des technischen Zugangs ist nur die Voraussetzung dafür, dass sich der Medienkonsum verändern *kann*, nicht jedoch zwangsläufig *muss*. Schließlich ist die Mediennutzung immer auch abhängig von der den Rezipienten zur Verfügung stehenden Zeit, von individuellen Bedürfnissen und Erwartungen, die sich an den Konsum bestimmter Medien, Programme und Inhalte knüpfen, von habitualisierten Nutzungsmustern und entsprechenden Medienkompetenzen (vgl. zusammenfassend Hasebrink 2002: 357ff.). Diesbezüglich hat die (vor allem in den westeuropäischen Demokratien zu beobachtende) gesellschaftliche Modernisierung nachhaltige Spuren hinterlassen: In Zeiten wachsender Individualisierung haben und nehmen sich die Bürgerinnen und Bürger mehr Zeit, ihren eigenen (Konsum-)Bedürfnissen nachzukommen, sie stellen sich ihre eigenen *Medienmenüs* zusammen, die ihre Bedürfnisse und situative Stimmungen „beiläufig" oder gezielt befriedigen. Dabei stellen Massenmedien zwar nur einen Aspekt moderner Erlebnis- und Konsumgesellschaften dar, dessen herausgehobene Bedeutung als Freizeitbeschäftigung aber nicht zuletzt in dem – zumindest für Westeuropa gültigen – Terminus der *Mediengesellschaft* zum Ausdruck kommt (vgl. Saxer 2007: 51ff.). Dieser signalisiert, wenn es um die Frage der Mediennutzung geht, nachdrücklich die wachsende Relevanz, die den Massenmedien von Individuen in ihrem Alltag zugesprochen wird.[19]

Dabei hinkt die Zuwendung der Bürgerinnen und Bürger zu den Massenmedien immer mehr dem zur Verfügung stehenden Angebot hinterher. Ein entsprechend selektiver und gegebenenfalls „flüchtiger" Zugriff wird angesichts des ausufernden Programms als rationale „Überlebensstrategie" immer unvermeidlicher. Davon unbenommen hat sich das Ausmaß des Medienkonsums in den vergangenen Jahren rasant nach oben entwickelt: Allein in Westeuropa (inklusive der Nicht-EU-Länder) ist die durchschnittliche Zeit, die Menschen täglich mit Fernsehen verbringen, von 196 Minuten im Jahr 1995 auf 222 im Jahr 2005 kontinuierlich gestiegen (vgl. IP International Marketing Committee: 32). In Osteuropa verlief die Entwicklung sogar noch rasanter und führte zu einer insgesamt höheren Fernsehnutzung (234 Minuten im Jahr 2005; inklusive Nicht-EU-Länder). In allen Ländern der EU wird für kein Medium so viel Zeit täglich aufgebracht wie für das Fernsehen, gefolgt vom Radio und den Printmedien, denen – insbesondere den Tageszeitungen – immer weniger Zeit geschenkt wird (vgl. Engel 2002: 71ff.; Schorr 2003: 18f.).

Unterschiedliche Diffusionswege, ein divergierendes Medienangebot, verschiedene Stadien im Modernisierungsprozess und letztlich unterschiedliche *Medienkulturen* haben schließlich aber dafür gesorgt, dass die Mediennutzung in quantitativer Hinsicht und bezüglich der Nutzungspräferenzen in den Ländern der Europäischen Union zu Beginn des 21. Jahrhunderts in hohem Maße variiert (vgl. auch Hasebrink/Herzog 2004: 137ff.). Diese quantitativen Unterschiede werden dann besonders deutlich, wenn der tägliche Konsum des Fernsehangebots und die Reichweiten der Tageszeitungen in Bezug zueinander gesetzt werden (vgl. Abbildung 1).[20]

---

[19] Der Begriff der Mediengesellschaft verweist zudem – auf der Makroebene – auf die wachsende Bedeutung der Massenmedien für andere gesellschaftliche Teilsysteme (inklusive Politik), deren zunehmende „Durchdringung" sowie auf die zu beobachtende Emanzipation der Massenmedien von politischen Instanzen und gesellschaftlichen Gruppierungen.

[20] Dabei bleibt zwangsläufig die Frage der Art der Rezeption, die Aufmerksamkeit, die dem Medium, einzelnen Programmen und Inhalten geschenkt wird, zunächst unbeachtet. Einschränkend ist zudem zu sagen, dass sich die Daten auf zwei unterschiedliche Jahre (2004 und 2005) beziehen. Es liegen jedoch keine aktuellen Vergleichsdaten vor, die dies vermieden hätten. Der Vergleich von Zeitungsreichweiten einerseits und Fernsehnutzungsdauer andererseits ist dem Fakt geschuldet, dass die Messung der Lektüredauer immer noch an ihre Grenzen stößt und Fernsehreichweiten nicht im europäischen Vergleich erhoben werden (vgl. u. a. Engel 2002).

Abbildung 1: Mediennutzungsmuster im europäischen Vergleich[21]

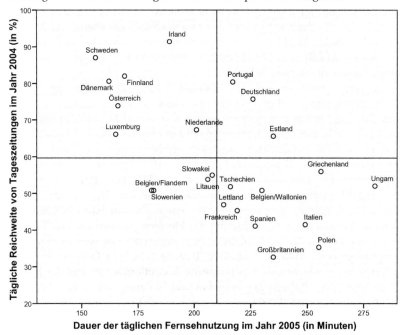

Basis für die Fernseh- und Zeitungsnutzung ist die erwachsene Bevölkerung (je nach Land unterschiedlich definiert). Quellen: IP International Marketing Committee 2006; World Association of Newspapers 2005; eigene Darstellung.

Der Vergleich offenbart nicht nur zum Teil extreme Unterschiede zwischen den Ländern der EU, sondern vor allem ein deutliches Nord-Süd- und Nord-Ost-Gefälle in den Mediennutzungsmustern. So erweisen sich die Bürgerinnen und Bürger der skandinavischen Länder allesamt als die stärksten Tageszeitungsleser und zugleich als diejenigen, die am wenigsten fernsehen. Hierin spiegelt sich nicht zuletzt die traditionell starke Stellung der Presse, deren hohe Diversifizierung und enormen Auflagenzahlen, wider (vgl. Kapitel 2.3). Gleiches gilt auch für Irland, das sich diesbezüglich deutlich von Großbritannien, dem ebenfalls liberalen Medientyp mit stärkeren Zügen eines Mischsystems, unterscheidet. Der vergleichsweise niedrige Fernsehkonsum der Iren erklärt sich dabei nicht zuletzt aus dem geringen Angebot

---

[21] Für Malta liegen für die dargestellten Jahre weder Fernseh- noch Tageszeitungsnutzungszahlen vor. Letztere fehlen auch für Bulgarien, Rumänien und Zypern, weswegen diese aus der grafischen Darstellung ebenfalls ausgeschlossen wurden. In diesen Ländern wurde im Jahr 2005 recht unterschiedlich ferngesehen: Zyprioten (173 Minuten) und Bulgaren (188 Minuten) zählten zu den Wenigsehern, Rumänen (242 Minuten) dagegen zu den Vielsehern. Neueste Zahlen zur Radionutzung liegen nicht vor (vgl. den Überblick für das Jahr 2001 bei Hasebrink/Herzog 2004: 147). Die in der Abbildung genutzte horizontale und vertikale Bezugslinie markiert den jeweiligen Durchschnittswert für die dargestellten EU-Länder (ungewichtetes arithmetisches Mittel): Im Jahr 2004 nahmen EU-weit 59,7 Prozent der Bürgerinnen und Bürger täglich eine Zeitung in die Hand. Im darauf folgenden Jahr wurde durchschnittlich rund 210 Minuten pro Tag ferngesehen.

an nationalen Sendern bei gleichzeitigem Einstrahlen britischer Programme – ein typisches „Kleinstaaten"-Phänomen, das auch die unterdurchschnittliche Zuwendung zum Fernsehangebot in Österreich, den Niederlanden und Luxemburg erklärt, die ebenso zu den Ländern mit überdurchschnittlicher Reichweite der Tageszeitungen zählen. Das Vorhandensein eines relativ großzügigen Angebots an Zeitungstiteln ermöglicht hier entsprechende Ausweichstrategien (vgl. Hasebrink/Herzog 2004: 145).

Im Unterschied hierzu erweisen sich alle südeuropäischen EU-Staaten als typische „Fernsehländer": In Griechenland, Italien, Spanien und Portugal wird überdurchschnittlich viel und auch über den Tag verteilt fern gesehen, was u. a. in einer „Siesta-Primetime" (Engel 2002: 73) zum Ausdruck kommt. Nur in Portugal wird der extreme Fernsehkonsum auch noch von weit verbreiteter Zeitungslektüre begleitet, wodurch sich das Land – neben Deutschland und Estland – als ein „Fernseh- *und* Zeitungsland" entpuppt. Anders ist dies in fast allen osteuropäischen EU-Ländern, deren Bürgerinnen und Bürger – mit Ausnahme der Slowaken, Slowenen und Litauer – wahre „Fernsehjunkies" (zumal in Ungarn) sind.

Auch die Wallonen, Franzosen und Briten weisen einen überdurchschnittlichen Fernsehkonsum auf und ziehen dabei ganz offenkundig das Medium „Fernsehen" der Tageszeitung vor (vgl. Abbildung 1); und dies obwohl ihnen nur vergleichsweise wenige Fernsehkanäle zur Verfügung stehen (vgl. Wilke/Breßler 2005: 70 sowie Tabelle 1). Dabei kollidiert die im europäischen Vergleich geringste Zeitungsreichweite in Großbritannien mit der EU-weit höchsten Anzahl an Titeln (vgl. Tabelle 2) – Angebot und Nutzung stehen hier im deutlichen Widerspruch (vgl. auch Tunstall 2004) und lassen weitere Konzentrationsprozesse im britischen Printsektor vermuten.

Schließlich ist mit Blick auf die Mediennutzungsmuster noch auf jene Länder zu verweisen, deren Bürgerinnen und Bürger sich weder in besonderem Maße als zeitungs- noch als fernsehaffin zeigen. Dabei handelt es sich um Flandern sowie um die drei „neuen" EU-Länder Litauen, Slowakei und Slowenien. Deren geringer Fernsehkonsum und die unterdurchschnittlichen Reichweiten des Zeitungsangebots können nicht nur als Zeichen geringer Lesekultur (wie in Südeuropa), sondern auch als Signal grassierender Unzufriedenheit mit dem jeweiligen Angebot gedeutet werden (vgl. z. B. für Litauen Balcytiene 2004). Überdies zählen diese Länder, genauso wie Luxemburg, die Niederlande und Belgien (aber auch Irland, Österreich und Malta), auch zu denjenigen, die im europäischen Vergleich am stärksten von ausländischen Programmen penetriert werden, welche auch im überdurchschnittlich hohem Maße genutzt werden (vgl. u. a. Hasebrink/Herzog 2004: 150f.; Europäische Kommission 2006b: 27f.).

Tabelle 2: Strukturen des Tageszeitungsmarkts, 2004[22]

	Zahl der Tageszeitungen („paid dailies")[1]	Zahl der Titel à 1 Mio. Einwohner	Auflage (in 1000) („paid dailies")
Belgien	28	3,2	1486
Bulgarien	ne	9,7	ne
Dänemark	30	6,8	1325
Deutschland	371	5,3	1315
Estland	11	9,8	257
Finnland	53	12,3	2255
Frankreich	85	1,7	7934
Griechenland	32	3,5	618
Großbritannien	101	2,0	16485
Irland	7	2,2	742
Italien	91	1,8	5737
Lettland	22	11,2	356
Litauen	ne	ne	ne
Luxemburg	6	15,8	115
Malta	4	12,2	ne
Niederlande	34	2,5	4063
Österreich	17	2,5	2570
Polen	46	1,4	4060
Portugal	15	1,7	604
Schweden	136	12,1	3652
Slowakei	12	2,7	480
Slowenien	7	4,0	360
Spanien	136	3,9	4240
Rumänien	51	2,7	ne
Tschechien	80	13,0	1661
Ungarn	32	3,5	1470
Zypern	8	13,0	ne

1= Neben diesen Verkaufszeitungen werden in elf Ländern der EU auch kostenlose Tageszeitungen vertrieben („free dailies"). Dabei variiert die Anzahl der Titel in den betroffenen Ländern von einem Titel (Österreich, Belgien, Tschechien, Portugal), über zwei (Ungarn, Niederlande, Polen), drei (Italien), vier (Dänemark), fünf (Schweden) bis acht (Großbritannien); ne = nicht erhoben. Quellen: World Association of Newspapers 2005; eigene Recherchen.

---

[22] Alles in allem zeigt sich der europäische Zeitungsmarkt seit einigen Jahren als weitgehend eingefroren. Dabei stehen Anstiege in der Anzahl der Titel und der Auflagenhöhe in den skandinavischen Ländern entsprechenden Verlusten in den mediterranen Ländern, in Großbritannien und Irland gegenüber (vgl. Voltmer 2000b: 19f.). Tageszeitungen erreichen hier offenkundig immer weniger Leserinnen und Leser, was zum einen auf die nachlassende Zeitungsaffinität jüngerer Generationen, zum anderen auf die sich ausbreitende Möglichkeit, Onlinezeitungen zu nutzen, zurückgeführt werden kann (vgl. World Association of Newspapers 2005: 8ff.).

3.3 Politische Informationsnutzung

Die skizzierten Veränderungen in der allgemeinen Zuwendung zu den Angeboten des Fernsehens und der Tageszeitung geben einen Hinweis darauf, welchen Stellenwert die Print- und Rundfunkmedien in den Medienkulturen der einzelnen Länder der EU einnehmen. Sie sagen jedoch weniger darüber aus, wie der Umgang mit diesen Angeboten ausfällt und vor allem welche Programme, Formate und Inhalte auf wie viel Resonanz stoßen. Diesbezüglich ist darauf zu verweisen, dass sich nicht nur die Bedeutung des Fernsehens in den individuellen Medienmenüs europaweit erhöht, sondern dass die Vervielfachung der Fernsehanbieter auch zugleich die Fragmentierung des Publikums forciert hat (vgl. grundlegend Hasebrink 1998: 355ff.). Immer seltener kann davon ausgegangen werden, dass – wie noch zu Zeiten öffentlich-rechtlicher Rundfunkmonopole ganz selbstverständlich – die Fernsehberichterstattung ein *Massen*publikum erreicht, das dadurch auf einen weithin geteilten Vorrat an Themen und Meinungen zurückgreifen konnte. Umso schwieriger ist es heute für die Massenmedien, ihren normativen Funktionszuschreibungen, namentlich der Herstellung von Öffentlichkeit, der Information und gesellschaftlichen Integration (vgl. Kapitel 1), gerecht zu werden. Dies gilt umso mehr, als der Umgang mit den elektronischen Medien immer flüchtiger geworden ist: Das Fernsehen ist für viele Menschen heutzutage eben nicht nur ein Leitmedium, sondern auch ein Begleitmedium, das als Geräusch- und Bilderkulisse für andere Tätigkeiten (vom Telefonieren bis zum Kochen) dient (vgl. Hasebrink 2002: 352f.). Dazu kommt, dass die Zunahme an unterhaltungsorientierten Programmalternativen in den vergangenen Jahren den weniger an (politischen) Informationen Interessierten die Möglichkeit zu einer Art Unterhaltungsslalom eröffnet hat – mit der Folge der voranschreitenden Segmentierung der Bevölkerungen in informationsorientierte Nutzergruppen einerseits und stärker unterhaltungsorientierte andererseits (vgl. zusammenfassend Marr/Bonfadelli 2005: 519).

Abbildung 2: Politische Informationsnutzung im europäischen Vergleich, 2006[23]

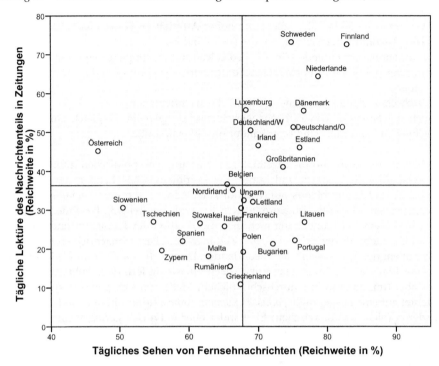

Basis für die Fernseh- und Zeitungsnutzung ist die erwachsene Bevölkerung (je nach Land unterschiedlich definiert). Quelle: Eurobarometer 65.2 (März–Mai 2006); eigene Berechnung und Darstellung.

Welche Folgen sich aus diesen veränderten Nutzungsmöglichkeiten für die Zuwendung zu tagesaktuellen politischen Informationen ergeben, macht der aggregierte Vergleich auf Länderebene deutlich (vgl. Abbildung 2). Dieser kann als Indikator für das Ausmaß der freiwilligen Inklusion in politische Kommunikationsprozesse der Bürgerinnen und Bürger bzw. deren Bereitschaft, die angebotenen massenmedialen „Brücken zur Welt der Politik" (Klingemann/Voltmer 1989) zu beschreiten, angesehen werden.[24] Dabei kristallisieren sich vier „Ländergruppen" heraus:

---

[23] Wiederum stellen die in der Abbildung genutzte horizontale und vertikale Bezugslinie den jeweiligen Durchschnittswert für die dargestellten EU-Länder dar (ungewichtetes arithmetisches Mittel). Demnach lasen im Jahr 2006, nach eigenen Angaben, 67,7 Prozent der EU-Bürgerinnen und -Bürger täglich den Nachrichtenteil einer Zeitung. Der Widerspruch zur oben dargestellten allgemeinen Reichweite der Tageszeitung, die im Jahr 2004 bei rund 60 Prozent lag, ist entweder auf die unterschiedlichen Erhebungsjahre und/oder divergierende Erhebungsmethoden zurückzuführen. Die Fernsehnachrichten wurden schließlich im Jahr 2006 durchschnittlich von 36,4 Prozent der EU-Bürgerinnen und -Bürger eingeschaltet.
[24] Hierzu greifen die Bürgerinnen und Bürger natürlich auch auf andere Massenmedien zurück (vgl. z. B. für einen Blick auf die Intensität der Radionachrichtennutzung in Europa Tenscher 2008 sowie für eine Typologisierung unterschiedlicher Mediennutzungstypen in Deutschland Emmer et al. 2006).

1. Informationsaffine Länder, also solche mit hoher Zuwendung zu tagesaktuellen politischen Informationen im Fernsehen und in den Zeitungen (neun Länder),
2. TV-zentrierte Länder, also solche mit hoher Affinität zu Fernsehnachrichten, aber unterdurchschnittlicher Zeitungslektüre (vier Länder),
3. Informationsvermeidende Länder, also solche mit in doppelter Hinsicht seltener Nutzung der politischen Informationsteile des Fernsehens und der Tageszeitungen (neun Länder),
4. Durchschnittsländer, in denen sowohl die nachrichtenorientierte Zeitungslektüre als auch die Nutzung von Fernsehnachrichtensendungen im Vergleich zum EU-Schnitt weitgehend „normal" sind (vier Länder plus Nordirland).[25]

Das größte Interesse an und die regelmäßigste Nutzung von politischen Informationsangeboten weisen die Bürgerinnen und Bürger der skandinavischen Länder, der Niederlande, Luxemburgs und Deutschlands auf, also all jener Länder, die dem sozialverantwortlich-korporatistischen Medientyp zugeordnet wurden (vgl. Kapitel 2.3). Besonders bemerkenswert ist in diesem Zusammenhang nicht nur die Position der Finninnen und Finnen, von denen jeweils mehr als drei Viertel täglich Zeitungs- und Fernsehnachrichten rezipiert, sondern vor allem der Spitzenwert der Niederländer. Diese nehmen zwar im EU-Vergleich nur selten eine Tageszeitung in die Hand und sehen nur wenig fern (vgl. Abbildung 1) – wenn sie dies aber tun, dann in überdurchschnittlichem Maße, um sich politisch zu informieren. Dies deutet auf eine ausgeprägte *politische Kommunikationskultur* hin und ein für die meisten der anderen (nichtskandinavischen) EU-Länder eher untypisch geringes Unterhaltungsbedürfnis. Dagegen reflektiert die Position der Deutschen in Bezug auf die politische Informationsnutzung in hohem Maße deren eh überdurchschnittliche Fernseh- und Zeitungsaffinität. Bemerkenswert sind in diesem Zusammenhang jedoch die geringen Unterschiede zwischen Ost- und Westdeutschen, deren politische Informationsgewohnheiten, zumindest hinsichtlich der *Intensität*, sich schneller als erwartet angenähert zu haben scheinen (vgl. auch Frey-Vor et al. 2002; anders Neller 2004).[26]

Ebenfalls in der Gruppe der informationsaffinen Länder finden sich drei Länder, die nicht dem demokratisch-korporatistischen Medientyp zuzurechnen sind: Estland, dessen Bevölkerung insgesamt einen überdurchschnittlichen Medienkonsum aufweist, sowie Irland und Großbritannien, deren Bürgerinnen und Bürger sich hinsichtlich der allgemeinen Mediennutzung stark unterscheiden (vgl. Abbildung 1): Während in Irland nicht nur überdurchschnittlich viele Menschen Zeitungen zur Hand nehmen und dies dann auch zur poli-

---

[25] Bezeichnenderweise kann nur die Bevölkerung eines Landes der Europäischen Union dem – zumal in den Politikwissenschaften – gern geforderten Typus des sich primär über Tageszeitungen und weniger über das Fernsehen politisch Informierenden zugerechnet werden. Dabei handelt es sich um Österreich, das entsprechend keiner der oben genannten Ländergruppen zuzuordnen ist.

[26] Die Berechnungen wurden anhand des im Herbst 2005 erhobenen Eurobarometers 64.2 sowie der Ende 2006/Anfang 2007 durchgeführten dritten Welle des *European Social Surveys* (ESS) überprüft. Die Kontrollen bestätigten weitgehend die in Abbildung 2 dargestellten Befunde für die Mitgliedsländer der EU-15. Der ESS bietet diesbezüglich im Vergleich zum Eurobarometer zwar eine detailliertere Erfassung der allgemeinen und politikorientierten Mediennutzung (vgl. auch Neller 2004). Allerdings fanden im ESS3 nur acht der zwölf neuen EU-Mitgliedsländer Berücksichtigung, was die Vergleichsmöglichkeiten eingeschränkt hätte. Entsprechend wurde den Eurobarometerdaten an dieser Stelle Vorrang eingeräumt.

tischen Information tun, gibt es in Großbritannien zwar deutlich weniger zeitungsaffine, von denen sich aber vergleichsweise viele täglich über Politik informieren wollen. Die Intensität der allgemeinen Mediennutzung und die informationsorientierte Nutzung müssen also nicht miteinander übereinstimmen, sie können es aber durchaus – ein Umstand, der es nicht nur den Medienproduzenten in ökonomischer Hinsicht, sondern auch den politischen Akteuren in kommunikativer Hinsicht schwer macht, sich an der richtigen Stelle in der Medienlandschaft zu positionieren. Letztere stehen diesbezüglich jedoch „nur" vor der Herausforderung, nationale Publika zu erreichen.

Die zweite „Ländergruppe" umfasst jene Staaten, deren Bevölkerungen sich in überdurchschnittlichem Maße über das Fernsehen politisch informieren und zugleich auf die tägliche Lektüre von Tageszeitungen weitgehend verzichten. Hierzu zählen drei osteuropäische Staaten (Litauen, Polen, Bulgarien) sowie Portugal. Gerade die Portugiesen offenbaren diesbezüglich eine starke Diskrepanz: Zwar nehmen diese im EU-Vergleich, was die allgemeine Reichweite von Tageszeitungen angeht, einen Spitzenplatz ein (vgl. Abbildung 1), die politischen Teile dieses Mediums werden jedoch kaum rezipiert. In der allgemeinen und politikspezifischen Fernsehnutzung findet sich diese Diskrepanz dagegen nicht: Hoher allgemeiner Medienkonsum geht – wie bei den drei osteuropäischen Ländern – einher mit überdurchschnittlicher Nutzung der Fernsehnachrichtensendungen. Dies könnte auf eine eher habitualisierte, beiläufige Nutzung der politischen Informationsangebote des Fernsehens, aber auch auf eine bewusste Abwendung vom Medium „Zeitung" hindeuten, was angesichts der (noch) geringen Größe der Zeitungsmärkte in den betroffenen Ländern (vgl. Tabelle 2) nicht weiter verwundern würde. Für diese Ländergruppe typisch ist jedoch die politische Leitmediumsfunktion des Fernsehens, auf die sich nicht nur die Massenmedien selbst, sondern vor allem die handelnden politischen Akteure einstellen dürften.

Die größte Ländergruppe umfasst neun Staaten, deren Bevölkerungen – in unterschiedlich starkem Maße – politischer Information im umfassenden Sinne ausweichen. Hier erreicht nicht nur der Nachrichtenteil der Tageszeitung eine unterdurchschnittliche Reichweite, sondern auch das Einschalten von Fernsehnachrichtensendungen geschieht im EU-Vergleich relativ selten. Zu diesen informationsvermeidenden Ländern zählen die Bürgerinnen und Bürger fast aller Mittelmeerländer (mit Ausnahme Portugals und Frankreichs), also Italien, Griechenland, Spanien, Malta und Zypern. Dabei fällt insbesondere auf, dass nur jede/r zehnte in Griechenland Lebende (10,9 Prozent) täglich den Nachrichtenteil der Zeitung nutzt. Angesichts der vergleichsweise „normalen" Reichweite der griechischen Tageszeitungen (siehe oben) deutet dies entweder auf hohe Anteile unpolitischer Rubriken und/ oder auf eine ausgeprägt unterhaltungsorientierte Lektüre hin. Aber auch in den restlichen der genannten Mittelmeerländer wird der Nachrichtenteil der Zeitungen nur selten zur Hand genommen. Gepaart mit ebenso unterdurchschnittlicher Zuwendung zu den Fernsehnachrichtensendungen kommt es hier – wie in den vier osteuropäischen Ländern Slowenien, Slowakei, Tschechien, Rumänien – zu einer weitgehenden Abstinenz von politischen Informationen. Dies könnte eine besondere Bürde im Prozess der politischen Neuorientierung und der sozialen Integration in den postkommunistischen Transformationsstaaten darstellen (vgl. auch Thomaß/Tzankoff 2001).

Die umfängliche *Informationsverweigerung* ist auch kennzeichnend für Österreich, das, was die politische Informationsnutzung angeht, unter den Ländern der Europäischen Union insofern eine exaltierte Position einnimmt, als dass im Alpenstaat keinem tagesaktuellen Medium – und vor allem nicht dem Fernsehen – die Rolle eines politischen Leitmediums zugesprochen werden kann. Tatsächlich nutzen in keinem Land der EU so wenige Bürgerinnen und Bürger das tägliche Informationsangebot des Fernsehens: Auf dieses greift nicht einmal jede/r Zweite im Alpenstaat zu (46,9 Prozent), was damit in etwa genauso viele bzw. wenige sind, wie den Nachrichtenteil der Tageszeitung täglich lesen (45,2 Prozent).

Im Unterschied zu dieser Sonderrolle Österreichs zeichnen sich die Bürgerinnen und Bürger Nordirlands, Belgiens, Frankreichs, Ungarns und Lettlands durch eine umfängliche Normalität in ihrem politischen Informationsverhalten aus: Sowohl die Reichweiten der politischen Teile der Tageszeitungen als auch der Fernsehnachrichtensendungen sind im Vergleich aller EU-Länder durchschnittlich. Besonders bemerkenswert ist dies im Falle der Ungarinnen und Ungarn, die zwar insgesamt am meisten fernsehen (vgl. Abbildung 1), aber in Relation zu ihrem Fernsehkonsum den informationsorientierten Nachrichtensendungen eher geringe Beachtung schenken.

Insgesamt deuten diese Befunde auf einen unterschiedlich ausgeprägten *politischen Informationshunger* in den Staaten der Europäischen Union hin. Diesen befriedigen immerhin EU-weit rund zwei Drittel (67,7 Prozent) täglich durch das Einschalten der Fernsehnachrichtensendungen. Dabei sagt die schiere Intensität jedoch weder etwas über das gewählte Programm (z. B. öffentlich-rechtlich und/oder privat), dessen Inhalt und Qualität noch etwas über die seitens der Rezipienten der Berichterstattung entgegengebrachte Aufmerksamkeit aus. Entsprechend unterschiedlich können denn auch die Wirkungen des politischen Informationskonsums via TV-Nachrichten ausfallen, wobei diesbezüglich, wenn überhaupt, eher marginale Effekte auf politische Orientierungen zu erwarten sind (vgl. Tenscher 2008). Dies ist zuvorderst auf die Flüchtigkeit und Routiniertheit des Fernsehnachrichtenkonsums zurückzuführen, in dessen Intensität sich die zwölf neuen EU-Mitgliedsländer (65,4 Prozent) auch nur unwesentlich von denen der ehemaligen EU-15 (69,5 Prozent) unterscheiden. Die „Trennlinie" äußert sich hier eher in einem Nord-Süd-Gefälle als in Ost-West-Unterschieden (vgl. für eine andere Einschätzung Neller 2004: 348f.).

Anders verhält es sich in Bezug auf die Lektüre des Nachrichtenteils der Tageszeitungen: In den weithin „bereinigten" und gesättigten Zeitungsmärkten der „alten" EU-Länder (vgl. Tabelle 2) wird durchschnittlich deutlich häufiger täglich der Nachrichtenteil gelesen (43,1 Prozent) als in den stärker fernsehbezogenen und ohnedies an massenmedial vermittelter politischer Information geringer interessierten zwölf „neuen" EU-Mitgliedstaaten (27,0 Prozent).[27] Ob sich diese Ost-West-Diskrepanz auf absehbare Zeit verringern wird, ist eine offene Frage. Schließlich gibt die skizzierte kritische Situation des Journalismus in den osteuropäischen Ländern derzeit nur wenig Anlass zur Hoffnung auf eine Verbesserung des Angebots und deren traditionell schwach ausgeprägte „Lesekultur" lässt keine Abwendung vom Medium Fernsehen erwarten (vgl. auch Hasebrink/Herzog 2004: 145). So dürfte es wahrscheinlicher sein, dass sich der Konsum von Tageszeitungen und die spezifische Lektüre des Nachrichtenteils in den etablierten EU-Ländern mittel- und langfristig eher dem niedrigen Niveau des Ostens anpassen werden als umgekehrt.

---

[27] Dabei steht die Zeitungslektüre EU-weit mehr als jedes andere Massenmedium in einem funktionalen Zusammenhang mit der Ausbildung positiver politischer Orientierungen (vgl. Tenscher 2008).

4 Fazit

Die Rahmenbedingungen politischen Handelns, politischen Kommunizierens und Beobachtens haben sich in den vergangenen Jahren nachhaltig verändert – und dies in allen Ländern der Europäischen Union. Dabei hat der beschleunigte Prozess der politischen und rechtlichen Europäisierung tiefe Spuren in den nationalen Medienlandschaften hinterlassen, die mit den Begriffen der Ökonomisierung und Homogenisierung prägend gekennzeichnet sind. In der Tat gleichen sich die Mediensysteme der EU-Staaten in struktureller Hinsicht heutzutage mehr denn je, auch wenn die für die nationale Medienpolitik jeweils Verantwortlichen – in manchen Staaten mehr, in anderen weniger – sich dafür eingesetzt haben, das etablierte System der länderspezifischen Institutionalisierung „ihrer" Massenmedien zu bewahren (vgl. Hallin/Mancini 2004: 251ff.; de Smaele 2007). Erschwert werden entsprechende, auf den nationalen Zusammenhalt, die Wahrung nationaler Identität und Vielfalt ausgerichtete „Bewahrungsstrategien" zweifelsohne durch die Ausbreitung multinationaler Medienkonzerne sowie durch technologische Fortschritte im Bereich der Massen- und Individualkommunikation. Diese machen schlichtweg an nationalstaatlichen Grenzen keinen Halt und tragen dadurch zur zunehmenden Verflechtung der Medienlandschaften bei.

Ungeachtet dieser exogen bedingten Angleichung und wachsender Interdependenzen ist die Ausbildung eines *paneuropäischen Mediensystems* jedoch nicht zu erwarten – auch wenn diese mitunter, namentlich von Seiten der EU, als die entscheidende, noch fehlende Triebfeder für die grenzüberschreitende Integration und Verständigung angesehen wird (vgl. grundlegend Gerhards 1993). Dem entgegen steht zuvorderst die von Gesellschaft zu Gesellschaft, von Nationalstaat zu Nationalstaat in unterschiedlicher Art und Weise historisch gewachsene und kulturell begründete Einbettung der Massenmedien in das jeweilige gesellschaftliche Gefüge. Diese kommt in den jeweiligen normativen Funktionszuschreibungen zum Ausdruck und nicht zuletzt im Ausmaß des Ein- und Übergriffs der Politik in die Entwicklung der Massenmedien. Diesbezüglich haben die EU-Staaten zum Teil Jahrhunderte zurückreichende Traditionen und einen reichen Schatz an positiven wie negativen Erfahrungen angesammelt, vor deren Hintergrund eine gesellschafts- und kulturspezifisch adäquate und zugleich „zeitgemäße" Institutionalisierung der Massenmedien erfolgt.

Konfrontiert mit je länderspezifischen Traditionen, Erwartungen und Entwicklungen einerseits und von außen herangetragenen rechtlichen, politischen, ökonomischen und technologischen Herausforderungen andererseits sind die Mitgliedstaaten der EU bislang nur gelegentlich denselben Weg und nur selten im Gleichschritt gegangen. Daraus hat sich jedoch nicht, wie zu Beginn der 1990er Jahre noch prognostiziert, eine „zunehmende Unübersichtlichkeit" (Gellner 1994: 279) der europäischen Medienlandschaften ergeben. Vielmehr ist die Ausbildung von einigen wenigen charakteristischen Mediensystemtypen zu beobachten, die für spezifische Formen des Umgangs mit endogenen Entwicklungen und exogenen Herausforderungen stehen. Dass entsprechende Veränderungen nicht zwangsläufig in der Aufgabe eines sozialverantwortlichen Medienverständnisses münden müssen, beweisen einige skandinavische und mitteleuropäische Länder. Demgegenüber gestaltet sich unabhängiges, professionelles journalistisches Handeln und politisches Kommunizieren insbesondere in den vergleichsweise jungen Demokratien Ost- aber auch Südeuropas als äußerst schwierig. Angesichts der Instrumentalisierungsversuche und Kontrollmöglichkeiten staatlicher, parteipolitischer und – vor allem in den neuen Mitgliedländern „mitherrschender" – ökonomischer Akteure scheint es zumindest auf absehbare Zeit fraglich, ob sich die Rahmenbedingungen für politische Kommunikation in diesen Ländern westlichen „Standards" annähern werden. Schließlich entpuppen sich auch diese, wie der vergleichende Blick auf das liberale, das sozialverantwortlich-korporatistische und das polarisiert-pluralistische Modell verdeutlicht, alles andere als einheitlich.

Letztlich sind einer grenzenlosen Homogenisierung und Europäisierung der politischen Kommunikation aber auch quasinatürliche Grenzen „von unten" gesetzt: Die Bürgerinnen und Bürger in den EU-Mitgliedstaaten wenden sich den Massenmedien in zum Teil ganz unterschiedlicher Intensität zu, worin auch divergente Erwartungen gegenüber den Massenmedien zum Ausdruck kommen (vgl. auch Hasebrink/Herzog 2004). Dies ist zwar *auch* eine Folge der Verfügbarkeit der Massenmedien, deren struktureller Verankerung und technischer Empfangbarkeit (vgl. u. a. Wilke/Breßler 2005), vor allen Dingen aber ist es Ausdruck kultureller Besonderheiten, von Lebens- und Freizeitgewohnheiten und dem Grad gesellschaftlicher Modernisierung. Entsprechend vielfältig stellen sich nicht nur die Medienkulturen der EU-Länder dar, sondern entsprechend unterschiedlich ist auch die Zuwendung zu bzw. das Fernbleiben von politischen Informationsangeboten. Diesbezüglich stimmt das hohe Ausmaß an politischer Informationsabstinenz der Bürgerinnen und Bürger in den osteuropäischen Ländern besonders bedenklich – auch wenn sie (auch) „nur" eine Reaktion auf ein defizitäres Angebot sein mag.

Hier zeigen sich die Grenzen der Beeinflussung politischer Kommunikationsprozesse „von oben" in besonderem Maße: Zwar können politische Akteure die strukturellen Rahmenbedingungen für die Massenmedien und die politische Kommunikation gestalten. Ihre Möglichkeiten, Einfluss darauf zu nehmen, was der Journalismus und vor allem das Publikum innerhalb dieser *constraints* machen, bleiben jedoch in hohem und wachsendem Maße beschränkt. Welches Programm gesendet wird, wie die Formate, Inhalte und Qualität der (politischen) Berichterstattung ausfallen und vor allem in welchem Maße und mit welcher Aufmerksamkeit die Bürgerinnen und Bürger die Politik via Massenmedien beobachten, liegt in demokratischen Gesellschaften nicht in den Händen der politisch Herrschenden. Vielmehr müssen sich diese fortwährend auf die länderspezifischen Spezifika und Veränderungen im Journalismus, im Medienangebot und der Medienzuwendung der Bürgerinnen und Bürger einstellen. So sind Massenmedien und politische Kommunikation in modernen Demokratien eben nicht nur von politischen Akteuren gemachte, sondern in zunehmendem Maße auch diese *machende* Variablen.

Literatur

Balcytiene, Aukse, 2004: Das Mediensystem Litauens, in: Hans-Bredow-Institut (Hrsg.), Internationales Handbuch Medien. Baden-Baden, 412-429.

Blum, Roger, 2006: Einleitung. Politische Kultur und Medienkultur im Wechselspiel, in: Blum, Roger/Meier, Peter/Gysin, Nicole (Hrsg.), Wes Land ich bin, des Lied ich sing. Medien und politische Kultur. Bern, 11-23.

Bonfadelli, Heinz/Meier, Werner A., 1994: Kleinstaatliche Strukturprobleme einer europäischen Medienlandschaft. Das Beispiel Schweiz, in: Jarren, Otfried (Hrsg.), Medienwandel – Gesellschaftswandel? 10 Jahre dualer Rundfunk in Deutschland. Eine Bilanz. Berlin, 69-90.

Borg, Joseph, 2004: Die Medien in Malta, in: Hans-Bredow-Institut (Hrsg.), Internationales Handbuch Medien. Baden-Baden, 437-451.

Brečka, Samuel, 2004: Medien in der Slowakei, in: Hans-Bredow-Institut (Hrsg.), Internationales Handbuch Medien. Baden-Baden, 619-634.

Burkart, Roland, 1995: Kommunikationswissenschaft. Grundlagen und Problemfelder. Umrisse einer interdisziplinären Sozialwissenschaft. Wien/Köln/Weimar.

Charon, Jena-Marie, 2004: France, in: Kelly, Mary/Mazzoleni, Gianpietro/McQuail, Denis (Hrsg.), The Media in Europe. The Euromedia Handbook. London/Thousand Oaks/ New Delhi, 65-77.

de Smaele, Hedwig, 2007: More Europe – More Unity, more Diversity? The Enlargement of the European Audiovisual Space, in: Special Issue European Studies (24), 113-124.

de Vreese, Claes H./Banducci, Susan A./Semetko, Holli/Boomgarden, Hajo G., 2006: The News Coverage of the 2004 European Parliamentary Election Campaign in 25 Countries, in: European Union Politics 7 (4), 477-504.

Donges, Patrick, 2000: Technische Möglichkeiten und soziale Schranken elektronischer Öffentlichkeit. Positionen zur elektronischen Öffentlichkeit und ihr Bezug zu Öffentlichkeitsmodellen, in: Jarren, Otfried/Imhof, Kurt/Blum, Roger (2000): Zerfall der Öffentlichkeit. Wiesbaden, 255-265.

Donges, Patrick (Hrsg.), 2007: Von der Medienpolitik zur Media Governance? Köln.

Donsbach, Wolfgang/Patterson, Thomas, 2003: Journalisten in der politischen Kommunikation. Professionelle Orientierungen von Nachrichtenredakteuren im internationalen Vergleich, in: Esser, Frank/Pfetsch, Barbara (Hrsg.), Politische Kommunikation im internationalen Vergleich. Grundlagen, Anwendungen, Perspektiven. Wiesbaden, 281-304.

Dörr, Dieter, 2004: Die europäische Medienordnung, in: Hans-Bredow-Institut (Hrsg.), Internationales Handbuch Medien. Baden-Baden, 40-77.

Doyle, Gillian, 2007: Undermining Media Diversity. Inaction on Media Concentrations and Pluralism in the EU, in: Special Issue European Studies (24), 135-156.

Engel, Dirk, 2002: In Vielfalt vereint. Mediennutzung in Europa, in: TeleImages (4), 70-77.

Emmer, Martin/Füting, Angelika/Vowe, Gerhard, 2006: Wer kommuniziert wie über politische Themen. Eine empirisch basierte Typologie individueller politischer Kommunikation, in: Medien & Kommunikationswissenschaft 54 (2), 216-236.

Esser, Frank, 2003: Gut, dass wir verglichen haben. Bilanz und Bedeutung der komparativen politischen Kommunikationsforschung, in: Esser, Frank/Pfetsch, Barbara (Hrsg.), Politische Kommunikation im internationalen Vergleich. Grundlagen, Anwendungen, Perspektiven. Wiesbaden, 437-494.

Europäische Kommission, 2006a: Eurobarometer Spezial 249. E-Communications Haushaltsumfrage. Brüssel.

Europäische Kommission, 2006b: Flash Eurobarometer 189a. EU Communications and the Citizens. General Public Survey. Analytical Report. Brüssel.

European Audiovisual Observatory, 2005: Yearbook 2005. Straßburg.

Frey-Vor, Gerlinde/Gerhard, Heinz/Mende, Annette, 2002: Daten der Mediennutzung in Ost- und Westdeutschland. Ergebnisse von 1992 bis 2001 im Vergleich, in: Media Perspektiven (2), 54-69.

Gellner, Winand, 1994: Massenmedien, in: Gabriel, Oscar W./Brettschneider, Frank (Hrsg.), Die EU-Staaten im Vergleich. Opladen, 279-304.

Gerhards, Jürgen, 1993: Westeuropäische Integration und die Schwierigkeiten der Entstehung einer europäischen Öffentlichkeit, in: Zeitschrift für Soziologie 22 (2), 96-110.

Hadamik, Katharina (2004): Medientransformationen und Entwicklungsprozesse in Mittel- und Osteuropa. In: Publizistik 49 (4), 454-470.
Hallin, Daniel C./Mancini, Paolo, 2004: Comparing Media Systems. Three Models of Media and Politics. Cambridge.
Hans-Bredow-Institut (Hrsg.), 2004: Internationales Handbuch Medien. Baden-Baden.
Hasebrink, Uwe, 1998: Politikvermittlung im Zeichen individualisierter Mediennutzung. Zur Informations- und Unterhaltungsorientierung des Publikums, in: Sarcinelli, Ulrich (Hrsg.), Politikvermittlung und Demokratie in der Mediengesellschaft. Bonn, 345-367.
Hasebrink, Uwe, 2002: Publikum, Mediennutzung und Medienwirkung, in: Jarren, Otfried/Weßler, Hartmut (Hrsg.), Journalismus – Medien – Öffentlichkeit. Eine Einführung. Wiesbaden, 323-412.
Hasebrink, Uwe/Herzog, Anja, 2004: Mediennutzung im internationalen Vergleich, in: Hans-Bredow-Institut (Hrsg.), Internationales Handbuch Medien. Baden-Baden, 136-158.
Hirsch, Mario, 2004: Das Mediensystem Luxemburgs, in: Hans-Bredow-Institut (Hrsg.), Internationales Handbuch Medien. Baden-Baden, 430-436.
Holtz-Bacha, Christina, 2006: Medienpolitik für Europa. Wiesbaden.
Hrvan, Sandra B/Milosavljević, Marko, 2004: Medien in Slowenien, in: Hans-Bredow-Institut (Hrsg.), Internationales Handbuch Medien. Baden-Baden, 635-648.
Huber, Silvia (Hrsg.), 2006: Media Markets in Central and Eastern Europe. An Analysis on Media Ownership in Bulgaria, Czech Republic, Estonia, Hungary, Latvia, Lithuania, Poland, Romania, Slovakia and Slovenia. Wien.
Hultén, Olof, 2004: Sweden, in: Kelly, Mary/Mazzoleni, Gianpietro/McQuail, Denis (Hrsg.), The Media in Europe. The Euromedia Handbook. London/Thousand Oaks/New Delhi, 237-248.
Humphreys, Peter, 2004: Medien in Großbritannien, in: Hans-Bredow-Institut (Hrsg.), Internationales Handbuch Medien. Baden-Baden, 326-339.
Humphreys, Peter, 2007: The EU, Communications Liberalisation and the Future of Public Service Broadcasting, in: Special Issue European Studies (24), 91-112.
Hutchison, Davis, 2007: The EU and the Press. Policy or Non-Policy? In: Special Issue European Studies (24), 183-202.
IP International Marketing Committee, 2006: Television 2006. International Key Facts. Luxemburg.
Jakubowski, Karol, 2004: Poland, in: Kelly, Mary/Mazzoleni, Gianpietro/McQuail, Denis (Hrsg.), The Media in Europe. The Euromedia Handbook. London/Thousand Oaks/ New Delhi, 169-179.
Jarren, Otfried/Meier, Werner A., 2002: Mediensysteme und Medienorganisationen als Rahmenbedingungen für den Journalismus, in: Jarren, Otfried/Weßler, Hartmut (Hrsg.), Journalismus – Medien – Öffentlichkeit. Eine Einführung. Wiesbaden, 99-163.
Kelly, Mary/Mazzoleni, Gianpietro/McQuail, Denis (Hrsg.), 2004: The Media in Europe. The Euromedia Handbook. London/Thousand Oaks/New Delhi.
Kleinsteuber, Hans J., 1993: Mediensysteme in vergleichender Perspektive. Zur Anwendung komparativer Ansätze in der Medienwissenschaft. Probleme und Beispiele, in: Rundfunk und Fernsehen 41 (3), 317-338.
Kleinsteuber, Hans J., 2006: Europäisches Projekt und europäische Öffentlichkeit. Warum finden beide nicht zusammen? In: Filzmaier, Peter/Karmasin, Matthias/Klepp, Cornelia (Hrsg.), Politik und Medien – Medien und Politik. Wien, 226-243.

Kleinsteuber, Hans J./Rossmann, Torsten (Hrsg.), 1994: Europa als Kommunikationsraum. Akteure, Strukturen und Konfliktpotentiale. Opladen.
Klingemann, Hans-Dieter/Voltmer, Katrin, 1989: Massenmedien als Brücke zur Welt der Politik, in: Kaase, Max/Klingemann, Hans-Dieter (Hrsg.), Massenkommunikation. Theorien, Methoden, Befunde. Opladen, 221-238.
Lambrecht, Oda/Schröter, Katharina, 2001: Transformation der Medien in der tschechischen Republik, in: Thomaß, Barbara/Tzankoff, Michaela (Hrsg.), Medien und Transformation in Osteuropa. Wiesbaden, 176-185.
Langenbucher, Wolfgang/Latzer, Michael (Hrsg.), 2006: Europäische Öffentlichkeit und medialer Wandel. Eine transdisziplinäre Perspektive. Wiesbaden.
Lauk, Epp/Shein, Hagi, 2004: Medien in Estland, in: Hans-Bredow-Institut (Hrsg.), Internationales Handbuch Medien. Baden-Baden, 268-288.
Limmer, Christoph, 2005: Fernsehempfang und PC/Online-Ausstattung in Europa. Ergebnisse des SES ASTRA Satelliten Monitors 2004, in: Media Perspektiven (9), 478-485.
Livingston, Sonia, 2003: On the Challenges of Cross-National Comparative Media Research, in: European Journal of Communication 18 (4), 477-500.
Marinescu, Valentina, 2004: Das Mediensystem Rumäniens, in: Hans-Bredow-Institut (Hrsg.), Internationales Handbuch Medien. Baden-Baden, 553-575.
Marr, Mirko/Bonfadelli, Heinz, 2005: Mediennutzungsforschung, in: Bonfadelli, Heinz/Jarren, Otfried/Siegert, Gabriele (Hrsg.), Einführung in die Publizistikwissenschaft. Bern/ Stuttgart/Wien, 497-526.
Mazzoleni, Gianpietro, 2004: Italy, in: Kelly, Mary/Mazzoleni, Gianpietro/McQuail, Denis (Hrsg.), The Media in Europe. The Euromedia Handbook. London/Thousand Oaks/ New Delhi, 126-138.
McQuail, Denis, 2000: McQuail's Mass Communication Theory. London/Thousand Oaks/ New Delhi.
Meier, Werner A./Trappel, Josef, 2006: Die transnationale Vermachtung durch Medienkonzerne als Voraussetzung für europäische Öffentlichkeit? In: Langenbucher, Wolfgang/ Latzer, Michael (Hrsg.), Europäische Öffentlichkeit und medialer Wandel. Eine transdisziplinäre Perspektive. Wiesbaden, 262-275.
Miège, Bernard, 2004: Das Mediensystem Frankreichs, in: Hans-Bredow-Institut (Hrsg.), Internationales Handbuch Medien. Baden-Baden, 304-316.
Natale, Anna Lucia, 2004: Das Mediensystem Italiens, in: Hans-Bredow-Institut (Hrsg.), Internationales Handbuch Medien. Baden-Baden, 373-382.
Neller, Katja, 2004: Mediennutzung und interpersonale politische Kommunikation, in: van Deth, Jan (Hrsg.), Deutschland in Europa. Ergebnisse des European Social Survey 2002-2003. Wiesbaden, 339-369.
Norris, Pippa, 2000: A Virtuous Circle. Political Communications in Postindustrial Societies. Cambridge.
Norris, Pippa, 2003: Globale politische Kommunikation. Freie Medien, Gutes Regieren und Wohlstandsentwicklung, in: Esser, Frank/Pfetsch, Barbara (Hrsg.), Politische Kommunikation im internationalen Vergleich. Grundlagen, Anwendungen, Perspektiven. Wiesbaden, 135-178.
Österlund-Karinkanta, Marina, 2004: Medien in Finnland, in: Hans-Bredow-Institut (Hrsg.), Internationales Handbuch Medien. Baden-Baden, 288-303.
Plasser, Fritz/Plasser, Gunda, 2002: Globalisierung der Wahlkämpfe. Praktiken der Campaign Professionals im weltweiten Vergleich. Wien.

Prehn, Ole, 2004: Medien in Dänemark, in: Hans-Bredow-Institut (Hrsg.), Internationales Handbuch Medien. Baden-Baden, 234-245.
Puppis, Manuel/Jarren, Otfried, 2005: Medienpolitik, in: Bonfadelli, Heinz/Jarren, Otfried/ Siegert, Gabriele (Hrsg.), Einführung in die Publizistikwissenschaft. Bern/Stuttgart/ Wien, 235-260.
Reporters without Borders, 2007: Freedom of the Press Worldwide in 2007. Annual Report. Paris. Online unter: http://www.reporter-ohne-grenzen.de/fileadmin/rte/docs/2007/rapport_en_md.pdf
Samaras, Athanassios N./Kentas, Giorgos, 2006: Campaigning under the Shadow of the Annan Plan. The 2004 EP Elections in Cyprus, in: Maier, Michaela/Tenscher, Jens (Hrsg.), Political Parties, Campaigns, Mass Media and the European Parliament Elections 2004. Berlin, 171-187.
Saxer, Ulrich, 2007: Politik als Unterhaltung. Zum Wandel politischer Öffentlichkeit in der Mediengesellschaft. Konstanz.
Schatz, Heribert, 1979: Ein theoretischer Bezugsrahmen für das Verhältnis von Politik und Massenkommunikation, in: Langenbucher, Wolfgang R. (Hrsg.), Politik und Kommunikation. Über die öffentliche Meinungsbildung. München/Zürich, 81-92.
Schorr, Angela, 2003: Communication Research and Media Science in Europe. Research and Academic Training at a Turning Point, in: Schorr, Angela/Campbell, William/Schenk, Michael (Hrsg.), Communication Research and Media Science in Europe. Berlin/New York, 3-55.
Siebert, Fred S./Peterson, Theodore/Schramm, Wilbur, 1956: Four Theories of the Press. Urbana, Ill.
Siegert, Gabriele/, Meier, Werner A./Trappel, Josef, 2005: Auswirkungen der Ökonomisierung auf Medien und Inhalte, in: Bonfadelli, Heinz/Jarren, Otfried/Siegert, Gabriele (Hrsg.), Einführung in die Publizistikwissenschaft. Bern/Stuttgart/Wien, 469-494.
Steinmaurer, Thomas, 2003: Die Medienstruktur Österreichs, in: Bentele, Günter/Brosius, Hans-Bernd/Jarren, Otfried (Hrsg.), Öffentliche Kommunikation. Handbuch Kommunikations- und Medienwissenschaft. Wiesbaden, 349-365.
Sükösd, Miklós, 2000: Democratic Tranformation and the Mass Media in Hungary. From Stalinism to Democratic Consolidation, in: Gunther, Richard/Mughan, Anthony (Hrsg.), Democracy and the Media. A Comparative Perspective. Cambridge, 122-164.
Tenscher, Jens, 1998: Politik für das Fernsehen – Politik im Fernsehen. Theorien, Trends und Perspektiven, in: Sarcinelli, Ulrich (Hrsg.), Politikvermittlung und Demokratie in der Mediengesellschaft. Bonn, 184-208.
Tenscher, Jens, 2008: Informationsnutzung und politische Orientierung. Eine Vermessung der Europäischen Union, in: Politische Vierteljahresschrift, Sonderheft „Politik in der Mediendemokratie" (im Erscheinen).
Thomaß, Barbara, 2001: Kommunikationswissenschaftliche Überlegungen zur Rolle der Medien in Transformationsgesellschaften, in: Thomaß, Barbara/Tzankoff, Michaela (Hrsg.), Medien und Transformation in Osteuropa. Wiesbaden, 39-64.
Thomaß, Barbara, 2007: Osteuropa., in: Thomaß, Barbara (Hrsg.), Mediensysteme im internationalen Vergleich. Konstanz, 229-245.
Thomaß, Barbara/Tzankoff, Michaela, 2001: Medien und Transformation in den postkommunistischen Staaten Osteuropas, in: Thomaß, Barbara/Tzankoff, Michaela (Hrsg.), Medien und Transformation in Osteuropa. Wiesbaden, 235-252.
Trappel, Josef, 2004: Austria, in: Kelly, Mary/Mazzoleni, Gianpietro/McQuail, Denis (Hrsg.), The Media in Europe. The Euromedia Handbook. London/Thousand Oaks/New Delhi, 4-15.

Traquina, Nelson, 1995: Portuguese Television. The Politics of Savage Deregulation, in: Media, Culture & Society 17 (2), 223-238.
Truetzschler, Wolfang, 2004: Ireland, in: Kelly, Mary/Mazzoleni, Gianpietro/McQuail, Denis (Hrsg.), The Media in Europe. The Euromedia Handbook. London/Thousand Oaks/ New Delhi, 115-125.
Tunstall, Jeremy, 2004: The United Kingdom, in: Kelly, Mary/Mazzoleni, Gianpietro/ McQuail, Denis (Hrsg.), The Media in Europe. The Euromedia Handbook. London/ Thousand Oaks/New Delhi, 262-274.
Tzankoff, Michaela, 2002: Der Transformationsprozess in Bulgarien und die Entwicklung der postsozialistischen Medienlandschaft. Hamburg.
van der Eijk, Cees, 2000: The Netherlands. Media and Politics between Segmented Pluralism and Market Forces, in: Gunther, Richard/Mughan, Anthony (Hrsg.), Democracy and the Media. A Comparative Perspective. Cambridge, 303-342.
Voltmer, Katrin, 2000a: Massenmedien und demokratische Transformation in Osteuropa. Strukturen und Dynamik öffentlicher Kommunikation im Prozeß des Regimewechsels, in: Klingemann, Hans-Dieter/Neidhardt, Friedhelm (Hrsg.), WZB-Jahrbuch 2000. Zur Zukunft der Demokratie. Herausforderungen im Zeitalter der Globalisierung. Berlin, 123-151.
Voltmer, Katrin, 2000b: Structures and Diversity in Press and Broadcasting. The Institutional Context of Public Communication in Western Democracies. WissenschaftszentrumBerlin für Sozialforschung (WZB) Discussion paper FS III 00-201. Berlin.
Voltmer, Katrin/Schmitt-Beck, Rüdiger, 2006: New Democracies without Citizens? Mass Media and Democratic Orientations – A Four-Country Comparison, in: Voltmer, Katrin (Hrsg.), Mass Media and Political Communication in New Democracies. London/New York, 228-245.
Wadlinger, Christof, 2006: Medien jenseits der Grenzen, in: Werben & Verkaufen (45), 69-70.
Wheeler, Mark, 2007: Whither Cultural Diversity. The European Union's Market Vision for the Review of Television without Frontiers Directive, in: Special Issue European Studies (24), 227-249.
Wilke, Jürgen/Breßler, Eva, 2005: Europa auf dem Weg in die Informationsgesellschaft? Eine Auswertung von Eurobarometer-Daten, in: Rössler, Patrick/Krotz, Friedrich (Hrsg.), Mythen der Mediengesellschaft. The Media Society and its Myths. Konstanz, 63-91.
World Association of Newspapers, 2005: World Press Trends. 2005 Edition. Paris.

IV. Teil:
Staatsorganisation, Institutionen der Entscheidung und Implementation

Herbert Döring und Christoph Hönnige

Parlament, Regierung, Staatsoberhaupt[1]

1 Einleitung

Eines der zentralen Spannungsdreiecke, in welchem Politik in den Ländern der EU stattfindet, bilden die drei zentralstaatlichen Akteure Parlament, Staatsoberhaupt und Regierung. Zwischen diesen drei Akteuren gibt es sehr unterschiedliche, gleichwohl aber nach wenigen zentralen Dimensionen klassifizierbare verfassungsrechtliche Beziehungen. Je nach der Art dieser Beziehungen pflegt man zwischen parlamentarischen und präsidentiellen Systemen zu unterscheiden. Wir dokumentieren in diesem Artikel für alle Mitgliedstaaten der EU die wichtigsten formalen verfassungsrechtlichen Merkmale dieses Spannungsdreiecks. Dabei ist es kein Geheimnis, dass solche Typologien – wie immer in der Wissenschaft – auch ihre Ecken und Kanten besitzen und teilweise kontrovers diskutiert werden. So stoßen wir sehr bald auf eine interessante harte Nuss. Sie ist inzwischen zu der beliebten – teilweise sogar dogmatisch diskutierten – Frage avanciert: Gibt es neben dem parlamentarischen und dem präsidentiellen Typus noch die „semi-präsidentielle" Regierungsform?

Im *zweiten Abschnitt* rufen wir einige zentrale historische Alternativen bei der Entstehung der Prototypen des Parlamentarismus, Präsidentialismus und Semi-Präsidentialismus in Erinnerung. Obwohl die Genese von Theorien wenig über ihre Geltung aussagt, schärft die Kenntnis einiger grundlegender, von historischen Akteuren für möglich gehaltener und erwogener Optionen auch für die Gegenwart unser Verständnis für die Dilemmata und Wahlmöglichkeiten bei der Organisation des Spannungsdreiecks von Parlament, Regierung und Staatsoberhaupt. Im *dritten Abschnitt* erläutern wir die Vorzüge und Schwächen gebräuchlicher Typologien. Sie bilden die Basis für die synoptischen Tabellen, in denen wir die Merkmale der Beziehungen zwischen Parlament, Regierung und Staatsoberhaupt im Vergleich der 27 EU-Länder dokumentieren. Im *vierten Abschnitt* zeigen wir, dass es in der EU nur in einem Land, in Zypern, ein präsidentielles Regierungssystem gibt. Im *fünften und sechsten Abschnitt* diskutieren wir verallgemeinerbare Intra-System-Variationen innerhalb der Grundtypen. Im *siebten Abschnitt* werfen wir schließlich ausblickend die Frage auf, ob Chancen und Grenzen für Politik auch durch die Regierungsform beeinflusst werden.

2 Historische Alternativen

Es ist mehr als eine Binsenweisheit, dass einige Staatsoberhäupter in den Ländern der EU auch heute nach wie vor nominell „von Gottes Gnaden" durch Geburt berufene, faktisch aber konstitutionell beschränkte Erbmonarchen sind. Ob ein Monarch den Schritt vom Absolutis-

---

[1] Wir danken Christian Stecker, Ilka Zimmermann und Katja Heeß für Recherche, Anmerkungen und Korrekturen.

mus zur Demokratie überlebte, ist zentral für die Genese des Regierungssystems. In einer historischen Grundentscheidung entstand in der ersten Welle der Demokratisierung ein präsidentielles System in Ländern, die sich ihres Erbmonarchen durch eine Revolution oder eine kriegerische Sezession vom Mutterland entledigten (der Prototyp präsidentieller Regierung in den USA entstand aus dem Abfall der Kolonien von England 1776). Dagegen entwickelte sich ein parlamentarisches System im nominellen Gehäuse der monarchischen Regierung sehr langsam und umwegreich dadurch, dass der Monarch mehr und mehr nur noch gestandene Parlamentarier oder Vertrauensleute des Parlaments zu Ministern der Krone berief bzw. zu berufen wagte (Prototyp parlamentarischer Regierung ist Großbritannien).[2]

Der zweite Prototyp, das parlamentarische System, entstand in Großbritannien aus einer langen Reihe glücklicher Zufälle (Low 1904). Viele Zeitgenossen dachten noch an der Wende vom 19. zum 20. Jahrhundert keineswegs an ein Modell parlamentarischer Regierung. Viele fassten im Gegenteil sogar das, was wir heute als Prototyp betrachten, als Verfall des von Bagehot gezeichneten parlamentarischen Systems auf (Döring 1981, 2008). Was heute im Nachhinein als „Westminster Modell" parlamentarischer Regierung bezeichnet wird (Lijphart 1984), entstand höchst umwegreich und ambivalent im „mental fog of practical experience" (Sartori 1976: 18). Dieser Prototyp ist gekennzeichnet durch eine international vergleichsweise starke – freiwillige – Unterordnung der Mehrheitsfraktion unter die in der Geschäftsordnung verankerte Dominanz der aus den führenden Parlamentariern nur einer Partei bestehenden Regierung. Diese wird weder durch eine starke Zweite Kammer noch durch ein Verfassungsgericht in ihrer auf die eigene Parlamentsmehrheit gestützten Entscheidungsmacht eingeschränkt. Bei genauem Hinsehen erscheint dieses Modell dem nüchternen Komparatisten aber als ein weltweit einzigartiger, zum Musterbeispiel stilisierter Sonderfall auf der internationalen Verfassungslandkarte (Döring 1993).

In der Regel erzeugt das relative Mehrheitswahlrecht ein Zweiparteiensystem, denn es berücksichtigt bei der Zusammensetzung des Unterhauses nur die auf die Sieger in den einzelnen Wahlkreis entfallenden „meisten" Stimmen und lässt die übrigen landesweit für eine Partei abgegebenen Stimmen unberücksichtigt. Doch sogar in Großbritannien gab es immer dann, wenn vorübergehend mehr als nur eine Konfliktlinie durch eine Partei politisiert wurde, immer mehr als zwei Parteien im Unterhaus sowie Koalitions- oder Minderheitsregierungen, obwohl das Wahlrecht überhaupt nicht verändert worden war (Döring 1993: 111f.).

In den neuen Mitgliedstaaten der EU in Osteuropa ist die Zahl der Konfliktlinien so groß, dass der Prototyp parlamentarischer Demokratie Großbritanniens zu Problemen führen kann. Wenn religiöse Konflikte, sprachliche Konflikte (mehrere Sprachen in einem Staatsgebiet), regionale Konflikte oder sogar ethnische Konflikte gegenwärtig sind, dann fühlen sich Minderheiten aufgrund des relativen Mehrheitswahlrechts unfair majorisiert. Manche dieser Staaten orientierten sich deshalb an einem dritten Prototyp, dem sogenannten „Semi-Präsidentialismus" der Französischen V. Republik. Auch in Frankreich, dem Musterbeispiel für diesen dritten Prototyp (siehe die Typologien in Abschnitt 2) entwickelte

---

[2] Die Probe aufs Exempel dieser Verallgemeinerung ist übrigens das portugiesisch sprechende Brasilien: Es löste sich viel später als die spanischen Kolonien Lateinamerikas vom Mutterland und entwickelte im Gegensatz zum lateinamerikanischen Präsidentialismus eine parlamentarische Regierungsform. So ist es wohl auch kein Zufall, dass man in Brasilien auch in der Gegenwart als einzigem Land in Lateinamerika lange schwankte, ob die Regierungsform parlamentarisch oder präsidentiell sein solle. Die Frage wurde schließlich einem Volksentscheid überantwortet.

Parlament, Regierung, Staatsoberhaupt

sich diese Form in umwegreichen, eher zufälligen und situationsgebundenen Entscheidungen. Man sollte diese geschmeidige Offenheit der Regierungstypen im Bewusstsein behalten, bevor man in den Kästchen der gelehrten Typologien zu denken beginnt. Insbesondere sechs Punkte verdienen Berücksichtigung.

1. De Gaulle und sein Verfassungsminister Michel Debré hatten im Londoner Exil die Dominanz einer vom Parlament gestützten Exekutive kennen und schätzen gelernt. Bei der Ausarbeitung der Verfassung 1958 modellierten sie die Exekutivdominanz des Kabinetts über das Unterhaus im Westminster Modell (Reif 1987: 39).
2. In Frankreich gab es kein Zweiparteiensystem und die Parlamentarier an der Seine verstanden sich nicht so wie ihre Kollegen an der Themse als Träger und Garant von Regierung und Opposition. Dennoch oktroyierten Debré und de Gaulle der Assemblée Nationale vermittels der Geschäftsordnungs- und Verfassungszwänge des „rationalisierten Parlamentarismus" (Kempf 1997: 101ff.; Kimmel 1983) diejenigen Regeln, die in Großbritannien auf freiwilliger Zustimmung der Abgeordneten beruhten (Williams 1971).
3. Die für den „Semi-Präsidentialismus" zentrale Volkswahl des Präsidenten war von 1958 bis 1962 zunächst *noch nicht* in der Verfassung enthalten. Debré und de Gaulle befürchteten, dass die erforderliche Billigung der Beschneidung der Antrags- und Abstimmungsrechte der Assemblée durch einen Volksentscheid über die neue Verfassung scheitern würde, wenn mit der Volkswahl üble Erinnerungen an den uralten „Bonapartismus" in Frankreich geweckt würden.
4. Die Abberufbarkeit der Regierung durch das Parlament, die *das* zentrale Merkmal parlamentarischer Systeme ist, wurde von de Gaulle als Vorbedingung dafür zugesichert, dass ihm die Mehrheit der Nationalversammlung vorübergehende Notstandsvollmachten in der Algerienkrise von 1958 gewährte, als rebellierende französische Fallschirmjäger, die bereits Korsika besetzt hatten, auch in Paris zu landen drohten, und dass sie ihn wie von ihm gewünscht mit der Ausarbeitung einer neuen Verfassung beauftragten.
5. Also war dies ein Kompromiss zur Erhaltung wenigstens einer gewichtigen Machtstütze für das de Gaulle ermächtigende Parlament. De Gaulle setzte seine Verfassung, die die Antrags- und Mitwirkungsrechte des Parlaments im so genannten „rationalisierten Parlamentarismus" drastisch beschnitt, dann schließlich gegen den Willen der Parlamentarier – mit dieser versprochenen Regel der Abberufbarkeit des von ihm ernannten Premierministers durch das Parlament – in einer Volksabstimmung durch.
6. Als de Gaulle schließlich 1962 die für den Typus des „Semi-Präsidentialismus" entscheidende Volkswahl des Präsidenten wünschte und durchsetzte, geschah diese Verfassungsänderung gegen den Willen des Parlaments. Es geißelte den Vorschlag als Staatsstreich, es stürzte den von de Gaulle abhängigen Premierminister. Es wurde aufgelöst und die Volkswahl des Präsidenten durch Plebiszit in einem nicht in der Verfassung vorgesehenen Verfahren der Verfassungsänderung eingeführt.

Bei genauem Hinschauen sieht man also, dass der dritte Prototyp des Semi-Präsidentialismus ebenso wie der Parlamentarismus in Großbritannien nicht als Modell geplant wurde. Er entstand an der Seine als ambivalentes Gebilde in einer langen Reihe von Zufällen und festgezurrten Kompromissen. Halten wir vor den im nächsten Punkt vorzustellenden Typologien also fest: Die typologischen Elemente von Regierungsformen werden oft in fließender Auslegung praktiziert und das typologische Endprodukt ist oftmals ein Ergebnis von Zufällen und Verfassungskämpfen. Weil das semi-präsidentielle Spannungsdreieck von volksgewähltem Präsidenten in Verbindung mit einem parlamentarisch abberufbaren Ministerpräsidenten besonders flexibel ist, wurde diese Konfiguration von den neuen Staaten der EU bei ihrem Übergang zur Demokratie besonders häufig angewandt. Dabei entsprach die spannungsreiche Mixtur parlamentarischer und präsidentieller Elemente (auch) dem Tauziehen zwischen Altkommunisten und Reformparteien um die besten Machtchancen in einer künftigen demokratischen Verfassung (Lijphart 1992; Geddes 1996).

3 Typologien von Regierungsformen

Das einzige allen parlamentarisch genannten Demokratien ausnahmslos gemeinsame Merkmal besteht in der de jure jederzeitigen Abberufbarkeit der Regierung durch Mehrheitsbeschluss des Parlaments aus rein politischen und nicht etwa strafrechtlichen Gründen. „Alle anderen Faktoren (…) werden bei der Untersuchung parlamentarischer Regierung nicht ausgeschlossen, können aber im Begriff nicht bereits wiedergegeben werden" (Beyme 1999: 41).

Steffani fundiert seine Typologie auf diesem – „primäres Klassifikationsmerkmal" genannten – Abberufungsrecht der Regierung durch die Mehrheit des Parlaments aus rein politischen Gründen auch ohne das Vorliegen strafrechtlicher Verfehlungen. „Danach sind Regierungssysteme entweder parlamentarisch, falls die Abberufbarkeit der Regierung gegeben ist, oder eben präsidentiell" (Hartmann 2000: 20; Steffani 1979, 1996). Als zweites – sekundär genanntes – Klassifikationsmerkmal betrachtet Steffani die Konstellation zwischen Regierungschef und Staatsoberhaupt. In parlamentarischen Demokratien existiert laut Steffani eine Aufgabenteilung zwischen beiden. Dagegen ist im „reinen Präsidentialismus (…) die Regierung (…) geschlossen: Funktion und Amt des Regierungschefs und des Staatsoberhauptes sind im Präsidenten vereint" (Schmidt 2000: 311). Man stutzt hier bereits ein wenig, weil man bezweifeln darf, dass die beschränkte Rolle der Krone im britischen Parlamentarismus tatsächlich als doppelte Exekutive klassifiziert werden sollte – nimmt die Königin von England doch keinen aktiven Anteil an der Exekutive (Bogdanor 1995). Ungeachtet dieser durch die Logik von Steffanis Typologie erzwungenen Zuschreibung von Exekutivaufgaben für die britische Krone stutzt man aber noch mehr, wenn die Schweiz von Steffani als ein präsidentielles System klassifiziert wird.

Aus Steffanis typologischem Zugang bleibt die Art der Wahl der Regierung – entweder direkt durch das Volk oder indirekt durch das Parlament – ausgeklammert. In der Schweiz sind aber die Minister nicht nur überwiegend frühere Parlamentarier des Bundesparlaments oder der Kantonalparlamente, sondern sie werden auch durch das Parlament ins Amt gewählt. Allerdings können sie dann nicht wieder durch ein Misstrauensvotum gestürzt werden. Nach seinem „primären" Merkmal klassifiziert Steffani somit die Schweiz, die von den meisten übrigen Wissenschaftlern als „Direktorial- oder Kollegialregierung" gesehen wird, als eindeutig „präsidentiell". Im Gegensatz zu den parlamentarischen Demokratien steht in der Tat im zweiten Klassifikationsmerkmal neben der aus gestandenen Parlamentariern und vom Parlament direkt gewählten Regierung nicht noch ein Staatsoberhaupt. Vielmehr nimmt im jährlichen Turnus einer der sieben Minister als Stellvertreter unter Gleichgestellten das Amt eines Staatspräsidenten wahr, leitet die Bundesratssitzungen und übernimmt besondere Repräsentationspflichten: also keine Abberufbarkeit durch das Parlament und kein von der Regierung unabhängiges Staatsoberhaupt – ergo Präsidentialismus. Spricht man mit Schweizern, löst diese Klassifikation ihres Landes lächelndes Verwundern aus.

Einer klassischen Vierfeldertafel von Lijphart zufolge reichen zwei Schlüsseldimensionen zum Aufspannen einer Typologie. In der ersten Dimension wird – wie bei Steffani – gefragt, ob die Regierung jederzeit durch einen Mehrheitsbeschluss des Parlaments abberufbar ist. In der zweiten Dimension wird gefragt, ob dieser Chef der Regierung durch das Volk oder durch das Parlament (aus-)gewählt wird. Das Präfix „aus"-gewählt anstelle von „gewählt" ist essentiell für diese Typologie. Denn in zahlreichen Staaten, die in den synoptischen Tabellen 2 und 3 aufgeführt werden, muss der Regierungschef – anders als der Kanzler in der Bundesrepublik Deutschland – nicht vom Parlament ins Amt gewählt werden. Es genügt, wenn der vom Staatsoberhaupt ernannte Regierungschef, der der Vertrauensmann der Parlamentsmehrheit ist, nicht sofort nach Amtsantritt durch ein Misstrauensvotum gestürzt wird. Aus der Kreuzung der beiden Dimensionen lassen sich die Demokratien in einer Vierfeldermatrix als parlamentarisch oder präsidentiell bestimmen. Wir ordnen in Tabelle 1 alle Staaten der EU in diese typologische Vierfeldermatrix ein:

Tabelle 1: Typologische Vierfeldmatrix der politischen Systeme Europas einschließlich Israels

Volkswahl der Regierung	Abberufbarkeit der Regierung durch das Parlament	
	ja	nein
nein	*Parlamentarische Systeme* Belgien, Dänemark, Finnland, Frankreich, Deutschland, Griechenland, Irland, Italien, Luxemburg, Malta, Niederlande, Norwegen, Portugal, Spanien, Schweden, Vereinigtes Königreich, Estland, Lettland, Slowenien, Tschechische Republik *Semi-präsidentielle Systeme (Premierminister)* Frankreich, Portugal, Rumänien, Slowakei, Polen, Island, Litauen, Bulgarien, Österreich	Schweiz
ja	Israel (Premier von 1996 - 2001)	*Präsidentielle Systeme* Zypern *Semi-präsidentielle Systeme (Präsident)* Frankreich, Portugal, Rumänien, Slowakei, Polen, Island, Litauen, Bulgarien, Österreich

Auch hier bedürfen mehrere Ecken und Kanten dieser Einordnung einer Erläuterung. Um die Logik dieser Typologie Lijpharts zu verstehen, ist es erforderlich, ausnahmsweise auch zwei Staaten außerhalb der EU, nämlich Israel und die Schweiz, in die Vierfeldertafel aufzunehmen. Israel bildete für nur wenige Jahre zwischen 1996 und 2001 eine ebenfalls weltweit einzigartige Sonderform. Denn zwischen 1996 und 2001 wurde zwar nicht der vom Parlament gewählte Staatspräsident, wohl aber der dem Parlament verantwortliche Premierminister direkt vom Volke bestimmt (Hazan 1996). Allerdings erfüllte diese israelische Verfassungsreform nicht die in sie gesetzten Erwartungen, durch Konzentration der Wähler auf das Amt des Premierministers die in Israel traditionell große Zersplitterung des Vielparteiensystems zu verringern. Daher ist man stattdessen zur Milderung der unerwünschten Konsequenzen eines Vielparteiensystems zum bundesdeutschen konstruktiven Misstrauensvotum übergegangen. Die Schweiz bildet in dieser Viefeldertafel die andere nur aus diesem einen Staat bestehende – üblicherweise „Direktorial-" oder „Kollegialregierung" genannte – Klasse für sich.

Ferner erscheinen einige Staaten, die in Tabelle 1 kursiv gesetzt sind, in zwei Feldern zugleich. Dies geschieht aus drei Gründen. In diesen Staaten darf – *erstens* – der Staatspräsident entweder de jure oder de facto den Regierungschef nach eigenem Gutdünken entlassen, selbst wenn dieser noch das Vertrauen der Parlamentsmehrheit besitzt. In diesen Staaten wird – *zweitens* – das Staatsoberhaupt direkt vom Volk gewählt. In ihnen nimmt dieser Staatspräsident – *drittens* – aktiven Anteil an den Geschäften der Exekutive und ist nicht allein auf zeremonielle und notarielle Aufgaben beschränkt. Der zweite und der dritte Grund sind identisch mit dem primären und sekundären Merkmal von Steffanis Typologie. Nähme man nur diese als Maßstab, müssten diese Staaten allesamt als „parlamentarisch" klassifiziert werden. Doch Steffani berücksichtigt nicht den springenden Punkt der schillernden Machtverteilung in diesen Staaten. Infolge der doppelten demokratischen Legitimation durch die direkte Volkswahl des Parlaments als auch des Staatsoberhaupts schwebt der Premierminister manchmal sozusagen in der Mitte zwischen zwei Kreationsorganen, dem Parlament und dem Präsidenten, die beide aus entgegengesetzten Gründen den Premier stürzen könnten.

Die Französische V. Republik ist das prominenteste Beispiel dieser schillernden Dreieckskonstellation. Der Premierminister wird vom Präsidenten ausgesucht und ernannt, bedarf aber zu seiner Amtsführung keiner Investitur durch die Nationalversammlung. Gleichwohl suchen französische Premierminister nach ihrer Ernennung oft auch sofort ein Vertrauensvotum der Nationalversammlung, obwohl dies de jure nicht erforderlich ist. De jure darf der Staatspräsident nach dem Buchstaben der französischen Verfassung den von ihm ausgewählten Premier nicht wieder entlassen. De facto haben Präsidenten aber immer dann, wenn der Premierminister der gleichen Partei angehörte wie sie selbst, ihre Premierminister zur Einreichung von mehr oder minder erzwungenen Rücktrittschreiben veranlasst (Steinsdorff 1995: 497).

Wer ist in Staaten mit direkt vom Volk gewähltem Staatsoberhaupt und jederzeitiger Abberufbarkeit des Premiers durch den Präsidenten der wirkliche Regierungschef – der Präsident oder der Premierminister? Diese Frage kann nicht immer eindeutig beantwortet werden, weil je nach dem Ausgang der Parlaments- und Präsidentschaftswahlen eine unterschiedliche, spannungsreiche Kräftekonstellation erzeugt wird. Daher nennen Lijphart (1984) und Duverger (1980) diese Dreieckskonstellation „semi-präsidentiell". Sie hätten sie ebenso gut als „semi-parlamentarisch" bezeichnen können, weisen sie doch darauf hin, dass Frankreich als Prototyp des sogenannten „Semi-Präsidentialismus" je nach der jeweiligen

Kräftekonstellation im Spannungsdreieck manchmal stärker präsidentiell und manchmal stärker parlamentarisch geprägt ist (Lijphart 1984). Steffani (1996) sieht dagegen Frankreich kategorisch als ein parlamentarisches System.

„Semi-Präsidentialismus" ist der Konvention zufolge dann gegeben, wenn der volksgewählte Präsident den vom Vertrauen des Parlaments abhängigen Premierminister auch ohne Zustimmung des Parlaments entlassen darf – ob de jure oder de facto spielt dabei keine Rolle, die gelebte und akzeptierte Gewohnheit zählt. So entsteht in der Typologie ein „Chamäleon" (Döring 1997: 166) zwischen Parlamentarismus und Präsidentialismus, das je nach dem Kontext der Kräfteverhältnisse seine Farbe verändern kann. Andere Bezeichnungen für den gleichen Sachverhalt sind „premier-präsidentiell" (Shugart/Carey 1992: 23ff.) oder „präsidentiell-parlamentarisch" (Merkel et al. 1996: 77).

Dass Österreich in den Tabellen als semi-präsidentielles System aufgeführt wird, mag auf den ersten Blick absurd erscheinen, weil hier die Verfassungspraxis die Merkmale eines parlamentarischen Systems erfüllt. Eine tiefer ins Detail gehende Untersuchung rechtfertigt jedoch die Einordnung. Der direkt vom Volk gewählte Bundespräsident darf neben vielen anderen Machtbefugnissen sogar den – Bundeskanzler genannten – Regierungschef nach Gutdünken gegen den Willen der Mehrheit des Parlaments entlassen. In der lebenden Verfassung hütet er sich aber, diese Befugnisse zu aktivieren. Seine weitgehenden Befugnisse entstammen einer Verfassungsänderung von 1929, durch welche autoritäre Kräfte über die starke Stellung des Präsidenten ihre Macht im Staat auszubauen hofften. Als mächtige Figur löste er das Parlament 1931 in einem staatsstreichartigen Plan auf, verlor aber die Wahlen, wodurch seine weitgehenden Vollmachten „totes Recht" wurden. Zur Zeit der Neugründung der Republik Österreich nach dem Zweiten Weltkrieg stand die sowjetische Besatzungsmacht noch im Lande. Daher wollte man eine Verfassungsdebatte vermeiden, die wahrscheinlich verfassungsrechtliche Interventionen der Sowjetunion hätte herausfordern können. Man setzte klugerweise einfach die Bestimmungen der alten Verfassung wieder in Kraft.

Dabei war den meisten Beteiligten klar, dass die gewaltigen Befugnisse des Präsidenten Österreichs in der Praxis nicht ausgeübt werden würden – bei Strafe einer raschen Verfassungsänderung, die auch de jure die auf dem Papier mächtige Stellung des Präsidenten beseitigen würde. Es ist dies cum grano salis ähnlich wie bei den gewaltigen Vorrechten der britischen Krone, die Ihre Majestät bei Strafe der Beseitigung der Monarchie vollständig dem sie „beratenden" Premierminister überantwortet. Von einer doppelten Exekutive sehen Englandkenner im Vereinigten Königreich keine Spur.

Aufschlussreich ist in Tabelle 1 in mehrfacher Hinsicht die Art der Verteilung der EU-Mitgliedstaaten in den vier Feldern.

1. Ein einziges Land, Zypern, optierte für ein präsidentielles System. Damit bestätigt sich für den Bereich der EU das, was Lijphart für die weltweite Grundgesamtheit der Demokratien vor 1989 fand: Das präsidentielle System, obwohl einen Prototyp bildend, ist faktisch die Ausnahme und nicht die Regel.

2. Im Feld parlamentarischer Systeme finden sich überwiegend die bereits vor dem Wendejahr 1989 zu den etablierten Demokratien zählenden Mitgliedsstaaten der EU. Dies hat historische Gründe. Die parlamentarische Demokratie entwickelte sich in der Regel dort, wo die Könige nach und nach gezwungen wurden, Vertrauensleute des Parlamentes in die Ämter königlicher Minister zu berufen (siehe die äußerst detaillierte, historisch-genetische Beschreibung der unterschiedlichen Auseinandersetzungen zwischen Krone und Parlamenten in den Staaten Westeuropas bei Beyme 1999). Somit ist die „doppelte Exekutive" parla-

mentarischer Systeme eigentlich nur ein Relikt glücklicher historischer Zufälle und nicht konstitutiv für diese Regierungsform.

3. Im Doppelfeld „semi-präsidentielle" Systeme finden sich überwiegend die jungen, nach dem Wendejahr von 1989 demokratisierten Staaten der EU. Im Umbruch besaßen sie – anders als die graduell über Jahrhunderte entwickelten parlamentarischen Systeme – im nachholenden Neubeginn eine Chance größerer Gestaltungsfreiheit bei der Organisation des Verhältnisses von Parlament und Regierung. Sie fügten aber auch diesen beiden Staatsorganen oft noch einen volksgewählten Präsidenten hinzu. So entstand wie in der Französischen V. Republik ein schillerndes Gebilde. Dieses Chamäleon (Döring 1997: 166) alias „Semi-Präsidentialismus" ist eine Schwebelage in der Auseinandersetzung zwischen den Exponenten unterschiedlicher Auffassungen über die künftige Staatsform.

Die scheinbar – aber nur in Bezug auf diese Typologien – „anomalen" und schillernden Beispiele von Frankreich und Österreich zeigen uns: Wir sollten nicht nur in dichotomen Entweder-Oder-Einteilungen von Regierungssystemen und in einander aufgrund von nur ein oder zwei Dimensionen klar ausschließenden Klassen denken. Wir könnten versuchen, das kategoriale „Ja oder Nein" zu ersetzen durch eine stufenweise Skalierung von einem „Mehr oder Weniger" in zahlreichen Schlüsseldimensionen. Konkret gesprochen, gibt es z. B. im primären Klassifikationsmerkmal parlamentarischer Systeme graduelle Abstufungen von leichter bis schwerer Abberufbarkeit der Regierung durch das Parlament (z. B. von der relativen Mehrheit nur der zufällig anwesenden über die absolute Mehrheit der gesetzlichen Mitglieder bis hin zum konstruktiven Misstrauensvotum). Skaliert man derart die Abberufbarkeit, dann würde ein „präsidentiell" genanntes System auf dieser Variablen „Abberufbarkeit der Regierung durch das Parlament" den Wert „Null" (gleich keine Abberufbarkeit) erhalten können. Wir werden in den nächsten drei Abschnitten dieses Beitrags anhand der Dimensionen der hier skizzierten Typologien die gruppeninternen Unterschiede zwischen zwei der drei Typen (das präsidentielle System bleibt ja mit Zypern ein Einzelfall) studieren.

4 Präsidentielle Systeme

Das einzige präsidentielle System innerhalb der Mitgliedsstaaten der Europäischen Union ist das der Republik Zypern. Der Inselstaat trat der EU im Jahr 2004 bei.[3] Der zypriotische Präsident wird alle fünf Jahre direkt vom Volk mit absoluter Mehrheit gewählt. Kommt im ersten Wahlgang keine absolute Mehrheit zustande, entscheidet eine Stichwahl. Der Präsident übt die alleinige Exekutivfunktion aus und ernennt die Mitglieder des Ministerrates. Das Parlament kann dem Präsidenten nicht das Misstrauen aussprechen. Ähnlich wie im US-amerikanischen System kann nur ein Amtsenthebungsverfahren angestrengt werden: Es wird durch das Parlament mit einer geheimen Dreiviertel-Mehrheit initiiert, die Entscheidung fällt jedoch das oberste Gericht (Zervakis 2004: 894). Damit sind die beiden Primärmerkmale des Präsidentialismus erfüllt. Der Präsident übernimmt als einheitliche Exekutive die Funktion von Staatsoberhaupt und Regierungschef, wird direkt vom Volk gewählt und kann nicht durch das Parlament abberufen werden.

---

[3] Zypern ist in einen nördlichen türkischen und einen südlichen griechischen Teil gespalten. Die Republik Zypern ist der südliche Teil, der nördliche Teil ist die Türkische Republik Nordzypern, die nach der Invasion durch die Türkei im Jahre 1974 entstand. Da nur der südliche Teil Mitglied der EU ist, behandelt dieser Abschnitt nur das System der Republik Zypern.

Schaut man auf die Reihe von sekundären Merkmalen, die üblicherweise parlamentarische Systeme auszeichnen, findet man hier durchgehend Ausprägungen, die man einem präsidentiellen System zurechnen würde. Der Präsident darf das ebenfalls direkt vom Volk auf fünf Jahre gewählte Parlament nicht auflösen. Das Parlament besitzt jedoch ein Selbstauflösungsrecht (Artikel 67 der Verfassung) – in den meisten parlamentarischen Systemen und den semi-präsidentiellen Systemen wird dem Staats- oder Regierungschef das Recht der Auflösung zugestanden, um bei Verlust der Vertrauensbasis an den Souverän, also an das Volk, zu appellieren. Zypern zeigt damit die klassische Delegationskette eines präsidentiellen Systems (Strøm 2004).

Das Amt des Abgeordneten und ein Regierungsmandat sind nach der zypriotischen Verfassung unvereinbar. Dies gilt sowohl für den Präsidenten selbst als auch für die Mitglieder des Ministerrates. Beide dürfen nicht Mitglied in der Legislative sein. Umgekehrt müssen auch die Mitglieder der Legislative ihr Abgeordnetenmandat niederlegen, wenn sie der Regierung beitreten (Zervakis 2004: 894, 901). Die Fraktionsdisziplin gilt als schwach ausgeprägt. Die Abgeordneten werden zwar nach dem Verhältniswahlrecht auf Listen gewählt, allerdings können die Wähler die Kandidatenreihenfolge festlegen (Gallagher et al. 2006: 344, 352). Auf die Parteilisten werden deshalb bekannte Persönlichkeiten des öffentlichen Lebens gesetzt, um die Wahlchancen zu erhöhen, weshalb nur wenige Fraktionsmitglieder auch gleichzeitig Funktionsträger einer Partei sind (Zervakis 2004: 904). Dies führt neben der fehlenden funktionslogischen Erfordernis der Fraktionsdisziplin im Präsidentialismus zu einer geringen Abstimmungsdisziplin.

Im Bereich der Gesetzgebung hat der Präsident weit reichende Befugnisse. Über den Ministerrat besitzt er ein Initiativrecht sowohl für die Innen-, Wirtschafts- und Finanzpolitik als auch im Bereich der Außen- und Verteidigungspolitik (Zervakis 2004: 895). Gegen Gesetze des Parlamentes in der Außen- und Sicherheitspolitik steht ihm ein absolutes Veto zu, in der Innen-, Wirtschafts- und Finanzpolitik ein suspensives Veto (Artikel 50 und 51 der Verfassung). Mit diesen Machtbefugnisse liegt er näher an den lateinamerikanischen Präsidenten (Shugart/Carey 1992: 155) als an den schwächeren US-Präsidenten.

5 Gruppeninterne Variation parlamentarischer Systeme

Das allen Systemen dieser Gruppe ausnahmslos gemeinsame Merkmal ist die jederzeitige Abberufbarkeit der Regierung durch Mehrheitsbeschluss des Parlaments aus rein politischen Gründen (Beyme 1999: 41). Allerdings entdecken wir in dieser Gemeinsamkeit erhebliche Abstufungen. So können die Angaben auf einer Skala von „sehr einfacher" bis zu „sehr schwieriger" Abberufbarkeit durch Misstrauensvotum gruppiert werden. 1. Sehr einfach ist sie, wenn a) kein Quorum erforderlich ist und wenn b) die Revokation schon mit einfacher Mehrheit der anwesenden Abgeordneten erfolgen kann (z. B. Finnland). 2. Schwieriger ist sie, wenn das Quorum zwar die Anwesenheit der absoluten Mehrheit der gesetzlichen Mitglieder voraussetzt, aber zur Abberufung die einfache Mehrheit dieser Anwesenden ausreicht (z. B. Niederlande). 3. Noch schwieriger ist sie natürlich, wenn das Misstrauensvotum nur mit der Mehrheit der gesetzlichen Mitglieder wirksam wird. 4. Am schwierigsten ist sie, wenn die Abberufung nur durch ein konstruktives Misstrauensvotum ausgesprochen werden kann, d. h. wenn die Mehrheit der gesetzlichen Mitglieder einen alternativen Regierungschef ins Amt wählen muss, um den Amtsinhaber auszutauschen. Außer in Deutschland, wo dieses Instrument erfunden wurde, haben es in der EU inzwischen auch Spanien, Belgien, Polen, Slowenien und Ungarn übernommen. Man sieht, dass diese vier Stufen einfacher bis schwieriger Abberufbarkeit als eine Skala innerhalb der Ja-Nein-Kategorie der Abberufbarkeit aufgefasst werden können.

Was Lijpharts zweites Kriterium für parlamentarische Regierung, die (Aus)wahl des Regierungschefs durch das Parlament und nicht durch das Volk, betrifft, so gilt für die überwiegende Mehrheit der parlamentarischen Systeme: *Das Staatsoberhaupt spielt keine aktive Rolle bei der Regierungsbildung.* Nur in sieben von 18 „parlamentarischen" Staaten wirkt das Staatsoberhaupt aktiv bei der Regierungsbildung mit. Dem geübten Blick des Komparatisten bieten sich für die sieben Ausnahmen zwei mutmaßliche Erklärungen an. Es sind dies entweder junge Demokratien oder es sind Länder mit einer starken Parteienzersplitterung. Beides – junge Demokratie und Parteienvielfalt – gehen überdies meist Hand in Hand. Wenn sich viele nicht nur winzige Parteien an der Wahl beteiligen, garantiert selbst das stärkste mehrheitsbildende Wahlrecht nicht die Bestimmung einer Regierung durch die Wähler. Dann fällt die Aufgabe der aktiven Moderation bei der Auswahl eines Regierungschefs entweder dem Monarchen oder dem Staatsoberhaupt zu. In Belgien und den Niederlanden setzt der Monarch nach einer ersten Runde der Sondierungen einen eigens für die langwierige Tätigkeit der Regierungsbildung bestellten politischen Makler („Formateur") ein[4].

Man muss bei der Wahl des Regierungschefs durch das Parlament über den Tellerrand der Bundesrepublik Deutschland hinaussehen und wissen, dass die Wahl des Kanzlers durch das Parlament keineswegs überall die Regel ist. *In sechs der 18 parlamentarischen Systeme bedarf es keiner Wahl des Regierungschefs durch das Parlament in einer Investiturabstimmung.* Hier reicht das Ausbleiben eines erfolgreichen Misstrauensvotums als impliziter Beweis des Vertrauens des Parlaments. In der deutschen Politikwissenschaft hat sich die Redeweise eingebürgert, dass es sich dort, wo die formelle Wahl des Regierungschefs durch das Parlament fehlt, um einen „negativen Parlamentarismus" handele. Aber Großbritannien, das Mutterland des Parlamentarismus, kennt ebenfalls keine Investiturabstimmung. Man würde deshalb Politikwissenschaftler nicht bei Sinnen halten, die das Mutterland des Parlamentarismus deshalb als negativen Parlamentarismus etikettieren würden. Sinn macht die Redeweise vom „negativen Parlamentarismus" für Schweden, weil dort bei der parlamentarischen Investitur des Regierungschefs keine absolute Mehrheit *gegen* ihn zustande kommt, wodurch alle Enthaltungen *für* ihn zählen, gleichviel wie wenige Stimmen das auch sind.

Indirekt zeigt sich die Auswahl durch das Parlament auch darin, dass der Regierungschef und die Minister meist gestandene Parlamentarier mit langer Erfahrung als Abgeordnete sind. So muss der Regierungschef in Großbritannien so wie in Irland auch ein Abgeordnetenmandat gewonnen haben. Er oder sie darf in den meisten „parlamentarischen" Systemen seinen Sitz als Abgeordneter neben dem Ministeramt behalten. Nur in sechs von 18, oder in etwa einem Drittel der „parlamentarischen" Staaten müssen Abgeordnete ihr Mandat niederlegen, wenn sie zu Ministern ernannt werden. Doch selbst in denjenigen westeuropäischen parlamentarischen Systemen, in denen die Abgeordneten bei der Berufung zum Ministeramt ihr Mandat niederlegen müssen, wird über die Hälfte der Minister nicht aus parlamentsfremden Quereinsteigern, sondern aus gestandenen Parlamentariern rekrutiert (Döring 1992: 345ff.).

---

[4] Eine ausführliche Beschreibung und Diskussion dieser Institution im Vergleich mit der britischen Monarchie findet sich bei Bogdanor (1995: 168ff.).

Sekundäres Merkmal parlamentarischer Regierungen ist weiterhin: *Die Regierung kann dem Parlament die Vertrauensfrage stellen.* Die Vertrauensfrage ist ein subtiles Instrument (Huber 1996b). Bringt die Parlamentsmehrheit durch Verweigerung der Vertrauensfrage die Regierung zu Fall, begeht sie nach der Art eines „Stichs der Biene" in den meisten Fällen gleichzeitig politischen Selbstmord, indem sie mit einer zwar nicht automatischen, aber doch in den meisten Fällen so gut wie sicheren Auflösung des Parlaments rechnen muss. Auch hier ist wieder die Variabilität zwischen den Ländern bemerkenswert. Wenn der Premierminister allein ohne Zustimmung seines Kabinetts die Vertrauensfrage stellen kann (Übersicht bei Huber 1996b), wirkt sie als Instrument der Einbindung und Disziplinierung von Koalitionspartnern im Rahmen des allein vom Premier gesetzten akzeptablen Kompromissbereichs durch Agendasetzungsrechte (Döring/Hönnige 2006).

Eine weitere Abstufung ergibt sich aus der Zählung der Enthaltungen für oder gegen die Regierung. Dort wo in der Tabelle 2 das Erfordernis der absoluten Mehrheit (d. h. der Mehrheit der gesetzlichen Mitglieder eines Parlaments) für das Vertrauensvotum erforderlich ist, wirken sich Enthaltungen *gegen* den Regierungschef aus, weil er ohne diese Stimmen die Mehrheit verfehlen könnte. Dort wo in der Tabelle 2 die einfache Mehrheit für das Vertrauensvotum ausreicht, zählen Enthaltungen *für* den Regierungschef. Dann brauchen dissentierende Mitglieder der Regierungsfraktion(en), die es in politischen Parteien immer gibt, nicht gegen ihr Gewissen für die Regierung zu stimmen, nur um den Sturz derselben, die mögliche Auflösung des Parlaments und den etwaigen Verlust des eigenen Mandats in der Neuwahl zu verhindern. Sie dürfen sich bei der Vertrauensfrage enthalten und können sogar die Regierung „zum Fenster hinaus" heftig kritisieren. Damit grenzen sie sich vor den Augen der Wähler von einem umstrittenen Gesetz rhetorisch und symbolisch ab, ohne das Gesetz zu verhindern (zu dieser in Frankreich häufig benutzten subtilen Taktik zum Zusammenschweißen heterogener Koalitionen im Konflikt über Policies siehe Huber 1996a: 112ff.).

Verliert der Regierungschef die Vertrauensfrage, besitzt er – mit Ausnahme von nur einer parlamentarischen Demokratie (Norwegen) unter den untersuchten Staaten – im Gegenzug die Befugnis, durch Auflösung des Parlaments an die Wähler als Schiedsrichter zwischen ihm und seiner zerfallenen Mehrheit im Parlament zu appellieren (Patzelt 2006: 132f.). Diese Befugnis wird meistens allerdings nur mit Zustimmung des ein Veto besitzenden Staatsoberhauptes wirksam; nur bei monarchischen Staatsoberhäuptern ist diese Zustimmung lediglich formal. Dieser Befund entspricht einer von Walter Bagehot schon früh formulierten Funktionslogik für parlamentarische – aber nicht präsidentielle – Systeme. So schrieb Döring in dem Vorgängerband „Die EG-Staaten im Vergleich": „Walter Bagehots pointiertes Diktum `Die Legislative, ihrem Namen nach gewählt, um Gesetze zu machen, steht in Wirklichkeit vor der Hauptaufgabe, eine Exekutive zu bilden und aufrechtzuerhalten´ (Bagehot 1971: 54) trifft den Kern der Beziehungen zwischen Parlament und Regierung in parlamentarischen Systemen sehr genau" (Döring 1992: 334).

Die Logik der Verkoppelung von Vertrauensfrage und Auflösung in einer spieltheoretischen Interaktion erzwingt eine die meisten parlamentarischen Demokratien kennzeichnende hohe Abstimmungsdisziplin (komparative Daten bei Sieberer 2006) und eine Einheit von Regierungsmehrheit und Gesetzgebungsmehrheit (Steffani 1991). Denn die Ablehnung einer von der Regierung als wichtig bezeichneten Gesetzesvorlage durch das Parlament kann den Verlust der Mandate der Abgeordneten durch Auflösung nach sich ziehen. Dagegen sind präsidentielle Demokratien, in denen das Parlament nicht durch die Exekutive aufgelöst werden kann, durch eine viel schwächere Abstimmungsdisziplin gekennzeichnet.

In parlamentarischen Demokratien, die als Ausnahme von der Regel eine nur geringe Abstimmungsdisziplin zeigen, besitzt die Regierung als Ersatz für die fehlende freiwillige Abstimmungsdisziplin besondere Vorrechte der Setzung und Blockierung von Abstimmungsinhalten (Agendasetzung) im Gesetzgebungsverfahren[5].

Die Auflösung des Parlaments als ultima ratio wird der Regierung nur in fünf der 18 „parlamentarischen" Systeme in der EU verwehrt. In nur wenigen Staaten spielt das Staatsoberhaupt eine aktive Rolle bei der Auflösung des Parlaments. Auch in dieser Kategorie der Auflösbarkeit des Parlaments, die mithin ein Instrument in der Hand der Regierung und nicht des Staatsoberhauptes ist, gibt es deutliche Abstufungen, die eine Skala von „mehr oder weniger" einfacher Auflösbarkeit bilden können.

Sehr einfach geht die Auflösung vonstatten, wenn sie wie z. B. in Großbritannien dadurch ein exklusives Recht des Premierministers ist, dass die Auflösung und Einberufung des Unterhauses zwar ein Prärogativ der Krone ist, sie aber den Vorschlag des Premiers bei Strafe einer den Bestand der Monarchie gefährdenden Verfassungsreform, welche durch eine nur einfache Mehrheit beider Häuser des Parlaments verschiedet werden könnte, nicht ablehnt. So ist die jederzeitige Auflösung des Unterhauses durch die Königin zwecks Ausschreibung von Neuwahlen ein eifersüchtig gehütetes Vorrecht allein des Premierministers als Lenker und Berater der königlichen Prärogative.

Schwieriger ist schon die Auflösung, wenn – wie z. B. in Griechenland – nicht der Premier für sich allein seiner Partei oder seinen Koalitionsparteien mit der Auflösung drohen kann, sondern dazu ein Mehrheitsbeschluss des Kabinetts erforderlich ist. Noch schwerer ist die Auflösung, wenn – wie in Deutschland – der Bundestag nicht allein nach Ermessen der Regierung aufgelöst werden darf, sondern der Bundespräsident (in diesem Falle einmal im Gegensatz zu seinen sonstigen geringen Machtbefugnissen) ein absolutes Veto besitzt. Die schwierigste, nicht zu überbietende Stufe dieser Kategorie stellt logischerweise die generelle Unauflösbarkeit des Parlaments dar. Sie ist in dieser Gruppe parlamentarischer Regierungen in den untersuchten Staaten nur in Norwegen gegeben.

Stimmt eine Mehrheit in einem Misstrauensvotum gegen die Regierung, so muss diese demissionieren. Verliert sie dagegen eine (natürlich von ihr selbst im taktischen Kalkül gestellte) Vertrauensfrage, kann sie auch ohne parlamentarische Mehrheit so lange im Amt bleiben, bis sich eine Mehrheit gegen sie in einem förmlichen Misstrauensvotum findet. In der Tat ist die erschwerte (oder in Norwegen ganz unmögliche) Auflösbarkeit eine unter mehreren Ursachen für das häufige Auftreten von Minderheitsregierungen. Diese haben keine Mehrheit im Parlament. Zum Beschluss von Gesetzen und zur Verabschiedung des Staatshaushalts müssen sie deshalb Mehrheiten gemeinsam mit anderen im Parlament vertretenen Parteien außerhalb der Regierung suchen. Minderheitsregierungen treten besonders in Skandinavien so häufig auf, dass sie eher die Regel als die Ausnahme sind (Strøm 1990; Kropp et al. 2002; Müller/Strøm 1997). Aber auch in Italien, Irland und Spanien sind sie häufig zu finden.

---

[5] Zur spieltheoretischen Logik dieser Geschäftsordnungsregeln siehe Shepsle und Bonchek 1997 sowie Tsebelis 2002: 33-37; Kapitel „sequence of moves", empirisches Studium der Formen und Auswirkungen dieser Verfahrensregeln für die parlamentarischen Demokratien Westeuropas bei Döring 1995a, 2004, 2005. Bestandsaufnahme dieser komplexen, aber für die Verabschiedung von Policy hochwirksamen Verfahrensregeln – siehe dazu auch unten Punkt 7 – für alle osteuropäischen Demokratien bei Stecker 2007.

Tabelle 2: Institutionelle Variation in parlamentarischen Systemen

Land	Mitwirkung Staatsoberhaupt bei Regierungsbildung	Investiturabstimmung	Vertrauensfrage	Misstrauensvotum	Parlamentsauflösung Staatsoberhaupt	Parlamentsauflösung Regierungschef Kabinett	Parlamentsauflösung Parlament	Kompatibilität Amt und Mandat
Belgien	keine aktive Rolle	einfache Mehrheit	absolute Mehrheit	absolute Mehrheit	formale Zustimmung	Vorschlag	nein	ja
Dänemark	keine aktive Rolle	nein	einfache Mehrheit	einfache Mehrheit	formale Zustimmung	ja	nein	ja
Deutschland	keine aktive Rolle	absolute Mehrheit	absolute Mehrheit	absolute Mehrheit	Zustimmung	Vorschlag	nein	ja
Estland	aktive Rolle	ja	einfache Mehrheit	absolute Mehrheit	Zustimmung	ja	nein	nein
Finnland	keine aktive Rolle	nein	einfache Mehrheit	einfache Mehrheit	Zustimmung	Vorschlag	nein	ja
Griechenland	keine aktive Rolle	einfache Mehrheit	absolute Mehrheit	absolute Mehrheit	Zustimmung	Vorschlag	nein	ja
Irland	keine aktive Rolle	einfache Mehrheit	einfache Mehrheit	einfache Mehrheit	Eigener Vorschlag und Zustimmung	Vorschlag	nein	ja
Italien	aktive Rolle	einfache Mehrheit	einfache Mehrheit	einfache Mehrheit	ja	nein	nein	ja
Lettland	aktive Rolle	ja	KA	einfache Mehrheit	ja (eingeschränkt)	nein	nein	ja
Luxemburg	keine aktive Rolle	einfache Mehrheit	einfache Mehrheit	einfache Mehrheit	nein	Vorschlag	nein	ja

- Fortsetzung Tabelle 2 -

Land	Mitwirkung Staatsoberhaupt bei Regierungsbildung	Investiturabstimmung	Vertrauensfrage	Misstrauensvotum	Parlamentsauflösung Staatsoberhaupt	Parlamentsauflösung Regierungschef Kabinett	Parlamentsauflösung Parlament	Kompatibilität Amt und Mandat
Malta	keine aktive Rolle	nein	einfache Mehrheit	absolute Mehrheit	Eigener Vorschlag (eingeschränkt) und Zustimmung	Vorschlag	nein	nein
Niederlande	aktive Rolle	nein	einfache Mehrheit	einfache Mehrheit	nein	Vorschlag	nein	nein
Norwegen	keine aktive Rolle	nein	einfache Mehrheit	einfache Mehrheit	nein	nein	nein	nein
Schweden	keine aktive Rolle	"negative" absolute Mehrheit	einfache Mehrheit	absolute Mehrheit	nein	ja	nein	nein
Slowenien	aktive Rolle	einfache Mehrheit	absolute Mehrheit	absolute Mehrheit	ja (eingeschränkt)	nein	nein	nein
Spanien	aktive Rolle	absolute Mehrheit	einfache Mehrheit	absolute Mehrheit	nein	ja	nein	ja
Tschechische Republik	aktive Rolle	absolute Mehrheit	absolute Mehrheit	absolute Mehrheit	ja	nein	nein	ja
Vereinigtes Königreich	keine aktive Rolle	nein	einfache Mehrheit	einfache Mehrheit	formale Zustimmung	ja	nein	ja

Quellen: Gallagher et al. 2006; De Winter 1995; eigene Recherchen; siehe auch: http://www.europa-digital.de/laender/ und http://www.bpb.de/themen/BTUW8G,0,0,Verfassung.html.

6 Semi-präsidentielle Systeme

6.1 Institutionelle Variation in semi-präsidentiellen Systemen

Welche institutionelle Vielfalt zeigen nun semi-präsidentielle Systeme? Tabelle 3 zeigt eine Reihe von Variablen, die das Verhältnis von Präsident, Premier und Parlament beeinflussen. Drei Fragen spielen für die Bestimmung dieses Verhältnisses eine zentrale Rolle: Kann der Präsident eine Regierung ins Amt bringen? Kann er sie wieder entlassen? Kann er ihre Gesetze mit einem Veto stoppen?

Kann ein Präsident die Rolle des Formateurs übernehmen, hat er die Möglichkeit, seine Präferenzen bei der Regierungsbildung einzubringen. Dies ist vor allem dann der Fall, wenn Wahlen keine klaren Mehrheiten erbracht haben. Der Präsident ist in einer solchen Situation in der Lage, eine Rolle als Vermittler zu übernehmen und eine Regierung in Amt und Würden zu setzen, die seinen Wünschen am ehesten entspricht. Der Handlungsspielraum des Präsidenten bei der Regierungsbildung kann jedoch eingeschränkt sein. Zwei Variablen steuern diesen Spielraum (Shugart 2005: 338).

Wenn keine Investiturabstimmung nach der Regierungsbildung benötigt wird oder lediglich eine einfache Mehrheit, kann der Präsident auch eine Minderheitsregierung vorschlagen, die im Parlament lediglich toleriert wird. Ist wie in Polen, Litauen und der Slowakei bei der Investiturabstimmung eine absolute Mehrheit der Abgeordneten erforderlich, kann er keine Minderheitsregierung mehr durchsetzen. Auch die Vertrauensfrage steuert den Freiraum des Präsidenten. Darf der Premier eine Vertrauensfrage ohne Beschränkung ansetzen, muss er also den Präsidenten oder das Kabinett nicht um Erlaubnis bitten, kann er innerhalb seiner Fraktionen eher ein geschlossenes Abstimmungsverhalten durchsetzen (Huber 1996b, Döring/Hönnige 2006). Zusammenfassend ist also zu sagen, dass der Einfluss des Präsidenten als Formateur sinkt, wenn eine Investiturabstimmung erforderlich ist und die Vertrauensfrage an keine besonderen Konditionen gebunden ist.

Ist ein Präsident in der Lage, die Regierung aus freien Stücken zu entlassen, besitzt er eine erhebliche Macht. Für Shugart und Carey (1992) ist die Frage nach der Entlassung des Premiers zusammen mit einer Beschränkung des Misstrauensvotums das Unterscheidungskriterium zwischen premier-präsidentiellen und präsidentiell-parlamentarischen Systemen. Kann der Präsident den Premier entlassen, handelt es sich um ein präsidentiell-parlamentarisches System. Innerhalb der Europäischen Union findet sich mit Österreich nur ein Land, das in diese Kategorie fällt. Das Misstrauensvotum unterliegt in keinem semi-präsidentiellen Land der EU Beschränkungen; üblicherweise erfordert es eine absolute Mehrheit der Abgeordneten, die der Regierung ihr Misstrauen ausspricht. Die zweite Möglichkeit für einen Präsidenten, eine ungeliebte Regierung aus dem Amt zu entfernen oder einer eigenen Mehrheit gute Wiederwahlchancen zu verschaffen, ist das Recht des Präsidenten, das Parlament aufzulösen und Neuwahlen anzuberaumen, wie es beispielsweise Jacques Chirac im Jahr 1997 versucht hat. Die Präsidenten Frankreichs, Portugals sowie Österreichs verfügen über dieses Recht. Interessant ist also, dass die formelle Regel der Entlassung des Premiers nur in den wenigsten Fällen zutrifft, diese Möglichkeit aber de facto vorhanden ist, wenn Premier und Präsident der gleichen Partei angehören.

Eine wichtige Ressource legislativer präsidentieller Macht ist die Möglichkeit, Gesetze der Regierung mit einem Veto zu stoppen. Diese Macht ist umso stärker, wenn das Veto nur durch eine übergroße Mehrheit im Parlament überstimmt werden kann. In einem solchen

Fall muss die Regierung nämlich entweder die Präferenzen des Präsidenten oder die von Oppositionsparteien bei der Gesetzgebung mitberücksichtigen. Dies ist in Polen der Fall. Ist eine Überstimmung des Vetos mit absoluter Mehrheit möglich, handelt es sich immer noch um eine gegenüber dem normalen parlamentarischen Betrieb erhöhte Hürde. Shugart (2005: 340) argumentiert, dass allein wegen der Vetomöglichkeit des Präsidenten Bulgarien überhaupt noch als semi-präsidentielles System zu werten ist.

Ein Blick auf die Institutionenübersicht in semi-präsidentiellen Systemen innerhalb der Europäischen Union zeigt, dass die institutionelle Vielfalt trotz einiger Variationen im Bereich der Vetomöglichkeiten und der vorzeitigen Parlamentsauflösung durch den Präsidenten eher begrenzt ist. In allen Systemen mit Ausnahme Österreichs übernimmt der Präsident die Rolle des Formateurs und kann den Premier nicht entlassen, zumindest nicht ohne das Parlament aufzulösen und seine Mehrheit dem Risiko einer Wahlniederlage auszusetzen.

Tabelle 3: Institutionelle Variation in semi-präsidentiellen Systemen

Land	Mitwirkung Präsident bei der Regierungsbildung	Vorschlag des Premier durch Präsident	Investiturabstimmung	Vertrauensfrage des Premiers	Entlassung Premier durch Präsident	Beschränkung des Misstrauensvotums	Parlamentsauflösung durch Präsident	Präsidentielles Veto und Überstimmung	Kompatibilität Amt und Mandat
Bulgarien	aktive Rolle	nein	absolute Mehrheit	ja	nein	nein	nein	ja (50%+1)	nein
Frankreich	aktive Rolle	ja	keine	ja	nein	nein	ja	nein	nein
Litauen	aktive Rolle	ja	einfache Mehrheit	nein	nein	nein	nein	ja (50%+1)	ja
Polen	aktive Rolle	ja	absolute Mehrheit	ja	nein	nein	nein	ja (60%)	ja
Portugal	aktive Rolle	ja	negative absolute Mehrheit	ja	nein	nein	ja	ja (50% +1)	nein
Rumänien	aktive Rolle	ja	einfache Mehrheit	ja	nein	nein	nein	nein	ja
Slowakei	aktive Rolle	ja	absolute Mehrheit	ja	ja	nein	nein	nein	nein
Österreich	keine aktive Rolle	ja	keine	nein	nein	nein	ja	nein	ja

Quellen: Shugart 2005; Gallagher et al. 2006; De Winter 1995, eigene Recherchen; siehe auch:http://www.europa-digital.de/laender/; http://www.bpb.de/themen/BTUW8G,0,0,Verfassung.html.

6.2 Verhaltensvariationen in semi-präsidentiellen Systemen

Wenn aus institutioneller Sicht semi-präsidentielle Systeme eher ähnlich ausgeprägt sind, also keine so große institutionelle Vielfalt wie parlamentarische Systeme aufweisen, zeigen sie doch erhebliche Unterschiede im beobachtbaren Verhaltensmuster der Akteure (Elgie 1999b). Duverger (1980) unterscheidet dabei zwischen Ländern mit mächtigen Präsidenten, Ländern mit Präsidenten, die trotz Machtfülle eine eher repräsentative Funktion einnehmen sowie Ländern, in denen die Macht zwischen Premier und Präsident aufgeteilt ist.

Diese Verhaltensmuster können nicht nur über verschiedene Länder hinweg variieren, sondern sich auch über die Zeit hinweg verändern, wie sich sowohl bei den etablierten westeuropäischen, als auch bei den neuen semi-präsidentiellen Demokratien in Mittel- und Osteuropa zeigt. Es finden sich drei Verhaltensvarianten: Länder, die eine dominante Form der Führung durch Präsident oder Premier aufweisen, Länder, die von einer dominanten Form zu einer anderen wechseln, sowie Länder, die kein klares Verhaltensmuster zeigen, sondern in denen die Machtverteilung zwischen Premier und Präsident alterniert.

Doch woraus resultiert diese Variation im Verhalten der politischen Akteure? Die Literatur diskutiert eine ganze Reihe von Gründen, die partiell exogen zum formellen institutionellen System sind (z. B. Linz 1994; Protsyk 2005). Der Minimalkonsens der Diskussion ist, dass der formelle Einfluss der Akteure, die Ereignisse bei der Verfassungsentstehung, das Verhältnis zwischen Präsident und Parlamentsmehrheit sowie die Stabilität der Parlamentsmehrheit eine Rolle spielen (Elgie 1999a: 15).

Die durch die Verfassung zugewiesenen Einflussmöglichkeiten bestimmen das Verhaltensgleichgewicht innerhalb eines politischen Systems zu einem erheblichen Maß. Im vorhergehenden Abschnitt wurde deutlich, dass im nicht-legislativen Bereich unterschiedliche Spielregeln existieren und den Akteuren unterschiedliche Chancen bieten. Die Einflussmöglichkeiten im Bereich der Gesetzgebung unterscheiden sich innerhalb der Gruppe ebenso wie im Bereich der Vetorechte, der Dekretgesetzgebung und der Möglichkeit, ein Referendum anzuberaumen (Roper 2002: 258f.). So hat der österreichische Präsident weder die Macht, Dekretgesetze zu erlassen, noch kann er ein Referendum ansetzen oder ein Veto gegen Parlamentsgesetze einlegen, während der polnische Präsident effektiv mit seinem Veto drohen kann, dieses wegen der erforderlichen Dreifünftel-Mehrheit nur schwer zu überstimmen ist und er zudem Dekretgesetze erlassen kann.

Die Wahl eines semi-präsidentiellen Systems kann historisch aus verschiedenen Gründen erfolgt sein: Zum ersten mag die Wahl aus symbolischen Gründen auf ein semi-präsidentielles System gefallen sein. In diesem Fall sollte man eher einen schwachen Präsidenten finden, wie beispielsweise in Österreich. Zum zweiten kann die Wahl eines semi-präsidentiellen Systems nach dem Kollaps eines parlamentarischen Systems erfolgt sein, wie beispielsweise in Frankreich. In einer solchen Situation sollte man eher einen starken Präsidenten erwarten. Drittens kann in der Transitionsphase zur Demokratie ein semi-präsidentielles System gewählt worden sein, weil sich die Akteure nicht über die Machtverteilung einigen konnten oder unterschiedliche Erwartungen an die ersten Wahlen setzen, wie beispielsweise in Polen.

Die Rolle des Verhältnisses von Präsident und Parlamentsmehrheit wird am französischen Fall am deutlichsten. Ist er Mitglied der Mehrheitspartei oder gar deren Führer, ist seine Macht quasi unumschränkt, ist er mit einer Kohabitation konfrontiert, ist der Einflussbereich des Präsidenten auf die Domaine reservée beschränkt (Elgie 1999a: 15ff.).

Bei den westeuropäischen Staaten weist Österreich traditionell eine Machtverteilung zugunsten des Bundeskanzlers und zulasten des Bundespräsidenten auf. Der Grund dafür ist am ehesten in der Gründungsphase der Republik zu suchen, als ein machtloser Präsident als Ersatzmonarch für den 1918 abgesetzten Kaiser als Kompromiss zwischen Sozialdemokraten und Christsozialen installiert wurde (Müller 1999: 23). Positional gesehen hat der Präsident den Nachteil, dass er zwar weitgehende Befugnisse wie beispielsweise das Recht zur Parlamentsauflösung und zur Entlassung der Regierung hat, aber damit nur schwerlich in das Tagesgeschäft eingreifen kann, zumal das Parlament auch eine starke Fraktionsdisziplin aufweist (Müller 1999: 45f.). Finnland und Portugal stellen deshalb interessante Fälle dar, da beide Länder sich von einem präsidial dominierten System hin zu einem vom Premier dominierten System entwickelt haben (Elgie 1999b: 286). Am deutlichsten ist dies bei Finnland. Von 1940 bis 1987 war das semi-präsidentielle System sehr stark durch den Präsidenten dominiert. Eine Reihe von Verfassungsreformen in den neunziger Jahren nahm dem Präsident die Möglichkeit, das Parlament ohne die Zustimmung des Premiers aufzulösen, Neuwahlen anzusetzen und einen Premier zu entlassen, der das Vertrauen des Parlamentes genießt (Arter 1999: 61). Mit der Verfassungsreform im Jahr 2000 wurde zudem noch das Monopol des Präsidenten in der Außenpolitik gebrochen (Gawrich 2004). Finnland stellt somit heute im Prinzip ein parlamentarisches System dar, weshalb es in der Klassifikation in Tabelle 1 auch so geführt wird (Cheibub 2006).

Frankreich weist unter den westeuropäischen Ländern die größte Varianz im Zeitverlauf auf. Gehören Präsident und Premier der gleichen Partei an oder ist der Präsident gar Vorsitzender der Mehrheitspartei, reicht sein Einfluss weit über seine von der Verfassung zugewiesene Rolle hinaus. De facto setzt er den Premier ein und entlässt ihn nach Belieben. In Phasen der Kohabitation ist der Präsident auf die Domane reservée der Außen- und Sicherheitspolitik beschränkt (Elgie 1999c: 73, 83). Obwohl er in den Phasen der Kohabitation die Politik des Premiers durch Klagen vor dem Conseil constitutionnel obstruieren könnte, macht er davon keinen Gebrauch und es kommt zu einem vergleichsweise friedlichen Nebeneinander.

In Mittel- und Osteuropa ist mit der Ausnahme von Bulgarien bisher kein dominantes Muster erkennbar. In Bulgarien geht die Machtverteilung zwischen Staatspräsident und Premierminister klar zugunsten des Premiers (Ganev 1999: 146). Angesichts des fehlenden Rechtes des Staatspräsidenten, den Premier vorzuschlagen, ist der Unterschied zu parlamentarischen Systemen kaum noch sichtbar (Shugart 2005: 338). In den anderen Staaten mit semi-präsidentiellem System hat sich noch kein klares Verhaltensmuster herausgebildet. Dies betrifft Litauen, Polen und Rumänien. Hier führt die Überlappung von exekutiven Kompetenzen zu einem dauerhaften Konflikt zwischen Staatspräsident und Premierminister, der von Fall zu Fall neu ausgetragen wird. So wird in Polen im Fall einer Kohabitation von Seiten des Präsidenten systematisch der Konflikt mit der Regierung gesucht (Protsyk 2005: 136, 151). Dieses Verhaltenmuster zeigt sich nicht nur in Polen, sondern auch in anderen Ländern mit einem semi-präsidentiellen System unter Bedingungen der Kohabitation. Die Wahrscheinlichkeit eines Konfliktes steigt bei Präsidenten, die mit Minderheitsregierungen konfrontiert sind (Protsyk 2005: 151).

Mit Ausnahme Frankreichs haben die semi-präsidentiellen Systeme Westeuropas also zunehmend einen sehr dominanten parlamentarischen Charakter, während in Mittel- und Osteuropa die Machtverteilung zwischen den beiden Komponenten der Exekutive noch nicht abschließend geklärt ist.

7 Chancen und Grenzen für Policymaking im Spannungsdreieck von Parlament, Regierung und Staatsoberhaupt

Eine der Aufgaben der Komparatistik ist es, das scheinbar unübersichtliche Chaos vielfältigster Formen nach wenigen zentralen Dimensionen zu ordnen. Anders als bei der Ordnung der Pflanzen nach Linné bleiben aber die interessanteren Beiträge nicht dabei stehen, die Kästchen der Klassifikation zu füllen. Sie wollen – allerdings nur mit dem Anspruch, Wahrscheinlichkeit anzugeben – mögliche Auswirkungen von Regierungsformen auf Chancen und Schranken der Verwirklichung von Policies ermitteln. In diesem Sinne gab und gibt es im Anschluss an die zugespitzten Thesen von Juan Linz eine lebhafte Debatte über die Gefahren des Präsidentialismus und die Vorzüge des Parlamentarismus[6].

Linz' (1990) These, dass parlamentarische Systeme stabiler sind als präsidentielle, ist statistisch kritisiert und zurückgewiesen worden (vgl. den Literaturüberblick bei Thibaut 1996 und zuletzt Cheibub 2006). Die internationale vergleichende Forschung hat gezeigt, dass die Auswirkungen von Regierungsformen in großem Maße vom Format des Parteiensystems und den politischen Zielen eher „rechter" oder „linker" Parteien abhängen (z. B. Shugart/ Mainwaring 1997; Schmidt 1999; Skach 2005). Der Prototyp des Westminster Parlamentarismus wird dysfunktional und gefährlich bei Existenz zahlreicher zersplitterter Parteien in Staatsgebilden, die nach Religionen, Regionen, Sprachen oder ethnischen Zugehörigkeiten zerklüftet sind. Das Parteiensystem wird seinerseits stark beeinflusst durch das jeweilige Wahlsystem eines Landes. Das Wahlsystem wiederum entfaltet unterschiedliche Wirkungen je nach der Zahl und der Intensität der sozio-politischen Konfliktlinien eines Staates.

Will man diese Vielfalt der Wechselbeziehungen zwischen Wahlrecht, Parteiensystem, Parlament, Staatsoberhaupt und Regierung systematisch ordnen, führen uns andere typologische Ansätze weiter (Lijphart 1984, 1999; Ganghof 2005a; Tsebelis 2002). Sie ermöglichen auch einige Aussagen über wahrscheinliche – aber keinesfalls deterministische – Zusammenhänge zwischen institutionellen Formen und Verfahren und Chancen und Grenzen von Policymaking. Gleichzeitig mit der von uns oben vorgestellten berühmten, aber etwas hinkenden einfachen Vierfeldertafel einer kategorialen Abgrenzung parlamentarischer und präsidentieller Systeme wandte sich Lijphart der viel anspruchsvolleren Typologisierung politischer Systeme anhand des „mehr oder minder häufigen" bzw. „mehr oder minder ausgeprägten" Auftretens struktureller Merkmale von Mehrheitsmacht und Vetokräften in den Demokratien der Gegenwart zu. Lijphart (1984, 1999) zeigte mit einer Faktorenanalyse der Art der Verteilung und Interkorrelation von zehn Strukturmerkmalen über die Demokratien der Gegenwart hinweg, dass es möglich ist, die Variationsvielfalt der Demokratien nach einer „Exekutive-Parteien-Dimension" und einer „Föderalismus-Unitarismus-Dimension" zu ordnen. Auf der „Exekutive-Parteien-Dimension" bilden die *Mehrheitsdemokratie* und die *Konsensusdemokratie* zwei einander entgegengesetzte typologische Extreme.

Diese durch das Studium der multivariaten Art der Verteilung von zehn Strukturmerkmalen ermittelte Typologie (Darstellung und Kritik bei Schmidt 2000: 338ff.) umgreift

---

[6] Linz 1990 dafür und dagegen Horowitz 1990; die Positionen und Argumente dieser Kontroverse werden zusammengefasst bei Shugart/Carey 1992: 28ff., Kapitel „criticisms of presidentialism and response"; Thibaut 1996: 45ff., Kapitel „Die Kritik am präsidentiellen System: theoretische und methodische Aspekte".

sowohl parlamentarische wie auch präsidentielle Systeme. Sie ist ein wichtiger Schritt auf dem Wege, deren starke gruppeninterne Unterschiede auch typologisch nicht nur kategorial, sondern in abgestufter Skalierung zu erfassen. Parlamentarische Systeme können nun ebenso wie präsidentielle Systeme differenzierter als bisher danach beurteilt werden, ob sie stärker „mehrheitsdemokratisch" strukturiert sind wie z. B. das Vereinigte Königreich oder stärker „konsensusdemokratisch" wie z. B. Belgien, die Niederlande oder Dänemark. So weiterführend diese innovative Differenzierung Lijpharts in Bezug auf die Bildung der „Regierungsmehrheit" auch ist, so sehr bleibt sie doch in Bezug auf die Arbeitsweise der „Gesetzgebungsmehrheit" lückenhaft (vgl. zum Unterschied von Regierungsmehrheit und Gesetzgebungsmehrheit Steffani 1991).

In einer scharfsinnigen typologischen Neuerung wies Ganghof darauf hin, dass die parlamentarischen Demokratien der Gegenwart nur dann zureichend typologisch erfasst werden können, wenn man sie nach zwei unabhängig voneinander variierenden Dimensionen betrachtet: im Hinblick auf die Proportionalität/Disproportionalität des Wahlsystems einerseits und (quasi-)legislativer Vetopunkte bzw. Geltung des Mehrheitsprinzip im Gesetzgebungsprozess andererseits (Ganghof 2005a). Ein Beispiel erläutert diese analytische Trennung am besten. „Das Standardbeispiel des Konsensmodells der Demokratie ist die Schweiz (...). In der Tat gibt es dort eine dauerhafte Vier-Parteien-Koalition. Es besteht jedoch weitergehender Konsens in der politikwissenschaftlichen Literatur, dass die eigentliche Basis dieses Kabinettstyps in einer Reihe von Quasi-Minderheitenvetos im Gesetzgebungsprozess liegt: in der starken Zweiten Kammer, im dezentralisierten Föderalismus und in der Referendumsinitiative. Selbst wenn sich in der Schweiz deshalb ein Wechsel zu einem 'gouvernementalen Mehrheitsprinzip' (minimale Gewinnkoalitionen) vollzöge, würde sich an den Machtverhältnissen wenig ändern. *Im Gesetzgebungsprozess* müsste nach wie vor nach breitem Konsens gesucht werden, um den legislativen Status quo sicher und dauerhaft zu verändern" (Ganghof 2005b: 17f.). Der springende Punkt ist also die Tatsache, dass institutionelle Strukturen geradezu konträre verhaltensprägende Anreize oder Zwänge setzen können. Analytisch muss daher zwischen Strukturen einerseits und von ihnen induziertem Verhalten andererseits unterschieden werden, wogegen Lijphart diese beiden analytisch zu trennenden Dimensionen in seiner Faktorenanalyse zusammenwirft.

Lijphart erhebt den Anspruch, das unterschiedliche Leistungsprofil von „Mehrheitsdemokratien" und „Konsensusdemokratien" im Hinblick auf die Bereitstellung von Policies durch Korrelation der „mehrheits-" oder „konsensdemokratischen" Faktorwerte der einzelnen Länder mit Durchschnittswerten (Aggregatdaten) von politischen Ergebnissen über längere Zeiträume hinweg (z. B. Inflationsrate, Arbeitslosigkeit) bestimmen zu können (Lijphart 1994, 1999; Crepaz 1996). Manfred Schmidt führte acht schlagende Gründe gegen die von ihm als „bahnbrechend" gelobte Studie von Lijphart dafür an, dass es „keineswegs ausgemacht" sei, „dass die unterschiedlichen Leistungsprofile ihre Ursachen in der Konsensus- bzw. der Mehrheitsdemokratie haben" (Schmidt 2000: 346). Denn Lijphart habe z. B. „sehr reiche und arme Demokratien zusammengewürfelt. Die Mehrzahl der ärmeren Demokratien aber liegt näher bei den Mehrheits- als den Konsensusdemokratien. Weil ärmere Länder aber meist ein geringeres politisches Leistungsprofil als reichere Staaten haben, schlägt ihr Entwicklungsstand zum Nachteil (...) zu Buche" (Schmidt 2000: 348).

Das Verhältnis zwischen Parlament und Regierung bleibt in Lijpharts Variable „Exekutivdominanz" merkwürdig unterkomplex und unterbelichtet. In einem Kunstgriff operationalisiert er nämlich die Macht der Regierung über das Parlament, durch die – sage und schreibe – einzige Ersatzvariable (*proxy variable*) der „durchschnittlichen Lebensdauer von Kabinetten pro Land in Monaten im gesamten Untersuchungszeitraum 1945-1999" (vgl. Schmidt 2000: 34). Tsebelis (2002: 91ff.) kritisierte mit konkreten Beispielen die manchmal absurden Konsequenzen dieser Entscheidung. Dörings Index der Agendakontrolle (1995b) bietet eine valide Alternative zu Lijpharts Messung der Exekutivdominanz. Parlamente haben unterschiedliche Geschäftsordnungsregeln gefunden, um die Stabilität der Regierung auf Kosten möglicher Antrags-, Abstimmungs- und Mitwirkungsrechte der einfachen Abgeordneten, die oft Sonderinteressen von sie entsendenden Interessengruppen vertreten, sowie der Oppositionspartei(en) zu erhalten. Damit tragen sie einem Zielkonflikt Rechnung zwischen – auf der einen Seite – dem Recht der Regierung, ungehindert durch Obstruktion der parlamentarischen Opposition ihr den Wählern versprochenes Programm im Laufe einer Legislaturperiode umzusetzen und – auf der anderen Seite – dem Recht der parlamentarischen Opposition, auch dann jederzeit gehört zu werden, wenn ihre Anträge eine Verzögerung des Gesetzgebungsprogramms der Regierung bedeuten würden.

Diese Vorrechte der Regierung über das Parlament existieren in den parlamentarischen Demokratien in unterschiedlichem Ausmaß. In einem alle Staaten Westeuropas umfassenden internationalen Verbundprojekt hat Döring (1995b) diese Regeln zur Setzung der Zeitplanagenda und der Abstimmungsagenda des Parlaments durch die Regierung in Abstimmung mit Länderexperten erhoben. Diese Regeln variieren in westeuropäischen Parlamenten zwischen einem Verfahrensmonopol der Regierung (z. B. Frankreich und Großbritannien) und großer Parlamentsautonomie (z. B. Niederlande). Wie können solche Regeln angebbare Auswirkungen auf eine wahrscheinlich verfolgte Policy besitzen? Darauf gibt die Vetospielertheorie von Tsebelis eine theoretisch fundierte und auch mehrfach empirisch unterlegte modelltheoretische Antwort.

Wenn hier von der Vetospielertheorie George Tsebelis´ die Rede ist, dann ist damit keineswegs gemeint, das man alle möglichen Institutionen eines Landes „mit Einfluss" zu „Vetospielern" umetikettieren dürfte. Bei diesem Ansatz von Tsebelis zählen a) die Zahl der Akteure mit wirklicher Vetobefugnis, b) die vorhandene oder fehlende Befugnis eines Vetospielers, kraft Geschäftsordnung einen „Alles-oder-Nichts-Vorschlag" (*take it or leave it proposal*) machen zu dürfen (Befugnis der Agendasetzung), der für die Mehrheit der Spieler gleichwohl eine akzeptable Policy bedeutet, und c) die Distanz der Policypräferenzen zwischen den an einer Entscheidung über Policy mitwirkenden Vetospielern.

Auch in einer solchen Konfiguration der an einer Policy beteiligten Vetospieler wird die zu einfache kategoriale Unterscheidung zwischen „parlamentarischem" und „präsidentiellen" System überholt durch die Analyse der Vetospieler im Spannungsdreieck von Parlament, Regierung und Opposition. In einem einleuchtenden Vergleich zwischen dem – in der traditionellen Politikwissenschaft – zweifelsfrei präsidentiellen System der USA und dem im Gegensatz dazu ebenso zweifelsfrei parlamentarischen System Italiens zeigte Tsebelis, dass Italien und die USA sich in der Konfiguration ihrer vielen Vetospieler und ihrer Befugnisse ähnlich sind (Tsebelis 2002: 4f. mit Schaubild I.2).

So wird zur Beantwortung der Frage nach den Chancen und Grenzen von Policymaking im Verhältnis von Exekutive, Legislative und Staatsoberhaupt die Unterscheidung zwischen präsidentiellen und parlamentarischen Systemen eher irrelevant. Worauf es in der Vetospielertheorie von Tsebelis ankommt, ist dagegen a) die Zahl der mit wirklichen Vetos ausgestatteten Akteure bei der Gesetzgebung, b) ihre verfahrensrechtliche Macht zur Formulierung von nicht abänderbaren Abstimmungsvorschlägen im Gesetzgebungsprozess

(d. h. Agendasetzung), und c) die Distanz ihrer Policy-Präferenzen. Was im konkreten Gesetzgebungsprozess damit gemeint ist, kann mit wenigen Beispielen verdeutlicht werden.

In Bezug auf Punkt a) – die Zahl der wirklich über ein Veto verfügenden Akteure – verfügen z. B. Unternehmerverbände und Gewerkschaften zwar manchmal über erheblichen Einfluss, der die Regierung sogar zur Rücknahme oder Änderung einer Policy veranlassen kann, aber sie haben kein Veto, wenn eine Regierung – wie etwa die von Thatcher in Großbritannien – eisern zum Handeln entschlossen ist. Ferner ist eine starke Zweite Kammer – wie etwa der Bundesrat in Deutschland – nicht immer ein Vetospieler. Sie besitzt ein nicht überstimmbares Veto im Sinne dieser Vetospielertheorie nur bei Zustimmungsgesetzen, aber nicht bei Einspruchsgesetzen.

In Bezug auf Punkt b) – die Agendasetzung – ist keineswegs die Beeinflussung der öffentlichen Meinung gemeint, die uns gleich in den Sinn kommt, wenn landläufig vom *Agenda setting* die Rede ist. Vielmehr handelt es sich in Tsebelis' Modellvorstellung um einen in der wirklichen Politik sehr oft praktizierten, aber in der moralisch-pädagogischen Politikwissenschaft selten klar erkannten Kunstgriff der Politik. Diese von Vollblutpolikern beherrschte Kunst besteht darin, einen *unabänderlichen Abstimmungsvorschlag* ganz nahe am eigenen Zielpunkt eines Agenda setzenden Akteurs zu machen, der sich indessen eben gerade noch an der Grenze des für die Mehrheit der übrigen Spieler Akzeptierbaren befindet. Ein solches agendasetzendes Privileg besteht z. B. darin, einen Kompromissvorschlag machen zu dürfen, der nur *als Ganzes* angenommen oder abgelehnt werden kann. Lehnen die übrigen Spieler ab, stünden sie alle schlechter da, weil es dann zu überhaupt keiner Policyveränderung käme und der ungeliebte Status quo beibehalten würde.

Im politischen System der Bundesrepublik Deutschland besitzt nur der Vermittlungsausschuss von Bundestag und Bundesrat dieses Recht, einen abschließenden Gesetzesvorschlag zu machen, der von Bundestag und Bundesrat *nur als Ganzes* angenommen oder abgelehnt werden kann. In zahlreichen anderen Demokratien der Gegenwart sind solche Regeln aber weitverbreitet. Dies gilt sowohl für die Abstimmungsinhalte (Döring 2005 nennt dies die *Abstimmungsagenda*) als auch die Setzung des Zeitpunkts der Abstimmung (*Zeitplanagenda*). Für die westeuropäischen Demokratien sind durch Döring (1995b) differenzierte Daten über die Regelwerke der Abstimmungs- und Zeitplanagenda erhoben worden und von ihm selbst und von Tsebelis in mehreren Westeuropa vergleichenden empirischen Analysen verwendet worden (Döring 1995c, 1995d, 2004; Tsebelis 1999, 2004).

Diese Geschäftsordnungsregeln zur Kontrolle des Zeitplans und der Abstimmungsinhalte und -reihenfolge des Parlaments durch die Regierung stehen in parlamentarischen Demokratien in einem umgekehrt proportionalen Verhältnis zur durchschnittlichen Anzahl der Parteien an der Regierung. Tsebelis zeigte in seinem hier nicht näher zu erläuternden formalen Modell, warum die eben beschriebenen Vorzüge des Agenda setzenden Privilegs eines Akteurs logischerweise umso stärker schwinden müssen, je mehr Vetospieler für das rechtlich bindende Zustandekommen einer Entscheidung erforderlich sind. Diese Logik des Modells wurde durch die empirischen Bestandsaufnahmen des multinationalen Projektverbundes "Parliaments and Majority Rule in Western Europe" (Döring 1995a) bestätigt: Staaten mit häufigen Ein-Partei-Regierungen (wozu logischerweise auch Minderheitsregierungen gehören können) besitzen in den Geschäftsordnungen ihrer Parlamente mehr Befugnisse zur Agendakontrolle als solche mit häufigen Koalitionsregierungen aus vielen Parteien. In zersplitterten Vielparteiensystemen mit Koalitionsparlamentarismus bilden stattdessen ausgefeilte und besonders lange und zeitraubend vorbereitete Koalitionsverträge einen

Ersatz für die geschäftsordnungsmäßige Agendakontrolle des Parlaments durch die Regierung (De Winter 1995: 142ff. mit Schaubild 4.1).

In Bezug auf Punkt c) – die Distanz zwischen den Policypräferenzen der an der Entscheidung beteiligten Akteure im Besitz eines „wirklichen" Vetos – gibt es einen wichtigen springenden Punkt: Obwohl viele Vetospieler in aller Regel eine Entscheidung eher erschweren, wird diese hemmende Macht der Zahl der Spieler aufgehoben, wenn ihre Präferenzen nahe beieinander liegen. Das modisch gewordene, aber oberflächliche Gerede über die Zahl der Vetospieler in einem Lande zeigt sich gegenüber dieser zentralen Erkenntnis ignorant. Auch ohne in die Modellbildung einzusteigen, kann man sich die Interaktion zwischen Zahl der Entscheider mit Veto und der Distanz oder Nähe ihrer Präferenzen an einem sinnfälligen Beispiel verdeutlichen. Nehmen wir einmal an, fünf Studierende müssten sich beim geplanten Besuch eines Kinofilms auf eine einzige gemeinsam zu kaufende Eintrittskarte einigen. Dann ist die Entscheidung schwierig, wenn der eine einen Liebesfilm, der andere einen Dokumentarfilm, der dritte einen Sportfilm, der vierte einen Actionfilm und nur der fünfte den wieder einmal im Studentenkino gezeigten Archivfilm „Casablanca" sehen möchte. Einfacher wäre es, wenn alle fünf oder zumindest drei der fünf eine Präferenz für den Ingrid Bergman-Humphrey Bogart-Klassiker „Casablanca" hätten. Die Zahl der Spieler mit Vetorecht, deren Zustimmung für eine Entscheidung unabdingbar ist, spielt also bei Diskrepanz und Distanz der Präferenzen eine große Rolle und schwindet bei Angleichung ihrer Präferenzen.

Unabhängig davon, ob ein Staat „parlamentarisch" oder „präsidentiell" oder „semipräsidentiell" ist, können Staaten je nach ihrer Ausstattung mit Vetospielern also dann wahrscheinlich keine innovative, den Status quo wirklich verändernde Politik durchführen, wenn a) zahlreiche Vetospieler existieren, b) Möglichkeiten zur „Blockierung" von Abänderungsanträgen durch Agendasetzung fehlen und c) die Distanzen zwischen den Präferenzen der Spieler groß sind. Tsebelis wies in einer Aggregatdatenanalyse der durchschnittlichen Zahl von wirklich wichtigen, den Status quo verändernden Gesetzen pro Land in Bezug auf die Reformen von verkrustetem Arbeitsmarkt und inflexiblen Arbeitszeitvorschriften nach den Ölpreisschocks von 1974 und 1979 nach, dass Staaten mit vielen Vetospielern und großer Distanz der Präferenzen in der Arbeitsmarktpolitik – ungeachtet des einhelligen Wunsches aller Staaten nach tiefgreifenden Reformen zur Behebung wirtschaftlicher Stagflation – viel weniger wichtige, den Status quo durch Reform wirklich verändernde Gesetze zuwege brachten (Tsebelis 1999, 2004).

Döring zeigte mit einem Datensatz der individuell für jedes Gesetz vercodeten parlamentarischen Behandlung von 650 Gesetzesvorlagen, dass die Möglichkeit zur Auferlegung von Abstimmungsbeschränkungen – vor allem das Verbot des „Draufsattelns" durch Änderungsanträge zu Gesetzesvorlagen der Regierung bei der Schlussabstimmung im Plenum – mit signifikant kompakteren, mehrere Materien in einer Gesetzesvorlage integrierender Gesetzgebung einhergeht (Döring 2004: 163)[7]. Zum gleichen Ergebnis gelangte Huber für die Gesetzgebung der Französischen Nationalversammlung, für die er nachwies, dass Gesetzesvorlagen, über die Abstimmungsbeschränkungen verhängt worden waren, in der Regel mehrere Materien kompakt integrierten (Huber 1996a: 82ff.).

---

[7] Dieser Datensatz steht zum Download zur Verfügung auf http://uni-potsdam.de/u/ls_vergleich/Publikationen/Datensatz/sppl_dataset.sav).

Politische Entscheidungen in Wirtschafts-, Sozial- und Steuerangelegenheiten neigen nicht immer, aber dennoch sehr oft dazu, mit minimaler Mehrheit den Nutzen, d. h. die „Rente", für eine möglichst kleine Gruppe zu steigern und die Kosten möglichst breit auf alle übrigen zu verteilen (Olson 1982). Solche punktuellen Sondervergünstigungen für gut organisierte kleine Gruppen auf Kosten der schlecht organisierten übrigen Betroffenen lassen sich u. a. durch Sonder- und Ausnahmeregeln mittels Zusatzartikeln und Abänderungsanträgen vor der Schlussabstimmung über eine Gesetzesvorlage erreichen. Eine *Abstimmungsagenda*, die ein Gesetz nur *als Ganzes* anzunehmen oder abzulehnen erlaubt, kann diesem Spiel der „Verteilungskoalitionen" (Olson 1982) zulasten der Allgemeinheit entgegenwirken.

Im Vorfeld der Gesetzesberatung kann überdies eine Einbindung widersprüchlicher Interessen in eine Paketlösung Olsons Theorie kollektiven Handelns zufolge „Inklusivität" heterogener Interessen in einer „umfassenden" (*encompassing*) Organisation erzeugen. Allerdings ist Olsons Definition der möglichst „umfassenden" Organisation von Parteien und Verbänden dahingehend zu präzisieren, dass nicht die schiere Zahl der unter einem Dach integrierten Interessen, sondern die Divergenz der zu integrierenden heterogenen Interessen entscheidend ist (vgl. die diesbezügliche Kritik an Olson durch Jankowski 1988). Als eine solche „umfassende" (*encompassing*) Organisation im Sinne Olsons lässt sich auch die aus den wichtigsten Parteien eines Staates bestehende Vielparteienkoalition einer sogenannten Konsensusdemokratie im Sinne Lijpharts auffassen. Darauf haben mehrere Forscher hingewiesen, die den Zusammenhang zwischen Regierungsform und Staatstätigkeit mit prüfbaren Daten international vergleichend untersuchten (Schmidt 2000: 515; Crepaz 1996). So lassen sich – ungeachtet ihrer Nachteile in der zeitlichen Verzögerung rascher Entscheidungen – die wirtschaftspolitischen Vorteile der „Konsensusdemokratien" mit der Logik kollektiven Handelns verständlich machen.

Mit der skizzierten Logik kollektiven Handelns von Olson ist auch die folgende für den Zusammenhang zwischen Regierungsform und Wirtschaftspolitik bedeutsame international vergleichende Beobachtung erklärbar. Ronald Rogowski (1987) wies im Vergleich der OECD-Länder für die 1970er Jahre nach: Je stärker die Volkswirtschaft eines Landes durchschnittlich vom Welthandel abhängig war, desto stärker proportional war in diesen politischen Systemen das Wahlsystem. Warum keine relative Mehrheitswahl in vom Welthandel stark abhängigen Ländern? Meist möchten einige Wirtschaftsbranchen den freien Handel durch Schutzzölle gegenüber ausländischer Konkurrenz einschränken. Für Staaten, die stark vom Welthandel abhängig sind, wären solche Schutzzölle verheerend, weil sie Vergeltungsmaßnahmen anderer Handelsnationen und einen Wirtschaftskrieg nach sich ziehen würden. Daher optieren diese am stärksten vom Welthandel abhängigen und durch Schutzzölle verwundbaren Staaten eher für ein möglichst proportionales Wahlrecht mit möglichst großen Wahlkreisen, um so am ehesten dem protektionistischen Druck von Gegnern des Freihandels widerstehen zu können.

Nun wirkt Mehrheitswahl bekanntlich umso majoritärer, desto stärker sie Abgeordnete aus Einer-Wahlkreisen mit den meisten Stimmen – aber nicht notwendigerweise der absoluten Mehrheit – ins Parlament entsendet. In solchen Einer-Wahlkreisen, in denen die „Politik der Extrawürste" (*pork barrel politics*) eines Abgeordneten für Belange seines Wahlkreises besonders sichtbar und persönlich zurechenbar wird, steigt die Neigung der Volksvertreter zu für den Wahlkreis nützlichen, aber meist für die gesamte Volkswirtschaftlich schädlichen *pork barrel politics* der „Extrawürste", z. B. durch Subventionen für dort konzentrierte defizitäre Industrien (Lancaster/Patterson 1990). Dagegen mindert eine Verhältniswahl nur mit vielen Mandaten aus einem Wahlkreis, die in kleineren oder größeren Wahlkreisen funktioniert, diesen Anreiz umso mehr, je mehr Abgeordnete aus einem Wahlkreis ins Parlament entsandt werden, weil dann die persönliche Zurechenbarkeit der durch die Abgeordneten verschafften Sondervergünstigungen stärker schwindet – bis hin zu den Fällen, in welchen – wie in den Niederlanden – das ganze Land einen einzigen Wahlkreis bildet.

Diese Logik der nur auf die einzelnen Wahlkreise und ihre Abgeordneten bezogenen Sondervergünstigungen der Extrawürste (*pork barrel politics*) griffe aber zu kurz, wenn man sie ausschließlich auf die regionale Ebene der Wahlkreise beziehen würde. Denn die auf Sondervergünstigen bedachten Interessengruppen können sich an die Ministerien wenden. Dann hilft nur eine „umfassende" Kabinettsorganisation divergierender Interessen im eben charakterisierten Sinne Olsons. Eine solche Inklusivität wird allerdings Ganghofs Analysen zufolge nicht bereits durch die wahlrechtsbedingte Vielparteienregierung im Sinne von Lijpharts Exekutive-Parteien-Dimension erzielt. Vielmehr ist dazu der Konsenszwang auf Ganghofs zweiter Dimension, den verfahrensrechtlich verankerten Vetopositionen im Gesetzesgebungsverfahren, erforderlich.

So sind für die Erzeugung einer „umfassenden" Koalition unter Vermeidung der Majorisierung von Partnern weder das Wahlrecht noch die Zahl der Koalitionsparteien (d. h. die Anzahl der Vetospieler auf Kabinettsebene laut Tsebelis), sondern in erster Linie die Vetomöglichkeiten im Gesetzgebungsverfahren einerseits und die Vorrechte von Regierungen zur Setzung unabänderlicher Abstimmungsvorschläge unter Integration divergierender Interessen zu einem kompakten Paket andererseits entscheidend. Leider sind die für das Verständnis von Parlament und Regierungen entscheidenden Dimensionen bisher noch nicht – auch nicht durch den Sammelband von Kraatz und von Steinsdorff (2002) – auf Mittel- und Osteuropa übertragen worden. Eine Bestandsaufnahme dieser komplexen, aber für die Verabschiedung von Policies hochwirksamen Verfahrensregeln wird jetzt für alle osteuropäische Demokratien durch Stecker (2007) unternommen.

8 Zusammenfassung und Ausblick

Wir haben zunächst die gebräuchlichen Typologien parlamentarischer und präsidentieller Systeme vorgestellt. Zuvor haben wir gezeigt, dass die drei üblicherweise genannten Prototypen „Parlamentarismus", „Präsidentialismus" und „Semi-Präsidentialismus" (alias „Parlamentarismus mit Präsidialhegemonie" alias „Premier-Präsidentialismus" alias „präsidentiell-parlamentarisches Regierungssystem" alias wandlungsfähiges „Chamäleon") zwar etablierte Kästchen der Komparatistik darstellen, aber dennoch keineswegs mit der Absicht der Bildung eines Typus entstanden sind. Ihre Entstehung hat sich vielmehr im „mental fog of practical experience" (Sartori 1976: 18) vollzogen. Sie gingen – von den Akteuren *nicht* antizipiert – aus einer Reihe von zufälligen Kompromissen aus Verfassungskämpfen hervor. Dieser Vorspann sollte das Verständnis dafür schärfen, dass nicht nur die Verfassung der EU im unsicheren Fluss und in der Schwebe ist, sondern dass auch die von der Politikwissenschaft unserer Großväter für so unverbrüchlich gültig gehaltenen Typologien bereits lange etablierter Systeme ebenso in der Schwebe waren und teilweise immer noch sind.

Die gebräuchlichen Typologien des Verhältnisses von Parlament, Regierung und Staatsoberhaupt *preisen die Schüler allerorten* (Goethe, Faust I, Studierzimmer II, 2. Hälfte).

Parlament, Regierung, Staatsoberhaupt

Doch wir konnten an den Ecken und Kanten – d. h. an den merkwürdigen Ausnahmen und Anomalien dieser Typologien – zeigen, dass die nach dem Buchstaben der Verfassung rein parlamentarischen Systeme im Einzelfall durchaus stärker präsidentiell als parlamentarisch gelebt werden können und *vice versa*. Solche Typologien sind gleichwohl unverzichtbar, weil es eine Aufgabe der Komparatistik ist, die auf den ersten Blick scheinbar chaotische und verwirrende Vielfalt der Formen und Verfahrensweisen nach wenigen zentralen Dimensionen zu ordnen.

Diese von uns vorgestellten Dimensionen bildeten sodann das Raster für den Aufbau der synoptischen Tabellen 2 und 3. In ihnen haben wir diejenigen Strukturmerkmale registriert, die in allen 27 EU-Staaten – diesen Typologien zufolge – die Beziehungen von Parlament, Regierung und Staatsoberhaupt kennzeichnen. Diese Typologien bestehen aus jeweils nur zwei Dimensionen. Sie sind dichotom, was heißt, dass sie alle Staaten mit einem Entweder-Oder-Verfahren danach klassifizieren, ob das entsprechende Merkmal vorhanden ist oder nicht und dann den Staat dementsprechend einem der beiden Kästchen zuordnen. Die jüngere Forschung hat aber zunehmend dazu geraten, von solchen dichotomen Klassifikationen abzuweichen und zu multivariaten Klassifikationen überzugehen, die nicht auf der Basis sich gegenseitig ausschließender Kategorien beruhen, sondern auf der Grundlage skalierter Rangfolge von „mehr oder weniger" Vorhandensein eines Merkmals.

Im Bestreben, simples „Kästchendenken" so vieler immer mehr veröffentlichter Leitfäden zur vergleichenden Politikwissenschaft ein wenig zu überwinden, haben wir im Mittelteil des Beitrags alle Spalten der Tabellen nach dem Prinzip „mehr oder weniger" starke Ausprägung eines für Parlamentarismus oder Präsidentialismus zentralen Strukturmerkmals kommentiert. Vielleicht werden wir damit der Ermahnung eines listigen Kenners wissenschaftlicher Verfahrensweisen besser gerecht: *Dann hat er die Teile in seiner Hand, Fehlt, leider! nur das geistige Band* (Goethe, Faust I, Studierzimmer II, 2. Hälfte).

Dieses „geistige Band" kann wohl eher nicht durch pädagogische Appelle an den Zeitgeist in Festansprachen geknüpft werden, sondern in multivariaten Korrelations- und Regressionsanalysen über das Ausmaß der „erklärten Varianz" zentraler Hypothesen über den Zusammenhang zwischen Regierungsform und wahrscheinlichen Policies. Damit kann indessen immer nur ein Bruchteil der Realität statistisch erklärt werden, aber diese Entdeckungen dringen durch Infragestellung des *conventional wisdom* tief in die Struktur der Realität ein.

In diesem Sinne fragten wir im letzten Punkt des Beitrags nach möglichen Auswirkungen parlamentarischer, präsidentieller und semi-präsidentieller Regierungsformen auf die Chancen und Grenzen von politischer Gestaltung. Dabei musste die griffige These von den „Gefahren des Präsidentialismus" und den „Tugenden des Parlamentarismus" noch einmal zurückgewiesen werden. Zuletzt zeigte Cheibub (2006) mit einem Datensatz, der alle Demokratien zwischen 1946 und 2002 umfasst, dass der Zusammenbruch der Demokratie in präsidentiellen Systemen mit einer gewissen Wahrscheinlichkeit darauf zurückzuführen ist, dass die USA unter den etablierten Demokratien vor 1989 der weltweit einzige Fall einer stabilen präsidentiellen Demokratie waren und ansonsten präsidentielle Systeme in solchen Ländern scheiterten, in denen nach Lage unseres systematisch-theoretischen und empirisch überprüfbaren Wissens keine Regierungsform eine Chance demokratischen Überlebens gehabt hätte.

Damit wird auch die Frage, ob die EU sich eher zu einem präsidentiellen System (Volkswahl des Kommissionspräsidenten) oder zu einem parlamentarischen System entwickeln könne und solle, auf eine neue Diskussionsgrundlage gestellt. Wichtiger als die Volkswahl erscheint dabei – dies ist das Ergebnis des letzten Abschnittes – das Studium der Auswirkungen von Vetopunkten im Gesetzgebungsverfahren einerseits und von Vorrechten der Regierungen zur Setzung unabänderlicher Abstimmungsvorschläge andererseits. Forscher könnten sich die Chance zunutze machen, dass die 27 Staaten der EU eine komparatistische Grundgesamtheit zur Entwicklung und Prüfung von intelligenten Hypothesen zum Zusammenhang von Institutionen und Policy bilden. Der letzte Abschnitt sollte mit seinen Verweisen auf Argumente und Literatur auch einen Einstieg dazu bieten.

Literatur

Arter, David, 1999: Finland, in: Elgie, Robert (Hrsg.), Semi-Presidentialism in Europe. Oxford, 48-66.
Bagehot, Walter, 1971: Die englische Verfassung, in: Streifthau, Klaus (Hrsg.), Die englische Verfassung. Deutsche Übersetzung und eingeleitet von Klaus Streifthau. Originalausgabe 1867. Neuwied/Berlin.
Beyme, Klaus von, 1999: Die parlamentarische Demokratie. Entstehung und Funktionsweise 1789-1999. 3., völlig neubearbeitete Auflage. Opladen.
Bogdanor, Vernon, 1995: The Monarchy and the Constitution. Oxford.
Cheibub, José A., 2006: Presidentialism, Parliamentarism, and Democracy. Oxford.
Crepaz, Markus M. L., 1996: Consensus versus Majoritarian Democracy. Political Institutions and their Impact on Macroeconomic Performance and Industrial Disputes, in: Comparative Political Studies 29 (1), 4-26.
de Winter, Lieven, 1995: The Role of Parliament in Government Formation and Resignation, in: Döring, Herbert (Hrsg.), Parliaments and Majority Rule in Western Europe. Frankfurt/New York, 115-151.
Döring, Herbert, 1981: Skeptische Anmerkungen zur deutschen Rezeption des englischen Parlamentarismus 1917/18, in: Albertin, Lothar/Link, Werner (Hrsg.), Politische Parteien auf dem Weg zur parlamentarischen Demokratie in Deutschland. Düsseldorf, 127-146.
Döring, Herbert, 1992: Parlament und Regierung, in: Gabriel, Oskar W. (Hrsg.), Die EG-Staaten im Vergleich. Strukturen, Prozesse, Politikinhalte. Opladen, 334-356.
Döring, Herbert, 1993: Großbritannien: Regierung, Gesellschaft und politische Kultur. Opladen.
Döring, Herbert (Hrsg), 1995a: Parliaments and Majority Rule in Western Europe. Frankfurt/New York.
Döring, Herbert, 1995b: Time as a Scarce Resource: Government Control of the Agenda, in: Döring, Herbert (Hrsg.), Parliaments and Majority Rule in Western Europe. Frankfurt/New York, 223-247.
Döring, Herbert, 1995c: Fewer Though Presumably more Conflictual Bills: Parliamentary Government Acting as Monopolist, in: Döring, Herbert (Hrsg.), Parliaments and Majority Rule in Western Europe. Frankfurt/New York, 593-600.
Döring, Herbert, 1995d: Is Government Control of the Agenda Likely to Keep „Legislative Inflation" at Bay?, in: Döring, Herbert (Hrsg.), Parliaments and Majority Rule in Western Europe. Frankfurt/New York, 654-687.
Döring, Herbert, 1997: Parlamentarismus, Präsidentialismus und Staatstätigkeit, in: WeltTrends. Zeitschrift für internationale Politik und vergleichende Studien 5 (16), 143-170.

Döring, Herbert, 2004: Controversy, Time Constraint, and Restrictive Rules, in: Döring, Herbert/Hallerberg, Mark (Hrsg.), Patterns of Parliamentary Behavior. Passage of Legislation across Western Europe. London, 141-168.

Döring, Herbert, 2005: Worauf gründet sich die Agenda-Setzer-Macht der Regierung? Theoretische und vergleichende Perspektiven auf den deutschen Fall, in: Ganghof, Steffen/Manow, Philip (Hrsg.), Mechanismen der Politik. Strategische Interaktionen im deutschen Regierungssystem. Frankfurt/New York, 109-148.

Döring, Herbert, 2008: Britischer Parlamentarismus um 1900 zwischen Krisenbewusstsein und Bewunderung, in: Dahlmann, Dittmar/Trees, Pascal (Hrsg.), Von Duma zu Duma. Hundert Jahre russischer Parlamentarismus. Stuttgart. (im Erscheinen).

Döring, Herbert/Hönnige, Christoph, 2006: Vote of Confidence Procedure and Gesetzgebungsnotstand: Two Tooth- and Clawless German Tigers of Governmental Agenda Control, in: German Politics 16 (1), 1-27.

Duverger, Maurice, 1980: A New Political System Model: Semi-Presidential Government, in: European Journal of Political Research 8 (2), 165-187.

Elgie, Robert, 1999a: The Politics of Semi-Presidentialism, in: Elgie, Robert (Hrsg.), Semi-Presidentialism in Europe. Oxford, 1-22.

Elgie, Robert, 1999b: Semi-Presidentialism and Comparative Institutional Engeneering, in: Elgie, Robert (Hrsg.), Semi-Presidentialism in Europe. Oxford, 281-300.

Elgie, Robert, 1999c: France, in: Elgie, Robert (Hrsg.), Semi-Presidentialism in Europe. Oxford, 67-85.

Gallagher, Michael/Laver, Michael/Mair, Peter, 2006: Representative Government in Modern Europe. Boston.

Ganev, Venelin I., 1999: Bulgaria, in: Elgie, Robert (Hrsg.), Semi-Presidentialism in Europe. Oxford, 124-149.

Ganghof, Steffen, 2005a: Normative Modelle, institutionelle Typen und beobachtbare Verhaltensmuster: Ein Vorschlag zum Vergleich parlamentarischer Demokratien, in: Politische Vierteljahresschrift 46 (3), 406-431.

Ganghof, Steffen, 2005b: Politische Gleichheit und echte Mehrheitsdemokratie. Über die normativen Grundlagen institutioneller Arrangements, in: Zeitschrift für Politikwissenschaft 15 (3), 741-763.

Gawrich, Andrea, 2004: Finnland – Musterknabe der EU?, in: Aus Politik und Zeitgeschichte B 47, 16-22.

Geddes, Barbara, 1996: Initiation of New Democratic Institutions in Eastern Europe and Latin America, in: Lijphart, Arend/Waisman, Carlos H. (Hrsg.), Institutional Design in New Democracies. Oxford, 15-41.

Hartmann, Jürgen, 2000: Westliche Regierungssysteme: Parlamentarismus, präsidentielles und semi-präsidentielles Regierungssystem. Opladen.

Hazan, Reuven Y., 1996: Presidential Parliamentarism: Direct Popular Election of the Prime Minister, Israel´s New Electoral and Political System, in: Electoral Studies 15 (1), 21-37.

Horowitz, Donald L., 1990: Comparing Democratic Systems, in: Journal of Democracy 1 (4), 73-79.

Huber, John D., 1996a: Rationalizing Parliament. Legislative Institutions and Party Politics in France. Cambridge.

Huber, John D., 1996b: The Vote of Confidence in Parliamentary Democracies, in: American Political Science Review 90, 269-282.

Jankowski, Richard, 1988: Preference Aggregation in Political Parties and Interest Groups: A Synthesis of Corporatist and Encompassing Organization Theory, in: American Journal of Political Science 32 (1), 105-125.
Kempf, Udo, 1997: Von de Gaulle bis Chirac. Das politische System Frankreichs. Opladen.
Kimmel, Adolf, 1983: Die Nationalversammlung in der V. französischen Republik. Köln.
Kraatz, Susanne/Steinsdorff, Silvia von (Hrsg.), 2002: Parlamente und Systemtransformation im postsozialistischen Europa. Opladen.
Kropp, Sabine/Schüttemeyer, Suzanne S./Sturm, Roland (Hrsg.), 2002: Koalitionen in West- und Osteuropa. Oder: zur Bedeutung funktionierender Parteisysteme für die Demokratie. Opladen.
Lancaster, Thomas D./Patterson, William D.,1990: Comparative Pork Barrel Politics. Perceptions from the German Bundestag, in: Comparative Political Studies 22 (4), 458-477.
Lijphart, Arend, 1984: Democracies. Patterns of Majoritarian and Consensus Government in Twenty-One Countries. New Haven/London.
Lijphart, Arend, 1992: Democratization and Constitutional Choices in Czecho-Slovakia, Hungary and Poland, in: Journal of Theoretical Politics 4 (2), 207-223.
Lijphart, Arend, 1994: Democracies: Forms, Performance and Constitutional Engineering, in: European Journal of Political Research 25, 1-17.
Lijphart, Arend, 1999: Patterns of Democracy. Government Forms and Performance in Thirty-Six Countries. New Haven/London.
Linz, Juan J., 1990: The Perils of Presidentialism, in: Journal of Democracy 1 (1), 51-69.
Linz, Juan J., 1994: Presidential or Parliamentary Democracy: Does it Make a Difference?, in: Linz, Juan J./Valenzuela, Arturo (Hrsg.), The Failure of Presidential Democracy. Baltimore, 3-87.
Low, Sidney, 1904: The Governance of England. London.
Merkel, Wolfgang/Sandschneider, Eberhard/Segert, Dieter (Hrsg.), 1996: Systemwechsel 2. Die Institutionalisierung der Demokratie. Opladen.
Müller, Wolfgang C., 1999: Austria, in: Elgie, Robert (Hrsg.), Semi-Presidentialism in Europe. Oxford, 22-47.
Müller, Wolfgang C./Strøm, Kaare (Hrsg.), 1997: Koalitionsregierungen in Westeuropa. Bildung, Arbeitsweise und Beendigung. Wien.
Olson, Mancur, 1982: The Rise and Decline of Nations. Economic Growth, Stagflation, and Social Rigidities. New Haven/London.
Patzelt, Werner J., 2006: Parlamentsauflösung im internationalen Vergleich, in: Zeitschrift für Staats- und Europawissenschaften 4 (1), 120-141.
Protsyk, Oleh, 2005: Politics of Intraexecutive Conflict in Semipresidental Regimes in Eastern Europe, in: East European Politics and Societes 19 (2), 135-160.
Reif, Karlheinz, 1987: Party Government in the Fifth French Republic, in: Katz, Richard S. (Hrsg.), Party Governments: European and American Experiences. Berlin/New York, 27-77.
Rogowski, Ronald, 1987: Trade and the Variety of Democratic Institutions, in: International Organization 41 (2), 203-223.
Roper, Steven D., 2002: Are all Semipresidential Regimes the Same? A Comparison of Premier-Presidential Regimes, in: Comparative Politics 34 (3), 253-272.
Sartori, Giovanni, 1976: Parties and Party Systems. A Framework for Analysis. Cambridge.
Schmidt, Manfred G., 1999: Die Herausforderungen demokratischer Politik: Zum Leistungsprofil von Demokratien in vergleichender Perspektive, in: Greven, Michael T./Schmalz-Bruns, Rainer (Hrsg.), Politische Theorie – heute. Ansätze und Perspektiven. Baden-Baden, 275-292.

Schmidt, Manfred G., 2000: Demokratietheorien. Eine Einführung. Opladen.
Shepsle, Kenneth A./Bonchek, Mark S., 1997: Analyzing Politics. Rationality, Behavior, and Institutions. New York/London.
Shugart, Matthew S., 2005: Semi-Presidential Systems: Dual Executive And Mixed Authority Patterns, in: French Politics 3 (3), 323-351.
Shugart, Matthew S./Carey, John M., 1992: Presidents and Assemblies. Constitutional Design and Electoral Dynamics. Cambridge.
Shugart, Matthew S./Mainwaring, Scott (Hrsg.), 1997: Presidentialism and Democracy in Latin America. Cambridge.
Sieberer, Ulrich, 2006: Party Unity in Parliamentary Democracies. A Comparative Analysis, in: Journal of Legislative Studies 12 (2), 150-178.
Skach, Cindy, 2005: Borrowing Constitutional Designs: Constitutional Law in Weimar Germany and the French Fifth Republic. Princeton.
Stecker, Christian, 2007: Agenda Control in Eastern Europe. A Comparative Overview. Unveröffentlichtes Manuskript, Universität Potsdam.
Steffani, Winfried, 1979: Parlamentarische und präsidentielle Demokratie: Strukturelle Aspekte westlicher Demokratien. Opladen.
Steffani, Winfried (Hrsg.), 1991: Regierungsmehrheit und Opposition in den Staaten der EG. Opladen.
Steffani, Winfried, 1996: Parlamentarisch-präsidentielle „Mischsysteme"? Bemerkungen zum Stand der Forschung in der Politikwissenschaft, in: Luchterhand, Otto (Hrsg.), Neue Regierungssysteme in Osteuropa und der GUS. Probleme der Ausbildung stabiler Machtinstitutionen. Berlin, 11-62.
Steinsdorff, Silvia von, 1995: Die Verfassungsgenese der Zweiten Russischen und der Fünften Französischen Republik im Vergleich, in: Zeitschrift für Parlamentsfragen 26 (3), 486-504.
Strøm, Kaare, 1990: Minority Government and Majority Rule. Cambridge.
Strøm, Kaare, 2004: Parliamentary Democracy and Delegation, in: Strøm, Kaare/Müller, Wolfgang/Bergmann, Torbjörn (Hrsg.), Delegation and Accountability in Parliamentary Democracies. Oxford, 55-108.
Thibaut, Bernhard, 1996: Präsidentialismus und Demokratie in Lateinamerika. Argentinien, Brasilien, Chile und Uruguay im historischen Vergleich. Opladen.
Tsebelis, George, 1999: Veto Players and Law Production in Parliamentary Democracies: An Empirical Analysis, in: American Political Science Review 93 (3), 591-608.
Tsebelis, George, 2002: Veto Players: How Political Institutions Work. New York.
Tsebelis, George, 2004: Veto Players and Law Production, in: Döring, Herbert/Hallerberg, Mark (Hrsg.), Patterns of Parliamentary Behavior. Passage of Legislation across Western Europe. London, 169-200.
Williams, Philip, 1971: Parliament under the Fifth French Republic: Patterns of Executive Domination, in: Loewenberg, Gerhard (Hrsg.), Modern Parliaments: Change or Decline? Chicago, 97-110.
Zervakis, Peter A., 2004: Die politischen Systeme Zyperns, in: Ismayr, Wolfgang (Hrsg.), Die politischen Systeme Osteuropas. Opladen, 887-942.

Suzanne S. Schüttemeyer und Sven T. Siefken

Parlamente in der EU: Gesetzgebung und Repräsentation

1 Parlamente in der Kritik

Parlamente stehen ständig unter Druck. Schon in ihrer Entstehung sind Paradoxien angelegt, in ihrer Entwicklungsgeschichte haben sich mancherlei Spannungsverhältnisse aufgetan, und spätestens seit sie im demokratisierten Parlamentarismus des 20. Jahrhunderts in (West-)Europa zum Kernstück der politischen Willensbildung und Entscheidung wurden, sind sie wie keine andere Institution höchst unterschiedlichen, teilweise widersprüchlichen Erwartungen ausgesetzt. Die Parlamente selbst haben variantenreich darauf reagiert, immer aber an ihrem Anspruch festgehalten, unhintergehbare Letztinstanzen der demokratischen Legitimation allgemeinverbindlichen politischen Handelns zu sein.

Dabei ist die Behauptung, Parlamente hätten einen Funktionsverlust erlitten, immer wieder – in öffentlichen wie in wissenschaftlichen Diskussionen – erhoben worden. Schon seitdem sich das vermeintlich „goldene Zeitalter" des Parlamentarismus, also seine bürgerlich-liberale, noch nicht durch allgemeines, freies und gleiches Wahlrecht demokratisierte Erscheinungsform, in der zweiten Hälfte des 19. Jahrhunderts dem Ende zuneigte, wurden Strukturdefekte und Leistungsdefizite ausgemacht. Gleichwohl schien es zu Parlamenten keine Alternative zu geben, und bei Systemumbrüchen, etwa nach dem Zweiten Weltkrieg in Westdeutschland oder nach 1989/90 in Osteuropa, galt der erste Ruf wie selbstverständlich freien Wahlen, um Parlamente als – offenbar so empfundene – Kernstücke demokratischer Verfassungsstaaten zu bestellen.

Dieser Siegeszug der Institution und ihre unbestreitbaren Leistungen in den westlichen Demokratien in der zweiten Hälfte des 20. Jahrhunderts bewahrte sie nicht davor, erneut in fundamentale Kritik zu geraten. Die seit einiger Zeit prominent diskutierte These von der Entparlamentarisierung ist eine aktualisierte Variante der Behauptung vom Funktionsverlust der Parlamente[1]. Danach mangele es ihnen an Sachverstand, um den immer komplizierter gewordenen Materien und der gesteigerten gesellschaftlichen Interessenvielfalt gerecht zu werden. Zudem entzögen die fortschreitenden Prozesse der Europäischen Integration und Globalisierung den auf der territorialen Repräsentation des Nationalstaates gegründeten Parlamenten zunehmend die Substanz. Vor allem die Regierungen und ihre Ministerialbürokratien, aber auch Experten und Interessenvertreter oder Politiknetzwerke dominierten die Entscheidungsprozesse, in denen die Abgeordneten selten mehr als Statisten seien.

Um zu prüfen, ob diese neuerliche Niedergangsthese für die Parlamente Europas stichhaltig ist, bedarf es eines analytischen Rasters ihrer Aufgaben. Solche Raster stehen in Form von Funktionskatalogen zur Verfügung.

---

[1] Vgl. etwa Andersen/Burns 1996; Benz 1998; Kropp 2003; Crouch 2004; Schüttemeyer 2007; aus staatsrechtlicher Sicht siehe besonders Kirchhof 2001; Papier 2003; Bogdandy 2005.

2 Parlamentsfunktionen: Theoretische und normative Begründungen

Kataloge von Parlamentsfunktionen sind darauf angelegt, auf der Basis aktueller, historischer und vergleichender Analysen der Institutionenpraxis sowie unter Berücksichtigung von Rechtsnormen, ideengeschichtlichen Zusammenhängen und theoretisch-normativen Erwägungen möglichst lückenlos die Aufgaben von Parlamenten zu erfassen.

Der Katalog, der am stärksten die modernen Funktionsbestimmungen beeinflusste, ist von Walter Bagehot in seiner Analyse des britischen House of Commons 1867 vorgelegt worden. Er unterschied die „elective", „expressive", „teaching", „informing" und „legislative function" (Bagehot 1981: 150ff.). Auch auf John Stuart Mills eher normativ-deduktive Bestimmung „Of the Proper Functions of Representative Bodies" aus dem Jahre 1861 wird noch heute Bezug genommen, allerdings deutlich seltener als auf Bagehot. Dies dürfte im Wesentlichen daran liegen, dass Mill Parlamente für grundsätzlich ungeeignet hielt, Gesetze zu machen (Mill 1968: 228ff.). Die große Mitgliederzahl lasse die Übernahme legislativer Aufgaben nicht zu; die Beratungs- und Abstimmungsformen repräsentativer Körperschaften stünden zudem der Notwendigkeit präziser, langfristiger und miteinander verbundener Problemlösungen entgegen. Auch Bagehot nannte die Gesetzgebungsfunktion als letzte und sah sie insbesondere im Vergleich zur Regierungsbildung und -unterstützung als nachrangig an; er eliminierte sie aber nicht aus seinem Katalog und konnte sich sogar Phasen vorstellen, in denen sie wichtiger werde als die anderen Aufgaben des Parlaments.

Ebenfalls im Unterschied zu Mill fehlt bei Bagehot die ausdrückliche Erwähnung der Kontrollfunktion. Diese lässt sich zwar eindeutig aus seinen Ausführungen über die „elective function" ableiten, die nicht nur die Wahl der Regierung als einmaligen Akt, sondern mit dem darin eingeschlossenen Recht ihrer Abwahl sachlogisch die Kontrolle der Exekutive beinhaltet. Damit ist aber nur die interne Dimension, also die Überwachung der Regierung innerhalb der dem parlamentarischen Regierungssystem eigenen Handlungseinheit von Parlamentsmehrheit und Kabinett, erfasst, nicht jedoch die in der Regel öffentlich stattfindende Interorgankontrolle, also die Kontrolle der Exekutive seitens der Legislative als Ganzes, oder die Kontrolle der Regierung durch die Opposition. Indirekt kann Bagehots „informing function" dahingehend interpretiert werden: „To lay grievances and complaints before the nation" bedeutet in der politischen Praxis häufig, Versäumnisse der Regierenden zu benennen, zu kritisieren und Abhilfe anzumahnen. Direkt ging es bei Bagehot aber nicht um diesen Aspekt. Vielmehr betonte er in diesem Kontext die Nation – als den neuen Souverän – im Gegensatz zur Krone, der gegenüber das Parlament in früheren Jahrhunderten repräsentiert hatte; so rückte er seine „informing function" in die Nähe der „teaching function" und damit – modern formuliert – die Kommunikation des Parlaments mit den Wählern in den Vordergrund.

Diese auf die Öffentlichkeit bezogenen Funktionen prägen Mills Verständnis vom Parlament noch deutlich stärker: „I know not how a representative assembly can more usefully employ itself than in talk." Neben der Aufgabe, „the nation's Committee of Grievances and its Congress of Opinions" zu sein, wies Mill, anders als Bagehot, dem Parlament ausdrücklich die Kontrollfunktion zu: „The proper office of a representative assembly is to watch and control the government." Diese Aufgabe verstand er aber ganz im Sinne einer Frontstellung von Parlament und Regierung, denn er fuhr umgehend fort: „to throw the light of publicity on its acts; to compel a full exposition and justification of all of them which any one considers questionable; to censure them if found condemnable" (Mill 1968: 239). Auch die Abwahl der Regierung gehörte für ihn zum parlamentarischen Kontrollinstrumentarium. Aber während Bagehot analytisch hellsichtig die Parteien als Essenz des House of Commons, als „bone of its bone, and breath of its breath" beschrieb und die Mehrheit als Träger der Regierungsgewalt (Bagehot 1981: 158), hielt Mill Parlamente zum Regieren für „radically unfit" und betonte: „There is a radical distinction between controlling the business of government and actually doing it." (Mill 1968: 229f.)

Mills Sichtweise mutet heute (wieder) modern an angesichts von Klagen über sachlich überforderte, auf Wahlperioden fixierte, zu nachhaltigen Entscheidungen unfähige Parlamente. In den letzten einhundertfünfzig Jahren wie gegenwärtig bleibt es aber Faktum und konstitutionelle Norm – zunächst in den bürgerlich-liberalen, später in den demokratisierten politischen Systemen –, dass deren Parlamente in irgendeiner Form an der Gesetzgebung beteiligt sind. Nie haben sie sich in der politischen Praxis der westlichen Demokratien darauf beschränken lassen, ohne ihr Zutun zustande gekommene Entscheidungen gleichsam nur noch notariell mit den Weihen demokratischer Legitimation zu versehen. Dieses Zutun geschieht in verschiedenen parlamentarischen Rollen, zum Beispiel als Mehrheit oder Opposition, und auf verschiedene Weise, etwa als öffentliche Darstellung, Begründung und Kritik von Politik oder als effektive Mitwirkung an der inhaltlichen Abfassung von Gesetzen.

Moderne Kataloge enthalten daher neben der Wahl und Rekrutierung (insbesondere der Regierung) die Gesetzgebungs- ebenso wie die Öffentlichkeits- und Kontrollfunktion. Konnten so auch Parlamente im 19. Jahrhundert theoretisch angemessen erfasst werden, bedeutete die Wandlung der politischen Systeme zu Demokratien, dass als zentrale Voraussetzung beziehungsweise alles überwölbende Gesamtaufgabe des Parlaments demokratische Repräsentation hinzutreten musste: Erst die ständige Verbindung zwischen Parlament und Bürger, und zwar in beide Richtungen, erlaubt es, Legitimität politischer Herrschaft herzustellen.

Diese Verbindung ist als Kommunikationsfunktion bezeichnet worden, die „als komplexer Prozeß natürlich Artikulation und Repräsentation mit einschließt" (Oberreuter 1978: 46). Patzelt fächert sie auf in Vernetzungs-, Responsivitäts-, Darstellungs- sowie Führungsfunktion, sieht darin die „repräsentative Gesamtfunktion von Vertretungskörperschaften" (Patzelt 2003: 25) und mit Oberreuter als grundlegende Parlamentsaufgabe „Legitimation durch Kommunikation" (Oberreuter 1978: 49).

Während die Feingliederung von Repräsentation die analytische Kraft der Funktionskataloge überzeugend stärkt, greift die Bestimmung von Kommunikation als parlamentarischer Gesamtaufgabe zu kurz. Kommunikation wird von vielen Akteuren betrieben, Repräsentation hingegen unterscheidet das Parlament von allen anderen Interessenvertretungen – Repräsentation „verstanden im Sinne Ernst Fraenkels als das Recht und die Pflicht zur (auch für andere) verbindlichen Entscheidung – zwar im Namen des Volkes, aber doch oder gerade deswegen frei getroffen; Einzel- und Gruppeninteressen aufnehmend und doch oder gerade deswegen gemeinwohlorientiert und allgemeinverbindlich" (Schüttemeyer 1998: 23). Folglich sollte die Gesamtaufgabe des Parlaments als Legitimation durch (demokratische) Repräsentation beschrieben werden und Kommunikation als ein Mittel zur Verwirklichung dieser Repräsentation. Erstens umfasst Repräsentation nämlich parlamentarische Handlungen und Wirkungen, die von Kommunikation nur bei einer außerordentlich weiten Definition gedeckt würden. Zweitens werden so die auch schon vordemokratisch vorhandenen parlamentarischen Outputfunktionen wie Wahl, Gesetzgebung und Kontrolle demokratisch fundiert. Drittens wird das Augenmerk damit unmittelbarer auf die Effizienz- und Transparenzpostulate des demokratischen Parlamentarismus gelenkt. Und viertens wird die Besonderheit und Zentralität der Institution Parlament im Gemeinwesen unterstrichen.

Aus diesen Überlegungen ergibt sich ein analytisches Raster zur empirischen Erforschung von Parlamenten. Gleichzeitig wird damit normativ argumentiert: (1) Politisches Handeln, das den Ansprüchen von allgemeiner Geltung, Gemeinwohlverpflichtung und Problemadäquanz in einer hochkomplexen Gesellschaft genügen soll, kann nur durch Repräsentation, durch demokratisch rückgebundene, arbeitsteilig funktionierende Repräsentanten organisiert werden. Bislang gibt es keine (demokratie-)theoretisch überzeugende und praktikable prinzipielle Alternative zu Parlamenten, um die demokratische Legitimität einer politischen Ordnung herzustellen. (2) Aus dieser Grundannahme folgt, dass Parlamenten die ganze Bandbreite von Funktionen zugeschrieben werden muss. Weder dürfen sie präskriptiv auf die Aufgabe beschränkt werden, Interessenkonflikte und Entscheidungen öffentlich darzustellen, noch dürfen sie sich selbst zu weit von den Anforderungen der Responsivität und gesellschaftlichen Vernetzung entfernen. Ersteres findet sich in „post-parlamentarischen" Vorstellungen, die behaupten, Parlamente seien für die heute erforderlichen Verhandlungslösungen strukturell nicht geeignet, Parlamentarier in der Regel tatsächlich nicht gerüstet, um mit Regierungen, Bürokraten, Verbänden und Experten sachpolitisch mithalten zu können. Letzteres ist die häufig geübte öffentliche Kritik an der Praxis von Parlamenten und Abgeordneten; wenngleich diese in wissenschaftlichen Befunden nur selten Bestätigung findet, muss sie die Parlamente als Repräsentationsorgane zur ständigen Überprüfung ihrer Funktionsweise anhalten, damit längerfristig keine Legitimationsdefizite entstehen.

Es gibt also gute Gründe zu fragen, welche Funktionen Parlamente in Europa wie erfüllen.

3 Parlamente in der Praxis

Von den 27 Mitgliedstaaten der EU ist nur Zypern als präsidentielles Regierungssystem einzuordnen (Zervakis 2004: 892). Alle anderen sind parlamentarische Demokratien in dem Sinne, dass die Regierung aus dem Parlament hervorgeht, seines ausdrücklichen Vertrauens oder mindestens der Abwesenheit seines mehrheitlichen Misstrauens bedarf. Damit ist eine grundsätzliche Systemlogik beschrieben, die im Einzelfall – etwa durch Wahlmodus und Kompetenzausstattung von Präsidenten (oder auch Zweiten Kammern) – und je nach konkreten (partei-) politischen Konstellationen modifiziert werden kann. Ob damit ein neuer Systemtypus „Semi-Präsidentialismus" oder Mischformen präsidentiell-parlamentarischer oder parlamentarisch-präsidentieller Regierungssysteme entstanden sind, kann hier dahingestellt bleiben[2].

So stark die Systemlogik des Parlamentarismus die Erfüllung der Parlamentsfunktionen im Grundsatz prägt, so deutlich macht schon der Hinweis auf Stellung und Rechte anderer Verfassungsorgane, wie unterschiedlich die konkrete Praxis in den Ländern der EU ausfallen kann. Für eine tiefenscharfe Analyse der Parlamente wäre es also nötig, über Da-

---

[2] Zur grundsätzlichen Unterscheidung von Regierungssystemtypen vgl. Steffani 1979; Lijphart 1994; Duverger 1980; Shugart/Carey 1992; vgl. auch Döring/Hönnige in diesem Band.

ten und Fakten zu Strukturen, Verfahren und Aktivitäten der Parlamente und ihrer Mitglieder verfügen zu können; darüber hinaus müsste jedes politische System der EU-Mitgliedstaaten hinsichtlich weiterer relevanter Akteure im politischen Prozess betrachtet werden. Eine seriöse praxisnahe Beurteilung erforderte zudem, nicht nur formale und statistische Daten zu erheben, sondern auch informelle Prozesse und qualitative Faktoren zu untersuchen und zu bewerten[3]. Schon ersteres ist wegen der unterschiedlichen Entwicklungsstände und Traditionen parlamentseigener Dokumentation wie politikwissenschaftlicher Forschung in den Staaten der EU gegenwärtig nicht möglich. Die Erweiterung der EU auf 27 Mitglieder verstärkt diese Schwierigkeiten erheblich.

Für den vorliegenden Überblick bildeten neben der einschlägigen (deutschen) politikwissenschaftlichen Literatur[4] insbesondere die Onlineauftritte eine wichtige Grundlage; inzwischen haben die Parlamente aller 27 Mitgliedstaaten der Europäischen Union im Internet eigene Homepages eingerichtet. Die Internetadressen sind Abbildung 1 zu entnehmen; dabei ist zu beachten, dass 14 Parlamente nur eine Kammer haben und 13 bikameral strukturiert sind, wobei sich Kompetenzverteilung und Bestellmodus zwischen den Kammern stark unterscheiden[5]. Für die Zweikammersysteme wurden im Folgenden jeweils nur die in der Regel so genannten „Ersten" Kammern berücksichtigt, die direkt gewählt sind und als zentrale demokratische Legitimationsinstanz gelten[6]. Wie unterschiedlich das Verhältnis der beiden Häuser von den Parlamenten selbst eingeschätzt wird, kann schon auf den ersten Blick an ihren eigenen Präsentationen im Internet abgelesen werden: In einigen Ländern werden sie eng verknüpft als „ein Parlament" dargestellt (so zum Beispiel in Großbritannien), andernorts treten sie mit einer gemeinsamen Startseite auf (zum Beispiel in Belgien), teilweise bleiben sie auch vollständig separat (zum Beispiel in Frankreich).

In den Internetauftritten wird der Zugriff für die vergleichende Forschung dadurch erleichtert, dass (außer für Belgien und Luxemburg) Informationen auch auf Englisch angeboten werden; in der Regel enthalten diese aber nur eine Auswahl der originalsprachigen Darstellung. Überdies ist die Informationstiefe sehr verschieden – zumal in den hier vorrangig ausgewerteten englischsprachigen Versionen. Die dabei nur teilweise vorhandenen, oft eklektischen Statistiken zu parlamentarischen Vorgängen oder auch zur soziodemographischen Zusammensetzung der Parlamente zeigen den Nachholbedarf der meisten europäischen Volksvertretungen, wenn es darum geht, einer interessierten Öffentlichkeit und der wissenschaftlichen Forschung ein realitätsgerechtes Bild ihres Wirkens zu liefern.

Vor dem Hintergrund dieser Einschränkungen kann daher nur eine erste Gesamtschau vorgenommen werden, die als Anlass und Ansporn zu einer vertieften vergleichenden Beschäftigung mit den nationalen Parlamenten in der Europäischen Union dienen soll.

---

[3] Wie aufwändig die dafür zu leistende Feldforschung ist, zeigen die Beispiele für Deutschland, etwa Schwarzmeier 2001; Patzelt 1993; Oertzen 2006.

[4] Vgl. insbesondere die Beiträge in Ismayr 2004a, 2008a; Weidenfeld 2006.

[5] Vgl. Riescher et al. 2000; hier werden, dem politikwissenschaftlichen Sprachgebrauch folgend, auch jene Institutionen als „Zweite Kammern" bezeichnet, die nicht über mit den Ersten Kammern identische Kompetenzen verfügen.

[6] Unter den EU-Mitgliedsländern sind nur in Italien und Rumänien mit ihrem perfekten Bikameralismus die Senate in Bestellmodus und Kompetenzausstattung den Abgeordnetenhäusern gleichgestellt. Auch in Belgien, Polen, Spanien und Tschechien werden die Zweiten Kammern (ganz oder zum größten Teil) direkt gewählt, sind aber in ihren Kompetenzen eindeutig nachgeordnet.

Abbildung 1: Parlamente in der Europäischen Union

Land	Bezeichnung[1]	Internetadresse[2]
Belgien	Kamer / Chambre[1]	http://www.dekamer.be
Bulgarien	Narodno Sabranie	http://www.parliament.bg
Dänemark	Folketinget	http://www.folketinget.dk/
Deutschland	Deutscher Bundestag[1]	http://www.bundestag.de/
Estland	Riigikogu	http://www.riigikogu.ee
Finnland	Eduskunta	http://web.eduskunta.fi
Frankreich	Assemblée Nationale[1]	http://www.assemblee-nationale.fr
Griechenland	Vouli ton Ellinon	http://www.parliament.gr/
Großbritannien	House of Commons[1]	http://www.parliament.uk/
Irland	Dáil Éireann[1]	http://www.oireachtas.ie
Italien	Camera dei deputati[1]	http://www.camera.it/
Lettland	Saeima	http://www.saeima.lv/
Litauen	Seimas	http://www.lrs.lt/
Luxemburg	Chambre des Députés	http://www.chd.lu
Malta	Kamra Tad Deputati	http://www.parliament.gov.mt/
Niederlande	Twede Kamer der Staten-General[1]	http://www.tweedekamer.nl/
Österreich	Nationalrat[1]	http://www.parlinkom.gv.at/
Polen	Sejm[1]	http://www.sejm.gov.pl/
Portugal	Assembleia da República	http://www.parlamento.pt/
Rumänien	Camera Deputatilor[1]	http://www.cdep.ro
Schweden	Riksdag	http://www.riksdagen.se
Slowakei	Národná rada	http://www.nrsr.sk/
Slowenien	Drzavni Zbor[1]	http://www.dz-rs.si/
Spanien	Congreso de los Diputados[1]	http://www.congreso.es
Tschechien	Poslanecka Snemovna[1]	http://www.psp.cz
Ungarn	Orzag Haza	http://www.mkogy.hu
Zypern	Vouli ton Antiprosópon	http://www.parliament.cy

1 = In diesen Ländern existiert eine Zweite Kammer; hier ist jeweils die Erste Kammer aufgeführt. 2 = Die Hyperlinks zu den Parlamenten der Europäischen Union sind auch online verfügbar unter: http://schuettemeyer.politik.uni-halle.de/links, Stand: 29. Februar 2008. Quelle: Eigene Recherchen.

3.1 Parlamentsfunktionen im Vergleich

Die oben diskutierten Parlamentsfunktionen werden grundsätzlich von allen Parlamenten in demokratischen Regierungssystemen wahrgenommen. Zu ihren eigenen Aufgaben treffen 20 der 27 untersuchten Parlamente eine Aussage in Form eines Funktionskataloges auf ihren Homepages. An erster und zweiter Stelle solcher Aufzählungen werden insbesondere die Gesetzgebung, die Aufsicht und Kontrolle über die Regierung sowie die Regierungsbildung genannt (Abbildung 2).

Abbildung 2: Funktionen der Parlamente in der Europäischen Union (gemäß ihrer Selbstdarstellung)

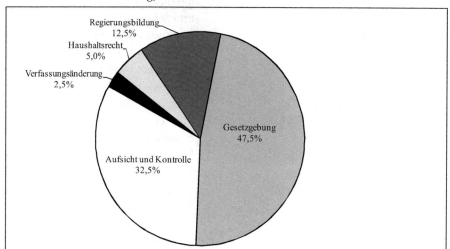

Anmerkungen: Berücksichtigt sind die an erster und zweiter Stelle genannten Funktionen in den Selbstdarstellungen der Parlamente. Zahl der Parlamente mit auswertbaren Funktionskatalogen: 20. Quelle: Homepages der Parlamente, Stand: Februar 2008; eigene Darstellung.

Dabei gibt es unterschiedliche Schwerpunktsetzungen, die insbesondere von der Politischen Kultur, dem Regierungssystem und der speziellen historischen Entwicklung wie auch vom Selbstverständnis des Parlaments und seiner Angehörigen abhängen dürften. Anhand der Reihenfolge der Funktionsnennungen in diesen Darstellungen lässt sich Folgendes ablesen:

- Die Gesetzgebung bezeichnet mit 80 Prozent[7] eine sehr klare Mehrheit der Parlamente als ihre erste Funktion.
- Zehn Prozent nennen hingegen vorrangig die Kontrollfunktion der Regierung. So hebt die Darstellung aus den Niederlanden hervor: „As in most democracies one of the main tasks of the Tweede Kamer is to control the government. In a conflict between the government and the Tweede Kamer, therefore, the Tweede Kamer has the last word." (Tweede Kamer der Staten General 2008a).
- So erscheint es folgerichtig, dass 55 Prozent der Parlamente die Aufsicht und Kontrolle als ihre zweitwichtigste Funktion angeben.

Darüber hinaus beschreiben die Parlamente eine ganze Reihe weiterer Aufgaben, viele skizzieren sogar längere Funktionskataloge. Von besonderem Interesse ist hier aber ihre Prioritätensetzung: Offenkundig sehen sich die Parlamente Europas ganz vorrangig in der Rolle als – erstens – Gesetzgeber und – zweitens – Kontrolleur von Regierung und Verwaltung. Dass dies auch für die Parlamente in den jungen ostmitteleuropäischen Demokratien gilt, zeigt, dass die Vorstellung vom Parlament als aktivem Teilhaber am Gesetzgebungsprozess

---

[7] Die hier und im Folgenden genannten Prozentwerte beziehen sich auf die 20 Parlamente europäischer Länder, die Funktionskataloge in ihrer Selbstdarstellung veröffentlichen.

alles andere als ein Traditionsbestand der „alten" westeuropäischen Institutionen ist. Es ist nicht anzunehmen, dass Parlamente wider besseren Wissens ihre Funktionen darstellen oder dies gar aus Unkenntnis tun. Daher kann erstens geschlossen werden, dass sie weder Mills Einschätzung teilen, Parlamente seien zur Gesetzgebung ungeeignet, noch post-parlamentarischen Befunden folgen, wonach ihnen die Legislativfunktion weitestgehend entzogen sei. Zweitens darf vermutet werden, dass die Parlamente bei ihrer Prioritätensetzung die Gesetzgebung aus der Alltagspraxis heraus verstehen, und das heißt die Prärogative der Regierung und ihrer Ministerialbürokratie sowie die je spezifische Rolle der Parlamentsmehrheit im Zusammenspiel mit „ihrer" Regierung einerseits und der Opposition andererseits in der Gesetzgebung zugrunde legen.

Insofern es den Parlamenten zugetraut werden darf, ihre eigenen Aufgaben realitätsgerecht einzuschätzen, verwundert es, dass sie die Kommunikationsfunktion in ihren verschiedenen Facetten selbst nur selten als wichtigste nennen, obwohl es sich um eine zentrale Aufgabe von Parlamenten handelt. Dies mag daran liegen, dass die diese Funktion konkretisierenden Tätigkeiten schwerer darstellbar, auf jeden Fall weniger leicht quantifizierbar sind und primär anderen Funktionen zugerechnet werden: Ein Abgeordneter, der sich im Ausschuss und in seiner Fraktion mit einem Gesetzentwurf befasst, wird dies nicht ohne weiteres als Akt der Responsivität oder der politischen Führung verstehen, wenngleich er damit Interessen und Wünsche von Wählern aufgreift oder neue Lösungen anbietet.

Hier wird im Übrigen erneut deutlich, dass eine parlamentarische Handlung oft uno actu mehrere der analytisch-deduktiv ermittelten Funktionen gleichzeitig erfüllt. Insofern erscheint es gerechtfertigt, nachfolgend die Gesetzgebung in den Mittelpunkt der Darstellung zu rücken und einige ausgewählte Aspekte parlamentarischer Repräsentation zu behandeln, denn im vorliegenden Rahmen können nicht alle Parlamentsfunktionen auf ihre empirische Verwirklichung hin überprüft werden[8]. Auch können nicht immer alle 27 Parlamente der EU-Mitgliedstaaten berücksichtigt werden; die beschriebene disparate Datenlage setzt hier schon der Einzelanalyse enge Grenzen, ganz zu schweigen von den Möglichkeiten eines fundierten Vergleichs.

3.2 Die Gesetzgebungsfunktion

In der folgenden Prozessdarstellung wird versucht, ein überwiegend idealtypisches Bild herauszuarbeiten und mit Beispielen aus einzelnen Parlamenten in den EU-Mitgliedstaaten illustrativ anzureichern[9].

---

[8] In diesem Zusammenhang sei auf eine Reihe von vergleichenden Darstellungen zur Ausübung der Kontrollfunktion verwiesen: Schnapp/Harfst 2005; Strøm et al. 2006, vgl. zur Abberufbarkeit der Regierung durch das Parlament auch den Beitrag von Döring/Hönnige in diesem Band.
[9] Besonderheiten in den 27 EU-Ländern müssen dabei aber weitgehend vernachlässigt werden. Insbesondere ist zu betonen, dass in den 13 bikameralen Systemen sehr verschiedene Arten des Zusammenspiels der beiden Kammern vorgesehen sind. Dies wird besonders augenfällig bei unterschiedlichen Kompetenzverteilungen, Widerspruchsrechten oder Zustimmungsvorbehalten der Zweiten Kammer. Bei Meinungsverschiedenheiten zwischen den Kammern greifen unterschiedliche Verfahren der Vermittlung, zum Beispiel ständige Ausschüsse, Ad-hoc-Gremien, Navetteverfahren etc., vgl. Strøm 1998: 35.

Grundsätzlich können fünf Phasen im Gesetzgebungsprozess unterschieden werden, anhand derer die folgende Darstellung gegliedert ist: die vorparlamentarische Phase, die Initiativphase, die Ausschussphase, die Beschlussphase und die Ausfertigungsphase[10].

In allen EU-Mitgliedstaaten kann der Gesetzgebungsprozess anhand dieses Verlaufs strukturiert werden, wobei es teilweise erhebliche Unterschiede in Bezug auf die formalen Kompetenzen sowie deren konkrete Ausgestaltung in der Praxis gibt. Diese werden im Folgenden exemplarisch skizziert. Zum Vergleich wird dabei näher auf die Gesetzgebung in der Bundesrepublik Deutschland eingegangen, deren Parlament eines der am besten erforschten und dokumentierten weltweit ist. Weiterhin werden Besonderheiten der Gesetzgebungsprozesse in einzelnen Mitgliedstaaten hervorgehoben und näher betrachtet.

3.2.1 Die vorparlamentarische Phase

Entgegen landläufiger Vermutungen beginnt der Gesetzgebungsprozess in den wenigsten Fällen im Parlament. Die ersten Fassungen von Gesetzesvorlagen werden vielmehr häufig von den Fachreferenten in den Ministerien verfasst, weshalb diese Entwürfe in Deutschland auch als „Referentenentwürfe" bezeichnet werden. Die Ministerien verfügen nicht nur über den entsprechenden Sachverstand, sondern auch über eine umfassende Personalausstattung. So sind in Deutschland in den Bundesministerien mehr als 10.000 Personen in über 1.200 Referaten beschäftigt (Rudzio 2006: 264ff.), was im Vergleich der westlichen Demokratien keine besonders große Zahl ist[11].

Die zentrale Bedeutung der Ministerien schließt jedoch nicht aus, dass auch parlamentarische Akteure in dieser frühen Phase maßgeblich eingebunden werden, beispielsweise die Mitglieder der fachlich zuständigen Fraktionsarbeitskreise bzw. -gruppen. Diese Verknüpfung entspricht der Tatsache, dass die Gewaltenteilung im parlamentarischen Regierungssystem nicht in klassisch-staatsrechtlicher, auf Montesquieu zurückgehender Weise zwischen Exekutive und Legislative erfolgt, sondern überformt wird von einem „neuen Dualismus" zwischen der Regierungsmehrheit und der Opposition. In der Praxis bedeutet dies, dass Regierungschef und Minister sich ständig vergewissern müssen, ob ihre Parlamentsfraktionen sie bei den Gesetzentwürfen unterstützen, ihnen sachpolitisch Folge leisten, eigenen Sachverstand und politisches Urteil – insbesondere hinsichtlich der Wählerinteressen – beisteuern und letztlich das Gesetz über die parlamentarischen Abstimmungshürden bringen. Dieses Muster der alltäglichen Zusammenarbeit von Regierung und Mehrheitsfraktionen wird nach außen wenig deutlich, weil das Bild in der Öffentlichkeit weitgehend von den hochgradig politisierten und polarisierten Themen geprägt wird, bei denen in der Regel nur Spitzenpolitiker in Erscheinung treten, und das heißt aufseiten der Mehrheit Regierungsangehörige und Fraktionsführung.

Die Detailbearbeitung und politische Abstimmung der Entscheidungen, die die einzelnen Abgeordneten als Fachleute ihrer Fraktionen bei den meisten Gesetzen leisten, ist die Voraussetzung dafür, dass sie schon in der vorparlamentarischen Phase mitwirken und

---

[10] Für eine feiner gegliederte und andere Akteure einbeziehende Einteilung vgl. auch Beyme 1997: 73ff.
[11] Für Frankreich, Spanien und Italien zum Beispiel wurden deutlich über 200.000 Mitarbeiter in den Ministerien gezählt, und Deutschland steht in einem Vergleich von 21 OECD-Ländern an Platz 16, vgl. Schnapp 2004: 259; dabei ist allerdings nicht auszuschließen, dass in diesen Zahlen auch andere Teile der Verwaltung und nicht nur die Ministerialbürokratie enthalten sind.

danach auf vielfältige, zumeist informelle Weise mit Regierung und Ministerialbürokratie zusammenarbeiten (Kropp 2002, 2003). Die deutsche Politikwissenschaft spricht deshalb von einer „Mitsteuerung" durch die Fraktionen der Regierungskoalitionen (Schwarzmeier 2001: 379). Auch wenn in dieser Hinsicht einzelne institutionelle und akteursspezifische, partei- und koalitionspolitische sowie historische Kontextbedingungen in den EU-Staaten differieren, so diktiert die Logik des parlamentarischen Regierungssystems überall, dass sich die Regierung und die sie im Parlament stützenden Fraktionen sachpolitisch eng abstimmen. Insofern ist es ein Gebot der Erfolgsorientierung, dass erstere die Abgeordneten frühzeitig in ihre gesetzgeberischen Vorhaben einbezieht und diese ebenso frühzeitig ihre Positionen zum Tragen bringen.

Hinzu kommt, dass die in den Ländern der EU üblicherweise notwendigen Regierungskoalitionen zu Beginn ihres Bündnisses mehr oder minder detaillierte Vereinbarungen treffen, in denen das legislatorische Programm für die kommende Amtszeit festgelegt wird. An diesen Koalitionsabkommen wirken nicht nur Parlamentarier mit, sondern die Spitzenpolitiker aus Regierung und Parteien, die diese Verhandlungen führen, sind in der Regel gleichzeitig Abgeordnete oder verfügen über oft langjährige Parlamentserfahrung. Gleiches gilt für die Gremien, die in Regierungskoalitionen meistens eingerichtet werden, um die politische Koordination und gegebenenfalls Konfliktschlichtung unter den Bündnispartnern zu erleichtern. Diese Gremien sind besonders dann in der vorparlamentarischen Phase des Gesetzgebungsprozesses gefragt, wenn es sich um strittige Materien oder öffentlich brisante Themen handelt.

Neben den parlamentarischen Akteuren werden auch Interessengruppen in den ersten Abschnitt der Gesetzgebung eingebunden. In Deutschland etwa schreibt die Gemeinsame Geschäftsordnung der Bundesministerien (§ 47 GGO) vor, dass bereits in der Referentenphase der Entwurf einer Gesetzesvorlage den betroffenen Verbänden „möglichst frühzeitig zuzuleiten" ist. Ebenso erfolgen Abstimmungen mit Bundesländern, kommunalen Spitzenverbänden und anderen Ministerien. Die vorparlamentarische Phase endet in der Regel mit dem Beschluss des Kabinetts.

Gesetzentwürfe werden auch von anderen Akteuren erstellt, insbesondere von Fraktionen, deren Arbeitskreisen und einzelnen Abgeordneten, von Verbänden oder privatwirtschaftlichen Unternehmen. Diese Prozesse sind gering formalisiert, wenig transparent und wohl vor allem deshalb nur in Ansätzen politikwissenschaftlich erforscht.

Wie in Deutschland ist auch in anderen europäischen Ländern die vorparlamentarische Phase der Gesetzgebung von Regierung und Ministerialbürokratie geprägt. Dabei ist die Zusammenarbeit und Abstimmung mit gesellschaftlichen Gruppen teilweise deutlich stärker institutionalisiert als in der Bundesrepublik. Beispielsweise wird von der schwedischen Regierung zur Gesetzesvorbereitung grundsätzlich eine Expertenkommission einberufen, die so genannte „Utredning" (wörtlich: Untersuchung). Sie ist zusammengesetzt aus Vertretern von Politik, Verwaltung, Interessen- und Betroffenengruppen, die den Auftrag erhalten, eine umfassende fachliche Stellungnahme zu erarbeiten. Sie werden dabei traditionell von den Ministerien nur „von weitem" beobachtet (Siefken 2007: 75f.). Die Zahl der eingesetzten „Utredningar" liegt gegenwärtig nach Aussage der schwedischen Regierung bei etwa 200 (Regeringskansliet 2008); ihre durchschnittliche Arbeitsdauer beträgt immerhin 2,5 Jahre (Jann/Thiessen 2008: 106). In den vergangenen Jahrzehnten ist eine Zunahme der politischen Kontrolle dieser Expertenkommissionen verzeichnet worden, allerdings zugleich eine Verstärkung der Gesetzesvorbereitung durch Ministerien und die Regierungskanzlei in eigener Regie (Jann/ Thiessen 2008: 105f.). Doch angesichts der Nutzungshäufigkeit kann das skizzierte Verfahren weiterhin als das „entscheidende Charakteristikum schwedischer Konsenspolitik" (Jahn 2003: 103) gelten.

In Finnland und Dänemark werden zur Ausarbeitung von Regierungsvorlagen ebenfalls Kommissionen oder Ausschüsse eingesetzt, an denen schon in diesem Stadium Fachleute aus Verbänden und Parteien beteiligt sind (Auffermann/Laasko 2008: 75; Nannestad 2008: 139f.). Dies ist jedoch seltener als in Schweden der Fall, während die Ministerialbürokratie eine bedeutendere Rolle spielt. Daran wird nochmals deutlich, was auch grundsätzlich festzuhalten ist: Bei der vorparlamentarischen Phase in der schwedischen Gesetzgebung handelt es sich im Vergleich zu anderen Ländern nicht um eine absolute Besonderheit, sondern eher um einen graduellen Unterschied. Es ist der Regelfall, dass die Einbindung von Interessengruppen und externen Fachleuten bereits systematisch während dieser frühesten Phase im Gesetzgebungsprozess erfolgt – Unterschiede liegen vor allem im Institutionalisierungsgrad und damit auch in der Verfahrenstransparenz nach außen.

3.2.2 Die Initiativphase

Mit der Gesetzesinitiative beginnt formell die parlamentarische Phase der Gesetzgebung. Dabei handelt es sich um ein klares, rechtlich definiertes Charakteristikum: Wird eine Vorlage von einem dazu berechtigten Akteur ins Parlament eingebracht, so muss dieses „darüber beraten und Beschluss fassen" (Bryde 1989: 865).

In parlamentarischen Demokratien erfolgt ein Großteil der Gesetzesinitiativen durch das Kabinett. So ging in Deutschland in den vergangenen Jahren regelmäßig etwa die Hälfte der eingebrachten Gesetzentwürfe auf die Regierung zurück. Bei erfolgreichen – also später als Gesetz verkündeten – Entwürfen liegt der Anteil der Kabinettsvorlagen über zwei Drittel, und in den letzten vier Wahlperioden (seit 1990) wurden zwischen 84 und 90 Prozent der Initiativen der Bundesregierung zu Gesetzen[12]. In Großbritannien, dem Prototyp der Westminster-Demokratie, fällt die Dominanz der Regierung noch deutlicher aus: In den zwölf Sitzungsperioden des House of Commons zwischen 1995 und 2007 wurde viermal kein einziger Government Bill abgelehnt und viermal einer. Insgesamt wurden 92 Prozent der 432 von der Regierung eingebrachten Gesetzentwürfe von der Königin ausgefertigt (House of Commons 2008). Hingegen haben die Private Members' Bills, die fast drei Viertel aller Public Bills ausmachen, kaum Chancen: Zeitlich höchst restriktiv wird ihre Auswahl und Beratung gehandhabt (Saalfeld 2008: 165f.), und nur acht Prozent fanden die Zustimmung des Unterhauses. Die Praxis in den jungen parlamentarischen Demokratien Ostmitteleuropas scheint sich entsprechend zu etablieren: Beispielsweise hält das ungarische Parlament fest, dass dort zwischen 55 und 60 Prozent der Gesetzentwürfe vom Kabinett eingebracht werden und diese 90 Prozent der erfolgreichen Vorhaben ausmachen (House of the Nation 2008a).

Während Regierungsvorlagen strukturtypisch überall nur in Ausnahmefällen scheitern, zeigt der erste Blick auf die Zahlen zur anderweitigen Herkunft von Gesetzesinitiativen größere Unterschiede. In einigen Ländern bringen Fraktionen, regierungstragende wie oppositionelle, andernorts einzelne Abgeordnete Entwürfe ein. Teilweise übersteigen diese die Regierungsinitiativen um ein Vielfaches, zum Beispiel in Italien (Weber 2008: 480ff.),

---

[12] Vgl. die umfangreiche Gesetzgebungsstatistik in den Datenhandbüchern zur Geschichte des Deutschen Bundestages: Schindler 1999: 2388f.; Feldkamp 2005: 573f., 2006: 13ff.

teilweise erreichen sie nicht einmal fünf Prozent aller Vorlagen, etwa in den Niederlanden (Timmermans et al. 2008: 278).

Schon diese Ausführungen machen deutlich, dass die Interpretation scheinbar „harter" Daten der Gesetzesinitiative nicht ohne Schwierigkeiten ist. Zahlreiche Besonderheiten des jeweiligen Parlaments, Kontextfaktoren und Kontingenzen sind zu berücksichtigen. Im internationalen Vergleich kommt erschwerend hinzu, dass entsprechende Statistiken nicht mit denselben Kategorien arbeiten und nicht durchgängig verfügbar sind. Insgesamt kann an dieser Stelle die Regierungsdominanz bei der Gesetzesinitiative festgehalten werden. Darüber hinaus gilt: Der formale Herkunftsort eines Gesetzentwurfs verrät für sich genommen wenig darüber, wo tatsächlich die maßgeblichen Vorarbeiten geleistet wurden. So gibt es etwa Verfahrens- und Fristenregelungen in einigen Parlamenten, die zu taktischem Verhalten der Akteure bei Gesetzesinitiativen führen. Zum Beispiel werden in Deutschland Regierungsentwürfe insbesondere bei eiligen Vorhaben durch die Regierungsfraktionen eingebracht, denn bei Vorlagen aus der Mitte des Hauses muss der Bundesrat nur einmal damit befasst werden, während Vorlagen der Regierung bereits vor der Einbringung in den Bundestag der Länderkammer zuzuleiten sind und erneut nach dem Gesetzesbeschluss des Bundestages (Schüttemeyer 1998: 285 ff.). Ähnlich wird in Österreich, in Belgien und Frankreich verfahren (Ismayr 2008b: 21).

Dass mit einer förmlichen Initiative keineswegs immer die Gesetzgebungsfunktion erfüllt werden soll, machen die zahlreichen Einbringungen einzelner Abgeordneter und von nicht die Regierung tragenden Fraktionen deutlich. Da diese Vorlagen, wie gezeigt, äußerst geringe Erfolgsaussichten haben, müssen die Akteure mit ihnen andere Absichten verfolgen. Zum einen geht es – insbesondere bei den Initiativen einzelner Abgeordneter – darum, Responsivität gegenüber Wählerinteressen zu substantiieren und offenkundig zu machen. Zweitens und ebenso an die Wählerschaft gerichtet ist die Demonstration von Oppositionsfraktionen, dass sie nicht nur zu kritisieren vermögen, sondern auch konkrete Alternativen zur Politik der amtierenden Regierung anbieten können. Damit eng verknüpft ist das Ziel, den öffentlichen Nachweis der Konstruktivität zu erbringen und damit der Handlungsfähigkeit als „Regierung im Wartestand". Drittens setzen Oppositionsvorlagen die Regierung öffentlich unter Druck, konkretisieren also die parlamentarische Kontrollfunktion. Viertens können Gesetzentwürfe aus der Mitte des Hauses als Kompromissangebote zwischen den politischen Lagern wirken. Schließlich wirft die Initiativtätigkeit ein Schlaglicht auf die zunehmende Professionalisierung der Parlamente in den letzten Jahrzehnten: „Es ist gerade der Gesetzgebungsprozess, der die Spezialisierung des einzelnen Abgeordneten erfordert und ermöglicht und ihm damit die Chance gewisser Eigenständigkeit, Wirksamkeit und Unentbehrlichkeit in seiner Fraktion gibt." (Schüttemeyer 1998: 287) Welche dieser Erwägungen zum Tragen kommen, ist vor allem von der Politischen Kultur eines Landes und der Struktur seines Parteienwettbewerbs, von Parlamentstraditionen und dem Selbstverständnis der Abgeordneten wie auch von der operativen Ausstattung des Parlaments und seiner Angehörigen abhängig.

Auch wenn also Daten zur Ausübung der Gesetzesinitiative nicht zum Nennwert genommen werden dürfen, ist ihre Voraussetzung natürlich das förmliche Initiativrecht. Dieses steht in allen EU-Ländern neben der Regierung auch Parlamentariern zu. Vereinzelt ist die Einbringung von Gesetzesvorlagen aus dem Parlament heraus an ein Quorum gebunden, so dass nicht dem einzelnen Abgeordneten, sondern nur einer Gruppe das Initiativrecht zukommt. Im Deutschen Bundestag ist dies durch die Geschäftsordnung einer Fraktion oder Abgeordneten in Fraktionsstärke, das heißt mindestens fünf Prozent der Mitglieder des Bundestages, vorbehalten. Auch in einigen anderen Ländern haben einzelne Abgeordnete allein kein Initiativrecht: In Polen und Spanien müssen sich beispielsweise Gruppen von jeweils mindestens 15 Parlamentariern zusammenfinden, in Österreich und Lettland sind fünf Abgeordnete gefordert[13] (Abbildung 3).

Abbildung 3: Initiativrechte in ausgewählten Parlamenten der EU

Land	einzelne Abgeordnete	Gruppen von Abgeordneten	Ausschüsse	Regierung	Präsident	Volksinitiative
Deutschland		X		X		
Estland	X	X	X	X		
Frankreich	X	X		X		
Großbritannien	X	X		X		
Italien	X	X		X		X
Litauen	X	X		X	X	X
Niederlande	X	X		X		
Österreich		X	X	X		X
Polen		X	X	X	X	X
Portugal	X	X		X		X
Rumänien	X	X		X		X
Schweden	X	X	X	X		
Spanien		X		X		X
Ungarn	X	X	X	X	X	

Quelle: Eigene Zusammenstellung nach Verfassungen, Geschäftsordnungen und Homepages der Parlamente.

Die formale Hürde der Gesetzesinitiative in Deutschland ist also besonders hoch, woraus jedoch keineswegs auf die Bedeutungslosigkeit der einzelnen Abgeordneten geschlossen werden kann, denn gerade die weitere sachliche Ausarbeitung und politische Vermittlung könnte im Weiteren gar nicht als Einzelleistung erfolgen, sondern ist nur in den arbeitsteiligen Strukturen der Fraktionen möglich (Schüttemeyer 1998: 292). Diese Zusammenhänge gelten cum grano salis für die meisten Parlamente in der EU. Insofern ist der Unterschied, ob das Initiativrecht bei einzelnen oder Gruppen von Abgeordneten liegt, eher von formaler als von faktischer Bedeutung. Allerdings muss berücksichtigt werden, dass in den Initiati-

---

[13] Vgl. Sejm of the Republic of Poland 2008; Santaolalla 2008: 521; Pelinka 2008: 441; Schmidt 2004: 131.

ven einzelner Parlamentarier ein Potential mindestens symbolischer Reponsivität zum Tragen kommt, dessen tatsächliche Wirkung auf die Repräsentierten aber schwer einzuschätzen ist. Und auch für das Selbstverständnis der Abgeordneten dürfte dieses Recht von Bedeutung sein, insbesondere, wenn es um die prinzipielle Wahrung ihrer Unabhängigkeit in ihren Fraktionen geht.

In einigen Ländern haben auch Ausschüsse das Recht zur Gesetzesinitiative; dazu gehören Estland, Österreich, Polen, Schweden und Ungarn; für Deutschland ist hingegen ausdrücklich festgehalten, dass „den Ausschüssen keineswegs ein eigenes Initiativrecht bei der Beratung von Gesetzesvorlagen zugestanden"[14] wird. Staatspräsidenten können unter anderem in Polen, Ungarn und Litauen Gesetzentwürfe einbringen. Weiterhin liegen Initiativrechte in Zweikammersystemen in der Regel auch bei der Zweiten Kammer bzw. ihren Mitgliedern, zum Beispiel dem französischen Senat oder dem britischen House of Lords (Ismayr 2008b: 22). In Italien, Portugal und Spanien haben überdies die Regionalparlamente das Initiativrecht.

Ebenfalls nur in Einzelfällen ist ein Volksinitiativrecht vorgesehen, welches mit sehr verschiedenen Hürden ausgestattet ist und bisher überall nur selten genutzt wurde. So können in Portugal 35.000 Wahlberechtigte eine Gesetzesinitiative einbringen, in Italien und Litauen sind es 50.000, in Polen 100.000, in Rumänien 250.000 und in Spanien 500.000 Wahlberechtigte.

Zusammenfassend ist festzuhalten: Es ist nicht überraschend, dass in parlamentarischen Regierungssystemen die große Mehrzahl der Gesetzesinitiativen mit Aussicht auf Erfolg von der Regierung kommt oder auf diese zurückgeht. Diese Regierungsdominanz ist aber keine neue und schon gar nicht eine fehlerhafte Entwicklung. Sie ist strukturtypisch und vom System der parlamentarischen Demokratie prinzipiell diktiert: die Regierung als „der wichtigste Ausschuss der Parlamentsmehrheit" (Steffani 1979 in Anlehnung an Bagehot). Dass Initiativen anderer Herkunft nur selten zu Gesetzen werden, bedeutet allerdings nicht, dass die Initiativrechte dieser anderen Akteure wert- oder wirkungslos sind. Insbesondere können auch letztlich „erfolglose" Gesetzesinitiativen der Opposition eine erhebliche symbolische Wirkung erzielen und helfen, die eigene Regierungsfähigkeit zu demonstrieren, Interessen zu artikulieren und die eigenen politischen Vorstellungen zu dokumentieren.

3.2.3 Die Ausschussphase

In den meisten Ländern wird eine Gesetzesvorlage über das Parlamentspräsidium zunächst ins Plenum eingebracht und von dort in die Ausschüsse überwiesen. Dabei handelt es sich häufig um einen eher formalen Akt, der ohne weitere Aussprache erfolgt. Im Deutschen Bundestag wird dieser Schritt wie in vielen anderen Parlamenten auch als „erste Lesung" bezeichnet. Nur politisch besonders bedeutsame Gesetze werden zu diesem Zeitpunkt bereits in einer ausführlichen Plenardebatte diskutiert (Bryde 1989: 872), wie beispielsweise in jüngerer Vergangenheit die so genannten Hartz-Gesetze, mit denen in den Jahren 2002 und 2003 die Reform des Arbeitsmarktes und der Bundesagentur für Arbeit vorgenommen wurde.

In einigen europäischen Ländern kann auch formal vom Präsidium eine Gesetzesvorlage direkt in den zuständigen Fachausschuss überwiesen werden, ohne dass eine erste Lesung im Plenum erfolgen muss. Dies ist insbesondere in einer Reihe von ostmitteleuropä-

---

[14] Vgl. Ausschuss für Wahlprüfung, Immunität und Geschäftsordnung, zitiert bei Feldkamp 2005: 606.

ischen Parlamenten der Fall (unter anderem in Bulgarien, Estland, Rumänien, Ungarn). Möglicherweise sind diese einfacheren, zeitsparenden Verfahrensregeln ein Zeichen dafür, dass die Erfahrung aus der Praxis in den westeuropäischen Ländern bei der Neugestaltung der Parlamentsstrukturen dort Pate gestanden hat.

In den modernen „Arbeitsparlamenten" ist eine systematische Arbeitsteilung zwingend erforderlich. Dies geschieht ganz wesentlich durch die Einrichtung von Ausschüssen, die sich meist an der fachlichen Aufteilung der Ministerien orientieren: In Deutschland steht dem Finanzministerium der Haushaltsausschuss, dem Verteidigungsministerium der Verteidigungsausschuss, dem Ministerium für Familie, Senioren, Frauen und Jugend der Ausschuss für Familie, Senioren, Frauen und Jugend etc. gegenüber. So hat der Deutsche Bundestag derzeit 22 ständige Ausschüsse eingerichtet – eine Zahl, die sich im internationalen Vergleich im oberen Bereich bewegt[15].

Zahlreicher sind beispielsweise die Ausschüsse im Repräsentantenhaus der Niederlande, wobei von den dort vorhandenen 30 Ausschüssen allein zwölf im Bereich der Internationalen Beziehungen angesiedelt sind und in vergleichender Sicht wohl nicht alle als klassische Ausschüsse gelten können (Tweede Kamer der Staten General 2008b). Das Gegenstück dazu bildet die französische Nationalversammlung mit nur sechs Ausschüssen. Diese Struktur geht darauf zurück, dass in Frankreich die Ausschussanzahl und andere Regelungen für die Arbeitsweise des Parlamentes in der schwer zu ändernden Verfassung enthalten sind und nicht, wie in anderen Ländern, durch Geschäftsordnungen festgelegt werden können[16]. Die Nationalversammlung hat im Übrigen nicht nur die wenigsten Ausschüsse, sondern ist mit ihren 577 Abgeordneten auch das viertgrößte Parlament der hier betrachteten europäischen Länder[17]. Ihre Ausschüsse mit teilweise über 150 Mitgliedern können kaum als unmittelbar arbeitsfähige Gremien gelten. Wenngleich in der Verfassung aus diesem Grund die Einberufung von Ad-hoc-Ausschüssen zur Beratung spezifischer Gesetzesvorlagen vorgesehen ist, haben sich diese in der Praxis nicht durchgesetzt und werden nur bei besonders komplexen Regelungsmaterien einberufen. Gezeigt wurde aber, dass sich innerhalb der ständigen Ausschüsse eine Art informeller Arbeitsteilung entwickelt, indem sich an der Beratung nur Mitglieder mit besonderem Interesse beteiligen – „damit schrumpfen die Ausschüsse auch auf arbeitsfähige Gremien" (Kimmel 2008: 249).

In Bezug auf Parlamentsausschüsse stellt das britische Unterhaus eine weitere Besonderheit in der EU dar. Hier sind – ganz in der Westminster-Tradition der „Unterordnung parlamentarischer Organisation unter die Bedürfnisse der Regierungsmacht" (Walkland 1981: 465) – keine ständigen Fachausschüsse eingerichtet. Vielmehr werden je nach Gesetzgebungsmaterie Ad-hoc-Ausschüsse mit wechselnder Mitgliedschaft eingesetzt, wenngleich ihr Name (Standing Committees) etwas anderes vermuten lassen würde (Saalfeld 2008: 176). Ständig und weitgehend spiegelbildlich zu den Ministerien sind hingegen die Select Committees. Ihre Einführung im Jahre 1979 war eine Antwort auf das Drängen einer wachsenden Zahl von Hinterbänklern, die das Abgeordnetenmandat professioneller und das Unterhaus stärker als modernes Arbeitsparlament verstanden (Walkland 1981: 464f.). So sind Select Committees inzwischen eine parlamentarische Binnenstruktur, die den MPs Arbeits-

---

[15] Vgl. zu Ausschüssen und ihren Mitgliedern in westlichen Demokratien 1970-1999 die Übersicht bei Schnapp/Harfst 2005: 355.
[16] Vgl. zu den Hintergründen dieser Festlegungen Kimmel 2008: 245.
[17] Größer sind das britische House of Commons (646 Mitglieder), die italienische Camera dei Deputati (630 Mitglieder) und der Deutsche Bundestag (598 Mitglieder).

teilung erlaubt und Anreize zur fachlichen Spezialisierung schafft. Sie nehmen aber keine Aufgaben im Gesetzgebungsprozess wahr, sondern dienen vor allem der nachträglichen Kontrolle der Exekutive.

Die Verhandlungen während der Ausschussphase haben in den Ländern der EU sehr unterschiedliche Grade von Öffentlichkeit. Dazu liegen keine aktuellen empirischen Erhebungen vor. Aus theoretischer Sicht werden wenig Öffentlichkeit und das unspektakuläre Wirken im „Halbschatten" teilweise als Vorbedingung für erfolgreiche Ausschussarbeit angesehen (Sartori 1992: 228), wobei Erfolg als effektive und auf konkrete Problemlösung gerichtete Beratung von Gesetzentwürfen verstanden wird. Auch viele Parlamentarier argumentieren, dass die Öffnung der Ausschüsse dazu führen würde, dass der an sachlichen Erfordernissen orientierte Umgangsstil wählerwirksamer Selbstdarstellung weichen und die Akteure ihre Entscheidungsprozesse in informelle Gremien verlagern würden. Andere Positionen betonen die Verpflichtung des Parlaments zur öffentlichen Verhandlung von Politik. Damit sich die Bürger ein zutreffendes Bild von der Wirkungsweise ihres Parlaments und ihren Repräsentanten machen können, müssten die Orte tatsächlicher politischer Willensbildung und Entscheidungsfindung öffentlich zugänglich sein, und da die parlamentarische Sacharbeit nicht im Plenum verrichtet werde, sei die Öffentlichkeit der Ausschüsse ein dringendes Gebot demokratischer Transparenz; außerdem diene sie auch der Akzeptanz des Parlaments, dessen Funktionsbedingungen so besser verständlich würden (Thaysen 1990: 79ff.). Ein anderes Argument stellt darauf ab, dass angesichts knapper Zeit und geringen Interesses in der breiten Bürgerschaft die eigentliche Bedeutung öffentlicher Ausschussarbeit viel mehr darin liegt, dass Fraktions- und Parteiführungen „ihre" Abgeordneten besser „überwachen" könnten und auf diesem Weg zu einer stärkeren Fraktionsdisziplin beigetragen würde (Strøm 1998: 42). Neuere empirische Forschung zeigt aber, dass die Fraktionsdisziplin im Plenum wie in den Ausschüssen unabhängig von öffentlicher oder nichtöffentlicher Arbeitsweise anzutreffen ist (Ismayr 2008b: 34). Für Deutschland ist zudem jüngst in einer umfangreichen Studie festgestellt worden, dass die eigentliche inhaltliche Arbeit weniger in den Ausschüssen selbst als in den Arbeitsgremien der Fraktionen erfolgt. Die Ausschüsse seien ein „Plenum in Testphase", dienten vor allem dazu „die Meinungsbildung der Fraktionen zu prüfen, die ‚Frontlinien' zwischen ihnen zu klären und Bereiche von Gemeinsamkeiten auszuloten sowie ihre Stellungnahmen quasi notariell zur Kenntnis zu nehmen" (Oertzen 2006: 247, 272).

Die meisten „alten" Mitgliedsländer der EU geben nach wie vor den Argumenten gegen die Ausschussöffentlichkeit den Vorzug. Hingegen tagen die Ausschüsse in den ostmitteleuropäischen Ländern weit überwiegend öffentlich (Abbildung 4). Dies ist plausibel interpretiert worden als Reaktion auf die verbreitete Geheimhaltung in den kommunistischen Vorgängerstaaten (Ismayr 2004b: 37).

Abbildung 4: Ausschussöffentlichkeit in den Parlamenten der EU

Ausschüsse tagen grundsätzlich öffentlich	Ausschüsse tagen grundsätzlich nicht-öffentlich
Bulgarien Estland Griechenland Großbritannien Irland Lettland Malta Niederlande Slowakei Slowenien Spanien Tschechien Ungarn Zypern	Belgien Dänemark Deutschland Finnland Frankreich Italien Litauen Luxemburg Österreich Polen Portugal Rumänien Schweden

Quelle: Eigene Zusammenstellung, basierend auf Selbstdarstellungen der Parlamente im Internet; Ismayr 2004b: 37; Strøm 1998.

In der Praxis gilt auch in Bezug auf die Öffentlichkeit der Ausschüsse nicht die einfache „Ja-Nein"-Einordnung, sondern es existieren Abstufungen. So ist beispielsweise in Polen und Rumänien in der Ausschussarbeit keine Präsenzöffentlichkeit vorgesehen, es kann aber Journalisten Zutritt gewährt werden; in Litauen kann die Öffentlichkeit zugelassen werden (Ismayr 2004b: 37). Auch im Deutschen Bundestag gilt im Grundsatz, dass die Ausschüsse nicht-öffentlich tagen. Aber schon mit der ersten Geschäftsordnung von 1951 wurde den Ausschüssen die Möglichkeit gegeben, die Öffentlichkeit ihrer Sitzungen herzustellen. Davon wurde jedoch nur selten Gebrauch gemacht[18]. Dies gilt auch für die Regelung, um die im Jahre 1995 die Geschäftsordnung ergänzt wurde. Danach sollen die Ausschüsse „als Schlussberatung der überwiesenen Vorlagen öffentliche Aussprachen durchführen" (§ 69a GO-BT). Von 1995 bis 2005 gab es lediglich vier solcher öffentlichen Aussprachen (Feldkamp 2006: 11).

Während der Ausschussphase kommt die zentrale Rolle der Abgeordneten in den arbeitsteiligen Strukturen der Parlamente zum Tragen. Je nach ihrer Größe unterhalten die Fraktionen mehr oder minder differenzierte Arbeitsgremien, in denen die Ausschussberatungen vorbereitet werden. In den meisten Fällen der Spezialgesetzgebung wird die Position der Fraktion schon weitgehend, gegebenenfalls unter Abstimmung mit dem Vorstand, vorentschieden[19]. Es sind diese Fraktions- und Ausschussstrukturen, die institutionelle Anreize für die Abgeordneten bilden, sich als Experten für ein bestimmtes Politikfeld zu profilieren, darüber Gestaltungschancen zu erhalten oder sich für den Aufstieg in politische

---

[18] In den letzten drei Wahlperioden fanden von den 6139 Ausschusssitzungen 167 öffentlich statt, vgl. Feldkamp 2006: 11.

[19] Siehe dazu die einzelnen Beiträge in Ismayr 2008a sowie seine Zusammenfassung, Ismayr 2008b: 31ff. Für Deutschland im Detail vgl. Schüttemeyer 1998 und 2003.

Führungspositionen in Parlament und Regierung zu empfehlen. Diese Zusammenhänge sind aber bisher nur für wenige Länder näher empirisch erforscht worden[20].

Ein besonderes Instrument der Politikberatung während der Gesetzesvorbereitung in der Ausschussphase ist die Durchführung parlamentarischer Anhörungen. Dieses Instrument, auch Hearing genannt, entstammt ursprünglich der Praxis des US-Kongresses und hat in den vergangenen Jahrzehnten eine deutliche Verbreitung in den europäischen Parlamenten gefunden. So wurde es in Deutschland bereits 1951 eingeführt, aber zum Beispiel in Belgien erst 1985, in Schweden 1989 und in Finnland sowie Frankreich im Jahr 1991 (Strøm 1998: 54).

Auf diesem Wege können externe Sachverständige, etwa Vertreter von Interessengruppen oder Wissenschaftler, nicht nur von den Parlamentariern angehört, sondern auch direkt befragt und mit anderen Positionen konfrontiert werden. Es verwundert daher nicht, dass diese Form der Politikberatung in Parlamentsausschüssen wesentlich häufiger genutzt wird als beispielsweise die Vergabe von Gutachten (Krevert 1993: 135). Im Bundestag ist die Zahl der Hearings seit der neunten Wahlperiode deutlich angestiegen: Seit Mitte der 1980er Jahre werden zu über 20 Prozent der Gesetzentwürfe öffentliche Anhörungen durchgeführt (Schüttemeyer 1989: 1151; Feldkamp 2005: 507). Natürlich geht es dabei nicht allein um die Sammlung von Informationen, sondern Anhörungen erfüllen auch Funktionen der Interessenartikulation, Mobilisierung und öffentlichen Selbstdarstellung des Parlaments (Schüttemeyer 1989: 1150).

Wenngleich das wissenschaftliche Augenmerk schon vielfach auf die Bedeutung der Ausschüsse gelenkt wurde, mangelt es heute noch insbesondere an aktuellen Vergleichen der Ausschüsse, ihrer Arbeit und ihrer Funktionen in den europäischen Demokratien.

3.2.4 Die Beschlussphase

Im Anschluss an die detaillierte Beratung in den Ausschüssen werden die Gesetzentwürfe in der Regel wieder ins Plenum des Parlamentes überwiesen, wo nach einer inhaltlichen Debatte die formelle Entscheidung getroffen wird.

Dies wird in Deutschland als zweite und dritte Lesung der Gesetzesvorlagen bezeichnet. In der zweiten Lesung kann hier eine allgemeine parlamentarische Debatte erfolgen, und es wird über den Entwurf im Detail abgestimmt, wobei jeder Abgeordnete Änderungsanträge stellen kann. In der dritten Lesung können Änderungsanträge nur noch von Fraktionen gestellt werden. Meist wird dann lediglich noch die Schlussabstimmung vorgenommen. Zur Zeitersparnis werden im Bundestag häufig die zweite und die dritte Lesung zusammengefasst.

Wenngleich drei Lesungen das übliche parlamentarische Verfahren sind, werden sie doch nicht überall so bezeichnet. In Finnland findet zum Beispiel zunächst eine „einleitende Plenardebatte" statt (entspricht der ersten Lesung in Deutschland), und erst nach der Ausschussphase erfolgt die dort so genannte „erste" und „zweite Lesung" (Parliament of Finland 2008; analog der zweiten und dritten Lesung in Deutschland). In Großbritannien gibt

---

[20] Einen dies auch im europäischen Vergleich bestätigenden und für weitere Forschung interessanten Hinweis gibt Ismayr (2008b: 32f.) mit der Beobachtung, dass die ansonsten in dieser Hinsicht bestehenden Gemeinsamkeiten zwischen den Parlamenten nicht oder nur sehr eingeschränkt für Großbritannien, Irland und Frankreich mit ihren schwach entwickelten Ausschusssystemen gelten.

es hingegen bereits vor der Ausschussphase zwei Lesungen im Plenum des Unterhauses (Saalfeld 2008: 176).

In einigen Ländern dürfen auch die Fachausschüsse bereits abschließende Entscheidungen treffen. So können Ausschüsse im italienischen Repräsentantenhaus unter besonderen Bedingungen selbst gesetzgebend wirken. Auch in Spanien gibt es die Möglichkeit, dass Ausschüsse direkt in voller gesetzgebender Kapazität tätig werden und ihre Vorlagen ohne weitere Plenarentscheidung an die Zweite Kammer, den Senat, überweisen. In Griechenland müssen solche Entscheidungen immerhin noch vom Plenum ratifiziert werden.

Es ist nicht ohne Weiteres möglich, die Zahl von verabschiedeten Gesetzen in den Parlamenten der EU zu vergleichen, denn entsprechende Statistiken sind nicht durchgängig verfügbar und, wenn vorhanden, nur in beschränktem Maß einheitlich. Sehr gut dokumentiert ist diesbezüglich wieder der Deutsche Bundestag. Dort werden gegenwärtig pro Wahlperiode über 500 Gesetze verabschiedet (Abbildung 5), während die Zahl der eingebrachten Entwürfe in den letzten Jahren deutlich über 800 lag (Feldkamp 2005: 573).

Ähnliche Zahlen werden für die Slowakische Republik berichtet, wo in der dritten Wahlperiode 550 Gesetze verabschiedet wurden, während knapp 800 eingebracht worden waren (National Council of the Slovac Republic 2008). Auch in Ungarn bewegen sich die Zahlen in einer vergleichbaren Größenordnung (2002 bis 2006: 573 Gesetze). Dort wird zusätzlich unterschieden zwischen neuen Gesetzen (Zahl: 261) und solchen, mit denen bestehende Gesetze verändert werden (Zahl: 312) (House of the Nation 2008b). Eine solche Unterteilung wäre in den älteren Demokratien nicht sinnvoll, wo wohl kaum ein neues Gesetz nicht auch zugleich ein bestehendes verändert. Als unangefochtener Spitzenreiter in Bezug auf die Zahl der Gesetze gilt weiterhin Italien; dort wurden pro Wahlperiode in den letzten Jahren 900 bis 1000 Gesetze verabschiedet und in den ersten Jahren der 13. Wahlperiode pro Tag über zehn Gesetzentwürfe eingebracht (Weber 2008: 470). Dabei ist allerdings zu beachten, dass ein Großteil dieser Vorlagen sich mit sehr detaillierten Themenstellungen befasste, die andernorts zum Beispiel mittels Rechtsverordnungen geregelt werden.

Der Blick auf die Zeitreihe der verabschiedeten Gesetze in Deutschland zeigt jedenfalls keinen eindeutigen Trend, sondern unregelmäßige Schwankungen. Diese resultieren aus aktuellen Entwicklungen und kontingenten gesetzgeberischen Erfordernissen, die Extreme hauptsächlich aus der unterschiedlichen Länge der Wahlperioden. Prinzipiell derselbe Befund wird im (west-)europäischen Vergleich von Ismayr erstellt (Ismayr 2008b: 15). Weder stimmt also der häufig geäußerte Vorwurf, es würden mehr Gesetze verabschiedet als je zuvor, noch zeigt sich umgekehrt, dass aufgrund der Europäisierung die Zahl von national verabschiedeten Gesetzen zurückgeht. Solche ersten Eindrücke bedürfen weiterer empirischer Fundierung, die für die komparative Forschung insbesondere die Schwierigkeit überwinden muss, eine geeignete Datenbasis herzustellen, in welcher die ganz unterschiedlichen Formen und Praktiken der Normsetzung in den EU-Mitgliedstaaten Eingang finden und seriös wie aussagekräftig vergleichbar gemacht werden.

Abbildung 5: Zahl der vom Deutschen Bundestag verabschiedeten Gesetzentwürfe, 1949 bis 2002

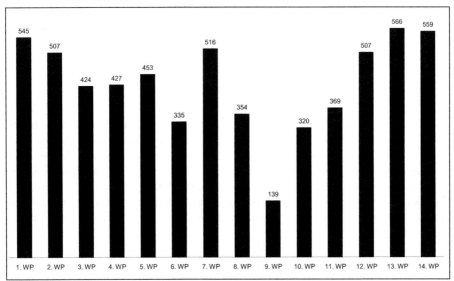

Anmerkung: Die Schwankungen in der sechsten und neunten Wahlperiode sind vor allem durch verkürzte Wahlperioden zu erklären. Quelle: Feldkamp 2005: 573; Schindler 1999: 2388f.

3.2.5 Die Ausfertigung und Verkündung von Gesetzen

Damit ein Gesetz in Kraft treten kann, muss es nach der parlamentarischen Verabschiedung noch ausgefertigt werden. Dabei handelt es sich in der Regel um einen formellen Akt, den das Staatsoberhaupt vornimmt. Durch dessen Unterschrift wird gleichsam die Urfassung des jeweiligen Gesetzes als Dokument erstellt. Allein in Schweden ist die Gesetzesausfertigung nicht Sache des Staatsoberhauptes, sondern des Parlamentspräsidenten.

Die Prüfpflichten und Vetorechte des Staatsoberhauptes sind sehr verschieden. So hat insbesondere in einigen ostmitteleuropäischen Ländern der Staatspräsident das so genannte suspensive Vetorecht, das es ihm erlaubt, ein ihm übergebenes Gesetz zur weiteren Beratung an das Parlament zurückzuverweisen. Dies ist beispielsweise in Bulgarien, Litauen, Polen und Ungarn der Fall, aber auch in Portugal, Griechenland und Frankreich. Dieses Veto kann in der Regel durch eine qualifizierte starke Parlamentsmehrheit von über 50 Prozent – in Polen sogar über 60 Prozent – überstimmt werden[21]. Von diesem Vetorecht machen Staatspräsidenten durchaus Gebrauch: So wird für die Slowakische Republik berichtet, dass in den vergangenen drei Wahlperioden durchgängig über zehn Prozent der verabschiedeten Gesetze vom Präsident zurückverwiesen, anschließend vom Parlament dennoch mehrheitlich beschlossen wurden (National Council of the Slovac Republic 2008).

In Deutschland ist es Pflicht des Bundespräsidenten, vor der Ausfertigung die formelle Verfassungsmäßigkeit, also die Rechtmäßigkeit des Zustandekommens eines Gesetzes zu

---

[21] Vgl. auch den Beitrag von Döring/Hönnige in diesem Band.

prüfen. Nur in acht Fällen hat der Bundespräsident bislang auch mit Bezug auf die materielle, also inhaltliche, Verfassungsmäßigkeit Gesetzen die Unterschrift verweigert. Erst mit der anschließenden Verkündung des Gesetzes – also der Veröffentlichung im Bundesgesetzblatt – ist der Gesetzgebungsprozess abgeschlossen und das Gesetz kann in Kraft treten (Bryde 1989: 880).

3.3 Einzelaspekte der Repräsentationsfunktion

Wie oben begründet, ist die Aufgabe von Parlamenten insgesamt am besten als Repräsentation zu fassen. Diese wird durch eine Vielzahl von parlamentarischen Aktivitäten und Beziehungen zwischen Repräsentierten und Repräsentanten konkretisiert. In diesem Prozess werden Interessen, Meinungen und Stimmungen aus der Gesellschaft aufgenommen, im Rahmen der parlamentarischen Willensbildung bearbeitet und in den politischen Entscheidungsprozess eingebracht. In der Gegenrichtung obliegt es dem Parlament, Bürgerinnen und Bürger über diese Vorgänge, die Ergebnisse und Gründe für politische Entscheidungen zu informieren.

3.3.1 Repräsentation als Repräsentativität?

Einer der gängigsten und immer wiederkehrenden Kritikpunkte an Parlamenten behauptet, dass die Volksvertreter nicht „repräsentativ" für die Bevölkerung seien. Eine oberflächliche Betrachtung zielt dabei allein auf die Anteile bestimmter gesellschaftlicher Gruppen im jeweiligen Parlament – also beispielsweise Beamte, Arbeiter, Selbständige, Protestanten, Frauen, Junge, Alte und so fort. In der Politikwissenschaft wird dies als deskriptive Repräsentation bezeichnet, nach welcher die Vertretungskörperschaft sozialstrukturell und demographisch möglichst identisch für die Gesellschaft stehen soll (Pitkin 1967). Vorstellungen von solcher Spiegelbildlichkeit als Idealform der politischen Repräsentation gehen normativ fehl. Soziale Präsenz im Parlament kann nicht mit sozialer Repräsentation gleichgesetzt werden (Thaysen 1996: 231). Weder vermag die Anwesenheit von Abgeordneten mit bestimmten sozialstrukturellen oder demographischen Merkmalen zu garantieren, dass auch im Sinne dieser Gruppen Entscheidungen getroffen werden; noch könnte eine solche Zusammensetzung des Parlaments der Vielfalt der gesellschaftlichen Interessen, den Verhandlungs- und Kompromisserfordernissen von Politik gerecht werden.

Muss ein Parlament also nicht ein Abbild der Gesellschaft darstellen, um seine Repräsentationsfunktion angemessen erfüllen zu können, so steht außer Frage, dass dieses Ziel nur unter der Voraussetzung erreicht werden kann, dass das Parlament für die ganze Bandbreite der gesellschaftlichen Interessen aufnahmebereit ist. Dies kann auf vielerlei Weise geschehen, darunter eben auch durch die Anwesenheit eines Vertreters der eigenen sozialen Gruppe. Dass damit das Vertrauen in die diesbezügliche parlamentarische Kompetenz gestärkt wird, leuchtet durchaus ein.

Für den Deutschen Bundestag kann in diesem Zusammenhang festgestellt werden, dass seine Abgeordneten eine sehr große Vielfalt der vor dem Einzug in den Bundestag ausgeübten Berufe aufweisen: In der 16. Wahlperiode machten die Beamten die größte Gruppe aus (31,6 Prozent), wobei sich darunter nur ein gutes Viertel Verwaltungsbeamte finden, knapp 15 Prozent kommunale Wahlämter ausüben, 31 Prozent Lehrer sowie 18

Prozent Professoren und Wissenschaftler sind. An zweiter Stelle rangieren Angehörige Freier Berufe (14,8 Prozent), vor allem Anwälte und Notare, dicht gefolgt von 14,0 Prozent Angestellter politischer und gesellschaftlicher Organisationen (Kintz 2006: 464f.). Die Feingliederung zeigt, dass die Abgeordneten des Bundestages etwa 150 verschiedenen Berufen entstammen (Deutscher Bundestag 2005).

Ein ähnliches Bild ergibt sich auch für den Nationalrat Österreichs. Dort sind die größten Berufsgruppen im Öffentlichen Dienst (29,5 Prozent), bei politischen Parteien, Interessengruppen und Sozialversicherungen (24,0 Prozent) und bei den Freien Berufen (11,5 Prozent) zu finden (Republik Österreich. Parlament 2007). Für andere Parlamente in der EU liegen entsprechende Zahlen entweder gar nicht vor oder sind gänzlich anders gruppiert. Eine Untersuchung des britischen House of Commons zeigt beispielsweise einen Anteil von 39,3 Prozent in akademischen Berufen (unter anderem Anwälte, Ärzte, Öffentlicher Dienst, Lehrer), 19,2 Prozent in der Wirtschaft und 35,3 Prozent sind mit „Verschiedene" angegeben (Cracknell 2005).

Leicht vergleichend zu dokumentieren ist der Anteil weiblicher Abgeordneter in den Parlamenten der EU-Mitgliedstaaten. Die skandinavischen Länder nehmen hier eine Spitzenstellung ein (Schweden 45,0 Prozent; Finnland 37,5 Prozent; Dänemark 36,9 Prozent). In Deutschland waren bis in die 1980er Jahre hinein weniger als zehn Prozent Frauen im Bundestag. Seither ist ein kontinuierlicher Anstieg zu verzeichnen und mittlerweile rangiert die Bundesrepublik mit knapp 33 Prozent deutlich über dem EU-Durchschnitt von 24,2. Der Frauenanteil der Parlamente aller neu beigetretenen Länder liegt darunter (von 22,0 Prozent in Litauen bis 9,1 Prozent in Ungarn) (Cornelißen 2005).

In der Summe lautet der Befund für den Deutschen Bundestag, dass er kein sozialstrukturelles Spiegelbild der Gesellschaft[22] ist, und es darf angenommen werden, dass dies für die anderen Parlamente Europas genauso gilt. Verlässliche Daten nach einheitlichen Kategorienschemata auf diesem Felde könnten wesentlich dazu beitragen, das parlamentarische Repräsentationspotenzial besser einzuschätzen[23] – nicht mit dem Maßstab spiegelbildlicher Vertretung, sondern unter der Fragestellung, erstens, wie das Parlament seine Aufnahmebereitschaft für Interessen sicherstellt und die Kommunikation mit der Gesellschaft betreibt und, zweitens, in welchem Maße das Anforderungsprofil moderner Parlamente die Entwicklung des Abgeordnetenmandats zur Karriere und die wachsende Professionalität der Parlamentarier bewirkt.

---

[22] Neben dem oben skizzierten „deskriptiven Modell" der Repräsentation sind weitere Formen relevant, die beispielsweise stärker auf die Weisungsstränge („Delegierten-Modell"), das Handeln der Repräsentanten („Treuhänder-Modell"), die formalen Verfahren („formales Modell") oder die faktische Anerkennung („symbolisches Modell") abstellen (Brown et al. 2006: 19ff.).

[23] In der vergleichenden Sicht ist es ausgesprochen schwierig, verlässliche Aussagen zu den verwendeten Repräsentationskonzepten der 27 Parlamente Europas zu treffen, da entsprechende Quervergleiche nicht vorliegen. Um dem komplexen Thema der Repräsentation gerecht zu werden, würden überdies einfache quantitative Daten kaum genügen, sondern es bedürfte qualitativer vergleichender Feldforschung, die auch Selbstverständnisse von Abgeordneten sowie Einschätzungen in der Bevölkerung erheben. Die vergleichende Untersuchung von Repräsentation der Parlamente Europas stellt ein eigenes umfassendes und voraussetzungsvolles Forschungsprojekt dar (vgl. zum Beispiel Miller et al. 1999; Katz/Weßels 1999). Es bleibt abzuwarten, ob derzeit laufende Untersuchungen die vorhandene Lücke schließen können (vgl. zum Beispiel das bis 2009 laufende Projekt unter Leitung von Costa et al.: ParliamentaryRepresentation at National and European Levels (PARENEL)).

3.3.2 Kommunikation als Voraussetzung von Repräsentation

Die rasante Ausweitung der Kommunikationsmöglichkeiten über das Internet in den vergangenen Jahren bietet neue Möglichkeiten der direkten Kommunikation von Parlamenten und Bevölkerung, die im Folgenden näher beleuchtet werden sollen. Dabei ist keinesfalls ausgeschlossen, dass die modernen Informations- und Kommunikationstechnologien auf die Wahrnehmung der anderen Parlamentsfunktionen ebenfalls deutliche Auswirkungen haben (Leston-Bandeira 2007: 661ff.).

Beim E-Government, der Nutzung des Internets zur Einbindung von Bürgern und Bürgerinnen sowie Unternehmen im Bereich der öffentlichen Verwaltung, werden drei Interaktionsarten unterschieden: Information, Kommunikation und Transaktion. Information zielt auf die Bereitstellung von Daten über Ergebnisse und Arbeitsprozess einer Organisation. Mit Kommunikation ist der Informationsfluss in beide Richtungen gemeint. Transaktionen bezeichnen die verbindliche Vereinbarung über den Austausch von Gütern oder Dienstleistungen, wie es beispielsweise beim Onlinekauf eines Buches oder eines Autos erfolgt, aber auch bei der rechtsverbindlichen Steuererklärung über das Internet. Während Transaktionen im Bereich der Parlamente Europas bislang nicht anzutreffen sind, haben Informationen und Kommunikation über das Internet mittlerweile erhebliche Bedeutung für die Beziehungen der Parlamente zu ihrer Umwelt erlangt.

3.3.2.1 Informationen über die Parlamentsarbeit im Internet

Öffentlichkeit ist ein zentrales Gebot der Parlamentsarbeit. Dies ist in der Praxis sehr unterschiedlich definiert: Von der so genannten Präsenzöffentlichkeit, bei der einer Anzahl von tatsächlich anwesenden Personen Zugang gewährt wird, bis hin zur vollständigen Liveübertragung des Parlamentsgeschehens gibt es viele Abstufungen (Marschall 2005: 113ff.). Doch auch bei sehr weitgehender Öffentlichkeit kann als konstitutiv für politische Verfahren gelten, dass neben dem öffentlichen stets auch ein nicht-öffentlicher Bereich besteht, in dem Entscheidungen formell und informell vorbereitet werden.

Wie bereits erwähnt, haben alle Parlamente der 27 EU-Mitgliedstaaten inzwischen eigene Internetauftritte eingerichtet, die in unterschiedlicher Informationstiefe über aktuelles Geschehen, Arbeitsweise und vieles mehr berichten. Der Technik-Einsatz befindet sich naturgemäß sehr stark im Fluss, so dass die Dokumentation dieses Teils der parlamentarischen Kommunikationsfunktion ständig der Aktualisierung bedarf (Trechsel et al. 2003: 41). Gegenwärtig kann vergleichend festgehalten werden:

- Rein statische Seiten ohne aktuelle Bezüge finden sich derzeit nur noch in sieben Ländern. Fast drei Viertel der Parlamente (74,1 Prozent) berichten im Internet ständig aktualisiert über parlamentarische Termine, Vorgänge, Ergebnisse und Veranstaltungen. Um solche Tagesaktualität gewährleisten zu können, müssen neben den technischen auch entsprechende organisatorische Voraussetzungen erfüllt werden, insbesondere ist qualifiziertes Personal für die Öffentlichkeitsarbeit vorzuhalten.

Parlamente in der EU: Gesetzgebung und Repräsentation 505

- Mindestens 17 der 27 Parlamente (entspricht 63,0 Prozent) machen heute Plenarprotokolle, Entscheidungen und weitere Drucksachen im Internet zugänglich und recherchierbar[24].
- Mindestens zwei Drittel der Parlamente (18 von 27, entspricht 66,7 Prozent) übertragen Video- oder Tonmitschnitte ihrer Arbeit über das Internet, in der Regel als Liveübertragung aus den Plenarsälen. Hier sind deutliche landesspezifische Unterschiede vorhanden, insbesondere in Bezug auf die Öffentlichkeit und Übertragung von Ausschussarbeit oder Anhörungen.
- Verweise auf die persönlichen Seiten der Abgeordneten sind in nahezu allen Ländern (25 von 27, entspricht 92,4 Prozent) vorhanden.

Diese Zusammenschau verdeutlicht, dass das Internet sehr weitreichende Möglichkeiten zur Information der Bevölkerung über die Parlamentsarbeit und ihre Ergebnisse bietet. Es sind nicht mehr nur die einzelnen Abgeordneten, die mittels eigener Homepages über sich und ihre Aktivitäten informieren, sondern auch die Institutionen als Ganze. Überraschend umfassend haben die Parlamente Europas diese technischen Chancen bereits ergriffen.

Allerdings sagt die inzwischen so vielfältig praktizierte Bereitstellung von Originaldokumenten oder Livemitschnitten der Parlamentsdebatten noch nichts über die faktische Nutzung durch die Bevölkerung aus – denn für den Bereich des Internet gilt ganz besonders ein Standardsatz der Kommunikationsforschung: „Gesagt ist nicht gehört, und gehört ist nicht verstanden." Die umfassende Verfügbarkeit von Originaldokumenten im Internet mag im Einzelfall sogar als Legitimation dafür herhalten, an anderen Stellen Maßnahmen der Öffentlichkeitsarbeit und Informationsangebote zu reduzieren[25].

Damit Gesagtes gehört und verstanden wird, bedarf es der ansprechenden und zielgruppengerechten Aufbereitung von Informationen. Hier sind deutliche Unterschiede zu verzeichnen. Mehrere große Länder (zum Beispiel Deutschland, Frankreich, Großbritannien) haben sehr bunt und vielfältig gestaltete Homepages geschaffen, während einige kleinere Länder (zum Beispiel Österreich, Griechenland, Litauen) recht einfache und wenig ansprechende Seiten mit veralteten Informationen und „toten" Verweisen unterhalten. Erkennbar ist, dass gerade Parlamente aus jüngeren EU-Mitgliedstaaten (zum Beispiel Slowenien, Rumänien) offensichtlich komplette Informationssysteme eingekauft haben, was ihnen einen sehr professionellen Onlineauftritt ermöglicht.

In Bezug auf die zielgruppengerechte Ansprache nimmt der schwedische Riksdagen sicher eine Vorreiterrolle ein. Er hält Darstellungen seiner Arbeit in 21 Sprachen vor (einschließlich fünf Sprachen der Roma, drei samischen Sprachen, Arabisch, Hebräisch, Persisch), außerdem – als Video – in Zeichensprache für Gehörlose und in „Lättläst", einer besonders einfachen Form der schwedischen Sprache, die sich unter anderem an Menschen mit geistigen Behinderungen, Autismus, Schreib- und Lesestörungen, zudem an Nicht-Muttersprachler und Kinder richtet (Centrum för lättläst 2008). Nicht nur die Vielfalt, sondern auch die journalistische Aufbereitung der Informationen überzeugt, wie exemplarisch in der übersichtlichen Darstellung des durchaus komplexen Gesetzgebungsprozesses zu sehen ist (Sveriges Riksdag 2008).

---

[24] Vermutlich liegt die Zahl sogar noch höher, da aufgrund sprachlicher Hürden nicht alle Seiten vollständig ausgewertet werden konnten.
[25] Vgl. Röper 2007: 866 zur Einstellung des Drucksachenaustausches der deutschen Parlamente; vgl. Siefken 2007: 306 zur zurückgehenden Veröffentlichung von Gutachten der Bundesregierung.

Abbildung 6: Mehrsprachige Internetangebote der Parlamente in der EU

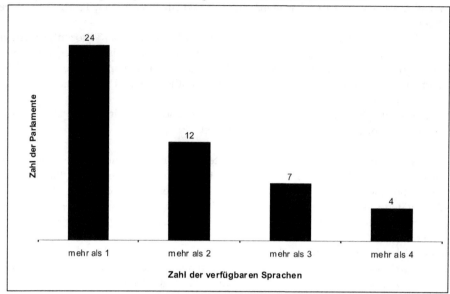

Quelle: Eigene Erhebung.

Fast die Hälfte der europäischen Parlamente stellt umfassende Informationen in drei und mehr Sprachen bereit (Abbildung 6). Überdies werden beispielsweise vom Deutschen Bundestag besondere Informationsangebote eingerichtet, die sich speziell an Kinder und Jugendliche richten[26]. Das „Targeting" der Informationen geht jedoch bislang in keinem der europäischen Parlamente so weit, dass den Nutzern auch personalisierbare Portallösungen angeboten werden, die heute technisch leicht realisierbar sind, in der Geschäftswelt (E-Business) bereits als Standard gelten und ansatzweise auch beim E-Government bereits umgesetzt werden.

3.3.2.2 Kommunikation der Parlamente mit Bürgerinnen und Bürgern

In demokratischen Gesellschaften sollen Parlamente nicht nur über ihre Arbeit und deren Ergebnisse informieren, sondern auch gezielt Interessen und Meinungen von Bürgerinnen und Bürgern in die Beratung und Entscheidungsfindung aufnehmen. Traditionell wird diese Leistung vorrangig durch die einzelnen Abgeordneten und die politischen Parteien erbracht. Daneben spielen indirekte Kommunikationsformen zum Beispiel auf dem Weg über Nachrichtenmedien und Umfrageforschung eine wichtige Rolle.

Die neuen Technologien ermöglichen heute – neben der oben geschilderten schnelleren und umfassenderen Informationsbereitstellung – auch eine verstärkte Kommunikation aus der Bevölkerung in die Parlamente hinein. So werden beispielsweise in Großbritannien seit

---

[26] Vgl. für Kinder: Kuppelkucker 2008 und für Jugendliche: mitmischen 2008.

Parlamente in der EU: Gesetzgebung und Repräsentation

1998 Onlineanhörungen durchgeführt (Trénel 2005). Auch die Verwaltung des Deutschen Bundestags hat mit ähnlichen Onlinekonsultationen bereits erste Erfahrungen gesammelt (Fühles-Ubach 2005).

Solche partizipativ-konsultativen Verfahren stellen in den Parlamenten Europas bislang jedoch noch Einzelfälle in einem sehr frühen Experimentierstadium dar. Gleichzeitig werden ähnliche Formen der Bürgerbeteiligung durch Regierungen und Verwaltungen erprobt, lange vor allem auf lokaler, aber inzwischen auch auf supranationaler Ebene (European Citizens' Consultations 2008). Inwieweit diese Verfahren sich durchsetzen und auch im parlamentarischen Bereich Verbreitung finden, bleibt abzuwarten.

Vorerst gilt, dass die Parlamente als Institutionen von den Möglichkeiten des Internets zur Kommunikation mit der Bevölkerung eher zögerlich Gebrauch machen und sich vorrangig auf die Information konzentrieren. Weiterhin erfolgt die Aufnahme von Interessen und Meinungen aus der Bevölkerung in erster Linie durch die einzelnen Parlamentarier bzw. die Parteien und Fraktionen. Wie unterschiedlich die Voraussetzungen für ein Gelingen dieser Aufgabe sind, verdeutlicht ein Blick auf die Größe der Parlamente (Abbildung 7).

Abbildung 7: Größe der Parlamente in der EU

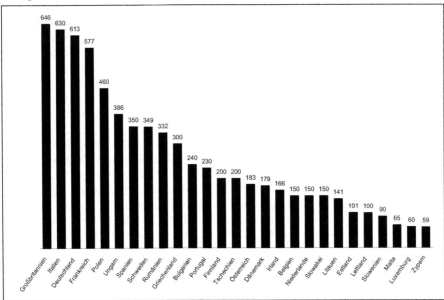

Anmerkung: Bei Zweikammersystemen ist jeweils nur die Erste Kammer berücksichtigt.
Quelle: Homepages der Parlamente, Stand: Februar 2008.

Setzt man die Zahl der Sitze in Beziehung zur Bevölkerungszahl (Stand: 1. Januar 2006), ergeben sich Werte von riesiger Spannbreite: In Deutschland kommen auf einen Abgeordneten des Bundestages 134400 Einwohner, auch in Spanien, Frankreich und den Niederlanden sind es mehr als 100000. Hingegen beträgt dieses Verhältnis in Malta nur 1:6200 und in Luxemburg 1:8300. Zehn weitere Länder weisen weniger als 30000 Bürger pro Parlamentarier auf. Da Parlamente bei 600 Mitgliedern erfahrungsgemäß an die Grenzen ihrer Arbeitsfähigkeit kommen, ist das zahlenmäßige Repräsentationsverhältnis nur in engen Grenzen zu verbessern. Da aber das Gefühl, gut repräsentiert zu werden, teilweise sogar generelles Vertrauen in die Parlamente und ihre Abgeordneten schwindet, außerdem Informationen und Kenntnisse über die Funktionsbedingungen der parlamentarischen Demokratie nicht weit verbreitet sind, ist es dringend nötig, die Kontakte zwischen Repräsentanten und Repräsentierten zu intensivieren. Hierfür halten die neuen Technologien ein vielversprechendes Potenzial bereit.

4 Parlamente in der EU: alternativlos für die Herstellung demokratischer Legitimation

Der Blick auf ausgewählte Bereiche parlamentarischer Funktionserfüllung in Europa hat gezeigt, dass alle Parlamente die Beteiligung an der Gesetzgebung mindestens für wichtig, wenn nicht gar für ihre bedeutendste Aufgabe halten und diese auch auf vielerlei Weise wahrnehmen. Parlamente und ihre Mitglieder sind keineswegs nur der – in der Terminologie Bagehots (von ihm aber der Krone zugeschriebene) – „dignified part" im Gesetzgebungsprozess oder – mit der Begrifflichkeit der Postparlamentarismus-Diskussion – der Notar anderweitig getroffener Entscheidungen. Vielmehr haben fast alle Parlamente Europas Strukturen geschaffen und Verfahren entwickelt, mit denen die Abgeordneten sowohl ihre formale Rolle aktiv ausfüllen als auch in informellen Handlungszusammenhängen an der politischen Gestaltung mitwirken können. Die in den meisten Parlamenten anzutreffende arbeitsteilige Organisation fördert zudem eine sachpolitische Spezialisierung der Abgeordneten. Damit wird kein Gleichgewicht im Verhältnis zur Ministerialbürokratie erreicht; aber von einer hoffnungslosen Unterlegenheit, die parlamentarische Gesetzgebungsarbeit zur Staffage deklassierte, kann eben auch keine Rede sein.

Hinzu kommt die in der öffentlichen Wahrnehmung oft nicht hinreichend berücksichtigte spezielle Beziehung der Mehrheitsfraktionen zu ihrer Regierung: Der systemlogisch intendierte Vorrang der Regierung steht unter dem Vorbehalt des Erfolgs, der von den Abgeordneten ständig kontrolliert wird; enge Kommunikationsbeziehungen und sachpolitische Koordination zwischen der Regierung und den sie tragenden Fraktionen sind deshalb eine Selbstverständlichkeit. In der Öffentlichkeit wird dies aber in der Regel nur im Krisenfall zur Kenntnis genommen, wenn die Mehrheit ihrer Regierung in Erinnerung rufen muss, dass sie es ist, die letztlich die Abstimmung im Parlament sichert.

Damit ist nicht gesagt, dass es keine Defizite in der Wahrnehmung der Gesetzgebungsfunktion gibt. Sehr wohl sollte darüber nachgedacht werden, wie zum Beispiel die „Europafähigkeit" der Parlamente, Binnenstrukturen und operative Ausstattung manches Hauses optimiert werden kann. Aber für den Abgesang auf Parlamente als ernst zu nehmende Akteure im Gesetzgebungsprozess gibt ihre gegenwärtige Lage keinen Anlass – schon gar nicht, wenn damit der Vorschlag verbunden wird, sie auf die Rolle als reiner „Darsteller" von Politik zu verweisen. In dieser Rolle befinden sie sich nämlich in Konkurrenz zu vielen anderen Akteuren.

Es erweist sich zwar als außerordentlich schwer, den Bürgern die komplexen Inhalte und vielfältigen Kompromissnotwendigkeiten von Politik für (post-)moderne Gesellschaften nahe zu bringen und Verständnis für die Funktionsbedingungen demokratischer Institutionen zu erzeugen; und dies gilt noch verschärft angesichts der fortschreitenden Europäischen Integration und Tendenzen der Globalisierung. Die technischen Möglichkeiten des

Internets zur Selbstdarstellung werden von den Parlamenten schon breit genutzt. Doch um diesen Teil der Repräsentationsleistung zu verbessern – also sich responsiv den Wählern zu öffnen und gleichzeitig die Handlungsmöglichkeiten und -restriktionen der Politik zu verdeutlichen –, bedarf es verstärkter Kommunikationsbemühungen und Anstrengungen, politische Transparenz zu erhöhen: Parlamente müssen die systematische Rückkopplung und die Orientierung an Interessen unterschiedlicher Zielgruppen wie auch politische Führung im Kontakt zu den Repräsentierten leisten. Es wird aber nur gelingen, die verbreitete Unzufriedenheit der europäischen Bürger mit der Politik und ihren Institutionen zu verringern, wenn auch die Ergebnisse überzeugen. Und deshalb dürfen Reden und Handeln nicht entkoppelt werden: Parlamente müssen in der Verantwortung bleiben, das, was sie den Bürgern vermitteln und wofür sie ihnen rechenschaftspflichtig sind, auch selbst mitzugestalten. Bisher ist nicht ersichtlich, wodurch demokratische Legitimation politischer Entscheidungen gewährleistet werden könnte, wenn nicht durch parlamentarische Repräsentation in der ganzen Breite ihrer Funktionen.

Literatur

Andersen, Svein S./Burns, Tom R., 1996: The European Union and the Erosion of Parliamentary Democracy: A Study of Post-parliamentary Governance, in: Andersen, Svein S./ Eliassen, Kjell A. (Hrsg.), The European Union: How Democratic Is It? London/Thousand Oaks/New Delhi, 227-251.
Auffermann, Burkhard/Laasko, Seppo, 2008: Gesetzgebung im politischen System Finnlands, in: Ismayr, Wolfgang (Hrsg.), Gesetzgebung in Westeuropa. EU-Staaten und Europäische Union. Wiesbaden, 65–97.
Bagehot, Walter, 1981: The English Constitution. Glasgow.
Benz, Arthur, 1998: Postparlamentarische Demokratie? Demokratische Legitimation im kooperativen Staat, in: Greven, Michael Th. (Hrsg.), Demokratie – eine Kultur des Westens? Opladen, 201-222.
Beyme, Klaus von, 1997: Der Gesetzgeber. Der Bundestag als Entscheidungszentrum. Opladen.
Bogdandy, Armin von, 2005: Entmachtung der Parlamente?, in: Frankfurter Allgemeine Zeitung, FAZ 03.05.2005.
Brown, Mark B./Lentsch, Justus/Weingart, Peter, 2006: Politikberatung und Parlament. Opladen.
Bryde, Brun-Otto, 1989: Stationen, Entscheidungen und Beteiligte im Gesetzgebungsverfahren, in: Schneider, Hans-Peter/Zeh, Wolfgang (Hrsg.), Parlamentsrecht und Parlamentspraxis. Berlin, 859–881.
Centrum för lättläst, 2008: Centrum för lättläst, in: http://www.lattlast.se; 31.03.2008.
Cornelißen, Waltraud, 2005: Gender Datenreport im Auftrag des BMFSFJ (Bundesministerium für Familie, Senioren, Frauen und Jugend), in: http://www.bmfsfj.de/Publikationen/ genderreport.root.html; 31.03.2008.
Costa, Olivier/Kerrouche, Eric/De Waele, Jean-Michel, 2008: Parliamentary Representation at National and European Levels (PARENEL), in: http://www.spirit.sciencespobor deaux. fr/Parenel.html; 05.03.2008.
Cracknell, Richard, 2005: Social Backgrounds of MPs. Last Updated: November, 17, 2005, in: ˙http://www.parliament.uk/commons/lib/research/notes/snsg-01528.pdf; 31.03.2008.
Crouch, Colin, 2004: Post-Democracy. Cambridge.

Deutscher Bundestag, 2005: Berufsstatistik der 16. Wahlperiode (Stand: 18.10.2005), in: http://www.bundestag.de/mdb/statistik/stat16.pdf; 31.03.2008.

Duverger, Maurice, 1980: A New Political System Model: Semi-Presidential Government, in: European Journal of Political Research 8 (2), 165-187.

European Citizens' Consultations, 2008: Making your voice heard, in: http://www.european-citizens-consultations.eu/; 31.03.2008.

Feldkamp, Michael F., 2005: Datenhandbuch zur Geschichte des Deutschen Bundestages 1994-2003. Baden-Baden.

Feldkamp, Michael F., 2006: Deutscher Bundestag 1987 bis 2005: Parlaments- und Wahlstatistik, in: Zeitschrift für Parlamentsfragen 37 (1), 3-19.

Fühles-Ubach, Simone, 2005: Wie hätten Sie's denn gern? – Ergebnisse und Projektentwicklung der ersten gestuften Online-Befragung (Online-Konsultation) zur Zukunft des Internetprogramms des Deutschen Bundestages. Ergebnisbericht zum Forschungsprojekt 11/04 – 03/05. Fachhochschule Köln.

House of Commons, 2008: Sessional Information Digest, in: http://www.publications.parliament.uk/pa/cm/cmsid.htm; 07.01.2008.

House of the Nation, 2008a: Legislation, in: http://www.mkogy.hu/angol/legislation.htm; 31.03.2008.

House of the Nation, 2008b: The Legislative Activity of the Hungarian National Assembly in Facts, in: http://www.mkogy.hu/angol/statistics06.htm; 31.03.2008.

Ismayr, Wolfgang (Hrsg.), 2003: Die politischen Systeme Westeuropas. 3. Auflage. Opladen.

Ismayr, Wolfgang (Hrsg.), 2004a: Die politischen Systeme Osteuropas. Opladen.

Ismayr, Wolfgang, 2004b: Die politischen Systeme Osteuropas im Vergleich, in: Ismayr, Wolfgang (Hrsg.), Die politischen Systeme Osteuropas. Opladen, 9–69.

Ismayr, Wolfgang (Hrsg.), 2008a: Gesetzgebung in Westeuropa. EU-Staaten und Europäische Union. Wiesbaden.

Ismayr, Wolfgang, 2008b: Gesetzgebung in den Staaten der Europäischen Union im Vergleich, in: Ismayr, Wolfgang (Hrsg.), Gesetzgebung in Westeuropa. EU-Staaten und Europäische Union. Wiesbaden, 9–64.

Jahn, Detlef, 2003: Das politische System Schwedens, in: Ismayr, Wolfgang (Hrsg.), Die politischen Systeme Westeuropas. Opladen, 93–130.

Jann, Werner/Thiessen, Jan, 2008: Gesetzgebung im politischen System Schwedens, in: Ismayr, Wolfgang (Hrsg.), Gesetzgebung in Westeuropa. EU-Staaten und Europäische Union. Wiesbaden, 99–131.

Katz, Richard S./Weßels, Bernhard (Hrsg.), 1999: The European Parliament, National Parliaments, and European Integration. Oxford.

Kimmel, Adolf, 2008: Gesetzgebung im politischen System Frankreichs, in: Ismayr, Wolfgang (Hrsg.), Gesetzgebung in Westeuropa. EU-Staaten und Europäische Union. Wiesbaden, 229–270.

Kintz, Melanie, 2006: Daten zur Berufsstruktur des 16. Deutschen Bundestages, in: Zeitschrift für Parlamentsfragen 37 (3), 461-470.

Kirchhof, Paul, 2001: Demokratie ohne parlamentarische Gesetzgebung?, in: Neue Juristische Wochenschrift 54 (18), 1332-1334.

Krevert, Peter, 1993: Funktionswandel der wissenschaftlichen Politikberatung in der Bundesrepublik Deutschland: Entwicklungslinien, Probleme und Perspektiven im Kooperationsfeld von Politik, Wissenschaft und Öffentlichkeit. Münster.

Kropp, Sabine, 2002: Exekutive Steuerung und informale Parlamentsbeteiligung. Regierung und Parlament in der Wohnungspolitik, in: Zeitschrift für Parlamentsfragen 33 (3), 436-452.

Kropp, Sabine, 2003: Deparlamentarisierung als Regierungsstil? Regierung und Parlament in der rot-grünen Koalition auf Bundesebene, in: Gohr, Antonia/Seeleib-Kaiser, Martin (Hrsg.), Sozial- und Wirtschaftspolitik unter Rot-Grün. Opladen, 329-344.

Kuppelkucker, 2008: Kuppelkucker, in: http://www.kuppelkucker.de/; 31.03.2008.

Leston-Bandeira, Cristina, 2007: The Impact of the Internet on Parliaments: a Legislative Studies Framework, in: Parliamentary Affairs 60 (4), 655–674.

Lijphart, Arend, 1994: Presidentialism and Majoritarian Democracy: Theoretical Observations, in: Linz, Juan J./Valenzuela, Arturo (Hrsg.), The Failure of Presidential Demoracy. Band 1. Baltimore, 91-105.

Marschall, Stefan, 2005: Parlamentarismus. Eine Einführung. Baden-Baden.

Mill, John Stuart, 1968: Representative Government. London.

Miller, Warren/Pierce, Roy/Thomassen, Jacques/Herrera, Richard/Holmberg, Sören/Esaiasson, Peter/Weßels, Bernhard, 1999: Policy Representation in Western Democracies. Oxford.

mitmischen, 2008: mitmischen. Das Jugendportal des Deutschen Bundestages, in http://www.mitmischen.de/; 31.03.2008.

Nannestad, Peter, 2008: Gesetzgebung im politischen System Dänemarks, in: Ismayr, Wolfgang (Hrsg.), Gesetzgebung in Westeuropa. EU-Staaten und Europäische Union. Wiesbaden, 133–158.

National Council of the Slovac Republic, 2008: Laws. Statistics, in:http://www.nrsr.sk/default.aspx?sid=zakony/statistiky; 31.03.2008.

Oberreuter, Heinrich, 1978: Kann der Parlamentarismus überleben? Bund – Länder – Europa. 2. Auflage. Zürich.

Oertzen, Jürgen von, 2006: Das Expertenparlament. Abgeordnetenrollen in den Fachstrukturen bundesdeutscher Parlamente. Baden-Baden.

Papier, Hans-Jürgen, 2003: Reform an Haupt und Gliedern, in: Frankfurter Allgemeine Zeitung, FAZ 31.01.2003.

Parliament of Finland, 2008: About Parliament. Legislative work of Parliament, in: http://web.eduskunta.fi/Resource.phx/parliament/aboutparliament/legislativework.htx; 31.03.2008.

Patzelt, Werner J., 1993: Abgeordnete und Repräsentation: Amtsverständnis und Wahlkreisarbeit. Passau.

Patzelt, Werner J., 2003: Parlamente und ihre Funktionen, in: Patzelt, Werner J. (Hrsg.), Parlamente und ihre Funktionen. Institutionelle Mechanismen und institutionelles Lernen im Vergleich. Wiesbaden, 13-49.

Pelinka, Anton, 2008: Gesetzgebung im politischen System Österreichs, in: Ismayr, Wolfgang (Hrsg.), Gesetzgebung in Westeuropa. EU-Staaten und Europäische Union. Wiesbaden, 431–461.

Pitkin, Hanna F., 1967: The Concept of Representation. Berkeley.

Regeringskansliet, 2008: How Sweden is Governed. Committees, in: http://sweden.gov.se/sb/d/575/a/18479; 31.03.2008.

Republik Österreich. Parlament, 2007: Statistik der Abgeordneten zum Nationalrat (Stichtag: 16. Juli 2007), in: http://www.parlinkom.gv.at/WW/NR/STAT/BERUF/GP/XXIII/show.psp?p_inf2=20070716; 31.03.2008.

Riescher, Gisela/Ruß, Sabine/Haase, Christoph M. (Hrsg.), 2000: Zweite Kammern. München.

Röper, Erich, 2007: Mit dem Internet in die parlamentarische Provinzialität, in: Zeitschrift für Parlamentsfragen 38 (4), 865–870.
Rudzio, Wolfgang, 2006: Das politische System der Bundesrepublik Deutschland. Lehrbuch. 7. Auflage. Wiesbaden.
Saalfeld, Thomas, 2008: Gesetzgebung im politischen System Großbritanniens, in: Ismayr, Wolfgang (Hrsg.), Gesetzgebung in Westeuropa. EU-Staaten und Europäische Union. Wiesbaden, 159–199.
Santaolalla, Fernando, 2008: Gesetzgebung im politischen System Spaniens, in: Ismayr, Wolfgang (Hrsg.), Gesetzgebung in Westeuropa. EU-Staaten und Europäische Union. Wiesbaden, 513–557.
Sartori, Giovanni, 1992: Demokratietheorie. Darmstadt.
Schindler, Peter, 1999: Datenhandbuch zur Geschichte des Deutschen Bundestages 1949-1999.Gesamtausgabe in drei Bänden. Baden-Baden.
Schmidt, Thomas, 2004: Das politische System Lettlands, in: Ismayr, Wolfgang (Hrsg.), Die politischen Systeme Osteuropas. Opladen, 111–151.
Schnapp, Kai-Uwe, 2004: Ministerialbürokratien in westlichen Demokratien. Eine vergleichende Analyse. Opladen.
Schnapp, Kai-Uwe/Harfst, Philipp, 2005: Parlamentarische Informations- und Kontrollressourcen in 22 westlichen Demokratien, in: Zeitschrift für Parlamentsfragen 36 (2), 348–371.
Schüttemeyer, Suzanne S., 1989: Öffentliche Anhörungen, in: Schneider, Hans-Peter/Zeh, Wolfgang (Hrsg.), Parlamentsrecht und Parlamentspraxis. Berlin, 1145–1159.
Schüttemeyer, Suzanne S., 1998: Fraktionen im Deutschen Bundestag 1949-1997. Empirische Befunde und theoretische Folgerungen. Opladen.
Schüttemeyer, Suzanne S., 2003: Die Bundestagsabgeordneten im Kräftefeld von Parlament, Fraktion, Partei und Wählern, in: Breit, Gotthard/Massing, Peter (Hrsg.), Parlamentarismus in der Bundesrepublik Deutschland. Schwalbach/Ts., 77-100.
Schüttemeyer, Suzanne S., 2007: Modewort oder Alarmsignal? Befunde und Überlegungen zur Entparlamentarisierung, in: Patzelt, Werner J./Sebaldt, Martin/Kranenpohl, Uwe (Hrsg.), Res publica semper reformanda. Wissenschaft und politische Bildung im Dienste des Gemeinwohls. Wiesbaden, 240-253.
Schwarzmeier, Manfred, 2001: Parlamentarische Mitsteuerung. Strukturen und Prozesse informalen Einflusses im Deutschen Bundestag. Opladen.
Sejm of the Republic of Poland, 2008: Legislative Procedure, in: http://www.sejm.gov.pl/english/prace/lp1.htm; 31.03.2008.
Shugart, Matthew S./Carey, John, 1992: Presidents and Assemblies. Constitutional Design and Electoral Dynamics. Cambridge.
Siefken, Sven T., 2007: Expertenkommissionen im politischen Prozess. Eine Bilanz zur rot-grünen Bundesregierung 1998-2005. Wiesbaden.
Steffani, Winfried (Hrsg.), 1979: Parlamentarische und präsidentielle Demokratie. Strukturelle Aspekte westlicher Demokratien. Opladen.
Strøm, Kaare, 1998: Parliamentary Committees in European Democracies, in: The Journal of Legislative Studies 4 (1), 21–59.
Strøm, Kaare/Müller, Wolfgang C./Bergman, Torbjörn (Hrsg.), 2006: Delegation and accountability in parliamentary democracies. Oxford.
Sveriges Riksdag, 2008: Legislation. How laws are made, in: http//www.riksdagen.se/templates/PageWFrame____6577.aspx; 31.03.2008.

Thaysen, Uwe, 1990: Der Bundestag – Eine Bilanz nach 40 Jahren, in: Porzner, Konrad/Oberreuter, Heinrich/Thaysen, Uwe (Hrsg.), 40 Jahre Deutscher Bundestag. Baden-Baden, 76-82.

Thaysen, Uwe, 1996: Repräsentative Demokratie: Ist der Deutsche Bundestag dem zunehmenden gesellschaftlichen Pluralismus noch gewachsen?, in: Rüther, Günther (Hrsg.), Repräsentative oder plebiszitäre Demokratie – Eine Alternative? Baden-Baden, 223-243.

Timmermans, Arco/Scholten, Peter/Oostlander, Steven, 2008: Gesetzgebung im politischen System der Niederlande, in: Ismayr, Wolfgang (Hrsg.), Gesetzgebung in Westeuropa. EU-Staaten und Europäische Union. Wiesbaden, 271-302.

Trechsel, Alexander H./Kies, Raphael/Mendez, Fernando/Schmitter, Philippe C., 2003: Evaluation of The Use of New Technologies in Order to Facilitate Democracy. European Parliament. Directorate-General for Research. Working Paper STOA 116 EN.

Trénel, Matthias, 2005: Online-Anhörungen am britischen Parlament: Wege zur Verbesserung der Kommunikation zwischen Parlament und Öffentlichkeit. Discussion Paper SP IV 2005-105. Wissenschaftszentrum Berlin für Sozialforwschung (WZB). Berlin.

Tweede Kamer der Staten Generaal, 2008a: How Parliament Works. Tasks of the Tweede Kamer, in: http://www.houseofrepresentatives.nl/how_parliament_works/tasks_of_the_tweede_ kamer; 31.03.2008.

Tweede Kamer der Staten Generaal, 2008b: Members of Parliament. Committees, in: http://www.houseofrepresentatives.nl/members_of_parliament/committees/; 31.03.2008.

Walkland, Stuart A., 1981: Das neue Ausschußsystem des britischen Unterhauses, in: Zeitschrift für Parlamentsfragen 12 (4), 463-473.

Weber, Peter, 2008: Gesetzgebung im politischen System Italiens, in: Ismayr, Wolfgang (Hrsg.), Gesetzgebung in Westeuropa. EU-Staaten und Europäische Union. Wiesbaden, 463–511.

Weidenfeld, Werner (Hrsg.), 2006: Europa-Handbuch. Gütersloh.

Zervakis, Peter A., 2004: Die politischen Systeme Zyperns, in: Ismayr, Wolfgang (Hrsg.), Die politischen Systeme Osteuropas. Wiesbaden, 887-942.

Sabine Kropp

Koalitionsregierungen

1 Einleitung: Koalitionsforschung als ein Kernbereich der vergleichenden Regierungslehre

Die Koalitionsforschung zählt zu den Kernbereichen der vergleichenden Regierungslehre. Eine Zusammenstellung der nationalen Regierungen in Europa zeigt, dass Koalitionsregierungen in den Mitgliedstaaten der EU die am weitesten verbreitete Regierungsform sind – daran hat sich auch nach dem Beitritt von zwölf neuen Staaten zur EU im Großen und Ganzen nichts geändert. Einer internationalen Vergleichsstudie in 17 europäischen Demokratien zufolge bestanden zwischen 1945 und 1999 nur 13 Prozent aller Regierungen aus einer einzigen Partei, während rund 63 Prozent formale Koalitionsregierungen waren und in 23 Prozent der erhobenen Fälle Minderheitsregierungen zustande kamen (vgl. Saalfeld 2007: 180). Sowohl in den alten Mitgliedstaaten als auch in den mittel- und südosteuropäischen Ländern dominieren parlamentarische Regierungssysteme, in denen Parteien die wesentlichen kollektiven Akteure sind und in denen aufgrund der Fragmentierung der Parteiensysteme eine Partei zumeist nicht alleine die Mehrheit an Mandaten erringen kann. Jedoch gibt es, was die Funktionsweise und die Stabilität von Regierungen betrifft, auffallende Unterschiede zwischen den alten und den neuen Mitgliedstaaten. Mehr als in vielen der alten Mitgliedstaaten der EU häufen sich bei den Neumitgliedern Regierungs- und Koalitionskrisen, was nicht zuletzt auf die auch 15 Jahre nach den Systemwechseln höchst dynamische Entwicklung der osteuropäischen Parteiensysteme und die damit einhergehende geringere Stabilität der Fraktionen in den nationalen Parlamenten zurückzuführen ist (vgl. Shabad/Slomczynski 2004). Aufgrund des ständigen Wandels der Parteienlandschaft ist es ein recht anspruchsvolles Unterfangen, empirische Befunde für Koalitionsregierungen in Mittelost- und Südosteuropa aufzubereiten – dies gilt erst recht, wenn man die neuen EU-Staaten systematisch in eine den westeuropäischen Raum überschreitende Analyse von Koalitionsregierungen einzuordnen versucht (vgl. Grotz 2007: 111f.; Kropp et al. 2002; Pridham 2002). Die nachfolgende Analyse soll – wenn auch auf der Grundlage einer nach wie vor unvollständigen Datenlage – einen Beitrag hierzu leisten.

Dass die institutionelle Ausgestaltung von – z. B. präsidentiellen, parlamentarischen und semipräsidentiellen – Regierungssystemen unterschiedliche Handlungsanreize und Restriktionen für politische Akteure setzt und zu verschiedenartigen Mechanismen des Regierens führt, ist eine bewährte Erkenntnis des Neoinstitutionalismus. Die Art und Weise, wie regiert wird, hängt jedoch ebenfalls nicht unerheblich von der Frage ab, welche Parteienkonstellation sich im Parlament und in der Regierung wieder findet. Sowohl die Zahl der an einer Regierung beteiligten Parteien als auch ihre Kooperationsfähigkeit und das Regierungsformat – sei es eine Einparteiregierung, Minderheitsregierung, eine kleine bzw. übergroße Koalition – beeinflussen die Logik des Regierens beträchtlich. Aus der interregional vergleichenden Politikforschung ist bekannt, dass der Faktor „Koalition" angesichts der konvergenten Entwicklungen von präsidentiellen und parlamentarischen Regierungssystemen inzwischen selbst die Regierungspraxis von präsidentiellen Systemen, denen typologisch ursprünglich Einparteiregierungen und dezentralisierte Parteien mit schwacher Fraktionsdisziplin zugeordnet wurden, wesentlich prägt (vgl. Nolte 2007; Kailitz 2007). Auch diese Befunde sprechen dafür, die Konzepte und Theorien der Koalitionsforschung in anderen regionalen Kontexten zu überprüfen und weiterzuentwickeln.

In Ländern, in denen Koalitionen die gängige Regierungsform darstellen, strukturieren einige besondere Merkmale die Regierungspraxis nach Wahlen. Koalitionen führen zu einer Machtteilung zwischen den Parteien innerhalb der Regierung und auch im regierungstragenden Lager des Parlaments; sie verschaffen den an einer Regierung beteiligten Parteien ein – je nach ihrer relativen Stärke – mehr oder weniger großes Vetopotential. Lijphart (1999) rechnet sie daher den konsensdemokratischen Elementen zu, die Verhandlungen als prägenden konfliktlösenden Mechanismus in ein politisches System einbauen. Die Regierungspraxis von Koalitionen entspricht dabei einem *mixed-motive game*: Die beteiligten Parteien sind zwar zu einer Zusammenarbeit grundsätzlich bereit, weil mit der Kooperation spezifische, den Präferenzen der Akteure entsprechende Gewinne verbunden sind. Gleichzeitig stehen die Parteien jedoch – wenn auch in fallweise unterschiedlichem Ausmaß – stets im Wettbewerb zueinander. Die Konkurrenz um Wählerstimmen ruft während des gemeinsamen Regierens Konflikte hervor, die selbst bei sorgfältigem Koalitionsmanagement mitunter nur schwer bewältigt werden können. Koalitionsregierungen verbinden somit konkurrenz- *und* konsensdemokratische Elemente miteinander. Zwar zeigen vergleichende Untersuchungen, dass die Performanz von Konsensdemokratien keineswegs schlechter sein muss als die mehrheitsdemokratischer Systeme; ihre Leistungsfähigkeit wird zuweilen sogar als größer erachtet (vgl. Lijphart 1999).[1] Folgt man dem in der vergleichenden Politikwissenschaft populären Vetospielertheorem, so mindern Koalitionen aber im Großen und Ganzen die Chancen auf einen substantiellen Politikwechsel (vgl. Tsebelis 2002). Je größer die Policy-Distanzen zwischen den Parteien im Kabinett sind und je stärker die Polarisierung zwischen ihnen ausfällt, desto weniger gelingt es Koalitionspartnern der Vetospielertheorie zufolge, sich in Sachfragen auf Lösungen zu verständigen, die sich vom Status quo weg bewegen. Der Faktor „Koalition" kann somit als ein Element zur Typisierung von westlichen Demokratien herangezogen werden. Mit ihm sind allerdings unterschiedliche, sich teilweise sogar widersprechende Annahmen verbunden.

Komparativ angelegte Untersuchungen zu Koalitionen beziehen sich überwiegend auf Regierungsbündnisse, d. h. sie richten ihr Augenmerk auf die Interaktionen von Parteien, die im Kabinett vertreten sind. Minderheitsregierungen, die nur aus einer Partei bestehen, aber dauerhafte (und teilweise über politische Verträge institutionalisierte) Interaktionsbeziehungen mit einer oder mehreren Tolerierungsparteien im Parlament eingehen, müssten damit, streng genommen, aus dem Sample herausfallen. Auch Kooperationen, die Parteien, z. B. bedingt durch die Existenz von Mehrheitswahl- oder gemischten Wahlsystemen, schon während des Wahlkampfes eingehen, gehören nicht zum engeren Gegenstand der Koalitionsforschung, sondern werden allenfalls als Kontextbedingungen in Analysen einbezogen. Beide Aspekte werden jedoch – wie in den meisten länderübergreifenden Darstellungen üblich – in die nachfolgende Untersuchung integriert, da es für die Aussagekraft der in der

---

[1] Die Annahmen Lijpharts finden jedoch ebenfalls Kritik, vgl. hierzu auch den Beitrag von Döring und Hönnige in diesem Band.

Koalitionsforschung verwendeten Theoreme durchaus wichtig ist zu wissen, warum Parteien in einigen Ländern nicht in eine Koalition eintreten, sondern sich stattdessen mit dem Status einer tolerierenden Kraft begnügen. Zum anderen nehmen Wahlbündnisse den Koalitionstyp und die parteipolitische Zusammensetzung einer Regierung nach Wahlen bereits vorweg.

Die Koalitionsforschung kennt drei Gegenstandsbereiche, die eng miteinander verbunden sind: Ein Teil der Analysen widmet sich der Frage, wie und aus welchen Gründen bestimmte Regierungsbündnisse gebildet werden. Ein weiterer Forschungszweig beschäftigt sich mit der Stabilität und der Beendigung von Koalitionen. Theoretisch und empirisch weniger gut erforscht ist die Regierungspraxis von Parteienbündnissen, das sog. *coalition governance*. In allen drei Bereichen wiederum bleibt der Forschungsstand zu den mittelost- und südosteuropäischen EU-Staaten weit hinter dem zu den westeuropäischen Ländern zurück, wo die Koalitionsforschung eine lange Tradition aufweist.

Im nachfolgenden Beitrag werden zunächst anhand unterschiedlicher Zweige der Koalitionstheorie forschungsleitende Fragen herausgearbeitet. Anschließend werden die 27 EU-Mitgliedstaaten, sofern möglich, bestimmten Typen von Regierungsformaten zugeordnet. Die Darstellung konzentriert sich dabei auf die verschiedenen Mechanismen der Regierungsbildung und der Regierungsstabilität. Gleichzeitig jedoch soll ein Versuch unternommen werden, einzelne Aspekte der Regierungspraxis von Koalitionen anhand einer kleineren, wegen der Datenlage im Wesentlichen auf Westeuropa bezogenen Fallauswahl näher zu beleuchten. Von besonderem Interesse ist die Frage, ob die Einbindung der neuen Mitgliedstaaten der EU die bisherigen Annahmen der modellorientierten Koalitionsforschung erhärtet oder aber ob deren Theoreme für einen erweiterten Vergleich stärker kontextualisiert werden müssen. Ein solcher Transfer ist freilich nur für einige Theoreme und Befunde möglich, da eine umfassende Analyse aufgrund der unvollständigen Datenlage zu den mittelost- und südosteuropäischen Ländern noch nicht durchführbar ist und den Rahmen dieses Beitrags sprengen würde.

2 Theorien in der Koalitionsforschung

Die Koalitionsforschung bietet ein gutes Beispiel für eine analytisch präzise und im Wesentlichen deduktiv vorgehende Theoriebildung, in deren Verlauf ursprünglich sehr sparsame theoretische Sätze kontrolliert ausdifferenziert und realitätsnäher gestaltet wurden. Überblicksdarstellungen betonen zu Recht, dass es in kaum einem anderen Forschungszweig so viel kumulative Forschung gebe. Der Theoriebildung wurde und wird ein recht großer Stellenwert beigemessen, weshalb die empirische Forschung demgegenüber lange Zeit eher zurückblieb (vgl. Müller 2004: 267).

In der Koalitionsanalyse lassen sich grob zwei theoretische und methodische Grundrichtungen unterscheiden: die der formalen, spieltheoretisch ausgerichteten Modellbildung sowie stärker empirisch orientierte, kontextbezogene Untersuchungen, die oft induktiv vorgehen und gemeinhin unter dem Etikett der „European politics tradition" zusammengefasst werden. Noch Ende der 1980er Jahre bescheinigten kritische Studien der spieltheoretisch fundierten Koalitionstheorie, dass diese am Ende angelangt sei und sich in Nebenschauplätzen verzettelt habe (vgl. Nolte 1988). Doch Totgesagte leben bekanntlich länger: Inzwischen konvergieren beide Forschungsrichtungen in vielen ihrer Fragestellungen, theoretischen Grundannahmen und Befunden, wenngleich die grundlegende Herangehensweise an den Untersuchungsgegenstand letztlich unterschiedlich geblieben ist. Modellorientierte Untersuchungen sind jedoch immer wieder auf Hypothesen generierende Studien angewiesen, und umgekehrt verwenden theoriegeleitete Fallstudien oder Small N-Vergleiche, die nur wenige, in sich zumeist komplexe Fälle umfassen, die – zumeist schon getesteten – Theoreme als konzeptionellen Rahmen bzw. zur Bestimmung von erklärenden Variablen.

2.1 Koalitionsbildungen als Untersuchungsgegenstand

Um die Koalitionen der 27 EU-Mitgliedstaaten typisieren zu können, ist ein Blick in die Theorien und empirischen Befunde der vergleichenden Koalitionsforschung unverzichtbar (im Überblick vgl. Diermeier 2006). Der Zweig der formalen Modellbildung hat sich seit den 1960er Jahren herausgebildet und war ursprünglich eng mit den Namen von William Gamson (1961) und William Riker (1962) verbunden. Ziel der frühen Modelle war es, die Zusammensetzung von Koalitionen nach Wahlen zu prognostizieren. Beide Autoren brachten dabei die Größe einer Koalition mit den Auszahlungen von Gewinnen an die Parteien, die als nutzenmaximierende Akteure gedacht sind, in Zusammenhang (Größentheorem). Die frühen Modelle gingen davon aus, dass Koalitionsbildungen im Wesentlichen der Struktur von Nullsummenspielen entsprechen, bei denen als einheitliche Akteure konzipierte Parteien von der Motivation des *office-seeking* getrieben sind und somit nach der Besetzung möglichst vieler Ministersessel streben. Als Spieleinsatz gelten die in Wahlen erzielten Mandate; der Gewinn wird dabei als konstante Größe definiert. Auf der Grundlage dieser noch recht schlichten Annahmen entstehen axiomatisch Mehrheitskoalitionen, genauer: sog. *minimal winning coalitions*, in denen der Austritt eines Koalitionspartners den Verlust der parlamentarischen Mehrheit bedeutet. Das „Spiel" beginnt mit der Identifikation einer Partei als Formateur, der – notfalls in mehreren Spielrunden – eine Regierung zu bilden versucht. Oft sind jedoch in einer Spielsituation mehrere solcher Gewinnkoalitionen denkbar. Deshalb ging Riker davon aus, dass rationale Akteure den maximalen Gewinn dann erzielen, wenn die Regierungsmehrheit im Parlament möglichst knapp über der 50-Prozent-Grenze an Mandaten liegt (*minimum winning coalitions*). Leiserson (1968) wiederum fügte diesen Überlegungen das Argument hinzu, dass Mehrheitskoalitionen möglichst wenige Parteien umfassen sollten, da sich so die Transaktionskosten in den Verhandlungen reduzieren ließen. Unschwer erkennbare Defizite dieser Theoreme bestanden darin, dass sie weder die – keineswegs nur eine Ausnahme darstellenden – Minderheitsregierungen zu erklären vermochten noch *surplus coalitions*, die mehr Parteien als unbedingt erforderlich enthalten. Sie boten ebenso wenig eine Erklärung für Regierungsbündnisse, die im Parlament auf mehr Mandate zurückgreifen können als unbedingt erforderlich sind. Ebenso wurde die Tatsache ausgeblendet, dass sich gerade solche Parteien bevorzugt zusammenschließen, zwischen denen inhaltliche Übereinstimmungen gegeben sind.

Das Größentheorem wurde deshalb schon bald ergänzt durch unterschiedliche Annahmen, die Charakteristika von Parteiensystemen in die Analyse integrierten und Parteien als Akteure konzipierten, denen nicht nur an der Maximierung von Ämtern, sondern auch an der Umsetzung ihrer Policypräferenzen (*policy-seeking*) gelegen ist. Der *minimal-range* Theorie (vgl. Leiserson 1966; de Swaan 1973) zufolge sind Regierungsbündnisse wahrscheinlicher, die dem Mehrheitskriterium genügen und deren ideologische Spannbreite nicht größer ist als die jeder anderen beliebigen Koalitionsvariante, da solche Koalitionen weniger Konfliktpotential in sich bergen. *Policy-distance* Theorien gehen somit davon aus, dass es Bündnisse mit geringen ideologischen Differenzen einfacher haben, erfolgreich Politikinhalte in die Realität umzusetzen. Robert Axelrod (1978) wiederum verband das Größentheorem mit der Überlegung, dass Parteienbündnisse, die ideologisch kompakt sind, stabiler seien. Deshalb seien solche Koalitionen am wahrscheinlichsten, die „minimal winning" *und* ideologisch „connected" sind (*minimal connected winning*). Etliche Jahre später haben Laver und Schofield (1990) die Bedeutung des sog. *median legislator* für die Koalitionsbildung hervorgehoben, also der Partei, die den Abgeordneten in ihrer Mitte hat, der auf einer eindimensionalen Links-Rechts-Skala links und rechts gleich viele Abgeordnete neben sich zählt. Ein solcher Akteur verfüge im Koalitionsspiel über strategische Vorteile und könne – als „policy dictator" – aus einer stabilen Regierungsbildung nicht ausgeschlossen werden. Diese Annahme erreicht eine erhebliche Prognosekapazität von 78 Prozent vorhersagbarer Koalitionen, sie hat aber den Nachteil, dass mit ihr je Fall oft mehrere verschiedene Kombinationen prognostiziert werden können und ihre tatsächliche Prognoseeffizienz daher mit zwölf Prozent bescheiden ausfällt (vgl. Müller 2004: 277).

Als besonders hoch stellte sich demgegenüber die Prognoseeffizienz der *policy-distance* Theorie mit rund 26 Prozent heraus – für ein Modell mit noch recht schlichten Annahmen eine durchaus ansehnliche Trefferquote. Neuere Modelle haben zudem den Versuch unternommen, *office-seeking* und *policy-seeking* Motive systematisch miteinander zu verknüpfen. Laver und Shepsle (1996) beispielsweise integrierten die Annahmen über die Handlungsmotive von Parteien, indem sie behaupteten, dass voneinander klar abgrenzbare Policies stets innerhalb der ebenfalls hinsichtlich ihrer Kompetenzen eindeutig voneinander geschiedenen Ministerien geplant und umgesetzt würden. Insofern sei es unerheblich, ob man politische Parteien als *office-seeker* oder als *policy-seeker* konzeptualisieren würde. Diese Sichtweise greift freilich zu kurz, da *policy-seeker*, je nach Struktur eines nationalen Institutionengefüges, ihre Präferenzen auch außerhalb von Ministerien durchzusetzen vermögen. Gibt es z. B. eine starke Stellung der Parlaments-ausschüsse im Gesetzgebungsprozess oder – wie in den nordischen Demokratien – korporatistische Strukturen (vgl. Strøm 1990; siehe auch Reutter/Rütters in diesem Band), können *policy-seeker* Gewinne erzielen, ohne dass dies mit der Übernahme von Regierungsämtern verbunden sein muss.

Weitere Innovationen der Theoriebildung bestanden darin, dass die Koalitionsforschung nicht mehr nur von einer eindimensionalen Links-Rechts-Skala ausging, sondern der Tatsache Rechnung trug, dass Parteiensysteme in vielen Ländern mehrere prägende Konfliktlinien kennen und damit zwei- oder sogar mehrdimensional angelegt sind. In diesen Fällen lassen sich oft mehrere Bündnisse prognostizieren. Andere Studien wiederum wiesen darauf hin, dass in Parteiensystemen, die Blockcharakter aufweisen, Regierungsbündnisse nicht oder nur mit großer Mühe solche Trennlinien überschreiten und Koalitionen somit nur innerhalb der einzelnen Blöcke geschmiedet werden können (vgl. Nolte 1988). Diese Erkenntnis wiederum beschränkt die Erklärungskraft des Größentheorems ganz erheblich. Sie ist nicht zuletzt für die Analyse der mittelost- und südosteuropäischen Länder von Belang, da dort der *regime divide* – die Polarisierung der Parteien entlang der Opposition bzw. der Unterstützung gegenüber dem alten Regime – noch immer eine der wesentlichen Restriktionen für die Koalitionsfähigkeit der Länder darstellt (vgl. z. B. Grzymala-Busse 2001).

Die Prognosekraft der Modelle nahm mit ihrer fortschreitenden Ausdifferenzierung zwar stetig zu. Gleichwohl konnte nicht befriedigend erklärt werden, warum – z. B. in skandinavischen Ländern – regelmäßig Minderheitsregierungen entstehen, die von parlamentarischen Parteien toleriert werden. Tolerierungsparteien leisten den frühen Koalitionstheorien zufolge einen beinahe heroischen Verzicht, denn sie streben keine Ämter an und geben damit freiwillig ihren Gewinn auf. Kaare Strøm (1990) wies in diesem Zusammenhang darauf hin, dass der Verzicht auf eine Regierungsbeteiligung aber dem rationalen Kalkül von *vote-seeking* Parteien entspreche, denn regierende Parteien würden im Laufe der Legislaturperiode als Quittung für umstrittene Entscheidungen regelmäßig Zuspruch der Wähler verlieren. Gleichzeitig verfügen sie gegenüber den Regierungsparteien über ein Erpressungspotential, das sie in der Entscheidung über bestimmte Policies geltend machen könnten. Tolerierungsparteien seien somit aufgrund ihrer Verhandlungsmacht sehr wohl in der Lage, politische Positionen in Regierungspolitik umzusetzen, sie sparen sich dabei aber die Kosten des Regierens. Sie können überdies auch Ämter außerhalb des Regierungsapparates im Gegenzug für ihre Unterstützung erhalten (vgl. Nikolenyi 2003). *Offices, policies* und *votes* bilden somit die Bausteine für ein komplexes und sich wechselseitig bedingendes Bündel an Motiven (vgl. Müller/Strøm 1999: 13).

Die frühen Modelle boten ebenfalls keine Erklärung dafür an, aus welchen Gründen sog. surplus coalitions gebildet werden – dies sind Regierungen, die mehr Partner in das Kabinett aufnehmen als für eine Regierungsbildung unbedingt erforderlich. Die Forschung zu übergroßen Regierungsbündnissen verweist in diesem Zusammenhang auf die Bedeutung von Institutionen, die qualifizierte Mehrheiten erfordern, sowie auf Proporz- und Gerechtigkeitsvorstellungen, welche die Einbeziehung weiterer Koalitionspartner als politisch anerkannte Regel notwendig werden lassen (vgl. für Finnland z. B. Jungar 2002; Raunio 2004). Gute Erfahrungen mit einem Koalitionspartner werden ferner „vererbt" und senken damit Verhandlungskosten. Dieser Aspekt wiederum zeigt, dass die Analyse Regierungsbildungen nicht nur, wie in formalisierten Modellen üblich, als zeitlich isoliertes Ereignis konzipieren, sondern das Zustandekommen von Koalitionen auch auf der Zeitachse betrachten sollte.

Weitere Untersuchungen wiesen zudem darauf hin, dass Koalitionsgewinne keine feststehende Summe darstellen, sondern dass die aufzuteilende „Beute" vermehrt werden kann, indem neue Ämter geschaffen werden (z. B. weitere Ministerien, Beauftragte). Ministerien können ferner nach dem Kreuzstichverfahren „zweifarbig" besetzt werden, d. h. die Staatssekretäre bzw. „junior ministers" gehören dann der Partei des jeweiligen Koalitionspartners an. Damit sind sie in der Lage, eine Art Überwachungs- und Kontrollfunktion über die Politik des Bündnispartners auszuüben und dessen Gewinn zu schmälern. Weiterhin sind die Ministerien – je nach Policy – für die Koalitionspartner von sehr unterschiedlichem Gewicht, wenn es darum geht, die eigene Klientel durch entsprechende Politikergebnisse zufrieden zu stellen. Grüne Parteien messen – z. B. in Deutschland – Umweltministerien eine höhere Bedeutung für die Umsetzung der eigenen politischen Ziele bei, wohingegen Sozialdemokratische Parteien eher dazu neigen, das Sozialministerium zu führen. Auch in Norwegen besetzten die Sozialdemokraten neben dem Arbeitsministerium immer das Sozialministerium, während die Liberalen Vorlieben für das Landwirtschaftsministerium und die Konservativen für das Ministerium für Handel und Industrie erkennen ließen (vgl. Jahn 2002: 236f.). Daneben spielt nicht nur die Zahl der Ministerien, sondern auch der Ressortzuschnitt für die tatsächliche Gewinnverteilung eine beträchtliche Rolle.

Die neoinstitutionalistische Wende in der Politikwissenschaft hat sich – mit einer gewissen Zeitverzögerung – auch in der modellorientierten Koalitionsforschung niedergeschlagen (vgl. Kropp 1999: 54ff.). Während die fallstudienbasierte Herangehensweise der „European politics tradition" es von vornherein einfacher hatte, institutionelle Variablen in ihre Untersuchungskonzepte zu integrieren, sind die formalisierten Modelle dem erst später gefolgt. Die Vielfalt der institutionellen Ausgestaltung europäischer Regierungssysteme, die unterschiedliche Handlungsanreize und Restriktionen für koalitionsbildende Parteien setzt, erschwert grundsätzlich das Vorhaben, institutionelle Rahmenbedingungen zu spezifizieren und gleichzeitig eine große theoretische Reichweite zu erzielen. Fallstudienbasierte Koalitionsanalysen, die einem Small N-Design folgen, zielen demgegenüber häufig darauf, Hypothesen zu generieren oder aber für eine z. B. regional begrenzte Auswahl von Ländern – im Sinne von Theorien mittlerer Reichweite – Aussagen zu treffen. Laver und Shepsle (1996) haben in ihr Modell des *dimension-by-dimension cabinet*, dem die Parteien angehören, die in den relevanten Politikdimensionen den *median legislator* stellen, (insbesondere aber die „strong party") einige allgemeine institutionelle Annahmen integriert: etwa die der umfassenden (und als unrealistisch kritisierten) Ministerautonomie, die sich in der Agendakontrolle des Ministers und in dem Recht zur alleinigen Implementation von beschlossenen Materien durch ein Ministerium niederschlägt (zur Kritik vgl. Müller 2004: 287f.).

2.2 Koalitionsstabilität und Beendigung von Koalitionen

Die Stabilität von Regierungsbündnissen stellt einen weiteren stark theoriegeleiteten Forschungszweig der Koalitionsanalyse dar, der mittlerweile eine Vielzahl von Publikationen hervorgebracht hat. Vergleichsstudien von Müller und Strøm fanden heraus, dass immerhin in rund 60 Prozent aller Regierungsauflösungen die Ursachen in Konflikten zwischen den Regierungsparteien, innerhalb der Regierungsparteien oder im Kabinett bestanden (zusammenfassend vgl. Saalfeld 2006: 477). Zu den Bestimmungsfaktoren der Koalitionsstabilität werden vor allem strukturelle Merkmale des politischen Systems gerechnet, also Verfassungsnormen zur Wahl des Regierungschefs, die Art der Ausgestaltung von Misstrauensanträgen und zur vorzeitigen Parlamentsauflösung usw., Merkmale des Parteiensystems bzw. der Regierungsparteien (vgl. Saalfeld 2006: 482f., 2007) oder die ideologische Spannbreite von Koalitionen. Daneben wurde im Rahmen der sog. „Ereignisanalyse" das Auftreten exogener Schocks mit den strukturellen Merkmalen des Regierungssystems analytisch verbunden (vgl. Browne et al. 1984; King et al. 1990). Zu solchen externen Ereignissen, die zur vorzeitigen Auflösung von Kabinetten führen, zählen z. B. unvorhergesehene Wirtschaftsdaten, Katastrophen, Skandale, aber auch Einbrüche im öffentlichen Ansehen der Regierungsparteien (vgl. Saalfeld 2006: 486).[2] Untersuchungen fanden heraus, dass die nichttechnischen Beendigungen von Regierungen im Zeitverlauf keineswegs zufällig verteilt sind. Die Auflösungswahrscheinlichkeit von Kabinetten steigt mit zunehmender Amtsdauer und Annäherung an einen Wahltermin, da sich dann der Wettbewerb zwischen den Parteien in einem Regierungsbündnis im Allgemeinen verstärkt. Fortsetzungskoalitionen, in denen die Parteien bereits das gemeinsame Regieren erprobt haben, sind dabei weniger von einer vorzeitigen Auflösung bedroht als diejenigen, die zum ersten Mal gemeinsam die Legislaturperiode antreten (vgl. Saalfeld 2007: 203).

---

[2] Daten über die Auflösung von Kabinetten in 13 europäischen Ländern finden sich z. B. im Band von Müller/Strøm 2003.

Die empirischen Tests bestehender Theoreme ergeben folgendes Bild (vgl. Saalfeld 2006, 2007): Die Fragmentierung der Parteiensysteme spielt insofern eine Rolle, als die Zahl der Parteien im Kabinett das Risiko eines Scheiterns vor Ablauf der regulären Amtsperiode erhöht. Demgegenüber ist die Sterblichkeit von Regierungen, die durch formale Wahl des Regierungschefs ins Amt kommen, zu Beginn der Legislaturperiode signifikant höher. Dafür steigt unmittelbar nach der Regierungsbildung die Haltbarkeit solcher Kabinette, die sich durch eine explizite parlamentarische Bestätigung auszeichnen. Hohe Anforderungen an die Mehrheiten bei Misstrauensanträgen wiederum haben keine signifikante Bedeutung (für Mittelosteuropa siehe auch: Nikolenyi 2004: 133; anders noch: Harfst 2001: 11f.), ebenso wenig wie ausgebaute Rechte des Premiers zur Parlamentsauflösung keinen disziplinierenden Effekt auf den Koalitionspartner auszuüben scheinen. Jedoch übt das Regierungsprivileg des letzten Änderungsantrags den Effekt aus, dass Koalitionen weniger wahrscheinlich scheitern (vgl. Saalfeld 2007: 204). Das oben beschriebene Kreuzstichverfahren senkt tendenziell die Überlebensfähigkeit von Regierungsbündnissen – wohl deshalb, weil es ministeriumsinterne Reibereien und damit koalitionsinterne Konflikte provoziert.

Minimum winning coalitions erweisen sich, den herkömmlichen Annahmen entsprechend, tatsächlich als stabiler als Minderheitsregierungen oder *surplus coalitions*. Erstaunlicherweise spielt es für die Stabilität von Kabinetten jedoch keine Rolle, ob die Koalitionen im Sinne von Axelrod ideologisch verbunden sind oder nicht. Verbundene Koalitionen sind paradoxerweise sogar weniger haltbar als nicht verbundene Parteienbündnisse: Man könnte z. B. vermuten, dass Bündnispartner, die, der Maxime „divide et impera" folgend, ihre Einflussbereiche strikt nach bestimmten Policies teilen, Konflikten eher aus dem Weg zu gehen vermögen als die Koalitionen, die häufiger über konkrete politische Materien Konsens erzielen müssen. Auch konnte die Hypothese, dass Koalitionen, die den Medianabgeordneten in der wichtigsten politischen Konfliktdimension einschließen, stabiler seien als diejenigen, die nicht dieses Merkmal aufweisen, letztlich nicht bestätigt werden (vgl. Saalfeld 2006: 500).

Die Stabilität von Koalitionen hängt indessen nicht nur davon ab, welche Strukturmerkmale ein politisches System aufweist und welche exogenen Schocks auf ein Regierungsbündnis einwirken, sondern auch davon, ob eine Regierung ein umsichtiges Koalitionsmanagement betreibt, das auf institutionalisierte Regeln zurückgreift (vgl. hierzu Kropp 2001). Saalfeld (vgl. 2007: 196f.) konnte in einer neueren Studie, die sich den Transaktionskostenansatz zunutze macht, auf der Grundlage eines Datensatzes von 17 Ländern nachweisen, dass Koalitionen, die einen Koalitionsvertrag abschließen, weniger wahrscheinlich scheitern als Regierungsbündnisse, die auf ein solches Abkommen verzichten (vgl. für Belgien und die Niederlande auch Timmermans 2006). Jedoch können diese politischen Verträge als endogene Variablen betrachtet werden, d. h. Parteien wenden erst dann die Mühe auf, eine solche Vereinbarung auszuhandeln, wenn sie ohnehin gewillt sind, für längere Zeit zusammenzuarbeiten und sachpolitische Bindungen einzugehen. Selbiges gilt für den Ort der Konfliktmoderation. Offenbar erweisen sich gemischte Gremien, in denen auch außerparlamentarische Akteure vertreten sind, als erfolgreicher als parlamentsinterne Formen des Managements (vgl. Saalfeld 2007: 196f.); sie werden aber vor allem dann gebildet, wenn der Wille zur Kooperation ohnedies ausgeprägt ist.

Ein weiteres Rätsel für die Kabinettsstabilität stellen die Minderheitsregierungen in den nordischen Demokratien dar, die keine erhöhte Krisenanfälligkeit aufweisen. Kaare Strøm (1990) hat in seiner Untersuchung darauf aufmerksam gemacht, dass die Überlebensfähigkeit von Minderheitskabinetten nicht zuletzt davon abhängt, ob sich zu ihr eine alternative

Regierung bilden kann. Ist dies nicht der Fall, z. B. wenn die Minderheitsregierung den *median legislator* stellt und die Parteien links und rechts von ihr nicht zu koalieren vermögen, kann die Stabilität solcher Regierungen erstaunlich hoch sein. In Dänemark amtierten in den 1980er Jahren selbst Minderheitsregierungen, die im Gesetzgebungsprozess mehrfach von der Opposition überstimmt wurden (vgl. Eysell 1996). Aus der Sicht der Regierungspartei(en) bieten Minderheitskabinette den Vorteil, dass der Gewinn an Ämtern nicht aufgeteilt werden muss; Tolerierungsfraktionen wiederum sparen sich die Kosten des Regierens, die innerhalb einer Legislaturperiode in beinahe allen europäischen Demokratien in einer rückläufigen Zustimmung der Wähler zur Regierungspolitik bestehen. Stabile Minderheitsregierungen können somit durchaus auf einer komplementären Interessenlage von Regierung und tolerierenden Kräften beruhen.

Spieltheoretische Konzepte verweisen zudem auf die Bedeutung von sog. „dominanten" oder „zentralen" Spielern (vgl. z. B. Peleg 1981; van Deemen 1989; van Roozendaal 1992) für die Kabinettsstabilität. Beide Spielertypen verfügen über ein erhöhtes Drohpotenzial gegenüber den Koalitionspartnern. Während der *dominant player* mindestens zwei minimale Gewinnkoalitionen bilden kann, die in ihrer Zusammensetzung nur ihn gemeinsam haben, enthält der *central player* den *median legislator*, der bestimmt, welche ideologisch verbundene Mehrheitskoalition gebildet werden kann. Koalitionen, in denen beide Typen von Spielern nicht von derselben Partei gestellt werden, gelten als tendenziell instabil (vgl. Nikolenyi 2004).

Die Annahme, dass es sich bei den Parteien um unitarische, also einheitliche und in sich geschlossene kollektive Akteure handele, ist in den meisten Fällen ein aus der notwendigen Vereinfachung geborenes Konstrukt. Die innerparteiliche Fragmentierung hat jedoch erheblichen Einfluss darauf, wie stabil und erfolgreich Koalitionen regieren können. Vergleichende Analysen konnten zeigen, dass die Wahrscheinlichkeit, dass instabile Koalitionen entstehen, mit dem Grad der innerparteilichen Fragmentierung der Koalitionspartner steigt (vgl. Druckman 1996). Demgegenüber ging Moshe Maor (1998) davon aus, dass Mitgliedern zentralisierter Parteien nur die Möglichkeit bleibe, *exit* zu praktizieren und die Partei zu verlassen, wenn sie mit der Regierungspolitik ihrer Partei nicht einverstanden sind. Die Mitglieder dezentralisierter Parteien hätten es hingegen einfacher, *voice* anzumelden und damit ihre Positionen innerhalb der Partei zu vertreten. Deshalb seien diese Parteien tendenziell stabiler. Jedoch kann man davon ausgehen, dass die Entscheidungskosten einer Koalition mit der Anzahl der in den Koalitionspartnern vertretenen Parteiflügel steigen. In Italien sind z. B. die *correnti*, die institutionalisierten Flügel der vormaligen Democrazia Cristiana, die in Koalitionsverhandlungen zufrieden gestellt werden mussten und ein Potential für ständige Instabilität boten, ein besonders anschauliches Beispiel für diese Annahme (vgl. Weber 2002: 175).

2.3 Regierungspraxis von Koalitionen

Sowohl die Theoreme und Befunde zur Koalitionsbildung als auch die zur Koalitionsstabilität erlauben Rückschlüsse auf verallgemeinerbare Zusammenhänge, die wiederum zur Analyse der Regierungspraxis von Koalitionen genutzt werden können. In diesem Zweig der vergleichenden Koalitionsforschung werden die von Modellen hergeleiteten Theoreme häufig als Heuristiken eingesetzt. Die Untersuchung des *coalition governance* ist im Wesentlichen ein Forschungsfeld geblieben, das von Einzelfallstudien oder von Small N-Vergleichen geprägt ist. Die Erklärungen werden insbesondere in Prozessanalysen stärker kontextgebunden und realitätsnäher, dafür nimmt die Reichweite theoretisch geleiteter Erklärungen ab. Ein Grund hierfür ist die Tatsache, dass Studien zum Regieren in Koalitionen eine Vielzahl von Variablen berücksichtigen müssen: Hierzu zählen z. B. institutionelle Variablen und Parteiensystemcharakteristika, aber auch historische und kulturelle Erklärungsmuster. Eine weitere Schwierigkeit besteht darin, dass der Regierungsalltag von Koalitionen wesentlich von informellen Interaktionen bestimmt ist und diese empirisch schwer zu erheben sind. Aus diesen Gründen haben sich vergleichende Studien zum Koalitionsmanagement entweder auf die subnationale Ebene konzentriert, wo viele institutionelle Variablen konstant gehalten werden können (vgl. Kropp 2001), oder sie beschäftigen sich mit den stärker institutionalisierten und daher „sichtbaren" Formen des Koalitionsmanagements, etwa mit Koalitionsverträgen und formalen Zuständigkeiten sowie Privilegien z. B. des Regierungschefs (vgl. Saalfeld 2007; Müller/Strøm 2003[3]). Einen theoretischen, stark formalisierten Zugang zur Analyse des Regierens in Koalitionen lieferte Tsebelis (1990), der darauf hinwies, dass im Regierungsalltag von Koalitionen unterschiedliche, miteinander verbundene Handlungsebenen eine Rolle spielen, wobei die der Koalition keineswegs die einzig relevante bzw. die bedeutendste darstellt. Die primäre Arena, auf die sich das Nutzenkalkül der Parteien richtet, kann je nach Entscheidungssituation wechseln – und damit sind Akteure in Koalitionen einer Reihe von Handlungsunsicherheiten und schwer kalkulierbaren Konflikten ausgesetzt.

Mittlerweile ist die Koalitionsforschung ein weit verzweigtes Forschungsfeld. Die Erweiterung der EU um die neuen Mitgliedstaaten, die sich durch fragile Parteiensysteme und eine geringere Fraktionsdisziplin auszeichnen, bietet für die Zukunft reichlich Gelegenheit, die Theorien der Koalitionsforschung weiter auf ihre Praxistauglichkeit hin zu überprüfen und durch eine Erweiterung des Samples, sofern erforderlich, zu modifizieren. Jüngere Studien gehen davon aus, dass dabei historischen und systemischen Faktoren mehr Bedeutung zukommt, weil die Erfahrungen und die Ablehnung des autokratischen Systems in die Gegenwart nachwirken (vgl. Pridham 2002: 80). Dabei geben Erkenntnisse über die Koalitionsfähigkeit der Parteien, über die damit verbundenen Erfolge und Defekte der Regierungspraxis sowie die daraus resultierende Stabilität von Regierungsbündnissen nicht nur Auskunft über die Überlebensfähigkeit einzelner Kabinette. Vielmehr liegt es nahe davon auszugehen, dass sie auch auf die Stabilität und Konsolidierung noch junger Demokratien einen nicht unwesentlichen Effekt ausüben. Die nachfolgenden Ausführungen unterscheiden die neuen mittelost- und südosteuropäischen Länder von denen der alten EU und behandeln damit die beiden Räume – allerdings nur im ersten Zugriff – als Einheiten. Die Befunde werden anschließend weiter ausdifferenziert und mithilfe von Small N-Vergleichen exemplarisch auf ihren spezifischen Kontext hin untersucht.

---

[3] In den im Band von Müller und Strøm (2003) abgedruckten Einzelfallstudien sind z. B. Informationen zu Koalitionsverträgen, zum Ort des Koalitionsmanagements und zur Koalitionsdisziplin enthalten. Vgl. auch die Synopse in Abbildung 4.

3 Koalitionen im erweiterten Europa – empirische Befunde

3.1 Koalitionsbildungen und Koalitionsformate in den Mitgliedstaaten der EU

Das Interesse der vergleichenden Koalitionsforschung galt lange Zeit vornehmlich dem Ergebnis von Koalitionsbildungen, d. h. der parteipolitischen Zusammensetzung von Kabinetten. Der diesem Ergebnis vorangegangene Aushandlungsprozess zwischen den Akteuren, der ebenfalls zentral für den Prozess einer Koalitionsbildung ist, wurde demgegenüber weitgehend ausgeblendet. Schon die etwas ausdifferenzierteren Modelle betrachteten die Struktur des Parteiensystems als eine wesentliche Variable für die Erklärung von Koalitionsbildungen. Inzwischen wird die Zusammensetzung von Kabinetten jedoch zusätzlich auch mit ausgefeilteren spieltheoretischen Modellen sowie vor dem Hintergrund kultureller Variablen erklärt.

Über Koalitionsbildungen in Westeuropa existiert mittlerweile ein breites Schrifttum. Die empirische Grundlage der zahlreichen Studien variiert zwar, doch ähneln sich die Aussagen weitgehend: Nur etwa 13 Prozent aller gebildeten Regierungen sind Einparteiregierungen, die über eine parlamentarische Mehrheit verfügen (vgl. Saalfeld 2007: 180). Minderheitskabinette haben in Westeuropa einen Anteil von 23 Prozent an allen Regierungsformen, die restlichen Regierungen bestehen aus Koalitionen, wobei etwa 34 Prozent sog. *minimum winning coalitions* sind (vgl. Grzymala-Busse 2001: 89). Muster der Koalitionsvermeidung findet man typischerweise in der britischen Mehrheitsdemokratie, aber auch in Griechenland oder im noch jungen EU-Mitgliedstaat Malta. Strategien, die auf die Bildung einer Einparteiregierung zielen, können allerdings nicht nur zu Einpartei-Mehrheitsregierungen, sondern auch zu Einpartei-Minderheitsregierungen führen. In Spanien etwa zählte man in den vergangenen 30 Jahren immerhin 16 Jahre Minderheitsregierungen; in den restlichen 14 Jahren amtierten Einpartei-Mehrheitsregierungen. In allen vier zuvor genannten EU-Mitgliedstaaten können die zwei dominanten Parteien im bipolaren Parteiensystem gemeinhin mehr als 85 Prozent der Stimmen auf sich vereinen, was bei Machtwechseln einen Austausch zwischen den zwei das politische System prägenden Parteien nach sich zieht. In Schweden wiederum sind ebenso wie in Norwegen sozialdemokratische Einpartei-Minderheitsregierungen die vorherrschende Regierungsform.

Minimal winning coalitions können wiederum als das in Deutschland und Luxemburg eindeutige Koalitionsmuster gelten; die anderen in Abbildung 1 unter diesen Typus zusammengefassten Länder, z. B. Österreich, die Niederlande oder Belgien, variieren ihre Formate häufiger. In vielen Ländern gibt es ohnedies keine eindeutig dominanten Koalitionsmuster, sondern eher sich abwechselnde Koalitionsformate. Dies ist beispielsweise in Frankreich oder in Portugal der Fall. Es ist somit kein einfaches Unterfangen, den einzelnen EU-Staaten bestimmte vorherrschende Koalitionstypen zuzuordnen, und es ist ausgesprochen schwierig, regionale Regelmäßigkeiten ausfindig zu machen. Die skandinavischen Konsensdemokratien kennen allerdings eindeutig mehr Minderheitsregierungen als die mitteleuropäischen Demokratien (vgl. unten). Es ist zudem auffallend, dass in Ländern, in denen die Fragmentierung des Parteiensystems hoch ist (vgl. hierzu auch Niedermayer in diesem Band), auch *surplus coalitions* immer wieder auftreten, selbst wenn der vorherrschende Koalitionstyp ein anderer ist. Solche *surplus coalitions* sichern sich z. B. gegen den Austritt unsicherer Kantonisten aus der Regierung ab, indem sie mehr Partner ins Kabinett aufnehmen als unbedingt erforderlich, oder aber sie bedenken in Parteissystemen, die durch die Logik bipolarer Blöcke gekennzeichnet sind, alle Parteien innerhalb ihres Lagers mit Regierungsämtern, ggf. eben auch über die Grenze einer *minimal winning coalition* hinaus. Beispiele für solche übergroßen Koalitionen bieten Belgien, aber auch die Niederlande oder Italien. Regelmäßig kommen solche übergroßen Formate in der Nachkriegszeit insbesondere in Finnland vor.

In einer jüngst veröffentlichten Studie zu vier mittelosteuropäischen Ländern stellte Grotz (2007: 114) fest, dass die Verteilung von Regierungsformaten im Großen und Ganzen dem westeuropäischen Muster entspreche. Fasst man die neuen mittelost- und südosteuropäischen Mitgliedstaaten (im Folgenden MSOE-Staaten)[4] zu einem Untersuchungsraum zusammen, so sieht man, dass dort der Anteil von Einpartei-Mehrheitsregierungen niedriger liegt: Nur neun von 105 erhobenen Regierungen, das sind 8,6 Prozent, sind solche Kabinette, davon entfallen allein sechs – in der Regel sehr kurzlebige – Einparteiregierungen auf Litauen.[5] Geht man davon aus, dass parlamentarisch hoch fragmentierte, instabile Parteiensysteme eine größere Zahl an Minderheitsregierungen hervorbringen, so müsste deren Anteil in den MSOE-Staaten deutlich höher liegen (vgl. Abbildung 3).[6] Tatsächlich sind dort 24 Prozent aller gebildeten Kabinette Minderheitsregierungen, womit ihr Anteil etwa dem in Westeuropa üblichen Anteil entspricht. Sie kommen mit einer gewissen Häufung in Lettland, Bulgarien und Polen vor; in Ungarn wiederum hat es bislang hingegen ausschließlich Mehrheitskoalitionen gegeben. Der Anteil an surplus coalitions, die mehr Koalitionspartner aufnehmen als nach dem Mehrheitskriterium unbedingt erforderlich, liegt in den MSOE-Staaten immerhin bei etwa 16 Prozent; das weitaus häufigste Regierungsformat stellen damit minimal winning coalitions mit rund 53 Prozent aller Kabinette dar.

Jedoch waren *minimum winning coalitions* in den 1990er Jahren in den vier mittelosteuropäischen Ländern mit 24 Prozent gegenüber 34 Prozent im westeuropäischen Raum unterrepräsentiert; eine Auszählung für alle MSOE-Länder ergab sogar einen Wert von nur rund 15 Prozent. Grzymala-Busse (2001: 85) folgert daraus, dass die Koalitionstheorien, die das Größentheorem oder *policy distances* als entscheidende erklärende Variablen für das Zustandekommen von Regierungsbündnissen heranziehen, für den mittelosteuropäischen Raum keine bzw. eine nur sehr eingeschränkte Gültigkeit besitzen. Um die Bildung von Koalitionen in den MSOE-Staaten erklären zu können, bedarf es offenbar stärker kontextgebundener Erklärungen (ähnlich: Kropp et al. 2002: 41; Grotz 2007: 122; Druckman/Roberts 2005). Teilweise können die gegebenen Koalitionstypen mit leistungsfähigen Ansätzen der Spieltheorie erklärt werden. So begründet Nikolenyi das Zustandekommen der tschechischen Minderheitsregierung z. B. mit dem Koordinationsdilemma an sich bündnisfähiger Parteien (Nikolenyi 2003). Etliche der neuen EU-Staaten fallen allerdings unter die Rubrik „unspezifisch", weil sie in den vergangenen 15 Jahren kein eindeutiges Muster hervorgebracht haben (vgl. Abbildung 1).

---

[4] Erfasst wurden Tschechien, Slowakei, Polen, Ungarn, Slowenien, Lettland, Estland, Litauen, Rumänien und Bulgarien. Für die Recherche und Aufbereitung der Daten und Grafiken habe ich Matthias Ruschke zu danken.

[5] Malta wiederum ist als neuer Mitgliedstaat außerhalb des MSOE-Raumes die einzige Mehrheitsdemokratie. Mit einem perfekten Zweiparteiensystem stellt das Land eine Ausnahme dar. Zypern wiederum ist das einzige präsidentielle Regierungssystem unter den Staaten der EU-27.

[6] Jedoch weisen auch die Parlamente der Niederlande oder Belgiens einen hohen Fragmentierungsgrad auf, ohne dass dort Minderheitsregierungen ein vorherrschender Typus wären.

Abbildung 1: Vorherrschende Koalitions- bzw. Regierungsformate

Einparteiregierungen	minimal winning coalitions	
Großbritannien Griechenland Malta Litauen (bis 1996)	Deutschland (nicht unbedingt minimal range) Rumänien (auch Minderheitskoalitionen) Österreich (oft große Koalitionen, aber auch alle anderen Formate) Ungarn (seit 2002) Luxemburg Polen (teilweise auch Minderheitsregierungen)	Belgien (oft große Koalitionen; teilweise auch surplus coalitions) Tschechien (auch: Minderheitsregierung) Niederlande (teilweise auch surplus coalitions) Slowenien (auch häufig surplus coalitions) Frankreich Estland Rumänien
Minderheitsregierungen	surplus coalitions	
Spanien Schweden (seit 1981), selten bürgerliche Koalitionen Norwegen (Einparteiregierungen) Dänemark (oft Koalitionen) Italien (auch: surplus coalitions) Lettland (überwiegend, aber auch surplus und minimal Winning coalitions)	Finnland (teilweise auch Minderheitsregierungen) Ungarn (bis 2002) Slowenien (auch häufig: minimal winning coalitions)	
unspezifische Verteilung/Vielfalt von Formaten		
Portugal Frankreich Irland Litauen (1998-2000 surplus coalitions; anschließend minimal winning und Minderheitskoalitionen)	Lettland (s.o.) Slowakei (minimal winning coalitions, auch Minderheitsregierung und surplus coalitions) Bulgarien (auch häufig Minderheitskoalitionen, auch surplus coalitions)	

Quelle: Kropp et al. 2002: 23ff.; eigene Ergänzungen.

Mit der Forderung, für Koalitionsanalysen in den MSOE-Staaten den spezifischen Kontext zu berücksichtigen, rücken zunächst Parteiensystemcharakteristika in den Mittelpunkt des Interesses. Die postsozialistischen Systeme sind bis heute – wenn auch mit abnehmender Tendenz – von einem *regime divide* charakterisiert, der die alten Regimekräfte und ihre Nachfolgeparteien von den neu gebildeten Parteien trennt. Das Zustandekommen von Koalitionsformaten wird in der Tat vornehmlich durch diese Trennlinie erklärt. Hinzu kommen noch weitere solcher Trennlinien, etwa die Auseinandersetzung um das Tempo des Übergangs zur Marktwirtschaft, autoritäre versus libertäre Werte oder Stadt-Land-Gegensätze; das klassische Links-Rechts-Schema spielte dagegen zumal in den Anfangsjahren der Transformation nicht die entscheidende Rolle. Da es den nach 1989 entstandenen Parteien an klar umrissenen Programmen mangelte, bot der *regime divide* den Wählern vorerst die einfachste Orientierung. Einer vergleichenden Studie der vier mittelosteuropäischen Länder zufolge, wurden tatsächlich rund 86 Prozent aller Koalitionen entweder in den Grenzen des einen oder des anderen Lagers gebildet. Parteien, die diese Trennlinie für eine Regierungsbildung überquerten, wurden von den Wählern bei den nächsten Wahlen überproportional mit Stimmentzug bestraft. Selbst wenn sich Parteien programmatisch nahe standen, so gingen sie doch meistens kein Bündnis ein, das diese Kluft überbrückte. Polen gilt in Mittelosteuropa als das Land, in dem diese Blockstruktur am stabilsten ist (vgl. Bakke/Sitter 2005: 248). Doch auch in Tschechien standen sich die beiden Lager unversöhnlich gegenüber. Die Erfahrungen des Prager Frühlings von 1968 hatten den Graben so vertieft, dass die Sozialdemokraten es als *vote-seeker* 1998 eher vorzogen, ein Minderheitenkabinett zu bilden, als das Risiko einer Block übergreifenden Regierung einzugehen (vgl. Grzymala-Busse 2001: 94ff.; Nikolenyi 2003).

Der *regime divide* erwies sich in den MSOE-Staaten allerdings als unterschiedlich wirksam. In der Slowakei und in Ungarn vermochten die politischen Kräfte den sie trennenden Graben einfacher zu überqueren – jedoch aus unterschiedlichen Gründen. In der Slowakei waren die Repressionen in Zeiten des kommunistischen Regimes milder als in Tschechien ausgefallen, und durch die Bildung populistischer Parteien, vor allem der HZDS (Bewegung für eine Demokratische Slowakei) von Vladimir Mečiar, entstand schon bald nach der Wende ein den *regime divide* überlagerndes *cross-cutting cleavage* zwischen den demokratischen und den populistischen, autoritären Kräften. Die postkommunistische SDL (Partei der Demokratischen Linken) ging deshalb – trotz einer beträchtlichen ideologischen Distanz – 1998 ein Bündnis mit den Christdemokraten ein. Sie blieb selbst dann im „demokratischen" Lager, als sie für diesen Wechsel mit einem schlechten Wahlergebnis bestraft wurde. Maßgebend für diese Entscheidung waren indessen nicht nur inhaltliche Differenzen, sondern auch personelle Konflikte zwischen den Parteieliten (vgl. Pridham 2002: 86f.). In Ungarn überwand der linksliberale und ehedem dem oppositionellen Lager zuzurechnende SZDSZ (Bund Freier Demokraten) die Kluft, indem er mit der sozialdemokratisierten kommunistischen Nachfolgepartei MSZP (Ungarische Sozialistische Partei) koalierte. Auch er verlor jedoch die Wahlen von 1998 und erhielt somit die Quittung für seine Koalitionsstrategie. Die Kooperation zwischen den Parteien konnte nach 1989 einfacher hergestellt werden als in Polen oder in Tschechien, weil das kommunistische Regime in Ungarn selbst bereits politische und ökonomische Reformen eingeleitet und vor der Wende weniger Repressionen ausgeübt hatte. In Rumänien und Bulgarien wiederum, ebenso in der Slowakei, gelang es schon vor den Wahlen durch die Bildung sog. „elektoraler Koalitionen", den *regime divide* ansatzweise zu überwinden. Zur (wenn auch begrenzten) Normalisierung der Verhältnisse trugen dort die ethnischen Parteien bei, ferner auch, dass die Kommunistischen Parteien einen Prozess der Sozialdemokratisierung durchlaufen hatten (vgl. de Nève 2002: 342).

Auch der nahende Beitritt zur Europäischen Union wirkte in einigen Ländern koalitionsbildend. Zumindest während der Vorbereitung auf den EU-Beitritt war es ausgesprochen schwer, europafeindliche Parteien in eine Koalition aufzunehmen (vgl. Kropp et al. 2002: 32ff.).[7] Daneben zeigt das Beispiel der slowakischen Vier-Parteien-Allianz von 1998-2002, dass die mit dem Beitritt verbundenen politischen Aufgaben trotz großer Heterogenität der Koalition und enormer innerparteilicher Spannungen das Parteienbündnis stabilisierten (vgl. Pridham 2002: 89, 96).

---

[7] Zur Klassifizierung von europafeindlichen und europaskeptischen Parteien vgl. Kopecký/Mudde 2002.

Unter dem Etikett einer Minderheitsregierung, einer *minimal winning* oder einer *surplus coalition* verbergen sich faktisch oft unterschiedliche Regierungentypen. Vergleichende Fallstudien zeigen, dass unter ein und demselben Koalitionsformat verschiedene Arten von Parteienbündnissen zusammengefasst werden und auch die Ursachen für das Zustandekommen eines Koalitionstyps so unterschiedlich sind, dass sie zumal von einfachen Modellen oft nicht angemessen abgebildet werden können. In den MSOE-Ländern müssen Minderheitsregierungen, anders als in den skandinavischen Ländern, beispielsweise tendenziell eher als Notlösungen denn als Regelfall gelten. Auch die Ursachen für die Bildung solcher *undersized governments* unterscheiden sich von denen, die in Nordeuropa – etwa in Schweden oder in Dänemark – überwiegend solche Formate hervorbringen. Dort ermöglicht es der konsensuale Charakter der Politik Minderheitsregierungen, im Bedarfsfall auch mit wechselnden Bündnispartnern, Gesetze zu beschließen. In Schweden wurde diese Wechselstrategie durch Differenzen im bürgerlichen Block lange Zeit erleichtert; mit den Wahlen im Oktober 2006 gelang es aber dem neuen Ministerpräsidenten Frederik Reinfeldt von den Moderaten, schon im Vorfeld der Wahlen eine Mehrheitskoalition aus vier bürgerlichen Parteien zu bilden und damit die Sozialdemokraten nach zwölf Jahren Minderheitsregierungen wieder abzulösen.

Doch auch innerhalb des skandinavischen Raumes gibt es unterschiedliche Arten von Minderheitsregierungen, so etwa Einpartei-Minderheitsregierungen und Minderheitskoalitionen bzw. Regierungen, die innerhalb der Blockstruktur des Parteiensystems verbleiben oder diese überschreiten (vgl. im Überblick: Mattila/Raunio 2002: 266). Während in Dänemark eine blockübergreifende Zusammenarbeit von Minderheitskoalitionen – mit zum Teil bis heute wechselnden Tolerierungspartnern (vgl. Damgaard 2003) – möglich ist, wirken die Blockstrukturen in Norwegen „als Demarkationslinien für die Koalitionspolitik"; dabei bleibt eine (häufig ad hoc vorgenommene) Zusammenarbeit zwischen den Parteien aber dennoch möglich (vgl. Jahn 2002: 222; Narud/Strøm 2003). In Schweden, wo Minderheitsregierungen ebenfalls die dominierende Regierungsform darstellen, sind die Regierungsparteien in der jüngeren Vergangenheit häufiger auf Verhandlungen angewiesen gewesen und konnten somit nicht mehr automatisch, wie früher, auf eine stillschweigende Tolerierung zurückgreifen (vgl. Pehle 2002: 207). Die stabilen Strukturen des Parteiensystems und sein Blockcharakter sind seit 1988 mit zunehmender Fragmentierung etwas aufgeweicht worden. Dominant blieben jedoch sozialdemokratische Einpartei-Minderheitsregierungen; bürgerliche Koalitionsregierungen waren demgegenüber weniger zahlreich (vgl. Bergman 2003). Auch in Dänemark waren die meisten Einparteiregierungen bis 1973 sozialdemokratische Minderheitsregierungen; seither gab es dort aber häufiger bürgerliche Minderheitskoalitionen als in Norwegen, wo die Veränderungen im Parteiensystem dazu geführt haben, dass die Amtszeit bürgerlicher Koalitionen erheblich abgenommen hat (vgl. Jahn 2002: 229). In Finnland, wo Minderheitsregierungen neben den dominierenden *surplus coalitions* ebenfalls einen häufig anzutreffenden Regierungstypus bilden (vgl. Jungar 2002: 63), galten sie wiederum nicht als die eigentlich erstrebenswerte Regierungsform.

Es gibt ebenfalls verschiedenartige Erklärungen dafür, warum Parteien ihren Gewinn mit Koalitionspartnern in *surplus coalitions* mit mehr Partnern teilen als, dem Größentheorem zufolge, unbedingt erforderlich. Finnland und Ungarn bieten hierfür hervorragendes Anschauungsmaterial. Die Regierungen beider Länder wiesen über Jahre hinweg eine Gemeinsamkeit auf, nämlich ein gehäuftes Zustandekommen von übergroßen Koalitionen. In Finnland sind seit dem Krieg in mehr als 60 Prozent der Fälle, in Ungarn von 1990 bis 2002 immerhin in drei Legislaturperioden nacheinander Koalitionen mit einem *surplus* entstanden. In beiden Ländern waren diese übergroßen Bündnisse, anders als dies die Befunde der Koalitionsforschung nahe legen, keineswegs instabil, auch wenn die Statistik für Finnland insgesamt recht kurzlebige Kabinette ausweist (vgl. Nousiainen 2003: 290f.). Die Struktur ihrer Parteiensysteme ist indessen gänzlich andersartig, und auch die institutionellen Strukturen des Regierungssystems setzen andersartige Anreize für Koalitionsparteien.

Ungarn gilt hinsichtlich der Stabilität des Parteiensystems als mittelosteuropäischer Musterknabe (vgl. Bakke/Sitter 2005: 246). Die Fragmentierung des parlamentarischen Parteiensystems ist gering und tendenziell abnehmend (vgl. Abbildung 3). Das Links-Rechts-Schema, bezogen auf die sozioökonomische Polarisierung, besitzt weniger Aussagekraft als der *regime divide*, der im Großen und Ganzen eine Blockstruktur verfestigt hat.[8] Aufgrund des Wahlsystems (Grabenwahlsystem mit kompensatorischer Komponente)[9] und der hohen Volatilität der Wählerschaft sind die Parteien gezwungen, Bündnisse einzugehen und sogar gemeinsame Kandidaten aufzustellen (vgl. Dieringer 2002: 260). Hinzu kommen extreme Verzerrungseffekte des Wahlsystems, die dazu beitragen, dass Wahlbündnisse schließlich in eine übergroße Regierungskoalition hinein verlängert werden. Diese Allianzen dienen ferner der Absorption kleinerer Parteien im gleichen Spektrum – eine Ursache dafür, warum sich die beiden großen Parteien FIDESZ (Bund der Jungen Demokraten) und MSZP (zumindest vorläufig) gefestigt haben. Somit weist das ungarische Parteiensystem heute zwei Blöcke auf, innerhalb derer die Partner, begünstigt durch das Wahlrecht, auch dann in die Regierung aufgenommen wurden, wenn eine numerische Mehrheit schon erreicht worden war. Die Bereitschaft der beiden großen Parteien, den Gewinn mit weiteren Kräften zu teilen, endet in Ungarn – mit Ausnahme des SZDSZ – somit an den Grenzen der Blöcke. Die Konzentration des ungarischen Parteiensystems hat dementsprechend nun zum zweiten Mal in Folge *minimal winning coalitions* hervorgebracht.

In Finnland hingegen überschreiten die übergroßen Koalitionen ideologische Barrieren leichter. Das finnische Parteiensystem ist stark fragmentiert und kennt keine derartige Blockstruktur; seine Entwicklung ist vom plötzlichen Auftauchen und erneuten Verschwinden diverser Kleinparteien, gleichzeitig aber von einer relativen Beständigkeit der maßgeblichen parteipolitischen Kräfte geprägt (vgl. Pehle 2002: 208). Von 1995 bis 2003 wurde Finnland von einer übergroßen Regenbogenkoalition regiert, welche die politischen Kräfte des gesamten Spektrums einschloss, aber die traditionelle Medianpartei, das Zentrum, nicht in die Regierung aufnahm.[10] Die koalitionstheoretischen Überlegungen, die davon ausgehen, dass eine ideologische *minimum range* innerhalb von Koalitionen der Normalfall sei, schla-

---

[8] Eine Ausnahme stellt hier, wie erwähnt, der SZDSZ dar, der als linksliberale und ehedem dem oppositionellen Lager angehörende Partei mit der MSZP ein Bündnis einging. Maßgeblich waren Machtfragen, nach dem Rechtsruck des liberalen FIDESZ aber auch die größere Nähe zur MSZP auf der Konfliktachse liberal-kosmopolitisch versus autoritär-nationalistisch.

[9] Das ungarische Wahlsystem ist eines der kompliziertesten in Europa. Es stellt eine Kombination von Verhältniswahlsystem und Mehrheitswahlsystem dar; in diesen beiden voneinander getrennten Systemen nicht berücksichtigte Stimmen nehmen (mit Ausnahme der Stimmen, die die Sperrklausel nicht erreichten) zudem an einem kompensatorischen Verfahren teil.

[10] Das Zentrum nahm jedoch in der strittigen Frage der Haltung zur Europäischen Integration nicht die Medianposition ein und votierte gegen den Beitritt Finnlands zur Europäischen Währungsunion, so dass die Koalitionsbildung letztlich nicht allein durch eine eindimensionale Links-Rechts-Skala erklärt werden kann (vgl. hierzu Pehle 2002: 215f.).

gen in diesem Falle fehl. Was jedoch erklärt die Regenbogenkoalition? Es liegt nahe, dass sich *office-seeker* vor unsicheren Kantonisten und dem Verlust ihrer politischen Macht schützen, indem sie weitere Parteien in das Bündnis aufnehmen. In Finnland wurden jedoch, anders als in Ungarn, kleinere Parteien auch in die Regierung integriert, um das Kräfteverhältnis zwischen den linken und rechten Kräften im Kabinett ausbalancieren zu können (vgl. Jungar 2002: 65f., 68). Kleinere Parteien sollten keine pivotale Position einnehmen können (vgl. Jungar 2002: 72). Übergroße Koalitionen dienen nach Einschätzung finnischer Politologen ebenfalls dazu, Vorkehrungen gegen die Volatilität der Wähler zu treffen: In Zeiten ökonomischer Krisen und harter Einschnitte ins soziale Netz, die Finnland hinter sich hat, versuchten die Parteien als *vote-seeker* die Kosten des Regierens und die rückläufige Wählergunst auf möglichst viele Schultern zu verteilen. Diese Strategie hätte zwar angesichts der in Mittelosteuropa in den 1990er Jahren rund doppelt so hohen Volatilität der Wähler auch in diesen Ländern nahe gelegen (vgl. Bakke/Sitter 2005: 250). Jedoch waren die Parteien angesichts des *regime divide* nicht ohne weiteres in der Lage, blockübergreifende übergroße Bündnisse zu schmieden.

Ein Teil der institutionellen Erklärungen, die gerne für das Zustandekommen von *surplus coalitions* angeführt werden, trägt in unseren beiden Fällen Ungarn und Finnland nur bedingt. Oft wird auf die Bedeutung von qualifizierten Mehrheiten im Gesetzgebungsprozess hingewiesen, die übergroße Koalitionen erzwängen. Zwar waren in Ungarn und in Finnland tatsächlich qualifizierte Mehrheiten erforderlich: in Ungarn, um die aus kommunistischer Zeit stammende Verfassung durch verfassungsändernde Gesetze umzugestalten, in Finnland, weil bis in die 1990er Jahre hinein ein Drittel der Abgeordneten bei der dritten Lesung eines Gesetzes verlangen konnte, dass die Schlussabstimmung auf die Zeit nach der nächsten Parlamentswahl verschoben werden möge. Jedoch konnten die ungarischen *surplus coalitions* nur in einem Fall, nämlich von 1994 bis 1998, auf mehr als zwei Drittel der Abgeordneten zurückgreifen. Ansonsten war es insbesondere in der ersten Legislaturperiode unausweichlich, dass die ehemaligen Regimegegner mit der sich konstruktiv verhaltenden postkommunistischen Opposition (MSZP) punktuell zusammenarbeiteten. In Finnland ist die erwähnte Regelung seit 1993 im Zuge einer kontinuierlichen Verfassungsreform abgeschafft worden; sie stellt also keine hinreichende Erklärung für die erst später amtierenden Regenbogenkoalitionen dar. Ebenso wenig vermochte sie zuvor eine hinreichende Erklärung für übergroße Regierungsformate abzugeben (vgl. Nousiainen 2003: 269). Einer anderen Institution kam indessen große Bedeutung zu: Bis 2000 verfügte der finnische Präsident über weitreichende Befugnisse bei der Regierungsbildung und -auflösung. Insbesondere Präsident Urho Kekkonen, welcher der Agrarunion angehörte und von 1956 bis 1981 amtierte, aber auch seine Nachfolger wirkten bei der Regierungsbildung und der Beauftragung eines Formateurs darauf hin, dass übergroße Koalitionen entstanden.[11] Dieses Verhalten wird von finnischen Politologen mit den häufigen Wirtschaftskrisen und der außenpolitischen Neutralität Finnlands begründet: Da z. B. in Zeiten ökonomischer Krisen die Chancen für distributive Politiken schwinden, galten übergroße Koalitionen als Versuch, einer rigiden Interessen- und Klientelpolitik den Riegel vorzuschieben und nationale Interessen durchzusetzen (vgl. Pehle 2002: 210). In der Außenpolitik drängte der Präsident zudem bis

---

[11] Dies änderte sich allmählich mit dem Amtsantritt von Mauno Koivisto 1982 und später insbesondere unter Matthi Ahtisaari. Beide Präsidenten übten ihre Kompetenzen zurückhaltender aus und leiteten die Parlamentarisierung des Regierungssystems ein.

zum Zusammenbruch der Sowjetunion darauf, dass alle Regierungsparteien seine Neutralitätspolitik unterstützten.

Vergleichende Studien, die einem Large N-Design folgen und somit viele Fälle ins Untersuchungsdesign integrieren, würden die übergroßen Koalitionen beider Länder in die gleiche Kategorie einsortieren. Jedoch zeigt der Vergleich, dass es sich im finnischen Fall um nicht blockgebundene Koalitionen handelte, im ungarischen hingegen schon. Die Akteure legten ihrer Partnerwahl zudem teilweise verschiedene Nutzenerwägungen und Handlungsorientierungen zugrunde. Diese Ergebnisse belegen, wie wichtig es für die Weiterentwicklung der vergleichenden Koalitionsforschung ist, Untersuchungen mit Large N- und mit Small N-Design systematisch aufeinander zu beziehen – nicht zuletzt, um die großen Varianzen in Large N-Vergleichen aufzudecken (vgl. in diesem Sinne auch: Druckman/Roberts 2005: 550).

Zur Frage, ob der Formateur, der das Koalitionsspiel prägt, in den Koalitionsverhandlungen einen – gemessen in Ämtern – mehr oder weniger großen Gewinn für sich verbuchen kann, herrscht keine einheitliche Meinung. Untersuchungen westeuropäischer Länder fanden heraus, dass der Formateur eher schlechter abschneidet und kleinere Koalitionsparteien aufgrund ihres Erpressungspotentials tendenziell überkompensiert werden. Für die mittel- und südosteuropäischen Länder wurden andere Ergebnisse erwartet, da sich informelle Gerechtigkeitsnormen in der kurzen Zeitspanne nach der Wende wahrscheinlich noch nicht entwickeln konnten. Roberts und Druckman (2005: 543ff.) gingen in ihrer Studie davon aus, dass sich aufgrund der noch nicht (lange) abgeschlossenen demokratischen Konsolidierung in Osteuropa Vorteile für den Formateur feststellen lassen sollten. Sie fanden ihre Hypothese jedoch nicht bestätigt: Es gab weder eine Über- noch eine Unterkompensation für den Formateur. Offenbar hatten es die führenden Parteien nicht vermocht, den Verhandlungsprozess zu ihren eigenen Gunsten zu strukturieren.

Die EU spielt hierbei keine Rolle, da sie nicht aktiv in Koalitionsbildungsprozesse interveniert.[12] Differenziert man allerdings die MSOE-Region nach demokratisch entwickelteren (z. B. Tschechien, Polen) und weniger entwickelten Ländern (z. B. Rumänien, Bulgarien), so erkennt man, dass sich Erstere den in Westeuropa anzutreffenden Verteilungsnormen zugunsten der kleinen Koalitionspartner angenähert haben, in Letzteren die führenden Parteien hingegen durchaus Vorteile zu realisieren vermochten (vgl. Druckman/Roberts 2005: 547). In dieser Gruppe beruht der Bonus für den Formateur aber keineswegs, wie zu erwarten gewesen wäre, auf einer Art „Strafzahlung" für die Kommunistische Nachfolgepartei. Zwar erhält diese, wenn sie in der Koalition vertreten ist, durchaus eine Art „Abschlag". Dieser kommt jedoch nicht nur dem Formateur zugute, sondern wird auch unter den anderen Koalitionsparteien verteilt (vgl. Druckman/Roberts 2005: 549).

Zusammenfassend lässt sich somit festhalten, dass die Koalitionsformate im Großen und Ganzen der in Westeuropa gegebenen Verteilung entsprechen. Jedoch weisen gleiche Formate sehr unterschiedliche Entstehungsbedingungen und Funktionen auf. In den MSOE-Ländern spielt nach wie vor der *regime divide* eine entscheidende Rolle für das Zustandekommen von Regierungen, wenn auch mit nachlassender Wirkung und in den einzelnen Ländern mit verschiedener Intensität.

---

[12] Allerdings war es zumindest während der Vorbereitung für den EU-Beitritt ausgesprochen schwer, europafeindliche Parteien in eine Koalition aufzunehmen, vgl. Kropp et al. 2002: 32ff.; zur Klassifizierung von europafeindlichen und europaskeptischen Parteien vgl. Kopecký/Mudde 2002.

3.2 Koalitionsstabilität: keine Bestätigung vieler Theoreme in Mittelost- und Südosteuropa

Koalitionsformat und Stabilität: Aussagen der Koalitionstheorie zufolge spielt das Koalitionsformat für die Interaktionen innerhalb eines Regierungsbündnisses sowie für die Dauer von Koalitionen eine bedeutende Rolle. Für die westeuropäischen Länder zeigen Untersuchungen zur Koalitionsstabilität tatsächlich ein erkennbares Muster: Die höchste Lebensdauer weisen Einparteiregierungen auf, gefolgt von *minimal winning coalitions*; Minderheitsregierungen und *surplus coalitions* zeigen demgegenüber eine deutlich schlechtere Bilanz. Allerdings erweist sich diese Aussage insofern als tautologisch, als die Parteien eine Mehrheitskoalition wahrscheinlich nur dann anstreben, wenn sie bereits in den Koalitionsverhandlungen an einer stabilen Zusammenarbeit interessiert sind (vgl. Saalfeld 2007: 195).

Der Zusammenhang zwischen Koalitionsformat und -stabilität galt bislang als weitgehend gesichert; jedoch blieb die Koalitionsforschung bis zur Demokratisierung der sozialistischen Staaten Mittelost- und Südosteuropas notgedrungen auf den westeuropäischen Raum bezogen. Eine neuere Studie fand nun heraus, dass das Koalitionsformat in den Ländern Ungarn, Tschechien, Slowakei und Polen keine systematische Wirkung auf die Lebensdauer der Regierungsbündnisse ausübt (vgl. Grotz 2007: 115). Sehen wir uns deshalb die durchschnittliche Haltbarkeit der neuen zehn mittelost- und südosteuropäischen EU-Mitgliedstaaten nach Ländern an:

Abbildung 2: Kabinettsstabilität in den MSOE-Staaten seit 1990[1]

	Durchschnittliche Lebensdauer (in Tagen)	geringster Wert	höchster Wert	Standardabweichung
Ungarn	1047	206	1453	470
Polen	439	33	944	232
Tschechien	692	181	1448	460
Slowakei	1118	272	1422	541
Litauen	449	98	1193	314
Estland	515	86	1079	331
Lettland	456	211	1160	317
Slowenien	582	211	1135	275
Rumänien	627	9	1483	563
Bulgarien	471	41	1522	516

1 = Die Legislaturperiode beträgt in allen Ländern vier Jahre. Quelle: eigene Zusammenstellung.

Ein Blick auf Abbildung 2 zeigt, dass sich sowohl innerhalb der Region als auch in den jeweiligen Ländern beträchtliche Unterschiede feststellen lassen; es gibt also auf den ersten Blick nicht „die" spezifisch regionalen Besonderheiten der postsozialistischen Länder. Untersucht man die Lebensdauer der Kabinette[13] nach Regierungsformaten in allen zehn MSOE-Staaten, ergibt sich folgendes Bild: In Polen sind Minderheitsregierungen mit durchschnittlich 183 Tagen tatsächlich deutlich weniger haltbar als *minimal winning coalitions* mit 523 Tagen, selbiges gilt auch in Slowenien (393 zu 691 Tagen), in Litauen (248 zu 895)[14] oder in Bulgarien (186 zu 1484). Es spricht also viel für die Annahme, dass Minderheitsregierungen, anders als in Skandinavien, ein Ausweis mangelnder Stabilität sind und durch „unvollständige" Regierungsbildungen zustande kommen. Allerdings wurden auch die Mehrheitsregierungen in Polen vorzeitig beendet (vgl. Nikolenyi 2004: 132). Kein klares Bild ergibt sich in Estland, wo Mehrheitskoalitionen mit 483 Tagen nicht viel stabiler waren als Minderheitskabinette mit 409 Tagen, oder in Lettland (297 zu 300 Tagen). In Rumänien kehrt sich der Befund überraschenderweise sogar um: Dort waren die Minderheitskabinette von Nicolae Văcăroiu (1992-1996) und Adrian Năstase (2000-2004) mit einer Haltbarkeit von durchschnittlich 1457 Tagen die Einzigen, die ihre Legislaturperiode auszuschöpfen vermochten. Mehrheitskoalitionen waren hingegen nach 1992 mit einer Lebensdauer von durchschnittlich 295 Tagen erheblich anfälliger. Auch in Tschechien war das Minderheitskabinett von Miloš Zeman (1998-2002) mit 1448 Tagen erfolgreicher als alle anderen in diesem Land gebildeten Mehrheitskoalitionen. Dort existierte aber unter der Oberfläche der Minderheitsregierung eine parlamentarische große Koalition, die durch Tauschgeschäfte stabilisiert wurde. Die Bürgerpartei verzichtete im Gegenzug für parlamentarische Schlüsselpositionen auf ein Misstrauensvotum (vgl. Nikolenyi 2003: 326). Auch das rumänische Kabinett Văcăroiu wurde von teils informellen, teils formalisierten Absprachen mit kleineren linken Parteien getragen und wies daher eine versteckte Koalitionsstruktur auf.

Betrachtet man nun die gemeinhin als besonders dauerhaft geltenden Einpartei-Mehrheitsregierungen in den MSOE-Staaten, so sieht man, dass sie bisher im Schnitt lediglich 434 Tage überlebten. Demgegenüber wiesen die Minderheitsregierungen in allen erhobenen MSOE-Ländern immerhin eine durchschnittliche Lebensdauer von 472 Tagen auf, die *minimal winning coalitions* 648 Tage und die *surplus coalitions* 682 Tage. Format und Lebensdauer müssen somit keineswegs, wie für westeuropäische Koalitionen oft behauptet, ursächlich zusammenhängen, vielmehr kommt es auf andere, die Interaktionen im Kabinett und im Parlament strukturierende Variablen an, die unterhalb der betrachteten Oberfläche des Formats wirksam sind. Auffallend ist jedenfalls das „relativ geringe Stabiliätsniveau der minimalen Gewinnkoalitionen" (Grotz 2007: 116; vgl. auch: Nikolenyi 2004: 132).

Keinen eindeutigen Effekt auf die Kabinettstabilität haben sog. *surplus coalitions*: In Ungarn, wo drei Mal nacheinander derartige Koalitionen gebildet wurden, zeichneten sich diese Bündnisse durch eine hohe Kabinettsstabilität aus, in der Slowakei waren Mehrheits- und Surplus-Formate etwa gleichermaßen erfolgreich, und in Litauen sowie in Slowenien blieben sie – rein rechnerisch – weniger beständig als Mehrheitskoalitionen. Allerdings unterliegt die Bewertung von *surplus coalitions* häufig einer systematischen Verzerrung. Übergroße Regierungsbündnisse werden nicht selten gebildet, um ein „Sicherheitspolster" für den Fall anzulegen, dass ein potentiell unzuverlässiger Koalitionspartner aus der Regierung ausscheidet. Während einfache Mehrheitskoalitionen in diesem Falle bereits ihre parlamentarische Mehrheit verlieren, können übergroße Regierungen beim Verlust eines klei-

---

[13] Ein Kabinett gilt herkömmlicherweise als beendet, wenn sich (1) die parteipolitische Zusammensetzung des Kabinetts ändert; (2) die Person des Regierungschefs ändert; (3) eine Neuwahl des Parlaments stattfindet.
[14] Zu den baltischen Staaten vgl. auch im Überblick Tiemann/Jahn 2002.

neren Partners mit einer Mehrheit an regierungstragenden Abgeordneten weiterregieren – in der Statistik jedoch werden sie als „beendigt" ausgewiesen, da sich die parteipolitische Zusammensetzung des Kabinetts geändert hat. Insofern sind *surplus coalitions* mitunter stabiler, als es Übersichten darzustellen vermögen.[15]

Letztlich kann der Befund, dass das Koalitionsformat „keine systemische Wirkung auf die Koalitionsstabilität" habe, somit auch für das erweiterte Sample von zehn MSOE-Ländern bestätigt werden (Grotz 2007: 115). Da die Dauerhaftigkeit von Koalitionen auch innerhalb ein und desselben Landes auffallend variiert, spricht einiges dafür, die sich häufig verändernden Parteiensystemcharakteristika oder externe Schocks und Elitenkonflikte als Auslöser von Krisen genauer zu betrachten. Für Letzteres gibt es aber bisher keine Daten zum MSOE-Raum.[16]

Fragmentierung der Parteiensysteme: In Anlehnung an Giovanni Sartoris Standardwerk (1976) werden stark fragmentierte Parteiensysteme bis heute als Ursache für instabile Regierungen interpretiert. Insbesondere der Typus des „polarisierten Pluralismus", der sich u. a. über die Zahl von fünf oder mehr Parteien im Parlament definiert, wird als besonders problematisch erachtet, da er zur Destabilisierung von Regierungen beitrage. Der Parteienwettbewerb ist, anders als im „moderaten Pluralismus", nicht anhand einer Konfliktlinie (bzw. mehrerer deckungsgleicher Konfliktlinien) bipolar, sondern multipolar angelegt. Dies eröffnet den Parteien nach Wahlen unterschiedliche und meistens instabile Koalitionsoptionen. Ist eine Regierung in der Mitte des Parteienspektrums platziert und dabei links und rechts von extremistischen Flügelparteien umgeben, entwickelt sich der Parteienwettbewerb zentrifugal. Moderate Regierungsparteien sehen sich gegebenenfalls gezwungen, den Forderungen extremistischer Mitbewerber zu entsprechen, selbst wenn sie kein formales Bündnis mit diesen eingehen. Durch die Segmentierung des Parteiensystems bleibt zudem die Koalitionsfähigkeit demokratischer Parteien in der Mitte des Spektrums eingeschränkt. Erschwerend kommt hinzu, dass die Funktionen des Parteienwettbewerbs ausgehebelt werden, wenn Regierungsparteien über längere Phasen hinweg nicht von Konkurrenten abgelöst werden können, weil ein Teil der oppositionellen Parteien als nicht koalitionsfähig gilt. Ein illustratives Beispiel für diese Probleme bietet Italien mit der langjährigen Dominanz der Democrazia Cristiana (DC), die als Partei in der Mitte zwischen 1945 und 1994 in 52 Regierungen fast ununterbrochen den Ministerpräsidenten stellte. Die Stabilität[17] der von ihr gebildeten Kabinette blieb im europäischen Vergleich äußerst gering. Ursachen waren zum einen die fraktions- und parteiinternen Krisen der DC, die maßgeblich von den institutionalisierten Parteiflügeln ausgelöst wurden, und die Erpressungsmacht kleinerer Koalitionspartner. Zum anderen die Tatsache, dass eine vorzeitige Beendigung des Kabinetts nicht zu einem Machtverlust der DC, sondern unter Umständen sogar zu einer Statusverbesserung der Partei führte. Die Anreize zur vorzeitigen Kabinettsauflösung sind unter solchen Bedingungen folglich hoch.

---

[15] Daher verwenden manche Studien eine Systematisierung, die statt des Ausscheidens eines Partners den Übergang vom Mehrheits- zum Minderheitsstatus einer Regierung als Kriterium für deren Beendigung heranziehen.
[16] Für institutionelle Risiken vgl. Harfst 2001.
[17] Der Begriff der „Stabilität" wird in der Koalitionsforschung zumeist verkürzt und mit „Haltbarkeit" von Kabinetten gleichgesetzt. Die Erhebung von Krisen in einer Legislaturperiode ist im Rahmen der meisten Forschungsdesigns zu aufwendig.

Folgt man den Argumenten Sartoris, so wäre die Struktur eines polarisierten Pluralismus der Konsolidierung der neuen Demokratien in Mittelost- und Südosteuropa ausgesprochen abträglich. Die Unterstützung extremistischer Parteien weist aber zumindest in Mittelosteuropa bisher jedoch keine Werte auf, welche die der westeuropäischen Länder übersteigen (vgl. für die 1990er Jahre Toole 2000: 445). Allerdings bildeten sich z. B. in Rumänien noch 1992 rot-braune Negativkoalitionen, die Antisystemparteien enthielten und der äußerst zerbrechlichen Stabilität des Landes in den 1990er Jahren ausgesprochen abträglich waren (vgl. de Nève 2002: 335). Die Fragmentierungswerte für die MSOE-Staaten sind sehr unterschiedlich (vgl. Abbildung 3). Konzentrierten Parteiensystemen wie dem ungarischen und dem tschechischen stehen hoch fragmentierte, etwa in Litauen und Lettland oder in Bulgarien und Slowenien, gegenüber. Sie reihen sich damit in die Riege der fragmentierten Parteiensysteme Westeuropas (z. B. in Belgien, Finnland oder Italien) ein, die eine eher geringe Kabinettsstabilität aufweisen.[18]

Für Westeuropa lässt sich ein Zusammenhang zwischen der Kabinettsstabilität und der Fragmentierung des Parteiensystems durchaus belegen (vgl. Saalfeld 2006: 491). Zu weniger eindeutigen Ergebnissen kamen die Befunde einer vergleichenden Studie über Tschechien, die Slowakei, Ungarn und Polen. Den Ergebnissen zufolge blieben zwar die Bündnisse in den konzentrierten Parteiensystemen Ungarns und der Tschechoslowakei stabil, und umgekehrt zerbrachen, wie erwartet, die Regierungen bei stark zersplitterten Parteiensystemen (etwa in Polen oder in der Slowakei 2002) schneller. Allerdings zeigen die *minimal winning coalitions*, die der Theorie nach eher stabil sein sollten, ein sehr unterschiedliches Maß an Beständigkeit (vgl. Grotz 2007: 116f.). Eine andere Studie belegte, dass hochgradig fragmentierte Parteiensysteme zwar „grundsätzlich" keine stabilen Regierungen hervorbringen, aber in weniger fragmentierten Systemen die Bildung stabiler Regierungen zumindest möglich zu sein scheint (vgl. Harfst 2001: 25). Dem würde jedoch z. B. die slowakische Regierung Dzurinda (2002-2006) widersprechen. Zu diesem letztlich für die MSOE-Staaten schwer belegbaren Zusammenhang noch einige Beispiele: Wie Abbildung 3 zeigt, war der 1997 gebildete polnische Sejm zwar weniger fragmentiert als die 1990 und 1998 gewählte ungarische Nationalversammlung; die polnischen Regierungen erwiesen sich aber dennoch als weniger haltbar (vgl. Nikolenyi 2004: 132). Auch in Bulgarien sind die letzten Kabinette z. B. trotz ansteigender Fragmentierung stabiler gewesen als die der 1990er Jahre. Für andere Länder wiederum lässt sich kein eindeutiger Zusammenhang belegen.

Aus diesem Grunde liegt die Frage nahe, ob die in den MSOE-Ländern oft geringe Fraktionsstabilität und die noch schwächere Institutionalisierung der Parteiensysteme nicht für die Sterblichkeit der Koalitionen wesentlich verantwortlich sind. Tatsächlich belegen Studien, dass die Stabilität des parlamentarischen Parteiensystems eine wichtige Rahmenbedingung für die Überlebensfähigkeit von Koalitionen darstellt (vgl. Grotz 2007: 118) und dass eine solche Stabilisierung wiederum die Bindung der Wähler an bestimmte Parteien festigt – und nicht umgekehrt (vgl. Toole 2000). Diese Befunde verweisen auf die große Rolle, die dem strategischen Handeln von Eliten und ihren Konflikten in diesem noch ungefestigten Handlungskontext zukommt (vgl. Kropp et al. 2002: 37).

---

[18] In Finnland haben jedoch mit einer Ausnahme alle Kabinette seit 1983 die vierjährige Legislaturperiode überlebt, vgl. Raunio 2004: 142.

Abbildung 3: Parlamentarische Fragmentierung seit 1990

	Legislaturperiode[1]					
	1	2	3	4	5	6
Tschechien	2,22	4,80	4,15	3,71	3,81	3,07
Slowakei	4,96	3,19	4,15	6,24	6,04	5,26
Polen	11,05	3,87	2,95	3,60	4,26	
Ungarn	3,79	2,90	3,46	2,49	2,47	
Slowenien	10,34	6,60	5,51	4,89	4,89	
Lettland	1,98	4,99	7,60	5,87	5,02	6,00
Estland	2,91	5,70	4,15	5,52	4,68	4,37
Litauen	3,50	3,02	3,47	4,24	7,65	
Rumänien	2,00	4,42	3,90	3,50	4,08	
Bulgarien	2,33	2,41	2,73	2,52	2,92	4,80
Deutschland	2,65	2,90	2,91	2,81	3,44	
Belgien	4,70	4,40	5,00	3,80	5,20	

1 = Wert wird immer im Jahr der Parlamentswahlen für die jeweilige Legislaturperiode berechnet.
Quelle: eigene Berechnungen nach Laakso/Taagepera 1979.

Die Zahl der Parteien im Parlament allein zeichnet aufgrund der zahlreichen elektoralen Koalitionen und der damit einhergehenden fraktionsinternen Instabilität ein ungenaues Bild. In Polen, das sich durch eine recht geringe Dauerhaftigkeit der Regierung auszeichnet, ist die Zahl der Fraktionswechsler, aber auch die der Abspaltungen und Fusionierungen von Parteien besonders groß. Die hohe Mobilität von Abgeordneten trägt somit dort mehr als etwa in Tschechien zu unsicheren Handlungsbedingungen für die Regierungen bei. Insbesondere das ehemalige Solidarność-Lager stellt eine Vereinigung von lose miteinander verbundenen und eine große ideologische Spannbreite abdeckenden Gruppierungen dar. Die AWS (Aktionsbündnis Solidarität) bestand allein aus 36 Parteien, Organisationen und Gewerkschaftsgruppen; auch die postkommunistische SLD (Allianz der Demokratischen Linken) stellt ein Bündnis von lose miteinander gekoppelten Partnern dar (vgl. Toole 2000: 447; auch: Nikolenyi 2004: 132)[19]. Angesichts dieser Strukturen ist die tatsächliche parlamentarische Fragmentierung höher, als es Übersichten auszuweisen vermögen, denn etliche Parteien weisen in sich eine koalitionsähnliche Struktur auf – verbunden mit einem entsprechenden Konfliktniveau und den Gefahren von Fraktionsaustritten und -abspaltungen. Angesichts dessen wären *surplus coalitions* in Polen eine eigentlich nahe liegende Wahl rational handelnder Akteure gewesen, um sich gegen unberechenbare Abgeordnete abzusichern. Dies allerdings wäre nur innerhalb der Grenzen des in Polen besonders ausgeprägten *regime divide* möglich gewesen. Außerdem gibt es dort, anders als in Ungarn, kein Wahlsystem, das in diesem Ausmaß durch systematische Verzerrungen des Erfolgswertes der Stimmen Unsicherheit produziert und übergroße Koalitionen vorwegnimmt. Jedoch ist die Zahl der Fraktionswechsler, die sich *zwischen* den Parteiblöcken bewegt und opportunistisch

---

[19] Für die heterogenen elektoralen Bündnisse in Rumänien vgl. weiterhin z. B. de Nève 2002; für die „Koalition der Koalitionen" die Kabinette von Mikuláš Dzurinda 1998-2006, die sich durch starke innerparteiliche Spannungen auszeichneten, vgl. Pridham 2002: 82f..

auf die wahrscheinlich erfolgreichen Parteien setzt, im Vergleich zu den frühen 1990er Jahren rückläufig. Viele Kandidaten haben inzwischen offenbar den Lernprozess durchlaufen, dass Parteiloyalität die Wiederwahlchancen erhöht (vgl. Shabad/Slomczynski 2004: 169ff.). In Polen blieben beispielsweise auch nach dem Zerfall der AWS noch vor den Wahlen 2001 drei der vier neuen parlamentarischen Parteien innerhalb des Spektrums der nationalklerikalen Rechten. Letztlich ist die Stabilisierung vieler Parteiensysteme in Mittelosteuropa aber noch immer eine Entscheidung der Parteieliten, die jederzeit rückgängig gemacht werden kann (vgl. Bakke/Sitter 2005: 259; mit ähnlichen Aussagen für die Slowakei vgl. Pridham 2002: 86).

Kabinettsinterne Fragmentierung: Die kabinettsinterne Fragmentierung spielt, entgegen den Befunden für westeuropäische Systeme (vgl. Saalfeld 2006: 491), in den MSOE-Staaten keine erkennbare Rolle für die Überlebensfähigkeit von Koalitionen (vgl. auch: Nikolenyi 2004). Zwar gibt es Einzelfälle, in denen belegt werden kann, dass die Heterogenität einer Koalition sich negativ auf die Stabilität von Regierungen ausgewirkt hat (vgl. Pridham 2002: 95). Die Annahme, dass die Haltbarkeit von Regierungen mit der Zahl der Koalitionspartner aufgrund der damit verbundenen Transaktionskosten abnimmt, kann jedoch nicht bestätigt werden. Somit sind weder Koalitionsformat noch die Zahl der Bündnispartner zuverlässige Indikatoren dafür, ob Koalitionen in den MSOE-Staaten stabil sind oder nicht. Die alleinige Zahl der Parteien im Kabinett ist schon deshalb nicht aussagekräftig, weil, wie erwähnt, nicht wenige Parteien in sich Allianzen aus verschiedenen Gruppen darstellen und das Konfliktniveau aus diesem Grunde höher ist als dies die Zahl der Parteien vermuten lässt.

Institutionelle Variablen: Auch institutionelle Variablen können die Stabilität von Regierungen erklären. Befunde für westeuropäische Kabinette zeigen, dass die formale Investitur eines Regierungschefs die Überlebenswahrscheinlichkeit von Regierungen zu Beginn einer Legislaturperiode senkt, sich diese Kabinette anschließend aber als wesentlich haltbarer erweisen als andere (vgl. Saalfeld 2007: 202). Von den alten EU-Mitgliedstaaten kennen die Parlamente Luxemburgs, Großbritanniens, Frankreichs, Österreichs, Dänemarks, der Niederlande und Portugals diese Wahlfunktion bzw. eine parlamentarische Zustimmung zur Regierungsbildung nicht. Unter den Neumitgliedern haben Zypern und Malta ebenfalls keine solchen Verfassungsregeln fixiert. Die zehn MSOE-Staaten hingegen haben ohne Ausnahme die formale Investitur bzw. die parlamentarische Zustimmung zur Regierungsbildung in ihre Verfassungen aufgenommen. Allerdings sind diese Anforderungen sehr unterschiedlich ausgestaltet. Sie enthalten verschiedene Hürden und Mehrheitserfordernisse: Das Zustandekommen der Minderheitsregierung in Tschechien von 1998 wurde z. B. dadurch erleichtert, dass lediglich eine relative Mehrheit von Abgeordneten die Vertrauensabstimmung gewinnen muss (vgl. Nikolenyi 2003: 334). In einigen Ländern, etwa in Bulgarien oder Slowenien, muss hingegen jeder einzelne Minister parlamentarisch bestätigt werden. Trotz bestehender Hürden gibt es in den MSOE-Ländern nur vergleichsweise wenige Kabinette, die eine sehr kurze Lebensdauer von unter drei Monaten aufweisen (z. B. in Polen 1992 das Kabinett von Waldemar Pawlak, meistens jedoch in Rumänien und Bulgarien). Vorzeitige Regierungsbeendigungen haben meistens andere Ursachen.

Ungünstige Wirkungen auf die Regierungsstabilität werden auch der Rolle des Präsidenten in einem *divided government* zugeschrieben. In einer vergleichenden Studie über die Länder Ungarn, Polen und Tschechien trug diese Erklärung jedoch nicht (vgl. Nikolenyi 2004: 133). Einzelfälle aus anderen Ländern, z. B. aus Bulgarien, zeigen aber wiederum, dass die Gründe für die mangelnde Kabinettsstabilität durchaus wesentlich in Auseinandersetzungen zwischen Ministerpräsident und Staatspräsident, aber auch in sog. „externen" Schocks, z. B. Wirtschaftskrisen, die teilweise in gewalttätige Auseinandersetzungen mündeten (so auch in Rumänien), zu sehen sind. Auch die vorzeitigen Auflösungen der Kabinette in Litauen waren vor allem von Konflikten zwischen Premier und Staatspräsident verursacht. Zu den Gründen für die Beendigung von Koalitionen in den neuen Mitgliedstaaten fehlen aber einstweilen noch flächendeckend erhobene Daten.

Neuere Studien versuchen, die Kabinettsstabilität in einigen mittelosteuropäischen Staaten zu erklären, indem sie die Konzepte des *dominant* und des *central player* miteinander verbinden. Wenn beide Spieler in der gleichen Partei vertreten sind, erzeuge diese Konstellation stabile Koalitionen; ist dies nicht der Fall, würden die Kabinette aufgrund der immanenten Spannungen und Verteilung von Vetopotentialen instabil (vgl. Nikolenyi 2004). Ein umfassender Test verschiedener Theoreme und institutioneller Variablen steht für die gesamten MSOE-Staaten jedoch noch aus. Die bisherigen Ergebnisse zeigen aber, dass Koalitionsformate nicht in ursächlichem Zusammenhang mit der Koalitionsstabilität stehen und dass Parteiensystemcharakteristika, wie dem *regime divide*, eine koalitionsbildende Funktion zukommt, da sie den Blockcharakter verstärkt und die ideologische Kompaktheit von Koalitionen durchbricht.

4 Regieren in Koalitionen

Die Art und Weise, wie in Koalitionen regiert wird, ist der am schlechtesten erforschte Zweig der Koalitionsforschung. Empirische Befunde, die auf Prozessanalysen ruhen, sind nicht gerade üppig gesät und bleiben meist notgedrungen auf Fallstudien bezogen, mitunter auch auf den Vergleich einiger weniger Fälle (vgl. Jungar 2002). Gewisse Vorzüge bietet der Vergleich von subnationalen Regierungsbündnissen, weil dabei eine Reihe von Variablen konstant gehalten werden kann (vgl. Kropp 2001) – für internationale Vergleiche ist dies jedoch schwieriger. Will man die Art der Konsensbildung und Konfliktmoderation in Regierungsbündnissen erfassen, so steigt die Zahl der erklärenden Variablen unausweichlich; Studien sehen sich dem Problem von „small n, many variables" ausgesetzt. Viele Formen des Regierens finden im Informellen statt, was einer vergleichenden systematischen Untersuchung nur schwer zugänglich ist (vgl. Helmke/Levitsky 2004). Einer der weiterführenden Versuche eines länderübergreifenden Vergleichs (von 17 westeuropäischen Staaten) beinhaltet inzwischen Informationen über Koalitionsabkommen sowie den Ort des Koalitionsmanagements und über informelle, aber institutionalisierte und deshalb besser erfassbare Regeln des Konfliktmanagements (vgl. Saalfeld 2007; Müller/Strøm 2003). Die mittelost- und südosteuropäischen Länder sind demgegenüber erheblich unzureichender erforscht.

Vergleichsweise gut untersucht und dokumentiert ist die Frage, ob und welche Art von Koalitionsabkommen zustande kommen (vgl. Müller/Strøm 2000). Koalitionsverträge gelten als Ausweis des Willens von Parteien, im Laufe der Legislaturperiode zusammenzuarbeiten. Sie sind daher ebenso Ausdruck des Kooperationswillens der Parteien wie eine Voraussetzung dafür. Die Parteien befinden sich, selbst wenn sie nach Wahlen grundsätzlich zur Kooperation bereit sind, in der Situation eines Gefangenendilemmas (vgl. Kropp/Sturm 1998: 97): Die Kooperation bringt ihnen Auszahlungen im Sinne von Ämtern und der Beeinflussung von Policies; eine Zusammenarbeit ist somit der isolierten Strategie vorzuziehen. Gleichzeitig jedoch stehen sie – insbesondere mit Blick auf den nächsten Wahlkampf – auch

Koalitionsregierungen

weiterhin in Konkurrenz zueinander, so dass die Anreize groß bleiben, das Bündnis zu unterlaufen und den Partner zu schädigen.

Ein Gefangenendilemma[20] kann zwar grundsätzlich durch einen Vertrag überwunden werden. Jedoch bedarf es, damit ein Vertrag eingehalten wird, der Möglichkeit externer Sanktionen, die glaubwürdig genug sind, um die Parteien von einer wechselseitigen Schädigung abzuhalten. Eine solche externe Schieds- und Bestrafungsinstanz gibt es im Regierungsalltag nicht. Auch sog. „iterierte Spielsituationen", in denen die gleichen Akteure wiederholt aufeinander treffen und Konflikte eher vermeiden, stoßen in zeitlich begrenzten Legislaturperioden an das definierte Ende der Zusammenarbeit. Deshalb ist die Hypothese plausibel, dass erstens Koalitionsverträge dann geschlossen werden, wenn die Parteien ohnedies daran interessiert sind, erfolgreich zusammenzuarbeiten (vgl. Saalfeld 2007: 197), und zweitens, dass der Status einer Fortsetzungskoalition, die nicht nur eine Art „Notbündnis" darstellt, auf stabilere Bündnisse hinweist (vgl. Kropp 2001: 61ff.). Dass Fortsetzungskoalitionen tatsächlich länger leben, konnte Saalfeld jüngst mit dem oben genannten Datensatz belegen (vgl. Saalfeld 2007: 203). Die Parteien wenden die Transaktionskosten für die Aushandlung von Koalitionsverträgen vor allem dann auf, wenn sie großes Interesse am Gelingen des gemeinsamen Regierens haben. Allerdings sinken diese Kosten vor Ablauf der Legislaturperiode und mit nahenden Wahlen; die Anreize, gegen Teile des Abkommens zu verstoßen und eigene Wege zu gehen, sind daher beträchtlich – es sei denn, die Parteien sind sich einig, eine bewährte Zusammenarbeit fortsetzen zu wollen.

Ein Blick auf die Abbildung 4 zeigt, dass heute in fast allen Ländern Koalitionsabkommen abgeschlossen werden. Die weitaus meisten von ihnen, mehr als 80 Prozent, liegen in schriftlicher Form vor. Von 223 erfassten Kabinetten hatten 136 (61 Prozent) einen Vertrag vereinbart (vgl. Müller/Strøm 2000: 148). Ausnahmen sind Italien mit einer tatsächlich geringen Kabinettsstabilität und – in gewisser Weise – Frankreich, wo die wenigen Vereinbarungen in etwa der Hälfte der Fälle dem Schmieden elektoraler Bündnisse dienen. In den MSOE-Staaten haben sich nach bisherigen Erkenntnissen ebenfalls Koalitionsverträge als Steuerungsinstrument etabliert (vgl. für Ungarn und Polen Dieringer 2002: 266). Allerdings sind diese Vereinbarungen aufgrund des ständigen Wandels, der die politischen Eliten unter Zugzwang setzt, (noch) eher proklamatorischer Art. Dort übernehmen deshalb eher Koalitionsrunden die Funktion, die Regierungspolitik zu formulieren und Präferenzen zu setzen (vgl. Pridham 2002: 97).

In Koalitionsvereinbarungen wird zwar häufig, aber, schon um den Eindruck des Postenschachers zu vermeiden, keineswegs immer festgeschrieben, wie die *offices* unter den Partnern verteilt werden. Daneben finden sich – zuweilen ausführliche – Beschreibungen, wie die Parteien gemeinsam konkrete Politiken gestalten wollen. Dieser Teil des Abkommens ist häufig die Grundlage für die Regierungserklärung der Regierungschefs; mitunter wird heute auch in den Regierungszentralen festgehalten und überprüft, welche Forderungen davon bereits in konkrete Politik umgesetzt wurden. Jedoch vermögen die Koalitionsparteien zum Zeitpunkt des Zustandekommens eines Bündnisses nicht alle anstehenden Materien vorherzusehen, auf andere wiederum können sie sich nicht einigen. Koalitionsabkommen sind unvollständige Verträge. Deshalb finden sich sehr häufig Formelkompromis-

---

[20] In der Spielsituation eines Gefangenendilemmas würden beide Spieler ein optimales Ergebnis erzielen, wenn sie einander vertrauen und kooperieren würden. Die rationale Strategie bei einem einzigen Spielzug ist es jedoch, den anderen Spieler zu verraten, wodurch für beide Seiten ein gegenüber der Kooperation suboptimales Ergebnis entsteht.

se und Absichtserklärungen, die im Laufe des gemeinsamen Regierens in Konflikte münden können. Von Bedeutung ist ferner, dass Koalitionsverträge häufig auch die Gewinnauszahlungen für *policy seeker* festlegen und verschieben: So können allgemeine Ziele einer Partei, etwa die „Deregulierung" oder die „nachhaltige Entwicklung", für viele oder alle Policies verbindlich festgeschrieben werden. Auf diese Weise sichern sich vor allem kleine Koalitionspartner Einflussbereiche selbst in den Portfolios bzw. Zuständigkeitsbereichen der größeren Partner. Dies zeigt abermals, dass die angenommene eindeutige Abgrenzung von ministeriellen Einflussbereichen in Koalitionsregierungen (vgl. Laver/Shepsle 1996) keiner realistischen Beurteilung von Koalitionspolitik entspricht. Solche Gewinnverschiebungen können Analysen weder anhand der Verteilung der Ämter noch durch institutionelle Variablen herausfinden.

Große Bedeutung für den Regierungsalltag haben die Koalitionsabkommen offenbar auch deshalb, weil sie Regeln für die Zusammenarbeit fixieren. Hierzu kann z. B. das Verbot wechselnder Mehrheiten zählen, aber auch das Verbot der Überstimmung eines Partners im Kabinett oder Regeln, die eine Absprache bei Anträgen und Initiativen vorsehen. Solche Regeln entlasten den Entscheidungsalltag, indem sie als vom Entscheidungsgegenstand grundsätzlich getrennte und als gerecht angesehene Normen enthalten, auf die sich alle beteiligten Parteien geeinigt haben. Diese lassen sich später nur mit Mühe infrage stellen. Analysen zeigen aber, dass es keinen statistischen Zusammenhang zwischen der Lebensdauer und dem Abschluss von prozeduralen Regeln in Koalitionsvereinbarungen gibt (vgl. Saalfeld 2007: 197).

Dass Koalitionsverträge heute beinahe durchgängig veröffentlicht werden (Abbildung 4), ist nicht zuletzt darauf zurückzuführen, dass die Koalitionspartner eine an sich informelle Verhandlungspraxis gegenüber der Öffentlichkeit legitimieren und damit Glaubwürdigkeit demonstrieren wollen. In Zeiten zunehmend medial inszenierter Politik lassen sich Verhandlungsergebnisse kaum noch dem Wählerpublikum vorenthalten. Zudem erzielt der rein politische, rechtlich nicht bedeutsame Vertrag damit eine höhere Bindekraft, nicht zuletzt auch gegenüber der mitunter skeptischen und in der Regel sich in unterschiedliche Flügel aufgliedernden Parteibasis. Werden die Abkommen zur Abstimmung gestellt, kann die Parteispitze die Basis zumindest ansatzweise an die Inhalte binden – was ebenfalls der Stabilisierung eines Bündnisses dient. Der Bruch einer Koalition kann eine Partei bei einem Verstoß gegen den Vertrag gegebenenfalls Reputation kosten. In der Tat scheinen veröffentlichte Koalitionsverträge zu einer verlängerten Lebensdauer von Koalitionen beizutragen (vgl. Saalfeld 2007: 197).

Wie sehen weitere Befunde zum Koalitionsregieren aus? Eine der Handlungsebenen von Regierungsbündnissen ist die innerparteiliche Arena. Während die frühe Koalitionsforschung noch davon ausging, dass Parteien als unitarische Akteure gefasst werden könnten, fanden spätere Studien heraus, dass die innerparteiliche Fragmentierung die Anfälligkeit von Koalitionen für lebensbedrohliche Konflikte erhöht (vgl. Druckman 1996). Weitere Studien verwiesen in diesem Zusammenhang darauf, dass Koalitionshandeln den Charakter eines Zweiebenenspiels aufweist: Während der Legislaturperiode können Koalitionsparteien in Verhandlungen ihren Gewinn z. B. zu mehren suchen, indem sie gegenüber dem Partner auf innerparteiliche Handlungszwänge verweisen (vgl. hierzu Maor 1998; Kropp 2001: 159ff.). Eine solche Strategie ist indessen nicht beliebig wiederholbar, ohne dass die gemeinsame Vertrauensbasis geschmälert wird.

Andere Untersuchungen konnten wiederum belegen, dass Koalitionsgremien, die Akteure mehrerer Handlungsebenen (nicht-parlamentarische oder im Kabinett) umspannen, mehr Stabilität erzeugen und damit koalitionsinterne Konflikte offenbar effektiver zu handhaben vermögen (vgl. Saalfeld 2007: 199; für die Slowakei Pridham 2002: 97), weil sie simultane, lose miteinander verknüpfte Handlungsebenen verbinden. Tatsächlich kennen die meisten westeuropäischen Demokratien unterschiedliche Steuerungs- und Konfliktschlichtungsgremien (Abbildung 4). Koalitionsakteure haben damit die Möglichkeit, je nach Konfliktniveau und politischer Opportunität den Ort der politischen Steuerung zu variieren. In Finnland (bis 2000) und Frankreich waren bzw. sind aber keine derart gemischten Gremien dominant. Dies kann nicht zuletzt mit der Struktur des semipräsidentiellen Systems mit starken präsidentiellen Vollmachten erklärt werden. Der finnische Präsident nahm eine herausragende Rolle bei der Koalitionsbildung ein und leitete anschließend die wöchentlichen Sitzungen des Staatsrates (dies allerdings nur in den Bereichen, die in seine Zuständigkeit fielen), so dass er Koalitionskonflikte zu moderieren und zu entscheiden vermochte. In Frankreich wiederum werden Koalitionskonflikte ebenfalls häufig durch den Präsidenten entschieden. Im Zuge der mit der Verfassungsreform von 2000 beschlossenen (und bereits faktisch früher eingeleiteten) Parlamentarisierung Finnlands wurden die Kompetenzen des Präsidenten zurückgenommen, so dass das Koalitionsmanagement heute nicht mehr primär auf dieser Ebene stattfinden kann (vgl. Raunio 2004).

Die Koalitionsdisziplin im Gesetzgebungsprozess ist in den meisten westeuropäischen Ländern hoch. In vielen Ländern – etwa in Schweden, seit 1970 in Finnland, in Belgien, den Niederlanden, Italien, Luxemburg oder Frankreich – legen die Koalitionspartner aber einzelne Ausnahmen fest, die keinem derart strengen Reglement unterliegen. Nur Finnland ging bis 1970 den Weg, die Koalitionsdisziplin lediglich für einzelne Materien zu fixieren. Koalitionsformate spielen hierbei eine nicht unwesentliche Rolle: Insbesondere in *minimum winning coalitions*, die über eine knappe parlamentarische Basis verfügen, erzwingt die Funktionslogik parlamentarischer Regierungssysteme, in denen die Regierung des Vertrauens des Parlaments bedarf, eine starke Fraktions- und Koalitionsdisziplin aller beteiligten Regierungsparteien. Das Beispiel der großen Koalition in Deutschland von 1966-1969 mit einer parlamentarischen Basis von über 90 Prozent zeigt umgekehrt, dass die Disziplin lockerer wird, wenn Abweichler in den Fraktionen die Regierungsmehrheit nicht gefährden. Sind die Parlamentsparteien *office-seeker*, liegt ihnen daran, die Mehrheit nicht zu gefährden – es sei denn, sie können als *vote-seeker* von einer vorzeitigen Auflösung der Regierung oder von einem kalkulierten Koalitionskonflikt in der Wählergunst profitieren.

Bei der Absprache von Politikinhalten zeigen alle Länder eine ähnliche Tendenz (Abbildung 4): In den meisten westeuropäischen Ländern gab es nach Kriegsende keine oder nur punktuelle Vereinbarungen zwischen den Koalitionspartnern. Allerdings hat sich in den meisten Ländern ein Lernprozess durchgesetzt, in dessen Folge die Koalitionsparteien der Abstimmung von Policies eine größere Bedeutung beimessen. Frühe Absprachen erleichtern das Koalitionsmanagement tendenziell und senken damit die Kosten für eine eventuelle nachträgliche Konfliktschlichtung. In der überwiegenden Zahl der hier untersuchten Staaten wird eine umfassende Absprache vorgenommen; Italien, Frankreich und Schweden stellen hier Ausnahmen dar. Die Ursachen für diese abweichende Praxis variieren: Während in Schweden bürgerliche Koalitionsregierungen eher seltener vorkommen und Minderheitsregierungen im Rahmen einer konsensorientierten Politik häufig Absprachen mit unterschiedlichen Partnern suchen mussten, kann der Präsident in Frankreich den Gesetzgebungsprozess über seine weit reichenden formalen Kompetenzen beeinflussen. Vereinbarungen über Policies kommt dadurch ein geringerer Stellenwert zu. In Italien wiederum gab es solche Absprachen angesichts der starken Dezentralisierung der Parteien und der machtvollen Position der *correnti* in der Democrazia Cristiana nur ansatzweise und keineswegs in allen Politikbereichen, zumal die Parteien häufig keine Koalitionsdisziplin zu garantieren vermochten (vgl. Verzichelli/Cotta 2003: 460).

Inwieweit sich die neuen Mitgliedstaaten der EU dieser Praxis annähern, bleibt abzuwarten. Die Europäisierung der Gesetzgebung erzwingt jedenfalls in vielen Bereichen eine enge Kooperation zwischen den nationalen Regierungsparteien, da Richtlinien in nationales Recht umgesetzt werden müssen. Es liegt nahe, dass sich in den Mitgliedstaaten, deren Parteiensystem einen Prozess der Konsolidierung durchlaufen hat, ähnliche, dann allerdings auf den spezifischen institutionellen Kontext bezogene Mechanismen des Koalitionsmanagements ausbilden werden. Hierzu gibt es einstweilen nur vereinzelte und keine systematisch erhobenen Befunde. Das Beispiel der slowakischen Regierung Dzurinda (1998-2002) zeigt jedoch, dass die politischen Akteure dort einen Lernprozess vollzogen haben. Der Koalitionsausschuss, der die Akteure mehrerer Handlungsebenen integrierte, hat eine durchaus effektive Arbeit geleistet (vgl. Pridham 2002).

Koalitionsregierungen 543

Abbildung 4: Regieren in Koalitionen

erfasster Zeitraum	Koalitionsabkommen	veröffentlicht?	Konfliktmanagement	bevorzugter Mechanismus	Koalitionsdisziplin im Gesetzgebungsprozess[5]	Absprache von Policies?[6]
Österreich 1945-1996	seit 1949, nach der Wahl verfasst	seit 1956	Kabinettsausschuss, Koalitionsausschuss	Kabinettsausschuss	durchgängig hoch	anfänglich Ausnahme, zunehmende Tendenz, zuletzt umfassend
Deutschland 1949-1998	1961, seit 1980 regelmäßig, nach der Wahl	1961 nicht, seit 1980 regelmäßig	seit 1980 Parlament, Parteispitzen, Kabinett, Kabinettsmitglieder und Parlamentarier, 1998 Koalitionsausschuss	Parteispitzen, Kabinettsmitglieder und Parlamentarier	durchgängig hoch	ja, mit zunehmender Tendenz, zuletzt umfassend
Irland 1948-1997	1973 vor der Wahl, seit 1981 nach der Wahl abgeschlossen	seit 1973	Parlamentsebene, Parteispitzen	überwiegend Parteispitzen, Treffen der Programmmanager der Ministerien	durchgängig hoch, manchmal festgelegte Ausnahmen	anfänglich nein, zunehmende Tendenz, aber nicht umfassend
Norwegen 1963-1997[1]	meistens vor und nach der Wahl verfasst	ja	Kernkabinett, Kabinettsmitglieder und Parlamentarier, Kabinettsausschuss	Kernkabinett, ab 1972 Kabinettsmitglieder und Parlamentarier	durchgängig hoch	meistens umfassend, 1963, 1972, 1989 nicht
Schweden[2] 1951-1991	meistens nach der Wahl, teilweise auch erst während der Legislaturperiode abgeschlossen	ja	Kernkabinett, Kabinettsausschuss	—	ja, aber mit festgelegten Ausnahmen	anfänglich nicht umfassend, aber mit zunehmender Tendenz
Dänemark 1950-1998	meistens nicht, aber einige Male während der Legislaturperiode und nach der Wahl	4 x ja, 2 x nein	Kernkabinett, Kabinettsausschuss, Kabinettsmitglieder und Parlamentarier, informelle Gespräche	—	durchgängig	durchgängig umfassend
Finnland 1945-1995	nach der Wahl, während der Legislaturperiode	ja	überwiegend Kabinettsausschuss, manchmal Kernkabinett, seit 1972 auch Kabinettsmitglieder und Parlamentarier	überwiegend Kabinettsausschuss	nein, nur für die Materien, die festgelegt wurden, seit 1970 ja, mit festgelegten Ausnahmen	bis 1954 nur für Ausnahmen, ansteigende Tendenz, ab 1979 dann durchgängig

- Fortsetzung Abbildung 4 -

erfasster Zeitraum	Koalitionsabkommen	veröffentlicht?	Konfliktmanagement	bevorzugter Mechanismus	Koalitionsdisziplin im Gesetzgebungsprozess[5]	Absprache von Policies?[6]
Belgien 1946-1995	bis 1954 nicht, teilweise während der Legislaturperiode und nach der Wahl	meistens ja	Kabinettsausschuss, Kernkabinett, Parteispitzen	wechselnd, überwiegend Parteispitzen, manchmal Kernkabinett	ja, mit festgelegten Ausnahmen, zuletzt höher	bis 1954 nur für Ausnahmen, steigend, ab 1968 (mit Ausnahmen) eher umfassend
Niederlande 1945-1998	bis 1959 nein, dann überwiegend nach der Wahl, teilweise Verzicht	ab 1967 ja	Parlamentarische Ebene, ab 1965 Kernkabinett, seit 1971 Koalitionsausschuss	bis 1973 Parlamentarische Ebene, ab 1971 Koalitionsausschuss	ja, mit festgelegten Ausnahmen	bis 1959 nur für Ausnahmen, dann steigende Tendenz, ab 1971 umfassend
Italien 1946-1998	nein, 1963 und 1978 aber während der Legislaturperiode	—	Koalitionsausschuss, seit 1963 Parteispitzen	bis 1974 Koalitionsausschuss, 1978-1992 Parteispitzen, dann wieder eher Koalitionsausschuss	ja, mit festgelegten Ausnahmen	überwiegend nur für einige Policies, 1958-1979 ja, aber nicht umfassend
Frankreich 1959-1997	bis 1978 nein, dann überwiegend vor der Wahl	ja	Kabinettsausschuss, Entscheidungen des Präsidenten, ab 1986 dann auch Koalitionsausschuss	Kabinettsausschuss, bei ernsthaften Konflikten aber v. a. Präsident	ja, mit festgelegten Ausnahmen	bis 1978 nein, später ja, aber nicht umfassend
Portugal 1978-1983	2 x vor der Wahl, 1 x während der Legislaturperiode, 1 x nach der Wahl	ja	Kabinettsausschuss, Koalitionsausschuss, Parteispitzen	Kabinettsausschuss, Koalitionsausschuss	anfänglich umfassend, dann mit festgelegten Ausnahmen	umfassend
Polen[3] 1990 ff.	ja	ja	informell	Parteispitzen	?	?
Ungarn[4] 1990 ff.	ja	ja	informell	Parteispitzen	?	?

1 = Häufig Einpartei-Minderheitsregierungen, daher wenige Fälle.
2 = Ebenfalls häufig Einpartei-Minderheitsregierungen, daher wenige Fälle.
3 = vgl. Dieringer 2002: 266ff.
4 = vgl. Dieringer 2002: 266ff.
5 = Es wurde nicht das tatsächliche Abstimmungsverhalten erhoben. Die Frage lautete vielmehr: Is the coalition based on the understanding that there will be coalition discipline in parliamentary votes on legislative proposals?
6 = Die Frage lautete: Is the coalition based on a substantial and explicit policy agreement? Vgl. Müller/Strom 2003: 20f.
Quelle: Zusammenstellung der Daten aus den Länderstudien in: Müller/Strom 2003; Dieringer 2002.

5 Koalitionsforschung – quo vadis?

Die Koalitionsforschung steht exemplarisch dafür, dass sich über eine lange Zeitspanne hinweg Arbeiten mit äußerst unterschiedlichen theoretischen und methodischen Herangehensweisen systematisch aufeinander beziehen. Wir finden zum einen eine beständige Weiterentwicklung des modellorientierten Zweigs in der Koalitionsforschung, daneben eine Vielzahl von Fallstudien und Small N-Vergleichen. Beide Forschungsrichtungen wurden bislang immer wieder miteinander verzahnt. Die durch die deduktive Modellbildung erarbeiteten Theoreme werden auch in Small N-Vergleichen als Heuristiken genutzt. Umgekehrt profitiert auch der modellorientierte Forschungszweig von Hypothesen generierenden Studien oder von sog. *crucial cases*, die selbst als Einzelfallstudien vergleichend angelegt sind. Insbesondere abweichende Fälle sind gut geeignet, um zur Theoriebildung eingesetzt zu werden (vgl. Eckstein 1975). Mit der systematischen Verschränkung von Large N- und Small N-Vergleichen sind Möglichkeiten gegeben, welche die Koalitionsforschung in Zukunft stärker nutzen sollte als bisher.

Die Erweiterung der EU um die mittelost- und südosteuropäischen Staaten eröffnet die Möglichkeit, die bisherigen Theoreme und Befunde der überwiegend auf Westeuropa konzentrierten Koalitionsanalyse in einem anderen Zusammenhang zu testen. Da, wie gezeigt, einige der Rahmenbedingungen für Koalitionshandeln sich (noch) von denen der westeuropäischen Systeme unterscheiden, stellt sich die Frage, ob und inwieweit Koalitionstheorien in Zukunft stärker kontextualisiert werden müssen. Die Koalitionsforscher, die sich mit den MSOE-Staaten auseinandersetzen, bejahen diese Forderung bislang durchgängig, auch wenn ein systematischer Test von Theoremen noch aussteht. Die vorläufigen Ergebnisse zu den MSOE-Staaten, die von denen der westeuropäischen Länder teilweise abweichen, weisen aber auch darauf hin, dass dieser Raum in sich bereits starke Differenzierungen zeigt. Ebenso ergiebig wäre es festzustellen, ob sich die mittelost- und südosteuropäischen Länder – und wenn ja, welche und warum – der westeuropäischen Praxis des Koalitionsregierens annähern oder aber eigene Entwicklungspfade einschlagen. Die erweiterte EU bietet daher die Möglichkeit, Koalitions- und Demokratie- bzw. Konsolidierungsforschung stärker miteinander zu verbinden. All diese Argumente zeigen jedenfalls, dass vergleichende Untersuchungen zu den europäischen Regierungssystemen spätestens seit dem Beitritt der neuen Mitgliedstaaten, in denen Koalitionen ebenfalls die dominierende Regierungsform sind, die Auslassung der MSOE-Länder nicht länger stichhaltig zu begründen vermögen.

Noch wenig systematische Befunde gibt es zudem zur Frage des Regierens in Koalitionen, da vergleichende Prozessanalysen empirisch schwer durchführbar sind und informelle Praktiken des Regierens nicht zu den einfach zugänglichen Forschungsbereichen zählen. Hier könnte sich gerade die Koalitionsforschung als beinahe klassisches Beispiel für eine gelungene kumulative Forschung (vgl. Müller 2004) in Zukunft ein weites Forschungsfeld erschließen.

Literatur

Axelrod, Robert, 1978: A Coalition Theory Based on Conflict of Interest, in: Evan, William M. (Hrsg.), Interorganizational Relations. Selected Writings. Harmondsworth, 44-54.

Bakke, Elisabeth/Sitter, Nick, 2005: Patterns of Stability. Party Competition and Strategy in Central Europe since 1989, in: Party Politics 11 (2), 243-263.
Bergman, Torbjörn, 2003: Sweden: When Minority Cabinets Are the Rule and Majority Coalitions the Exception, in: Müller, Wolfgang C./Strøm, Kaare (Hrsg.), Coalition Governments in Western Europe. New York, 192-230.
Browne, Eric C./Frendreis, John/Gleiber, Dennis, 1984: An Events Approach to the Problem of Cabinet Stability, in: Comparative Political Studies 17 (2), 167-197.
Damgaard, Erik, 2003: Denmark: The Life and Death of Government Coalitions, in: Müller, Wolfgang C./Strøm, Kaare (Hrsg.), Coalition Governments in Western Europe. New York, 231-263.
de Nève, Dorothée, 2002: Koalitionen in Albanien, Bulgarien und Rumänien: Überwindung des régime divide mit Hindernissen, in: Kropp, Sabine/Schüttemeyer, Suzanne/Sturm, Roland (Hrsg.), Koalitionen in West- und Osteuropa. Opladen, 301-342.
de Swaan, Abram, 1973: Coalition Theories and Coalition Formations. Amsterdam.
Dieringer, Jürgen, 2002: Koalitionen in Ungarn und Polen: Mehr Eliten- als Parteienkonkurrenz?, in: Kropp, Sabine/Schüttemeyer, Suzanne/Sturm, Roland (Hrsg.), Koalitionen in West- und Osteuropa. Opladen, 249-269.
Diermeier, Daniel, 2006: Coalition Government, in: Weingast, Barry R./Wittman, Donald A. (Hrsg.), Political Economy. The Oxford Handbooks of Political Science. New York, 162-179.
Druckman, James N., 1996: Party Factionalism and Cabinet Durability, in: Party Politics 2 (3), 397-407.
Druckman, James N./Roberts, Andrew, 2005: Context and Coalition-Bargaining – Comparing Portfolio Allocation in Eastern and Western Europe, in: Party Politics 11 (5), 535-556.
Eckstein, Harry, 1975: Case Study and Theory in Political Science, in: Greenstein, Fred L./Polsby, Nelson W. (Hrsg.), Handbook of Political Science, Vol. 7. Reading, 79-137.
Eysell, Maria, 1996: Der dänische Minderheitsparlamentarismus der achtziger Jahre, in: Zeitschrift für Politikwissenschaft 6, 375-407.
Gamson, William, 1961: A Theory of Coalition Formation, in: American Sociological Review 26 (3), 373-382.
Grotz, Florian, 2007: Stabile Regierungsbündnisse? Determinanten der Koalitionspolitik in Ostmitteleuropa, in: Osteuropa 57 (4), 109-122.
Grzymala-Busse, Anna, 2001: Coalition Formation and the Regime Divide in New Democracies: East Central Europe, in: Comparative Politics 34 (1), 85-104.
Harfst, Philipp, 2001: Regierungsstabilität in Osteuropa. Der Einfluss von Parlamenten und Parteien. Discussion Paper FS III 01-204. Wissenschaftszentrum Berlin für Sozialforschung (WZB). Berlin.
Helmke, Gretchen/Levitsky, Steven, 2004: Informal Institutions and Comparative Politics: A Research Agenda, in: Perspectives on Politics 2 (4), 725-740.
Jahn, Detlef, 2002: Koalitionen in Dänemark und Norwegen: Minderheitsregierungen als Normalfall, in: Kropp, Sabine/Schüttemeyer, Suzanne/Sturm, Roland (Hrsg.), Koalitionen in West- und Osteuropa. Opladen, 219-248.
Jungar, Ann-Cathrine, 2002: A Case of a Surplus Majority Government: The Finnish Rainbow Coalition, in: Scandinavian Political Studies 25 (1), 57-83.
Kailitz, Steffen, 2007: Der stille Abschied von der „separation of powers". Über die Parlamentarisierung präsidentieller Demokratien, in: Kropp, Sabine/Lauth, Hans-Joachim (Hrsg.), Gewal-

tenteilung und Demokratie. Probleme der horizontal accountability im interregionalen Vergleich. Baden-Baden, 168-190.
King, Gary/Alt, James E./Burns, Nancy E./Laver, Michael, 1990: A Unified Model of Cabinet Dissolution in Parliamentary Democracies, in: American Journal of Political Science 34 (3), 846-871.
Kopecký, Petr/Mudde, Cas, 2002: The Two Sides of Euroscepticism: Party Positions on European Integration in East Central Europe, in: European Union Politics 3 (3), 297-326.
Kropp, Sabine, 1999: Strategisches Koalitionshandeln und Koalitionstheorien. Konzeptionelle Überlegungen zur Untersuchung von Konflikt und Konsensbildung in Koalitionen, in: Sturm, Roland/Kropp, Sabine (Hrsg.), Hinter den Kulissen von Regierungsbündnissen. Koalitionspolitik in Bund, Ländern und Gemeinden. Baden-Baden, 44-80.
Kropp, Sabine, 2001: Regieren in Koalitionen. Handlungsmuster und Entscheidungsbildung in deutschen Länderregierungen. Wiesbaden.
Kropp, Sabine/Sturm, Roland, 1998: Koalitionen und Koalitionsvereinbarungen. Theorie, Analyse und Dokumentation. Opladen.
Kropp, Sabine/Schüttemeyer, Suzanne/Sturm, Roland, 2002: Koalitionen in West- und Osteuropa. Theoretische Überlegungen und Systematisierung des Vergleichs, in: Kropp, Sabine/Schüttemeyer, Suzanne/Sturm, Roland (Hrsg.), Koalitionen in West- und Osteuropa. Opladen, 7-41.
Laakso, Markku/Taagepera, Rein, 1979: „Effective" Number of Parties. A Measure with Application to West Europe, in: Comparative Political Studies 12, 3-17.
Laver, Michael J./Schofield, Norman, 1990: Multiparty Government. Oxford.
Laver, Michael J./Shepsle, Kenneth A., 1996: Making and Breaking Governments. Cabinets and Legislatures in Parliamentary Democracies. Cambridge/New York.
Leiserson, Michael A., 1966: Coalition in Politics: A Theoretical Empirical Study. New Haven.
Leiserson, Michael A., 1968: Factions and Coalitions in One-Party Japan: An Interpretation Bases on the Theory of Games, in: American Political Science Review 62 (3), 70-87.
Lijphart, Arend, 1999: Patterns of Democracy. Government Forms and Performance in Thirty-Six Countries. New Haven.
Maor, Moshe, 1998: Parties, Conflicts and Coalitions in Western Europe. Organisational Determinants of Coalition Bargaining. London/New York.
Mattila, Mikko/Raunio, Tapio, 2002: Government Formation in the Nordic Countries: The Electoral Connection, in: Scandinavian Political Studies 25 (3), 259-280.
Müller, Wolfgang C., 2004: Koalitionstheorien, in: Helms, Ludger/Jun, Uwe (Hrsg.), Politische Theorie und Vergleichende Regierungslehre. Frankfurt am Main/New York, 267-301.
Müller, Wolfgang C./Strøm, Kaare, 1999: Political Parties and Hard Choices, in: Müller, Wolfgang C./Strøm, Kaare (Hrsg.), Policy, Office, or Votes? How Political Parties in Western Europe Make Hard Choices. Cambridge, 1-35.
Müller, Wolfgang C./Strøm, Kaare, 2000: Die Schlüssel zum Zusammensein: Koalitionsabkommen in parlamentarischen Demokratien, in: van Deth, Jan W./König, Thomas (Hrsg.), Europäische Politikwissenschaft: Ein Blick in die Werkstatt. Frankfurt am Main/New York, 136-170.
Müller, Wolfgang C./Strøm, Kaare (Hrsg.), 2003: Coalition Governments in Western Europe. New York.
Narud, Hanne Marthe/Strøm, Kaare, 2003: Norway: A Fragile Coalitional Order, in: Müller, Wolfgang C./Strøm, Kaare (Hrsg.), Coalition Governments in Western Europe. New York, 158-191.

Nikolenyi, Csaba, 2003: Coordination Problem and Grand Coalition: the Puzzle of the Government Formation Game in the Czech Republic, 1998, in: Communist and Post-Communist Studies 36 (3), 325-344.

Nikolenyi, Csaba, 2004: Cabinet Stability in Post-Communist Central Europe, in: Party Politics 10 (2), 123-150.

Nolte, Detlef, 1988: Ist die Koalitionstheorie am Ende? Eine Bilanz nach 25 Jahren Koalitionsforschung, in: Politische Vierteljahresschrift 29 (2), 230-251.

Nolte, Detlef, 2007: Gewaltenteilung und Gewaltenverschränkung in lateinamerikanischen Präsidialdemokratien: alte und neue Forschungsthemen, in: Kropp, Sabine/Lauth, Hans-Joachim (Hrsg.), Gewaltenteilung und Demokratie. Probleme der horizontal accountability im interregionalen Vergleich. Baden-Baden, 213-236.

Nousiainen, Jakko, 2003: Finland: The Consolidation of Parliamentary Governance, in: Müller, Wolfgang C./Strøm, Kaare (Hrsg.), Coalition Governments in Western Europe. New York, 264-299.

Pehle, Heinrich, 2002: Koalitionen in Finnland und Schweden: Fortbestand der Unterschiede trotz Angleichung der Systeme, in: Kropp, Sabine/Schüttemeyer, Suzanne/Sturm, Roland (Hrsg.), Koalitionen in West- und Osteuropa. Opladen, 197-218.

Peleg, Bezalel, 1981: Coalition Formation in Simple Games with Dominant Players, in: International Journal of Game Theory 10 (1), 11-33.

Pridham, Geoffrey, 2002: Coalition Behaviour in New Democracies of Central and Eastern Europe: The Case of Slovakia, in: Journal of Communist Studies and Transition Politics 18 (2), 75-102.

Raunio, Tapio, 2004: The Changing Finnish Democracy: Stronger Parliamentary Accountability, Coalescing Political Parties and Weaker External Constraints, in: Scandinavian Political Studies 27 (2), 133-152.

Riker, William H., 1962: The Theory of Political Coalitions. New Haven.

Saalfeld, Thomas, 2006: Parteiensystem und Kabinettsstabilität in Westeuropa 1945-1999, in: Niedermayer, Oskar/Stöss, Richard/Haas, Melanie (Hrsg.), Die Parteiensysteme Westeuropas. Wiesbaden, 477-506.

Saalfeld, Thomas, 2007: Koalitionsstabilität in 15 europäischen Demokratien von 1945 bis 1999: Transaktionskosten und Koalitionsmanagement, in: Zeitschrift für Parlamentsfragen 38 (1), 180-206.

Sartori, Giovanni, 1976: Parties and Party Systems. A Framework for Analysis. Cambridge.

Shabad, Goldie/Slomczynski, Kazimierz M., 2004: Inter-party Mobility Among Parliamentary Candidates in Post-communist East Central Europe, in: Party Politics 10 (2), 151-176.

Strøm, Kaare, 1990: Minority Government and Majority Rule. Cambridge.

Tiemann, Guido/Jahn, Detlef, 2002: Koalitionen in den baltischen Staaten: Lehrstücke für die Bedeutung funktionierender Parteien, in: Kropp, Sabine/Schüttemeyer, Suzanne/Sturm, Roland (Hrsg.), Koalitionen in West- und Osteuropa. Opladen, 271-300.

Timmermans, Arco, 2006: Standing Apart and Sitting Together: Enforcing Coalition Agreements in Multiparty Systems, in: European Journal of Political Research 45 (2), 263-283.

Toole, James, 2000: Government Formation and Party System Stabilization in East Central Europe, in: Party Politics 6 (4), 441-461.

Tsebelis, George, 1990: Nested Games: Rational Choice in Comparative Politics. Berkeley/Los Angeles/Oxford.

Tsebelis, George, 2002: Veto Players: How Political Institutions Work. New York.

van Deemen, Adrianus M. A., 1989: Dominant Players and Minimum Size Coalitions, in: European Journal of Political Research 17 (3), 313-332.
van Roozendaal, Peter, 1992: The Effect of Dominant and Central Parties on Cabinet Composition and Durability, in: Legislative Studies Quarterly 17 (1), 5-36.
Verzichelli, Luca/Cotta, Maurizio, 2003: Italy: From "Constrained" Coalitions to Alternatine Governments?, in: Müller, Wolfgang C./Strøm, Kaare (Hrsg.), Coalition Governments in Western Europe. New York, 433-497.
Weber, Peter, 2002: Koalitionen in Italien: Frenetischer K(r)ampf im Netz der Parteiinteressen, in: Kropp, Sabine/Schüttemeyer, Suzanne/Sturm, Roland (Hrsg.), Koalitionen in West- und Osteuropa. Opladen, 167-196.

Jürgen Dieringer

Föderalismus in Europa – Europäischer Föderalismus

1   Einleitung

Föderationen bestehen spätestens seit dem Attisch-Delischen Seebund. Die moderne Föderation ist eng verkoppelt mit der Entstehung der USA. Dort entwickelte sich zwischen 1634 und 1787 ein Staatenbund, eine Konföderation einzelner Staaten, zu einer Föderation mit bundesstaatlicher Verfassung. Die theoretische Fundierung lieferten die „Federalist Papers", Zeitungsbeiträge der Autoren Hamilton, Madison und Jay. Auf dem alten Kontinent ist der Föderalismusgedanke u. a. in den Schriften von Montesquieu (Geist der Gesetze) und Kant (Zum ewigen Frieden) gegenwärtig.

Eine klare Definition des Begriffes „Föderalismus" ist kaum leistbar.[1] Es gibt mindestens so viele Definitionen wie es Ausprägungen föderativer Systeme gibt. Sturm/ Zimmermann-Steinhart (2005: 15ff.) unterscheiden ethische, geografische, demokratietheoretische, historische, ökonomische und ethisch-soziale Begründungszusammenhänge für die Etablierung föderativer Systeme. Föderalismus ist hier (ethisch) die Institutionalisierung des Subsidiaritätsprinzips,[2] also der vertikalen Anordnung von Zuständigkeiten von unten nach oben, mit dem Ziel der Stärkung von Eigenverantwortung. Die geografische Dimension des Föderalismus erschließt sich bei der Liste großer Staaten mit föderativer Ordnung: USA, Russland, Indien, Mexiko, Brasilien, Südafrika, Kanada, Australien usw. Hier ist Föderalismus nötig, um die Wege der Bevölkerung zu ihrer Verwaltung möglichst kurz zu halten. Föderative Systeme können sich historisch entwickeln, etwa durch den Zusammenschluss eigenständiger Staaten (USA), oder durch die Dezentralisierung und Föderalisierung von Zentralstaaten mit dem Ziel der Moderierung linguistischer (Belgien), ethnisch-tribaler (Südafrika) oder religiöser (Bosnien-Herzegowina; künftig vielleicht der Irak) Trennlinien. Demokratietheoretisch lässt sich Föderalismus als die Stärkung des Systems von *checks and balances* verstehen, indem die horizontale Gewaltenteilung um eine vertikale Gewaltenteilung erweitert wird (vgl. Sturm/Zimmermann-Steinhart 2005: 18ff.).

Neben der inhaltlichen Begründung können auch Form bzw. Ausprägung föderativer Systeme als Differenzierungsmerkmal herangezogen werden. Grob können Staatenbund und Bundesstaat als Gegensatzpole unterschieden werden. Die bestehenden föderativen Staaten bewegen sich zwischen diesen beiden Eckpunkten und weisen unterschiedliche Grade der Zuständigkeitsverteilung an den Bund bzw. die Länder, Regionen oder Provinzen auf. Auf welche Art und Weise das Verhältnis zwischen den beiden Ebenen organisiert ist, ob kooperativ oder wettbewerblich, ob exekutivlastig oder parlamentarisch, ob symmetrisch oder asymmetrisch, lässt sich an Begriffen wie „asymmetrischer Föderalismus", „Exekutivföderа-

---

[1] Vgl. stattdessen einführend Sturm/Zimmermann-Steinhart 2005; Burgess 2006; Beyme 2007.
[2] Zum Subsidiaritätsprinzip vgl. ausführlich Große Hüttmann 1996.

Föderalismus in Europa – Europäischer Föderalismus 551

lismus", „dualer Föderalismus", „Wettbewerbsföderalismus" oder „Beteiligungsföderalismus" ablesen.

In manchen Staaten hat Föderalismus einen guten Ruf und ist unumstrittener und unverzichtbarer Bestandteil der Verfassungsgeschichte (z. B. Deutschland, Schweiz, USA) oder gar Kitt der sozialen Kohäsion (Belgien). In anderen Staaten und Regionen ist Föderalismus – gelinde gesagt – umstritten (Osteuropa) oder gar verhasst. So sollte im Dialog mit Briten das „F-Word" geflissentlich aus dem Sprachschatz verbannt werden. Solche Unterschiede sind wohl auch der Grund dafür, dass der Versuch des Europarates, regionale Selbstverwaltung analog zur lokalen Selbstverwaltung in einer Charta zu kodifizieren, 1997 (vorerst) gescheitert ist.

In Europa ist Föderalismus noch vielschichtiger als in anderen Weltregionen. Neben föderalistisch geprägten nationalen Systemen in Europa (Deutschland, Österreich, Schweiz, Belgien, Russland, Bosnien-Herzegowina) ist auch der gesamt(west)europäische institutionelle Rahmen in der Europäischen Union (EU) föderal organisiert. Damit sprengt die kontinentale Gestalt den juristischen Begriff einer Inbezugsetzung zweier Verbände. Stattdessen bestehen mindestens drei Ebenen, die – politikwissenschaftlich ausgedrückt – multiple Arenen der politischen Interaktion bilden und unterschiedlich organisiert sind – von Staat zu Staat und von Politikfeld zu Politikfeld. In der Theoriebildung wurde hierfür auch der Begriff „multi-level governance" geprägt (vgl. umfassend Benz 2004).

Eine Diskussion des „Föderalismus" in Europa muss demzufolge diese Doppelstruktur beachten. Entsprechend aufgebaut ist der vorliegende Beitrag, der sowohl die „Föderation Europa" als auch föderative politische Systeme in Europa betrachtet und zudem deren Interaktionsformen mit einbezieht. Der Grundkonzeption des Bandes folgend, liegt der Fokus neben der EU ausschließlich auf den EU-Mitgliedstaaten – weshalb die Föderalstaaten Schweiz und Bosnien Herzegowina sowie die Russische Föderation leider nicht betrachtet werden können. Zusätzlich zu den oben erwähnten föderativen Staaten finden diejenigen Staaten Beachtung, die sich auf dem Wege zu föderativen Strukturen befinden: das Vereinigte Königreich, Italien und Spanien. Kurz gestreift werden die neuen Mitgliedstaaten aus Mittel- und Osteuropa, unitarisch allesamt, allerdings mit Föderierungspotenzial.

Tabelle 1: Föderationen, regionalisierte Staaten, unitarische Staaten in der EU-27

Typus	Föderationen (3)	Regionalisierte Staaten (3)	Unitarische Staaten (21)
Land	Belgien Deutschland Österreich	Italien Spanien Vereinigtes Königreich	Bulgarien, Dänemark, Estland, Finnland, Frankreich, Griechenland, Irland, Lettland, Litauen, Luxemburg, Malta, Niederlande, Polen, Portugal, Rumänien, Schweden, Slowakei, Slowenien, Tschechien, Ungarn, Zypern
Bevölkerungszahl	ca. 101 Mio.	ca. 151 Mio.	ca. 236 Mio.
Anteil am BIP der EU-25 (2005)[1]	25,9 %	38,1%	k. A.

1 = Quelle: Eurostat 2006/07; k. A. = keine Angabe. Quelle: Eurostat 2006/07; eigene Darstellung.

Wie aus Tabelle 1 ersichtlich, erfüllen von 27 EU-Mitgliedstaaten nur sechs das Kriterium Föderation oder regionalisierter Staat, wohingegen derer einundzwanzig als unitarisch gelten. Gleichwohl stellen diese sechs Staaten mit 252 Mio. Einwohnern mehr als die Hälfte der Bevölkerung der EU und erwirtschaften mit 64 Prozent fast zwei Drittel des BIP (EU-25 im Jahr 2005). Schon aus diesen Gründen kann sich die Europäische Union in ihrer Eigenschaft als Rechtsetzungsinstanz und Allokationsrahmen den Bundesländern, Provinzen und Regionen nicht gänzlich verschließen.

2   Die föderativen Staaten Belgien, Deutschland und Österreich

2.1   Deutschland: Ausbruch aus der Politikverflechtungsfalle?

Der deutsche Föderalismus hat eine lange Tradition, vom Heiligen Römischen Reich Deutscher Nation bis zur Weimarer Reichsverfassung. Föderalismus als Organisationsprinzip war eine der wenigen Vorgaben der Besatzungsmächte bei der bundesrepublikanischen Staatsgründung 1949. Folgerichtig ist die Bundesrepublik Deutschland eine Gründung der Länder. Sanktioniert ist das Bundesstaatsprinzip in Art. 20 GG. Das Bundesstaatsprinzip gehört zu den sakrosankten Verfassungsbestimmungen: Art. 20 GG bildet in Verbindung mit Art. 79 (3) die Ewigkeitsklausel des deutschen Grundgesetzes.

Am Anfang waren die Länder. Sie waren 1949 voll etabliert, mit Landesverfassungen ausgestattet und institutionell entwickelt. Keinesfalls wollte man nach der Verfassungsgebung zu Vollzugsorganen des Bundes werden; gleichwohl war die Notwendigkeit einer bundesstaatlichen Koordinierung des Wiederaufbaus nur zu deutlich. Das Grundgesetz versucht, beiden Gegebenheiten gerecht zu werden (vgl. Laufer/Münch 1998: 125). Bei den Ländern liegt die Allzuständigkeitsvermutung (Art. 30, 70 GG). Das Grundgesetz verankert Bundeszuständigkeiten nach dem Enumerationsprinzip, etwa auswärtige Angelegenheiten (Art. 32 GG), Staatsangehörigkeitsrecht, Freizügigkeit, Luftverkehr etc. (Art. 73 GG). Diese als Beschränkung des Zentralstaats gedachte Konstruktion erwies sich in der Praxis nicht immer als nachhaltig. Eine Beschränkung der Residualkompetenzen der Länder war zu beobachten (vgl. Laufer/Münch 1998: 126), eine Unitarisierung, die u. a. wesentlich von der extensiven Auslegung der konkurrierenden Gesetzgebung bedingt wurde. Zwar wurde 1994 Art. 72 Abs. 2 GG reformiert: An die Stelle des Verfassungsauftrages nach Wahrung der Einheitlichkeit der Lebensverhältnisse trat das Ziel der Herstellung gleichwertiger Lebensverhältnisse; dem Unitarisierungstrend tat dies allerdings nicht wirklich Abbruch.

Deutschland ist durch Strukturen des Exekutivföderalismus gekennzeichnet. Die Bundesratsmitglieder werden von den Landesregierungen benannt, den Entsandten – meist Minister oder Landtagsabgeordnete, in den Ausschüssen auch Beamte – ist ein imperatives Mandat an die Hand gegeben. Die Stimmzuweisung erfolgt entlang dem Maßstab der Bevölkerungszahl eines Landes (siehe Tabelle 2). Die Gewichtung ist nicht proportional, sondern bevorzugt kleinere Länder gegenüber größeren.

Tabelle 2: Stimmenverteilung im Bundesrat

Drei Stimmen unter 2 Mio. Einwohner	Vier Stimmen ab 2 Mio. Einwohner	Fünf Stimmen ab 6 Mio. Einwohner	Sechs Stimmen ab 7 Mio. Einwohner
Bremen Hamburg Mecklenburg-Vorpommern Saarland	Berlin Brandenburg Rheinland-Pfalz Sachsen Sachsen-Anhalt Schleswig-Holstein Thüringen	Hessen	Baden-Württemberg Bayern Niedersachsen Nordrhein-Westfalen

Quelle: eigene Darstellung.

Der Bundesrat ist ein eigenständiges Verfassungsorgan nach Art. 50 GG, keine klassische „zweite Parlamentskammer". Der Bundesrat bildet das Forum für die bundespolitische Mitwirkung der Länder. Zu differenzieren gilt es im Gesetzgebungsprozess zwischen Zustimmungsgesetzen und Einspruchsgesetzen. Bei Ersteren verfügt der Bundesrat über ein absolutes Vetorecht, bei Letzteren über ein suspensives. Zustimmungspflichtig sind, neben Verfassungsänderungen, Gesetze, die das Verhältnis von Bund und Ländern betreffen (vgl. ausführlicher Sturm 2001: 66f.). Dies ist oft der Fall und erklärt den hohen Anteil (zuletzt über 60 Prozent) dieser Gesetze. Neben Gemeinschaftsaufgaben, die *per definitionem* zustimmungspflichtig sind, sind Länderinteressen vor allem dann (finanziell) betroffen, wenn sie Bundesgesetze exekutieren müssen (wenn die Länder Gesetze in eigener Zuständigkeit als Regelfall des Vollzugs ausführen und bei der Bundesauftragsverwaltung). Kommt es zu Meinungsverschiedenheiten zwischen Bundestag und Bundesrat über Fragen der Zuständigkeit, kann das Verfassungsgericht angerufen werden. Gibt es politische Differenzen über die zu bearbeitende Sachmaterie, kann der Vermittlungsausschuss eingeschaltet werden. Dieser besteht aus sechzehn Ländervertretern und der gleichen Anzahl von Bundestagsabgeordneten.

Verfassungsintention und Verfassungsrealität standen und stehen in Bezug auf den deutschen Föderalismus nicht immer im Einklang. Im Gegenteil: Das Bundesverfassungsgericht hatte des Öfteren nachzujustieren. In der Nachkriegsphase verlagerten sich die Kompetenzen zusehends hin zum Bund, so dass gar vom „unitarischen Bundesstaat" gesprochen wurde (vgl. Hesse 1962). Die Länder versuchten dem u. a. durch Institutionalisierung der horizontalen Koordinierung in Landesministerkonferenzen entgegenzuwirken. So entwickelte sich – teilweise sogar schon vor der Entstehung der Bundesrepublik wie im Falle der 1948 gegründeten Kultusministerkonferenz (KMK) – die sog. „Politik der dritten Ebene" – womit, angesichts fehlender Regeln für qualifizierte Mehrheitsentscheidungen, höchst komplexe Strukturen entstanden. Das Zusammenwirken der Ebenen erforderte jedoch letztlich auch neue, stärker institutionalisierte Strukturen. Diese wurden mithilfe der Gemeinschaftsaufgaben und der Neustrukturierung des Finanzausgleichs von der großen Koalition 1969 ins Grundgesetz aufgenommen. Die deutsche Bundesstaatlichkeit entwickelte sich somit immer stärker in die Richtung eines kooperativen Föderalismus. Politikverflechtung war in dieser Konzeption angelegt, und, glaubt man den pessimistischen Aussagen der Theorie der Politikverflechtung, Blockade oft das Resultat. Die Akteure scheinen in der Politikverflechtungsfalle gefangen (vgl. Scharpf et al. 1976), institutionelle Modifikationen mit dem Ziel der Aufhebung der Blockade werden mithilfe der Vetoposition einiger, vom existierenden System profitierender Spieler nicht zugelassen (vgl. Benz 2004). Institutionelle Erstarrung und Reformblockade bedingen sich gegenseitig.

Allerdings darf das System nicht nur unter Effizienzgesichtspunkten betrachtet werden. Die Erschwerung institutionellen Wandels, besser: institutioneller Brüche, kann einem normativen Leitbild der *checks and balances* folgen. Auch sind Länderakteure, etwa Ministerpräsidenten, auch anderweitig festgelegt, etwa in politischen Parteien. Deren Politikformulierung und Präferenzsetzungen können sie sich nicht einseitig zugunsten von Landesinteressen entziehen. Dies schafft ein neues, anderes Problem: Im Extremfall kann ein Strukturbruch auftreten, eine Kollision der im Parteiensystem angelegten Wettbewerbselemente mit den Konsenszwängen des kooperativen Föderalismus. So entsteht ein Dilemma: „Entweder läuft der Parteienwettbewerb infolge der zunehmend erforderlich werdenden Politikverflechtung leer, oder aber er blockiert das Funktionieren der bundesstaatlichen Institutionen" (Lehmbruch 1976: 124).

Dies wird so für Deutschland konstatiert: Suboptimale Politikergebnisse, Konservierung statt Reform. Nach der Wiedervereinigung schlief der deutsche Föderalismus seinen Dornröschenschlaf weitere 16 Jahre, zugewuchert vom Kompetenzgestrüpp (vgl. zu diesem Bild Große Hüttmann 2006: 228). Mit der deutschen Wiedervereinigung 1990 wurde die große Chance verpasst, die Institutionen grundlegend zu reformieren. Stattdessen traten die neu gegründeten ostdeutschen Länder nach dem damaligen Art. 23 GG der Bundesrepublik bei. Das bundesdeutsche Modell wurde als erfolgreich bewertet, die Pfadabhängigkeit politischen Entscheidens ist hier manifest – *institutional stickiness* ganz im Sinne des historischen Institutionalismus[3] bewirkte eine Strategie der Vermeidung institutioneller Reformen in der Transformationsphase. Im Zuge der Maastricht-Debatte wurden kleinere Modifikationen möglich, die aber keine Reform an Haupt und Gliedern darstellten.

Wenn die Reform des deutschen Föderalismus Konsens erfordert – einen Konsens zwischen den politischen Parteien und zwischen Bundestag und Bundesrat – so kann dies in der Regel nur eine große Koalition leisten. Die amtierende Große Koalition, seit 2005 im Amt, konnte 2006 einen ersten Reformerfolg verbuchen. Basierend auf den Vorarbeiten der „Kommission von Bundestag und Bundesrat zur Modernisierung der bundesstaatlichen Ordnung", die unter den Ko-Vorsitzenden Edmund Stoiber (CSU) und Franz Müntefering (SPD) bereits zu Zeiten der rot-grünen Koalition Vorschläge unterbreitet hatte, allerdings am Kapitel „Bildungspolitik" scheiterte, wurden Reformvorschläge in den Koalitionsvertrag aufgenommen und schließlich im Sommer 2006 in Bundesrat und Bundestag mit Zweidrittelmehrheit verabschiedet.

Die Reform (vgl. allgemein Hrbek 2006) beinhaltet eine Neuverteilung der Kompetenzen zwischen Bund und Ländern. Beschlossen wurde eine Reduzierung der Zahl der zustimmungspflichtigen Gesetze, im Gegenzug die Ausweitung der ausschließlichen Gesetzgebungskompetenz der Länder in einigen Politikbereichen, unter anderem der höchst umstrittenen Bildungspolitik. Insgesamt ist eine Tendenz zur Abkehr vom kooperativen Föderalismus, hin zum Wettbewerbsföderalismus, zu erkennen. Allerdings bedarf es einer Föderalismusreform II, um auch die Finanzverfassung zu reformieren. Hierzu wurde wieder eine Kommission gebildet, die sich im März 2007 konstituierte.

Der deutsche Föderalismus steht somit am Scheideweg. Weitere Entkopplungen der Kompetenzen von Bund und Ländern sind wohl nur mit einer großen Koalition durchsetz-

---

[3] Vgl. hierzu Peters 1999: 63ff..

bar. Scheitert diese, bleibt die Föderalismusreform ein Fragment, es sei denn, eines der beiden politischen Lager erzielt Zweidrittelmehrheiten in Bundstag und Bundesrat. Dies jedoch kann als ziemlich unwahrscheinlich gelten.

2.2 Österreich: „Das Paradoxon des zentralistischen Bundesstaates"[4]

Die österreichisch-ungarische Monarchie (k. u. k.) ist auch daran gescheitert, dass es nicht gelang, die Prozesse des *Nation-Building* in einer Föderation institutionell zu kanalisieren. Die Republik Österreich ist hingegen seit 1920 eine Föderation.[5] Allerdings ist die Bundesstaatlichkeit nicht so ausgeprägt wie in Deutschland oder gar den USA, da die Formierung des österreichischen Föderalismus einen Kompromiss zwischen Sozialdemokraten (Unitaristen) und Christdemokraten (Bundesstaatler) widerspiegelt (vgl. Bußjäger 2004: 250). Insbesondere seit 1945 ist ein nachhaltiger Zentralisierungs- bzw. Unitarisierungstrend zu beobachten, der von Zeit zu Zeit „föderalistische Gegentrends" provoziert (vgl. Gamper 2000).

Der Bundesstaat Republik Österreich (nicht: Bundesrepublik!) setzt sich nach Art. 2 Bundesverfassungsgesetz (B-VG) aus neun selbständigen Ländern zusammen. Die Zusammensetzung des Bundesrates (Art. 34-37 B-VG), der Zweiten Kammer des österreichischen Parlamentarismus, ist an der Bevölkerungszahl der Bundesländer orientiert. Die Mitglieder des Bundesrates werden von den Landesparlamenten (Landtagen) gewählt. Der Nationalrat leitet dem Bundesrat – sofern dieser (mit)zuständig ist – seine Gesetzesbeschlüsse zu. Erhebt der Bundesrat keinen Einspruch, ist das Gesetz verabschiedet. Wird Einspruch erhoben, kann der Nationalrat mit einem sog. „Beharrungsbeschluss" den Widerstand des Bundesrates brechen. Bei manchen Angelegenheiten besitzt der Bundesrat ein Zustimmungsrecht. Hier kann kein Beharrungsbeschluss ergehen. In der Praxis geht die Beschlussfassung im Bundesrat mit der Beschlussfassung im Nationalrat weitgehend simultan, was der vergleichbaren parteipolitischen Strukturierung der beiden Kammern geschuldet ist (vgl. Gamper 2000: 259).

Tabelle 3: Stimmverteilung im österreichischen Bundesrat

Land	Gesamt	ÖVP	SPÖ	OF	Grüne
Burgenland	3	1	2	-	-
Kärnten	4	-	2	2	-
Niederösterreich	12	7	3	1	1
Oberösterreich	11	5	5	-	1
Salzburg	4	2	2	-	-
Steiermark	9	4	5	-	-
Tirol	5	3	1	-	1
Vorarlberg	3	2	1	-	-
Wien	11	2	7	1	1
Zusammen	62				

OF = ohne Fraktion. Quelle: www.parlinkom.gv.at, Zugriff am 31. März 2008.

---

[4] Zum Terminus vgl. Gamper 2000.
[5] Mit Unterbrechung durch die Okkupation durch Nazideutschland 1938-45.

Die Kompetenzverteilung zwischen Bund und Ländern ist in den Art. 10-16 B-VG grundlegend geregelt. Die Kompetenz-Kompetenz wird damit zwischen Bund und Ländern geteilt. Ausnahmen:

„In nur wenigen Fällen ermächtigt die Bundesverfassung die einfache Bundesgesetzgebung zur Ausübung der Kompetenz-Kompetenz; man könnte diesfalls von der Kompetenz-Kompetenz-Kompetenz des Bundesverfassungsgesetzgebers sprechen, d. h. der Kompetenz, die Kompetenz über die Verteilung der Kompetenzen zwischen Bund und Ländern einer dieser beiden Einheiten zuzuweisen" (Gamper 2004: 363).

Zur Unübersichtlichkeit trägt außerdem bei, dass die Kernkompetenzverteilung der Art. 10-15 B-VG durch „partikuläre Kompetenzregime bezüglich einzelner Materien" sowie Verfassungsbestimmungen in einfachen Bundesgesetzen ergänzt wird (vgl. Gamper 2004: 363ff.). Die Allzuständigkeitsvermutung liegt bei den Ländern. Deren Residualkompetenz ist in Art. 15 B-VG festgeschrieben: „Soweit eine Angelegenheit nicht ausdrücklich durch die Bundesverfassung der Gesetzgebung oder auch der Vollziehung des Bundes übertragen ist, verbleibt sie im selbständigen Wirkungsbereich der Länder".

In Bezug auf Zuständigkeiten für Normsetzung und anschließende administrative Umsetzung bestehen im Basissystem der Art. 10-15 B-VG vier Haupttypen. Die Gesetzgebung durch den Bund kann (1) durch den Bund vollzogen werden oder (2) durch die Länder. Der Bund kann sich auch (3) auf die Grundsatzgesetzgebung zurückziehen, wonach die Länder Ausführungsgesetze erlassen und diese exekutieren. Schließlich gibt es noch (4) die Gesetzgebung durch die Länder mit Vollzug durch dieselben. Die Aufteilung der Zuständigkeiten ist komplex und oft nicht trennscharf. Grob vereinfacht liegt die Wirtschaftspolitik, auch die Verkehrspolitik, zu großen Teilen im Zuständigkeitsbereich des Bundes. Die Residualmaterien der Länder umfassen u. a. Landwirtschaft, Fremdenverkehr, Baurecht, Tierschutz, Fischerei etc. In sog. „komplexen Materien" teilen sich Bund und Länder Zuständigkeiten, etwa in der Raumordung und im Umweltschutz. Weitere aufgeteilte Bereiche sind das Bildungswesen, Polizei und Innere Sicherheit sowie Kultur und Gesundheit.

Der Finanzausgleich zwischen den Verbänden geschieht als „primärer Finanzausgleich" (Einnahmen aus ausschließlichen Landesabgaben und den geteilten Abgaben), als „sekundärer Finanzausgleich" (u. a. Zuweisungen nach Bedarf und Zweckzuweisungen) oder als „grauer" bzw. „tertiärer Finanzausgleich" (etwa auf privatrechtlichem Wege getätigte Transaktionen) (vgl. Gamper 2000). Die (formalisierte) horizontale Zusammenarbeit (zwischen den Ländern) in den Politikfeldern ist seit 1974 möglich. Von sog. „horizontalen Konkordaten" wird auch umfassend Gebrauch gemacht (vgl. Gamper 2000: 260). Institutionell wird die horizontale Verflechtung durch die Landeshauptleutekonferenz oder die Landtagspräsidentenkonferenz vollzogen. Ähnlich wie in Deutschland gibt es also auch hier eine Politik der dritten Ebene.

Der österreichische Föderalismus unterscheidet sich vom deutschen in einigen Punkten. Vor allem ist die Kompetenzverteilung trennschärfer, weshalb die Verbalisierung einer Rechtshierarchie nach dem Muster „Bundesrecht bricht Landesrecht" unnötig erscheint. Bei Kompetenzkonkurrenz bzw. Kompetenzverdoppelung entsteht ein Kompetenzkonflikt, der in der Regel zugunsten des jeweiligen Landes aufgelöst wird, indem das Landesausführungsgesetz nach Inkrafttreten das jeweilige Bundesausführungsgesetz außer Kraft treten lässt (vgl. Gamper 2004: 389).

Die Strukturprobleme des österreichischen Föderalismus provozierten Reformvorschläge, die bis zu einer Abschaffung seiner selbst oder zumindest der Neustrukturierung der Länder reichten (vgl. zur Diskussion Bußjäger 2004: 248). Eine Strukturreformkommission scheiterte Anfang der 1990er Jahre an den Mühlen des politischen Systems. Die Idee des Europäischen Verfassungskonvents terminologisch (nicht unbedingt inhaltlich) nachvollziehend, wurde im Jahre 2003 mit dem „Österreich-Konvent" ein Projekt aufgelegt, das mit der Reform der Verfassung *en passant* auch eine Reform der Bundesstaatlichkeit erledigen sollte (vgl. Bußjäger 2004: 252ff.). Grundgedanke war, die Mitwirkung der Landtage zurechtzustutzen, dies aber durch die Stärkung des Vollzugsföderalismus zu kompensieren. Der Konvent ist zwar vorerst gescheitert (vgl. Bußjäger 2005). Das Zurück zum klassischen *muddling through* könnte sich aber als Fassade erweisen, wenn die große Koalition das Thema (vorerst hinter den Kulissen) wieder anpackt (vgl. Bußjäger 2006: 384). Sollte dann die große Koalition als Reformmotor wider Willen in Aktion treten, wäre auch dies eine Parallele zur Bundesrepublik Deutschland.

2.3 Belgien: „Getrennt zusammenleben oder zusammen auseinanderfallen?"[6]

Belgien ist der jüngste Föderalstaat innerhalb der EU. In fünf Verfassungsreformen seit 1970 entwickelte sich der Zentral- zum Föderalstaat (vgl. Hecking 2003: 45ff.). Etabliert vor allem als Konfliktlösungsmechanismus zwischen Flamen und Wallonen, hat sich seit 1963, und beschleunigt in den letzten zwanzig Jahren, ein komplexes politisches Konstrukt herauskristallisiert, das zurecht als System *sui generis* bezeichnet wird (vgl. Deschouwer 2000: 97). Das Konstrukt territorialisiert und institutionalisiert den Sprachkonflikt. Der belgische Föderalismus ist demnach bipolar (mit den beiden Polen Flamen und Wallonen) und zentrifugal angelegt. Ohne föderale Ordnung wäre die Existenz des Staatswesens gefährdet; auch so stehen viele Weichen auf funktionale Trennung. Den fragilen Zusammenhalt, einen belgischen Minimalkonsens, bilden die Krone, die Abgrenzung gegenüber Frankreich und den Niederlanden sowie die Hauptstadt Brüssel als primär frankophone Insel inmitten Flanderns.

Belgien ist institutionell als asymmetrischer „doppelter Föderalstaat" angelegt (vgl. Deschouwer 2000: 97). Konstituierende Bestandteile sind die territorial angelegten Regionen und die sprachlich-kulturellen Gemeinschaften, die in der Grundkonzeption jeweils in die Lage versetzt werden, eigene Institutionen auszubilden. So entstehen allerdings institutionelle Komplexität, Strukturdoppelung und Intransparenz, weil die Gemeinschaften und Regionen bei identischer Verlagerung vom Zentrum auf die Gliedstaaten als Ergebnis divergierende Muster ausbilden.

Der gefundene Kompromiss versöhnt die von Flamen gewünschte Territorialisierung mit der von Wallonen erwarteten „Lingualisierung" des Staatsaufbaus. Die Flämische Region umfasst Flandern ohne die Exklave Brüssel. Die Flämische Gemeinschaft umfasst Flandern und den niederländischsprachigen Bevölkerungsteil Brüssels. Die Region Brüssel bildet das Gebiet Brüssel-Hauptstadt. Die Region Wallonie umfasst den südlichen Teil Bel-

---

[6] Zum Begriff vgl. Swenden 2006.

giens, inklusive der deutschsprachigen Bevölkerung im Raum Eupen. Die französischsprachige Gemeinschaft umfasst die Wallonie ohne die deutschsprachige Bevölkerung im Raum Eupen, aber mit der französischsprachigen Bevölkerung Brüssels. Die deutschsprachige Bevölkerung bildet die deutschsprachige Gemeinschaft (vgl. Förster et al. 2003).

Abbildung 1: Karte zum Staatsaufbau Belgiens

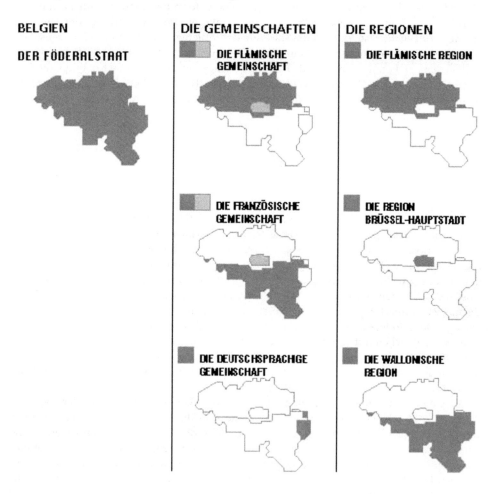

Quelle: www.belgium.be, Zugriff am 30. Mai 2007

Die Institutionen (Parlament, Regierung) der insgesamt sechs Gebilde wurden seit 1980 aufgebaut, zuletzt in Brüssel im Jahre 1988. 1994 wurde Belgien auch verfassungsrechtlich als Föderalstaat konstituiert; die Zweite Kammer des Parlaments wurde in eine Vertretungskörperschaft der Sprachgemeinschaften umgewandelt. Flämische Region und niederländischsprachige Gemeinschaft sind mittlerweile institutionell verschmolzen. Für die Wallonie und die französischsprachige Gemeinschaft kommt eine derartige Fusion wegen der

Verwaltungsmitverantwortung für die deutschsprachige Gemeinschaft und die sprachliche Exklave Brüssel nicht infrage.

Die Zuständigkeitszuordnung geschieht – grob vereinfacht – nach folgendem Muster: Für personenbezogene Aufgaben zeichnen sich die Gemeinschaften verantwortlich (z. B. Kultur, Gesundheit, Bildung), für territoriale Angelegenheiten die Regionen (z. B. Gebietsentwicklung, Umwelt, Wohnungsbau, Energie). Es handelt sich hierbei zumeist um ausschließliche Kompetenzen, nicht um mit dem Zentralstaat geteilte, wie aus dem bundesdeutschen System bekannt. Dem Zentralstaat verbleiben nur einige wenige Zuständigkeiten, etwa Verteidigung, Justiz, Innere Sicherheit. Selbst Außen- und Europapolitik wurden teilweise in den Kompetenzkatalog der Regionen und Gemeinschaften überführt.

Diese umfassende Aufgabenzuweisung geht nicht mit fiskalischer Autonomie einher. Die regionalen Gebietskörperschaften sind von Finanztransfers des Zentralstaates abhängig. Der Zuteilungsmechanismus orientiert sich grob an der Wirtschaftsleistung der Teileinheiten, wird aber von einem Ausgleichsmechanismus flankiert, der die Umverteilung vom reichen Norden in den krisengeschüttelten, strukturell schwachen Süden organisiert. Dies wird von den Flamen immer weniger akzeptiert. Die Wallonen hingegen wehren sich bisher erfolgreich gegen eine Neustrukturierung und fordern innerstaatliche Solidarität ein, die man im Norden nicht unbegrenzt zu leisten bereit ist. Ergebnis ist ein stetig schwelender Konflikt. Regionen und Gemeinschaften verfügen zwar über Steuerhebungsrechte, können hierbei den Zentralstaat aber nicht substituieren, denn das Erheben eigener Steuern ist immer eine Steuererhöhung und politisch kaum praktikabel.

Die Zusammensetzung des belgischen Senats steht der Komplexität des föderalen Aufbaus kaum nach. Im Regelfall setzt sich der Senat aus 71 Senatoren zusammen, die in drei unterschiedlichen Verfahren entweder direkt oder indirekt gewählt oder aber kooptiert werden. Direkt gewählt werden 40 Senatoren, 25 flämische bzw. Brüsseler sowie 15 wallonische bzw. Brüsseler. Gewählt wird auf der Basis eines Verhältniswahlsystems. Jeweils zehn Senatoren der niederländischsprachigen und der französischsprachigen Gemeinschaft und ein Senator der deutschsprachigen Gemeinschaft werden von den Parlamenten der drei Gebietskörperschaften gewählt, gehören dem Senat demnach als indirekt gewählte Senatoren an. Direkt und indirekt gewählte Senatoren kooptieren zusätzlich zehn Senatoren, sechs niederländischsprachige und vier frankophone. Auch die Kinder des Königs sind Senatoren, nehmen aber an Sitzungen des Senats im Regelfall nicht teil.

Dem Senat ist ein eigener Kompetenzkatalog zugewiesen. Zentrale Punkte sind Fragen, die regionalen Institutionen betreffend, Verfassungsfragen, Organisation der Gerichtsbarkeit und die Ratifikation von Verträgen. Die Zentralregierung ist nur der Abgeordnetenkammer gegenüber verantwortlich, aber nicht dem Senat. Dies ist konsequent angesichts der funktionalen Aufgabentrennung. Es ist aber verwunderlich angesichts der Tatsache, dass in Belgien keine föderalen Parteien bestehen. Christdemokraten, Sozialdemokraten und Liberale haben sich zwischen 1968 und 1978 entlang der Sprachgrenze geteilt. Die Grundtendenz in Wallonien ist eher sozialdemokratisch, in Flandern bürgerlich-liberal. Bei der Regierungsbildung auf nationalstaatlicher Ebene wird die sprachliche Kluft allerdings überbrückt. Sind wallonische Sozialisten beteiligt, sollten auch flämische Sozialisten beteiligt werden, und umgekehrt zieht die Regierungsbildung durch bürgerlich-liberale Flamen die Einbeziehung wallonischer Bürgerlicher nach sich. Es bestehen allerdings mehrere politische Arenen nebeneinander und die rhetorisch parallelen Grundausrichtungen sind programmatisch in Wirklichkeit different (vgl. Deschouwer 2000: 116f.). Der Wählerwille ist so kaum noch koalitionspolitisch nachvollziehbar, Legitimationsprobleme sind unausweichlich (vgl. Deschouwer 2000: 116f.). Der provokative Titel eines jüngeren Beitrages zum belgischen Föderalismus: „Getrennt zusammenleben oder zusammen auseinanderfallen" (Swenden 2006) bringt das belgische Problem auf den Punkt.

Der belgische Föderalismus ist zwar wandlungsfähig, über ihm hängt aber drohend das Damoklesschwert des Scheiterns, des Separatismus. Da – so jedenfalls die Theorie – jedes System nach Selbsterhalt strebt, sind Kompromisse immer wieder möglich. Sie gipfeln in Belgien aber immer öfter in hochkomplexen institutionellen Lösungen, die neue Dysfunktionalitäten erzeugen. Die Gefahr für den Föderalismus à la belge entsprießt damit nicht nur dem mangelnden Willen zum Zusammenleben seiner Bürger, sondern resultiert auch aus institutionell angelegten Sollbruchstellen.

2.4 Die föderativen Mitgliedstaaten der EU im Vergleich

Die nachfolgende Tabelle (Tabelle 4) zeigt vergleichend die Grundstrukturen der föderativ organisierten Staaten in der Europäischen Union und die einschlägigen verfassungsrechtlichen Stellen.

Tabelle 4: Die Föderalstaaten Deutschland, Österreich und Belgien im Vergleich

Gegenstand	Deutschland	Österreich	Belgien
Grundstruktur Zweite Kammer	Kooperativ	Kooperativ	Asymmetrisch
- Größe	69 Stimmen[1]	62 Bundesräte	71 Senatoren[2]
- Zusammensetzung	Delegation von Länderregierungen	Wahl durch Landtage	Mischung aus direkter und indirekter Wahl sowie Kooption
Aufgabenzuweisung	Verkoppelt (z. B. Gemeinschaftsaufgaben)	Verkoppelt (komplexe Materie)	Weitgehend entkoppelt
Finanztransfers	horizontaler und vertikaler Finanzausgleich	primärer, sekundärer und tertiärer Finanzausgleich	Einnahmehoheit der zentralen Ebene
Anteil der regionalen Ebene am Steueraufkommen[3]			
- Einnahmen	48,5	21,2	7,3
- Ausgaben	38,0	24,5	40,8
Probleme	Blockade Bund-Länder Marginalisierung der Länderlegislative	Marginalisierung der Länderlegislative	Mangelnder Grundkonsens

1 = pro Land kann auch ein einziger Beauftragter die Stimmen im Paket abgeben. Dies ist eher die Regel als die Ausnahme; 2 = zusätzlich die Kinder des Königs; 3 = Quelle: Swenden 2006: 318, Tabelle 1. Quelle: eigene Darstellung.

Tabelle 5 gibt abschließend einen Überblick über die einschlägigen Verfassungsfundstellen in Bezug auf die Grundlegung und Ausformung der föderativen Systeme Deutschlands, Belgiens und Österreichs.

Tabelle 5: Verfassungsrechtliche Fundstellen (Auswahl)

Gegenstand	Deutschland	Österreich	Belgien
Grundlegung	20 Die Bundesrepublik Deutschland ist ein sozialer und demokratischer Bundesstaat.	2 Österreich ist ein Bundesstaat. → 2(1); 3	1 Belgien ist ein Föderalstaat, der sich aus den Gemeinschaften und den Regionen zusammensetzt. → 2-7
Allzuständigkeitsvermutung und Aufgabenverteilung	30 Die Ausübung der staatlichen Befugnisse und die Erfüllung der staatlichen Aufgaben ist Sache der Länder, soweit dieses Grundgesetz keine andere Regelung trifft oder zulässt. 70 Die Länder haben das Recht zur Gesetzgebung, soweit dieses Grundgesetz nicht dem Bunde Gesetzgebungsbefugnisse verleiht. 71-75 *(Ausschließliche und konkurrierende Gesetzgebung)*	15 Solange eine Angelegenheit nicht ausdrücklich durch die Bundesverfassung der Gesetzgebung oder auch der Vollziehung des Bundes übertragen ist, verbleibt sie im selbständigen Wirkungsbereich der Länder. 10-21 *(ausführliche Auflistung der Zuständigkeiten)*	35 Die Föderalbehörde ist für nichts anderes zuständig, als für die Angelegenheiten, die die Verfassung und die aufgrund der Verfassung selbst ergangenen Gesetze ihr ausdrücklich zuweisen. Die Gemeinschaften oder die Regionen, jede für ihren Bereich, sind gemäß den durch Gesetz festgelegten Bedingungen und Modalitäten für die anderen Angelegenheiten zuständig 127-140; 162-166 *(Zuständigkeitsverteilung)*
Zweite Kammer; institutionelle Struktur von Regionen und Gemeinschaften (B)	50 Durch den Bundesrat wirken die Länder bei der Gesetzgebung und Verwaltung des Bundes und in Angelegenheiten der Europäischen Union mit. 51 *(Zusammensetzung)* → 52-53(a)	24 Die Gesetzgebung des Bundes übt der Nationalrat gemeinsam mit dem Bundesrat aus. 34 *(Zusammensetzung)* → 35-40	67 *(Zusammensetzung)* → 68-73 115-125 *(Institutionen von Gemeinschaften und Regionen)*

- Fortsetzung Tabelle 5 -

Gegenstand	Deutschland	Österreich	Belgien
Europäische Integration	23(2) In Angelegenheiten der Europäischen Union wirken der Bundestag und durch den Bundesrat die Länder mit. Die Bundesregierung hat den Bundesrat umfassend und zum frühestmöglichen Zeitpunkt zu informieren. → 23 (4-7); 50	23 d (1) Der Bund hat die Länder unverzüglich über alle Vorhaben im Rahmen der Europäischen Union, die den selbständigen Wirkungsbereich der Länder berühren oder sonst für sie von Interesse sein könnten, zu unterrichten und ihnen Gelegenheit zur Stellungnahme zu geben. → 23 d-f	168 Ab Eröffnung der Verhandlungen im Hinblick auf jede Abänderung der Verträge zur Gründung der Europäischen Gemeinschaften und der Verträge und Akte, durch die diese Verträge abgeändert oder ergänzt werden, werden die Kammern darüber informiert. Sie werden vom Vertragsentwurf in Kenntnis gesetzt, bevor er unterzeichnet wird. → 127§3-128§1

Quelle: Kimmel/Kimmel 2005, eigene Darstellung.

3 Regionalisierte Staaten

Einleitend wurde der Größe eines Landes Bedeutung für die Notwendigkeit föderativer Strukturen zugewiesen. Definiert man „Größe" als Koeffizienten aus Fläche und Bevölkerungszahl, so bestehen innerhalb der EU – neben dem föderalen Deutschland – mit dem Vereinigten Königreich, Frankreich, Italien, Spanien und Polen noch fünf weitere große Flächenstaaten. Als weitgehend regionalisierte Staaten gelten heute das Vereinigte Königreich, Spanien und Italien. Die drei großen Flächenstaaten sind – anders als Frankreich und Polen – gekennzeichnet von der Existenz regionaler Identitäten, teilweise auch von Volksgruppen, die für sich den Status einer „Nation" reklamieren, so z. B. Schotten, Katalanen und Basken. In Italien sind es vorwiegend regionale Disparitäten, die in wirtschaftlich stärkeren Gebieten einen Regionalismus entfachen. In allen drei Ländern haben Dezentralisierungs- und Regionalisierungsprozesse in den letzten Jahren eine ungeheure Dynamik entfaltet.

3.1 Das Vereinigte Königreich: Devolution und Asymmetrie

Das Schlagwort der britischen Regionalisierung ist „Devolution". Devolution beinhaltet in erster Linie eine Parlamentarisierung der das Vereinigte Königreich konstituierenden Gebietskörperschaften der Nationen Schottland, Wales und Nordirland. Ausgeschlossen bleibt England, womit eine asymmetrische Struktur entsteht. Da im Vereinigten Königreich die Parlamentssuprematie (die von Westminster) einschlägig ist und kein Parlament das nachfolgende binden kann, heißt Devolution zugleich, dass Kompetenzverlagerungen möglich sind, die Kompetenz-Kompetenz aber ausschließlich bei Westminster verbleibt. Die Parlamentssuprematie und das Fehlen einer Verfassung im klassischen Sinne zeichnen sich somit für die Besonderheit des britischen Staatsaufbaus verantwortlich.

Ausschlaggebend für verstärkte Rufe nach einer Dezentralisierung des Landes waren parteipolitische Motive – die *Tories* haben Hochburgen in England, sind aber im Gegensatz zur *Labour Party* in Schottland und Wales kaum noch präsent –, die Erkenntnis, dass der Zentralstaat überlastet sei und schließlich die Tatsache, dass die EU eine regionale Dimension entwickelt und daraus ein Nachteil für das überzentralisierte Vereinigte Königreich abgeleitet wurde. Schließlich war eine Lösung für den schwelenden Nordirlandkonflikt nur im Rahmen umfassender nordirischer Selbstverwaltung vorstellbar (vgl. Jeffery/Palmer 2000: 324ff.). Der Parlamentsentscheid zur Dezentralisierung des Landes wurde mit Referenden flankiert. 50,3 Prozent der Waliser und 74,3 Prozent der Schotten stimmten für ein eigenes Parlament. Damit wurde der Parlamentssuprematie ein Element volkssouveränen Handelns gegenübergestellt, das eine Rückführung der Devolution politisch erschweren würde.

Der Kompetenzkatalog von Schottland wird in einem von Westminster verabschiedeten Gesetz (Schottland-Gesetz) aufgelistet. Die Zuständigkeiten sind sowohl im Legislativ- als auch im Exekutivbereich vollständig zwischen den Ebenen getrennt. Ganz anders das System in Wales: Hier beschließt Westminster Rahmengesetze (Primärgesetze), die walisische Versammlung wiederum beschließt innerhalb dieses Rahmens Sekundärgesetze. Die nordirische Versammlung liegt zwischen den beiden Polen Wales und Schottland. Hier gibt es keine Dichotomie aus Primär- und Sekundärgesetzgebung, allerdings ist der Kompetenzhaushalt der nordirischen Versammlung nicht so extensiv wie der des schottischen Parlaments.

Eine Auflistung der Verteilung von Gesetzgebungszuständigkeiten bietet die nachfolgende Tabelle.

Tabelle 6: Aufgabenverteilung im Vereinigten Königreich

Schottland		Wales		Nordirland	
Nach Schottland verlagert	*Für Westminster reserviert*	*Walisisches Sekundärrecht*	*Westminster-Primärrecht*	*Nach Nordirland verlagert*	*Für Westminster reserviert*
Gesundheitswesen Bildungswesen Sozialarbeitswesen Kommunalverwaltung Wohnungswesen u. Raumplanung Justiz und Inneres Wirtschaftliche Entwicklung Verkehrswesen Umweltpolitik Land- und Forstwirtschaft Fischerei Kultur und Sport	Verfassungsfragen Außenpolitik Nationale Verteidigung und Sicherheit Staatsbürgerschaft und Immigration Finanz- und Währungspolitik Beschäftigungspolitik und industrielle Beziehungen Energiepolitik Soziale Sicherheit Gesundheitswesen Rundfunk	Wirtschaftliche Entwicklung Bildungswesen Gesundheit Landwirtschaft Fischerei Kommunalverwaltung Wohnungsbau Soziale Dienste Verkehrswesen Umweltpolitik Kultur und Sport Tourismus Walisische Sprache	Alles	Landwirtschaft Bildungswesen Gesundheitswesen Soziale Dienste Wirtschaftliche Entwicklung Umwelt	Alles andere

Quelle: Darstellung nach Jeffery/Palmer 2000: 327ff.

Offen blieb zunächst, wie die neu geschaffenen Organe multilateral zusammenarbeiten sollten, sowohl untereinander als auch mit der Zentralregierung. Die bisherige Struktur war eher bilateral organisiert, unter Leitung von für die Gebietskörperschaften zuständigen Ministern der Zentralregierung. Eine Politik der dritten Ebene bestand demnach nicht. Schwierig ist auch die fehlende Institutionalisierung Englands,[7] was sich langfristig zu einer bestandsgefährdenden Unterminierung der britischen Identität verdichten könnte (vgl. Jeffery/Palmer 2006: 409).

3.2 Italien: Devoluzione und Verwaltungsföderalismus

Einige Autoren sehen Italien auf dem Weg zum Föderalismus (z. B. Palermo/Woelk 2005). Die italienische Nachkriegsverfassung wies ursprünglich relativ geringe regionalistische, geschweige denn föderalistische Züge auf (vgl. Gamper 2004: 259). Zahlreiche Reformversuche brachten eine sukzessive Ausweitung der Kompetenzen der Regionen mit sich, etwa die Dezentralisierung der Vollzugskompetenzen, ein Finanzausgleich zwischen den Normalstatutregionen, die Direktwahl des Regionspräsidenten usw. (vgl. Gamper 2004: 262ff.). Im Jahr 2001 schließlich gelang durch Volksabstimmung eine umfassende Verfassungsnovelle (unter dem Titel „Verwaltungsföderalismus"), die den sukzessiven Pfad, die Dezentralisierung in Trippelschritten, revolutionierte und das Verhältnis von Zentralstaat und Regionen auf eine neue Grundlage stellte.[8] Die Arbeiten an diesem Projekt dauerten von 1996 bis ins Jahr 2000. Italien ist laut Morelli (2003: 186) damit noch kein föderaler Staat, sondern ein Staat, der sich eine dezentrale Organisation gibt.

Hintergrund der Bemühungen um eine Dezentralisierung oder Föderalisierung sind die separatistischen Bemühungen der *Lega Nord* und ihr Streben, die nördlichen Regionen zu einem unabhängigen Staat „Padanien" zu verbinden. Die Lega Nord stellte ihren Wunsch schließlich hinten an, um in den Verfassungsbogen zurückkehren zu können und die Ausgrenzung zu überwinden. Statt Separatismus proklamierte sie also „Devoluzione".

Unterschieden werden in Italien fünf Regionen mit Sonderstatut (Friaul-Julisch Venetien, Sardinien, Sizilien, Trentino-Südtirol, Aostatal) und 15 Regionen mit Normalstatut. Damit ist der italienische Regionalismus asymmetrisch, zumal sich die Sonderstatute inhaltlich unterscheiden. Die italienische Verfassung konstatiert dies, indem sie in Art. 116 Abs. 3 die Überlassung von Rechtsetzungsbefugnissen in der konkurrierenden Gesetzgebung in Form regionaler Autonomie ermöglicht. Da die betreffende Region eine solche Kompetenzübertragung nachfragen muss und die Entscheidungsgewalt hierüber beim Parlament liegt, ist zur Verwirklichung politischer Konsens erforderlich, was dem italienischen Regionalismus kooperative Züge verleiht (vgl. Gamper 2004: 327).

Die Regionen wirken *direkt* an der gesamtstaatlichen Gesetzgebung mit durch ihr Recht, Gesetzesentwürfe in das Parlament einzubringen (Art. 121 Abs. 2). Der Unterschied

---

[7] Eine Volksabstimmung zur Devolution auf Institutionen im englischen Nordosten scheiterte im Jahre 2004. Meinungsumfragen belegen, dass selbst potenzielle Rezipienten der Kompetenzverlagerung ihre Interessen am besten vom Westminster-Parlament vertreten sehen (vgl. Jeffery/Palmer 2006: 414).
[8] Die Verfassungswirklichkeit hatte sich durch Richterspruch schon zugunsten der Regionen entwickelt, weshalb die Reform auch als „Nachführung" der Verfassungsrechtsprechung (vgl. Palermo/Woelk 2005: 389) bezeichnet werden kann.

zu Föderationen sticht ins Auge: Das Parlament muss dem Antrag natürlich nicht entsprechen, parlamentarische Vetorechte stehen der Region im umgekehrten Falle nicht zur Verfügung. Allerdings können mindestens fünf Regionalversammlungen im Verbund Volksabstimmungen initiieren, weshalb zentralstaatliche Ignoranz gegenüber regionalen Belangen stets dem Damoklesschwert des Plebiszits ausgesetzt ist.[9] Die italienischen Regionen wirken *indirekt* an der gesamtstaatlichen Politikformulierung via Senat, der zweiten Parlamentskammer, mit. Die 315 Senatoren werden auf regionaler Basis allgemein und unmittelbar gewählt (Art. 57).[10] Die größte Region, die Lombardei, vertreten 47 Senatoren, das Aostatal lediglich ein Senator. Hier überwiegt im Vergleich etwa zum amerikanischen Senat, wo jeder Bundesstaat über zwei Senatorenposten verfügt, das demokratische über das bündische Prinzip. Auch dies ist ein Zeichen dafür, dass Italien noch ein regionalisierter Staat ist und kein Bundesstaat.[11] Systemimmanent wäre eine Kammer nach dem Bundesratsmodell oder zumindest eine mit stärkerer Rückkopplung zur Region. Im jetzigen System fehlt bei konkurrierender Gesetzgebung zudem eine Koordinierungsinstanz zwischen Region und Regierungsmehrheit (vgl. Palermo/Woelk 2005: 391).

Mit der „Föderalismusreform" etabliert Art. 117 eine Auflistung zentralstaatlicher Kompetenzbereiche und eine Residualkompetenz der Regionen.[12] Konkurrierende Gesetzgebung (Art. 117 Abs. 3) ist nicht ausgeschlossen, ja sogar an der Tagesordnung. Es liegt jedoch in der Logik der Sache, dass diese Konstruktion konfliktanfällig ist. Gestrichen wurde die staatliche Präventivkontrolle über regionale Gesetzesvorhaben und folgerichtig auch die damit verbundene Funktion des Regierungskommissärs (vgl. ausführlich Palermo/Woelk 2005: 391). Die Regionen werden künftig von direkt gewählten Präsidenten geleitet (Verfassungsgesetz 1/1999).

Inhaltlich ließ die Föderalismusreform einen großen Schritt des Landes hin zum Föderalismus erwarten. Die Bilanz nach mehr als fünf Jahren fällt allerdings eher ernüchternd aus (vgl. Palermo/Woelk 2006: 346). Verwaltungsvorschriften werden nur zögerlich umgesetzt, ausgebaut werden dekonzentrierte Verwaltungsstrukturen statt der originären Verwaltung der Regionen und natürlich ist die Etablierung eines Finanzföderalismus politisch zwischen den Lagern und zwischen den Ebenen umstritten. Institutionell umkämpft ist auch die Frage nach der Auflösung des Regionalrates im Falle des Rücktritts des Regionalpräsidenten. Der Rat ist eher vom direkt gewählten Präsidenten abhängig als der Präsident vom Rat – schließlich geht er nicht aus dem Rat hervor. Die regionale Präsidialverfassung ist

---

[9] Das Parlament wiederum kann mit Zweidrittelmehrheit die Abhaltung einer Volksabstimmung verhindern (vgl. zum Verfahren ausführlich Gamper 2004: 329), weshalb Regionen *de facto* Koalitionen mit Parlamentsfraktionen eingehen müssen, um sich gegen die Regierungsmehrheit durchzusetzen. Der Volkswille bleibt zusätzlich eine unberechenbare Größe.

[10] Ob hier überhaupt von Regionalbezug gesprochen werden kann, ist offen. Der Regionalbezug ergibt sich allenfalls über unterschiedliche Parteiensysteme (z. B. Lega Nord), ansonsten unterscheiden sich die Wahlen zum Senat kaum von den Wahlen zur Abgeordnetenkammer.

[11] Vgl. Gamper 2004: 332 mit Verweis auf die italienische Diskussion in Fußnote 1135, die eine Lanze bricht für den italienischen Senat und diesen durchaus als mit bundesstaatlichen Kategorien beschreibbar ansieht. Gamper übersieht hier den Zusammenhang, dass in Zweiten Kammern föderativer Systeme das bündische Prinzip regelmäßig das Demokratieprinzip nachhaltig bricht (vgl. USA und Deutschland) und damit den Unterschied zwischen großen und kleinen Gliedstaaten gleichsam einebnet.

[12] Begriff aus Palermo/Woelk 2005.

vom Zentralstaat so gewollt, unter regionalen Räten allerdings unbeliebt (vgl. ausführlich Palermo/Woelk 2006).

Im Angesicht seiner Wahlniederlage initiierte das Mitte-Rechts-Bündnis unter Silvio Berlusconi Ende 2005 eine mit heißer Nadel gestrickte Verfassungsreform, die die horizontale Gewaltenteilung zum Gegenstand hatte, aber auch die Machtverteilung zwischen Zentralstaat und Regionen betraf. Die sog. „Devoluzione", in das Reformkonzept eingeschweißt vom Koalitionspartner Lega Nord, beinhaltete weitere Kompetenzverlagerungen zugunsten der Regionen. Jedoch regte sich Widerstand, der sich aus der Angst vor einer Desintegration des Nationalstaates und der Aufkündigung der Nord-Süd-Solidarität speiste. Das Parlament beschloss die Reform, konnte aber nicht verhindern, dass eine Volksabstimmung über das Thema angesetzt wurde. 61,3 Prozent lehnten im Juni 2006 die Verfassungsreform ab, bei einer Wahlbeteiligung von 53,6 Prozent der Bevölkerung. Damit hat Berlusconi *a posteriori* eine letzte Niederlage erlitten.

Die Verfestigung der Föderalismusreform leidet an mangelndem politischen Konsens bzw. politischen Ängsten, an mangelnden Koordinationsinstrumenten (z. B. gibt es keine echte Regionenkammer), schließlich an einer nur zögerlichen Nutzung der neu gewonnenen Rechte durch die Regionen. Damit bleibt das Verfassungsgericht die einzige Konstante und die wichtigste Triebfeder (vgl. Palermo/Woelk 2006: 356). So kommt es wohl eher langfristig zu einer Föderalisierung, teilweise wider Willen, teilweise mit unintendierten Effekten, mit einem Zentralstaat, der anschiebt, obwohl er wegen Bestandschutz bremsen sollte, und mit Regionen, die nicht herzhaft zulangen, obwohl sie das Menü bestellt haben.

3.3 Spanien: Der Staat der Autonomen Gemeinschaften[13]

Ob sich auch Spanien föderalisiert, ist zumindest umstritten (vgl. Nagel 2005: 458). Die bisherige Dezentralisierung fußt auf der Überwindung des Antagonismus zwischen Überbleibseln des hochgradig zentralisierten Franco-Regimes (und ist damit Teil der Demokratisierung des Landes) und dem Autonomiestreben der Regionen (vgl. Barrios 2000: 308). Daraus folgt: „Föderalismusfragen sind in Spanien Nationalismusfragen" (Nagel 2003: 222). Die drei historischen Regionen Baskenland, Katalonien und Galizien erheben für sich den Anspruch, eine Nation zu sein. Dies drückt sich in der sprachlich-kulturellen Unterscheidung aus, die in letzter Konsequenz bis hin zum Terrorismus der *ETA* reicht. Der spanische Regionalismus trägt der Vorreiterfunktion dieser Regionen Rechnung, indem asymmetrische Lösungen ermöglicht werden. Der Prozess zum Erreichen immer weiterer Autonomiestufen gestaltet sich als Wechselspiel zwischen zentralstaatlichen und regionalen Institutionen und ermöglicht neben administrativer Dezentralisierung auch eine politische Dezentralisierung durch Schaffung exekutiver und legislativer Kompetenzhaushalte.

Die erste Region, die den drei ursprünglichen Autonomieregionen folgte, war Andalusien. Auch andere Regionen betraten zumindest den Dezentralisierungspfad, ohne ihn dann aber konsequent zu Ende zu gehen. Das System wurde unübersichtlich und provozierte Harmonisierungsbestrebungen des Zentralstaates, da sich die zögerlichen Regionen an das hohe Kompetenzniveau der Vorreiter anpassen wollten. Das Bedürfnis der Vorreiter, sich

---

[13] Zum Terminus vgl. Nohlen/Goncáles Encinar 1992.

gegenüber den Nachzüglern abzusetzen, drängte diese wiederum in die Domänen des Zentralstaates (vgl. Barrios 2000: 311) – der Konflikt scheint unvermeidbar.

Regionale Institutionen bestehen in einem regionalen Parlament, aus dem ein Regionalpräsident und – als Regionalregierung – ein Regionalrat *(Consejo de gobierno)* hervorgehen. Die Autonomiestatute[14] haben quasi-konstitutionelle Bedeutung und sind gliedstaatlichen Verfassungen funktional äquivalent (vgl. Barrios 2000: 312). Der spanische Senat ist nach Art. 69 der Verfassung *expressis verbis* eine territoriale Repräsentation. Allerdings vertritt der Senator nach Art. 66 das gesamte spanische Volk. Ein weiteres Problem: Grundlage der Bestellung sind die Provinzen, nicht die Regionen. Die Provinzen wählen je vier Senatoren. Damit sei, so viele Stimmen, der Senat als Vertreter der Regionen disqualifiziert (vgl. z. B. López 2001: 275). Die Wahl auf Provinzgrundlage spiegelt die ursprüngliche zentralistische Provinzialstruktur wider. Um die Akzeptanz dieses Systems bei den autonomen Gemeinschaften sicherzustellen, erhalten diese zusätzlich einen Sitz sowie je einen weiteren pro einer Million Einwohner (vgl. Barrios 2000: 314). Dennoch ist der Senat – eine Kammer, die sich entlang parteipolitischer Linien konstituiert – als parlamentsgebundene Institution auf keinen Fall mit regionalinteressengebundenen exekutivföderalen Gremien zu verwechseln. Regionale Interessen sind immer dann im Senat zu finden, wenn diese von Regionalparteien artikuliert werden.[15]

Die spanische Verfassung weist Residualkompetenzen sowohl dem Zentralstaat als auch den Regionen zu (Art. 149, 148). Was dazwischen liegt oder neu auf das politische Tablett gelangt, ist Gegenstand des Zugriffsstreits. Die Politikverflechtung zwischen Zentralstaat und Regionen ist dennoch sehr stark, weshalb Züge des kooperativen Föderalismus zu beobachten sind. Dies liegt am Staatsziel der Angleichung der Lebensverhältnisse. Das System der territorialen Solidarität etabliert demnach einen Regionalismus, der parallel – teilweise in Konkurrenz – zum ethnisch-kulturellen Regionalismus tritt. Politikverflechtung entsteht aber auch als Konsequenz der spanischen Finanzverfassung, welche die Regionen am Tropf zentralstaatlicher Finanzzuweisung hält. Gleichwohl tendiert die Ausgabenseite in den letzten zwanzig Jahren eindeutig in Richtung stärkerer Verwendungshoheit der Regionen (vgl. Nagel 2005: 458). Reformoptionen bestehen deshalb in zweierlei Richtungen: in Richtung eines asymmetrischen Föderalismus (der den Finanzausgleich zwischen reichen und armen Nationen notfalls horizontal organisiert) oder eines kooperativen Föderalismus nach bundesdeutschem Modell mit Kompetenzangleichung und Überwindung der Ungleichheiten im jeweiligen Autonomiestatut (vgl. Nagel 2003: 225ff.).

Ist Spanien also schon ein Bundesstaat? Vielen Meinungen zufolge ist dies nicht der Fall, weil sich das Wechselspiel zwischen Zentralstaat und Regionen noch entwickelt, nicht aber schon endgültig verfassungsrechtlich festgezurrt ist (vgl. Barrios 2000: 317). Der spanische Verfassungsgerichtspräsident hingegen charakterisierte das Autonomiestatut als abgeschlossenes, verfestigtes System, in etwa gleich weit entfernt vom Einheitsstaat und von der Föderation (vgl. Nagel 2003: 224). Auch ist die Verfassungsrechtsprechung eher pro Zentralregierung orientiert, was eine gewisse Reunitarisierung mit sich bringt (vgl. López 2001: 275ff.). Insgesamt ist die Entwicklung innerhalb mehrerer Szenarien prognostizierbar, die zur Kontinuität des regionalisierten Einheitsstaates oder zur Weiterentwicklung in Richtung einer Föderation uninationaler oder multinationaler, wahrscheinlich asymmetrischer Provenienz führen könnte (vgl. hierzu Nagel 2005: 473).

---

[14] Vgl. zu den jeweiligen Autonomiestatuten stellvertretend Nagel 2006.
[15] Beispiele: die katalanische *Convergencia i Unió* und die baskische *Partido Nacionalista Vasco*.

3.4 Regionalisierte Staaten im Vergleich

Das verbindende Element der Regionalismen des Vereinigten Königreichs, Italiens und Spaniens ist ihre Asymmetrie. Asymmetrisch ist allerdings auch die jeweilige Ausprägung. Im Vereinigten Königreich und in Spanien ist die Dezentralisierung durch Nationalitätenkonflikte getrieben, in Italien ist die „padanische Nation" eher ein Fantasiekonstrukt. Ein großes gemeinsames Problem scheint die Vertretung regionaler Interessen in den Zweiten Kammern darzustellen. Weniger im Vereinigten Königreich, stärker jedoch in den beiden anderen Staaten, sind weitere Reformen hin zu föderativen Systemen stark mit der Frage der Vertretung regionaler Interessen auf gesamtstaatlicher Ebene und der Mitwirkung der Regionen am gesamtstaatlichen Willensbildungsprozess verbunden.

Ob die regionalisierten Staaten künftig Föderationen werden, hängt auch davon ab, inwieweit die Befürchtungen nach Desintegration des Gesamtstaates ausgeräumt werden können. Kommt es zu einer umfassenden Regionalisierung, könnte letztlich die Voraussetzung für erfolgreichen Separatismus entstehen. Wird eine Föderalisierung erfolgreich bekämpft, könnte auch dies zu Separatismus führen, der sich dann allerdings weitaus gewaltsamer den Weg brechen würde. Die größere Chance für den Erhalt des Gesamtstaatswesens scheint in der konsequenten Föderalisierung zu liegen.

Tabelle 7: Ausprägungen der Regionalisierung

	Vereinigtes Königreich	Italien	Spanien
Einschlägige Verfassungsbestimmungen (Auswahl)	Nicht kodifiziert, Grundlage Parlamentssuprematie und einfaches Parlamentsgesetz	Art. 114-133 114: Gliederung des Staatsgebiets 116: Sonderstatuten 117: Gesetzgebung 119: Finanzautonomie 121: Institutionen 123: Statut	Art. 2, 69, 137, 143-158 2: Einheit der Nation und Autonomie der Regionen und Nationalitäten 69: Senat als territoriale Repräsentation 137: Territoriale Gliederung 143-158: Autonome Gemeinschaften
Struktur	Asymmetrisch durch unterschiedliche Kompetenzausstattung der Regionalparlamente	Asymmetrisch durch Differenzierung in Sonderstatut- und Normalstatutregionen	Asymmetrisch durch abgestufte kulturell-sprachliche Selbstdefinition
Zweite Kammer	Oberhaus Ohne Regionalbezug	Senat Demokratisches Prinzip dominiert stark gegenüber dem bündischen Prinzip	Senat Primär auf Basis der Provinzen, nur teilweise der Regionen. Nur begrenzt regionale Vertretung
Exekutive und Legislative	Regierung als „Parlamentsausschuss"	Direkt gewählter Regionalpräsident	Präsident geht aus Regionalversammlung hervor, ist dieser politisch verantwortlich

Quelle: eigene Darstellung.

4 Regionalisierungsprozesse in Mittel- und Osteuropa

Osteuropa hat insgesamt eine unitarische Tradition. Dort, wo föderative politische Systeme etabliert wurden, sind diese zerfallen, teilweise mit exzessiver Gewalt. Auch war die Grundidee der sozialistischen Herrschaftsstruktur die des „demokratischen Zentralismus". Das Abschütteln der Fremdbestimmung ab 1989 mündete in die Neuentdeckung des Nationalstaates. Diesen zu entwickeln und zu schützen wurde primäres Ziel. Angst vor Separatismus in Staaten mit ethnischen Minderheiten tat ein Übriges, um Dezentralisierung zu verhindern. Zusätzlich wurde der kommunalen Ebene gesteigerte Aufmerksamkeit gewidmet, weil man im Demokratisierungsprozess subsidiäre Problemlösungen befürwortete und die „Mesoebene" dabei übersah. So hatte der Zentralstaat seine Paten – wie auch die Kommunen.

Die Regionen in Ostmitteleuropa fristeten ein Schattendasein, bis Mitte der 1990er Jahre ein sachter Dezentralisierungsprozess einsetzte. Ursachen für das Aufkommen von Regionalisierungsnachfragen waren einerseits funktionale Notwendigkeiten, wie etwa in Polen (vgl. allgemein Garsztecki 2003). Zusätzlich wirkte die Europäische Kommission in ihrer Rolle als Gutachter über die Beitrittsfähigkeit der Kandidatenländer als Push-Faktor, die Gelder der Regionalpolitik als Pull-Faktor. Da die bestehenden Regionen in der NUTS-Klassifizierung der EU nur als Stufe 3 klassifiziert wurden, die Mittelverteilung aber in der Regel über die Stufe 2 erfolgt, schien sich die funktionale Notwendigkeit hin zu größeren, selbstverwalteten Regionen im Rahmen der Demokratisierung und Ökonomisierung mit den Anforderungen der Europäisierung verbinden zu lassen (vgl. Dieringer 2005a).

Der Reformprozess ist vorübergehend erlahmt und hat teilweise dysfunktionale institutionelle Lösungen produziert. Ursächlich war einerseits die Hundertachtziggradwende der Europäischen Kommission, die Probleme bei der Implementierung der Strukturfondsmittel befürchtete und plötzlich statt auf Regionen auf zentralstaatliche Ministerien setzte. Andererseits gab es Widerstand seitens nationaler Vetospieler, welche die eigenen Interessen im Reformprozess gefährdet sahen. Letztendlich spielte auch eine diffuse kulturelle Ablehnung eine Rolle, die zu Inkompatibilität von gewachsenen nationalstaatlichen Mustern mit europainduzierten Strukturen führte (vgl. Sturm/Dieringer 2005). In der Tschechischen Republik wurde z. B. reformiert, ohne dass NUTS II und NUTS III harmonisiert worden wären. Dennoch ist dort ein gewisser Gewöhnungsprozess im Gange (vgl. allgemein Weiss 2003). In Ungarn wiederum hat die Opposition das eigentlich stimmige Reformkonzept im Parlament an der notwendigen Zweidrittelmehrheit scheitern lassen (vgl. Dieringer 2007).

Das vorübergehende Scheitern des Regionalisierungsprozesses in manchen Staaten Ostmitteleuropas muss nicht unbedingt auf Dauer angelegt sein. Die Mittel, die über die europäische Regionalpolitik vergeben werden, könnten zu einem Erwachen bisher rein formaler, „schlafender" Institutionen führen, wenn sich Akteursnetzwerke neu konstituieren. Gerade in Polen könnten die neuen, großen Wojewodschaften als Rückzugsraum nationaler Akteure bei Machtverlust dienen – in Polen sind Regierungswechsel häufig und das Wahlverhalten ist äußerst volatil. Notwendige Voraussetzung für einen Bedeutungsgewinn der Regionen sind allerdings ein Ende des Infragestellens von Grenzziehungen und die Integration ethnischer Minderheiten, aber auch das Überwinden der Fixiertheit auf den Nationalstaat und an den Nationalstaat gebundene paternalistische Wohlstandserwartungen.

5 Europäischer Föderalismus – „Regional Governance" in der Europäischen Union

Föderale Ordnungen können als Staatenbund (ein Zusammenschluss souveräner Staaten) und als Bundesstaat (Zusammenschluss von Gliedstaaten unter einer gemeinsamen Verfassung) bestehen (vgl. Sturm/Zimmermann-Steinhart 2005: 14). Die beiden Formen unterscheiden sich hinsichtlich mehrerer Punkte, in der Praxis sind die Abgrenzungen aber fließend. Die Europäische Union ist ein politisches System, in dem – formaljuristisch – zwei Verbände, der jeweilige nationalstaatliche und der europäische, Politikgestaltung durch vertragsrechtliche Normen in einem gesetzten institutionellen Rahmen gemeinsam vornehmen. Dem klassischen Staatenbund entspricht die Europäische Union nicht mehr, dem Bundesstaat noch nicht. Das Bundesverfassungsgericht hat in seinem „Maastrichturteil" von 1993 (BVerfGE 89-155) deshalb treffend den Begriff „Staatenverbund" gewählt, um dem *Sui-generis*-Gebilde „EU" definitorisch gerecht zu werden.

Die Union ist auf der Basis der Verträge ein Zweiebenensystem, in dem die Gründer, die Mitgliedstaaten, Souveränität „poolen" – also gemeinsam ausüben – und hierdurch eine föderale Struktur etablieren. Dabei gilt das Prinzip der begrenzten Einzelermächtigung. Das heißt, die Union darf nur tätig werden, wenn die Mitgliedstaaten eine europäische Kompetenz *expressis verbis* im EU-Vertrag (EUV) oder EG-Vertrag (EGV) verankert haben. Die Kompetenz-Kompetenz verbleibt bei den Gründern, den Staaten, welche die Herren der Verträge sind. Folgerichtig werden Vertragsänderungen von Regierungskonferenzen vorgenommen. Dass mit dem Europäischen Parlament eine direkt gewählte Vertretungskörperschaft besteht, die den Mitgliedstaaten zumindest in Bezug auf den legitimatorischen Gehalt zu Unrecht unterwertig gegenübersteht, liegt an der Annahme, dass noch kein europäisches Volk bestehe, welches als Souverän fungieren könnte. Souverän seien vielmehr die Teilvölker, die europäischen Völker. Folgerichtig müsse die demokratische Legitimation in den nationalen Parlamenten rückgekoppelt sein (vgl. Dieringer 2005b). Diese Bindung an nationale Parlamente hat das deutsche Bundesverfassungsgericht in mehreren Urteilen hervorgehoben.

Formal gesehen generiert sich europäische Politik im Staatenverbund Europa demnach als Zusammenspiel aus europäischer und nationaler Ebene. Der Integrationsprozess wäre demnach „regionenblind", bezogen auf die Gliedstaaten von Mitgliedern wie deutschen und österreichischen Ländern bzw. belgischen Regionen und Gemeinschaften. Integrationstheoretisch finden sich diesbezügliche Annahmen unter anderem in den die (zentralstaatliche) Regierungen stark betonenden, auf einer Nullsummenlogik basierenden Konzeptionen des Intergouvernementalismus (etwa Stanley Hoffmann, vgl. Hoffmann 1966) und des liberalen Intergouvernementalismus eines Andrew Moravcsik (1993).

Der vertragsrechtliche Fokus auf die zwei Verbände wird der politischen Wirklichkeit europäischer Politikgestaltung allerdings nicht vollständig gerecht. In Wirklichkeit handelt es sich bei der EU um ein Mehrebenensystem, in das vertikal auch Regionen und Kommunen eingebunden sind. Dies zeichnen mittlerweile auch die Verträge nach. Durch die Etablierung des Subsidiaritätsprinzips und die Öffnung des EU-Institutionensystems für Regionen können diese am Integrationsprozess teilnehmen. Sie spielen eine Rolle bei der Subsidiaritätskontrolle und bei der Aggregierung nationaler Europapolitik.

Länder und Provinzen in föderativen Staaten haben teils exklusive, teils geteilte Zuständigkeiten in den Politikfeldern. Die Kompetenz zur Bearbeitung derselben wird durch den Integrationsprozess in mehrfacher Art und Weise beeinträchtigt. Die Zentralregierungen verhandeln auf europäischer Ebene auch über Bereiche, die innerstaatlich auf substaatlicher Ebene verortet sind. Öffnungsklauseln in den Verfassungen erlauben das „Shiften" von Kompetenzen nach oben auf die europäische Ebene. Europäisches Sekundärrecht entfaltet per se Bindungswirkung. Das heißt, dass Gliedstaaten generell in Gefahr laufen, die *de jure* starke – weil verfassungsrechtlich sanktionierte – Stellung im politischen System *de facto* nicht aufrechterhalten zu können. Manche Stimmen sehen den deutschen Föderalismus bereits in Gefahr, zur „folkloristischen Restgröße" (Sturm/Pehle 2005: 96) zu verkommen. Der Integrationsprozess erfordert aber die Aktivierung substaatlicher Akteure sowohl beim „Uploaden" nationaler Politik auf die europäische Ebene als auch beim „Downloaden" europäischer Politik durch nachvollziehende Gesetzgebung (Umsetzung von europäischem Primär- und Sekundärrecht) und Verwaltungsvollzug.

Generell können die Regionen zwei unterschiedliche Strategien verfolgen, um einem Bedeutungsverlust vorzubeugen: Die „Lasst uns rein-Strategie" und die „Lasst uns allein-Strategie" (vgl. Große Hüttmann/Knodt 2006: 596ff.). Erstere Strategie reklamiert für regionale Gebietskörperschaft einen institutionalisierten Platz im europäischen Mehrebenensystem. Partizipation, Institutionalisierung und Mehrebenenpolitik sind zentrale Punkte. Die zweite Strategie zielt auf eine Sicherung des Kompetenzbestandes bzw. auf eine Rückverlagerung von Entscheidungskompetenzen aus Europa oder vom Nationalstaat auf die Gliedstaaten. Schlagworte sind hier: Subsidiarität, Kompetenzabgrenzung und Ländermitwirkung im nationalen Regierungssystem.

Institutionell wird die Beteiligung der Länder, Regionen und Kommunen in dreierlei Hinsicht nachvollzogen: erstens im Ausschuss der Regionen; zweitens durch Lobbyarbeit der Gebietskörperschaften in Vertretungsbüros (Paradiplomatie); und drittens durch Partizipation der Regionen an der Politikformulierung im Nationalstaat und in europäischen Institutionen.

5.1 Der Ausschuss der Regionen

Der Ausschuss der Regionen (AdR) ist die nach Maßgabe des Vertrages von Maastricht 1994 gegründete Vertretung lokaler und regionaler Gebietskörperschaften in der Europäischen Union.[16] Seine Rolle wurde im Vertrag von Amsterdam 1997 leicht aufgewertet. Wie der Wirtschafts- und Sozialausschuss ist der AdR eine beratende Institution, kein „klassisches" Organ der EG/EU. Ursprünglich waren im AdR 222, seit der Osterweiterung sind 350 Mitglieder versammelt. Wie ein Parlament ist der AdR in Fachkommissionen und politisch in Fraktionen gegliedert. Mitglieder des AdR waren anfänglich Amtsträger ihrer Entsendeinstitutionen, was das eigentlich geltende freie Mandat einschränkte (vgl. Hrbek 2000: 464). Mittlerweile (Vertrag von Nizza) wurde die Regelanforderung hin zu einem politischen Mandat entwickelt. Die Hauptaufgabe des AdR ist die Abgabe von Stellungnahmen, die der

---

[16] Neben dem AdR sind die Regionen auch in der Versammlung der Regionen Europas (VRE) vertreten. Diese in Straßburg ansässige Organisation ist jedoch nicht innerhalb des EG-Vertragsrahmens angesiedelt, sondern ist an den Europarat gekoppelt. Eine wirkliche politische Bedeutung konnte die über 300 Regionen vertretende VRE bisher nicht entfalten. Vgl. zur VRE allgemein Schmitt-Egner 2000.

Rat bzw. die Kommission teils obligatorisch einholen müssen, teils einholen können. Auch kann das Gremium von sich aus Stellungnahmen zu kontroversen Sachverhalten abgeben.

Die Arbeit des AdR ist umstritten. Hauptkritikpunkt ist die heterogene Zusammensetzung. So sitzt Nordrhein-Westfalen mit über 17 Mio. Einwohnern gleichberechtigt neben dem ungarischen Komitat Veszprém mit einigen hunderttausend Einwohnern, Länder mit Staatsqualität befinden sich in einem Topf mit Kommunen.[17] Belgien entsendet ausschließlich Vertreter der Regionen/Gemeinschaften, Griechenland ausschließlich kommunale Akteure. Institutionelle Schwächen bestehen zudem darin, dass eine negative Stellungnahme nicht einmal aufschiebende Wirkung entfaltet und dass der AdR nicht über ein Klagerecht vor dem EuGH verfügt. So ist der AdR immer noch eine marginale Institution und gewinnt nur langsam ein Momentum (vgl. Avolio/Santini 2004).

Mittlerweile findet in Europa eine horizontale Integration der Regionen statt, die nicht mehr der Vermittlung im AdR bedarf. Beispiele sind länderübergreifende Regionalpartnerschaften wie die „Vier-Motoren-für-Europa" (Baden-Württemberg, Lombardei, Rhone-Alpes, Katalonien) oder die „RegLeg-Initiative", die Zusammenarbeit von Regionen mit legislativen Befugnissen. Letztere, so wurden Befürchtungen laut, könnten sich sogar außerhalb des AdR institutionalisieren bzw. außerhalb des AdR agieren, etwa durch ein eigenes Klagerecht im Rahmen der Subsidiaritätskontrolle oder durch die Etablierung einer Sonderposition im Rahmen der Christophersen-Klausel (Art. 6 III EUV) (vgl. Eppler 2003: 491).

Insgesamt kann festgestellt werden, dass insbesondere die großen, starken, wirtschaftlich prosperierenden und im nationalen Rahmen Veto-Positionen einnehmenden Regionen den AdR nicht mehr als primäres Mittel und Forum zur Aktion im europäischen Raum ansehen. Stattdessen vertrauen sie auf die eigenen Kräfte im Rahmen von Lobbytätigkeit und innerstaatlicher Teilhabe.

5.2 „Paradiplomatie"

Mehr als 250 Regionen und Kommunen sind in Brüssel mit Vertretungsbüros vertreten. Aus Informations- und Verbindungsbüros entwickelten sich Quasi-Botschaften. Sie sind zwar nicht wie die Ständigen Vertretungen der Mitgliedstaaten formell in den interinstitutionellen Politikgestaltungsprozess eingebunden.[18] Gleichwohl nehmen sie eine Transmissionsfunktion zwischen Europäischer Union und Region wahr und gleichen somit klassischen Botschaften. Aldecoa/Keating (1999) sprechen in diesem Zusammenhang treffend von „Paradiplomatie": Die Funktionen der Büros bestehen darin, Informationen zu sammeln, Politik zu formulieren und die Regionen in den Entscheidungsprozess einzubringen.

Der Aufbau der Verbindungsbüros erfolgte etwa seit Mitte der 1980er Jahre im Rahmen der Debatte um ein „Europa der Regionen".[19] In Deutschland betrachtete der Bund

---

[17] Dies beeinträchtigte das Streben der Regionen nach einem dreistufigen Aufbau der Union, vgl. Hrbek 2000: 463.
[18] COREPER I und II im Rat der Europäischen Union.
[19] Die Debatte um ein „Europa der Regionen" verbalisierte den berechtigten Anspruch substaatlicher Einheiten nach Partizipation in einem sich stetig intensivierenden Integrationsprozess. Überzogene Erwartungen gipfelten in Annahmen wie der sog. „Sandwichtheorie", wonach der Nationalstaat langfristig zwischen europäischer und nationaler Ebene „zerrieben" werde, weil er zu groß sei, um die kleinen

diese „Nebenaußenpolitik" zunächst mit Argusaugen und sah seine außenpolitische Kompetenz bedroht.[20] Erst im Laufe der Zeit hat sich das Verhältnis zwischen Bundes- und Landesvertretungen entspannt. Die Arbeit etwa der deutschen Länderbüros, aber auch anderer größerer Büros wie dem schottischen, wird insgesamt sehr positiv bewertet. Ein Frühwarnmechanismus wurde etabliert, die Kontakte zu Entscheidungsträgern in der Kommission und im Europäischen Parlament haben sich stetig entwickelt, so dass auf der Inputseite die Regionen „access" gefunden haben. Auch dienen die Büros als Anlaufstelle für sämtliche Entscheidungsträger aus der jeweiligen Region, für Regierungsvertreter, Abgeordnete, Verbandsvertreter, Unternehmen etc. Dass insgesamt die größeren Büros erfolgreicher sind, ist wenig überraschend. Eine Studie hat ergeben, dass die Arbeit von Büros dann als positiv bewertet wird, wenn ihre Region entsprechende Budgetmittel einsetzt und die Region mit legislativen Befugnissen ausgestattet ist (vgl. Marks et al. 2002).

Die institutionelle Gestalt der Länderbüros ist uneinheitlich. In Zentralstaaten und kleineren Länder werden oft gemeinsame Büros aller Regionen eingerichtet. Die deutschen Länder agieren eigenständig. Bayern etwa residiert im ehemaligen Institute Pasteur[21] repräsentativ und zentral inmitten dem Machtdreieck aus Kommission, Rat und Parlament. Die österreichischen Länder beteiligen sich gemeinsam in der Ständigen Vertretung Österreichs (Gemeinsame Ländervertretung), wenn die Belange der Länder insgesamt betroffen sind. Ansonsten wird Lobbying im Alleingang (außer Vorarlberg) betrieben (vgl. Gamper 2000: 262).

5.3 Politikformulierung durch nationalstaatliche Kanäle

Die Art und Weise, wie Regionen an Politikformulierung mitwirken und wie sie institutionell in den intergouvernementalen europäischen Verhandlungsprozess eingebunden werden, hängt stark vom Staatsaufbau des betreffenden Landes ab. Am stärksten sind Beteiligungsrechte in föderativen Staaten. In unitarischen Staatswesen hingegen nehmen Regionen kaum an der Formulierung der Europapolitik ihres Staates teil.

Die Mitwirkungsrechte des deutschen Bundesrates sind in Art. 23 GG geregelt. Abs. 2 erhebt den Bundesrat zum Organ der Ländermitwirkung an europäischen Angelegenheiten. Das Partizipationsrecht erstreckt sich auf Politikbereiche, die den Ländern zugewiesen sind bzw. auf Rechtsetzungsbereiche, an denen der Bundesrat mitzuwirken hat. Sind ausschließliche Gesetzgebungsbefugnisse der Länder betroffen, ist die Verhandlungsleistung in Brüssel von der Bundesregierung auf einen vom Bundesrat bestellten Ländervertreter zu übertragen (Art. 23 Abs. 6 GG). Mit der Föderalismusreform werden Kompetenzen neu verteilt, weswegen die Länder bestrebt sind, ihren Anteil an der Politikformulierung steigern bzw. zumindest halten zu können. Die Bundesstaatsreform brachte diesbezüglich aber allenfalls eine Präzisierung.[22]

Probleme zu lösen, aber zu klein, um die großen Probleme zu lösen. Zur Diskussion vgl. ausführlich Hrbek/Weyand 1994.
[20] So erreichte die Länderbüros alljährlich ein Schreiben des Auswärtigen Amtes, in dem auf die Zuständigkeit des Bundes für die Europapolitik hingewiesen wurde.
[21] Augenzwinkernd auch „Schloss Neuwahnstein" genannt.
[22] Deutschland kann in Zukunft lediglich in den Bereichen Bildung, Kultur und Rundfunk von einem Landesvertreter im EU-Ministerrat repräsentiert werden. Aus der Soll-Vorschrift wurde allerdings eine zwingende Norm, vgl. Eppler 2006.

Die Regelung der Mitwirkungsrechte der österreichischen Länder in Europaangelegenheiten geht auf erste Abmachungen – weit im Vorfeld des Beitrittes zur EU – im Jahre 1992 zurück. Rechtzeitig zum 1995 erfolgten Beitritt wurde die Mitwirkung von Gebietskörperschaften und Parlament in Art. 23d B-VG auch verfassungsrechtlich sanktioniert. Demnach hat der Bund die Länder über alle Vorhaben der EU zu informieren. Die Länder – alle Länder gemeinsam! – können die Regierung in ihrer Eigenschaft als Vertretung Österreichs im Ministerrat der EU *de jure* auf eine Maßnahme festlegen, die innerhalb ihres Kompetenzkataloges angesiedelt ist. Die Regierung kann vom Verhandlungsmandat nur abweichen, wenn zwingende außen- oder integrationspolitische Gründe vorliegen. Die Abweichung ist natürlich begründungspflichtig. Bei Angelegenheiten der Länder kann ein Ländervertreter – auch hier gemeinsam von den Ländern zu bestimmen – in die Verhandlungsdelegation des Rates aufgenommen werden, ohne dass dieser aber die Federführung übernehmen könnte. Institutionell umgesetzt wurde die Ländermitwirkung durch eine Integrationskonferenz der Länder und einen ständigen Integrationsausschuss derselben.

Während in Deutschland die Ländermitwirkung über den Bundesrat und in Österreich über Landeshauptleutekonferenzen bzw. eine Integrationskonferenz organisiert wird, schuf Belgien mit dem sog. „P-11-Gremium" eine im Außenministerium angesiedelte Struktur. Dort sind die Ministerpräsidenten der Regionen bzw. Gemeinschaften vertreten. Die Politikformulierung in diesem Gremium ist allerdings häufig zeitaufwändig und kompliziert, weswegen eigens sog. Europäische Korrespondenten und Europäische Koordinatoren eingesetzt werden müssen, die die Arbeit der Ständigen Vertretung Belgiens bei der EU, der Föderalregierung und den Regionen/Gemeinschaften *ex ante* (erstere) koordinieren und *ex post* die Implementierung (letztere) begleiten (vgl. Dieringer/Kleis 2004: 241). Im Rat der Europäischen Union besteht die belgische Delegation bei geteilten Zuständigkeiten aus einem Vertreter der Zentralregierung und einem Delegierten der substaatlichen Einheiten. Je nachdem, welche Zuständigkeit umfassender ist, wird die Delegation vom zentralstaatlichen Vertreter oder vom substaatlichen Vertreter geleitet.

6 Ausblick

Die föderativen Systeme der Staaten Europas unterliegen einem stetigen Wandlungsdruck. Sie haben die sich wandelnde Sozialstruktur, die politische Kultur und internationale Verpflichtungen institutionell in neue Zentralstaat-Gliedstaat-Relationen umzusetzen. Da föderative Systeme qua Struktur Vetospieler sind, allerdings mit unterschiedlich starkem Vetopotenzial, ist diese Anpassung oft schmerzhaft und konfliktgeladen. Gelingen Reformen nicht, ist die Gefahr einer Selbstblockade evident.

Die regionalisierten Staaten Vereinigtes Königreich, Italien und Spanien befinden sich auf einem dynamischen Pfad der Föderalisierung. Von Rücknahme der Kompetenzen kann keine Rede sein, und der politische Prozess öffnet immer wieder Gelegenheitsfenster, durch die sich Regionen neue Kompetenzen und Mitwirkungsrechte sichern können. Weiten sich auch die polnischen Dezentralisierungstendenzen zu einem Regionalisierungsprozess, wogegen allerdings die fehlenden landsmannschaftlichen Identitäten sprechen, bleibt Frankreich der einzige große Staat der Europäischen Union, der sich dem funktionalen Druck einer Föderalisierung nachhaltig widersetzt.

Auch die Europäische Union entwickelt immer stärkere Züge einer föderativen Staatlichkeit. Die Entwicklung geht in Richtung deutsches Modell, hin zum Exekutivföderalismus. Das Europäische Parlament wird immer mehr zum gleichberechtigten Gesetzgeber. Der Rat der Europäischen Union repräsentiert die Interessen der Mitgliedstaaten. Nach dem bündischen Prinzip sind kleinere Mitglieder gegenüber großen überrepräsentiert. Europäische Angelegenheiten sind zudem stets Gemeinschaftsaufgaben,[23] was zu einer starken Politikverflechtung führt. Die stärkere Beachtung des in Art. 2 EUV und Art. 5 EGV festgeschriebenen Subsidiaritätsprinzips wird deshalb immer wieder eingefordert, wie auch Subsidiaritätslisten, also die Festschreibung der Politikbereiche, in denen ausschließlich der Nationalstaat tätig wird.[24]

Föderalismus wird demnach zu einem immer wichtigeren Organisationsprinzip des Kontinents. Da der Gesamtrahmen mit der EU als Interaktionssystem zweier Verbände organisiert wird, haben die Länder, Provinzen und Regionen Probleme, sich gegenüber den übergeordneten Verbänden zu behaupten. Die Föderalisierung Europas ist demnach die größte Herausforderung für die nationalen föderativen Systeme. Bisher ist es noch kaum gelungen, Gesamteuropa als Interaktionsraum dreier Verbände (EU-Nation-Region) zu strukturieren. Will man auf die nationalen Föderalismen nicht verzichten, ist institutionelle Kreativität erforderlich. Ansonsten wären die neu gewonnenen Kompetenzen der spanischen, italienischen und britischen Gebietskörperschaften eher dysfunktional.

Literatur

Aldecoa, Francisco/Keating, Michael (Hrsg.), 1999: Paradiplomacy in Action. The Foreign Relations of Subnational Governments. London/Portland, Oregon.

Avolio, Giuseppe/Santini, Alessandro, 2004: The Committee of the Regions in the EU Policymaking Process: Actor or Spectator?, in: Toniatti, Roberto/Palermo, Francesco/Dani, Marco (Hrsg.), An Ever More Complex Union. The Regional Variable as a Missing Link in the EU Constitution? Baden-Baden, 85-115.

Barrios, Harald, 2000: Spanien – Politische Dezentralisierung als flexibles Verhandlungssystem, in: Europäisches Zentrum für Föderalismusforschung (Hrsg.), Jahrbuch des Föderalismus 2000. Baden-Baden, 308-320.

Benz, Arthur (Hrsg.), 2004: Governance – Regieren in komplexen Regelsystemen. Eine Einführung. Wiesbaden.

Beyme, Klaus von, 2007: Föderalismus und regionales Bewusstsein. Ein internationaler Vergleich. München.

Burgess, Michael, 2006: Comparative Federalism. Theory and Practice. London.

Bußjäger, Peter, 2004: Der Österreich-Konvent als Chance oder Inszenierung? Der Bundesstaat Österreich vor einem neuen Anlauf der Verfassungsreform, in: Europäisches Zentrum für Föderalismusforschung (Hrsg.), Jahrbuch des Föderalismus 2004. Baden-Baden, 248-263.

---

[23] Ausnahme: rechtlich verbindliche Regulierungen der Europäischen Kommission.
[24] Im Grunde ist diese Forderung unnötig, da ohnehin das Prinzip der begrenzten Einzelermächtigung gilt, die EU demnach nur tätig werden kann, wenn sie vertraglich dazu berufen ist. Der Binnenmarkt bietet allerdings ein weites Betätigungsfeld, weswegen die Zuständigkeiten der EU/EG mittlerweile sehr umfassend sind.

Bußjäger, Peter, 2005: Klippen einer Föderalismusreform – Die Inszenierung Österreich-Konvent zwischen Innovationsresistenz und Neojosephinismus, in: Europäisches Zentrum für Föderalismusforschung (Hrsg.), Jahrbuch des Föderalismus 2005. Baden-Baden, 403-426.

Bußjäger, Peter, 2006: Der Schein der Normalität – Österreich ein Jahr nach dem Konvent, in: Europäisches Zentrum für Föderalismusforschung (Hrsg.), Jahrbuch des Föderalismus 2006. Baden-Baden, 370-384.

Deschouwer, Kris, 2000: Belgien – Ein Föderalstaat auf der Suche nach Stabilität, in: Europäisches Zentrum für Föderalismusforschung (Hrsg.), Jahrbuch des Föderalismus 2000. Baden-Baden, 97-119.

Dieringer, Jürgen, 2005a: Demokratisierung, Ökonomisierung und Europäisierung: Dezentralisierungsprozesse in Ostmitteleuropa, in: Südosteuropa 53 (4), 483-499.

Dieringer, Jürgen, 2005b: Nationale Parlamente im Integrationsprozess, in: Dieringer, Jürgen/ Maurer, Andreas/Györi, Enikö (Hrsg.), Europäische Entscheidungen kontrollieren! Nationale Parlamente im Ost-West-Vergleich. Dresden, 11-30.

Dieringer, Jürgen, 2007: Ungarn – Zwischen Regionalwahlen und Reformprojekten, in: Europäisches Zentrum für Föderalismusforschung (Hrsg.), Jahrbuch des Föderalismus 2007. Baden-Baden.

Dieringer, Jürgen/Kleis, Johannes, 2004: Europäisierungsprozesse in föderativen Staaten. Deutschland, Österreich und Belgien in vergleichender Perspektive, in: Dieringer, Jürgen/Okruch, Stefan (Hrsg.), Von der Idee zum Konvent. Eine interdisziplinäre Betrachtung des europäischen Integrationsprozesses. Budapest, 229-247.

Eppler, Annegret, 2003: Der Ausschuss der Regionen im Jahr 2002 – die grundlegende „Schwäche" seiner Institution und Diskussion über seine Aufwertung im Europäischen Konvent, in: Europäisches Zentrum für Föderalismusforschung (Hrsg.), Jahrbuch des Föderalismus 2003. Baden-Baden, 480-496.

Eppler, Annegret, 2006: Föderalismusreform und Europapolitik, in: Aus Politik und Zeitgeschichte 50 (11-12), 18 – 23.

Förster, Stephan/Lambertz, Karl-Heinz/Neycken, Leonhard, 2003: Die deutschsprachige Gemeinschaft Belgiens – das kleinste Bundesland in der Europäischen Union, in: Europäisches Zentrum für Föderalismusforschung (Hrsg.), Jahrbuch des Föderalismus 2003. Baden-Baden, 207-218.

Gamper, Anna, 2000: Österreich – Das Paradoxon des zentralistischen Bundesstaates, in: Europäisches Zentrum für Föderalismusforschung (Hrsg.), Jahrbuch des Föderalismus 2000. Baden-Baden, 251-265.

Gamper, Anna, 2004: Die Regionen mit Gesetzgebungshoheit. Frankfurt am Main.

Garsztecki, Stefan, 2003: Polnische Regionen im Kontext der Osterweiterung der Europäischen Union, in: Europäisches Zentrum für Föderalismus-Forschung (Hrsg.), Jahrbuch des Föderalismus 2003. Baden-Baden, 384-396.

Große Hüttmann, Martin (Hrsg.), 1996: Das Subsidiaritätsprinzip in der EU. Eine Dokumentation. Tübingen.

Große Hüttmann, Martin, 2006: „Der deutsche Föderalismus schläft wie Dornröschen": Die Bundesstaatsreform der zweiten Großen Koalition und ihre lange Vorgeschichte, in: Zimmermann-Steinhart, Petra (Hrsg.), Regionale Wege in Europa. Föderalismus – Devolution – Dezentralisierung. München, 228-254.

Große Hüttmann, Martin/Knodt, Michèle, 2006: „Diplomatie mit Lokalkolorit": Die Vertretungen der deutschen Länder in Brüssel und ihre Aufgaben im EU-Entscheidungsprozess, in: Euro-

päisches Zentrum für Föderalismusforschung (Hrsg.), Jahrbuch des Föderalismus 2006. Baden-Baden, 595-605.
Hecking, Claus, 2003: Das politische System Belgiens. Opladen.
Hesse, Konrad, 1962: Der unitarische Bundesstaat. Karlsruhe.
Hoffmann, Stanley, 1966: Obstinate or Obsolete? The Fate of the Nation State and the Case of Western Europe, in: Daedalus 95 (3), 862-915.
Hrbek, Rudolf, 2000: Der Ausschuss der Regionen – Eine Zwischenbilanz zur Entwicklung der jüngsten EU-Institution und ihrer Arbeit, in: Europäisches Zentrum für Föderalismusforschung (Hrsg.), Jahrbuch des Föderalismus 2000. Baden-Baden, 461-478.
Hrbek, Rudolf, 2006: Ein neuer Anlauf zur Föderalismus-Reform: Das Kompromisspaket der Großen Koalition, in: Europäisches Zentrum für Föderalismus-Forschung (Hrsg.), Jahrbuch des Föderalismus 2006. Baden-Baden, 139-157.
Hrbek, Rdolf/Weyand, Sabine, 1994: Betrifft: das Europa der Regionen. München
Kimmel, Adolf/Kimmel, Christiane (Hrsg.), 2005: Die Verfassungen der EU-Mitgliedstaaten: Textausgabe. Beck-Texte. 6. Auflage. München.
Jeffery, Charlie/Palmer, Rosanne, 2000: Das Vereinigte Königreich – Devolution und Verfassungsreform, in: Europäisches Zentrum für Föderalismusforschung (Hrsg.), Jahrbuch des Föderalismus 2000. Baden-Baden, 321-339.
Jeffery, Charlie/Palmer, Rosanne, 2006: Devolution, öffentliche Meinung und nationale Identität im Vereinigten Königreich, in: Europäisches Zentrum für Föderalismusforschung (Hrsg.), Jahrbuch des Föderalismus 2006. Baden-Baden, 409-419.
Laufer, Heinz/Münch, Ursula, 1998: Das föderative System der Bundesrepublik Deutschland. Opladen.
Lehmbruch, Gerhard, 1976: Parteienwettbewerb im Bundesstaat. Stuttgart.
López, Mira Á., 2001: Spanien – Das Modell der Autonomien: Eine unzweckmäßige Lösung für ein politisches Problem, in: Europäisches Zentrum für Föderalismus-Forschung (Hrsg.), Jahrbuch des Föderalismus 2001. Baden-Baden, 273-280.
Marks, Gary/Haesly, Richard/Mbaye, Heather A., 2002: What Do Subnational Offices Think They Are Doing in Brussels?, in: Regional and Federal Studies 12 (3), 1-23.
Moravcsik, Andrew, 1993: Preferences and Power in the European Community: A Liberal Intergovernmental Approach, in: Journal of Common Market Studies 31 (4), 473-524.
Morelli, Umberto, 2003: Italien zwischen Föderalismus und Devolution, in: Europäisches Zentrum für Föderalismus-Forschung (Hrsg.), Jahrbuch des Föderalismus 2003. Baden-Baden, 186-196.
Nagel, Klaus-Jürgen, 2003: Die „Autonomisierung" Spaniens – ein abgeschlossener Prozess?, in: Europäisches Zentrum für Föderalismus-Forschung (Hrsg.), Jahrbuch des Föderalismus 2003. Baden-Baden, 222-232.
Nagel, Klaus-Jürgen, 2005: Verfassungs- und Statusreformen in Spanien: ein föderalistischer Frühling?, in: Europäisches Zentrum für Föderalismus-Forschung (Hrsg.), Jahrbuch des Föderalismus 2005. Baden-Baden, 458-474.
Nagel, Klaus-Jürgen, 2006: Autonomiestatute und/oder/statt Föderalismus? Zum Stand der Reform des spanischen „Staates der Autonomien", in: Europäisches Zentrum für Föderalismus-Forschung (Hrsg.), Jahrbuch des Föderalismus 2006. Baden-Baden, 395-408.
Nohlen, Dieter/Gonzáles Encinar, José Juan (Hrsg.), 1992: Der Staat der Autonomen Gemeinschaften in Spanien. Opladen.

Palermo, Francesco/Woelk, Jens, 2005: Italien auf dem Weg zum Föderalismus: zwei Schritte vor und einer zurück, in: Europäisches Zentrum für Föderalismus-Forschung (Hrsg.), Jahrbuch des Föderalismus 2005. Baden-Baden, 388-402.

Palermo, Francesco/Woelk, Jens, 2006: Pause oder Stillstand auf Italiens Weg zum Föderalismus, in: Europäisches Zentrum für Föderalismus-Forschung (Hrsg.), Jahrbuch des Föderalismus 2006. Baden-Baden, 345-356.

Peters, Guy B., 1999: Institutional Theory in Political Science. The 'New Institutionalism'. London/New York.

Scharpf, Fritz W./Reissert, Bernd/Schnabel, Fritz, 1976: Politikverflechtung: Theorie und Empirie des kooperativen Föderalismus in der Bundesrepublik. Kronberg/Ts..

Schmitt-Egner, Peter, 2000: Die „Versammlung der Regionen Europas" (VRE): Scharnier zwischen horizontaler Kooperation und vertikaler Integration der Regionen in Europa, in: Europäisches Zentrum für Föderalismusforschung (Hrsg.), Jahrbuch des Föderalismus 2000. Baden-Baden, 553-567.

Sturm, Roland, 2001: Föderalismus in Deutschland. Berlin.

Sturm, Roland/Dieringer, Jürgen, 2005: The Europeanization of Regions in Eastern and Western Europe: Theoretical Perspectives, in: Regional and Federal Studies 15 (3), 281-294.

Sturm, Roland/Pehle, Heinrich, 2005: Das neue deutsche Regierungssystem. Die Europäisierung von Institutionen, Entscheidungsprozessen und Politikfeldern in der Bundesrepublik Deutschland. 2. Auflage. Wiesbaden.

Sturm, Roland/Zimmermann-Steinhart, Petra, 2005: Föderalismus. Eine Einführung. Baden-Baden.

Swenden, Wilfried, 2006: Belgischer Föderalismus 2005: Getrennt zusammenleben oder zusammen auseinanderfallen, in: Europäisches Zentrum für Föderalismusforschung (Hrsg.), Jahrbuch des Föderalismus 2006. Baden-Baden, 303-317.

Weiss, Stephanie, 2003: Regionalisierung als politisches Projekt – die tschechischen Regionen in ihrem zweiten Jahr, in: Europäisches Zentrum für Föderalismus-Forschung (Hrsg.), Jahrbuch des Föderalismus 2003. Baden-Baden, 305-317.

Angelika Vetter und Gábor Soós

Kommunen in der EU

1 Kommunen und ihre Bedeutung für die EU

In den mittlerweile 27 Mitgliedstaaten der EU gibt es über 100.000 Städte und Gemeinden. Sie bilden die unterste Verwaltungs- und Entscheidungsebene innerhalb des von Politikverflechtung gekennzeichneten europäischen Mehrebenensystems.[1] EU-Entscheidungen wirken in großem Umfang direkt oder indirekt auf das Handeln der Kommunen ein. So haben mittlerweile schätzungsweise zwei Drittel aller kommunalrelevanten Vorschriften ihren Ursprung in der EU. Diese betreffen Bereiche wie die Gewährung kommunaler Beihilfen, die Wirtschaftsförderung, den Betrieb von Abfalldeponien, die Behandlung kommunaler Abwässer, die Energie- und Umweltpolitik, die Vergaberegelung öffentlicher Aufträge, das Arbeitszeitrecht, die Gleichstellungspolitik und den Lärmschutz um nur einige zu nennen. Außerdem sind die Kommunen ein Partner der EU-Kommission bei der Umsetzung des „Plan D" (2005). Durch Demokratie, Dialog und Diskussion („D") sollen die Bürger verstärkt in Überlegungen zu der zukünftigen Ausrichtung der EU einbezogen werden. Die Kommunen sind für die europaweite Umsetzung der Entscheidungen aus Brüssel damit unverzichtbar. Allerdings gewinnen die Kommunen darüber hinaus Bedeutung im Hinblick auf zwei zentrale Aspekte europäischen Regierens.

Erstens geht es um die demokratische Qualität der politischen Prozesse innerhalb des komplexer und umfassender werdenden Institutionengefüges. Die Politik entfernt sich zunehmend aus der Erfahrungswelt der Bürger. Politische Entscheidungen werden schwerer nachvollziehbar. Und die Chancen der Bürger, auf politische Entscheidungen unmittelbar Einfluss zu nehmen, werden schwächer. Bereits im 19. Jahrhundert betonten Alexis de Tocqueville (1985, Orig. 1835) oder John Stuart Mill (1971, Orig. 1861) die Sozialisations- und Integrationsfunktion der Gemeinden innerhalb eines demokratischen Gemeinwesens (vgl. auch Vetter 2007). Heutzutage finden sich entsprechende Argumente bei Partizipationstheoretikern oder in der kommunitarischen Diskussion (vgl. Bellah et al. 1987; Barber 1994). Selbst empirisch arbeitende Demokratietheoretiker wie Robert A. Dahl weisen der lokalen Politik vor dem Hintergrund der zunehmenden Transnationalisierung eine zentrale Funktion im Hinblick auf die Integration der Bürger in politische Entscheidungsprozesse zu:

> „If the giant units are needed for handling transnational matters of extraordinary moment, very small units seem to us necessary to provide a place where ordinary people

---

[1] Wir verstehen unter „Kommune" oder „lokaler Ebene" die jeweils niedrigste Entscheidungs- bzw. Verwaltungsebene in einem Staat, die über ein festgelegtes geographisches Territorium verfügt, deren Funktionsträger zumindest teilweise über lokale Wahlen bestimmt werden, und die einen gewissen Grad an Autonomie besitzt, d. h. über eigene Mittel verfügt (vgl. Marshall 1965, zit. nach Sharpe 1970: 154).

can acquire the sense and the reality of moral responsibility and political effectiveness in a universe where remote galaxies of leaders spin on in courses mysterious and unfathomable to the ordinary citizen." (Dahl/Tufte 1974: 140; ähnlich Dahl 1967, 1992, 1994).

Zweitens fordert der Integrationsprozess mehr Effizienz und Effektivität im nationalstaatlichen Handeln. Haushaltsdefizite müssen sich in bestimmten Grenzen bewegen. Und das Prinzip der freien Marktwirtschaft dient vor allem der EU-Kommission aber auch dem EuGH als Handlungsmaxime. Fragen staatlicher Effizienz werden schon seit Jahren mit Bezug zur lokalen Ebene diskutiert. Durch ihre Nähe zu den Bürgern können Kommunen deren Präferenzen am besten wahrnehmen. Diese Kenntnis der örtlichen Problemlagen wiederum ermöglicht es ihnen, den Einsatz staatlicher Mittel optimal auf die jeweiligen Bedürfnisse abzustimmen und zu koordinieren. Außerdem gibt es zahlreiche Dienstleistungen, die über den freien Markt kaum erhältlich sind. Besonders hier können die Kommunen als effiziente und effektive Dienstleister vor Ort auftreten, die durch lokale Wahlen gleichzeitig einer öffentlichen Kontrolle unterworfen sind.

In der Europäischen Charta der kommunalen Selbstverwaltung des Europarats, die mittlerweile von 42 Staaten ratifiziert wurde, wird diese Sichtweise aufgegriffen. Das Dokument verweist explizit auf die Relevanz der Städte und Gemeinden im europäischen Mehrebenensystem und bezieht sich dabei auf die beiden oben genannten Aspekte. In der Präambel der Charta halten die unterzeichnenden Staaten als ihre gemeinsame Überzeugung fest,

- dass die kommunalen Gebietskörperschaften eine der wesentlichen Grundlagen jeder demokratischen Staatsform sind;
- dass das Bestehen kommunaler Gebietskörperschaften mit echten Zuständigkeiten eine zugleich wirkungsvolle und bürgernahe Verwaltung ermöglicht;
- dass der Schutz und die Stärkung der kommunalen Selbstverwaltung in den verschiedenen europäischen Staaten einen wichtigen Beitrag zum Aufbau eines Europas darstellen, das sich auf die Grundsätze der Demokratie und der Dezentralisierung der Macht gründet.[2]

Die Unterzeichnerstaaten verpflichten sich, den Grundsatz der kommunalen Selbstverwaltung anzuerkennen (Artikel 1). Dazu gehören das Recht und die tatsächliche Fähigkeit der kommunalen Gebietskörperschaften, einen wesentlichen Teil der öffentlichen Angelegenheiten in eigener Verantwortung regeln und gestalten zu können. Dieses Recht soll von Räten oder Versammlungen ausgeübt werden, deren Mitglieder aus freien, geheimen, gleichen, unmittelbaren und allgemeinen Wahlen hervorgegangen sind. Ebenso möglich ist der Rückgriff auf Bürgerversammlungen, Volksabstimmungen oder sonstige Formen unmittelbarer Bürgerbeteiligung (Artikel 3). Den Kommunen sollen die zu ihrer Aufgabenerfüllung benötigten finanziellen Mittel in angemessener Höhe zugestanden werden (Artikel 9). Gleichzeitig muss ihnen der Rechtsweg offen stehen, um die freie Ausübung ihrer Zuständigkeiten sicherzustellen (Artikel 11). Der Schutz der kommunalen Selbstverwaltung hat selbst in den EU-Verfassungsentwurf von 2006 Eingang gefunden. Dort heißt es in Artikel 5

---

[2] Vgl. http://conventions.coe.int/Treaty/Commun/QueVoulezVous.asp?NT=122&CM=8&DF=6/29/2007& CL= GER; zugegriffen am 29. Juni 2007.

(1): „Die Union achtet die nationale Identität ihrer Mitgliedstaaten, die in deren grundlegender politischer und verfassungsrechtlicher Struktur einschließlich der regionalen und kommunalen Selbstverwaltung zum Ausdruck kommt".

Die Bedeutung der Kommunen für die EU ist damit umrissen: Erstens sind sie zentrale Akteure bei der Umsetzung von EU-Entscheidungen und -richtlinien. Zweitens können sie zur effizienteren und effektiveren Leistungserbringung der öffentlichen Hand beitragen. Drittens wird davon ausgegangen, dass vor dem Hintergrund der Transnationalisierung gerade auf der lokalen Ebene die Einbeziehung der Bürger in politische Entscheidungsprozesse sichergestellt werden kann. In diesem Beitrag untersuchen wir vor allem die beiden zuletzt genannten Aspekte. Inwieweit können die Kommunen in der EU tatsächlich zur Verbesserung der Leistungsfähigkeit und zur Stärkung der Bürgernähe beitragen und damit eine positive Rolle im Prozess der Europäischen Integration spielen?

Wir beginnen unsere Analyse mit einem Vergleich der strukturellen Grundlagen lokaler Politik in den 27 Staaten der Europäischen Union. Wir fragen nach ihren rechtlichen Garantien (legale Autonomie), der Einbettung der Kommunen in den jeweiligen Staatsaufbau, ihre Zahl und Größe und damit ihre potenzielle Leistungsfähigkeit im Hinblick auf die Aspekte lokaler Bürgerbeteiligung und Effizienz. Die Untersuchung der Effizienz und Effektivität selbst ist problematisch, weil vergleichbare Indikatoren hierfür nicht vorliegen. Aus diesem Grund untersuchen wir im nächsten Abschnitt die Einbindung der Kommunen in die gesamtstaatliche Aufgabenerfüllung sowie ihre Eigenständigkeit bei der Erfüllung dieser Aufgaben. Beides sind zentrale Dimensionen lokaler Autonomie und damit die Voraussetzung für eine effiziente und effektive lokale Leistungserbringung. Drittens geht es uns um den Aspekt lokaler Demokratie, verstanden als die Einbindung der Bürger in die lokalen politischen Entscheidungsprozesse. Welche Machtstrukturen finden wir in den verschiedenen lokalen Systemen? Wie stark sind Bürger in die lokalen politischen Prozesse integriert? Und welche Veränderungen lassen sich hierbei erkennen? Im vorletzten Abschnitt fragen wir danach, wie kommunale Erfahrungen und Probleme in europäische Entscheidungsprozesse einfließen können, um dort Lernprozesse in Gang zu setzten und damit positiv auf den zukünftigen Integrationsprozess einzuwirken, um abschließend die Rolle der Kommunen im europäischen Integrationsprozess zu beurteilen.

2 Strukturelle Kontextfaktoren lokaler Politik

Die Rolle bzw. die Bedeutung der lokalen Ebene in den 27 europäischen Nationen hängt von strukturellen Kontextfaktoren ab. Zu diesen gehört vor allem die Einbindung der Kommunen in die jeweiligen nationalen politischen Strukturen. Diese wird bestimmt durch den Grad an legaler Autonomie, der den Kommunen zugestanden wird (d. h. ihren verfassungsrechtlichen Schutz), ihr Konkurrenzverhältnis zu anderen subnationalen Regierungs- und Verwaltungsebenen sowie ihre durchschnittliche Größe. Die Berücksichtigung ihrer Größe ist wichtig, weil sie sowohl für das Beteiligungspotenzial der Bürger als auch für die Effizienz lokaler Leistungserbringung zentral ist. Beide Aspekte stehen theoretisch allerdings in diametraler Beziehung zueinander: Während Bürger umso eher an lokalen Entscheidungen mitwirken können, je kleiner eine Kommune ist, steigt die Leistungsfähigkeit einer Kommune mit ihrer Größe an. Dahl (1994) spricht in diesem Zusammenhang von einem demokratischen Dilemma.

Der institutionelle Schutz der lokalen Ebene in den EU-Mitgliedstaaten lässt sich durch einen Blick in die einzelnen Verfassungen bzw. nationalen Gesetzestexte überprüfen.[3] Wegen der Unterschiedlichkeit der nationalen Dokumente, in denen kommunale Angelegenheiten geregelt sind, ist dies jedoch schwierig. Daher greifen wir zur Überprüfung der institutionellen Garantie der lokalen Selbstverwaltung auf die Ratifikation der Europäischen Charta der lokalen Selbstverwaltung zurück. Die Charta gilt in demselben Wortlaut für alle Unterzeichnerstaaten und garantiert der lokalen Ebene die in der Einleitung beschriebenen Rechte. Im Jahr 2007 wurde diese Charta vom letzten noch ausstehenden EU-Mitgliedsland (Frankreich) ratifiziert (vgl. Tabelle 1). Der institutionelle Schutz kann damit EU-weit als gesichert gelten. Dies war vor zehn Jahren noch nicht der Fall. Denn damals sperrten sich nicht nur Frankreich, sondern auch Belgien, Irland und das Vereinigte Königreich gegen eine Ratifikation. Und viele der neuen EU-Mitglieder befanden sich noch auf dem Wege zur Unterzeichnung bzw. in einem Vorstadium der Ratifikation wie die Tschechische Republik, die Slowakei, Rumänien oder Litauen.

Weniger einheitlich als die institutionelle Garantie ist dagegen die Bedeutung der Kommunen innerhalb des Staatsaufbaus. Während in manchen Ländern starke Regionen zwischen der nationalen und der lokalen Ebene institutionalisiert sind, ist dies in anderen Ländern nicht der Fall. Allerdings hat es hier über die letzten Jahre hinweg gewisse Annäherungen gegeben. Seit Mitte der 1980er Jahre wurden in vormals stärker zentralistisch organisierten Ländern wie Frankreich zusätzliche zwischenstaatliche Ebenen installiert, um die Koordination zwischen der europäischen, der zentralstaatlichen und der lokalen Politik zu erleichtern (vgl. Hesse/Sharpe 1991; Stoker 1991). Dieser zunächst in Westeuropa zu beobachtende Prozess der Dezentralisierung hat sich in den neuen EU-Mitgliedstaaten nach dem Systemwechsel in den 1990er Jahren fortgesetzt und ist vor allem als Reaktion auf die europäische Strukturpolitik zu interpretieren. Heutzutage finden sich in fast allen Mitgliedstaaten der Europäischen Union (mit Ausnahme sehr kleiner Staaten wie Luxemburg oder Malta) mindestens zwei subnationale Verwaltungsebenen: die Regionen (bzw. Gliedstaaten) und die kommunale Ebene. Dennoch bestehen zwischen den Mitgliedstaaten beträchtliche Unterschiede hinsichtlich dessen, was als regional bzw. kommunal bezeichnet wird einerseits und hinsichtlich der Bedeutung der Regionen andererseits.[4] Grob lassen sich die EU-Mitgliedstaaten je nach Stärke ihrer Regionen in vier Gruppen einteilen (vgl. AdR 2001: 19ff.). In den „föderalen Staaten" (1) sind die regionalen Gebietskörperschaften sehr stark. Sie haben eigenständige Gesetzgebungsbefugnisse und sind in die Entscheidungsverfahren auf nationaler Ebene institutionell eingebunden. Zu dieser Gruppe von Ländern gehören Deutschland, Österreich und Belgien. Daneben finden sich „regionalisierte Staaten" (2), in denen die regionalen Strukturen schwächer sind als in den föderalen Staaten. Trotz weitgehender Autonomie haben die Regionen hier nur eine eingeschränkte Gesetzgebungsbefugnis. Und ihre Beteiligung an nationalen Entscheidungsprozessen ist kaum oder nur schwach institutionalisiert. Zu dieser Gruppe von Ländern gehören Frankreich, Italien, Portugal, Spanien, das Vereinigte Königreich und Polen. Regionale Gebietskörperschaften mit nur bedingter Autonomie (3) finden wir in „dezentralisierten Staaten". Hier hat die regionale

---

[3] Vgl. hierzu auch die Verfassungssynopse im Datenanhang.
[4] In Frankreich zählen beispielsweise die Départements zur kommunalen Ebene. Dasselbe gilt für die Provinzen Belgiens, Spaniens oder Italiens. Auf diese Unterschiede wird hier aber nicht weiter eingegangen. Vgl. hierzu ausführlicher: http://www.cor.europa.eu/document/documents/decentralisation DE.pdf; zugegriffen am 30. Juli 2007.

Ebene keine Gesetzgebungsbefugnisse und ist kaum als autonom zu bezeichnen (Dänemark, Finnland, Niederlande, Schweden). Und schließlich gibt es vor allem kleine Staaten, in denen die regionale Ebene – sofern sie überhaupt institutionalisiert ist – so gut wie bedeutungslos ist (4) und Entscheidungen bislang nur auf der nationalen sowie der lokalen Ebene getroffen werden (Griechenland, Irland, Luxemburg, Malta und die baltischen Staaten).

Tabelle 1: Strukturelle Kontextfaktoren lokaler Politik

Land	Gesamt-bevölkerung (in 1.000 E.)	Jahr der Ratifikation der ECLS	Bedeutung der Regionen*	Name der lokalen Einheiten	Zahl der Kommunen	Durchschnittliche Größe (in 1.000 E.)
Belgien	10.457	2004	1	Gemeente/Commune	589	17,8
Dänemark	5.442	1988	3	Kommune	271	20,1
Deutschland	82.599	1988	1	Stadt/Gemeinde	12.320	6,7
Finnland	5.277	1991	3	Kunnat/Kommune	446	11,8
Frankreich	61.647	2007	2	Commune	36.568	1,7
Griechenland	11.147	1989	4	Demotiko/Koinotiko	6.130	1,8
Großbritannien	60.769	1998	2	District/IUA/LEC	443	137,2
Irland	4.301	2002	4	County/County Bor.	34	126,5
Italien	58.877	1990	2	Comuni	8.101	7,3
Luxemburg	467	1987	4	Commune	118	4,0
Niederlande	16.419	1991	3	Gemeente	489	33,6
Österreich	8.361	1987	1	Gemeinde	2.381	3,5
Portugal	10.623	1990	2	Freguesia	4.257	2,5
Schweden	9.119	1989	3	Kommuner	290	31,4
Spanien	44.279	1988	2	Municipio	8.108	5,5
EU 15 MW	25.986		2,5		5.370	27,4
EU 15 Stdv.	27.333		1,1		9.451	43,7
Bulgarien	7.639	1995	3,0	Obshtina	287	26,6
Estland	1.335	1994	4,0	Vald, Inn	247	5,4
Lettland	2.277	1996	4,0	Pilsētas, novadi, pagasti	536	4,2
Litauen	3.390	1999	4,0	Savivaldybės	60	56,5
Malta	407	1993	4,0	Kunsilli	68	6,0
Polen	38.082	1993	2,0	Gmina	2.478	15,4
Rumänien	21.438	1998	2,5	Municipiu/Comune	2.951	7,3
Slowakei	5.390	2000	2,5	Obce	2.875	1,9
Slowenien	2.002	1996	4,0	Občine	210	9,5
Tschech. Rep.	10.186	1999	2,5	Obce	6.230	1,6
Ungarn	10.030	1994	2,5	Települési önkormányzatok	3.174	3,2
Zypern	855	1988	4,0	Dimoi, koinotites	614	1,4
EU 12 MW	8.586		3,3		1.644	11,6
EU 12 Stdv.	11.039		0,8		1.917	15,9
EU 27 MW	18.252		2,8		3.714	15,9
EU 27 Stdv.	23.054		1,0		7.294	26,0

* 1 = Regionen sehr stark (föderale Staaten); 2 = regionalisierte Staaten; 3 = dezentralisierte Staaten; 4 = regionale Ebene bedeutungslos oder nicht existent; ECLS: Europäische Charta der lokalen Selbstverwaltung.
Quellen: Department of Economic and Social Affairs Population Division 2006:. „World Population Prospects, Table A.2" (PDF). 2006 revision. United Nations; http://en.wikipedia.org/wiki/List_of_subnational_entities; http://en.wikipedia.org/wiki/Nomenclature_of_Territorial_Units_for_Statistics; http://ec.europa.eu/comm/eurostat/ramon/nuts/lau_en.html; zugegriffen am 10. Juli 2007.

Den Kommunen stehen damit unterschiedlich starke subnationale „Konkurrenten" innerhalb der einzelnen Staaten gegenüber. Wir finden Länder, in denen die Regionen als subnationale Ebene dominieren, Länder in denen Regionen und Kommunen als gleichberechtigt wahrgenommen werden und Länder, in denen die lokale Ebene dominiert.

Darüber hinaus existieren weitere strukturelle Unterschiede zwischen den 27 EU-Mitgliedstaaten. Sie betreffen zum einen die Zahl der Kommunen in einem Land. Diese hängt zwar mit der Einwohnerzahl eines Landes zusammen (r = 0,63). Allerdings ist die Bevölkerungsgröße nicht allein ausschlaggebend für die Zahl der Kommunen. Besonders deutlich wird dies am Vergleich zwischen Frankreich, Italien und Großbritannien, also drei Ländern mit jeweils etwa 60 Mio. Einwohnern. Während in Frankreich über 35.000 Kommunen existieren, sind es in Italien nur etwa 8.000 Kommunen und in Großbritannien gerade einmal 443 Districts. Vergleicht man die Zahl der Kommunen in Belgien, Ungarn und der Tschechischen Republik (die Bevölkerung in allen drei Ländern beträgt etwa zehn Mio.), finden wir knapp 600 Kommunen in Belgien, 3.000 Kommunen in Ungarn und über 6.000 Kommunen in der Tschechischen Republik.

Die Zahl der Kommunen hängt ebenso von innerstaatlichen und historischen Besonderheiten bzw. Verwaltungstraditionen ab. Aus historischer Perspektive lassen sich in Westeuropa drei Traditionen lokaler Selbstverwaltung voneinander unterschieden: eine französische, eine britische sowie eine nord- und mitteleuropäische Tradition (vgl. Hesse/Sharpe 1991). Die südlichen Staaten der Europäischen Union (Frankreich, Italien, Belgien, Spanien, Portugal, z. T. Griechenland) stehen in der Tradition des französischen Typs lokaler Selbstverwaltung. Ausgehend vom napoleonischen Staatsmodell ist die lokale Selbstverwaltung hier konstitutionell geschützt. Historisch übernehmen Kommunen im nationalen Gesamtsystem jedoch kaum eine funktionale Rolle. Die Strukturen waren eher kleinteilig. Es herrschte ein klientelistisches Repräsentationsverständnis vor. Und während der Entwicklung zum Wohlfahrtsstaat wurden wesentliche Verwaltungsaufgaben von der Zentralregierung übernommen. Lediglich die Ausführung oblag der lokalen Ebene. Der Staat übte durch Präfekten eine starke formale Kontrolle über sie aus und gestattete wenig Autonomie. Lediglich die politische Repräsentanz lokaler Interessenvertreter auf zentralstaatlicher Ebene war stark. Wesentlich autarker waren demgegenüber die Kommunen in den Ländern der „Anglo-Gruppe" (Großbritannien, Irland). Kommunen standen hier traditionell nicht unter konstitutionellem Schutz. Aber sie waren eher frei von formaler Kontrolle durch das Zentrum. Es herrschte ein relativ großer Grad an lokaler Autonomie was die täglichen Geschäfte anging. Dies ging einher mit einer vergleichsweise großgliedrigen Struktur. Eine Gleichberechtigung zwischen Zentrum und Peripherie lag jedoch nicht vor. Vielmehr bestimmte das Zentrum das Ausmaß seiner Kontrolle über die lokalen Einheiten. Historisch gesehen beruht die lokale Selbstverwaltung in den nord- und mitteleuropäischen Ländern auf einer ähnlichen Beziehung zwischen Zentrum und lokaler Ebene (Schweden, Dänemark, Österreich, Bundesrepublik Deutschland, Niederlande). Hier, so Hesse und Sharpe (1991: 607), liegt das größte Ausmaß lokaler Autonomie vor, was wiederum eine gewisse Größe der lokalen Einheiten erfordert.[5]

---

[5] Ähnliche Typologisierungen lokaler Selbstverwaltungssysteme wurden von Page/Goldsmith (1987), Page (1991), Norton (1994), John (2001) entwickelt. Die neuen EU-Mitgliedstaaten wurden in keiner dieser Typologien berücksichtigt. Trotz ihrer größtenteils gemeinsamen kommunistischen Vergangenheit unterscheiden sie sich deutlich voneinander sowohl in ihren vorkommunistischen Traditionen als auch in ihrem Umgang mit dem Systemwechsel. Aus diesem Grund lassen sie sich nicht einer weiteren

Zwischen 1950 und 1980 wurden in vielen westeuropäischen Staaten durch die Zusammenlegung kleinerer Gemeinden Gebietsreformen durchgeführt.[6] Dieser Prozess fand zur selben Zeit auch in den größeren Staaten des ehemaligen Ostblocks statt.[7] Dennoch spiegeln sich die unterschiedlichen Traditionen noch heute in der durchschnittlichen Größe der Kommunen wider. Im Gesamtdurchschnitt aller EU-Mitgliedstaaten haben die Kommunen eine Größe von etwa 20.000 Einwohnern. Dieser Wert schwankt allerdings extrem von Land zu Land.[8] Besonders kleinteilig (mit durchschnittlich weniger als 2.000 Einwohnern) sind die lokalen Selbstverwaltungseinheiten noch immer in Zypern, Griechenland, Frankreich, aber auch die der Tschechischen Republik und der Slowakei. Umgekehrt finden wir extrem große lokale Gebietseinheiten in Großbritannien und Irland, was typisch für die britische Tradition ist, aber auch in Litauen, einem postkommunistischen Land. Vergleichsweise große kommunale Einheiten mit durchschnittlich 15.000 bis 30.000 Einwohnern haben weiterhin auch die skandinavischen Länder Dänemark, Schweden und Finnland, ebenso wie die Niederlande, Polen und Bulgarien.

Zusammenfassend lässt sich sagen, dass der institutionelle Schutz der lokalen Ebene mittlerweile in allen Mitgliedstaaten der EU gegeben ist. Den Kommunen stehen jedoch unterschiedlich starke (und damit einflussreiche) regionale Interessen gegenüber, mit denen sie gegebenenfalls konkurrieren müssen. Außerdem bestehen trotz der beschriebenen Dezentralisierungstendenzen innerhalb Europas weiterhin überkommene Traditionen und markante Unterschiede in der Größe der Kommunen fort. Dies wurde hier nur im Vergleich zwischen den einzelnen Mitgliedstaaten gezeigt. Allerdings variiert die Größe der Kommunen auch innerhalb der einzelnen Länder beträchtlich. Aus der Größe wiederum ergeben sich unterschiedliche Probleme, mit denen die Kommunen konfrontiert sind. Ebenso resultieren daraus aber auch unterschiedliche Kapazitäten, die zur Problembewältigung zur Verfügung stehen. Insofern verdeutlicht dieser Abschnitt bereits ein Problem lokaler Selbstverwaltung in Europa, das in der starken Inhomogenität der Städte und Gemeinden begründet liegt.

3 Lokale Aufgaben und lokale Freiheiten in der Aufgabenerfüllung

Wie in der Einleitung erwähnt, ist eine Untersuchung lokaler Effizienz und Effektivität schwierig, weil hierzu kaum vergleichende Informationen vorliegen. Aus diesem Grund konzentrieren wir uns in diesem Abschnitt auf den Aufgabenumfang der Kommunen sowie

---

Kategorie zuordnen. Gleichzeitig haben sich auch in den westeuropäischen Staaten zahlreiche Veränderungen ergeben, so dass im Folgenden nur an einzelnen Stellen auf entsprechende Traditionen und Typen verwiesen wird.

[6] Zu lokalen Gebietsreformen in Westeuropa vgl. Council of Europe (1995: 16): In Deutschland nahm die Zahl der Städte und Gemeinden bis 1975 um 67 Prozent ab, in Dänemark um 80 Prozent, Schweden 87 Prozent, Belgien 78 Prozent, Großbritannien 76 Prozent, Norwegen 41 Prozent, Österreich 42 Prozent, den Niederlanden 36 Prozent.

[7] Die Gebietsreformen wurden nach dem Systemwechsel allerdings in Ungarn, der Tschechischen Republik und der Slowakei rückgängig gemacht.

[8] Vgl. für Mitte der 1990er Jahre Council of Europe (1995) mit ähnlichen Befunden.

ihre Freiheit in der Aufgabenerfüllung. Beides sind zentrale Indikatoren lokaler Autonomie. Sie lassen zwar keinen direkten Rückschluss auf eine effiziente und effektive lokale Aufgabenerfüllung zu. Aber sie sind die Voraussetzungen für einen effizienten und effektiven Umfang mit Finanzmitteln, worauf wir am Ende dieses Abschnitts eingehen werden.

In den Verträgen von Maastricht (1992) und von Amsterdam (1997) wurden insgesamt zehn Politikbereiche definiert, in denen der Ausschuss der Regionen (AdR), die Vertretung der lokalen und regionalen Interessen innerhalb des EU-Institutionengefüges, ein Anhörungsrecht vor der Europäischen Kommission hat. Folglich sind es auch diese Politikfelder, in denen die Regionen und Kommunen besonders stark tätig sind: Bildung und Jugend, Kultur, Gesundheitswesen, Transeuropäische Netze, Regional- und Strukturpolitik, Sozialpolitik, Beschäftigung, Berufsbildung, Umwelt und Verkehr. Allerdings erweist es sich als schwierig, aus dieser nominalen Auflistung von Aufgaben auf die tatsächlichen Kompetenzen der Städte und Gemeinden in Europa zu schließen. Erstens werden diese Kompetenzen in den genannten Verträgen den Kommunen *und* den Regionen zugeschrieben. Dies erschwert die Bestimmung, wo in welchem Ausmaß welche Kompetenz in der Ausführung zu verorten ist. Zweitens erfüllen die Kommunen in fast allen europäischen Ländern nominal zwar annähernd dieselben Funktionen. Häufig steht aber ein und dieselbe Funktionsbezeichnung für unterschiedliche Funktionsinhalte, was aus der reinen Auflistung nicht ersichtlich ist. Drittens kann eine Funktion zwar der lokalen Ebene übertragen sein. Fehlt es dieser jedoch an finanziellen oder personellen Ressourcen, bleibt die Ausführung beschränkt. Viertens kann mit zunehmender Funktionserfüllung auf lokaler Ebene eine parallel verlaufende Stärkung zentralstaatlicher Kontrollinstanzen oder Vorschriften einhergehen, was letztlich zu einer Art Nullsummenspiel bezüglich des lokalen Autonomiegrades führen würde und bei einem rein nominalen Funktionsvergleich verborgen bliebe.

Um dennoch die Leistungsfähigkeit der Kommunen in Europa vergleichend untersuchen zu können, greifen wir auf den Anteil der lokalen Ausgaben an allen staatlichen Ausgaben zurück (vgl. Page/Goldsmith 1987).[9] Im EU-Durchschnitt werden etwa 23 Prozent aller staatlichen Ausgaben von den Kommunen getätigt (vgl. Tabelle 2). Der Anteil in den alten EU-Mitgliedsländern liegt dabei etwas höher (25,1 Prozent) als in den neuen Mitgliedsländern (19,8 Prozent). Doch ebenso wie bei den Angaben zur durchschnittlichen Bevölkerungsgröße variieren auch hier die Zahlen erheblich, unabhängig davon, ob es sich um Kommunen in den alten oder den neuen Mitgliedstaaten handelt: Die meisten staatlichen Ausgaben fließen in den skandinavischen Ländern über die Kommunen (Dänemark 62,1 Prozent; Finnland 39,4 Prozent; Schweden 44,3 Prozent). Aber auch in den Niederlanden, in Italien und in Polen ist die lokale Ebene maßgeblich in die staatliche Leistungserbringung integriert mit entsprechenden Ausgabeanteilen von über 30 Prozent. Nur knapp dahinter liegen die Kommunen in Großbritannien, den baltischen Staaten, der Tschechischen Republik und Ungarn. Am anderen Ende der Leistungsskala liegen mit einem lokalen Ausgabenanteil von unter zehn Prozent Griechenland, Malta und die Republik Zypern. Dieses Bild entspricht in Teilen den Befunden, die Page und Goldsmith für Ende der 1980er Jahre ermittelt haben (1987: 156). Bereits damals zeichneten sich die skandinavischen, aber

---

[9] Entsprechende Daten werden von Eurostat veröffentlicht. Problematisch ist dabei, dass in fast allen Ländern (Ausnahmen: Belgien, Deutschland, Österreich, Spanien) alle subnationalen Ausgaben als lokale Ausgaben definiert werden. Eine gesonderte Aufteilung auf verschiedene administrative Ebenen (z. B. Regionen) findet nicht statt. Dies bedeutet, dass die kommunalen Ausgabedaten für die meisten Länder überschätzt sind.

auch die britischen Kommunen als besonders leistungsstark aus. Im Fall von Italien, Frankreich und Spanien zeigen die aktuellen Daten verglichen mit den Befunden von Page und Goldsmith jedoch eine deutliche Stärkung der subnationalen Ebene. Dies dürfte jedoch weniger mit einer Aufwertung der Kommunen als mit der Institutionalisierung bzw. Stärkung der Regionen zusammenhängen. Stark ist die lokale Ebene auch in den neuen EU-Mitgliedstaaten, zumindest was den Aufgabenumfang betrifft.

Der Aufgabenumfang ist jedoch nur eine Seite der Medaille. Um effizient und effektiv entscheiden zu können, muss den Kommunen auch ein gewisser Grad an Freiheit in der Aufgabenerfüllung zugestanden werden: „For local government to ‚have' or ‚fulfil' a service, or part of it, means little more than that local authorities have formal responsibility for employing people to carry it out. It does not necessarily mean that they can influence the way in which it is carried out because they may have little discretion to do so (...) Although the scale of local government responsibilities, relative to those of the central state, is a much-loved indicator of centralization and decentralization among some economists and political scientists (...), it is clearly inadequate since the ability to make significant decisions affecting a function is not identical with formal responsibility for it." (Page/Goldsmith 1987: 5; ähnlich Sharpe 1970: 168). Nur wenn sowohl ein breiter Aufgabenumfang als auch Freiheit in der Entscheidung über die Erfüllung der Aufgaben gegeben sind, können Kommunen zu einer effizienten und effektiven Leistungserbringung beitragen.

Ein Blick auf die kommunalen Einnahmen ermöglicht ansatzweise Rückschlüsse darüber, wie frei Kommunen über ihre Aufgabenerfüllung entscheiden können. Die lokalen Einnahmen bestehen aus verschiedenen Elementen: eigene und geteilte Steuern, gebundene und ungebundene Zuweisungen, Beiträge und Gebühren sowie Kredite (vgl. Council of Europe 1997: 24ff.). Dabei stellen Steuern diejenige Einnahmequelle dar, über die die Kommunen die höchste Entscheidungsfreiheit hinsichtlich ihrer Verwendung haben. Eurostat veröffentlicht unter anderem die Steueranteile, die den Kommunen in den einzelnen Mitgliedstaaten an allen Steuereinnahmen zufließen. Dies sagt zwar nichts darüber aus, wie hoch der Steueranteil an den lokalen Einnahmen insgesamt ist. Dennoch erlaubt dieser Wert Rückschlüsse auf die Eigenständigkeit in der lokalen Aufgabenerfüllung. Im EU-Durchschnitt kommen etwa 15 Prozent aller Steuereinnahmen der lokalen Ebene zugute. Der Anteil lokaler Steuern an allen staatlichen Steuereinnahmen ist vor allem dort hoch, wo die Kommunen auch stark in die staatliche Aufgabenerfüllung eingebunden sind (vgl. Abbildung 1, Tabelle 2). Das heißt, mit zunehmendem Aufgabenumfang werden den Kommunen auch höhere staatliche Steueranteile zur Verfügung gestellt, über die sie einen vergleichsweise großen Verfügungsspielraum haben.[10]

---

[10] Einschränkend muss hier vermerkt werden, dass die Daten nichts darüber aussagen, wie hoch der eigene Steueranteil und der Anteil der geteilten Steuern ist.

Tabelle 2: Lokale Ausgaben, Einnahmen und Schulden im europäischen Vergleich

	Staatliche Gesamtausgaben (in % BIP 2005)	Ausgaben: Anteil lokaler Ausgaben an allen Staatsausgaben (%, 2005)	Einnahmen: Anteil lokaler Einnahmen an allen staatlichen Einnahmen (%, 2005)	Einnahmen: Lokale Steuern an allen Steuereinnahmen (%, 2005)	Schulden: Anteil lokaler Schulden an allen Schulden (%, 2005)
Belgien	49,9	14,0	13,6	6,9	5,8
Dänemark	53,1	62,1	56,6	33,9	17,6
Deutschland	46,8	15,6	16,6	12,9	7,7
Finnland	50,5	39,4	36,4	28,4	13,8
Frankreich	53,7	20,3	21,1	17,3	11,3
Griechenland	47,3	6,6	7,5	1,3	0,8
Großbritan.	44,2	29,4	31,3	5,7	11,0
Irland	34,4	19,5	19,4	2,3	8,8
Italien	48,3	32,3	33,4	22,9	7,8
Luxemburg	42,8	12,9	12,0	6,1	35,3
Niederlande	45,5	35,4	35,0	6,4	16,0
Österreich	49,9	16,0	17,0	15,9	3,1
Portugal	47,4	12,9	14,0	9,2	5,6
Schweden	56,6	44,3	43,8	43,4	12,6
Spanien	38,2	15,4	14,8	12,6	7,0
EU 15 MW	47,2	25,1	24,8	15,0	10,9
EU 15 Stdv.	5,8	15,1	13,9	12,3	8,2
Bulgarien	39,5	14,9	13,0	2,4	1,8
Estland	33,2	25,0	23,1	19,8	53,7
Lettland	35,5	26,2	26,4	23,8	26,0
Litauen	33,6	24,1	24,5	13,6	4,9
Malta	44,6	1,3	1,4	0,0	0,0
Polen	43,3	30,3	33,3	20,1	5,0
Rumänien	33,7	21,1	21,6	33,3	9,7
Slovakei	38,0	17,9	19,3	18,3	5,2
Slovenien	47,0	19,1	19,5	11,7	3,2
Tschech. Rep.	44,0	27,0	29,2	25,9	8,9
Ungarn	49,9	25,9	29,7	17,3	3,6
Zypern	43,6	5,0	5,1	1,5	3,4
EU 12 MW	40,5	19,8	20,5	15,6	10,4
EU 12 Stdv.	5,7	8,9	9,7	10,3	15,2
EU 27 MW	44,2	22,7	22,9	15,3	10,7
EU 27 Stdv.	6,6	12,8	12,2	11,2	11,6

Quelle: http://epp.eurostat.ec.europa.eu/; zugegriffen am 30. Juli 2007.

Dabei wiederholt sich das Bild von oben: Die Unterschiede zwischen den Kommunen in den EU-Mitgliedstaaten sind beträchtlich. Auf der einen Seite fallen besonders die skandinavischen Kommunen mit ihrem hohen Leistungsanteil und ihren hohen lokalen Steueranteilen auf. Auf der anderen Seite bilden Malta, Zypern und Griechenland mit ihrer fast unbedeutenden lokalen Ebene die Schlusslichter. Die Kommunen in den föderalen Staaten Belgien, Deutschland, Österreich und Spanien schneiden in diesem Vergleich unterdurchschnittlich ab, was auf die Stärke der Regionen in diesen Ländern zurück zu führen ist (vgl. Tabelle 1). Darüber hinaus zeigt Abbildung 1 drei Ausreißer: Großbritannien, die Niederlande und Rumänien. In den beiden zuerst genannten Ländern haben die Kommunen einen großen Aufgabenumfang bei gleichzeitig geringen Steueranteilen. Umgekehrt bekommen die Kommunen in Rumänien bei vergleichsweise geringem Aufgabenumfang einen relativ großen Anteil an den gesamtstaatlichen Steuereinnahmen. Zusammenfassend sind die Voraussetzungen der Kommunen in den einzelnen Mitgliedstaaten damit sehr unterschiedlich, wenn es um ihren Beitrag geht, zu einer effizienten und effektiven Leistungserbringung beizutragen. Grundsätzlich ist dies allerdings in Ländern mit starken Kommunen eher möglich als in Ländern wie Griechenland, Zypern oder Malta.

Da im europäischen Vergleich keine Indikatoren vorliegen, die genauere Aufschlüsse über die Effizenz lokaler Leistungserbringung zulassen, greifen wir als Annäherungswert ergänzend auf den Schuldenanteil der Kommune am gesamtstaatlichen Schuldenanteil zurück.[11] Die Zahlen zeigen zum einen, dass die lokalen Schuldenanteile im Schnitt kaum mehr als zehn Prozent ausmachen (allerdings erneut mit deutlichen Schwankungen).

Abbildung 1: Lokale Aufgabenerfüllung und lokale Steuereinnahmen, 2005

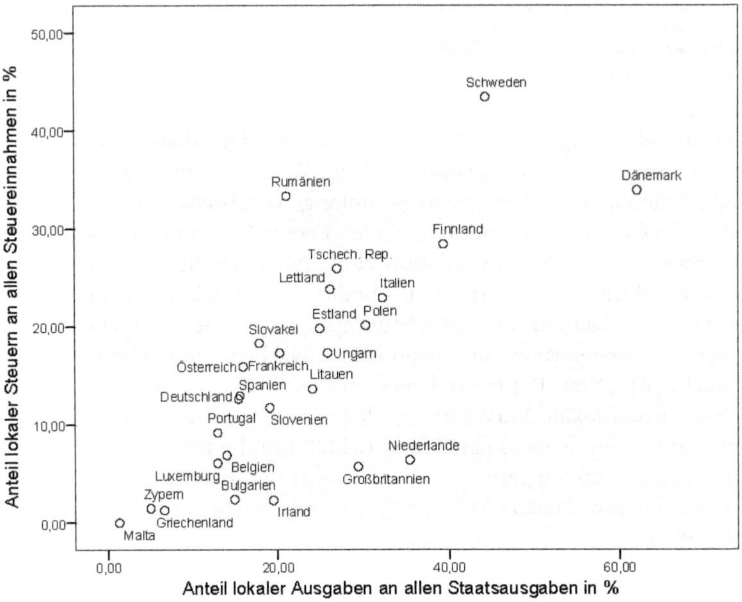

Quelle: vgl. Tabelle 2.

---

[11] In einzelnen Ländern wie Großbritannien gibt es zwar ausgeprägte „Best-Practice-Studien" für den nationalen Vergleich. Entsprechende Zahlen sind europaweit aber nicht verfügbar.

Abbildung 2: Lokaler Aufgabenumfang und lokale Schuldenanteile, 2005

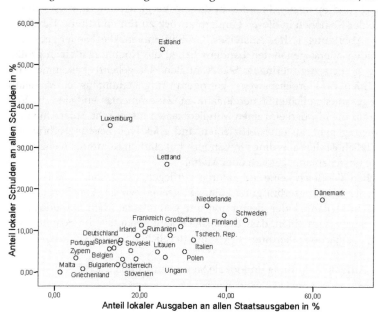

Quelle: vgl. Tabelle 2.

Dies kann als Hinweis auf eine vergleichsweise „gute" Leistung der lokalen Ebene verglichen mit den anderen staatlichen Ebenen gelesen werden. Zum anderen steigt die lokale Schuldenquote mit zunehmendem lokalem Leistungsumfang. Vergleichsweise hohe Schuldenanteile finden sich in Staaten mit einer starken lokalen Ebene (Skandinavien, Niederlande). Problematisch erscheint dieser Wert in Relation zum jeweiligen Aufgabenumfang jedoch nur in Lettland, Estland und Luxemburg (vgl. Abbildung 2). Darüber hinaus wurden in den letzten Jahren gerade in Ländern mit einem ausgeprägten lokalen Aufgabenumfang bedeutende lokale Verwaltungsreformen durchgeführt. Ausgehend von Großbritannien wurden unter dem Stichwort „New Public Management" vor allem in Skandinavien, in Mittel- aber auch in Osteuropa lokale Verwaltungsabläufe stärker an betriebswirtschaftlichen und dienstleistungsorientierten Maßstäben ausgerichtet, um die Effizienz und Effektivität der lokalen Verwaltungen zu steigern (vgl. hierzu auch den Beitrag von Holtmann/ Haensch in diesem Band; ebenso Denters/Rose 2005; Vetter/Kersting 2003: 335ff.; Reinermann et al. 1998; Pröhl 1997).

4 Kommunen und Bürgerbeteiligung

Der zweite Aspekt, hinsichtlich dessen der lokalen Ebene in Europa eine besondere Bedeutung zugeschrieben wird, resultiert aus ihrer Nähe zu den Bürgern. Diese Nähe schaffe geeignete Voraussetzungen für eine besonders starke Einbindung der Bürger in die lokalen politischen Entscheidungsprozesse. Gerade auf lokaler Ebene könne damit der zunehmenden Politikverdrossenheit und der politischen Apathie der Bürger entgegengewirkt werden.

Um lokale Bürgerbeteiligung in den verschiedenen EU-Mitgliedstaaten besser verstehen zu können, gehen wir zunächst kurz auf die unterschiedlichen lokalen politischen Rahmenbedingungen ein, in denen sich lokale Bürgerbeteiligung abspielt, um diese im Anschluss daran genauer zu analysieren.

4.1 Kommunalpolitische Arrangements in der EU

Untersuchungen der politischen Strukturen auf lokaler Ebene beschäftigen sich in der Regel mit dem Machtverhältnis zwischen der gewählten Vertretungskörperschaft, dem Bürgermeister sowie der lokalen Verwaltung als Exekutive. In allen Kommunen der EU stellt die gewählte Gemeindevertretung die höchste Institution auf lokaler Ebene dar (mit Ausnahme sehr kleiner Gemeinden, in denen Entscheidungen in Gemeindeversammlungen getroffen werden). In monistischen Systemen ist sie auch das einzige direkt legitimierte Organ, von dem alle anderen Entscheidungspositionen abgeleitet sind: Die Verwaltung und ihre Leitung (Verwaltungschef/CEO) haben keine autonomen Entscheidungskompetenzen. Sie werden von der Vertretungskörperschaft eingesetzt und überwacht. In dualistischen Systemen wird die Vertretungskörperschaft zwar ebenso als das höchste lokale Entscheidungsgremium angesehen. Allerdings haben der Verwaltungschef und die Verwaltung hier mehr Autonomie mit zum Teil wichtigen eigenen Kompetenzbereichen. Zudem sind diese Modelle häufig mit der Direktwahl des Verwaltungschefs verbunden, der zugleich die Rolle des Bürgermeisters innehat.

Mouritzen und Svara (2002: 55ff.) unterscheiden in Abhängigkeit von drei Prinzipien (Führungsstärke, Bürgervertretung, Professionalisierung) vier Typen lokaler Machtkonstellation: In der Modellvariante mit „starkem Bürgermeister" steht dieser an der Spitze der Kommune. Er ist meist direkt gewählt und kontrolliert den Rat ebenso wie die Verwaltung. Die politische Führung und die Verwaltungsführung sind damit in einer Hand. Entsprechende Konstellationen finden sich in Ungarn, Polen, Deutschland (mit Ausnahme von Hessen), Österreich (in sechs von neun Ländern), sowie in Frankreich, Griechenland, Italien, Portugal und Spanien. Allerdings steht in den vier zuerst genannten Ländern der Effektivitätsgedanke dieses Modells im Vordergrund, während in den zuletzt genannten südeuropäischen Ländern die politische Rolle der Bürgermeister überwiegt. Im zweiten Modell (collective model), das in Belgien, der Tschechische Republik, den Niederlanden und in Hessen existiert, liegt die größte Entscheidungskompetenz bei einem Kollektivorgan aus gewählten Politikern und dem Bürgermeister. Letzterer ist „primus inter pares" und steuert gemeinsam mit den anderen Ausschussmitgliedern die Verwaltung. Wie im vorherigen Typ gibt es keine Trennung zwischen politischer Führung und Verwaltungsführung. Im dritten Modell (committee leader model) dominiert ebenfalls ein gemeinsamer „Führungsausschuss", bei dem die politische Führungsfigur in ein Kollegium eingebunden ist. Allerdings steht diesem Führungsausschuss eine separate Verwaltungsspitze gegenüber, der auch der CEO angehört. Diese Art der lokalen Machtverteilung findet sich unter anderem in Dänemark und Schweden. In der vierten Variante (council-manager model) sind politische und exekutive Kompetenzen eindeutig getrennt. Die Verwaltungsführung ist zwar von der Ratsmehrheit abhängig. Bei ihr sind aber alle Exekutivfunktionen vereint. Der Ratsvorsitz liegt beim eher zeremoniell agierenden Bürgermeister, der darüber hinaus jedoch keine weiteren eigenen Kompetenzen besitzt (z. B. Irland).

Neben diesen Varianten institutioneller Arrangements, die sich auch auf die informellen Entscheidungsprozesse auswirken, spielen Parteien in der lokalen Politik eine unterschiedliche Rolle. Auch auf der lokalen Ebene dienen sie der Interessenartikulation und -aggregation. Allerdings kommen ihnen hier weitere Aufgaben zu (vgl. Saiz/Geser 1999). Falls die lokalen Parteien auch auf anderen Systemebenen (regional, national, europäisch) präsent sind, können sie als Verbindungsglied der Kommunen im nationalen oder europäischen Kontext dienen und dort den Einfluss lokaler Interessen und die politische Autonomie der Kommunen sichern (vgl. Page 1991).[12] Die Präsenz der nationalen Parteien auf der lokalen Ebene variiert jedoch stark von Land zu Land ebenso wie innerhalb eines Landes. Zum einen zeigen vergleichende Studien, dass der Anteil der nationalen Parteien in den lokalen Vertretungskörperschaften von der Größe der Gemeinde abhängt. In kleinen Gemeinden bis 5.000 Einwohner spielen Parteien so gut wie keine Rolle. Vielmehr stehen hier Einzelbewerber oder Bürgerlisten zur Wahl. Erst ab der Größenordnung über 5.000 Einwohner gewinnen die nationalen Parteien an Gewicht. Das heißt, in Großstädten sind die nationalen Parteien in den lokalen Vertretungskörperschaften am stärksten vertreten. Allerdings variiert die Stärke der nationalen Parteien auf der lokalen Ebene von Land zu Land. Außerdem deuten aktuelle Trends darauf hin, dass die nationalen Parteien auf der subnationalen Ebene zunehmend Stimmen an lokale/regionale Parteien abgeben müssen. So stieg beispielsweise der Stimmenanteil lokaler Parteien in den Niederlanden zwischen 1993 und 2002 von 13 auf über 26 Prozent. In Deutschland spielen Freie Listen in manchen Bundesländern wie z. B. Baden-Württemberg schon seit langem eine große Rolle. Ihr Anteil nimmt mittlerweile aber auch in anderen Bundesländern zu.

4.2 Bürgerbeteiligung

Welche Rolle spielen nun die Bürger, wenn es um politische Entscheidungen in den Städten und Gemeinden geht?[13] In einer europaweiten repräsentativen Befragung von 1999 erwies sich in allen untersuchten Ländern das lokale politische Kompetenzgefühl der Bürger stärker als ihr nationales politisches Kompetenzgefühl. Die Bürger meinten also deutlich eher auf der lokalen als auf der nationalen Ebene Einfluss auf die politischen Entscheidungsträger nehmen zu können, falls dies notwendig sei (vgl. Tabelle 3).[14] Am höchsten ist das lokale Kompetenzgefühl in Finnland, den Niederlanden, Deutschland und Irland. Am geringsten – wenngleich noch immer höher als das nationale Kompetenzgefühl – ist es in Belgien und Griechenland. Befunde für die neuen EU-Mitgliedsländer deuten darauf hin, dass auch hier die Bürger eher das Gefühl haben, auf der lokalen Ebene Einfluss nehmen zu können als in

---

[12] Traditionell geschieht dies beispielsweise in Frankreich durch die Ansammlung von Mandaten („cumul de mandats"). Häufig haben Bürgermeister hier gleichzeitig nationale politische Ämter inne.
[13] Vgl. zu dieser Frage u. a. auch die Beiträge von Gabriel/Völkl sowie Walter-Rogg in diesem Band.
[14] Fragestellung: „Angenommen, eine Verordnung (bzw. ein Gesetz) würde in der Gemeinde/Stadtverwaltung (bzw. im Parlament des jeweiligen Landes) in Betracht gezogen, die/das Sie als sehr ungerecht oder nachteilig betrachten. Meinen Sie, Sie könnten dagegen etwas tun?" 1. Ja; 2. Nein, 3. W.n./k.A.. In Tabelle 3 sind die Anteile derjenigen Befragten ausgewiesen, die meinen, etwas tun zu können. Bei den Differenzen bedeuten positive Werte, dass das lokale Kompetenzgefühl gegenüber dem nationalen Kompetenzgefühl überwiegt. Daten: INRA 1999 im Auftrag der Universität Stuttgart; eigene Berechnungen.

der nationalen Politik (vgl. Soós et al. 2002). In der Literatur wird das politische Kompetenzgefühl als eine der wesentlichen Determinanten politischer Beteiligung angesehen. Dies scheint für lokale Wahlen erstaunlicherweise jedoch nicht zu gelten (vgl. Abbildung 3).

Die Beteiligung an lokalen Wahlen liegt im Durchschnitt bei knapp über 60 Prozent. Sie ist in den alten EU-Mitgliedstaaten deutlich höher (ca. 66 Prozent) als in den neuen Mitgliedsländern (ca. 56 Prozent). In Belgien und Luxemburg herrscht Wahlpflicht. Aus diesem Grund ist eine lokale Wahlbeteiligung in diesen Ländern mit 92 bzw. 82 Prozent nicht erstaunlich hoch. Aber auch in Zypern (89 Prozent), Slowenien (82 Prozent) Schweden (80 Prozent) und Österreich (78 Prozent) beteiligen sich überaus viele Bürger an lokalen Wahlen. Deutlich anders sehen die Befunde in Großbritannien aus (40 Prozent), ebenso wie in vielen Ländern Mittel- und Osteuropas (z. B. Polen: 45 Prozent; Tschechische Republik: 43 Prozent). Diese Unterschiede verdecken zwei Gemeinsamkeiten in der lokalen Wahlbeteiligung in Europa. Erstens nehmen tendenziell weniger Bürger an lokalen Wahlen teil als an nationalen Wahlen – trotz des durchweg ausgeprägteren lokalen Kompetenzgefühls. Dieser Beteiligungsunterschied ist besonders ausgeprägt in Deutschland, in den Niederlanden, in Großbritannien und in Lettland. Außerdem ist insgesamt ein Rückgang in der lokalen Wahlbeteiligung zu verzeichnen, auch wenn dieser Trend nicht auf alle Länder zutrifft. Vielmehr scheinen sich die lokalen Wahlbeteiligungsraten auf einem insgesamt geringeren Niveau als zu Beginn der 1990er anzugleichen. In Ländern, in denen zu Beginn der 1990er Jahre hohe Wahlbeteiligungsraten zu verzeichnen waren, ist der Trend eher rückläufig, während umgekehrt dort, wo die Wahlbeteiligung Anfang der 1990er Jahre gering war, diese über die letzten Jahre hinweg zugenommen hat (vgl. Abbildung 4).

Diesem eher pessimistischen Bild lokaler Beteiligung stehen aktuelle institutionelle Reformen gegenüber, die in den letzten Jahren in vielen Ländern stattgefunden haben: die Einführung bzw. Stärkung direktdemokratischer Mitwirkungsmöglichkeiten (Referenden) sowie die Direktwahl der Bürgermeister. In Deutschland wurden beide Möglichkeiten beispielsweise innerhalb kürzester Zeit flächendeckend institutionalisiert (vgl. Vetter 2007).

Aber auch in Österreich, Italien, Polen und Ungarn fanden entsprechende umfassende Veränderungen statt, die den Bürgern mehr Einfluss bei lokalen politischen Entscheidungen geben. Bemerkenswert, wenngleich weniger umfangreich, waren entsprechende Reformen in den Niederlanden und in Skandinavien.[15] Ergänzend wird mittlerweile in vielen Ländern mit stärker dialogorientierten Beteiligungsformen zur Lösung spezifischer lokaler Fragen experimentiert. Dies ist vor allem in Nord- und Mitteleuropa der Fall. Zu diesen Beteiligungsformen gehören Zukunftswerkstätten, mehrstufige Dialogverfahren, Runde Tische, Mediationen oder Planungszellen (vgl. Loughlin 2001: 49f., 112f., 166ff.; Vetter/Kersting 2003; Denters/Rose 2005). Bürger, Interessengruppen- und Verwaltungsvertreter sowie Politiker treffen sich, um durch Gespräche und Informationsaustausch konsensuale Lösungen zu entwickeln. Den Verfahren ist gemeinsam, dass sie in der Regel situationsgebunden, nicht institutionalisiert, in ihren Ergebnissen nicht bindend und damit in ihrer Wirkung nicht gesichert sind. Zunehmende lokale Erfahrungen mit diesen Instrumenten zeigen aber, dass sie eine sinnvolle Erweiterung des bisherigen Beteiligungsspektrums darstellen können, und unter Umständen auch auf übergeordnete Systemebenen übertragbar sind.

---

[15] Zusammenhänge zwischen der Einführung neuer, stärker direktdemokratischer Beteiligungsformen und Veränderungen in der lokalen Wahlbeteiligung lassen sich allerdings nicht feststellen.

Tabelle 3: Lokale Kompetenzgefühle und lokale Beteiligung

	Politisches Kompetenzgefühl 1999 Lokal (in % aller Befragten)	Differenz lokal-national	Wahlbeteiligung in % Lokal (2000-2006)	Differenz lokal-national	Trend seit 1990	Direktwahl Bürgermeister*	Lokale Referenden**
Belgien	15,0	7,0	92,0	0,0	-2,0	0	1
Dänemark	-	-	69,0	-18,0	2,0	0	1
Deutschland	36,0	14,0	50,0	-29,0	-22,0	1	2
Finnland	42,0	25,0	56,0	-14,0	-15,0	0	1
Frankreich	31,0	24,0	61,0	1,0	-12,0	1	2
Griechenland	16,0	10,0	-	-	-	1	0
Großbritan.	31,0	7,0	40,0	-19,0	-7,0	0	0
Irland	35,0	9,0	59,0	-4,0	4,0	1	1
Italien	28,0	17,0	71,0	-10,0	-17,0	1	1
Luxemburg	-	-	82,0	-5,0	-7,0	-	1
Niederlande	40,0	24,0	59,0	-21,0	-3,0	0	1
Österreich	28,0	17,0	78,0	-7,0	-5,0	1	2
Portugal	27,0	11,0	61,0	-2,0	0,0	1	2
Schweden	-	-	80,0	0,0	-4,0	0	1
Spanien	31,0	11,0	68,0	-9,0	5,0	1	2
EU 15 MW	30,0	14,6	66,1	-9,8	-5,9	0,6	1,2
EU 15 Stdv.	8,2	6,6	13,8	9,2	8,1	0,5	0,7
Bulgarien	-	-	52,0	-1,0	-31,0	1	2
Estland	-	-	47,0	-11,0	-6,0	0	1
Lettland	-	-	53,0	-18,0	-6,0	0	0
Litauen	-	-	49,0	3,0	9,0	0	1
Malta	-	-	-	-	-	-	0
Polen	-	-	45,0	4,0	3,0	1	2
Rumänien	-	-	50,0	-9,0	-6,0	1	2
Slowakei	-	-	48,0	-7,0	-16,0	1	2
Slowenien	-	-	82,0	21,0	-5,0	1	2
Tschech. Rep.	-	-	43,0	-15,0	-32,0	0	2
Ungarn	-	-	53,0	-11,0	13,0	1	2
Zypern	-	-	89,0	0	-5,0	-	0
EU 12 MW	-	-	55,6	-4,0	-7,4	0,6	1,3
EU 12 Stdv.	-	-	15,2	11,0	14,3	0,5	0,9
EU 27 MW	-	-	61,5	-7,2	-6,5	0,6	1,3
EU 27 Stdv.	-	-	15,1	10,2	11,0	0,5	0,8

* 0 = nein; 1 = ja; ** 0 = nein; 1 = nur konsultativ; 2 = bindend.
Quellen: Politisches Kompetenzgefühl: Vetter 2007; Lokale Wahlbeteiligung: van der Kolk 2006; Direktwahl der Bürgermeister: Heinelt/Hlepas 2006; Soós et al. 2002; Lokale Referenden: http://www.iri-europe.org/documents/almanac_content.pdf; http://c2d.unige.ch/indexdd.php?menusec=dddb&lang=; zugegriffen am 29. Juli 2007; eigene Recherchen.

Kommunen in der EU

Abbildung 3: Lokale Kompetenzgefühle und lokale Wahlbeteiligung in Westeuropa

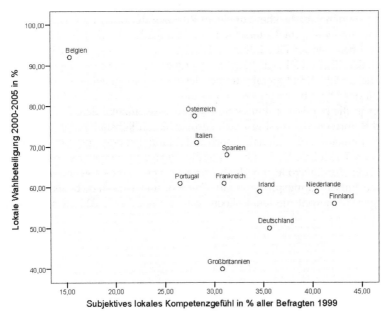

Quelle: vgl. Tabelle 3.

Abbildung 4: Lokale Wahlbeteiligung: Höhe und Veränderungen in den letzten 15 Jahren

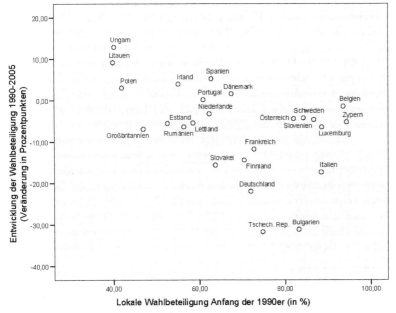

Quelle: vgl. Tabelle 3.

Zusammenfassend lässt sich im Hinblick auf lokale Wahlen in keinem der untersuchten Länder ein den nationalen Wahlen entsprechendes Beteiligungsniveau feststellen. Vielmehr zeichnet sich hier eine Tendenz ab, die eher auf einem Rückzug der Bürger aus dem lokalen politischen Geschehen hindeutet. Im Unterschied zur nationalen politischen Beteiligung findet auf der lokalen Ebene jedoch eine intensive Diskussion über diese Tendenzen statt, die nicht auf der verbalen Ebene verharrt. Vielmehr werden Experimente gewagt. Weitreichende Reformen, die mehr direktdemokratische Beteiligungsmöglichkeiten umfassen, wurden in einigen Ländern bereits umgesetzt und in ihren Ergebnissen diskutiert, um die Bürger wieder stärker in die politischen Entscheidungsprozesse einzubinden. Entsprechende Diskussionen und Reformen, die diesbezüglich europaweit zu konstatieren sind, finden sich weder im Zusammenhang mit regionalen noch mit nationalen oder gar europäischen Entscheidungsprozessen. Die lokale Ebene übernimmt im Bezug auf Fragen der politischen Beteiligung folglich eine Vorreiterrolle innerhalb Europas. Die daraus folgenden Konsequenzen für politische Entscheidungsprozesse auf übergeordneten Systemebenen werden jedoch davon abhängen, inwieweit die lokale Ebene dort als relevanter Akteur anerkannt und gehört wird.

5 Die Kommunen und die Bedeutung im Institutionengefüge der EU

Aktuelle Schätzungen gehen davon aus, dass mittlerweile 70 Prozent aller Rechtsakte der EU auf lokaler oder regionaler Ebene umgesetzt werden. Das Gemeinschaftsrecht mit den Vorschriften des EG-Vertrages sowie die daraus abgeleiteten Verordnungen, Richtlinien und Entscheidungen bestimmen zumindest in Deutschland nahezu alle Rechtsgebiete, in denen lokale Verwaltungen tätig werden. Hierzu gehören nur beispielhaft das Ausländer-, Umwelt- und Lebensmittelrecht, die Vergabe öffentlicher Aufträge, die interkommunale Zusammenarbeit, die Wirtschaftsförderung sowie der Betrieb von Einrichtungen zur Daseinsvorsorge (vgl. Derenbach 2006; Fischer 2006). Die Bedeutung der Kommunen innerhalb der EU manifestiert sich jedoch nicht nur durch ihre starke Einbindung in die Umsetzung europäischer Entscheidungen und die damit verbundene Gewährleistung von Produktivität. Vielmehr gewährleisten sie auch die Flächenhaftigkeit des Integrationsprozesses. „Indem die lokalen Gebietskörperschaften den Integrationsbereich räumlich wie funktional ‚ausfüllen', bilden sie (…) den Raum aus Örtlichkeiten, in welchem die von der EU entwickelten integrativen Maßnahmen im ganzen Unionsgebiet sich kristallisieren können" (Derenbach 2006: 92).[16] Darüber hinaus – und hierauf wurde weiter oben besonderen Wert gelegt – könn(t)en Kommunen durch ihre Nähe zu den Bürgern sowohl zu einer effektiveren und damit effizienteren Leistungserbringung beitragen als auch zu einer insgesamten Stärkung der Bürgerrolle innerhalb des europäischen Mehrebenensystems. Diese Bedeutungen, die der vierten Ebene innerhalb der EU unterstellt werden, führen umgekehrt zu der Frage, welchen Einfluss Städte und Gemeinden haben, wenn es um ihre Interessen in Brüssel geht.

---

[16] So tragen mittlerweile über 5.000 Städtepartnerschaften, die von der EU jährlich mit bis zu 10 Millionen Euro gefördert werden, zu einer Intensivierung des Verständnisses der Bürger untereinander bei (soziale und kulturelle Integration), auch wenn es sich hierbei fast ausschließlich um horizontale Beziehungen zwischen einzelnen Städten handelt ohne vertikale Beziehung nach Brüssel.

Bis Ende der 1980er Jahre spielten kommunale Interessen auf der EU-Ebene kaum eine Rolle. Dies änderte sich mit dem Vertrag von Maastricht 1992 und der Vollendung des Europäischen Binnenmarktes. Der neue Vertrag war mit einer Flut von Richtlinien verbunden, die es auf kommunaler Ebene umzusetzen galt. Im Gegenzug wurde 1994 die lokale Interessenvertretung in Brüssel durch die Einrichtung des Ausschusses der Regionen verstärkt (AdR; CoR „Committee of the Regions"). Bereits 1988 war im EG-Vertrag (Nizza-Fassung; Art. 263-265) ein „Beratender Beirat der regionalen und lokalen Gebietskörperschaften bei der EG" institutionalisiert worden. Der AdR unterscheidet sich von diesem jedoch in seinem Umfang und in seinen Kompetenzen. Mittlerweile umfasst der AdR 350 Mitglieder, die entweder ein Wahlmandat haben oder politisch gegenüber einer gewählten Versammlung verantwortlich sein müssen. Die Mitglieder gehören 27 nationalen Delegationen an und vertreten lokale ebenso wie regionale Interessen (vgl. Tabelle 4). Der Ausschuss erarbeitet Stellungnahmen zu Vorschlägen der Europäischen Kommission und dient der Kommission und dem Ministerrat als Informations- und Beratungsorgan. Seine Empfehlungen müssen zu bestimmten Fachpolitiken gehört werden. Seit dem Vertrag von Maastricht gehören dazu Fragen des wirtschaftlichen und sozialen Zusammenhalts, transeuropäischer Infrastrukturnetze, des Gesundheitswesens, der Bildung, Jugend und Kultur. Mit dem Vertrag von Amsterdam wurde diese Liste um fünf weitere Bereiche ergänzt: Beschäftigungspolitik, Umwelt, Verkehr, Berufsbildung und Sozialpolitik. Der AdR kann darüber hinaus durch Selbstbefassung zu anderen Fragen und Gesetzesvorhaben seine Meinung abgeben. Umgekehrt können der Ministerrat und die Kommission weitere Stellungnahmen anfordern. Allerdings handelt es sich bei all diesen Rechten lediglich um Anhörungsrechte. Der Ausschuss hat damit keinerlei gesicherten Einfluss auf den Gesetzgebungsprozess innerhalb der EU. Außerdem scheint das Interesse der Adressaten an den Stellungnahmen des Ausschusses (Ministerrat, Kommission, Parlament sowie nationale Regierungen) gering. Stellungnahmen werden nur selten erörtert. Und selbst bei Ablehnung der Anträge von Seiten der Kommission hat diese keine Begründungspflicht (vgl. Jahn/Derenbach 2006: 55f.; ähnlich Derenbach 2006: 80f.).

Die zweite wichtige Vertretungsinstanz lokaler und regionalen Interessen in Brüssel ist ihr europäischer Spitzenverband, der „Rat der Gemeinden und Regionen Europas" (RGRE; CEMR „Council of European Municipalities and Regions").[17] 1951 gegründet, primär zur Unterstützung von Städtepartnerschaften, vertritt der RGRE mittlerweile 49 nationale Kommunalverbände aus 34 europäischen Ländern und damit über 100.000 EU-Kommunen. Die Bedeutung des RGRE liegt darin begründet, dass nationale Verbände oder einzelne Städte nur über europäische Verbände (hier der RGRE) die Möglichkeit haben, an offiziellen Anhörungen oder Expertengesprächen mit der Kommission oder dem Europäischen Parlament teilzunehmen. Einfluss nimmt der RGRE aber nicht nur auf die Kommission und ihre Experten, sondern auch auf das Europäische Parlament durch die Zusammenarbeit mit verschiedenen EP-Ausschüssen und ihren Berichterstattern (vgl. Leitermann 2006).

---

[17] Für aktuelle Informationen zum RGRE vgl. http://www.rgre.de/; http://www.ccre.org/.

Tabelle 4: Mitglieder in kommunalen Vertretungsorganisationen auf europäischer Ebene

	AdR/CoR Committee of the Regions[1]	KGRE/CLRAE Congress of Local and Regional Authorities[2]	RGRE/CMRE – Council of Municipalities and Regions in Europe (Verbändevertretung)[3]
Belgien	12[a]	7	1
Dänemark	9[c]	5	2
Deutschland	24[a]	18	4
Griechenland	12[c]	7	1
Großbritannien	24[b]	18	1
Spanien	21[a]	12	1
Finnland	9[b]	5	1
Frankreich	24[a]	18	1
Irland	9[c]	4	1
Italien	24[a]	18	1
Luxemburg	6[c]	3	1
Niederlande	12[c]	7	2
Österreich	12[a]	6	2
Portugal	12[b]	7	1
Schweden	12[c]	6	1
Zypern	6	3	1
Tschechische Republik	12	7	1
Estland	7	3	2
Ungarn	12	7	2
Lettland	7	3	1
Litauen	9	4	1
Malta	5	3	1
Polen	21	12	2
Slowakei	9	5	1
Slowenien	7	3	2
Bulgarien	12	6	1
Rumänien	15	10	4
Andere Staaten	-	121	9
Gesamt	344	318	49

1 = Unterschiedliche Anteile lokaler und regionaler Interessenvertreter; a) die regionalen Vertreter überwiegen; b) die Vertreter der lokalen Ebene überwiegen (da nur z. T. regionalisierte Staaten); c) ausschließlich lokale Vertretung, wobei hier zu lokal auch Vertreter von Provinzen oder andere Gebietskörperschaften der zweiten Ebene gezählt werden (vgl. AdR 2005: 36ff.); Quelle: http://www.cor.europa.eu/ de/presentation/Role.htm; zugegriffen am 7. Juli 2007; 2 = davon je die Hälfte in der Regional- und der lokalen Kammer; Quelle: http://www.coe.int/t /congress/1-Presentation/etats-membres_en.asp; zugegriffen am 7. Juli 2007); 3 = Zahl der nationalen Verbände, die Mitglied im CMRE sind; Quelle: http://www.ccre.org/docs/list_of_ members_en.doc; zugegriffen am 7. Juli 2007.

Die dritte Interessenvertretungsinstanz lokaler und regionaler Interessen in Brüssel ist der „Kongress der Gemeinden und Regionen Europas" (KGRE; CLRAE „Congress of Local and Regional Authorities in Europe"). Der Kongress vertritt die Gemeinden und Regionen im

Europarat in Straßburg und wurde 1994 vom Europarat als Nachfolgeeinrichtung der Ständigen Konferenz der Gemeinden und Regionen Europas gegründet. Die 318 Vertreter gehören entweder der lokalen oder der regionalen Kammer des Kongresses an und repräsentieren etwa 200.000 lokale und regionale Gebietskörperschaften aus 46 Ländern. Bei den Mitgliedern der lokalen Kammer handelt es sich meist um Bürgermeister. Der KGRE war maßgeblich für den Entwurf der Europäischen Charta der lokalen Selbstverwaltung zuständig (1985). Er ist in erster Linie als beratendes Organ tätig, stellt aber gleichzeitig ein Diskussionsforum für seine Mitglieder über die nationalen Grenzen hinaus dar. Außerdem bemüht er sich mit Hilfe aufwändiger Monitorings, die im Internet zugänglich sind, um

- „die Schaffung funktionierender regionaler und kommunaler Regierungsstrukturen in allen Europarats-Ländern, insbesondere in den neuen Mitgliedsländern,
- die Unterstützung zur Verbesserung der demokratischen Beteiligung der Menschen an der Regional- und Kommunaldemokratie,
- das Einbringen der Regional- und Kommunalpolitik bei der Planung und Umsetzung der europäischen Politik,
- die Unterstützung der regionalen, aber auch grenzüberschreitenden Kooperationen ...,
- die Überwachung und Unterstützung der Regional- und Kommunaldemokratie in den Mitgliedsländern und bei den Beitrittskandidaten,
- die Überwachung von Landtags-, Gemeinderats- oder Kantonswahlen in Staaten, die dies beantragen."[18]

Die drei genannten Institutionen stellen die wichtigsten lokalen Interessenvermittlungskanäle auf der europäischen Ebene dar. Hinzu kommen einflussreiche Städtenetzwerke mit Vertretungsbüros in Brüssel sowie Einzelvertretungen regionaler oder lokaler Akteure. Transnationale Städtenetzwerke dienen mittlerweile nicht mehr nur dem Erfahrungsaustausch untereinander, sondern zunehmend auch der Einflussnahme auf die EU-Organe. „Such networks of cities act as pressure groups in Brussels to influence the European Union. Whilst most of the networks were born in response to Europan policies, a few were originally established as a proactive action by the cities – that is an attempt to initiate a Europan policy" (Ercole et al. 1997: 223). Über die Netzwerke werden Insider-Informationen weitergeben. Durch den vertikalen und horizontalen Austausch von Problemen und Problemlösungsansätzen sind sie Transmittoren von Wissen und Erfahrungswerten (best-practice) und damit eine Voraussetzung für institutionelles Lernen und Anpassung. Zu den einflussreichsten dieser Netzwerke gehört EUROCITIES, gegründet 1986 von den Städten Frankfurt am Main, Birmingham, Lyon, Mailand, Barcelona und Rotterdam. Heute vertritt EUROCITIES mit starken personellen und finanziellen Ressourcen in seinem Brüsseler Büro über 130 Großstädte Europas. Andere Netzwerke, die z. T. von der Kommission selbst initiiert wurden (z. B. RECITE „Regions and cities of Europe"), vertreten Kommunen anderer Größenordnung oder sind stärker auf bestimmte Politikfelder fokussiert. Neben diesen Städtenetzwerken hat aber auch das Lobbying einzelner Städte und Regionen in Brüssel zugenommen. Europabüros nationaler Verbände (zum Teil in Bürogemeinschaften), Vertretungen einzel-

---

[18] Die Monitorings sowie die hierfür aufgestellten Grundsätze des KRGE sind unter http://www.coe.int/t/congress/ 4-Texts/monitoring_en.asp veröffentlicht.

ner Regionen[19] und selbst einzelner Städte versuchen heute, frühzeitige Informationen aus Brüssel und deren Interpretation an die nationalen Verbände und Adressaten weiterzuleiten und umgekehrt relevante Informationen und Expertenwissen an die Kommission und das Parlament zu liefern, Kontakte zum AdR, zum KGRD oder zu anderen nationalen kommunalen Verbänden aufzunehmen, und auf diese Weise die zukünftige Entwicklung der EU zu beeinflussen. 1995 existierten etwa 60 solcher Büros in Brüssel. Seither hat sich ihre Zahl exponentiell vermehrt. Heute wird geschätzt, dass sich allein die Zahl der Regionalbüros in Brüssel auf etwa 200 beläuft (vgl. Ercole et al. 1997: 231; Struve 2006; AdR 2005: 46). Abschließend muss eine Steigerung in der Europakompetenz der Städte und Regionen selbst genannt werden. Nach Maastricht 1992 nahmen vor allem größere Städte die zunehmenden Anforderungen durch das neue Vertragswerk wahr und passten sich durch interne Reorganisationen den veränderten Bedingungen an: Sie gründeten Wirtschaftsförderungsgesellschaften, schafften neue Stabsstellen bei den Bürgermeistern oder organisierten eine dezentrale Verarbeitung EU-relevanter Informationen in einzelnen Abteilungen. Doch nicht alle Städte und Gemeinden reagierten auf diese Weise. Vielmehr zeigt die Untersuchung von Klausen und Goldsmith (1997: 248) verschiedene Reaktionsweisen, die von Widerstand über Passivität, Reaktivität bis hin zu Proaktivität reichen. „Most local governments belong to the passive and the reactive scenarios. In the passive mode, many are simply waiting to see what will happen and are slowly adapting their behaviour as circumstances permit. The reactive mode group are also slowly adapting to changed circumstances by imitating the activities of the more active local governments found in the proactive group". Zudem ist die Reaktionsweise von Land zu Land unterschiedlich. Während eine hohe EU-Kompetenz in Belgien eher in schwächeren Kommunen zu finden ist, gilt dies in Frankreich und Italien eher für die wohlhabenden Städte und Gemeinden. Und in Dänemark gehen die stärksten EU-Aktivitäten sowohl von starken als auch von schwachen Kommunen aus. Diese Unterschiede lassen sich weniger durch historische, kulturelle, traditionelle oder strukturelle Faktoren erklären. Vielmehr schienen einzelne zentrale Akteure hierfür verantwortlich: „the perception and understanding of the situation by key actors, their ability to stimulate and create experimental learning, as well as learning by doing in new institutions and networks which cross traditional borders, largely determines how local governments react to EU initiatives" (Klausen/Goldsmith 1997: 250).

In den letzten 20 Jahren ist damit eine deutliche Intensivierung im Zusammenwirken zwischen EU und Kommunen bzw. eine zunehmende Aufgabenverflechtung zwischen beiden festzustellen (vgl. Derenbach 2006: 87f.). Dies hat sich auch im „Weißbuch über europäisches Regieren" (2001) niedergeschlagen, in dem gefordert wird, „das Verhältnis zu den regionalen und lokalen Körperschaften sowie zur Zivilgesellschaft interaktiver" zu gestalten und den „systematischen Dialog" mit den Vertretern dieser Körperschaften zu suchen. Die Ursache hierfür liegt nicht nur im Ausbau der europäischen Kompetenzen sondern auch in der Stärkung der subnationalen Strukturen in den einzelnen Staaten (z. B. Frankreich, Spanien, Portugal) sowie der zunehmenden Wahrnehmung einer „problematischen" Beziehung zwischen den Bürgern und der EU.

Wie sind diese Veränderungen bzw. die heutigen Strukturen lokaler Interessenvertretung in Brüssel zu bewerten? Am augenscheinlichsten schlägt sich der Erfolg lokaler Inte-

---

[19] Aus Deutschland z. B. die Vertretung baden-württembergischer, bayrischer und sächsischer Kommunen oder das Büro der Region Stuttgart.

ressenvertretung in Brüssel bislang im EU-Verfassungsentwurf nieder – durch „die ausdrückliche Achtung des Rechts der kommunalen Selbstverwaltung, die Einbeziehung der Kommunen in die Subsidiaritätsprüfung und eine deutliche Stärkung des Subsidiaritätsprinzips (...), den Ausbau der Konsultation (...), die Verschaffung eines eigenen Klagerechts des AdR vor dem Europäischen Gerichtshof bei einer Verletzung der kommunalen und regionalen Rechte und die Einführung von Folgenabschätzungsverfahren" (Zimmermann 2006: 31f.). Wichtig mit entsprechenden Detailregelungen ist diesbezüglich vor allem das „Protokoll zur Anwendung der Prinzipien der Subsidiarität und der Verhältnismäßigkeit" (Subsidiaritätsprotokoll). Allerdings ist der Verfassungsentwurf bislang nicht rechtskräftig. Darüber hinaus enthält er keine Verpflichtung der EU-Institutionen, allen voran des Ministerrats, die Stellungnahmen des Ausschusses der Regionen intensiv zu prüfen bzw. die Nichtberücksichtigung zu begründen. Die Fachpolitiken mit Anhörungspflicht sind weiterhin beschränkt. Alle anderen lokalen Interessenvertretungsinstitutionen haben nur die Möglichkeit, durch informelle Kontakte Einfluss auf die relevanten EU-Akteure zu nehmen. Diese variieren je nach Politikfeld oder Fragestellung. Gleichzeitig sind entsprechend informelle Kontaktaufnahmen in ihrem tatsächlichen Ausmaß und Erfolg nur schwer zu beziffern und zu bewerten. Ein weiteres Problem besteht in der fortwährenden Konkurrenz lokaler und regionaler Interessen im europäischen Institutionengefüge. Die Interessen beider Ebenen sind nicht identisch und es besteht die Gefahr, dass lokale Probleme von den regionalen Interessenvertretern in den Hintergrund gedrängt werden, was sich u. a. an der Vehemenz zeigt, mit der Vertreter der deutschen Bundesländer lokale Interessenvertreter in der deutschen Delegation des AdR zu verhindern wussten.[20] Allerdings zeigt Tabelle 4, dass diese Dominanz regionaler Interessen nicht in allen Ländern gegeben ist, sondern stark mit dem jeweiligen Regionalisierungsgrad eines Landes zusammenhängt (vgl. Abschnitt 1 und AdR 2005). Ein weiterer Schwachpunkt lokaler Interessenvertretung in Brüssel liegt in der Vielfalt der lokalen Bedürfnisse. Je homogener Interessen sind, desto einfacher ist generell ihre Einbringung in den politischen Entscheidungsprozess. Die Unterschiedlichkeit der Städte und Gemeinden in Europa allein im Hinblick auf ihre Größe, ihre Stellung im Staatsaufbau und ihren Aufgabenumfang lässt jedoch erahnen, dass die Bündelung ihrer Interessen zu *einer* starken Stimme kaum möglich ist. Die Heterogenität lokaler Problemlagen und Interessen stellt damit ein weiteres Problem lokaler Interessenvertretung in Brüssel dar. Trotz des deutlichen Anstiegs lokaler Interessenvertreter in Brüssel während der letzten Jahre und trotz des Erfolgs, der sich an den oben genannten Regelungen im EU-Verfassungsentwurf aber auch im „Weißbuch zum europäischen Regieren" zeigt, sind die Berücksichtigung lokaler Bedürfnisse, Problemlagen, aber auch Innovationen durch die zentralen Entscheider in Brüssel bislang noch immer eine Sache des guten Willens und nicht die einer institutionalisierten Garantie.

---

[20] So vertreten von 24 deutschen Mitgliedern im AdR 21 die Interessen deutscher Bundesländer. Nur drei Vertreter werden vom Deutschen Städtetag, dem Deutschen Landkreistag und dem Deutschen Städte und Gemeindebund gesandt.

6   Zusammenfassung

Der lokalen Ebene wird in der Literatur im Hinblick auf die Effizienz staatlichen Handelns ebenso wie auf die Integration der Bürger in politische Entscheidungsprozesse eine wichtige Rolle zugeschrieben. Dazu müssen Städte und Gemeinden jedoch gewisse organisatorische Kapazitäten haben (Größe). Sie müssen innerhalb des jeweiligen Staatsaufbaus mit bestimmten Rechten (legale Autonomie, Finanzautonomie) und Funktionen ausgestattet sein. Entsprechende Beteiligungsmöglichkeiten der Bürger müssen nicht nur institutionalisiert sein, sondern auch genutzt werden. Und Erfahrungen der lokalen Ebene mit der Umsetzung und Anwendung staatlicher Regelungen müssen auf höheren Systemebenen gehört und ernst genommen werden, um zu einer umfassenden Performanzverbesserung beizutragen und – in Hinblick auf die EU – den Integrationsprozess zu stärken.

Die bisherigen Ausführungen haben vor allem eines gezeigt: Die Unterschiedlichkeit der Städte und Gemeinden in Europa ist groß. Dies betrifft nicht nur ihre unterschiedlichen Größen, ihre rechtlich-politische Stellung in den einzelnen Mitgliedstaaten, ihre Aufgabenstellungen, ihre Autonomie oder ihre jeweiligen politischen Arrangements. Dies betrifft auch die Möglichkeiten, die sie ihren Bürgern zur politischen Beteiligung anbieten, ebenso wie die Wahrnehmung der Bürger, gegebenenfalls Einfluss auf lokale Entscheidungsprozesse nehmen zu können.

Dennoch sprechen verschiedene Gründe dafür, den Kommunen eine integrationsfördernde Rolle im europäischen Einigungsprozess zuzuschreiben: Erstens sind es vor allem sie, durch die die administrative Umsetzung des europäischen Rechts auf der subnationalen Ebene erfolgt. Dies betrifft sowohl Angelegenheiten des Binnenmarktes als auch Fragen einzelner Fachpolitiken. Die kommunalen Strukturen schaffen damit die Voraussetzung für eine einheitliche, flächendeckende und damit integrative Umsetzung europäischer Regelungen innerhalb des gesamten Unionsgebietes. Durch die Nutzung von Strukturfondsmitteln und anderen Förderprogrammen stärken sie den räumlichen und sozialen Zusammenhalt innerhalb der Union (vgl. Derenbach 2006: 77f.). Drittens sind die lokalen Verwaltungen häufig die Quelle von Innovationen und neuen Ideen im Umgang mit neuen Herausforderungen. Zahlreiche Reformen werden und wurden (siehe oben) zunächst auf der lokalen Ebene implementiert. Dies hat verschiedene Gründe. Neuerungen mit zumeist noch unklaren Folgewirkungen können dort am einfachsten ausprobiert werden. Vetospieler, die um einen möglichen persönlichen Einflussverlust bangen, sind dort weniger zahlreich und weniger einflussreich als auf höheren Systemebenen, und blockieren beabsichtigte Reformen folglich weniger erfolgreich. Viertens könnte gerade durch die lokale Vielfalt in Europa der Forderung nach mehr Freiraum, mehr Flexibilität in der Handhabung europaweiter Regelungen sowie einer verringerten Regelungsdichte mehr Nachdruck verliehen werden, was wiederum der Qualität des demokratischen Gemeinwesens zugute käme.

Problematisch im Hinblick auf die Integrationsförderung der lokalen Ebene erscheinen allerdings zwei Punkte. Kommunen können nur dann die an sie gestellten Erwartungen erfüllen, wenn sie mit entsprechenden Kompetenzen ausgestattet sind. Die bisherigen Ausführungen haben gezeigt, dass dies nicht überall in der EU der Fall ist. Während die lokale Ebene z. B. in Skandinavien, Polen, Ungarn, Deutschland oder Großbritannien vergleichsweise „stark" ist, sind die Kommunen in Ländern wie Griechenland, Zypern oder Malta noch weit davon entfernt, entsprechende Leistungen erbringen zu können. Zweitens spricht gegen die integrationsfördernde Leistung der Kommunen ihr geringer Einfluss innerhalb des EU-Instituitonengefüges selbst. Die Fachpolitiken mit Anhörungspflicht für den AdR sind beschränkt. Die Kommunen stehen in einer permanenten Konkurrenzsituation zu den Regionen, die ebenfalls um Einfluss kämpfen. Und ihre starke Inhomogenität erschwert zielgerichtete und konzentrierte Einflussversuche durch ihre Interessenvertreter. Zwar haben sich die lokalen Ebenen innerhalb der EU in den letzten zwanzig Jahren durch Dezentralisierungsprozesse in den meisten Ländern strukturell aneinander angeglichen. Aber dies genügt offenbar nicht, um die noch immer existierenden Unterschiede zwischen den Ländern aber auch innerhalb der Länder selbst, auszugleichen – und die Kommunen damit mit einer einheitlicheren Stimme sprechen zu lassen. Eine Stärkung der Kommunen innerhalb der EU ist vermutlich nur durch eine Angleichung der kommunalen Strukturen in den einzelnen Ländern zu erreichen. Dies würde allerdings wiederum die lokale Individualität zurückdrängen, die der Integrationsprozess ebenso benötigt wie die Einheitlichkeit. Dennoch bleibt zu hoffen, dass mit dem EU-Verfassungsentwurf die Stärkung der Kommunen nicht endet, sondern ihre Bedeutung weiterhin gestärkt wird. Dies wäre wünschenswert, um die Integration flächendeckend noch stärker voranzutreiben, aber auch um auf der Basis der Vielfältigkeit der Gegebenheiten die Qualität der europäischen Zukunft zu erhöhen.

Literatur

Ausschuss der Regionen, 2001: Regionale und lokale Kompetenzen in Europa. Sozialpolitik, Beschäftigung, Berufsbildung, Umwelt und Verkehr. Amt für amtliche Veröffentlichungen der Europäischen Gemeinschaften. Luxemburg.

Ausschuss der Regionen, 2005: Verfahren der Mitgliedsstaaten für die Einbindung der regionalen und lokalen Gebietskörperschaften in den europäischen Politikgestaltungsprozess, AdR-Studie E1/2005. Brüssel.

Barber, Benjamin, 1994: Starke Demokratie: Über die Teilhabe am Politischen. Hamburg.

Bellah, Robert N./Madsen, Richard/Sullivan, William M./Swidler, Ann/Tipton, Steven M., 1987: Gewohnheiten des Herzens. Individualismus und Gemeinsinn in der amerikanischen Gesellschaft. Köln.

Council of Europe, 1995: The Size of Municipalities, Efficiency and Citizen Participation. Local and Regional Authorities in Europe, No. 56. Strasbourg/Cedex.

Council of Europe, 1997: Local finance in Europe. Local and Regional Authorities in Europe, No. 61. Strasbourg/Cedex.

Dahl, Robert A., 1967: The City in the Future of Democracy, in: American Political Science Review 61, 953-970.

Dahl, Robert A., 1992: The Problem of Civic Competence, in: Journal of Democracy 3, 45-59.

Dahl, Robert A., 1994: A Democratic Dilemma. System Effectiveness versus Citizen Participation, in: Political Science Quarterly 109 (1), 23-34.

Dahl, Robert A./Tufte, Edward R., 1974: Size and Democracy. Stanford, California.

Derenbach, Rolf, 2006: Die stärkere Einbindung der lokalen Gebietskörperschaften in das europäische Aufbauwerk: Partnerschaft im Modell der „multilevel governance" statt zunehmender Entfremdung, in: Alemann, Ulrich von/Münch, Claudia (Hrsg.), Europafähigkeit der Kommunen. Die lokale Ebene in der Europäischen Union. Wiesbaden, 77-101.

Denters, Bas/Rose, Laurence E. (Hrsg.), 2005: Comparing Local Governance. Trends and Developments. Basingstoke.

Ercole, Enrico/Wolters, Menno/Goldsmith, Michael J., 1997: Cities, Networks, Euregions, European Offices, in: Goldsmith, Michael J./Klausen, Kurt K. (Hrsg.), European Integration and Local Government. Cheltenham/Brookfield, 219-236.

Fischer, Hans Georg, 2006: Die Rolle des europäischen Gemeinschaftsrechts in der kommunalen Verwaltungspraxis, in: Alemann, Ulrich von/Münch, Claudia (Hrsg.), Europafähigkeit der Kommunen. Die lokale Ebene in der Europäischen Union. Wiesbaden, 105-118.

Goldsmith, Michael J./Klausen, Kurt K., 1997: European Integration and Local Government: Some Initial Thoughts, in: Goldsmith, Michael J./Klausen, Kurt K. (Eds), European Integration and Local Government. Cheltenham/Brookfield, 1-15.

Heinelt, Hubert/Hlepas, Nikolaos-K., 2006: Typologies of Local Government Systems, in: Bäck, Henry/Heinelt, Hubert/Magnier, Annick (Hrsg.), The European Mayor. Political Leaders in the Changing Context of Local Democracy. Wiesbaden, 21-42.

Hesse, Joachim J./Sharpe, Laurence J., 1991: Local Government in International Perspective: Some Comparative Observations, in: Hesse, Joachim J. (Hrsg.), Local Government and Urban Affairs in International Perspective. Baden-Baden, 603-621.

Jahn, Helmut M./Derenbach, Rolf, 2006: Der Ausschuss der Regionen (AdR) und die Berücksichtigung des Subsidiaritätsprinzips zugunsten der Regionen und Kommunen, in: Alemann, Ulrich von/Münch, Claudia (Hrsg.), Europafähigkeit der Kommunen. Die lokale Ebene in der Europäischen Union. Wiesbaden, 48-57.

John, Peter, 2001: Local Governance in Western Europe. London.

Klausen, Kurt K./Goldsmith, Michael, 1997: Conclusion: Local Government and the European Union, in: Goldsmith, Michael J./Klausen, Kurt K. (Hrsg.), European Integration and Local Government. Cheltenham/Brookfield, 237-254.

Leitermann, Walter, 2006: Kommunale Interessenvertretung im Rahmen des Rates der Gemeinden und Regionen Europas, in: Alemann, Ulrich von/Münch, Claudia (Hrsg.), Europafähigkeit der Kommunen. Die lokale Ebene in der Europäischen Union. Wiesbaden, 333-338.

Loughlin, John, 2001: Subnational Democracy in the European Union. Oxford.

Marshall, Arthur H., 1965: Local Government in the Modern World. London.

Mill, John Stuart, 1971 [1861]: Betrachtungen über die repräsentative Demokratie. Herausgegeben und mit einer Einleitung von Kurt L. Shell. Paderborn.

Mouritzen, Poul E./Svara, James H., 2002: Leadership at the Apex. Politicians and Administrators in Western Local Governments. Pittsburgh.

Norton, Alan, 1994: International Handbook of Local and Regional Government: A Comparative Analysis of Advanced Democracies. Aldershot.

Page, Edward C./Goldsmith, Michael J., 1987: Centre and Locality: Functions, Access and Discretion, in: Page, Edward C./Goldsmith, Michael J. (Hrsg.), Central and Local Government Relations. A Comparative Analysis of West European Unitary States. London, 1-12.

Page, Edward C., 1991: Localism and Centralism in Europe. The Political and Legal Bases of Local Self-Government. New York/Oxford.

Pröhl, Marga (Hrsg.), 1997: Internationale Strategien und Techniken für die Kommunalverwaltung der Zukunft. Innovationen und Reformbeispiele von Praktikern für Praktiker. Gütersloh.

Reinermann, Heinrich/Ridley, Frederick F./Thoenig, Jean Claude, 1998: Neues Politik- und Verwaltungsmanagement in der kommunalen Praxis – ein internationaler Vergleich. Konrad-Adenauer-Stiftung, Interne Studien 158/1998. St. Augustin.

Saiz, Martin/Geser, Hans (Hrsg.), 1999: Local Parties in Political and Organizational Perspective. Boulder.

Sharpe, Lawrence J., 1970: Theories and Values of Local Government, in: Political Studies 18, 153-174.

Soós, Gábor/Tóka, Gábor/Wright, Glen (Hrsg.), 2002: The State of Local Democracy in Central Europe. Budapest.

Stoker, Gerry, 1991: Introduction: Trends in European Local Government, in: Batley, Richard/Stoker, Gerry (Hrsg.), Local Government in Europe. Trends and Developments. Houndmills, 1-20.

Struve, Tanja, 2006: Die Bürogemeinschaft Europabüro der kommunalen Selbstverwaltung – Lobbyarbeit in Brüssel, in: Alemann, Ulrich von/Münch, Claudia (Hrsg.), Europafähigkeit der Kommunen. Die lokale Ebene in der Europäischen Union. Wiesbaden, 339-355.

Tocqueville, Alexis de, 1985 [1835, 1840]: Über die Demokratie in Amerika. Ausgewählt und herausgegeben von Jacob P. Mayer. Stuttgart.

van der Kolk, Henk, 2006: Local Electoral Participation in Europe: Is Turnout Really in Decline? Paper presented at the 23rd DVPW-Kongress „Staat und Gesellschaft – fähig zur Reform?", September 2006. Münster.

Vetter, Angelika/Kersting, Norbert, 2003: Reforming Local Government. Heading for Efficiency and Democracy, in: Vetter, Angelika/Kersting, Norbert (Hrsg.), Reforming Local Government in Europe. Closing the Gap between Democracy and Efficiency. Opladen, 333-349.

Vetter, Angelika, 2007: Local politics: A Resource for Democracy in Western Europe? Local Autonomy, Local Integrative Capacity and Citizens' Attitudes Toward Politics. Lanham.

Zimmermann, Uwe, 2006: Die Europäische Verfassung – Eine Bilanz aus kommunaler Perspektive, in: Alemann, Ulrich von/Münch, Claudia (Hrsg.), Europafähigkeit der Kommunen. Die lokale Ebene in der Europäischen Union. Wiesbaden, 25-47.

Peter Haensch und Everhard Holtmann

Die öffentliche Verwaltung der EU-Staaten

1 Einleitung[1]

Öffentliche Verwaltung ist auch in der erweiterten europäischen Staatengemeinschaft allgegenwärtig. Sie vollzieht regel- und gesetzesgebunden Aufgaben des Staates, sie ist als politische Verwaltung an der Erarbeitung und Formulierung von Politikzielen (die auf sie wiederum zurückwirken) beteiligt, erbringt mehr oder minder sichtbar im öffentlichen Auftrag Leistungen für die Gesellschaft, nimmt in verschiedenen Formen Eingriffe in die Lebenswelt von Bürgern und gesellschaftlichen Akteuren vor, bildet daher eine Schnittstelle zwischen Staat und Gesellschaft (Holtmann 2005: 335) und ist – nicht zuletzt deshalb – auch immer wieder der Kritik ausgesetzt (Bossaert/Demmke 2002: 24). Das in der Allgemeinheit vorherrschende Bild der öffentlichen Verwaltung ist zumeist behaftet mit einer Reihe von (negativen) Vorurteilen und Klischees (Demmke 2005: 7, 65ff.). Es verbindet sich in aller Regel mit einem, im Gegensatz zum idealtypischen Verständnis Max Webers, negativ besetzten Begriff von *Bürokratie*. Sie gilt den einen als reformresistent, den anderen als zu einflussreich und den nächsten schließlich als ineffizient. Öffentliche Verwaltung ist aber nicht gleich öffentliche Verwaltung. Das gilt sowohl innerstaatlich als auch im internationalen Vergleich. Der vorliegende Beitrag versucht daher gemeinsame Entwicklungslinien und Unterschiede der öffentlichen Verwaltungen der EU-Mitgliedstaaten anhand aktueller Forschungsfragen und Probleme der politischen Praxis herauszuarbeiten. Dafür werden zuerst einleitend die wichtigsten Veränderungsprozesse dargestellt, denen öffentliche Verwaltungen in Europa in den letzten Jahren unterlagen. Danach wird auf den europäischen Kontext nationalstaatlicher Verwaltungspraxis und die dazu stattfindende Diskussion über die Möglichkeit der Entstehung eines europäischen Verwaltungsraumes eingegangen. Schließlich werden vergleichend Strukturen, Reformen und kontextuell erklärbare Herausforderungen der öffentlichen Dienste sowie die aktuellen Debatten über Verwaltungsmodernisierung durch verstärkte Nutzung von *E-Government* behandelt.

1.1 Die Modernisierung der öffentlichen Verwaltungen der EU-Staaten

Max Weber bezeichnete die bürokratische Organisationsform als die allen anderen Formen von Organisation überlegene (Weber 1980: 561), weil diese rational sei im Sinne des Prinzips formaler Legalität (Weber 1980: 578). Die Merkmale einer in Webers Verständnis idealtypischen Bürokratie wurden von ihm vor allem an den Prinzipien der Regelgebundenheit von bürokratischem Handeln, der hierarchischen Organisation von Kompetenzen, der Akten-

---

[1] Für Hinweise sind die Autoren Kai-Uwe Schnapp und für die Recherche/Datenaufbereitung Rebecca Plassa zu Dank verpflichtet.

mäßigkeit sowie an der lebenszeitlichen Anstellung von Beamten, die ihr Amt nach fachlicher Ausbildung hauptberuflich ausüben, festgemacht (Weber 1980: 551ff.). Typischen Ausdruck fanden diese Merkmale für ihn auch in den öffentlichen Verwaltungen moderner Großflächenstaaten. Allerdings ist genau das, was Weber als eine der wesentlichen Ursachen der fortschreitenden Bürokratisierung sah, nämlich „die intensive und qualitative Erweiterung und innere Entfaltung des Aufgabenkreises der Verwaltung" (Weber 1980: 560), in den letzten Jahrzehnten zu einer der Hauptursachen für die Reorganisation öffentlicher Verwaltungen geworden.

Diese waren in Europa und darüber hinaus insbesondere seit den 1980er Jahren starken Veränderungen unterworfen und befinden sich seitdem in einem anhaltenden Reform- und Modernisierungsprozess. Die Gründe für diese Entwicklung sind jedoch vielfältig. Verwiesen wurde und wird in der Regel zunächst auf die gestiegenen finanziellen Probleme in den Staatshaushalten, verursacht durch eben jene Aufgabenerweiterung als Folge der Herausbildung des modernen Sozialstaates und die damit verbundenen Sparzwänge (Demmke 2006: 382; Auer et al. 1996: 3; Löffler 2003: 76). Hinzu kommt der durch die Globalisierung hervorgerufene „Modernisierungsdruck" (Pitschas 2002: 14) und damit einhergehend der Hinweis auf die Notwendigkeit einer Entbürokratisierung und Deregulierung. Diese Reformen werden mit der zu sichernden internationalen Wettbewerbsfähigkeit als Wirtschaftsstandort begründet (OECD 2003c). Die Kritik galt dabei unter anderem der langsamen und unflexiblen Arbeitsweise der öffentlichen Verwaltungen, hervorgerufen durch weitgehend hierarchische Organisationsstrukturen (Jann et al. 2007: 46; Holtmann 2005: 367). Mit der besonderen Stellung der öffentlichen Dienste im Vergleich zum privaten Sektor – z. B. hinsichtlich der Arbeitsplatzsicherheit, der Arbeitszeit und z. T. des Besoldungssystems – verband sich zudem das Bild eines ineffizienten, wenig leistungsorientierten Personalsystems (Demmke 2006: 383). Damit standen wesentliche Merkmale des Weberschen Bürokratiemodells in der Kritik.

Vor dem Hintergrund fiskalischer Probleme und anhaltender Bürokratiekritik entfaltete sich in den 1980er Jahren das politische Programm eines *New Public Management* (NPM). Zunächst in den Vorreiterländern Großbritannien (Ridley 1998) und Niederlande (Hendriks/Tops 2003) eingeführt, wurde es in zum Teil stark modifizierten Formen zum Leitbild der Verwaltungsmodernisierung in den meisten anderen europäischen Ländern. Im Vordergrund der damit verbundenen Reformansätze standen und stehen Vorstellungen, die sich an Strukturen und Prozessen der Privatwirtschaft orientieren. Unter den Schlagworten Effizienz, Privatisierung, Dezentralisierung von Kompetenzen und Verantwortung, Leistungsmessung (Total Quality Management, Management by Competition), Controlling, Kontraktmanagement etc. fand eine „Ökonomisierung des öffentlichen Sektors" (Löffler 2003) statt. Der Umstellung auf die Gestaltungsprinzipien des NPM lag die Idee zugrunde, dass über die Einführung wettbewerbsähnlicher Mechanismen eine Leistungs- und Effizienzsteigerung im Bereich der öffentlichen Verwaltung erreicht werden könne (La Roche-Thomé 2002: 37). Letztlich wurde dabei – zumindest implizit – auch unterstellt, dass sich öffentliche Aufgaben und die Tätigkeitsfelder des privaten Sektors nicht wesentlich voneinander unterscheiden würden (Olsen 2002: 2) und einer Übertragung der Funktionslogiken aus diesem Grunde also auch nichts entgegenstünde. Aber selbst die OECD, die immer wieder in ihren Studien zum öffentlichen Dienst und zur öffentlichen Verwaltung auf Bürokratieabbau und Modernisierung im Sinne eines NPM gedrungen hat, fragt mittlerweile (selbst-)kritisch:

„But is reforming the civil service simply a question of making it more like the private sector? (...) Can we treat the business of government just like any other business, or are there fundamental cultural values embedded in a national civil service which are important to society and which need to be safeguarded in the reform process?" (OECD 2003b: 2),

um dieser rhetorischen Frage dann selbst zu entgegnen:

„(...) if we look to the private sector for models in modernising the civil service we must not forget that the fundamental purpose of the public service is government, not management" (OECD 2003b: 3).

Verstanden werden sollte eine solche Stellungnahme gerade seitens der OECD allerdings nicht als Verdikt gegen (NPM-inspirierte) Verwaltungsreformen an sich, sondern vielmehr als Aufforderung, bei aller notwendigen Verwaltungsmodernisierung den (national) je spezifischen Handlungsrahmen öffentlicher Verwaltungen, nämlich die Erfüllung von *öffentlichen* Aufgaben unter Berücksichtigung im weiten Sinne gemeinwohlorientierter Maximen, programmatisch im Blick zu behalten und die darin enthaltenen normativen Implikationen zu berücksichtigen.[2] Diese legen an den öffentlichen – im Unterschied zum privaten – Sektor Maßstäbe an, die über bloße Effizienzkriterien hinausgehen, ja hinausgehen müssen.

1.2 Öffentliche Verwaltungen im europäischen Vergleich

In den Mitgliedstaaten der Europäischen Union haben die zeitlich zum Teil erheblich versetzt eingeleiteten bzw. immer noch stattfindenden Ökonomisierungsprozesse im öffentlichen Sektor unterdessen zu mehr oder weniger tiefgreifenden Veränderungen geführt. Löffler geht hierbei von drei „Ökonomisierungswellen" (Löffler 2003: 83) aus. Demzufolge spielte Großbritannien unter der Regierung Thatcher innerhalb der EU die Vorreiterrolle zu Beginn der 1980er Jahre. Das gilt auch im Hinblick auf die Reichweite der Reformen. Es folgten Ende der 1980er Jahre die Länder Skandinaviens und Deutschland sowie kurz darauf durch den Umbruch im ehemaligen Ostblock die mittel- und osteuropäischen Staaten – letztere allerdings unter erheblich anderen Vorzeichen (siehe unten). Zuletzt erreichte Mitte/Ende der 1990er Jahre die Welle der Ökonomisierung des öffentlichen Sektors schließlich Frankreich und die Länder Südeuropas (Löffler 2003: 83f.). In longitudinaler Perspektive ist folglich eine Gleichzeitigkeit des Ungleichzeitigen zu beobachten, deren Rhythmus durch die den Beitrittswellen zur EU folgenden Reformen der Verwaltungen neuer Mitgliedstaaten bestimmt wird: Während „alte" EU-Staaten sich auf den Weg vorausschreitender Reformen machen, die durch strukturbildende Merkmale wie Deregulierung, „schlanker Staat" und Liberalisierung bzw. Privatisierung öffentlicher Leistungen gekennzeichnet sind, schreiten „neue" EU-Mitglieder insbesondere aus Südosteuropa den Pfad nachholender Modernisierung ab, welcher die Bindung staatlicher Administrationen an rechtsstaatliche Grundsätze vorzeichnet.

---

[2] Dass die Einstellung zu NPM zurückhaltender als Anfang der 1990er Jahre geworden ist, stellt Olsen ebenso für die Weltbank fest (Olsen 2002: 6).

Die in diesen unterschiedlichen Entwicklungsständen und inhaltlichen Differenzen zum Ausdruck kommenden nationalen und/oder regionalen Eigenheiten öffentlicher Verwaltungen sind in der jüngeren Zeit zunehmend in das Zentrum der vergleichenden wissenschaftlichen, aber auch der praxisorientierten Verwaltungsforschung gerückt. Bei Letzterer stehen in Bezug auf die EU-Mitgliedstaaten insbesondere die Reformen im Bereich des *Human Ressource Management*, also die Veränderungen der Personalsysteme, im Mittelpunkt des Erkenntnisinteresses (Auer et al. 1996; Bossaert/ Demmke 2002). Zudem findet auf EU-Ebene ein reger Prozess der Analyse und des Austausches über die Modernisierungsmaßnahmen und deren Fortschritte zwischen (Teilen der) nationalen Verwaltungen im Rahmen verschiedenster (Fach-)Netzwerke statt.[3] Aber auch im Rahmen der OECD und in anderen supranationalen Organisationen bzw. Institutionen wie der Weltbank findet das Thema „Modernisierung des öffentlichen Sektors" kontinuierliche Beachtung. Das schlägt sich insbesondere bei der OECD in zahlreichen Studien über diesen Themenbereich nieder, welche in hohem Maße auf die weitere Forschung ausstrahlen, weil sie immer wieder Daten und Informationen für die vergleichende Analyse öffentlicher Verwaltungen zur Verfügung stellen, die sonst nur schwer oder gar nicht verfügbar wären.

Damit ist, und dies muss eingangs deutlich gemacht werden, eines der zentralen Probleme angesprochen, dem sich ein Vergleich öffentlicher Verwaltungen – zumal in Bezug auf mittlerweile 27 EU-Staaten – immer wieder gegenübergestellt sieht. Allenthalben nämlich wird im Rahmen der „Comparative Public Administration" (CPA) über einen erheblichen Mangel an belastbaren und vergleichbaren Daten geklagt (Brans 2003: 426; Eurofound 2007: 3; Bouckaert 2006: 361). Dabei werden hierfür auch die noch vorhandenen konzeptionellen und theoretischen Mängel der Disziplin selbst als Ursachen ins Feld geführt. Diese finden vor allem darin ihren Ausdruck, dass es tatsächlich vergleichende Studien nur in geringem Maße gibt (Demmke 2006: 373). Stattdessen ist eine Fülle von Länderstudien in Sammelbänden erschienen (z. B. Page/Wright 1999), die aber im strengen Sinne keine Vergleichbarkeit sichern (Brans 2003: 425; Knill 2001a: 15; etwas optimistischer: Schnapp 2004: 80). Hinzu kommt eine Komplexität des Gegenstandes „öffentliche Verwaltung", die es schlicht schwer bis unmöglich mache, „functional equivalents" (Brans 2003: 426) in den verschiedenen Ländern für einen sinnvollen Vergleich zu finden:

> „There are many kind of agencies and actors doing many kind of things (…), at different levels of government and in different formal settings (…)" (Brans 2003: 426).

Bei den vorhandenen Daten ist schließlich auch zu beachten, dass sie zumeist von in den Verwaltungsmodernisierungsprozess involvierten Akteuren (Brans 2003: 426) stammen und damit immer einer kritischen Prüfung bedürfen. Die gleiche Einschränkung gilt mithin auch für internationale Rankings, die nach wie vor eine ungebrochene Beliebtheit genießen (Jann et al. 2007: 19). Gerade im öffentlichen Diskurs wird auf diese immer wieder gerne rekurriert, wenn die Leistungsfähigkeit öffentlicher Verwaltungen – in der Regel deren am Krite-

---

[3] Verwiesen sei in diesem Zusammenhang insbesondere auf das European Public Administration Network (EUPAN) – ein informelles Netzwerk, in dessen Rahmen sich die für öffentliche Verwaltung national zuständigen Generaldirektoren/Minister der EU-Staaten zum Austausch und zur Beratung über Verwaltungsmodernisierung (z. B. Personalmanagement und E-Government) zusammengeschlossen haben. Über die Internetseite des Netzwerkes (www.eupan.org) können zahlreiche Studien, Aufsätze und Daten zu den öffentlichen Diensten der Mitgliedstaaten eingesehen und abgerufen werden.

rium der „Überregulierung" gemessener Bürokratisierungsgrad – infrage steht und verglichen werden soll. Wenn es aus der Sicht des Weltwirtschaftsforums eben um den Vergleich der Wettbewerbsfähigkeit von Staaten (WEF 2006) geht und dazu, neben nationalen Wirtschaftsdaten, Befragungen des führenden Wirtschaftspersonals zu Rate gezogen werden, dann ist eine andere Ausrichtung der Fragen und Ansichten mit Bezug auf die öffentlichen Verwaltungen zu erwarten, als wenn das European Institute of Public Administration (EIPA)[4] die mitgliedstaatlichen Verwaltungen direkt befragt und analysiert. Beide Daten- und Informationsquellen eröffnen dabei unterschiedliche Problemsichten: Auf der einen Seite gilt es zu vermeiden, einer unter Umständen idealisierenden Selbstbeschreibung des politischen bzw. administrativen Systems aufzusitzen. Auf der anderen Seite muss derselbe kritische Anspruch auch in Bezug auf eine den externen Experten in der Regel inhärente Effizienz- und Wachstumslogik gelten, die sich allzu oft als vorpolitisch und einer reinen Sachlogik folgend darstellt. Das führt dazu, dass bei solchen Rankings wie dem des Weltwirtschaftsforums letztlich die einzelnen (Teil-)Indizes nicht selbsterklärend, sondern durchaus selbst normativen Prämissen unterworfen sind, ohne dass deren Begründungsbedürftigkeit hinreichend thematisiert würde (siehe hierzu in Bezug auf den Regulierungsindex des Institutes der deutschen Wirtschaft (IW) nochmals: Jann et al. 2007: 19).

2 Europäischer Verwaltungsraum und nationale Verwaltungstraditionen

2.1 Die EU-Osterweiterung - Herausforderung für den europäischen Verwaltungsdiskurs

Mit der EU-Osterweiterung, die im Jahr 2007 mit der Aufnahme Bulgariens und Rumäniens ihren vorläufigen Abschluss gefunden hat, ging auf EU-Ebene auch eine intensive Auseinandersetzung mit der Frage einher, wie sich die Europäische Integration auf die nationalstaatlichen Verwaltungssysteme auswirkt (Schröter 2005: 510). Gerade die öffentlichen Verwaltungen der mittel- und osteuropäischen Länder sahen sich aufgrund ihrer kommunistischen Vergangenheit und ihrer daraus resultierenden „low performance and legitimacy" (Olsen 2002: 8) einer dringenden und tief greifenden Reformnotwendigkeit ausgesetzt (Bossaert/Demmke 2002: 3ff). Verheijen (2003: 490) spricht gar von der Notwendigkeit eines „Aufbaus" *(development)* von öffentlicher Verwaltung, im Unterschied zu einer bloßen „Re-Organisation" *(re-organization)* im Rahmen einer „Reform" *(reform)*. Bei Zypern und Malta stellte sich das Problem einer Systemtransformation zwar nicht, allerdings waren die Verwaltungen dieser kleinen Staaten vor allem auf nationale Angelegenheiten ausgerichtet (OECD 2007a: 15). Anders als bei den bisherigen Erweiterungsrunden, standen daher mit dem Acquis-Kriterium der Kopenhagener Kriterien auch die Anforderungen an die Verwal-

---

[4] Das EIPA ist zwar ein unabhängiges Institut, erbringt aber vor allem Leistungen für die EU und die EU-Mitgliedstaaten, z. B. in Form von Fortbildungen für Verwaltungspersonal, Forschung und Beratung. Dabei wird das EIPA von der EU-Kommission finanziell unterstützt. Zahlreiche Studien, die sich über das EUPAN (siehe oben) beziehen lassen, sind im EIPA entstanden (zur weiteren Information siehe: www.eipa.eu/en/home/).

tungssysteme der Beitrittsländer auf der Agenda für die Beitrittsverhandlungen (Olsen 2002: 8; Siedentopf/Speer 2004: 18). Mit der Bedingung, dass die Beitrittskandidaten in der Lage sein sollten, den gemeinsamen Besitzstand in nationales Recht umzusetzen, stellte sich die Frage, was daraus für deren nationale Verwaltungssysteme folge.

Dabei stand die EU selbst vor einem gravierenden Problem: Sie besitzt in Bezug auf die Strukturen, Prozesse und Ziele, die öffentlichen Verwaltungen ihrer Mitglieder bzw. deren öffentliche Dienste betreffend, so gut wie keine Kompetenzen (OECD 1999: 16; Bossaert/Demmke 2002: 84; Schröter 2005: 512). Es gibt hierfür keinen *acquis communautaire* und damit auch kein gemeinsames Konzept, da dieser Bereich zu den bisher durch die EU unangetasteten „genuinen" und „residualen" Funktionen (Koch 2002: 52) der Mitgliedstaaten gehört und unter das Subsidiaritätsprinzip fällt (OECD 1998: 13, 1999: 16; Olsen 2002: 5f.). Auf der einen Seite bestand die unbestrittene Notwendigkeit, für die Etablierung einer angemessenen administrativen Leistungsfähigkeit Sorge zu tragen, die es den Beitrittsstaaten ermöglichen sollte, erfolgreiche Implementationspolitik zu betreiben und im Rahmen der EU selbst handlungsfähig zu sein (Lippert/Umbach 2005: 15). Auf der anderen Seite war zunächst relativ unklar, worauf sich diese Leistungsfähigkeit gründen und welchen Ansprüchen genau sie gerecht werden sollte.

In Zusammenarbeit mit der OECD widmete die EU sich im Rahmen des SIGMA-Programmes[5] der Klärung dieses Problems (OECD 1998, 1999; siehe dazu: Siedentopf/ Speer 2004: 20). Zwar wurde dabei zunächst betont, dass auch für die Beitrittsländer gelten müsse, was für die Altmitglieder verbindlich ist, nämlich, dass kein bestimmtes Modell für die nationalen Verwaltungssysteme und keine konkreten Bestimmungen für deren Ausgestaltung vorgeschrieben werden sollten (OECD 1998: 13). Dennoch war man darum bemüht, zumindest gemeinsame Prinzipien und Standards innerhalb der bisherigen EU-Mitgliedstaaten herauszuarbeiten, um diese den Beitrittsländern als Wegweiser für die Reform ihrer Verwaltungssysteme an die Hand zu geben (OECD 1999).

Als leitende Prinzipien für die öffentliche Verwaltung und den öffentlichen Dienst, die sich in allen EU-Staaten finden ließen, wurden das Prinzip der Rechtssicherheit, das Prinzip der Offenheit und Transparenz, das der Verantwortlichkeit und schließlich die Prinzipien der Effizienz und Effektivität ausgemacht, aus denen sich weitere Prinzipien ableiteten (OECD 1999: 9ff.). In diese Entwicklung gemeinsam geteilter Prinzipien im Zusammenhang mit einer fortschreitenden Europäischen Integration – wie sie ihren Ausdruck unter anderem im *acquis communautaire* und dem Bedeutungszuwachs „Europas" in der nationalen Politik findet – wie auch in den Einflussradius der Rechtssprechung des Europäischen Gerichtshofes auf nationale Verwaltungsstrukturen und -prozesse wurde die Entstehung eines Europäischen Verwaltungsraumes (EVR) eingeordnet (OECD 1999: 14):

„A European administrative space is emerging with its own traditions which build on but surpass the distinctive administrative traditions of the Union" (Fournier 1998: 121).

---

[5] SIGMA steht dabei für „Support for Improvement in Governance and Management in Central and Eastern European Countries". Finanziert wurde SIGMA hauptsächlich aus dem PHARE-Progamm (Poland and Hungary: Aid for Reconstructing of the Economies) der EU, mit dem die Vorbereitungen der Beitrittskandidaten durch die EU unterstützt werden (siehe hierzu auch: http://ec.europa.eu/enlargement/financial_assistance/phare/index_en.htm).

Unterstellt wurde mit der Entstehung eines solchen Verwaltungsraumes schließlich sogar eine zunehmende Konvergenz der mitgliedstaatlichen Verwaltungssysteme (OECD 1999: 14 und 16f.; siehe dazu: Siedentopf/Speer 2004: 22).

Diese Konvergenzthese ist allerdings höchst umstritten. Sie stößt, aufgrund mangelnder empirischer Absicherung, mithin größtenteils auf Ablehnung (Siedentopf/ Speer 2004: 22; Bossaert/Demmke 2002: 83; Goetz 2006: 484). Der im Begriff der Konvergenz zum Ausdruck kommenden Erwartung (Olsen 2002: 1), dass die Differenzen innerhalb der EU-Staaten und ihrer Verwaltungen abnähmen, steht die Vielfalt in der Organisation von nationalen öffentlichen Diensten und Verwaltungen in der EU gegenüber (Siedentopf/Speer 2004: 23). Der Einfluss des EU-Rechts auf das nationale Recht der Mitgliedstaaten wird zwar nicht in Abrede gestellt; dass dies allerdings ohne weiteres zur Angleichung von nationalen Verwaltungsstrukturen und -praktiken in einem Europäischen Verwaltungsraum führen würde, wird jedoch bezweifelt (Bossaert/ Demmke 2002: 80). Es genügt daher nicht, die Implementation von EU-Recht in nationales Recht als einen rein formalen Anpassungsakt zu begreifen. Stattdessen muss die Analyse erweitert werden um die Suche nach national spezifischen Modi und Effekten der praktischen Umsetzung (Knill 2006: 61). So gesehen ist die Frage von Konvergenz und Divergenz dann weitaus komplizierter zu beantworten (Knill 2001a: 208). Einfluss bedeutet dann nicht gleich Konvergenz (Siedentopf/Speer 2004: 23). Vielmehr wird in diesem Zusammenhang auch auf die Möglichkeit der Persistenz nationaler Muster von Verwaltungsorganisation (Siedentopf/Speer 2004: 34) – bei gleichzeitiger Anpassung an veränderte Umweltbedingungen (Olsen 2002: 10) – verwiesen, welche sich unter anderem aus den unterschiedlichen Rechtstraditionen und Verwaltungskulturen der Mitgliedstaaten erklären lassen (Jann 2000: 340, 347; Bossaert/Demmke 2002: 84; Demmke et al. 2006: 16).

Aber selbst wenn zwischen den mitgliedstaatlichen Verwaltungssystemen Angleichungstendenzen zu erkennen sind, stellt sich die Frage, ob diese tatsächlich auf Auswirkungen von Europäisierung oder eher auf internationale, über Europa hinausgehende Trends und Herausforderungen zurückzuführen sind (Bossaert/Demmke 2002: 83). Schließlich bleibt auch dann, wenn auf den ersten Blick solche Ähnlichkeiten aufscheinen, häufig noch unklar, wie sehr nationale Entwicklungstrends tatsächlich übereinstimmen. So müssen unter dem gleichen Begriff firmierende Verwaltungsreformen in unterschiedlichen staatlichen Kontexten noch lange nicht das gleiche meinen oder gar auf das gleiche hinzielen (Bevir et al. 2003: 2; Bossaert/Demmke 2002: 84). Mit Blick auf die Vieldeutigkeit von New Public Management (NPM) halten Bevir et al. (2003) fest:

„The aims and results of NPM differ. In the UK, NPM aimed to create the minimalist state. In Norway, it aimed to protect the state" (Bevir et al. 2003: 2).

Demzufolge verdunkelt die Verwendung vereinheitlichender Termini vorhandene deutliche und unter anderem traditionsbedingte Unterschiede von Verwaltungssystemen und ihren Reformen. Der These einer EU-weiten Konvergenz stehen nach Olsen damit zwei alternative Hypothesen gegenüber, nämlich „a *global convergence* hypothesis and an *institutional robustness* hypothesis." (Olsen 2002: 1). Die „global convergence hypothesis" entstammt eben jenem Diskurs um New Public Management (Olson 2002; siehe auch: Bevir et al. 2003: 2), findet sich aber auch in der Weberschen Bürokratietradition (siehe oben): Beiden Verwaltungsmodellen wird die Annahme unterlegt, dass sie, weil in der Effizienz ihres Wirkens überlegen, sich gegen jede andere Form der Verwaltungsorganisation durchsetzten (Olsen 2002: 3). Die Hypothese „robuster Institutionen" gründet auf der Annahme, dass nationale Entwicklungspfade eine transnational inhaltlich gleichgeschaltete Modernisierung nach aller Erfahrung nicht zulassen.

2.2 Verwaltungstraditionen in den EU-Staaten

Die Erwartung globaler Konvergenz hat ebenso wie die These einer Konvergenz in einem europäischen Verwaltungsraum ihren Gegenpart in der Annahme, dass der (historische) Kontext[6] von Verwaltungssystemen für das Verständnis ihrer Entwicklung und die Richtung ihrer Reform wichtig ist und Differenzen erklären und verstetigen kann (Olsen 2002: 1; Jann 2000: 347f.). Bedeutsam in diesem Zusammenhang ist insbesondere auch die Rechtstradition eines Landes, weil diese für die Strukturen und Prozesse der öffentlichen Verwaltung richtungweisend bleibt (Schnapp 2004: 49). Der Erfolg, das Ausmaß wie auch die Richtung von Reformmaßnahmen können durch die Rechtstradition mit beeinflusst werden (Olsen 2002: 4; Peters 2000: 1). Allerdings werden Reformen nicht allein mit Überlieferung erklärt. Deshalb ist auch darauf hingewiesen worden, dass ein ausschließlich historisch-institutionalistischer Ansatz, der auf die *Pfadabhängigkeit* politisch-administrativer Institutionen abstellt, weitaus höhere Erklärungskraft entfaltet, wenn er durch eine Perspektiverweiterung auf die jeweiligen Akteurskonstellationen in konkreten Anpassungsprozessen ergänzt wird (Knill 2006: 70). Dadurch könne eine zum Teil zu „statische" und „deterministische" Betrachtung aufgebrochen werden (Knill 2006: 69ff.; siehe auch: Kay 2005: 561ff.; Bevir et al. 2003).

Die die öffentlichen Verwaltungen der EU-Mitgliedstaaten bestimmenden Rechtstraditionen werden unterschieden in eine angelsächsische *common-law*-Tradition und die kontinentaleuropäische Tradition des *römischen Rechts* (La Porta et al. 1999: 231ff.). Die kontinentaleuropäische Traditionslinie wird zudem in eine französische, eine deutsche und eine skandinavische Variante unterteilt (La Porta et al. 1999: 231ff.; Peters 2000: 4; im Anschluss an La Porta et al. 1999: Schnapp 2004: 45). Die größte Differenz besteht zwischen der angelsächsischen und der kontinentaleuropäischen Tradition; die Unterschiede innerhalb letzterer sind im Vergleich dazu eher gradueller Natur (La Porta et al. 1999: 231; Peters 2000: 2). Vor allem unterscheiden sich die beiden Haupttraditionslinien in ihrem Staatsverständnis. Bildete sich die *common-law*-Tradition vor allem mit dem Anspruch heraus, die Staatsmacht einzudämmen (La Porta et al. 1999: 232), womit auch eine skeptische Einstellung gegenüber staatlichen Bürokratien einhergeht (Schnapp 2004: 46), so diente das Recht der römischen Traditionslinie der Förderung der Staatsmacht (La Porta et al. 1999: 231) und brachte dementsprechend dominantere Verwaltungsapparate als die angelsächsische Tradition hervor (Lippert/Umbach 2005: 64). Die kontinentaleuropäische Rechtstradition in der deutschen und französischen Spielart hat zudem, bedingt durch die deutliche Betonung des „gesatzten Rechtes" (Schnapp 2004: 46), einen hohen Anteil von Juristen gerade in den höheren Verwaltungsebenen hervorgebracht (Lippert/Umbach 2005: 62f.; siehe für Deutschland: Holtmann 2005: 361). Die französische Tradition unterscheidet sich von der deutschen insbesondere durch ihren zentralistischen Charakter. Demgegenüber ist die deutsche Entwicklung

---

[6] Bevir et al. nennen hier: beliefs, traditions, dilemmas und narratives (Bevir et al. 2003: 4ff.).

durch föderale Strukturen gekennzeichnet, in welchen die kommunale Selbstverwaltung mit autonomen Befugnissen ausgestattet ist (Peters 2000: 3; Schnapp 2004: 47). Die skandinavische Tradition besitzt ähnlich der deutschen eine starke kommunale Selbstverwaltung (Schnapp 2004: 48). Dort findet die typisch kontinentaleuropäische, herausgehobene Stellung des Staates ihren die nordische Tradition prägenden Ausdruck in einem weit ausgebauten Wohlfahrtsstaat (Lippert/Umbach 2005: 64).

Tabelle 1 ordnet die EU-Staaten den unterschiedlichen Rechtstraditionen zu. Zu beachten ist dabei allerdings, dass diese Zuordnung in den genannten Quellen nicht immer einheitlich erfolgt. So werden Belgien und Spanien mitunter auch der römisch-deutschen Tradition (Lippert/Umbach 2005: 68 im Anschluss an Peters 2000: 4) zugeordnet. Lippert und Umbach stellen zudem Reformentwicklungen in Rechnung und kommen aus dieser Perspektive zu dem Schluss, dass Estland mittlerweile zwischen der angelsächsischen und skandinavischen Tradition liege (Lippert/Umbach 2005: 108). Demmke et al. unterscheiden zudem nicht allein nach Rechtstradition, sondern auch nach anderen, nicht genannten Kriterien. So bilden bei ihnen Spanien, Italien, Portugal, Griechenland und Zypern – die in unserem Beitrag unterschiedlichen Rechtstraditionen zugeordnet sind – eine mediterransüdeuropäische Verwaltungstraditionslinie, und für die mittelosteuropäischen Länder bilden sie eine Gruppe der „Übergangsländer" (Demmke et al. 2006: 16). Vor dem Hintergrund ihrer kommunistischen Vergangenheit erscheint dies auch durchaus plausibel. Die von uns (v. a. nach Lippert/Umbach 2005 und CIA 2007) vorgenommene Einordnung dieser Ländergruppe ist daher unter Vorbehalt zu sehen. Trotz traditioneller Affinitäten zu einer der genannten Rechtslinien oder Adaptionen von diesen im Beitrittsprozess, haben diese Länder immer noch mit den Relikten ihrer ehemals kommunistisch geprägten Verwaltungssysteme – hohe Politisierung, schlechtes Image in der Bevölkerung etc. (Bossaert/Demmke 2002: 3) – zu kämpfen.

Tabelle 1: Die Rechtstraditionen der EU-Staaten

Rechtstradition	Länder
angelsächsisch	Großbritannien, Irland, Malta, Zypern
kontinentaleuropäisch	Frankreich, Belgien, Griechenland, Italien, Niederlande, Portugal, Rumänien, Spanien, Luxemburg
römisch-französisch	
römisch-deutsch	Deutschland, Österreich, Slowenien, Ungarn, Tschechische Republik, Polen, Slowakische Republik, Estland
römisch-skandinavisch	Schweden, Dänemark, Finnland
keine Zuordnung	Bulgarien, Litauen, Lettland

Quelle: Zusammenstellung nach: CIA 2007; Demmke et al. 2006: 16; Lippert/Umbach 2005: 68; Peters 2000; Schnapp 2004: 46.

Für eine Einordnung Rumäniens in die französische Tradition spricht, dass sich dieses Land bei der Modernisierung des öffentlichen Dienstes am französischen Vorbild orientiert hat (Bossaert/Demmke 2002: 10); kennzeichnend ist insbesondere „(e)in sehr vom französischen Modell beeinflusstes zentralistisches System" (Bossaert/Demmke 2002: 27). Dieselbe Unterscheidung von Demmke et al. (2006) zwischen südeuropäischen und ehemals kommunistischen Staaten und den hier angeführten Traditionen findet sich auch bei Page (1995: 278ff.). Allerdings legt Page fünf verschiedene Merkmale zur Charakterisierung von Bürokratien – pervasiveness, cohesion, politicization, caste, permeability – zugrunde, jedoch nicht ausdrücklich die Rechtstradition.

3 Die öffentlichen Dienste der EU-Staaten im Vergleich

3.1 Die Organisation der öffentlichen Dienste in den EU-Staaten

Das in den oben genannten Rechtstraditionen zum Ausdruck kommende Staatsverständnis hat auch Auswirkungen auf die Organisation der öffentlichen Dienste von Staaten. Es bedingt somit zum Teil die Struktur dieser Dienste und deren Rekrutierungsmuster (Bossaert/Demmke 2002: 19), vor allem in den Ministerialbürokratien. Unterschieden wird in der vergleichenden Forschung zwischen zwei Grundtypen von Personalsystemen, nämlich dem klassischen Laufbahnsystem („career system") einerseits und dem Positionssystem („position system") andererseits (Auer et al. 1996: 31ff.; Demmke 2005: 106; OECD 2005: 4). Die Intention und Grundannahmen der beiden Systeme unterscheiden sich insbesondere dadurch, dass das Laufbahnsystem vor allem aus der Perspektive der Sicherung von Stabilität, *Kontinuität* und *Kohärenz* von Verwaltungshandeln (OECD 2005: 4) her gedacht und konzipiert ist. Hingegen ist das Positionssystem in erster Linie auf die Expertise der öffentlich Bediensteten gerichtet. Das Ziel ist folglich, für jeden Posten „the best-suited candidate" (OECD 2005: 4) zu gewinnen. Dieses System legt also besonderen Wert auf *Professionalität*.

Dementsprechend ist es im Laufbahnsystem üblich, dass nur bestimmte Bildungsabschlüsse zum Eintritt in „Eingangsämter" (Auer et al. 1996: 137f.)[7] einer Laufbahn berechtigen. Eingestellt bzw. ernannt wird dann auf Lebenszeit und befördert nach dem Senioritätsprinzip (Dienstalterprinzip). Die Besoldung erhöht sich nach traditionellem Muster mit steigendem Dienstalter (Auer et al. 1996: 137). Demgegenüber ist die Entwicklung des Positionssystems als Abkehr von der mit dem Laufbahnsystem in Verbindung gebrachten Kritik an geringer Leistungsfähigkeit öffentlicher Dienste zu verstehen: Eingestellt wird potenziell für jede Position ein *geeigneter* Kandidat (OECD 2005: 4). Dabei wird, anders als beim Laufbahnsystem, Erfahrung im privaten Sektor berücksichtigt. Damit öffnen sich Wege für Mobilität zwischen beiden Sektoren. Die Anstellung erfolgt hier nicht auf Lebenszeit, und ebenso findet das Senioritätsprinzip keine Anwendung (Bossaert/Demmke 2002: 16f.).

Beide Systeme bringen aufgrund ihrer spezifischen Charakteristika unterschiedliche Probleme mit sich (OECD 2005: 4). So wird dem Laufbahnmodell eine vergleichsweise geringere *Professionalität* und *Responsivität* zugeschrieben, dem Positionssystem hingegen mangelnde *Kontinuität* und *Kohärenz* von Verwaltungshandeln (OECD 2003b: 3, 9). So erklärt sich, dass sich in den europäischen öffentlichen Diensten mittlerweile keine „pure career or position models" mehr finden (Demmke et al. 2006: 17; siehe auch: OECD 2003b: 4). Vielmehr werden die jeweiligen Systeme flexibilisiert bzw. neu ausgerichtet, um die genannten

---

[7] Bei Auer et al. 1996: 137f.; Bossaert/Demmke 2002: 16f. sowie Demmke 2005: 101f. findet sich eine ausführliche tabellarische Gegenüberstellung der Charakteristika der beiden Personalsysteme, an welche unsere Darstellung angelehnt ist. Diese lassen sich zum Teil auch in den OECD-Studien (z. B. OECD 2005) finden.

Schwächen abzufangen. So tendieren z. B. Laufbahnsysteme zunehmend dazu, offene Stellen dem Wettbewerb freizugeben. Positionssysteme wiederum gehen dazu über, ihr Human Ressource Management (HRM) stärker zu zentralisieren (OECD 2005: 6). In beiden Fällen werden also Mechanismen des jeweils anderen Systems in das eigene integriert. Tabelle 2 ordnet die EU-Staaten den beiden Systemen zu.

Zu beachten ist, dass diese Einordnung für die Managementebene, also für den höheren Dienst in den öffentlichen Verwaltungen der einzelnen Staaten, nicht unbedingt zutreffen muss. Hierfür bestehen in der Regel gesonderte Human Resource Management-Konzepte. So kann die Systemzuordnung dann durchaus unterschiedlich ausfallen. Das trifft z. B. für Belgien zu (OECD 2003a: 7). Zudem ist der öffentliche Dienst permanenten Änderungen und Reformen unterworfen, die eindeutige Zuordnungen zum Teil erschweren und dazu führen, dass diese in der Literatur zum Teil auch voneinander abweichen (siehe z. B. OECD 2005: 18). Ein Ausweg aus diesem Zuordnungsdilemma wird insofern gesucht, als nach „career-based"/„more career-focused" oder „position-based"/„more position-focused" klassifiziert (OECD 2005) und dort, wo keine Tendenz zu einem der beiden Modelle erkennbar ist, von Mischsystemen (Bossaert/Demmke 2002: 18) gesprochen wird.

Tabelle 2: Die Personalsysteme der EU-Staaten[1]

Laufbahnsystem	*Mischsystem*	*Positionssystem*
Belgien, Deutschland, Griechenland, Spanien, Frankreich, Irland, Luxemburg, Österreich, Portugal, Zypern, Slowenien, Bulgarien, Rumänien, Slowakische Republik	Ungarn, Malta, Polen, Litauen, Tschechische Republik, Lettland	Dänemark, Italien, Niederlande, Finnland, Schweden, Großbritannien, Estland

1 = Zusammenstellung nach Auer et al. 1996: 34 sowie Bossaert/Demmke 2002: 18. Dabei ist zu berücksichtigen, dass Auer et al. zwar darauf verweisen, dass in den EU-Mitgliedstaaten die Tendenz erkennbar sei, eine Kombination beider Modelle anzuwenden, aber eine Zuordnung in ein solches Mischmodell nicht eigens vornehmen (Auer et al. 1996: 32). Bei genauerer Betrachtung ihrer Ergebnisse in Bezug auf die einzelnen Elemente von Karriere- bzw. Positionssystemen fällt auf, dass ein „reines" System nur bei acht von damals 15 Mitgliedstaaten vorlag (Auer et al. 1996: 33). Siehe hierzu (zum Teil abweichend) auch OECD 2005.

Trotz dieser Zuordnungsprobleme fällt zweierlei auf. Zum einen weisen die Länder mit römisch-skandinavischer Rechtstradition (übereinstimmend) jeweils ein Positionssystem auf. Die anderen kontinentaleuropäischen Rechtstraditionen hingegen setzen zumeist auf ein Laufbahnsystem; Ausnahmen sind Italien und die Niederlande. Zum anderen ist bemerkenswert, dass sich bis auf Estland keines der Länder, die im Rahmen der EU-Osterweiterungsrunden aufgenommen wurden, für ein Positionssystem entschieden hat. Dies erklärt sich nicht zuletzt damit, dass die OECD den ehemaligen Beitrittsländern, die zugleich eine über die öffentlichen Verwaltungen hinausgehende Systemtransformation bewältigen mussten, zu einem eher am Laufbahnsystem orientierten Modell ihrer öffentlichen Dienste geraten hat, „because of the priority of matters of governance over matters of management in such situations." (OECD 2003b: 4) Zwar haben sich dennoch nicht alle mittelosteuropäischen Länder, die allein diese Empfehlung letztlich betraf, für ein reines Laufbahnsystem entschieden; zumindest aber haben sie wichtige Elemente desselben übernom-

Die öffentliche Verwaltung der EU-Staaten 617

men. Ein Grund dafür wird in der dem Laufbahnsystem zugeschriebenen Funktion der Neutralitätssicherung der Verwaltung gesehen, welche die ihrer kommunistischen Vergangenheit geschuldete, starke Politisierung der öffentlichen Verwaltungen aufbrechen und in Zukunft verhindern sollte (Bosseart/Demmke 2002: 24). Allerdings liegt genau hier nach wie vor eines der zentralen Transformationsdefizite der postkommunistischen Staaten (Verheijen 2003: 496).

3.2 Die Beschäftigung im öffentlichen Dienst

Mit der Ausweitung des staatlichen Aufgabenbereiches im 20. Jahrhundert und damit einhergehend des öffentlichen Sektors stieg die Zahl der öffentlich Bediensteten in den EU-Staaten bis in die 1980er Jahre und zum Teil darüber hinaus an (Rothenbacher 1999: 1f.). Der Beginn der Reformen in Großbritannien im Rahmen des NPM zu Beginn der 1980er Jahre fand unter schon kritischen fiskalischen Bedingungen statt und setzte eine Reduzierung der im öffentlichen Sektor Beschäftigten in Gang. Seit den 1990er Jahren ist das Beschäftigungsvolumen im öffentlichen Sektor in den meisten EU-Staaten relativ stabil (OECD 2002: 5, 2003b: 7). Eine Ausnahme bilden auch hier die mittelosteuropäischen Staaten, die, vor dem Hintergrund der Umstellung ihrer einst kommunistischen Planwirtschaft auf ein auf marktwirtschaftlichen Prinzipien beruhendes System, Personal im Bereich der öffentlich Bediensteten radikal abbauten.

Abbildung 1: Anteil der Beschäftigten im öffentlichen Sektor an der Bevölkerung, 1995[1] und 2004[2] (in Prozent)

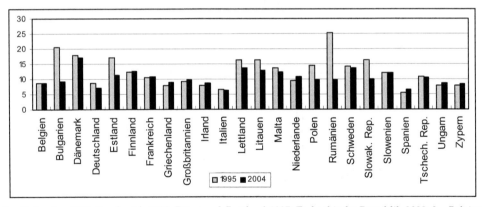

1 = Bulgarien 1996; Frankreich 1998; Dänemark/Lettland 1997; Tschechische Republik 2000. 2 = Belgien 2000. Vergleichbare Daten zu Luxemburg, Österreich und Portugal sind nicht verfügbar (Public Sector Daten). Quelle: ILO; EUROSTAT (Bevölkerungszahlen zum jeweils 1. Januar eines Jahres), eigene Berechnungen.

Wie aus Abbildung 1 hervorgeht, haben hier die jüngsten Mitglieder Rumänien und Bulgarien im letzten Jahrzehnt die härtesten Einschnitte vorgenommen. Neben dieser Tendenz zum Personalabbau weisen die neuen Mitgliedstaaten jedoch keine einheitliche Entwicklung in Bezug auf das Niveau des Anteils der öffentlich Bediensteten an der Bevölkerung auf. Die skandinavischen Länder, vor allem Dänemark (2004: 17,2 Prozent), haben unter den älteren EU-Mitgliedstaaten mit einem deutlich über zehn Prozent (Schweden 2004: 13,8 Prozent; Finnland 2004: 12,6 Prozent) liegenden Anteil eine vergleichsweise höhere Quote an öffentlich Beschäftigten als die anderen älteren EU-Mitgliedstaaten. Hieran lässt sich die Tradition des stark ausgebauten Wohlfahrtsstaates der skandinavischen Länder ablesen.

Der Trend zum Personalabbau ist nur zum Teil bereits abgeschlossen. In der Mehrzahl der Staaten dürfte er sich auf unterschiedlichem Niveau fortsetzen. Darüber hinaus gibt es ähnlich verallgemeinerbare Herausforderungen für die öffentlichen Dienste der EU-Mitgliedstaaten in der Zukunft. In erster Linie ist hier der demographische Wandel zu nennen (OECD 2002: 4, 2003b: 11, 2007b; van de Walle et al. 2004: 254). Dieser hat, neben den über den öffentlichen Sektor hinausgehenden allgemeinen finanziellen Problemen z. B. bei der Altersversorgung, für den öffentlichen Sektor auch ganz spezifische Auswirkungen. Zwar spielen bei der Reform der Rentensysteme für den öffentlichen Dienst auch fiskalische Gründe eine wesentliche Rolle (OECD 2007b: 7). Jedoch wird mittlerweile auch vermehrt darauf Wert gelegt, ältere und damit erfahrenere öffentliche Beschäftigte im Dienst zu halten (OECD 2007b: 10), weil mit ihnen sonst Expertise verloren ginge, die nicht problemlos ersetzt werden kann. Abbildung 2 bildet die Altersstruktur für die zentral- bzw. föderalstaatliche Ebene ab. Dass Deutschland relativ günstige Altersstrukturen aufweist, lässt allerdings nicht den Schluss zu, dass der öffentliche Dienst hier für jüngere Arbeitnehmer womöglich attraktiver wäre (so: van de Walle et al. 2004: 253) als in anderen EU-Staaten. Vielmehr ist dies darauf zurückzuführen, dass in diesen Daten aufgrund der föderalen Struktur Deutschlands nur ein geringer Anteil des im öffentlichen Dienst tätigen Personals berücksichtigt ist. Bezogen auf den öffentlichen Sektor insgesamt sind die Anteile der Altersgruppen von 40 bis 49 und von 50 bis 59 Jahren dann deutlich stärker ausgeprägt und denen der anderen Länder ähnlich (OECD 2002: 16).

Abbildung 2: Anteil der öffentlich Bediensteten nach Altersgruppen auf der Zentralstaats- bzw. Bundesebene (central/federal government), 2001[1]

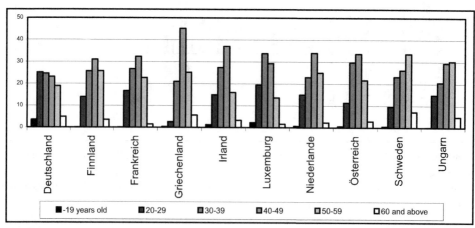

1 = Deutschland 1999; Frankreich/Griechenland 1998; Niederlande 2000.
Quelle: OECD 2002: 16-17. Daten von 2001.

Mit der beschriebenen Altersentwicklung wird zudem auch der Wettbewerb um Arbeitskräfte zwischen dem privaten und öffentlichen Sektor steigen (OECD 2003b: 11). Konkurriert werden wird in besonderem Maße um qualifiziertes Personal, das für die Ebene der Führungskräfte infrage kommt. Nachteilig wirken sich hier die im Vergleich mit dem privaten Sektor schlechteren finanziellen Anreize im öffentlichen Dienst aus. Dass in den niedrigeren Einkommensgruppen eher im öffentlichen als privaten Sektor positive finanzielle Anreize gesetzt werden (Rothenbacher 1999: 2f.), gleicht den Wettbewerbsnachteil nicht wirklich aus.

Die meisten neuen Mitgliedstaaten haben generell das Problem, qualifiziertes Personal zu gewinnen, weil die Verdienstaussichten, aber auch das Image des öffentlichen Dienstes als Arbeitgeber, in diesen Ländern zum Teil deutlich schlechter sind als dies für Beschäftigte im privaten Sektor der Fall ist (Bossaert/Demmke 2002: 74).

Abbildung 3: Korruptionswahrnehmung – CPI[1] Transparency International, 2006

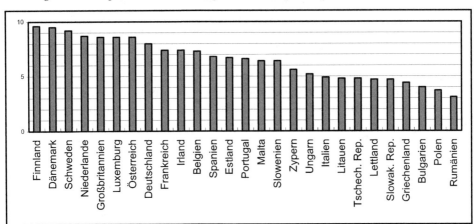

1 = Der CPI (Corruption Perception Index) stellt „das von Geschäftsleuten und Länderanalysten wahrgenommene Ausmaß der Korruption" dar (10 = als frei von Korruption wahrgenommen; 0 = als extrem von Korruption betroffen wahrgenommen). Quelle: Transparency International 2007.

Zurückzuführen ist dieses schlechte Image nicht zuletzt auch auf das in den neuen Mitgliedstaaten – allerdings nicht nur in diesen – virulente Problem der Korruption (siehe Abbildung 3), die zudem die Systemzufriedenheit in diesen Staaten schwächt (Delhey 2002: 25). Der *Corruption Perception Index* von *Transparency International* weist für die neuen EU-Mitglieder jeweils geringe Werte, also eine als hoch wahrgenommene Korruption, aus. Allerdings gilt dies auch für die südeuropäischen Länder Italien und Griechenland. Zwar handelt es sich hierbei um einen Wahrnehmungsindex, der nicht zwingend die realen Relationen in und zwischen den Staaten widerspiegelt. Jedoch findet sich ein ähnliches Bild auch in anderen Indizes, so z. B. im *Global Competitiveness Report* des Weltwirtschaftsforums in Bezug auf die Frage nach „irregular payments" bei der Vergabe öffentlicher Aufträge (WEF 2006: 428) sowie in der Korruptionswahrnehmung durch die Bevölkerung in den EU-Staaten (EK 2006a: 7 (Tabellenanhang)) Von daher erscheint die Perzeption stärkerer Ausprägung von Korruption in den neuen Mitgliedstaaten plausibel. Die Beitrittsperspektive indes hat den Neumitgliedern aus den mittelosteuropäischen Staaten zumindest im Vergleich zu anderen postkommunistischen Staaten einen erfolgreicheren Umgang mit dem Korruptionsproblem ermöglicht, weil die in Aussicht gestellte Zugehörigkeit zur EU als „Reformanker" (Delhey 2002: 4) dienen konnte (Delhey 2002: 25).

3.3 Politik und Verwaltung: ein besonderes Verflechtungsverhältnis

Für Max Webers typenbildenden Ansatz war es zwingend, die öffentliche Verwaltung auf eine Kernfunktion des „unpolitischen" Vollzugs zu reduzieren. Diese Ausgrenzung der Politik aus dem Verwaltungshandeln hält der Realität bekanntlich nicht stand. Dass Verwaltungen, und insbesondere Ministerialbürokratien, stets politisch agieren, ist in der modernen Verwaltungswissenschaft inzwischen unbestritten. Schwierig ist es andererseits, das Ausmaß der politischen Aufladung der Administration empirisch exakt zu bestimmen, denn die Selbst- und Fremdsteuerung der Verwaltungsapparate zu politischen Zwecken erfolgt „hinter" den formalen Institutionen und Reglements. Konkret politisch agieren Verwaltungen seit jeher *informal*. Auch die von Weber apostrophierten Elemente administrativen „Dienst- und Fachwissens", welches nicht zuletzt „Verfahrenswissen" bedeutet (Knill 2001b: 300), werden ja informal im kollektiven Gedächtnis von Behörden abgespeichert und neuerlich aktiviert und dabei an sich wandelnde Problem- und Entscheidungslagen angepasst.

Prozesse und Resultate der Informalisierung des Verwaltungshandelns lassen sich nur eingeschränkt oder gar nicht mittels quantitativ-statistischer Analyseverfahren untersuchen. Daher existieren nur wenige Arbeiten, in denen politische Dimensionen der Verwaltung etwa vergleichend für sämtliche EU-Staaten analysiert werden. Die komparativ ausgelegte politologische Verwaltungsforschung ist ganz überwiegend beschränkt auf Zwei- bzw. ausgewählte Mehrländervergleiche; wiederholt wählt sie Länder aus, die für als typisch erachtete Fallgruppen stehen (siehe die Hinweise bei Schnapp 2004: 27ff.). So dürfen wir zwar dank einer ansehnlichen Anzahl von Ein- und Mehrländerstudien annehmen, dass die für eine politische bzw. politisierte Verwaltung typischen Erscheinungsformen wie z. B. administrative Programmsteuerung und politische Planung aus der Arbeitsebene der Bürokratie heraus, Amtspatronage bei der Besetzung von Schlüsselpositionen (gehäuft auftretend infolge von Regierungswechseln; vgl. Derlien 2001), Probleme politischer Kontrolle der Verwaltung, die rollenbezogene Unterscheidung nach „klassischen" und „politischen Bürokraten", zunehmende Teilzeitbeschäftigung und steigende Beschäftigung von Frauen, Prozesse der „Elitarisierung und Managerialisierung" (Derlien 2001: 322) sowie die Modi der „verhandelnden" bzw. „kooperierenden" Verwaltung, in den Verwaltungen der europäischen Nationalstaaten generell verbreitet sind. Aber der die Ländervielfalt empirisch-komparativ abgleichende Nachweis für diese Annahme steht weitgehend noch aus.

Ein seltenes Beispiel für eine derart breit angelegte Komparatistik ist Kai-Uwe Schnapps 2004 vorgelegte Untersuchung von Ministerialbürokratien in westlichen Demokratien. Hier werden immerhin 14 von heute 27 EU-Mitgliedstaaten erfasst. Auf der Basis einer theoretisch begründeten Modellierung ist Schnapp der Frage nachgegangen, wie groß die *potenziellen* Einflussstärken von Ministerialbürokratien bei der Einwirkung auf politische Entscheidungsprozesse zu bemessen sind (Schnapp 2004). Wie der entwickelte Gesamtindex ausweist, variiert das Einflusspotenzial erheblich. Neben Ländern mit konstant hohen bürokratischen Spielräumen, zu denen stets Belgien, Frankreich und die Bundesrepublik

Deutschland gehören, existieren Länder mit konstant niedrigen Spielräumen, wie unter anderem Großbritannien, Griechenland und Spanien (Schnapp 2004: 326, 337).

4 E-Government

4.1 E-Government als neuer Hoffnungsträger

Abschließend soll nun noch die Diskussion um *E-Government* aufgegriffen werden, denn im Rahmen aktueller Ansätze und Bestrebungen zur Verwaltungsmodernisierung nimmt dieses Thema einen immer breiter werdenden Raum ein (Brans 2003: 428). Die OECD definiert E-Government als „(t)he use of information and communication technologies, and particularly the Internet, as a tool to achieve better government" (OECD 2003d: 23).[8] Durch den Einsatz modernster Informations- und Kommunikationstechnologien (IKT) sollen unter anderem Verwaltungsprozesse neu und besser gestaltet, der Zugang zu Informationen vereinfacht sowie die Beteiligungsmöglichkeiten der gesellschaftlichen Akteure erhöht und damit schließlich Legitimationsgewinne für Verwaltung und Politik erzielt werden (Winkel 2004: 9; Torres et al. 2005: 545). Unterschieden werden beim E-Government unter anderem „Electronic Administration", „Electronic Democracy" und „organisatorisches Reengineering" (Winkel 2004: 8). Erstere zielt dabei auf die administrativen Prozesse, die insbesondere zwischen Behörden auf der einen sowie Bürgern und Unternehmen auf der anderen Seite stattfinden, und versucht diese mit Hilfe von IKT zu vereinfachen und „kundenfreundlicher" zu gestalten. *E-Democracy* steht für die Eröffnung von Partizipationschancen in politischen Entscheidungsprozessen (Winkel 2004: 8).[9] Beim *Reengeneering* wird schließlich vorrangig auf die für den sinnvollen Einsatz der ersten beiden E-Government-Dimensionen notwendige organisatorische Binnenrestrukturierung von Verwaltungen mit Hilfe von IKT abgehoben (Winkel 2004: 8).

Die Betonung des Internets in der OECD-Definition gibt einen wichtigen Hinweis auf die Richtung und den Anspruch der hiermit verbundenen Veränderungen: Neben der Binnenmodernisierung von öffentlichen Verwaltungen durch IKT ist gerade das Verhältnis von öffentlicher Verwaltung zu ihrer Umwelt, das heißt vor allem zu Bürgern und Unternehmen, aber auch zum NGO-Bereich und anderen gesellschaftlichen Akteuren zunehmend eine wesentliche Größe in der Konzeption von E-Government-Initiativen. Die Ansprüche, die an die Leistungskraft sowie die Informationsangebote öffentlicher Verwaltungen gerichtet werden und die auch die Möglichkeiten zur Kommunikation mit Behörden einbeziehen, haben sich mit den technischen Standards moderner IKT verändert. Diese Erwartungen sollen stärker als bisher bei der Einführung IKT-gestützter Neuerungen berücksichtigt werden. Nicht zuletzt wird, wie für Verwaltungsreformen typisch, bei der Einführung und Verbreitung von E-Government auch immer wieder das finanzielle Einsparpotenzial seitens der öffentlichen Hand betont (OECD 2003d: 28; Friedrichs et al. 2002: 17).

---

[8] Ähnlich definieren auch die UN E-Government als „the use of ICT and its application by the government for the provision of information and public services to the people" (UN 2005: 14). Allerdings fallen an dieser Definition das Fehlen partizipativer Elemente und die Betonung der Servicedimension auf.
[9] In diesem Sinne wird in der E-Government-Diskussion statt von E-Democracy auch von E-Governance gesprochen (siehe: Hill 2002: 28; Lenk 2006: 328).

4.2 Erwartungen und Bedenken

Derzeit kommt aus diesen Gründen wohl kaum eine Diskussion über öffentliche Verwaltung darum herum, auf das Schlagwort des E-Government und die damit verbundenen Ansprüche, Erwartungen und Befürchtungen Bezug zu nehmen. Kaum ein internationales Ranking lässt diesen Punkt aus (van de Walle et al. 2004: 256; WEF 2006: 517). Innerhalb der EU (EK 2006b) und ihrer Mitgliedstaaten (Demmke et al. 2006: 23) wird E-Government zunehmend zu einem der wichtigsten Themen und zu einem Schlüsselkonzept im Rahmen von „Modernisierung und Bürokratieabbau" (BMI 2006a: 27; siehe auch: BMI 2006b) in der öffentlichen Verwaltung. Weltweit nimmt die Zahl der E-Government-Initiativen stetig zu (Friedrichs et al. 2002: 16). Dabei zielen die Erwartungen auf die Erfüllung klassischer Grundsätze des NPM – Effektivität und Effizienz (Schröter/Wollmann 2005: 63) – ebenso ab wie auf Leitideen, die, wie Transparenz, Partizipation und Verantwortlichkeit, aus dem Diskurs über *Good Governance* entlehnt sind (OECD 2003d: 28; Torres et al. 2005: 546; Winkel 2004: 9). Demgegenüber werden aber auch zunehmend skeptische Einschätzungen hörbar, die trotz allen Potenzials von E-Government davor warnen, dass die damit verbundenen Erwartungen „Dimensionen angenommen (haben), die eher von Wunschdenken als von rationaler Analyse zeugen." (Winkel 2004: 7; ähnlich kritisch vor allem in Bezug auf die Kluft zwischen Rhetorik und tatsächlichen Veränderungen: Lenk 2006: 323f.).

Problematisch erscheint im Rahmen von E-Goverment vor allem die potenzielle Gefahr, dass die bereits vorhandenen Ungleichheiten in den Partizipationsmöglichkeiten einzelner Bevölkerungsgruppen (u. a. Arbeitslose, Ältere, Menschen mit Behinderung (UN 2005)) verstärkt oder diese gar völlig ausgegrenzt werden. Der Grund hierfür liegt darin, dass der Zugang zu den Technologien wie auch das notwendige Wissen für deren erfolgreiche Anwendung ungleich verteilt sind. Eine solche *digital divide* (digitale Kluft)[10] ist oder wäre dann zum Teil dafür verantwortlich, dass ohnehin benachteiligte Gruppen der Bevölkerung von den Vorteilen des E-Governments keinen oder geringeren Nutzen als andere Gruppen haben (OECD 2003c: 25, 2003d: 14). Entsprechende Bedenken gelten insbesondere auch der erwarteten oder erhofften höheren Partizipation der Bürger im Rahmen einer *E-Democracy*. Zum einen sind die technischen Anforderungen gerade in diesem Bereich dann besonders hoch, wenn über bloßes Bereitstellen von Information und einfache Kommunikation hinaus Beteiligungschancen eröffnet werden sollen, die verschiedene Sicherungsvorkehrungen erfordern oder andere technische Hürden beinhalten, wie etwa im Falle einer Einführung von *E-Votings*, also von Wahlen, die auf elektronischen, womöglich sogar inter-

---

[10] Die Vereinten Nationen sprechen in diesem Zusammenhang von „e-haves" und „e-have-nots" (UN 2005: 3). Dabei bezieht sich die Kluft zum einen auf Unterschiede zwischen den einzelnen Staaten oder Staatengruppen (etwa OECD-Welt vs. Afrika), zum anderen aber eben auch auf Disparitäten innerhalb der einzelnen Staaten. Das Ausmaß einer solchen Marginalisierung, die durch fehlenden Technologiezugang hervorgerufen wird, korrespondiert mit typischen sozioökonomischen Merkmalen wie Bildung und Einkommen (UN 2005: 3, 27). Aus diesem Grund trägt die Studie auch den Untertitel „From E-Government to E-Inclusion". Dabei schreiben die UN explizit den Regierungen die Aufgabe zu, für die Herstellung von Chancengleichheit in diesem Bereich Sorge zu tragen und somit die Reformen des öffentlichen Sektors – über die vorrangig verfolgte Gewichtung von Wettbewerbsgesichtspunkten hinaus – zu erweitern (UN 2005: 7). Darüber hinaus kann sich diese Kluft auch in der Wirtschaft selbst auswirken. Die OECD befürchtet insbesondere die Benachteiligung kleinerer und mittlerer Unternehmen bei der Nutzung von Online-Services (OECD 2003c: 25).

netbasierten Verfahren beruhen (Bauer 2004: 4). Hier wird gewarnt vor nicht zu unterschätzenden Sicherheitskosten (Winkel 2004: 8). Zum anderen wären die durch eine „digitale Kluft" befürchteten Marginalisierungen besonders problematisch im Hinblick auf die Wahlen zugeschriebene Legitimationsfunktion politischen Handelns (Bauer 2004: 5). Überdies werden elektronisch übertragene Partizipationsansprüche auch dadurch infrage gestellt, dass nach wie vor in der tatsächlichen Umsetzung von E-Government vor allem Serviceangebote bevorzugt bereitgestellt werden (Torres et al. 2005: 545). Kritisiert wird nicht zuletzt, dass einerseits die neuen Einsatzmöglichkeiten des Internet in den Vordergrund gerückt werden und andererseits das Reformpotenzial, das IKT für den Umbau von Verwaltungsstrukturen und -prozessen eröffnet, vernachlässigt wird (Lenk 2006: 324). Grundsätzlicher Natur sind schließlich Einwände, die darauf hinweisen, dass im Konzept des E-Government Zielvorstellungen einheitlich verfolgt werden, die zumindest teilweise eigentlich durch erhebliche Zielkonflikte miteinander verbunden sind (Winkel 2004: 10). Das betrifft insbesondere die Zielgrößen Effizienz und Partizipation (Winkel 2004: 10).

Einigkeit herrscht zumindest darüber, dass E-Government insbesondere im Bereich der Dienstleistungs- und Serviceangebote auch deutliche Vorteile mit sich bringt. Ob dies das „Downloaden" von Formularen und die Abfrage von Informationen im Internet oder die Einführung von „One-Stop-Shops" betrifft: Den Nutzern, seien es nun Bürger, Unternehmen oder eben auch Behörden selbst, wird damit eine weitaus flexiblere und zeitsparende Möglichkeit geboten, diese Leistungen zum Teil auch unabhängig von den tatsächlichen Öffnungs- und Sprechzeiten einer Behörde rund um die Uhr in Anspruch nehmen und bedienen zu können (Torres et al. 2005: 532).

4.3 Internationale Vergleiche und Rankings im Bereich E-Government

In internationalen Vergleichsstudien und Rankings, die versuchen, die Leistungsfähigkeiten der einzelnen Staaten im Bereich von E-Government zu messen und zu analysieren, schneiden die meisten EU-Staaten regelmäßig gut bis sehr gut ab (van de Walle et al. 2004: 254; UN 2005: 23). So waren beim *E-Government Readiness Index* der Vereinten Nationen alle derzeitigen EU-Mitglieder unter den ersten 50 Ländern weltweit platziert. Jedoch gab es zwischen den einzelnen Staaten deutliche Differenzen (vgl. Abbildung 4). Auffällig ist dabei die herausgehobene Position der drei skandinavischen Länder sowie Großbritanniens – diese Länder stellten 2005 innerhalb der EU die Spitzengruppe dar. Dänemark und Schweden nahmen hinter den USA im weltweiten Vergleich im gleichen Jahr die Ränge zwei und drei ein. Fast alle kontinentaleuropäischen Länder liegen weltweit im vorderen Bereich der ersten 25 Nationen, wobei Deutschland (Rang elf) nach den skandinavischen Ländern und Großbritannien noch am besten abschneidet. Bis auf Estland und Malta sind die neuen Mitgliedstaaten im EU-Vergleich zu den älteren EU-Mitgliedern deutlich schlechter positioniert. Aber auch hier gibt es Ausnahmen: Die südeuropäischen Länder, insbesondere Portugal (Rang 30), Griechenland (Rang 35) und Spanien (Rang 39), haben in etwa gleiche Werte wie die neuen Mitgliedstaaten oder sind schlechter positioniert als diese. Die Schlusslichter im europäischen Vergleich sind die jüngsten Mitglieder Rumänien (Rang 44) und Bulgarien (Rang 45).

Auch die EU ist im Rahmen der Initiative *i2010 – Eine europäische Informationsgesellschaft für Wachstum und Beschäftigung* mit E-Government in den EU-Staaten befasst und dabei bemüht, einen „einheitlichen europäischen Informationsraum" zu schaffen (EK 2005: 4f.).

Dabei hat die Europäische Kommission zuletzt mit ihrem „E-Government-Aktionsplan" nochmals auf die Notwendigkeit der Einführung elektronischer Behördendienste verwiesen (EK 2006b: 3) und mit ihrem Jahresbericht zur i2010-Initiative (EK 2007) auch die einzelnen E-Government-Angebote der EU-Staaten verglichen.

Abbildung 4: E-Government Readiness Index[1] der UN: Die EU-Staaten, 2005

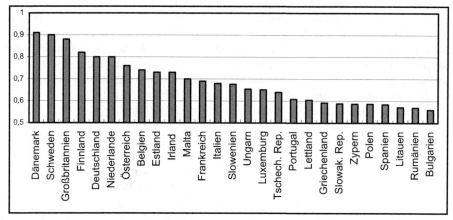

1 = Der E-Government Readiness Index bewertet die Fähigkeit (*capacity*) und die erklärte Absicht (*willingness*) der Staaten, E-Government zu nutzen. Der Index setzt sich aus drei verschiedenen Indices zusammen: 1. Web Measure Index, 2. Telecommunication Infrastructure Index, 3. Human Capital Index. Der Wert 1 stellt die maximale *readiness* dar. Quelle: UN 2005.

Abbildung 5: Online-Verfügbarkeit grundlegender öffentlicher Dienstleistungen in den Staaten der EU-25 (in Prozent)

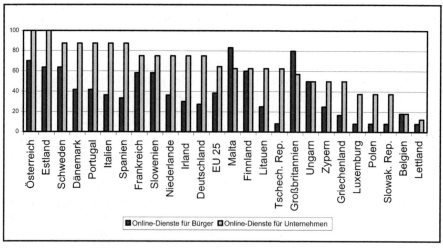

Quelle: EK 2007, EUROSTAT. Es wurden 20 grundlegende öffentliche Dienstleistungen auf ihre Online-Verfügbarkeit und den Grad ihrer elektronischen Bearbeitbarkeit hin überprüft. Daten zu Rumänien und Bulgarien wurden nicht erhoben.

Die öffentliche Verwaltung der EU-Staaten

Dabei betont die Kommission den Wettbewerbsvorteil, der mit einem erfolgreichen Einsatz von E-Government verbunden ist. Demzufolge sind Staaten, die eine effiziente Verwaltung mit einem gleichzeitig guten E-Government-Angebot verbinden, im internationalen Vergleich wettbewerbsfähiger (EK 2006b: 3). Daran wird auch deutlich, mit welchen Erwartungen und Zielvorstellungen E-Government-Initiativen immer noch vorrangig gekoppelt sind: Es geht insbesondere darum, den Verwaltungsaufwand an der Schnittstelle von Verwaltung und Wirtschaft zu reduzieren. Dem entspricht, dass in nahezu allen EU-Staaten – mit Ausnahme von Malta und Großbritannien – die online angebotenen öffentlichen Serviceangebote für Unternehmen deutlich besser ausgebaut sind als dies für Dienstleistungen für die Bürger der Fall ist (vgl. Abbildung 5).

Darüber hinaus ist im europäischen Vergleich, betrachtet man die Nutzung der E-Government-Angebote durch die Bürger, auffallend, dass diese Dienste immer noch vorrangig zur Informationsbeschaffung genutzt werden. Die tatsächliche Abwicklung von administrativen Prozessen wie z. B. das Zurücksenden ausgefüllter Formulare kommt hingegen deutlich seltener vor (vgl. Abbildung 6). Eine Erklärung hierfür mag darin liegen, dass nach wie vor die tatsächlichen Bedürfnisse der Nutzer von E-Government nicht ausreichend Berücksichtigung finden (Friedrichs et al. 2002: 18) und das Angebot noch nicht ausreichend ist. Ferner bestehen bei E-Services aus unterschiedlichen Gründen noch Akzeptanzprobleme bei potenziellen Nutzern.

Abbildung 6: Nutzung des E-Government durch die Bürger in den EU-Staaten, 2006

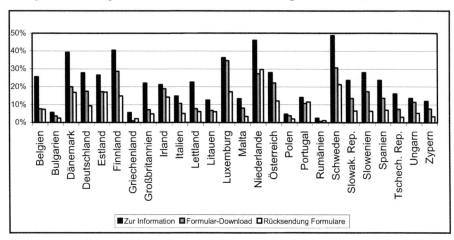

Quelle: EUROSTAT. Daten für Großbritannien, Polen und Schweden von 2005. Angegeben sind die Anteile der Personen zwischen 16 und 74 Jahren der einzelnen Staaten, die das Internet für den Umgang mit Behörden zu dem jeweils angegebenen Zweck (1. Zum Einholen von Informationen; 2. Zum Herunterladen von Formularen; 3. Zur Rücksendung ausgefüllter Formulare) nutzten.

Damit aber stünden die mit E-Government verbundenen hohen Erwartungen wiederum infrage. Die Kluft zwischen Anspruch und Wirklichkeit (Lenk 2006: 323) wird abermals deutlich.

5 Ausblick

Die Osterweiterung der EU hat eine intensive und anhaltende Diskussion über die nationalen Verwaltungssysteme ihrer Mitgliedstaaten in Gang gesetzt. Das Hauptaugenmerk dieser vor allem auf die verwaltungspolitische Praxis gerichteten Diskussion gilt der Frage, welche Anforderungen an die nationalen Verwaltungen mit der EU-Mitgliedschaft einhergehen. Da die EU bei der Gestaltung und Umsetzung ihrer Politik auf die mitgliedstaatlichen Verwaltungen angewiesen ist (Holtmann 2005: 370), entscheidet deren Qualität über den Erfolg oder Misserfolg von EU-Politik. Gleichzeitig entscheidet die Leistungskraft der nationalen Bürokratien – aufgrund ihrer Einflechtung in den Politikprozess der EU – aber auch über den Erfolg der Mitgliedstaaten auf der europäischen Bühne. Allerdings kommt die EU hier bisher kaum über relativ allgemeine Prinzipien und Empfehlungen hinaus (siehe oben). Solange aber unklar bleibt, welche administrativen Kapazitäten – unbeschadet aller Konvergenzannahmen – für den Nachweis der Beitrittsfähigkeit erforderlich sind, wird auch die Diskussion um eine „angemessene" Ausgestaltung der öffentlichen Verwaltungen der Mitgliedstaaten weiter geführt werden. Immerhin hängt nicht zuletzt auch davon ab, ob die neuen und zukünftigen Mitglieder „normal, sub-standard or even failed players" (Lippert/Umbach 2005: 185) innerhalb der EU werden. Für zukünftige Mitglieder wird daher von großer Bedeutung sein, die Verwaltungsentwicklung der derzeit neuen EU-Staaten zu beobachten, um für den eigenen EU-Beitrittsprozess Anhaltspunkte für die Ausgestaltung ihrer Verwaltungssysteme zu gewinnen.

In jedem Fall stellen die spezifischen Probleme dieser Länder – unter anderem Korruption und hohe Politisierung der öffentlichen Verwaltungen –, aber zum Teil auch der älteren Mitgliedstaaten sowie die gemeinsamen Probleme wie die Auswirkungen des demographischen Wandels auf den Beschäftigtenbestand oder der Wettbewerb zwischen der öffentlichen Hand und privaten Arbeitgebern eine Herausforderung für den EU-Integrationsprozess dar. Dass die EU hier selbst durch verschiedene Mechanismen, u. a. die Rechtsprechung des EuGH und den *acquis communautaire*, zunehmend initiativ wird, steht spätestens seit der EU-Osterweiterung außer Frage. Ob den einzelnen EU-Staaten allerdings eine nachhaltige Verwaltungsmodernisierung gelingt, hängt letztlich immer noch von der Fähigkeit nationaler Politik ab, Verwaltungspolitik als Querschnittsaufgabe zu konzipieren und umzusetzen. Verwaltungspolitik wird sich auch künftig nicht mit einer Fixierung auf ökonomisierte Leitbilder wie Wettbewerbsfähigkeit, Deregulierung und Entbürokratisierung begnügen dürfen.

Literatur

Auer, Astrid/Demmke, Christoph/Polet, Robert, 1996: Civil Services in the Europe of Fifteen: Current Situation and Prospects. EIPA – European Institute of Public Administration. Maastricht.

Bauer, Andreas, 2004: E-Demokratie – neue Bürgernähe oder virtuelle Luftblase, in: Aus Politik und Zeitgeschichte B18/2004, 3-6.

Bevir, Mark/Rhodes, Rod A. W./Weller, Patrick, 2003: Traditions of Governance: Interpreting the Changing Role of the Public Sector, in: Public Administration 81 (1), 1-17.

Bossaert, Danielle/Demmke, Christoph, 2002: Der öffentliche Dienst in den Beitrittsstaaten. Neue Trends und die Auswirkungen des Integrationsprozesses. EIPA – European Institute of Public Administration. Maastricht.

Bouckaert, Geert, 2006: Auf dem Weg zu einer neo-weberianischen Verwaltung. New Public Management im internationalen Vergleich, in: Bogumil, Jörg/Jann, Werner/Nullmeier, Frank (Hrsg.), Politik und Verwaltung, PVS Sonderheft 37. Wiesbaden, 354-372.

Brans, Marleen, 2003: Comparative Public Administration: From General Theory to General Frameworks, in: Peters, Guy B./Pierre, Jon (Hrsg.), Handbook of Public Administration. London, 424-439.

Bundesministerium des Innern (BMI), 2006a: Der öffentliche Dienst in Deutschland. Berlin.

Bundesministerium des Innern (BMI), 2006b: E-Government 2.0 – Das Programm des Bundes. Berlin.

CIA, 2007: The World Factbook, in: www.cia.gov.; 15.04.2008.

Delhey, Jan, 2002: Korruption in Bewerberländern zur Europäischen Union. Institutionenqualität und Korruption in vergleichender Perspektive. Discussion Paper FS III 02 – 401. Wissenschaftszentrum Berlin für Sozialforschung (WZB). Berlin.

Demmke, Christoph, 2005: Die europäischen öffentlichen Dienste zwischen Tradition und Reform. EIPA – European Institute of Public Administration. Maastricht.

Demmke, Christoph, 2006: Europäisierung der Personalpolitiken in Europa. Die öffentlichen Dienste zwischen Tradition, Modernisierung und Vielfalt, in: Bogumil, Jörg/Jann, Werner/Nullmeier, Frank (Hrsg.), Politik und Verwaltung, Politische Vierteljahresschrift Sonderheft 37. Wiesbaden, 373-396.

Demmke, Christoph/Hammerschmid, Gerhard/Meyer, Renate, 2006: Decentralisation and Accountability as Focus of Public Administration Modernisation. Bundeskanzleramt Österreich, Sektion III – Öffentlicher Dienst und Verwaltungsreform. 2. Auflage. Wien.

Derlien, Hans-Ulrich, 2001: Öffentlicher Dienst im Wandel, in: Die Öffentliche Verwaltung 54 (8), 322-328.

Europäische Kommission (EK), 2005: i2010 – Eine Europäische Informationsgesellschaft für Wachstum und Beschäftigung (Kom(2005) 229). Brüssel.

Europäische Kommission (EK), 2006a: Opinions on organised, cross-border crime and corruption (Special Eurobarometer 245, Wave 64.3). Brüssel.

Europäische Kommission (EK), 2006b: E-Government-Aktionsplan im Rahmen der i2010-Initiative: Beschleunigte Einführung elektronischer Behördendienste in Europa zum Nutzen aller (KOM(2006) 173). Brüssel.

Europäische Kommission (EK), 2007: i2010 – Annual Information Society Report 2007. Volume 3: ICT Country Profiles. (Sec(2007) 395). Brüssel.

European Foundation for the Improvement of Living and Working Conditions (Eurofound), 2007: Industrial relations in the public sector. Dublin, in: http://www.eurofound.europa.eu/docs/eiro/tn0611028s/tn0611028s.pdf; 17.07.2007.

Fournier, Jacques, 1998: Governance and European Integration – Reliable Public Administration, in: OECD (Hrsg.), Preparing Public Administrations for the European Administrative Space, SIGMA Paper 23 (CCNM/SIGMA/PUMA(98)39). Paris, 119-135.

Friedrichs, Stefan/Hart, Thomas/Schmidt, Oliver, 2002: „Balanced E-Government": Visionen und Prozesse zwischen Bürgernähe und Verwaltungsmodernisierung, in: Aus Politik und Zeitgeschichte B 39-40/2002, 11-23.

Goetz, Klaus H., 2006: Europäisierung der Verwaltung – oder europäische Verwaltung?, in: Bogumil, Jörg/Jann, Werner/Nullmeier, Frank (Hrsg.), Politik und Verwaltung, Politische Vierteljahresschrift Sonderheft 37. Wiesbaden, 472-490.

Hendriks, Frank/Tops, Pieter, 2003: Local Public Management reforms in The Netherlands: Fads, Fashions and Winds of Change, in: Public Administration 81 (2), 301-324.

Hill, Hermann, 2002: Electronic Government – Strategie zur Modernisierung von Staat und Verwaltung, in: Aus Politik und Zeitgeschichte B 39-40/2002, 24-36.

Holtmann, Everhard, 2005: Die öffentliche Verwaltung, in: Gabriel, Oscar W./Holtmann, Everhard (Hrsg.), Handbuch Politisches System der Bundesrepublik Deutschland. 3. überarbeitete und erweiterte Auflage. München/Wien, 333-371.

ILO, 2008: Labour Statistics, Public Sector, in: http://laborsta.ilo.org/; 15.04.2008.

Jann, Werner, 2000: Verwaltungskulturen im internationalen Vergleich. Ein Überblick über den Stand der empirischen Forschung, in: Die Verwaltung 33 (3), 325-349.

Jann, Werner/Wegrich, Kai/Tiessen, Jan, 2007: „Bürokratisierung" und Bürokratieabbau im internationalen Vergleich – wo steht Deutschland? Studie im Auftrag der Friedrich-Ebert-Stiftung. Berlin.

Kay, Adrian, 2005: Critique of the Use of Path Dependency in Policy Studies, in: Public Administration 83 (3), 553-571.

Knill, Christoph, 2001a: The Europeanisation of National Administrations. Patterns of Institutional Change and Persistence. Cambridge.

Knill, Christoph, 2001b: Autonome und instrumentelle Bürokratien: Strukturelle Indikatoren für die Entwicklungsdynamik nationaler Verwaltungssysteme, in: Die Verwaltung 34 (2), 291-307.

Knill, Christoph, 2006: Die Implementation europäischer Umweltpolitik: Der Einfluss nationaler Verwaltungen, in: Die Verwaltung 39 (1), 61-78.

Koch, Christian 2002: Ausbau des Europäischen Verfassungsverbands: Rechtliche Vorgaben und Programm-Perspektiven zum öffentlichen Dienst in den Mitgliedstaaten und zur Personalentwicklung im öffentlichen Sektor der Europäischen Union, in: Pitschas, Rainer/Koch, Christian (Hrsg.), Staatsmodernisierung und Verwaltungsrecht in den Grenzen der europäischen Integrationsverfassung. Baden-Baden, 51-100.

La Porta, Rafael/Lopez-de-Silanes, Florencio/Shleifer, Andrei/Vishny, Robert, 1999: The Quality of Government, in: The Journal of Law, Economics, & Organization 15 (1), 222-279.

La Roche-Thomé, Florine, 2002: Der Beitrag der Verwaltungsmodernisierung zur Einbindung des EG-Rechts in das mitgliedstaatliche Normensystem, in: Pitschas, Rainer/ Koch, Christian (Hrsg.), Staatsmodernisierung und Verwaltungsrecht in den Grenzen der europäischen Integrationsverfassung. Baden-Baden, 27-49.

Lenk, Klaus, 2006: Electronic Government als Chance für den Staat der Zukunft, in: Jann, Werner/ Röber, Manfred/Wollmann, Helmut (Hrsg.), Public Management – Grundlagen, Wirkungen, Kritik. Berlin, 321-332.

Lippert, Barbara/Umbach, Gaby, 2005: The Pressure of Europeanisation. From Post-Communist State Administrations to Normal Players in the EU System. Baden-Baden.

Löffler, Elke, 2003: Ökonomisierung ist nicht gleich Ökonomisierung: Die Ökonomisierung des öffentlichen Sektors aus international vergleichender Sicht, in: Harms, Jens/Reichard, Christoph (Hrsg.), Die Ökonomisierung des öffentlichen Sektors: Instrumente und Trends. Baden-Baden, 75-100.

OECD (Hrsg.), 1998: Preparing Public Administrations for the European Administrative Space, SIGMA Paper 23 (CCNM/SIGMA/PUMA(98)39), Paris.
OECD (Hrsg.), 1999: European Principles for Public Administration, SIGMA Paper No. 27 (CCNM/SIGMA/PUMA(99)44/REV1). Paris.
OECD (Hrsg.), 2002: Highlights of Public Sector Pay and Employment Trends: 2002 Update (PUMA/HRM (2002)/7). Paris.
OECD (Hrsg.), 2003a: Managing Senior Management: Senior Civil Service Reform in OECD Member Countries. Paris.
OECD (Hrsg.), 2003b: Public Sector Modernisation: Modernising Public Employment, (GOV/PUMA(2003)18). Paris.
OECD (Hrsg.), 2003c: From Red Tape to Smart Tape. Administrative Simplification in OECD Countries. Paris.
OECD (Hrsg.), 2003d: The e-Government Imperative. Paris.
OECD (Hrsg.), 2005: Trends in Human Resources Management Policies in OECD Countries. An Analysis of the Results of the OECD Survey on Strategic Human Resources Management (GOV/PGC/HRM(2004)3/FINAL). Paris.
OECD (Hrsg.), 2007a: Regulatory management capacities of member states of the European Union that joined the Union on 1 May 2004, SIGMA Paper No. 42 (GOV/SIGMA (2007)6). Paris.
OECD (Hrsg.), 2007b: Public Sector Pensions and the Challenge of an Ageing Public Service, OECD Working Papers on Public Governance, 2007/2. Paris.
Olsen, Johan P., 2002: Towards a European Administrative Space?, ARENA Working Papers (WP 02/26), in: http://www.arena.uio.no/publications/working-papers2002/papers/wp02_26.htm; 20.06.2007.
Page, Edward C., 1995: Administering Europe, in: Hayward, Jack/Page, Edward C. (Hrsg.), Governing the New Europe. Cambridge, 257-285.
Page, Edward C./Wright, Vincent (Hrsg.), 1999: Bureaucratic Elites in Western European States. Oxford.
Peters, B. Guy, 2000: Four Main Administrative Traditions, in: http://go.worldbank.org/QWTSKAWSA0; 20.06.2007.
Pitschas, Rainer, 2002: Staats- und Verwaltungsmodernisierung als Wertkonzept des europäischen Rechts- und Sozialstaats, in: Pitschas, Rainer/Koch, Christian (Hrsg.), Staatsmodernisierung und Verwaltungsrecht in den Grenzen der europäischen Integrationsverfassung. Baden-Baden, 13-25.
Ridley, Frederick F., 1998: Neues Politik- und Verwaltungsmanagement: Reformbilanz in Großbritannien, in: Reinermann, Heinrich/Ridley, Frederick F./Thoenig, Jean-Claude (Hrsg.), Neues Politik- und Verwaltungsmanagement in der kommunalen Praxis – ein internationaler Vergleich. KAS Internationale Studien Nr. 158, 161 – 195.
Rothenbacher, Franz, 1999: Der öffentliche Dienst in Europa – ein schrumpfender Sektor?, in: Informationsdienst Soziale Indikatoren 21 (1), 1-4.
Schnapp, Kai-Uwe, 2004: Ministerialbürokratien in westlichen Demokratien. Eine vergleichende Analyse. Opladen.
Schnapp, Kai-Uwe, 2006: Comparative Public Administration, in: Bogumil, Jörg/Jann, Werner/Nullmeier, Frank (Hrsg.), Politik und Verwaltung, Politische Vierteljahresschrift Sonderheft 37. Wiesbaden, 327-353.
Schröter, Eckhard, 2005: Europäischer Verwaltungsraum und Reform des öffentlichen Sektors, in: Blanke, Bernhard/von Bandemer, Stephan/Nullmeier, Frank/Wewer, Göttrik (Hrsg.), Hand-

buch zur Verwaltungsreform. 3., völlig überarbeitete und erweiterte Auflage. Wiesbaden, 510-518.

Schröter, Eckhard/Wollmann, Hellmut, 2005: New Public Management, in: Blanke, Bernhard/von Bandemer, Stephan/Nullmeier, Frank/Wewer, Göttrik (Hrsg.), Handbuch zur Verwaltungsreform. 3., völlig überarbeitete und erweiterte Auflage. Wiesbaden, 63-74.

Siedentopf, Heinrich/Speer, Benedikt, 2004: Europäischer Verwaltungsraum oder Europäische Verwaltungsgemeinschaft? Gemeinschaftsrechtliche und funktionelle Anforderungen an die öffentlichen Verwaltungen in den EU-Mitgliedstaaten, in: Siedentopf, Heinrich (Hrsg.), Der Europäische Verwaltungsraum. Beiträge einer Fachtagung. Baden-Baden, 17-35.

Torres, Lourdes/Pina, Vincente/Royo, Sonia, 2005: E-government and the transformation of public administrations in EU countries. Beyond NPM or just a second wave of reforms?, in: Online Information Review 29 (5), 531-553.

Transparency International 2007: Corruption Perception Index 2006, in: http://www.transparency.org/policy_research/surveys_indices/cpi/2006; 15.04.2008

UN, 2005: Global E-Government Readiness Report 2005. From E-Government to E-Inclusion. New York.

van de Walle, Stephen/Sterck, Miekatrien/van Doreen, Wouter/Bouckaert, Geert/Pommert, Evert, 2004: Public Administration, in: Social and Cultural Planning Office of the Netherlands: Public Sector Performance. An International Comparison of Education, Health Care, Law and Order and Public Administration. The Hague, 234-270.

Verheijen, Antonius Johannes Gertruda, 2003: Public Administration in Post-Communist States, in: Peters, Guy B./Pierre, Jon (Hrsg.), Handbook of Public Administration. London, 489-497.

Winkel, Olaf, 2004: Zukunftsperspektive Electronic Government, in: Aus Politik und Zeitgeschichte B18/2004, 7-15.

Weber, Max, 1980: Wirtschaft und Gesellschaft. Grundriß der verstehenden Soziologie, besorgt von Johannes Winckelmann, 5. rev. Auflage, Studienausgabe. Tübingen.

World Economic Forum (WEF), 2006: The Global Competitiveness Report 2006-2007. Creating an Improved Business Environment. Basingstoke.

Sascha Kneip

Verfassungsgerichtsbarkeit im Vergleich

1 Einleitung

Mit der Aufnahme Rumäniens und Bulgariens am 1. Januar 2007 hat die Osterweiterung der Europäischen Union einen vorläufigen Höhepunkt erreicht. Aus der ursprünglichen „Sechsergemeinschaft" der Europäischen Gemeinschaft von 1957 ist nach den Erweiterungsschritten der Nord-, Süd- und Osterweiterung ein „Staatenverbund" (so die Diktion des Bundesverfassungsgerichts in seiner Maastricht-Entscheidung von 1993; BVerfGE 89, 155) geworden, der nicht weniger als 27 Staaten und eine Bevölkerung von fast 500 Millionen Menschen umfasst. Der jüngste Erweiterungsschritt um die zwölf süd- und osteuropäischen Staaten 2004 bzw. 2007 hat zudem die Systemwechselprozesse der ehemals kommunistischen Staaten Mittel- und Osteuropas zu einem krönenden Abschluss gebracht (vgl. zur Osterweiterung allgemein Alber/Merkel 2006).

Mit den Demokratisierungsprozessen Osteuropas haben sich fast überall in Europa moderne liberale Verfassungsstaaten herausgebildet, in denen die strukturelle Trennung von Exekutive, Legislative und Judikative fest institutionalisiert ist. Im liberalen Verfassungsstaat europäischer Prägung verbinden sich heute demokratisches Regieren und rechtsstaatliche Kontrolle der Regierenden untrennbar miteinander (vgl. Habermas 1992; Elster/Slagstad 1993). Demokratisches Regieren ohne rechtsstaatliche Kontrolle des Regierungshandelns ist kaum mehr denkbar – auch dort nicht, wo, wie in Großbritannien oder in abgeschwächter Form auch in Frankreich, am Prinzip der Parlaments- bzw. Volkssouveränität festgehalten wird. Geschriebene (und ungeschriebene) Verfassungen binden heute in allen Staaten Europas die Staatsgewalt an die verfassungsrechtlichen Grundlagen demokratischen Regierens.[1] Folgerichtig haben fast alle europäischen Rechtssysteme Gerichte mit der Aufgabe betraut, die Einhaltung der Gesetzes- und Verfassungsgrundlagen zu überprüfen und gegebenenfalls zu schützen und zu sanktionieren.

So gesehen waren die Systemwechselprozesse nach 1989 nicht nur ein Triumphzug der Demokratie (vgl. Merkel 1999), sondern zugleich auch einer der Verfassungsgerichtsbarkeit. Fast alle jungen Demokratien Osteuropas haben im Zuge ihrer Demokratisierungsprozesse

---

[1] Auch das Vereinigte Königreich von Großbritannien und Nordirland kennt eine Reihe von schriftlichen Verfassungsdokumenten (z. B. die Magna Charta von 1215, die Petition of Rights von 1627, die Habeas-Corpus-Akte von 1679, die Bill of Rights von 1689 oder auch der Human Rights Act von 1998), die zusammen mit den ungeschriebenen Verfassungskonventionen die verfassungsrechtliche Grundlage bilden. Das Vereinigte Königreich besitzt also zwar keine einheitliche Verfassungsurkunde, wohl aber eine (zum Teil ungeschriebene) Verfassung im Sinne eines Systems von Verfassungsprinzipien. Im Unterschied zu anderen Verfassungsordnungen hat sich Großbritannien aber als oberstes Verfassungsprinzip das Prinzip der Parlamentssouveränität bewahrt, das keine höhere Instanz als das Parlament selbst zulässt und folgerichtig auch bislang nicht zur Institutionalisierung eines Verfassungsgerichts geführt hat (dazu weiter unten mehr).

eigenständige Verfassungsgerichte installiert, die über die Einhaltung der Grundlagen der Verfassungen wachen sollen – wenn nicht, wie etwa in Polen, schon unter kommunistischer Herrschaft (zumindest formal) ein solches Gericht eingerichtet worden war.

Zusammen mit den Gerichten der westeuropäischen Staaten konstituieren sie heute ein Geflecht verfassungsrechtlicher Kontrolle in Europa, das hinsichtlich seiner Dichte, aber auch hinsichtlich seiner Diversität seinesgleichen sucht. War die Verfassungsgerichtsbarkeit schon 1957 unter den sechs Gründungsmitgliedern der Europäischen Gemeinschaft (Belgien, Deutschland, Frankreich, Italien, Luxemburg, Niederlande) höchst unterschiedlich institutionalisiert, so weist sie heute in der Europäischen Union der 27 erst recht größere Unterschiede hinsichtlich der verfassungsgerichtlichen Strukturen auf; zugleich lassen sich aber auch beträchtliche Gemeinsamkeiten – etwa in den Funktionsbestimmungen der Gerichte – feststellen, die darauf hindeuten, dass sich die Verfassungsgerichtsbarkeit selbst und die Art der verfassungsgerichtlichen Kontrolle auch im erweiterten Europa in mancherlei Hinsicht in den letzten Jahrzehnten angeglichen hat und weiter angleichen wird.

Woran genau die Unterschiede und Gemeinsamkeiten der Verfassungsgerichtsbarkeiten der 27 EU-Staaten festzumachen sind, soll im Folgenden eingehender untersucht werden. Dafür werden zunächst zwei grundsätzlich unterschiedliche Modelltypen der Verfassungsgerichtsbarkeit und der verfassungsgerichtlichen Kontrolle unterschieden, bevor Strukturen, Kompetenzen und Funktionen der europäischen Verfassungsgerichte sowie ihre institutionelle Stärke im Regierungsprozess der jeweiligen nationalen Demokratien eingehender betrachtet und verglichen werden. Abschließend soll noch auf eine Besonderheit der europäischen Verfassungsgerichtslandschaft eingegangen werden: ihre Eingebundenheit in ein gemeinsames europäisches Rechtssystem.

2 Zwei Modelle der Verfassungskontrolle: spezialisierte und diffuse Verfassungsgerichtsbarkeit

Grundsätzlich lassen sich zwei Strukturprinzipien von Verfassungsgerichtsbarkeit unterscheiden, die entweder mit den Schlagworten „amerikanisches" und „europäisches/ österreichisch-deutsches Modell" belegt bzw. mit den Begriffen „diffuse" und „spezialisierte" Verfassungsgerichtsbarkeit bezeichnet werden.[2] Sichtbarstes Unterscheidungsmerkmal beider Modelle ist die Kompetenzverteilung zur Normenkontrolle: Während das amerikanische Modell durch ein System diffuser Normenkontrolle gekennzeichnet ist, in dem „jeder Richter an jedem Gericht in jedem Streitfall zu jeder Zeit" (Shapiro/ Stone 1994: 400) Normen als verfassungswidrig erkennen und durch ihre Nichtanwendung den Vorrang der Verfassung sichern kann (vgl. Weber 2004: 36), kennt das auf den österreichischen Staatsrechtler Hans Kelsen zurückgehende österreichisch-deutsche Modell eine exklusive Normenkontrolle durch spezialisierte Verfassungsgerichte, denen im Falle vermuteter Verfassungswidrigkeit eines Gesetzes dieses zur Prüfung vorgelegt werden muss (siehe auch Kel-

---

[2] Mitunter wird auch begrifflich zwischen „diffuser" und „konzentrierter" (z. B. Weber 2004; grundlegend Cappelletti/Ritterspach 1971) oder zwischen „diffuser" und „zentralisierter" Verfassungskontrolle unterschieden (so z. B. Haltern 2005). Hier wird der Begriff der „spezialisierten" Verfassungskontrolle gewählt, weil damit auch spezialisierte Verfassungssenate an obersten Gerichtshöfen begrifflich erfasst werden.

sen 1976). Im diffusen Modell ist zwar mit dem Obersten Gerichtshof ebenfalls ein Gericht benannt, welches am Ende des normalen Instanzenzuges letztverbindlich Recht auslegt und Normen kontrolliert, dieses entscheidet aber nicht exklusiv über die Verfassungsmäßigkeit. Zudem entscheidet es nur dann über einen Fall, wenn dieser über die untergeordneten Gerichte bis zu ihm vordringt und von ihm zur Entscheidung angenommen wird.

Vor allem vier Merkmale zeichnen das Modell einer spezialisierten Verfassungsgerichtsbarkeit aus (vgl. Stone Sweet 2000: 33f.): Erstens besitzen solche Verfassungsgerichte das alleinige Monopol auf verfassungsrechtliche Normenkontrolle, sie sind zweitens beschränkt auf verfassungsrechtliche Streitfälle (sie entscheiden also keine „normalen" Rechtsfälle letztinstanzlich; diese Aufgabe ist in der Regel an andere oberste Gerichte delegiert), sie stehen drittens durch ihre Komposition und Aufgabenbeschreibung faktisch zwischen Gerichtsbarkeit und Legislative (obwohl von beiden formal institutionell getrennt, sind Verfassungsgerichte sowohl juristische wie politische Akteure) und ihnen ist viertens meist erlaubt, auf Antrag politischer Akteure über die Verfassungsmäßigkeit von Normen abstrakt zu entscheiden, *bevor* ein konkreter Streitfall vor einem Gericht anhängig geworden ist. Abstrakte Normenkontrollverfahren sind dem diffusen Modell der Verfassungsgerichtsbarkeit fremd; hier besitzen politische Akteure in der Regel keinen direkten Zugang zum Obersten Gericht, um materielle oder formelle Verfassungsstreitigkeiten klären zu lassen, sondern sie sind auf den normalen Instanzenweg verwiesen. Im Modell diffuser Verfassungsgerichtsbarkeit können Normen daher in der Regel nur *a posteriori*, also nachdem sie in Kraft getreten sind, einer Überprüfung zugeführt werden (vgl. Hönnige 2007: 103).

Die Mitgliedsstaaten der Europäischen Union folgen – trotz der ostentativen Gegenüberstellung von „amerikanischem" und „europäischem" Verfassungsgerichtsmodell – beiden Systemtypen, wenn auch mit deutlich unterschiedlicher Gewichtung. Jene Staaten, die historisch von der angelsächsischen Rechtskultur des *common law* beeinflusst sind – die Staaten Skandinaviens sowie Staaten mit ungebrochen monarchischer Verfassungstradition – folgen dem Modell der diffusen Verfassungsgerichtsbarkeit (Dänemark, Finnland, Griechenland[3], Großbritannien[4], Irland, Malta[5], Niederlande[6], Schweden), alle anderen Staaten dem Modell einer spezialisierten Verfassungsgerichtsbarkeit. Estland folgt nominell ebenfalls dem Modell diffuser Verfassungskontrolle mit Oberstem Gerichtshof; in diesem ist aber eine eigenständige Verfassungskammer installiert, die faktisch wie ein spezialisiertes Verfassungsgericht funktioniert. Gleiches gilt für die Republik Zypern, die zwar ebenfalls nominell „nur" ein oberstes Gericht („Supreme Constitutional Court") installiert hat, dieses

---

[3] Das Oberste Sondergericht Griechenlands entscheidet vor allem bei unterschiedlicher Normenauslegung der übrigen obersten griechischen Gerichte und kann als einziges Gericht Griechenlands Normen formell annullieren; mitunter wird es deshalb auch zum spezialisierten Verfassungsgerichtsmodell gezählt (siehe z. B. Starck/Weber 1986; Weber 2004).

[4] Mit dem Constitutional Reform Act von 2005 ist auch in Großbritannien ein Oberster Gerichtshof eingerichtet worden, der seine Arbeit im Jahr 2009 aufnehmen soll. Er wird die Lordrichter des House of Lords ablösen, die bislang als höchste juristische Instanz des Landes fungierten. Auch der zukünftige britische Supreme Court wird aber zunächst keine Normenkontrollkompetenz besitzen und das oberste Prinzip der Parlamentssouveränität nicht antasten.

[5] Die verfassungsgerichtliche Kontrolle ist zwischen Oberstem Gericht und Verfassungsgericht verteilt; beide besitzen keine Annullierungskompetenz von Gesetzen.

[6] Artikel 120 der niederländischen Verfassung verbietet ausdrücklich die Normenkontrolle von Gesetzesakten.

aber mit exklusiven Kontrollrechten ausgestattet hat. Auffällig ist, dass in Staaten mit langer Verfassungstradition und wenigen Verfassungsbrüchen auch heute noch eher das diffuse Modell der Verfassungskontrolle anzutreffen ist, während Staaten mit häufigeren oder tief greifenden Verfassungsumbrüchen fast ausnahmslos dem spezialisierten Verfassungsgerichtsmodell folgen (so auch Brunner 2001: 6). Tabelle 1 systematisiert die Verfassungsgerichte der 27 EU-Staaten nach Art und Alter des Gerichts.

Wie Tabelle 1 verdeutlicht, folgen fast alle nach dem Zweiten Weltkrieg institutionalisierten Verfassungsgerichte dem Modell der spezialisierten Verfassungskontrolle. Lediglich die (ehemaligen) Commonwealthstaaten Großbritannien, Irland und Malta sowie mit Einschränkung Griechenland blieben auch nach 1945 der diffusen Verfassungskontrolltradition verhaftet. Dänemark, Schweden, Finnland und die Niederlande wiederum blicken auf sehr lange Rechtsstaats- und Verfassungstraditionen zurück (der Oberste Gerichtshof Dänemarks existiert seit 1661, jener der Niederlande seit 1838, der Schwedens seit 1909 und jener Finnlands seit 1918) und halten bis heute ebenfalls an der diffusen Verfassungskontrolle fest. Alle anderen nach 1945 installierten Gerichte folgen dem österreichisch-deutschen Verfassungsgerichtstypus der spezialisierten Normenkontrolle. Belgien hat erst im Jahr 1985 im Zuge der Verfassungsreform den alten Schiedsgerichtshof zu einem spezialisierten Verfassungsgericht ausgebaut und in den Folgejahren sukzessive zu einer vollständigen Verfassungsgerichtsbarkeit weiterentwickelt. Luxemburg wiederum teilt die verfassungsgerichtlichen Funktionen seit 1996 zwischen einem Staatsrat nach französischem Muster und einem originären Verfassungsgericht, ebenso wie Malta, wo die Kompetenzen zwischen Civil Court und Verfassungsgericht verteilt sind; in Estland und Zypern wiederum sind die Verfassungsgerichte formell Teil der obersten Gerichte. In Estland und Zypern (und auch in Griechenland) scheint die Tradition der diffusen Verfassungskontrolle also zwar noch durch, faktisch ist sie aber mehr und mehr durch eine spezialisierte Verfassungskontrolle ersetzt worden. Verschiedentlich werden diese drei Fälle daher auch als „Verfassungsgerichtsbarkeit besonderer Art" (Brunner 2001) klassifiziert.

Hinsichtlich der Mitgliedstaaten der Europäischen Union lässt sich also tatsächlich von einem „Siegeszug der (spezialisierten) Verfassungsgerichtsbarkeit" sprechen. Ein genauerer Blick auf die Gerichte bringt aber erhebliche institutionelle Variationsbreiten zwischen wie innerhalb der beiden Verfassungsgerichtstypen zu Tage.

Tabelle 1: Spezialisierte und diffuse Verfassungsgerichtsbarkeit in 27 EU-Staaten

	Gericht vor 1945 installiert	Gericht nach 1945 installiert
Spezialisiert	-	Belgien, Bulgarien, Deutschland, Estland[1], Frankreich[2], Italien, Lettland, Litauen, Luxemburg, Österreich[3], Polen, Portugal, Rumänien, Slowakei, Slowenien, Spanien, Tschechische Republik, Ungarn, Zypern
Diffus	Dänemark, Finnland, Niederlande[7], Schweden	Griechenland[4], Großbritannien[5], Irland, Malta[6]

1 = Verfassungskammer im Obersten Gericht; das Oberstes Gericht wurde 1991 wieder eingerichtet, nachdem es erstmals 1919 institutionalisiert worden war. 2 = Der französische Verfassungsrat stellt streng genommen eine eigene Art der Verfassungsgerichtsbarkeit dar; er war ursprünglich zur Disziplinierung des Parlaments eingerichtet worden (so jedenfalls Weber 2004: 43), hat sich aber seit 1971 nach und nach weitere Kompetenzen angeeignet. 3 = Der Vorläufer des heutigen österreichischen Verfassungsgerichtshofs wurde bereits 1920 installiert. 4 = Das Oberste Sondergericht Griechenlands trägt Züge einer spezialisierten Verfassungsgerichtsbarkeit (u. a. exklusive Annullierungskompetenz von Normen), seine Hauptaufgabe besteht aber in der Beilegung von Rechtsprechungsdivergenzen der obersten Gerichtshöfe Griechenlands (vgl. Brunner 2001: 8). 5 = Der britische Oberste Gerichtshof soll 2009 seine Arbeit aufnehmen. 6 = Kompetenzteilung zwischen Oberstem Gericht (Civil Court) und Verfassungsgericht. 7 = Keine Normenkontrolle von Parlamentsgesetzen. Quelle: Eigene Darstellung.

3 Institutionelles Design der Verfassungsgerichtsbarkeit in der Europäischen Union

Das institutionelle Design von Verfassungsgerichten kann zunächst anhand dreier Dimensionen unterschieden werden (vgl. Ginsburg 2003: 35): erstens anhand der institutionellen Unabhängigkeit des Gerichts (die vor allem über die Komposition der Gerichte und die Unabhängigkeit seiner Richter gemessen werden kann), zweitens anhand des Gerichtszugangs und der Kompetenzen des Gerichts und drittens anhand der Auswirkungen der gerichtlichen Entscheidungen. Für die Durchsetzungsfähigkeit eines Verfassungsgerichts im jeweiligen Regierungsprozess ist zudem seine empirische Legitimität[7] von entscheidender

---

[7] Über die empirische Legitimation der Obersten Gerichte und Verfassungsgerichte in der Europäischen Union liegen bislang keine vergleichenden Untersuchungen vor. Auch das Eurobarometer fragt in den EU-Mitgliedstaaten lediglich allgemein nach dem Vertrauen in das jeweilige Justizsystem, nicht aber spezifisch nach dem Vertrauen in die höchsten Gerichte. Aus vergangenen vergleichenden Untersuchungen (v. a. Gibson et al. 1998) und diversen Einzelfallstudien (vgl. z. B. Landfried 1988; Brünneck 1992; Sadurski 2002) lässt sich aber schließen, dass Verfassungsgerichte generell ein sehr hohes Vertrauen in der Bevölkerung genießen. Die Vertrauensraten liegen meist höher als die in Parteien, Parlamente und Regierungen.
Eine bislang unveröffentlichte repräsentative Untersuchung, die im November 2006 unter 2017 Bundesbürgern für das Wissenschaftszentrum Berlin (WZB) durchgeführt wurde, weist beispielsweise für das deutsche Bundesverfassungsgericht Vertrauenswerte von 74 Prozent aus, während Bundestag, Bundes-

Bedeutung, da politische Akteure Urteile des Gerichts dann nicht ohne politische Risiken oder Kosten ignorieren können, wenn das Verfassungsgericht über ein hohes Ansehen in der Bevölkerung verfügt – oder doch zumindest über ein höheres als die politischen Akteure selbst.[8]

3.1 Institutionelle Unabhängigkeit: Komposition der Gerichte und Unabhängigkeit seiner Richter

Die institutionelle Unabhängigkeit der Verfassungsgerichtsbarkeit kann als ein entscheidender Faktor für die Wirkmächtigkeit eines Gerichts im politischen Prozess eines Landes verstanden werden. Nur dann, wenn Richter und Gerichte hinreichend unabhängig von politischer Einflussnahme agieren können, kann ein Verfassungsgericht seiner zentralen Aufgabe, der verfassungsrechtlichen Kontrolle des demokratischen Prozesses, adäquat nachkommen. Wie unabhängig ein Gericht agieren kann, hängt sowohl von der Art der Komposition des Gerichts als auch von seinen institutionellen Machtressourcen ab. Hinsichtlich beider Dimensionen lässt sich für die EU der 27 eine erhebliche institutionelle Variationsbreite feststellen.

Zunächst fällt aber auf, dass insbesondere (aber nicht nur) dort, wo die Verfassungsgerichtsbarkeit diffus organisiert ist, verfassungsgerichtliche Kompetenzen mitunter zwischen mehreren Gerichten oder Instanzen aufgeteilt werden. Besonders deutlich wird dies in Finnland, das an der Spitze des normalen Instanzenzuges ein oberstes Gericht (für Zivil- und Strafsachen) und ein oberstes Verwaltungsgericht (für Verwaltungssachen) kennt, die beide als Gutachter in verfassungsrechtlichen Fragen für den Staatspräsidenten fungieren und diesem Änderungen von Gesetzen vorschlagen können. Für die Überprüfung der Übereinstimmung von Rechtsnormen mit der Verfassung ist zudem schon im Gesetzgebungsprozess ein parlamentarischer Verfassungsausschuss zuständig (vgl. Auffermann 1999: 210). Auch in Schweden, dem historischen Vorbild der finnischen Rechtsordnung, fungieren Oberstes Gericht und Oberstes Verwaltungsgericht gemeinsam als höchste Rechtsinstanzen. In Malta kommen sowohl dem Civil Court als auch dem Verfassungsgericht verfassungsgerichtliche Kompetenzen zu und auch im heute eigentlich spezialisierten Modell Luxemburgs teilen sich Staatsrat und Verfassungsgericht die Kontrollkompetenzen (der luxemburgische Staatsrat prüft nach französischem Vorbild Gesetzesnormen *a priori* auf ihre Verfassungsmäßigkeit, das erst 1996 eingerichtete Verfassungsgericht nur *a posteriori*). In Estland und Zypern wiederum sind die Verfassungsgerichte in die obersten Gerichte inkorporiert bzw. stellen eine besondere Verfassungsgerichtskammer des Obersten Gerichts dar. Mit der institutionellen Trennung der Kompetenzen geht – zumindest im Vergleich zu den konzentrierten Modellen – nicht selten auch eine Hemmung der Wirkmächtigkeit der getrennten Instanzen einher.

---

regierung und politische Parteien nur auf 37, 31 bzw. 16 Prozent diffuser Zustimmung kommen. Lediglich der Bundespräsident kann mit 76 Prozent diffusen Vertrauens einen ähnlich hohen Wert erzielen wie das Bundesverfassungsgericht.

[8] Diese Kriterien können auch etwas anders unterschieden werden, nämlich nach Kompetenzausstattung, Zugangsverfahren, Implementierbarkeit von Urteilen, empirischer Legitimation und faktischer Kompetenzausübung der Gerichte, wobei die Unabhängigkeit eines Gerichts dann als zentraler Erklärungsfaktor für seine faktische Kompetenzausübung verstanden wird (vgl. Kneip 2007).

3.1.1 Komposition der Gerichte: Anzahl der Richter und Richterauswahl

Hinsichtlich der Anzahl der Richter an den obersten Gerichten und Verfassungsgerichten der EU fallen größere Unterschiede ins Auge: Die Variationsbreite reicht vom maltesischen Verfassungsgericht, das aus nur drei Richtern besteht (die zugleich Richter der drei anderen obersten Gerichte Maltas sind), bis hin zum Hohen Rat der Niederlande, dem nominell 26 Richterinnen und Richter angehören. Den übrigen Gerichten gehören zwischen sieben (Lettland) und 19 Richter (Dänemark) an; in Estland bilden neun der 19 Richter des Supreme Court die für Verfassungsfragen zuständige Verfassungsgerichtskammer. In manchen Staaten gehören Richter der obersten Gerichte qua Amt auch dem Verfassungsgericht an: So setzt sich neben dem maltesischen auch das griechische Verfassungsgericht aus den drei Vorsitzenden der obersten Gerichte zusammen (denen acht weitere Richter der obersten Gerichte zugelost werden), in Luxemburg bilden die Präsidenten des Obersten Gerichtshofs und des Oberverwaltungsgerichts, zwei Richter des Kassationsgerichtshofs und fünf weitere Richter das Verfassungsgericht. Österreich ernennt als einziges Land neben den 14 regulären Verfassungsrichtern sechs Stellvertreter; dem finnischen Obersten Verwaltungsgericht können neben den 18 regulären Richtern bis zu vier weitere Richter auf Zeit angehören.

Der konkrete Auswahlmodus für Richter an den obersten Gerichten bzw. den Verfassungsgerichten in Europa lässt sich mehrstufig unterscheiden. Während manche Richter, wie die drei maltesischen und drei der elf griechischen, bereits qua Amt dem Verfassungsgericht angehören (und die restlichen acht griechischen Richter per Losverfahren bestimmt werden), werden in allen anderen Fällen die obersten Richter entweder ernannt oder gewählt. Allerdings variieren die an der Ernennung oder Wahl beteiligten Instanzen sowie die jeweils benötigten Wahlquoren dabei erheblich.

Art und Weise der Richterauswahl lassen sich in drei große Klassen unterteilen (vgl. Ginsburg 2003: 43f.): „professionelle" Auswahlverfahren (die aber in Reinform empirisch praktisch nicht vorkommen), kooperative Auswahlmechanismen und repräsentative Auswahlmethoden. Bei „professionellen" Auswahlverfahren bestimmen Gerichte und Justiz weitgehend autonom, wer in ein oberstes Gericht entsandt werden soll. Kooperative Auswahlverfahren verlangen die Entscheidung von mindestens zwei unabhängigen demokratischen Gewalten, die im Zusammenspiel einen Kandidaten ernennen oder wählen müssen. In präsidentiellen Regierungssystemen geschieht dies häufig auf Vorschlag des Präsidenten und mit Zustimmung der Legislative, in parlamentarischen Regierungssystemen erfordert dieses „sequenzielle Verfahren" (Hönnige 2007: 107) häufig die Zustimmung beider Parlamentskammern. Der repräsentative (oder „proportionale" (Hönnige 2007: 107)) Mechanismus wiederum gewährt unterschiedlichen Instanzen ein autonomes Ernennungs- oder Wahlrecht, ohne dass für diese Entscheidung die Kooperation einer anderen Instanz vonnöten ist.

Schon bezüglich der an der Wahl beteiligten Instanzen und ihrem Gewicht im Auswahlverfahren zeigen sich deutliche Unterschiede in Europa: Während in manchen Staaten der EU alle drei Gewalten Legislative, Exekutive und Judikative an der Auswahl der Richter beteiligt sind (etwa in Bulgarien, Estland, Italien, Lettland, Litauen, den Niederlanden oder Spanien), entscheidet in Dänemark allein der Justizminister auf Vorschlag eines unabhängigen Gremiums, in Luxemburg formal der Großherzog nach Vorlage der obersten Gerichte, in Zypern der Staatspräsident auf Vorschlag des Gerichts selbst. In Irland ernennt alleine der Staatspräsident die Richter des Supreme Court, in Malta der Staatspräsident auf Vorschlag des Premierministers. Ähnlich exekutivlastig verläuft das Auswahlverfahren in Österreich, wo immerhin acht der 14 Verfassungsrichter durch die Bundesregierung nominiert (und formal durch den Bundespräsidenten ernannt) werden. In Schweden werden die obersten Richter nach Konsultationen zwischen Justizministerium und Oberstem Gericht ebenfalls vergleichsweise autonom durch die Regierung ernannt, und auch in Großbritannien wird ab 2009 vor allem der Premierminister über die Auswahl der obersten Richter entscheiden können.

Die Justiz ist direkt oder indirekt in immerhin zwölf von 27 Fällen am Auswahlprozess der Richterinnen und Richter beteiligt. Luxemburg, Griechenland und Finnland kommen einem rein professionellen Auswahlverfahren am nächsten, da hier entweder der Großherzog die Richter nur auf Vorschlag der Justiz ernennt (Luxemburg), das Gericht sich weitgehend selbst kooptiert (Finnland) oder die Richter qua Amt oder per Los bestimmt werden (Griechenland).

Die Exekutive wiederum ist in 19 von 27 Fällen an der Richterauswahl beteiligt, rein exekutive Verfahren gibt es lediglich zukünftig in Großbritannien, in Malta, Irland und Dänemark. In Belgien, Deutschland, Polen, Ungarn und Portugal (und den Sonderfällen Finnland, Griechenland und Luxemburg) ist die Exekutive in keiner Weise in die Auswahl der Richter eingebunden. Während in Portugal drei Richter ebenfalls durch das Gericht selbst kooptiert werden, handelt es sich in den übrigen Fällen Belgien, Deutschland, Polen und Ungarn um die einzigen rein parlamentarischen Bestellungsverfahren, die ohne Beteiligung der beiden anderen Gewalten auskommen. Insgesamt ist die Legislative in 18 Fällen zumindest zum Teil an der Richterauswahl beteiligt, in Frankreich allerdings nur indirekt über die Präsidenten der Nationalversammlung und des Senats.

Der Modus der Richterauswahl lässt sich aber nicht nur nach den beteiligten Instanzen unterscheiden, sondern auch anhand des Auswahlmodus und den jeweils erforderlichen Mehrheiten. Grundsätzlich lassen sich drei Arten von Auswahlmechanismen unterscheiden (vgl. Stone Sweet 2000: 46): erstens solche, in denen Richter ausschließlich ernannt werden, ohne dass andere Instanzen an der Ernennung beteiligt werden müssen; zweitens solche, in denen eine Wahl durch eine oder mehrere Instanzen stattfindet sowie drittens Mischsysteme, in denen Richter sowohl ernannt als auch gewählt werden.

Ein System reiner Richterernennung ohne Beteiligung mehrerer Instanzen existiert in Reinform in Frankreich, wo der Staatspräsident und die Präsidenten der beiden Parlamentskammern je drei der insgesamt neun Richter ernennen. In Irland ernennt alleine der Staatspräsident die Richter des Supreme Court, in Finnland ernennt er zumindest den Vorsitzenden des Obersten Gerichts und die übrigen Richter auf Vorschlag des Gerichts.

Reine Wahlverfahren finden sich in Belgien, Deutschland, Estland, Lettland, Litauen, Polen, Slowenien, Tschechien und Ungarn. Allerdings bestimmt nur in Belgien, Deutschland, Polen und Ungarn das wählende Parlament auch autonom über die Kandidatenauswahl. Während Slowenien und Tschechien dem US-amerikanischen Vorbild folgen (Nominierung durch den Staatspräsidenten und Zustimmung durch das Parlament), werden in Estland und Lettland die Kandidaten zum Teil durch die Exekutive und das Gericht selbst nominiert. In Litauen sind der Staatspräsident, der Parlamentspräsident und der Vorsitzende Richter des Verfassungsgerichts an der Auswahl der Richter beteiligt. Die Slowakei dreht den Entscheidungsprozess um, indem der Staatspräsident aus einer vom Parlament bestätigten Liste die zu ernennenden Kandidaten auswählt.

In den übrigen EU-Staaten herrschen Mischsysteme vor, in denen ein Teil der Richterschaft ernannt, ein anderer Teil von unterschiedlichen Instanzen gewählt wird: In Bulgarien etwa wird ein Drittel der Richter durch das Parlament gewählt, ein weiteres Drittel durch den Staatspräsidenten und das letzte Drittel durch das Plenum der obersten Gerichte des Landes ernannt. In Italien werden je ein Drittel der obersten Richter durch den Staatspräsidenten und die obersten Gerichte ernannt, das letzte Drittel durch beide Parlamentskammern gewählt. In Österreich wiederum werden acht Richter durch die Bundesregierung ernannt und je drei durch beide Parlamentskammern gewählt. Rumänien überlässt dem Staatspräsidenten die Ernennung eines Drittels der Richter, je ein weiteres Drittel wird durch die beiden Parlamentskammern gewählt, in Spanien wiederum ernennen Regierung und Justizrat je zwei und beide Parlamentskammern je vier Verfassungsrichter.

In den Fällen, in denen Verfassungsrichter nicht ernannt, sondern gewählt werden, variiert überdies das erforderliche Quorum für eine erfolgreiche Wahl. Während in Belgien, Deutschland, Italien, Portugal, Spanien und Ungarn übergroße Mehrheiten zur Wahl erforderlich sind (in Spanien sogar eine 3/5-Mehrheit), reichen in Bulgarien, Estland, Lettland, Litauen, Österreich, Polen, Rumänien, der Slowakei, Slowenien und Tschechien einfache Mehrheiten in den jeweiligen Parlamenten.

Die Modi der Richterwahl können also anhand von vier Kriterien unterschieden werden: dem Modus der Bestellung (Ernennung, Wahl oder Mischsystem), den beteiligten Instanzen (eine oder mehrere), dem Bestellungstyp (kooperativ oder repräsentativ) und – im Fall einer Wahl – der erforderlichen Mehrheit (einfache oder übergroße Mehrheit). Tabelle 2 klassifiziert die 27 EU-Staaten nach diesen Kriterien, wobei sich von den prinzipiell denkbaren 24 Merkmalskonstellationen neun in der Realität der EU wiederfinden.

Tabelle 2: Auswahl der Verfassungsrichter bzw. obersten Richter in 27 EU-Staaten

Typ (Ernennung vs. Wahl)	Beteiligte Instanzen bei der Auswahl (eine oder mehrere)	Auswahlmodus (kooperativ vs. repräsentativ)	Erforderliche Mehrheit (bei Wahl)	Fälle
Ernennung	Eine	-	-	Irland
Ernennung	Mehrere	Kooperativ	-	Dänemark, Finnland, Griechenland, Großbritannien, Luxemburg, Malta, Niederlande, Schweden, Zypern
Ernennung	Mehrere	Repräsentativ	-	Frankreich
Wahl	Eine	-	Einfach	Polen
Wahl	Eine	-	Übergroß	Ungarn
Wahl	Mehrere	Kooperativ	Einfach	Estland, Lettland, Litauen, Slowakei, Slowenien, Tschechien
Wahl	Mehrere	Repräsentativ	Übergroß	Belgien, Deutschland
Mischtyp	Mehrere	Repräsentativ	Einfach	Bulgarien, Österreich, Rumänien
Mischtyp	Mehrere	Repräsentativ	Übergroß	Italien, Portugal, Spanien

Quelle: CODICES-Datenbank der Venice-Commission; eigene Recherche; Darstellung in Anlehnung an Hönnige 2007: 109.

Der numerisch häufigste Auswahlmodus in der Europäischen Union ist die Ernennung der Richter durch mehrere Instanzen in einem kooperativen Verfahren (neun Fälle), gefolgt von der kooperativen Wahl der Richter durch mehrere Instanzen mit einfacher Mehrheit (sechs Fälle). Einen eigenen Typus bilden Irland (Ernennung durch eine einzige Instanz), Frankreich (voneinander unabhängige Ernennung durch mehrere Instanzen), Polen (Wahl durch nur eine Instanz mit einfacher Mehrheit) sowie Ungarn (Wahl durch eine Instanz mit übergroßer Mehrheit). Auffällig ist zudem, dass lediglich Ungarn, Belgien, Deutschland und die Südländer Italien, Spanien und Portugal eine übergroße Mehrheit bei der Wahl von Verfassungsrichtern vorsehen. Nur in diesen EU-Staaten hat auch die politische Opposition – unabhängig von temporären Mehrheitsverhältnissen[9] – einen gesicherten Einfluss auf die Auswahl zumindest eines Teils der Verfassungsrichter (vgl. zum Verhältnis von Opposition und Verfassungsgericht Hönnige 2007). Der Einfluss der Opposition auf die Auswahl der Verfassungsrichter entscheidet nicht unerheblich darüber, als wie polarisierend und politisiert das Gericht im politischen Prozess des jeweiligen Landes wahrgenommen wird oder tatsächlich agiert. Dem Ideal eines neutralen und unabhängigen Verfassungsgerichts kommen daher die EU-Länder am nächsten, die der Opposition ein institutionalisiertes Mitspracherecht bei der Auswahl der Richter einräumen.

3.1.2 Qualifikationserfordernisse und Isolierung von politischem Druck

Die Unabhängigkeit eines Verfassungsgerichts im politischen Prozess lässt sich aber nicht nur über die Art und Weise der Richterauswahl erhöhen oder vermindern, sondern sie wird ebenfalls beeinflusst von den Qualifikationserfordernissen, die an das Amt eines Richters gestellt werden, sowie von Mechanismen, über die Richter von politischem Druck isoliert werden (Amtszeiten, Regelungen zur Ab- oder Wiederwahl, Möglichkeit der Überstimmung des Gerichts).

Hinsichtlich der an die Verfassungsrichterfunktion gestellten Qualifikationserfordernisse unterscheiden sich die 27 EU-Staaten nur rudimentär; nur Frankreich stellt an seine Richter überhaupt keine Qualifikationsanforderungen. Häufig wird von den Verfassungsrichtern ein bestimmtes Mindestalter oder Berufserfahrung verlangt. In nahezu allen Fällen wird eine juristische Ausbildung vorausgesetzt, nur Polen verlangt lediglich „Rechtskenntnisse" (Art. 194 der polnischen Verfassung). Im Modell der diffusen Verfassungsgerichtsbarkeit versteht sich dies von selbst, da das Oberste Gericht an der Spitze des normalen Instanzenzuges steht. Aber auch an vielen originären Verfassungsgerichten ist zumindest ein Teil der Sitze für „ordentliche" Richter reserviert: So müssen sich etwa in Deutschland drei Richter jedes Senats aus den obersten Bundesgerichten rekrutieren, in Portugal müssen sechs von 13 Richtern schon zuvor als Richter gearbeitet haben. Auch Richter des in Großbritannien einzurichtenden Obersten Gerichtshofs müssen mindestens zwei Jahre ein hohes

---

[9] Oppositionsparteien können auch dann eigene Kandidaten in den Gerichten installieren, wenn der Ernennungsmodus für Verfassungsrichter repräsentativ ausgestaltet ist und wenn die Opposition eigene Mehrheiten in den relevanten Wahl- oder Ernennungsgremien besitzt, also beispielsweise zu Zeiten der *Cohabitation* in Frankreich. Gesicherte Beteiligungschancen bestehen aber nur dann, wenn zur Wahl übergroße Mehrheiten verlangt werden.

Richteramt innegehabt haben, in Italien gilt das Richteramt als eine mögliche Voraussetzung für einen Kandidaten. Manche Länder verlangen überdies eine gewisse Praxiserfahrung, wenn die Kandidaten nicht zuvor Richter gewesen sind: Diese muss in Lettland, Litauen und Tschechien mindestens zehn Jahre umfassen, in Irland und Malta zwölf, in Bulgarien, Großbritannien, Spanien und der Slowakei 15, in Rumänien 18 und in Italien sogar 20 Jahre. Wieder andere Länder verlangen ein Mindestalter der Kandidaten: In Belgien, Deutschland, der Slowakei, Slowenien und Tschechien müssen sie mindesten 40 Jahre alt sein, in Ungarn sogar mindestens 45.

Mit diesen Vorkehrungen ist – außer in Frankreich – in allen EU-Staaten grundsätzlich sichergestellt, dass die Verfassungsrichter (bzw. die obersten Richter) die notwendige formale Qualifikation für ihr Amt mitbringen. Interessant ist, dass nur Belgien die Hälfte der Richtersitze ausdrücklich für ehemalige Parlamentarier reserviert (hier ist zudem festgelegt, dass je sechs Richter den beiden großen Sprachgruppen angehören müssen). Belgien ist somit das einzige EU-Land, bei dem sich schon in der Komposition des Verfassungsgerichts dessen eigentümliche institutionelle Stellung zwischen Politik und Recht widerspiegelt.

Wichtig für die Unabhängigkeit eines Verfassungsgerichts und seiner Richter ist die Frage, für welche Amtszeiten Richter gewählt werden und ob sie wieder- oder abgewählt werden können. Lange Amtszeiten bis zur Pensionsgrenze ohne Wiederwahlerfordernis begünstigen generell die Unabhängigkeit eines Richters, kurze Amtszeiten mit Wiederwahlmöglichkeit können sie unter Umständen beeinträchtigen.

Bezüglich der Amtszeiten lässt sich eine gewisse Variationsbreite innerhalb der EU feststellen. Die am häufigsten anzutreffende Regelung sieht eine Amtszeit von neun Jahren vor (in Bulgarien, Frankreich, Italien, Litauen, Polen, Portugal, Rumänien, Slowenien, Spanien, Ungarn). In Lettland und Tschechien amtieren Richter zehn Jahre, in Deutschland und der Slowakei zwölf Jahre. Kürzere Amtszeiten kennen nur die Sonderfälle Estland und Griechenland, wo die Richter aus dem Kreis der obersten Richter faktisch für fünf bzw. vier Jahre gewählt werden. Nominell auf Lebenszeit werden die Verfassungsrichter in Belgien, Dänemark, Finnland, Irland, Luxemburg, Malta, Niederlande, Österreich, Schweden, Großbritannien und Zypern gewählt, allerdings haben fast alle Länder mit lebenslanger Amtszeit eine Pensionsgrenze für Richter vorgesehen, die in der Regel zwischen dem 65. und 70. Lebensjahr liegt, ebenso wie Deutschland (67 Jahre) und Ungarn (70 Jahre).

Kritischer für die Unabhängigkeit von Richtern als die Amtszeit sind mögliche Wiederwahlerfordernisse. In den 27 EU-Staaten können Verfassungsrichter heute nur noch in Tschechien (unbegrenzt) und in Ungarn (einmalig) wiedergewählt werden; die Slowakei hat eine Wiederwahlmöglichkeit mit der Verfassungsreform von 2001 abgeschafft und in Finnland können lediglich die zusätzlich auf Zeit gewählten vier Richter prinzipiell wiedergewählt werden. In Estland können die auf Lebenszeit berufenen Richter des Obersten Gerichts maximal zweimal der Verfassungskammer angehören. Damit ist in fast allen Staaten der Europäischen Union gewährleistet, dass sich Richter nicht bei ihren Urteilen an der jeweils herrschenden politischen Mehrheitsmeinung orientieren müssen, um eine mögliche Wiederwahl nicht zu gefährden. Zusammen mit den geltenden Mindest- und Höchstaltersgrenzen der Richter ist damit die Unabhängigkeit der Richter in der Europäischen Union weitgehend gesichert.[10]

---

[10] Aus demokratietheoretischer Sicht sind weder zu junge noch zu alte Richter in einem Verfassungsgericht von Vorteil. Sind sie zu jung, könnten sie versucht sein, Urteilsfindungen auch mit Blick auf zu-

Allerdings herrscht eine etwas größere Variationsbreite bezüglich der Frage, ob Richter ihres Amtes enthoben werden können, und falls ja, welche Instanz die Amtsenthebung mit welcher Mehrheit beschließen kann. In fast allen Ländern können Richter dann ihres Amtes enthoben werden, wenn sie sich des Amtsmissbrauchs schuldig gemacht haben oder wenn sie aus gesundheitlichen Gründen ihr Amt nicht mehr ausüben können. Allerdings bestehen erhebliche Unterschiede dahingehend, ob in diesen Fällen das jeweils betroffene Gericht selbst über eine Amtsenthebung entscheiden muss oder ob politische Akteure über die Absetzung der Richter (mit-)entscheiden können. Ist letzteres – möglicherweise sogar mit einfacher Mehrheit oder durch Entscheidung des Staatsoberhauptes – der Fall, ist ein politischer Missbrauch des Amtsenthebungsverfahrens nicht prinzipiell ausgeschlossen. In den meisten EU-Ländern muss das Verfassungsgericht selbst über die Amtenthebung entscheiden, allerdings gibt es Ausnahmen: In Irland können die höchsten Richter durch den Staatspräsidenten auf Antrag beider Häuser des Parlamentes entlassen werden, wenn eine Amtsverletzung oder Amtsunfähigkeit erwiesen ist (Art. 35 der irischen Verfassung). Auch in Malta kann der Staatspräsident nach einem Mehrheitsvotum mit Zweidrittel der Stimmen im Parlament einen obersten Richter entlassen (Art. 97 maltesische Verfassung). In Slowenien kann ein Richter durch Parlamentsbeschluss nach Antrag durch den Richterrat oder nach einer rechtskräftigen Verurteilung entlassen werden (Art. 132 der slowenischen Verfassung). In Tschechien verliert ein Richter sein Amt unter anderem dann, wenn er rechtskräftig wegen eines Kapitalverbrechens verurteilt worden ist. Über die Möglichkeit einer Richteranklage entscheidet aber wiederum die zweite Kammer des tschechischen Parlamentes (Senat). Ansonsten muss auch in Tschechien das Gericht selbst eine Amtsenthebung beschließen. In Großbritannien schließlich sollen die zukünftigen obersten Richter mit einfacher Mehrheit in beiden Parlamentskammern abberufen werden können.

Ein sehr wirkmächtiges Instrument zur Disziplinierung eines Verfassungsgerichts stellt die Möglichkeit dar, Verfassungsgerichtsurteile zu überstimmen und die von diesen annullierten Normen wieder in Kraft zu setzen. Besteht eine solche institutionelle Möglichkeit für politische Akteure, müssen Gerichte dies bei ihrer Urteilsfindung berücksichtigen, wollen sie nicht Gefahr laufen, durch häufige Überstimmung an institutioneller Legitimität einzubüßen. Dies wiederum beschränkt zwangsläufig die faktische Unabhängigkeit der Gerichte. Nur drei Länder in der EU haben in der Vergangenheit eine solche Möglichkeit eröffnet. In Polen konnte bis 1999 das Parlament mit Zweidrittelmehrheit Entscheidungen des Verfassungsgerichts überstimmen. Noch zu sozialistischen Regierungszeiten hatte der Sejm das Letztentscheidungsrecht über die Verfassungsmäßigkeit von Normen nicht an ein potenziell zu Selbständigkeit neigendes Verfassungsgericht abgeben wollen; diese Regelung hatte Bestand bis zur Verabschiedung der neuen polnischen Verfassung 1997 (die zugleich eine Übergangsfrist bis 1999 einräumte; vgl. Garlicki 2001). Portugal und Rumänien kennen bzw. kannten in der Vergangenheit eingeschränkte Regelungen: In Portugal kann das Parlament bis heute mit Zweidrittelmehrheit eine präventiv durch das Verfassungsgericht annullierte Norm wieder in Kraft setzen. Die gleiche Regelung galt bis 2003 in Rumänien, bevor diese Möglichkeit durch Verfassungsrevision abgeschafft wurde. In allen anderen Staaten der Europäischen Union besteht die Möglichkeit der Überstimmung des Verfassungsgerichts

---

künftige Karrierewege in der Zeit nach ihrem Amt vorzunehmen. Besteht umgekehrt keine Pensionsgrenze für Richter, müssen Demokratien mitunter auf lange Zeit mit obersten Richtern leben, die sich nach ihrer Wahl vielleicht als für ihr Amt weniger geeignet erweisen.

durch politische Instanzen (außer durch Gesetzes- oder Verfassungsänderungen) nicht. Hier besitzen die obersten Gerichte das, was sie nach ihrer institutionellen Stellung in der Demokratie auch haben sollten: das letzte Wort über die Auslegung der Verfassung.

3.2 Institutionelle Stärke: Kompetenzen der Gerichte und Gerichtszugang

Welche Rolle Verfassungsgerichte im politischen Leben eines Landes spielen können, hängt neben ihrer institutionellen Unabhängigkeit einerseits davon ab, mit welchen Rechten und Kompetenzen die Gerichte ausgestattet sind, andererseits davon, welche Akteure und Instanzen überhaupt Zugang zum Verfassungsgericht haben. Ein Gericht, das zwar mit umfangreichen Kompetenzen ausgestattet ist, aber von nur wenigen Akteuren angerufen werden kann, wird weniger wirkmächtig sein als ein Gericht, das vielleicht mit weniger Kompetenzen ausgestattet ist, dafür aber durch eine größere Anzahl von Personen oder Instanzen „eingeschaltet" werden kann.

3.2.1 Kompetenzen

Betrachtet man zunächst die Kompetenzausstattung der obersten europäischen Gerichte, fällt einmal mehr eine durchaus große institutionelle Variationsbreite auf. Schon hinsichtlich der zentralen verfassungsgerichtlichen Kompetenzen (konkrete Normenkontrolle, abstrakte Normenkontrolle, Verfassungsbeschwerde, horizontale und vertikale Kompetenzstreitverfahren) sind deutliche Unterschiede zu beobachten.

Wenig überraschend ist zunächst, dass in den Systemen mit diffuser Verfassungsgerichtsbarkeit (siehe Tabelle 1) eine *abstrakte Normenkontrolle* in der Regel nicht vorkommt, da dies der Systemlogik dieser Gerichtsorganisation widerspräche. Umso überraschender ist daher, dass in Irland der Staatspräsident eine Norm innerhalb von sieben Tagen nach Verabschiedung durch das Parlament präventiv durch das Oberste Gericht prüfen lassen kann (Art. 26 der irischen Verfassung; davon ausgenommen sind lediglich Finanzgesetze und verfassungsändernde Gesetze). Ebenfalls keine abstrakte Normenkontrolle kennt im Übrigen sonst nur noch Luxemburg, obwohl dort durch die 1997 vollzogene Trennung der Befugnisse zwischen Staatsrat (der während des Gesetzgebungsprozesses *a priori* beratend tätig ist) und Verfassungsgericht (das *a posteriori* über die Verfassungsmäßigkeit entscheidet) die Einführung auch abstrakter Normenkontrollbefugnisse eigentlich angelegt wäre. Von den übrigen zentralisierten Verfassungsgerichten kennen nur Frankreich und Rumänien ausschließlich eine präventive abstrakte Normenkontrolle. In beiden Ländern können Gesetze dem Verfassungsgericht nur vor ihrer Verkündung zur Prüfung vorgelegt werden. Im Gegensatz zu Frankreich können Gesetze in Rumänien aber im konkreten Normenkontrollverfahren – also durch Vorlage durch ein Gericht – auch nach ihrer Verkündigung überprüft werden.

Frankreich, die Niederlande und Großbritannien sind die einzigen EU-Mitgliedstaaten, die grundsätzlich keine *konkrete Normenkontrolle* kennen. In den Niederlanden und in Großbritannien können aber zumindest Gerichtsurteile und Verwaltungsakte auf ihre Verfassungsmäßigkeit überprüft werden, was dem französischen Verfassungsrat gleichfalls verwehrt ist. In Malta können im konkreten Normenkontrollverfahren zwar Gesetze geprüft, nicht aber für ungültig erklärt werden. Artikel 242 des maltesischen „Code of Organization and Civil Procedure" sieht vor, dass im Falle einer Verfassungswidrigkeit von Normen das Parlament diese mit der Verfassung „in Einklang zu bringen" hat. In Bulgarien kann die Frage der Verfassungswidrigkeit im konkreten Normenkontrollverfahren nur durch eines der obersten Gerichte vor das Verfassungsgericht gebracht werden, nicht aber – wie in den meisten anderen Ländern üblich – durch jedes Gericht. Für Länder mit diffuser Verfassungsgerichtsbarkeit gilt zudem, dass die konkrete Normenkontrolle – mit Ausnahme Irlands – nur *inzident* ausgeübt wird (vgl. Brunner 2001: 30 ff.); Gesetzesnormen werden dort nicht direkt, sondern nur indirekt geprüft, wenn sie für den konkret zu entscheidenden Fall relevant sind. Erweisen sie sich in der Prüfung als verfassungswidrig, werden sie für den konkret zu entscheidenden Fall nicht angewandt.

Auch *Verfassungsbeschwerden* sind in den Ländern unbekannt, in denen eine diffuse Verfassungskontrolle institutionalisiert ist. Statt eines direkten Zugangs zum Verfassungsgericht muss hier prinzipiell der Weg durch die normalen Gerichtsinstanzen beschritten werden (wobei die Erschöpfung des Rechtswegs auch in Ländern mit spezialisierter Verfassungsgerichtsbarkeit – beispielsweise in Deutschland – Voraussetzung für die Annahme einer Verfassungsbeschwerde sein kann). Aber auch die spezialisierten Systeme Bulgariens, Frankreichs, Italiens, Litauens und Luxemburgs kennen keine institutionalisierte Verfassungsbeschwerde. In Portugal und Rumänien kann die Verfassungsbeschwerde nur über einen Ombudsmann vorgebracht werden, nicht aber durch den einzelnen Bürger selbst. In Lettland, Polen und Ungarn wird nur eine „unechte Verfassungsbeschwerde" (Brunner 2001) gewährt, da hier durch exekutive oder gerichtliche Einzelakte entstandene Grundrechtsverstöße nicht direkt beanstandet werden können, sondern nur die diesen zugrunde liegenden Gesetzesnormen angegriffen werden können. Nicht überprüfbar sind damit beispielsweise verfassungswidrige Auslegungen an sich verfassungskonformer Normen. In Malta kann eine Verfassungsbeschwerde nur in Form einer Grundrechtsrevision vor dem Verfassungsgericht geltend gemacht werden, während die Prüfung der Verfassungsmäßigkeit von Gesetzen ansonsten im normalen Instanzenzug geschieht. Ungarn (und eingeschränkt Malta[11]) wiederum eröffnen als einzige EU-Länder die Möglichkeit zur Popularklage, die jedem Bürger gewissermaßen eine „abstrakte" Normenkontrollbeschwerde ermöglicht, ohne dass eine eigene Betroffenheit von der angegriffenen Norm oder Handlung nachgewiesen werden müsste.

Neben diesen gängigen Verfahrensarten verfügen mehrere Verfassungsgerichte der Europäischen Union über weitere Kompetenzen im Bereich des objektiven Verfassungsschutzes, wozu etwa Entscheidungen über Parteiverbote, Anklagen von Amtsträgern oder die Wahlgerichtsbarkeit zählen. Mitunter besitzen Verfassungsgerichte zudem die Kompetenz, überstaatliche Normen und völkerrechtliche Verträge anhand der nationalen Verfassung zu überprüfen (siehe dazu auch Abschnitt 4 weiter unten). Mit umfangreichen Kompetenzen dieser Art sind vor allem die Gerichte Bulgariens, Deutschlands, Litauens, Österreichs, Portugals, Rumäniens, der Slowakei, Sloweniens und Ungarns ausgestattet, während den anderen höchsten Gerichten nur einzelne dieser Kompetenzen zukommen.

---

[11] Popularklagen können in Malta nicht gegen Grundrechtsverstöße gerichtet werden, was ihre Effektivität (und Anzahl) deutlich mindert (Art. 116 der maltesischen Verfassung).

3.2.2 Gerichtszugang

Ob Verfassungsgerichte die ihnen institutionell zukommenden Kompetenzen auch ausüben können, entscheidet unter anderem darüber, wie offen oder geschlossen der Zugang zum jeweiligen Gericht ausgestaltet ist. Da kein Verfassungsgericht (oder oberstes Gericht) in der Europäischen Union von sich aus („ex officio") tätig werden kann, sondern von anderen Akteuren angerufen werden muss, sind für die Stärke der Gerichte im politischen Leben ihres Landes die Zugangsmöglichkeiten höchst relevant. Und auch hier unterscheiden sich die 27 höchsten Gerichte deutlich voneinander.

Vergleichsweise eingeschränkt ist der Zugang zu den höchsten Gerichten modellbedingt im System diffuser Verfassungsgerichtsbarkeit, da hier in der Regel nur über den normalen Instanzenzug Zugang zum Obersten Gericht gewährt wird. Zwar können einzelne Bürger eine Verletzung ihrer Rechte vor jedem Gericht (und dann im weiteren Instanzenzug) geltend machen, ein gesondertes Antragsrecht für politische Akteure existiert hier aber nicht und ein direkter Zugang zum Obersten Gericht ist in der Regel ausgeschlossen. Eine Ausnahme von dieser Regel stellt allerdings Irland dar, wo der Staatspräsident direkt einen präventiven Normenkontrollantrag beim Obersten Gericht stellen kann, wenn er an der Verfassungsmäßigkeit einer ihm zur Ausfertigung vorgelegten Norm zweifelt.

Aber auch unter den Verfassungsgerichten der spezialisierten Verfassungskontrolle lassen sich erhebliche Varianzen bezüglich des Gerichtszugangs feststellen. So variieren zum einen die bloße Anzahl der antragsberechtigten Akteure, zum anderen das notwendige Quorum, das – etwa für einen Normenkontrollantrag aus der Mitte des Parlaments – für einen Antrag erreicht werden muss. Vergleichsweise wenigen Antragstellern wird der Weg zum Verfassungsgericht in Frankreich und dem stark vom französischen Modell beeinflussten Luxemburg gewährt. In Frankreich sind nur der Staatspräsident, der Premierminister, die Präsidenten der beiden Parlamentskammern (die „vier Prinzen"; Vogel 2004: 202) und seit 1974 auch je 60 Abgeordnete oder Senatoren antragsberechtigt, in Luxemburg ist der Zugang zum Verfassungsgericht nur Gerichten über den Weg der konkreten Normenkontrolle eröffnet. Besonders viele Antragsberechtigte kennen hingegen vor allem die süd-, mittel- und osteuropäischen Mitgliedstaaten, insbesondere Polen, Portugal, Rumänien, Slowenien, Spanien und Ungarn. Je nach Verfahrensart wird beispielsweise in Polen auch Gewerkschaften, Arbeitgeberverbänden und Kirchen ein eigenes Antragsrecht eingeräumt, hinzu kommen in manchen Ländern die Nationalbank (Slowenien) und der Rechnungshof (Ungarn). Mitunter ist auch einem Ombudsmann ein eigenes Antragsrecht eingeräumt worden (so in Polen, Portugal, Rumänien, Slowenien und Spanien).

Für alle Fälle der spezialisierten Verfassungsgerichtsbarkeit fällt auf, dass – auf alle Verfahrensarten bezogen – den Exekutiven praktisch immer ein Antragsrecht zusteht. Hinsichtlich legislativer Klagebefugnisse bestehen aber deutliche Unterschiede: In Italien können aus dem Parlament heraus überhaupt keine Verfassungsklagen angestrengt werden, lediglich die nationale Regierung kann regionale Normen überprüfen lassen und umgekehrt eine Regionalregierung nationale Normen. Auch das luxemburgische Parlament besitzt keine Antragsbefugnis vor dem Verfassungsgericht. In Estland kann das Parlament lediglich die Übereinstimmung von zu implementierendem EU-Recht mit nationalen Verfassungsnormen überprüfen lassen. In allen übrigen Fällen der spezialisierten Verfassungsgerichtsbarkeit besitzen Abgeordnete des Parlaments (je nach Regierungssystem auch jene der zweiten Kammern) ein Antragsrecht im abstrakten Normenkontrollverfahren, allerdings reicht hier die Spanne des notwendigen Antragsquorums von einem Zehntel der Abgeordneten in Portugal (bei nachträglicher abstrakter Normenkontrolle) bis hin zu einem Zweidrittelquorum in Belgien: Auch in Frankreich genügen etwa zehn Prozent der Stimmen der Abgeordneten und etwa 19 Prozent der Senatoren (je 60 Abgeordnete), um einen Normenkontrollantrag zu stellen, ebenso wie in Polen (zehn Prozent der Abgeordneten, 30 Prozent der Senatoren). In Spanien sind 14 Prozent der Abgeordneten und 19 Prozent der Senatoren notwendig und in Rumänien müssen sich etwa 15 Prozent der Abgeordneten in einer der beiden Parlamentskammern zusammenfinden, um ein Normenkontrollverfahren zu beantragen. In Tschechien sind je nach Antragsgegenstand zwischen zwölf und 20 Prozent der Stimmen in Abgeordnetenkammer oder Senat für einen Antrag notwendig, in Ungarn etwa 13 Prozent (hier kann über die Popularklage aber ohnehin „Jedermann" die Überprüfung einer Norm beantragen). Ein Fünftel der Abgeordnetenstimmen genügt in Portugal zur Initiierung eines (vorbeugenden) abstrakten Normenkontrollverfahrens, ebenso in Bulgarien, Lettland, Litauen und der Slowakei. In den übrigen Fällen (Deutschland, Österreich, Slowenien) benötigt ein Antrag die Unterstützung von einem Drittel der Parlamentsabgeordneten, in Zypern von einer Mehrheit und in Belgien sogar von zwei Dritteln der Abgeordneten.

Die 27 Verfassungsgerichte (bzw. obersten Gerichte) der EU können nun anhand der beiden Dimensionen „Kompetenzausstattung" und „Gerichtszugang" geordnet und typologisiert werden. Angesichts der institutionellen Vielfalt der Gerichte soll diese Typologisierung jedoch zunächst nur grob erfolgen. Hinsichtlich der Kompetenzausstattung wird dichotom nach den Kriterien „begrenzt" und „weitreichend", hinsichtlich des Zugangs nach „begrenzt" und „offen" unterschieden.[12]

Tabelle 3: Verfassungsgerichte und oberste Gerichte der EU nach Kompetenzausstattung und Gerichtszugang

		Kompetenzen	
		Begrenzt	Weitreichend
Zugang	Beschränkt	Dänemark, Estland, Finnland, Griechenland, Irland, Luxemburg, Malta, Niederlande, Schweden, Vereinigtes Königreich	Belgien, Italien, Litauen
	Offen	Frankreich, Lettland	Bulgarien, Deutschland, Österreich, Polen, Portugal, Rumänien, Slowakei, Slowenien, Spanien, Tschechien, Ungarn, Zypern

Quelle: Eigene Darstellung.

---

[12] Hinsichtlich der Kompetenzen wird das Vorhandensein (oder Nichtvorhandensein) der zentralen Verfahrensarten (abstrakte Normenkontrolle, konkrete Normenkontrolle, Verfassungsbeschwerde oder Äquivalentes), vertikales und horizontales Organstreitverfahren und als Sammelkategorie „Sonstiges" (Wahlgerichtsbarkeit, Amtsenthebung von Amtsträgern, Parteienverbot, Verfassungsauslegung auf Antrag) erfasst, hinsichtlich des Zugangs zum Gericht die Anzahl der antragsberechtigten Akteure. Als „weitreichend" und „offen" wurden die Fälle klassifiziert, die überdurchschnittlich viele Kompetenzen bzw. Antragsteller aufweisen, als „begrenzt" bzw. „beschränkt", wenn sie unterdurchschnittlich viele Kompetenzen bzw. Antragsteller aufweisen.

Verfassungsgerichtsbarkeit im Vergleich 647

Wie Tabelle 3 verdeutlicht, lassen sich im Europa der 27 hinsichtlich der Kompetenzausstattung und dem Gerichtszugang vor allem zwei Typen von Gerichten ausmachen: solche, die sowohl mit begrenzten Kompetenzen als auch beschränktem Zugang ausgestattet sind und solche, die weitreichende Kompetenzen mit einem relativ offenen Zugang verknüpfen. Nur fünf der 27 Fälle lassen sich nicht diesen Typen zuordnen: einerseits Frankreich und Lettland, deren vergleichsweise offenen Zugangsverfahren mit nur geringen Kompetenzen korrespondieren sowie andererseits der Gruppe Belgien, Italien und Litauen, die einen nur beschränkten Zugang zu ihren Gerichten offerieren, diese dafür aber mit weitreichenden Kompetenzen ausgestattet sind.

3.3 Stärke und Rolle der Gerichte im politischen Prozess

In den Abschnitten 3.1 und 3.2 sind die institutionelle Unabhängigkeit und die institutionelle Stärke der höchsten Gerichte der EU eingehender untersucht worden. Beide Dimensionen entscheiden über die potenzielle[13] Stärke eines Gerichtes im politischen Prozess eines Landes. Je unabhängiger ein Gericht von politischer Einflussnahme ist, je stärker es hinsichtlich seiner Kompetenzausstattung und je leichter es zu aktivieren ist, umso gewichtiger wird seine Rolle im politischen Prozess seines Landes sein. Abbildung 1 verortet die 27 Verfassungs- und höchsten Gerichte in den Mitgliedstaaten der Europäischen Union nochmals nach diesen beiden Dimensionen.[14]

Die Verortung der Gerichte spiegelt einmal mehr die unterschiedliche Organisation der Verfassungskontrolle nach diffusem und spezialisiertem Modell wider. Sie zeigt aber auch die partielle Sonderstellung der spezialisierten Verfassungsgerichtsbarkeit in Luxemburg und Frankreich, die sich bezüglich ihrer formalen institutionellen Stärke und Unabhängigkeit in die Länder mit diffuser Verfassungsgerichtsbarkeit einreiht. Irland weist im Vergleich zu allen anderen Fällen eine deutlich geringere institutionelle Unabhängigkeit des Gerichts auf, weil Wahl und Abwahl der Verfassungsrichter formal vergleichsweise stark politisch dominiert sind (was in der Praxis aber weniger zutrifft). Zu den „stärksten" Gerichten nach diesen Dimensionen zählen einmal mehr die „Erfinder" der spezialisierten Verfassungsgerichtsbarkeit, Österreich und Deutschland, sowie die sich daran orientierenden Gerichte Süd-, Mittel- und Osteuropas (mit Ausnahme Griechenlands) und – gewisser-

---

[13] Aus der institutionellen Stärke eines Gerichtes folgt nicht zwangsläufig auch eine faktische Stärke im demokratischen Regierungsprozess. Gerichte können defensiv oder offensiv mit ihren Kompetenzen umgehen, und antragsberechtigte Akteure können einen institutionell eröffneten Weg beschreiten oder auch nicht. So gehört der Supreme Court der USA zweifellos zu den mächtigsten Gerichten der Welt, obwohl seine institutionellen Kompetenzen vergleichsweise mager ausgestaltet sind und auch der Zugang zum Gericht deutlich beschränkt ist. Die Art und Weise, in der das Gericht seine Kompetenzen in der Vergangenheit aber ausgeübt hat, hat es zu einem mächtigen Mitspieler der US-amerikanischen Demokratie werden lassen.

[14] Der Verortung der Gerichte liegt ein additiver Index zugrunde. Dieser wurde einerseits gebildet aus der Anzahl der institutionell vorhandenen Kompetenzen und der Anzahl der Akteure mit Gerichtszugang (institutionelle Stärke), andererseits aus der Art des Richterwahlverfahrens und der Isolierung von politischem Druck, erfasst über die Amtszeiten, Wiederwahlerfordernisse und Abwahlmöglichkeiten (Unabhängigkeit der Gerichte). Die Darstellung beansprucht keine quantitative Exaktheit, sondern dient der qualitativen Verortung der Gerichte anhand der diskutierten Kriterien.

maßen als Nachzügler – Belgiens. Die institutionelle Stärke der Gerichte Portugals, Sloweniens und Ungarns ist unter anderem darauf zurückzuführen, dass in diesen Ländern überdurchschnittlich vielen Akteuren der Zugang zum Verfassungsgericht eröffnet wird, während die institutionelle Unabhängigkeit des Gerichts vor allem in Deutschland, Belgien, der Slowakei, Lettland und Litauen überdurchschnittlich stark ausgebaut ist.

Abbildung 1: Institutionelle Unabhängigkeit und institutionelle Stärke der Verfassungsgerichte und höchsten Gerichte in 27 Mitgliedstaaten der EU

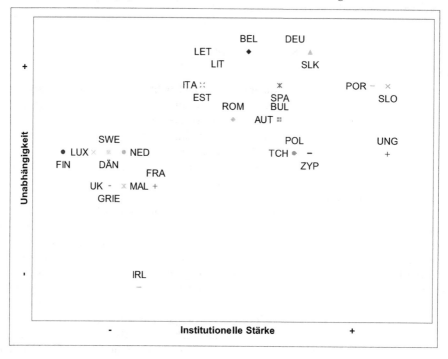

Quelle: Eigene Darstellung.

Institutionelle Stärke und Unabhängigkeit der Gerichte sind aber nicht nur nominell von Bedeutung, sondern sie haben auch einen Effekt auf die tatsächliche Rolle der Gerichte im Regierungsprozess und die Art und Weise, wie die Gerichte ihre Kompetenzen ausspielen. Empirisch zeigt sich gemeinhin, dass Gerichte mit größerer Unabhängigkeit und einem höheren Maß institutioneller Stärke in aller Regel auch aktiver als Mitspieler im politischen Prozess in Erscheinung treten als solche, die mit geringerer institutioneller Stärke und geringerer Unabhängigkeit ausgestattet sind. Die Gerichte der skandinavischen und angelsächsischen Staaten üben auch in der Praxis ihre vorhandenen Kompetenzen deutlich zurückhaltender aus als etwa die Gerichte in Portugal, Spanien, Slowenien, Polen, Ungarn oder auch Deutschland. In Dänemark etwa ist bis vor kurzem noch kein Gesetz letztinstanzlich von einem Gericht verworfen worden (vgl. Nannestad 1999: 86), in den Niederlanden und Großbritannien ist dies ohnehin verfassungsmäßig ausgeschlossen. Hingegen haben vor allem die mittel- und osteuropäischen Verfassungsgerichte nach 1989 zunächst in fast allen Ländern überaus „aktivistisch" agiert und in den meisten Fällen – auch durch häufigere Annullierung von Normen – die Konsolidierung der Demokratie aktiv unterstützt (vgl. Boulanger 2002; Sadurski 2002). Selbst das slowakische Verfassungsgericht, das bis zur Verfassungsänderung im Jahr 2001 deutlich schwächer ausgestaltet war als heute, hat diesen Prozess unterstützen können (vgl. Vodicka 2002; Malová 2003). Durchaus aktivistisch agieren aber auch die Gerichte in Frankreich und Italien (vgl. Favoreu 1988; de Franciscis/Zannini 1992; Stone 1992; Volcansek 1994; Vogel 2001), obwohl ihre institutionelle Stärke geringer ausgestaltet ist als in anderen Ländern mit spezialisierter Verfassungsgerichtsbarkeit. Der französische Verfassungsrat stellt sogar ein gutes Beispiel für ein Gericht dar, das sich – wie auch der belgische Schiedshof – im Laufe seines Bestehens von einem Neben- zu einem Hauptakteur im Regierungsprozess entwickelt hat (vgl. z. B. Stone 1992).

Obwohl der Grad des Aktivismus der Gerichte vergleichend nur sehr schwer zu ermitteln ist, kann festgehalten werden, dass vor allem die Gerichte besonders „aktiv" ihre Kompetenzen ausüben, denen umfangreiche institutionelle Gelegenheiten dazu gegeben werden (dies gilt insbesondere für die spezialisierten Verfassungsgerichte) und die sich zugleich als Advokaten der Durchsetzung von Grundrechten betrachten. Letzteres trifft insbesondere auf die Gerichte der süd-, mittel- und osteuropäischen Mitgliedstaaten der Europäischen Union zu, die sich – nach den Erfahrungen autoritärer Herrschaft – das deutsche Bundesverfassungsgericht zum Vorbild der Durchsetzung einer starken Grundrechtsjudikatur genommen haben.

4 Nationale Verfassungsgerichtsbarkeit im Europäischen Rechtsraum

Während die Struktur der Verfassungskontrolle in der Europäischen Union also größere institutionelle Varianzen aufweist und auch die Kontrollfunktion in der Rechtspraxis unterschiedlich wahrgenommen wird, sind alle (Verfassungs-)Gerichte der EU gleichermaßen mit einem Phänomen konfrontiert, das in dieser Form einmalig sein dürfte: ihrer Eingebundenheit in einen gemeinsamen europäischen Rechtsraum, der einerseits vom Gemeinschaftsrecht der EU, andererseits von der Europäischen Menschenrechtskonvention und ihrer Auslegung durch den Europäischen Gerichtshof für Menschenrechte in Straßburg definiert und geprägt wird.

Die Europäische Union als Rechtsgemeinschaft zeichnet sich unter anderem dadurch aus, dass ihren Normen grundsätzlich Vorrang vor nationalem Recht zukommt und das Gemeinschaftsrecht – Verordnungen und begrenzt auch Richtlinien – unmittelbare Wirkung in den Mitgliedstaaten der Europäischen Union entfaltet (vgl. Bröhmer 1999: 32). Allerdings ist der Prozess der Europäischen Integration nicht in allen Mitgliedstaaten verfassungsrechtlicher Kontrolle unterworfen: Während Europarecht beispielsweise in Österreich nie Gegenstand verfassungsgerichtlicher Kontrolle war, haben die Verfassungsgerichte Deutschlands und Italiens sich schon früh zu Fragen der Europäischen Integration geäußert (vgl. Vogel 2004: 199).

Bis heute ist die Stellung der nationalen Verfassungsgerichte im europäischen Rechtssystem nicht gänzlich geklärt. Einerseits stehen die Gerichte an der Spitze ihres jeweiligen nationalen Rechtssystems (und begreifen sich meist als originäre Hüter desselben), andererseits sind sie eingebunden in einen europäischen Rechtsraum, an dessen Spitze mit dem

Europäischen Gerichtshof wiederum ein höchstes Gericht steht, dessen Kernaufgabe die Auslegung des europäischen Rechts ist. Nationale oberste Gerichte sehen sich daher vor allem mit zwei grundsätzlichen Problemen konfrontiert: Zum einen müssen sie Entscheidungsregeln für den Fall entwickeln, dass europäisches Recht nationalen Verfassungsnormen widerspricht. Zum anderen sind die Gerichte damit auch gezwungen, ihr Verhältnis zum Europäischen Gerichtshof und dessen Judikatur zu definieren und zu klären, wer in verfassungsrechtlichen Fragen, die europäisches Recht betreffen, das „letzte Wort" besitzt. Mit beiden Problemlagen sind die nationalen Verfassungsgerichte der EU in der Vergangenheit unterschiedlich umgegangen.

Vor allem die Kompetenzverteilung zwischen EuGH und nationalen Verfassungsgerichten ist noch nicht in allen Mitgliedstaaten der Europäischen Union abschließend entschieden. Zwar besitzt der EuGH das Auslegungsmonopol für das Gemeinschaftsrecht und nationale Gerichte müssen, wenn Gemeinschaftsrecht ausgelegt werden muss, eine Vorabentscheidung des EuGH einholen (Art. 234 EGV). Strittig ist aber beispielsweise, ob auch spezialisierte Verfassungsgerichte unter diese institutionelle Regelung fallen. Und gerade im Bereich des Grundrechtsschutzes treten EuGH und nationale Verfassungsgerichte nicht selten in ein Konkurrenzverhältnis.[15]

Grundsätzlich lässt sich sagen, dass vor allem die Gerichte mit starker institutioneller Stellung und aktiver Kompetenzausübung im nationalen Rahmen auch gegenüber dem Europäischen Gerichtshof eher ein „Kooperations-" als ein „Unterordnungsverhältnis" pflegen (Woelk 1996). Als prototypisch kann hier die Haltung des deutschen Bundesverfassungsgerichts gelten. Dieses hat sich nach einer anfänglich sehr europafreundlichen Haltung mit den berühmten „Solange I und II"-Urteilen von 1974 und 1986 (BVerfGE 37, 271 und 73, 339) und seiner Entscheidung zum Vertrag von Maastricht 1993 (BVerfGE 89, 335) selbst in ein „Kooperationsverhältnis" zum Europäischen Gerichtshof gesetzt und behält sich theoretisch seitdem selbst die Entscheidung darüber vor, ob EU-Recht dem Grundrechtsschutz der deutschen Verfassungsordnung entspricht und ob diesem durch die Rechtsprechung des Europäischen Gerichtshofs genüge getan ist oder nicht (vgl. Müller-Graff/Reichel 1998; Bröhmer 1999; Sander 2000). „Das BVerfG steht zurück, *solange* der EuGH gut arbeitet – und was gut ist, entscheidet das BVerfG" (Bröhmer 1999: 35). Auch das italienische Verfassungsgericht hat sich dieser Haltung in Teilen angeschlossen und behält sich bei schweren Grundrechtsverletzungen eine Prüfung von Gemeinschaftsrecht vor (vgl. Sander 2000: 592), ebenso wie der dänische Oberste Gerichtshof, der für sich ein Letztentscheidungsrecht darüber reklamiert, ob ein Rechtsakt der Europäischen Union die Grenzen der nationalen Souveränitätsübertragung auf die EU überschreitet (vgl. Vogel 2004: 210). Allerdings hat der dänische Gerichtshof auch schon Vorabentscheidungen des EuGH in strittigen Fragen eingeholt (Schwarze 2000: 543). Auch in Irland und Griechenland sind integrationsskeptische Urteile der obersten Gerichtshöfe ergangen (vgl. Haltern 2005: Fn. 64). Schweden hat den „Solange-Beschluss" des Bundesverfassungsgerichts sogar fast wörtlich in seine Verfassung übernommen (vgl. Kapitel 10, § 5 der schwedischen Verfassung und Bernitz 2000: 456) und er-

---

[15] Durch die europäische Menschenrechtskonvention (EMRK) und ihre Auslegung durch den Europäischen Gerichtshof für Menschenrechte (EGMR) in Straßburg sind die nationalen Verfassungsgerichte in ein weiteres europäisches Grundrechtssystem eingebunden. Hier ist aber noch strittiger, welche Normhierarchie zwischen EMRK und der jeweiligen nationalen Verfassung zu gelten hat, weil die nationalen Rechtsordnungen die EMRK entweder mit Verfassungsrang ausstatten (wie etwa in Österreich) oder ihnen den Status eines einfachen Gesetzes zuweisen (wie etwa in Deutschland) (vgl. Woelk 1996).

laubt dem Reichstag eine Übertragung von Befugnissen an die Europäische Union nur soweit, wie die Freiheitsrechte der schwedischen Verfassung und der europäischen Menschenrechtskonvention geachtet werden. Ist eine solche Souveränitätsübertragung rechtmäßig erfolgt, muss sich aber auch der Oberste Gerichtshof Schwedens der Judikatur des EuGH unterordnen.

Die Gerichte der anderen Mitgliedstaaten der EU erkennen die Suprematie Europäischen Rechts zwar prinzipiell an, aber auch hier treten unterschiedliche Akzentsetzungen zutage. Das spanische Verfassungsgericht etwa hat die Alleinzuständigkeit des EuGH bei Auslegung von EU-Recht inzwischen faktisch anerkannt (vgl. Schwarze 2000: 540), bislang aber ebenso wenig eine Vorlage an den EuGH gerichtet wie das deutsche oder das italienische Verfassungsgericht (vgl. Haltern 2005: 329). Der österreichische Verfassungsgerichtshof hat hingegen schon Vorabentscheidungen des EuGH eingeholt und sich diesem damit faktisch untergeordnet (vgl. Schwarze 2000: 543). Der französische Verfassungsrat wiederum hat in der Vergangenheit zwar häufig darauf gedrungen, nationales Recht europäischem anzupassen (und damit eine eher integrationsfreundliche Haltung bewiesen), dies aber immer unter dem Vorbehalt des Prinzips der nationalen Souveränität und ohne Vorabentscheidungen des EuGH einzuholen (vgl. Müller-Graff/Reichel 1998: 397). In Luxemburg, den Niederlanden und Belgien ist der Vorrang europäischen Rechts weitgehend unstrittig und in der Praxis anerkannt, zumindest in Belgien hält sich das Verfassungsgericht aber prinzipiell eine eigene Überprüfung europäischer Rechtsakte offen (vgl. Müller-Graff/Reichel 1998: 410ff.). Weitgehend ungeklärt scheint bislang das Verhältnis von nationalem und europäischem Recht in Finnland, Griechenland und Portugal (vgl. Müller-Graff/Reichel 1998: 413f.). Hier sind bislang keine Konflikte zwischen nationalem und supranationalem Recht oder zwischen nationaler Verfassungsgerichtsbarkeit und Europäischem Gerichtshof offenbar geworden.

Die mittel- und osteuropäischen Beitrittsländer der EU haben ihr Verhältnis zu EU-Recht und EuGH in der Praxis ebenfalls noch nicht abschließend klären können. In der Vergangenheit spielte für diese Länder ohnehin die europäische Menschenrechtskonvention und ihre Auslegung durch den EGMR, auf dessen Urteile sich die nationalen Verfassungsgerichte häufig fallweise bezogen haben, eine wichtigere Rolle. Bezüglich der EU liegt aber auch hier nahe, dass sich insbesondere die Länder mit starker Verfassungsgerichtsbarkeit (v. a. Ungarn, Polen, Slowenien, Tschechien, Slowakei) mit einer Abgrenzung schwer tun werden. Es ist zu vermuten, dass sich die Gerichte eher der deutschen Haltung anschließen und sich in einem „Kooperationsverhältnis" zum EuGH sehen werden, ohne es in der Praxis aber auf tatsächliche Konflikte mit der höchsten europäischen Rechtsprechungsinstanz ankommen zu lassen. Allerdings mehren sich mittlerweile die Anzeichen dafür, dass das „Leitbild dialogischer Kooperation" zwischen EuGH und den höchsten nationalen ordentlichen Gerichten allmählich von Seiten des EuGH durch ein „System von Kontrolle und Druck abgelöst" wird (Haltern 2005: 311). Ob sich dies auch auf die Verfassungsgerichtsbarkeit auswirken wird und wie die nationalen Gerichte auf diese Akzentverschiebung zukünftig reagieren werden, bleibt aber einstweilen abzuwarten.

Auf eine letzte Besonderheit des europäischen Rechtsraums sei noch hingewiesen: Die Rechtsordnungen Europas (Gemeinschaftsrecht und Europäische Menschenrechtskonvention) hatten und haben erheblichen Einfluss auch auf jene Mitgliedstaaten der EU, die traditionell keine verfassungsrechtliche Überprüfung nationaler Normen kennen. So hat Luxemburg sein Verfassungsgericht erst eingeführt, nachdem der Europäische Gerichtshof für

Menschenrechte 1995 die mangelnde richterliche Unparteilichkeit des damaligen Staatsrates kritisiert hatte. In den Niederlanden wiederum wird die national untersagte Normenkontrolle mitunter durch den Europäischen Gerichtshof und den Europäischen Gerichtshof für Menschenrechte ausgeübt, wenn diese die Übereinstimmung nationaler Gesetze mit EU-Recht oder der Europäischen Menschenrechtskonvention überprüfen und die Gesetze gegebenenfalls beanstanden. Da Artikel 94 der niederländischen Verfassung zugleich die Nichtanwendung solcher nationaler Normen vorschreibt, die mit internationalen Normen und Verträgen inkompatibel sind, findet also auch hier – indirekt – Normenkontrolle statt, wenn auch nicht durch niederländische Gerichte (siehe auch Kate/Koppen 1994, 1995). Gleiches gilt für Großbritannien, das zwar traditionell ebenfalls weder eine nationale Verfassungsgerichtsbarkeit noch Normenkontrollverfahren kennt, das aber nach dem Beitritt zur Europäischen Union 1973 und der Integration der Europäischen Menschenrechtskonvention in nationales Recht durch den „Human Rights Act" 1998 faktisch der Rechtsprechung beider europäischen Gerichte unterworfen ist. Mit der Einführung eines Obersten Gerichts ab dem Jahr 2009 – die nichts anderes als eine Rechtsrevolution darstellt – wird sich Großbritannien noch weiter der kontinentaleuropäischen Rechtswirklichkeit annähern.

Der Effekt der Europäischen Integration ist unter diesen Gesichtspunkten ein zweifacher: Einerseits führt sie vor allem in Ländern mit starker nationaler Verfassungsgerichtsbarkeit mitunter zu Abgrenzungsschwierigkeiten zwischen nationaler und übernationaler Rechtsordnung und den sie auslegenden Gerichten. Andererseits aber werden auch Länder mit traditionell schwacher (oder gar nicht vorhandener) Verfassungsgerichtsbarkeit vermehrt in den Bereich des europäischen Grundrechtsschutzes integriert. So entwickelt sich Europa vielleicht nicht zwingend zu einer „ever closer union" im politischen, wohl aber im (grund-)rechtlichen Sinne.

5 Fazit

Die Verfassungsgerichtslandschaft der Europäischen Union ist einerseits durch größere institutionelle Vielfalt und Varianz geprägt, andererseits lässt sich aber – auch bedingt durch die Einbindung in einen gemeinsamen europäischen Rechtsraum – ein Trend der Angleichung der verfassungsgerichtlichen Kontrollstrukturen und -prozesse feststellen.

Zwar kennt die EU-27 nach wie vor solche Länder mit diffuser und spezialisierter Verfassungskontrolle und damit auch deutliche Unterschiede in der Dichte und Stärke der nationalen Verfassungskontrolle. Größere Unterschiede bleiben vor allem zwischen den beiden Modellen der Verfassungsgerichtsbarkeit bestehen, aber auch innerhalb der Verfassungsgerichtsfamilien finden sich nach wie vor deutliche Varianzen bezüglich Unabhängigkeit, Kompetenzen und Zugang zu den Gerichten. Diese erklären zu einem großen Teil auch die unterschiedlich starken Rollen, die die Gerichte im jeweiligen nationalen Politikprozess spielen. Mit der Aufnahme der mittel- und osteuropäischen Staaten in die EU ist aber das spezifische Verfassungsgerichtsmodell das eindeutig dominierende in Europa geworden und damit in den meisten Mitgliedstaaten eine sehr dichte nationale Verfassungskontrolle gewährleistet.

Durch die Einbindung der Gerichte in einen gemeinsamen europäischen Rechtsraum ist heute zudem ein Mehrebenensystem des Grundrechtschutzes entstanden, das in allen Mitgliedstaaten eine fundamentale Sicherung individueller Grundrechte sicherstellt, unabhängig davon, mit welchen Kompetenzen die jeweilige nationale Verfassungsgerichtsbarkeit ausgestattet ist. Die Rechtsprechung des EuGH wie auch des EGMR hat nicht nur in Großbritannien zu institutionellen Veränderungen des Gerichtssystems geführt, sie prägt auch zunehmend die Rechtsprechung der nationalen Verfassungsgerichte und obersten Gerichte der anderen Mitgliedstaaten.

Der „Triumphzug der Verfassungsgerichtsbarkeit" mag ein weltweites Phänomen sein, in Europa lässt er sich aber besonders deutlich beobachten. Für die Mitgliedstaaten der Europäischen Union ist er ein Glücksfall, besonders für diejenigen Länder, die nach autoritären Erfahrungen Demokratisierungsprozesse zu stemmen hatten, die durch eine aktive Verfassungsgerichtsbarkeit unterstützt werden konnten. Aber auch für die Union als ganze ist er ein Glücksfall, sorgt er doch dafür, dass die Einhaltung der Verfassungsgrundsätze und die Gewährung der Grund- und Menschenrechte nirgendwo so dicht gewährleistet sind wie hier. Es gibt Schlimmeres, was man der Europäischen Union und ihren Mitgliedstaaten zu Beginn des 21. Jahrhunderts nachsagen könnte.

Literatur

Alber, Jens/Merkel, Wolfgang (Hrsg.), 2006: Europas Osterweiterung: Das Ende der Vertiefung?, in: WZB-Jahrbuch 2005. Berlin.

Auffermann, Burkhard, 1999: Das politische System Finnlands, in: Ismayr, Wolfgang (Hrsg.), Die politischen Systeme Westeuropas. 2. Auflage. Opladen, 183-216.

Bernitz, Ulf, 2000: Swedish Report, in: Schwarze, Jürgen (Hrsg.), Die Entstehung einer europäischen Verfassungsordnung. Das Ineinandergreifen von europäischem und nationalem Verfassungsrecht. Baden-Baden, 389-459.

Boulanger, Christian (Hrsg.), 2002: Recht in der Transformation. Rechts- und Verfassungswandel in Mittel- und Osteuropa. Berlin.

Bröhmer, Jürgen, 1999: Das Bundesverfassungsgericht und sein Verhältnis zum Gerichtshof der Europäischen Gemeinschaften, in: Aus Politik und Zeitgeschichte B16, 31-39.

Brünneck, Alexander von, 1992: Verfassungsgerichtsbarkeit in den westlichen Demokratien. Baden-Baden.

Brunner, Georg, 2001: Der Zugang des Einzelnen zur Verfassungsgerichtsbarkeit im europäischen Raum, in: Report for the Venice Commission (European Commission for Democracy through Law), 28. März 2001. Strasbourg.

Cappelletti, Mauro/Ritterspach, Theodor, 1971: Die gerichtliche Kontrolle der Verfassungsmäßigkeit der Gesetze in rechtsvergleichender Sicht, in: Jahrbuch des öffentlichen Rechts (JöR) 20, 65-111.

de Franciscis, Maria Elisabetta/Zannini, Rosella, 1992: Judicial Policy-Making in Italy: The Constitutional Court, in: West European Politics 15 (3), 68-79.

Elster, Jon/Slagstad, Rune (Hrsg.), 1993: Constitutionalism and Democracy. Cambridge.

Favoreu, Louis, 1988: The Constitutional Council and Parliament in France, in: Landfried, Christine (Hrsg.), Constitutional Review and Legislation. An International Comparison. Baden-Baden, 81-108.

Garlicki, Leszek Lech, 2001: Das Verfassungsgericht und das Parlament. Die Zurückweisung von Entscheidungen des polnischen Verfassungsgerichtshofs durch den Sejm, in: Hofmann, Mahulena/Küpper, Herbert (Hrsg.), Kontinuität und Neubeginn. Staat und Recht in Europa zu Beginn des 21. Jahrhunderts. Festschrift für Georg Brunner. Baden-Baden, 357-367.

Gibson, James L./Baird, Vanessa A./Caldeira, Gregory A., 1998: On the Legitimacy of National High Courts, in: American Political Science Review 92 (2), 343-358.

Ginsburg, Tom, 2003: Judicial Review in New Democracies. Constitutional Courts in Asian Cases. Cambridge.

Habermas, Jürgen, 1992: Faktizität und Geltung. Frankfurt am Main.

Haltern, Ulrich R., 2005: Verschiebungen im europäischen Rechtsschutzsystem, in: Verwaltungsarchiv 96 (3), 311-347.

Hönnige, Christoph, 2007: Verfassungsgericht, Regierung und Opposition. Eine vergleichende Analyse eines Spannungsdreiecks. Wiesbaden.

Kate, Jan ten/Koppen, Peter J. van, 1994: Judicialization of Politics in The Netherlands: Towards a Form of Judicial Review, in: International Political Science Review 15 (2), 143-151.

Kate, Jan ten/Koppen, Peter J. van, 1995: The Netherlands: Toward a Form of Judicial Review, in: Tate, C. Neal/Vallinder, Torbjörn (Hrsg.), The Global Expansion of Judicial Power. New York, 369-380.

Kelsen, Hans, 1976: Wesen und Entwicklung der Staatsgerichtsbarkeit, in: Häberle, Peter (Hrsg.), Verfassungsgerichtsbarkeit. Darmstadt, 77-107.

Kneip, Sascha, 2007: Starke und schwache Verfassungsgerichte: Gibt es eine optimale Verfassungsgerichtsbarkeit für die Demokratie?, in: Kropp, Sabine/Lauth, Hans-Joachim (Hrsg.), Gewaltenteilung und Demokratie. Konzepte und Probleme der „horizontal accountability" im interregionalen Vergleich. Baden-Baden.

Landfried, Christine (Hrsg.), 1988: Constitutional Review and Legislation. An International Comparison. Baden-Baden.

Malová, Darina, 2003: The Role and Experience of the Slovakian Constitutional Court, in: Sadurski, Wojciech (Hrsg.), Constitutional Justice, East and West. Democratic Legitimacy and Constitutional Courts in Post-Communist Europe in a Comparative Perspective. Tha Hague, 349-372.

Merkel, Wolfgang, 1999: Systemtransformation. Eine Einführung in die Theorie und Empirie der Transformationsforschung. Opladen.

Müller-Graff, Peter-Christian/Reichel, Anja, 1998: Die europäische Integration aus der Sicht der Rechtsprechung nationaler Verfassungsgerichte, in: Jopp, Mathias/Maurer, Andreas/Schneider, Heinrich (Hrsg.), Europäische Grundverständnisse im Wandel. Anaylsen und Konsequenzen für die politische Bildung. Bonn, 365-418.

Nannestad, Peter, 1999: Das politische System Dänemarks, in: Ismayr, Wolfgang (Hrsg.), Die politischen Systeme Westeuropas. 2. Auflage. Opladen, 55-91.

Sadurski, Wojciech (Hrsg.), 2002: Constitutional Justice, East and West. Democratic Legitimacy and Constitutional Courts in Post-Communist Europe in a Comparative Perspective. The Hague.

Sander, Gerald, 2000: Europäischer Gerichtshof und nationale Verfassungsgerichtsbarkeit, in: Die Öffentliche Verwaltung 53 (14), 588-596.

Schwarze, Jürgen, 2000: Die Entstehung einer europäischen Verfassungsordnung, in: Schwarze, Jürgen (Hrsg.), Die Entstehung einer europäischen Verfassungsordnung. Das Ineinandergreifen von europäischem und nationalem Verfassungsrecht. Baden-Baden, 463-570.

Shapiro, Martin/Stone, Alec, 1994: The New Constitutional Politics of Europe, in: Comparative Political Studies 26 (4), 397-420.

Starck, Christian/Weber, Albrecht (Hrsg.), 1986: Verfassungsgerichtsbarkeit in Westeuropa. Teilband I, Berichte. Baden-Baden.
Stone, Alec, 1992: The Birth of Judicial Politics in France. The Constitutional Council in Comparative Perspective. Oxford.
Stone Sweet, Alec, 2000: Governing with Judges. Constitutional Politics in Europe. Oxford.
Vodicka, Karel, 2002: Das slowakische Verfassungsgericht im Transformationsprozess, in: Boulanger, Christian (Hrsg.), Recht in der Transformation. Rechts- und Verfassungswandel in Mittel- und Osteuropa. Berlin, 193-214.
Vogel, Wolfram, 2001: Der Conseil constitutionnel zwischen Recht und Politik, in: Albertin, Lothar (Hrsg.), Frankreich-Jahrbuch 2001. Politik, Wirtschaft, Gesellschaft, Geschichte, Kultur. Opladen, 97-110.
Vogel, Wolfram, 2004: Verfassungsgerichte in der europäischen Integration: Deutschland und Frankreich im Vergleich, in: Kaiser, André/Zittel, Thomas (Hrsg.), Demokratietheorie und Demokratieentwicklung. Festschrift für Peter Graf Kielmansegg. Wiesbaden, 197-213.
Volcansek, Mary L., 1994: Political Power and Judicial Review in Italy, in: Comparative Political Studies 26 (4), 492-509.
Weber, Albrecht, 2004: Typen der Verfassungsgerichtsbarkeit, in: Starck, Christian (Hrsg.), Fortschritte der Verfassungsgerichtsbarkeit in der Welt – Teil I. Baden-Baden, 35-48.
Woelk, Jens, 1996: Interactions Among National, International and Supranational Jurisdictions. Konferenzbericht, in: Academia 9, Dezember 1996, 1-6.

V. Teil:
Politikinhalte

Gisela Färber

Öffentliche Aufgaben und ihre Finanzierung

1 Einleitung

Öffentliche Haushalte werden gemeinhin als „Regierungsprogramme in Zahlen" bezeichnet (vgl. Rürup 1971: 13; Böhret 1970: 176). Zumindest die Staatstätigkeit, die zu Ausgaben oder zu Mindereinnahmen in den öffentlichen Budgets der EU-Mitgliedstaaten führt, kann auch über diese Zahlenwerke bzw. – ex post – über die Daten der Finanzstatistik analysiert werden. Der Zugang über die finanzwirtschaftlichen Daten ermöglicht zudem eine Analyse von staatlichen Interventionen quer zu den Politikfeldern und im Hinblick auf die eingesetzten finanzwirtschaftlichen Instrumente („Eigenproduktion" öffentlicher Güter, Sozialtransfers und Subventionen). Weitere Zugänge zu ländervergleichenden Betrachtungen ergeben sich auf der Einnahmenseite der öffentlichen Haushalte, die eben nicht nur über Steuern finanziert werden, sondern auch – häufig dann über separate Haushalte von Sozialversicherungsträgern – über Sozialversicherungsbeiträge sowie in deutlich unterschiedlichem Maß über weitere Einnahmen aus Zuweisungen von anderen öffentlichen Haushalten, Gebühren und Beiträgen als Entgelteinkünfte sowie Einnahmen aus eigener wirtschaftlicher Tätigkeit der öffentlichen Hand. Aber auch im Hinblick auf die Art und die Zusammensetzung der Steuereinnahmen selbst unterscheiden sich Nationalstaaten. Weitere Unterschiede finden sich bei Bemessungsgrundlagen sowie Grenz- und Spitzensteuersätzen einzelner Steuern, die im Standortwettbewerb zwischen den EU-Mitgliedstaaten ebenso instrumentiert werden als auch gegenüber anderen Ländern der Welt.

Bei all den reichen Möglichkeiten von Ländervergleichen über finanzstatistische Kennzahlen muss man sich von vornherein über die Grenzen der Analyse im Klaren sein. Dies wird in einem ersten Abschnitt abgehandelt, wobei auch Probleme der statistischen Vergleichbarkeit der existierenden Datensätze angesprochen werden. Danach wird zunächst die Ausgabenseite der Haushalte der EU-Staaten analysiert, bevor für die Einnahmenseite nicht nur Steuereinnahmen und Sozialversicherungsbeiträge, deren Grundmuster und ausgewählte Steuerbelastungsvergleiche dargelegt werden, sondern auch die öffentliche Verschuldung, bei der die EU seit dem Stabilitäts- und Wachstumspakt besondere Interventionsmöglichkeiten gegenüber den nationalen Budgetpolitiken besitzt.

Datengrundlage sind im Wesentlichen die von der EU-Kommission bzw. von Eurostat veröffentlichten finanz- und gesamtwirtschaftlichen Daten, die ergänzt werden durch Daten der OECD und spezielle Vergleichsdaten zu Steuerbelastungsvergleichen des Bundesministeriums für Finanzen (BMF). Für die zum 1.1.2007 beigetretenen Länder liegen noch keine kompatiblen finanzstatistischen Daten vor; sie konnten deshalb noch nicht in den Ländervergleich einbezogen werden.

2 Zur Aussagekraft von finanzwirtschaftlichen Kennzahlen

Staatsausgaben indizieren üblicherweise die (pagatorischen) Kosten für öffentliche Güter und Transfers zugunsten privater Wirtschaftssubjekte, während Steuern und andere Abgaben deren Ressourcenentzug durch staatliche Zwangsabgaben darstellen. Durch die Daten zur Ausgaben- und Einnahmentätigkeit der Staatstätigkeit wird aber nur ein Teil der Aktivitäten der öffentlichen Hände abgebildet. Vor allem wird die Staatstätigkeit, die über Recht Ge- und Verbote für das Handeln von Unternehmen und BürgerInnen ausbringt, nicht abgebildet, wobei sich hier „materielle" Verhaltensmaßregeln einerseits von schieren Informationspflichten gegenüber dem Staat oder Dritten andererseits unterscheiden lassen. Beide Arten rechtlicher Verpflichtungen verursachen Kosten bei den Adressaten, aber auch Nutzen für diese bzw. auch für Dritte. Vor allem Kosten für Informationspflichten treten im Zusammenhang mit staatlichen Ausgaben und Einnahmen auf, weil für den Bezug von manchen Real- wie von Sozialtransfers ebenso wie von Subventionen in der Regel zeitaufwändige Anträge, häufig unter Vorlage weiterer Bescheinigungen und Urkunden, zu stellen sind und Steuern und Sozialversicherungsbeiträge seitens der Abgabenschuldner durch die Abgabe von Steuererklärungen berechnet werden[1]. Der Aufwand für derartige Informationspflichten, der in einigen EU-Mitgliedsstaaten auf drei bis vier Prozent des BIP gemessen worden ist (vgl. Nationaler Normenkontrollrat 2007), wird nicht als Teil der Kosten der Staatstätigkeit abgebildet. Er wurde vielmehr lange Zeit als „versteckter öffentlicher Bedarf" klassifiziert, dem im Übrigen auch noch sog. „Hand- und Spanndienste" wie die Wehrpflicht, die Schöffentätigkeit und andere pflichtige Tätigkeiten im Ehrenamt ohne marktmäßige Entlohnung zugerechnet wurden.

Akzeptiert man die Beschränkung auf die monetäre Staatstätigkeit, werden diese Aktivitäten üblicherweise über sog. Staatsquoten (Staatsausgaben-, Steuer-, Zwangsabgabenquoten sowie Quoten über Teilaggregate) abgebildet, bei denen das finanzwirtschaftliche Aggregat in Relation zur wirtschaftlichen Wertschöpfung, meistens zum Bruttoinlandsprodukt (BIP), gesetzt wird. Damit wird der Anteil des Staates an der Wertschöpfung einer Volkswirtschaft indiziert; der relative „Reichtum" einer Volkswirtschaft und die Bevölkerungsgröße werden auf diese Weise „neutralisiert". Damit können Vergleiche auf der Zeitachse und zwischen verschiedenen Ländern vorgenommen werden, weil Unterschiede in der Wirtschaftskraft und von Währungsparitäten aus den Quoten „herausgerechnet" werden. Zwar handelt es sich bei den Staatsquoten um „unechte" Staatsquoten (vgl. Engelkamp/Sell 2005), weil die Wertschöpfung des Staatssektors auch Teil des BIP ist. Diese Kennzahlen haben sich aber eingebürgert und werden heute für internationale und intertemporale Vergleiche durchgängig verwendet.

Probleme ergeben sich indes bei der Abgrenzung des Staatssektors und der finanzstatistischen Zahlen selbst. Denn die Art der staatlichen Intervention („Eigenproduktion" in einem „Verwaltungsbetrieb" oder in einem verselbständigten öffentlichen Unternehmen, teilweise oder vollständige Subventionierung privater Produktion) bei ein und demselben öffentlichen Gut stellt sich finanzstatistisch im Zweifel völlig unterschiedlich dar: Im ersten Fall werden die Ausgaben brutto in die öffentlichen Haushalte eingestellt, im zweiten und

---

[1] Vgl. zum Konzept der Messung und der Bedeutung vor allem des Steuerrechts für das Volumen der Kosten von Unternehmen im Zusammenhang mit rechtlich verursachten Informationspflichten für Deutschland: Die Bundesregierung 2007.

dritten Fall nur netto in Höhe des Zuschussbedarfs. Auch werden Personalkosten häufig dann unvollständig abgebildet, wenn keine Beiträge zur Beamtenversorgung abgeführt, sondern die Pensionen erst bei Fälligkeit ausgezahlt werden (vgl. Kramer 2004).

Schließlich beeinflusst die Wahl des Transfermediums selbst die Höhe der Staatsquote: Je nachdem, ob man z. B. das Kindergeld als Transfer, als Ausgabe ausgestaltet oder – wie in Deutschland seit 1996 – als Abzug von der Bemessungsgrundlage der Einkommensteuer (Kinderfreibetrag) oder von der Steuerschuld (steuerliches Kindergeld) oder – wie in Frankreich – als Familiensplitting, werden entweder die Ausgaben erhöht oder die Steuereinnahmen verkürzt. Die Staatstätigkeit ist realiter gleich hoch, nur werden die jeweiligen Gestaltungen in den Staatsquoten unterschiedlich ausgewiesen. Was im Einzelnen also hinter unterschiedlich hohen Staatsquoten steckt, ist nicht auf den ersten Blick zu erkennen. Hier sind insbesondere tiefer gehende Einzelanalysen zur Bewertung der hoch aggregierten Staatsquoten erforderlich.

Um die finanzstatistischen Daten trotz aller Mängel dennoch zu Vergleichszwecken einzusetzen, hat man Konventionen über Verbuchungstechniken gebildet, die den Kundigen bekannt sind. Am weitesten fortgeschritten sind die Daten der Volkswirtschaftlichen Gesamtrechnung, die auch die beitragsfinanzierten Sozialversicherungen dem Staatssektor zurechnen und Buchungen nach dem Accrual-Prinzip vornehmen, d. h. z. B. Beiträge zu den Beamtenpensionen, wenn sie nicht in der Beschäftigungsperiode gezahlt werden, diesem Haushaltsjahr kalkulatorisch zurechnen und mit den Beträgen für ausgezahlte Pensionen verrechnen. Die EU verwendet auch und gerade für die Überwachung des Stabilitätspakts derart bereinigte Daten und arbeitet auf weitere Verbesserungen des Systems hin, um die kreative Buchführung der Mitgliedstaaten finanzstatistisch aufzufangen (vgl. Kommission der Europäischen Gemeinschaften 2006a: 8f.).

3 Öffentliche Ausgaben nach ausgewählten Ausgabearten in den EU-Mitgliedstaaten

Trotz aller methodischen Mängel bilden die Staatsquoten die am häufigsten verwendeten Indikatoren für die Größe des Staatssektors. Tabelle 1 und Abbildung 1 präsentieren die Daten der Staatsausgabenquoten für die EU-Mitgliedstaaten für verschiedene Jahre. Zusätzlich zum Mittelwert der EU-12 und EU-25 sind in Tabelle 1 die Werte der Standardabweichung angegeben, die im Zeitverlauf Konvergenz oder Divergenz der Entwicklung der Quoten angeben.

Tabelle 1: Quote der bereinigten Gesamtausgaben der EU-Mitgliedsstaaten, 1995-2007

	1995	2000	2005	2006	2006 in % des Durchschnitts
BE	51,9	49,1	50,1	49,7	105,5%
DE	48,3	45,1	46,7	46,1	97,0%
EL	51,0	51,1	46,2	44,8	95,7%
ES	44,1	39,0	38,2	38,3	82,1%
FR	54,5	51,6	53,9	54,1	114,7%
IE	41,1	31,5	34,5	34,9	74,8%
IT	52,0	46,0	48,2	48,1	103,2%
LU	39,8	37,7	44,3	44,0	93,4%
NL	49,3	43,4	45,7	47,4	100,4%
AT	56,0	51,4	49,6	48,7	103,0%
PT	42,4	43,1	47,8	48,0	102,3%
FI	61,4	48,8	50,7	50,1	106,2%
CZ	53,8	41,6	43,7	44,0	93,4%
DK	59,2	53,6	52,7	50,9	106,6%
EE	43,6	38,3	35,9	35,8	76,5%
CY	-	37,7	44,7	43,9	93,4%
LV	38,8	37,5	36,2	37,1	79,1%
LT	36,1	39,3	33,7	32,6	67,6%
HU	-	47,4	50,7	49,8	104,9%
MT	-	41,2	47,5	45,4	93,0%
PL	47,7	41,0	43,3	44,6	93,2%
SI	-	48,1	47,3	47,3	100,2%
SK	53,5	59,3	36,8	35,7	73,8%
SE	67,1	56,8	56,4	56,1	118,6%
UK	44,3	36,8	44,8	45,2	97,0%
EU-12	50,4	46,3	47,5	47,7	100,4%
EU-25	-	44,9	47,2	47,2	100,0%
Std.	19,4	6,8	6,1	6,0	12,7%
Std./Mittelwert	38,6%	15,2%	12,9%	12,7%	12,7%

Std. = Standardabweichung. Quelle: EU-Kommission: Europäische Wirtschaft 2007.

Bemerkenswert ist die große Bandbreite der Staatsquoten in der EU, die 2006 von 32,7 Prozent in Litauen bis 56,1 Prozent in Schweden reichte. Intuitiv lassen sich hier bereits die verschiedenen Sozialstaatsmodelle erkennen, die den skandinavischen Staaten (Dänemark, Schweden, Finnland) sehr hohe Staatsquoten, Großbritannien und Irland eine deutlich niedrigere beschert (vgl. Schmid 2005: 47ff.). Uneinheitlich stellen sich die Transformationsländer und EU-Neumitglieder dar, die zum Teil sehr niedrige Staatsquoten aufweisen (so die baltischen Staaten), zum Teil recht hohe wie Ungarn, Slowenien und Malta. Im Durchschnitt liegen aber die alten und die neuen Mitgliedstaaten nicht weit auseinander: Die Staatsquote ersterer lag 2006 im Mittel bei 47,7 Prozent, die aller EU-Staaten bei 47,2 Prozent.

Im Zeitablauf sind deutliche Veränderungen erkennbar. Vor allem die zweite Hälfte der 1990er Jahre standen in der Vorbereitung der Europäischen Währungsunion, wo alle die Länder, die 2002 dabei sein wollten, die Stabilitätskriterien, insbesondere eine Nettokreditaufnahme von weniger als drei Prozent des BIP, einhalten mussten. In praktisch allen Fällen wurde dies schwergewichtig durch Kürzungen der öffentlichen Ausgaben erreicht, was sich in sinkenden Staatsquoten bei diesen Ländern niederschlägt. Einige wenige Länder wie Irland und Portugal verzeichneten hingegen steigende Staatsquoten. Bei den Beitrittsstaaten aus Mittel- und Osteuropa sind bei einigen die Ausgaben schneller als die wirtschaftliche Wertschöpfung gestiegen (Litauen, Malta, die Slowakei bis 2000), bei den meisten wurde auch konsolidiert.

Die schlechte wirtschaftliche Entwicklung nach 2001 hat aber bei vielen Mitgliedstaaten, die zuvor konsolidiert hatten, die Staatsquoten wieder ansteigen lassen. Insgesamt lässt sich eine gewisse Konvergenz der Staatsausgabenquoten feststellen. Noch 2000 wiesen die zwölf ältesten Mitgliedstaaten im Mittel eine um 1,4 Prozentpunkte höhere Staatsquote als die der EU-25 auf. Diese Differenz ist inzwischen fast entfallen. Auch die Standardabweichung ist rückläufig, was auch darauf zurückzuführen ist, dass die neuen Mitgliedstaaten in überdurchschnittlichem Maße gegenüber ihrem unterdurchschnittlichen BIP an Zuwendungen aus dem EU-Haushalt profitieren, was ihre Staatsausgaben ausweitet.

Aus ökonomischer Perspektive stellt sich die Frage, ob es systematische Einflussfaktoren auf die Höhe der Staatsausgabenquoten gibt. Dabei wird fast immer der Reichtum – in der Tradition des sog. Wagner'schen Gesetzes (vgl. Wagner 1883, 1893) – oder die Größe einer Volkswirtschaft, gemessen am BIP je Einwohner oder an der Bevölkerungszahl, geprüft. Die Regressionsanalyse der Staatsquote (abhängige Variable) auf das BIP (unabhängige Variable) für das Jahr 2006 ergibt jedoch einen sehr schlechten Zusammenhang mit einem Korrelationskoeffizienten von nur 0,105. Der Zusammenhang selbst ist leicht positiv, d. h. mit steigendem ökonomischem Wohlstand steigt auch die Staatsquote (vgl. Abbildung 1). Für 2000 ist bei einem noch schlechteren statistischen Zusammenhang sogar eine leicht negative Steigung der Regressionsgerade zu messen. Inwieweit sich die leichte Konvergenz des statistischen Zusammenhangs allerdings fortsetzen wird, ist zweifelhaft. Denn für die zwölf EU-Mitgliedstaaten, die schon vor 1995 in der EU zusammengeschlossen waren, lässt sich zwar für das Jahr 2000 noch ein etwas besserer Zusammenhang mit einem Korrelationskoeffizienten von 0,237 bei einer schwach negativen Steigung feststellen (-0,000235), im Jahr 2006 allerdings war der Korrelationskoeffizient auf 0,067 geschrumpft und das Steigungsmaß auf -0,000104 deutlich angestiegen.

Abbildung 1: Quote der bereinigten Gesamtausgaben der EU-Mitgliedstaaten in Relation zum BIP, 2000 und 2006

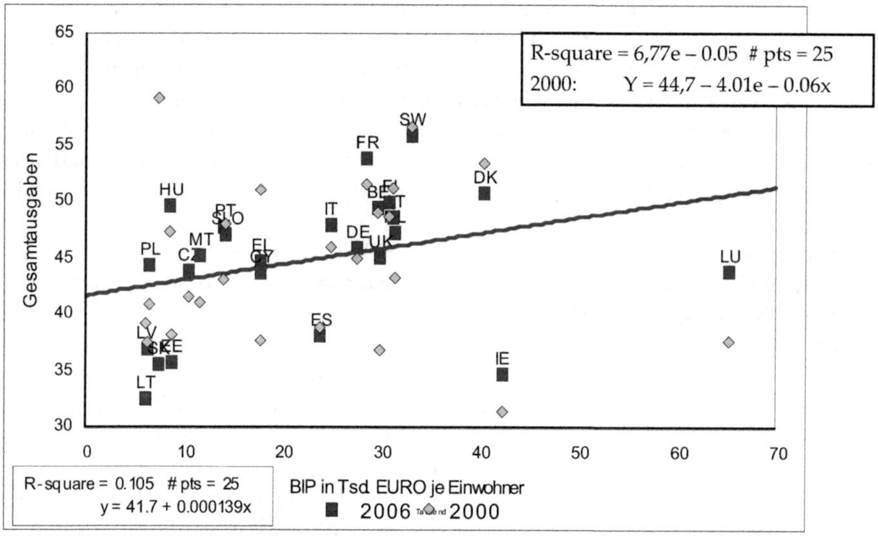

Quelle: EU-Kommission: Europäische Wirtschaft 2007; eigene Berechnungen.

Auch die Bevölkerungsgröße hat wenig statistischen Erklärungsgehalt für die Höhe der Staatsquote in den EU-Mitgliedstaaten. Korrelationskoeffizienten nahe bei null belegen dies (vgl. Abbildung 2). Anders als beim BIP schwanken Bevölkerungsgrößen auch nicht kurzfristig und je nach Konjunkturverlauf in den Mitgliedstaaten unterschiedlich, so dass wohl eindeutig darauf geschlossen werden muss, dass es andere Faktoren – am wichtigsten wohl die nationale Wirtschafts- und Finanzpolitik – sind, die die Höhe der Staatsquote bestimmen. Als weitere Einflussgrößen werden erfolgreiche Reformbemühungen von Regierungen angesehen, vor allem dann, wenn die Staatsquoten als Indikator für unterlassene Strukturreformen, damit als insgesamt zu hoch und das wirtschaftliche Wachstum hemmende Faktoren qualifiziert werden (vgl. OECD 2005; Europäische Kommission 2006a). Ob indes jede Veränderung der Staatsquote am Ende auch wirklich einen Rückgang oder eine Zunahme der Staatstätigkeit indiziert, muss ebenfalls dahingestellt bleiben, da auch das Verschieben von Ausgaben in den öffentlichen Haushalten auf die Seite der Steuervergünstigungen/Steuermindereinnahmen die Staatsquote substantiell senkt, wie dies in Deutschland mit dem Übergang vom ausgezahlten Kindergeld zum Abzug von der Steuerschuld stattfand. Mittlerweile macht der Familienleistungsausgleich in Deutschland 36 Mrd. Euro (vgl. Statistisches Bundesamt 2007) oder 1,5 Prozent der Staatsquote aus, was Deutschland dann mit 47 Prozent im Jahr 2006 anstelle von 45,5 Prozent zu Buche stehen lassen würde.

Öffentliche Aufgaben und ihre Finanzierung 665

Abbildung 2: Quote der bereinigten Gesamtausgaben der EU-Mitgliedstaaten in Relation zur Bevölkerungsgröße, 2000 und 2006

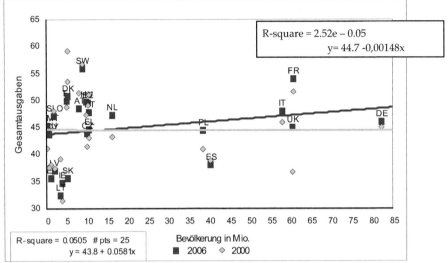

Quelle: EU-Kommission: Europäische Wirtschaft 2007; eigene Berechnungen.

Große Unterschiede zwischen den Mitgliedstaaten ergeben sich auch bei Betrachtung verschiedener Teilausgabenquoten (vgl. Tabelle 2). Im Durchschnitt wendeten die Länder 10,7 Prozent ihres BIP oder 22,7 Prozent ihrer öffentlichen Gesamtausgaben für Personal auf. Den höchsten Wert 2006 verzeichnete Schweden mit 15,9 Prozent des BIP, den niedrigsten die Slowakei mit 7,1 Prozent knapp vor Deutschland mit 7,2 Prozent des BIP. Beim Anteil der Personalausgaben an den Gesamtausgaben, der die Personalintensität der öffentlichen Haushalte indiziert, lagen Dänemark (33,4 Prozent), Zypern (33 Prozent), Malta (31,9 Prozent) und Litauen (31 Prozent) vorne, die niedrigsten Personalausgabenquoten wies Deutschland mit 15,6 Prozent vor Tschechien (18,2 Prozent), Luxemburg (18,4 Prozent) und Österreich (18,7 Prozent) auf. Auch hier kann aber nicht einfach geschlossen werden, dass z. B. Deutschland die größte Personaleffizienz aufweisen oder die wenigsten Realtransfers produzieren würde. Denn gerade die Auslagerungen von staatlichen Einrichtungen aus dem Staatssektor, die u. a. auch deswegen vorgenommen wurden, um den starren Tarifbedingungen und haushaltsrechtlichen Vorschriften zugunsten größerer unternehmerischer Freiheitsgrade zu entfliehen, schlagen sich in einer finanzstatistischen Substitution von Personalausgaben durch Subventionen und andere Zuschüsse an die ausgelagerten Unternehmen nieder.

Tabelle 2: Verschiedene Teilausgabenquoten der EU-Mitgliedstaaten, 2006

2006	Personal-ausgaben	in % der Gesamt-ausgaben	Zinsaus-gaben	in % der Gesamt-ausgaben	lfd. Ausga-ben	in % der Gesamt-ausgaben	Brutto-investi-tionen	in % der Gesamt-ausgaben
BE	12,1	24,3%	4,3	8,7%	47,3	95,2%	1,7	3,4%
DE	7,2	15,6%	2,8	6,1%	43,0	93,3%	1,3	2,8%
EL	12,3	27,5%	4,8	10,7%	40,1	89,5%	3,1	6,9%
ES	9,8	25,6%	1,7	4,4%	33,9	88,5%	3,6	9,4%
FR	13,2	24,4%	2,7	5,0%	48,9	90,4%	3,3	6,1%
IE	10,1	28,9%	1,2	3,4%	30,1	86,2%	3,7	10,6%
IT	11,0	22,9%	4,5	9,4%	44,6	92,7%	2,5	5,2%
LU	8,1	18,4%	0,1	0,2%	37,6	85,5%	4,7	10,7%
NL	9,6	20,3%	2,4	5,1%	42,5	89,7%	2,9	6,1%
AT	9,1	18,7%	2,8	5,7%	44,1	90,6%	1,1	2,3%
PT	14,2	29,6%	2,9	6,0%	43,1	89,8%	2,9	6,0%
FI	13,8	27,5%	1,5	3,0%	44,5	88,8%	2,7	5,4%
CZ	8,0	18,2%	1,3	3,0%	38,9	88,4%	6,5	14,8%
DK	17,0	33,4%	1,9	3,7%	47,9	94,1%	1,7	3,3%
EE	9,5	26,5%	0,2	0,6%	29,3	81,8%	4,0	11,2%
CY	14,5	33,0%	3,1	7,1%	38,0	86,6%	3,4	7,7%
LV	10,0	27,0%	0,6	1,6%	30,3	81,7%	2,7	7,3%
LT	10,1	31,0%	0,7	2,1%	29,3	89,9%	3,5	10,7%
HU	12,7	25,5%	3,7	7,4%	47,5	95,4%	2,7	5,4%
MT	14,5	31,9%	3,9	8,6%	42,7	94,1%	4,6	10,1%
PL	10,1	22,6%	2,5	5,6%	39,5	88,6%	4,0	9,0%
SI	11,9	25,2%	1,5	3,2%	41,6	87,9%	3,4	7,2%
SK	7,1	19,9%	1,8	5,0%	33,6	94,1%	1,9	5,3%
SE	15,9	28,3%	1,9	3,4%	50,8	90,6%	3,0	5,3%
UK	11,3	25,0%	2,1	4,6%	40,7	90,0%	2,2	4,9%
EU-12	10,3	21,6%	3,0	6,3%	43,3	90,8%	2,5	5,2%
EU-25	10,7	22,7%	2,7	5,7%	43,0	91,1%	2,5	5,3%
Std.	2,6	4,7%	1,3	2,6%	6,2	3,6%	1,2	3,0%
Std./ Mittelwert	24,5%	20,91%	47,1%	45,83%	14,5%	3,92%	46,2%	56,68%

Std. = Standardabweichung. Quelle: EU-Kommission: Europäische Wirtschaft 2007; eigene Berechnungen.

Zinsausgaben sind die Folgekosten früherer Kreditfinanzierungen. Diese Ausgaben stiften für die SteuerzahlerInnen und andere BürgerInnen nur dann Nutzen, wenn mit ihnen noch nicht abgeschriebene Anteile des öffentlich finanzierten Infrakapitalstocks korrespondieren. Diese Informationen werden aber üblicherweise mit der Finanzstatistik nicht erhoben. Es kann aber davon ausgegangen werden, dass im Gegenzug ein Teil der Bruttoinvestitionen allein für den Werterhalt früher getätigter Investitionen aufgewendet werden muss. Die Zinsausgabenquote der EU-Mitgliedstaaten lag 2006 bei 1,3 Prozent des BIP oder 5,7 Prozent der Gesamtausgaben, wobei der Wert für die zwölf ältesten Mitgliedsländer mit drei Prozent des BIP bzw. sechs Prozent der Gesamtausgaben deutlich höher als bei den jüngeren

Öffentliche Aufgaben und ihre Finanzierung

liegt. Die Streuung ist sehr hoch: Die Werte liegen zwischen 4,8 Prozent des BIP und 10,7 Prozent der Gesamtausgaben für Griechenland und 0,1 Prozent bzw. 0,2 Prozent für Luxemburg. Gerade in Phasen der Konsolidierung, wie dies auch 2006 immer noch der Fall war, werden Investitionen häufig von den hohen Zinsausgaben verdrängt (vgl. Färber 2003). Bei der Regressionsanalyse (Abbildung 3) lässt sich bei einem zwar insgesamt niedrigen statistischen Zusammenhang (r^2 = 0,109) ein solches Muster bestätigen. Gut erkennbar ist außerdem die hohe Spreizung der Investitionsausgabenquoten in den Mitgliedstaaten zwischen 6,5 Prozent des BIP in Tschechien und 1,1 Prozent in Österreich.

Eine weitere wichtige Art öffentlicher Ausgaben stellen Transfers dar. Solche mit sozialen Zwecken werden als Sozialtransfers bezeichnet, Hilfen an Unternehmen, sei es für laufende Zwecke, sei es zur Finanzierung von Investitionen, als Subventionen. In allen Mitgliedstaaten werden deutlich mehr Sozialtransfers gezahlt als Subventionen, im Durchschnitt fast das zwölffache. Die Quoten der Sozialtransfers zum BIP reichen 2006 von 19,3 Prozent für Deutschland bis 8,0 Prozent für Irland. Im Durchschnitt wurde jede dritte Währungseinheit in den nationalen Haushalten für Sozialtransfers aufgewendet. In den meisten Ländern sind die Sozialtransfers seit dem Jahr 2000 auch angestiegen, im Durchschnitt der EU-25 von 18,7 auf 20,4 Prozent. Es gibt aber auch einzelne Länder, in denen in diesem Zeitraum die Sozialtransfers gegenüber dem Wachstum der wirtschaftlichen Produktion zurückblieben, so in Spanien, Tschechien, Dänemark, Estland, Litauen, Lettland, Slowenien, der Slowakei sowie – um 0,1 Prozentpunkt – in Schweden.

Abbildung 3: Statistischer Zusammenhang zwischen der Quote der Bruttoinvestitionen zum BIP und der Zinsausgabenquote bei den EU-Mitgliedstaaten, 2006

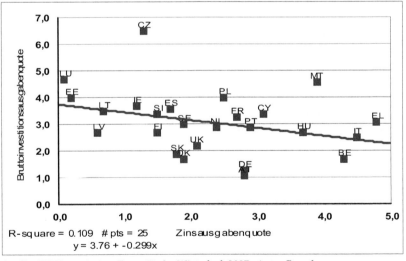

Quelle: EU-Kommission: Europäische Wirtschaft 2007; eigene Berechnungen

Tabelle 3: Quoten für Sozialtransfers und Subventionen zum BIP, 2000 und 2006

	Sozialtransfers in % des BIP			Subventionen in % des BIP		
	2000	2006	Anteil an Gesamt-ausgaben 2006	2000	2006	Anteil an Gesamt-ausgaben 2006
BE	15,2	15,9	32,0%	1,3	1,8	3,6%
DE	18,7	19,3	41,9%	1,7	1,2	2,6%
EL	16,2	16,7	37,3%	1,4	1,2	2,7%
ES	12,0	11,7	30,5%	1,1	0,9	2,3%
FR	17,1	18,0	33,3%	1,5	1,4	2,6%
IE	8,0	9,8	28,1%	0,7	0,6	1,7%
IT	16,4	17,3	36,0%	1,2	0,9	1,9%
LU	13,1	14,9	33,9%	1,5	1,6	3,6%
NL	11,3	11,7	24,7%	1,4	1,2	2,5%
AT	18,5	18,7	38,4%	2,8	2,9	6,0%
PT	11,7	15,3	31,9%	1,2	1,5	3,1%
FI	16,4	16,4	32,7%	1,5	1,3	2,6%
CZ	12,1	11,7	26,6%	2,8	2,7	6,1%
DK	16,5	16,0	31,4%	2,4	2,3	4,5%
EE	9,8	9,5	26,5%	1,0	0,8	2,2%
CY	10,3	11,4	26,0%	1,1	0,7	1,6%
LV	10,6	8,8	23,7%	0,8	0,7	1,9%
LT	12,4	8,7	26,7%	1,0	0,6	1,8%
HU	12,7	15,4	30,9%	1,7	1,5	3,0%
MT	10,3	12,5	27,5%	1,1	1,6	3,5%
PL	16,0	16,3	36,5%	0,5	1,0	2,2%
SI	17,1	16,8	35,5%	1,3	1,6	3,4%
SK	12,3	9,4	26,3%	2,5	1,7	4,8%
SE	17,3	17,2	30,7%	1,6	1,6	2,9%
UK	13,0	13,0	28,8%	0,5	0,5	1,1%
EU-12	16,2	16,7	35,0%	1,4	1,2	2,5%
EU-25	15,9	16,0	33,9%	1,3	1,2	2,4%
Std.	3,0	3,3	4,6%	0,6	0,6	1,2%
Std./Mittelwert	18,7%	20,4%	13,6%	46,2%	53,1%	51,0%

Quelle: EU-Kommission: Europäische Wirtschaft 2007; eigene Berechnungen. Std. = Standardabweichung.

Bei den Subventionen ist hingegen ein leichter Rückgang von durchschnittlich 1,3 Prozent auf 1,2 Prozent des BIP zwischen 2000 und 2006 festzustellen. Die Streuung und die Spreizung zwischen den Mitgliedstaaten sind aber relativ größer als bei den Sozialtransfers. Sie reichte 2006 von 2,9 Prozent des BIP in Österreich bis 0,5 Prozent im Vereinigten Königreich. Eine Erklärung für den auch langfristig belegbaren Rückgang der Subventionen (vgl. Kommission der Europäischen Gemeinschaft 2006d) liegt in dem strengeren Regime der Beihil-

Öffentliche Aufgaben und ihre Finanzierung

fenaufsicht der EU selbst, nach dem alle Beihilfen bei der EU zu notifizieren sind und nur in bestimmten Ausnahmefällen erlaubt werden. Die EU kontrolliert aber nicht nur Subventionen in Form von direkten Zuschüssen aus den nationalen Haushalten, sondern auch Steuerreduzierungen, Kapitalbeteiligungen an öffentlichen Unternehmen, zinsgünstige Darlehen, Steueraufschübe und Bürgschaften, die durch die o. a. finanzstatistischen Daten nicht abgedeckt werden. Indes sind auch auf dem Gebiet der nationalen Beihilfen deutlich verschiedene nationale Subventionskulturen mit unterschiedlichem Instrumenteinsatz festzustellen (vgl. Färber 2007: 565ff.; Parlasca 2007).

4 Die Finanzierung öffentlicher Ausgaben in den EU-Mitgliedstaaten

4.1 Staatseinnahmenquoten

Staatseinnahmenquoten geben an, wie viel der wirtschaftlichen Wertschöpfung einer Periode sich der Staat überwiegend in Form von Zwangsabgaben ohne Gegenleistung aneignet, um die Produktion öffentlicher Güter und Transferzahlungen an Unternehmen, private Haushalte und internationale Organisationen zu finanzieren. Die Unterschiedlichkeit der Finanzpolitiken in der EU, die auf der Ausgabenseite erkennbar war, setzt sich auf der Einnahmenseite fort. Hinter einer Quote von durchschnittlich 43,8 Prozent Gesamteinnahmen des BIP in der EU-25 verbergen sich Einnahmenquoten der Mitgliedstaaten zwischen 33,6 Prozent in Irland und 55,6 Prozent in Schweden (vgl. Tabelle 4). Bedeutsamer sind die Unterschiede bei den Finanzierungsstrukturen, da einige Mitgliedstaaten keine bzw. nur in geringem Umfang Sozialversicherungen für die Absicherung der großen sozialen Risiken eingerichtet haben, sondern diese Leistungen, die bei der Alterssicherung häufig Grundrentensysteme sind, aus dem allgemeinen steuerfinanzierten Staatshaushalt finanzieren. In den letzten Jahren wurden aber auch in Dänemark, Großbritannien und Irland beitragsfinanzierte Sondersysteme für spezielle Aufgaben eingeführt, wobei die Belastung mit diesen Abgaben deutlich unter der der anderen Mitgliedstaaten liegt.

Unter den neuen Mitgliedstaaten weisen nur Zypern, Litauen, Lettland und Malta eine Sozialversicherungsbeitragsquote zwischen acht und neun Prozent auf. Die höchste Belastung mit Sozialversicherungsbeiträgen bestand im Jahr 2006 in Frankreich mit 18,4 Prozent des BIP, gefolgt von Deutschland mit 17,4 Prozent. Die Quote hatte in Frankreich 1995 noch 20,4 Prozent betragen; in Deutschland bis nach der Jahrtausendwende noch 18,3 Prozent, was insbesondere auf die Belastung der sozialen Sicherungssysteme durch die deutsche Vereinigung zurückzuführen ist. Erkennbar sind bei den Gründungsstaaten der EU und den mittel- und nordeuropäischen Altmitgliedern die Bemühungen, durch Sozialreformen die Lohnnebenkosten zu senken und damit die Beschäftigungsprobleme zu lösen (vgl. OECD 1999). Bei den südeuropäischen EU-Staaten, die in den 1980er und zu Beginn der 1990er Jahre beigetreten waren, fand noch eine Expansion der Beitragsquote statt. Insgesamt konvergieren die Sozialversicherungsbeitragsquoten der EU-12-Staaten im letzten Jahrzehnt deutlich.

Tabelle 4: Einnahmenquoten der EU-Mitgliedstaaten, 2006

2006	\multicolumn{5}{c	}{Einnahmenquoten zum BIP}	\multicolumn{4}{c	}{als Anteil an den Gesamteinnahmen}
	Steuerquote	Soz. vers.	Zw.abgaben	übrige Einnahmen	Gesamteinnahmen	Steuer	Soz. vers.	Zw.abgaben	übrige Einnahmen
BE	31,0	16,0	47,0	2,7	48,8	62,4%	32,2%	94,6%	5,4%
DE	22,2	17,4	39,6	2,8	42,1	52,4%	41,0%	93,4%	6,6%
EL	22,6	14,8	37,4	2,7	39,9	56,4%	36,9%	93,3%	6,7%
ES	23,6	12,9	36,5	3,1	39,2	59,6%	32,6%	92,2%	7,8%
FR	27,2	18,4	45,6	3,9	49,4	54,9%	37,2%	92,1%	7,9%
IE	25,6	6,3	31,9	1,9	33,6	75,7%	18,6%	94,4%	5,6%
IT	28,1	12,7	40,8	3,5	44,1	63,4%	28,7%	92,1%	7,9%
LU	27,5	11,7	39,2	3,0	42,0	65,2%	27,7%	92,9%	7,1%
NL	23,7	15,7	39,4	5,3	44,7	53,0%	35,1%	88,1%	11,9%
AT	26,1	16,0	42,1	3,6	45,4	57,1%	35,0%	92,1%	7,9%
PT	25,0	12,4	37,4	3,7	41,0	60,8%	30,2%	91,0%	9,0%
FI	31,4	12,4	43,8	6,1	49,7	62,9%	24,8%	87,8%	12,2%
CZ	21,9	15,2	37,1	6,1	42,8	50,7%	35,2%	85,9%	14,1%
DK	46,7	2,9	49,6	3,8	53,2	87,5%	5,4%	92,9%	7,1%
EE	21,0	10,6	31,6	3,1	34,6	60,5%	30,5%	91,1%	8,9%
CY	26,8	8,1	34,9	4,7	39,6	67,7%	20,5%	88,1%	11,9%
LV	20,4	8,6	29,0	4,6	33,7	60,7%	25,6%	86,3%	13,7%
LT	20,4	8,3	28,7	3,1	31,6	64,2%	26,1%	90,3%	9,7%
HU	23,8	13,8	37,6	6,1	43,7	54,5%	31,6%	86,0%	14,0%
MT	27,6	8,7	36,3	4,5	40,6	67,6%	21,3%	89,0%	11,0%
PL	21,4	14,2	35,6	5,2	40,8	52,5%	34,8%	87,3%	12,7%
SI	25,0	15,0	40,0	4,0	44,0	56,8%	34,1%	90,9%	9,1%
SK	18,1	11,0	29,1	6,2	34,9	51,3%	31,2%	82,4%	17,6%
SE	36,6	14,5	51,1	4,8	55,6	65,5%	25,9%	91,4%	8,6%
UK	30,1	8,5	38,6	2,2	40,5	73,8%	20,8%	94,6%	5,4%
EU-12	25,3	15,6	40,9	3,4	44,1	57,1%	35,2%	92,3%	7,7%
EU-25	26,7	14,0	40,7	3,4	43,8	60,5%	31,7%	92,3%	7,7%
Std.	2,2	3,7	5,9	1,3	5,9	8,4%	7,5%	3,1%	3,1%
Std./ Mittelwert	8,1%	26,3%	14,4%	36,9%	13,5%	13,9%	23,5%	3,5%	40,3%

Soz. vers. = Sozialversicherungsbeiträge; Zw.abgaben = Zwangsabgaben; Std. = Standardabweichung.
Quelle: EU-Kommission: Europäische Wirtschaft 2007; eigene Berechnungen.

Bessere Vergleichsmöglichkeiten liefern die Zwangsabgabenquoten, die von diesen institutionellen Besonderheiten abstrahieren und Steuern und Sozialbeiträge in eine Quote integrieren. Der Anteil der Zwangsabgaben zum BIP, 2006 im Mittel der EU-25 bei 40,7 Prozent, schwankt zwischen Werten 28,7 Prozent in Lettland und 51,1 Prozent in Schweden. Abga-

Öffentliche Aufgaben und ihre Finanzierung 671

benbelastungen von unter 30 Prozent weisen außer Lettland nur noch Litauen (29,0 Prozent) und die Slowakei (29,1 Prozent) auf. In der Spitzengruppe sind außerdem Dänemark (49,6 Prozent), Belgien (47,0 Prozent) und Frankreich (45,6) zu finden. Es ist außerdem bemerkenswert, dass der statistische Zusammenhang zwischen Zwangsabgabenquote und Bruttoinlandsprodukt deutlich besser ist als bei den Ausgabenquoten und einen positiven Wert aufweist. D. h., dass die wohlhabenderen Mitgliedstaaten tendenziell eine höhere Zwangsabgabenquote haben als die mit der geringeren wirtschaftlichen Wertschöpfung.

Abbildung 4: Statistischer Zusammenhang zwischen Zwangsabgabenquote und BIP in der EU, 2006

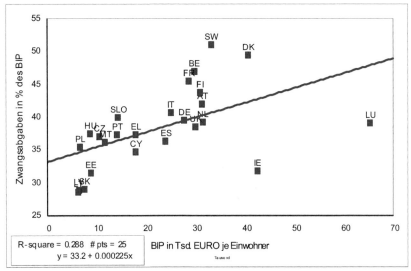

Quelle: EU-Kommission: Europäische Wirtschaft 2007; eigene Berechnungen.

Auch hier ist im Zeitverlauf bei leicht sinkenden Durchschnittsquoten (2000 noch 41,8 Prozent) außerdem eine deutliche Konvergenz festzustellen. Vor allem steigende Sozialversicherungsbeitragsquoten z. B. in den südeuropäischen Mitgliedstaaten Spanien, Griechenland und Portugal schlagen auf steigende Zwangsabgabenquoten dort durch.

Die übrigen Einnahmen des Staates, insbesondere Gebühren, Beiträge, Einnahmen aus wirtschaftlicher Tätigkeit sowie Zuweisungen, die überwiegend aus dem EU-Haushalt stammen, haben mit nur 3,4 Prozent des BIP im Vergleich zu den Zwangsabgaben im Mittel eine eher geringere Rolle. Vor allem bei den weniger wohlhabenden jüngeren Mitgliedstaaten hatten sie aber einen erheblichen Anteil an der Finanzierung des Staatssektors gehabt, werden in der Quote aber durch das weit überdurchschnittliche Wachstum im Zuge des fortschreitenden Transformationsprozesses über den Nenner passiv „aufgezehrt". Dieser Sachverhalt spiegelt sich in den überdurchschnittlichen Quoten der übrigen Einnahmen für die jüngeren, vor allem für die MOE-Mitgliedstaaten wider.

Abbildung 5: Statistischer Zusammenhang zwischen Steuerquote und BIP in der EU, 2006

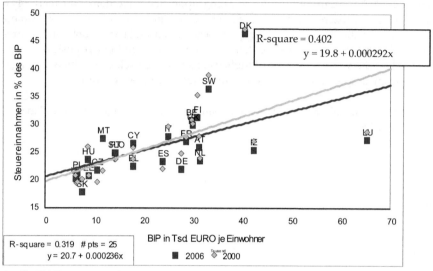

Quelle: EU-Kommission: Europäische Wirtschaft 2007; eigene Berechnungen.

Die größte Homogenität unter den Einnahmenquoten weisen die Steuerquoten auf (vgl. Abbildung 5). Die mit Abstand niedrigste Steuerquote hat die Slowakei mit 18,1 Prozent, die höchste Dänemark mit einem Wert von 46,7 Prozent. Im Durchschnitt wurde 2006 in der EU 26,7 Prozent des BIP dem Privatsektor in Form von Steuern entzogen. Im Zeitablauf ist auch im Durchschnitt ein Rückgang der Steuerquote zu registrieren, gegenüber dem Jahr 2000 ein ganzer Prozentpunkt; ebenso sinkt die Streuung der Werte, was Konvergenz bedeutet. Der statistische Zusammenhang zum BIP ist 2006 mit einem Korrelationskoeffizienten von 0,319 vergleichsweise hoch, war aber im Jahr 2000 mit 0,402 noch höher. Die Steigung der Regressionsgerade lag 2006 merklich unter der von 2000, was bedeutet, dass tendenziell die reicheren Mitgliedstaaten ihre Steuerquoten stärker gesenkt haben als die weniger wohlhabenden.

4.2 Ein Blick hinter die Fassade der Steuerquoten: Steuerarten, Steuersätze und Steuerbelastungen ausgewählter Steuerpflichtiger

Globalisierung und Umverteilungs- bzw. Steuersenkungsdebatten in Wahlkämpfen haben nicht nur in Deutschland die Steuerquoten als solche unter Druck gebracht, sondern auch die interne Struktur der Steuersysteme sowie die Steuersätze in Bewegung gebracht. Zwar lässt sich nirgendwo ein bodenloses „race to the bottom" (vgl. Sinn 1990: 489ff.) der Steuersätze als Folge der Globalisierung beobachten (vgl. Sinn 1997: 9ff.), aber gerade in der EU, wo Binnengrenzen für die nationalen Steuersysteme keinen wirksamen Schutz im Standortwettbewerb mehr darstellen, sind doch in den letzten Jahren kontinuierlich Steuerreformen unternommen worden, die vor allem Unternehmenssteuern in den Dienst einer nationalen Ansiedlungspolitik gestellt haben, aber – bei den wohlhabenderen und größeren Alt-Mitgliedstaaten – auch zur Sicherung der nationalen Steuerbasis und des sog. Steuersubstrates beitragen sollten. Die Auseinandersetzungen in der EU um eine Begrenzung des unfairen Steuerwettbewerbs (vgl. OECD 1998) haben bis jetzt nur zu einer Harmonisierung der Zinsbesteuerungsregeln von Steuerausländern über Quellensteuern und Kontrollmitteilungen in der Zinsbesteuerungsrichtlinie geführt, nicht aber zu einer generellen Harmonisierung der Bemessungsgrundlage der Unternehmenssteuern mit internationalen Zerlegungsregeln (vgl. Europäische Kommission 2001, 2006a). Begrenzungen nationaler Autonomien im Bereich der Unternehmensbesteuerung ergeben sich aber zunehmend aus der Rechtsprechung des Europäischen Gerichtshofs, der in besonderen steuerlichen Regeln von EU-Grenzen überschreitenden Sachverhalten vertragsverletzende Beschränkungen der Grundfreiheiten des Vertrages erkennt (vgl. EuGH 2006).

Daneben sind weltweit und damit auch in der EU Tendenzen zu beobachten, dass die Steuerbelastungen der WählerInnen und damit Steuersenkungsprogramme zu einem permanenten Parameter des Parteienwettbewerbs in Wahlkämpfen geworden sind. Die damit verbundenen Steuerausfälle führen entweder zu damit korrespondierenden Senkungen der Staatsausgabenquoten, zum – meist vorübergehenden – Anstieg der Kreditfinanzierungsquote oder zur Verschiebungen innerhalb des Steuersystems bzw. zwischen den Steuerpflichtungen, wenn als Gegenfinanzierung andere Steuern oder die Steuersteuerbelastungen für andere Gruppen erhöht werden. Auch hier ergeben sich reale Grenzen der nationalen Steuergestaltungsmacht, da nicht nur Unternehmenskapital durch den Wegfall der Binnengrenzen mobil geworden ist, sondern auch hochqualifiziertes Humankapital. Einige Mitgliedstaaten, so z. B. das Hochsteuerland Dänemark, werben mittlerweile für hochqualifizierte Arbeitsplätze und ihre Inhaber aus dem Ausland, die sog. „Expatriates", mit niedrigen proportionalen Steuersätzen bei der Einkommensteuer (vgl. W.O. 2005).

Diese Steuerpolitiken hinterlassen Spuren in den finanzstatistischen Kennzahlen. Außer der nachweisbaren Tendenz zur Senkung der Steuerquote als solcher (vgl. Tabelle 4) ist in vielen Ländern, in denen die wettbewerbssensiblen direkten Steuern auf Einkommen und Vermögen seit der Jahrtausendwende deutlich langsamer steigen als das BIP, zu beobachten, dass im Gegenzug die indirekten Steuern steigen. Die Quoten dieser Steuerkategorie konvergieren außerdem sehr stark. Bei Steuern auf Einkommen und Vermögen bleiben die Unterschiede jedoch nach wie vor hoch. Die spezifischen Steuerquoten lagen 2006 bei einem Durchschnittswert von 12,8 Prozent zwischen 5,5 Prozent in der Slowakei und 29,4 Prozent in Dänemark (vgl. Tabelle 5).

Tabelle 5: Quoten der Steuern auf Einkommen und Vermögen und indirekte Steuern in den EU-Mitgliedstaaten, 1995, 2000 und 2006

	Steuern auf Einkommen und Vermögen			indirekte Steuern			Verhältnis direkte zu indirekten Steuern	
	1995	2000	2006	1995	2000	2006	2000	2006
BE	16,3	17,1	16,9	11,9	12,9	13,3	132,6%	127,1%
DE	10,8	12,3	10,0	11,1	11,9	11,9	103,4%	84,0%
EL	7,4	10,6	9,1	13,5	14,9	13,3	71,1%	68,4%
ES	9,9	10,2	11,0	9,9	11,4	12,2	89,5%	90,2%
FR	8,1	12,0	11,4	15,2	15,2	15,6	78,9%	73,1%
IE	13,5	13,3	12,0	13,4	13,1	13,4	101,5%	89,6%
IT	14,5	14,4	13,6	11,8	14,7	14,2	98,0%	95,8%
LU	15,3	14,9	14,0	11,0	13,5	13,3	110,4%	105,3%
NL	11,9	11,6	11,0	10,3	11,6	12,7	100,0%	86,6%
AT	11,6	13,1	11,5	13,9	14,4	14,3	91,0%	80,4%
PT	8,4	9,8	8,9	12,9	13,5	16,0	72,6%	55,6%
FI	17,2	21,3	17,2	13,5	13,6	14,0	156,6%	122,9%
CZ	9,5	8,3	9,5	12,1	11,4	11,9	72,8%	79,8%
DK	30,7	30,3	29,4	16,8	17,0	17,2	178,2%	170,9%
EE	10,9	8,1	7,2	13,9	12,9	13,7	62,8%	52,6%
CY	-	11,1	9,5	-	12,7	17,4	87,4%	54,6%
LV	7,1	7,3	8,1	14,1	12,3	12,4	59,3%	65,3%
LT	8,8	8,4	9,0	12,3	12,6	11,2	66,7%	80,4%
HU	9,3	9,8	9,1	17,7	16,3	14,8	60,1%	61,5%
MT	-	9,2	11,9	-	12,6	15,5	73,0%	76,8%
PL	11,7	7,2	7,1	14,2	16,3	14,3	44,2%	49,7%
SI	-	7,5	8,8	-	12,6	16,1	59,5%	54,7%
SK	11,4	7,5	5,5	15,5	12,6	12,3	59,5%	44,7%
SE	19,9	22,2	19,3	15,4	16,3	17,0	136,2%	113,5%
UK	14,7	16,4	17,0	12,9	13,3	12,8	123,3%	132,8%
EU-12	11,1	12,7	11,6	12,2	13,3	13,5	95,5%	85,9%
EU-25	-	13,7	12,8	-	13,5	13,6	101,5%	94,1%
Std.	6,3	5,4	4,9	4,7	1,6	1,7	31,4%	28,9%
Std./ Mittelwert	57,1%	39,5%	38,5%	38,6%	11,8%	12,8%	31,0%	30,7%

Quelle: EU-Kommission: Europäische Wirtschaft 2007; eigene Berechnungen. Std. = Standardabweichung.

Tabelle 6: Steuersätze in den Mitgliedstaaten der EU 2001-2006: Normalsätze bei der Umsatzsteuer und Spitzensteuersätze bei der Einkommensteuer

	Umsatzsteuersätze 2001	Umsatzsteuersätze 2006	Spitzensätze der Einkommensteuer 2001	2003	ab Ek in €	2006	ab Ek in €
BE	21,0	21,0	60,8	56,4	43.870	53,5	31.700
DE	16,0	16,0	51,2	51,2	55.008	44,3	52.151
EL	18,0	19,0	42,5	40,0	23.400	40,0	23.000
ES	16,0	16,0	48,0	45,0	45.000	45,0	48.818
FR	19,6	19,6	60,8	57,6	47.131	48,0	66.679
IE	20,0	21,0	42,0	42,0	28.000	42,0	32.000
IT	20,0	20,0	46,2	46,2	70.000	44,2	33.500
LU	15,0	15,0	43,1	39,0	34.500	39,0	34.500
NL	19,0	19,0	52,0	52,0	49.464	52,0	52.228
AT	20,0	20,0	50,0	50,0	50.870	50,0	51.000
PT	17,0	21,0	40,0	40,0	52.276	42,0	60.000
FI	22,0	22,0	53,5	52,8	55.200	50,9	58.200
CZ	22,0	19,0	-	35,0	31.148	32,0	11.642
DK	25,0	25,0	59,0	59,0	Plafondssatz[1]	59,0	Plafondssatz
EE	18,0	18,0	-	26,0	flat tax	23,0	flat tax
CY	10,0	15,0	-	30,0	25.541	30,0	34.783
LV	18,0	18,0	-	33,0	flat tax	27,0	flat tax
LT	18,0	18,0	-	25,0	flat tax	25,0	flat tax
HU	25,0	20,0	-	40,0	5.119	36,0	5.586
MT	15,0	18,0	-	35,0	14.038	35,0	23.294
PL	22,0	22,0	-	40,0	16.690	40,0	21.407
SI	19,0	20,0	-	50,0	35.916	50,0	44.010
SK	23,0	19,0	-	38,0	13.492	19,0	flat tax
SE	25,0	25,0	56,0	57,0	46.812	56,6	49.973
UK	17,5	17,5	40,0	40,0	43.543	40,0	48.414

1 = Maximalsatz, bei dem der Zentralstaat seinen Spitzensteuersatz so weit zurückzieht, dass die Addition von diesem und dem kommunalen Spitzensteuersatz 59% nicht überschreitet. Quelle: BMF: Die wichtigsten Steuern im internationalen Vergleich. Berlin verschiedene. Jahrgänge.

Die wettbewerbsinduzierten Steuerreformen haben jedoch zu Verschiebungen zwischen den beiden Steuertypen geführt. Waren beide Typen im Jahr 2000 im Durchschnitt noch etwa gleich stark, so überwiegen 2006 die indirekten Steuern eindeutig: Auf 100€ Einnahmen aus indirekten Steuern kamen im Gemeinschaftsmittel nur noch 94€ Einnahmen aus direkten Steuern. Die niedrigsten Anteile der direkten Steuern wiesen die Neumitgliedstaaten auf, an der Spitze Polen, wo die Einnahmen aus indirekten Steuern mehr als dreimal so hoch sind wie die aus direkten Steuern. Ein ähnlich starkes Übergewicht der indirekten Steuern findet sich aber auch noch in der Slowakei, Slowenien, Estland, Zypern, Portugal, Ungarn und

Litauen (Werte von bis zu 66 Prozent beim Verhältnis der direkten zu indirekten Steuern in Tabelle 5). Extrem hohe Anteile direkter Steuern finden sich hingegen in Dänemark (171 Prozent der Einnahmen aus indirekten Steuern), Großbritannien (132 Prozent), Belgien (127 Prozent) und Finnland (123 Prozent). Mehr direkte als indirekte Steuern erheben außerdem nur noch Schweden (114 Prozent) und Italien (105 Prozent).

Die Verschiebungen in den Steuersystemen sind in aller Regel nicht Folge von Steuererhöhungen des allgemeinen Steuersatzes bei der Mehrwertsteuer – seit 2001 haben nur fünf Länder der EU diesen angehoben, zwei, Ungarn und die Slowakei, haben ihn gesenkt –, sondern von Steuersenkungen bei den direkten Steuern (vgl. OECD 2006a). Die persönliche Einkommensteuer ist in allen EU-Mitgliedstaaten die aufkommensstärkste Steuer. Mithin bewirken hier Steuertarifänderungen auch starke Aufkommensänderungen. Den Spitzensteuersatz der Einkommensteuer haben zwischen 2001 und 2006 nur Irland, die Niederlande, Österreich, Dänemark und Großbritannien nicht gesenkt. Von den neuen EU-Mitgliedstaaten, für die Daten erst ab 2003 veröffentlicht sind, wurde in Zypern, Lettland, Malta, Polen und Slowenien dieser Steuersatz nicht gesenkt. Steuersatzerhöhungen fanden nur in Portugal statt. Bemerkenswert sind die in den letzen Jahren eingeführten sog. „Flattax-Einkommensteuern" in den baltischen Staaten und der Slowakei, bei denen auf eine Steuerprogression verzichtet wird und alle Einkommen oberhalb eines Grundfreibetrages mit dem gleichen Grenzsteuersatz belastet werden (vgl. OECD 2006b).

Gegenfinanzierungen innerhalb der Einkommensteuer lassen sich in einigen Ländern durch das Vorverschieben des steuerbaren Einkommens beobachten, ab dem der Spitzensteuersatz zum Zuge kommt. Dies gilt für Belgien, Deutschland, Italien und Tschechien. D. h., dass die Absenkung der Spitzensteuersätze nur zum Teil zu Steuerminderbelastungen bei den Steuerpflichtigen geführt hat, die im Bereich dieser Einkommensgrenzen liegen. Alle anderen Länder haben hingegen Steuerentlastungen auch durch das Hinausschieben der oberen Proportionalzone durchgeführt bzw. diese Grenze an die Preisentwertung angepasst, um die sog. „kalte Progression" zu vermeiden (vgl. Tabelle 6).

Deutlicher sind die Entlastungen bei der Körperschaftsteuer und bei den Kapitalertragsteuern (vgl. Tabelle 7). Lagen die Körperschaftsteuersätze 2001 noch zwischen 20 Prozent in Irland und 40,2 Prozent in Belgien, war die Spanne 2006 mit Steuersätzen zwischen null Prozent (Estland) und 35 Prozent (Spanien und Malta) zwar größer, die Sätze in fast allen Ländern aber z. T. deutlich zurückgenommen. Nur Spanien, Schweden und Großbritannien hatten ihre Körperschaftsteuersätze nicht gesenkt. Die Neumitglieder Zypern und Malta hatten die Sätze als einzige auf 25 Prozent bzw. 35 Prozent erhöht.

Öffentliche Aufgaben und ihre Finanzierung

Tabelle 7: Steuersätze in den Mitgliedstaaten der EU 2001-2006: Körperschaftsteuer und Steuern auf Kapitaleinkommen

	Körperschaftsteuersätze			Kapitalertragsteuer auf Zinsen und Dividenden				
	2001	2003	2006	Zinsen 2003	Dividenden 2003	Zinsen 2006	Dividenden 2006	Steuertyp 2006
BE	40,2	34,0	33,0	15,0	25,0	15,0	25,0	AbgSt mOption
DE	26,4	27,9	25,1	31,7	21,1	31,7	21,1	AnrS
EL	35,0	35,0	29,0	15,0	-	10,0	-	
ES	35,0	35,0	35,0	15,0	15,0	15,0	15,0	AnrS
FR	36,4	35,4	33,3	25,0	-	27,0	-	AnrS
IE	20,0	12,5	12,5	20,0	- AnrS	20,0	20,0	AbgSt
IT	36,0	34,0	33,0	12,5/27	12,5	27,0	12,5	AbgSt
LU	31,2	22,9	22,9	-	20,0	10,0	20,0	AbgSt
NL	35,0	34,0	29,6	KM	25,0	-	25,0	
AT	34,0	34,0	25,0	25,0	25,0	25,0	25,0	AbgSt mOption
PT	32,0	30,0	25,0	20,0	15,0 AnrS	20,0	20,0	AbgSt mOption
FI	29,0	29,0	26,0	29,0	- AnrS	28,0	19,0	AbgSt
CZ	k. A.	31,0	24,0	k. A.	k. A.	15,0	25,0	AbgSt
DK	30,0	30,0	28,0	KM	28,0	-	28,0	AbgSt mOption
EE	k. A.	0,0	0,0	k. A.	k. A.	-	23,0	AbgSt
CY	k. A.	15,0	25,0	k. A.	k. A.	10,0	15,0	Verteidigungsabgabe
LV	k. A.	15,0	15,0	k. A.	k. A.	-	15,0	AbgSt
LT	k. A.	19,0	15,0	k. A.	k. A.	-	-	
HU	k. A.	18,0	16,0	k. A.	k. A.	-	35/25	
MT	k. A.	34,5	35,0	k. A.	k. A.	15,0	-	AbgSt mOption
PL	k. A.	27,0	19,0	k. A.	k. A.	19,0	19,0	AbgSt
SI	k. A.	25,0	25,0	k. A.	k. A.	15,0	20,0	
SK	k. A.	25,0	19,0	k. A.	k. A.	19,0	-	AbgSt
SE	28,0	28,0	28,0	30,0 KM	30,0 KM	30,0	30,0	AbgSt
UK	30,0	30,0	30,0	20,0 KM	- AnrS	20,0	- AnrS	

AbgSt = Abgeltungsteuer; AbgSt mOption = Abgeltungsteuer mit Option zur Veranlagung; AnrS = Anrechnungssystem; KM = Kontrollmitteilungen; k. A. = keine Angabe. Quelle: BMF: Die wichtigsten Steuern im internationalen Vergleich; Berlin verschiedene Jahrgänge.

Auch die Körperschaftsteuersysteme selbst wurden in vielen Mitgliedstaaten in den letzten Jahren reformiert. Die meisten Länder (vgl. Bundesministerium der Finanzen 2006) verwenden ein sog. Teilanrechnungssystem, bei dem das Problem der Doppelbelastung von ausgeschütteten Gewinnen dadurch ganz oder teilweise vermieden wird, dass nur noch Teile der Dividenden der persönlichen Einkommensteuer unterworfen werden. Dieses Modell ist sowohl mit einer Quellensteuer auf die Dividenden kombinierbar, die dann bei der persönlichen Veranlagung der Dividendenbezieher angerechnet wird (Anrechnungssystem) als auch mit einer Abgeltungsteuer für Kapitaleinkünfte. Einige Länder lassen außerdem eine Option zur Veranlagung für die Steuerpflichtigen zu, deren persönlicher Grenzsteuersatz unter dem Quellensteuersatz auf Dividenden (und andere Kapitaleinkünfte) liegt. Viele Länder in der EU sind in den letzten Jahren auf Abgeltungssteuern auch für Dividenden übergegangen. Estland, Griechenland, Lettland, die Slowakei und Zypern stellen Dividenden gleich steuerfrei und besteuern Gewinne nur noch auf Ebene der Kapitalgesellschaften selbst. Bemerkenswert ist die wachsende Zahl der Länder, die Abgeltungssteuern mit Steuersätzen unterhalb der persönlichen Einkommensteuer eingeführt haben. Deutschland wird sich ab 2009 dieser Gruppe auch anschließen.

Die unterschiedliche Höhe der Abgeltungssteuern und Quellensteuersätze für Zinseinkommen, die in der Vergangenheit dadurch verstärkt wurde, dass für Steuerausländer häufig noch niedrigere Belastungen als für Steuerinländer vorgesehen waren, hatte in der Vergangenheit starke Anreize zur Steuerflucht gesetzt. Durch die Zinssteuerrichtlinie hat die EU einheitliche, stufenweise ansteigende Quellensteuern und Kontrollmitteilungen an die Wohnsitzfinanzämter eingeführt, wobei das Quellensteueraufkommen zwischen dem Land, in dem die Zinserträge anfallen, und dem Wohnsitzland geteilt werden (vgl. Rat der Europäischen Union 2003). Ansonsten gelten – wie bei anderen grenzüberschreitenden Einkünften auch – bilaterale Doppelbesteuerungsabkommen, die, wiewohl sie in ihren Strukturen den Empfehlungen der OECD hierzu folgen (vgl. Wissenschaftlicher Beirat beim Bundesministerium der Finanzen 2007: 7), leider immer noch nicht einheitlich sind und für die Steuerpflichtigen häufig nicht nachzuvollziehen sind (vgl. Kommission der Europäischen Gemeinschaften 2006c). Am häufigsten dürften hier im zusammenwachsenden Europa Kapitaleinkünfte betroffen sein, die den Steuerpflichtigen erheblichen Aufwand bei der Bearbeitung ihrer Steuererklärungen bescheren. Inwieweit der fortschreitende Übergang zu nationalen Abgeltungssteuern für Kapitaleinkünfte hier bürokratischen Aufwand nicht nur für die Steuerpflichtigen selbst, sondern auch für die nationalen Finanzverwaltungen vermeiden hilft, ist heute noch nicht absehbar.

Ein wichtiger Einfluss auf die Leistungsbereitschaft der Beschäftigten und damit auf die Wettbewerbsfähigkeit der Volkswirtschaften wird nicht nur der Steuer- und Abgabenbelastung der Unternehmen, sondern auch der der abhängig Beschäftigten zugemessen. Zudem wird wegen der demographischen Entwicklung auch die Familienbesteuerung kontrovers diskutiert. Die OECD ermittelt deshalb seit einigen Jahren die Belastung verschiedener repräsentativer Steuerpflichtiger mit Lohn- bzw. Einkommensteuer und Sozialversicherungsbeiträgen. Um die unterschiedlichen Wohlstandsniveaus der Vergleichsländer auszublenden, werden jeweils nationale Durchschnittseinkommen versteuert und verbeitragt bzw. im Falle von verheirateten Steuerpflichtigen auch ein Durchschnittseinkommen einem Familieneinkommen gegenübergestellt, welches um 33 Prozent höher ist. Tabelle 8 gibt die Werte dieser Berechnungen für 2002 und 2005 an sowie die Differenz zwischen ihnen in Prozentpunkten wieder. Es sind hier nur die EU-Mitgliedstaaten erfasst, die auch OECD-Mitglieder sind.

Bedeutsam sind bei der personalisierten Berechnung der Steuer- und Abgabenbelastungen aber neben deren absoluter Höhe und deren Veränderungen im Zeitablauf auch nationale Unterschiede zwischen Steuerpflichtigen mit unterschiedlichen Familienmerkmalen. In Europa werden hier unterschiedliche Konzepte der Ehegatten- bzw. Familienbesteuerung angewandt (vgl. OECD 2006b): In Skandinavien und Österreich werden Ehegatten unabhän-

Öffentliche Aufgaben und ihre Finanzierung

gig von ihrem Familienstand einzeln veranlagt (sog. Individualbesteuerung), in Deutschland gilt das Ehegattensplitting, in Frankreich wird das Splittingverfahren auf alle Familienmitglieder angewandt, wobei Kinder keinen vollen Splittingfaktor erhalten. In Deutschland wird zudem seit 1996 das Kindergeld mit der Steuerschuld verrechnet, was 2002 zu einem Nettotransfer des verheirateten Durchschnittsverdieners mit zwei Kindern geführt hat.

Tabelle 8: Belastung der abhängig Beschäftigten durch Lohn-/Einkommenssteuer in der EU, 2002 und 2005

	\multicolumn{3}{c	}{Alleinstehend, ohne Kind, Durchschnittseinkommen}	\multicolumn{3}{c	}{Verheiratet, 2 Kinder, Alleinverdiener, Durchschnittseinkommen}	\multicolumn{3}{c	}{Verheiratet, 2 Erwerbstätige, 2 Kinder, 133% Durchschnittseinkommen}
	\multicolumn{9}{c	}{Belastung durch Lohn-/Einkommensteuer in % des Bruttoeinkommens}
	2002	2005	Differenz	2002	2005	Differenz	2002	2005	Differenz
BE	27,5	27,9	0,4	17,0	16,4	-0,6	21,4	20,7	-0,7
DK	32,5	30,4	-2,1	26,3	25,2	-1,1	28,1	27,0	-1,1
DE	20,5	20,9	0,4	-2,0	1,4	3,4	5,4	7,7	2,3
FI	25,6	24,9	-0,7	25,6	24,9	-0,7	22,1	21,2	-0,9
FR	13,3	15,4	2,1	6,9	7,9	1,0	6,3	8,4	2,1
EL	0,6	5,6	5,0	1,1	6,1	5,0	0,8	4,8	4,0
IE	11,4	12,6	1,2	2,4	3,6	1,2	7,1	6,5	-0,6
IT	18,9	18,1	-0,8	11,8	10,4	-1,4	12,4	10,1	-2,3
LU	8,1	12,6	4,5	0,0	0,0	0,0	0,0	1,2	1,2
NL	7,2	10,5	3,3	0,6	10,2	9,6	5,6	7,9	2,3
AT	10,6	14,1	3,5	9,0	12,1	3,1	7,6	10,3	2,7
PL	6,0	6,4	0,4	4,0	4,6	0,6	4,5	5,0	0,5
PT	5,5	10,1	4,6	0,1	3,1	3,0	0,1	3,2	3,1
SE	23,4	24,0	0,6	23,4	24,0	0,6	22,1	22,2	0,1
SK	6,5	8,7	2,2	3,2	-3,4	-6,6	3,3	2,2	-1,1
ES	12,9	14,0	1,1	4,0	6,7	2,7	8,2	9,2	1,0
CZ	11,2	11,6	0,4	5,3	1,1	-4,2	6,4	5,2	-1,2
HU	16,6	19,4	2,8	7,6	14,0	6,4	7,0	10,5	3,5
UK	15,7	17,4	1,7	10,1	15,4	5,3	10,5	13,6	3,1
	\multicolumn{9}{c	}{Belastung durch Lohn-/Einkommensteuer und Sozialabgaben in % des Bruttoeinkommens}
	2002	2005	Differenz	2002	2005	Differenz	2002	2005	Differenz
BE	41,4	41,9	0,5	31,0	30,4	-0,6	35,4	31,7	-3,7
DK	43,1	41,0	-2,1	36,9	35,8	-1,1	40,0	38,9	-1,1
DE	41,2	41,7	0,5	18,6	22,3	3,7	26,0	28,5	2,5
FI	31,7	31,3	-0,4	31,7	31,3	-0,4	28,2	27,5	-0,7
FR	26,5	29,0	2,5	20,1	21,9	1,8	19,5	22,0	2,5
EL	16,5	21,6	5,1	17,0	22,1	5,1	16,7	20,8	4,1

- Fortsetzung Tabelle 8 -

	Alleinstehend, ohne Kind, Durchschnittseinkommen			Verheiratet, 2 Kinder, Alleinverdiener, Durchschnittseinkommen			Verheiratet, 2 Erwerbstätige, 2 Kinder, 133% Durchschnittseinkommen		
	Belastung durch Lohn-/Einkommensteuer und Sozialabgaben in % des Bruttoeinkommens									
IE	16,4	17,7	1,3	7,3	8,7	1,4	10,8	10,4	-0,4
IT	28,1	27,3	-0,8	21,0	19,6	-1,4	21,6	19,2	-2,4
LU	22,1	26,5	4,4	14,0	13,9	-0,1	14,0	15,0	1,0
NL	28,7	32,2	3,5	22,6	26,3	3,7	24,8	27,2	2,4
AT	28,6	32,1	3,5	27,1	30,1	3,0	25,6	28,4	2,8
PL	31,0	32,0	1,0	29,0	30,3	1,3	29,5	30,7	1,2
PT	16,5	21,1	4,6	11,1	14,1	3,0	11,1	14,2	3,1
SE	30,4	31,0	0,6	30,4	31,0	0,6	29,1	29,2	0,1
SK	19,3	22,1	2,8	16,0	9,0	-7,0	16,1	14,9	-1,2
ES	19,2	20,3	1,1	10,4	13,0	2,6	14,5	15,6	1,1
CZ	23,7	24,1	0,4	17,8	13,6	-4,2	18,9	17,7	-1,2
HU	29,1	32,9	3,8	20,1	27,5	7,4	19,5	24,0	4,5
UK	23,3	26,5	3,2	17,7	24,6	6,9	17,0	21,8	4,8

Quelle: OECD: Taxing Wages/Les impôts sur les salaires, Paris; versch. Jg.; eigene Berechnungen.

In den meisten EU-Mitgliedstaaten sind die Belastungen der abhängig Beschäftigten mit Lohn-/Einkommensteuer nicht besonders hoch. Alleinstehende Durchschnittsverdiener zahlen fast überall weniger als 20 Prozent Steuern auf ihr Bruttoeinkommen. Ausnahmen sind neben den skandinavischen Ländern nur Belgien und Deutschland. Deutlich geringer ist außerdem die Belastung von Familien mit Kindern durch Lohn-/ Einkommensteuer: Sie lag 2002 zwischen minus zwei Prozent[2] in Deutschland und neun Prozent in Österreich, in den meisten Staaten unter zehn Prozent. Ausnahmen waren hier 2002 wieder die skandinavischen Staaten mit Werten über 20 Prozent sowie Belgien, Italien und Großbritannien mit Steuerbelastungen zwischen 10 und 17 Prozent. Erkennbar ist außerdem der Progressionseffekt bei zusätzlichem Einkommen. Aber auch hier gibt es Ausnahmen: In Finnland, Frankreich, Griechenland, Österreich, Schweden und Ungarn lag die Steuerbelastung der Familie bei Erwerbsaufnahme des zweiten Ehepartners zum Teil prozentual sogar erheblich niedriger als im Fall des Alleinverdieners. In diesen Ländern wird also Erwerbstätigkeit beider Elternteile steuerlich belohnt.

Die Befunde der hoch und niedrig belastenden Länder relativieren sich bei Einbeziehung der Sozialversicherungsbeiträge. Hier liegen die Abgabenbelastungen von alleinstehenden Durchschnittsverdienern in Belgien, Dänemark und Deutschland sogar über 40 Prozent, gefolgt von Finnland, Polen und Schweden mit Werten von etwas über 30 Prozent. Unter 20 Prozent Abgabenbelastung ließ sich 2002 nur für Durchschnittsverdiener in Grie-

---

[2] Der negative Steuersatz ist Folge der Verrechnung der Steuerschuld mit dem Kindergeld, der seit 1996 als Abzug von der Steuerschuld gewährt und von den Finanzämtern verwaltet wird. Der Steuersatz bedeutet, daß die Steuerschuld des standardisierten verheirateten Alleinverdieners mit 2 Kindern geringer war als das Kindergeld.

chenland, Irland, Portugal, Spanien und der Slowakei messen. Alleinverdienerpaare wurden 2002 nur in Irland mit weniger als zehn Prozent belastet. Über 30 Prozent Abgabenbelastung wurden nur in Dänemark, Finnland, Belgien und Schweden erreicht.

2005 lag sowohl die Steuer- als auch die Gesamtabgabenbelastung in fast allen vermessenen EU-Staaten höher als 2002. Lediglich in Finnland, Dänemark und Italien waren alle drei repräsentativen Steuerpflichtigen insgesamt entlastet worden. Belgien, die Slowakei und Tschechien hatten 2005 Familien mit Kindern eine geringere Belastung auferlegt als 2002.

Auf den ersten Blick korrespondieren die verschiedenen nationalen Steuer- und Abgabenbelastungen zumindest bei den ledigen Durchschnittsverdienern in etwa mit den gesamtwirtschaftlichen Quoten (vgl. Abbildung 6). Indes ergeben sich bei der Betrachtung im Zeitablauf insoweit Widersprüche, als in der großen Mehrzahl der Länder, die die Steuern auf Einkommen und Vermögen und sogar die Sozialversicherungsbeiträge - gemessen an den jeweiligen Abgabenquoten – gesenkt haben (alle Länder links der senkrecht eingezeichneten Nulllinie), die Lohn-/Einkommensteuer- und die Gesamtabgabenbelastung der abhängig beschäftigten Steuerzahler nicht ab-, sondern zugenommen haben (Werte im linken oberen Quadranten). Nur für die Niederlande und Spanien stimmen die Daten in Bezug auf eine Feststellung von Steuererhöhungen auf der Individual- und der gesamtwirtschaftlichen Ebene überein, bei der Gesamtabgabenbelastung gilt dies für Portugal, Ungarn, Spanien und Großbritannien, während für die Niederlande – neben den meisten anderen EU-Staaten – eine sinkende Abgabenquote bei steigender Steuerbelastung für alle repräsentativen Steuerpflichtigen zu verzeichnen ist.

Ursache für diese scheinbar widersprüchlichen Befunde kann nur sein, dass die auf Ebene der Quote gemessenen Entlastungen nicht bei den abhängig beschäftigten Durchschnittsverdienern stattgefunden haben, sondern bei anderen Gruppen von Steuerpflichtigen. Hier wird erkennbar, dass die Steuersenkungen für Unternehmen z. T. mit Steuererhöhungen für die wenig mobilen abhängig Beschäftigten im mittleren Einkommensbereich finanziert wurden. Einige wenige Länder, wie z. B. Schweden, haben explizit eine sog. duale Einkommensteuer eingeführt, bei der keine integrierte synthetische Besteuerung verschiedener Einkunftsarten – wie sie die Anrechnungssysteme noch darstellen – mehr durchgeführt wird, sondern die Steuersätze auf mobile Produktionsfaktoren deutlich niedriger als auf immobile ausfallen und die Einkommensteuer nach und nach zur Schedulensteuer degeneriert.

Hinzu kommt, dass die Belastungen durch Sozialversicherungsbeiträge, die – zumindest zu Beginn dieses Jahrzehnts – sicherlich zum großen Teil noch durch ungelöste Probleme in diesen Systemen begründet liegen und bei denen 2005 – in den alten kontinentalen Mitgliedstaaten - noch konjunkturelle Probleme inkorporiert sind, den Faktor Arbeit schon vor der Periode stark wachsender demographischer Lasten erheblich belasten. Hier müssten sich in den nächsten Jahren die Abgabenquoten der Länder, die ihre „Hausaufgaben" in Sachen Demographiefestigkeit gemacht haben, von denen trennen, in denen die Probleme eben nicht gelöst wurden.

Abbildung 6: Veränderungen der Steuerbelastungen aus Lohn-/Einkommensteuer ohne und mit Sozialversicherungsabgaben gegenüber der Veränderung der Quoten der Steuerbelastung auf Einkommen und Vermögen ohne und mit Sozialversicherungsabgaben

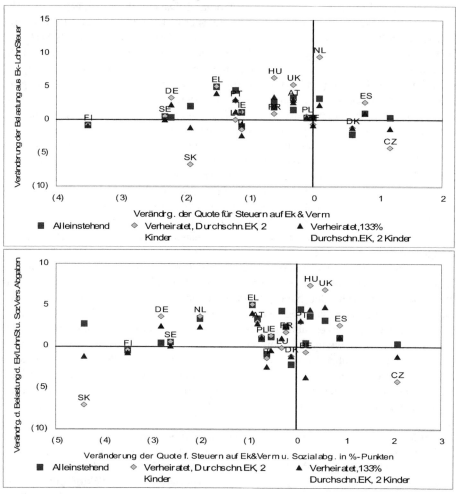

Quelle: EU-Kommission, OECD; eigene Berechnungen.

Die zunehmenden Belastungen der Lohneinkommen mit direkten Abgaben in fast allen Ländern der EU deuten aber auch darauf hin, dass die damit einhergehenden Probleme für Arbeitsaufnahme, Schattenwirtschaft und internationale Wettbewerbsfähigkeit die etablierten großen Volkswirtschaften in der EU weniger untereinander schwächt, als dass sie gemeinsam Standortprobleme gegen die aufstrebenden Neumitglieder und die anderen großen dynamischen Volkswirtschaften wie China und Indien meistern werden müssen. Selbst für die so lange und stabil wachsende britische Wirtschaft wächst über die ständig zunehmende Abgabenbelastung ein ernstes strukturelles Wettbewerbsproblem auf. Insoweit sind die steuer- und sozialpolitischen Dauerbaustellen der alten Marktwirtschaften in der EU auch für die nächsten Jahre definiert.

4.3 Finanzierung durch Kreditaufnahme

Für Ausgaben des Staates, die nicht über Steuer und andere regelmäßige Einnahmen oder über die Veräußerung von Vermögensgegenständen finanziert werden können, müssen Kredite aufgenommen werden. Bis vor wenigen Jahren war auch dieser Teil der Haushaltspolitik in der autonomen Entscheidung der Mitgliedstaaten. Seit der Vereinbarung über die Einrichtung der Europäischen Währungsunion überwacht die EU aber im Rahmen des Europäischen Stabilitätspaktes die nationale Kreditaufnahme und verlangt, dass diese dauerhaft unterhalb eines Wertes von drei Prozent des BIP bleibt[3]. Damit wollte man die Stabilität der gemeinsamen Währung sichern. Nachdem vor wenigen Jahren einige Länder der Eurozone, darunter Deutschland, Frankreich, Italien, Portugal und Griechenland, diese Marke mehrfach und in erheblichem Umfang u. a. auch wegen einer rezessiven wirtschaftlichen Entwicklung „gerissen" haben, werden sogar Haushalte mit „Normaldefiziten" von unter einem Prozent verlangt, damit die Grenze von drei Prozent des BIP auch in Phasen der Rezession nicht mehr überschritten wird[4].

Diese Entwicklung schlägt sich auch in den Kreditaufnahmequoten der Mitgliedstaaten nieder. Wurden noch Mitte der 90er Jahre im Mittel der EU-12-Länder neue Kredite in Höhe von fünf Prozent des BIP aufgenommen, war dieser Wert im Jahr 2000 im Mittel auf Null gesunken. Die EU-25 wies eine Defizitquote von nur -0,8 Prozent des BIP auf. Neben den Ländern, die nach wie vor hohe, mit einigen wenigen Ausnahmen aber niedrigere Defizitquoten als noch 1995 aufwiesen, verzeichneten Deutschland, Irland, Luxemburg, die Niederlande, Finnland, Dänemark, Schweden und Großbritannien Haushaltsüberschüsse und tilgten Altschulden. Steuerreformen und rezessive Entwicklungen seit Mitte 2001 ließen die Defizite aber wieder auf durchschnittlich 2,3 Prozent des BIP ansteigen. 2005 hatten aber Spanien, Irland, Finnland, noch Dänemark, Estland, Litauen und Schweden Überschüsse. Deutschland, Griechenland, Italien, Portugal, Ungarn und Großbritannien verfehlten die Dreiprozentgrenze zum Teil um mehr als das Doppelte des erlaubten Wertes. Die Daten für 2006 zeigen auch für diese Staaten leichte Konsolidierungserfolge. Für die EU insgesamt blieb die durchschnittliche Defizitquote bei 2,4 Prozent.

---

[3] Verordnung (EG) Nr. 3605/93 (ABl. L 332, 31.12.1993) sowie Verordnung (EG) Nr. 2103/2005 des Rates (ABl. L 337, 22.12.2005) zur Änderung der der Verordnung (EG) Nr. 3605/93 (ABl. L 332, 31.12.1993).

[4] Mitteilung der Kommission an den Rat, an das Europäische Parlament und an den Europäischen Wirtschafts- und Sozialausschuß, den Ausschuß der Regionen und die Europäische Zentralbank: Die öffentlichen Finanzen in der Wirtschafts- und Währungsunion (WWU) – 2007: Die Wirksamkeit der präventiven Komponente des SWP, KOM(2007) 316 endgültig v. 13.6.2007.

Tabelle 9: Defizitquoten der EU-Mitgliedstaaten 1995, 2000, 2005 und 2006

	1995	2000	2005	2006
BE	-4,4	0,0	-0,1	-0,4
DE	-3,2	1,3	-3,3	-3,1
EL	-10,2	-4,1	-4,4	-2,9
ES	-6,5	-0,9	1,1	0,9
FR	-5,5	-1,5	-2,9	-3,0
IE	-2,1	4,4	1,0	0,1
IT	-7,4	-0,8	-4,3	-4,1
LU	2,3	5,9	-1,9	-1,8
NL	-4,0	2,1	-0,3	-1,2
AT	-5,7	-1,6	-1,6	-2,0
PT	-5,2	-3,0	-6,0	-5,0
FI	-6,2	7,0	2,4	2,6
CZ	-13,2	-3,6	-2,6	-3,1
DK	-2,0	3,2	4,7	3,8
EE	0,4	-0,4	1,6	1,4
CY	-	-2,4	-2,4	-2,1
LV	-2,0	-2,8	0,2	-1,0
LT	-1,9	-3,6	-0,5	-0,6
HU	-	-3,0	-6,2	-6,7
MT	-	-6,2	-3,3	-3,0
PL	-4,4	-1,5	-2,5	-3,0
SI	-	-3,9	-1,8	-1,9
SK	-0,8	-12,2	-2,9	-2,7
SE	-6,9	5,0	2,7	2,1
UK	-5,8	3,7	-3,5	-3,0
EU-12	*-5,0*	*0,0*	*-2,4*	*-2,4*
EU-25	-	*0,8*	*-2,3*	*-2,3*
Std.	3,5	4,1	2,7	2,4
Std./Mittelwert	-70,8%	518,1%	-115,8%	-103,3%

Quelle: EU-Kommission: Europäische Wirtschaft 2007; eigene Berechnungen. Std. = Standardabweichung.

Die Belastung der Haushalte der Mitgliedstaaten aus der in der Vergangenheit aufgehäuften Staatsverschuldung lässt sich an den Unterschieden der Quote der bereinigten Gesamtausgaben und der Primärausgabenquote ablesen, deren Differenz in der Höhe der Zinsausgaben besteht (vgl. Abbildung 7). Primärausgaben sind die öffentlichen Ausgaben, die direkt zur Schaffung öffentlicher Güter eingesetzt werden (vgl. Wissenschaftlicher Beirat beim Bundesministerium der Finanzen 2001). Je höher die Staatsverschuldung insgesamt ist, umso weniger öffentliche Leistungen erhalten die BürgerInnen der einzelnen Länder in Relation zur Höhe der jeweils national einrichteten Zwangsabgaben. Nimmt man aus den Staatsausgabenquoten die Zinszahlungen heraus, liegen nicht nur die Quoten selbst um 2,7 Prozentpunkte niedriger, es wächst auch der statistische Zusammenhang (Korrelationskoeffizient bei der Primärausgabenquote r² = 0,148 anstelle von 0,105 für die bereinigten Gesamtausgaben). Auch die Steigung der Trendgerade wird für die Primärausgabenquote größer, bestätigt mithin deutlicher die mit wachsendem Wohlstand steigenden staatlichen Leistungen. Umgekehrt argumentiert, belastet derzeit eine zu hohe Verschuldung die weniger wirtschaftsstarken EU-Mitgliedstaaten stärker als die reicheren bei der Fähigkeit, öffentliche Leistungen zu finanzieren. Umso wichtiger ist für sie eine dauerhafte Sanierung ihrer Haushalte.

Abbildung 7:   Quoten der bereinigten Gesamtausgaben und der Primärausgaben der EU-Mitgliedstaaten, 2006

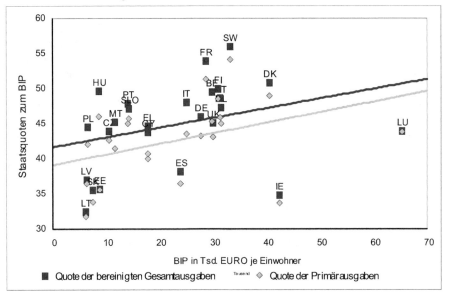

Quelle: EU-Kommission: Europäische Wirtschaft 2007; eigene Berechnungen.

Inwieweit es der EU in Zukunft gelingen wird, die Defizite in den Haushalten der Mitgliedstaaten dauerhaft einzudämmen, hängt sicher auch von der politischen Akzeptanz des nunmehr reformierten europäischen Regelwerks ab. Die „Sünder" der letzten Jahre kamen um die eigentlich vorgesehenen Strafzahlungen durch einen Beschluss des Ministerrates herum. Indes scheint sich EU-weit die Überzeugung durchzusetzen, dass die hohen Defizite der Vergangenheit keinesfalls fortgesetzt werden dürfen, weil dies die europaweit schrumpfenden zukünftigen Generationen belastet. Eine dauerhafte Sanierung der öffentlichen Haushalte hängt indes nicht so sehr von der Höhe der Tilgung alter Staatsschulden ab, sondern von den angewandten Verschuldungsregeln selbst sowie zukunftsweisenden Strukturen in den öffentlichen Haushalten, die sich nicht nur in der Höhe und Effizienz der Investitionen in den öffentlichen Infrastrukturkapitalstock und in ein leistungsfähiges, Chancengleichheit sicherndes Bildungswesen, sondern auch und gerade in einer langfristig soliden Finanzierung aller öffentliche Leistungen manifestieren (vgl. Koen/van deen Noord 2005; Cournède/Gonand 2006; Guichard et al. 2007).

5 Befunde des Ländervergleichs und Perspektiven unter Berücksichtigung der Harmonisierungsbestrebungen der Europäischen Kommission

Die Analyse finanzwirtschaftlicher Kennziffern für die öffentlichen Ausgaben der EU-Mitgliedstaaten und der zu ihrer Finanzierung aufgebrachten Zwangsabgaben, Zuweisungen und Kreditaufnahmen hat bei aller deutlich zu betonenden Unterschiedlichkeit und sichtbaren Autonomie der Länder dennoch einige konvergierende Tendenzen ergeben:

- Es gibt 2006 einen statistischen Zusammenhang zwischen dem wirtschaftlichen Wohlstand und der Höhe der Ausgaben für die Produktion öffentlicher Güter und für Transferzahlungen in den nationalen öffentlichen Haushalten. Der nicht vorhandene statistische Zusammenhang im Jahr 2000 geht ausschließlich auf die EU-Neumitglieder zurück; mithin hat die Mitgliedschaft in der EU und mit ihr die hohen Transferzahlungen aus dem EU-Haushalt zu dieser Konvergenz beigetragen.
- Die Quoten der Sozialtransfers stiegen zwischen 2000 und 2006 in fast allen Mitgliedstaaten an, während die Subventionen leicht zurückgingen.
- Damit korrespondierend stiegen die Sozialversicherungsbeiträge mit wenigen Ausnahmen schneller als die wirtschaftliche Wertschöpfung.
- Die Steuerquoten hingegen wurden seit der Jahrtausendwende in fast allen EU-Staaten gesenkt. Begünstigt wurden dabei Unternehmen und Bezieher von Gewinn- und Kapitaleinkommen, während Bezieher von Durchschnittseinkommen gleich welchen Familienstandes in den meisten Ländern höher belastet und die Finanzierungsanteile aus indirekten Steuern angehoben wurden. Letzteres belastet tendenziell ebenfalls niedrigere Einkommen, deren Konsumquote höher ist als die der wohlhabenden Haushalte.

Die größten Unterschiede sind – außer bei der Nettokreditaufnahme - vor diesem Hintergrund bei den Steuersätzen der Körperschaftsteuer festzustellen, die Ausdruck des verschärften auch steuerlichen Wettbewerbs um die Ansiedlung von Unternehmen in der EU sind. Dies wird den Neumitgliedern mit ihrem geringen Bruttoinlandsprodukts auch dadurch ermöglicht, dass die Steuerausfälle realiter durch die Zuweisungen aus dem EU-Haushalt gegenfinanziert werden. Dabei geht von den Unternehmensteuersätzen nicht der eigentliche Konkurrenzdruck aus, sondern weitaus mehr von den Möglichkeiten, Gewinnanteile zwischen verschiedenen Mitgliedstaaten durch grenzüberschreitende Transaktionen je nach Vorteilhaftigkeit für das Unternehmen zu verschieben, um damit Gewinne niedrig und Kosten hoch versteuern zu lassen (vgl. Bartelsman/Beetsma 2003: 2225ff.). Die EU-Kommission versucht hier seit längerem Harmonisierungen durchzusetzen; auch ein Vorschlag für eine gemeinschaftliche Bemessungsgrundlage mit einer formelmäßigen Zerlegung des steuerbaren Konzerngewinns auf die innergemeinschaftlichen Betriebsstätten wurde bereits vorgelegt (vgl. Europäische Kommission 2001). Es dürfte aber auf absehbare Zeit keine realistischen Chancen auf Durchsetzung einer so weitreichenden Harmonisierungsstrategie geben, schon allein weil der EU-Vertrag für den Bereich der direkten Steuern nach wie vor einstimmige Beschlüsse vorsieht.

Sehr viel wahrscheinlicher für eine weitere Konvergenz der Haushaltsstrukturen der EU-Mitgliedstaaten dürften deshalb Reformimpulse aus der Methode der offenen Koordinierung weniger seitens der EU-Kommission, sondern der OECD entstehen. Auch sind weitere Urteile des Europäischen Gerichtshofs zu erwarten, die auch im nationalen Steuerrecht die Grundfreiheiten durchsetzen werden. Und nicht zu unterschätzen wären Anstrengungen der Generaldirektion Wettbewerb, über die wirksame Durchsetzung des Beihilfenverbots in allen Mitgliedstaaten die Vorteile eines vitalen und fairen Standortwettbewerbs für die Effizienz von Produktion und Handel wenigstens innerhalb der EU wirkmächtig werden zu lassen.

In dem Maße aber, wie in der EU grenzüberschreitendes Wirtschaftsleben zunimmt, wie auch BürgerInnen ihren Wohnort nicht mehr dauerhaft nur in einem Mitgliedstaaten haben, sondern in verschiedenen Lebensabschnitten zwischen EU-Ländern hin- und herwechseln, werden einheitliche und transparente Doppelbesteuerungsabkommen immer wichtiger, damit auch die „Standortentscheidungen" der Menschen nicht von nationalem Steuerrecht bestimmt und verzerrt werden, sondern sich nach deren persönlichen Präferenzen richten. Mutmaßlich würde mehr Transparenz auch bezüglich der steuerpolitischen Regeln zu materieller Konvergenz der nationalen Steuersysteme führen. Dies wäre ein weiterer Meilenstein für die Integration eines grenzenlosen Europas mit weiter wachsenden nationalen und regionalen Identitäten und Stärken.

Literatur

Bartelsman, Eric J./Beetsma, Roel, 2003: Why Pay More? Corporate Tax Avoidance through Transfer Pricing in OECD Countries, in: Journal of Public Economics 87 (9-10), 2225-2252.

Böhret, Carl, 1970: Entscheidungshilfen für die Regierung – Modelle, Instrumente, Probleme. Opladen.

Bundesministerium der Finanzen (Hrsg.), 2006: Die wichtigsten Steuern im internationalen Vergleich 2006. Berlin.

Cournède, Boris/Gonand, Frédéric, 2006: Restoring Fiscal Sustainability in the EURO Area: Raise Taxes or Curb Spending?, in: OECD (Hrsg.), Economics Department. Working Paper No. 520. Paris.

Die Bundesregierung (Hrsg.), 2007: Bürokratiekosten: Erkennen – Messen – Abbauen. Bericht der Bundesregierung 2007 zur Anwendung des Standardkostenmodells. Berlin.

Engelkamp, Paul/Sell, Friedrich, 2005: Einführung in die Finanzwissenschaft. Berlin/Heidelberg.

Europäischer Gerichtshof, 2006: Rechtssache C-446/03 (Marks & Spencer).

Europäische Kommission (Hrsg.), 2001: Ein Binnenmarkt ohne steuerliche Hindernisse. Mitteilung der Kommission an den Rat, das europäische Parlament und den Wirtschafts- und Sozialausschuß. KOM (2001) 582 endg. 23. Brüssel.

Europäische Kommission (Hrsg.), 2006a: Mitteilung der Kommission an den Rat, an das Europäische Parlament und an den Europäischen Wirtschafts- und Sozialausschuß: Koordinierung der Regelungen der Mitgliedstaaten zu den direkten Steuern im Binnenmarkt. KOM(2006) 823 endg. Brüssel.

Europäische Kommission (Hrsg.), 2006b: Public Finances in EMU 2006, in: European Economy 3, 343-396.

Färber, Gisela, 2003: Zur Haushaltsnotlage Berlins – Befunde, Ursachen, Eigenanstrengungen und Sanierungsbeihilfen. Gutachten im Auftrag der Senatsverwaltung für Finanzen Berlin, in:

http://www.berlin.de/imperia/md/content/senatsverwaltungen/finanzen/haushalt/gutachtenproffaerber.pdf;18.02.2008.

Färber, Gisela, 2007: Subventionen/Subventionspolitik, in: Nohlen, Dieter/Grotz, Florian (Hrsg.), Kleines Lexikon der Politik. 4. vollst. überarbeitete Neuauflage. München, 564-568.

Guichard, Stéphanie/Kennedy, Mike/Wurzel, Echkard/André, Christophe, 2007: What Promotes Fiscal Consolidation: OECD Country Experiences, in: OECD, Economics Department. Working Paper No. 553. Paris.

Koen, Vincent/van den Noord, Paul, 2005: Fiscal Gimmickry in Europe: One-off Measures and Creative Accounting, in: OECD (Hrsg.), Economics Department. Working Paper No. 417. Paris.

Kommission der Europäischen Gemeinschaften (Hrsg.), 2006a: Mitteilung der Kommission an den Rat und das Europäische Parlament: Die öffentlichen Finanzen in der WWU 2006 – Das erste Jahr nach der Überarbeitung des Stabilitäts- und Wachstumspakts. KOM(2006) 304 endg. 13.6.2006. Brüssel.

Kommission der Europäischen Gemeinschaften (Hrsg.), 2006b: Mitteilung der Kommission an den Rat, an das Europäische Parlament und an den Europäischen Wirtschafts- und Sozialausschuß: Steuerliche Behandlung von Verlusten bei grenzübergreifenden Sachverhalten. KOM(2006) 824 endg. Brüssel.

Kommission der Europäischen Gemeinschaften (Hrsg.), 2006c: Mitteilung der Kommission an den Rat, an das Europäische Parlament und an den Europäischen Wirtschafts- und Sozialausschuß: Koordinierung der Regelungen der Mitgliedstaaten zu den direkten Steuern im Binnenmarkt. KOM(2006) 823 endg. Brüssel.

Kommission der Europäischen Gemeinschaft (Hrsg.), 2006d: 10. Bericht über staatliche Beihilfen in der Europäischen Union. Luxemburg.

Kommission der Europäischen Gemeinschaften (Hrsg.), 2007: Mitteilung der Kommission an den Rat, an das Europäische Parlament und an den Europäischen Wirtschafts- und Sozialausschuß, den Ausschuß der Regionen und die Europäische Zentralbank: Die öffentlichen Finanzen in der Wirtschafts- und Währungsunion (WWU) – 2007. Die Wirksamkeit der präventiven Komponente des SWP. KOM(2007) 316 endg. 13.6.2007. Brüssel.

Kramer, Helmut, 2004: Internationaler Vergleich der Verwaltungskosten. Volkswirtschaftliche und wirtschaftspolitische Interpretation. Innsbruck.

Nationaler Normenkontrollrat, 2007: Internationale Erfahrungen beim Bürokratieabbau – Analyse der Bürokratieabbauprozesse und Reduzierungsmaßnahmen in den Niederlanden, Großbritannien und Dänemark. Berlin.

OECD (Hrsg.), 1998: Harmful Tax Competition – An Emerging Global Issue. Paris.

OECD (Hrsg.), 1999: The OECD Jobs Strategy: Assessing Performance and Policy. Paris.

OECD (Hrsg.), 2005: Going for Growth. Paris.

OECD (Hrsg.), 2006a: Consumption Tax Trends – VAT/GST and Estate Rates, Trends and Administrative Issues 2006. Paris.

OECD (Hrsg.), 2006b: Fundamental Reform of Personal Income Tax. Paris.

Parlasca, Peter, 2007: Staatliche Beihilfen in der Europäischen Union, in: EUROSTAT (Hrsg.), Statistik kurz gefasst 125. Luxemburg.

Rat der Europäischen Union, 2003: Richtlinie 2003/48/EG des Rates vom 3. Juni 2003 im Bereich der Besteuerung von Zinserträgen, in: Amtsblatt der Europäischen Union L 157/38 v. 26.6.2003. Luxemburg.

Rürup, Bert, 1971: Die Programmfunktion des Bundeshaushaltsplans. Berlin.

Schmid, Josef, 2005: Sozialstaatsmodelle in Europa – eine vergleichende Perspektive, in: Färber, Gisela/Schupp, Jürgen (Hrsg.), Der Sozialstaat im 21. Jahrhundert – Ökonomische Anforderungen, europäische Perspektiven, nationaler Entscheidungsbedarf. Münster, 47-56.

Sinn, Hans-Werner, 1990: Tax Harmonisation and Tax Competition in Europe, in: European Economic Review 34 (2-3), 489-504.

Sinn, Hans-Werner, 1997: Das Selektionsprinzip und der Systemwettbewerb, in: Oberhauser, Alois (Hrsg.), Fiskalföderalismus in Europa. Berlin, 9- 60.

Statistisches Bundesamt (Hrsg.), 2007: Fachserie 14 R. 4 2006. Wiesbaden.

W.O., 2005: International Recruitment of the Highly Skilled, in: CESifo DICE Report 2/2005, 51-52. Online unter: www.cesifo-group.de/portal/page/portal/ifoHome/bpubl/b2jour nal/40 publdice/_publdice?item_link=dicereportindex205.htm.

Wagner, Adolph, 1883: Finanzwissenschaft. 3. Auflage. Leipzig.

Wagner, Adolph, 1893: Grundlegung der politischen Ökonomie. 3. Auflage. Leipzig.

Wissenschaftlicher Beirat beim Bundesministerium der Finanzen, 2001: Nachhaltigkeit in der Finanzpolitik – Konzepte für eine langfristige Orientierung öffentlicher Haushalte, in: Schriftenreihe des Bundesministeriums der Finanzen 71. Bonn.

Wissenschaftlicher Beirat beim Bundesministerium der Finanzen, 2007: Einheitliche Bemessungsgrundlage der Körperschaftsteuer in der Europäischen Union. Gutachten. Berlin.

Markus M. Müller

Wirtschaftspolitik

1 Wirtschaftspolitik in Europa, Europäisierung der Wirtschaftspolitik?

Es gehört zu den geflügelten Worten des politischen Diskurses in Deutschland, dass 70 oder 80 Prozent aller wirtschaftsrelevanten Rechtsmaterien mittlerweile „aus Brüssel" kommen. Dieser Anteil dürfte in den anderen Mitgliedstaaten mindestens gleich hoch sein, in den neuen Mitgliedstaaten eher sogar höher. Insofern hat die Europäisierung[1] auch (und vor allem) die Wirtschaftspolitik in den Mitgliedstaaten erfasst. Die Wirtschaftspolitik der EU-Staaten lässt sich weder deskriptiv noch erklärend ohne Berücksichtigung dieser Entwicklung adäquat erfassen. Das für die Bürgerinnen und Bürger der EU augenfälligste Beispiel hierfür ist die Einführung einer europäischen Währung in der Eurozone. Hinter ihr steht die Europäisierung der Währungs- bzw. Geldpolitik, deren wichtigste Institution, die Europäische Zentralbank (EZB), mittlerweile ihre Heimat in Frankfurt am Main gefunden hat. Man könnte viele weitere wirtschaftspolitische Handlungsfelder aufführen, die ehemals vollständig in nationaler Souveränität der Mitgliedstaaten bearbeitet wurden, und Zug um Zug, wenngleich mit unterschiedlicher Geschwindigkeit und Wirkungsrichtung, der Europäisierung unterliegen: die Wettbewerbs- und Subventionspolitik (z. B. Beihilfekontrolle), das Ausbildungs- und Handwerksrecht (z. B. Dienstleistungsrichtlinie), die Energie- und Telekommunikationspolitik (z. B. Strom- und Gasmarkt(beschleunigungs-)richtlinien) und auch die Innovationspolitik (z. B. Lissabon-Strategie).

Und dennoch: Kaum ein Bereich der Wirtschaftspolitik ist so umfassend diesem Einfluss ausgesetzt wie die Agrarpolitik. Sie war seit Anbeginn einer der bedeutendsten Eckpfeiler der Europäischen Integration und hat erst in den letzten Jahren angesichts der rasant wachsenden Bedeutung der EU in anderen Handlungsfeldern an relativer Bedeutung eingebüßt – vor allem gemessen am Budget. Der Anteil der Ausgaben für die Gemeinsame Agrarpolitik (GAP) am EU-Haushalt sank in den vergangenen 25 Jahren von über 75 Prozent auf gut 40 Prozent (Rudloff 2006: 1). Über die „Erste Säule" der GAP wird eine gemeinsame Marktorganisation mit produktspezifischen Eingriffsinstrumenten erreicht, deren erklärtes Ziel die Vereinheitlichung der Markt- und Preispolitiken im Binnenmarkt und damit die Sicherstellung einer paritätischen Einkommensentwicklung in der Landwirtschaft ist (Schmitt 1998). Über die „Zweite Säule" findet Strukturpolitik für den ländlichen Raum statt, seit 1988 im Stile einer sektoralen Regionalförderung. Zwar kommen die landwirtschaftlichen Betriebe in den Mitgliedstaaten der EU in unterschiedlichem Maße in den Genuss dieser Subventionen. Doch wird der Agrarsektor, und damit die wirtschaftliche Entwicklung dieses Bereichs, nach wie vor massiv von der GAP beeinflusst: Immer noch entfallen etwa 90 Prozent der EU-Agrarausgaben auf Markteingriffe (Rudloff 2006). Das zwingt,

---

[1] Siehe hierzu den Beitrag von Heinrich Pehle und Roland Sturm in diesem Band.

zumal angesichts von teilweise bestehenden Kofinanzierungsanforderungen, die nationalen (Agrar-) Wirtschaftspolitiken zur Anpassung.

Die Agrarpolitik ist also weitgehend „vergemeinschaftet", autonome Handlungsspielräume der Mitgliedstaaten (oder ihrer Regierungs- und Verwaltungsebenen) sind kaum verblieben. Annähernd 40 Prozent der EU-Rechtsetzung betreffen das Politikfeld Agrarpolitik. Der Agrarmarkt ist damit der am dichtesten geregelte Politikbereich überhaupt (Bayerisches Staatsministerium für Ernährung, Landwirtschaft und Forsten 1995: 8).

Wenn wir nach Unterschieden und Gemeinsamkeiten zwischen den sonstigen Wirtschaftspolitiken der EU-Mitgliedstaaten suchen, empfiehlt es sich zunächst den Grad der Europäisierung des jeweiligen (Teil-)Bereichs der Wirtschaftspolitik zu bestimmen. Dabei darf man einen gedanklichen Fehler allerdings nicht machen: Europäisierung ist nicht gleichzusetzen mit Konvergenz (ausführlich Sturm/Pehle 2005). Vielmehr kann die Beeinflussung nationaler Politiken (und ihrer Institutionen) durch Entwicklungen auf EU-Ebene zu ganz unterschiedlichen realen Folgen führen. Und ebenso gilt: Konvergenz muss nicht (ausschließlich) das Ergebnis von Europäisierung sein. Ebenso ist denkbar, dass alle EU-Staaten etwa (gleichen) Wirkungen der *Globalisierung* unterliegen. Einen möglichen Test hierfür dürfte der Vergleich mit anderen OECD-Staaten darstellen. Unterliegen EU- und Nicht-EU-Staaten der OECD-Gruppe den gleichen Entwicklungstendenzen, so ist es plausibler anzunehmen, dass es sich nicht um Wirkungen der Europäisierung, sondern um andere Ursachen, etwa Globalisierungsdruck, handelt.

2 Wirtschaftsordnungen der EU-Mitgliedstaaten: *capitalist diversity*

Eine im Grundsatz zumindest *marktwirtschaftliche Ordnung* der eigenen Volkswirtschaft ist für eine Mitgliedschaft bei der Europäischen Union schon aufgrund der Logik der Binnenmarktintegration zwingend. Diese Maxime galt insofern im Wesentlichen schon seit den Anfängen der EWG in den 1950er Jahren; sie hat angesichts der verstärkten Dynamik, welche dieser Aspekt Europäischer Integration seit Mitte der 1980er Jahre und vor allem durch und seit dem Maastrichter Vertrag erfahren hat, an ihrer Bedeutung erheblich zugenommen.

Wenn wir davon ausgehen, dass die Verfassung einer Wirtschaft, also die Wirtschaftsordnung, die das Verhältnis von Staat, Wirtschaft und Gesellschaft bestimmt, konstitutiv ist für Art und Umfang von „Wirtschaftspolitik" in einer Volkswirtschaft, dann lohnt sich ein Blick auf Unterschiede in den *Wirtschaftsordnungen* der EU-Mitgliedstaaten.

Es ist nicht erst seit Karl Polanyis (1944) wegweisenden Überlegungen zu den Entstehungsursachen für Märkte klar, dass „Marktwirtschaft" völlig unterschiedlich gedacht, und folglich auch gestaltet, werden kann. Standen bei Polanyi noch Fragen, auf welche Ursachen Spielregeln des Marktes zurückzuführen sind, im Zentrum, so wurden später, in den 1970er Jahren, Mechanismen, Bedingungen und Erfolge der Problembearbeitung (Ölkrisen, Arbeitslosigkeit, Stagflation etc.) zur *differentia specifica*. Katzenstein (1978) warf als einer der ersten die Frage nach der unterschiedlichen Bewältigung strukturell ähnlicher oder gleicher äußerer Einflüsse (Herausforderungen) auf. In der Folge wurden unterschiedliche staatlich-gesellschaftliche Arrangements in der Wirtschaftsordnung identifiziert (Gourevitch 1986; Hart 1992; Hall 1986). In den 1990er Jahren begann dann schließlich eine Diskussion um *capitalist diversity*. Einer der einflussreichsten Beiträge war Alberts (1993) Monografie „Capi-

talism against Capitalism", in der er zwei Prototypen marktwirtschaftlicher Ordnung gegenüberstellte[2]: zum einen der *rheinländische Kapitalismus*, der nach Alberts Einschätzung Deutschland und Frankreich beschreibe, zum anderen der *angelsächsische Kapitalismus*, der neben den USA vor allem Großbritannien charakterisieren solle. Während er dem angelsächsischen Modell eine ausgeprägte Orientierung an Shareholder-Interessen, also an der Kapitalseite, unterstellte, die zu kurzfristigen Planungszyklen in den Unternehmen sowie einer verminderten Loyalität zwischen Arbeitgebern und Arbeitnehmern führe, beschreibt das rheinische Modell das Gegenteil. Alle Shareholder-Interessen, also auch die von Arbeitnehmern und anderen relevanten (gesellschaftlichen) Gruppen, werden etwa mittels entsprechend gesetzlich vorgeschriebener Unternehmensverfassungen und Mitbestimmungsregeln bei der unternehmerischen Entscheidungsfindung berücksichtigt. Die wirtschaftlichen Planungszyklen sind langfristiger und die Loyalität von Arbeitgebern zu ihren Beschäftigten (und umgekehrt) ist höher. Dem angelsächsischen Kapitalismus wird allerdings eine höhere Innovationsfähigkeit attestiert, in Krisenzeiten (ohne oder bei geringem Wachstum) wieder auf Wachstumskurs zu kommen, während die Berücksichtigung der vielfältigen Belange und Interessen die Reformfähigkeit des rheinischen Modells behindere.

Tabelle 1: Kapitalismusmodelle nach Schmidt

	MARKET CAPITALISM	MANAGED CAPITALISM	STATE CAPITALISM
Beispielländer	GB, USA	D, NL, S	F, I
Wirtschaft und Industrie:	Marktorientiert	Koordiniert	Staatlich organisiert
- Verhältnisse innerhalb der Wirtschaft	Individualistisch, wettbewerbs-orientiert, vertraglich bestimmt	Gegenseitig verstärkend, netzwerkorientiert	Staatlich mediatisiert, wettbewerblich
- Verhältnis von Industrie und Finanzwelt	Auf Distanz	Enge Beziehungen	Staatlich mediatisiert
- Investitions-verhalten	Kurzfristige Orientierung	Langfristige Orientierung	Mittelfristige Orientierung
Verhältnis Staat und Wirtschaft:	Auf Abstand	Verhandlungsbasiert	Staatlich bestimmt
- Staatsprofil Arbeit, Wirtschaft und Staat:	„Liberal" Konflikthaftes Verhältnis	„Gewährleistend" Kooperatives Verhältnis	„Interventionistisch" Konflikthaftes Verhältnis
- Lohnverhandlungen	Marktorientiert	Koordiniert	Staatlich kontrolliert
- Rolle des Staates im Tarifgefüge	Zuschauer	Gleichwertiger Partner oder Zuschauer	Dominierender Steuermann

Quelle: Schmidt 2002.

Eine Zweiteilung der insbesondere auch europäischen Welt erschien vielen fragwürdig. Einerseits lässt ein genauerer Blick auf die Traditionen im Verhältnis von Staat, Gesellschaft und Wirtschaft es kaum zu, Großbritannien so einfach in eine Kategorie mit den USA zu packen, der man im Wesentlichen Marktgläubigkeit, Sozialblindheit und eine Tendenz zur Marginalisierung der Rolle des Staates in der Wirtschaft attestiert (zu Großbritannien aus-

---

[2] Ebenfalls eine Zweiteilung, wenngleich mit etwas anderen institutionellen Merkmalen, findet sich bei Hall/Soskice 2001.

führlicher: Müller 2006a). Andererseits sind aber vor allem auch Deutschland und Frankreich nicht einfach das Gegenstück hierzu. So muss es nicht verwundern, dass schließlich eine Dreiteilung vorgenommen wurde (siehe Schmidt 2002).

Vivien Schmidt erkennt nun eine dynamische Komponente und nimmt damit die *Entwicklungsfähigkeit* von Wirtschaftsordnungen zur Kenntnis. Diese Entwicklungsunterworfenheit ist nach ihrer Einschätzung nicht beliebig. Es gibt eine Art „Vermarktlichung" aller Modelle. Gemeint ist damit, dass Marktorientierung, Privatisierung und eine Neuausrichtung der staatlichen Rolle in der Wirtschaft insgesamt überall zu erkennen sind.

Im Rahmen der Debatte um ein „europäisches Sozialmodell" wurde die Modelllogik erweitert auf vier (Ebbinghaus 1999), auf fünf (Boyer 1999, 2004; Amable 2003) oder sechs Prototypen (Whitley 1999, 2005). Neben den erwähnten Länderprototypen Großbritannien und Frankreich treten nun Kapitalismusfamilien, nämlich das rheinländische Modell (v. a. Deutschland), das nordische Modell (v. a. Schweden, Dänemark oder Norwegen) und das Mittelmeermodell (v. a. Italien, Spanien und Griechenland). In dieser Fünflogik spiegelt sich nun eine Vielfalt von Merkmalen des Verhältnisses von Staat, Wirtschaft und Gesellschaft: Art und Umfang des öffentlichen Sektors, die Ordnung der Finanzmärkte, Ausgestaltung und Bedeutung von Regulierung, die Ordnung des Arbeitsmarktes, Ausgestaltung und Größe der sozialen Sicherungssysteme, die Gestaltung der Unternehmensverfassung sowie die Rolle der Gewerkschaften und andere mehr. Diese *topoi* lassen schon erkennen, dass mit dieser weiteren Ausdifferenzierung von Merkmalen einer Modellreihe von Wirtschaftsordnungen zunehmend die Grenze hin zur Debatte um *Wohlfahrtsstaatlichkeit* in Europa[3] überschritten wird. Führt man immer weitere Aspekte des Vergleichs ein, dann endet man schließlich bei der Feststellung, dass jedes Land sein eigener Fall ist (Hollingsworth et al. 1994; Hollingsworth/Boyer 1997).

Hutton (2002) wiederum lehnt die Fokussierung auf Unterschiede in den Wirtschaftsordnungen der europäischen Staaten insgesamt ab. Wichtiger als die Detailverschiedenheit seien die Gemeinsamkeiten innerhalb der Europäer – und zwar in Abgrenzung zu den USA. Das Verständnis der Europäer von der Bedeutung von Privateigentum, von Gleichheit, von Solidarität und des öffentlichen Raumes habe deutliche gemeinsame historische Wurzeln und grenze sie nach wie vor deutlich von den USA ab. Gerade auch ein „angloamerikanischer Kapitalismus" sei insofern eher politische Ideologie (vor allem der britischen Konservativen) und sicher keine Beschreibung der Realität.

So bleibt uns am Schluss die Erkenntnis, dass die Zuordnung der EU-Mitgliedstaaten zu zwei, drei, fünf oder mehr Modellen nur für die erste Sortierung helfen kann. Wir nehmen zur Kenntnis, dass es zwischen den Mitgliedstaaten erhebliche Unterschiede in der Organisation ihrer Marktwirtschaften gibt: hinsichtlich der Rolle des Staates, hinsichtlich des Verhältnisses von Arbeitnehmern (Gewerkschaften) und Arbeitgebern (Unternehmen) sowie zu einer Reihe von weiteren Parametern (Beziehung von Industrie- und Finanzwelt etc.). Wo starke (neo-)korporatistische Arrangements bestehen (wie etwa im Falle der österreichischen Sozialpartnerschaft, aber sicher auch in den Niederlanden oder in Deutschland) müssen wir andere Formen etwa der Tarifpolitik erwarten als in Ländern ohne solche Beziehungsgeflechte (wie etwa Großbritannien). Arrangements dieser Art können als „Vetospieler" eine gestaltende (und nicht nur ausgleichende) Wirtschaftspolitik des Staates im

---

[3] Siehe hierzu auch den Beitrag von Josef Schmid in diesem Band.

Einzelfall unmöglich machen oder aber als ihr Träger und Partner überhaupt erst zur Realisierung verhelfen.

Eine vollständige Übersicht über alle Bereiche der Wirtschaftspolitik in sämtlichen EU-Mitgliedstaaten ist im Rahmen eines solchen Beitrages nicht möglich. Die Auswahl der betrachteten Felder sollte theoriegeleitet sein. Soll die Wirtschaftspolitik der EU-Mitgliedstaaten vor dem Hintergrund ihrer Wirtschaftsordnungen beschrieben werden, so kann man zunächst einmal, ausgehend von herrschenden Auffassungen der Politischen Ökonomie, folgende Grundkategorisierung treffen. Es gibt Felder der Wirtschaftspolitik, die nach traditioneller ökonomischer Auffassung wesentlich für das Funktionieren des Marktes sind und dabei keine politische Einflussnahme vertragen. Hierzu gehört etwa die Geldpolitik: Sie sollte, dieser herkömmlichen Meinung entsprechend, einer unpolitischen, neutralen und vor allem unabhängigen Zentralbank übertragen werden, die lediglich dem Ziel der Geldwertstabilität verpflichtet ist.

Demgegenüber gibt es andere Bereiche der Wirtschaftspolitik, wie etwa die Standortpolitik – mit dem zentralen *Topos* der Abgabenpolitik (insbesondere Steuerpolitik) – welche durchaus politischen Entscheidungsträgern überlassen bleiben können. Nach einer anderen Unterscheidung sollten einzelne Felder der Wirtschaftspolitik entweder *regelgebunden* oder aber *diskretionär* bearbeitet werden. Zu den regelgebundenen gehört, wieder nach herkömmlicher Meinung, die schon erwähnte Geldpolitik. Damit ist gemeint, dass der (unabhängigen, unpolitischen) Zentralbank klare Regeln zur Verfügung stehen sollten, damit ihre Geldpolitik für die Marktteilnehmer transparent und berechenbar ist. Demgegenüber müssen die Felder der Standortpolitik naturgemäß der Politik diskretionäre Spielräume lassen: Wie sonst sollte sie auf die starke Dynamik, die den Standortwettbewerb im globalen Markt kennzeichnet, richtig reagieren? Standortpolitik beschreibt dabei kein klar definiertes Politikfeld (wie es die Geldpolitik vergleichsweise vermag), sondern definiert sich vom Ziel her: den eigenen Standort für Investoren interessant machen oder erscheinen zu lassen, bestehende Unternehmen zu pflegen, um ihren nachhaltigen Erfolg zu sichern sowie, je nach Arbeitsmarktlage, Attraktivität für Arbeitskräfte aus dem Ausland zu erzeugen. Mit anderen Worten, die jeweils als Standortpolitik zu definierenden Handlungsfelder sind notwendigerweise selbst Bestandteil des diskretionären Entscheidungsspielraums für die Politik. In Frage kommen neben der besonders zentralen Abgaben- bzw. Steuerpolitik zum Beispiel die klassische Wirtschaftsförderung, die Innovationspolitik oder das Standortmarketing. Ein besonders strittiges Feld der Standortpolitik ist die Wettbewerbspolitik, die man, je nach ideologischer Auffassung, ihr zurechnen oder aber separat stellen kann. Will man etwa starke *nationale Champions*, ob staatlich oder privat, entstehen lassen oder stärken, wird man in der Wettbewerbspolitik gewisse Zugeständnisse an die Einschränkung des Wettbewerbs auf den Märkten, die diese *Champions* bedienen, machen müssen. Sieht man hingegen starke *nationale* Konzerne nicht als Ziel an sich (und auch nicht als Ausdruck hoher Standortqualität), dann lässt sich ein wettbewerbspolitisch stringenter Kurs (auf allen Märkten und gegenüber allen Marktteilnehmern) fahren.

Die Diskussion um die Übernahmerichtlinie der EU Ende der 1990er Jahre ist ein Spiegelbild dieser unterschiedlichen Philosophien: Sollen bedeutende einheimische Unternehmen (wie damals D2 Mannesmann) Objekt auch „feindlicher Übernahmen" werden können – verbunden freilich mit Wachstumsperspektiven für das Unternehmen und enormen Wertsteigerungen für die Eigentümer – oder muss man sie als „nationale" Firmen erhalten und ihr Wachstum gegebenenfalls durch Schutzmaßnahmen auf den von ihnen besiedelten Märkten gewährleisten?

Eine mittlere Position – zwischen einer, ideal gedacht, entpolitisierten und regelgebundenen Geldpolitik und einer ebenfalls ideal gedachten politisch geprägten und mit diskretionären Spielräumen ausgestatteten Standortpolitik – nimmt die Regulierungspolitik ein. Darunter sei im Folgenden das gesamte Spektrum von sektorspezifischen Staatseingriffen verstanden, die entweder darauf gerichtet sind, aus ehemaligen nicht-wettbewerblichen Bereichen der Daseinsvorsorge marktwirtschaftlich funktionierende Sektoren der Wirtschaft zu machen, oder aber mittels regulatorischen Eingriffs in das Marktgeschehen (durch prinzipiell marktkompatible Mechanismen) andere öffentliche Ziele als die Stärkung des Wettbewerbs zu verfolgen (ausführlich in Müller 2002). Damit kommen zwar prinzipiell alle Einzelmärkte für eine Analyse in Frage, wir wollen uns im Folgenden aber auf zwei besonders zentrale Sektoren der Wirtschaft konzentrieren, die europaweit von großer Bedeutung sind: Energie und Telekommunikation.

Abbildung 1: Exemplarische Felder der Wirtschaftspolitik in EU-Staaten

Quelle: Eigene Darstellung.

Entsprechend dieser Systematik würden wir für den Bereich der Geldpolitik eher Konvergenz erwarten, und zwar im Sinne einer entpolitisierten und regelgebundenen Geldpolitik. Das entspräche den Forderungen der Wirtschaftstheorie. Demgegenüber würde man Divergenz im Bereich der Standortpolitik erwarten, und zwar umso stärker, je unterschiedlicher die Ausgangspositionen sind. Für die Regulierungspolitik schließlich wäre ein uneinheitliches Bild zu erwarten, da die Geschichte der „neueren Regulierung" noch nicht weit zurückreicht. Einerseits ist mit grundsätzlich ähnlichen Ausgangsproblemen (nämlich: nicht-wettbewerblich strukturierten Sektoren) und einem begrenzten Umfang an Grundlösungsmustern zu rechnen, andererseits haben diese Reformen nicht gleichzeitig begonnen, so dass „Vorreiterstaaten" und „Nachzügler" wahrscheinlich sichtbar werden.

3 Geldpolitik: der Europäisierungsfall

Als mit dem Vertrag von Maastricht 1992 die Vertragsstaaten das Ziel der Errichtung einer Europäischen Währungsunion (EWU) vereinbarten, legten sie damit – und ebenfalls mit nachfolgenden Vereinbarungen wie dem Stabilitäts- und Wachstumspakt – Maßstäbe zur Teilnahme an der Währungsunion für potenzielle Teilnehmerländer fest. Diese Festlegungen wirkten, im Vorfeld der zum Jahr 1999 errichteten und mit der Einführung des Euro 2001 gekrönten Währungsunion, auf die Geldpolitik der meisten EU-Mitgliedstaaten, vor allem aber auf deren institutionelle Verfassung ein. Sämtliche Mitgliedstaaten der EU richteten, sofern dies nicht bereits der Fall war, unabhängige Notenbanken ein. Über die Geldpolitik hinaus wirkte der Stabilitäts- und Wachstumspakt nachhaltig auf die Fiskalpolitik der künftigen Mitgliedstaaten, werden diese doch durch Art. 104 des Maastrichter Vertrags auf eine Politik des langfristig ausgeglichenen Haushalts verpflichtet, und mit dem genannten Stabilitätspakt die bekannten, in den so genannten Kopenhagener Kriterien konkretisierten Defizit- und Staatsverschuldungsgrenzen auf relativ enge Korridore in der Haushaltspolitik verpflichtet. Wagschal und Wenzelburger (2006) konnten in ihrer Studie zu den Haushaltskonsolidierungen in ausgewählten OECD-Ländern überzeugend zeigen, dass für die (künftigen) EWU-Teilnahmeländer (die so genannte Eurozone) der Vertragsabschluss des Maastrichter Vertrages – und damit der Startschuss zur Währungsunion – signifikante Bedeutung für die erhöhte fiskalische Disziplin hatte.[4] Wir finden die vermutete Konvergenz hin zur Errichtung von unabhängigen Notenbanken bestätigt; darüber hinaus aber gibt es einen „Spill-over-Effekt" im Bereich der Fiskalpolitik, die als integraler Bestandteil zur Einrichtung einer stabilen europäischen Währung von den europäischen Regierungen angesehen wurde.

Es ist mehr als nur eine Fußnote, wenn man darauf hinweist, dass der 1992 beschlossene EWU-Prozess nicht nur für die späteren Staaten der Eurozone, sondern darüber hinaus auch für weitere EU-Mitgliedstaaten, wie etwa Großbritannien, Dänemark oder Schweden, und für die damaligen Kandidaten der Osterweiterung in Ost- und Ostmitteleuropa prägend war. Während die erkennbaren Neigungen der Regierungen dieser Staaten, zu einem künftigen Zeitpunkt der Eurozone beizutreten, bekanntlich erheblich divergieren, war die Maßgabe der Einrichtung einer *unabhängigen* Notenbank dennoch eine über die Eurozone hinaus wirkende Norm. Auch die Zentralbanken der Nicht-EWU-Staaten sind Teil des Europäischen Systems der Zentralbanken (ESZB). Im erweiterten EZB-Rat sind sie repräsentiert.

Im Zuge der Verwirklichung der Währungsunion wurde mit der EZB ein System dezentraler Verantwortung, wenngleich mit einem europäischen Primat in der Geldpolitik, geschaffen. Nach wie vor existieren die (nunmehr sämtlich) unabhängigen Notenbanken der Mitgliedstaaten. Sie vollziehen das Gros der operativen Aufgaben (deren Bedeutung für die Wirksamkeit geldpolitischer Entscheidungen der EZB nicht unterschätzt werden darf) und sie beschicken den Zentralbankrat der EZB, der für die geldpolitische Strategie (insbesondere Zinssatzfestlegungen) verantwortlich zeichnet. Das Zusammenwirken beider Ebenen entzieht sich vereinfachenden Modellierungen, denn weder handelt es sich um ein Principal-Agent-Verhältnis noch ist die Dominanz der klar europäisierten Organe der EZB, wie etwa ihr Präsident, über die nationalen Notenbanken prädeterminiert. Massive Konfliktfälle zwischen der Politik und der EZB sind in den wenigen Jahren ihrer Existenz bislang nicht zuletzt deshalb ausgeblieben, weil die Geldpolitik nicht sonderlich restriktiv war (und auch nicht sein musste). Das dies so bleibt, ist angesichts der Erfahrung der unabhängigen Zentralbanken Europas und Amerikas eher unwahrscheinlich. So muss die Frage offen bleiben, welche Rückwirkungen potenzielle Konflikte zwischen Politik (den Regierungschefs oder den Wirtschaftsministern) und EZB auf das Verhalten der nationalen Notenbanken bzw. deren Nutzung ihrer geldpolitischen Spielräume haben werden.

---

[4] Zur Finanzpolitik in den EU-Staaten vergleiche den Beitrag von Gisela Färber in diesem Band.

4 Regulierung der Energie und der Telekommunikation: Konsolidierung unter einem europäischen Dach

Praktisch alle EU-Staaten erfuhren in den vergangenen zehn bis zwanzig Jahren erhebliche Veränderungen ihrer Energie- und Telekommunikationsmärkte. In sämtlichen Staaten waren noch Mitte der 1980er Jahre die Energiemärkte (Strom und Gas) nicht-wettbewerblich organisiert. Die Sektorstruktur variierte allerdings erstaunlich stark: von staatlichen Monopolen (z. B. Frankreich) bis hin zu gemischt-wirtschaftlichen, extrem dezentralen Strukturen (z. B. Deutschland). Ihnen allen gemein war, dass Entscheidungen über Leistungsangebote, Preise usw. nicht über den Markt, sondern über unterschiedliche Formen staatlicher Verordnung getroffen wurden.

Diese Analyse gilt im Prinzip auch für den Telekommunikationssektor. Seine Situation bis in die 1980er Jahre unterscheidet sich von der des Energiemarktes vor allem dadurch, dass erstens praktisch überall staatliche Monopole den nationalen „Markt" bedienten. Zweitens war und ist bis zum heutigen Tage die Dienstleistung der Telekommunikation selbst einem ungehörigen Wandel unterworfen. Neben dem traditionellen netzgebundenen Telefonieren kamen etwa Mobilfunk, ISDN und DSL sowie kombinierte, komplex ausgestaltete Leistungsangebote hinzu. Diese im Wesentlichen technologiegetriebenen *Innovationsschübe* waren durch Entwicklungen ermöglicht worden, die zum Teil bis in die 1970er Jahre zurückreichen. Ihren Durchbruch erlebten sie allerdings hauptsächlich erst nach 1990.

Nachdem einzelne Länder, wie etwa Großbritannien, mit der Öffnung des Telekommunikationsmonopols bereits in den 1980er Jahren experimentierten (Sturm et al. 2002), begann in den 1990er Jahren eine Liberalisierungswelle sowohl im Telekommunikations – als auch im Energiesektor. In verschiedenen EU-Richtlinien von 1996 und 2003 wurden jeweils Mindeststandards der Marktöffnung für beide Sektoren der Wirtschaft festgeschrieben. Ebenso wie im Bereich der Geldpolitik hatten hier europarechtliche Entwicklungen unter anderem auch Auswirkungen auf die institutionelle Ordnung: Es entstanden in den EU-Staaten Regulierungsbehörden.

Die institutionelle Vielfalt ist deutlich höher als in der Geldpolitik, und die jeweiligen Formen unterlagen bis in die Gegenwart beständigem Wandel. So gibt (bzw. gab) es etwa sektorspezifische Regulierungsbehörden (für Telekommunikation, für Elektrizität und für Gas jeweils getrennt), sektorenübergreifende sowie horizontal vollständig integrierte und mit der Wettbewerbsbehörde verschmolzene Formen. Die Entwicklung auf den Energiemärkten hängt dabei der Entwicklung im Telekommunikationssektor zeitlich hinterher; erst mit den Beschleunigungsrichtlinien 2003 wurde die Einrichtung von Regulierungsbehörden für den Energiesektor verpflichtend. Die Verspätung in diesem Bereich erklärt sich nicht zuletzt durch den jahrelangen Widerstand der deutschen Bundesregierung gegen eine solche Vorschrift. Nachdem das Energiewirtschaftsgesetz im Jahre 1998 mit einem radikalen Deregulierungsansatz novelliert und auf eine scheinbar marktnahe Ausrichtung getrimmt wurde, schien das Ansinnen einer verpflichtend einzuführenden „Regulierungsbehörde" für diesen Bereich anachronistisch. Erst das zunehmend sichtbare Versagen des 1998er-Regimes, das bestehende Marktstrukturen und vor allem eine an sich absehbare, dem Wettbewerb zuwiderlaufende Konzentrationsdynamik ignorierte, machte den Weg frei. 2005 hat

Deutschland als einer der letzten EU-Staaten[5] eine Regulierungsbehörde für die Energiemärkte eingerichtet (Müller 2006b). Demgegenüber hatte die Bundesrepublik Deutschland, wie die anderen (damaligen) EU-Staaten auch, bereits in den 1990er Jahren eine Regulierungsbehörde für den Telekommunikationssektor geschaffen, deren erklärte Aufgabe es war (und ist), den (weitgehend) privatisierten ehemaligen Monopolisten im Wege einer „asymmetrischen Regulierung" so lange als hegemonialen Wettbewerber in Schach zu halten, bis lebensfähige Marktstrukturen (also insbesondere Wettbewerber) entstanden sind.

Tabelle 2: Vergleich der Strommärkte (Stand September 2005)

	Erklärter Grad der Marktöffnung	Zugangsgrenze zum Markt
Belgien	90%	Alle[1]
Tschechische Republik	74%	Alle außer Privathaushalte
Dänemark	100%	Alle
Deutschland	100%	Alle
Estland	12%	Verbraucher über 40Gwh
Griechenland	62%	Alle außer Privathaushalte[2]
Spanien	100%	Alle
Frankreich	70%	Alle außer Privathaushalte
Irland	100%	Alle
Italien	79%	Alle außer Privathaushalte
Zypern	35%	Verbraucher über 350MWh
Lettland	76%	Alle außer Privathaushalte
Litauen	74%	Alle außer Privathaushalte
Luxemburg	84%	Alle außer Privathaushalte
Ungarn	67%	Alle außer Privathaushalte
Malta	0%	-
Niederlande	100%	Alle
Österreich	100%	Alle
Polen	80%	Alle außer Privathaushalte
Portugal	100%	Alle
Slowenien	77%	Alle außer Privathaushalte
Slowakei	79%	Alle außer Privathaushalte
Finnland	100%	Alle
Schweden	100%	Alle
Großbritannien	100%	Alle[3]

1 = Nur in Flandern, ansonsten alle außer Privathaushalte. 2 = Außer auf nicht verbundenen Inseln. 3 = In Nordirland alle außer Privathaushalte. Quelle: Generaldirektion Energie und Verkehr (DG TREN), zitiert nach: Eurostat 2006: 1.

---

[5] Mit Ausnahme von Malta und Zypern, die sich allerdings in einer Sondersituation aufgrund ihrer Größe und Insellage befinden.

Wirtschaftspolitik 699

Die Europäisierungslogik im Bereich der Regulierungspolitik ist dennoch eine andere als in der Geldpolitik: Es gibt *keine* europäische Regulierungsbehörde, und auch die Kommission hat, anders als in der Wettbewerbspolitik, keine originären Entscheidungszuständigkeiten für (z. B. binnenmarktrelevante) Einzelfälle. Es gibt zwar ein Netzwerk der Regulierungsbehörden der Mitgliedstaaten (Müller 2002), dem von Teilnehmern eine hohe Bedeutung für die Entwicklung von Regulierungsansätzen beigemessen wird. Auch findet mittlerweile Arbeitsteilung zwischen den europäischen Regulierern statt. Dennoch handelt es sich um ein Regime, dessen Funktionalität im Kern von der Freiwilligkeit der kooperativen Praxis seiner teilnehmenden Akteure abhängt.

Tabelle 3: Anbieterwechsel in EU-Staaten (Strommarkt), kleine Betriebe und Privathaushalte

	Weniger 5%	5 – 20%	20 – 50%	Über 50%
Belgien		■		
Tschechische Republik	■			
Dänemark		■		
Deutschland		■		
Estland	■			
Griechenland	■			
Spanien	■			
Frankreich	■			
Irland	■			
Italien	■			
Zypern				
Lettland	■			
Litauen	■			
Luxemburg				
Ungarn				
Malta				
Niederlande		■		
Österreich	■			
Polen	■			
Portugal	■			
Slowenien	■			
Slowakei	■			
Finnland			■	
Schweden			■	
Großbritannien			■	
Norwegen				■

Quelle: Generaldirektion Energie und Verkehr (DG TREN), zitiert nach: Eurostat 2006: 6.

Es muss daher nicht verwundern, dass die EU-Kommission in ihren Vergleichen über die Effekte der Regulierungspolitik der EU-Staaten durchaus erhebliche Unterschiede feststellen kann. Der Grad der faktischen Marktöffnung, die Preisentwicklung, die Marktdynamik oder die Marktstrukturen differieren deutlich (Hobohm et al. 2005). Das lässt sich beispielhaft für den Elektrizitätsmarkt im Hinblick auf seine Marktöffnung sowie das Verbraucherverhalten beim Anbieterwechsel aufzeigen; für den Gasmarkt liegen sogar deutlich weniger marktfreundliche Ergebnisse vor.[6]

Die Europäisierung hat hier somit nur teilweise zu Konvergenz geführt; die Praxis der Regulierung sowie die Nutzung der nach wie vor gegebenen politischen Spielräume im Umgang mit marktbeherrschenden Unternehmen sind uneinheitlich.

5 Standortpolitik: Divergenz im Ausgang, Konvergenz bei den Prioritäten

Innerhalb der EU-27 sind die Ausgangslagen der Mitgliedstaaten im Hinblick auf ihre Standortcharakteristika trotz Kohäsionspolitik der EU selbst unter den „alten" Mitgliedstaaten – seit den Wellen der Osterweiterung freilich noch verstärkt – deutlich verschieden. Wie auch der Datenanhang dieses Bandes illustriert, klaffen entlang wichtiger volkswirtschaftlicher Parameter, von der Wertschöpfung pro Kopf über das Beschäftigungsniveau bis hin zur Innovationskraft der Volkswirtschaften, erhebliche Gräben. Dabei ist ein *Ranking* der Wirtschaftsstandorte, insbesondere im Hinblick auf ihre (internationale) Wettbewerbsfähigkeit, keineswegs eine leichte Übung. Je nachdem, welche Quelle und welchen Index man heranzieht, divergieren die Verortungen zum Teil ganz erheblich, wie jüngst Harald Lehmann in einem Vergleich von 21 OECD-Staaten (darunter eine Mehrzahl der EU-Mitgliedstaaten) anhand verschiedener Rankings aufzeigte (Lehmann 2006: 299).

Die Indizes basieren auf unterschiedlichen Indikatoren und gewichten Aspekte der volkswirtschaftlichen Performanz, der wirtschaftsrelevanten Infrastruktur, der Effizienz von Regierung und Verwaltung sowie der unternehmerisches Handeln beschränkenden Auflagen und rechtlichen Vorgaben in verschiedener Weise. Auch operativ variieren die Indizes in der Wahl der Erhebung: etwa von der abstrakten Analyse des formal geltenden Rechts (soweit es z. B. für ausländische Direktinvestitionen zur Anwendung kommt) bis hin zu Expertenbefragungen[7].

Die Uneinheitlichkeit im Ranking legt die Formulierung einer These nahe: es besteht große Unsicherheit über die relative Position des jeweiligen Standortes im internationalen Vergleich. Da „Standortpolitik" aber stark von dieser eigenen relativen Position abhängt, steht die Formulierung einer entsprechenden wirtschaftspolitischen Strategie vor einer besonderen Herausforderung: Wie findet man eine Lösung (d. h. standortpolitische Strategie), ohne das Problem (d. h. die eigene relative Verortung im Wettbewerberfeld) zu kennen?

---

[6] Vgl. Eurostat 2006.
[7] So z. B. der Bürokratie- und Regulierungsindex („DoingBusiness") der Weltbank, der v. a. aus der Perspektive mittelständischer bzw. kleiner, einheimischer Unternehmen modelliert wurde. Da dieser Ansatz dezidiert kein Ratgeber für Standortentscheidungen, sondern primär Leitfaden für Entwicklungsländer sein soll, wurde hier auf seine Aufnahme in den Vergleich verzichtet. Zum Index der Weltbank vgl. auch Müller (2006b).

Tabelle 4: Rankings im Vergleich – Ergebnisse für 21 OECD-Länder

Land	WEF 05: GCI[1]	WEF 05: BCI[2]	WEF 05: Global CI[3]	IMD 05: WCI[4]	Bertelsmann 04: Erfolgsindex	Bertelsmann 04: Aktivitätsindex
Australien	7	13	14	6	3	1
Belgien	19	14	15	16	15	18
Dänemark	4	4	3	4	9	11
Deutschland	12	3	5	15	21	20
Finnland	1	2	2	3	17	17
Frankreich	18	10	10	17	20	19
Griechenland	20	21	21	20	14	16
Großbritan.	10	5	7	14	8	8
Irland	16	16	16	7	1	3
Italien	21	20	20	21	19	21
Japan	9	7	8	13	13	9
Canada	11	12	11	2	10	7
Neuseeland	13	15	17	11	5	2
Niederlande	8	8	9	8	6	13
Norwegen	6	17	13	10	4	6
Österreich	14	9	12	12	7	12
Portugal	15	19	19	19	16	10
Schweden	3	11	6	9	11	14
Schweiz	5	6	4	5	12	5
Spanien	17	18	18	18	18	15
USA	2	1	1	1	2	4

1 = World Economic Form Growth Competitiveness Index. 2 = World Economic Forum Business Competitiveness Index. 3 = World Economic Forum Global Competitiveness Index. 4 = International Institute for Management Development (Aggregate) World Competitiveness Index. Quelle: Lehmann 2006.

Eine zweiter Aspekt vergrößert das Dilemma noch zusätzlich: die Unsicherheit im Hinblick auf die richtigen Rezepte zur Therapie von (Standort-)Defiziten. Zwei grundsätzlich verschiedene Therapieangebote werden in der einschlägigen Diskussion behandelt: Die „ältere" Auffassung folgt dem Ausgleichspostulat und besagt, dass man insbesondere regionale Defizite zu identifizieren und zu beheben habe. Der Ansatz wird in der Praxis dabei oft nach dem Gießkannenprinzip vollzogen. Eine „neuere" Auffassung geht anders vor: Ihr zufolge sollte man im Wege einer Stärken-/Schwächen-Analyse die eigenen „Stärken" bestimmen und „stärken". Anstatt sich auf Defizite zu konzentrieren, sollte man diejenigen Aspekte seines Standortes pflegen, die ihn (positiv) tragen. Insbesondere die großen Beratungsagenturen verfolgen seit einigen Jahren diesen „Stärken-stärken-Ansatz" und haben zu seiner Verbreitung auch in der (praktischen) Politik beigetragen (Bucksteeg 2004).

Dieses Problem der „doppelten Unsicherheit" (hinsichtlich der relativen Position und hinsichtlich geeigneter Therapien) lässt dreierlei vermuten: Wirtschaftspolitik (hier im Sinne von Standortpolitik) ist nicht *konsistent*, sondern kombiniert aus unterschiedlichen Therapieangeboten. Weiterhin ist zu vermuten, dass Standortpolitik nur bedingt Bezüge zur eigenen relativen Situation hat, weil diese interpretationsfähig ist.

Hinsichtlich der Implementation von standortpolitischen (Reform-)Strategien liegt schließlich die Vermutung nahe, dass sich „erfolgreiche" Reformstrategien des einen Landes (ausweislich des Problems der „Erfolgsmessung") nicht ohne Weiteres auf andere Länder übertragen lassen. Die Größe des Landes, seine gewachsene Industrie- und Dienstleistungsstruktur, seine bestehenden internationalen Export- und Importverflechtungen und viele weitere Aspekte sind zu beachten. Neben diesen „harten" Faktoren gibt es noch weitere, „weiche" Determinanten, die für die Machbarkeit (bzw. den Erfolg) einer gegebenenfalls neuen wirtschaftspolitischen Strategie von Bedeutung sind, etwa das Maß an Konsensorientierung bei politischen (Reform-)Entscheidungen, gesellschaftlich akzeptierte Grenzwerte für soziale (Un-)Gerechtigkeit bzw. (Un-) Gleichverteilung oder kulturell bedingte Auffassungen von der Rolle des Staates (in der Wirtschaft oder in der Gesellschaft insgesamt). In einem erweiterten Sinne kann man in diese Kategorie auch die jeweilige ordnungspolitische Konzeption im Sinne der *capitalist diversity*-Debatte subsumieren.

Wenn wir nun die strategischen Handlungsfelder der EU-Mitgliedstaaten in ihrer Standortpolitik analysieren, dann erkennen wir, ausweislich einer Reihe von nationalen Spezifika, ein signifikantes Maß an Übereinstimmung in bestimmten Bereichen. Dass es mittlerweile „Cluster" von wirtschaftspolitischen Handlungsbereichen gibt, die (fast) jeder Staat bearbeitet, kann man aber wohl *nicht* (ausschließlich) auf Europäisierungseffekte zurückführen. Zwar gibt die Lissabon-Strategie, die mittlerweile wesentlicher Zielrahmen der Struktur- bzw. Regionalpolitik der EU geworden ist (im Wege des so genannten „earmarking", das die Empfängerregionen dazu verpflichtet, einen bestimmten Anteil der Mittel dezidiert an Lissabon-Ziele zu koppeln), explizit oder implizit viele dieser Handlungsfelder vor. Betrachtet man dann noch die Bereitstellung öffentlicher Mittel der EU über ihre Strukturfonds, muss es nicht verwundern, solche Handlungsfelder in Publikationen der EU-Kommission, die wesentlich auf Meldungen der Mitgliedstaaten basieren, wiederzufinden. Doch zeigen vergleichende Betrachtungen unter Einbeziehung weiterer Staaten auf, dass der Kreis der Länder, die mindestens implizit den Inhalten der Lissabon-Strategie folgen, weiter ist (siehe z. B. DG Enterprise and Industry 2006).

Tabelle 5: Vergleich makro- und mikroökonomischer Handlungsfelder bzw. Ziele der EU-Staaten

Land	Handlungsfelder
Austria	- Sustainability of public finances - R & D and innovation - Infrastructure - International competitiveness - Environmental sustainability - Labour market and employment - Education and training
Belgium	- Sustainability of public finances - Reduction of labour costs - Creation of a more dynamic labour market - Stimulation of the economy through investment and reforms - Strengthening the social security system - Strengthening of synergies between environmental protection and growth

Land	Handlungsfelder
Cyprus	- Fiscal sustainability - Quality of public finances - R & D, innovation and ICT - Increasing the diversification of the economy - Competition and business environment - Environmental sustainability - Infrastructure - Human capital - Social cohesion
Czech Republic	- Public finance reform - To strengthen and increase industrial competitiveness while respecting the need for sustainable resources - To increase labour market flexibility
Denmark	- Improving competition in certain sectors - Enhancing public sector efficiency - Developing a knowledge society - Securing environmental sustainability and energy - Encouraging entrepreneurship - Increasing the labour supply
Estonia	- R & D and innovation - Employment
Finland	- Sustainability of public finances - Improving competitiveness and productivity - Improving the functioning of the labour market
France	- To create the necessary conditions for strong economic growth - To reduce unemployment and increase employment - To build a knowledge-based economy - To consolidate public finances - To strengthen the competitiveness of business
Germany	- Knowledge society - Market functioning and competitiveness - Business environment - Sustainability of public finances - Ecological innovation - Reorientation of the labour market
Greece	- Public finances - Employment - Education and life-long learning - Environment - Modernisation of the public administration

Land	Handlungsfelder
Hungary	- Reducing the fiscal deficit - R & D and innovation - Business environment - Competition - Infrastructure - Raising employment and activity rate - Improving labour market situation of the disadvantaged - Reducing regional labour market disparities - Enhancing human capital through better education and training
Ireland	- Maintain a stable macroeconomic environment - Investment in economic and social infrastructure - Improve labour supply - Better regulation - Improve R & D - Innovation and entrepreneurship - Promote social inclusion and sustainable development
Italy	- Extending the area of free choice for citizens and companies (by opening up markets) - Granting incentives for scientific research and technological innovation - Strengthening education and training - Upgrading infrastructure - Protecting the environment - Long-term fiscal sustainability
Latvia	- Securing macroeconomic stability - Stimulating knowledge and innovation - Developing a favourable and attractive environment for investment and work - Fostering employment - Improving education and skills
Lithuania	- Macroeconomic policies to sustain fast growth of the economy and a stable macroeconomic environment - Microeconomic policy to promote the competitiveness of Lithuanian companies - Employment policy to promote employment and investment in human capital
Luxembourg	- High-quality education and training system - An economy integrated into the European and international context - Attractive economic environment - Stable macroeconomic framework - Adherence to the principles of sustainable development
Malta	- Sustainability of public finances - Competitiveness - Environment - Employment - Education and training

Land	Handlungsfelder
Netherlands	- Improving labour supply - Achieving faster growth in labour productivity - Strengthening R & D, innovation and education - Improving price competitiveness, in particular by containing labour costs
Poland	- Consolidating public finances and correcting their management - Developing entrepreneurship - Making enterprises more innovative - Developing and modernising infrastructure and ensuring a competitive environment in network industries - Creating and sustaining new jobs and reducing unemployment - Improving adaptability of workers and enterprises by investing in human capital
Portugal	- Sustainability of public finances - Fostering economic growth - Competitiveness and entrepreneurship - Public administration reform - R & D and innovation - Territorial cohesion and environmental sustainability - Market efficiency - Qualifications, employment and social cohesion
Slovakia	- Information society - R & D and innovation - Business environment - Education and employment - (Environmental responsibility)
Slovenia	- A competitive economy and faster growth - A knowledge-based society - An efficient state - A modern social state and higher employment - Sustainable development
Spain	- Budgetary stability - R & D strategy - A better environment for business - Achievement of higher competition - Infrastructure development - A better functioning of the labour market - Better education and human capital
Sweden	- High labour market participation - Promotion of a knowledge-based economy with environmentally efficient production processes - (Sustainable development)

Land	Handlungsfelder
United Kingdom	- Maintaining fiscal sustainability in the face of demographic challenges - Building an enterprising and flexible business sector - Promoting innovation and R & D - Widening opportunities for the acquisition of skills - Increasing innovation and adaptability in the use of resources - Ensuring fairness through a modern and flexible welfare state

Quelle: European Commission (2006), Time to move up a gear. Communication from the Commission to the Spring European Council 2006, Luxembourg: Office for Official Publications of the European Communities. Die Handlungsfelder wurden zum Teil dem Sinn entsprechend gekürzt oder angepasst.

Innovation, Forschung und Entwicklung, Wissensgesellschaft, Nachhaltigkeit und Bildung scheinen zentrale strategische Handlungsfelder einer Mehrheit der EU-Staaten zu repräsentieren. Der *topos* einer soliden Finanzpolitik ist ebenfalls stark vertreten und dürfte sich einerseits aus der formalen Notwendigkeit seiner Erfüllung im Hinblick auf die (künftige) Teilnahme an der Eurozone ergeben. Andererseits spiegelt diese Zielsetzung eine veränderte Auffassung über die wirtschaftspolitischen Wirkungen antizyklischer Fiskalpolitik bzw. die langfristig einschränkenden Wirkungen von Staatsverschuldung wieder.

Die Lissabon-Strategie scheint in praktisch allen Länderprofilen deutlich durch. Ältere wirtschaftspolitische Dichotomien, wie nachfrageorientierte versus angebotsorientierte Ansätze, spielen offenbar keine Rolle. Ebenso wird die Erwartung, die Typenbildung der *capitalist diversity*-Debatte müsste sich zumindest ansatzweise in der Auswahl und Benennung von Handlungsfeldern bzw. (wirtschaftspolitischen) Zielen spiegeln, enttäuscht. Ausgerechnet die beiden Länder des „angelsächsischen Kapitalismus", Großbritannien und Irland, greifen Begriffe wie *welfare state* und *social inclusion* auf, während etwa die Handlungsfelder Italiens, also eines Vertreters des *state* oder *mediterranean capitalism*, die Bereiche Marktöffnung, Innovations- und Bildungsförderung, Infrastruktur- und Umweltverbesserung sowie fiskalische Disziplin ins Zentrum rücken. Geht man auf die Suche nach Besonderheiten, so fallen etwa Luxemburg mit dem Zielbereich „Integration in den europäischen und internationalen Kontext" oder Irland mit dem Verweis auf einen in Großbritannien bereits etablierten, neuen Politikbereich namens *better regulation* auf. Eine kleine Gruppe von Ländern, darunter Griechenland und Slowenien, haben offensichtlich Verbesserungsbedarf in der Staatsverwaltung insgesamt identifiziert, eine weitere, größere Gruppe greift die Etablierung einer „Wissensgesellschaft" als Leitbild auf. Ganz offensichtlich mischen sich bei den Handlungsfeldern und Zielen also auch nationale Besonderheiten hinzu, die politische Präferenzen der jeweiligen Regierung oder besondere Problemlagen diskursiv reflektieren. Gleichwohl bleibt der Befund großer Konvergenz bei geringen, auf die Typologie der Debatte um Kapitalismusmodelle verweisenden Unterschieden.

Ganz anders sieht die Situation im Bereich der Steuerpolitik aus. Es gehört zu den weidlich gepflegten Prämissen der Standortdiskussion, dass ein weltweiter Wettbewerb um die (für Unternehmen) günstigsten Steuertarife ausgebrochen sei. Diese These vom „race-to-the-bottom" vermutet, dass sich sämtliche Industriestaaten asymptotisch einem Minimal- (oder Null-) Steuertarif annähern (Sinn 1997), da in Zeiten der Globalisierung Unternehmensstandorte im Wesentlichen frei wählbar geworden sind. Da Steuern (bzw. Abgaben insgesamt) einen wesentlichen Standortkostenfaktor darstellen, bleibe der Standortpolitik hier kaum ein Spielraum (OECD 1998). Aufgrund der elementaren Bedeutung von Unternehmen für Arbeitsplätze und Wohlfahrt eines Landes wird, so die implizite Vermutung dieser These weiter, dieser Standortaspekt der Steuerpolitik über die übrigen Aspekte (wie z. B. Einnahmenaspekt für die öffentlichen Haushalte, Gerechtigkeits- bzw. Fairnessvorstellungen usw.) dominieren. Eine Erweiterung der These von der Abwärtsspirale im Steuerwettbewerb hebt darauf ab, dass Steuersenkungen als Substitut für Subventionen (an Unternehmen) gesehen werden können. Da im Zuge der EU-Beihilfekontrolle, die die originären Subventionsmöglichkeiten für Mitgliedstaaten zum Teil erheblich beschneidet (insbesondere oberhalb der *de minimis*-Grenze), solche Subventionen notwendig abnehmen müssen, verbleibt dem Staat als europarechtlich legales Anreizinstrument nur das Steuerrecht (Obinger/Zohlnhöfer 2007).

In einer vergleichenden Untersuchung widerlegt Wagschal (2006) diese Vermutungen. Offenbar gehorcht die nationale Steuerpolitik (von OECD-Staaten) keineswegs der scheinbaren Gesetzmäßigkeit des Steuerstandortwettbewerbs. Nach wie vor divergieren die Steuerpolitiken der Staaten erheblich. Da die Gesamtbelastung eines Unternehmens hinsichtlich seiner standortbedingten Kosten eine komplexe Rechnung erfordert und stark einzelfallbezogen variiert, verfolgen Industriestaaten offenbar keine Strategie relativer Vorteile in einem *transparenten* Umfeld. Sie vermeiden damit die „race-to-the-bottom"-Logik und damit auch wahrscheinliche Finanzkrisen der öffentlichen Haushalte.

Es ergibt sich so ein eher erstaunliches Bild in der Standortpolitik. Auf der einen Seite gibt es konvergierende wirtschaftspolitische Strategien (auch im Sinne der Lissabon-Strategie) auf dem Gebiet der *gestaltenden* Standortpolitik. Auf der anderen Seite stehen (nach wie vor) divergierende wirtschaftspolitische Strategien im Sinne des Steuerwettbewerbs auf diesem zentralen Gebiet der *passiven* (weil defensiv agierenden) Standortpolitik. Dabei hat der Grad der Vermischung von Strategien aus unterschiedlichen ideologischen Schulen (wie z. B. dem Neo-Liberalismus, der angebots- versus der nachfrageorientierten Politik etc.), wie wir etwa für Deutschland seit den 1970er Jahren beobachten können (Müller 2003), keineswegs abgenommen. Angesichts der fehlenden Korrelation dieses Merkmals mit der parteipolitischen Orientierung von Regierungen in den Industriestaaten ist davon auszugehen, dass die beschriebene Konvergenztendenz mit einer *Entideologisierung* der Standortpolitik gekoppelt ist.

6 Schlussbetrachtung

Betrachtet man die hier ausgewählten Teilbereiche der Wirtschaftspolitik in den EU-Mitgliedstaaten, so lässt sich im Hinblick auf integrationsfördernde bzw. -hemmende Effekte Folgendes resümieren: In einigen Bereichen (z. B. Geld- und Währungspolitik) wurde eine vor 1992 durchaus keineswegs integrationsgeeignete institutionelle Grundstruktur (nämlich der Notenbanken) nachhaltig und über den Kreis der teilnehmenden Länder der Eurozone hinaus „europäisiert". Es entstand ein Quasi-Föderalismus der Zentralnotenbanken. Ebenfalls, wenngleich auch in institutionell weniger deutlicher Weise, wurde die Regulierungspolitik der Mitgliedstaaten – und damit ihre Ausprägung als regulatorischer Staat – „europäisiert". Die Sektorstrukturen, vor allem im Bereich der Energieversorgung, waren und sind unterschiedlich, doch stellen wir auf der Seite des Staatseingriffs eine Konvergenztendenz fest. Man könnte nun die Hypothese aufstellen, dass erst eine Angleichung der Sektorstrukturen die Möglichkeit einer auch institutionellen Europäisierung der Regulierung (etwa mit der Schaffung einer europäischen Regulierungsbehörde) öffnet. Angesichts recht gemischter Erfolge in der Restrukturierung der Energiesektoren, vor allem in den Kernländern Deutschland und Frankreich, steht allerdings eher zu vermuten, dass erst eine europäische Institution zu strukturverändernden Eingriffen fähig sein wird. In jüngster Zeit sind entsprechende Pläne zur Einrichtung einer europäischen Energieregulierungsbehörde seitens der EU-Kommission bekannt geworden. Inwieweit sie zur Realisation kommen, bleibt abzuwarten.

Die Standortpolitik ist naturgemäß wettbewerblich – unter Berücksichtigung des Standortwettbewerbs auch innerhalb der EU – ausgerichtet. Sie zielt darauf, im Wettbewerb auch mit europäischen Konkurrenten Investitionen ins eigene Land zu holen. Die EU-Ebene hat mit der Beihilfekontrolle, aber auch mit ihrer Struktur- bzw. Kohäsionspolitik schon seit Jahrzehnten in diesen Wettbewerb der Standorte eingegriffen; lediglich auf dem Terrain der Steuerpolitik, einem potenziellen Ausweichfeld für ordnungspolitisch unzulässige Subventionen, ist die EU-Kommission noch nicht recht vorangekommen. Erstaunlicherweise finden wir aber gerade in der Wirtschaftsförderpolitik der Mitgliedstaaten, wenn auch nicht in ihrer Steuerpolitik, gewisse Konvergenztendenzen. Sie hängen, so die Vermutung dieses Beitrages, besonders mit dem hohen Maß an Unsicherheit über die eigene relative Position sowie die Wahl geeigneter Fördermaßnahmen zusammen. Dieser Effekt scheint nicht auf die EU-Staaten begrenzt zu sein; er ist allerdings aufgrund der für die wirtschaftspolitischen Handlungsspielräume zum Teil sehr erheblichen europäischen Mittel durch deren (zunehmende) konzeptionelle Rückbindung an die Lissabon-Strategie zumindest signifikant von der EU befördert worden.

Literatur

Albert, Michel, 1993: Capitalism against Capitalism. London.
Amable, Bruno, 2003: The Diversity of Modern Capitalisms. Oxford.
Bayerisches Staatsministerium für Ernährung, Landwirtschaft und Forsten, 1995: Memorandum „Neuausrichtung der Agrarpolitik der Europäischen Union". München.
Boyer, Robert, 1999: The Variety and Dynamics of Capitalism, in: Groenewegen, John/ Vromen, Jack (Hrsg.), Institutions and the Evolution of Capitalism: Implications of Evolutionary Economics. Northhampton, 122-140.
Boyer, Robert, 2004: New Growth Regimes, but Still Institutional Diversity, in: Socio-Economic Review 2 (1), 1-32.
Bucksteeg, Mathias, 2004: Die Stärken stärken, in: Handelsblatt vom 20.7.2004.
DG Enterprise and Industry, 2006: European Innovation Progress Report 2006. Luxembourg.
Ebbinghaus, Berhard, 1999: Does a European Social Model Exist and Can It Survive?, in: Huemer, Gerhard/Mesch, Michael/Traxler, Franz (Hrsg.), The role of Employer Associations and Labour Unions in the EMU: Institutional Requirements for European Economic Policies. Aldershot, 1-26.
EU-Kommission, 2006: Time to Move Up a Gear. Communication from the Commission to the Spring European Council 2006. Luxembourg.
Eurostat (Hrsg.), 2006: Statistics in Focus Nr. 6, in: http://epp.eurostat.ec.europa.eu/portal; 25.02.2008.

Gourevitch, Peter, 1986: Politics in Hard Times: Comparative Responses to International Economic Crises. Ithaca.
Hall, Peter, 1986: Governing the Economy: The Politics of State Intervention in Britain and France. Oxford.
Hall, Peter/Soskice, David (Hrsg.), 2001: Varieties of Capitalism: The Institution Foundations of Comparative Advantage. Oxford.
Hart, Jeffrey A., 1992: Rival Capitalists. International Competitiveness in the United States, Japan, and Western Europe. Ithaca.
Hobohm, Jens/Koepp, Marcus/Peter, Frank, 2005: Aspekte der österreichischen Stromversorgung und des Wettbewerbs im europäischen Vergleich. Endbericht. EFG-Projekt-Nr. 30.25. Berlin.
Hollingsworth, Rogers J./Schmitter, Philippe C./Streeck, Wolfgang, 1994: Governing Capitalist Economies. Oxford.
Hollingsworth, Rogers J./Boyer, Robert (Hrsg.), 1997: Contemporary Capitalism: The Embeddedness of Institutions. Cambridge.
Hutton, Will, 2002: The World We're In. London.
Katzenstein, Peter J. (Hrsg.), 1978: Between Power and Plenty: Foreign Economic Policies of Advanced Industrial States. Madison.
Lehmann, Harald, 2006: Internationale Rankings der Wettbewerbsfähigkeit von Volkswirtschaften: geringer diagnostischer und prognostischer Aussagehalt, in: Wirtschaft im Wandel 12 (10), 296-302.
Müller, Markus M., 2002: The New Regulatory State in Germany. Birmingham.
Müller, Markus M., 2003: Wirtschaftsordnung, in: Sturm, Roland/Jesse, Eckhard (Hrsg.), Demokratien des 21. Jahrhunderts im Vergleich. Historische Zugänge, Gegenwartsprobleme, Reformperspektiven. Opladen, 371-387.
Müller, Markus M., 2006a: Staat und Wirtschaft, in: Kastendiek, Hans/Sturm, Roland (Hrsg.), Länderbericht Großbritannien. Bonn, 434-455.
Müller, Markus M., 2006b: Doing Business – Der Bürokratie- und Regulierungsindex der Weltbank, in: Empter, Stefan/Vehrkamp, Robert B. (Hrsg.), Wirtschaftsstandort Deutschland. Wiesbaden, 159-178.
Obinger, Herbert/Zohlnhöfer, Reimut, 2007: The Real Race to the Bottom: What Happened to Economic affairs Expenditure After 1980?, in: Castles, Frances G. (Hrsg.), The disappearing state? Retrenchment Realities in an Age of Globalisation. Cheltenham/Northhampton, 184-214.
OECD, 1998: OECD Economic Outlook Database. Paris.
Polanyi, Karl, 1944: The Great Transformation. Boston.
Rudloff, Bettina, 2006: Neue Budgetprioritäten für die Gemeinsame Agrarpolitik. EU-Monitor 40, Beiträge zur europäischen Integration. Frankfurt am Main.
Schmidt, Vivien A., 2002: The Futures of European Capitalism. Oxford.
Schmitt, Gerhard, 1998: Agrarpolitik, in: Klemmer, Paul (Hrsg.), Handbuch europäische Wirtschaftspolitik. München, 144-218.
Sinn, Hans-Werner, 1997: Deutschland im Steuerwettbewerb, in: Jahrbücher für Nationalökonomie und Statistik 216 (6), 672-692.
Sturm, Roland/Pehle, Heinrich, 2005: Das neue deutsche Regierungssystem. Wiesbaden.
Sturm, Roland/Wilks, Stephen R./Müller, Markus M./Bartle, Ian, 2002: The Regulatory State: Britain and Germany Compared. London.

Wagschal, Uwe, 2006: Länder unter Anpassungsdruck? Der internationale Steuerwettbewerb: Ursachen, Wirkungen und Reaktionen, in: Gesellschaft, Wirtschaft, Politik 55 (4), 499-514.

Wagschal, Uwe/Wenzelburger, Georg, 2006: Erfolgreiche Budgetkonsolidierungen im internationalen Vergleich. Gütersloh.

Whitley, Richard, 1999: Divergent Capitalisms: The Social Structuring and Change of Business Systems. Oxford.

Whitley, Richard, 2005: How National are Business Systems? The Role of States and Complementary Institutions in Standardizing Systems of Economic Coordination and Control at the National Level, in: Morgan, Glenn/Whitley, Richard/Moen, Eli (Hrsg.), Changing Capitalisms? Internationalization, Institutional Change, and Systems of Economic Organization. Oxford, 190-234.

Josef Schmid

Der Wohlfahrtsstaat in Europa – Divergenz und Integration

> „Das europäische Sozialmodell ist kein einheitliches Konzept, sondern ein Gemisch aus Werten, Errungenschaften und Hoffnungen, die in den einzelnen europäischen Staaten unterschiedlich ausfallen."
> (Giddens 2007: 29).

1 Einleitung: Europa als heterogene Wohlfahrtsregion[1]

Europa ist trotz aller Integrationsbemühungen der letzten Jahrzehnte zwar eine relativ wohlhabende, aber immer noch eine sehr heterogene Weltregion geblieben. Erhebliche soziale, ökonomische und politische Ungleichheiten und Ungleichzeitigkeiten sind charakteristische Momente, unabhängig davon, ob wir Europa als supranationale Einheit oder als eine Reihe von Nationalstaaten betrachten. Mit den verschiedenen realisierten und geplanten Erweiterungen der Europäischen Union hat sich dieses Phänomen sogar noch verstärkt, es besteht immer noch ein Gefälle zwischen Nord und Süd und noch ausgeprägter zwischen Ost und West. Daher sind historisch wie aktuell intensive Formen des Ausgleichs und der Verhandlung nötig, um ein gewisses Maß an sozialer und politischer Integration zu erzeugen (vgl. aus unterschiedlichen Perspektiven Crouch 2000; Lehmbruch 1996; Lessenich 2001). Die Parteiensysteme und die industriellen Beziehungen leisten dazu ihren Beitrag, vor allem aber wirkt hier der moderne Wohlfahrtsstaat durch die Regulierung von Märkten und durch seine Sozialpolitik. Im Wohlfahrtsstaat – so eine allgemeine Definition – besteht eine staatliche, über private Vorsorge und gemeinschaftliche Fürsorge hinausgehende Verpflichtung zur sozialen Sicherung und Förderung aller Bürger. Um dies zu gewährleisten, muss der Wohlfahrtsstaat umfangreiche Ressourcen an sich ziehen, die er wiederum in Form von monetären Transfers, sozialen Diensten und Infrastruktur zur Verfügung stellt. Auf diese Weise kommt es zu einer gesellschaftlichen Entwicklung, die als „sozialer Fortschritt" bezeichnet wird und in deren Rahmen in den vergangenen 110 Jahren die Werte Sicherheit, Wohlfahrt, Freiheit und Gerechtigkeit in hohem Maße realisiert werden konnten. Dies ist auch ein Element des „Europäischen Modells" und ein Spezifikum im Vergleich zu anderen Regionen der Welt. Das gilt nicht nur für die Nationalstaaten in der Region, sondern ebenfalls für die Europäische Union als supranationale Einheit. In diesem Sinne wird im Entwurf der Verfassung der Union (siehe Deutscher Bundestag 2005) folgendes Ziel vorgegeben:

> „Sie bekämpft soziale Ausgrenzung und Diskriminierungen und fördert soziale Gerechtigkeit und sozialen Schutz, die Gleichstellung von Frauen und Männern, die Soli-

---

[1] Für die Hilfe bei der Datenrecherche und dem Layout danke ich Christian Förster, für inhaltliches Feedback Dorian Woods und Daniel Buhr.

darität zwischen den Generationen und den Schutz der Rechte des Kindes." (Teil II, Art. 3, Abs. 3).

Bei dem Versuch, eine vergleichende Darstellung der Wohlfahrtsstaaten in Europa (unter Einschluss der Europäischen Union) zu leisten, können unterschiedliche Aspekte des Phänomens in den Vordergrund gerückt werden. Bezogen auf die Zwecke und Funktionen des modernen Wohlfahrtsstaats geht es um die Bewältigung von Standardrisiken der modernen Gesellschaft, v. a. Krankheit, Alter, Unfall und Arbeitslosigkeit. Neben diesen klassischen Aufgaben der sozialen Sicherung gehören inzwischen die Bereiche Pflege, Erziehung, Bildung, Familie und Armut sowie die aktive Arbeitsmarkt- und Beschäftigungspolitik oder der Konsumentenschutz zu den typischen Mustern wohlfahrtsstaatlicher Aktivitäten. Je nachdem, wie weit man diese Ziele definiert, lassen sich eher enge – vorwiegend an den klassischen Risiken ausgerichtete Formen (wie in Deutschland) – oder weite Konzepte des Wohlfahrtsstaats unterscheiden, die dann alle nicht-militärischen Staatsaufgaben beinhalten (wie in Skandinavien).

Nicht nur auf der Ebene der Zwecke und Funktionen zeigen sich Differenzen, ebenso unterschiedlich sind die realisierten Organisationsformen der einzelnen Wohlfahrtsstaaten in Europa. Wichtige Dimensionen zur Erfassung dieser Divergenzen sind:

- Die Reichweite, d. h. welche Teile der Bevölkerung sind in die sozialen Sicherungssysteme inkludiert?
- Die Finanzierung, d. h. welcher Art sind die Einnahmen, also Steuern oder Beiträge, und wer leistet im Falle von Beiträgen welche Anteile?
- Die Rechts- und Organisationsform, d. h. sind die Institutionen staatlich, ggf. auf welcher Ebene, oder sind sie parastaatliche Einrichtungen (wie die deutschen Sozialversicherungen Körperschaften des öffentlichen Rechts) und welche Rolle spielen private (freigemeinnützige oder marktförmige) Träger?
- Die Zielsetzung, d. h. soll Armut vermieden, der Lebensstandard gesichert oder ein hohes Maß an Gerechtigkeit und Gleichheit realisiert werden, und gelten diese im Sinne einer Nachhaltigkeit? Welche Prinzipien kommen zum Einsatz: Fürsorge, Versicherung, Versorgung?
- Die Performanz, d. h. welche Ergebnisse und Outcomes werden erreicht etwa in Bezug auf Armutsvermeidung, Lohnersatzquoten, soziale Ungleichheit etc.; aber auch: Welche subjektive Zufriedenheit stellt sich bei den Bürgern ein (vgl. als Überblick Schmid 2002; Schmidt 2005; Schmidt et al. 2007)?

Entsprechend hat Baldwin festgehalten, dass „one of the most striking features of the modern welfare state seen comparatively and across the long trajectory of its development during the last century is its heterogenity. Different nations, different welfare states, have taken different approaches to what in other senses are common problems." (Baldwin 1997: 4).

Angesichts der Komplexität des Phänomens und des Variantenreichtums seiner Umsetzung konzentrieren sich viele Studien – wie auch dieser Beitrag – auf Ausgaben und Aggregate (zu den Vorzügen und Nachteilen dieses Vorgehens vgl. Siegel 2007; siehe auch Kohl 1992). Neben der Betrachtung der gesamten Sozialausgaben werden im Folgenden a) die klassischen Felder Alter und Gesundheit sowie b) als Indikatoren eines weiten Konzepts des Wohlfahrtsstaats die Bereiche Bildung und Familie herangezogen. Da der Wohlfahrtsstaat in einem engen Wechselverhältnis zur Ökonomie und besonders dem Beschäftigungssystem steht (vgl. Schmid 2006; Döring 2007), wird c) auch ein Blick auf die Arbeitslosen- und Erwerbsquoten geworfen. Damit wird zum einen dem Phänomen, wonach sich einige Sozialausgaben eher als Versagen der Beschäftigungs- und Wirtschaftspolitik denn als soziale Großzügigkeit interpretieren lassen, Rechnung getragen. Zum anderen werden politische Kurswechsel in Richtung „Dritter Weg der Sozialdemokratie" mit Elementen von Aktivierung und vorsorgendem Wohlfahrtsstaat bedacht (vgl. Merkel et al. 2006). Schließlich wird d) die Ebene der gesellschaftlichen Wirkungen (Outcomes) von Politik und Performanzen in Form von Armut und Ungleichheit untersucht. Dabei versteht es sich von selbst, dass das Bild der Wohlfahrtsaaten in der Europäischen Union nur lückenhaft nachgezeichnet werden kann und eher die großen Linien als die Details im Vordergrund stehen.

2 Determinanten und Typologien des Wohlfahrtsstaats

Um die Dynamiken und Differenzen der europäischen Wohlfahrtsstaaten zu erfassen und zu erklären, hat die Forschung einerseits im Rahmen quantitativer Ansätze eine Reihe von Determinanten identifiziert und andererseits im Rahmen eher qualitativer Studien Typen gebildet. Zu ersteren zählt die „Heidelberger Schule" um Manfred G. Schmidt, die folgende Elemente als Erklärungsansätze für staatliches Handeln heranzieht (vgl. Schmidt 2005; Schmidt et al. 2007):

- Sozialökonomische Theorie (starke Anbindung der Arbeitsmarktpolitik an den Problemdruck, d. h. v. a. an Wachstum und Arbeitslosigkeit),
- Machtressourcenansatz (wirtschaftliche und politische Machtverteilung sowie die Organisations- und Konfliktfähigkeit gesellschaftlicher Gruppierung determinieren die Arbeitsmarktpolitik),
- Parteiendifferenztheorie (Parteien machen den Unterschied: V. a. sozialdemokratische Parteien betreiben mehr Arbeitsmarktpolitik, ferner kommt es zu Blame-Avoidance, d. h. gegenseitigen Schuldzuweisungen, die durch die Art der Maßnahmen erschwert werden soll),
- Internationale These (nationale Staatstätigkeit muss immer in Verbindung mit EU-Aktivitäten gesehen werden; Einfluss der Globalisierung),
- Politisch-institutionalistische These (Arbeitsmarktpolitik wird durch institutionelle Bedingungen, v. a. Finanzierung, aber auch Föderalismus, geprägt. Frühere Entscheidungen legen Entwicklungspfade fest, die kaum revidierbar sind – man spricht von einem Politikerbe).

Neuere Arbeiten betonen v. a. den letzten Aspekt, wonach aktuelle wohlfahrtsstaatliche Politiken durch politische Institutionen historisch und strukturell eingebunden sind. Diese bilden Vetopunkte, wirken gewissermaßen als Filter für die Problemwahrnehmung und die Interessenpolitik; sie bevorzugen bestimmte Interventionen in die Ökonomie und die Gesellschaft oder schließen andere aus. Was das konkret bedeutet, lässt sich am Fall der

Schweiz[2] illustrieren (vgl. Obinger 1998). Abgesehen von der letzten Dimension trifft dieses institutionelle Arrangement freilich auch für die Bundesrepublik zu.

Tabelle 1: Vermutete institutionelle Impacts auf die Sozialpolitik

Polity	Politics	Policy (Sozialpolitik)
Bikameralismus	Verlagerung der Machtverteilung, Konkordanz- und Verhandlungslösungen	Lange Entscheidungsprozesse, Kompromisslösungen
Verhältniswahlrecht	Mehrparteienregierungen	Lange Entscheidungsprozesse, Kompromisslösungen
Föderalismus	Politikverflechtung	Suboptimale Lösungen, Handlungsblockaden, hohes Policy-Feedback
Direkte Demokratie	Konkordanz- und Verhandlungslösungen	Blockade, zeitliche Überbremsung (Referendum), Innovation und Beschleunigung (Volksinitiative)

Quelle: Obinger 1998: 63.

Vor diesem theoretischen Hintergrund hat Schmidt (2001: 41f.) die Dynamik der Sozialausgaben und der zugrunde liegenden Ursachen für 21 Länder über 36 Jahre untersucht. Die Ergebnisse, die er dabei zutage gefördert hat, können weitgehend als konsensfähig – auch über die spezielleren Theorieansätze hinweg – betrachtet werden. Die Sozialausgaben pro Kopf, und Ähnliches gilt für die Sozialleistungsquote als der Relation zum Sozialprodukt, erreichen demnach in der Phase von 1960-1995 umso höhere Werte,

a. je höher sie schon in der Vorperiode waren,
b. je höher entwickelt die Wirtschaft (bzw. das Bruttosozialprodukt) eines Landes ist,
c. je stärker die Arbeitslosenquote gegenüber dem Vorjahr zunimmt,
d. je stärker die so genannte „Kostenkrankheit des öffentlichen Sektors" (gemessen an der Zahl der Beschäftigten im öffentlichen Dienst) zum Zuge kommt,
e. wenn eine Koalitionsregierung amtiert bzw. umgekehrt je schwächer die Zahl und das Gewicht der „Vetospieler" im Staate ist,
f. je stärker Linksparteien und christdemokratische Parteien an der Führung der Regierungsgeschäfte beteiligt waren.

Zudem existiert seit 1992 ein „Maastricht-Effekt", wonach die Haushaltsdisziplin, die der Vertrag auferlegte, die Finanzpolitik in den meisten EU-Staaten prägte und die Sozialausgaben drosselte. Dabei erweist sich der Erklärungsgehalt dieses Modells mit 99 Prozent als sehr hoch. „Das ist aufgrund der starken Prägung der Sozialausgaben durch folgenreiche Entscheidungen in der Vergangenheit und die Modellierung dieses Sachverhaltes mit der zeitverzögerten abhängigen Variablen als einer erklärenden Größe nicht überraschend.

---

[2] Dies ist ein so genannter Nachzügler der Wohlfahrtsstaatsentwicklung bzw. ein Land, das nur ein relativ geringes Niveau an sozialer Sicherung aufweist. Die spezifischen institutionellen Bedingungen – Föderalismus, Proporzdemokratie und direkte Demokratie – erweisen sich als folgenreiche Vetopunkte für den Ausbau der Sozialpolitik.

Wichtiger ist dies: Sowohl die zeitverzögerte abhängige Variable wie auch alle anderen Bestimmungsfaktoren passieren die Signifikanztests mit den für Quer- und Längsschnittanalysen erforderlichen Korrekturen (...) und erweisen sich somit als aussagekräftige Einflussfaktoren." (Schmidt 2001: 42; vgl. auch Schmidt et al. 2007).[3]

Weniger statistisch als ganzheitlich wird im Rahmen von Typenbildungen argumentiert. Klassisch ist die Abgrenzung des Bismarck-Modells vom Beveridge-Modell. Neben der Genese des Wohlfahrtsstaats in unterschiedlichen historisch-politischen Kontexten gehen eine Reihe von konkreten Indikatoren in die Typenbildung ein, wobei die Art der Finanzierung und die daraus resultierende Gruppe der gesicherten Personen am wichtigsten sind (vgl. differenzierter Döring 2007; siehe auch Schmid 2002).

Tabelle 2: Beveridge-Modell und Bismarck-Modell des Wohlfahrtsstaats

	Versicherungsmodell (Bismarck-Modell)	Fürsorgemodell (Beveridge-Modell)
Gesicherte Personen	Versicherte Arbeitnehmer (Erwerbstätige)	Gesamte Bevölkerung
Finanzierung	Beiträge nach Löhnen (Einkommen)	Staatsbudget (Steuern)
Geldleistungen	Bemessung auf der Grundlage der ausgefallenen Löhne	Einheitliche Pauschalleistungen
Sachleistungen	Sachleistungen der Versicherung oder im Wege der Kostenerstattung	Kostenlos (Bereitstellung durch staatlichen Gesundheitsdienst)
Verwaltung	Selbstverwaltung, häufig paritätisch (Arbeitgeber / Arbeitnehmer)	Öffentliche Verwaltung
Transferintensität	niedrig	hoch

Quelle: Eigene Darstellung.

Eine weitere Typologie, die derzeit den Dreh- und Angelpunkt der vergleichenden Wohlfahrtsstaatsforschung bildet, stammt von Gøsta Esping-Andersen (1990). Seine drei „Welten des Wohlfahrtskapitalismus" stellen jeweils unterschiedliche Formen der Institutionalisierung von sozialer Sicherung und Vollbeschäftigung dar und basieren auf korrespondierenden politischen Ideologien und Machtverteilungen. Ferner korrelieren sie mit Mustern der sozialen Schichtung und Ungleichheit, die wiederum eng mit dem Arbeitsmarkt zusammenhängen. Sie zeichnen sich in ihrer Geschichte durch eine hohe Stabilität bzw. Pfadabhängigkeit aus, die aus dem institutionellen Gefüge des jeweiligen Modells des Wohlfahrtsstaats und den daraus entstehenden Kosten für grundlegende Reformen (Lock-in-Effekt) erwächst. Jeder Wohlfahrtsstaatstypus produziert auf diese Weise seine charakteristischen sozial- und arbeitsmarktpolitischen Programme, Leistungen und Eintrittskonditionen (und manchmal Barrieren), was sich als Maß an „Dekommodifizierung", d. h. der relativen Unabhängigkeit von den Zwängen und Risiken kapitalistischer Märkte, zusammenfassen lässt. Zugleich stößt jeder dieser drei Typen gegenwärtig auf (unterschiedliche) Probleme und

---

[3] Trotz der nun 27 Mitgliedsstaaten gilt das methodische Caveat der Komparatisten: Zu viele Variablen, zu wenig Fälle. Mangels durchgängiger Datenreihen werden die seit Beginn des Jahres 2007 ebenfalls hinzugekommenen Fälle Bulgarien und Rumänien nicht behandelt. Ihre Strukturen und Probleme ähneln aber denen der anderen Beitrittsländer. Der aktuelle Band von Schubert et al. (2008) enthält auch einige Länderberichte zu den osteuropäischen Wohlfahrtsstaaten, ebenso der Forschungsbericht von Baum-Ceisig et al. (2008).

Grenzen der Entwicklung, so weisen etwa die konservativen Fälle v. a. im Bereich Beschäftigung bzw. die christdemokratische Untergruppe im Bereich Familien und Kinder ihre Performanzdefizite auf. Grob skizziert ergibt sich folgende „Landkarte"[4]:

- Im skandinavischen oder „sozialdemokratischen" Wohlfahrtsstaat, wie er auf der Basis einer starken Arbeiterbewegung und langjähriger sozialdemokratischer Regierungsaktivitäten in Schweden, Norwegen und Dänemark realisiert worden ist, wird eine universelle Versorgung auf höchstem (qualitativen und quantitativen) Niveau angestrebt, wobei soziale Bürgerrechte die Anspruchsgrundlage bilden. Ferner sind hier die Sozialausgaben sehr hoch, zum Beispiel in Schweden bei über 50 Prozent des Staatshaushaltes, die Wirtschaftspolitik ist antizyklisch und die Arbeitsmarktpolitik aktiv ausgerichtet, was eine annähernde Vollbeschäftigung und ein relativ hohes Maß an sozialer Gleichheit erzeugt.
- Die liberalen Wohlfahrtsstaaten, also die USA, Kanada, Australien und seit Thatcher verstärkt Großbritannien, bilden dazu den Gegenpol. Hier fällt die Dekommodifizierung nur gering aus, da vor allem die zentrale Rolle des freien Marktes und der Familie betont wird und die Arbeiterbewegung bzw. die Sozialdemokratie nur eine geringe Rolle spielen. Soziale Anspruchsrechte sind niedrig angesiedelt, ja mit individuellen Bedürftigkeitsprüfungen und geringen Leistungen verbunden sowie mit sozialer Stigmatisierung behaftet. Insgesamt herrscht damit ein starker, institutionalisierter Zwang zur Lohnarbeit, soziale Unsicherheit wird außerdem als Motor ökonomischer Entwicklung perzipiert.
- Der kontinentaleuropäische oder „konservative" Typ des Wohlfahrtsstaats schließlich, der in Österreich, Frankreich, Italien und Deutschland anzutreffen ist, interveniert zwar stärker und leistet mehr – vor allem in monetärer Hinsicht. Freilich macht er dies eher temporär begrenzt und oft nur aus staatspolitischen, paternalistischen Gründen, denn in diesen Regimen haben lange die nationalen konservativen Eliten dominiert; zudem werden oft starke christliche und korporatistische Kräfte wirksam, was eine gewisse sozialpolitische Ambivalenz erzeugt. Der konservative Typus ist ferner stark lohnarbeits- und sozialversicherungszentriert, d. h. soziale Rechte sind an Klasse und Status gebunden; dementsprechend bleibt die soziale Ungleichheit relativ groß (vgl. Esping-Andersen 1990; Schmid 2002; Schmidt 2005).
- Als ein möglicher Untertyp kann ferner der christdemokratische Wohlfahrtsstaat (BRD, Niederlande und Italien) differenziert werden. Hier wirken sich die besondere Programmatik der Christdemokraten und ihre soziale Verankerung in Teilen der Arbeiterschaft aus; historisch basiert dies v. a. auf der Stärke des Konfliktes zwischen Staat und (katholischer) Kirche. Materielle Politikfolgen sind relativ hohe Sozialausgaben, eine Dominanz des Subsidiaritätsprinzips zu Lasten staatlicher sozialer Dienste und zu-

---

[4] In der folgenden Grafik bilden die (Ideal-)Typen die drei Ecken, während die realen Fälle dazwischen verortet werden können. Das trägt ebenfalls dem Umstand Rechnung, dass einige Fälle – etwa die Niederlande – schwer zuzuordnende Mischtypen sind. Sie werden in den folgenden Tabellen mit ? gekennzeichnet. Zugleich entspricht der konservative Typus dem Bismarck-Modell, während sich das Beveridge-Modell in einen generösen sozialdemokratischen Typ und einen liberalen Typ mit niedrigen Leistungen ausdifferenziert. Man könnte die beiden Ergänzungen – die rudimentäre, südeuropäische Welt und die postsozialistische, osteuropäische Welt – an den Seiten des Dreiecks anlagern.

Der Wohlfahrtsstaat in Europa – Divergenz und Integration 717

gunsten der Familie und freien Träger bzw. Wohlfahrtsverbänden (vgl. Schmid 1996; van Kersbergen 1995; Morgan 2002).

In der Debatte um diesen Ansatz sind ferner verschiedene Ergänzungen und Differenzierungen vorgenommen worden. Für eine Darstellung aller 27 EU-Mitgliedsstaaten sind folgende Aspekte wichtig:

- Der Typ des südeuropäischen oder rudimentären Wohlfahrtsstaats (Spanien, Portugal, Griechenland und teilweise Italien) zeichnet sich dadurch aus, dass hier die Systeme der sozialen Sicherung nur partiell entwickelt und noch traditionelle, nicht-staatliche Formen der sozialen Unterstützung (Kirchengemeinde, Familie) relevant sind. In diesem Zusammenhang ist ebenfalls zu berücksichtigen, dass es sich hier um weniger industrialisierte, strukturschwache und arme Länder handelt, also auch nur relativ geringe Einkommen am Markt erzielt werden.
- Als weiterer Typ lässt sich der mittelosteuropäische oder „postsozialistische" Wohlfahrtsstaat nennen, der die Staaten des ehemaligen Ostblocks umfasst. Hier sind zum einen die Folgen der politisch-ökonomischen Transformation zu bewältigen, zum anderen sind die institutionellen Fundamente des Wohlfahrtsstaats noch jung und schwach (vgl. zusammenfassend Schmid 2002).

Abbildung 1: Typen des Wohlfahrtsstaats im Überblick

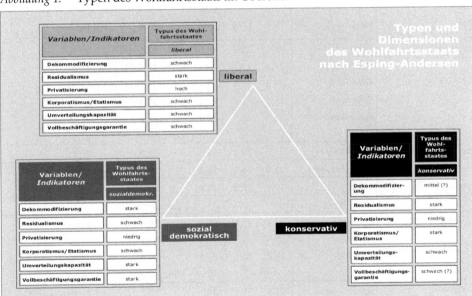

Quelle: Eigene Darstellung.

3 Beschreibung zentraler Felder wohlfahrtstaatlicher Aktivität

3.1 Vergleich der gesamten Sozialausgaben und Einnahmen

Der Aufwand, der für die gesamten wohlfahrtsstaatlichen Aktivitäten aufgebracht wird, lässt sich in Form der Sozialleistungsquote darstellen. Die Daten belegen deutlich, dass die Thesen vom Ende oder Abbau des Wohlfahrtsstaats nicht haltbar sind, da in den meisten Ländern die Ausgaben noch leicht wachsen, zumindest aber auf einem sehr hohen Niveau verharren.[5] Entsprechend den skizzierten Determinanten und Typologien (siehe oben) führen die sozialdemokratischen Wohlfahrtsstaaten, allerdings dicht gefolgt von den konservativen Varianten. Einen beachtlichen Abstand weisen die liberalen und rudimentären/südeuropäischen Modelle auf, während die postsozialistischen weit abgeschlagen sind und circa das Niveau erreichen, das die klassischen drei Typen etwa in den 60er Jahren erreicht hatten. Hier heraus fällt im übrigen Slowenien, das in seiner Gruppe weit vorne liegt. Das relativ gute Abschneiden der konservativen Gruppe hängt auch mit starken Christdemokratien in mehreren Fällen zusammen, die neben den Sozialdemokraten als „Sozialsstaatspartei" (Manfred G. Schmidt) fungieren.

Tabelle 3: Sozialleistungsquote EU-25 in Prozent des BIP

Typ	Land	1990	1995	2000	2004	Mittelwert	Ranking 2004
konservativ	Belgien	25,1	25,9	25,0	27,9	25,98	6
	Deutschland	24,4	27,1	28,2	28,4	27,03	4
	Frankreich	26,0	28,7	27,7	29,3	27,93	3
	Österreich	25,2	27,8	27,3	28,3	27,15	5
	Niederlande	29,6	28,9	24,7	26,6	27,45	7
					Gruppenmittel	27,11	
konservativ (?)	Luxemburg	20,6	20,0	18,8	22,2	20,40	
liberal	Großbritannien	21,9	26,9	26,1	25,8	25,18	9
liberal (?)	Irland	17,6	18,0	13,4	16,3	16,33	22
					Gruppenmittel	20,75	
sozialdemokratisch	Dänemark	27,4	31,0	28,1	29,8	29,08	2
	Schweden	32,7	33,8	30,1	31,7	32,08	1
	Finnland	23,8	30,6	24,3	25,9	26,15	8
					Gruppenmittel	29,10	
rudimentär	Griechenland	21,5	21,5	24,9	25,2	23,28	11
	Italien	23,0	23,2	23,8	25,2	23,80	10
	Portugal	14,6	19,1	19,4	23,2	19,08	13

---

[5] Man kann diese Entwicklung auch zusätzlich im historischen Längsschnitt kontextualisieren: Zu Beginn des 20. Jahrhundert lagen die Ausgaben für den Wohlfahrtsstaat bei 1-1,5 Prozent des BIP, in den 30er Jahren wird die Fünf-Prozent-Schwelle erreicht und in den 60er Jahren liegen die Werte bei 10-15 Prozent (vgl. Mares 2007: 76).

Der Wohlfahrtsstaat in Europa – Divergenz und Integration

- Fortsetzung Tabelle 3 -

Typ	Land	1990	1995	2000	2004	Mittelwert	Ranking 2004
	Spanien	19,4	20,4	19,2	19,5	19,63	17
					Gruppenmittel	21,44	
rudimentär (?)	Malta			16,1	18,6	17,35	19
	Zypern			14,6	17,5	16,05	20
					Gruppenmittel	16,70	
postsozialistisch	Estland			13,8	13,2	13,50	23
	Lettland			14,8	12,2	13,50	25
	Litauen			15,4	12,9	14,15	24
	Polen			19,0	19,6	19,30	16
	Slowakei		17,8	18,7	16,6	17,70	21
	Slowenien			24,3	23,8	24,05	12
	Tschech. Rep.		16,9	18,9	18,9	18,23	18
	Ungarn			18,9	20,3	19,60	15
					Gruppenmittel	17,50	
					Gesamtmittel	21,76	

? = schwer klassifizierbar. Quelle: Eurostat 2007b.

Die Sozialausgaben machen im Jahr 2004 in der Europäischen Union etwa ein Viertel des BIP aus. Allerdings ist der Anteil in manchen Ländern mehr als doppelt so hoch wie in anderen. Die Ausgaben sind in Schweden am höchsten (31,7 Prozent) und in Lettland (12,2 Prozent) am niedrigsten; die Bundesrepublik liegt auf Rang vier (28,4 Prozent). Zu den großen Ausgabenposten zählen besonders Alter und Gesundheit, die etwa zwei Drittel der Mittel auf sich ziehen.

Auf der Einnahmenseite sind im Jahr 2004 in der EU-25 die Sozialversicherungsbeiträge mit rund 60 Prozent und die steuerfinanzierten staatlichen Zuweisungen mit 37 Prozent die wichtigsten Finanzierungsquellen. Bei der für die Bismarck-Regime typischen Beitragsfinanzierung tragen die Arbeitnehmer bzw. die geschützten Personen mit rund 21 Prozent und die Arbeitgeber mit knapp 39 Prozent bei. Spitzenreiter bei den Bismarck-Regimen sind Estland, die Tschechische Republik, Belgien und Lettland. Hier stammen weit über 70 Prozent der Gesamteinnahmen aus Sozialversicherungsbeiträgen, in der Bundesrepublik sind es knapp 64 Prozent, wobei hier der relativ hohe Anteil der Arbeitnehmer bemerkenswert ist.

Dagegen finanzieren die Beveridge-Regime wie Dänemark und Irland ihre Sozialschutzsysteme im Wesentlichen aus Steuern, hier liegt der Anteil an den Gesamteinnahmen bei über 60 Prozent. Ebenfalls diesem Typ zugerechnet werden können Polen, Großbritannien, Schweden und Zypern sowie Norwegen mit über 45 Prozent Anteil zentralstaatlicher Aufwendungen. Hier liegt der Wert der Bundesrepublik bei knapp 35, wobei in den letzten Jahren im Rahmen verschiedener Reformen der Anteil beachtlich angestiegen ist.

Abbildung 2: Sozialausgaben nach Positionen in EU-25 in Prozent, 2004

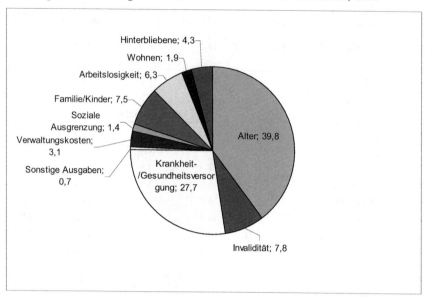

Quelle: Eurostat 2007a.

Dieser Trend zu gemischten Systemen der Finanzierung gilt europaweit. Die regimetypischen Differenzen zwischen den Ländern schwächen sich ab, wobei die Finanzierung durch Steuern in den Ländern, in denen sie bisher gering war (z. B. Frankreich, Deutschland, Italien und Portugal), deutlich zunimmt und die Bedeutung der Beiträge in den Ländern, in denen die staatlichen Zuweisungen hoch sind, ansteigt. Hinzu kommt eine steigende Bedeutung der kapitalgedeckten Einnahmen bei den Renten – nicht zuletzt um der demographischen Entwicklung Rechnung tragen. Diese partielle Annäherung der Regime basiert einerseits auf dem sachlichen Problemdruck, der die Auswahl der zur Verfügung stehenden Instrumente prägt und andererseits auf einer Hegemonie neoliberaler Ideologien und Weltbilder, die Kapitaldeckung als Verfahren propagieren.

Tabelle 4: Sozialschutzeinnahmen nach Einnahmenquelle in Prozent der Gesamteinnahmen, 2000 und 2004

	Aufwendungen Zentralstaats		Insgesamt		Sozialbeiträge Arbeitgeber		Geschützte Personen		Sonstige Einnahmen	
	2000	2004	2000	2004	2000	2004	2000	2004	2000	2004
EU-25	35,4	37,3	60,9	59,5	38,7	38,6	22,3	20,9	3,7	3,2
EU-15	35,5	37,5	61,0	59,5	38,7	38,6	22,2	20,8	3,6	3,1

Quelle: Eurostat 2007a.

3.2 Alter und Gesundheit

Zu den klassischen und „teuersten" Einzelfeldern wohlfahrtsstaatlicher Aktivitäten gehören die Alterssicherung und das Gesundheitswesen. Hier zeigen sich nicht nur erhebliche Unterschiede in den Ausgabenniveaus, sondern auch in der Zielsetzung und der Struktur der einzelnen Systeme. So werden bei der Rente drei grundlegende verteilungspolitische Zieldimensionen unterschieden:

- die Sicherung der Kontinuität des Lebensstandards, was in konservativen Modellen des Wohlfahrtsstaats – und v. a. in der Bundesrepublik – ausgeprägt ist.
- Die Vermeidung von Armut im Alter, was für liberale Regime typisch ist, und…
- …die Verringerung von Einkommens- und Versorgungsungleichheiten, was besonders in sozialdemokratischen Wohlfahrtsstaaten verfolgt wird.

Diese Ziele werden allerdings in der Regel in gemischter Form verfolgt und sie stehen in einem gewissen Spannungsverhältnis zueinander. Auch spielt die Existenz komplementärer Sicherungseinrichtungen eine Rolle, wie etwa in der Bundesrepublik die Sozialhilfe, die die mangelnde Armutsfestigkeit der Alterssicherung abfedert. Solche Risiken bestehen in Bismarck-Systemen besonders bei Personen, die nicht über Erwerbstätigkeit in die Sozialversicherungen inkludiert sind.

Tabelle 5: Ausgaben der Rentensysteme in Prozent des BIP[1]

Typ	Land	1990	1995	2000	2004	Mittelwert	Ranking 2004
konservativ	Belgien	11,8	11,8	11,0	11,1	11,43	11
	Deutschland	12,0	12,5	12,9	13,3	12,68	3
	Frankreich	12,3	13,4	12,9	13,1	12,93	5
	Österreich	13,5	14,2	14,1	14,3	14,03	2
	Niederlande	14,7	13,9	12,5	12,9	13,50	7
					Gruppenmittel	12,91	
konservativ (?)	Luxemburg	11,8	11,1	9,4	10,1	10,60	15
liberal	Großbritannien	10,2	11,9	12,2	10,7	11,25	14
liberal (?)	Irland	5,6	5,0	3,6	4,1	4,58	25
					Gruppenmittel	7,91	
sozialdemokratisch	Dänemark	9,4	11,3	10,5	11,0	10,55	12
	Schweden	12,0	12,7	11,6	12,6	12,23	8
	Finnland	10,2	12,7	10,5	11,2	11,15	10
					Gruppenmittel	11,31	
rudimentär	Griechenland	11,9	11,2	12,2	12,9	12,05	6
	Italien	13,0	14,2	14,4	14,7	14,08	1
	Portugal	7,7	9,7	10,5	12,4	10,08	9
	Spanien	9,2	10,1	9,7	9,2	9,55	18
					Gruppenmittel	11,44	

- Fortsetzung Tabelle 5 -

Typ	Land	1990	1995	2000	2004	Mittelwert	Ranking 2004
rudimentär (?)	Malta			8,0	9,3	8,65	16
	Zypern			5,8	6,7	6,25	23
					Gruppenmittel	7,45	
postsozialistisch	Estland			6,7	6,2	6,45	24
	Lettland			9,5	6,8	8,15	21
	Litauen			7,9	6,7	7,30	22
	Polen			12,6	13,3	12,95	4
	Slowakei		7,2	7,4	7,3	7,30	20
	Slowenien			11,4	10,9	11,15	13
	Tschech. Rep.		7,3	8,5	8,4	8,07	19
	Ungarn			8,4	9,3	8,85	17
					Gruppenmittel	8,78	
					Gesamtmittel	10,24	

1= Die hier untersuchte Gesamtgröße „Renten" ist die Summenbildung von sieben Leistungsgruppen, die im „ESSOSS-Handbuch 1996" (vgl. Eurostat 1996) definiert wurden: Invaliditätsrenten, vorgezogene Rente wegen verminderter Arbeitsfähigkeit, Altersrenten, vorgezogene Altersrenten, Teilrenten, Hinterbliebenenrenten und vorgezogene Rente aus wirtschaftlichen Erwägungen. Ein Teil dieser Leistungen (z. B. die Invalidenrenten) wird an Personen gezahlt, die das gesetzliche Rentenalter noch nicht erreicht haben. Quelle: Eurostat 2007b.

Im Jahr 2004 bildeten die Leistungen für die Alters- und Hinterbliebenenversorgung in der EU-25 den größten Posten der Sozialschutzausgaben: 45,9 Prozent der Gesamtleistungen bzw. 12,0 Prozent des BIP entfallen darauf. Spitzenreiter ist hierbei Italien, wo über 61 Prozent der Gesamtleistungen auf diese Funktionen entfallen, was unter anderem auf den hohen Anteil der Personen im Alter von 60 und mehr Jahren an der Gesamtbevölkerung und auf frühe Renteneintritte zurückzuführen ist (vgl. Eurostat 2007a: 5). Zugleich zeigt sich hier auch ein typisches Leistungsprofil konservativer Regime[6], die für die Alterssicherung ähnlich hohe Ausgaben wie die sozialdemokratischen Länder tätigen. Auffällig großzügig sind im Übrigen auch die rudimentären, südeuropäischen Typen des Wohlfahrtsstaats.

---

[6] Unter den ersten fünf Ländern bei den Rentenausgaben in Prozent des BIP (2004) rangieren Italien, Österreich, Deutschland, Polen und Frankreich.

Tabelle 6: Ausgaben der Gesundheitssysteme in Prozent des BIP

Typ	Land	1990	1995	2000	2004	Mittelwert	Ranking 2004
konservativ	Belgien	6,6	6,1	6,0	7,7	6,60	6
	Deutschland	7,8	8,4	8,0	7,7	7,98	7
	Frankreich	7,4	8,1	8,0	8,8	8,08	1
	Österreich	6,6	7,1	6,9	7,1	6,93	8
	Niederlande	8,4	8,2	7,3	8,1	8,00	2
					Gruppenmittel	7,52	
konservativ (?)	Luxemburg	5,3	5,0	4,8	5,5	5,15	18
liberal	Großbritannien	5,3	6,5	6,7	7,8	6,58	4
liberal?	Irland	6,0	6,5	5,5	6,9	6,23	10
					Gruppenmittel	6,40	
sozialdemokratisch	Dänemark	5,5	5,5	5,7	6,1	5,70	15
	Schweden	7,4	7,4	8,1	8,0	7,73	3
	Finnland	6,8	6,4	5,8	6,6	6,40	13
					Gruppenmittel	6,61	
rudimentär	Griechenland	5,3	5,6	6,6	6,7	6,05	11
	Italien	6,4	5,4	6,0	6,5	6,08	14
	Portugal	5,2	6,9	6,2	7,1	6,35	9
	Spanien	5,6	6,0	5,6	6,0	5,80	16
					Gruppenmittel	6,07	
rudimentär (?)	Malta			4,1	5,0	4,55	19
	Zypern			4,0	4,2	4,10	22
					Gruppenmittel	4,33	
postsozialistisch	Estland			4,4	4,2	4,30	21
	Lettland			2,5	3,0	2,75	25
	Litauen			4,6	3,8	4,20	23
	Polen			3,8	3,8	3,80	24
	Slowakei		5,9	6,5	5,0	5,80	20
	Slowenien			7,5	7,8	7,65	5
	Tschech. Rep.		6,3	6,4	6,7	6,47	12
	Ungarn			5,3	6,0	5,65	17
					Gruppenmittel	5,08	
					Gesamtmittel	5,96	

Quelle: Eurostat 2007b.

Bei den Gesundheitsausgaben fallen die Varianzen zwischen den Typen des Wohlfahrtsstaats relativ gering aus. In diesem Politikfeld spielt jedoch nicht nur die relative Höhe, sondern auch die beachtliche Wachstumsdynamik eine große Rolle. Die durchschnittlichen jährlichen Zuwächse liegen bei 4,2 Prozent. Oder mit einer anderen Zahl demonstriert: In der Bundesrepublik sind die Beiträge für die gesetzliche Krankenversicherung von 5,8 Prozent (1950) auf inzwischen rund 14 Prozent angewachsen. Zu den Determinanten dieses beachtlichen Kostenanstiegs gehören

a. die Wirtschaftskraft des Landes (nach dem Motto: je reicher – desto mehr),
b. der Anteil an Senioren an der Bevölkerung,
c. die Höhe der Ärztedichte,
d. das Alter der Demokratie (und damit der Einfluss von Interessengruppen),
e. die Nicht-Existenz eines nationalen Gesundheitsdienstes (wie in Großbritannien oder Schweden vorhanden), der sich kostendämpfend auswirkt (vgl. Schmidt 1999, 2005).

Ergänzend lässt sich die Zahl der Krankenhäuser bzw. der Krankenhausbetten heranziehen. Hier führen die Bundesrepublik und die anderen konservativen Regime deutlich mit rund 800 Betten je 100.000 Einwohner, während alle anderen Regime – mit erheblichen Varianzen – ansonsten mit rund der Hälfte auskommen (vgl. Eurostat 2007b).

Abbildung 3: Positive Bewertung des Gesundheitssystems in Prozent, 2004 (Vorjahreswerte in Klammern)

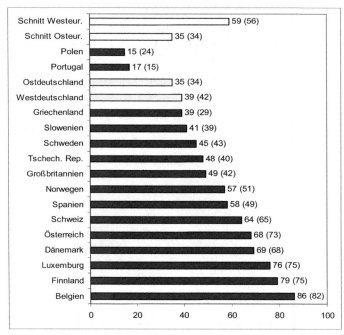

Frage: Sagen Sie mir, wie Sie – alles in allem – den derzeitigen Zustand des Gesundheitssystems (im Land) einschätzen. Antwortmöglichkeiten: Skala 0 = äußerst gut … 10 = äußerst schlecht. Positive Bewertung: Skalenpunkte 6-10. Quelle: Roller 2006 auf Basis von European Social Survey 2002/03 und 2004.

Zugleich weisen die Gesundheitssysteme in vielen Ländern, u. a. in der Bundesrepublik, eine geringe subjektive Zufriedenheit sowie Defizite im objektiven Output, d. h. eine mangelnde Qualität der medizinischen Versorgung und der erreichten Wirkungen (Morbidität,

Mortalität) auf. Der Zusammenhang zwischen der Ausgabenhöhe und der positiven Bewertung ist dabei gering: Ein Vergleich der Bundesrepublik mit Großbritannien zeigt sogar einen inversen Zusammenhang. Diese Diskrepanz kann auf recht unterschiedlichen Ursachen beruhen: etwa auf Ineffizienzen des Gesundheitssystems, aber auch auf hohen Forschungsleistungen oder überhöhten Erwartungen.

Ferner sind die hohen Kosten als Belastung für die wirtschaftliche Entwicklung kritisiert worden. Nach einer groben Faustregel kostet ein Prozentpunkt an Beiträgen bzw. Lohnnebenkosten rund 100.000 Arbeitsplätze. Andererseits gehen vom Gesundheitswesen auch produktive Wirkungen aus, so z. B. in Form von Beschäftigungseffekten im Dienstleistungssektor oder im stark anwachsenden Wellness-Bereich. Insgesamt existieren hier in der Bundesrepublik rund vier bis fünf Millionen Arbeitsplätze (vgl. Oberender et al. 2002).

3.3 Bildung und Familie

Ausgaben für Bildung und Familien gehören nicht zu den klassischen Bereichen der Sozialpolitik, insbesondere dann, wenn eine enge Vorstellung vom Wohlfahrtsstaat die Handlungs- und Einstellungsmuster prägt. Historisch war jedoch in Frankreich schon immer die soziale Frage als Problem der Familie thematisiert worden (vgl. etwa Schmid 2002). Neuere gesellschaftliche Entwicklungen – hier v. a. die Demographie – haben die Bedeutung der Handlungsfelder Familie/Kinder/Frauen gestärkt. Einen ähnlichen Bedeutungszuwachs erfährt das Bildungswesen, nicht nur durch die für die Bundesrepublik schockierenden Erhebungen der OECD, sondern auch wegen der neuen politischen Konzepte eines vorsorgenden oder aktivierenden Wohlfahrtsstaats.

Hier variieren die Ausgaben erheblich. Förderlich scheinen einerseits starke sozialdemokratische Parteien und deren anhaltende Regierungsbeteiligung bzw. die Zugehörigkeit des Falles zum Typ des sozialdemokratischen Wohlfahrtsstaats zu sein. Umgekehrt sind besonders konservative und residuale, südeuropäische Länder hier bemerkenswert schwach. Daher passt der 19. Platz (für 2004) der Bundesrepublik in dieses Bild. Führend sind Dänemark und Schweden, während Spanien, Griechenland und die Slowakei die Schlusslichter (Rang 22-24) innehaben.[7] Unter Regimegesichtspunkten betrachtet, verlaufen die Sozialausgaben im engeren Sinne und die Bildungsausgaben bei den sozialdemokratischen Fällen auf hohem Niveau parallel. Mit größeren Streuungen und auf niedrigem Niveau zeigt sich dies auch bei den postsozialistischen Typen. Bei den anderen Typen zeigt sich eher eine komplementäre Funktion der beiden Handlungsfelder, was einerseits die relativ gute Mittelposition der liberalen bzw. das schlechte Abschneiden der konservativen und residualen Fälle erklären kann.

---

[7] Luxemburg, das Platz 25 hat, ist in diesem Fall ein Ausreißer.

Tabelle 7: Ausgaben der Bildungssysteme in Prozent des BIP

Typ	Land	1991	1995	2000	2004	Mittelwert	Ranking 2004
konservativ	Belgien				6,0	5,99	5
	Deutschland		4,6	4,5	4,6	4,56	19
	Frankreich	5,4	6,0	5,8	5,8	5,77	7
	Österreich		6,0	5,7	5,5	5,72	8
	Niederlande	5,1	5,1	4,9	5,2	5,05	14
					Gruppenmittel	5,42	
konservativ (?)	Luxemburg		4,3		3,9	4,095	25
liberal	Großbritannien	5,2	5,0	4,6	5,3	5,04	12
liberal (?)	Irland	5,4	5,0	4,3	4,8	4,88	18
					Gruppenmittel	4,96	
sozialdemokratisch	Dänemark		7,7	8,3	8,5	8,14	1
	Schweden	6,9	7,2	7,3	7,4	7,2	2
	Finnland	7,2	6,9	6,1	6,4	6,64	4
					Gruppenmittel	7,33	
rudimentär	Griechenland		2,9	3,7	4,2	3,60	23
	Italien	5,4	4,9	4,5	4,6	4,83	20
	Portugal		5,4	5,4	5,3	5,37	11
	Spanien		4,7	4,3	4,3	4,40	22
					Gruppenmittel	4,55	
rudimentär (?)	Malta			4,5	5,0	4,76	17
	Zypern		4,6	5,4	6,7	5,60	3
					Gruppenmittel	5,17	
postsozialistisch	Estland		5,9	5,6	5,1	5,52	15
	Lettland		6,2	5,6	5,1	5,64	16
	Litauen		5,1	5,6	5,2	5,32	13
	Polen		5,1	4,9	5,4	5,13	10
	Slowakei		5,0	4,2	4,2	4,46	24
	Slowenien				6,0	5,96	6
	Tschech. Rep.			4,04	4,42	4,23	21
	Ungarn		5,4	4,5	5,4	5,11	9
					Gruppenmittel	5,17	
					Gesamtmittel	5,32	

Quelle: Eurostat 2007b.

Unterschiedlich fällt auch die subjektive Beurteilung des Bildungswesens aus, wobei die sozialdemokratischen, nordischen Länder in der positiven Beurteilung führen – wohl nicht zuletzt deswegen, weil hier die Ausgaben relativ hoch ausfallen.

Der Wohlfahrtsstaat in Europa – Divergenz und Integration

Abbildung 4: Positive Bewertung des Bildungssystems in Prozent, 2004 (Vorjahreswerte in Klammern)

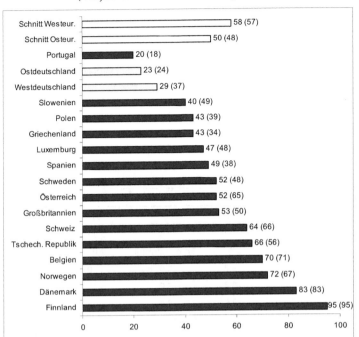

Frage: Sagen Sie mir, wie Sie – alles in allem – den derzeitigen Zustand des Bildungssystems (im Land) einschätzen. Antwortmöglichkeiten: Skala: 0 = äußerst gut ... 10 = äußerst schlecht. Positive Bewertung: Skalenpunkte 6-10. Quelle: Roller 2006 auf Basis von European Social Survey 2002/3 und 2004.

Bei den Ausgaben für die Familie führen mit Dänemark und Schweden zwei sozialdemokratische Regime, gefolgt von den beiden konservativen Ländern Deutschland und Frankreich. Dahinter stehen aber unterschiedliche Ziele: Geht es im ersten Fall um die Förderung von Kindern und die Vereinbarkeit von Familie und Beruf bei Frauen, so ist im zweiten Fall die Stoßrichtung eher auf Bewahrung der Familie und Unterstützung des Male-Breadwinner-Modells. Dahinter stehen unterschiedliche Vorstellungen darüber, ob Erziehung und Familie eher eine öffentliche oder eher eine private Aufgabe ist. Allerdings zeigen die Daten auch, dass dieses staatliche Handlungsfeld eher bei den reichen Ländern ausgebildet ist, in den residualen und Transformationsländern scheint Familie eher eine Privatsache zu sein.

Ein Teil dieser Ausgaben erfolgt in Barleistungen, sie fallen in den konservativen Regimen bzw. in Österreich, Deutschland und Frankreich besonders hoch aus. Diese Differenzen zwischen den Ländern spiegeln auch die regimetypische Organisation von Familienleistungen in den EU-Mitgliedsstaaten wider. Im Unterschied zu den oben genannten Fällen spielen in Dänemark und Schweden, aber auch in Spanien die Dienst-/Sachleistungen und die Entgeltfortzahlung während der Mutterschaft die primäre Rolle (d. h. über 65 Prozent der gesamten Familienleistungen). Daneben kommen in einigen Ländern Steuerfreibeträge für Familien und Kinder bzw. das deutsche Ehegattensplitting zum Einsatz; in Frankreich hat sich ferner eine gewisse Orientierung der Löhne am Familienstand entwickelt. Von einigen Ausnahmen abgesehen, werden diese nicht als Sozialleistungen angesehen, was zu gewissen Verzerrungen beim Vergleich führt (vgl. ausführlicher Eurostat 2003; siehe auch Schmid 2002).

Tabelle 8: Ausgaben für Familien in Prozent BIP

Typ	Land	1996	2000	2004	Mittelwert	Ranking 2004
konservativ	Belgien	2,3	2,2	2,0	2,17	10
	Deutschland	2,7	3,0	3,0	2,90	3
	Frankreich	2,9	2,5	2,5	2,63	7
	Österreich	3,0	2,9	3,0	2,97	4
	Niederlande	1,2	1,1	1,3	1,2	17
				Gruppenmittel	2,37	
konservativ (?)	Luxemburg	2,7	3,1	3,8	3,2	2
liberal	Großbritannien	2,4	1,8	1,7	1,97	14
liberal?	Irland	2,2	1,8	2,5	2,17	8
				Gruppenmittel	2,07	
sozialdemokratisch	Dänemark	3,8	3,7	3,9	3,80	1
	Schweden	3,6	2,8	3,0	3,13	5
	Finnland	3,8	3,0	3,0	3,27	6
				Gruppenmittel	3,40	
rudimentär	Italien	0,8	0,9	1,1	0,93	20
	Portugal	1,0	1,1	1,2	1,10	19
	Spanien	0,5	0,6	0,7	0,60	24
				Gruppenmittel	0,88	
rudimentär (?)	Malta	1,7	1,3	1,0	1,33	22
	Zypern		0,9	2,0	1,45	11
				Gruppenmittel	1,39	
postsozialistisch	Estland		1,6	1,7	1,65	15
	Lettland		1,5	1,3	1,40	18
	Litauen	0,9	1,4	1,1	1,13	21
	Polen		1,0	0,9	0,95	23
	Slowakei	2,3	1,7	1,8	1,93	13
	Slowenien	2,0	2,2	2,0	2,07	12
	Tschech. Rep.	1,9	1,6	1,6	1,70	16
	Ungarn		2,5	2,5	2,50	9
				Gruppenmittel	1,67	
				Gesamtmittel	1,96	

Quelle: Eurostat 2007b.

3.4 Arbeitslosigkeit und Beschäftigung

Der moderne Wohlfahrtsstaat bewältigt die Folgen von Arbeitslosigkeit nicht alleine passiv, d. h. durch Lohnersatzleistungen, sondern er verfügt über verschiedene Instrumente, durch die Menschen wieder in Arbeit gebracht werden sollen. Zu dieser Arbeitsmarktpolitik zählen einerseits die rechtliche Gestaltung der Arbeitsmärkte und ihrer Rahmenbedingungen (Arbeitsmarktordnungspolitik) und andererseits der Ausgleich von Arbeitskräfteangebot und -nachfrage (quantitativ und qualitativ), etwa durch Arbeitsvermittlung, Betreuung und Beratung, Zuschüsse zu Lohnkosten, Qualifizierung sowie Förderung von Existenzgründungen und beruflicher Mobilität. Dabei existieren regimetypische Konstellationen: Aktive Maßnahmen werden in den rudimentären und postsozialistischen Fällen kaum durchgeführt, konservative Modelle entwickeln hier ein mittleres Niveau an Staatsaktivität und sozialdemokratische ein hohes (vgl. Powell/ Barrientos 2004; siehe auch Schmid/Rehm 2001). Das jeweilige arbeitsmarktpolitische Profil drückt sich v. a. in der Relation zwischen passiven und aktiven Leistungen bzw. dem Anteil der aktiven Ausgaben am BIP aus. Diese machten in Dänemark über 1,5 Prozent des BIP und in den Niederlanden und Schweden 1 Prozent des BIP aus. Auch in Belgien, Deutschland, Frankreich und Finnland lagen die Ausgaben mit mehr als 0,7 Prozent des BIP über dem EU-25-Durchschnitt von 0,6 Prozent. Dagegen gaben Lettland (Daten für 2003), die Slowakische Republik und Estland weniger als 0,1 Prozent des BIP für aktive Arbeitsmarktpolitik-Maßnahmen aus (vgl. Eurostat 2006: 2).

Bezogen auf die Finanzierung lassen sich grob zwei historisch gewachsene Typen von Arbeitslosenversicherungen unterscheiden: Auf der einen Seite die Sozialversicherungssysteme, die auf Zwangsmitgliedschaft beruhen (Deutschland, Frankreich, Großbritannien, Spanien, Niederlande), auf der anderen Seite solche, die auf Freiwilligkeit angelegt sind (Dänemark, Schweden). Dieses so genannte „Genter Modell" basiert auf der freiwilligen Mitgliedschaft in den Gewerkschaften, deren Arbeitslosenkassen bei massiver Unterstützung der öffentlichen Hand die passiven Leistungen im Falle von Arbeitslosigkeit erbringen. Die staatlichen Behörden sind dann nur für die aktiven Maßnahmen zuständig (vgl. Schmid 2002).[8]

---

[8] Damit weicht diese Verteilung deutlich von der Einteilung in Bismarck- und Beveridge-Systeme ab.

Abbildung 5: Öffentliche Arbeitsmarktpolitik-Ausgaben in Prozent des BIP, 2004

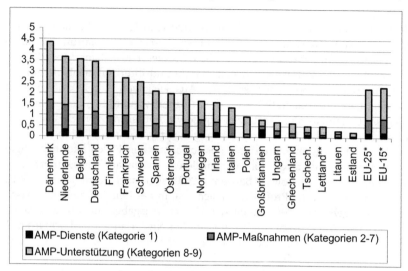

* = OECD-Daten, ** = Werte für 2003. Quelle: Eurostat 2006.

Neben dem Einfluss der politischen Machtverteilung und der ökonomischen Lage machen sich soziokulturelle Faktoren bemerkbar. Eine neue Studie verweist auf die Rolle der Religion: Protestantische Länder haben demnach im Durchschnitt eine um sechs Prozentpunkte höhere Beschäftigungsquote im Vergleich zu nichtprotestantischen Ländern. Frauen sind in protestantischen Ländern sogar mit elf Prozentpunkten höher beschäftigt. In diese Ländergruppe fallen v. a. Großbritannien, Dänemark und Schweden (vgl. Feldmann 2007). Als wesentliche Ursache wird die schon von Max Weber beobachtete hohe Arbeitsethik angesehen. Allerdings korreliert der Faktor Religion ebenfalls mit politischen Variablen, so dass der endgültige Einfluss schwer abschätzbar ist.

Interessant ist in diesem Zusammenhang auch ein Blick auf die Arbeitslosigkeit, deren Höhen und Zusammensetzung. Dies gibt einerseits Auskunft darüber, wie groß die Probleme und Herausforderungen in diesem Bereich sind, andererseits wird ebenfalls ersichtlich, auf wessen Rücken sich die Krise am Arbeitsmarkt abspielt. Ferner ist ein Blick auf die Beschäftigungs- und Erwerbsquoten wichtig, weil hierdurch die Primäreinkommen und Konzepte der Aktivierung in den Blick rücken. Sieger wird nach der folgenden Tabelle eindeutig Dänemark, Großbritannien liegt (als liberales Beispiel) im oberen Bereich (Platz sieben), die Bundesrepublik im unteren Mittelfeld (Gesamtrang 16). Bei der Frauenerwerbsquote liegen die sozialdemokratischen Regime deutlich vorne, während die rudimentären Typen Nachzügler sind und der Rest beim Durchschnitt liegt.

Der Wohlfahrtsstaat in Europa – Divergenz und Integration

Tabelle 9: Ranking a) Erwerbsquote der Über-15-Jährigen, b) Arbeitslosenquote, c) Frauenerwerbsquote in Prozent

Land	a) Platz	a) Wert 2006	b) Platz	b) Wert 2006	c) Platz	c) Wert 2006
Belgien	22	53,1	19	8,2	21	45,8
Dänemark	1	65,9	1	3,9	1	60,9
Deutschland	14	59,2	23	10,2	12	52,5
Estland	9	60,4	9	5,9	7	54,8
Finnland	8	61,0	17	7,7	4	57,1
Frankreich	17	56,0	22	9,1	17	50,3
Griechenland	21	53,4	21	8,9	23	42,5
Großbritannien	7	62,4	7	5,3	5	55,8
Irland	5	63,0	3	4,4	10	52,9
Italien	25	49,2	11	6,8	24	38,1
Lettland	11	59,4	12	6,8	13	52,4
Litauen	18	55,9	8	5,6	14	50,9
Luxemburg	19	55,0	5	4,7	18	49,4
Malta	24	50,4	15	7,3	25	31,7
Niederlande	2	65,3	1	3,9	3	58,0
Österreich	10	60,2	6	4,7	11	52,8
Polen	20	54,0	25	13,8	20	46,6
Portugal	6	62,5	18	7,7	6	55,8
Schweden	4	63,4	13	7,1	2	59,2
Slowakei	15	59,1	24	13,4	15	50,7
Slowenien	12	59,3	10	6,0	9	53,3
Spanien	16	57,6	20	8,5	19	47,7
Tschech. Rep.	13	59,3	14	7,1	16	50,6
Ungarn	23	50,6	16	7,5	22	43,4
Zypern	3	63,5	4	4,5	8	54,4

Quelle: Eurostat 2007b.

Ein Blick auf weitere Daten verdeutlicht, dass die Langzeitarbeitslosen und die Älteren zu den Opfern des Arbeitsmarktes gehören. Allerdings bestehen auch hier erhebliche Unterschiede, die dem Muster in der Tabelle ähneln. Und nebenbei: Diejenigen Länder, die eine hohe Erwerbsquote bzw. niedrige Arbeitslosigkeit bei älteren Arbeitnehmern aufweisen, zeigen zugleich gute Werte bei der Jugendarbeitslosigkeit, während andere Länder die Lasten sehr ungleich oder, im Lichte der Rawls'schen Gerechtigkeitsvorstellungen, sehr unfair verteilen.

3.5 Armut und soziale Ungleichheit

Die Vermeidung von Armut und die Verringerung der sozialen Ungleichheit sollten Ergebnisse der unterschiedlichen wohlfahrtsstaatlichen Aktivitäten sein, sie indizieren Outcomes und keine Ausgaben. Die Studie „Leben in Europa" verortet die Bundesrepublik in Bezug auf die Armutsgefährdung[9] im Mittelfeld der EU-Länder. Eine geringere Armutsgefährdungsquote als Deutschland mit 13 Prozent weisen dabei beispielsweise Schweden, Finnland, Dänemark und Luxemburg auf (jeweils 11 Prozent). Auf ähnliche Werte kommen Österreich (13 Prozent), Frankreich (14 Prozent) und Belgien (15 Prozent). Einen deutlich höheren Anteil an armutsgefährdeten Personen weisen dagegen Italien, Spanien und Portugal auf (etwa 20 Prozent) (vgl. Statistisches Bundesamt 2006: 27). Auffällig ist ferner zum einen die Spaltung der Gruppe der postsozialistischen Länder: Tschechien, Slowenien, Ungarn und die Slowakei liegen deutlich vor den anderen Ländern, besonders in Polen und Lettland ist das Armutsrisiko sehr hoch. Zum anderen ist es interessant, dass sich in diesem Falle die rudimentären Regime an diese Gruppe annähern, obwohl sie erhebliche Unterschiede in der ökonomischen und politischen Entwicklung aufweisen.

Im Hinblick auf das Ziel der relativen Gleichheit ist der Unterschied zwischen den alten und neuen Mitgliedsstaaten enorm; ja in den vergangenen Jahren ist die Schere bei der Einkommensverteilung sogar auseinandergedriftet: „So betrug im Jahr 2000 das Gesamteinkommen der „reichsten" 20 % der EU-Bevölkerung das 4,5-fache der „ärmsten" 20 % der EU-Bevölkerung – bis 2004 hatte sich dieser Wert bereits auf das 4,8-fache erhöht. Überdurchschnittlich groß war die Einkommensungleichheit 2004 in den Ländern Portugal (7,2), Lettland (2003: 6,1) und Griechenland (6,0). Am kleinsten fiel sie in Slowenien (2003: 3,1), Ungarn (2003: 3,3) und Schweden (3,3) aus. In Deutschland bezog das reichste Fünftel der Bevölkerung das 4,4-fache Einkommen des ärmsten Fünftels der Bevölkerung." (Statistisches Landesamt Baden-Württemberg 2007: 17).

Die Muster des Gini-Koeffizienten belegen, dass die sozialdemokratischen Regime das höchste Niveau an sozialer Gleichheit realisieren, konservative und liberale liegen im Durchschnittsbereich, während die postsozialistischen und v. a. die rudimentären ein erheblich höheres Maß an sozialer Ungleichheit aufweisen.[10]

---

[9] Eurostat trifft keine Aussagen über Armut, da der Begriff kaum zu definieren ist, sondern lediglich über eine mögliche Armutsgefährdung. Demnach ist armutsgefährdet, wer inklusive sozialer Transferleistungen weniger als 60 Prozent des jeweiligen national verfügbaren Median-Einkommens zur Verfügung hat. Für einen Haushalt mit zwei Erwachsenen und zwei Kindern unter 14 Jahren liegt der Wert in der BRD bei 19.300 KKS (Kaufkraftparitäten); der EU-Durchschnitt liegt bei 16.200 KKS und das Schlusslicht Lettland bei 4.300 KKS.
[10] Die hier sichtbaren Defizite wohlfahrtsstaatlicher Aktivität zeigen sich ebenfalls bei der Armutsgefährdung von Haushalten mit abhängigen Kindern; auffällig ist dabei auch, dass die Bundesrepublik in der Gruppe der konservativen den letzten Platz einnimmt.

Tabelle 10: Gini-Koeffizient als Maß sozialer Ungleichheit

Typ	Land	1995	2000	2005	Mittelwert	Ranking 2005
konservativ	Belgien	29	30	28	29,00	10
	Deutschland	29	25	28	27,33	11
	Frankreich	29	28	28	28,33	12
	Österreich	27	24	26	25,67	6
	Niederlande	29	29	27	28,33	9
				Gruppenmittel	27,73	
konservativ (?)	Luxemburg	29	26	26	27,00	5
liberal	Großbritannien	32	32	34	32,67	20
liberal?	Irland	33	30	32	31,67	16
				Gruppenmittel	32,17	
sozialdemokratisch	Dänemark	20		24	22,00	2
	Schweden			23	23,00	1
	Finnland		24	26	25,00	4
				Gruppenmittel	23,33	
rudimentär	Griechenland	35	33	33	33,67	18
	Italien	33	29	33	31,67	19
	Portugal	37	36	41	38,00	25
	Spanien	34	32	32	32,67	17
				Gruppenmittel	34,00	
rudimentär (?)	Malta		30	28	29,00	13
	Zypern			29	29,00	15
				Gruppenmittel	29,00	
postsozialistisch	Estland		36	34	35,00	21
	Lettland		34	36	35,00	22
	Litauen		31	36	33,50	23
	Polen		30	36	33,00	24
	Slowakei			26	26,00	7
	Slowenien		22	24	23,00	3
	Tschech. Rep.			26	26,00	8
	Ungarn		26	28	27,00	14
				Gruppenmittel	29,72	
				Gesamtmittel	29,33	

Quelle: Eurostat 2007b.

4 Schluss: Typen, Koordinierung und Konvergenzen der Wohlfahrtsstaaten in der Europäischen Union

Fasst man die wesentlichen Ergebnisse dieser ausgewählten Daten (als Rangreihen der Länder) nach dem Modell der fünf Welten des Wohlfahrtsstaats zusammen, dann besteht eine erhebliche Unübersichtlichkeit, weil einige Fälle schwer zu klassifizieren oder die Gruppen in sich heterogen sind. Insofern erhält man nur eine gewisse Grundorientierung, eine sehr grobe Karte Europas. Deutlich werden bei einer Gesamtbetrachtung die hohe Anstrengung und die relativ guten Ergebnisse, die in den sozialdemokratischen Regimen durchgehend anzutreffen sind. Liberale und konservative Regime liegen – mit Streuungen bei Fällen und Dimensionen – im Mittelfeld. Sie weisen zudem z. T. komplementäre Abweichungen auf: So ist die Sozialleistungsquote in den konservativen Regimen hoch, aber die Erwerbsquote – auch bei Frauen und Älteren – nur mittel; bei den liberalen Ländern verhält es sich umgekehrt. Sie geben trotz einer Zurückhaltung insgesamt ähnlich viel für Bildung aus wie ihre konservativen Pendants. Aktivierung, Arbeitsmarktintegration und Ausbildung[11] kompensieren demnach teilweise die Schwächen in den passiven Leistungen und führen zu einem vergleichbaren Maß an sozialer Un-/Gleichheit und Armutsgefährdung wie es die konservativen Fälle erreichen.

Äußerst heterogen sind im Übrigen die postsozialistischen Länder, was vermutlich mit der hohen Dynamik der Transformation zusammenhängt. Ein weiterer Faktor, der hier wie bei den rudimentären Regimen eine Rolle spielt, liegt in der Bedeutung des informellen oder dritten Sektors. Die klassische Wohlfahrtsstaatsforschung konzentriert sich auf die Spannungen und Wechselwirkungen zwischen Markt und Staat (vgl. Schmidt et al. 2007; Schmid 2006), dabei werden die Leistungen von gesellschaftlichen Vereinigungen, der Familien und des freiwilligen Engagements meist ausgeklammert. Für die Bundesrepublik gilt das etwa in eklatanter Weise für die eine Million Beschäftigten (in Vollzeitäquivalenten), die bei den Wohlfahrtsverbänden beschäftigt sind (vgl. Schmid 1996). Ähnliches gilt für die informelle Erbringung von Betreuungs- und Pflegeleistungen in der Familie und z. T. durch MigrantInnen (vgl. Woods 2007). Auf diese Weise stabilisieren sich neue Unterschiede zwischen den Ländern – auch wenn es in anderen Dimensionen zu Angleichungen kommt.

---

[11] Gemeint sind Schule, Hochschule und Betrieb; das Ziel ist weniger formal als an *employability* orientiert.

Tabelle 11: Rangreihen der Länder nach ausgewählten Feldern

Typ	Land	Sozialleistungsquote	Erwerbsquote	Arbeitslosenquote	Rentenausgaben	Bildungsausgaben	Langzeitarbeitslosigkeit	Frauenerwerbsquote	Ü 50 Erwerbsquote	Armutsgefährdungsquote	Gini - Index
konservativ	Belgien	6	22	19	11	5	20	21	24	4	5
	Deutschland	4	14	23	3	19	24	12	14	4	5
	Frankreich	3	17	22	5	7	12	17	16	2	5
	Österreich	5	10	6	2	8	7	11	17	2	3
	Niederlande	7	2	1	7	14	13	3	11	2	4
konservativ (?)	Luxemburg	14	19	5	15	25	8	18	22	3	3
liberal	Großbritannien	9	7	7	14	12	5	5	9	6	9
liberal?	Irland	22	5	3	25	18	9	10	8	6	7
sozialdemokratisch	Dänemark	2	1	1	12	1	3	1	3	2	2
	Schweden	1	4	13	8	2	1	2	1	1	1
	Finnland	8	8	17	10	4	6	4	6	1	3
rudimentär	Griechenland	11	21	21	6	23	22	23	21	8	8
	Italien	10	25	11	1	20	18	24	25	7	8
	Portugal	13	6	18	9	11	19	6	5	8	11
	Spanien	17	16	20	18	22	4	19	19	8	7
rudimentär (?)	Malta	19	24	15	16	17	11	25	23	4	5
	Zypern	20	3	4	23	3	2	8	4	5	6
postsozialistisch	Estland	23	9	9	24	15	16	7	2	6	9
	Lettland	25	11	12	21	16	10	13	7	7	10
	Litauen	24	18	8	22	13	14	14	12	9	10
	Polen	16	20	25	4	10	23	20	18	9	10
	Slowakei	21	15	24	20	24	25	15	13	4	3
	Slowenien	12	12	10	13	6	17	9	15	3	2
	Tschech. Republik	18	13	14	19	21	21	16	10	1	3
	Ungarn	15	23	16	17	9	15	22	20	3	5

Quelle: Eurostat 2007b

Dabei sind einerseits die Erwartungen an die Europäische Integration hoch, und der Bedarf an einem gewissen Maß an Konvergenz ist gut begründet: Auf der ökonomischen Ebene erleichtert eine gewisse Harmonisierung der Wohlfahrtsstaaten die Einhaltung des Stabilitäts- und Wachstumspaktes, auf politischer Ebene wird die europäische Integration dadurch selbst stabilisiert. „Wenn die diffuse Unterstützung der europäischen Bürger für weitere Fortschritte der Integration bewahrt werden soll, und wenn umgekehrt zumindest die weitere Ausbreitung einer anti-europäischen Mobilisierung nationalistischer und populistisch-protektionistischer Art verhindert werden soll, dann müssen die nationalen Arrangements sozialer Sicherheit und die kollektiven Statusrechte gegen die Deutung abgesichert werden, dass sie durch Marktintegration in grundsätzlicher Weise aufs Spiel gesetzt werden könnten" (Offe 2005: 213). Andererseits verlaufen die Entwicklungen in Richtung eines gemeinsamen Europas langsam und nicht ohne politisches Konfliktpotenzial. Denn immer noch unterscheiden sich die wohlfahrtsstaatlichen Arrangements in den Mitgliedsstaaten erheblich. Dieser Umstand bildet nicht nur ein Hindernis für die Harmonisierung der sozialen Sicherungssysteme selbst, sondern sorgt für eine „beträchtliche Verzerrung des Marktwettbewerbs" (Offe 2005: 212). Besonders die Bismarck-Regime leiden an der Last der Lohnnebenkosten, die durch die Beitragsbasierung der sozialen Sicherung entsteht und sich negativ auf Beschäftigung und Wettbewerbsfähigkeit auswirkt (vgl. auch Schmid 2006). Damit geraten diese Regime unter Druck, während umgekehrt die liberalen Welten eher mit der europäischen Integration kompatibel sind. Diese Einschätzung „bottom up" oder aus der Perspektive eines „methodologischen Nationalismus" (Offe 2005: 189) wird bestätigt, wenn man auf neuere Forschungen zur Europäisierung zurückgreift, die sich mit den Auswirkungen der Europäischen Integration und Europäisierung auf innerstaatliche politische und gesellschaftliche soziale Prozesse der Mitgliedsstaaten beschäftigen. Der externe Einfluss hängt demnach vom Vorhandensein eines „misfit" zwischen Mitgliedsstaat und EU in diesem Bereich, der einen Anpassungsdruck hervorruft, ab sowie von den erleichternden Faktoren und Einflüssen (Akteure, Institutionen), welche auf diesen Anpassungsdruck reagieren und somit die Veränderung hervorrufen (vgl. Börzel/Risse 2003).

Zu den Mechanismen, die hier ins Spiel kommen, zählen besonders die Diffusion und das Lernen in Politikfeldern (vgl. ausführlich Holzinger et al. 2007; siehe auch Schmid 2003), da die Europäische Union nur über wenige Instrumente der Beeinflussung von wohlfahrtsstaatlichen Aktivitäten der Mitgliedsländer verfügt.[12] Mit der offenen Methode der Koordinierung wird dies versucht. „Die Akteure werden intelligenter" (Offe 2005: 218), wenn ohne Herrschaft[13] harmonisiert wird – was jedoch ein sehr voraussetzungsvolles Unterfangen ist und bleibt. Eine gewisse Erleichterung bietet dabei etwa das Korridormodell, da es auf eine einheitliche Koordinierung verzichtet und als Notlösung die Harmonisierung von Teilgruppen europäischer Länder vorsieht (vgl. Busch 1998). Es ist gleichzeitig kompatibel mit dem Modell der Welten des Wohlfahrtsstaats. Im Bezug auf Konvergenzen sind gewisse Abschwächungen von Unterschieden durchaus zu beobachten, etwa beim Finanzierungsmix der sozialen Sicherung. Gleichzeitig gibt es auch „Fahrstuhleffekte" und die Persistenz der Differenz. Schließlich erweist sich der vielfach postulierte Trend zum liberalen Modell politisch-normativ als durchaus ambivalent, da dieses beachtliche Leistungen und Performanzen aufweist – vor allem bei Aktivierung, Arbeitsmarktintegration und Ausbildung (siehe oben). Zudem liegen die neuen Sozialdemokratien (vgl. Merkel et al. 2006; Giddens 2007) auf einem ähnlichen Kurs, der freilich nicht identisch mit einem Marktliberalismus ist. Aktivierung, Arbeitsmarktintegration und Ausbildung können auch als linkes Projekt interpretiert und organi-

---

[12] Die weiteren Instrumente der EU-Sozialpolitik sind der Europäischer Sozialfonds (ESF), arbeitsrechtliche Mindeststandards und die europäische Sozialparternschaft bzw. der Soziale Dialog.
[13] Die Verbindung von Herrschaft gilt nicht nur für den Nationalstaat, sondern auch für den Wohlfahrtsstaat (vgl. dazu Baier 1977). Daher ist die Frage des sozialen Ausgleichs auch immer von Parteien und Verbänden zu organisieren.

siert werden und Antworten auf neue soziale Probleme und Risiken geben. Dabei geht es auch um einen „kreativen Umgang" (Giddens) mit Risiken:

> „Der traditionelle Sozialstaat hat versucht, einen Risikotransfer vom Individuum auf den Staat oder die Gemeinschaft zu organisieren. Sicherheit wurde als Verringerung oder Abwesenheit von Risiken definiert. Tatsächlich wohnen dem Risiko auch viele positive Aspekte inne. Häufig müssen Menschen Risiken eingehen, um ihr Leben zu verbessern. Ohnehin ist es in einer sich schnell bewegenden Umwelt wichtig, dass Menschen in der Lage sind, sich auf Veränderungen einzustellen, ob sie den Wandel aktiv für ihre Zwecke zu nutzen verstehen." (Giddens 2007: 35).

Am Ende sind und bleiben Europa und der Wohlfahrtsstaat im 21. Jahrhundert, was sie immer waren: eine Weltregion mit hohem Wohlstands- und Sicherheitsniveau, aber in sich sehr heterogen, was erhebliche Konfliktpotenziale zwischen Politik und Ökonomie, zwischen Demokratie und Kapitalismus sowie zwischen nationaler und europäischer Ebene beinhaltet und entsprechende Koordinierungs- und Verhandlungsmuster erfordert.

Literatur

Baier, Horst, 1977: Herrschaft im Sozialstaat. Auf der Suche nach einem soziologischen Paradigma der Sozialpolitik, in: Ferber, Christian von/Kaufmann, Franz-Xaver (Hrsg.), Soziologie und Sozialpolitik. Kölner Zeitschrift für Soziologie und Sozialpsychologie, Sonderheft 19, 128-142.

Baldwin, Peter, 1997: The Past Rise of Social Security: Historical Trends and Patterns, in: Giersch, Herbert (Hrsg.), Reforming the Welfare State. Berlin/Heidelberg/New York, 3-24.

Baum-Ceisig, Alexandra/Busch, Klaus/Hacker, Björn/Nospickel, Claudia, 2008: Wohlfahrtsstaaten in Mittel- und Osteuropa. Entwicklungen, Reformen und Perspektiven im Kontext der europäischen Integration. Forschungsbericht für die Hans-Böckler-Stiftung. (Im Erscheinen).

Börzel, Tanja A./Risse, Thomas, 2003: Conceptualizing the Domestic Impact of Europe, in: Featherstone, Kevin/Radaelli, Claudio M. (Hrsg.), The Politics of Europeanization. Oxford, 57-80.

Busch, Klaus, 1998: Das Korridormodell – ein Konzept zur Weiterentwicklung der EU-Sozialpolitik, in: Schmid, Josef/Niketta, Reiner (Hrsg.), Wohlfahrtsstaat: Krise und Reform im Vergleich. Marburg, 273-295.

Crouch, Colin, 2000: Die europäische(n) Gesellschaft(en) unter dem Druck der Globalisierung, in: Zentrum für Europa und Nordamerika-Studien (Hrsg.), Sozialmodell Europa. Opladen, 77-99.

Deutscher Bundestag (Hrsg.), 2005: Entwurf eines Gesetzes zu dem Vertrag vom 29. Oktober 2004 über eine Verfassung für Europa. Bundestags-Drucksache 15/4900, in: http://dip.bundestag.de/btd/15/049/1504900.pdf; 20.11.2007.

Döring, Diether, 2007: Sozialstaatsstrategie und Beschäftigung im europäischen Vergleich. Gutachten im Auftrag der Friedrich Ebert Stiftung. Reihe WISO Diskurs. Bonn.

Esping-Andersen, Gøsta, 1990: The Three Worlds of Welfare Capitalism. Reprint 1993. Princeton.

Eurostat 1996: ESSOSS-Handbuch. Luxemburg.

Eurostat, 2003: Sozialschutz: Barleistungen für Familien in Europa. Statistik kurz gefasst (192/2003). Luxemburg.

Eurostat, 2006: Ausgaben für die Arbeitsmarktpolitik. Statistik kurz gefasst (12/2006). Luxemburg.
Eurostat, 2007a: Bevölkerung und soziale Bedingungen. Statistik kurz gefasst (99/2007). Luxemburg.
Eurostat, 2007b: Online Statistiken, Stand: August 2007, in: http://epp.eurostat.ec.europa.eu/portal.
Feldmann, Horst, 2007: Protestantism, Labor Force Participation and Employment Across Countries, in: American Journal of Economics and Sociology 66 (3), 795-816.
Giddens, Anthony, 2007: Die Zukunft des Europäischen Sozialmodells. Europa kann sich nicht leisten, auf sein Sozialmodell zu verzichten, in: Platzeck, Matthias/Steinmeier, Frank-Walter/Steinbrück, Peer (Hrsg.), Auf der Höhe der Zeit. Soziale Demokratie und Fortschritt im 21. Jahrhundert. Berlin, 29-35.
Holzinger, Katharina/Jörgens, Helge/Knill, Christoph (Hrsg.), 2007: Transfer, Diffusion und Konvergenz von Politiken, Politische Vierteljahresschrift Sonderheft 38. Wiesbaden.
Kohl, Jürgen, 1992: Die öffentlichen Ausgaben, ihre Finanzierung und die Entwicklung des Staatssektors, in: Gabriel, Oscar W./Brettschneider, Frank (Hrsg.), Die EG-Staaten im Vergleich. Opladen, 357-381.
Lehmbruch, Gerhard, 1996: Die korporative Verhandlungsdemokratie in Westmitteleuropa, in: Schweizerische Zeitschrift für Politische Wissenschaft 2 (4), 19-41.
Lessenich, Stephan, 2001: Wohlfahrtsstaatliche Traditionen im „Europäischen Sozialmodell", in: Krause, Barbara/Krockauer, Rainer/Reiners, Andreas (Hrsg.), Soziales und gerechtes Europa. Von der Wirtschafts- zur Sozialunion? Freiburg im Breisgau, 14-25.
Mares, Isabela, 2007: Die wirtschaftlichen Folgen des Wohlfahrtsstaates, in: Internationale Revue für Soziale Sicherheit 60 (2-3), 75-94.
Merkel, Wolfgang/Egle, Christoph/Henkes, Christian/Ostheim, Tobias/Petring, Alexander, 2006: Die Reformfähigkeit der Sozialdemokratie. Herausforderungen und Bilanz der Regierungspolitik in Westeuropa. Wiesbaden.
Morgan, Kimberly J., 2002: Forging the Frontiers Between State, Church, and Family: Religious Cleavages and the Origins of Early Childhood Education and Care Policies in France, Sweden, and Germany, in: Politics & Society 30 (1), 113-148.
Oberender, Peter/Hebborn, Ansgar/Zerth, Jürgen, 2002: Wachstumsmarkt Gesundheit. Stuttgart.
Obinger, Herbert, 1998: Politische Institutionen und Sozialpolitik in der Schweiz – Der Einfluß von Nebenregierungen auf Struktur und Entwicklungsdynamik des schweizerischen Sozialstaates. Frankfurt am Main.
Offe, Claus, 2005: Soziale Sicherheit im supranationalen Kontext: Europäische Integration und die Zukunft des „Europäischen Sozialmodells", in: Miller, Max (Hrsg.), Welten des Kapitalismus. Institutionelle Alternativen in der globalisierten Ökonomie. Frankfurt am Main/New York, 189-225.
Powell, Martin/Barrientos, Armando, 2004: Welfare Regimes and the Welfare Mix, in: European Journal of Political Research 43, 83-105.
Roller, Edeltraud, 2006: Das Bildungs- und Gesundheitssystem im Urteil der Bürger, in: Aus Politik und Zeitgeschichte B30-31, 23-30.
Schmid, Josef, 1996: Wohlfahrtsverbände in modernen Wohlfahrtsstaaten. Soziale Dienste in historisch-vergleichender Perspektive. Opladen.
Schmid, Josef, 2002: Wohlfahrtsstaaten im Vergleich. Soziale Sicherung in Europa: Organisation, Finanzierung, Leistungen und Probleme. 2. Auflage. Wiesbaden.

Schmid, Josef, 2003: Referenzstaaten, Politikdiffusion und das Auflösen von Reformblockaden, in: Landeszentrale für politische Bildung Baden-Württemberg (Hrsg.): Der Bürger im Staat. Themenheft Sozialstaat 53 (4). Stuttgart: 203-209. Auch in: Frech, Siegfried/ Schmid, Josef (Hrsg.), 2004: Der Sozialstaat in der Krise. Schwalbach, 114-134.

Schmid, Josef, 2006: Der Wohlfahrtsstaat als Standortfaktor, in: Empter, Stefan/Vehrkamp, Robert B. (Hrsg.), Wirtschaftsstandort Deutschland. Wiesbaden, 359-385.

Schmid, Josef/Rehm, Philipp, 2001: Arbeitslosigkeit und Beschäftigungspolitik in Europa, in: Krause, Barbara/Krockauer, Rainer/Reiners, Andreas (Hrsg.), Soziales und gerechtes Europa. Von der Wirtschafts- zur Sozialunion? Freiburg im Breisgau, 46-74.

Schmidt, Manfred G., 1999: Warum die Gesundheitsausgaben wachsen. Befunde des Vergleichs demokratisch verfasster Länder, in: Politische Vierteljahresschrift 40 (2), 229-245.

Schmidt, Manfred G., (Hrsg.), 2001: Wohlfahrtsstaatliche Politik. Institutionen, politischer Prozess und Leistungsprofil. Opladen.

Schmidt, Manfred G., 2005: Sozialpolitik in Deutschland. Historische Entwicklung und internationaler Vergleich. 3. Auflage. Wiesbaden.

Schmidt, Manfred G./Ostheim, Tobias/Siegel, Nico A., 2007: Der Wohlfahrtsstaat. Wiesbaden.

Schubert, Klaus/Hegelich, Simone/Bazant, Ursula (Hrsg.), 2008: Europäische Wohlfahrtssysteme. Ein Handbuch. Wiesbaden.

Siegel, Nico A., 2007: When (Only) Money Matters: The Pros and Cons of Expenditure Analysis, in: Clase, Jochen/Siegel, Nico A. (Hrsg.), Investigating State Change. The 'Dependent Variable Problem' in Comparative Analysis. Cheltenham/Northhampton, 43-71.

Statistisches Bundesamt, 2006: Bericht „Armut und Lebensbedingungen – Ergebnisse aus LEBEN IN EUROPA für Deutschland 2005". Wiesbaden.

Statistisches Landesamt Baden-Württemberg (Hrsg.), 2007: Titelthema 13: Deutschland in der EU 2006 - Verdienste, Einkommen, Inflationsrate, Armut, Sozialschutz. Statistisches Monatsheft Baden-Württemberg, 8/2007. Stuttgart.

van Kersbergen, Kees, 1995: Social Capitalism. A Study of Christian Democracy and the Welfare State. London.

Woods, Dorian R., 2007: Shadow Worlds of the Welfare State: Examining the European Informal Domestic Sector. Conference Paper „Gender, Work and Organization Conference", Keele University, UK. (auch unter http://www.wip-online.de).

Datenübersicht

Zu dem Band „Die EU-Staaten im Vergleich" existiert eine Website mit einer ausführlichen Sammlung von Daten und Dokumenten zu Politik und Gesellschaft in den Mitgliedsstaaten der EU. Sie ersetzt den in der ersten und der zweiten Auflage des Bandes enthaltenen Datenanhang. Diese Daten ergänzen die in den Beiträgen behandelten Sachverhalte und können für eigene Datenanalysen genutzt werden. Einige der Daten sind international vergleichenden amtlichen Statistiken entnommen, andere basieren auf der Auswertung vergleichender Umfragen. Auf der Webseite finden Sie die folgenden Materialien:

1. Verfassungssynopse
2. Bevölkerungsstruktur
3. Erwerbstätigkeit
4. Wirtschaftsstruktur und wirtschaftliche Entwicklung
5. Staat und Wirtschaft
6. Massenmedien und Kommunikation
7. Politische Einstellungen und Politische Kultur
8. Politische Partizipation und politisches Verhalten
9. Einstellungen zur Europäischen Union
10. Wahlen, Parlamente, Parteien und Regierungen

Diese Website kann unter www.vs-verlag.de erreicht werden, wenn man mit der Suchfunktion den Band gefunden hat und dann den für das Datenmaterial vorgesehenen Button drückt.

Autorenverzeichnis

Dr. Jürgen Dieringer ist Leiter der Professur für Politikwissenschaft I an der Andrássy Universität in Budapest.

Dr. Herbert Döring ist Professor i. R. für vergleichende Politikwissenschaft an der Universität Potsdam.

Dr. Gisela Färber ist Professorin für Wirtschaftliche Staatswissenschaften, insbesondere Allgemeine Volkswirtschaftslehre und Finanzwissenschaft, an der Deutschen Hochschule für Verwaltungswissenschaften Speyer.

Dr. Oscar W. Gabriel ist Professor und Leiter der Abteilung Politische Systeme und Politische Soziologie der Universität Stuttgart.

Dipl.-Pol. Peter Haensch ist wissenschaftlicher Mitarbeiter im Lehrbereich für Systemanalyse und vergleichende Politik an der Martin-Luther-Universität Halle-Wittenberg.

Dr. Christoph Hönnige ist Juniorprofessor für Politikwissenschaft an der Technischen Universität Kaiserslautern.

Dr. Everhard Holtmann ist Professor für Systemanalyse und vergleichende Politik an der Martin-Luther-Universität Halle-Wittenberg.

Dr. Dr. h.c. Stefan Hradil ist Professor für Soziologie am Institut für Soziologie an der Johann-Gutenberg Universität Mainz.

Dr. Eckhard Jesse ist Professor für Politische Systeme und Politische Institutionen im Fachgebiet Politikwissenschaften an der Technischen Universität Chemnitz.

Dr. Adolf Kimmel ist Professor i. R. für Politikwissenschaften an der Universität Trier.

Sascha Kneip, M.A., ist wissenschaftlicher Mitarbeiter am Wissenschaftszentrum Berlin für Sozialforschung (WZB), Abteilung „Demokratie: Strukturen, Leistungsprofil und Herausforderungen".

Dr. Sabine Kropp ist Professorin für Vergleich politischer Systeme und Politikfeldanalyse am Sozialwissenschaftlichen Institut der Heinrich-Heine Universität Düsseldorf.

Dr. Volker Kunz ist Professor und Leiter der Abteilung Systemanalyse und Systemvergleich/ Wirtschaft und Gesellschaft an der Johann-Gutenberg Universität Mainz.

Dr. Hans-Joachim Lauth ist Professor für Vergleichende Politikwissenschaft und Systemlehre an der Universität Würzburg.

Dr. Johannes Marx ist wissenschaftlicher Mitarbeiter der Abteilung Systemanalyse und Systemvergleich/Wirtschaft und Gesellschaft an der Johann-Gutenberg Universität in Mainz.

Dr. Markus M. Müller ist Leiter der Zentralstelle im Wirtschaftsministerium des Landes Baden-Württemberg.

Dr. Oskar Niedermayer ist Professor für Politische Wissenschaft an der Freien Universität Berlin.

Dr. Heinrich Pehle ist Professor und Akademischer Direktor am Lehrstuhl I für Politische Wissenschaft an der Universität Erlangen-Nürnberg.

PD Dr. Werner Reutter ist Privatdozent am Sozialwissenschaftlichen Institut der Humboldt-Universität zu Berlin.

PD Dr. Peter Rütters ist Privatdozent im Fachbereich Politik- und Sozialwissenschaften an der Freien Universität Berlin.

Dr. Josef Schmid ist Professor für Politische Wirtschaftslehre und vergleichende Politikfeldanalyse an der Eberhard-Karls-Universität Tübingen.

Dr. Harald Schoen ist wissenschaftlicher Mitarbeiter im Bereich Innenpolitik und politische Soziologie an der Johann-Gutenberg-Universität Mainz.

Dr. Suzanne S. Schüttemeyer ist Professorin für Politikwissenschaft im Lehrbereich Regierungslehre und Policyforschung an der Martin-Luther-Universität Halle-Wittenberg.

Dr. Sven T. Siefken ist wissenschaftlicher Mitarbeiter im Lehrbereich Regierungslehre und Policyforschung an der Martin-Luther-Universität Halle-Wittenberg.

Dr. Gábor Soós ist Managing Director of the Tocqueville Research Center in Budapest.

Dr. Roland Sturm ist Professor für Politische Wissenschaft an der Universität Erlangen-Nürnberg.

Dr. Jens Tenscher ist Juniorprofessor für Politikwissenschaft mit dem Schwerpunkt Politische Soziologie und Politische Kommunikation am Institut für Sozialwissenschaften an der Universität Koblenz-Landau.

Dipl.-Soz.-Wiss. Eva-Maria Trüdinger ist wissenschaftliche Mitarbeiterin in der Abteilung Politische Systeme und Politische Soziologie der Universität Stuttgart.

Autorenverzeichnis

Dr. Angelika Vetter ist Akademische Oberrätin in der Abteilung Politische Systeme und Politische Soziologie der Universität Stuttgart.

Kerstin Völkl, M.A., ist wissenschaftliche Mitarbeiterin in der Abteilung Politische Systeme und Politische Soziologie der Universität Stuttgart.

Dr. Melanie Walter-Rogg ist Wissenschaftliche Assistentin in der Abteilung Politische Systeme und Politische Soziologie der Universität Stuttgart.

Neu im Programm Politikwissenschaft

Wilfried von Bredow
Militär und Demokratie in Deutschland
Eine Einführung
2007. 310 S. (Studienbücher Außenpolitik und Internationale Beziehungen)
Br. EUR 19,90
ISBN 978-3-531-15712-2

Dieses Studienbuch führt umfassen und systematisch in das Thema Militär und Demokratie in Deutschland ein. Es erzählt die Geschichte des Neuaufbaus der Bundeswehr nach 1945 und ihrer Integration in die bundesdeutsche Demokratie und analysiert die Rolle der deutschen Verteidigungspolitik in den vertraglichen Bündnisstrukturen. Vor allem aber bietet es ein umfassendes Bild vom Wandel der Bundeswehr und der Verteidigungs- und Sicherheitspolitik nach dem Epochenwechsel von 1989.

Thomas Jäger / Alexander Höse / Kai Oppermann (Hrsg.)
Deutsche Außenpolitik
2007. 638 S. Br. EUR 34,90
ISBN 978-3-531-14982-0

Dieser als Textbook konzipierte Band bietet eine umfassende Bestandsaufnahme der wichtigsten Handlungsfelder der deutschen Außenpolitik. Die Systematik folgt der in der Politikwissenschaft etablierten Dreiteilung der Politik in die Sachbereiche Sicherheit, Wohlfahrt und Herrschaft (hier konzipiert als Legitimation und Normen) und erlaubt dadurch einen methodisch klaren und didaktisch aufbereiteten Zugang zum Thema. Der Band eignet sich als alleinige Textgrundlage für Kurse und Seminare, in denen jeweils zwei Texte à 15 Seiten pro wöchentlicher Lehreinheit behandelt werden. Somit unterscheidet er sich von anderen Büchern zur deutschen Außenpolitik, die entweder rein historisch oder institutionenkundlich orientiert sind oder als Nachschlagewerke dienen.

Siegmar Schmidt / Gunther Hellmann / Reinhard Wolf (Hrsg.)
Handbuch zur deutschen Außenpolitik
2007. 970 S. Geb. EUR 59,90
ISBN 978-3-531-13652-3

Mit dem Zusammenbruch des Kommunismus hat sich die weltpolitische Lage grundlegend verändert und ist auch für die Außenpolitik der Bundesrepublik Deutschland eine vollkommen veränderte Situation entstanden. In diesem Handbuch wird erstmals wieder eine Gesamtschau der deutschen Außenpolitik vorgelegt. Dabei werden die Kontinuitäten und Brüche seit 1989 sowohl für den Wissenschaftler als auch den politisch interessierten Leser umfassend dargestellt.

Erhältlich im Buchhandel oder beim Verlag.
Änderungen vorbehalten. Stand: Januar 2008.

www.vs-verlag.de

VS VERLAG FÜR SOZIALWISSENSCHAFTEN

Abraham-Lincoln-Straße 46
65189 Wiesbaden
Tel. 0611.7878-722
Fax 0611.7878-400

Neu im Programm Politikwissenschaft

Gerhard Bäcker / Gerhard Naegele / Reinhard Bispinck / Klaus Hofemann / Jennifer Neubauer

Sozialpolitik und soziale Lage in Deutschland

Band 1: Grundlagen, Arbeit, Einkommen und Finanzierung
4., grundlegend überarb. u. erw. Aufl.
2008. 622 S. Geb. EUR 34,90
ISBN 978-3-531-33333-5

Band 2: Gesundheit, Familie, Alter und Soziale Dienste
4., grundlegend überarb. u. erw. Aufl.
2008. 616 S. Geb. EUR 34,90
ISBN 978-3-531-33334-2

Das völlig überarbeitete und erweiterte Hand- und Lehrbuch bietet in zwei Bänden einen breiten empirischen Überblick über die Arbeits- und Lebensverhältnisse in Deutschland und die zentralen sozialen Problemlagen. Im Mittelpunkt der Darstellung stehen Arbeitsmarkt, Arbeitslosigkeit und Arbeitsbedingungen, Einkommensverteilung und Armut, Krankheit und Pflegebedürftigkeit sowie die Lebenslagen von Familien und von älteren Menschen. Das Buch gibt nicht nur den aktuellen Stand der Gesetzeslage wieder, sondern greift auch in die gegenwärtige theoretische und politische Diskussion um die Zukunft des Sozialstaates in Deutschland ein.

Manfred G. Schmidt / Tobias Ostheim / Nico A. Siegel / Reimut Zohlnhöfer (Hrsg.)

Der Wohlfahrtsstaat
Eine Einführung in den historischen und internationalen Vergleich
2007. 430 S. Br. EUR 24,90
ISBN 978-3-531-15198-4

Dieses Studienbuch führt umfassend in die Sozialpolitik ein. Neben einem grundlegenden Kapitel zu den Theorien und Methoden der Sozialpolitikforschung enthält es Teile zur Geschichte der Sozialpolitik in Deutschland, zur vergleichenden Perspektive auf andere Länder, zu verwandten Politikfeldern wie Wirtschafts-, Steuer-, Arbeitsmarkt-, Beschäftigungs- und Bildungspolitik. Der Band schließt mit einer Bewertung der positiven und negativen Wirkungen von Sozialpolitik.

Klaus Schubert / Simon Hegelich / Ursula Bazant (Hrsg.)

Europäische Wohlfahrtssysteme
Ein Handbuch
2008. 704 S. Br. EUR 49,90
ISBN 978-3-531-15784-9

In diesem Handbuch wird die Sozial- und Wohlfahrtspolitik der EU-25-Staaten und die wohlfahrtspolitische Entwicklung der EU dargestellt und analysiert. Weiterhin wird die sozial- und politikwissenschaftliche Debatte über die Entwicklung der Wohlfahrtssysteme in Europa rekapituliert und fortgesetzt.

Erhältlich im Buchhandel oder beim Verlag. Änderungen vorbehalten. Stand: Januar 2008.

www.vs-verlag.de

Abraham-Lincoln-Straße 46
65189 Wiesbaden
Tel. 0611.7878-722
Fax 0611.7878-400

Neu im Programm Politikwissenschaft

Frans Becker / Karl Duffek /
Tobias Mörschel (Hrsg.)
**Sozialdemokratische
Reformpolitik und Öffentlichkeit**
2007. 215 S. Br. EUR 26,90
ISBN 978-3-531-15508-1

Joachim K. Blatter / Frank Janning /
Claudius Wagemann
Qualitative Politikanalyse
Eine Einführung in Forschungsansätze
und Methoden
2007. 252 S. (Grundwissen Politik 44)
Br. EUR 24,90
ISBN 978-3-531-15594-4

Hubertus Buchstein /
Gerhard Göhler (Hrsg.)
**Politische Theorie
und Politikwissenschaft**
2007. 194 S. Br. EUR 24,90
ISBN 978-3-531-15108-3

Christoph Egle /
Reimut Zohlnhöfer (Hrsg.)
Ende des rot-grünen Projekts
Eine Bilanz der Regierung Schröder
2002 - 2005
2007. 540 S. Br. EUR 34,90
ISBN 978-3-531-14875-5

Gert-Joachim Glaeßner
Politik in Deutschland
2., akt. Aufl. 2006. 571 S. Br. EUR 24,90
ISBN 978-3-531-15213-4

Joachim Raschke / Tils, Ralf
Politische Strategie
Eine Grundlegung
2007. 581 S. Br. EUR 39,90
ISBN 978-3-531-14956-1

Tim Spier / Felix Butzlaff /
Matthias Micus / Franz Walter (Hrsg.)
Die Linkspartei
Zeitgemäße Idee oder Bündnis
ohne Zukunft?
2007. 345 S. Br. EUR 26,90
ISBN 978-3-531-14941-7

Michael Wolffsohn
Israel
Geschichte, Politik, Gesellschaft, Wirtschaft
7. Aufl. 2007. 523 S. Br. EUR 24,90
ISBN 978-3-531-15654-5

Udo Zolleis
Die CDU
Das politische Leitbild im Wandel der Zeit
2008. 313 S. Br. EUR 34,90
ISBN 978-3-531-15548-7

Erhältlich im Buchhandel oder beim Verlag.
Änderungen vorbehalten. Stand: Januar 2008.

www.vs-verlag.de

VS VERLAG FÜR SOZIALWISSENSCHAFTEN

Abraham-Lincoln-Straße 46
65189 Wiesbaden
Tel. 0611.7878-722
Fax 0611.7878-400